LAROUSSE

MINI
DIZIONARIO

ITALIANO
INGLESE

INGLESE
ITALIANO

LAROUSSE

For this edition/Per la presente edizione

SHARON J. HUNTER   JANICE MCNEILLIE

VALENTINA TURRI   DONALD WATT

For previous editions/Per le edizioni precedenti

FRANCESCA LOGI   PETER BLANCHARD   PAT BULHOSEN

RITA GAVA   WENDY LEE   DELIA PROSPERI   LESLIE RAY

CALLUM BRINES   CARMELA CELINO   MARC CHABRIER

© Larousse, 2006

ISBN 978-2-03541005-4
Sales/Distribuzione: Houghton Mifflin Company, Boston

ISBN 978-88-525-0199-9
Rizzoli Larousse S.p.A., Via Mecenate 91, 20138 Milano

Achevé d'imprimer en Setpembre 2010
sur les presses de «La Tipografica Varese S.p.A.» à Varese (Italie)

LAROUSSE

MINI DICTIONARY

ITALIAN
ENGLISH

ENGLISH
ITALIAN

LAROUSSE

SOMMARIO

CONTENTS

This MINI dictionary was developed to meet the needs of both the traveller and the beginner.

With over 30,000 words and phrases and 40,000 translations, this dictionary provides not only general vocabulary but also the language used in everyday life.

Clear sense markers are provided to guide the reader to the correct translation, while special emphasis has been placed on many basic words, with helpful examples of usage and a particularly user-friendly layout.

Cultural notes and practical information can be found throughout which allow an interesting insight into life in another country.

THE PUBLISHER

Il dizionario MINI è stato realizzato per rispondere alle esigenze di chi viaggia o comincia a studiare l'inglese.

Con più di 30 000 parole ed espressioni e oltre 40 000 traduzioni, questo dizionario comprende non solo la terminologia di base, ma anche le espressioni della lingua quotidiana.

Le divisioni semantiche sono accuratamente indicate e la consultazione delle voci complesse è facilitata dai numerosi esempi e dalla presentazione chiara ed efficace.

Potrete inoltre scoprire numerose informazioni di tipo culturale e pratico, che vi daranno un'idea degli aspetti tipici di un altro paese.

L'EDITORE

ABBREVIATIONS

Abbreviations/Abbreviazioni

abbreviation	abbr	abbreviazione
adjective	adj	aggettivo
adverb	adv	avverbio
adjective	agg	aggettivo
anatomy	ANAT	anatomia
article	art	articolo
auxiliary	aus	ausiliare
automobile, cars	AUT(O)	automobile
auxiliary	aux	ausiliare
adverb	avv	avverbio
commerce, business	COMM	commercio
comparative	compar	comparativo
computers	COMPUT	informatica
conjunction	conj/cong	congiunzione
continuous	cont	forma progressiva
culinary, cooking	CULIN	cucina, culinaria
before	dav	davanti a
juridical, legal	DIR	diritto
exclamation	excl/esclam	esclamazione
feminine	f	femminile
informal	fam	familiare
figurative	fig	figurato
finance, financial	FIN	finanza
formal	fml/form	formale
generally	gen	generalmente
geography	GEOG	geografia
gerund	ger	gerundio
grammar	GRAMM	grammatica
informal	inf	familiare
computers	INFORM	informatica

VI

Abbreviations/Abbreviazioni

inseparable	insep	non separabile
interrogative	interr	interrogativo
invariable	inv	invariabile
masculine	m	maschile
mathematics	MAT(H)	matematica
medicine	MED	medicina
military	MIL	militare
music	MUS	musica
noun	n	sostantivo
nautical, maritime	NAUT	nautica
numeral	num	numerale
oneself	o.s.	
pejorative	pej	spregiativo
plural	pl	plurale
politics	POL	politica
past participle	pp	participio passato
preposition	prep	preposizione
pronoun	pron	pronome
past tense	pt	passato
something	qc	qualcosa
somebody	qn	qualcuno
registered trademark	®	marchio registrato
religion	RELIG	religione
noun	s	sostantivo
someone, somebody	sb	qualcuno
school	SCH/SCOL	scuola
separable	sep	separabile
singular	sg	singolare
subject	sog	soggetto
pejorative	spreg	spregiativo

Abbreviations/Abbreviazioni

something	sthg	qualcosa
subject	subj	soggetto
superlative	superl	superlativo
technology	TECH/TECNOL	tecnica, tecnologia
British English	UK	inglese britannico
American English	US	inglese americano
verb	v/vb	verbo
intransitive verb	vi	verbo intransitivo
impersonal verb	v impers	verbo impersonale
vulgar	volg	volgare
reflexive verb	vr	verbo riflessivo
transitive verb	vt	verbo transitivo
vulgar	vulg	volgare
cultural equivalent	≈	equivalenza culturale

	inglese	italiano	spiegazione
æ	apple/bat		suono intermedio tra *a* e *e*
ɑː	barn/car/laugh		suono lungo simile alla *a* italiana pronunciato con la lingua in posizione arretrata
ai	buy/light/aisle	mai	doppia vocale formata dai suoni *a* e *i*
aʊ	now/shout/town	auto	
b	bottle/bib	barca/libro	
d	dog/did	dare/andare/fede	
ʤ	jig/fridge	gente/agio	
e	pet	verde/entrare	
ə	mother/suppose		suono breve simile al *je* francese
ɜː	burn/learn/bird		suono lungo simile al ə ma più aperto
ei	bay/late/great		doppia vocale formata dai suoni *e* e *i*
eə	pair/bear/share		doppia vocale formata dai suoni *e* e *ə*
f	fib/physical	fine/afa	
g	gag/great	gara/ghiaccio	
h	how/perhaps		si pronuncia aspirando aria con la gola
ɪ	pit/big/rid		suono breve tra la *i* e la *e*
iː	bean/weed	vino/isola	suono lungo come la *i* italiana

	inglese	italiano	spiegazione
ɪə	peer/fierce/idea		doppia vocale formata dai suoni ɪ e ə
j	you/spaniel	ieri/viola	
k	come/kitchen	cane/chiesa/quando/oca	
l	little/help	lana/colore	
m	metal/comb	mare/amico	
n	night/dinner	notte/ancora	
ŋ	song/finger	banca	
ɒ	dog/sorry		simile alla *o* aperta italiana
ɔː	lawn		suono lungo simile alla *o* aperta italiana
ɔi	boy/foil	poi	doppia vocale formata dai suoni ə e i
əʊ	no/road/blow		doppia vocale formata dai suoni ə e ʊ
p	pop/people	porta/sapore	
r	right/carry	radio/dorato	
s	seal/peace	sera/strada	
ʃ	sheep/machine	scimmia/ascia	
ʒ	usual/measure	beige	simile al francese *je*
t	train/tip	torre/patata	
tʃ	chain/wretched	cibo/dieci	
θ	think/fifth		suono sordo (senza far vibrare le corde vocali) che si pronuncia con la lingua tra i denti

	Italian	English	comment
t	torre/patata	train/tip	
ts	zio/pizza		combination of *t* and *s*
tʃ	cibo/dieci	chain/wretched	
u	una/cultura	put/full	
v	vino/uovo	vine/livid	
w	fuori/guasto	wet/twin	
z	sdraio/rosa	zip/his	

The position of the tonic stress in Italian is indicated by a dot immediately beneath the accented vowel on Italian headwords. No dot is given on those words which end in an accented vowel, as Italian spelling allows for a written accent in these cases.

L'accento tonico nelle voci italiane è segnalato da un punto sotto la vocale accentata, con l'eccezione delle parole con l'accento sull'ultima sillaba, per le quali l'ortografia italiana prevede l'accento grafico.

Trademarks

Words considered to be trademarks have been designated in this dictionary by the symbol ®. However, neither the presence nor the absence of such designation should be regarded as affecting the legal status of any trademark.

Marchi registrati

Le parole considerate marchi registrati sono contrassegnate in questo dizionario con il simbolo ®. In ogni caso, né la presenza né l'assenza di tale simbolo implica alcuna valutazione del reale stato giuridico di un marchio.

English compounds

A compound is a word or expression which has a single meaning but is made up of more than one word, e.g. *point of view, kiss of life, virtual reality* and *West Indies*. It is a feature of this dictionary that English compounds appear in the A–Z list in strict alphabetical order. The compound *blood test* will therefore come after *bloodshot* which itself follows *blood pressure*.

Composti inglesi

In inglese si definiscono composti quelle espressioni che, pur essendo formate da più di una parola, costituiscono un' unica unità di significato, come ad es. *point of view, kiss of life, virtual reality* e *West Indies*. In questo dizionario i composti inglesi seguono l'ordine alfabetico generale. Il composto *blood test* figura perciò dopo *bloodshot* che, a sua volta, segue *blood pressure*.

ITALIANO-INGLESE
ITALIAN-ENGLISH

a A

a [a] (*ad* + *vocale*) *prep* **1.** (*complemento di termine*) to ● **dare qc a qn** to give sthg to sb, to give sb sthg ● **chiedere qc a qn** to ask sb sthg **2.** (*stato in luogo*) at ● **abito a Torino** I live in Turin ● **stiamo a casa** let's stay (at) home ● **la piscina è a due chilometri da qui** the swimming pool is two kilometres from here **3.** (*moto a luogo*) to ● **andiamo a letto** let's go to bed ● **torno a Roma** I'm going back to Rome ● **mi porti allo stadio?** can you take me to the stadium? **4.** (*temporale*) at ● **c'è un volo alle 8.30** there's a flight at 8.30 ● **a domani!** see you tomorrow! ● **al mattino** in the morning ● **alla sera** in the evening **5.** (*modo, mezzo*) ● **alla milanese** in the Milanese style, the Milanese way ● **riscaldamento a gas** gas heating ● **a piedi** on foot ● **vestire alla moda** to dress fashionably ● **scrivere a matita** to write in pencil **6.** (*con prezzi*) at ● **comprare qc a metà prezzo** to buy sthg half-price **7.** (*per caratteristica*) ● **camicia a maniche corte** short-sleeved shirt ● **finestra a doppi vetri** double-glazed window **8.** (*per rapporto*) per, a ● **50 chilometri all'ora** 50 kilometres per o an hour ● **pagato a ore** paid by the hour

A *abbr* = **autostrada**

abbacchio [ab'bakkjo] *sm* spring lamb ● **abbacchio alla romana** *lamb cooked slowly with white wine or vinegar,*

rosemary, anchovies and garlic

abbaglianti [abba'ʎʎanti] *smpl* ● **accendere gli abbaglianti** to put one's headlights on full beam (*UK*) o high beam (*US*)

abbagliare [abba'ʎʎare] *vt* (*accecare*) to dazzle

abbaiare [abba'jare] *vi* to bark

abbandonare [abbando'nare] *vt* **1.** (*persona, luogo*) to abandon **2.** (*ricerche*) to abandon, to give up

abbandono [abban'dono] *sm* **1.** (*di persona, luogo*) neglect **2.** (*rinuncia*) abandonment

abbassare [abbas'sare] *vt* **1.** to lower **2.** (*volume, radio, tv*) to turn down ◆ **abbassarsi** *vr* **1.** (*persona*) to bend down **2.** (*livello*) to drop ● **abbassarsi a fare qc** to lower o.s. by doing sthg

abbasso [ab'basso] *esclam* ● **abbasso la scuola!** down with school!

abbastanza [abbas'tantsa] *avv* **1.** (*a sufficienza*) enough **2.** (*piuttosto*) rather, quite ● **averne abbastanza di** to have had enough of

abbattere [ab'battere] *vt* **1.** (*muro*) to knock down **2.** (*albero*) to cut down **3.** (*cavallo*) to destroy **4.** (*aereo*) to shoot down **5.** (*sconfiggere*) to defeat ◆ **abbattersi** *vr* to lose heart

abbattuto, a [abbat'tuto, a] *agg* (*depresso*) depressed

abbazia [abbats'tsia] *sf* abbey

abbeverare [abbeve'rare] *vt* (*animali*) to water ◆ **abbeverarsi** *vr* to drink

abbia ['abbja] ➢ **avere**

abbiente [ab'bjɛnte] *agg* well-off

abbigliamento [abbiʎʎa'mento] *sm* clothes *pl* ● **abbigliamento sportivo** sportswear ▼ **abbigliamento donna** women's wear ▼ **abbigliamento uomo** menswear

abbinare [abbi'nare] *vt* ● **abbinare qc a (qc)** to link sthg (to sthg)

abboccare [abbok'kare] *vi* to bite

abboccato, a [abbok'kato, a] *agg* sweetish

abbonamento [abbona'mento] *sm* **1.** *(a giornale)* subscription **2.** *(a autobus, teatro)* season ticket ● **fare l'abbonamento (a qc)** *(a giornale)* to take out a subscription (to sthg); *(a autobus, teatro)* to buy a season ticket (for sthg)

abbonarsi [abbo'narsi] *vr* ● **abbonarsi (a qc)** *(ad autobus, teatro)* to buy a season ticket for sthg; *(a giornale)* to subscribe (to sthg)

abbonato, a [a'bbo'nato, a] *sm,f* **1.** *(a giornale)* subscriber **2.** *(ad autobus, teatro)* season ticket holder **3.** *(a telefono)* subscriber **4.** *(TV)* licence holder

abbondante [abbon'dante] *agg* abundant

abbondanza [abbon'dantsa] *sf* abundance

abbordabile [abbor'dabile] *agg (prezzo)* reasonable

abbottonare [abbotto'nare] *vt* to button up ● **abbottonarsi** *vr* ● **abbottonarsi il cappotto** to button up one's coat

abbottonatura [abbottona'tura] *sf* buttons *pl*

abbozzare [abbots'tsare] *vt (disegno)* to sketch ● **abbozzare un sorriso** to smile faintly

abbozzo [ab'botstso] *sm* sketch

abbracciare [abbrat'tʃare] *vt* **1.** to embrace, to hug **2.** *(fede)* to embrace **3.** *(professione)* to take up ● **abbracciarsi** *vr* to embrace, to hug one another

abbraccio [ab'brattʃo] *sm* embrace, hug

abbreviare [abbre'vjare] *vt* to shorten

abbreviazione [abbrevjats'tsjone] *sf* abbreviation

abbronzante [abbron'dzante] ◇ *agg* suntan *(dav s)* ◇ *sm* suntan cream

abbronzarsi [abbron'dzare] *vt* to tan ● **abbronzarsi** *vr* to get a tan

abbronzato, a [a'bbron'dzato, a] *agg* tanned

abbronzatura [abbrondza'tura] *sf* suntan

abbrustolire [abbrusto'lire] *vt* **1.** *(pane)* to toast **2.** *(caffè)* to roast

abdicare [abdi'kare] *vi* to abdicate

abete [a'bete] *sm* fir tree

abile ['abile] *agg* **1.** *(bravo)* capable **2.** *(mossa, manovra)* skilful **3.** *(idoneo)* ● **abile (a qc)** fit for sthg

abilità [abili'ta] *sf* **1.** *(bravura)* ability **2.** *(astuzia)* cleverness

abilmente [abil'mente] *avv* **1.** *(con bravura)* skilfully **2.** *(con astuzia)* cleverly

abisso [a'bisso] *sm* abyss

abitacolo [abi'takolo] *sm* **1.** *(di auto)* inside **2.** *(di aereo)* cockpit, cabin **3.** *(di camion)* cab

abitante [abi'tante] *smf* **1.** *(di paese)* inhabitant **2.** *(di casa)* occupant

abitare [abi'tare] ◇ *vi* to live ◇ *vt* to live in ● **dove abita?** where do you live? ● **abito a Roma** I live in Rome ● **abito in Italia** I live in Italy

abitato, a [abi'tato, a] ◇ *agg* **1.** *(casa)* occupied **2.** *(paese)* inhabited ◇ *sm* built-up area

abitazione [abitats'tsjone] *sf* house

abito ['abito] *sm* **1.** *(da donna)* dress **2.** *(da* uomo) suit ● **abito da sera** evening dress ◆ **abiti** smpl clothes

abituale [abitu'ale] agg usual

abitualmente [abitual'mente] avv usually

abituare [abitu'are] vt to accustom ● abituare qn a fare qc to accustom sb to doing sthg ◆ **abituarsi** vr (adattarsi) ● abituarsi a qc to get used to sthg ● abituarsi a fare qc to get used to doing sthg

abitudine [abi'tudine] sf habit ● aver l'abitudine di fare qc to be in the habit of doing sthg ● per abitudine out of habit

abolire [abo'lire] vt 1. (tassa) to abolish 2. (legge) to repeal 3. (eliminare) to eliminate

aborigeno, a [abo'ridʒeno] sm,f aborigine

abortire [abor'tire] vi 1. (accidentalmente) to miscarry 2. (volontariamente) to have an abortion

aborto [a'bɔrto] sm (volontario) abortion ● **aborto (spontaneo)** miscarriage

abrogare [abro'gare] vt (legge) to repeal

Abruzzo [abruts'tso] sm ● **l'Abruzzo** the Abruzzo (region of central Italy)

abside ['abside] sf apse

abusare [abu'zare] ● **abusare di** (posizione, potere) to take advantage of; (persona) to rape ● abusare dell'alcool to drink too much

abusivo, a [abu'zivo, a] agg unauthorized, unlawful

abuso [ab'uzo] sm 1. (eccesso) overindulgence 2. (uso illecito) abuse

a.C. (abbr di avanti Cristo) BC

accademia [akka'dɛmja] sf academy, school ● **accademia di belle arti** fine arts academy

accadere [akka'dere] vi to happen

accaduto [akka'duto] sm ● raccontare l'accaduto to describe what happened

accalcarsi [akkal'karsi] vr to crowd

accampamento [akkampa'mento] sm camp

accampare [akkam'pare] vt 1. (truppe) to encamp 2. (richieste) to make 3. (diritti) to assert ◆ **accamparsi** vr 1. (in tende) to camp 2. (fig) (in alloggio) to camp (out)

accanimento [akkani'mento] sm 1. (tenacia) tenacity 2. (odio) fury

accanito, a [akka'nito, a] agg 1. (odio) fierce 2. (lavoratore) assiduous ● **fumatore accanito** chain smoker

accanto [ak'kanto] ◇ avv nearby ◇ agg inv next door ◇ prep ● **accanto a** beside

accaparrare [akkapar'rare] vt 1. (fare incetta) to buy up 2. (voti, favore) to secure, to gain ● **accaparrarsi qc** to secure sthg for o.s.

accappatoio [akkappa'tojo] sm bathrobe

accarezzare [akkarets'tsare] vt 1. (persona, animale) to caress, to stroke 2. (fig) (idea) to toy with

accattone, a [akkat'tone, a] sm,f beggar

accavallare [akkaval'lare] vt (gambe) to cross ◆ **accavallarsi** vr (eventi) to overlap

accecare [attʃe'kare] vt 1. (rendere cieco) to blind 2. (abbagliare) to dazzle

accedere [at'tʃɛdere] vi ● **accedere a qc** to gain access to sthg

accelerare [attʃele'rare] ◇ vi to accelerate ◇ vt to speed up

accelerato, a [attʃele'rato] ◇ *agg* quick ◇ *sm* stopping train

acceleratore [attʃelera'tore] *sm* accelerator

accendere [at'tʃɛndere] *vt* 1. (*fuoco, sigaretta*) to light 2. (*radio, luce, fornello, motore*) to turn on 3. (*speranza, odio*) to arouse ● **scusi, ha da accendere?** excuse me, have you got a light? ● **accendersi** *vr* 1. (*prendere fuoco*) to catch fire 2. (*entrare in funzione*) to start up

accendigas [attʃendi'gas] *sm inv* lighter for gas ring

accendino [attʃen'dino] *sm* (cigarette) lighter

accennare [attʃen'nare] *vt* 1. (*menzionare*) to mention 2. (*indicare*) to point to ● **accennare un sorriso** to half-smile ● **accennare a** *v + prep* 1. (*menzionare*) to mention 2. (*alludere a*) to hint at 3. (*dare segno di*) to show signs of

accensione [attʃen'sjone] *sf* ignition

accentare [attʃen'tare] *vt* (*parola, sillaba*) to stress

accento [at'tʃɛnto] *sm* accent ● **mettere l'accento su qc** to stress sthg

accentuare [attʃentu'are] *vt* (*differenze, difetto, pregio*) to emphasize ◆ **accentuarsi** *vr* to become more marked

accerchiare [attʃer'kjare] *vt* to encircle, to surround

accertamento [attʃerta'mento] *sm* check

accertare [attʃer'tare] *vt* to check ● **accertarsi di** to make sure of

acceso, a [at'tʃezo, a] ◇ *pp* ➤ **accendere** ◇ *agg* 1. (*fuoco, sigaretta*) lighted 2. (*radio, luce, motore*) on 3. (*colore*) bright

accessibile [attʃes'sibile] *agg* 1. (*luogo*) 2. (*prezzo*) affordable

accesso [at'tʃɛsso] *sm* 1. (*entrata*) access 2. MED fit 3. (*fig*) (*impeto*) outburst

accessori [attʃes'sori] *smpl* accessories

accettare [attʃet'tare] *vt* 1. to accept 2. (*proposta*) to agree to ● **accettare di fare qc** to agree to do sthg ▼ **si accettano carte di credito** credit cards welcome

accettazione [attʃettats'tsjone] *sf* (*locale*) reception ▼ **accettazione bagagli** check-in

acchiappare [akkjap'pare] *vt* to catch

acciacco [at'tʃakko] (*pl* **-chi**) *sm* ailment

acciaio [at'tʃajo] *sm* steel ● **acciaio inossidabile** stainless steel

accidentale [attʃiden'tale] *agg* accidental

accidentalmente [attʃiden'tale] *avv* accidentally

accidentato, a [attʃiden'tato] *agg* uneven

accidenti [attʃi'dɛnti] *esclam* 1. (*con rabbia*) blast!, damn! 2. (*con stupore*) good heavens!

acciuffare [attʃuf'fare] *vt* to catch

acciuga [at'tʃuga] (*pl* **-ghe**) *sf* anchovy ● **acciughe al limone** *fresh anchovies marinated in lemon juice and dressed with oil*

acclamare [akkla'mare] *vt* 1. (*applaudire*) to cheer, to applaud 2. (*eleggere*) to acclaim

accludere [ak'kludere] *vt* to enclose

accogliente [akkoʎ'ʎɛnte] *agg* cosy

accoglienza [akkoʎ'ʎɛntsa] *sf* welcome

accogliere [ak'kɔʎʎere] *vt* 1. to receive 2. (*dare il benvenuto*) to welcome

accoltellare [akkoltel'lare] *vt* to knife

accomodare [akkomo'dare] *vt* to repair
 ◆ **accomodarsi** *vr* **1.** *(sedersi)* to sit down
2. *(venire avanti)* to come in ● **s'accomodi!** *(si sieda)* take a seat!; *(venga avanti)* come in!

accompagnamento [akkompaɲɲa-'mento] *sm* accompaniment

accompagnare [akkompaɲ'ɲare] *vt* **1.** *(persona)* to go/come with, to accompany **2.** *(piatto, abito)* to go with **3.** *(con musica)* to accompany

accompagnatore, trice [akkom-paɲɲa'tore, 'tritʃe] *sm,f* companion ●
accompagnatore turistico tourist guide

acconsentire [akkonsen'tire] *vi* ● acconsentire (a qc) to agree (to sthg)

accontentare [akkonten'tare] *vt* to satisfy ◆ **accontentarsi di** ● accontentarsi di to be satisfied with

acconto [ak'konto] *sm* down payment ●
dare un acconto to pay a deposit ● **in acconto** on account

accorciare [akkor'tʃare] *vt* to shorten

accordare [akkor'dare] *vt* **1.** *(strumento)* to tune **2.** *(concedere)* to grant **3.** *(colori)* to match ◆ **accordarsi** *vr* *(mettersi d'accordo)* to agree

accordo [ak'kordo] *sm* **1.** *(patto)* agreement **2.** *(armonia)* harmony ● **d'accordo!** all right! ● **andare d'accordo con qn** to get on well with sb ● **essere d'accordo con** to agree with ● **mettersi d'accordo con qn** *(trovare un accordo)* to reach an agreement with sb; *(per appuntamento)* to make an arrangement with sb

accorgersi [ak'kordʒersi] ◆ **accorgersi di** *v + prep* to notice

accorrere [ak'korrere] *vi* **1.** *(in aiuto)* to rush up **2.** *(verso un luogo)* to rush

accorto, a [ak'korto, a] ◇ *pp* ➤ **accorgersi** ◇ *agg* shrewd

accostare [akkos'tare] *vt* **1.** *(persona)* to approach **2.** *(porta)* to leave ajar **3.** *(avvicinare)* ● accostare qc a qc to move sthg near sthg, to pull in; *(nave)* to come alongside; *(cambiare rotta)* to change course; *(in auto)* to draw up

accreditare [akkredi'tare] *vt* **1.** *(fatto, notizia)* to confirm **2.** *(denaro)* to credit

accrescere [ak'kreʃʃere] *vt* to increase ◆
accrescersi *vr* to grow

accucciarsi [akkut'tʃarsi] *vr (cane)* to lie down

accudire [akku'dire] *vt (malato, bambino)* to look after ● **accudire a** *v + prep (casa, faccende)* to attend to

accumulare [akkumu'lare] *vt* **1.** to accumulate **2.** *(denaro)* to save **3.** *(accatastare)* to pile up

accurato, a [akku'rato, a] *agg* **1.** *(lavoro)* careful **2.** *(persona)* thorough

accusa [ak'kuza] *sf* **1.** *(di una colpa)* accusation **2.** DIR charge

accusare [akku'zare] *vt* ● accusare qn (di qc) *(incolpare)* to accuse sb of sthg; DIR to charge

acerbo, a [a'tʃerbo, a] *agg* unripe

acero ['atʃero] *sm* maple

aceto [a'tʃeto] *sm* vinegar

acetone [atʃe'tone] *sm (per unghie)* nail varnish remover

ACI ['atʃi] *sm (abbr di Automobile Club d'Italia)* ≃ AA *(UK)*, ≃ AAA *(US)*

acidità [atʃidi'ta] *sf* ● **acidità di stomaco** heartburn

acido, a ['atʃido, a] ◇ *agg* **1.** *(sapore)* sour

2. (*commento, persona*) sharp ◇ *sm* acid

acino ['atʃino] *sm* grape

acne ['akne] *sf* acne

acqua ['akkwa] *sf* water ● **sott'acqua** underwater ● **acqua corrente** running water ● **acqua cotta** *Tuscan soup made from stale bread, onions and tomatoes* ● **acqua dolce** fresh water ● **acqua minerale (gassata/naturale)** (carbonated/still) mineral water ● **acqua ossigenata** hydrogen peroxide ● **acqua del rubinetto** tap water ● **acqua salata** salt water ● **acqua tonica** tonic water ● **acque termali** hot springs ● **acqua in bocca!** keep it to yourself! ▼ **acqua non potabile** not drinking water

acqua alta

Built on a tidal lagoon, Venice is often affected by high tides, especially in October, November, and December. *Acqua alta* (high water) is when the water level rises more than 80 cm and floods the lowest-lying parts of the city. Sirens are sounded to warn Venetians when there is a risk of flooding.

acquaforte [akkwa'fɔrte] (*pl* **acqueforti**) *sf* etching

acquaio [ak'kwajo] *sm* sink

acquamarina [akkwama'rina] (*pl* **acquemarine**) *sf* aquamarine

acquaragia [akkwa'radʒa] *sf* turpentine

acquario [ak'kwarjo] *sm* aquarium ✦ **Acquario** *sm* Aquarius

acquasanta [akkwa'santa] *sf* holy water

acquatico, a, ci, che [ak'kwatiko, a, tʃi,

ke] *agg* **1.** (*pianta, animale*) aquatic **2.** (*sport*) water (*dav s*)

acquavite [akkwa'vite] *sf* brandy

acquazzone [akkwats'tsone] *sm* cloudburst

acquedotto [akkwe'dɔtto] *sm* aqueduct

acqueo ['akkweo, a] *agg m* ▶ **vapore**

acquerello [akkwe'rɛllo] *sm* watercolour

acquirente [akkwi'rɛnte] *smf* buyer

acquisire [akkwi'zire] *vt* (*ottenere*) to acquire

acquistare [akkwis'tare] *vt* **1.** (*comperare*) to buy **2.** (*ottenere*) to acquire

acquisto [ak'kwisto] *sm* purchase ● **fare acquisti** to shop

acquolina [akkwo'lina] *sf* ● **far venire l'acquolina in bocca a qn** to make sb's mouth water

acquoso, a [ak'kwozo, a] *agg* watery

acrilico, a, ci, che [a'kriliko, a, tʃi, ke] *agg & sm* acrylic

acrobata, i, e [a'krɔbata] *smf* acrobat

acrobazia [akrobats'tsia] *sf* **1.** (*di acrobata*) acrobatic feat **2.** (*di aereo*) stunt

acropoli [a'krɔpoli] *sf inv* acropolis

aculeo [a'kuleo] *sm* **1.** (*di serpente*) sting **2.** (*di vespa*) sting **2.** (*di riccio*) spine **3.** (*di pianta*) prickle

acume [a'kume] *sm* acumen

acustico, a, ci, che [a'kustiko, a, tʃi, ke] *agg* acoustic

acuto, a [a'kuto, a] *agg* **1.** (*voce, suono*) high-pitched **2.** (*intenso*) intense **3.** (*appuntito*) pointed **4.** (*intelligente*) sharp **5.** acute

ad [ad] ▶ **a**

adagio [a'dadʒo] *avv* slowly ▼ **entrare/uscire adagio** *sign warning drivers to enter or leave side roads etc slowly*

adattamento [adatta'mento] *sm* **1.** *(adeguamento, di opera)* adaptation **2.** *(modifica)* adjustment

adattare [adat'tare] *vt* to adapt

adattarsi *vr* ● **adattarsi (a qc)** *(adeguarsi)* to adapt (to sthg)

adatto, a [a'datto, a] *agg* ● **adatto (a)** suitable (for) ● **adatto a fare qc** suitable to do sthg

addebitare [addebi'tare] *vt* to debit

addestramento [addestra'mento] *sm* training

addestrare [addes'trare] *vt* to train

addetto, a [ad'detto, a] ◇ *agg (persona)* responsible ◇ *sm,f* person responsible ● **addetto stampa** press attaché ● **gli addetti ai lavori** *(fig)* the experts

addio [ad'dio] *esclam* goodbye!

addirittura [addirit'tura] ◇ *avv* **1.** *(perfino)* even **2.** *(direttamente)* directly ◇ *esclam* really?

addirsi [ad'dirsi] ● **addirsi a** to be suitable for

additivo [addi'tivo] *sm* additive

addizionale [additstsjo'nale] *agg* additional

addizione [addits'tsjone] *sf* addition

addobbo [ad'dɔbbo] *sm* decoration ● **addobbi natalizi** Christmas decorations

addolcire [addol'tʃire] *vt* to sweeten

addolorare [addolo'rare] *vt* to sadden

addolorarsi *vr* to upset o.s.

addome [ad'dɔme] *sm* abdomen

addomesticare [addomesti'kare] *vt* to house-train

addormentare [addormen'tare] *vt* to send to sleep ● **addormentarsi** *vr* to fall asleep

addossare [addos'sare] *vt* **1.** *(al muro)* to lean **2.** *(attribuire)* to lay

addosso [ad'dɔsso] ◇ *avv (sulla persona)* on ◇ *prep* ● **addosso a** *(su)* on; *(contro)* against ● **mettersi qc addosso** to put sthg on ● **dare addosso a** *(criticare)* to attack ● **eravamo uno addosso all'altro** we were right next to each other

adeguare [ade'gware] *vt* ● **adeguare qc a qc** to adjust sthg to sthg ● **adeguarsi** *vr* ● **adeguarsi a qc** to adapt to sthg

adeguato, a [ade'gwato, a] *agg* adequate

adempiere [a'dempjere] *vt* **1.** *(compiere)* to carry out **2.** *(esaudire)* to grant

adenoidi [ade'nɔidi] *sfpl* adenoids

aderente [ade'rɛnte] *agg* **1.** *(attillato)* close-fitting **2.** *(adesivo)* adhesive

aderire [ade'rire] *vi* ● **aderire a qc** *(attaccarsi)* to stick to sthg; *(partito)* to join sthg; *(proposta)* to support sthg; *(richiesta)* to agree to sthg

adesivo, a [ade'zivo, a] ◇ *agg* adhesive ◇ *sm (etichetta)* sticky label

adesso [a'dɛsso] *avv* **1.** *(ora)* now **2.** *(tra poco)* any moment now **3.** *(poco fa)* just now

adiacente [adja'tʃɛnte] *agg* adjacent

adibire [adi'bire] *vt* ● **adibire qc a qc** to use sthg as sthg

Adige [ʹadidʒe] *sm* ● **l'Adige** the River Adige

adirarsi [adi'rarsi] *vr* to get angry

adocchiare [adok'kjare] *vt* **1.** *(scorgere)* to glimpse **2.** *(guardare)* to eye

adolescente [adoleʃ'ʃɛnte] *smf* adolescent

adolescenza [adoleʃ'ʃɛntsa] *sf* adolescence

adoperare [adope'rare] *vt* to use

adorabile [ado'rabile] *agg* adorable

adorare [ado'rare] *vt* **1.** *(persona, cosa)* to adore **2.** *(divinità)* to worship

adottare [adot'tare] *vt* **1.** *(bambino)* to adopt **2.** *(misure, decisione)* to take

adottivo, a [adot'tivo, a] *agg* **1.** *(figlio, patria)* adopted **2.** *(genitori)* adoptive

adozione [adot'tsjone] *sf* adoption

adriatico, a, ci, che [adri'atiko, a, tʃi, ke] *agg* Adriatic ◆ **Adriatico** *sm* ◆ l'Adriatico the Adriatic (Sea)

adulterio [adul'terjo] *sm* adultery

adulto, a [a'dulto, a] *agg & sm,f (di età)* adult

aerare [ae'rare] *vt* to air

aereo, a [a'ereo, a] ◇ *agg* air *(dav s)* ◇ *sm* (aero)plane, aircraft ◆ **aereo da turismo** light aircraft

aerobica [ae'rɔbika] *sf* aerobics *sg*

aeronautica [aero'nawtika] *sf (aviazione)* air-force

aeroplano [aero'plano] *sm* (aero)plane (UK), airplane (US)

aeroporto [aero'pɔrto] *sm* airport

aerosol [aero'sɔl] *sm* aerosol

A.F. *(abbr di alta frequenza)* HF

afa ['afa] *sf* closeness

affabile [af'fabile] *agg* affable

affacciarsi [affat'tʃarsi] *vr (mostrarsi)* to show o.s. ◆ **affacciarsi su** to show o.s. at

affamato, a [affa'mato, a] *agg* starving

affannarsi [affan'narsi] *vr* **1.** *(stancarsi)* to tire o.s. **2.** *(agitarsi)* to worry

affanno [af'fanno] *sm* **1.** *(di respiro)* breathlessness **2.** *(ansia)* worry

affare [af'fare] *sm* **1.** business **2.** *(faccenda)* business, affair **3.** *(occasione)* bargain **4.** *(fam) (cosa)* thing ● è un affare!

it's a bargain! ● **affari** business *sg* ● per affari on business ● fare affari con to do business with ● **Affari Esteri** Foreign Affairs

affascinante [affaʃʃi'nante] *agg* charming

affascinare [affaʃʃi'nare] *vt* to charm, to fascinate

affaticarsi [affatti'karsi] *vr* to get tired

affatto [af'fatto] *avv* completely ● non ... affatto not ... at all ● niente affatto not at all

affermare [affer'mare] *vt* to affirm ◆ **affermarsi** *vr* to make a name for o.s.

affermativo, a [afferma'tivo, a] *agg* affirmative

affermazione [affermats'tsjone] *sf* **1.** *(dichiarazione)* affirmation **2.** *(successo)* success

afferrare [affer'rare] *vt* **1.** *(prendere)* to seize **2.** *(capire)* to grasp ◆ **afferrarsi a** to grasp at

affettare [affet'tare] *vt* to slice

affettato, a [affet'tato, a] ◇ *agg* **1.** *(a fette)* sliced **2.** *(artificioso)* affected ◇ *sm* sliced cold meat

affetto, a [af'fetto, a] ◇ *sm (attaccamento)* affection ◇ *agg* ● essere affetto da *(malattia)* to suffer from

affettuoso, a [affet'twozo, a] *agg* affectionate

affezionarsi [affetsjo'narsi] *vr* ● **affezionarsi a** to become fond of

affezionato, a [affetstsjo'nato, a] *agg* fond

affidamento [affida'mento] *sm* **1.** DIR custody **2.** *(fiducia)* ● fare affidamento su to rely on

affidare [affi'dare] *vt* to entrust ●

affidare [affi'dare] qn/qc a qn to entrust sb/sthg to sb

affiggere [affid'dʒere] vt (cartello, poster) to stick up

affilare [affi'lare] vt to sharpen

affilato, a [affi'lato, a] agg (lama, punta) sharp

affinché [affin'ke] cong in order that, so that

affinità [affini'ta] sf inv affinity

affissione [affis'sjone] sf ▼ divieto di affissione post no bills

affisso, a [af'fisso, a] ◇ pp ➤ affiggere ◇ sm poster

affittare [affit'tare] vt 1. (dare in affitto) to let, to rent (out) 2. (prendere in affitto) to rent ▼ affittasi to let

affitto [af'fitto] sm rent ● dare in affitto to let, to rent (out) ● prendere in affitto to rent

affliggere [af'flidʒdʒere] vt to torment ◆ **affliggersi** vr to torment o.s.

afflitto, a [af'flitto] ◇ pp ➤ affliggere ◇ agg afflicted

affluente [afflu'ente] sm tributary

affluire [afflu'ire] vi 1. (fiume) to flow 2. (gente, merce) to pour in

affogare [affo'gare] vi & vt to drown

affogato [affo'gato] sm (gelato) ice cream or "semifreddo" with coffee, whisky and a liqueur poured over it

affollato, a [affol'lato, a] agg crowded

affondare [affon'dare] vi & vt to sink

affrancare [affran'kare] vt to stamp

affrancatura [affranka'tura] sf postage

affresco [af'fresko] (pl **-schi**) sm fresco

affrettare [affret'tare] vt to hurry ◆ **affrettarsi** vr to hurry

affrontare [affron'tare] vt 1. (nemico) to confront 2. (spesa) to meet 3. (argomento) to tackle

affronto [af'fronto] sm insult

affumicato, a [affumi'kato, a] agg 1. (cibo) smoked 2. (vetro) tinted 3. (annerito) blackened

afoso, a [a'fozo, a] agg close

Africa ['afrika] sf ● l'Africa Africa

africano, a [afri'kano, a] agg & sm,f African

afta ['afta] sf mouth ulcer

agenda [a'dʒɛnda] sf diary

agente [a'dʒɛnte] sm agent ● agente di polizia policeman (f policewoman) ● gli agenti atmosferici the elements

agenzia [adʒen'tsia] sf 1. (impresa) agency 2. (succursale) branch ● agenzia di cambio bureau de change ● agenzia immobiliare estate agent's (UK), real-estate office (US) ● agenzia di viaggi travel agency

aggeggio [adʒ'dʒeddʒo] sm thing

aggettivo [adʒdʒet'tivo] sm adjective

agghiacciante [aggjatʃ'tʃante] agg terrible

aggiornare [adʒdʒor'nare] vt 1. (persona, opera) to bring up-to-date 2. (seduta) to postpone ◆ **aggiornarsi** vr to bring o.s. up-to-date

aggiornato, a [adʒdʒor'nato, a] agg up-to-date

aggirare [adʒdʒi'rare] vt to get round ◆ **aggirarsi** vr to wander ◆ **aggirarsi su** to be about

aggiudicare [adʒdʒudi'kare] vt to award ◆ **aggiudicarsi** vr to gain

aggiungere [adʒ'dʒundʒere] vt to add

aggiunta [adʒ'dʒunta] sf ● **in aggiunta** in addition

aggiunto, a [adʒ'dʒunto, a] pp > aggiungere

aggiustare [adʒdʒus'tare] vt to mend ◆ **aggiustarsi** vr to come to an agreement

agglomerato [agglome'rato] sm ● **agglomerato urbano** built-up area

aggrapparsi [aggrap'parsi] vr to cling on ◆ **aggrapparsi a** to cling to

aggravare [aggra'vare] vt to make worse ◆ **aggravarsi** vr to get worse

aggredire [aggre'dire] vt to attack

aggressione [aggres'sjone] sf attack

aggressivo, a [aggres'sivo, a] agg aggressive

agguato [ag'gwato] sm ambush

agiato, a [a'dʒato, a] agg 1. (persona) well-off 2. (vita) comfortable

agile ['adʒile] agg agile, nimble

agio ['adʒo] sm ● **essere a proprio agio** to feel at ease ● **mettersi a proprio agio** to make o.s. at home

agire [a'dʒire] vi (comportarsi) to act ● **agire da** (fare da) to act as

agitare [adʒi'tare] vt 1. to shake 2. (mano) to wave 3. (coda) to wag 4. (turbare) to upset ▼ **agitare prima dell'uso** shake before use ◆ **agitarsi** vr 1. (turbarsi) to get worked up 2. (muoversi) to writhe 3. (mare) to get rough ● **agitarsi nel letto** to toss and turn in bed

agitato, a [adʒi'tato, a] agg 1. (inquieto) worried 2. (mare) rough

agitazione [adʒitats'tsjone] sf 1. (inquietudine) agitation 2. (subbuglio) turmoil

agli ['aλλi] = a + gli; > a

aglio ['aλλo] sm garlic

agnello [aɲ'nɛllo] sm lamb ● **agnello alla norcina** leg of lamb larded with ham, garlic, parsley and marjoram

agnolotti [aɲɲo'lɔtti] smpl ravioli stuffed with pork, salami, Parmesan cheese and spinach

ago ['ago] (pl **aghi**) sm needle

agonia [ago'nia] sf agony

agopuntura [agopun'tura] sf acupuncture

agosto [a'gosto] sm August > settembre

agricolo, a [a'grikolo, a] agg agricultural

agricoltore [agrikol'tore] sm 1. (contadino) farm worker 2. (imprenditore) farmer

agricoltura [agrikol'tura] sf agriculture

agriturismo [agritu'rizmo] sm farm holidays pl

agrodolce [agro'doltʃe] sm ● **in agrodolce** in a sweet and sour sauce

agrume [a'grume] sm citrus fruit

aguzzare [aguts'tsare] vt to sharpen ● **aguzzare le orecchie** to prick up one's ears

aguzzo, a [a'gutstso] agg sharp

ahi ['aj] esclam ouch!

ai ['ai] = a + i; > a

Aia sf ● **l'Aia** the Hague

AIDS [aidi'esse o 'aids] sm o sf AIDS

A.I.G. (abbr di Associazione Italiana Alberghi per la Gioventù) ≃ YHA

air-terminal [air'tɛrminal] sm inv air terminal

aiuola [a'jwɔla] sf flower bed

aiutante [aju'tante] smf assistant

aiutare [aju'tare] vt to help ● **aiutare qn**

(a fare qc) to help sb (to do sthg)
aiuto [a'juto] *sm* **1.** help, assistance **2.** *(assistente)* assistant ● aiuto! help! ● **chiedere aiuto** to ask for help ● **essere di aiuto a qn** to be of help to sb ● **venire in aiuto di qn** to come to sb's aid
al [al] = a + il; ≻ **a**
ala ['ala] *(pl* **ali)** *sf* **1.** wing **2.** *(giocatore)* winger
alano [a'lano] *sm* Great Dane
alba ['alba] *sf* dawn ● **all'alba** at dawn
albanese [alba'nese] *agg & smf* Albanian
Albania [alba'nia] *sf* ● **l'Albania** Albania
albergatore, trice [alberga'tore, 'tritʃe] *sm,f* hotelier
albergo [al'bɛrgo] *(pl* **-ghi)** *sm* hotel ● **albergo diurno** *public toilets where people can also wash, have a haircut, get their clothes ironed etc.* ● **albergo per la gioventù** youth hostel
albero ['albero] *sm* **1.** tree **2.** *(di nave)* mast **3.** *(di macchina)* shaft ● **albero genealogico** family tree ● **albero di Natale** Christmas tree
albese [al'bese] *sf thin slices of raw beef served with oil, lemon and parsley or Parmesan cheese*
albicocca [albi'kɔkka] *(pl* **-che)** *sf* apricot
albino, a [al'bino, a] *agg & sm,f* albino
album ['album] *sm inv* album ● **album da disegno** sketch book
albume [al'bume] *sm* egg white
alcol ['alkol] = **alcool**
alcolico, a, ci, che [al'kɔliko, a, tʃi, ke] ◇ *agg* alcoholic ◇ *sm* alcoholic drink
alcolizzato, a [alkolid'dzato, a] *sm,f* alcoholic

alcool ['alkol] *sm* alcohol
alcuno, a [al'kuno, a] *agg sing* ● **non ... alcuno** *(nessuno)* no, not any ● **alcuni, alcune** some, a few ● **alcuni di** some of, a few of
aldilà [aldi'la] *sm* ● **l'aldilà** the next life
alfabeto [alfa'bɛto] *sm* alphabet
alfiere [al'fjɛre] *sm* **1.** *(portabandiera)* standard bearer **2.** *(negli scacchi)* bishop
alga ['alga] *(pl* **-ghe)** *sf (di mare)* seaweed
algebra ['aldʒebra] *sf* algebra
Algeria [aldʒe'ria] *sf* ● **l'Algeria** Algeria
aliante [ali'ante] *sm* glider
alibi ['alibi] *sm inv* alibi
alice [a'litʃe] *sf* anchovy ● **alici areganate** *anchovies cooked in oil, vinegar, garlic, parsley and oregano*
alienazione [aljenat'tsjone] *sf* **1.** *(pazzia)* insanity **2.** DIR transfer
alieno, a [a'ljɛno, a] *sm,f* alien
alimentare [alimen'tare] ◇ *agg* food *(dav s)* ◇ *vt* **1.** *(nutrire)* to feed **2.** *(fig)* *(rafforzare)* to strengthen **3.** *(rifornire)* to supply ● **alimentari** *smpl (cibi)* foodstuffs ● **negozio di alimentari** grocer's
alimentazione [alimentats'tsjone] *sf* **1.** *(nutrimento)* nutrition **2.** *(rifornimento)* supply
alimento [ali'mento] *sm* food ● **alimenti** *smpl* alimony *sg*
aliscafo [alis'kafo] *sm* hydrofoil
alito ['alito] *sm* breath
all' [al] = a + l'; ≻ **a**
alla ['alla] = a + la; ≻ **a**
allacciare [allatʃ'tʃare] *vt* **1.** *(scarpe)* to tie up **2.** *(cintura, vestito)* to fasten **3.** *(telefono, gas)* to connect ● **allacciarsi** *vr* to fasten

allagare [alla'gare] *vt* to flood ♦ **allagarsi** *vr* to flood

allargare [allar'gare] *vt* **1.** (*ampliare*) to widen **2.** (*aprire*) to open ♦ **allargarsi** *vr* to widen

allarmare [allar'mare] *vt* to alarm

allarme [al'larme] *sm* alarm ● **allarme d'incendio** fire alarm ● **dare l'allarme** to give the alarm

allattare [allat'tare] *vt* **1.** (*al seno*) to breast-feed **2.** (*artificialmente*) to bottle-feed

alle [alle] = a + le; > **a**

alleanza [alle'antsa] *sf* alliance

allearsi [alle'arsi] *vr* to form an alliance

allegare [alle'gare] *vt* to enclose

alleggerire [alleddʒe'rire] *vt* to lighten

allegria [alle'gria] *sf* cheerfulness

allegro, a [al'legro, a] ◇ *agg* **1.** (*contento*) cheerful **2.** (*colore*) bright **3.** (*vivace*) lively ◇ *sm* MUS allegro

allenamento [allena'mento] *sm* training ● **tenersi in allenamento** to keep in training

allenare [alle'nare] *vt* to train ♦ **allenarsi** *vr* to train

allenatore, trice [allena'tore, 'tritʃe] *sm,f* trainer, coach

allentare [allen'tare] *vt* **1.** (*vite, nodo*) to loosen **2.** (*sorveglianza, disciplina*) to relax ♦ **allentarsi** *vr* to work loose

allergia [aller'dʒia] *sf* allergy

allergico, a, ci, che [al'lɛrdʒiko, a, tʃi, ke] *agg* allergic ● **essere allergico a qc** to be allergic to sthg

allestire [alles'tire] *vt* (*mostra, spettacolo*) to get ready

allevamento [alleva'mento] *sm* **1.** (*attività*) breeding, rearing **2.** (*animali*) stock

allevare [alle'vare] *vt* **1.** (*animale*) to breed **2.** (*bambino*) to bring up

allibratore [allibra'tore] *sm* bookmaker

allievo, a [al'ljɛvo, a] *sm,f* pupil, student

alligatore [alliga'tore] *sm* alligator

allineare [alline'are] *vt* to align ♦ **allinearsi** *vr* (*mettersi in fila*) to line up

allo [allo] = a + lo; > **a**

allodola [al'lɔdola] *sf* skylark

alloggiare [allod'dʒare] *vi* to stay

alloggio [al'lɔddʒo] *sm* accommodation

allontanare [allonta'nare] *vt* **1.** (*mandare via*) to send away **2.** (*pericolo*) to avert ♦ **allontanarsi** *vr* to go away

allora [al'lora] ◇ *avv* then ◇ *cong* **1.** (*in tal caso*) then **2.** (*ebbene*) well ● **da allora** since then

alloro [al'lɔro] *sm* laurel

alluce [allutʃe] *sm* big toe

allucinante [allutʃi'nante] *agg* **1.** (*spaventoso*) terrifying **2.** (*incredibile*) incredible

allucinazione [allutʃinats'tsjone] *sf* hallucination

alludere [al'ludere] ♦ **alludere a** *v + prep* to allude to

alluminio [allu'minjo] *sm* aluminium

allungare [allun'gare] *vt* **1.** (*accrescere*) to lengthen **2.** (*gambe*) to stretch **3.** (*diluire*) to water down ♦ **allungarsi** *vr* **1.** (*accrescersi*) to lengthen **2.** (*distendersi*) to stretch out

allusione [allu'zjone] *sf* allusion ● **fare allusioni** to drop hints

alluso, a *pp* > **alludere**

alluvione [allu'vjone] *sf* flood

almeno [al'meno] *avv* at least

Alpi ['alpi] *sfpl* ● **le Alpi** the Alps

alpinismo [alpi'nizmo] *sm* climbing

alpinista, i, e [alpi'nista, i, e] *smf* climber

alpino, a [al'pino, a] *agg* alpine

alquanto [al'kwanto] *avv* somewhat

alt [alt] *esclam* halt!

altalena [alta'lena] *sf* 1. *(con funi)* swing 2. *(su asse)* see-saw *(UK)*, teeter-totter *(US)*

altare [al'tare] *sm* altar

alterare [alte'rare] *vt* to affect ◆ **alterarsi** *vr* 1. *(merce)* to be affected 2. *(irritarsi)* to get angry

alternare [alter'nare] *vt* ◆ **alternare qn/qc a** to alternate sb/sthg with ◆ **alternarsi** *vr* to alternate

alternativa [alterna'tiva] *sf* alternative

alternato, a [alter'nato, a] *agg* 1. alternate 2. *(corrente)* alternating

alterno, a [al'tɛrno, a] *agg* alternate

altezza [al'tettsa] *sf* 1. *(statura, di cosa)* height 2. *(di acqua)* depth 3. *(altitudine)* altitude

altezzoso, a [altets'tsoso, a] *agg* haughty

altipiano [alti'pjano] = altopiano

altitudine [alti'tudine] *sf* altitude

alto, a [al'to, a] ◇ *agg* 1. high 2. *(persona, edificio, albero)* tall 3. *(profondo)* deep 4. *(suono, voce)* loud ◇ *sm* top ◇ *avv* 1. high 2. *(parlare)* loud ● **è alto due metri** he's two metres tall ● **ad alta voce** out loud, aloud ● **alta moda** haute couture ● **dall'alto in basso** from top to bottom ● **alti e bassi** ups and downs ● **in alto** upwards

altoparlante [altopar'lante] *sm* loud-speaker

altopiano [alto'pjano] *(pl* altipiani*)* *sm* plateau

altrettanto, a [altret'tanto] ◇ *agg* 1. *(tempo, latte)* as much 2. *(persone, libri)* as many ◇ *pron* the same ◇ *avv* equally

● **auguri! - grazie, altrettanto!** all the best! - thank you, the same to you!

altrimenti [altri'menti] *avv* 1. *(se no)* otherwise 2. *(diversamente)* differently

altro, a [l'altro, a]

◇ *agg* 1. *(diverso)* other ● **ha un altro modello?** have you got another o a different model? 2. *(supplementare)* other ● **un altro caffè?** another coffee? 3. *(rimanente)* other ● **gli altri passeggeri sono pregati di restare al loro posto** would all remaining passengers please stay in their seats 4. *(nel tempo)* **l'altro giorno** the other day ● **l'altr'anno** last year ● **l'altro ieri** the day before yesterday ● **domani l'altro** the day after tomorrow 5. *(in espressioni)* ● **è tutt'altro che bello** it's far from being beautiful ● **d'altra parte** on the other hand

◇ *pron* ● **l'altro** the other (one) ● **un altro** another (one) ● **gli altri** *(il prossimo)* others, other people ● **l'uno o l'altro** one or the other ● **se non altro** at least ● **senz'altro** of course ● **tra l'altro** among other things

altroché [altro'ke] *esclam* and how!

altronde [al'tronde] ◆ **d'altronde** *avv* on the other hand

altrove [al'trove] *avv* elsewhere

altrui [al'trui] *agg inv* other people's

altruista, i, e [altru'ista, i, e] *agg* altruistic

altura [al'tura] *sf* high ground

alunno, a [a'lunno, a] *sm,f* pupil

alveare [alve'are] *sm* beehive

alzare [al'tsare] *vt* 1. *(oggetto)* to lift 2. *(prezzi, volume, voce)* to raise ◆ **alzarsi** *vr* 1. *(dal letto, dalla sedia)* to get up 2.

(aumentare) to rise **3.** *(vento)* to get up

amaca [a'maka o 'amaka] *(pl* **-che)** *sf* hammock

amalgamare [amalga'mare] *vt* to combine ◆ **amalgamarsi** *vr* to combine

amante [a'mante] ◇ *smf* lover ◇ *agg* ◆ **amante di qc** fond of sthg

amare [a'mare] *vt* **1.** *(persona)* to love **2.** *(cosa)* to be fond of

amareggiato, a [amared3'd3ato] *agg* embittered

amarena [ama'rena] *sf* sour black cherry

amaretto [ama'retto] *sm* **1.** *(biscotto)* macaroon **2.** *(liquore)* a liqueur made with almonds

amarezza [ama'retstsa] *sf* bitterness

amaro, a [a'maro, a] *agg* **1.** *(sapore)* bitter **2.** *(spiacevole)* nasty

ambasciata [ambaʃ'ʃata] *sf* embassy

ambasciatore, trice [ambaʃʃa'tore, 'tritʃe] *sm,f* ambassador

ambedue [ambe'due] *agg inv & pron* both

ambientare [ambjen'tare] *vt (film)* to set ◆ **ambientarsi** *vr* to get used to a place

ambiente [am'bjɛnte] *sm* **1.** *(natura)* environment **2.** *(cerchia)* surroundings *pl*

ambiguo, a [am'bigwo, a] *agg* **1.** *(parola, testo)* ambiguous **2.** *(comportamento, persona)* dubious

ambizione [ambits'tsjone] *sf* ambition

ambizioso, a [ambits'tsjozo, a] *agg* ambitious

ambra ['ambra] *sf* amber

ambulante [ambu'lante] *agg* itinerant

ambulanza [ambu'lantsa] *sf* ambulance

ambulatorio [ambula'tɔrjo] *sm* surgery

America [a'mɛrika] *sf* ◆ **l'America**

America ◆ **l'America latina** Latin America

americano, a [ameri'kano, a] *agg & sm,f* American

amianto [a'mjanto] *sm* asbestos

amichevole [ami'kevole] *agg* friendly

amicizia [ami'tʃitstsja] *sf* friendship ◆ **fare amicizia (con qn)** to make friends (with sb)

amico, a, ci, che [a'miko, a, tʃi, ke] *sm,f* friend ◆ **amico del cuore** best friend

amido ['amido] *sm* starch

ammaccare [ammak'kare] *vt* to dent

ammaccatura [ammakka'tura] *sf* **1.** *(su metallo)* dent **2.** *(su gamba)* bruise

ammaestrare [ammaes'trare] *vt* to train

ammainare [ammaj'nare] *vt* to lower

ammalarsi [amma'larsi] *vr* to fall ill

ammalato, a [amma'lato, a] ◇ *agg* ill ◇ *sm,f* patient

ammassare [ammas'sare] *vt* to amass, to pile up

ammazzare [ammats'tsare] *vt* to kill ◆ **ammazzarsi** *vr* to kill o.s.

ammenda [am'mɛnda] *sf* fine

ammesso, a [am'messo, a] *pp* ➤ **ammettere**

ammettere [am'mettere] *vt* **1.** *(riconoscere)* to admit **2.** *(permettere)* to allow **3.** *(a esame, scuola)* to accept **4.** *(supporre)* to suppose, to assume

amministrare [amminis'trare] *vt* to run, to manage

amministratore [amministra'tore] *sm (di condominio)* manager ◆ **amministratore delegato** managing director

ammirare [ammi'rare] *vt* to admire

ammiratore, trice [ammira'tore, 'tritʃe] *sm,f* admirer

ammirazione [ammirats'tsjone] *sf* admiration

ammissione [ammis'sjone] *sf (a esame)* admittance

ammobiliato, a [ammobi'ljato, a] *agg* furnished ● **non ammobiliato** unfurnished

ammollo [am'mɔllo] *sm* soaking ● **lasciare qc in ammollo** to leave sthg to soak

ammoniaca [ammo'niaka] *sf* ammonia

ammonire [ammo'nire] *vt* **1.** *(rimproverare)* to warn **2.** SPORT to book

ammonizione [ammonits'tsjone] *sf* **1.** *(rimprovero)* warning **2.** SPORT booking

ammontare [ammon'tare] ● **ammontare a** *v + prep* to amount to

ammorbidente [ammorbi'dɛnte] *sm* fabric softener

ammorbidire [ammorbi'dire] *vt (rendere morbido)* to soften

ammortizzatore [ammortidzdza'tore] *sm* shock absorber

ammucchiare [ammuk'kjare] *vt* to pile up

ammuffito, a [ammuf'fito] *agg* mouldy

ammutinamento [ammutina'mento] *sm* mutiny

amnistia [amnis'tia] *sf* amnesty

amo ['amo] *sm* bait

amore [a'more] *sm* love ● **fare l'amore (con qn)** to make love (with sb) ● **amor proprio** self-esteem

ampio, a ['ampjo, a] *agg* **1.** *(vasto)* wide **2.** *(spazioso)* spacious **3.** *(abbondante)* abundant

ampliare [am'pljare] *vt* to widen

amplificatore [amplifika'tore] *sm* amplifier

amputare [ampu'tare] *vt* to amputate

amuleto [amu'leto] *sm* amulet

anabbaglianti [anabbaʎ'ʎanti] *smpl* dipped headlights *(UK),* dimmed headlights *(US)*

anagrafe [a'nagrafe] *sf (ufficio)* registry office *(UK),* office of vital statistics *(US)*

analcolico, a, ci, che [anal'koliko, a, tʃi, ke] ◇ *agg* non-alcoholic ◇ *sm* soft drink

analfabeta, i, e [analfa'bɛta, i, e] *agg & smf* illiterate

analisi [a'nalizi] *sf inv* **1.** *(studio)* analysis **2.** MED test ● **analisi del sangue** blood test

analista, i, e [ana'lista, i, e] *smf* analyst

analizzare [analidz'dzare] *vt* to analyse

analogo, a, ghi, ghe [a'nalogo, a, gi, ge] *agg* similar

ananas ['ananas] *sm inv* pineapple

anarchia [anar'kia] *sf* anarchy

ANAS ['anas] *sf (abbr di Azienda Nazionale Autonoma delle Strade) national road board*

anatomia [anato'mia] *sf* anatomy

anatomico, a, ci, che [ana'tɔ miko, a, tʃi, ke] *agg (sedile)* contoured

anatra ['anatra] *sf* duck

anca ['anka] *(pl* **-che***) sf* hip

anche ['anke] *cong* **1.** *(pure)* too **2.** *(persino)* even

ancora[1] ['ankora] *sf* anchor

ancora[2] [an'kora] *avv* **1.** *(tuttora)* still **2.** *(persino)* even **3.** *(di nuovo)* again **4.** *(di più)* more, still ● **ancora più bello** even more beautiful ● **ancora un po'** a bit more ● **ancora una volta** once more ● **non ancora** not yet

andare [an'dare]

◇ *vi* **1.** *(muoversi)* to go ● **scusi, per**

andare alla stazione? could you tell me the way to the station, please? ● andare a Napoli to go to Naples ● andare avanti/indietro to go forwards/backwards ● andare in vacanza to go on holiday (UK), to go on vacation (US) **2.** (strada) to go **3.** (indica uno stato) ● come va? how are you? ● andare bene/male (persona) to be well/unwell; (situazione) to go well/badly **4.** (piacere) ● il suo modo di fare non mi va I don't like the way he behaves ● non mi va di mangiare I don't feel like eating **5.** (funzionare) to work **6.** (con participio passato) ● dove vа messa la chiave? where does the key go? ● andare perso (essere smarrito) to get lost **7.** (in espressioni) ● andare bene a qn (come misura) to fit sb ● queste scarpe mi vanno bene these shoes fit (me) ● ti va bene andare al cinema? do you feel like going to the cinema? ● andare via (partire) to leave; (macchia) to come out
◇ *sm* ● a lungo andare in time ●

andarsene *vr* to go away

andata [an'data] *sf* ● all'andata on the way there ● andata e ritorno return (ticket) (UK), round-trip ticket (US)

andatura [anda'tura] *sf* walk

andirivieni [andiri'vjeni] *sm inv* coming and going

anello [a'nɛllo] *sm* **1.** (da dito) ring **2.** (di catena) link ● anello di fidanzamento engagement ring

anemia [ane'mia] *sf* anaemia

anestesia [aneste'zia] *sf* anaesthesia

anestetico [anes'tɛtiko] *sm* anaesthetic

anfiteatro [anfite'atro] *sm* amphitheatre

anfora ['anfora] *sf* amphora

angelo ['andʒelo] *sm* angel

angina [an'dʒina] *sf* tonsillitis ● angina pectoris angina

angolo ['angolo] *sm* corner ● angolo cottura kitchen area ● all'angolo on the corner

angora ['angora] *sf* ● d'angora angora (dav s)

angoscia [an'gɔʃʃa] *sf* anguish

anguilla [an'gwilla] *sf* eel

anguria [an'gurja] *sf* watermelon

anice ['anitʃe] *sm* aniseed

anidride [ani'dride] *sf* ● anidride carbonica carbon dioxide

anima ['anima] *sf* soul

animale [ani'male] *agg & sm* animal ● animale domestico pet

animatore, trice [anima'tore, 'tritʃe] *sm,f* ● animatore turistico entertainment organizer (in holiday village)

animo ['animo] *sm* **1.** (mente) mind **2.** (cuore) heart **3.** (coraggio) ● perdersi d'animo to lose heart

anitra ['anitra] = **anatra**

annaffiare [annaf'fjare] *vt* to water

annaffiatoio [annaffja'tojo] *sm* watering can

annata [an'nata] *sf* **1.** year **2.** (di vino) vintage

annegare [anne'gare] *vt & vi* to drown ●

annegarsi *vr* to drown o.s.

anniversario [anniver'sarjo] *sm* anniversary

anno ['anno] *sm* year ● buon anno! Happy New Year! ● quanti anni hai? how old are you? ● ho 21 anni I'm 21 ● un bambino di tre anni a three-year-old ● anno accademico academic year

● **anno bisestile** leap year ● **anno scolastico** school year

annodare [anno'dare] *vt* to tie

annoiare [anno'jare] *vt* to bore ● **annoiarsi** *vr* to get bored

annotare [anno'tare] *vt* **1.** *(prendere nota)* to note down **2.** *(commentare)* to annotate

annuale [annu'ale] *agg* annual

annuario [annu'arjo] *sm* yearbook

annuire [annu'ire] *vi (con la testa)* to nod

annullare [annul'lare] *vt* **1.** *(partita, riunione, francobollo)* to cancel **2.** *(matrimonio)* to annul **3.** *(rendere vano)* to destroy

annunciare [annun't∫are] *vt* **1.** to announce **2.** *(indicare)* to indicate

annunciatore, trice [annunt∫a'tore, 'trit∫e] *sm,f* announcer

Annunciazione [annunt∫ats'tsjone] *sf* ● l'Annunciazione the Annunciation

annuncio [an'nunt∫o] *sm* announcement ● **annuncio pubblicitario** advertisement ● **annunci economici** classified ads

annuo, a [annwo, a] *agg* annual, yearly

annusare [annu'zare] *vt* to smell

annuvolamento [annuvola'mento] *sm* clouding over

ano [ano] *sm* anus

anomalo, a [a'nɔmalo, a] *agg* anomalous

anonimo, a [a'nɔnimo, a] *agg* anonymous

anoressia [anores'sia] *sf* anorexia

anormale [anor'male] ◇ *agg* abnormal ◇ *smf* abnormal person

ANSA ['ansa] *sf (abbr di Agenzia Nazionale Stampa Associata) national press agency*

ansia ['ansja] *sf* anxiety

ansimare [ansi'mare] *vi* to pant

ansioso, a [an'sjozo, a] *agg* **1.** *(inquieto)* anxious **2.** *(impaziente)* ● **ansioso di fare qc** eager to do sthg

anta ['anta] *sf* **1.** *(di finestra)* shutter **2.** *(di armadio)* door

antagonista, i, e [antago'nista, i, e] *smf* rival

antartico, a, ci, che [an'tartiko, a, t∫i, ke] *agg* Antarctic

Antartide [an'tartide] *sf* ● l'Antartide Antarctica

anteguerra [ante'gwɛrra] *sm* prewar period

antenato, a [ante'nato, a] *sm,f* ancestor

antenna [an'tenna] *sf* aerial

anteprima [ante'prima] *sf* preview ● **presentare qc in anteprima** to preview sthg

anteriore [ante'rjore] *agg* **1.** *(sedili, ruote)* front *(dav s)* **2.** *(nel tempo)* previous

antiabbaglianti [antjabbaʎ'ʎanti] = anabbaglianti

antibiotico [anti'bjɔtiko, t∫i] *sm* antibiotic

anticamera [anti'kamera] *sf* anteroom

antichità [antiki'ta] *sf inv* **1.** *(passato)* antiquity **2.** *(oggetto)* antique

anticipare [antit∫i'pare] *vt* **1.** *(partenza)* to bring forward **2.** *(denaro)* to pay in advance

anticipo [an'tit∫ipo] *sm* **1.** *(di denaro)* advance **2.** *(di tempo)* ◇ **il treno ha 10 minuti d'anticipo** the train is 10 minutes early ● **essere/arrivare in anticipo** to be/arrive early

antico, a, chi, che [an'tiko, a, ki, ke] *agg* **1.** *(mobilio)* antique **2.** *(dell'antichità)* ancient

anticoncezionale [antikontʃetstsjoˈnale] *agg & sm* contraceptive

anticonformista, i, e [antikonforˈmista, i, e] *agg & smf* nonconformist

anticorpo [antiˈkɔrpo] *sm* antibody

antidoto [anˈtidoto] *sm* antidote

antifascista, i, e [antifaʃˈʃista, i, e] *agg & smf* antifascist

antifurto [antiˈfurto] ◇ *agg inv* antitheft *(dav s)* ◇ *sm* antitheft device

antigelo [antiˈdʒelo] *sm inv* antifreeze

Antille [anˈtille] *sfpl* ● **le Antille** the West Indies

antimafia [antiˈmafja] *agg inv* anti-Mafia

antincendio [antinˈtʃendjo] *agg inv* fire *(dav s)*

antinebbia [antiˈnebbja] ◇ *agg inv* fog *(dav s)* ◇ *sm inv* fog lamp

antiorario, a [antioˈrarjo, a] *agg m* > **senso**

antipasto [antiˈpasto] *sm* hors d'œuvre ● **antipasto di mare** mixed seafood hors d'œuvre

antipatia [antipaˈtia] *sf* antipathy

antipatico, a, ci, che [antiˈpatiko, a, tʃi, ke] *agg* unpleasant

antiquariato [antikwaˈrjato] *sm (commercio)* antique trade ● **oggetti d'antiquariato** antiques

antiquario, a [antiˈkwarjo, a] *sm,f* antique dealer

antiquato, a [antiˈkwato, a] *agg* old-fashioned

antiruggine [antiˈruddʒine] *agg inv* rustproof

antirughe [antiˈruge] *agg inv* antiwrinkle *(dav s)*

antisettico, a, ci, che [antiˈsettiko, a,

tʃi, ke] *agg & sm* antiseptic

antitetanica [antiteˈtanika] *sf* antitetanus injection

antivipera [antiˈvipera] *sm inv* antiviper serum

antivirus [antiˈvirus] *sm inv* INFORM antivirus

antologia [antoloˈdʒia] *sf* anthology

anulare [anuˈlare] ◇ *agg* ring *(dav s)* ◇ *sm* ring finger

anzi [ˈantsi] *cong* **1.** *(al contrario)* on the contrary **2.** *(o meglio)* or rather

anziano, a [anˈtsjano, a] ◇ *agg* **1.** *(di età)* elderly **2.** *(di carica)* senior ◇ *sm,f (vecchio)* senior citizen

anziché [antsiˈke] *cong* rather than

anzitutto [antsiˈtutto] *avv* first of all

apatia [apaˈtia] *sf* apathy

apatico, a, ci, che [aˈpatiko, a, tʃi, ke] *agg* apathetic

ape [ˈape] *sf* bee

aperitivo [aperiˈtivo] *sm* aperitif

aperto, a [aˈpɛrto, a] ◇ *pp* > **aprire** ◇ *agg* open ◇ *sm* ● **all'aperto** in the open air

apertura [aperˈtura] *sf* opening

apice [ˈapitʃe] *sm* peak ● **essere all'apice di qc** to be at the height of sthg

apicoltura [apikolˈtura] *sf* beekeeping

apnea [apˈnea] *sf* ● **in apnea** *(subacqueo)* without breathing apparatus

apolide [aˈpolide] ◇ *agg* stateless ◇ *smf* stateless person

apostolo [aˈpɔstolo] *sm* apostle

apostrofare [apostroˈfare] *vt* **1.** *(interpellare)* to address **2.** *(rimproverare)* to reproach

apostrofo [aˈpɔstrofo] *sm* apostrophe

appagare [appaˈgare] *vt* to satisfy

appannare [appan'nare] *vt* **1.** *(vetro)* to mist **2.** *(fig) (mente)* to dim ◆ **appannarsi** *vr* **1.** *(vetro)* to mist up **2.** *(fig) (vista, mente)* to grow dim

apparato [appa'rato] *sm* **1.** ANAT system **2.** *(impianto)* apparatus

apparecchiare [apparek'kjare] *vt* ◆ apparecchiare la tavola to lay the table

apparecchio [appa'rekkjo] *sm* **1.** *(congegno)* device **2.** *(aereo)* aircraft **3.** *(per i denti)* brace ● **apparecchio acustico** hearing aid

apparente [appa'rente] *agg* apparent

apparentemente [apparente'mente] *avv* apparently

apparenza [appa'rentsa] *sf* ● in ◇ all'apparenza apparently

apparire [appa'rire] *vi* **1.** *(mostrarsi)* to appear **2.** *(sembrare)* to seem

appariscente [appariʃ'ʃente] *agg* striking

apparso, a [ap'parso, a] *pp* ➤ apparire

appartamento [apparta'mento] *sm* flat *(UK)*, apartment *(US)*

appartenere [apparte'nere] ◆ appartenere a *v* + *prep* to belong to

appassionato, a [appassjo'nato, a] ◇ *agg* passionate ◇ *sm,f* fan ● essere appassionato di qc to be keen on sthg

appello [ap'pɛllo] *sm* **1.** *(chiamata)* roll-call **2.** DIR appeal ● fare appello a to appeal to ● fare l'appello to call the roll

appena [ap'pena] ◇ *avv* **1.** *(a fatica)* hardly **2.** *(da poco)* just **3.** *(solo)* only, just ◇ *cong* as soon as ● non appena as soon as

appendere [ap'pɛndere] *vt* to hang up

appendice [appen'ditʃe] *sf* appendix

appendicite [appendi'tʃite] *sf* appendicitis

Appennini [appen'nini] *smpl* ● gli Appennini the Apennines

appeso, a [ap'pezo, a] *pp* ➤ appendere

appetito [appe'tito] *sm* appetite ● buon appetito! enjoy your meal!

appetitoso, a [appeti'tozo, a] *agg* appetizing

appezzamento [appetstsa'mento] *sm* plot

appiattire [appjat'tire] *vt* to flatten ◆ **appiattirsi** *vr* **1.** *(al suolo, contro il muro)* to flatten o.s. **2.** *(diventare piatto)* to become flatter

appiccare [appik'kare] *vt* ● appiccare il fuoco a qc to set fire to sthg

appiccicare [appittʃi'kare] *vt* to stick ◆ **appiccicarsi** *vr* ● appiccicarsi (a) to stick (to); *(fig) (persona)* to cling (to)

appiccicoso, a [appittʃiʃi'kozo, a] *agg* **1.** *(attaccaticcio)* sticky **2.** *(fig) (persona)* clingy

appieno [ap'pjɛno] *avv* fully

appigliarsi [appiʎ'ʎarsi] ◆ appigliarsi a *(afferrarsi)* to hold on to; *(fig) (pretesto)* to cling to

appiglio [ap'piʎʎo] *sm* **1.** *(appoggio)* hold **2.** *(fig) (pretesto)* pretext

appisolarsi [appizo'larsi] *vr* to doze off

applaudire [applaw'dire] *vt* to applaud

applauso [ap'plawzo] *sm* applause ● fare un applauso to give a round of applause

applicare [appli'kare] *vt* to apply ◆ **applicarsi** *vr* to apply o.s.

applicazione [applikats'tsjone] *sf* **1.** *(di cerotto, pomata)* application **2.** *(attuazione)* enforcement

appoggiare [appod3'd3are] vt **1.** (per terra, sul tavolo) to put (down) **2.** (sostenere) to support **3.** (al muro) **appoggiare qc o contro qc** to lean against sthg ◆ **appoggiarsi a** to lean against

appoggiatesta [appod3d3a'testa] sm inv headrest

apporre [ap'porre] vt (form) to add

appositamente [appozita'mente] avv on purpose ● **appositamente per te** specially for you

apposito, a [ap'pozito, a] agg appropriate

apposta [ap'posta] avv deliberately ● **fare qc apposta** to do sthg on purpose

apposto, a [ap'posto, a] pp ➤ **apporre**

apprendere [ap'prendere] vt to learn

apprendista, i, e [appren'dista, i, e] smf apprentice

apprensivo, a [appren'sivo, a] agg apprehensive

appreso, a [ap'prezo, a] pp ➤ **apprendere**

appretto [ap'pretto] sm starch

apprezzamento [appretstsa'mento] sm appreciation

apprezzare [apprets'tsare] vt to appreciate

approccio [ap'prɔttʃo] sm approach

approdare [appro'dare] vi to land ● **non approdare a niente** to come to nothing

approdo [ap'prɔdo] sm **1.** (atto) landing **2.** (luogo) landing-place

approfittare [approfit'tare] ◆ **approfittare di** v + prep to take advantage of

approfondire [approfon'dire] vt **1.** (accentuare) to deepen **2.** (studiare) to study in depth

appropriarsi [appro'prjarsi] ◆ **appropriarsi di** to appropriate

approssimativo, a [approssima'tivo, a] agg **1.** (calcolo) approximate **2.** (conoscenza) superficial

approvare [appro'vare] vt **1.** (legge, proposta) to pass **2.** (comportamento) to approve of

approvazione [approvats'tsjone] sf approval

appuntamento [appunta'mento] sm **1.** appointment **2.** (amoroso) date ● **dare (un) appuntamento a qn** to arrange to meet sb ● **prendere un appuntamento con o da qn** to make an appointment with sb

appuntare [appun'tare] vt **1.** (matita) to sharpen **2.** (fissare) to pin **3.** (annotare) to note

appunto [ap'punto] ◇ sm **1.** (annotazione) note **2.** (rimprovero) reprimand ◇ avv exactly

apribottiglie [apribot'tiʎʎe] sm inv bottle opener

aprile [a'prile] sm April ➤ **settembre**

aprire [a'prire] ◇ vt **1.** to open **2.** (gas, acqua) to turn on ◇ vi to open ● **vai tu ad aprire?** can you answer the door? ▼ **non aprire prima che il treno sia fermo** do not open before the train has stopped ◆ **aprirsi** vr **1.** (porta) to open **2.** (inchiesta) to start up **3.** (confidarsi) ● **aprirsi con qc** to open one's heart to sb

apriscatole [apris'katole] sm inv can opener

aquila ['akwila] sf eagle

aquilone [akwi'lone] sm kite

Arabia Saudita [arabjasau'dita] sf ● **l'Arabia Saudita** Saudi Arabia

arabo, a ['arabo, a] ◇ *agg* & *sm,f* Arab ◇ *sm* (*lingua*) Arabic

arachide [a'rakide] *sf* peanut

aragosta [ara'gosta] *sf* lobster

arancia [a'rantʃa] (*pl* -ce) *sf* orange

aranciata [aran'tʃata] *sf* orange juice

arancini [aran'tʃini] *smpl* rice balls with a filling of tomatoes and mozzarella cheese (a Sicilian speciality)

arancio [a'rantʃo] *sm* orange tree

arancione [aran'tʃone] *agg* & *sm* orange

arare [a'rare] *vt* to plough

aratro [a'ratro] *sm* plough

arazzo [a'ratstso] *sm* tapestry

arbitrario, a [arbi'trarjo, a] *agg* arbitrary

arbitro ['arbitro] *sm* referee

arbusto [ar'busto] *sm* shrub

archeologia [arkeolo'dʒia] *sf* archaeology

archeologico, a, ci, che [arkeo'lɔdʒiko, a, tʃi, ke] *agg* archaeological

architetto [arki'tetto] *sm* architect

architettura [arkitet'tura] *sf* architecture

archivio [ar'kivjo] *sm* 1. (*luogo*) archives *pl* 2. (*raccolta*) files *pl* 3. INFORM file

arcipelago [artʃi'pelago] (*pl* -ghi) *sm* archipelago

arcivescovo [artʃi'veskovo] *sm* archbishop

arco ['arko] (*pl* -chi) *sm* 1. (*volta*) arch 2. (*arma*) bow 3. (*durata*) ● nell'arco di due mesi in the space of two months

arcobaleno [arkoba'leno] *sm* rainbow

ardere ['ardere] *vt* & *vi* to burn

ardesia [ar'dezja] *sf* (*pietra*) slate

ardire [ar'dire] ◇ *vi* to dare ◇ *sm* daring

ardore [ar'dore] *sm* ardour

area ['area] *sf* area ● area di servizio services *pl* ▼ area pedonale pedestrian precinct

arena [a'rena] *sf* arena

arenarsi [are'narsi] *vr* to run aground

argenteria [ardʒente'ria] *sf* silverware

Argentina [ardʒen'tina] *sf* ● l'Argentina Argentina

argentino, a [ar'dʒentino, a] *agg* & *sm,f* Argentinian

argento [ar'dʒento] *sm* silver ● d'argento silver

argilla [ar'dʒilla] *sf* clay

argine ['ardʒine] *sm* bank

argomento [argo'mento] *sm* 1. (*tema*) subject 2. (*ragionamento*) argument

arguto, a [ar'guto, a] *agg* 1. (*persona*) quick-witted 2. (*discorso, battuta*) witty

aria ['arja] *sf* 1. air 2. (*aspetto*) appearance ● ha l'aria familiare he looks familiar ● mandare all'aria qc to ruin sthg ● all'aria aperta in the open air ● aria condizionata air-conditioning ● darsi delle arie to fancy o.s.

arido, a ['arido, a] *agg* 1. (*secco*) arid 2. (*fig*) (*persona, cuore*) cold

ariete [a'rjete] *sm* (*animale*) ram ● Ariete *sm* Aries

aringa, ghe [a'ringa, ge] *sf* herring

arista [a'rista] *sf* saddle of pork

aristocratico, a, ci, che [aristo'kratiko, a, tʃi, ke] ◇ *agg* aristocratic ◇ *sm,f* aristocrat

aritmetica [arit'metika] *sf* arithmetic

arma, i ['arma, i] *sf* 1. (*strumento*) weapon 2. (*di esercito*) division ● arma da fuoco firearm

armadio [ar'madjo] *sm* cupboard ● armadio a muro built-in cupboard

armato, a [ar'mato, a] *agg* armed

armatura [arma'tura] *sf* armour

apostrofare [apostro'fare] *vt* **1.** *(interpellare)* to address **2.** *(rimproverare)* to reproach

armonia [armo'nia] *sf* harmony

arnese [ar'neze] *sm* **1.** *(attrezzo)* tool **2.** *(fam) (oggetto)* thing

arnia ['arnja] *sf* beehive

Arno ['arno] *sm* ● **l'Arno** the Arno

aroma [a'rɔma] *(pl -i) sm* **1.** *(odore)* aroma **2.** *(essenza)* flavouring ◆ **aromi** *smpl* spices

arpa ['arpa] *sf* harp

arpione [ar'pjone] *sm* harpoon

arrabbiarsi [arrab'bjarsi] *vr* to get angry

arrabbiato, a [arrab'bjato, a] *agg* angry ● **all'arrabbiata** ➤ **penne**

arrampicarsi [arrampi'karsi] *vr* to climb

arrangiarsi [arran'dʒarsi] *vr* to get by

arredamento [arreda'mento] *sm* furnishings *pl*

arredare [arre'dare] *vt* to furnish

arrendersi [ar'rendersi] *vr* to surrender

arrestare [arre'stare] *vt* **1.** *(catturare)* to arrest **2.** *(emorragia, flusso)* to stop

arresto [ar'resto] *sm* **1.** *(cattura)* arrest **2.** *(fermata)* stop ● **arresto cardiaco** cardiac arrest

arretrato, a [arre'trato, a] *agg* **1.** *(pagamento, giornale)* back *(dav s)* **2.** *(sottosviluppato)* backward **3.** *(sorpassato)* old-fashioned ◆ **arretrati** *smpl* arrears

arricchire [arrik'kire] *vt* to enrich ●

arricchirsi *vr* to get rich

arricciacapelli [arrittʃaka'pelli] *sm inv* curling tongs *pl*

arricciare [arrit'tʃare] *vt (capelli, nastro)*

to curl ● **arricciare il naso** to wrinkle one's nose

arrivare [arri'vare] *vi* to arrive ● **arriverò a Firenze alle due** I'll get to Florence at two ◆ **arrivare a** *v + prep (grado, livello)* to reach ● **arrivare a fare qc** *(riuscire)* to manage to do sthg; *(giungere al punto di, osare)* to go so far as to do sthg

arrivederci [arrive'dertʃi] *esclam* goodbye!

arrivederla [arrive'derla] *esclam* goodbye!

arrivista, i, e [arri'vista, i, e] *smf* social climber

arrivo [ar'rivo] *sm* **1.** arrival **2.** *(nello sport)* finishing line ● **essere in arrivo** to be arriving ▼ **arrivi (nazionali/internazionali)** (domestic/international) arrivals

arrogante [arro'gante] *agg* arrogant

arrossire [arros'sire] *vi* to blush

arrostire [arros'tire] *vt* to roast

arrosto [ar'rɔsto] *sm* roast

arrotolare [arroto'lare] *vt* to roll up

arrotondare [arroton'dare] *vt* **1.** *(render tondo)* to round **2.** *(numero)* to round off **3.** *(stipendio)* to add to

arruolarsi [arwo'larsi] *vr* to enlist

arsenale [arse'nale] *sm* **1.** *(di armi)* arsenal **2.** *(cantiere)* dockyard

arte ['arte] *sf* **1.** art **2.** *(abilità)* skill

arteria [ar'terja] *sf* artery

artico, a, ci, che [artiko, a, tʃi, ke] *agg* Arctic

articolazione [artikolats'tsjone] *sf* joint

articolo [ar'tikolo] *sm* **1.** article **2.** *(merce)* article, item ● **articoli da regalo** gifts

Artide ['artide] *sf* ● **l'Artide** the Arctic

artificiale [artifi'tʃale] *agg* artificial

artigianato [artidʒa'nato] *sm* craftsmanship ● **di artigianato** handcrafted

artigiano, a [arti'dʒano, a] ◇ *agg* craft *(dav s)* ◇ *sm,f* craftsman (f craftswoman)

artiglio [ar'tiʎʎo] *sm* claw

artista, i, e [ar'tista, i, e] *smf* artist

artistico, a, ci, che [ar'tistiko, a, tʃi, ke] *agg* artistic

arto ['arto] *sm* limb

artrite [ar'trite] *sf* arthritis

artrosi [ar'trɔzi] *sf* osteoarthritis

ascella [aʃ'ʃɛlla] *sf* armpit

ascendente [aʃʃen'dɛnte] *sm* **1.** *(influsso)* ascendancy **2.** *(astrologico)* ascendant

Ascensione [aʃʃen'sjone] *sf* ● **l'Ascensione** the Ascension

ascensore [aʃʃen'sore] *sm* lift *(UK)*, elevator *(US)*

ascesso [aʃ'ʃɛsso] *sm* abscess

ascia ['aʃʃa] *(pl* **asce)** *sf* axe

asciugacapelli [aʃʃugaka'pelli] *sm inv* hairdryer

asciugamano [aʃʃuga'mano] *sm* towel

asciugare [aʃʃu'gare] *vt* to dry ● **asciugarsi** *vr* **1.** *(persona)* to dry o.s. **2.** *(tinta, vestiti)* to dry

asciutto, a [aʃ'ʃutto, a] *agg* **1.** *(secco)* dry **2.** *(magro)* thin

ascoltare [askol'tare] *vt* to listen to

ascoltatore, trice [askolta'tore, 'tritʃe] *sm,f* listener

ascolto [as'kolto] *sm* ● **dare** *o* **prestare ascolto a** to pay attention to ● **essere in ascolto** to be listening

asfaltato, a [asfal'tato] *agg* asphalt *(dav s)*

asfalto [as'falto] *sm* asphalt

asfissia [asfis'sia] *sf* asphyxia

asfissiare [asfis'sjare] *vt & vi* to suffocate

Asia ['azja] *sf* ● **l'Asia** Asia

asiatico, a, ci, che [a'zjatiko, a, tʃi, ke] *agg & sm,f* Asian

asilo [a'zilo] *sm (scuola)* nursery ● **asilo nido** crèche ● **asilo politico** political asylum

asino ['azino] *sm* donkey

asma ['azma] *sf* asthma

asola ['azola] *sf* buttonhole

asparago [as'parago] *sm* asparagus

aspettare [aspet'tare] *vt* to wait for ● **mi aspetto una risposta** I expect an answer ● **aspettare un bambino** to be expecting a child

aspettativa [aspetta'tiva] *sf* **1.** *(previsione)* expectation **2.** *(congedo)* leave

aspetto [as'pɛtto] *sm* **1.** *(apparenza)* appearance **2.** *(punto di vista)* point of view **3.** *(elemento)* aspect

aspirapolvere [aspira'polvere] *sm inv* vacuum cleaner

aspirare [aspi'rare] *vt* **1.** *(inalare)* to breathe in **2.** *(risucchiare)* to suck up ● **aspirare a** *v + prep* to aspire to

aspiratore [aspira'tore] *sm* extractor

aspirina® [aspi'rina] *sf* aspirin

aspro, a ['aspro, a] *agg (sapore)* sour

assaggiare [assad'dʒare] *vt* to taste

assai [as'sai] *avv* **1.** *(molto)* very **2.** *(abbastanza)* enough

assalire [assa'lire] *vt* to attack

assassinare [assassi'nare] *vt* to murder

assassinio [assas'sinjo] *sm* murder

assassino, a [assas'sino, a] *sm,f* murderer

asse ['asse] ◇ *sf* board ◇ *sm* **1.** (*di auto*) axle **2.** (*retta*) axis

assedio [as'sɛdjo] *sm* siege

assegnare [asseɲ'ɲare] *vt* ● **assegnare qc (a qn)** (*casa, rendita*) to allocate sthg (to sb); (*incarico, compiti*) to assign sthg (to sb); (*premio*) to award sthg (to sb)

assegno [as'seɲɲo] *sm* **1.** (*bancario*) cheque **2.** (*sussidio*) benefit ● **assegno a vuoto** bounced cheque ● **assegno circolare** bank draft ● **assegno di studio** study grant ● **assegno di viaggio** turistico traveller's cheque ● **contro assegno** cash on delivery

assemblea [assem'blɛa] *sf* meeting

assente [as'sɛnte] ◇ *agg* **1.** (*da luogo*) absent **2.** (*distratto*) vacant ◇ *smf* absentee

assenza [as'sɛntsa] *sf* **1.** (*lontananza*) absence **2.** (*mancanza*) lack

assetato, a [asses'tato, a] *agg* thirsty

assicurare [assiku'rare] *vt* **1.** (*auto, casa*) to insure **2.** (*garantire*) to ensure **3.** (*fissare*) to secure ◆ **assicurarsi** *vr* to insure o.s. ● **assicurarsi di fare qc** to make sure to do sthg ● **assicurarsi che** to make sure that

assicurata [assiku'rata] *sf* registered letter

assicurato, a [assiku'rato, a] *agg* insured

assicurazione [assikurats'tsjone] *sf* **1.** (*contratto*) insurance **2.** (*garanzia*) assurance ● **assicurazione sulla vita** life assurance

assillare [assil'lare] *vt* **1.** (*infastidire*) to pester **2.** (*sog: pensiero*) to torment

Assisi [as'sizi] *sf* Assisi

assistente [assis'tɛnte] *smf* assistant ●

assistente sociale social worker ● **assistente di volo** steward (*f* stewardess)

assistenza [assis'tɛntsa] *sf* aid

assistere [assi'stere] ◇ *vt* **1.** to assist **2.** (*malato*) to care for ◇ *vi* ● **assistere (a qc)** (*a lezioni*) to attend (sthg); (*a scena*) to be present (at sthg)

assistito, a *pp* ➢ **assistere**

asso ['asso] *sm* ace

associare [asso'tʃare] *vt* to associate ● **associarsi** *vr* ● **associarsi (a o con)** (*ditta*) to enter into a partnership (with) ● **associarsi a qc** (*club*) to join sthg

associazione [assotʃats'tsjone] *sf* associazione

assolto, a [as'sɔlto, a] *pp* ➢ **assolvere**

assolutamente [assoluta'mente] *avv* absolutely

assoluto, a [asso'luto, a] *agg* absolute

assoluzione [assoluts'tsjone] *sf* **1.** (*accusato*) acquittal **2.** *RELIG* absolution

assolvere [as'solvere] *vt* **1.** (*accusato*) to acquit **2.** *RELIG* to absolve **3.** (*compito*) to carry out

assomigliare [assomiʎ'ʎare] ◆ **assomigliare a** *v + prep* to resemble, to look like

assonnato, a [asson'nato, a] *agg* sleepy

assorbente [assor'bɛnte] ◇ *agg* (*tampone*) absorbent ◇ *sm* ● **assorbente (igienico)** (sanitary) towel ● **assorbente interno** tampon

assorbire [assor'bire] *vt* to absorb

assordante [assor'dante] *agg* deafening

assortimento [assorti'mento] *sm* assortment

assortito, a [assor'tito, a] *agg* **1.** (*vario*) assorted **2.** (*accordato*) matching

assumere [as'sumere] *vt* **1.** *(personale)* to take on **2.** *(impegno)* to accept **3.** *(atteggiamento)* to assume

assunto, a [as'sunto, a] *pp* > assumere

assurdità [assurdi'ta] *sf inv* absurdity

assurdo, a [as'surdo, a] *agg* absurd

asta ['asta] *sf* **1.** *(bastone)* pole **2.** *(vendita)* auction

astemio, a [as'tɛmjo, a] *agg* teetotal

astenersi [aste'nersi] ◆ **astenersi da** to abstain from

asterisco [aste'risko] *(pl* **-schi)** *sm* asterisk

astigmatico, a, ci, che [astig'matiko, a, tʃi, ke] *agg* astigmatic

astratto, a [as'tratto, a] *agg* abstract

astrologia [astrolo'dʒia] *sf* astrology

astronauta, i, e [astro'nawta, i, e] *smf* astronaut

astronomia [astrono'mia] *sf* astronomy

astuccio [as'tuttʃo] *sm* case

astuto, a [as'tuto, a] *agg* **1.** *(persona)* cunning **2.** *(idea, azione)* shrewd

astuzia [as'tutstsja] *sf* **1.** *(furbizia)* shrewdness **2.** *(stratagemma)* trick

A.T. *abbr* = **alta tensione**

ateo, a [a'tɛo, a] *sm,f* atheist

ATI *(abbr di Aerotrasporti Italiani)* *Italian domestic airline*

atlante [a'tlante] *sm (geografico)* atlas

atlantico, a, ci, che [a'tlantiko, a, tʃi, ke] *agg* Atlantic

Atlantico [a'tlantiko, a, tʃi, ke] *sm* ◆ l'(Oceano) Atlantico the Atlantic (Ocean)

atleta, i, e [a'tlɛta, i, e] *smf* athlete

atletica [a'tlɛtika] *sf* athletics *sg*

atletico, a, ci, che [a'tlɛtiko, a, tʃi, ke] *agg* athletic

atmosfera [atmos'fɛra] *sf* atmosphere

atmosferico, a, ci, che [atmos'fɛriko, a, tʃi, ke] *agg* atmospheric

atomico, a, ci, che [a'tɔmiko, a, tʃi, ke] *agg* atomic

atomo ['atomo] *sm* atom

atroce [a'trotʃe] *agg* atrocious

attaccante [attak'kante] *sm* forward

attaccapanni [attakka'panni] *sm inv* clothes stand

attaccare [attak'kare] *vt* **1.** *(unire)* to attach **2.** *(appendere)* to hang up **3.** *(assalire)* to attack **4.** *(trasmettere)* to give ◆ **attaccarsi** *vr* to stick

attacco [at'takko] *(pl* **-chi)** *sm* **1.** attack **2.** *(presa)* socket

atteggiamento [atteddʒa'mento] *sm* attitude

attendere [at'tendere] *vt* to wait for

attentato [atten'tato] *sm* attack

attento, a [at'tento, a] *agg* **1.** *(che presta attenzione)* attentive **2.** *(prudente)* careful ● **stai attento!** *(non distrarti)* pay attention!; *(stai in guardia)* be careful! ▼ **attenti al cane** beware of the dog ▼ **attenti al gradino** mind the step

attenzione [atten'tsjone] *sf* attention ● **attenzione!** be careful! ● **fare attenzione** *(concentrarsi)* to pay attention; *(essere prudente)* to be careful

atterraggio [atter'raddʒo] *sm* landing

atterrare [atter'rare] *vi* to land

attesa [at'tɛza] *sf* wait ● **essere in attesa di** to be waiting for

atteso, a [at'tɛzo, a] *pp* > attendere

attestato [attes'tato] *sm* certificate

attico ['attiko] *sm* penthouse

attillato, a [attil'lato, a] *agg* close-fitting

attimo ['attimo] *sm* moment

attirare [atti'rare] *vt* to attract

attitudine [atti'tudine] *sf* aptitude

attività [attivi'ta] *sf inv* **1.** activity **2.** *(occupazione)* occupation **3.** COMM assets *pl*

attivo, a [at'tivo, a] ◊ *agg* active ◊ *sm* assets *pl*

atto [atto] *sm* **1.** *(azione, gesto)* act, deed **2.** *(documento)* document **3.** *(di dramma)* act ● **mettere in atto** to put into action

attonito, a [at'tɔnito, a] *agg* astonished

attorcigliare [attortʃiʎ'ʎare] *vt* to twist

attore, trice [at'tore, 'tritʃe] *sm,f* actor (f actress)

attorno [at'torno] *avv* around

attracco [at'trakko] *sm (pl -chi)* **1.** *(manovra)* docking **2.** *(luogo)* mooring

attraente [attra'ɛnte] *agg* attractive

attrarre [at'trarre] *vt* **1.** *(affascinare)* to attract **2.** *(richiamare)* to draw

attrattiva [attrat'tiva] *sf* **1.** *(richiamo)* attraction **2.** *(qualità)* attractiveness

attratto, a [at'tratto, a] *pp* > **attrarre**

attraversamento [attraversa'mento] *sm* crossing ● **attraversamento pedonale** pedestrian crossing

attraversare [attraver'sare] *vt* **1.** *(strada, città)* to cross **2.** *(periodo)* to go through

attraverso [attra'verso] *prep* **1.** *(da parte a parte)* across **2.** *(per mezzo di)* through

attrazione [attrats'tsjone] *sf* attraction

attrezzatura [attretstsa'tura] *sf* equipment

attrezzo [at'tretstso] *sm* tool

attribuire [attribu'ire] ● **attribuire a** *v + prep (opera)* to attribute to ● **attribuire il merito a qn** to give sb the credit

attrice [at'tritʃe] > **attore**

attrito [at'trito] *sm* friction

attuale [attu'ale] *agg* **1.** *(presente)* present **2.** *(moderno)* topical

attualità [attwali'ta] *sf inv* current events *pl* ● **d'attualità** topical

attualmente [attwal'mente] *avv* at present

attuare [attu'are] *vt* to carry out

attutire [attu'tire] *vt (colpo, rumore)* to reduce

audace [au'datʃe] *agg* bold

audacia [au'datʃa] *sf* audacity

audiovisivo, a [awdiovi'zivo, a] *agg* audio-visual

auditorio [audi'tɔrjo] *sm* auditorium

audizione [awdits'tsjone] *sf* audition

augurare [awgu'rare] *vt* ● **augurare qc a qn** to wish sb sthg ● **augurarsi di fare qc** to hope to do sthg ● **mi auguro che tutto vada bene** I hope that all goes well

augurio [aw'gurjo] *sm* wish ● **auguri** greetings ● **(tanti) auguri!** all the best!; *(per compleanno)* happy birthday! ● **fare gli auguri a qn** to give sb one's best wishes

aula ['awla] *sf* classroom

aumentare [awmen'tare] *vt & vi* to increase

aumento [aw'mento] *sm* increase

aureola [aw'rɛola] *sf* halo

auricolare [awrico'lare] *sm* earphone

aurora [au'rɔra] *sf* dawn

ausiliare [awzi'ljare] *agg & sm* auxiliary

austero, a [awstɛro, a] *agg* austere

Australia [aws'tralja] *sf* ● **l'Australia** Australia

australiano, a [awstra'ljano, a] *agg & sm,f* Australian

Austria ['awstrja] *sf* ● **l'Austria** Austria

austriaco, a, ci, che [aws'triako, a, tʃi,

ke] *agg* & *sm,f* Austrian

autenticare [awtenti'kare] *vt* to authenticate

autentico, a, ci, che [aw'tɛntiko, a, tʃi, ke] *agg* **1.** *(firma, quadro)* authentic **2.** *(fatto)* true ● **è un autentico cretino** he's a real cretin

autista, i, e [aw'tista, i] *smf* driver

auto ['awto] *sf inv* car

autoabbronzante [awtoabbron'dzante] ◇ *agg* self-tanning ◇ *sm* fake tanning cream

autoadesivo, a [awtoade'zivo, a] ◇ *agg* self-adhesive ◇ *sm* sticker

autoambulanza [awtoambu'lantsa] *sf* ambulance

autobiografia [awtobjogra'fia] *sf* autobiography

autobus ['awtobus] *sm inv* bus

autocarro [awto'karro] *sm* truck

autocisterna [awtotʃis'tɛrna] *sf* tanker

autocontrollo [awtokon'trɔllo] *sm* self-control

autodidatta, i, e [awtodi'datta, i, e] *smf* self-taught person

autodromo [aw'tɔdromo] ● *sm* racing track

autogol [awto'gɔl] *sm inv* own goal

autografo [aw'tɔgrafo] *sm* autograph

autogrill ® [awto'gril] *sm inv* motorway restaurant

autolinea [awto'linea] *sf* bus service

automa [aw'tɔma] *(pl* **-i)** *sm* automaton

automatico, a, ci, che [awto'matiko, a, tʃi, ke] *agg* automatic

automazione [awtomats'tsjone] *sf* automation

automezzo [awto'mɛddzo] *sm* motor vehicle

automobile [awto'mɔbile] *sf* car *(UK)*, automobile *(US)*

automobilismo [awtomobi'lizmo] *sm* **1.** *(sport)* motor racing **2.** *(industria)* car industry *(UK)*, auto industry *(US)*

automobilista, i, e [awtomobi'lista, i, e] *smf* motorist

autonoleggio [awtono'leddʒo] *sm* car hire

autonomia [awtono'mia] *sf* **1.** *(indipendenza)* autonomy **2.** *(di veicolo)* range

autonomo, a [aw'tɔnomo, a] *agg* independent, autonomous

autopsia [awto'psia] *sf* autopsy

autoradio [awto'radjo] *sf inv* car radio

autore, trice [aw'tore, 'tritʃe] *sm,f* **1.** *(di libro)* author **2.** *(di quadro)* painter ● **l'autore del delitto** the person who committed the crime

autorevole [awto'revole] *agg* authoritative

autorimessa [awtori'messa] *sf* garage

autorità [awtori'ta] *sf inv* authority

autoritario, a [awtori'tarjo, a] *agg* authoritarian

autorizzare [awtoridz'dzare] *vt* to authorize

autorizzazione [awtoridzdzats'tsjone] *sf* authorization

autoscatto [awtos'katto] *sm* timer

autoscontro [awtos'kontro] *sm* Dodgem ® car

autoscuola [awtos'kwɔla] *sf* driving school

autoservizio [awtoser'vitstsjo] *sm* bus service

autoservizi [awtoser'vitsi] *smpl* bus services

autostop [awtos'tɔp] *sm* hitchhiking ●

fare l'autostop to hitchhike

autostoppista, i, e [awtostop'pista, i, e] *smf* hitchhiker

autostrada [awto'strada] *sf* motorway (UK), freeway (US)

autostradale [awtostra'dale] *agg* motorway *(dav s)* (UK), freeway *(dav s)* (US)

autoveicolo [awtove'ikolo] *sm* motor vehicle

autovettura [awtovet'tura] *sf* motorcar

autunno [aw'tunno] *sm* autumn (UK), fall (US)

avambraccio [avam'brattʃo] *sm* forearm

avanguardia [avan'gwardja] *sf* d'avanguardia avant-garde ● **essere all'avanguardia** to be in the vanguard

avanti [a'vanti] ◇ *avv* **1.** *(stato in luogo)* in front **2.** *(moto)* forward ◇ *prep* ● **avanti a** *(stato in luogo)* ahead of; *(moto)* ahead of, in front of ● **avanti!** *(invito a entrare)* come in!; *(esortazione)* come on! ▼ **avanti!** *(al semaforo)* cross now, walk (US); *(in banca)* enter ● **avanti e indietro** backwards and forwards ● **andare avanti** to go on ● **essere avanti** *(nel lavoro, studio)* to be well ahead ● **essere avanti negli anni** to be getting on (in years) ● **farsi avanti** to come forward ● **passare avanti a qn** to go in front of sb

avanzare [avan'tsare] ◇ *vt* **1.** *(spostare avanti)* to move forward **2.** *(proposta)* to put forward ◇ *vi* **1.** *(procedere)* to advance **2.** *(restare)* to be left (over)

avanzo [a'vantso] *sm* **1.** *(di cibo)* leftovers *pl* **2.** *(di stoffa)* remnant

avaria [ava'ria] *sf* *(meccanico)* breakdown

avariato, a [ava'rjato, a] *agg* *(cibo)* off

avaro, a [a'varo, a] ◇ *agg* mean ◇ *sm,f* miser

avena [a'vena] *sf* oats *pl*

avere [a'vere]
◇ *vt* **1.** *(possedere)* to have ● **ha due fratelli** he's got two brothers ● **non ho più soldi** I haven't got any money left **2.** *(come caratteristica)* to have ● **avere occhi e capelli scuri** to have dark eyes and hair ● **avere molta immaginazione** to have a lot of imagination **3.** *(età)* ● **quanti anni hai?** how old are you? ● **ho 18 anni** I'm 18 (years old) **4.** *(portare addosso)* to have on, to wear ● **ha un cappotto grigio** she's wearing a grey coat, she's got a grey coat on **5.** *(sentire)* ● **avere caldo/freddo** to be hot/cold ● **avere sonno** to be sleepy ● **avere fame** to be hungry ● **ho mal di testa** I've got a headache **6.** *(ottenere, ricevere)* to get **7.** *(in espressioni)* ● **non ha niente a che fare o vedere con lui** that's got nothing to do with him ● **non ne ho per molto** it won't take me long ● **avere da fare** to have things to do ● **avercela con qn** to be angry with sb ● **quanti ne abbiamo oggi?** what's the date today?
◇ *v aus* to have ● **non ho finito** I haven't finished ● **gli ho parlato ieri** I spoke to him yesterday

◆ **averi** *smpl* *(beni)* wealth *sg*

avi ['avi] *smpl* ancestors

aviazione [avjats'tsjone] *sf* aviation

avido, a ['avido, a] *agg* greedy

AVIS ['avis] *sf* *(abbr di Associazione Volontari Italiani del Sangue)* blood donors' association

avocado [avo'kado] *sm inv* avocado

avorio [a'vɔrjo] *sm* ivory

avvallamento [avvalla'mento] *sm* depression

avvantaggiare [avvantadʒ'dʒare] *vt* to favour ♦ **avvantaggiarsi** *vr* ● **avvantaggiarsi negli studi** to get ahead of one's studies ● **avvantaggiarsi sui concorrenti** to get ahead of one's competitors ♦ **avvantaggiarsi di** to take advantage of

avvelenamento [avvelena'mento] *sm* poisoning

avvelenare [avvele'nare] *vt* 1. to poison 2. *(aria)* to pollute

avvenente [avve'nɛnte] *agg* attractive

avvenimento [avveni'mento] *sm* event

avvenire [avve'nire] ◇ *sm* future ◇ *vi* to happen

avventarsi [avven'tarsi] *vr* ● **avventarsi su** o **contro** to rush at

avventato, a [avven'tato, a] *agg* rash

avventura [avven'tura] *sf* 1. adventure 2. *(amorosa)* affair

avventurarsi [avventu'rarsi] *vr* to venture

avventuroso, a [avventu'rozo, a] *agg* adventurous

avvenuto, a [avve'nuto, a] *pp* > avvenire

avverarsi [avve'rarsi] *vr* to come true

avverbio [av'vɛrbjo] *sm* adverb

avversario, a [avver'sarjo, a] ◇ *agg* opposing ◇ *sm,f* opponent

avvertenza [avver'tɛntsa] *sf (avviso)* notice ♦ **avvertenze** *sfpl* instructions

avvertimento [avverti'mento] *sm* warning

avvertire [avver'tire] *vt* 1. *(avvisare)* to warn 2. *(dolore, fastidio)* to feel

avviamento [avvja'mento] *sm* 1. *(di motore)* starting 2. *COMM* goodwill

avviare [avvi'are] *vt* 1. *(cominciare)* to start 2. *(indirizzare)* to introduce ♦ **avviarsi** *vr* to set off

avvicinare [avvitʃi'nare] *vt* to move closer ♦ **avvicinarsi** *vr* ● **avvicinarsi (a)** to move close (to)

avvilirsi [avvi'lirsi] *vr* to lose heart

avvincente [avvin'tʃɛnte] *agg* enthralling

avvisare [avvi'zare] *vt* 1. *(informare)* to inform 2. *(ammonire)* to warn

avviso [av'vizo] *sm* 1. *(scritto)* notice 2. *(annuncio)* announcement 3. *(avvertimento)* warning ● **a mio avviso** in my opinion

avvistare [avvis'tare] *vt* to sight

avvitare [avvi'tare] *vt* 1. *(lampadina)* to screw in 2. *(con viti)* to screw

avvizzire [avvits'tsire] *vi* to wither

avvocato [avvo'kato] *sm* lawyer

avvolgere [av'vɔldʒere] *vt* 1. *(fascia)* to wrap round 2. *(tappeto)* to roll up 3. *(sviluppare)* to wrap up ♦ **avvolgersi** *vr* 1. *(aggrovigliarsi)* to become tangled 2. *(svilupparsi)* to wrap o.s. up

avvolgibile [avvol'dʒibile] *sm* roller blind

avvolto, a [av'vɔlto, a] *pp* > avvolgere

avvoltoio [avvol'tojo] *sm* vulture

azalea [adzdza'lea] *sf* azalea

azienda [adz'dzjɛnda] *sf* business, firm ● **azienda agricola** farm

azionare [atstsjo'nare] *vt* to operate

azione [ats'tsjone] *sf* 1. action 2. *COMM* share

azionista, i, e [atstsjo'nista, i, e] *smf* shareholder

azoto [ad'dzɔto] *sm* nitrogen

azzannare [adzdzan'nare] *vt* to sink one's teeth into

azzardare [adzdzar'dare] *vt* to venture ◆ **azzardarsi** *vr* ● **azzardarsi a fare qc** to dare to do sthg

azzardo [adz'dzardo] *sm* risk ● **giocare d'azzardo** to gamble

azzeccare [adzdzek'kare] *vt* to get right

azzuffarsi [adzdzuf'farsi] *vr* to scuffle

azzurro, a [adz'dzurro, a] *agg & sm* blue ◆ **Azzurri** *smpl* ● **gli Azzurri** the Italian national team

b B

babà [ba'ba] *sm inv* rum baba

babbo ['babbo] *sm* (*fam*) dad, daddy ● **Babbo Natale** Father Christmas

baby-sitter [bebi'sitter] *smf inv* babysitter

bacca ['bakka] (*pl* **-che**) *sf* (*frutto*) berry

baccalà [bakka'la] *sm inv* dried salt cod

bacheca [ba'kɛka] (*pl* **-che**) *sf* **1.** (*pannello*) notice board **2.** (*cassetta*) display case

baciare [ba'tʃare] *vt* to kiss ◆ **baciarsi** *vr* to kiss (each other)

bacinella [batʃi'nɛlla] *sf* bowl

bacino [ba'tʃino] *sm* **1.** (*in geografia, catino*) basin **2.** ANAT pelvis

bacio ['batʃo] *sm* kiss ● **baci di dama** sweet pastries sandwiched together with chocolate cream

badante [ba'danti] *smf* (*professsional*) carer (*UK*), caregiver (*US*)

badare [ba'dare] *vi* ● **badare a** (*prendersi cura di*) to look after; (*fare attenzione a*) to pay attention to ● **badare a o di fare qc** to take care to do sthg ● **mio fratello non bada a spese** money's no object where my brother's concerned

badia [ba'dia] *sf* abbey

baffi ['baffi] *smpl* moustache *sg*

bagagliaio [bagaʎ'ʎajo] *sm* **1.** (*di macchina*) boot (*UK*), trunk (*US*) **2.** (*di treno*) luggage van (*UK*), baggage car (*US*)

bagaglio [ba'gaʎʎo] *sm* luggage, baggage ● **bagaglio a mano** hand luggage ● **ho un solo bagaglio** I have only one piece of luggage ◆ **bagagli** *smpl* luggage *sg* ● **fare i bagagli** to pack

bagliore [baʎ'ʎore] *sm* **1.** (*di lampi*) flash **2.** (*di fari*) glare

bagna cauda [baɲɲa'kawda] *sf* oil, garlic and anchovy dip from Piedmont kept warm at the table and served with vegetables

bagnare [baɲ'ɲare] *vt* **1.** to wet **2.** (*tovaglia, vestiti*) to get wet **3.** (*annaffiare*) to water **4.** (*sog: fiume*) to flow through **5.** (*sog: mare*) to wash ◆ **bagnarsi** *vr* **1.** (*in mare*) to bathe **2.** (*di pioggia, spruzzi*) to get wet

bagnato, a [baɲ'ɲato, a] *agg* wet ● **bagnato fradicio** soaked through

bagnino, a [baɲ'ɲino, a] *sm,f* lifeguard

bagno ['baɲɲo] *sm* **1.** (*nella vasca*) bath **2.** (*in piscina, mare*) swim **3.** (*stanza*) bathroom ● **fare il bagno** (*nella vasca*) to have a bath; (*in mare*) to have a swim ● **bagno pubblico** public baths *pl* ◆ **bagni** *smpl* (*stabilimento*) bathing establishment

bagnomaria [baɲɲoma'ria] *sm* ● **cuocere a bagnomaria** to cook in a double saucepan

bagnoschiuma [baɲɲos'kjuma] *sm inv* bath foam

baia ['baja] *sf* bay

baita ['bajta] *sf* chalet

balaustra [bala'ustra] *sf* balustrade

balbettare [balbet'tare] *vi* to stammer

balcone [bal'kone] *sm* balcony

balena [ba'lena] *sf* whale

balla ['balla] *sf* 1. (*fam*) (*frottola*) fib 2. (*di merci*) bale

ballare [bal'lare] *vi & vt* to dance

ballerina [balle'rina] *sf* (*scarpa*) pump ➤ **ballerino**

ballerino, a [balle'rino] *sm,f* 1. dancer 2. (*classico*) ballet-dancer (*f* ballerina)

balletto [bal'letto] *sm* ballet

ballo ['ballo] *sm* 1. dance 2. (*festa*) dance, ball ● **essere in ballo** to be at stake ● **tirare in ballo** (*coinvolgere*) to involve; (*menzionare*) to mention

balneare [balne'are] *agg* bathing (*dav s*)

balneazione [balneats'tsjone] *sf* bathing ▼ **divieto di balneazione** no bathing

balsamo ['balsamo] *sm* 1. (*per capelli*) conditioner 2. (*pomata*) ointment

Baltico ['baltiko] *sm* ● **il (Mar) Baltico** the Baltic (Sea)

balzare [bal'tsare] *vi* to leap

bambinaia [bambi'naja] *sf* nanny

bambino, a [bam'bino] *sm,f* 1. child 2. (*neonato*) baby

bambola ['bambola] *sf* doll

banale [ba'nale] *agg* banal

banana [ba'nana] *sf* banana

banca, che ['baŋka] *sf* bank ● **banca dati** data bank

bancarella [baŋka'rɛlla] *sf* stall

bancario, a [ban'karjo, a] ◇ *agg* bank (*dav s*) ◇ *sm,f* bank employee

bancarotta [baŋka'rotta] *sf* bankruptcy

banchina [baŋ'kina] *sf* 1. (*di porto*) quay 2. (*di stazione*) platform ▼ **banchina non transitabile** soft verges

banco, chi ['baŋko, ki] *sm* 1. (*di scuola*) desk 2. (*di negozio, bar*) counter 3. (*di mercato*) stall 4. (*banca*) bank ● **banco di corallo** coral reef ● **banco di nebbia** fog bank

bancomat ® [baŋko'mat] *sm inv* 1. (*sportello*) cash dispenser 2. (*tessera*) cash card 3. (*sistema*) automated banking

bancone [ban'kone] *sm* counter

banconota [baŋko'nɔta] *sf* bank note

banda ['banda] *sf* 1. (*musicale*) band 2. (*striscia*) band, strip 3. (*di malviventi*) gang 4. (*di amici*) group

bandiera [ban'djɛra] *sf* flag

bandiera italiana

The Tricolour, the Italian flag, has one green, one white, and one red vertical stripe. It was adopted in 1946, the year Italy became a republic. The colours are sometimes said to represent Italy's green hills, snowy peaks, and the blood its people shed for their country.

bandito [ban'dito] *sm* bandit

bando ['bando] *sm* announcement ● **bando alle chiacchiere!** that's enough talking!

bar ['bar] *sm inv* bar ● **bar-tabacchi** bar

that also sells cigarettes and stamps

bara ['bara] *sf* coffin

baracca [ba'rakka] (*pl* **-che**) *sf* 1. hut 2. (*spreg*) (*casa*) dump ● **mandare avanti la baracca** (*fam*) to keep things going

baraccone [barak'kone] *sm* booth

baratro ['baratro] *sm* barter

barattolo [ba'rattolo] *sm* 1. jar 2. (*di latta*) can

barba ['barba] *sf* beard ● **farsi la barba** to shave ● **che barba!** what a bore!

barbaro, a ['barbaro, a] ◇ *agg* barbaric ◇ *sm,f* barbarian

barbecue [barbe'kju] *sm inv* barbecue

barbiere [bar'bjɛre] *sm* barber

barbone, a [bar'bone, a] *sm,f* tramp

barca ['barka] (*pl* **-che**) *sf* boat ● **barca a remi** rowing boat (*UK*), rowboat (*US*) ● **barca a vela** sailing boat (*UK*), sailboat (*US*)

barcollare [barkol'lare] *vi* to stagger

barella [ba'rɛlla] *sf* stretcher

barista, i, e [ba'rista, i, e] *smf* barman (*f* barmaid)

barman ['barman] *sm inv* barman

barra ['barra] *sf* 1. rod, bar 2. (*lineetta*) stroke 3. (*di barca*) tiller

barricare [barri'kare] *vt* to barricade ● **barricarsi** *vr* ● **barricarsi in/dietro** to barricade o.s. in/behind

barriera [bar'rjɛra] *sf* barrier

basare [ba'zare] *vt* to base ● **basarsi su** (*persona*) to base o.s. on

base ['baze] *sf* 1. base 2. (*fondamento*) basis ● **a base di whisky** whisky-based ● **in base a qc** on the basis of sthg

baseball ['bejzbol] *sm* baseball

basette [ba'zette] *sfpl* sideboards

basilica [ba'zilika] (*pl* **-che**) *sf* basilica

basilico [ba'ziliko] *sm* basil

basso, a ['basso, a] ◇ *agg* 1. low 2. (*persona*) short 3. (*acqua*) shallow ◇ *sm* 1. (*fondo*) bottom 2. (*strumento, cantante*) bass ● **in basso** at the bottom

basta ['basta] *esclam* that's enough!

bastare [bas'tare] *vi* & *v impers* to be enough ● **bastare a qn** to be enough for sb ● **basta che** so long as ● **basta così!** that's enough!

bastone [bas'tone] *sm* stick ● **bastone da passeggio** walking stick

battaglia [bat'taʎʎa] *sf* battle

battello [bat'tello] *sm* boat

battere ['battere] ◇ *vt* 1. to beat 2. (*testa*) to hit 3. (*ore*) to strike 4. (*zona*) to scour ◇ *vi* 1. (*cuore*) to beat 2. (*sole, pioggia*) to beat down 3. (*urtare*) ● **battere contro o in qc** to hit sthg ● **si batteva i denti dal freddo** our teeth were chattering with the cold ● **battere a macchina** to type ● **battere le mani** to clap ● **in un batter d'occhio** in the twinkling of an eye ● **battersi** *vr* to fight

batteria [batte'ria] *sf* 1. (*elettrica*) battery 2. (*strumento*) drums *pl*

battesimo [bat'tezimo] *sm* baptism

battezzare [batted'dzare] *vt* to baptize

battigia [bat'tidʒa] *sf* water's edge

battistrada [battis'trada] *sm inv* tread

battito ['battito] *sm* 1. beat, beating 2. (*di orologio*) ticking ● **battito cardiaco** heartbeat

battuta [bat'tuta] *sf* 1. (*spiritosaggine*) witty remark 2. (*teatrale*) cue 3. (*di tennis*) service

baule [ba'ule] *sm* 1. (*da viaggio*) trunk 2. (*di auto*) boot (*UK*), trunk (*US*)

bavaglino [bavaʎ'ʎino] *sm* bib

bavaglio [baˈvaʎʎo] *sm* gag

bavarese [bavaˈreze] *sf* (*dolce*) cold dessert made with eggs, milk and cream

bavero [ˈbavero] *sm* collar

bazzecola [badzˈdzɛkola] *sf* **1.** (*cosa poco importante*) trifle **2.** (*cosa facile*) ● è una bazzecola it's no problem

beato, a [beˈato, a] *agg* **1.** (*felice*) happy **2.** *RELIG* blessed ● beato te! lucky you!

beauty-case [bjutiˈkejs] *sm inv* beauty case

beccare [bekˈkare] *vt* **1.** to peck **2.** (*sorprendere*) to catch ● beccarsi qc (*fam*) (*raffreddore*) to catch sthg; (*ceffone*) to get sthg

becco [ˈbekko] (*pl* -chi) *sm* beak

Befana [beˈfana] *sf* **1.** (*festa*) Epiphany **2.** (*personaggio*) legendary old woman who brings children their presents at the Epiphany

La Befana

The *Befana* is a kindly old witch who is supposed to fly around on a broomstick on the evening of 5 January with a sackful of presents that, the following morning, good children will find in stockings they've hung from the mantelpiece. Naughty children get coal instead of presents.

beffa [ˈbeffa] *sf* joke

beffarsi [befˈfarsi] ● beffarsi di to make fun of

begli [ˈbeʎʎi] > bello

bei [ˈbɛi] > bello

beige [bɛʒ] *agg inv & sm inv* beige

bel [bɛl] > bello

belga, gi, ghe [ˈbɛlga, dʒi, ge] *agg & smf* Belgian

Belgio [ˈbɛldʒo] *sm* ● il Belgio Belgium

bella [ˈbella] *sf* *SPORT* decider

bellezza [belˈlettsa] *sf* beauty ● che bellezza! fantastic!

bello, a [ˈbɛllo, a] (*dav sm* bel (*pl* bei) + consonante; bello (*pl* begli) + s + consonante, gn, ps, z; bell' (*pl* begli) + vocale)

◇ *agg* **1.** (*donna, cosa*) beautiful; (*uomo*) handsome ● farsi bello to make o.s. beautiful ● le belle arti fine arts **2.** (*piacevole*) pleasant, lovely **3.** (*tempo*) fine, beautiful ● la bella stagione the summer months *pl* ● fa bello it's lovely weather **4.** (*buono*) good **5.** (*lodevole*) good, kind **6.** (*grande*) ● un bel piatto di spaghetti a nice big plate of spaghetti ● una bella dormita a good sleep ● è una bella cifra it's a considerable sum of money **7.** (*rafforzativo*) ● è bell' e (che) andato he's already gone ● è una bugia bell' e buona it's an absolute lie ● alla bell' e meglio somehow or other ● un bel niente absolutely nothing

◇ *sm* **1.** (*bellezza*) beauty **2.** (*punto culminante*) ● sul più bello at that very moment ● il bello è che ... the best bit is that ...

belva [ˈbelva] *sf* wild beast

belvedere [belveˈdere] *sm inv* scenic viewpoint

benché [benˈke] *cong* although, though

benda [ˈbɛnda] *sf* **1.** (*fasciatura*) bandage **2.** (*per occhi*) blindfold

bendare [benˈdare] *vt* **1.** (*ferita*) to bandage **2.** (*occhi*) to blindfold

bene ['bɛne] (*meglio* è *il comparativo e* **benissimo** è *il superlativo di* bene) ◇ *avv* **1.** (*in modo soddisfacente*) well ● **avete mangiato bene?** did you enjoy your meal? **2.** (*nel modo giusto*) well ● **hai fatto bene** you did the right thing **3.** (*in buona salute*) ● **stare/sentirsi bene** to be/feel well **4.** (*a proprio agio*) ● **stare bene** to be ○ feel comfortable **5.** (*esteticamente*) ● **stare bene** to look good **6.** (*rafforzativo*) ● **è ben difficile** it's very difficult ● **è ben più difficile del previsto** it's much more difficult than we thought ● **lo credo bene** I can well believe it ● **spero bene che** I very much hope that **7.** (*in espressioni*) ● **è bene che lo sappiate** it's as well that you know ● **sarebbe bene aspettare** it would be better to wait ● **dire bene di qn** to speak well of sb ● **ti sta bene !** it serves you right! ● **va bene** all right, OK ◇ *esclam* fine!, OK! ◇ *sm* good ● **è per il tuo bene** it's for your own good ● **è un bene per tutti** it is a good thing for everyone ◆ **beni** *smpl* (*proprietà*) property *sg*

benedire [bene'dire] *vt* to bless

benedizione [benedit'tsjone] *sf* blessing

beneducato, a [benedu'kato, a] *agg* well-mannered

beneficenza [benefi'tʃɛntsa] *sf* charity

benessere [be'nɛssere] *sm* wellbeing

benestante [bene'stante] *agg* well-to-do

benevolo, a [be'nɛvolo, a] *agg* benevolent

beninteso [benin'tezo] *avv* certainly, of course

benvenuto, a [bɛnve'nuto, a] *agg & sm* welcome ● **benvenuti a Roma!** welcome to Rome! ● **dare il benvenuto a qn** to welcome sb

benzina [ben'dzina] *sf* petrol (*UK*), gas (*US*) ● **fare benzina** to get petrol (*UK*), to get gas (*US*)

benzinaio, a [bendzi'najo, a] *sm,f* forecourt attendant

bere ['bere] *vt* to drink ● **bevi qualcosa?** would you like something to drink? ● **offrire da bere a qn** to offer sb a drink

bermuda [ber'muda] *smpl* bermuda shorts

bernoccolo [ber'nɔccolo] *sm* bump

bersaglio [ber'saʎʎo] *sm* target

besciamella [beʃʃa'mɛlla] *sf* béchamel sauce

bestemmiare [bestem'mjare] *vi* to curse, to swear

bestia ['bɛstja] *sf* animal ● **andare in bestia** to fly into a rage

bestiame [bes'tjame] *sm* livestock

bevanda [be'vanda] *sf* drink

bevuto, a [be'vuto, a] *pp* ➤ bere

biancheria [bianke'ria] *sf* linen ● **biancheria intima** underwear

bianchetto [bian'ketto] *sm* correcting fluid

bianco, a, chi, che ['bjanko, a, ki, ke] ◇ *agg & sm* white ◇ *sm,f* (*persona*) white man (*f* white woman) ● **riso in bianco** plain rice ● **pesce in bianco** boiled fish ● **in bianco e nero** black and white

biasimare [bjazi'mare] *vt* to blame

bibbia ['bibbja] *sf* bible

biberon [bibe'ron] *sm inv* baby's bottle

bibita ['bibita] *sf* drink

biblioteca [biblio'tɛka] (*pl* **-che**) *sf* library

bicarbonato [bikarbo'nato] *sm* ● bicar-

bonato (di sodio) bicarbonate (of soda)
bicchiere [bik'kjɛre] *sm* glass
bici ['bitʃi] *sf inv* (*fam*) bike
bicicletta [bitʃi'kletta] *sf* bicycle •
andare in bicicletta to cycle
bidè [bi'dɛ] *sm inv* bidet
bidone [bi'done] *sm* **1.** bin **2.** (*fam*)
(*imbroglio*) swindle • **fare un bidone a
qn** (*fam*) (*mancare a un appuntamento*) to
stand sb up; (*imbrogliare*) to cheat sb
biennale [bien'nale] *agg* **1.** (*ogni due anni*)
two-yearly **2.** (*per due anni*) two-year
(*dav s*) ♦ **Biennale** *sf* ♦ **la Biennale** the
Venice Arts Festival

La Biennale di Venezia

Launched in 1895 and held every
two years, the Venice Biennale is
an international festival of culture
intended to promote innovation in
the visual arts, architecture, cinema, theatre, dance, and music. The
Venice Film Festival, which forms
part of it, is held annually.

---

biforcarsi [bifor'karsi] *vr* to fork
BIGE ['bidʒe] *sm reduced-price train ticket
for people under 26*
bigiotteria [bidʒotte'ria] *sf* **1.** costume
jewellery **2.** (*negozio*) costume jeweller's
biglia ['biʎʎa] = bilia
bigliardo [biʎ'ʎardo] = biliardo
bigliettaio, a [biʎʎet'tajo, a] *sm,f* ticket
inspector
biglietteria [biʎʎette'ria] *sf* **1.** ticket
office **2.** (*al teatro*) box office • **biglietteria automatica** ticket machine
biglietto [biʎ'ʎetto] *sm* **1.** (*scontrino*)

ticket **2.** (*messaggio*) note **3.** (*banconota*)
(bank) note • **fare il biglietto** to buy
one's ticket • **biglietto d'andata e
ritorno** return (ticket) • **biglietto di
(sola) andata** single (ticket) • **biglietto
collettivo** party ticket • **biglietto cumulativo** group ticket • **biglietto gratuito** complimentary ticket • **biglietto
intero** full-price ticket • **biglietto
ridotto** reduced-price ticket • **biglietto
d'auguri** greetings card • **biglietto da
visita** visiting card
bignè [biɲ'ɲe] *sm inv choux bun filled
with custard or chocolate*
bigodino [bigo'dino] *sm* curler
bigoli ['bigoli] ♦ **bigoli** *smpl* ♦ **bigoli coi
rovinazzi** *large spaghetti from Veneto in
a sauce made with chicken giblets*
bikini ® [bi'kini] *sm inv* bikini
bilancia [bi'lantʃa] (*pl* **-ce**) *sf* scales *pl* ♦
Bilancia *sf* Libra
bilancio [bi'lantʃo] *sm* COMM balance
sheet • **bilancio preventivo** budget
bilia ['bilja] *sf* **1.** (*di vetro*) marble **2.** (*da
biliardo*) billiard ball
biliardo [bi'ljardo] *sm* **1.** (*gioco*) billiards
sg **2.** (*tavolo*) billiard table
bilico ['biliko] ♦ **in bilico** *avv* balanced
bilingue [bi'lingwe] *agg* bilingual
bimbo, a ['bimbo, a] *sm,f* little boy (*f*
little girl)
binario [bi'narjo] *sm* **1.** (*rotaie*) railway
track **2.** (*marciapiede*) platform ▼ **ai
binari** to the trains
binocolo [bi'nɔkolo] *sm* binoculars *pl*
biologia [biolo'dʒia] *sf* biology
biondo, a ['bjondo, a] *agg* blond (*f* blonde)
bioterrorismo [bioterro'rizmo] *sm* bioterrorism

birichino, a [biri'kino, a] ◇ *agg* cheeky ◇ *sm,f* little rascal

birillo [bi'rillo] *sm* skittle

biro ® ['biro] *sf inv* Biro ®

birra ['birra] *sf* beer ● **birra chiara** lager ● **birra scura** stout ● **birra alla spina** draught beer

birreria [birre'ria] *sf* pub

bis [bis] *esclam* encore!

bisbigliare [bizbiʎ'ʎare] *vi & vt* to whisper

biscotto [bis'kɔtto] *sm* biscuit

bisessuale [bisessu'ale] *agg* bisexual

bisestile *agg* ➤ **anno**

bisnonno, a [biz'nonno, a] *sm,f* great-grandfather (*f* great-grandmother)

bisognare [bizoɲ 'ɲare] *v impers* bisogna stare attenti we/I must be careful ● **bisogna che tu venga subito** you have to come at once

bisogno [bi'zoɲɲo] *sm* need, necessity ● **aver bisogno di** to need

bistecca [bis'tekka] (*pl* **-che**) *sf* steak ● **bistecca al sangue** rare steak ● **bistecca alla fiorentina** T-bone steak grilled or cooked over charcoal

bisticciare [bistit'tʃare] *vi* to bicker

bitter ['bitter] *sm inv* bitters *pl*

bivio ['bivjo] *sm* fork, junction

bizza ['biddza] *sf* tantrum

bizzarro, a [bidz'dzarro, a] *agg* odd, eccentric

bloccare [blok'kare] *vt* **1.** to block **2.** (*città*) to cut off **3.** (*meccanismo*) to jam **4.** (*prezzi*) to freeze ● **bloccarsi** *vr* **1.** (*ascensore*) to get stuck **2.** (*porta*) to jam

blocchetto [blok'ketto] *sm* (*quaderno*) notebook

blocco ['blɔkko] (*pl* **-chi**) *sm* **1.** block **2.**

(*quaderno*) notebook **3.** (*di meccanismo*) blockage **4.** (*di attività*) stoppage ● **blocco stradale** roadblock ● **in blocco** en bloc

blu [blu] *agg inv & sm inv* blue

blue-jeans [blu'dʒins] *smpl* jeans

blusa ['bluza] *sf* blouse

boa ['bɔa] ◇ *sm inv* (*serpente*) boa ◇ *sf* (*galleggiante*) buoy

bobina [bo'bina] *sf* **1.** (*di auto*) coil **2.** (*di pellicola*) reel

bocca ['bokka] (*pl* **-che**) *sf* mouth ● **in bocca al lupo!** good luck!

boccaccia [bok'kattʃa] (*pl* **-ce**) *sf* ● **fare le boccacce** to pull faces

boccale [bok'kale] *sm* jug

boccia ['bɔttʃa] (*pl* **-ce**) *sf* bowl

bocciare [botʃ'tʃare] *vt* **1.** (*studente*) to fail **2.** (*proposta, progetto*) to reject

boccone [bok'kone] *sm* mouthful ● **mangiare un boccone** to have a bite to eat

bocconi [bok'koni] *avv* face downwards

boicottare [boikot'tare] *vt* to boycott

bolla ['bolla] *sf* **1.** bubble **2.** (*vescica*) blister **3.** COMM bill

bollente [bol'lɛnte] *agg* boiling

bolletta [bol'letta] *sf* **1.** bill **2.** (*ricevuta*) receipt

bollettino [bollet'tino] *sm* bulletin ● **bollettino meteorologico** weather forecast

bollire [bol'lire] *vt & vi* to boil

bollito, a [bol'lito] ◇ *agg* boiled ◇ *sm* beef, veal or chicken, served with a parsley sauce

bollitore [bolli'tore] *sm* kettle

bollo ['bollo] *sm* (*marchio*) stamp

Bologna [bo'loɲɲa] *sf* Bologna

bolognese [bolon'neze] *agg* of/from Bologna ● **alla bolognese** with meat and tomato sauce

bomba ['bomba] *sf* bomb

bombardare [bombar'dare] *vt* to bomb

bombola ['bombola] *sf* cylinder

bombolone [bombo'lone] *sm* doughnut

bonaccia [bo'nattʃa] *sf* (dead) calm

bonario, a [bo'narjo, a] *agg* good-natured

bontà [bon'ta] *sf* goodness

bora ['bora] *sf* ● **la bora** *cold Northerly wind*

bora

The *bora* is a cold wind that blows in Italy, especially in winter, and is particularly associated with Trieste, where it reaches speeds of 150 km per hour. The streets of the city centre are fitted with ropes and chains to help people get around on particularly windy days.

borbottare [borbot'tare] ◇ *vi* to grumble ◇ *vt* to mutter

bordeaux [bor'do] *agg inv* maroon

bordo ['bordo] *sm* 1. (*orlo*) edge 2. (*guarnizione*) trim, border 3. (*di nave*) (ship's) side ● **a bordo di** (*nave, aereo*) on board; (*auto*) in; (*moto*) on

borghese [bor'geze] *agg* middle-class ● **in borghese** in plain clothes

borghesia [borge'zia] *sf* middle classes *pl*

borgo ['borgo] (*pl* **-ghi**) *sm* 1. (*paesino*) hamlet 2. (*quartiere*) district

borotalco® [boro'talko] *sm* talcum powder

borraccia [bor'rattʃa] (*pl* **-ce**) *sf* flask

borsa ['borsa] *sf* bag ● **borsa dell'acqua calda** hot-water bottle ● **borsa del ghiaccio** ice bag ● **borsa della spesa** shopping bag ● **borsa di studio** grant ● **Borsa** *sf* Stock Exchange

borsaiolo [borsa'jolo, a] *sm* pickpocket

borsellino [borsel'lino] *sm* purse

borsetta [bor'setta] *sf* handbag

bosco ['bɔsko] (*pl* **-schi**) *sm* wood

botanico, a, ci, che [bo'taniko, a, tʃi, ke] ◇ *agg* botanic ◇ *sm,f* botanist

botta ['bɔtta] *sf* 1. blow 2. (*rumore*) bang ● **fare a botte** to come to blows

botte ['botte] *sf* barrel

bottega [bot'tega] (*pl* **-ghe**) *sf* 1. shop 2. (*laboratorio*) workshop

bottegaio, a [botte'gajo] *sm,f* shopkeeper

bottiglia [bot'tiʎʎa] *sf* bottle

bottiglione [bottiʎ'ʎone] *sm* large bottle

botto ['botto] *sm* (*rumore*) bang

bottone [bot'tone] *sm* button ● **attaccare un bottone a qn** to buttonhole sb

box [boks] *sm inv* 1. (*garage*) lock-up (garage) 2. (*per bambini*) playpen 3. (*per animali*) pen

boxe [boks] *sf* boxing

boy-scout [bɔi'skaut] *sm inv* boy scout

braccetto [bratʃ'tʃetto] ● **a braccetto** *avv* arm in arm

bracciale [bratʃ'tʃale] *sm* bracelet

braccialetto [bratʃtʃa'letto] *sm* bracelet

braccio ['brattʃo] *sm* 1. (*arto : pl f braccia*) arm 2. (*di edificio : pl m bracci*) wing 3. (*di gru, fiume*) arm ● **braccio di ferro** arm wrestling ● **sotto braccio** arm in arm

bracciolo [bratʃ'tʃolo] *sm* arm

brace ['bratʃe] *sf* embers *pl* • **alla brace** charcoal-grilled

braciola [bra'tʃɔla] *sf* **1.** steak **2.** (con osso) chop

braille ['braj] *sm* braille

branco ['branko] (pl **-chi**) *sm* **1.** (di animali) herd **2.** (spreg) (di persone) gang, bunch

branda ['branda] *sf* camp bed

brasato [bra'zato] *sm* braised beef

Brasile [bra'zile] *sm* • **il Brasile** Brazil

bravo, a ['bravo, a] *agg* good • **bravo!** well done! • **bravo a fare qc** good at doing sthg • **bravo in qc** good at sthg

bresaola [bre'zaɔla] *sf* dried salt beef served thinly sliced

bretelle [bre'tɛlle] *sfpl* **1.** (per pantaloni) braces **2.** (spalline) straps

breve ['brɛve] *agg* short, brief • **in breve** briefly • **tra breve** shortly

brevetto [bre'vetto] *sm* **1.** (di invenzione) patent **2.** (patente) licence

brezza ['breddza] *sf* breeze

bricco ['brikko] (pl **-chi**) *sm* jug

briciola ['britʃola] *sf* crumb

briciolo ['britʃolo] *sm* • **un briciolo di qc** a bit of sthg

brillante [bril'lante] ◇ *agg* **1.** brilliant **2.** (lucente) bright ◇ *sm* diamond

brillare [bril'lare] *vi* to shine

brillo, a ['brillo, 'brilla] *agg* tipsy

brindisi ['brindizi] *sm inv* toast • **fare un brindisi a** to toast

brioche [bri'ɔʃ] *sf inv* round, sweet bread roll made with butter and eaten for breakfast

britannico, a, ci, che [bri'tanniko, a, tʃi, ke] *agg* British

brivido ['brivido] *sm* shiver, shudder

brocca, che ['brɔkka] *sf* jug

brodo ['brɔdo] *sm* broth • **pasta in brodo** noodle soup • **riso in brodo** rice soup

bronchite [bron'kite] *sf* bronchitis

brontolare [bronto'lare] *vi* **1.** to grumble **2.** (stomaco, tuono) to rumble

bronzo ['brondzo] *sm* bronze

bruciapelo [brutʃa'pelo] • **a bruciapelo** *avv* point-blank

bruciare [bru'tʃare] ◇ *vt* **1.** to burn **2.** (distruggere) to burn down ◇ *vi* **1.** to burn **2.** (produrre bruciore) to sting • **bruciarsi** *vr* **1.** (persona) to burn o.s. **2.** (oggetto) to burn

bruciato, a [bru'tʃato, a] *agg* burnt

bruciatura [brutʃa'tura] *sf* burn

bruno, a ['bruno, a] *agg* dark

bruschetta [brus'ketta] *sf* bread toasted with garlic and olive oil

brusio [bru'zio] *sm* buzz

brutale [bru'tale] *agg* brutal

brutto, a ['brutto, a] *agg* **1.** (di aspetto) ugly **2.** (tempo, giornata, strada) bad **3.** (situazione, sorpresa, malattia) nasty **4.** (rafforzativo) • **brutto imbroglione!** you rotten cheat! • **brutti ma buoni** almond and hazelnut meringues

Bruxelles [bruk'sɛl] *sf* Brussels

buca, che ['buka] *sf* hole • **buca delle lettere** letterbox

bucare [bu'kare] *vt* to make a hole o holes in • **bucare una gomma** to puncture a tyre • **bucarsi** *vr* **1.** (forarsi) to have a puncture **2.** (pungersi) to prick o.s. **3.** (fam) (drogarsi) to mainline

bucatini [buka'tini] *smpl* • **bucatini all'amatriciana** dish from Lazio consisting of long, thin pasta tubes in a sauce of tomatoes, bacon, chillies and pecorino cheese

bucato [bu'kato] *sm* washing

buccellato [butʃtʃel'lato] *sm* light, ring-shaped sponge cake from Sarzana and Lucca

buccia ['butʃtʃa] (*pl* **-ce**) *sf* skin

buco ['buko] (*pl* **-chi**) *sm* hole

budino [bu'dino] *sm* type of egg custard baked in a mould ● **budino di riso** egg custard made with rice, sultanas and sometimes rum

bufera [bu'fera] *sf* storm

buffet [buf'fe] *sm inv* buffet

buffo, a ['buffo, a] *agg* funny

bug [bag] *sf* bug

bugia [bu'dʒia] *sf* **1.** lie **2.** (*candeliere*) candleholder

bugiardo, a [bu'dʒardo, a] ◇ *agg* lying ◇ *sm,f* liar

buio, a ['bujo, a] ◇ *agg* dark ◇ *sm* darkness ● **far buio** to get dark

Bulgaria [bulga'ria] *sf* ● **la Bulgaria** Bulgaria

bulgaro, a ['bulgaro, a] *agg* Bulgarian

bullone [bul'lone] *sm* bolt

buonanotte [bwona'notte] *esclam* good night!

buonasera [bwona'sera] *esclam* good evening!

buongiorno [bwon'dʒorno] *esclam* **1.** (*in mattinata*) good morning! **2.** (*nel pomeriggio*) good afternoon!

buongustaio, a [bwongus'tajo, a] *sm,f* gourmet

buono ['bwɔno] (*dav sm* buon + consonante o vocale; buono + s + consonante, gn, ps, z) ◇ *agg* **1.** (*di qualità*) good **2.** (*gradevole*)

good **3.** (*generoso*) ● **buono (con)** good (to), kind (to) **4.** (*bravo, efficiente*) good ● **non essere buono a nulla** to be no good at anything ● **è buono solo a criticare** all he can do is criticize **5.** (*valido: biglietto, passaporto*) valid **6.** (*temperamento*) good ● **avere un buon carattere** to be good-natured ● **essere di buon umore** to be in a good mood **7.** (*occasione, momento*) right **8.** (*negli auguri*) ● **buon appetito!** enjoy your meal! ● **buon compleanno!** Happy Birthday! ● **buona fortuna!** good luck! ● **fate buon viaggio!** have a good journey! **9.** (*rafforzativo*) ● **ci vuole un'ora buona** it takes a good hour **10.** (*in espressioni*) ● **buono a sapersi** that's nice to know ● **a buon mercato** cheap ● **di buon'ora** early ● **alla buona** (*cena*) simple; (*vestirsi*) simply ● **farai i compiti, con le buone o con le cattive** like it or not, you'll do your homework ◇ *sm* **1.** (*aspetto positivo*) good ● **il buono è che ...** the good thing is that ... **2.** (*tagliando*) voucher; (*invece di rimborso*) credit note ● **buono sconto** voucher ● **buono del tesoro** treasury bill

buonsenso [bwon'senso] *sm* common sense

buonumore [bwonu'more] *sm* good humour

burattino [burat'tino] *sm* puppet

burla ['burla] *sf* prank, trick

burocrazia [burokrats'tsia] *sf* bureaucracy

burrasca [bur'raska] (*pl* **-sche**) *sf* storm

burrida [bur'rida] *sf* Sardinian dish made from dogfish cooked with garlic, vinegar, pine kernels and walnuts and served cold

burro ['burro] *sm* butter ● **burro di cacao** cocoa butter

burrone [bur'rone] *sm* ravine

bus [bus] *sm inv* (*abbr di* **autobus**) bus

bussare [bus'sare] *vi* to knock

bussola ['bussola] *sf* compass

busta ['busta] *sf* **1.** (*per lettera*) envelope **2.** (*di plastica, carta*) bag ● **busta paga** pay packet

---

busta

Per le lettere formali, il nome del destinatario è preceduto da un titolo (*Mr, Mrs, Ms, Dr, Professor*). Il numero dell'appartamento o il nome della casa e il numero civico precedono il nome della strada (*Flat 4, 23 Hereford Road*). Il nome della città è seguito dalla regione o dallo stato, seguito a sua volta dal codice postale: *Burke, Virginia, 22051 USA*.

---

bustarella [busta'rella] *sf* bribe

busto ['busto] *sm* **1.** bust **2.** (*indumento*) corset

butano [bu'tano] *sm* butane

buttafuori [butta'fwori] *sm inv* bouncer

buttare [but'tare] *vt* (*gettare*) to throw ● **buttare all'aria** qc to turn sthg upside down ● **buttare fuori** qn to throw sb out ● **buttare giù** (*abbattere*) to knock down; (*inghiottire*) to gulp down ● **buttare (via)** (*gettare*) to throw away; (*sprecare*) to waste ● **buttarsi** *vr* **1.** (*gettarsi*) to jump **2.** (*fig*) (*tentare*) to have a go

by-pass [baj'pas] *sm inv* bypass

---

c C

cabina [ka'bina] *sf* **1.** (*di nave*) cabin **2.** (*in spiaggia*) beach hut **3.** (*in piscina*) cubicle **4.** (*di camion*) cab ● **cabina telefonica** telephone box

cabrio ['kabrjo] ◇ *agginv* convertible ◇ *sm o sf inv* convertible

cacao [ka'kao] *sm* cocoa

cacca ['kakka] *sf* (*fam*) poo

caccia, ce ['katt∫a] *sf* **1.** (*di animali*) hunting **2.** (*inseguimento*) chase ● **caccia al tesoro** treasure hunt

cacciare [katt'∫are] *vt* **1.** (*animale*) to hunt **2.** (*mandar via*) to get rid of ● **cacciare fuori** qn to throw sb out ● **cacciarsi** *vr* ● **dove si sarà cacciato?** where has he got to? ● **cacciarsi nei guai** to get into trouble

cacciatora [katt∫a'tora] *sf* ➤ **pollo**

cacciavite [katt∫a'vite] *sm inv* screwdriver

cacciucco [katt'∫ukko] (*pl* **-chi**) *sm* fish soup from Livorno, served with toast rubbed with garlic

cachemire ['ka∫mir] *sm* cashmere

caciocavallo [kat∫oka'vallo] *sm* hard pear-shaped cheese from southern Italy

cadavere [ka'davere] *sm* corpse, dead body

cadere [ka'dere] *vi* **1.** to fall **2.** (*capelli*) to fall out **3.** (*abito*) to hang ● **far cadere** to knock over

caduta [ka'duta] *sf* fall ● **la caduta dei**

capelli hair loss ▼ **caduta massi** beware falling rocks

caffè [kafˈfe] *sm inv* **1.** coffee **2.** *(locale)* cafe ● **prendere un caffè** to have a coffee ● **caffè corretto** coffee with a dash of spirits ● **caffè macchiato** coffee with a dash of milk

caffè

Italian cafés, bars, and restaurants usually serve a *ristretto* or strong espresso. A weaker form of this is the *lungo*. Other common types of coffee are *cappuccino*, *macchiato* (with a dash of milk), and *corretto* (a liqueur coffee). At home, Italians usually use an espresso machine or a *cafetière*.

caffeina [kaffeˈina] *sf* caffeine

caffellatte [kaffelˈlatte] *sm inv* hot milk with coffee

caffettiera [kaffetˈtjera] *sf* coffeepot

cagna [ˈkaɲɲa] *sf* bitch

CAI [ˈkai] *(abbr di Club Alpino Italiano)* Italian mountaineering association

cala [ˈkala] *sf* bay

calabrone [kalaˈbrone] *sm* hornet

calamaretti [kalamaˈretti] *smpl* squid *sg*

calamaro [kalaˈmaro] *sm* squid ● **calamari ripieni** squid stuffed with anchovies, capers, breadcrumbs and parsley, and cooked in white wine

calamita [kalaˈmita] *sf* magnet

calare [kaˈlare] ◇ *vt* to lower ◇ *vi* **1.** *(prezzo, peso)* to go down **2.** *(vento)* to drop **3.** *(sole)* to set

calca, che [ˈkalka] *sf* throng

calcagno [kalˈkaɲɲo] *sm* heel

calce [ˈkaltʃe] *sf* lime

calciatore, trice [kaltʃaˈtore, ˈtritʃe] *sm,f* footballer

calcio [ˈkaltʃo] *sm* **1.** *(pedata)* kick **2.** *(sport)* football *(UK)*, soccer **3.** *(elemento chimico)* calcium **4.** *(di arma)* butt ● **dare un calcio a** to kick ● **prendere a calci** to kick

calcolare [kalkoˈlare] *vt* **1.** to calculate **2.** *(prevedere)* to reckon on, to take into account

calcolatrice [kalkolaˈtritʃe] *sf* calculator

calcolo [ˈkalkolo] *sm* **1.** *(conteggio)* calculation **2.** MED stone ● **fare i calcoli** to do one's calculations ● **è andato tutto secondo i calcoli** everything went according to plan

caldaia [kalˈdaja] *sf* boiler

caldo, a [ˈkaldo, a] ◇ *agg* **1.** warm **2.** *(a temperatura elevata)* hot ◇ *sm (calore)* heat ● **avere caldo** to be hot ● **è o fa caldo** it's hot

calendario [kalenˈdarjo] *sm* calendar

call center [kolˈsenter] *sm* call centre *(UK)*, call center *(US)*

calma [ˈkalma] ◇ *sf* calm ◇ *esclam* calm down!

calmante [kalˈmante] *sm* tranquillizer

calmare [kalˈmare] *vt* **1.** to calm **2.** *(dolore)* to soothe ● **calmarsi** *vr* **1.** *(persona)* to calm down **2.** *(mare)* to become calm **3.** *(vento)* to drop

calmo, a [ˈkalmo, a] *agg* **1.** *(tranquillo)* peaceful, calm **2.** *(mare)* calm

calore [kaˈlore] *sm* warmth

caloria [kaloˈria] *sf (di cibo)* calorie

calorifero [kaloˈrifero] *sm* radiator

caloroso, a [kaloˈrozo, a] *agg* warm

calpestare [kalpes'tare] *vt* to tread on

calunnia [ka'lunnja] *sf* slander

calvizie [kal'vitstsje] *sf* baldness

calvo, a ['kalvo, a] *agg* bald

calza ['kaltsa] *sf* 1. *(da donna)* stocking 2. *(da uomo)* sock ● **fare la calza** to knit

calzagatto [kaltsa'gatto] *sm* dish from Emilia Romagna consisting of polenta with beans, onions and bacon

calzamaglia [kaltsa'maʎʎa] *(pl* **calzamaglie**) *sf* tights *pl (UK)*, pantyhose *pl (US)*

calzante [kal'tsante] *sm* shoehorn

calzare [kal'tsare] ◇ *vt* to put on ◇ *vi* to fit

calzature [kaltsa'ture] *sfpl* footwear *sg*

calzettone [kaltset'tone] *sm* knee (-length) sock

calzino [kal'tsino] *sm* (short) sock

calzolaio [kaltso'lajo] *sm* 1. *(riparatore)* cobbler 2. *(fabbricante)* shoemaker

calzoleria [kaltsole'ria] *sf* shoe shop

calzoncini [kaltson'tʃini] *smpl* shorts

calzone [kal'tsone] *sm (cibo)* pasty made from pizza dough stuffed with cheese, tomato, ham and egg ◆ **calzoni** *smpl* trousers

camaleonte [kamale'onte] *sm* chameleon

cambiale [kam'bjale] *sf* bill

cambiamento [kambja'mento] *sm* change

cambiare [kam'bjare] *vt & vi* to change ● **cambiare gli euro in sterline** to change euros into sterling ● **cambiare un biglietto da cento euro** to change a hundred euro note ◆ **cambiarsi** *vr* to change (one's clothes)

cambio ['kambjo] *sm* 1. *(sostituzione)* change 2. *(di denaro)* exchange 3. *(di automobile)* gears *pl* ● **dare il cambio a** qn to take over from sb ● **fare a cambio (con** qn) to swap (with sb) ● **in cambio di** qc in exchange for sthg ● **cambio automatico** automatic gearbox

camera ['kamera] *sf room* ● **camera (da letto)** bedroom ● **camera d'aria** inner tube ● **camera con bagno** room with a bath ● **camera blindata** vault ● **Camera di Commercio** Chamber of Commerce ● **Camera dei Deputati** ≃ House of Commons *(UK)*, House of Representatives *(US)* ● **camera con doccia** room with a shower ● **camera doppia** double room ● **camera a due letti** twin-bedded room ● **camera matrimoniale** room with a double bed ● **camera degli ospiti** guestroom, spare room ● **camera singola** single room

cameriere, a [kame'rjere, a] *sm,f* waiter *(f* waitress*)*

camice ['kamitʃe] *sm* white coat

camicetta [kami'tʃetta] *sf* blouse

camicia [ka'mitʃa] *sf* 1. *(da uomo)* shirt 2. *(da donna)* blouse, shirt ● **camicia da notte** *(da donna)* nightdress; *(da uomo)* nightshirt

caminetto [kami'netto] *sm* fireplace, hearth

camino [ka'mino] *sm* 1. *(focolare)* fireplace, hearth 2. *(comignolo)* chimney

camion ['kamjon] *sm inv* truck

camioncino [kamjon'tʃino] *sm* van

cammello [kam'mello] *sm* 1. camel 2. *(tessuto)* camelhair

cammeo [kam'mɛo] *sm* cameo

camminare [kammi'nare] *vi* to walk

camminata [kammi'nata] *sf* walk

cammino [kam'mino] *sm* way ● mettersi in camm ino to set off

camomilla [kamo'milla] *sf* camomile

camorra [ka'mɔrra] *sf* Camorra

camoscio [ka'mɔʃʃo] *sm* chamois ● giacca di camoscio suede jacket

campagna [kam'paɲɲa] *sf* **1.** country **2.** *(propaganda, guerra)* campaign ● in campagna in the country ● andare in campagna to go to the country

campana [kam'pana] *sf* bell ● a campana bell-shaped

campanello [kampa'nɛllo] *sm* bell ● suonare il campanello to ring the bell

campanile [kampa'nile] *sm* bell-tower

campare [kam'pare] *vi* to get by

campato, a [kam'pato] *agg* ● campato in aria unfounded

campeggiare [kampedʒ'dʒare] *vi* to camp

campeggiatore, trice [kampedʒdʒa'tore, 'tritʃe] *sm,f* camper

campeggio [kam'pedʒdʒo] *sm* **1.** *(luogo)* campsite **2.** *(attività)* camping

camper ['kamper] *sm inv* camper van

Campidoglio [kampi'dɔʎʎo] *sm* ● il Campidoglio the Campidoglio

camping ['kɛmpiŋ] *sm inv* campsite

campionario [kampjo'narjo] *sm* (collection of) samples *pl*

campionato [kampjo'nato] *sm* championship

campione, essa [kam'pjone, essa] ◇ *sm,f* champion ◇ *sm (esemplare)* sample

capitone [kapi'tone] *sm (anguilla)* large eel

campo ['kampo] *sm* **1.** field **2.** *(accampamento)* camp ● campo da tennis tennis court ● campo di golf golf course ●

campo profughi refugee camp

camposanto [kampo'santo] *sm (pl* **campisanti)** cemetery

Canada ['kanada] *sm* ● il Canada Canada

canadese [kana'dese] ◇ *agg* & *smf* Canadian ◇ *sf (tenda)* ridge tent

canaglia [ka'naʎʎa] *sf* rogue

canale [ka'nale] *sm* **1.** channel **2.** *(artificiale)* canal ● canale navigabile ship canal

canapa ['kanapa] *sf* hemp

canarino [kana'rino] *sm* canary

canasta [ka'nasta] *sf* canasta

cancellare [kantʃel'lare] *vt* **1.** *(con gomma)* to rub out **2.** *(con penna)* to cross out **3.** *(annullare)* to cancel

cancelleria [kantʃelle'ria] *sf (materiale)* stationery

cancello [kan'tʃello] *sm* gate

cancerogeno, a [kantʃe'rɔdʒeno, a] *agg* carcinogenic

cancrena [kan'krɛna] *sf MED* gangrene

cancro ['kankro] *sm* cancer ● **Cancro** *sm* Cancer

candeggina [kanded'dʒina] *sf* bleach

candela [kan'dela] *sf* candle ● candela (di accensione) spark plug

candelabro [kande'labro] *sm* candelabra

candeliere [kande'ljɛre] *sm* candlestick

candidato, a [kandi'dato, a] *sm,f* candidate

candido, a ['kandido, a] *agg* **1.** *(bianco)* (pure) white **2.** *(puro)* pure, innocent

candito, a [kan'dito, a] ◇ *agg* candied ◇ *sm* candied fruit

cane ['kane] *sm* dog ● cane da guardia guard dog ● cane guida guide dog ● cane lupo Alsatian ● cane poliziotto police dog ● **non c'era un cane** there wasn't a soul there ● **solo come un cane** all alone ● **tempo da cani** lousy weather ● **una vita da cani** a dog's life ▼ **cani al guinzaglio** dogs must be kept on a lead

canestro [ka'nɛstro] *sm* basket

cangiante [kan'dʒante] *agg* iridescent

canguro [kan'guro] *sm* kangaroo

canicola [ka'nikola] *sf* heat

canile [ka'nile] *sm* **1.** (*cuccia*) kennel **2.** (*allevamento*) kennels *pl* ● **canile municipale** dog pound

canino [ka'nino] *sm* canine

canna ['kanna] *sf* **1.** (*pianta*) reed **2.** (*di bicicletta*) crossbar **3.** (*di fucile*) barrel ● **canna fumaria** chimney flue ● **canna da pesca** fishing rod ● **canna da zucchero** sugar cane

cannariculi [kanna'rikuli] *smpl* thin curved pastry covered in honey

cannella [kan'nɛlla] *sf* **1.** (*spezia*) cinnamon **2.** (*rubinetto*) tap

cannello [kan'nɛllo] *sm* blowlamp

cannelloni [kannel'loni] *smpl* cannelloni *sg*

cannibale [kan'nibale] *smf* cannibal

cannocchiale [kannok'kjale] *sm* telescope

cannolo [kan'nɔlo] *sm* ● **cannolo alla crema** pastry tube filled with custard ● **cannolo siciliano** "cannolo" filled with sweetened ricotta cheese, candied fuit and chocolate

cannone [kan'none] *sm* gun

cannuccia [kan'nutt∫a] (*pl* **-ce**) *sf* straw

canoa [ka'nɔa] *sf* canoe

canone ['kanone] *sm* **1.** (*quota*) rent **2.** (*regola*) rule

canottaggio [kanot'taddʒo] *sm* rowing

canottiera [kanot'tjera] *sf* **1.** (*biancheria*) vest (*UK*), undershirt (*US*) **2.** (*per esterno*) sleeveless T-shirt

canotto [ka'nɔtto] *sm* rubber dinghy ● **canotto di salvataggio** lifeboat

cantante [kan'tante] *smf* singer

cantare [kan'tare] *vt & vi* to sing

cantautore, trice [kantaw'tore, 'trit∫e] *sm,f* singer-songwriter

cantiere [kan'tjere] *sm* **1.** (*edile*) building site **2.** (*navale*) shipyard

cantina [kan'tina] *sf* **1.** (*seminterrato*) cellar **2.** (*per il vino*) wine cellar **3.** (*negozio*) wine shop

canto ['kanto] *sm* **1.** (*arte*) singing **2.** (*canzone*) song **3.** (*di uccello*) chirping ● **d'altro canto** on the other hand

cantonata [kanto'nata] *sf* ● **prendere una cantonata** to make a blunder

cantone [kan'tone] *sm* (*in Svizzera*) canton

Canton Ticino [kantonti't∫ino] *sm* ● **il Canton Ticino** the canton of Ticino

cantucci [kan'tutt∫i] *smpl* wedge-shaped almond biscuits

canzonare [kantso'nare] *vt* to tease

canzone [kan'tsone] *sf* song

caos ['kaos] *sm* chaos

CAP [kap] *abbr* = **codice di avviamento postale**

capace [ka'pat∫e] *agg* **1.** (*esperto*) able, capable **2.** (*ampio*) capacious ● **essere capace di fare qc** to be able to do sthg ● **essere capace di tutto** to be capable of anything

capacità [kapat∫i'ta] *sf inv* **1.** (*abilità*) ability **2.** (*capienza*) capacity

capanna [ka'panna] *sf* hut

capannone [kapan'none] *sm* **1.** (*industriale*) shed **2.** (*agricolo*) barn

caparbio, a [ka'parbjo, a] *agg* stubborn

caparra [ka'parra] *sf* deposit

capello [ka'pello] *sm* hair ◆ **capelli** *smpl* hair *sg* ● **averne fin sopra i capelli** to be fed up to the back teeth

capezzolo [ka'petstsolo] *sm* nipple

capillare [kapil'lare] *sm* capillary

capire [ka'pire] *vt* & *vi* to understand ● **non capisco** I don't understand ● **scusi, non ho capito** I'm sorry, I don't understand ● **si capisce!** certainly! ◆

capirsi *vr* to understand each other

capitale [kapi'tale] ◇ *sf* & *sm* capital ◇ *agg* **1.** (*pena, peccato*) capital **2.** (*fondamentale*) fundamental

capitaneria [kapitane'ria] *sf* ● **capitaneria di porto** port authorities *pl*

capitano [kapi'tano] *sm* captain

capitare [kapi'tare] ◇ *vi* **1.** (*accadere*) to happen **2.** (*giungere*) to turn up ◇ *v impers* to happen ● **capitare a qn** to happen to sb ● **capitare a proposito** to come at the right time

capitello [kapi'tello] *sm* capital

capitolino, a [kapito'lino, a] *agg* Capitoline

capitolo [ka'pitolo] *sm* chapter

capitombolo [kapi'tombolo] *sm* tumble

capo ['kapo] *sm* **1.** (*principale*) boss **2.** (*testa, estremità*) head **3.** (*di gruppo*) leader **4.** (*di tribù*) chief ● **capo di vestiario** item of clothing ● **andare a capo** to start a new paragraph ● **venire a capo di qc** to get through sthg ● **da capo** over again ● **da un capo all'altro (di qc)** from end to end (of sthg) ● **in capo a un mese** within a month

Capodanno [kapo'danno] *sm* New Year

capofitto [kapo'fitto] ◆ **a capofitto** *avv* headfirst

capolavoro [kapola'voro] *sm* masterpiece

capolinea [kapo'linea] (*pl* **capilinea**) *sm* terminus

capolino [kapo'lino] *sm* ● **fare capolino** to peep in/out

capoluogo [kapo'lwɔgo] (*pl* **-ghi**) *sm* ● **capoluogo di provincia** provincial capital, county town (*UK*) ● **capoluogo di regione** regional capital

capostazione [kapostats'tsjone] (*pl* **capistazione**) *smf* station master

capotavola [kapo'tavola] *smf* head of the table ● **a capotavola** at the head of the table

capoufficio [kapouf'fitʃo] (*mpl* **capiufficio**, *fpl* **capoufficio**) *smf* office manager (*f* manageress)

capoverso [capo'verso] *sm* paragraph

capovolgere [kapo'vɔldʒere] *vt* **1.** (*barca, oggetto*) to overturn **2.** (*fig*) (*situazione*) to reverse ◆ **capovolgersi** *vr* **1.** (*barca*) to capsize **2.** (*macchina*) to overturn **3.** (*fig*) (*situazione*) to be reversed

capovolto, a [kapo'vɔlto, a] *pp* ≻ capovolgere

cappa ['kappa] *sf* **1.** (*di camino*) hood **2.** (*mantello*) cape

cappella [kap'pella] *sf* chapel

cappello [kap'pello] *sm* hat ● **cappello di paglia** straw hat

cappero ['kappero] *sm* caper

cappone [kap'pone] *sm* capon ● **cappone ripieno al forno** capon stuffed with beef, Parmesan cheese and breadcrumbs

cappotto [kap'potto] *sm* coat

cappuccino [kapputʃ'tʃino] *sm* cappuccino

cappuccio [kap'puttʃo] *sm* **1.** hood **2.** *(di penna)* cap

capra ['kapra] *sf* goat

Capri ['kapri] *sf* Capri

capriccio [ka'pritʃtʃo] *sm* **1.** tantrum **2.** *(voglia)* whim ● fare i capricci to be naughty

capriccioso, a [kapritʃ'tʃozo, a] *agg* naughty

Capricorno [kapri'kɔrno] *sm* Capricorn

capriola [kapri'ɔla] *sf* somersault

capriolo [kapri'ɔlo] *sm* roe deer

capro ['kapro] *sm* ● capro espiatorio scapegoat

capsula ['kapsula] *sf* **1.** *(di farmaco)* capsule **2.** *(di bottiglia)* cap

carabiniere [karabi'njɛre] *sm* member of the Italian police force responsible for civil and military matters

caraffa [ka'raffa] *sf* carafe, jug

Caraibi [ka'rajbi] *smpl* ● i Caraibi the Caribbean

caramella [kara'mɛlla] *sf* sweet

carato [ka'rato] *sm* carat

carattere [karat'tere] *sm* character

caratteristica, che [karatte'ristika, ke] *sf* characteristic

caratteristico, a, ci, che [karatte'ristiko, a, tʃi, ke] *agg* characteristic

caratterizzare [karatteridz'dzare] *vt* to characterize

carboidrato [karboi'drato] *sm* carbohydrate

carbone [kar'bone] *sm* coal

carburante [karbu'rante] *sm* fuel

carburatore [karbura'tore] *sm* carburettor

carcerato, a [kartʃe'rato, a] *sm,f* prisoner

carcere ['kartʃere] *(fpl* carceri) *sm* prison

carciofo [kar'tʃɔfo] *sm* artichoke ● carciofi alla romana *sautéed or baked artichokes with parsley, mint and garlic*

cardiaco, a, ci, che [kar'diako, a, tʃi, ke] *agg* cardiac, heart *(dav s)*

cardigan ['kardigan] *sm inv* cardigan

cardinale [kardi'nale] ◇ *agg* ➢ numero, punto ◇ *sm* cardinal

cardine ['kardine] *sm* hinge

cardo ['kardo] *sm* thistle

carenza [ka'rentsa] *sf* lack, deficiency

carestia [kares'tia] *sf* famine

carezza [ka'retstsa] *sf* **1.** caress **2.** *(a animale)* stroke

carezzare [karets'tsare] *vt* **1.** to caress **2.** *(animale)* to stroke

carica, che ['karika] *sf* **1.** *(incarico)* position, office **2.** *(elettrica, di arma)* charge ● in carica in office

caricare [kari'kare] *vt* **1.** *(mettere su)* to load **2.** *(sveglia)* to wind up ● caricare qc di qc to load sthg with sthg ● caricare qn di qc to weigh sb down with sthg

carico, a, chi, che [' kariko, a, ki, ke] ◇ *agg* **1.** *(arma, macchina fotografica)* loaded **2.** *(batteria)* charged **3.** *(orologio)* wound up ◇ *sm* load ● carico (di qc) weighed down (with sthg) ● a carico di *(spesa)* charged to

carie ['karje] *sf inv (dei denti)* decay

carino, a [ka'rino, a] *agg* **1.** *(grazioso)* pretty, lovely **2.** *(gentile)* nice

carnagione [karna'dʒone] *sf* complexion

carne ['karne] *sf* 1. meat 2. ANAT flesh ● **carne di maiale/vitello** pork/veal ● **carne macinata** o **tritata** mince

carneficina [karnefi'tʃina] *sf* massacre

carnevale [karne'vale] *sm* carnival

carnevale

Carnival time in Italy runs from Epiphany (6 January) until Ash Wednesday. The most famous carnivals are those of Venice, Viareggio, Ivrea, and Putignano. There are parades with floats and fancy-dress parties for children and adults alike.

caro, a ['karo, a] *agg* 1. expensive, dear 2. *(amato)* dear ● **costare caro** to be expensive ● **Caro Luca** Dear Luca

carogna [ka'roɲɲa] *sm* 1. *(di animale)* carrion 2. *(fig) (persona)* swine

carota [ka'rɔta] *sf* carrot

carovita [karo'vita] *sm* high cost of living

carpaccio [kar'patʃʃo] *sm* thin slices of raw beef served with oil, lemon and shavings of Parmesan cheese

carpire [kar'pire] *vt* ● **carpire qc a qn** *(segreto)* to get sthg out of sb

carponi [kar'poni] *avv* on all fours

carrabile [kar'rabile] *agg* ➤ **passo**

carraio [kar'rajo] *agg m* ➤ **passo**

carreggiata [karred'dʒata] *sf* carriageway

carrello [kar'rɛllo] *sm* trolley

carriera [kar'rjɛra] *sf* career ● **far carriera** to get on

carro ['karro] *sm* cart, wagon ● **carro armato** tank ● **carro attrezzi** break-

down truck *(UK)*, tow truck *(US)*

carrozza [kar'rɔttsa] *sf* 1. *(cocchio)* coach, carriage 2. *(vagone)* carriage *(UK)*, car *(US)* ▼ **carrozza letto** sleeping car ▼ **carrozza ristorante** restaurant car

carrozzeria [karrottse'ria] *sf* bodywork

carrozziere [karrots'tsjere] *sm* coachbuilder

carrozzina [karrots'tsina] *sf* pram *(UK)*, baby carriage *(US)*

carta ['karta] *sf* 1. paper 2. *(tessera)* card ● **alla carta** à la carte ● **carta d'argento** senior citizens' railcard ● **carta automobilistica** o **stradale** road map ● **carta da bollo** *paper carrying a government duty stamp* ● **carta di credito** credit card ● **carta geografica** map ● **carta d'identità** identity card ● **carta igienica** toilet paper ● **carta d'imbarco** boarding pass ● **carta da lettere** notepaper ● **carta da pacchi** brown paper, wrapping paper ● **carta da parati** wallpaper ● **carta stagnola** silver foil ● **carta verde** green card ● **carta dei vini** wine list ● **carte da gioco** playing cards

cartacarbone [kartakar'bone] *sf* carbon paper

cartaccia [kar'tattʃa] *(pl* **-ce**) *sf* waste paper

cartapesta [karta'pesta] *sf* papier-mâché

cartella [kar'tella] *sf* 1. *(di scolaro)* schoolbag 2. *(di professionista)* briefcase 3. *(per fogli)* folder 4. *(scheda)* file ● **cartella clinica** case history

cartello [kar'tello] *sm* 1. *(avviso)* notice 2. *(in dimostrazioni)* placard ● **cartello stradale** road sign

cartellone [kartel'lone] *sm (teatrale)*

playbill ● **cartellone (pubblicitario)** poster

cartina [kar'tina] *sf* ● **cartina (geografica)** map

cartoccio [kar'tɔtʃʃo] *sm* paper bag ● **al cartoccio** in tin foil

cartoleria [kartole'ria] *sf* stationer's

cartolibreria [kartolibre'ria] *sf* stationer's and bookseller's

cartolina [karto'lina] *sf (illustrata)* (picture) postcard ● **cartolina postale** postcard

cartone [kar'tone] *sm* cardboard ◆ **cartoni animati** *smpl* cartoons

casa ['kaza o 'kasa] *sf* **1.** *(costruzione)* house **2.** *(dimora)* house, home **3.** *(ditta)* firm ● **andare a casa** to go home ● **essere a o in casa** to be at home ● **fatto in casa** homemade ● **casa di cura** nursing home

casalinga [kasa'linga] *(pl* **-ghe**) *sf* housewife

casalingo, a, ghi, ghe [kasa'lingo, a, gi, ge] *agg* **1.** homemade **2.** *(amante della casa)* home-loving ◆ **casalinghi** *smpl* household articles

cascare [kas'kare] *vi* to fall down

cascata [kas'kata] *sf* waterfall

cascina [kaʃ'ʃina] *sf* farmstead

casco ['kasko] *(pl* **-schi**) *sm* **1.** *(protettivo)* helmet **2.** *(per capelli)* dryer **3.** *(di banane)* bunch

casella [ka'sɛlla] *sf* **1.** *(riquadro)* square **2.** *(scomparto)* compartment ● **casella postale** post office box

casello [ka'sɛllo] *sm* tollbooth

caserma [ka'sɛrma] *sf* barracks *pl*

casino [ka'sino] *sm (fam)* *(confusione)* mess

casinò [kasi'nɔ] *sm inv* casino

caso ['kazo] *sm* **1.** chance **2.** *(eventualità)* event **3.** *(poliziesco, medico)* case ● **fare caso a** to pay attention to ● **non è il caso di offendersi** you shouldn't take offence ● **a caso** at random ● **in caso contrario** otherwise ● **in ogni caso** in any case ● **nel caso venisse** should he come ● **per caso** by chance ● **in tutti i casi** at any rate ▼ **in caso d'emergenza rompere il vetro** in case of emergency break glass

casomai [kazo'mai] *cong* if by any chance

cassa ['kassa] *sf* **1.** *(contenitore)* case, box **2.** *(di negozio)* cash register **3.** *(di supermercato)* checkout **4.** *(di banca)* counter **5.** *(amplificatore)* speaker **6.** *(di orologio)* case ● **cassa automatica prelievi** cash dispenser ● **cassa continua** night safe ● **cassa toracica** chest

cassaforte [kassa'fɔrte] *(pl* **casseforti**) *sf* safe

cassata [kas'sata] *sf* ice cream dessert containing candied fruit, served in slices like a cake ● **cassata siciliana** Sicilian dessert made with sponge, ricotta cheese, candied fruit and liqueur

casseruola [kasse'rwɔla] *sf* saucepan

cassetta [kas'setta] *sf* **1.** *(contenitore)* box **2.** *(di musica, film)* tape ● **cassetta delle lettere** letterbox *(UK)*, mailbox *(US)* ● **cassetta di sicurezza** strongbox

cassetto [kas'setto] *sm* drawer

cassettone [kasset'tone] *sm* chest of drawers

cassiere, a [kas'sjɛre, a] *sm,f* **1.** *(di negozio)* cashier **2.** *(di banca)* teller

cassonetto [kasso'netto] *sm* large dustbin on wheels

castagna [kas'taɲɲa] *sf* chestnut

castagnaccio [kastaɲ'natʃtʃo] *sm* Tuscan cake made from chestnut flour, pine kernels and sometimes sultanas and rosemary

castagno [kas'taɲɲo] *sm* chestnut

castano, a [kas'tano, a] *agg* chestnut

castello [kas'tɛllo] *sm* castle

castigo [kas'tigo] (*pl* **-ghi**) *sm* punishment ● **mettere qn in castigo** to punish sb

castoro [kas'tɔro] *sm* beaver

castrare [kast'rare] *vt* to castrate

casual ['kɛzwal] *agg inv* casual

casuale [ka'zwale] *agg* chance (*dav s*)

catacomba [kata'komba] *sf* catacomb

catalogare [katalo'gare] *vt* to catalogue

catalogo [ka'talogo] (*pl* **-ghi**) *sm* catalogue

catamarano [katama'rano] *sm* catamaran

catarifrangente [katarifran'dʒɛnte] *sm* reflector

catarro [ka'tarro] *sm* catarrh

catasta [ka'tasta] *sf* stack

catastrofe [ka'tastrofe] *sf* catastrophe

categoria [katego'ria] *sf* **1.** (*gruppo*) category **2.** (*di albergo*) class

catena [ka'tena] *sf* chain ● **catena di montaggio** assembly line ● **a catena** chain (*dav s*) ● **catene (da neve)** (snow) chains

catinella [kati'nɛlla] *sf* basin ● **piovere a catinelle** to pour down

catino [ka'tino] *sm* basin

catrame [ka'trame] *sm* tar

cattedra ['kattedra] *sf* teacher's desk

cattedrale [katte'drale] *sf* cathedral

cattiveria [katti'vɛrja] *sf* **1.** (*qualità*) wickedness **2.** (*commento*) spiteful remark **3.** (*atto*) spiteful act

cattività [kattivi'ta] *sf* captivity

cattivo, a [kat'tivo, a] *agg* **1.** bad **2.** (*bambino*) naughty **3.** (*sapore, odore*) bad, nasty **4.** (*incapace*) poor

cattolico, a, ci, che [kat'tɔliko, a, tʃi, ke] *agg & sm,f* Catholic

cattura [kat'tura] *sf* capture

catturare [kattu'rare] *vt* to capture

cauccciù [kautʃ'tʃu] *sm* rubber

causa ['kawza] *sf* **1.** cause **2.** DIR case ● **a o per causa di** because of

causare [kaw'zare] *vt* to cause

cautela [kaw'tɛla] *sf* caution, prudence

cautelare [kawte'lare] *vt* to protect ● **cautelarsi da** to take precautions against

cauto, a ['kawto, a] *agg* cautious, prudent

cauzione [kawts'tsjone] *sf* **1.** security **2.** DIR bail

cava ['kava] *sf* quarry

cavalcare [kaval'kare] *vt* to ride

cavalcavia [kavalka'via] *sm inv* flyover

cavalcioni [kaval'tʃoni] *avv* ● **a cavalcioni di** astride

cavaliere [kava'ljɛre] *sm* **1.** (*chi cavalca*) rider **2.** (*medioevale, titolo*) knight **3.** (*in balli*) partner

cavalleria [kavalle'ria] *sf* **1.** MIL cavalry **2.** (*cortesia*) chivalry

cavallerizzo, a [kavalle'ritstso] *sm,f* **1.** (*istruttore*) riding instructor **2.** (*di circo*) bareback rider

cavalletta [kaval'letta] *sf* grasshopper

cavalletto [kaval'letto] *sm* easel

cavallo [ka'vallo] *sm* **1.** horse **2.** (*di pantaloni*) crotch **3.** (*negli scacchi*) knight

● **andare a cavallo** to ride ● **cavallo (vapore)** horsepower

cavallone [kaval'lone] *sm (ondata)* breaker

cavare [ka'vare] *vt* to extract ● **cavarsela** to manage, to cope

cavatappi [kava'tappi] *sm inv* corkscrew

cavatelli [kava'tɛlli] *smpl* ● **cavatelli alla foggiana** flat "gnocchi" in a vegetable, cheese or meat sauce

caverna [ka'verna] *sf* cave

cavia ['kavja] *sf* guinea pig ● **fare da cavia** to be a guinea pig

caviale [ka'vjale] *sm* caviar

caviglia [ka'viʎʎa] *sf* ankle

cavità [kavi'ta] *sf inv (buca)* hollow *sf.* ANAT chamber

cavo, a ['kavo, a] ◇ *agg* hollow ◇ *sm* 1. *(cable)* 2. *(corda)* rope

cavolfiore [kavol'fjore] *sm* cauliflower

cavolo ['kavolo] *sm* cabbage ● **che cavolo vuole?** *(fam)* what the hell does he want?

cazzotto [kats'tsotto] *sm (fam)* punch

cc [tʃit'tʃi] *(abbr di centimetro cubico)* cc

c/c *(abbr di conto corrente)* a/c

C.C. *abbr* = **Carabinieri**

CD [tʃi'di] *sm inv* CD

CD-ROM [tʃidi'rɔm] *sm inv* CD-ROM

ce [tʃe] > **ci**

CE *(abbr di Consiglio d'Europa)* Council of Europe

cece ['tʃetʃe] *sm* chickpea

cedere ['tʃɛdere] *vt* ● **cedere qc (a qn)** to give sthg up (to sb); *(soffitto, pavimento)* to give way ● **cedere (a qc)** *(fig)* *(persona)* to give in (to sthg), to yield (to sthg)

cedola ['tʃɛdola] *sf* coupon

cedro ['tʃɛdro] *sm* lime

ceffone [tʃef'fone] *sm* slap

celebrare [tʃele'brare] *vt* to celebrate

celebre ['tʃɛlebre] *agg* famous

celebrità [tʃelebri'ta] *sf inv* fame

celeste [tʃe'leste] *agg & sm* sky-blue

celibe ['tʃɛlibe] ◇ *agg* single ◇ *sm* bachelor

cella ['tʃɛlla] *sf* cell

cellophane® ['tʃɛllofan] *sm* Cellophane®

cellula ['tʃɛllula] *sf* cell ● **cellula fotoelettrica** photoelectric cell

cellulare [tʃellu'lare] *sm* 1. *(telefono)* mobile phone 2. *(furgone)* Black Maria

cemento [tʃe'mento] *sm* cement ● **cemento armato** reinforced concrete

cena ['tʃena] *sf* dinner

cenare [tʃe'nare] *vi* to have dinner

cencio ['tʃentʃo] *sm (straccio)* rag ◆ **cenci** *smpl* CULIN Tuscan speciality of deep-fried sticks of dough sprinkled with sugar

cenere ['tʃenere] *sf* ash

cenno ['tʃenno] *sm* 1. *(con la mano)* gesture 2. *(col capo)* nod 3. *(allusione)* hint 4. *(sintomo)* sign ● **fare cenno a qn** to beckon to sb ● **fare cenno di sì/no** to nod/shake one's head

cenone [tʃe'none] *sm* New Year's Eve dinner

censimento [tʃensi'mento] *sm* census

censura [tʃen'sura] *sf (controllo)* censorship

centenario, a [tʃente'narjo, a] ◇ *agg* 1. *(di età)* hundred-year-old 2. *(ogni cento anni)* centenary *(dav s)* ◇ *sm* centenary

centerbe [tʃen'tɛrbe] *sm inv* type of liqueur made from herbs

centesimo, a [tʃen'tezimo, a] *num* hundredth ➤ **sesto**

centigrado [tʃen'tigrado] *agg m* ➤ **grado**

centimetro [tʃen'timetro] *sm* centimetre

centinaio [tʃenti'najo] (*fpl* **centinaia**) *sm* ● **un centinaio (di)** a hundred

cento ['tʃɛnto] *num* a ○ one hundred ● **cento per cento** 100 per cent ➤ **sei**

centomila [tʃɛnto'mila] *num* a ○ one hundred thousand ➤ **sei**

centotredici [tʃɛnto'treditʃi] *sm* **1.** (*numero telefonico*) ≈ 999 (UK), ≈ 911 (US) **2.** (*polizia*) police *pl*

centrale [tʃen'trale] ◇ *agg* **1.** (*nel centro*) central **2.** (*principale*) main ◇ *sf* head office ● **centrale elettrica** electric power station

centralinista, i, e [tʃentrali'nista, i, e] *smf* operator

centralino [tʃentra'lino] *sm* **1.** telephone exchange **2.** (*di albergo, ditta*) switchboard

centrare [tʃen'trare] *vt* to hit the centre of

centrifuga [tʃen'trifuga] (*pl* **-ghe**) *sf* spin-dryer

centro ['tʃɛntro] *sm* centre ● **fare centro** (*colpire*) to hit the bull's eye; (*fig*) (*risolvere*) to hit the nail on the head ● **centro abitato** built-up area ● **centro commerciale** shopping centre ● **centro storico** old town

ceppo ['tʃeppo] *sm* **1.** (*di albero*) stump **2.** (*ciocco*) log

cera ['tʃera] *sf* wax

ceramica [tʃe'ramika] *sf* pottery

cerbiatto [tʃer'bjatto] *sm* fawn

cerca ['tʃerka] *sf* ● **essere in cerca di qc** to be in search of sthg

cercare [tʃer'kare] *vt* to look for ● **cercare di** *v + prep* ● **cercare di fare qc** to try to do sthg

cerchio ['tʃerkjo] *sm* circle ● **mettersi in cerchio (intorno a)** to form a circle (around)

cereale [tʃere'ale] *sm* cereal

cerimonia [tʃeri'mɔnja] *sf* ceremony

cerino [tʃe'rino] *sm* match

cernia ['tʃernja] *sf* grouper

cerniera [tʃer'njera] *sf* (*di porte, finestre*) hinge ● **cerniera (lampo)** zip

cerotto [tʃe'rɔtto] *sm* plaster

certamente [tʃerta'mente] *avv* certainly

certezza [tʃer'tettsa] *sf* certainty ● **sapere qc con certezza** to know sthg for sure

certificato [tʃertifi'kato] *sm* certificate ● **certificato medico** medical certificate ● **certificato di nascita** birth certificate

certo, a ['tʃɛrto, a] ◇ *agg* **1.** (*convinto*) certain ● **essere certo di qc** to be certain of sthg ● **sono certo di aver prenotato** I'm positive I booked ● **siete certi che sia lui?** are you sure it's him? **2.** (*assicurato, evidente*) certain ● **la vittoria è data per certa** victory is certain **3.** (*non specificato*) certain ● **un certo signor Rossi** a (certain) Mr Rossi ● **c'è un certo Paolo al telefono** there's someone called Paolo on the phone ● **ho certe cose da fare** I have some things I need to do ● **in certi casi** in some ○ certain cases **4.** (*qualche*) ● **certi(e)** some **5.** (*limitativo*) some ● **avere un certo intuito** to have some insight **6.** (*rafforzativo*) some ● **ha certe idee!** he has some strange ideas! • **ha certi occhi azzurri!** he's got really blue eyes! • **avere una certa età** to be getting on ◊ *avv* • **vieni anche tu? - certo!** are you coming too? - of course! • **di certo** certainly • **certi** *pron (persone)* some (people) • **certi dicono che ...** some people say that ...

certosa [tʃer'toza] *sf* charterhouse

cervello [tʃer'vɛllo] *sm* brain

Cervino [tʃer'vino] *sm* • **il Cervino** the Cervino

cervo ['tʃɛrvo] *sm* deer • **cervo volante** stag beetle

cesoie [tʃe'zoje] *sfpl* shears

cespuglio [tʃes'puʎʎo] *sm* bush

cessare [tʃes'sare] *vt* to stop

cesso ['tʃɛsso] *sm (volg)* loo

cesta ['tʃesta] *sf* basket

cestino [tʃes'tino] *sm* **1.** *(cesto)* basket **2.** *(per cartacce)* wastepaper basket • **cestino da viaggio** packed lunch

cesto ['tʃesto] *sm* basket

ceto ['tʃɛto] *sm* class

cetriolo [tʃetri'ɔlo] *sm* cucumber

champagne [ʃam'paɲ] *sm inv* champagne

charter ['tʃarter] *sm inv* charter

chattare [tʃat'tare] *vi* to chat

che [ke]

◊ *pron rel* **1.** *(soggetto : persona)* who, that • **il dottore che mi ha visitato** the doctor who examined me **2.** *(complemento oggetto : persona)* whom, that • **la ragazza che hai conosciuto** the girl (whom o that) you met **3.** *(cosa, animale)* that, which • **la macchina che è in garage** the car which o that is in the garage • **il treno che abbiamo perso** the train (which o that) we

missed **4.** *(fam) (in cui)* • **la sera che siamo usciti** the evening we went out ◊ *pron interr & esclam* what • **che ne pensi?** what do you think? • **che ti succede?** what's the matter? • **non so che fare** I don't know what to do • **grazie! - non c'è di che!** thank you! - don't mention it! • **ma che dici!** what are you saying!

◊ *agg* **1.** *(tra molti)* what; *(tra pochi)* which • **che libro vuoi, questo o quello?** which book do you want, this one or that one? • **che tipo è il tuo amico?** what's your friend like? **2.** *(in esclamazioni)* • **che strana idea!** what a strange idea! • **che bello!** how lovely!

◊ *cong* **1.** *(introduce una subordinata)* that • **è difficile che venga** he's unlikely to come • **sai che non è vero** you know (that) it's not true • **sono così stanca che non mi reggo in piedi** I'm so tired (that) I can hardly stand up • **sono contenta che sia partito** I'm pleased (that) he left **2.** *(temporale)* • **è già un anno che è partito** it's already a year since he left • **è un po' che non lo vedo** I haven't seen him for a while **3.** *(comparativa)* than • **è più furbo che intelligente** he's cunning rather than intelligent • **è più bello che mai** he's more handsome than ever **4.** *(introduce alternativa)* whether • **che tu venga o no, io ci vado** I'm going, whether you come or not

check-in [tʃɛk'kin] *sm inv* check-in

check-point [tʃɛk'point] *sm inv* check-point

chewing-gum ['tʃuingam] *sm* chewing-gum

chi [ki]
◇ *pron rel* **1.** *(colui che)* the person who **2.** *(qualcuno che)* ● c'è ancora chi crede alle sue storie there are still people who believe his tales **3.** *(chiunque)* whoever, anyone who ● entra chi vuole anyone can come in
◇ *pron interr* **1.** *(soggetto)* who ● chi è? who is it? ● chi è stato? who was it? **2.** *(complemento diretto)* who ● non so chi I don't know who ● chi si vede! look who's here! **3.** *(complemento indiretto)* who, whom ● a chi devo chiedere? who should I ask? ● con chi parti? who are you leaving with? ● di chi è questo ombrello? whose umbrella is this? ● a chi lo dici! you're telling me!

chiacchierare [kjakkje'rare] *vi* **1.** *(conversare)* to chat **2.** *(spettegolare)* to gossip
chiacchiere [kjakkjere] *sfpl* *(pettegolezzi)* rumours, gossip *sg* ● fare due o quattro chiacchiere to have a chat
chiacchierone, a [kjakkje'rone, a] *agg* **1.** *(loquace)* talkative **2.** *(pettegolo)* gossipy
chiamare [kja'mare] *vt* to call ● chiamarsi *vr* to be called ● come ti chiami? what's your name? ● mi chiamo ... my name is ...
chiamata [kja'mata] *sf* call
chiarezza [kja'retstsa] *sf* clarity
chiarire [kja'rire] *vt* **1.** *(mettere in chiaro)* to make clear **2.** *(spiegare)* to clarify **3.** *(problema)* to clear up ● chiarirsi *vr* to be cleared up
chiaro, a ['kjaro, a] *agg* **1.** clear **2.** *(colore)* light
chiasso ['kjasso] *sm* noise
chiassoso, a [kjas'sozo, a] *agg* noisy
chiave ['kjave] *sf* key ● chiudere a

chiave to lock ● chiave d'accensione ignition key ● chiave inglese monkey wrench
chiavetta [kja'vetta] *sf* **1.** *(dell'acqua, del gas)* tap **2.** *(d'accensione)* key
chic [ʃik] *agg inv* chic
chicco ['kikko] *(pl* -chi*)* *sm* **1.** *(di grano)* grain **2.** *(di caffè)* bean ● chicco d'uva grape
chiedere [kjɛdere] *vt* **1.** *(per sapere)* to ask **2.** *(per avere)* to ask for ● chiedere qc a qn to ask sb sthg ● chiedere di *v* + *prep* **1.** *(per notizie)* to ask after **2.** *(al telefono)* to ask for
chiesa ['kjɛza] *sf* church
chiesto, a ['kjɛsto, a] *pp* ➤ chiedere
chiglia ['kiʎʎa] *sf* keel
chilo ['kilo] *sm* *(chilogrammo)* kilo ● mezzo chilo di half a kilo of
chilogrammo [kilo'grammo] *sm* kilogram
chilometro [ki'lɔmetro] *sm* kilometre
chimica ['kimika] *sf* *(disciplina)* chemistry ➤ chimico
chimico, a, ci, che ['kimiko, a, tʃi, ke] ◇ *agg* chemical ◇ *sm,f* chemist
chinarsi [ki'narsi] *vr* to bend
chinotto [ki'nɔtto] *sm* *(bibita)* a type of soft drink
chiocciola ['kjɔtʃtʃola] *sf* snail
chiodo ['kjɔdo] *sm* nail ● chiodo fisso fixed idea ● chiodi di garofano cloves
chioma ['kjɔma] *sf* **1.** *(di albero)* foliage **2.** *(capigliatura)* (head of) hair
chiosco ['kjɔsko] *(pl* -schi*)* *sm* kiosk
chiostro ['kjɔstro] *sm* cloister
chiromante [kiro'mante] *smf* fortuneteller
chirurgia [kirur'dʒia] *sf* surgery ●

chirurgia estetica plastic surgery

chissà [kis'sa] *avv* who knows?

chitarra [ki'tarra] *sf* guitar

chiudere ['kjudere] ◇ *vt* 1. to close, to shut 2. *(acqua, gas)* to turn off 3. *(strada)* to close 4. *(definitivamente)* to close down, to shut down 5. *(concludere)* to end ◇ *vi* 1. to close, to shut 2. *(definitivamente)* to close down, to shut down ● **chiudere a chiave** to lock ● **chiudersi** *vr* to close, to shut ● **chiudersi in casa** to lock o.s. in ▼ **si chiude da sé** automatic door

chiunque [ki'unkwe] *pron* 1. *(indefinito)* anyone 2. *(relativo)* whoever ● **chiunque sia** whoever it may be

chiuso, a ['kjuzo, a] ◇ *pp* > **chiudere** ◇ *agg* 1. closed 2. *(persona)* reserved ● **chiuso per ferie** closed for holidays ● **chiuso per riposo settimanale** weekly closing day

chiusura ['kjuzura] *sf* 1. *(di negozio, ufficio, scuole)* closing 2. *(definitiva)* closure 3. *(termine)* end 4. *(dispositivo)* fastener

ci [tʃi] *(diventa* ce *se precede* lo, la, li, le, ne*)*

◇ *pron* 1. *(complemento oggetto)* us ● **ci vedono** they can see us ● **ascoltaci** listen to us 2. *(complemento di termine)* (to) us ● **ci può fare un favore?** can you do us a favour? ● **non ce lo ha detto** he didn't tell us 3. *(riflessivo)* ourselves ● **ci laviamo** we wash ourselves 4. *(reciproco)* each other ● **ci vediamo stasera** see you tonight

◇ *pron (a ciò, in ciò, su ciò)* ● **ci penso io** I'll take care of it ● **mettici un po' d'impegno!** put a bit of effort into it! ●

quella sedia è vuota: posso appoggiarci la borsa? that seat is empty: can I put my bag on it? ● **ci puoi scommettere** you can bet on it

◇ *avv* 1. *(stato in luogo: qui)* here; *(stato in luogo: lì)* there ● **ci fermiamo una sola notte** we are staying (here/there) for just one night 2. *(moto a luogo: qui)* here; *(moto a luogo: lì)* there ● **ci si può andare a piedi** you can walk there ● **ci vengono spesso** they come here often 3. *(moto per luogo)* ● **ci passa l'autostrada** the motorway runs through it ● **non ci passa mai nessuno** nobody ever goes this/that way 4. *(in espressioni)* ● **c'è** there is ● **ci sono** there are ● **ci vuole un po'** *(di tempo)* it takes a bit of time ● **io ci sto** I agree ● **non ci sento/vedo** I can't hear/see

ciabatta [tʃa'batta] *sf* 1. *(pantofola)* slipper 2. *(pane)* type of long, flat bread

cialda ['tʃalda] *sf* wafer

ciambella [tʃam'bella] *sf* 1. *(dolce)* ring-shaped cake 2. *(salvagente)* rubber ring ● **ciambella di salvataggio** life buoy, life belt

ciao ['tʃao] *esclam* 1. *(all'incontro)* hello! 2. *(di commiato)* bye!

ciascuno, a [tʃas'kuno, a] *agg & pron* each ● **ciascuno di noi** each of us

cibo ['tʃibo] *sm* food

cicala [tʃi'kala] *sf* cicada

cicatrice [tʃika'tritʃe] *sf* scar

cicca ['tʃikka] *(pl* -**che**) *sf* cigarette end

ciccione, a [tʃit'tʃone, a] *sm,f (fam)* fatty

cicerone [tʃitʃe'rone] *sm* guide

ciclabile ['tʃiklabile] *agg* > **pista**

ciclamino [tʃikla'mino] *sm* cyclamen

ciclismo [tʃi'klizmo] *sm* cycling

ciclista, i, e [tʃi'klista] *smf* cyclist

ciclo ['tʃiklo] *sm* cycle

ciclomotore [tʃiklomo'tore] *sm* moped

ciclone [tʃi'klone] *sm* cyclone

cicogna [tʃi'koɲɲa] *sf* stork

cieco, a, chi, che ['tʃɛko, a, ki, ke] ◇ *agg* blind ◇ *sm,f* blind man (*f* woman)

cielo ['tʃɛlo] *sm* 1. sky 2. (*paradiso*) heaven

cifra ['tʃifra] *sf* 1. (*numero*) figure 2. (*di denaro*) sum, figure

ciglio ['tʃiʎʎo] *sm* 1. (*di palpebra: pl f* ciglia) eyelash 2. (*di strada: pl m* cigli) edge

cigno ['tʃiɲɲo] *sm* swan

cigolare [tʃigo'lare] *vi* to squeak, to creak

Cile ['tʃile] *sm* ● **il Cile** Chile

cilecca [tʃi'lekka] *sf* ● **fare cilecca** to fail

ciliegia [tʃi'ljɛdʒa] (*pl* -gie *o* -ge) *sf* cherry

cilindro [tʃi'lindro] *sm* 1. (*di motore*) cylinder 2. (*cappello*) top hat

cima ['tʃima] *sf* 1. top 2. (*estremità*) end ● **in cima a qc** at the top (of sthg) ● **da cima a fondo** from top to bottom, from beginning to end ● **cima alla genovese** veal stuffed with bacon, sweetbreads, brains, mushrooms, peas and grated cheese, served cold in slices

cimice ['tʃimitʃe] *sf* 1. (*insetto*) bug 2. (*puntina*) drawing pin (*UK*), thumbtack (*US*)

ciminiera [tʃimi'njɛra] *sf* 1. chimney 2. (*di nave*) funnel

cimitero [tʃimi'tɛro] *sm* cemetery

Cina ['tʃina] *sf* ● **la Cina** China

cin cin ['tʃintʃin] *esclam* cheers!

Cinecittà [tʃinetʃit'ta] *sf* film studios in Rome

Cinecittà

Founded in 1937 and located on a vast site on the outskirts of Rome, the *Cinecittà* studios are Italy's answer to Hollywood. Many famous Italian directors have worked there, including Rossellini, Bertolucci, Sergio Leone, De Sica, Fellini, Visconti, Pasolini, Bellocchio, Scola, Tornatore, Moretti and Benigni.

cinema ['tʃinema] *sm inv* cinema

cinepresa [tʃine'preza] *sf* cine-camera

cinese [tʃi'neze] *agg, smf & sm* Chinese

cingere ['tʃindʒere] *vt* to surround

cinghia ['tʃingja] *sf* belt

cinghiale [tʃin'gjale] *sm* wild boar

cinguettare [tʃingwet'tare] *vi* to chirp

cinico, a, ci, che ['tʃiniko, a, tʃi, ke] *agg* cynical

ciniglia [tʃi'niʎʎa] *sf* chenille

cinquanta [tʃin'kwanta] *num* fifty ➤ **sei**

cinquantesimo, a [tʃinkwan'tezimo, a] *agg* fiftieth ➤ **sesto**

cinquantina [tʃinkwan'tina] *sf* (*di età*) ● **essere sulla cinquantina** to be about 50 ● **una cinquantina (di)** about 50

cinque ['tʃinkwe] *num* five ➤ **sei**

cinquecento [tʃinkwe'tʃento] *num* five hundred ➤ **sei** ◆ **Cinquecento** *sm* ● **il Cinquecento** the sixteenth century

cinto, a ['tʃinto] *pp* ➤ **cingere**

cintura [tʃin'tura] *sf* 1. belt 2. (*punto vita*) waist ● **cintura di sicurezza** safety *o* seat belt ▾ **allacciare le cinture di**

sicurezza fasten your seat belts

ciò [tʃɔ] *pron* this, that ● **ciò che** what ● **ciò nonostante** nevertheless

cioccolata [tʃokko'lata] *sf* 1. chocolate 2. *(bevanda)* hot chocolate

cioccolatino [tʃokkola'tino] *sm* chocolate

cioccolato [tʃokko'lato] *sm* chocolate

cioè [tʃo'ɛ] ◇ *avv* that is ◇ *cong* 1. *(vale a dire)* that is 2. *(anzi)* or rather

ciondolo ['tʃondolo] *sm* pendant

ciotola ['tʃɔtola] *sf* bowl

ciottolo ['tʃɔttolo] *sm* pebble

cipolla [tʃi'polla] *sf* onion

cipresso [tʃi'presso] *sm* cypress

cipria ['tʃiprja] *sf* face powder

circa ['tʃirka] *avv* & *prep* about

circo, chi ['tʃirko] *sm* circus

circolare [tʃirko'lare] ◇ *agg* & *sf* circular ◇ *vi* 1. to circulate 2. *(veicoli)* to drive 3. *(persone)* to move along 4. *(notizia)* to go round

circolazione [tʃirkolats'tsjone] *sf* *(di merce, moneta, giornali)* circulation ● **mettere in circolazione** *(notizia)* to spread; *(merce, moneta)* to put into circulation ● **circolazione sanguigna** circulation ● **circolazione stradale** traffic

circolo ['tʃirkolo] *sm* circle

circondare [tʃirkon'dare] *vt* to surround

circonferenza [tʃirkonfe'rentsa] *sf* circumference

circonvallazione [tʃirkonvallats'tsjone] *sf* ring road

circoscrizione [tʃirkoskrits'tsjone] *sf* district

circostante [tʃirkos'tante] *agg* surrounding

circostanza [tʃirkos'tantsa] *sf* circums-

tance ● **date le circostanze** in o under the circumstances

circuito [tʃir'kujto] *sm* circuit

ciste ['tʃiste] = **cisti**

cisterna [tʃis'tɛrna] *sf* tank

cisti ['tʃisti] *sf inv* cyst

citare [tʃi'tare] *vt* 1. DIR to summon 2. *(menzionare)* to cite 3. *(opera, autore)* to quote

citofono [tʃi'tɔfono] *sm* entry phone

città [tʃit'ta] *sf inv* 1. town 2. *(importante)* city ● **città universitaria** (university) campus ◆ **Città del Vaticano** *sf* Vatican City

cittadinanza [tʃittadi'nantsa] *sf* 1. citizenship 2. *(abitanti)* citizens *pl*

cittadino, a [tʃitta'dino, a] ◇ *sm,f* citizen ◇ *agg* town, city *(dav s)*

ciuco, chi ['tʃuko, ki] *sm* ass, donkey

ciuffo ['tʃuffo] *sm* tuft

civetta [tʃi'vetta] *sf* 1. owl 2. *(fig) (donna)* flirt

civico, a, ci, che ['tʃiviko, a, tʃi, ke] *agg* civic

civile [tʃi'vile] ◇ *agg* 1. civil 2. *(civilizzato)* civilized ◇ *sm* civilian

civiltà [tʃivil'ta] *sf inv* civilization

clacson ['klakson] *sm inv* horn

clamoroso, a [klamo'roso, a] *agg* sensational

clandestino, a [klandes'tino, a] ◇ *agg* 1. *(illegale)* illegal 2. *(segreto)* clandestine ◇ *sm,f* stowaway

classe ['klasse] *sf* 1. class 2. *(aula)* classroom ● **classe turistica** tourist class ● **prima/seconda classe** first/second class ● **che classe fai?** what year are you in?

classico, a, ci, che ['klassiko, a, tʃi, ke]

agg 1. *(letteratura, arte, musica)* classical 2. *(moda, esempio)* classic

classifica [klas'sifika] *(pl* **-che)** *sf* 1. *(sportiva)* league table 2. *(d'esame)* results *pl* 3. *(musicale)* charts *pl*

classificare [klassifi'kare] *vt* 1. *(ordinare)* to classify 2. *(valutare)* to mark ◆ **classificarsi** *vr* = classificarsi primo to come first

claudicante [klaudi'kante] *agg (zoppicante)* limping

clausola ['klawzola] *sf* DIR clause

clavicola [kla'vikola] *sf* clavicle

claxon ['klakson] = **clacson**

clero ['klɛro] *sm* clergy

cliccare [klik'kare] *vi* INFORM to click

cliente [kli'ɛnte] *smf* 1. *(di negozio, bar)* customer 2. *(di professionista)* client

clientela [klien'tɛla] *sf* 1. *(di negozio, bar)* clientele 2. *(di professionista)* clients *pl*

clima ['klima] *(pl* **-i)** *sm* climate

clinica ['klinika] *(pl* **-che)** *sf* clinic

cloro ['klɔro] *sm* chlorine

club [klɛb] *sm inv* club

cm *(abbr di* centimetro) cm

coagulare [koagu'lare] *vt* 1. *(sangue)* to coagulate 2. *(latte)* to curdle ◆ **coagularsi** *vr* 1. *(sangue)* to clot 2. *(latte)* to curdle

coca ['kɔka] *sf (fam) (bibita)* Coke ®

Coca-Cola ® [koka'kɔla] *sf* Coca-Cola ®

cocaina [koka'ina] *sf* cocaine

coccinella [kotʃi'nɛlla] *sf* ladybird

coccio ['kɔttʃo] *sm* 1. *(terracotta)* earthenware 2. *(frammento)* shard

cocciuto, a [kot'tʃuto, a] *agg* stubborn

cocco ['kɔkko] *(pl* **-chi)** *sm* 1. *(albero)* coconut palm 2. *(frutto)* coconut

coccodrillo [kokko'drillo] *sm* crocodile

coccolare [kokko'lare] *vt* to cuddle

cocomero [ko'komero] *sm* watermelon

coda ['koda] *sf* 1. *(fila)* queue *(UK)*, line *(US)* 2. *(di animale)* tail ◆ **fare la coda** to queue *(UK)*, to stand in line *(US)* ◆ **mettersi in coda** to join the queue *(UK)* o line *(US)* ◆ **coda (di cavallo)** ponytail

codardo, a [ko'dardo, a] *agg* cowardly

codesto, a [ko'desto, a] *agg & pron* this

codice ['kɔditʃe] *sm* code ◆ **codice (di avviamento) postale** postcode ◆ **codice fiscale** tax code ◆ **codice della strada** highway code

coerente [koe'rɛnte] *agg* consistent

coetaneo, a [koe'taneo, a] *agg* ◆ **siamo coetanei** we are the same age

cofano ['kɔfano] *sm* bonnet *(UK)*, hood *(US)*

cogliere ['kɔ ʎʎere] *vt* 1. *(fig)* *(occasione, momento)* to seize ◆ **cogliere qn sul fatto** to catch sb redhanded

cognac [kɔɲ'nak] *sm inv* cognac

cognato, a [koɲ'nato, a] *sm,f* brother-in-law *(f* sister-in-law)

cognome [koɲ'nome] *sm* surname

coi ['koi] = **con + i;** > **con**

coincidenza [kointʃi'dɛntsa] *sf* 1. *(caso)* coincidence 2. *(aereo, treno)* connection

coincidere [koin'tʃidere] *vi* ◆ **coincidere (con qc)** *(oggetti)* to coincide (with sthg); *(versione dei fatti)* to agree (with sthg); *(date, eventi)* to clash (with sthg)

coinciso, a [koin'tʃizo, a] *pp* ➣ **coincidere**

coinvolgere [koin'vɔldʒere] *vt* ◆ **coinvolgere qn (in qc)** to involve sb (in sthg)

coinvolto, a [koin'vɔlto, a] *pp* ➣ **coinvolgere**

col [kol] = **con + il;** > **con**

colapasta [kola'pasta] = scolapasta

colare [ko'lare] ◇ *vt* 1. *(filtrare)* to filter 2. *(pasta)* to drain ◇ *vi* 1. *(liquido)* to drip 2. *(contenitore)* to leak 3. *(cera, burro)* to melt ● **colare a picco** to sink

colazione [kolats'tsjone] *sf (pranzo)* lunch ● **(prima) colazione** breakfast ● **fare colazione** *(al mattino)* to have breakfast

colera [ko'lɛra] *sm* cholera

colica ['kɔlika] *(pl -che) sf* colic

colino [ko'lino] *sm* colander

colla ['kɔlla] *sf* glue

collaborare [kollabo'rare] *vi* to cooperate

collaboratore, trice [kollabora'tore, 'tritʃe] *sm,f* collaborator

collana [kol'lana] *sf* 1. necklace 2. *(serie)* series

collant [kol'lan] *smpl* tights

collare [kol'lare] *sm* collar

collasso [kol'lasso] *sm* collapse

collaudo [kol'laudo] *sm* test

colle ['kɔlle] *sm* hill

collega, ghi, ghe [kol'lɛga, gi, ge] *smf* colleague

collegare [kolle'gare] *vt* to connect ● **collegarsi** *vr* to link up ● **collegarsi con** *(per telefono, radio, TV)* to link up with

collegio [kol'lɛdʒo] *sm* boarding school

collera ['kɔllera] *sf* anger ● **essere in collera (con qn)** to be angry (with sb)

colletta [kol'lɛtta] *sf* collection

collettivo, a [kollet'tivo, a] *agg* 1. *(comune)* common 2. *(di gruppo)* group *(dav s)*

colletto [kol'letto] *sm* collar

collezionare [kolletstsjo'nare] *vt* to collect

collezione [kollets'tsjone] *sf* collection ● **fare la collezione di qc** to collect sthg

collina [kol'lina] *sf* hill

collirio [kol'lirjo] *sm* eyewash

collisione [kolli'zjone] *sf* impact

collo ['kollo] *sm* 1. neck 2. *(di abito)* collar, neck 3. *(pacco)* package

collocamento [kolloka'mento] *sm* employment

collocare [kollo'kare] *vt (disporre)* to place

colloquio [kol'lɔkwjo] *sm* 1. *(conversazione)* talk 2. *(esame)* oral exam ● **colloquio di lavoro** interview

colmo, a ['kolmo, a] ◇ *agg* full ◇ *sm* ● **è il colmo!** it's the last straw!

colomba [ko'lomba] *sf* 1. dove 2. *(dolce)* Easter cake

Colombia [ko'lombja] *sf* ● **la Colombia** Colombia

colonia [ko'lɔnja] *sf* 1. colony 2. *(per bambini)* summer camp ● **(acqua di) colonia** (eau de) cologne

colonna [ko'lɔnna] *sf* column ● **colonna vertebrale** spine, spinal column

colorante [kolo'rante] *sm* 1. *(per alimenti)* food colouring 2. *(per tessuti)* dye

colorare [kolo'rare] *vt* to colour

colore [ko'lore] *sm* colour ● **di che colore?** what colour? ● **di colore** coloured ● **a colori** colour *(dav s)*

coloro [ko'loro] *pron m pl* ● **coloro che ... those who ...**

colosseo [kolos'sɛo] *sm* ● **il Colosseo** the Colosseum

colpa ['kolpa] *sf* 1. *(responsabilità)* fault 2. *(reato)* offence ● **dare la colpa (di qc) a qn/qc** to blame sb/sthg (for sthg) ● **per colpa di** through, owing to

colpire [kol'pire] *vt* **1.** to hit **2.** *(impressionare, sog: malattia)* to strike

colpo ['kolpo] *sm* **1.** blow **2.** *(sparo)* shot **3.** *(alla porta)* knock **4.** *(fam)* *(infarto)* stroke **5.** *(fam)* *(rapina)* raid ● **di colpo** suddenly ● **fare colpo** to make a strong impression ● **un colpo di fulmine** love at first sight ● **colpo di sole** sunstroke ● **colpo di stato** coup (d'état) ● **colpo di telefono** phone call ● **colpo di testa** impulse ● **colpo di vento** gust of wind

coltello [kol'tello] *sm* knife

coltivare [kolti'vare] *vt* to cultivate

colto, a ['kolto, a] ◇ *pp* ➤ **cogliere** ◇ *agg* cultured

coma ['kɔma] *sm inv* coma

comandante [koman'dante] *sm* **1.** *(di nave)* captain **2.** *(di esercito)* commanding officer

comandare [koman'dare] *vi* to be in command

comando [ko'mando] *sm* **1.** command **2.** *(congegno)* control

combaciare [komba'tʃare] *vi* to fit together

combattere [kom'battere] *vt & vi* to fight

combinare [kombi'nare] *vt* **1.** *(accordare)* to combine **2.** *(organizzare)* to arrange **3.** *(fam)* *(fare)* to do

combinazione [kombinats'tsjone] *sf* **1.** combination **2.** *(caso)* coincidence ● **per combinazione** by chance

combustibile [kombus'tibile] ◇ *agg* combustible ◇ *sm* fuel

come ['kome]
◇ *avv* **1.** *(comparativo)* like ● **ho dormito come un ghiro** I slept like a log ● **come me** like me ● **come sempre** as always ●

come se niente fosse as if nothing had happened **2.** *(interrogativo)* how ● **non so come fare** I don't know what to do ● **come sarebbe?** what do you mean? ● **come stai?** how are you? ● **come mai?** how come? **3.** *(in qualità di)* as ● **viaggiare come turista** to travel as a tourist **4.** *(in esclamazioni)* how ● **come mi dispiace!** I'm so sorry! **5.** *(per esempio)* like ● **mi piacciono i colori accesi come il rosso** I like bright colours like red
◇ *cong* **1.** *(nel modo in cui)* how ● **mi ha spiegato come lo ha conosciuto** she told me how she met him ● **fai come ti dico** do as I tell you ● **come vuole** as you like **2.** *(comparativa)* as ● **non è caldo come pensavo** it's not as hot as I thought **3.** *(quanto)* how ● **sai come mi piace il cioccolato** you know how much I like chocolate

cometa [ko'meta] *sf* comet

comfort ['kɔmfort] *sm inv* comfort ● **l'hotel dispone di tutti i comfort** the hotel offers a wide range of amenities

comico, a, ci, che ['kɔmiko, a, tʃi, ke] ◇ *agg* **1.** funny **2.** *(genere)* comic ◇ *sm* *(attore)* comedian

cominciare [komin'tʃare] *vt & vi* to begin, to start ● **cominciare a fare qc** to begin to do sthg, to begin doing sthg ● **cominciare col fare qc** to begin by doing sthg

comitiva [komi'tiva] *sf* group

comizio [ko'mitstsjo] *sm* meeting

commedia [kom'mɛdja] *sf* play

commemorare [kommemo'rare] *vt* to commemorate

commentare [kommen'tare] *vt* to comment on

commento [kom'mento] *sm* 1. comment 2. *(a un testo, programma)* commentary

commerciale [kommer'tʃale] *agg* commercial

commerciante [kommer'tʃante] *smf* 1. *(mercante)* trader 2. *(negoziante)* shopkeeper

commerciare [kommer'tʃare] ◆ **commerciare in** *v* + *prep* to deal in

commercio [kom'mertʃo] *sm (vendita)* trade ● **essere fuori commercio** not to be for sale ● **essere in commercio** to be on the market

commesso, a [kom'messo, a] ◇ *pp* ➢ **commettere** ◇ *sm,f* shop assistant

commestibile [kommes'tibile] *agg* edible ◆ **commestibili** *smpl* foodstuffs

commettere [kom'mettere] *vt* 1. *(crimine)* to commit 2. *(errore)* to make

commissario [kommis'sarjo] *sm* 1. *(di polizia)* superintendent 2. *(d'esami)* member of an examining board ● **commissario tecnico** national coach

commissione [kommis'sjone] *sf* commission ◆ **commissioni** *sfpl* errands

commosso, a [kom'mɔsso, a] ◇ *pp* ➢ **commuovere** ◇ *agg* moved

commovente [kommo'vɛnte] *agg* touching

commozione [kommots'tsjone] *sf (emozione)* emotion ● **commozione cerebrale** concussion

commuovere [kom'mwɔvere] *vt* to move, to touch ◆ **commuoversi** *vr* to be moved, to be touched

comodino [komo'dino] *sm* bedside table

comodità [komodi'ta] *sf inv* comfort

comodo, a ['kɔmodo, a] ◇ *agg* 1. comfortable 2. *(conveniente)* convenient 3. *(utile)* handy ◇ *sm* ● **fare comodo a qn** to be handy for sb ● **fare il proprio comodo** to do as one pleases ● **con comodo** at one's convenience

compact disc [kɔmpad'disk] *sm inv* compact disc

compagnia [kompaɲ'nia] *sf* 1. company 2. *(di amici)* group ● **fare compagnia a qn** to keep sb company ● **compagnia aerea** airline ● **compagnia d'assicurazione** insurance company

compagno, a [kom'paɲɲo, a] *sm,f* 1. companion 2. *(convivente)* partner ● **compagno di scuola** school friend ● **compagno di squadra** team mate

comparire [kompa'rire] *vi* to appear

compartimento [komparti'mento] *sm* 1. *(di locale, spazio)* section 2. *(di treno)* compartment

compasso [kom'passo] *sm* pair of compasses

compatibile [kompa'tibile] *agg* compatible ● **un comportamento non compatibile** inexcusable behaviour

compatire [kompa'tire] *vt* 1. *(aver compassione di)* to feel sorry for 2. *(scusare)* to make allowances for

compatto, a [kom'patto, a] *agg* 1. *(ben unito)* compact 2. *(folla)* dense 3. *(fig) (solidale)* united

compensare [kompen'sare] *vt* to compensate ● **compensare qn di qc** to compensate sb for sthg

compenso [kom'pɛnso] *sm* 1. *(paga)* payment 2. *(risarcimento)* compensation 3. *(ricompensa)* recompense ● **in compenso** on the other hand

comperare [kompe'rare] = **comprare**

compere ['kompere] *sfpl* ● **far compere**

to do the shopping

competente [kompe'tɛnte] *agg* competent

competere [kom'pɛtere] *vi* to compete ◆ **competere a** *v* + *prep* to be due to

competizione [kompetit'tsjone] *sf* competition

compiacere [kompja'tʃere] *vt* to please ◆ **compiacersi** *vr* ● **compiacersi di** o **per qc** to be delighted at sthg ● **compiacersi con qn** to congratulate sb

compiaciuto, a [kompja'tʃuto] *pp* ➣ compiacere

compiere ['kompjere] *vt* **1.** *(eseguire)* to fulfil **2.** *(concludere)* to complete ● **quando compi gli anni?** when is your birthday? ● **compie 15 anni a maggio** he'll be 15 in May

compilare [kompi'lare] *vt* to fill in

compito ['kompito] *sm* **1.** *(incarico)* task **2.** *(dovere)* duty **3.** *(in classe)* test ◆ **compiti** *smpl* homework *sg* ● **fare i compiti** to do one's homework

compleanno [komple'anno] *sm* birthday ● **buon compleanno!** Happy Birthday!

complessivo, a [komples'sivo] *agg* overall

complesso, a [komp'lɛsso, a] ◇ *agg* complex ◇ *sm* **1.** complex **2.** *(musicale)* band, group ● **in** o **nel complesso** on the whole

completamente [kompleta'mente] *avv* completely

completare [komple'tare] *vt* to complete

completo, a [kom'plɛto, a] ◇ *agg* **1.** complete **2.** *(pieno)* full ◇ *sm* **1.** *(vestiario)* suit **2.** *(di oggetti)* set ● **al completo** *(hotel, aereo)* fully booked ● **c'era la**

famiglia al completo the whole family was there

complicare [kompli'kare] *vt* to complicate ◆ **complicarsi** *vr* to become complicated

complicato, a [kompli'kato, a] *agg* complicated

complicazione [komplikats'tsjone] *sf* **1.** *(difficoltà)* snag **2.** *(di malattia)* complication

complice ['komplitʃe] *smf* accomplice

complimentarsi [komplimen'tarsi] *vr* ● **complimentarsi con qn** to congratulate sb

complimento [kompli'mento] *sm* compliment ● **complimenti!** congratulations! ● **non fare complimenti** don't stand on ceremony

componente [kompo'nɛnte] ◇ *smf* *(membro)* member ◇ *sf* *(aspetto)* element

componibile ['komplitʃe] *agg* fitted

comporre [kom'porre] *vt* **1.** *(musica, poesia)* to compose **2.** *(parola)* to make up **3.** *(numero di telefono)* to dial

comportamento [komporta'mento] *sm* behaviour

comportare [kompor'tare] *vt* to involve ◆ **comportarsi** *vr* to behave

compositore, trice [kompozi'tore, 'tritʃe] *sm,f* composer

composizione [kompozits'tsjone] *sf* composition ▼ **composizione principali treni** board showing the position of compartments, restaurant car etc making up main line trains

composto, a [kom'posto, a] ◇ *pp* ➣ comporre ◇ *agg* **1.** *(persona, contegno)* composed **2.** *(sostanza, parola)* compound ◇ *sm* compound ● **composto da** composed of

comprare [kom'prare] *vt* to buy

comprendere [kom'prɛndere] *vt* **1.** (*includere*) to include **2.** (*capire*) to understand

comprensione [kompren'sjone] *sf* understanding

comprensivo, a [kompren'sivo, a] *agg* **1.** (*tollerante*) understanding **2.** (*inclusivo*) inclusive

compreso, a [kom'preso, a] ◇ *pp* ➤ **comprendere** ◇ *agg* inclusive ● **compreso nel prezzo** included in the price

compressa [kom'prɛssa] *sf* tablet

compromesso [kompro'messo] *sm* compromise

compromettere [kompro'mettere] *vt* to compromise

computer [kom'pjuter] *sm inv* computer

comunale [komu'nale] *agg* municipal

comune [ko'mune] ◇ *agg* **1.** common **2.** (*a più persone*) shared **3.** (*ordinario*) ordinary ◇ *sm* **1.** (*edificio*) town hall **2.** (*ente*) town council **3.** (*area*) ≃ borough ● **avere qc in comune (con qn)** to have sthg in common (with sb) ● **mettere qc in comune** to share sthg ● **fuori del comune** out of the ordinary

comunicare [komuni'kare] ◇ *vt* to communicate ◇ *vi* **1.** (*parlare, corrispondere*) to communicate **2.** (*porta*) ● **comunicare con** to lead to

comunicazione [komunikats'tsjone] *sf* **1.** (*atto*) communication **2.** (*annuncio*) announcement **3.** (*telefonica*) call ● **dare la comunicazione a qn** to put a call through to sb

comunione [komu'njone] *sf* (*eucaristia*) Communion ● **comunione dei beni** DIR joint ownership of property

comunismo [komu'nizmo] *sm* communism

comunista, i, e [komu'nista, i, e] *agg & smf* communist

comunità [komuni'ta] *sf inv* community ● **la Comunità (Economica) Europea** the European (Economic) Community

comunque [ko'munkwe] ◇ *avv* anyway ◇ *cong* **1.** (*tuttavia*) however **2.** (*in qualsiasi modo*) no matter how

con [kon] *prep* with ● **con piacere!** with pleasure! ● **viaggiare con il treno/la macchina** to travel by train/car

concavo, a [ˈkɔnkavo, a] *agg* concave

concedere [kon'tʃɛdere] *vt* **1.** (*dare, accordare*) to grant **2.** (*ammettere*) to concede ● **concedere a qn di fare qc** to allow sb to do sthg ● **concedersi qc** to treat o.s. to sthg

concentrare [kontʃen'trare] *vt* **1.** to concentrate **2.** (*riassumere*) to condense ● **concentrarsi** *vr* to concentrate

concentrato, a [kontʃen'trato, a] ◇ *agg* concentrated, concentrating ◇ *sm* concentrate

concentrazione [kontʃentrats'tsjone] *sf* concentration

concepimento [kontʃepi'mento] *sm* conception

concepire [kontʃe'pire] *vt* **1.** *(figlio)* to conceive **2.** *(idea)* to devise

concerto [kon'tʃerto] *sm* concert

concessionario [kontʃessjo'narjo, a] *sm* agent

concesso, a [kon'tʃesso, a] *pp* ➤ concedere

concetto [kon'tʃetto] *sm* **1.** concept **2.** *(opinione)* opinion

conchiglia [kon'kiʎʎa] *sf* shell

conciliare [kontʃi'ljare] *vt* **1.** *(impegni, attività)* to reconcile **2.** *(sonno)* to be conducive to **3.** *(contravvenzione)* to settle on the spot

concime [kon'tʃime] *sm* fertilizer

concludere [kon'kludere] *vt* to conclude ◆ **concludersi** *vr* to conclude

conclusione [konklu'zjone] *sf* conclusion ● **in conclusione** in conclusion

concluso, a [kon'kluzo, a] *pp* ➤ concludere

concordare [konkor'dare] ◇ *vt* **1.** *(stabilire)* to agree on **2.** GRAMM to make agree ◇ *vi* to agree

concorde [kon'korde] *agg* in agreement

concorrente [konkor'rɛnte] *smf* **1.** *(in gara, affari)* competitor **2.** *(ad un concorso)* contestant

concorrenza [konkor'rɛntsa] *sf* competition

concorso [kon'korso] ◇ *pp* ➤ concorrere ◇ *sm* **1.** competition **2.** *(esame)* competitive examination ● **concorso di bellezza** beauty contest

concreto, a [konkreto, a] *agg* concrete

condanna [kon'danna] *sf* **1.** *(sentenza)* sentence **2.** *(pena)* conviction **3.** *(disap-*

provazione) condemnation

condannare [kondan'nare] *vt* **1.** DIR to sentence **2.** *(disapprovare)* to condemn

condimento [kondi'mento] *sm* **1.** *(per insalata)* dressing **2.** *(per carne)* seasoning

condire [kon'dire] *vt* **1.** *(insalata)* to dress **2.** *(carne)* to season

condividere [kondi'videre] *vt* to share

condizionale [konditstsjo'nale] ◇ *agg* & *sm* conditional ◇ *sf* DIR suspended sentence

condizionatore [konditstsjona'tore] *sm* air-conditioner

condizione [kondits'tsjone] *sf* condition ● **a condizione che** on condition that

condoglianze [kondoʎ'ʎantse] *sfpl* condolences

condominio [kondo'minjo] *sm* **1.** *(edificio)* block of flats *(jointly owned)* **2.** *(persone)* joint owners *pl*

condotta [kon'dotta] *sf* conduct

condotto, a [kon'dotto] ◇ *pp* ➤ condurre ◇ *sm* **1.** conduit **2.** ANAT duct

conducente [kondu'tʃɛnte] *sm* driver ▼ **non parlare al conducente** please do not speak to the driver whilst the vehicle is in motion

condurre [kon'durre] *vt* **1.** *(affare, azienda)* to run **2.** *(bambino, prigioniero)* to take **3.** *(vita)* to lead **4.** *(gas, acqua)* to carry

conduttore, trice [kondut'tore, 'tritʃe] ◇ *sm,f* driver ◇ *sm* *(di calore, elettricità)* conductor

confarsi [kon'farsi] ◆ **confarsi a** to suit

confederazione [konfederats'tsjone] *sf* confederation

conferenza [konfe'rɛntsa] *sf* **1.** *(riunione)* conference **2.** *(discorso)* lecture ● **conferenza stampa** press conference

conferire [konfe'rire] *vt* (*form*) ● conferire qc a qn to confer sthg on sb

conferma [kon'ferma] *sf* confirmation

confermare [konfer'mare] *vt* to confirm

confessare [konfes'sare] *vt* to confess ◆ **confessarsi** *vr* 1. *RELIG* to confess 2. (*dichiararsi*) ● confessarsi colpevole to plead guilty

confessione [konfes'sjone] *sf* confession

confetto [kon'fetto] *sm* 1. (*dolciume*) sugared almond 2. (*pastiglia*) pill

confezionare [konfettsjo'nare] *vt* 1. (*merce*) to package 2. (*pacco*) to make up 3. (*vestiario*) to make

confezione [konfets'tsjone] *sf* 1. (*involucro*) packaging 2. (*di vestiario*) tailoring ● confezione regalo gift pack

confidare [konfi'dare] *vt* ◆ confidare qc a qn to confide sthg to sb ◆ confidare in *v + prep* to have confidence in ◆ **confidarsi** *vr* ● confidarsi con qn to open one's heart to sb

confidenziale [konfiden'tsjale] *agg* confidential

confinare [konfi'nare] ◆ confinare con *v + prep* to border on ◆ **confinarsi in** to shut o.s. away in

confine [kon'fine] *sm* 1. (*frontiera*) border 2. (*limite*) boundary

confiscare [konfis'kare] *vt* to confiscate

conflitto [kon'flitto] *sm* 1. (*guerra*) conflict 2. (*contrasto*) clash

confondere [kon'fondere] *vt* to confuse, to mix up ● confondere le idee a qn to confuse sb ◆ **confondersi** *vr* 1. (*mescolarsi*) to merge 2. (*sbagliarsi*) to get mixed up 3. (*turbarsi*) to become confused

conformità [konformi'ta] *sf* conformity ● in conformità con in accordance with

confortare [konfor'tare] *vt* to comfort

confortevole [konfor'tevole] *agg* comfortable

confrontare [konfron'tare] *vt* to compare

confronto [kon'fronto] *sm* comparison ● in confronto (a) in comparison (with) ● nei miei confronti towards me

confusione [konfu'zjone] *sf* 1. (*caos*) confusion 2. (*disordine*) mess 3. (*chiasso*) racket, noise ● far confusione (*confondersi*) to get mixed up; (*far rumore*) to make a racket

confuso, a [kon'fuzo, a] ◇ *pp* ➢ confondere ◇ *agg* confused

congedare [kondʒe'dare] *vt* 1. (*lasciar andare*) to dismiss 2. *MIL* to demobilize ◆ **congedarsi** *vr* 1. (*andar via*) to take one's leave 2. *MIL* to be demobilized

congedo [kon'dʒɛdo] *sm* 1. leave 2. *MIL* discharge

congegno [kon'dʒeɲɲo] *sm* device

congelare [kondʒe'lare] *vt* to freeze ◆ **congelarsi** *vr* 1. to freeze 2. (*fig*) (*persona, mani*) to be frozen

congelato, a [kondʒe'lato, a] *agg* frozen

congelatore [kondʒela'tore] *sm* freezer

congeniale [kondʒe'njale] *agg* congenial

congenito, a [kon'dʒɛnito, a] *agg* congenital

congestione [kondʒes'tjone] *sf* congestion

congettura [kondʒet'tura] *sf* conjecture

congiungere [kon'dʒundʒere] *vt* to join (together) ◆ **congiungersi** *vr* (*strade*) to meet

congiuntivo [kondʒun'tivo] *sm* subjunctive

congiunto, a [kon'dʒunto, a] ◇ *pp* ➢

congiungere ◇ *sm,f* relative

congiunzione [kondʒun'tsjone] *sf* conjunction

congiura [kon'dʒura] *sf* conspiracy

congratularsi [kongratu'larsi] *vr* ● congratularsi con qn per qc to congratulate sb on sthg

congratulazioni [kongratulats'tsjoni] *sfpl* congratulations

congresso [kon'gresso] *sm* congress

coniglio [ko'niʎʎo] *sm* rabbit

coniugato, a [konju'gato, a] *agg* married

coniuge ['kɔnjudʒe] *smf* spouse

connazionale [konnatstsjo'nale] *smf* fellow countryman (*f* fellow countrywoman)

connettere [kon'nettere] *vt* to connect

connotati [konno'tati] *smpl* description *sg*

cono ['kɔno] *sm* cone ● cono gelato ice-cream cone

conoscente [konoʃ'ʃɛnte] *smf* acquaintance

conoscenza [konoʃ'ʃɛntsa] *sf* 1. knowledge 2. (*persona*) acquaintance ● perdere conoscenza to lose consciousness

conoscere [ko'noʃʃere] *vt* 1. to know 2. (*incontrare*) to meet

conosciuto, a [konoʃ'ʃuto, a] ◇ *pp* ➤ conoscere ◇ *agg* well-known

conquista [kon'kwista] *sf* 1. (*azione*) conquest 2. (*risultato, cosa ottenuta*) achievement

conquistare [konkwis'tare] *vt* 1. (*impadronirsi di*) to conquer 2. (*ottenere*) to gain 3. (*persona*) to win over

consanguineo, a [konsa'ngwineo, a] *sm,f* blood relation

consapevole [konsa'pevole] *agg* ● consapevole di qc aware of sthg

conscio, a, sci, sce ['kɔnʃo, a, ʃi, ʃe] *agg* ● conscio di qc conscious of sthg

consegna [kon'seɲɲa] *sf* 1. (*recapito*) delivery 2. (*custodia*) care ● dare qc in consegna a qn to entrust sb with sthg

consegnare [konseɲ'ɲare] *vt* 1. (*recapitare*) to deliver 2. (*affidare*) to entrust

conseguenza [konse'gwɛntsa] *sf* consequence ● di conseguenza consequently

conseguire [konse'gwire] ◇ *vt* to obtain ◇ *vi* ● ne conseguire che ... it follows that ...

consenso [kon'sɛnso] *sm* consent

consentire [konsen'tire] *vt* to allow ● consentire a + *prep* to agree to

conserva [kon'sɛrva] *sf* preserve ● conserva di frutta jam ● conserva di pomodoro tomato sauce

conservante [konser'vante] *sm* preservative

conservare [konser'vare] *vt* 1. (*tenere*) to keep 2. (*monumento, resti*) to preserve ● conservare in frigo keep refrigerated ● **conservarsi** *vr* 1. (*cibo*) to keep 2. (*monumento, resti*) to be preserved

conservatore, trice [konserva'tore, 'tritʃe] *sm,f* conservative

considerare [konside'rare] *vt* to consider ● **considerarsi** *vr* to consider o.s.

considerazione [konsiderats'tsjone] *sf* ● prendere in considerazione to take into consideration

considerevole [konside'revole] *agg* considerable

consigliare [konsiʎ'ʎare] *vt* 1. (*persona*) to advise 2. (*locale, metodo*) to recommend • **consigliare a qn di fare qc** to advise sb to do sthg • **consigliarsi con** • **consigliarsi con qn** to ask sb's advice

consigliere [konsiʎˈʎere] *sm* 1. *(funzionario)* adviser 2. *(politico)* councillor

consiglio [konˈsiʎʎo] *sm* 1. *(suggerimento)* piece of advice 2. *(riunione)* meeting 3. *(organo)* council • **dare un consiglio a qn** to give sb some advice • **consiglio d'amministrazione** board • **il Consiglio dei Ministri** ≃ the Cabinet

consistere [konsisˈtere] • **consistere di** *v + prep* to consist of • **consistere in** to consist in

consistito, a [konsisˈtito, a] *pp* ➤ **consistere**

consolare [konsoˈlare] *vt* 1. *(confortare)* to console 2. *(sollevare)* to cheer up • **consolarsi** *vr* to console o.s.

consolato [konsoˈlato] *sm* consulate

console [ˈkɔnsole] *sm* consul

consonante [konsoˈnante] *sf* consonant

constatare [konstaˈtare] *vt* to notice

consueto, a [konsuˈɛto, a] *agg* usual

consulente [konsuˈlɛnte] *smf* consultant

consultare [konsulˈtare] *vt* to consult • **consultarsi** *vr* to confer • **consultarsi con** to consult with

consultorio [konsulˈtɔrjo] *sm* advice bureau

consumare [konsuˈmare] *vt* 1. to consume 2. *(logorare)* to wear out • **consumarsi** *vr* to wear out

consumatore [konsumaˈtore] *sm* consumer

consumazione [konsumatsˈtsjone] *sf* 1. *(bibita)* drink 2. *(spuntino)* snack • **la consumazione al tavolo è più cara** it's more expensive to eat/drink sitting at a table ▼ **consumazione obbligatoria** minimum charge

consumismo [konsuˈmizmo] *sm* consumerism

consumo [konˈsumo] *sm* consumption

contabile [konˈtabile] *smf* accountant

contabilità [kontabiliˈta] *sf inv* 1. *(operazioni)* accountancy 2. *(libri)* accounts *pl* 3. *(ufficio)* accounts department

contachilometri [kontakiˈlɔmetri] *sm inv* ≃ mileometer

contadino, a [kontaˈdino, a] *sm,f* farmer

contagiare [kontaˈdʒare] *vt* to infect

contagio [konˈtadʒo] *vt (trasmissione)* infection

contagocce [kontaˈgottʃe] *sm inv* dropper

contante [konˈtante] ⋄ *agg* ➤ **denaro** ⋄ *sm* cash • **pagare in contanti** to pay in cash

contare [konˈtare] *vt & vi* to count • **avere i soldi contati** not to have a penny to spare • **contare di** *v + prep* • **contare di fare qc** to intend to do sthg • **contare su** to count on

contatore [kontaˈtore] *sm* meter

contattare [kontatˈtare] *vt* to contact

contatto [konˈtatto] *sm* contact

conte, essa [ˈkonte, essa] *sm,f* count *(f* countess)

contegno [konˈteɲɲo] *sm* attitude

contemporaneamente [kontemporanea'mente] *avv* simultaneously

contemporaneo, a [kontempoˈraneo] *agg* 1. *(dello stesso tempo)* contemporaneous 2. *(attuale)* contemporary •

contendere [konˈtɛndere] *vt* • **contendere qc a qn** to compete with sb for sthg

contenere [konteˈnere] *vt* to contain •

contenersi *vr* to contain o.s.

contenitore [konteni'tore] *sm* container

contento, a [kon'tento, a] *agg* **1.** *(lieto)* happy, glad **2.** *(soddisfatto)* ● **contento (di)** pleased (with)

contenuto [konte'nuto] *sm* **1.** *(cosa racchiusa)* contents *pl* **2.** *(argomento)* content

contestare [kontes'tare] *vt* to object to

contestazione [kontestats'tsjone] *sf* **1.** *(obiezione)* objection **2.** *(protesta)* protest

contesto [kon'testo] *sm* context

contiguo, a [kon'tigwo, a] *agg* ● **contiguo (a qc)** adjacent (to sthg)

continentale [kontinen'tale] *agg* continental

continente [konti'nɛnte] *sm* **1.** *(geografico)* continent **2.** *(terraferma)* mainland

contingente [kontin'dʒɛnte] *sm* contingent

continuamente [kontinwa'mente] *avv* **1.** *(senza interruzioni)* continuously **2.** *(di frequente)* continually

continuare [konti'nware] ◇ *vt & vi* to continue ◇ *v impers* ● **continua a piovere** it's still raining ● **continuare a fare qc** to continue doing sthg

continuazione [kontinwats'tsjone] *sf* continuation

continuo, a [kon'tinwo, a] *agg* **1.** *(incessante)* continuous **2.** *(serie, fila)* continual ● **di continuo** continually

conto ['konto] *sm* **1.** *(calcolo)* calculation **2.** *(di ristorante, albergo)* bill **3.** *(bancario)* account ● **mi porta il conto, per favore?** could you bring me the bill, please? ● **fare conto su** to rely on ● **rendersi conto di qc** to realize sthg ● **tenere conto di qc** to take account of sthg ●

conto corrente current account ● **conto alla rovescia** countdown ● **per conto di qn** on behalf of sb ● **fare i conti con qn** *(fam)* to sort sb out ● **in fin dei conti** all things considered

contorno [kon'torno] *sm* **1.** *(di pietanza)* vegetables *pl* **2.** *(linea)* outline

contrabbando [kontrab'bando] *sm* smuggling

contrabbasso [kontrab'basso] *sm* double bass

contraccambiare [kontrakkam'bjare] *vt* to return

contraccettivo, a [kontratʃtʃet'tivo] ◇ *agg* contraceptive ◇ *sm* contraceptive

contraccolpo [kontrak'kolpo] *sm* rebound

contraddire [kontrad'dire] *vt* to contradict ● **contraddirsi** *vr* to contradict o.s.

contraddizione [kontraddits'tsjone] *sf* contradiction

contraffare [kontraf'fare] *vt* **1.** to falsify **2.** *(firma)* to forge

contrapporre [kontrap'porre] *vt* to set against

contrariamente [kontrarja'mente] *avv* ● **contrariamente a** contrary to

contrario, a [kon'trarjo, a] ◇ *agg* **1.** *(opposto)* opposite **2.** *(sfavorevole)* unfavourable ◇ *sm* opposite ● **essere contrario a qc** to be against sthg ● **avere qualcosa in contrario** to have an objection ● **al contrario** on the contrary

contrarre [kon'trarre] *vt* to contract ● **contrarsi** *vr (muscolo)* to contract

contrassegno [kontras'seɲɲo] *sm (marchio)* mark ● **spedire qc (in) contrassegno** to send sthg cash on delivery

contrastare [kontras'tare] ◇ *vt* to hinder

◇ *vi* ● **contrastare (con)** to clash (with)
contrasto [kon'trasto] *sm* contrast ● **essere in contrasto con qc** *(opinione, esigenza)* to be in contrast with sthg
contrattare [kontrat'tare] *vt* to negotiate
contrattempo [kontrat'tempo] *sm* hitch
contratto, a [kon'tratto, a] ◇ *pp* ➤ **contrarre** ◇ *sm* contract
contravvenzione [kontravven'tsjone] *sf* fine
contribuire [kontribu'ire] ● **contribuire a** *v* + *prep* to contribute to
contributo [kontri'buto] *sm* 1. *(partecipazione)* contribution 2. *(tassa)* levy
contro ['kontro] *prep* against ● **contro di me** against me ● **prendere qc contro il mal di gola** to take sthg for one's sore throat
controfigura [kontrofi'gura] *sf* stuntman *(f stuntwoman)*
controllare [kontrol'lare] *vt* 1. to control 2. *(verificare)* to check ▼ **controllare il resto** please check your change ●
controllarsi *vr* to control o.s.
controllo [kon'trollo] *sm* 1. *(verifica)* check 2. *(sorveglianza)* supervision 3. *(dominio)* control ● **perdere il controllo** to lose control ● **controllo doganale** customs inspection ▼ **controllo elettronico della velocità** speed checks ● **controllo passaporti** passport control
controllore [kontrol'lore] *sm (di autobus, treni)* (ticket) inspector ● **controllore di volo** air-traffic controller
contromano [kontro'mano] *avv* in the wrong direction
controproducente [kontroprodu'tʃɛnte] *agg* counterproductive

controsenso [kontro'sɛnso] *sm* contradiction in terms
controvoglia [kontro'vɔʎʎa] *avv* reluctantly
contusione [kontu'zjone] *sf* bruise
convalescenza [konvaleʃ'ʃɛntsa] *sf* convalescence
convalidare [konvali'dare] *vt* 1. *(biglietto)* to validate 2. *(dubbio, sospetto)* to confirm ▼ **convalidare all'inizio del viaggio** stamp your ticket at the start of your journey
convegno [kon'veɲɲo] *sm* conference
convenevoli [konve'nevoli] *smpl* civilities
conveniente [konve'njɛnte] *agg* 1. favourable 2. *(prezzo)* cheap 3. *(affare)* advantageous
convenire [konve'nire] ◇ *vi* 1. *(riunirsi)* to gather 2. *(concordare)* to agree 3. *(tornare utile)* to be worthwhile ◇ *v impers (essere consigliabile)* ● **conviene avvertirli** it is advisable to inform them ● **ti conviene aspettare** you'd better wait
convento [kon'vɛnto] *sm* convent
convenuto [konve'nuto] *pp* ➤ **convenire**
convenzionale [konventsjo'nale] *agg* conventional
convenzioni [konven'tsjoni] *sfpl* conventions
conversazione [konversats'tsjone] *sf (chiacchierata)* conversation
convertire [konver'tire] *vt* to convert ● **convertirsi** *vr* ● **convertirsi (a qc)** to convert (to sthg)
convincere [kon'vintʃere] *vt* ● **convincere qn di qc** to convince sb of sthg ● **convincere qn a fare qc** to persuade sb to do sthg

convinto, a [kon'vinto, a] ◇ *pp* ➢ **convincere** ◇ *agg* convinced

convivenza [konvi'vɛntsa] *sf (di coppia)* living together

convivere [kon'vivere] *vi* to live together

convocare [konvo'kare] *vt* to convene

convoglio [kon'vɔʎʎo] *sm* convoy

convulsioni [konvul'sjoni] *sfpl* convulsions

cookie ['kooki] *sm inv* cookie

cooperativa [koopera'tiva] *sf* cooperative

coordinare [koordi'nare] *vt* to coordinate

coperchio [ko'perkjo] *sm* lid

coperta [ko'pɛrta] *sf* 1. *(da letto)* blanket 2. *(di nave)* deck

copertina [koper'tina] *sf* cover

coperto, a [ko'pɛrto, a] ◇ *pp* ➢ **coprire** ◇ *agg* 1. *(piscina, campo)* indoor *(dav s)* 2. *(persona)* wrapped up 3. *(cielo)* overcast ◇ *sm* 1. *(a tavola)* place 2. *(al ristorante)* cover charge ● **coperto di qc** covered with sthg ● **al coperto** under cover

copertone [koper'tone] *sm (pneumatico)* tyre

copia ['kɔpja] *sf* copy ● **bella copia** final draft ● **brutta copia** rough draft

copiare [ko'pjare] *vt* to copy

copione [ko'pjone] *sm* script

coppa ['kɔppa] *sf* 1. *(bicchiere)* goblet 2. *(di gelato)* tub 3. *(ciotola)* bowl 4. *(di reggiseno, trofeo)* cup ● **coppa dell'olio** oil sump

coppia ['kɔppja] *sf* 1. *(paio)* pair 2. *(di sposi, amanti)* couple ● **a coppie** in pairs

copricostume [kɔprikos'tume] *sm inv* beach robe

coprifuoco [kɔpri'fwɔko] *(pl* **-chi***) sm* curfew

copriletto [kɔpri'lɛtto] *sm inv* bedspread

coprire [ko'prire] *vt* to cover ● **coprire qn di qc** to shower sb with sthg; *(insulti)* to cover sb with sthg ◆ **coprirsi** *vr (con indumenti)* to cover o.s. ● **coprirsi di qc** *(muffa, fango)* to be covered in sthg

coraggio [ko'raddʒo] ◇ *sm* 1. *(forza d'animo)* courage 2. *(faccia tosta)* cheek ◇ *esclam* 1. cheer up! 2. *(forza)* come on! ● **avere il coraggio di fare qc** *(avere l'animo)* to have the nerve to do sthg; *(avere faccia tosta)* to have the cheek to do sthg

coraggioso, a [koradʒ'dʒozo, a] *agg* courageous, brave

corallo [ko'rallo] *sm* coral

Corano [ko'rano] *sm* ● **il Corano** the Koran

corazza [ko'ratstsa] *sf* 1. *(armatura)* armour 2. *(di animale)* shell

corazzieri [korats'tsjɛri] *smpl* the President's guard

corda ['kɔrda] *sf* 1. *(fune)* rope 2. *(spago, di strumento)* string ● **tagliare la corda** *(fig)* to sneak off ● **corde vocali** vocal cords

cordiale [kor'djale] *agg* warm

cordialmente [kordjal'mente] *avv* warmly

cordone [kor'done] *sm* 1. cord 2. *(di persone)* cordon ● **cordone ombelicale** umbilical cord

coreografia [koreogra'fia] *sf* choreography

coriandolo [ko'rjandolo] *sm (spezia, pianta)* coriander ◆ **coriandoli** *smpl* confetti *sg*

coricarsi [kori'karsi] *vr* to go to bed

cornamusa [korna'muza] *sf* bagpipes *pl*

cornetta [kor'netta] *sf* receiver

cornetto [kor'netto] *sm* 1. *(pasta)* croissant 2. *(gelato)* cone

cornice [kor'nitʃe] *sf* frame

cornicione [korni'tʃone] *sm* cornice

corno ['korno] *(fpl* **corna***) sm* horn ● facciamo le corna! *(fam)* ≃ touch wood! ● fare ○ mettere le corna a qn *(fam)* to cheat on sb

coro ['kɔro] *sm* 1. chorus 2. *(di chiesa)* choir

corona [ko'rona] *sf* 1. *(reale)* crown 2. *(di fiori)* wreath

corpo ['kɔrpo] *sm* 1. body 2. *(militare)* corps *sg* ● corpo insegnante teaching staff ● (a) corpo a corpo hand to hand

corporatura [korpora'tura] *sf* build

corporeo, a [kor'pɔreo, a] *agg* bodily

corredare [korre'dare] *vt* ● corredare qc di qc to equip sthg with sthg

corredo [kor'redo] *sm* 1. *(da sposa)* trousseau 2. *(attrezzatura)* kit

correggere [kor'redʒere] *vt* to correct

corrente [kor'rente] ◇ *agg* 1. *(moneta)* valid 2. *(mese, anno)* current 3. *(comune)* everyday ◇ *sf* 1. current 2. *(tendenza)* trend ◇ *sm* ● essere al corrente (di qc) to be informed (about sthg) ● mettere qn al corrente (di qc) to inform sb (about sthg) ● corrente alternata alternating current ● corrente continua direct current

correntemente [korrente'mente] *avv* 1. *(speditamente)* fluently 2. *(comunemente)* commonly

correre ['korrere] ◇ *vi* 1. to run 2. *(affrettarsi)* to rush ◇ *vt* to run ● correre dietro a qn to run after sb

corretto, a [kor'retto, a] ◇ *pp* ➢ **correggere** ◇ *agg* 1. *(esatto)* correct 2. *(onesto)* proper

correzione [korrets'tsjone] *sf* 1. correction 2. *(di compiti)* marking

corridoio [korri'dojo] *sm* corridor

corridore [korri'dore] *sm* 1. *(atleta)* runner 2. *(pilota)* racer

corriera [kor'rjera] *sf* coach, bus

corriere [kor'rjere] *sm* courier

corrimano [korri'mano] *sm* handrail

corrispondente [korrispon'dɛnte] ◇ *agg* corresponding ◇ *smf* correspondent

corrispondenza [korrispon'dɛntsa] *sf* correspondence

corrispondere [korris'pondere] *vt* to return ● corrispondere a *v + prep* to correspond to

corrisposto, a [korris'posto, a] *pp* ➢ **corrispondere**

corrodere [kor'rodere] *vt* to corrode

corrompere [korr'ompere] *vt* 1. *(comprare)* to bribe 2. *(traviare)* to corrupt

corroso, a [kor'rozo, a] *pp* ➢ **corrodere**

corrotto, a [kor'rotto, a] ◇ *pp* ➢ **corrompere** ◇ *agg (disonesto)* corrupt

corruzione [korruts'tsjone] *sf* 1. *(disonestà)* corruption 2. *(con denaro)* bribery

corsa ['korsa] *sf* 1. *(a piedi)* running 2. *(gara)* race 3. *(di mezzo pubblico)* journey ● fare una corsa *(correre)* to run; *(sbrigarsi)* to dash ● di corsa in a rush ● corse dei cavalli horse races

corsia [kor'sia] *sf* 1. *(di strada)* lane 2. *(di ospedale)* ward ● corsia preferenziale bus and taxi lane ● corsia di sorpasso overtaking lane ▼ corsia chiusa lane closed

Corsica ['korsika] *sf* ● **la Corsica** Corsica

corso, a ['korso] ◇ *pp* ➤ **correre** ◇ *sm* **1.** course **2.** *(strada)* main street ● **fare un corso (di qc)** to take a course (in sthg) ● **corso accelerato** crash course ● **corso d'acqua** watercourse ● **corsi estivi** summer courses ● **corsi serali** evening classes ● **in corso** *(denaro)* in circulation; *(riunione, lavori)* in progress ● **fuori corso** out of circulation

corte ['korte] *sf (reale)* court ● **fare la corte a qn** to court sb

corteccia [kor'tettʃa] *(pl* **-ce)** *sf* bark

corteggiare [korted'dʒare] *vt* to court

corteo [kor'tɛo] *sm* **1.** *(manifestazione)* demonstration **2.** *(processione)* procession

cortese [kor'teze] *agg* polite

cortesia [korte'zia] *sf* **1.** *(qualità)* politeness **2.** *(atto)* favour ● **per cortesia** please

cortile [kor'tile] *sm* courtyard

corto, a ['korto, a] *agg* short ● **essere a corto di qc** to be short of sthg

cortocircuito [kortotʃir'kujto] *sm* short circuit

corvo ['korvo] *sm* raven

cosa ['kɔza o 'kɔsa] *sf* **1.** thing **2.** *(faccenda)* matter ● **è una cosa da niente** it's nothing ● **cosa?** what? ● **cosa c'è?** what's the matter? ● **per prima cosa** firstly

coscia ['kɔʃʃa] *(pl* **-sce)** *sf* **1.** *(di uomo)* thigh **2.** *(di pollo, agnello)* leg

cosciente [koʃ'ʃɛnte] *agg* **1.** *(sveglio)* conscious **2.** *(consapevole)* ● **cosciente di qc** aware o conscious of sthg

coscienza [koʃ'ʃɛntsa] *sf* conscience ● **avere qc sulla coscienza** to have sthg on one's conscience

coscio ['kɔʃʃo] *sm* leg

cosciotto [koʃ'ʃɔtto] *sm* leg

così [ko'si]

◇ *avv* **1.** *(in questo modo)* like this/like that ● **fai così** do it this way ● **così così** so-so ● **per così dire** so to speak ● **meglio così** it's better like this ● **proprio così!** just like that! ● **e così via** and so on **2.** *(per descrivere misure)* so ● **una scatola larga così e lunga così** a box so wide and so long **3.** *(talmente)* so ● **è ancora così presto!** it's still so early! ● **così poco/tanto** so little/much ● **una ragazza così bella** such a beautiful girl **4.** *(conclusivo)* so ● **così, non hai ancora deciso** so you haven't decided yet

◇ *cong* **1.** *(perciò)* so, therefore **2.** *(a tal punto)* ● **così ... che so ...** (that) ● **sono così stanco che non sto in piedi** I'm so tired I can hardly stand up ● **così ... da enough ... to** ● **è così sciocco da dire di no** he's silly enough to say no

◇ *agg inv* ● **non ho mai visto una macchina così** I've never seen a car like that

cosicché [kosik'ke] ● *cong* so that

cosiddetto, a [kosid'detto, a] *agg* so-called

cosmetici [koz'mɛtitʃi] *smpl* cosmetics

coso ['kɔzo o 'kɔso] *sm (fam)* thing

cospargere [kos'pardʒere] *vt* ● **cospargere qc di qc** to sprinkle sthg with sthg

cosparso, a [kos'parso, a] *pp* ➤ **cospargere**

cospicuo, a [kos'pikwo, a] *agg* sizeable

cospirare [kospi'rare] *vi* to conspire

costa ['kasta] *sf* coast

costante [kos'tante] *agg* **1.** *(stabile, dure-*

vole) constant **2.** (*persona*) steadfast

costare [kos'tare] *vi* to cost ● **quanto costa?** how much does it cost? ●
costare caro to be expensive

costata [kos'tata] *sf* chop

costatare = **constatare**

costeggiare [kosted'dʒare] *vt* **1.** (*fiancheggiare*) to go alongside **2.** (*navigare*) to hug the coast of

costellazione [kostellats'tsjone] *sf* constellation

costernato, a [koster'nato, a] *agg* dismayed

costi [kos'ti] *avv* there

costiero, a [kos'tjero, a] *agg* coastal

costituire [kostitu'ire] *vt* **1.** (*formare*) to constitute **2.** (*fondare*) to set up ◆
costituirsi *vr* to give o.s. up

costituzione [kostituts'tsjone] *sf* **1.** constitution **2.** (*formazione*) setting-up

costo ['kosto] *sm* cost ● **a tutti i costi** at all costs

costola ['kostola] *sf* rib

costoletta [kosto'letta] *sf* cutlet

costoso, a [kos'toso, a] *agg* expensive

costretto, a [kos'tretto, a] *pp* ➣ **costringere**

costringere [kos'trindʒere] *vt* ● **costringere qn (a fare qc)** to force sb (to do sthg)

costruire [kostru'ire] *vt* (*fabbricare*) to build

costruzione [kostruts'tsjone] *sf* construction

costume [kos'tume] *sm* **1.** (*uso*) custom **2.** (*abito*) costume ● **costume da bagno** swimsuit

cotechino [kote'kino] *sm* pork sausage

cotoletta [koto'letta] *sf* **1.** chop **2.** (*di*

vitello) cutlet ● **cotoletta alla milanese** escalope of veal

cotone [ko'tone] *sm* cotton ● **cotone idrofilo** cotton wool

cotta ['kotta] *sf* ● **prendersi una cotta per qn** (*fam*) to have a crush on sb

cotto, a ['kotto, a] ◇ *pp* ➣ **cuocere** ◇ *agg* **1.** cooked **2.** (*fam*) (*innamorato*) head over heels in love ● **ben cotto** well-done

cottura [kot'tura] *sf* cooking

coupon [ku'pɔn] *sm inv* coupon

cozza ['kɔttsa] *sf* mussel

C.P. (*abbr di casella postale*) P.O. Box

cracker ['krɛker] *sm inv* cracker

crampo ['krampo] *sm* cramp

cranio ['kranjo] *sm* skull

cratere [kra'tere] *sm* crater

crauti ['krauti] *smpl* sauerkraut *flavoured with cumin and juniper, a speciality of Trento*

cravatta [kra'vatta] *sf* tie

creare [kre'are] *vt* to create

creativo, a [krea'tivo, a] *agg* creative

creatore, trice [krea'tore, 'tritʃe] *sm,f* creator ● **il Creatore** the Creator

creatura [krea'tura] *sf* creature

credente [kre'dente] *smf* believer

credenza [kre'dɛntsa] *sf* **1.** (*convinzione*) belief **2.** (*mobile*) sideboard

credere [kre'dere] *vt* to believe ● **credo di sì/no** I think/don't think so ● **credo (che) sia vero** I think that's true ● **credo di fare la cosa giusta** I think I'm doing the right thing ● **credere a** *v* + *prep* to believe ● **non ci credo!** I don't believe it! ◆ **credere in** *v* + *prep* to believe in ◆ **credersi** *vr* to consider o.s.

credito ['kredito] *sm* **1.** COMM credit **2.** (*fiducia*) trust

crema ['krɛma] *sf* 1. cream 2. *(liquida)* custard ● crema di asparagi cream of asparagus soup ● crema depilatoria hair-removing cream ● crema pasticcera confectioner's custard ● crema solare suntan cream ● gelato alla crema vanilla ice-cream

crematorio [krema'tɔrjo] *sm* crematorium

cremazione [kremats'tsjone] *sf* cremation

crème caramel [krɛm'karamel] *sm inv* o *sf inv* crème caramel

cremisi ['krɛmizi] *agg inv* crimson

cremoso, a [kre'moso] *agg* creamy

crepaccio [kre'pat∫∫o] *sm* crevice

crepapelle [krepa'pɛlle] ● **a crepapelle** *avv* ● ridere a crepapelle to split one's sides laughing

crepare [kre'pare] *vi (fam) (morire)* to snuff it ● crepare dal ridere to die laughing

crêpe [krɛp] *sf inv* pancake

crepuscolo [kre'puskolo] *sm (tramonto)* twilight

crescere ['kre∫∫ere] ◇ *vi* 1. to grow 2. *(diventare adulto)* to grow up ◇ *vt* to bring up

crescita ['kre∫∫ita] *sf* growth

cresima ['krezima o 'kresima] *sf* confirmation

crespo, a ['krespo, a] *agg* frizzy

cresta ['krɛsta] *sf* crest

creta ['krɛta] *sf* clay

cretino, a [kre'tino, a] *agg* idiot

C.R.I. *sf abbr di* Croce Rossa Italiana ➢ croce

cric [krik] *sm inv (attrezzo)* jack

criminale [krimi'nale] *agg & smf (criminoso)* criminal

crimine ['krimine] *sm* crime

criniera [kri'njera] *sf* mane

cripta ['kripta] *sf* crypt

crisi ['krizi] *sf inv* 1. *(fase difficile)* crisis 2. *(attacco)* fit ● in crisi in a state of crisis

cristallo [kris'tallo] *sm* crystal

cristianesimo [kristja'nezimo] *sm* Christianity

cristiano, a [kris'tjano, a] *agg & sm,f* Christian

Cristo ['kristo] *sm* Christ ● avanti Cristo BC ● dopo Cristo AD

criterio [kri'tɛrjo] *sm* 1. *(regola)* criterion 2. *(buon senso)* common sense

critica, che ['kritika] *sf* 1. *(biasimo)* criticism 2. *(i critici)* critics *pl* ➢ **critico**

criticare [kriti'kare] *vt* to criticize

critico, a, ci, che ['kritiko, a, t∫i, ke] ◇ *agg* critical ◇ *sm,f (persona)* critic

croccante [krok'kante] ◇ *agg* crisp ◇ *sm* almond crunch

crocchetta [krok'ketta] *sf* croquette

croce ['krot∫e] *sf* cross ● la Croce Rossa the Red Cross

crocevia [krot∫e'via] *sm inv* crossroads *sg*

crociera [kro't∫era] *sf* cruise

crocifisso [krot∫i'fisso] *sm* crucifix

crollare [krol'lare] *vi* 1. *(edificio, ponte)* to collapse 2. *(fig) (per stanchezza, dolore)* to break down

crollo ['krɔllo] *sm* 1. *(di edificio, ponte)* collapse 2. *(di prezzi)* slump

cronaca, che ['krɔnaka] *(pl* **-che**) *sf* 1. *(attualità)* news *sg* 2. *(di partita)* commentary ● cronaca nera crime news *sg*

cronico, a, ci, che ['krɔniko, a, t∫i, ke] *agg* chronic

cronista, i, e [kro'nista, i, e] *smf* reporter

cronologico, a, ci, che [krono'lɔdʒiko, a, tʃi, ke] *agg* chronological

crosta ['krɔsta] *sf* 1. *(di pane)* crust 2. *(di formaggio)* rind 3. *(di ferita)* scab

crostaceo [kros'tatʃeo] *sm* shellfish

crostacei [kros'tatʃi] *smpl* shellfish

crostata [kro'stata] *sf* fruit or jam tart with a pastry lattice topping

crostino [kros'tino] *sm* 1. *(per minestra)* crouton 2. *(tartina)* canapé ● **crostini di fegato** small pieces of toast spread with chicken liver pâté

croupier [kru'pje] *sm inv* croupier

cruciale [kru'tʃale] *agg* crucial

cruciverba [krutʃi'vɛrba] *sm inv* crossword

crudele [kru'dɛle] *agg* cruel

crudo, a ['krudo, a] *agg* raw

crusca ['kruska] *sf* bran

cruscotto [krus'kɔtto] *sm* dashboard

cubo ['kubo] *sm* cube

cuccetta [kut'tʃetta] *sf* 1. *(di treno)* couchette 2. *(di nave)* berth

cucchiaiata [kukkja'jata] *sf* spoonful

cucchiaino [kukkja'ino] *sm* teaspoon

cucchiaio [kuk'kjaio] *sm* spoon

cuccia ['kuttʃa] *(pl* **-ce)** *sf* dog's bed ● **a cuccia!** down!

cucciolo ['kuttʃolo] *sm* 1. cub 2. *(di cane)* puppy

cucina [ku'tʃina] *sf* 1. *(stanza)* kitchen 2. *(attività, cibi)* cooking 3. *(elettrodomestico)* cooker ● **cucina casalinga** home cooking ● **cucina a gas** gas cooker

cucinare [kutʃi'nare] *vt* to cook

cucire [ku'tʃire] *vt* to sew

cucitura [kutʃi'tura] *sf* stitching

cuculo ['kukulo o ku'kulo] *sm* cuckoo

cuffia ['kuffja] *sf* 1. cap 2. *(per l'ascolto)* headphones *pl* ▼ è obbligatorio l'uso della cuffia swimming caps must be worn

cugino, a [ku'dʒino, a] *sm,f* cousin

cui ['kui] *pron rel* 1. *(in complemento indiretto: persona)* who, whom ● l'amico a cui ho prestato il libro the friend I lent the book to, the friend to whom I lent the book ● l'amico di cui ti ho parlato the friend I told you about ● la ragazza con cui esco the girl I'm going out with 2. *(in complemento indiretto: cosa)* which ● il film a cui mi riferisco the film (which) I'm referring to ● l'appartamento in cui vivo the flat (which) I live in ● il motivo per cui ti chiamo the reason (that) I'm calling you 3. *(tra articolo e sostantivo)* ● la città il cui nome mi sfugge the town whose name escapes me ● la persona alla cui domanda rispondo the person whose question I'm answering
● **per cui** *cong (perciò)* so ● **sono stanco, per cui vado a letto** I'm tired, so I'm going to bed

culla ['kulla] *sf* cradle

culmine ['kulmine] *sm* peak

culo ['kulo] *sm (volg)* arse *(UK)*, ass *(US)*

culto ['kulto] *sm* 1. cult 2. *(adorazione)* worship

cultura [kul'tura] *sf* culture

culturismo [kultu'rizmo] *sm* body-building

cumulativo [kumula'tivo] *agg m* ➤ **biglietto**

cumulo ['kumulo] *sm (mucchio)* heap, pile

cunetta [ku'netta] *sf (avvallamento)* bump

cuocere ['kwɔtʃere] *vt* & *vi* to cook

cuoco, a, chi, che ['kwɔko, a, ki, ke] *sm,f* cook

cuoio ['kwɔjo] *sm* leather ● **cuoio capelluto** scalp

cuore ['kwɔre] *sm* heart ● **avere a cuore qc** to care about sthg ● **nel cuore della notte** in the middle of the night

cupo, a ['kupo, a] *agg* 1. (*scuro*) dark 2. (*voce*) deep

cupola ['kupola] *sf* dome

cura ['kura] *sf* 1. care 2. (*trattamento, terapia*) treatment ● **avere cura di** to take care of ● **prendersi cura di** to look after ● **cura dimagrante** diet

curare [ku'rare] *vt* 1. (*trattare*) to treat 2. (*guarire*) to cure

curcuma ['kurkuma] *sf* turmeric

curiosare [kurjo'zare] *vi* to look around

curiosità [kurjozi'ta] *sf inv* curiosity

curioso, a [ku'rjozo, a] *agg* 1. (*insolito*) curious 2. (*indiscreto*) inquisitive

curva ['kurva] *sf* bend ● **in curva** on a bend ▼ **curva pericolosa** dangerous bend

curvare [kur'vare] ◇ *vi* 1. (*veicolo, autista*) to turn 2. (*strada*) to bend ◇ *vt* to bend

curvo, a ['kurvo, a] *agg* 1. (*linea*) curved 2. (*persona, spalle*) bent

cuscinetto [kuʃʃi'netto] *sm* 1. TECNOL bearing 2. (*per timbri*) pad

cuscino [kuʃ'ʃino] *sm* 1. (*da divano*) cushion 2. (*guanciale*) pillow

custode [kus'tɔde] *smf* 1. attendant 2. (*di scuola*) janitor

custodia [kus'tɔdja] *sf* 1. (*cura, controllo*) custody 2. (*astuccio*) case

custodire [kusto'dire] *vt* 1. (*assistere*) to look after 2. (*conservare*) to keep

cute ['kute] *sf* skin

cyberspazio, ciberspazio [tʃiber-spat'tsjo] *sm* cyberspace

*d*D

da [da] *prep* 1. (*con verbo passivo*) by ● **il viaggio è pagato dalla ditta** the trip is paid for by the company 2. (*stato in luogo*) at ● **abito da una zia** I'm living at an aunt's 3. (*moto a luogo*) to ● **andare dal medico/dal parrucchiere** to go to the doctor's/the hairdresser's 4. (*moto per luogo*) through ● **è entrato dall'ingresso principale** he came in through the main entrance ● **il treno passa da Roma** the train goes via Rome 5. (*indica l'origine, la provenienza*) from ● **venire da Roma** to come from Rome ● **ricevere una lettera da un amico** to get a letter from a friend 6. (*indica tempo*) for ● **aspetto da ore** I've been waiting for hours ● **lavoro dalle 9 alle 5** I work from 9 to 5 ● **non lo vedo da ieri** I haven't seen him since yesterday ● **comincerò da domani** I'll start from tomorrow 7. (*indica condizione, funzione*) as ● **da grande voglio fare il pompiere** when I grow up I want to be a fireman ● **fare da guida** to act as a guide 8. (*indica la causa*) with ● **tremare dal freddo** to shiver ● **piangere dalla felicità** to cry for joy 9. (*indica una caratteristica*) with ● **una ragazza dagli occhi verdi** a girl with green eyes, a green-eyed girl ● **una stanza da 100 euro** a 100 euro room ● **una bottiglia da un litro** a litre bottle **10.** *(indica il fine)* ● **occhiali da sole** sunglasses ● **qualcosa da mangiare** something to eat **11.** *(indica separazione)* from ● **vedere da lontano/vicino** to see from a distance/close up ● **essere lontano da casa** to be far from home ● **la piscina è a 3 chilometri da qui** the swimming pool is 3 kilometres from here ● **isolarsi da tutti** to cut o.s. off from everyone ● **mettere qc da parte** to save sthg **12.** *(indica modo)* like ● **trattare qn da amico** to treat sb like ○ as a friend ● **puoi farlo da te** you can do it (for) yourself ● **non è cosa da te!** it's not like you! **13.** *(indica la conseguenza)* ● **essere stanco da morire** to be dead tired

daccapo [dak'kapo] *avv* from the beginning

dado ['dado] *sm* **1.** *(per gioco)* dice **2.** *(estratto)* stock cube **3.** *(per vite)* nut

dagli ['daʎʎi] = **da + gli**; > **da**

dai¹ ['dai] = **da + i**; > **da**

dai² ['dai] *esclam* go on!

daino ['dajno] *sm (animale)* deer

dal ['dal] = **da + il**; > **da**

dall' [dall] = **da + l'**; > **da**

dalla ['dalla] = **da + la**; > **da**

dalle ['dalle] = **da + le**; > **da**

dallo ['dallo] = **da + lo**; > **da**

daltonico, a, ci, che [dal'tɔniko, a, tʃi, ke] *agg* colour-blind

dama ['dama] *sf* **1.** *(gioco)* draughts *sg* **2.** *(nel ballo)* partner

damigiana [dami'dʒana] *sf* demijohn

danaro [da'naro] = **denaro**

dancing ['dɛnsing] *sm inv* dance hall

danese [da'nese] ◇ *agg & sm* Danish ◇ *smf* Dane

Danimarca [dani'marka] *sf* ● **la Danimarca** Denmark

danneggiare [danned ʒ'dʒare] *vt* **1.** *(rovinare)* to damage **2.** *(nuocere a)* to harm

danno ['danno] *sm* **1.** *(materiale)* damage **2.** *(morale)* harm ● **i danni** DIR damages

dannoso, a [dan'noso, a] *agg* harmful

danza ['dantsa] *sf* dance

dappertutto [dapper'tutto] *avv* everywhere

dappoco [dap'pɔko] *agg inv* **1.** *(persona)* inept **2.** *(questione)* insignificant

dapprima [dap'prima] *avv* at first

dare ['dare] *vt* to give; *(risultati)* to produce; *(film)* ● **cosa danno all'Odeon?** what's on at the Odeon? ● **dare qc a qn** to give sthg to sb, to give sb sthg ● **dare la mano a qn** to shake hands with sb ● **dare la nausea a qn** to make sb feel sick ● **dare la buonanotte a qn** to say goodnight to sb ● **dare da bere a qn** to give sb something to drink ● **dare una festa** to throw a party ● **dare del lei a qn** to address sb as 'lei' ● **dare del tu a qn** to address sb as 'tu' ● **dare qn per morto** to give sb up for dead ● **dare qc per scontato** to take sthg for granted ● **darsi il cambio** to take it in turns ● **dare alla testa a qn** *(sog: alcol, successo)* to go to sb's head

◆ **dare su** *v + prep (finestra)* to look out onto; *(porta)* to lead to

◆ **darsi a** *(dedicarsi a)* to devote o.s. to ● **darsi al bere** to take to drink

◆ **data** ['data] *sf* date ● **data di nascita** date of birth

dato, a ['dato, a] ◇ *pp* > **dare** ◇ *agg*

particular ◇ *sm* datum ● **dato che** given that ● **un dato di fatto** a fact ● **i dati** the data

datore, trice [da'tore, 'tritʃe] *sm,f* ● **datore di lavoro** employer

dattero ['dattero] *sm* date

dattilografo, a [datti'lɔgrafo, a] *sm,f* typist

davanti [da'vanti] ◇ *avv* **1.** in front **2.** *(avanti)* ahead **3.** *(nella parte anteriore)* at the front ◇ *agg inv* front *(dav s)* ◇ *sm* front ◇ *prep* ● **davanti a** in front of; *(dirimpetto)* opposite

davanzale [davan'tsale] *sm* windowsill

davvero [dav'vero] *avv* really

d.C. *(abbr di* dopo Cristo*)* A.D.

dea ['dɛa] *sf* goddess

debito ['debito] *sm* debt

debole ['debole] ◇ *agg* weak ◇ *sm* ● **avere un debole per** to have a weakness for

debolezza [debo'letstsa] *sf* weakness

debuttare [debut'tare] *vi* to make one's debut

decaffeinato, a [dekaffej'nato, a] *agg* decaffeinated

decapitare [dekapi'tare] *vt* to decapitate

decappottabile [dekappot'tabile] *agg & sf* convertible

deceduto, a [detʃe'duto, a] *agg* deceased

decennio [de'tʃɛnnjo] *sm* decade

decente [de'tʃɛnte] *agg* decent

decesso [de'tʃɛsso] *sm (form)* death

decidere [de'tʃidere] ◇ *vt* to decide on ◇ *vi* to decide ● **decidere di fare qc** to decide to do sthg ◆ **decidersi** *vr* ● **decidersi (a fare qc)** to make up one's mind *(to do sthg)*

decimale [detʃi'male] *agg* decimal

decimo, a ['dɛtʃimo, a] *num* tenth ➤ **sesto**

decina [de'tʃina] *sf* **1.** ten **2.** *(circa dieci)* about ten ● **decine di** dozens of

decisione [detʃi'zjone] *sf* decision ● **prendere una decisione** to make a decision

deciso, a [de'tʃizo, a] ◇ *pp* ➤ **decidere** ◇ *agg* decisive ● **deciso a fare qc** determined to do sthg

decollare [dekol'lare] *vi* to take off

decollo [de'kɔllo] *sm* takeoff

decorare [deko'rare] *vt* to decorate

decotto [de'kɔtto] *sm* decoction

decreto [de'kreto] *sm* decree

dedica ['dɛdika] *(pl* -**che***) sf* dedication

dedicare [dedi'kare] *vt* ● **dedicare qc a qn** *(poesia, canzone)* to dedicate sthg to sb; *(fig) (consacrare)* to devote sthg to sb ◆ **dedicarsi** *vr* to devote o.s. to

dedito, a ['dɛdito, a] *agg* ● **dedito a qc** *(studio)* devoted to sthg; *(droga, alcool)* addicted to sthg

dedotto, a [de'dotto, a] *pp* ➤ **dedurre**

dedurre [de'durre] *vt* **1.** *(concludere)* to deduce **2.** *(detrarre)* to deduct

deduzione [deduts'tsjone] *sf* deduction

deficiente [defi'tʃɛnte] *agg (spreg)* idiotic

deficit ['defitʃit] *sm inv* deficit

definire [defi'nire] *vt* to define

definitivo, a [a][defini'tivo, a] *agg* definitive

definizione [definits'tsjone] *sf* definition

deformare [defor'mare] *vt* **1.** to deform **2.** *(fig) (travisare)* to distort ◆ **deformarsi** *vr* to become deformed

defunto, a [de'funto, a] *sm,f* deceased

degenerare [dedʒene'rare] *vi* to degenerate

degli ['deʎʎi] = di + gli ➤ **di**

degnarsi *vr* ● degnarsi di fare qc to condescend to do sthg

degno, a ['deɲɲo, a] *agg* ● d egno di worthy of

degradare [degra'dare] *vt* **1.** *(peggiorare)* to degrade **2.** MIL to demote

degustazione [degustats'tsjone] *sf* **1.** *(assaggio)* tasting **2.** *(negozio) specialist shop where beverages, especially wine or coffee, are tasted*

dei ['dei] = di + i ➤ **di**

delegare [dele'gare] *vt* ● delegare qn a fare qc to delegate sb (to do sthg) ● delegare qc a qn to delegate sthg to sb

delegazione [delegats'tsjone] *sf* delegation

delfino [del'fino] *sm* dolphin

delicatezza [delika'tetstsa] *sf* **1.** *(l'essere delicato)* delicacy **2.** *(gentilezza)* consideration **3.** *(atto gentile)* considerate act

delicato, a [deli'kato, a] *agg* **1.** delicate **2.** *(gentile)* considerate

delineare [deline'are] *vt* to outline ● **delinearsi** *vr* **1.** *(essere visibile)* to be outlined **2.** *(fig) (presentarsi)* to take shape

delinquente [delin'kwɛnte] *smf* delinquent

delirio [de'lirjo] *sm* **1.** MED delirium **2.** *(esaltazione)* frenzy

delitto [de'litto] *sm* crime

delizioso, a [delits'tsjoso, a] *agg* **1.** *(cibo)* delicious **2.** *(gradevole)* delightful

dell' = di + l' ➤ **di**

della ['della] = di + la ➤ **di**

delle ['delle] = di + le ➤ **di**

dello ['dello] = di + lo ➤ **di**

delta ['dɛlta] *sm inv* delta

deltaplano [dɛlta'plano] *sm* hang glider

deludere [de'ludere] *vt* to disappoint

delusione [delu'zjone] *sf* disappointment

deluso, a [de'luzo, a] ◇ *pp* ➤ deludere ◇ *agg* disappointed

democratico, a, ci, che [demo'kratiko, a, tʃi, ke] *agg* democratic

democrazia [demokrats'tsia] *sf* democracy

demolire [demo'lire] *vt* to demolish

demonio [de'mɔnjo] *sm* devil

demoralizzare [demoralidz'dzare] *vt* to demoralize ● **demoralizzarsi** *vr* to become demoralized

denaro [de'naro] *sm* money ● denaro contante cash

denigrare [deni'grare] *vt* to denigrate

denominare [denomi'nare] *vt* to name

denominazione [denominats'tsjone] *sf* name, denomination ● denominazione d'origine controllata *a mark guaranteeing that the product, especially wine, is of a good quality*

densità [densi'ta] *sf* density

denso, a ['dɛnso, a] *agg* thick

dente ['dɛnte] *sm* tooth ● dente da latte milk tooth ● dente del giudizio wisdom tooth ● al dente al dente *(cooked enough to be still firm when bitten)* ● mettere qc sotto i denti to have a bite to eat ● armato fino ai denti armed to the teeth

dentiera [den'tjera] *sf (denti finti)* dentures *pl*

dentifricio [denti'fritʃo] *sm* toothpaste

dentista, i, e [den'tista, i, e] *smf* dentist

dentro ['dentro] *avv & prep* inside ● darci dentro *(fam)* to put one's back into it ● **dentro di sé** inwardly, inside ● **qui/là dentro** in here/there ● **dal di dentro** from the inside ● **in dentro** inwards

denuncia, ce o **cie** [de'nuntʃa, tʃe o tʃi] *sf* ● **fare la denuncia** to make a statement to the police ● **denuncia dei redditi** income tax return

denunciare [denun'tʃare] *vt* **1.** (*sporgere denuncia contro*) to report **2.** (*rendere noto*) to declare

deodorante [deodo'rante] *sm* **1.** (*per il corpo*) deodorant **2.** (*per ambiente*) air freshener

deperibile [depe'ribile] *agg* perishable

depilazione [depilats'tsjone] *sf* hair removal

dépliant [depli'an] *sm inv* brochure

deplorevole [deplo'revole] *agg* deplorable

depositare [depozi'tare] *vt* **1.** to deposit **2.** (*persona*) to leave ◆ **depositarsi** *vr* to settle

deposito [de'pɔzito] *sm* **1.** deposit **2.** (*per autobus*) depot **3.** (*per merci*) warehouse **4.** (*di liquido*) sediment ● **deposito bagagli** left luggage office

depravato, a [depra'vato, a] *sm,f* degenerate

depressione [depres'sjone] *sf* depression

depresso, a [de'presso, a] ◇ *pp* > **deprimere** ◇ *agg* depressed

deprimente [depri'mɛnte] *agg* depressing

deprimere [de'primere] *vt* to depress ◆ **deprimersi** *vr* to become depressed

deputato, a [depu'tato, a] *sm,f* ≃ Member of Parliament (*UK*), ≃ Representative (*US*)

derattizzazione [derattidz'dzare] *sf* rodent control

deriva [de'riva] *sf* ● **andare alla deriva** to drift

derivare [deri'vare] ◆ **derivare da** *v* + *prep* to derive from

dermatologo, a, gi, -ghi, ghe [der-ma'tɔlogo, a, dʒi, ge] *sm,f* dermatologist

derubare [deru'bare] *vt* to rob

descritto, a [des'kritto, a] *pp* > **descrivere**

descrivere [des'krivere] *vt* to describe

descrizione [deskrits'tsjone] *sf* description

deserto, a [de'zerto, a] ◇ *agg* **1.** (*disabitato*) deserted **2.** (*senza vegetazione*) barren ◇ *sm* desert

desiderare [deside'rare] *vt* **1.** to want, to desire **2.** (*sessualmente*) to desire ● **desidera?** can I help you? ● **desider re fare qc** to wish to do sthg ● **lasciare a desiderare** to leave much to be desired

desiderio [desi'derjo] *sm* wish

desideroso, a [deside'roso, a] *agg* ● **desideroso di fare qc** eager to do sthg

designare [desiɲ'nare] *vt* to designate

desistere [de'sistere] ◆ **desistere da** *v* + *prep* (*form*) to give up

desistito *pp* > **desistere**

destinare [desti'nare] *vt* **1.** (*assegnare, riservare*) to assign **2.** (*indirizzare*) to address

destinatario, a [destina'tarjo, a] *sm,f* addressee

destinazione [destinats'tsjone] *sf* destination ● **arrivare a destinazione** to reach one's destination

destino [des'tino] *sm* destiny, fate

destra ['destra] *sf* **1.** (*mano*) right hand **2.**

(lato) right • **la destra** *POL* the right wing • **tenere la destra** to keep to the right • **a destra** *(stato in luogo)* on the right; *(moto a luogo)* right • **di destra** *(dal lato destro)* right-hand

destreggiarsi [destredʒ'dʒarsi] *vr* 1. *(nel traffico)* to manoeuvre 2. *(fig)* *(tra difficoltà)* to manage

destro, a ['destro, a] *agg (opposto a sinistra)* right

detenuto, a [dete'nuto, a] *sm,f* prisoner

detenzione [deten'tsjone] *sf* detention

detergente [deter'dʒente] ◇ *agg* cleansing ◇ *sm* 1. *(cosmetico)* cleansing cream 2. *(detersivo)* detergent

deteriorare [deterjo'rare] *vt* to impair •
deteriorarsi *vr* to deteriorate

determinante [determi'nante] *agg* decisive

determinare [determi'nare] *vt (stabilire)* to determine

determinazione [determinats'tsjone] *sf* determination

detersivo [deter'sivo] *sm* detergent

detestare [detes'tare] *vt* to detest

detrarre [de'trarre] *vt* to deduct

detratto, a [de'tratto] *pp* > **detrarre**

dettagliato, a [dettaʎ'ʎato, a] *agg* detailed

dettaglio [det'taʎʎo] *sm* detail • **al dettaglio** *COMM* retail

dettare [det'tare] *vt* to dictate • **dettare legge** to lay down the law

dettato [det'tato] *sm* dictation

detto, a ['detto, a] ◇ *pp* > **dire** ◇ *agg (soprannominato)* known as ◇ *sm* saying

devastare [devas'tare] *vt* to devastate

deviare [de'vjare] ◇ *vt* to divert ◇ *vi (di direzione)* to divert • **deviare da qc** to turn off sthg

deviazione [devjats'tsjone] *sf* 1. *(del traffico)* detour 2. *(di fiume)* deviation

devoto, a [de'vɔto, a] *agg* devoted

di [di]
◇ *prep* 1. *(indica appartenenza)* of • **il libro di Marco** Marco's book • **la porta della camera** the bedroom door 2. *(indica l'autore)* by • **un quadro di Giotto** a painting by Giotto 3. *(partitivo)* of • **alcuni di noi** some of us 4. *(nei paragoni)* • **sono più alto di te** I'm taller than you • **il migliore di tutti** the best of all 5. *(indica l'argomento)* about, of • **un libro di storia** a history book • **parlare di** to talk about 6. *(temporale)* in • **d'estate** in (the) summer • **di mattina** in the morning • **di notte** at o by night • **di sabato** on Saturdays 7. *(indica provenienza)* from • **di dove sei?** where are you from? • **sono di Messina** I'm from Messina 8. *(indica una caratteristica)* • **un bambino di due anni** a two-year-old child, a child of two • **una statua di marmo** a marble statue • **una torre di 40 metri** a 40-metre tower • **un film di due ore** a two-hour film 9. *(indica la causa)* • **urlare di dolore** to scream with pain • **sto morendo di fame!** I'm starving! • **soffrire di mal di testa** to suffer from headaches • **morire di vecchiaia** to die of old age 10. *(indica contenuto)* of • **una bottiglia di vino** a bottle of wine 11. *(seguito da infinito)* • **mi ha detto di non aspettare** he told me not to wait • **pensavo di uscire** I was thinking of going out • **capita di sbagliare** anyone can make a mistake • **mi sembra di conoscerlo** I think I know him 12. *(in espressioni)* • **a causa**

di

di because of ● **di modo che** so as to ●
dare del bugiardo a qn to call sb a liar
◇ *art* some; *(in negative)* any ● **vorrei del pane** I'd like some bread ● **ha degli spiccioli?** have you got any change?

diabete [dja'bɛte] *sm* diabetes

diabetico, a, ci, che [dja'bɛtiko, a, tʃi, ke] *agg* diabetic

diaframma [dja'framma] *(pl* **-i**) *sm* diaphragm

diagnosi [di'aɲɲozi] *sf inv* diagnosis

diagonale [djago'nale] *agg & sf* diagonal

diagramma [dja'gramma] *(pl* **-i**) *sm* diagram

dialetto [dja'lɛtto] *sm* dialect

dialetti

In addition to Italian, the official language, Italy has a host of dialects, which are used primarily in speaking rather than in writing. Dialects vary from region to region and even within a region. Italian itself is based on the dialect of Tuscany.

dialisi [di'alizi] *sf* MED dialysis

dialogo [di'alogo] *(pl* **-ghi**) *sm* dialogue

diamante [dja'mante] *sm* diamond

diametro [di'ametro] *sm* diameter

diamine ['djamine] *esclam (certo)* absolutely! ● **che diamine stai facendo?** what on earth are you doing?

diapositiva [djapozi'tiva] *sf* slide

diario [di'arjo] *sm* **1.** diary **2.** *(a scuola)* homework book **3.** *(calendario)* timetable

diarrea [diar'rɛa] *sf* diarrhoea

diavolo ['djavolo] *sm* devil ● **che diavolo vuole?** *(fam)* what the hell does he want? ● **va al diavolo!** *(fam)* go to hell!

dibattito [dibat'tito] *sm* debate

dica ['dika] ➤ **dire**

dicembre [di'tʃembre] *sm* December ➤ **settembre**

diceria [ditʃe'ria] *sf* piece of gossip, rumour

dichiarare [dikja'rare] *vt* to declare

dichiarazione [dikjarats'tsjone] *sf* declaration

diciannove [ditʃan'nɔve] *num* nineteen ➤ **sei**

diciannovesimo, a [ditʃanno've'zimo, a] *num* nineteenth ➤ **sesto**

diciassette [ditʃas'sɛtte] *num* seventeen ➤ **sei**

diciassettesimo, a [ditʃasset'tezimo, a] *num* seventeenth ➤ **sesto**

diciottesimo, a [ditʃot'tezimo, a] *num* eighteenth ➤ **sesto**

diciotto [di'tʃɔtto] *num* eighteen ➤ **sei**

dieci ['djɛtʃi] *num* ten ➤ **sei**

diecina [dje'tʃina] = **decina**

diesel ['dizel] *agg inv & sm inv* diesel

dieta ['djɛta] *sf* diet ● **essere a dieta** to be on a diet

dietetico, a, ci, che [dje'tɛtiko, a, tʃi, ke] *agg* diet

dietro ['djɛtro] ◇ *avv* **1.** *(nella parte posteriore)* at/in the back **2.** *(indietro)* behind ◇ *sm* back ◇ *prep* ● **dietro a** *(dopo)* after; *(di là da)* behind ● **dietro di me** behind me ● **di dietro** back *(dav s)* ● **qui/lì dietro** here/there ● **dietro pagamento** on payment

difatti [di'fatti] *cong* in fact

difendere [di'fɛndere] *vt* to defend ◆
difendersi *vr* to defend o.s.
difensore [difen'sore] *sm* defender
difesa [di'fesa] *sf* defence
difeso, a [di'fezo, a] *pp* ➢ **difendere**
difetto [di'fetto] *sm* 1. defect 2. *(morale)* fault ● **difetto di fabbricazione** manufacturing defect
difettoso, a [difet'tozo, a] *agg* 1. *(meccanismo)* faulty 2. *(vista, abito)* defective
diffamare [diffa'mare] *vt* 1. *(a parole)* to slander 2. *(per iscritto)* to libel
differente [diffe'rɛnte] *agg* different
differenza [diffe'rɛntsa] *sf* difference ● **non fa differenza** it doesn't make any difference ● **a differenza di** unlike
difficile [dif'fitʃile] *agg* difficult ● **è difficile che esca** *(poco probabile)* it's unlikely that he'll go out
difficoltà [diffikol'ta] *sf inv* difficulty
diffidare [diffi'dare] ◆ **diffidare di** *v + prep* to mistrust
diffidente [diffi'dɛnte] *agg* mistrustful
diffondere [dif'fondere] *vt* to spread ◆
diffondersi *vr* to spread
diffusione [diffu'zjone] *sf* diffusion
diffuso, a [dif'fuzo, a] ◇ *pp* ➢ **diffondere** ◆ *agg* widespread
diga ['diga] *sf (pl* **-ghe)** dam
digeribile [didʒe'ribile] *agg* digestible
digerire [didʒe'rire] *vt* to digest
digestione [didʒes'tjone] *sf* digestion
digestivo, a [didʒes'tivo, a] ◇ *agg* digestive ◇ *sm* liqueur drunk to aid digestion, after meals
digitale [didʒi'tale] *agg* digital
digitare [didʒi'tare] *vt INFORM* to key in
digiunare [didʒu'nare] *vi* to fast
digiuno, a [di'dʒuno, a] ◇ *sm* fasting ◇

agg ● **essere digiuno** not to have eaten ● **a digiuno** on an empty stomach
dignità [diɲɲi'ta] *sf* dignity
dignitoso, a [diɲɲi'toso, a] *agg* 1. *(atteggiamento)* dignified 2. *(abito)* respectable
dilagante [dila'gante] *agg (fenomeno)* rampant
dilagare [dila'gare] *vi* to be rampant
dilaniare [dila'njare] *vt* to tear to pieces
dilapidare [dilapi'dare] *vt* to squander
dilatare [dila'tare] *vt* 1. *(pupille)* to dilate 2. *(gas, metallo, corpo)* to expand ◆
dilatarsi *vr* 1. *(pupille)* to dilate 2. *(gas, metallo, corpo)* to expand
dilazionare [dilatstsjo'nare] *vt* to defer
dilemma [di'lemma] *(pl* **-i)** *sm* dilemma
dilettante [dilet'tante] *smf* amateur
diligente [dili'dʒɛnte] *agg* diligent
diluire [dilu'ire] *vt* 1. *(allungare)* to dilute 2. *(sciogliere)* to dissolve
dilungarsi [dilun'garsi] *vr* ● **dilungarsi su** *(argomento)* to dwell upon ● **dilungarsi in spiegazioni** to give a longwinded explanation
diluvio [di'luvjo] *sm* downpour
dimagrire [dima'grire] *vi* to lose weight
dimenare [dime'nare] *vt* 1. *(fianchi)* to swing 2. *(corpo)* to shake 3. *(coda)* to wag ◆ **dimenarsi** *vr* to fling o.s. about
dimensione [dimen'sjone] *sf* dimension
dimenticanza [dimenti'kantsa] *sf* oversight
dimenticare [dimenti'kare] *vt* 1. to forget 2. *(lasciare)* to leave ● **dimenticarsi qc** to leave sthg ◆ **dimenticarsi di** to forget about ● **dimenticarsi di fare qc** to forget to do sthg
dimesso, a [di'messo, a] ◇ *pp* ➢ **dimettere** ◇ *agg* humble

dimestichezza [dimesti'ketstsa] *sf* familiarity

dimettere [di'mettere] *vt* to discharge ♦

dimettersi *vr* to resign

dimezzare [dimedz'dzare] *vt* to halve

diminuire [diminu'ire] ◇ *vt* to reduce ◇ *vi* 1. to decrease 2. (*prezzi*) to drop

diminuzione [diminuts'tsjone] *sf* 1. fall 2. (*di prezzi*) drop

dimissioni [dimis'sjoni] *sfpl* resignation *sg* ♦ **dare le dimissioni** to hand in one's resignation

dimostrare [dimos'trare] *vt* 1. (*manifestare*) to show 2. (*provare*) to prove ♦ **dimostra meno di vent'anni** he doesn't look twenty ♦ **dimostrarsi** *vr* to prove to be

dimostrazione [dimostrats'tsjone] *sf* 1. (*d'affetto, simpatia*) show 2. (*di teoria*) proof 3. (*protesta, per prodotto*) demonstration

dinamico, a, ci, che [di'namiko, a, tʃi, ke] *agg* dynamic

dinamite [dina'mite] *sf* dynamite

dinamo [ˈdinamo] *sf inv* dynamo

dinanzi [di'nantsi] *prep* ♦ **dinanzi a** (*davanti a*) in front of; (*alla presenza di*) before

dinosauro [dino'sawro] *sm* dinosaur

dintorni [din'torni] *smpl* outskirts ♦ **nei dintorni di** in the vicinity of

dio [ˈdio] (*pl* **dei**) *sm* god ♦ **Dio** *sm* God ♦ **mio Dio!** my God!

diocesi [di'ɔtʃezi] *sf inv* diocese

dipartimento [diparti'mento] *sm* department

dipendente [dipen'dɛnte] ◇ *agg* subordinate ◇ *smf* employee

dipendenza [dipen'dɛntsa] *sf* 1. (*subordi-*

nazione) dependence 2. (*assuefazione*) addiction ♦ **essere alle dipendenze di qn** to be employed by sb

dipendere [di'pendere] *vi* ♦ **dipendere da** to depend on; (*derivare*) to be due to ♦ **dipende** it depends

dipeso, a [di'peso, a] *pp* > **dipendere**

dipingere [di'pindʒere] *vt* to paint

dipinto, a [di'pinto, a] ◇ *pp* > **dipingere** ◇ *sm* painting

diploma [di'plɔma] (*pl* **-i**) *sm* diploma

diplomarsi [diplo'marsi] *vr* to obtain a diploma

diplomatico, a, ci, che [diplo'matiko, a, tʃi, ke] ◇ *agg* diplomatic ◇ *sm* 1. (*funzionario*) diplomat 2. (*pasta*) pastry made of layers of liqueur-soaked sponge, puff pastry and confectioner's custard, topped with icing sugar

diplomazia [diplomats'tsia] *sf* diplomacy

diradare [dira'dare] *vt* to cut down on ♦ **diradarsi** *vr* 1. (*nebbia, nubi*) to clear 2. (*vegetazione*) to thin out

dire [ˈdire]

◇ *vt* 1. (*pronunciare*) to say ♦ **dire di sì/no** to say yes/no 2. (*esprimere, raccontare*) to say ♦ **dire qc a qn** to tell sb sthg ♦ **dire a qn che/perché** to tell sb that/why ♦ **dire la verità** to tell the truth ♦ **dimmi tutto** tell me everything ♦ **dica pure** (*in un negozio*) can I help you? 3. (*ordinare*) ♦ **dire a qn di fare qc** to tell sb to do sthg 4. (*sostenere*) to say ♦ **dice che non è vero** he says it isn't true 5. (*tradurre*) ♦ **come si dice 'scusi' in inglese?** what's the English for 'scusi'? 6. (*pensare*) to think ♦ **che ne dite di ...?** how about ...? ♦ **e dire che ...!** to think that ...! 7.

(in espressioni) ● **diciamo che ...** let's say that ... ● **a dire il vero ...** to tell the truth ... ● **vuol dire che ...** it means (that) ... ● **non c'è che dire** there's no doubt about it ● **il nome non mi dice niente** the name doesn't mean much to me ● **dico davvero** ◇ **sul serio!** I'm serious! ● **a dir poco** at least ● **a dir tanto** at most ● **volevo ben dire!** I thought so! ◇ *v impers* ● **si dice che ...** they say (that) ... ● **si direbbe che ...** it seems (that) ...

direttamente [diretta'mente] *avv* **1.** *(per via diretta)* straight **2.** *(senza intermediari)* directly

direttissimo [diret'tissimo] *sm* express train

diretto, a [di'rɛtto, a] ◇ *pp* ➤ **dirigere** ◇ *agg* direct ◇ *sm* *(treno)* through train ● **essere diretto a** *(aereo, passeggero)* to be bound for; *(indirizzato)* to be intended for

direttore, trice [diret'tore, 'tritʃe] *sm,f* **1.** manager *(f* manageress) **2.** *(di scuola elementare)* head (teacher) *(UK)*, principal *(US)* ● **direttore d'orchestra** conductor

direzione [direts'tsjone] *sf* **1.** direction **2.** *(di azienda)* management

dirigente [diri'dʒɛnte] *smf* executive

dirigere [di'ridʒere] *vt* **1.** *(attenzione, sguardo)* to direct **2.** *(scuola, azienda)* to run **3.** *(orchestra)* to conduct ● **dirigersi** *vr* to head

dirimpetto [dirim'pɛtto] *avv* opposite

diritto, a [di'ritto, a] ◇ *agg* & *avv* straight ◇ *sm* **1.** right **2.** *(leggi)* law **3.** *(di abito, stoffa)* right side **4.** *(nel tennis)* forehand **5.** *(nella maglia)* plain stitch ● **andare diritto** *(in linea retta)* to go straight on ●

vai diritto a casa go straight home ● **sempre (a) dir itto** straight on ● **avere diritto a qc** to be entitled to sthg

dirittura [dirit'tura] *sf* ● **dirittura d'arrivo** home straight

diroccato, a [dirok'kato, a] *agg* in ruins

dirottare [dirot'tare] *vt* **1.** to hijack **2.** *(traffico)* to divert

dirotto, a [di'rotto, a] *agg* ● **piovere a dirotto** to pour

dirupo [di'rupo] *sm* precipice

disabitato, a [dizabi'tato, a] *agg* uninhabited

disaccordo [dizak'kordo] *sm* disagreement

disadattato, a [dizadat'tato] *agg* maladjusted

disagio [di'zadʒo] *sm* **1.** *(scomodità)* discomfort **2.** *(imbarazzo)* uneasiness ● **essere a disagio** to be ill at ease

disapprovare [dizappro'vare] *vt* to disapprove

disarmare [dizar'mare] *vt* to disarm

disarmo [di'zarmo] *sm* disarmament

disastro [di'zastro] *sm* **1.** disaster **2.** *(danno)* damage

disastroso, a [dizas'trozo, a] *agg* disastrous

disattento, a [dizat'tɛnto] *agg* inattentive

disavanzo [diza'vantso] *sm* deficit

disavventura [dizavven'tura] *sf* mishap

discapito [dis'kapito] *sm* ● **a discapito di** to the detriment of

discarica [dis'karika] *(pl* **-che)** *sf* dump

discendente [diʃʃen'dɛnte] *smf* descendant

discepolo, a [diʃ'ʃepolo] *sm,f* disciple

discesa [diʃ'ʃesa] *sf* **1.** slope **2.** *(movimen-*

to) descent ● in discesa downhill ● discesa libera downhill race ▼ discesa a mare this way down to the sea

dischetto [dis'ketto] *sm* diskette

disciplina [diʃʃi'plina] *sf* 1. *(ubbidienza)* discipline 2. *(materia)* subject

disciplinato, a [diʃʃipli'nato, a] *ag* disciplined

disc-jockey [dis'dʒɔkei] *smf inv* disc jockey

disco ['disko] *(pl* **-schi)** *sm* 1. *(musicale)* record 2. *(per computer)* disk ● disco orario parking disc ● disco volante flying saucer

discolpare [diskol'pare] *vt* to clear

discorde [dis'kɔrde] *ag* conflicting

discorrere [dis'korrere] ● discorrere di *v* + *prep* to talk about

discorso [dis'korso] ◇ *pp* > **discorrere** ◇ *sm* 1. speech 2. *(conversazione)* conversation, talk

discoteca [disko'tɛka] *(pl* **-che)** *sf* disco

discount [dis'kaunt] *sminv* discount store

discretamente [diskreta'mente] *avv* 1. *(abbastanza bene)* fairly well 2. *(con tatto)* discreetly

discreto, a [dis'kreto, a] *ag* 1. *(persona)* discreet 2. *(abbastanza buono)* reasonably good

discrezione [diskrets'tsjone] *sf* 1. *(tatto)* discretion 2. *(moderazione)* moderation

discriminare [diskrimi'nare] *vt* to discriminate

discussione [diskus'sjone] *sf* 1. *(dibattito)* discussion 2. *(litigio)* argument

discusso [dis'kusso, a] *pp* > **discutere**

discutere [dis'kutere] ◇ *vt* 1. *(parlare di)* to discuss 2. *(contestare)* to question ◇ *vi*

to argue ● discutere di o su *(dibattere)* to discuss

disdetto, a *pp* > **disdire**

disdire [dis'dire] *vt* to cancel

disegnare [disen'nare] ◇ *vt* 1. to draw 2. *(progettare)* to design ◇ *vi* to draw

disegno [di'senno] *sm* 1. drawing 2. *(motivo)* design 3. *(progetto)* project ● disegno di legge bill

diseredare [dizere'dare] *vt* to disinherit

disertare [dizer'tare] *vt & vi* to desert

disertore [dizer'tore] *sm* deserter

disfare [dis'fare] *vt* 1. to undo 2. *(valigia)* to unpack 3. *(maglia)* to unravel 4. *(sciogliere)* to melt

disfatto, a [dis'fatto, a] *pp* > **disfare**

disgelo [diz'dʒɛlo] *sm* thaw

disgrazia [diz'gratstsja] *sf (incidente)* accident

disgraziato, a [dizgrats'tsjato, a] ◇ *ag* 1. *(persona)* wretched 2. *(viaggio)* ill-fated 3. *(anno)* unlucky ◇ *sm,f* 1. *(sfortunato)* poor wretch 2. *(canaglia)* rogue

disguido [diz'gwido] *sm* error

disgustare [dizgus'tare] *vt* to disgust

disgusto [diz'gusto] *sm* disgust

disgustoso, a [dizgus'toso, a] *ag* disgusting

disidratare [dizidra'tare] *vt* to dehydrate

disinfestare [dizinfes'tare] *vt* to disinfest

disinfettante [dizinfet'tante] *ag & sm* disinfectant

disinfettare [dizinfet'tare] *vt* to disinfect

disinibito, a [dizini'bito, a] *ag* uninhibited

disintegrare [dizinte'grare] *vt* to cause to disintegrate

disinteressarsi [dizinteres'sarsi] ◆ **disinteressarsi di** to take no interest in

disinteresse [dizinte'resse] *sm* 1. *(indifferenza)* indifference 2. *(generosità)* unselfishness

disintossicare [dizintossi'kare] *vt* to detoxify ● **disintossicare l'organismo** to clear out one's system ◆ **disintossicarsi** *vr (da droga)* to be treated for drug addiction

disintossicazione [dizintossikats'tsjone] *sf (da droga)* treatment for drug addiction

disinvolto, a [dizin'volto, a] *agg* free and easy

disinvoltura [dizinvol'tura] *sf* ease

dislivello [dizli'vello] *sm* 1. *(di quota)* difference in height 2. *(fig) (differenza)* gap

disoccupato, a [dizokku'pato, a] ◇ *agg* unemployed ◇ *sm,f* unemployed person

disoccupazione [dizokkupats'tsjone] *sf* unemployment

disonesto, a [dizo'nesto, a] *agg* dishonest

disopra [di'sopra] ◇ *avv* 1. above 2. *(al piano superiore)* upstairs ◇ *agg inv* above

disordinato, a [dizordi'nato, a] *agg* 1. untidy 2. *(vita)* disorderly

disordine [di'zordine] *sm* 1. *(materiale)* untidiness 2. *(mentale)* confusion ● **in disordine** in a mess

disorganizzazione [dizorganidzdzats-'tsjone] *sf* disorganization

disorientato, a [dizorjen'tato, a] *agg* disorientated

disossare [dizos'sare] *vt* to bone

disotto [di'sotto] ◇ *avv* 1. below 2. *(al piano inferiore)* downstairs ◇ *agg inv* below

dispari ['dispari] *agg inv* odd

disparte [dis'parte] *avv* ◆ **tenersi o starsene in disparte** to keep to o.s.

dispendioso, a [dispen'djoso, a] *agg* expensive

dispensa [dis'pensa] *sf* 1. *(stanza)* larder 2. *(mobile)* sideboard 3. *(fascicolo)* instalment

disperatamente [disperata'mente] *avv* desperately

disperato, a [dispe'rato, a] *agg* desperate

disperazione [disperats'tsjone] *sf* desperation

disperdere [dis'perdere] *vt* to disperse

disperso, a [dis'perso, a] ◇ *pp* ➤ **disperdere** ◇ *sm,f* missing person

dispetto [dis'petto] *sm* 1. *(atto)* spiteful trick 2. *(stizza)* vexation ● **fare un dispetto a qn** to play a spiteful trick on sb ● **fare qc per dispetto** to do sthg out of spite ● **a dispetto di** despite

dispiacere [dispja'tʃere] ◇ *sm* 1. *(dolore)* grief 2. *(rammarico)* regret ◇ *v impers* ● **le dispiace se aspetto qui?** do you mind if I wait here? ● **mi dispiace che sia andata così** I'm sorry it worked out that way ● **mi dispiace di non potermi trattenere** I'm afraid I can't stop

dispiaciuto, a [dispja'tʃuto, a] ◇ *pp* ➤ **dispiacere** ◇ *agg* sorry

disponibile [dispo'nibile] *agg* 1. available 2. *(persona)* willing to help

disponibilità [disponibili'ta] *sf* 1. *(di posto, camere)* availability 2. *(di persona)* willingness to help 3. *(di denaro)* liquid assets *pl*

disporre [dis'porre] *vt* to arrange ◆ **disporre di** *v + prep* **1.** *(poter usare)* to have at one's disposal **2.** *(avere)* to have

dispositivo [dispozi'tivo] *sm* device

disposizione [dispozits'tsjone] *sf* **1.** *(di mobili, oggetti)* arrangement **2.** *(comando)* order **3.** *(attitudine)* disposition **4.** DIR provision ◆ **essere a disposizione di qn** to be at sb's disposal ◆ **mettere qc a disposizione di qn** to make sthg available to sb

disposto, a [dis'posto, a] ◇ *pp* ➤ **disporre** ◇ *agg* ◆ **disposto a fare qc** prepared to do sthg

disprezzare [disprets'tsare] *vt* to despise

disprezzo [dis'prɛttso] *sm* contempt

disputa ['disputa] *sf* argument

dissanguare [dissaŋ'gware] *vt (fig) (persona)* to bleed white

disseminare [dissemi'nare] *vt* to spread

dissenso [dis'sɛnso] *sm* **1.** *(disapprovazione)* dissent **2.** *(contrasto)* disagreement

dissenteria [dissente'ria] *sf* dysentery

disservizio [disser'vittsjo] *sm* inefficiency

dissestato, a [disses'tato, a] *agg* uneven

dissidente [dissi'dɛnte] *smf* dissident

dissidio [dis'sidjo] *sm* disagreement

dissimulare [dissimu'lare] *vt* to conceal

dissoluto, a [disso'luto, a] ◇ *pp* ➤ **dissolvere** ◇ *agg* dissolute

dissolvere [dis'solvere] *vt* **1.** *(sciogliere)* to dissolve **2.** *(nebbia, fumo)* to disperse

dissuadere [disswa'dere] *vt* ◆ **dissuadere qn dal fare qc** to dissuade sb from doing sthg

dissuaso, a [dis'swazo, a] *pp* ➤ **dissuadere**

distaccare [distak'kare] *vt* **1.** *(oggetti)* to remove **2.** *(dipendente)* to transfer **3.** SPORT to outdistance ◆ **distaccarsi da** *(fig) (allontanarsi)* to withdraw from

distacco [dis'takko] *(pl* **-chi)** *sm* **1.** separation **2.** *(indifferenza)* detachment

distante [dis'tante] *agg & avv* far away ◆ **distante da** far from

distanza [dis'tantsa] *sf* **1.** distance **2.** *(temporale)* ◆ **a distanza di due mesi** after two months ◆ **tenere le distanze** to keep one's distance

distanziare [distan'tsjare] *vt* **1.** *(separare)* to space out **2.** SPORT to outdistance

distare [dis'tare] *vi* ◆ **quanto dista da qui?** how far is it from here?

distendere [dis'tɛndere] *vt* **1.** *(gamba, mano)* to stretch out **2.** *(telo, coperta)* to spread **3.** *(rilassare)* to relax ◆ **distendersi** *vr* **1.** *(sdraiarsi)* to lie down **2.** *(rilassarsi)* to relax

distesa [dis'tesa] *sf* expanse

disteso, a [dis'teso, a] *pp* ➤ **distendere**

distillare [distil'lare] *vt* to distil

distillato, a [distil'lato, a] ◇ *agg* distilled ◇ *sm (liquore)* distillate

distilleria [distille'ria] *sf* distillery

distinguere [dis'tingwere] *vt* to distinguish

distinta [dis'tinta] *sf* COMM *(in banca)* slip, note

distintivo, a [distin'tivo, a] ◇ *agg* distinctive ◇ *sm* badge

distinto, a [dis'tinto, a] ◇ *pp* ➤ **distinguere** ◇ *agg* **1.** *(diverso)* different **2.** *(immagine)* distinct **3.** *(persona)* distinguished ◆ **Distinti saluti** *(in lettera)* Yours faithfully

distinzione [distin'tsjone] *sf* distinction

distogliere [dis'tɔʎere] *vt* ◆ **distogliere qc da qn** to take sthg away from sb ◆

distogliere qn da qc to deter sb from sthg
distolto, a [dis'tɔlto, a] *pp* ➤ **distogliere**
distorsione [distor'sjone] *sf* **1.** MED sprain **2.** *(di suono, immagine)* distortion
distrarre [dis'trarre] *vt* **1.** to distract **2.** *(divertire)* to amuse ◆ **distrarsi** *vr* **1.** to be distracted **2.** *(divertirsi)* to amuse o.s.
distratto, a [dis'tratto, a] ◇ *pp* ➤ **distrarre** ◇ *agg* **1.** *(sbadato)* absent-minded **2.** *(disattento)* inattentive
distrazione [distrats'tsjone] *sf* **1.** distraction **2.** *(svago)* amusement
distretto [dis'tretto] *sm* district
distribuire [distribu'ire] *vt* **1.** *(assegnare compiti)* to allocate **2.** *(posta, giornali)* to distribute
distributore [distribu'tore] *sm* ● **distributore automatico** vending machine
distributore (di benzina) petrol pump (UK), gasoline pump (US)
distribuzione [distributs'tsjone] *sf* **1.** distribution **2.** *(ripartizione)* allocation
distruggere [dis'trudʒ dʒere] *vt* to destroy
distrutto, a [dis'trutto, a] ◇ *pp* ➤ **distruggere** ◇ *agg* shattered
distruzione [distruts'tsjone] *sf* destruction
disturbare [distur'bare] *vt* to disturb ▼ **non disturbare il conducente** do not distract the driver ◆ **disturbarsi** *vr* to bother
disturbo [dis'turbo] *sm* **1.** *(fastidio)* bother **2.** *(malessere)* disorder **3.** *(di comunicazione)* interference
disubbidiente [dizubbi'djɛnte] *agg* disobedient
disubbidire [dizubbi'dire] *vi* ● **disubbidire (a qn)** to disobey (sb)

disumano, a [dizu'mano, a] *agg* inhuman
disuso [di'zuzo] *sm* ● **in disuso** obsolete
ditale [di'tale] *sm* thimble
dito ['dito] *(fpl* **dita)** *sm* **1.** finger **2.** *(misura)* drop ● **dito (del piede)** toe
ditta ['ditta] *sf* company, firm
dittatura [ditta'tura] *sf* dictatorship
dittongo [dit'tongo] *(pl* **-ghi)** *sm* diphthong
diurno, a [di'urno, a] *agg* daytime *(dav s)*
diva ['diva] ➤ **divo**
divampare [divam'pare] *vi* to flare up
divano [di'vano] *sm* sofa ● **divano letto** sofa-bed
divaricare [divari'kare] *vt* to open wide
divenire [dive'nire] *vi* to become
diventare [diven'tare] *vi* to become ● **diventare rosso** *(persona)* to go red
diversificare [diversifi'kare] *vt* to diversify
diversità [diversi'ta] *sf inv* **1.** diversity **2.** *(l'esser diverso)* difference
diversivo [diver'sivo] *sm* diversion
diverso, a [di'verso, a] *agg* different ● **diverso da** different from ● **diversi, diverse** various, several ◆ **diversi** *pron pl* **1.** several **2.** *(varie persone)* several (people)
divertente [diver'tente] *agg* amusing
divertimento [diverti'mento] *sm* amusement
divertire [diver'tire] *vt* to amuse ◆ **divertirsi** *vr* to enjoy o.s.
dividere [di'videre] *vt* **1.** to divide **2.** *(spartire)* to share out **3.** *(separare)* to separate **4.** *(condividere)* to share ◆ **dividersi** *vr* **1.** *(ripartirsi)* to split up **2.**

(coppia) to separate

divieto [di'vjɛto] *sm* prohibition ▼ divieto di sosta no waiting ▼ divieto di transito no thoroughfare

divinità [divini'ta] *sf inv* divinity

divino, a [di'vino, a] *agg* divine

divisa [di'viza] *sf* uniform

divisione [divi'zjone] *sf* division

diviso, a [di'vizo, a] *pp* ➤ **dividere**

divisorio, a *agg* dividing

divo, a ['divo, a] *sm,f* star

divorare [divo'rare] *vt* to devour

divorziare [divor'tsjare] *vi* to divorce

divorziato, a [divor'tsjato, a] ◇ *agg* divorced ◇ *sm,f* divorced person

divorzio [di'vortsjo] *sm* divorce

divulgare [divul'gare] *vt* 1. *(notizia)* to divulge 2. *(scienza, dottrina)* to popularize ◆ **divulgarsi** *vr* to spread

dizionario [ditsjo'narjo] *sm* dictionary

DJ [di:'dʒei] *smf* (abbr di **disc-jockey**) DJ

DNA *sm* (abbr di **deoxyribonucleic acid**) DNA

do [dɔ] *sm inv* (nota musicale) C

DOC [dɔk] (abbr di **Denominazione di Origine Controllata**) *label guaranteeing the quality of an Italian wine*

doccia ['dottʃa] (*pl* **-ce**) *sf* shower ◆ fare la doccia to have o to take a shower

docente [do'tʃɛnte] ◇ *agg* teaching ◇ *smf* 1. teacher 2. *(di università)* lecturer

docile ['dɔtʃile] *agg* (animale) docile

documentare [dokumen'tare] *vt* to document ◆ **documentarsi** *vr* to gather information

documentario [dokumen'tarjo] *sm* documentary

documento [doku'mento] *sm* document ◆ **documenti** *smpl* documents

dodicesimo, a [dodi'tʃezimo] *num* twelfth ➤ **sesto**

dodici ['doditʃi] *num* twelve ➤ **sei**

dogana [do'gana] *sf* customs *pl* ● passare la dogana to go through customs

doganale [doga'nale] *agg* customs *(davs)*

doganiere [doga'njɛre] *sm* customs officer

dolce ['doltʃe] ◇ *agg* 1. sweet 2. *(persona, carattere)* gentle 3. *(suono, musica, voce)* soft ◇ *sm* 1. *(torta)* cake 2. *(portata)* dessert

dolcezza [dol'tʃettsa] *sf* sweetness

dolcificante [doltʃifi'kante] *sm* sweetener

dolciumi [dol'tʃumi] *smpl* confectionery *sg*

dolere [do'lere] *vi* to hurt ◆ **dolersi di** 1. *(essere spiacente di)* to regret 2. *(lamentarsi di)* to complain of

dollaro ['dɔllaro] *sm* dollar

dolo ['dɔlo] *sm* DIR malice

Dolomiti [dolo'miti] *sfpl* ● le Dolomiti the Dolomites

dolore [do'lore] *sm* 1. *(fisico)* pain 2. *(morale)* sorrow

doloroso, a [dolo'roso, a] *agg* 1. *(intervento)* painful 2. *(situazione)* distressing

domanda [do'manda] *sf* 1. *(per sapere)* question 2. *(per ottenere)* request 3. COMM demand ● fare una domanda a qn to ask sb a question ◆ fare domanda to apply

domandare [doman'dare] *vt* 1. *(per sapere)* to ask 2. *(per ottenere)* to ask for ◆ **domandare qc a qn** to ask sb sthg ◆ **domandarsi** *vr* to wonder

domani [da'mani] ◇ *avv* tomorrow ◇ *sm* *(giorno seguente)* tomorrow ● **a domani!** see you tomorrow! ● **domani l'altro** the day after tomorrow ● **il domani** the future ● **domani mattina** tomorrow morning ● **domani sera** tomorrow evening

domare [do'mare] *vt* 1. *(animale)* to tame 2. *(rivolta)* to put down 3. *(incendio)* to control

domattina [domat'tina] *avv* tomorrow morning

domenica [do'menika] *(pl* **-che)** *sf* Sunday ➤ **sabato**

domestico, a, ci, che [do'mestiko, tʃi, ke] *agg* & *sm,f* domestic

domicilio [domi'tʃiljo] *sm* domicile ● **a domicilio** home *(dav s)*

dominante [domi'nante] *agg* dominant

dominare [domi'nare] *vt* 1. to dominate 2. *(paese, popolo)* to rule 3. *(situazione, impulso)* to control ◆ **dominarsi** *vr* to control o.s.

dominio [do'minjo] *sm* 1. *(potere)* power 2. *(controllo)* control 3. *(territorio)* dominion ● **essere di dominio pubblico** to be common knowledge

domino ['dɔmino] *sm* dominoes *pl*

donare [do'nare] ◇ *vt* to give ◇ *vi* ● **questo colore ti dona** this colour suits you ● **donare il sangue** to give blood

donatore, trice [dona'tore, 'tritʃe] *sm,f* 1. giver 2. *(di sangue, organi)* donor

dondolare [dondo'lare] ◇ *vt* to rock ◇ *vi* to sway ◆ **dondolarsi** *vr* to sway

dondolo ['dondolo] *sm* swing hammock ● **cavallo/sedia a dondolo** rocking horse/chair

donna ['dɔnna] *sf* 1. woman 2. *(nelle carte)* queen ● **donna di servizio** maid

dono ['dono] *sm* gift

doping ['dɔpiŋg] *sm* doping

dopo ['dopo] ◇ *avv* 1. afterwards 2. *(più tardi)* later 3. *(nello spazio)* after ◇ *prep* 1. *(di tempo)* after 2. *(di luogo)* past, after ◇ *agg inv* after ◇ *cong* ● **dopo aver fatto qc** after doing sthg ● **il giorno dopo** the following day ● **un giorno dopo a day later** ● **a dopo!** see you later! ● **dopo di me** after me

dopobarba [dopo'barba] *sm inv* aftershave

dopodiché [dopodi'ke] *avv* after which

dopodomani [dopodo'mani] *avv* the day after tomorrow

dopoguerra [dopo'gwɛrra] *sm* post-war period

dopopranzo [dopo'prandzo] *avv* in the early afternoon

doposci [dopoʃʃi] *sm inv* après-ski

doposcuola [dopos'kwɔla] *sm inv* supervised after-school activities

dopotutto [dopo'tutto] *avv* after all

doppiaggio [dop'pjaddʒo] *sm* dubbing

doppiare [dop'pjare] *vt* 1. *(film)* to dub 2. SPORT to lap 3. NAUT to round

doppiato, a [dop'pjato, a] *agg* dubbed

doppio, a ['doppjo, a] ◇ *agg* & *avv* double ◇ *sm* SPORT doubles ● **ho il doppio di me** *(quantità)* he has twice as much as me; *(numero)* he has twice as many as me

doppione [dop'pjone] *sm* duplicate

doppiopetto [dop'pjopetto] *sm* double-breasted jacket

dorato, a [do'rato, a] *agg* 1. *(di colore)* golden 2. *(ricoperto d'oro)* gilt

dormiglione, a [dormiʎ'ʎone] *sm,f*

sleepyhead
dormire [dor'mire] *vi* to sleep
dormitorio [dormi'tɔrjo] *sm* dormitory
dorso ['dorso] *sm* 1. back 2. (*di libro*) spine
dosaggio [do'zaddʒo] *sm* dosage
dosare [do'zare] *vt* 1. to measure out 2. MED to dose
dose ['doze] *sf* 1. amount 2. MED dose
dosso ['dɔsso] *sm* bump ● **togliersi** o **levarsi qc di dosso** to take sthg off
dotare [do'tare] *vt* ● **dotare qc di qc** to equip sthg with sthg
dotato, a [do'tato, a] *agg* gifted
dote ['dɔte] *sf* 1. (*qualità*) gift 2. (*di sposa*) dowry
Dott. (*abbr di* dottore) Dr.
dottorato [dotto'rato] *sm* doctorate
dottore, essa [dot'tore, essa] *sm,f* 1. (*medico*) doctor 2. (*laureato*) graduate
dottrina [dot'trina] *sf* doctrine
Dott.ssa (*abbr di* dottoressa) Dr.
dove ['dove] *avv* where ● **da dove vieni?** where do you come from? ● **di dove sei?** where are you from? ● **dov'è?** where is it? ● **dove vai?** where are you going? ● **siediti dove vuoi** sit wherever you like
dovere [do'vere]
◇ *vt* 1. (*essere debitore di*) ● **dovere qc a qn** to owe sb sthg ● **gli devo dei soldi/un favore** I owe him some money/a favour ● **quanto le devo?** (*in negozio*) how much does it come to? 2. (*aver l'obbligo di*) ● **dovere fare qc** to have to do sthg ● **comportarsi come si deve** to behave o.s. properly ● **ora devo andare** I have to o must go now 3. (*aver bisogno di*) ● **dovere fare qc** to have to do sthg

● **devo dormire almeno otto ore** I need at least eight hours' sleep ● **devi sapere che ...** you should know that ... 4. (*esprime un rimprovero*) ● **avreste dovuto pensarci prima** you should have thought of it earlier ● **avrei dovuto saperlo** I should have known 5. (*per suggerire*) ● **dovrebbe prendersi delle vacanze** he should o ought to take a holiday 6. (*esprime probabilità*) ● **devono essere già le sette** it must be seven o'clock already ● **il tempo dovrebbe rimettersi** the weather should improve 7. (*esprime intenzione*) ● **dovevamo partire ieri, ma ...** we were due to leave yesterday, but ...
◇ *sm* duty ● **avere dei doveri verso qn** to have a duty to sb
dovunque [do'vunkwe] *avv* 1. (*in qualunque luogo*) wherever 2. (*dappertutto*) everywhere
dovuto, a [do'vuto, a] *agg* ● **dovuto a** due to
dozzina [dodz'dzina] *sf* dozen ● **una dozzina di rose** a dozen roses
drago ['drago] (*pl* **-ghi**) *sm* dragon
dramma ['dramma] (*pl* **-i**) *sm* drama
drammatico, a, ci, che [dram'matiko, a, tʃi, ke] *agg* dramatic
drastico, a, ci, che ['drastiko, a, tʃi, ke] *agg* drastic
drenaggio [dre'naddʒo] *sm* 1. (*di terreno*) drainage 2. MED drain
drenare [dre'nare] *vt* to drain
dritto, a [dritto, a] *agg & avv* = diritto
drizzare [drits'tsare] *vt* (*raddrizzare*) to straighten ● **drizzare le orecchie** to prick up one's ears ◆ **drizzarsi** *vr* ● **drizzarsi (in piedi)** to stand up

droga ['drɔga] (*pl* **-ghe**) *sf* drug

drogare [dro'gare] *vt* to drug ◆ **drogarsi** *vr* to take drugs

drogato, a [dro'gato, a] *sm,f* drug addict

drogheria [droge'ria] *sf* grocer's

droghiere [dro'gjɛre] *sm* grocer

dromedario [drome'darjo] *sm* dromedary

dubbio, a ['dubbjo, a] ◇ *agg* **1.** (*incerto*) doubtful **2.** (*equivoco*) questionable ◇ *sm* doubt ● **ho il dubbio che menta** I suspect that he's lying ● **essere in dubbio** to be in doubt ● **mettere in dubbio qc** to question sthg ● **senza dubbio** without a doubt

dubbioso, a [dub'bjoso] *agg* uncertain

dubitare [dubi'tare] ◆ **dubitare di** *v* + *prep* to doubt; (*mettere in discussione*) to question ● **dubito che venga** I doubt whether he'll come

duca, chi ['duka, ki] *sm* duke

duchessa [du'kessa] *sf* duchess

due ['due] *num* two ➢ **sei**

duecento [due'tʃɛnto] *num* two hundred ➢ **sei** ● **Duecento** *sm* ● **il Duecento** the thirteenth century

duemila [due'mila] *num* two thousand ● **il Duemila** *sm* the year two thousand ➢ **sei**

duepezzi [due'pɛttsi] *sm inv* **1.** (*bikini*) bikini **2.** (*abito*) two-piece suit

duna ['duna] *sf* dune

dunque ['dunkwe] ◇ *cong* **1.** (*perciò*) so **2.** (*allora*) well ◇ *sm* ● **venire al dunque** to get to the point

duo ['duo] *sm inv* **1.** *MUS* duet, duo **2.** (*comici, attori*) duo

duomo ['dwɔmo] *sm* cathedral

duplicato [dupli'kato] *sm* duplicate

duplice ['duplitʃe] *agg* double ● **in duplice copia** in duplicate

durante [du'rante] *prep* during

durare [du'rare] ◇ *vi* to last ◇ *vt* to last

durare fatica (a fare qc) to tire o.s. out (doing sthg)

durata [du'rata] *sf* (*periodo*) duration

durezza [du'rettsa] *sf* **1.** (*di materiale*) hardness **2.** (*insensibilità*) severity

duro, a ['duro, a] ◇ *agg* **1.** hard **2.** (*carne*) tough **3.** (*ostinato*) stubborn **4.** (*severo*) harsh ◇ *sm,f* tough person ● **tieni duro!** don't give in!

durone [du'rone] *sm* callus

DVD ['di'vi'di] *m inv* (*abbr di* **Digital Video Disc**) DVD

eE

e [e] *cong* and ● **e io?** what about me? ● **e vacci!** well then, go!

E [e] (*abbr di* **est**) E

è [ɛ] → **essere**

ebano ['ɛbano] *sm* ebony

ebbene [eb'bɛne] *cong* (*allora*) well

ebbrezza [eb'brettsa] *sf* (*ubriachezza*) ● **in stato di ebbrezza** drunk

ebete ['ɛbete] *agg* idiotic

ebollizione [ebollit'tsjone] *sf* boiling

ebraico, a, ci, che [e'brajko, a, tʃi, ke] *agg & sm* Hebrew

ebreo, a [e'brɛo, a] ◇ *agg* Jewish ◇ *sm,f* Jew

ecc. (*abbr di* **eccetera**) etc.

eccedenza [ettʃe'dentsa] *sf* excess

eccedere [etʃ'tʃɛdere] *vt* to exceed ◆ **eccedere in** *v* + *prep* ◆ **eccedere nel bere/mangiare** to drink/eat too much

eccellente [etʃtʃel'lɛnte] *agg* excellent

eccellenza [etʃtʃel'lɛntsa] *sf* 1. excellence 2. *(titolo)* Excellency

eccellere [etʃ'tʃɛllere] *vi* ◆ **eccellere (in qc)** to excel (at sthg)

eccelso [etʃ'tʃɛlso] *pp* ➢ **eccellere**

eccentrico, a, ci, che [etʃ'tʃɛntriko, a, tʃi, ke] *agg* eccentric

eccessivo, a [etʃtʃes'sivo, a] *agg* excessive

eccesso [etʃ'tʃɛsso] *sm* excess ◆ **eccesso di velocità** speeding ◆ **all'eccesso** excessively ◆ **bagaglio in eccesso** excess baggage

eccetera [etʃ'tʃɛtera] *avv* etcetera

eccetto [etʃ'tʃɛtto] ◇ *prep* except ◇ *cong* ◆ **eccetto che** unless

eccettuare [etʃtʃettu'are] *vt* to except

eccezionale [etʃtʃetsjo'nale] *agg* exceptional

eccezione [etʃtʃets'tsjone] *sf* exception ◆ **a eccezione di** with the exception of ◆ **d'eccezione** exceptional ◆ **senza eccezione** without exception

eccidio [etʃ'tʃidjo] *sm* massacre

eccitante [etʃtʃi'tante] *agg* 1. *(stimolante)* stimulating 2. *(provocante)* exciting

eccitare [etʃtʃi'tare] *vt (curiosità)* to arouse ◆ **eccitarsi** *vr* 1. to get excited 2. *(sessualmente)* to become aroused

eccitazione [etʃtʃitats'tsjone] *sf* excitement

ecclesiastico, a, ci, che [ekkle'zjastiko, a, tʃi, ke] ◇ *agg* ecclesiastical ◇ *sm* ecclesiastic

ecco ['ɛkko] *avv* here is ◆ **ecco a lei** here you are ◆ **ecco fatto!** there, that's

that! ◆ **eccolo!** there he is! ◆ **eccone uno!** there's one!

eccome [ek'kome] *avv* you bet!

eclissi [e'klissi] *sf inv* eclipse

eco ['ɛko] *(mpl* **echi)** *sf* echo

ecologia [ekolo'dʒia] *sf* ecology

ecologico, a, ci, che [eko'lɔdʒiko, a, tʃi, ke] *agg* ecological

e-commercio [ikom'mɛrtʃo] *sm* e-commerce

economia [ekono'mia] *sf* 1. economy 2. *(scienza)* economics *sg* ◆ **fare economia** to economize

economico, a, ci, che [eko'nɔmiko, a, tʃi, ke] *agg* 1. *(dell'economia)* economic 2. *(poco costoso)* economical

economista, i, e [ekono'mista] *smf* economist

ecosistema [ekosis'tɛma] *(pl* **-i)** *sm* ecosystem

Ecstasy [ek'stazi] *sfinv* Ecstasy

eczema [ek'dʒɛma] *sm* eczema

ed [ed] ➢ **e**

edera [e'dera] *sf* ivy

edicola [e'dikola] *sf* newsstand

edificare [edifi'kare] *vt* to build

edificio [edi'fitʃo] *sm* building

edile [e'dile] *agg* building *(dav s)*

Edimburgo [edim'burgo] *sf* Edinburgh

editore, trice [edi'tore, 'tritʃe] ◇ *agg* publishing *(dav s)* ◇ *sm* publisher

editoria [edito'ria] *sf* publishing (industry)

editoriale [edito'rjale] ◇ *agg* editorial ◇ *sm* editorial

edizione [edits'tsjone] *sf* edition ◆ **edizione speciale** special edition

educare [edu'kare] *vt* 1. *(formare)* to educate 2. *(bambino)* to bring up

educato, a [edu'kato, a] *agg* polite

educazione [edukats'tsjone] *sf* **1.** *(maniere)* (good) manners *pl* **2.** *(formazione)* training ● **educazione fisica** physical education

effeminato [effemi'nato] *agg* effeminate

effervescente [efferveʃ'ʃɛnte] *agg* effervescent

effettivamente [effettiva'mente] *avv* in fact

effettivo, a [effet'tivo, a] *agg* actual, real

effetto [ef'fetto] *sm* effect ● **in effetti** in fact, actually

effettuare [effettu'are] *vt* to carry out

efficace [effi'katʃe] *agg* effective

efficacia [effi'katʃa] *sf* effectiveness

efficiente [effi'tʃɛnte] *agg* efficient

efficienza [effi'tʃɛntsa] *sf* efficiency

effimero, a [ef'fimero, a] *agg (gioia, successo)* short-lived

Egitto [e'dʒitto] *sm* ● **l'Egitto** Egypt

egiziano, a [edʒits'tsjano, a] ◇ *agg* Egyptian ◇ *sm,f (abitante)* Egyptian

egli [ˈeʎʎi] *pron* he ● **egli stesso** he himself

egocentrico, a, ci, che [ego'tʃɛntriko, a, tʃi, ke] *agg* egocentric

egoismo [ego'izmo] *sm* selfishness

egoista, i, e [ego'ista, i, e] *agg* selfish

egr. *(abbr di egregio)* ≃ Dear *(in formal letters)*

egregio, a, gi, gie [e'grɛdʒo, a, dʒi, dʒe] *agg (nelle lettere)* ● **Egregio Signore** Dear Sir

eguagliare [egwaʎ'ʎare] = **uguagliare**

ehi [ˈei] *escl* hey!

E.I. *abbr* = **Esercito Italiano**

elaborare [elabo'rare] *vt* **1.** *(progetto, piano)* to work out **2.** *(con computer)* to

process

elaborato, a [elabo'rato, a] *agg* elaborate

elaboratore [elabora'tore] *sm* ● **elaboratore (elettronico)** computer

elaborazione [elaborats'tsjone] *sf* ● **elaborazione dei dati** data processing

elasticità [elastitʃi'ta] *sf* **1.** elasticity **2.** *(di mente)* flexibility

elasticizzato, a [elastitʃidz'dzato] *agg* stretch *(dav s)*

elastico, a, ci, che [e'lastiko, a, tʃi, ke] ◇ *agg* **1.** elastic **2.** *(mente)* flexible ◇ *sm* **1.** *(gommino)* rubber band **2.** *(da cucito)* elastic

Elba [ˈelba] *sf* ● **l'(isola d')Elba** Elba

elefante, tessa [ele'fante, tessa] *sm* elephant

elegante [ele'gante] *agg* elegant

eleganza [ele'gantsa] *sf* elegance

eleggere [e'lɛdʒdʒere] *vt* to elect

elementare [elemen'tare] *agg* elementary ● **elementari** *sfpl* ● **le (scuole) elementari** primary school *sg (UK)*, grade school *sg (US)*

elemento [ele'mento] *sm* **1.** *(fattore)* element **2.** *(di cucina)* unit **3.** *(persona)* individual

elemosina [ele'mɔzina] *sf* alms *pl* ● **chiedere l'elemosina** to beg

elencare [elen'kare] *vt* to list

elenco, chi [e'lɛnko] *sm (pl -chi)* list ● **elenco telefonico** telephone directory

eletto, a [e'lɛtto, a] *pp* ≈ **eleggere**

elettorale [eletto'rale] *agg* electoral

elettore, trice [elet'tore, 'tritʃe] *sm,f* voter

elettrauto [elet'trawto] *sm inv* **1.** *(officina)* workshop for electrical repairs on cars **2.** *(persona)* car electrician

elettricista [elettri'tʃista, i, e] *(pl* **-i)** *sm* electrician

elettricità [elettritʃi'ta] *sf* electricity

elettrico, a, ci, che [e'lɛttriko, a, tʃi, ke] *agg* electric

elettrocardiogramma [elettrokardjo-'gramma] *(pl* **-i)** *sm* MED electrocardiogram

elettrodomestico [elettrodo'mɛstiko] *(pl* **-ci)** *sm* electrical household appliance

elettroencefalogramma [elettroentʃefalo'gramma] *(pl* **-i)** *sm* MED electroencephalogram

elettronico, a, ci, che [elet'trɔniko, a, tʃi, ke] *agg* electronic

elezione [elets'tsjone] *sf* election

elica ['elika] *(pl* **-che)** *sf* propeller

elicottero [eli'kɔttero] *sm* helicopter

eliminare [elimi'nare] *vt* to eliminate

eliminatoria [elimina'tɔrja] *sf* qualifying round

ella ['ella] *pron* she

elmetto [el'metto] *sm* helmet

elogio [e'lɔdʒo] *sm* praise

eloquente [elo'kwɛnte] *agg* eloquent

eludere [e'ludere] *vt* to evade

elusivo, a [elu'zivo, a] *agg* elusive

elvetico, a, ci, che [el'vetiko, a, tʃi, ke] *agg* Swiss

emaciato, a [ema'tʃato, a] *agg* emaciated

e-mail [i'meil] *sf inv* e-mail

e-mail

Per i messaggi formali di posta elettronica valgono le stesse regole delle lettere. Inoltre, se non si conosce personalmente il destinatario, è possibile usare il nome e cognome: *Dear Julie Barker*. Per amici e conoscenti si può usare *Dear* o *Hi* seguito dal nome, mentre tra colleghi si usa spesso solo il nome. Usando la funzione 'rispondi' si può omettere l'intestazione. Per terminare una e-mail ad un destinatario sconosciuto si può usare la frase *I look forward to hearing from you* seguita da *Best wishes, Kind regards* o *Best regards* e dal nome del mittente. Per le e-mail dirette ad amici non ci sono convenzioni e si possono concludere con: *Take care love, Jane* o *See you Friday, lots of love, Mark*.

emanare [ema'nare] *vt* **1.** *(luce)* to send out **2.** *(calore)* to give off **3.** *(legge)* to issue

emancipato, a [emantʃi'pato, a] *agg* emancipated

emarginato, a [emardʒi'nato, a] *sm,f* social outcast

emarginazione [emardʒinats'tsjone] *sf (esclusione)* marginalization

ematoma [ema'tɔma] *(pl* **-i)** *sm* haematoma

emblema [em'blɛma] *(pl* **-i)** *sm* emblem

L'emblema della Repubblica Italiana

The symbol of the Italian Republic consists of a star (representing Italy) on top of a cog (symbolizing work), with an olive branch (symbolizing peace) on one side and an oak branch (symbolizing strength and dignity) on the other, tied together by a scroll bearing the words *Repubblica Italiana*.

embolìa [embo'lia] *sf MED* embolism

embrione [embri'one] *sm* embryo

emergenza [emer'dʒɛntsa] *sf* emergency

emergere [e'mɛrdʒere] *vi* to emerge

emerso, a [e'mɛrso, a] *pp* ➤ **emergere**

emicrania [emi'kranja] *sf* migraine

emigrante [emi'grante] *smf* emigrant

emigrare [emi'grare] *vi* **1.** *(persona)* to emigrate **2.** *(animale)* to migrate

emiliano, a [emi'ljano, a] ◇ *agg* Emilian ◇ *sm,f* **1.** *(abitante)* Emilian **2.** *(dialetto)* Emilian

Emilia Romagna [e'milja ro'maɲɲa] *sf* • **l'Emilia Romagna** Emilia Romagna *(region in eastern central Italy)*

emisfero [emis'fɛro] *sm* hemisphere

emittente [emit'tɛnte] *sf* broadcasting station

emorragìa [emorra'dʒia] *sf* hemorrhage

emozionante [emotstsjo'nante] *agg* thrilling

emozione [emots'tsjone] *sf* emotion

emulsione [emul'sjone] *sf* emulsion

enciclopedìa [entʃiklope'dia] *sf* encyclopedia

ENEL ['ɛnel] *abbr Italian national electricity company*

energìa [ener'dʒia] *sf* energy • **energìa elettrica** electrical energy

energico, a, ci, che [e'nɛrdʒiko] *agg* energetic

enfasi ['ɛnfazi] *sf inv* emphasis

enigma [e'nigma] *(pl* -**i**) *sm* enigma

ennesimo, a [en'nɛzimo, a] *agg* umpteenth

enorme [e'nɔrme] *agg* enormous

enotèca [eno'tɛka] *(pl* -**che**) *sf* **1.** *(negozio)* vintage wine store **2.** *(bar)* wine bar

ente ['ɛnte] *sm* body, organization

entrambi, e [en'trambi, e] ◇ *pron pl* both (of them) ◇ *agg pl* • **entrambe le città** both towns

entrare [en'trare] *vi* to enter, to go in • **entrare in qc** *(trovar posto)* to fit into sthg; *(essere ammesso)* to join sthg • **entra!** come in! • **questo non c'entra niente** that has nothing to do with it • **entrare in una stanza** to enter a room • **entrare in guerra** to go to war • **far entrare qn** to let sb in

entrata [en'trata] *sf* entrance ▼ **entrata libera** *(in museo)* admission free; *(in negozio)* browsers welcome • **entrate** *sfpl* **1.** *(incasso)* takings **2.** *(guadagno)* income *sg*

entro ['entro] *prep* **1.** *(periodo)* in, within **2.** *(scadenza)* by

entusiasmare [entuzjaz'mare] *vt* to enthral • **entusiasmarsi** *vr* • **entusiasmarsi (per)** to get excited (about)

entusiasmo [entu'zjazmo] *sm* enthusiasm

entusiasta, i, e [entu'zjasta, i, e] *agg* enthusiastic

enunciare [enun'tʃare] *vt* to enunciate

Eolie [e'ɔlje] *sfpl* • **le (isole) Eolie** the Aeolian Islands

epatite [epa'tite] *sf* hepatitis

epidemìa [epide'mia] *sf* epidemic

epidermide [epi'dɛrmide] *sf* epidermis

Epifanìa [epifa'nia] *sf* • **l'Epifanìa** the Epiphany

epilessìa [epiles'sia] *sf* epilepsy

episodio [epi'zɔːljo] *sm* episode

epoca ['epoka] *(pl* **-che)** *sf* **1.** *(era, età)* age **2.** *(tempo)* time ● **d'epoca** *(mobile, costume)* period *(dav s)*

eppure [ep'pure] *cong* and yet, nevertheless

equatore [ekwa'tore] *sm* equator

equazione [ekwats'tsjone] *sf* equation

equestre [e'kwɛstre] *agg* equestrian

equilibrare [ekwili'brare] *vt* to balance

equilibrato, a [ekwili'brato, a] *agg* **1.** *(proporzionato)* balanced **2.** *(persona)* well-balanced

equilibrio [ekwi'librjo] *sm* **1.** *(stabilità)* balance **2.** *(posizione, stato)* equilibrium ● **perdere l'equilibrio** to lose one's balance

equino, a [e'kwino, a] *agg* equine, horse *(dav s)*

equipaggiamento [ekwipadʒdʒa'mento] *sm* **1.** *(di nave, aereo)* fitting out **2.** *(sportivo)* equipment

equipaggio [ekwi'padʒdʒo] *sm* crew

equitazione [ekwitats'tsjone] *sf* horse riding

equivalente [ekwiva'lɛnte] *agg* & *sm* equivalent

equivalere [ekwiva'lere] ● **equivalere a** *v + prep* to be equivalent to

equivalso, a [ekwi'valso, a] *pp* ➤ **equivalere**

equivoco, a, ci, che [e'kwivoko, a, tʃi, ke] ◇ *agg* **1.** *(ambiguo)* equivocal **2.** *(poco onesto)* dubious ◇ *sm* misunderstanding

era ['ɛra] *sf* age

erba ['ɛrba] *sf* **1.** *(prato)* grass **2.** *(pianta)* herb ● **erbe aromatiche** herbs

erbazzone [erbats'tsone] *sm* spinach and Parmesan cheese tart topped with bacon

and parsley *(a speciality of Emilia Romagna)*

erboristeria [erboriste'ria] *sf* herbalist's

erede [e'rede] *smf* heir *(f* heiress)

eredità [eredi'ta] *sf inv* **1.** inheritance **2.** *(biologica)* heredity ● **lasciare qc in eredità (a qn)** to bequeath sthg *(to sb)*

ereditare [eredi'tare] *vt* to inherit

ereditario, a [eredi'tarjo, a] *agg* hereditary

eremo ['ɛremo] *sm* *(luogo isolato)* retreat

eresia [ere'zia] *sf* heresy

eretico, a, ci, che [e'rɛtiko, a, tʃi, ke] *sm,f* heretic

eretto, a [e'rɛtto, a] ◇ *pp* ➤ **erigere** ◇ *agg* erect

ergastolo [er'gastolo] *sm* life imprisonment

erigere [e'ridʒere] *vt* to erect

ernia ['ɛrnja] *sf* hernia

ero ['ɛro] ➤ **essere**

eroe, eroina [e'rɛː] *sm,f* hero *(f* heroine)

erogare [ero'gare] *vt* to supply

eroico, a, ci, che [e'rɔjko, a, tʃi, ke] *agg* heroic

eroina [ero'ina] *sf* *(droga)* heroin ➤ **eroe**

erosione [ero'zjone] *sf* erosion

erotico, a, ci, che [e'rɔtiko, a, tʃi, ke] *agg* erotic

errare [er'rare] *vi* **1.** *(vagare)* to wander **2.** *(sbagliare)* to be mistaken

errore [er'rore] *sm* **1.** *(di ortografia, calcolo)* mistake **2.** *(colpa)* error ● **per errore** by mistake

erta ['ɛrta] *sf* ● **stare all'erta** to be on the alert

eruzione [eruts'tsjone] *sf* **1.** *(di vulcano)* eruption **2.** *MED* rash

esagerare [ezadʒe'rare] *vt* & *vi* to exaggerate

esagerato, a [ezadʒeˈrato, a] *agg* excessive

esalazione [ezalatsˈtsjone] *sf* exhalation

esaltare [ezalˈtare] *vt* **1.** *(lodare)* to extol **2.** *(entusiasmare)* to excite

esame [eˈzame] *sm* examination ● **fare o dare un esame** to take an exam ● **esame del sangue** blood test

esaminare [ezamiˈnare] *vt* **1.** *(analizzare)* to examine **2.** *(candidato)* to interview

esattamente [ezattaˈmente] *avv* & *esclam* exactly

esattezza [ezatˈtetstsa] *sf* accuracy

esatto, a [eˈzatto, a] ◇ *agg* **1.** *(giusto)* correct **2.** *(preciso)* exact ◇ *esclam* exactly!

esattore [ezatˈtore] *sm* collector

esauriente [ezawrˈjɛnte] *agg* exhaustive

esaurimento [ezawriˈmento] *sm* exhaustion ● **esaurimento (nervoso)** nervous breakdown

esaurire [ezawˈrire] *vt* to exhaust ◆ **esaurirsi** *vr* **1.** *(merce)* to run out **2.** *(persona)* to wear o.s. out

esaurito, a [ezawˈrito, a] *agg* **1.** *(provviste, pozzo)* exhausted **2.** *(merce)* sold out **3.** *(persona)* worn out ▼ **tutto esaurito** sold out

esausto, a [eˈzawsto, a] *agg* worn out

esca [ˈeska] *(pl* **esche)** *sf* bait

escandescenza [eskandeʃˈʃɛntsa] *sf* ● **dare in escandescenze** to lose one's temper

eschimese [eskiˈmese] *smf* Eskimo

esclamare [esklaˈmare] *vi* to exclaim

esclamazione [esklamatsˈtsjone] *sf* exclamation

escludere [esˈkludere] *vt* to exclude

esclusiva [eskluˈziva] *sf* **1.** *(di notizia)* scoop **2.** DIR exclusive rights *pl*

esclusivo, a [eskluˈzivo, a] *agg* exclusive

escluso, a [esˈkluzo, a] *pp* ➤ **escludere**

esco [ˈesko] ➤ **uscire**

escogitare [eskodʒiˈtare] *vt* to come up with

escursione [eskurˈsjone] *sf* excursion ● **escursione termica** temperature range

esecutivo, a [ezekuˈtivo, a] *agg* & *sm* executive

esecuzione [ezekutsˈtsjone] *sf* **1.** execution **2.** *(di concerto)* performance

eseguire [ezeˈgwire] *vt* **1.** to carry out **2.** *(in musica)* to perform

esempio [eˈzɛmpjo] *sm* example ● **ad o per esempio** for example ● **fare un esempio** to give an example

esentare [ezenˈtare] *vt* ● **esentare qn/qc da qc** to exempt sb/sthg from sthg

esente [eˈzɛnte] *agg* ● **esente da** *(esonerato da)* exempt from; *(libero da)* free from

esequie [eˈzɛkwje] *sfpl* funeral rites

esercitare [ezertʃiˈtare] *vt* **1.** to exercise **2.** *(professione)* to practise ◆ **esercitarsi** *vr* to practise

esercito [eˈzɛrtʃito] *sm* army

esercizio [ezerˈtʃitstsjo] *sm* **1.** exercise **2.** *(di professione)* practice **3.** *(azienda, negozio)* business ● **essere fuori esercizio** to be out of practice

esibire [eziˈbire] *vt* to show ◆ **esibirsi** *vr* to perform

esigente [eziˈdʒɛnte] *agg* demanding

esigenza [eziˈdʒɛntsa] *sf* **1.** *(bisogno)* requirement **2.** *(pretesa)* demand

esigere [eˈzidʒere] *vt* **1.** *(pretendere)* to demand **2.** *(richiedere)* to require **3.**

(riscuotere) to collect

esile ['ezile] *agg* **1.** *(sottile)* thin **2.** *(persona)* slim

esilio [e'ziljo] *sm* exile

esistente [ezis'tɛnte] *agg* existing

esistenza [ezis'tɛntsa] *sf* existence

esistere [e'zistere] *vi* to exist

esitare [ezi'tare] *vi* to hesitate

esitazione [ezitats'tsjone] *sf* hesitation

esito ['ezito] *sm* outcome

esorbitante [ezorbi'tante] *agg* exorbitant

esorcismo [ezor'tʃizmo] *sm* exorcism

esordio [e'zɔrdjo] *sm* debut

esortare [ezor'tare] *vt* ● **esortare qn a fare qc** to urge sb to do sthg

esotico, a, ci, che [e'zɔtiko, a, tʃi, ke] *agg* exotic

espandere [es'pandere] *vt* to expand ♦ **espandersi** *vr* **1.** *(ingrandirsi)* to expand **2.** *(odori, liquidi)* to spread

espansione [espan'sjone] *sf* **1.** *(allargamento)* expansion **2.** *(di attività)* growth

espansivo, a [espan'sivo, a] *agg* expansive

espanso, a [es'panso, a] *pp* ➤ **espandere**

espediente [espe'djɛnte] *sm* expedient

espellere [es'pɛllere] *vt* **1.** *(da scuola)* to expel **2.** MED to excrete

esperienza [espe'rjɛntsa] *sf* experience

esperimento [esperi'mento] *sm* **1.** *(prova)* test **2.** *(scientifico)* experiment

esperto, a [es'pɛrto, a] ♦ *agg* **1.** *(con esperienza)* experienced **2.** *(bravo)* skilful ♦ *sm* expert

espiare [espi'are] *vt* to expiate

esplicito, a [es'plitʃito, a] *agg* explicit

esplodere [es'plɔdere] ♦ *vi* to explode ♦

vt to fire

esplorare [esplo'rare] *vt* to explore

esploratore, trice [esplora'tore, 'tritʃe] *sm,f* explorer

esplosione [esplo'zjone] *sf* **1.** explosion **2.** *(di gioia, ira)* outburst

esplosivo, a [esplo'zivo, a] *agg* & *sm* explosive

esploso, a [es'plɔzo, a] *pp* ➤ **esplodere**

esporre [es'porre] *vt* **1.** *(merce)* to display **2.** *(opera d'arte)* to show **3.** *(pellicola)* to expose **4.** *(idea, fatto)* to explain

esportare [espor'tare] *vt* to export

esportazione [esportats'tsjone] *sf* **1.** *(spedizione)* exportation **2.** *(merce)* exports *pl*

esposizione [espozits'tsjone] *sf* **1.** *(di merce)* display **2.** *(mostra)* exhibition **3.** *(di pellicola)* exposure **4.** *(resoconto)* account

esposto, a [es'posto, a] ♦ *pp* ➤ **esporre** ♦ *sm* petition ♦ *agg* ● **esposto a sud** facing south

espressione [espres'sjone] *sf* expression

espressivo, a [espres'sivo] *agg* expressive

espresso, a [es'prɛsso, a] ♦ *pp* ➤ **esprimere** ♦ *sm* **1.** *(treno)* express **2.** *(caffè)* espresso **3.** *(lettera)* express letter

esprimere [es'primere] *vt (pensiero, sentimento)* to express ● **esprimersi** *vr* **1.** *(spiegarsi)* to express o.s. **2.** *(parlare)* to speak

espulso, a [es'pulso, a] *pp* ➤ **espellere**

essenziale [essen'tsjale] *agg* essential

essere ['ɛssere] *(essere)*

♦ *vi* **1.** *(per descrivere)* to be ● **sono italiano** I'm Italian ● **sei solo?** are you alone? ● **siamo di Torino** we're from

Turin ● **Franco è (un) medico** Franco is a doctor **2.** *(trovarsi)* to be ● **dove siete?** where are you? ● **il museo è in centro** the museum is in the town centre ● **sono a casa** I'm at home ● **sono stato in Francia tre volte** I've been to France three times **3.** *(esistere)* ● **c'è there is** ● **c'è un'altra possibilità** there's another possibility ● **ci sono vari alberghi** there are various hotels **4.** *(con data, ora)* to be ● **oggi è martedì** today is Tuesday ● **è l'una** it's one o'clock ● **sono le due** it's two o'clock **5.** *(con prezzo, peso)* **quant'è? - (sono) 5 euro** how much is it? - (that's) 5 euro ● **sono due chili e mezzo** that's two and a half kilos **6.** *(indica appartenenza)* **essere di qn** to belong to sb ● **questa macchina è di Paolo** this car is Paolo's **7.** *(indica bisogno, obbligo)* ● **la camera è da prenotare** the room is to be booked ◇ *v impers* to be ● **è tardi** it's late ● **è vero che ...** it's true that ... ● **oggi è freddo** it's cold today ● **è meglio telefonare ieri** it's better to phone ◇ *v aus* **1.** *(in tempi passati)* to have, to be ● **sono tornato ieri** I came back yesterday ● **erano già usciti** they'd already gone out ● **sono nata a Roma** I was born in Rome ● **ti sei lavato?** did you wash yourself? **2.** *(in passivi)* to be ● **questo oggetto è fatto a mano** this object is handmade ● **sono stato pagato ieri** I was paid yesterday ◇ *sm (creatura)* being ● **essere umano** human being ● **gli esseri viventi** the living

essi, e [ˈessi, e] ➤ **esso**

esso, a [ˈesso, a] *pron* it ● **essi, e** *pron pl* **1.** *(soggetto)* they **2.** *(con preposizione)* them

est [ɛst] *sm* east ● **a est di Milano** east of Milan

estate [esˈtate] *sf* summer

estendere [esˈtɛndere] *vt* to extend

esteriore [esteˈrjore] *agg* **1.** *(esterno)* external, outward **2.** *(apparente)* superficial

esterno, a [esˈterno, a] ◇ *agg* **1.** exterior **2.** *(muro)* outer **3.** *(pericolo)* external ◇ *sm* outside ● **all'esterno** on the outside

estero, a [ˈestero, a] ◇ *agg* foreign ◇ *sm* ● **l'estero** foreign countries *pl* ● **all'estero** abroad

esteso, a [esˈteso, a] ◇ *pp* ➤ **estendere** ◇ *agg* extensive

estetista, i, e [esteˈtista, i, e] *smf* beautician

estinguere [esˈtingwere] *vt* **1.** *(fuoco)* to extinguish **2.** *(debito)* to settle ● **estinguersi** *vr* **1.** *(fuoco)* to go out **2.** *(specie)* to become extinct

estinto, a [esˈtinto, a] *pp* ➤ **estinguere**

estintore [estinˈtore] *sm* (fire) extinguisher

estivo, a [esˈtivo, a] *agg* summer *(dav s)*

Estonia [esˈtɔnja] *sf* ● **l'Estonia** Estonia

estorcere [esˈtortʃere] *vt* to extort

estraneo, a [esˈtraneo, a] ◇ *agg* unconnected ◇ *sm,f* stranger

estrarre [esˈtrarre] *vt* **1.** to extract **2.** *(sorteggiare)* to draw

estratto, a [esˈtratto, a] ◇ *pp* ➤ **estrarre** ◇ *sm* **1.** *(di sostanza)* essence **2.** *(di libro)* extract ● **estratto conto** bank statement

estrazione [estratˈtsjone] *sf* extraction

● **estrazione a sorte** draw ● **estrazione sociale** social class

estremità [estremi'ta] ◇ *sf inv* end ◇ *sfpl* extremities

estremo, a [es'tremo, a] ◇ *agg* **1.** *(grande)* extreme **2.** *(drastico)* drastic **3.** *(ultimo)* final, last ◇ *sm* **1.** *(punto)* extreme **2.** *(fig) (limite)* limit ● **estremi** *smpl* details

estroverso, a [estro'verso, a] *agg* extrovert

estuario [estu'arjo] *sm* estuary

esuberante [ezube'rante] *agg* exuberant

età [e'ta] *sf inv* age ● **abbiamo la stessa età** we are the same age ● **la maggiore età** the legal age ● **di mezza età** middle-aged ● **la terza età** old age

etere ['etere] *sm* ether

eternità [eterni'ta] *sf* eternity

eterno, a [e'terno, a] *agg* eternal

eterogeneo, a [etero'dʒeneo, a] *agg* heterogeneous

eterosessuale [eterosessu'ale] *agg & smf* heterosexual

etica ['etika] *sf* ethics

etichetta [eti'ketta] *sf* **1.** *(di prodotto)* label **2.** *(cerimoniale)* etiquette

Etna ['etna] *sm* ● **l'Etna** Mount Etna

etrusco, a, schi, sche [e'trusko, a, ski, ske] *agg* Etruscan ● **Etruschi** *smpl* ● **gli Etruschi** the Etruscans

ettaro ['ettaro] *sm* hectare

etto ['etto] *sm* 100 grams

ettogrammo [etto'grammo] *sm* hectogram

eucaristia [eukaris'tia] *sf* ● **l'eucaristia** the Eucharist

euforia [eufo'ria] *sf* euphoria

EUR ['eur] *sm residential area of Rome built on the site of the Rome Exhibition*

euro ['ewro] *sm inv* euro

Eurolandia [ewro'landja] *sf* Euroland *(countries that use the euro)*

Europa [ew'rɔpa] *sf* ● **l'Europa** Europe

europeo, a [ewro'peo, a] *agg & sm,f* European

eurovisione [ewrovi'zjone] *sf* ● **in eurovisione** Eurovision *(dav s)*

eutanasia [ewtana'zia] *sf* euthanasia

evacuare [eva'kware] *vt* to evacuate

evacuazione [evakwats'tsjone] *sf* evacuation

evadere [e'vadere] ◇ *vt* **1.** *(tasse, fisco)* to evade **2.** *(corrispondenza)* to deal with ◇ *vi* ● **evadere (da qc)** to escape (from sthg)

evaporare [evapo'rare] *vi* to evaporate

evasione [eva'zjone] *sf* escape ● **evasione fiscale** tax evasion ● **d'evasione** escapist

evasivo, a [eva'zivo, a] *agg* evasive

evaso, a [e'vazo, a] ◇ *pp* ➢ **evadere** ◇ *sm,f* escapee

evenienza [eve'njentsa] *sf* ● **in ogni evenienza** should the need arise

evento [e'vento] *sm* event

eventuale [eventu'ale] *agg* possible

eventualità [eventwali'ta] *sf inv* possibility

eventualmente [eventwal'mente] *avv* if necessary

evidente [evi'dente] *agg* **1.** *(chiaro)* clear **2.** *(ovvio)* obvious

evidenza [evi'dentsa] *sf* evidence ● **mettere in evidenza** to highlight

evitare [evi'tare] *vt* to avoid ● **evitare di fare qc** to avoid doing sthg ● **evitare qc a qn** to spare sb sthg

evocare [evo'kare] *vt* **1.** *(ricordare)* to

recall **2.** *(spiriti)* to evoke

evoluto, a [evo'luto, a] *agg* **1.** *(tecnica, paese)* advanced **2.** *(persona)* broadminded

evoluzione [evoluts'tsjone] *sf* **1.** *(biologica)* evolution **2.** *(progresso)* progress

evviva [ev'viva] *esclam* hurrah!

ex [eks] *prep* ● **l'ex presidente** the former president ● **la sua ex moglie** his ex-wife

extra ['ekstra] *agg inv & sm inv* extra

extracomunitario, a [ɛkstrakomuni'tarjo, a] ◇ *agg* from outside the EU ◇ *sm,f* immigrant from a non-EU country

extraconiugale [ɛkstrakondʒu'gale] *agg* extramarital

extraterrestre [ɛkstrater'rɛstre] *smf* alien

*f*F

fa¹ [fa] ➤ fare

fa² [fa] *avv* ● **un anno fa** a year ago ● **tempo fa** some time ago

fabbisogno [fabbi'zoɲɲo] *sm* needs *pl*

fabbrica ['fabbrika] *(pl* **-che***) sf* factory

fabbricare [fabbri'kare] *vt* **1.** *(costruire)* to build **2.** *(produrre)* to make

faccenda [fatʃ'tʃɛnda] *sf* *(questione)* affair, matter ● **faccende** *sfpl* ● **faccende** *(domestiche)* housework *sg*

facchino [fak'kino] *sm* porter

faccia ['fattʃa] *(pl* **-ce***) sf* face ● **di faccia a** opposite ● **faccia a faccia** face

to face ● **che faccia tosta!** what a nerve!

facciata [fatʃ'tʃata] *sf* **1.** *(di edificio)* facade **2.** *(di pagina)* side

faccio ['fattʃo] ➤ fare

facile ['fatʃile] *agg* easy ● **è facile che il treno sia in ritardo** the train is likely to be late

facilità [fatʃili'ta] *sf* **1.** *(caratteristica)* easiness **2.** *(attitudine)* ease

facilitare [fatʃili'tare] *vt* to make easier

facoltà [fakol'ta] *sf inv* **1.** faculty **2.** *(potere)* power

facoltativo, a [fakolta'tivo, a] *agg* optional

facsimile [fak'simile] *sm inv* facsimile

fagiano [fa'dʒano] *sm* pheasant

fagiolino [fadʒo'lino] *sm* French bean *(UK)*, string bean *(US)*

fagiolo [fa'dʒɔlo] *sm* bean ● **fagioli all'uccelletto** white beans cooked with tomatoes and pepper (a Tuscan speciality)

fagotto [fa'gɔtto] *sm* **1.** bundle **2.** *(strumento)* bassoon ● **far fagotto** to pack one's bags and leave

fai da te [fajda'te] *sm inv* do-it-yourself

falange [fa'landʒe] *sf* finger bone

falciare [fal'tʃare] *vt* to mow

falda ['falda] *sf* **1.** *(di cappello)* brim **2.** *(d'acqua)* water table **3.** *(di monte)* slope

falegname [falen'ɲame] *sm* carpenter

falla ['falla] *sf* leak

fallimento [falli'mento] *sm* **1.** failure **2.** *DIR* bankruptcy

fallire [fal'lire] *vi* **1.** *DIR* to go bankrupt **2.** *(non riuscire)* ● **fallire (in qc)** to fail (in sthg), to miss

fallo [fallo] *sm* foul

fa

falò [fa'lɔ] *sm inv* bonfire

falsificare [falsifi'kare] *vt* to forge

falso, a ['falso, a] ◇ *agg* **1.** false **2.** *(gioiello)* fake **3.** *(banconota, quadro)* forged ◇ *sm* forgery

fama ['fama] *sf* **1.** fame **2.** *(reputazione)* reputation

fame ['fame] *sf* hunger ● **aver fame** to be hungry

famiglia [fa'miʎʎa] *sf* family

familiare [fami'ljare] *agg* **1.** *(della famiglia)* family *(dav s)* **2.** *(noto)* familiar **3.** *(atmosfera)* friendly **4.** *(informale)* informal ♦ **familiari** *smpl* relations

famoso, a [fa'moso, a] *agg* famous

fanale [fa'nale] *sm* light

fanatico, a, ci, che [fa'natiko, a, tʃi, ke] *agg* fanatical

fango ['fango] *(pl* **-ghi)** *sm* mud

fanno ['fanno] ➤ **fare**

fannullone, a [fannul'lone] *sm,f* loafer

fantascienza [fantaʃ'ʃɛntsa] *sf* science fiction

fantasia [fanta'zia] ◇ *sf* *(immaginazione)* imagination ◇ *agg inv* patterned

fantasma [fan'tazma] *(pl* **-i)** *sm* ghost

fantastico, a, ci, che [fan'tastiko, a, tʃi, ke] *agg* **1.** fantastic **2.** *(immaginario)* fantasy *(dav s)*

fantino [fan'tino] *sm* jockey

fantoccio [fan'tɔttʃo] *sm* puppet

farabutto [fara'butto] *sm* crook

faraglione [faraʎ'ʎone] *sm* stack

faraona [fara'ona] *sf* guinea fowl

farcito, a [far'tʃito, a] *agg* **1.** *(pollo)* stuffed **2.** *(torta)* filled

fard [fard] *sm inv* blusher

fare ['fare]

◇ *vt* **1.** *(fabbricare, preparare)* to make ●

fare progetti to make plans ● **fare da mangiare** to cook **2.** *(attuare)* to make ● **fare un viaggio** to go on a trip ● **fare un sogno** to dream **3.** *(essere occupato in)* to do ● **cosa fai stasera?** what are you doing tonight? ● **fa il meccanico** he's a mechanic ● **fare l'università** to go to university ● **faccio tennis** I play tennis **4.** *(percorrere)* to do ● **che percorso facciamo per rientrare?** which route shall we take to go back? **5.** *(suscitare)* to make ● **mi fa pena** I feel sorry for him ● **farsi male** to hurt o.s. ● **fare paura** to be frightening ● **fare chiasso** to be noisy **6.** *(atteggiarsi a)* to play, to act ● **fare lo scemo** to behave like an idiot **7.** *(indica il risultato)* ● **2 più 2 fa 4** 2 and 2 makes 4 ● **quanto fa?** what's the total? **8.** *(credere)* ● **ti facevo più furbo** I thought you were smarter than that **9.** *(acquisire)* ● **farsi degli amici** to make friends ● **farsi la macchina nuova** *(fam)* to get a new car **10.** *(con infinito)* to make ● **far credere qc a qn** to make sb believe sthg ● **far vedere qc a qn** to show sb sthg ● **far costruire qc** to have sthg built **11.** *(in espressioni)* ● **non fare caso a** not to pay attention to ● **non fa niente** *(non importa)* it doesn't matter ● **farcela** to manage ● **non ce la faccio più** I can't go on ● **far bene/male (a qn)** to be good/bad (for sb)

◇ *vi* **1.** *(agire)* to do ● **come si fa a uscire?** how do you get out? ● **fai come ti pare** do as you like ● **non fa che ripetere le stesse cose** all he does is repeat the same things ● **darsi da fare** to get busy **2.** *(fam)* *(dire)* to say

◇ *v impers* to be ● **fa bello/brutto** it's

lovely/awful weather ● **fa caldo/freddo** it's hot/cold

● **farsi** *vr (diventare)* ● **farsi grande** to grow up ● **farsi furbo** *(fam)* to get smart ● **farsi vivo** to get in touch ● farsi avanti/indietro *(spostarsi)* to move forward/back

farfalla [far'falla] *sf* butterfly ● **cravatta a farf alla** bow tie

farina [fa'rina] *sf* flour ● **farina gialla** maize flour

farinata [fari'nata] *sf* type of bread similar to a very thin "focaccia" but made from chickpea flour (a speciality of Liguria)

faringite [farin'dʒite] *sf* pharyngitis

farmacia [farma'tʃia] *sf* 1. *(negozio)* chemist's (*UK*), drugstore (*US*) 2. *(scienza)* pharmacy ▼ **farmacie di turno** duty chemists

farmacista, i, e [farma'tʃista, i, e] *smf* pharmacist

farmaco ['farmako] *(pl* **-ci**) *sm* medicine

faro ['faro] *sm* 1. *(per navi)* lighthouse 2. *(di veicoli)* headlight 3. *(per aerei)* beacon

farsa ['farsa] *sf* farce

farsumagru [farsu'magru] *sm inv* beef roll stuffed with mince, pecorino cheese, sausage and boiled eggs, cooked in Marsala and tomato puree (a Sicilian speciality)

fascia ['faʃʃa] *(pl* **-sce**) *sf* 1. *(striscia)* strip, band 2. *(medica)* bandage 3. *(di territorio)* strip 4. *(di popolazione)* band ● **fascia elastica** elastic bandage ● **fascia oraria** time band

fasciare [faʃ'ʃare] *vt* to bandage

fasciatura [faʃʃa'tura] *sf* bandage

fascicolo [faʃ'ʃikolo] *sm* 1. *(di rivista)*

issue 2. *(di documenti)* file

fascino ['faʃʃino] *sm* charm

fascio ['faʃʃo] *sm* 1. *(d'erba, di fibri)* bunch 2. *(di legna)* bundle 3. *(di luce)* beam

fascismo [faʃ'ʃizmo] *sm* Fascism

fascista, i, e [faʃ'ʃista, i, e] *agg & smf* Fascist

fase ['faze] *sf* 1. phase 2. *(di motore)* stroke

fast food [fas'fud] *sm inv* fast-food restaurant

fastidio [fas'tidjo] *sm* bother, trouble ● **dare fastidio a qn** to annoy sb ● **le dà fastidio se fumo?** do you mind if I smoke?

fastidioso, a [fasti'djoso, a] *agg* inconvenient

fastoso, a [fas'toso] *agg* sumptuous

fasullo, a [fa'zullo] *agg (falso)* fake

fata ['fata] *sf* fairy

fatale [fa'tale] *agg* 1. *(mortale)* fatal 2. *(inevitabile)* inevitable 3. *(sguardo)* irresistible

fatalità [fatali'ta] *sf inv* 1. *(inevitabilità)* inevitability 2. *(destino)* fate 3. *(disgrazia)* misfortune

fatica [fa'tika] *sf* 1. hard work 2. *(stanchezza)* fatigue ● **fare fatica a fare qc** to have difficulty doing sthg ● **a fatica** hardly

faticoso, a [fati'koso, a] *agg* 1. *(stancante)* exhausting 2. *(difficile)* hard

fatidico, a, ci, che [fa'tidiko] *agg* fateful

fato ['fato] *sm* fate

fatto, a ['fatto, a] *◇ pp* → **fare** *◇ sm* 1. *(cosa concreta)* fact 2. *(avvenimento)* event *◇ agg* ● **fatto a mano** hand-made ● **fatto in casa** home-made ● **il fatto è che ...** the fact is that ... ● **cogliere qn sul**

fatto to catch sb in the act • **in fatto di vini ...** when it comes to wine ... • **sono fatti miei** that's my business

fattoria [fatto'ria] *sf* farm

fattorino [fatto'rino] *sm* **1.** *(per consegne)* delivery man **2.** *(d'albergo)* messenger

fattura [fat'tura] *sf* **1.** invoice **2.** *(magia)* spell

fauna ['fawna] *sf* fauna

favola ['favola] *sf* **1.** fairy tale **2.** *(cosa bella)* dream

favoloso, a [favo'loso, a] *agg* fabulous

favore [fa'vore] *sm* favour • **per favore** please

favorevole [favo'revole] *agg* **1.** favourable **2.** *(voto)* in favour

favorire [favo'rire] *vt* **1.** *(promuovere)* to promote **2.** *(aiutare)* to favour • **vuoi favorire?** would you like some?

favorito, a [favo'rito, a] *agg* favourite

fax [faks] *sm inv* fax

faxare [fa'ksare] *vt* to fax

fazzoletto [fatsso'letto] *sm* **1.** *(da naso)* handkerchief **2.** *(per la testa)* headscarf

febbraio [feb'brajo] *sm* February ➤ **settembre**

febbre ['febbre] *sf* fever • **avere la febbre** to have a temperature

feci ['fetʃi] *sfpl* excrement *sg*

fecondazione [fekondats'tsjone] *sf* fertilization

fede ['fede] *sf* **1.** faith **2.** *(anello)* wedding ring • **aver fede in** to have faith in • **essere in buona/cattiva fede** to act in good/bad faith

fedele [fe'dele] ◇ *agg* **1.** faithful **2.** *(cliente)* loyal **3.** *(preciso)* accurate ◇ *smf* believer

fedeltà [fedel'ta] *sf* **1.** *(lealtà)* faithful-

ness, loyalty **2.** *(precisione)* accuracy

federa ['federa] *sf* pillowcase

federazione [federats'tsjone] *sf* federation

fegato ['fegato] *sm* **1.** liver **2.** *(fig)* *(coraggio)* guts *pl* • **fegato alla veneziana** thinly sliced calves' liver and onions

felice [fe'litʃe] *agg* happy

felicità [felitʃi'ta] *sf* happiness

felicitarsi [felitʃi'tarsi] *vr* • **felicitarsi con qn per qc** to congratulate sb on sthg

felino, a [fe'lino, a] *agg & sm* feline

felpa ['felpa] *sf* **1.** *(maglia)* sweatshirt **2.** *(tessuto)* plush

femmina ['femmina] *sf* **1.** *(animale)* female **2.** *(figlia, ragazza)* girl

femminile [femmi'nile] ◇ *agg* **1.** female **2.** *(rivista, modi)* women's *(dav s)* **3.** GRAMM feminine ◇ *sm* feminine

femminismo [femmi'nizmo] *sm* feminism

fenomenale [fenome'nale] *agg* phenomenal

fenomeno [fe'nɔmeno] *sm* phenomenon

feriale [fe'rjale] *agg* working *(dav s)*

ferie ['ferje] *sfpl* holidays *(UK)*, vacation *sg* *(US)* • **andare in ferie** to go on holiday *(UK)*, to go on vacation *(US)* • **essere in ferie** to be on holiday *(UK)*, to be on vacation *(US)*

ferire [fe'rire] *vt* **1.** *(colpire)* to injure **2.** *(addolorare)* to hurt • **ferirsi** *vr* to injure o.s.

ferita [fe'rita] *sf* wound

ferito, a [fe'rito, a] ◇ *agg* injured ◇ *sm,f* injured person

fermaglio [fer'maʎʎo] *sm* clip

fermare [fer'mare] ◇ *vt* **1.** to stop **2.** *(bottone)* to fasten **3.** *(sospetto)* to detain

◇ *vi* to stop ◆ **fermarsi** *vr* **1.** to stop **2.** (*sostare*) to stay ● **fermarsi a fare qc** to stop to do sthg

fermata [fer'mata] *sf* stop ● **fermata dell'autobus** bus stop ▽ **fermata prenotata** bus stopping ▽ **fermata a richiesta** request stop

fermento [fer'mento] *sm* ferment

fermo, a ['fermo, a] *agg* **1.** (*persona*) still **2.** (*veicolo*) stationary **3.** (*mano, voce*) steady **4.** (*orologio*) stopped **5.** (*saldo*) firm ● **stare fermo** to keep still

fermoposta [fermo'pɔsta] *avv & sm inv* poste restante (*UK*), general delivery (*US*)

feroce [fe'rotʃe] *agg* **1.** (*animale*) ferocious **2.** (*dolore*) terrible

ferragosto [ferra'gosto] *sm* **1.** (*giorno*) *Italian public holiday which falls on 15 August* **2.** (*periodo*) August holidays *pl*

ferragosto

From the Latin *feriae Augusti* (August holidays), *ferragosto* is August 15, Assumption Day. It is a public holiday in Italy and the day when everyone enjoys a day out at the seaside, in the country, by the lake, or in the mountains.

ferramenta [ferra'menta] *sf* ironmonger's (*UK*), hardware store (*US*)

ferro ['fɛrro] *sm* iron ● **toccare ferro** to touch wood ● **ferro battuto** wrought iron ● **ferro da calza** knitting needle ● **ferro da stiro** iron ● **carne ai ferri** grilled meat

ferrovia [ferro'via] *sf* railway (*UK*), railroad (*US*) ● **Ferrovie dello Stato**

≃ *Italian railway system*

ferroviario, a [ferro'vjarjo, a] *agg* railway (*UK*) (*dav s*), railroad (*US*) (*dav s*)

fertile ['fertile] *agg* fertile

fervido, a ['fervido, a] *agg* fervent, ardent

fesso, a ['fesso, a] *agg* (*fam*) stupid

fessura [fes'sura] *sf* **1.** crack **2.** (*per gettone, moneta*) slot

festa ['fɛsta] *sf* **1.** (*religiosa*) feast **2.** (*giorno festivo*) holiday **3.** (*ricevimento*) party **4.** (*ricorrenza*) ● **la festa della mamma** Mother's Day ● **far festa** to have a holiday ● **far festa a qn** to give sb a warm welcome ● **buone feste!** (*a Natale*) Merry Christmas!

festa della donna

Celebrated on March 8 since 1946, Women's Day became in the 1970s a day for meetings, lectures and debates on women's issues. Less feminist in nature nowadays, it is the day on which women are traditionally given a present of a spray of mimosa.

festeggiare [fested͡ʒ'd͡ʒare] *vt* **1.** (*ricorrenza*) to celebrate **2.** (*persona*) to throw a party for

festival ['festival] *sm inv* festival

Festival di Sanremo

Held annually in the town of San Remo, in Liguria, the Sanremo Festival has been one of Italy's most popular musical events since 1951. Dedicated to pop and easy-listening music, this song contest is broadcast live on the main radio and TV channels and attracts huge audiences.

Festival di Spoleto

First held in 1958, the Spoleto festival, which is also know as *il festival dei Due Mondi* (the Two Worlds Festival), takes place every June and July and puts on concert, ballet, opera and theatre performances featuring world-famous artists, as well as cinema and visual arts events.

Festivalbar [festival'bar] *sm inv musical event*

Festivalbar

This event, which has taken place every year since 1964, consists of a series of pop concerts held at different venues in Italy throughout the summer, and featuring the top musical acts of the moment. At the final concert, the most popular singer or band is awarded a prize.

festivo, a [fes'tivo, a] *agg festive* ● **giorno festivo** holiday ● **orario festivo** *timetable for Sundays and public holidays*

festone [fes'tone] *sm festoon*

festoso, a [fes'toso] *agg merry*

feto ['feto] *sm foetus*

fetta ['fetta] *sf slice*

fettuccine [fettut'tʃine] *sfpl ribbons of*

egg pasta

fettunta [fet'tunta] *sf toast flavoured with garlic and olive oil (a Tuscan speciality)*

FF.SS (*abbr di* Ferrovie dello Stato) *Italian railway system*

fiaba ['fjaba] *sf fairy tale*

fiaccola ['fjakkola] *sf torch*

fiamma ['fjamma] *sf flame* ● **dare alle fiamme** to set on fire

fiammifero [fjam'mifero] *sm match*

fiancheggiare [fjankedʒ'dʒare] *vt to border*

fianco ['fjanko] (*pl* **-chi**) *sm* **1.** (*di persona*) hip **2.** (*di edificio, collina*) side ● **di fianco a** next to

fiasco ['fjasko] (*pl* **-schi**) *sm flask* ● **fare fiasco** to flop

fiato ['fjato] *sm* **1.** (*respiro*) breath **2.** (*resistenza*) stamina ● **avere il fiato grosso** to be out of breath

fibbia ['fibbja] *sf buckle*

fibra ['fibra] *sf fibre*

ficcanaso [fikka'naso] (*mpl* **ficcanasi**, *fpl* **ficcanaso**) *smf busybody*

ficcare [fik'kare] *vt to put* ◆ **ficcarsi** *vr* ● **dove ti eri ficcato?** where did you get to?

fico ['fiko] (*pl* **-chi**) *sm fig* ● **fico d'India** prickly pear

fidanzamento [fidantsa'mento] *sm engagement*

fidanzarsi [fidan'tsarsi] *vr to get engaged*

fidanzato, a [fidan'tsato] ◇ *agg engaged* ◇ *sm,f fiancé (f fiancée)*

fidarsi [fi'darsi] *vr* ● **fidarsi di** to trust

fidato, a [fi'dato, a] *agg trustworthy*

fiducia [fi'dutʃa] *sf confidence*

fiducioso, a [fidu'tʃoso, a] *agg* confident

fieno ['fjɛno] *sm* hay

fiera ['fjɛra] *sf* fair

fiero, a ['fjɛro, a] *agg* proud

fifa ['fifa] *sf (fam)* fright

fifone, a [fi'fone, a] *sm,f (fam) (vigliacco)* chicken

figlio, a ['fiʎʎo, a] *sm,f* son (*f* daughter), child ● **figlio unico** only child

figura [fi'gura] *sf* **1.** figure **2.** *(illustrazione)* illustration, picture ● **fare bella/brutta figura** to create a good/bad impression

figurare [figu'rare] ◇ *vi* to appear ◇ *vt* to imagine ● **figurarsi qc** to imagine sthg ● **figurarsi** *vr* ● **figurati!** of course not!

figurina [figu'rina] *sf* picture card

fila ['fila] *sf* **1.** *(coda)* queue *(UK)*, line *(US)* **2.** *(di macchine)* line **3.** *(di posti)* row **4.** *(serie)* series ● **fare la fila** to queue *(UK)*, to stand in line *(US)* ● **di fila** in succession

filare [fi'lare] ◇ *vt (lana)* to spin ◇ *vi* **1.** *(ragno, baco)* to spin **2.** *(formaggio)* to be stringy **3.** *(discorso)* to be coherent **4.** *(fam) (andarsene)* to split ● **fila!** off you go! ● **filare diritto** to toe the line

filastrocca [filas'trokka] (*pl* **-che**) *sf* nursery rhyme

filatelia [filate'lia] *sf* philately, stamp-collecting

filatelli [fila'telli] *smpl* thin strips of egg pasta served with a sauce made from pork, tomatoes, chillis and pecorino cheese (a speciality of Calabria)

filatieddi [fila'tjeddi] *smpl* = **filatelli**

file ['fail] *sm inv* INFORM file

filetto [fi'letto] *sm* fillet ● **filetto al pepe verde** fillet steak with green peppercorns

film ['film] *sm inv* film *(UK)*, movie *(US)*

filo ['filo] *sm* **1.** thread **2.** *(cavo)* wire **3.** *(di lama, rasoio)* edge **4.** *(di pane)* stick ● **filo d'erba** blade of grass ● **filo spinato** barbed wire ● **fil di ferro** wire ● **per filo e per segno** word for word

filobus ['filobus] *sm inv* trolleybus

filone [fi'lone] *sm* **1.** *(di minerale)* vein **2.** *(di pane)* French loaf

filosofia [filozo'fia] *sf* philosophy

filtrare [fil'trare] *vt & vi* to filter

filtro ['filtro] *sm* **1.** *(apparecchio)* filter **2.** *(di sigaretta)* filter tip

fin [fin] > **fino**

finale [fi'nale] ◇ *agg & sf* final ◇ *sm* end, ending

finalmente [final'mente] *avv* at (long) last

finanza [fi'nantsa] *sf* **1.** finance **2.** *(di frontiera)* ≃ Customs and Excise ● **finanze** *sfpl* finances

finanziere [finan'tsjɛre] *sm* **1.** *(banchiere)* financier **2.** *(di frontiera)* customs officer **3.** *(per tasse)* ≃ Inland Revenue officer *(UK)*, ≃ Internal Revenue officer *(US)*

finché [fin'ke] *cong* **1.** *(per tutto il tempo)* as long as **2.** *(fino a quando)* until

fine ['fine] ◇ *agg* **1.** *(sottile)* thin **2.** *(polvere)* fine **3.** *(elegante)* refined **4.** *(vista, udito)* keen, sharp ◇ *sf (conclusione)* end ◇ *sm (scopo)* aim ● **lieto fine** happy ending ● **fine settimana** weekend ● **alla fine** in the end

finestra [fi'nestra] *sf* window

finestrino [fines'trino] *sm* window

fingere ['findʒere] *vt (simulare)* to feign ● **fingere di fare qc** to pretend to do sthg ●

fingersi *vr* ● **fingersi malato** to pretend to be ill

finimondo [fini'mondo] *sm* pandemonium

finire [fi'nire] ◇ *vt* to finish ◇ *vi* 1. to finish 2. (*avere esito*) to end 3. (*cacciarsi*) to get to ● **finire col fare qc** to end up doing sthg ● **finire di fare qc** to finish doing sthg

finlandese [finlan'dese] ◇ *agg* & *sm* Finnish ◇ *smf* Finn

Finlandia [fin'landja] *sf* ● **la Finlandia** Finland

fino, a ['fino, a] ◇ *agg* 1. (*sottile*) thin 2. (*oro, argento*) pure 3. (*udito, vista*) keen, sharp ◇ *avv* even ◇ *prep* ● **fino a** (*di tempo*) until; (*di luogo*) as far as ● **fino da** (*luogo*) as far as ● **fin da domani** from tomorrow ● **fin da ieri** since yesterday ● **fin qui/lì** as far as here/there

finocchio [fi'nɔkkjo] *sm* fennel

finora [fi'nora] *avv* so far

finta ['finta] *sf* 1. (*finzione*) pretence 2. (*nel pugilato*) feint 3. (*nel calcio*) dummy ● **fare finta di fare qc** to pretend to do sthg

finto, a ['finto, a] ◇ *pp* > **fingere** ◇ *agg* false

fiocco ['fjɔkko] (*pl* **-chi**) *sm* 1. (*di nastro*) bow 2. (*di neve*) flake ● **coi fiocchi** (*ottimo*) excellent, first-rate

fiocina ['fjɔtʃina] *sf* harpoon

fioco, a, chi, che ['fjɔko, a, ki, ke] *agg* 1. (*voce*) faint 2. (*luce*) dim

fioraio, a [fjo'rajo, a] *sm,f* florist

fiore ['fjore] *sm* flower ● **a fior d'acqua** on the surface of the water ● **a fiori** (*stoffa*) with a floral pattern ● **fiori di zucca ripieni** *fried courgette flowers*

stuffed with breadcrumbs, parsley and anchovies ● **fiori** *smpl* (*nelle carte*) clubs

fiorentino, a [fjoren'tino, a] *agg* & *sm,f* Florentine

fiorire [fjo'rire] *vi* 1. (*albero*) to blossom 2. (*fiore*) to bloom

fiorista, e, i [fjo'rista, e, i] *smf* florist

Firenze [fi'rɛntse] *sf* Florence

firma ['firma] *sf* 1. (*sottoscrizione*) signature 2. (*marca*) designer brand

firmare [fir'mare] *vt* to sign

fiscale [fis'kale] *agg* tax (*dav s*)

fischiare [fis'kjare] ◇ *vi* to whistle ◇ *vt* 1. to whistle 2. (*disapprovare*) to boo

fischio ['fiskjo] *sm* whistle

fisco ['fisko] *sm* ≃ Inland Revenue (*UK*), ≃ Internal Revenue (*US*)

fisica ['fizika] *sf* (*materia*) physics > **fisico**

fisico, a, ci, che ['fiziko, a, tʃi, ke] ◇ *agg* physical ◇ *sm* (*corpo*) physique ◇ *sm,f* physicist

fisionomia [fizjono'mia] *sf* face

fissare [fis'sare] *vt* 1. (*guardare*) to stare at 2. (*rendere fisso*) to fix 3. (*appuntamento*) to arrange 4. (*camera, volo*) to book ● **fissarsi** *vr* ● **fissarsi di fare qc** to set one's heart on doing sthg

fisso, a ['fisso, a] ◇ *agg* 1. (*fissato*) fixed 2. (*impiego*) permanent 3. (*reddito*) regular ◇ *avv* ● **guardare fisso** to stare

fitta ['fitta] *sf* sharp pain

fitto, a ['fitto, a] ◇ *agg* thick ◇ *sm* (*affitto*) rent

fiume ['fjume] *sm* river

fiutare [fju'tare] *vt* 1. (*sog: cane*) to smell 2. (*fig*) (*accorgersi di*) to get wind of

flacone [fla'kone] *sm* bottle

flagrante [fla'grante] *agg* ● cogliere qc in flagrante to catch sb in the act

flash [fleʃ] *sm inv* flash

flessibile [fles'sibile] *agg* flexible

flessione [fles'sjone] *sf* **1.** (*sulle gambe*) knee-bend **2.** (*a terra*) sit-up **3.** (*calo*) dip

flesso, a ['flesso] *pp* ⊳ **flettere**

flettere ['flɛttere] *vt* to bend

flipper ['flipper] *sm inv* pinball machine

F.lli *abbr* Bros.

flop [flop] *sm inv* flop

flora ['flora] *sf* flora

flotta ['flotta] *sf* fleet

fluido, a ['fluido, a] *agg & sm* fluid

fluire [flu'ire] *vi* to flow

flusso ['flusso] *sm* **1.** flow **2.** (*in fisica*) flux

fluttuare [fluttu'are] *vi* **1.** (*ondeggiare*) to rise and fall **2.** *FIN* to fluctuate

FM (*abbr di Frequency Modulation*) FM

foca ['fɔka] *sf* seal

focaccia [fo'kattʃa] (*pl* **-ce**) *sf* **1.** (*dolce*) bun **2.** (*pane*) type of flat salted bread made with olive oil ● **focaccia alla valdostana** *'focaccia'* filled with fontina cheese

foce ['fotʃe] *sf* mouth

focolare [foko'lare] *sm* hearth

fodera ['fɔdera] *sf* **1.** (*interna*) lining **2.** (*esterna*) cover

foglia ['fɔʎʎa] *sf* leaf

foglio ['fɔʎʎo] *sm* **1.** (*di carta, di metallo*) sheet **2.** (*documento*) document **3.** (*banconota*) note ● **foglio rosa** provisional driving licence ● **foglio di via** expulsion order

fogna ['foɲɲa] *sf* sewer

fognature [foɲɲa'ture] *sfpl* sewers

föhn = **fon**

folclore [fol'klore] *sm* folklore

folcloristico, a, ci, che [folklo'ristiko, a, tʃi, ke] *agg* folk (*dav s*)

folder ['folder] *sm inv* INFORM folder

folgorare [folgo'rare] *vt* **1.** (*sog: fulmine*) to strike **2.** (*sog: alta tensione*) to electrocute

folla ['folla] *sf* crowd

folle ['folle] *agg* **1.** (*pazzo*) mad **2.** *TECNOL* idle ● **in folle** (*di auto*) in neutral

folletto [fol'letto] *sm* (*spirito*) elf

follia [fol'lia] *sf* **1.** (*pazzia*) madness **2.** (*atto*) act of madness

folto, a ['folto, a] *agg* thick

fon [fɔn] *sm inv* hairdryer

fondale [fon'dale] *sm* bottom (of the sea)

fondamentale [fondamen'tale] *agg* fundamental, basic

fondamento [fonda'mento] *sm* foundation ● **fondamenta** *sfpl* foundations

fondare [fon'dare] *vt* **1.** to found **2.** (*basare*) ● **fondare qc su qc** to base sthg on sthg ● **fondarsi su** to be based on

fondazione [fondats'tsjone] *sf* foundation

fondere ['fondere] ◊ *vt* to melt **2.** (*aziende*) to merge ◊ *vi* to melt ● **fondersi** *vr* to melt

fondo, a ['fondo, a] ◊ *agg* (*profondo*) deep ◊ *sm* **1.** bottom **2.** (*di strada*) surface **3.** (*di liquido*) dregs *pl* **4.** (*sfondo*) background **5.** (*sport*) long distance race **6.** (*proprietà*) property ● **andare a fondo** (*affondare*) to sink ● **conoscere a fondo** to know very well ● **in fondo** (*fig*) (*tutto sommato*) after all ● **andare fino in fondo a qc** (*approfondire*) to get to the bottom of sthg ● **in fondo (a qc)** at the bottom (of sthg); *(stanza)* at the back (of sthg); *(libro, mese)* at the end (of sthg) ◆

fondi [ˈfondi] *smpl (denaro)* funds

fonduta [fonˈduta] *sf* fondue

fonetica [foˈnetika] *sf* phonetics *sg*

fontana [fonˈtana] *sf* fountain

fonte [ˈfonte] ◇ *sf* 1. *(sorgente)* spring 2. *(origine)* source ◇ *sm* ● **fonte battesimale** font

fontina [fonˈtina] *sf* a hard cheese made from cow's milk (a speciality of the Valle d'Aosta)

foraggio [foˈraddʒo] *sm* fodder

forare [foˈrare] *vt* 1. *(praticare un foro in)* to pierce 2. *(gomma)* to puncture 3. *(biglietto)* to punch 4. *(pallone)* to burst

forbici [ˈfɔrbitʃi] *sfpl* scissors

forca [ˈforka] *(pl* **-che)** *sf* 1. *(attrezzo)* pitchfork 2. *(patibolo)* gallows *pl*

forchetta [forˈketta] *sf* fork

forcina [forˈtʃina] *sf* hairpin

foresta [foˈrɛsta] *sf* forest

forestiero, a [foresˈtjɛro, a] ◇ *agg* foreign ◇ *sm,f* foreigner

forfora [ˈforfora] *sf* dandruff

forma [ˈforma] *sf* 1. shape 2. *(tipo)* form 3. *(stampo)* mould ● **essere in forma** to be fit ● **a forma di** in the shape of ◆

forme *sfpl (del corpo)* figure *sg*

formaggino [formadˈdʒino] *sm* processed cheese

formaggio [forˈmaddʒo] *sm* cheese

formale [forˈmale] *agg* formal

formalità [formaliˈta] *sf inv* formality

formare [forˈmare] *vt* 1. to form 2. *(comporre)* to make up 3. *(persona)* to train ◆ **formarsi** *vr* to form

format [ˈformat] *sm inv* format

formattare [format̩ˈtare] *vt* INFORM to format

formato [forˈmato] *sm* size

formazione [formatˈtsjone] *sf* 1. formation 2. *(istruzione)* education ● **formazione professionale** professional training

formica¹ [forˈmika] *(pl* **-che)** *sf* ant

formica² [forˈmika] *sf* Formica ®

formicolio [formiˈkoljo] *sm (intorpidimento)* pins and needles *pl*

formidabile [formiˈdabile] *agg* fantastic, amazing

formula [ˈformula] *sf* 1. *(chimica)* formula 2. *(frase rituale)* set phrase ● **formula uno** formula one

fornaio, a [forˈnajo, a] *sm,f* baker

fornello [forˈnello] *sm (di elettrodomestico)* ring ● **fornello elettrico** hotplate

fornire [forˈnire] *vt* ● **fornire qc a qn** to supply sb with sthg ● **fornire qn/qc di qc** to supply sb/sthg with sthg

fornitore, trice [forniˈtore, ˈtritʃe] *sm,f* supplier

forno [ˈforno] *sm* oven ● **forno a legna** wood-burning stove ● **forno a microonde** microwave (oven)

foro [ˈforo o ˈfaro] *sm* 1. *(buco)* hole 2. *(romano)* forum

forse [ˈforse] *avv* 1. perhaps, maybe 2. *(circa)* about

forte [ˈforte] ◇ *agg* 1. strong 2. *(suono)* loud 3. *(luce, colore)* bright ◇ *avv* 1. *(vigorosamente)* hard 2. *(ad alta voce)* loudly 3. *(velocemente)* fast ◇ *sm* 1. *(fortezza)* fort 2. *(specialità)* strong point

fortezza [forˈtettsa] *sf* fortress

fortuito, a [forˈtujto, a] *agg* chance *(dav s)*, fortuitous

fortuna [forˈtuna] *sf* 1. luck 2. *(patrimo-*

nio) fortune ● **buona fortuna!** good luck! ● **portare fortuna** to bring luck ● **per fortuna** luckily, fortunately

fortunatamente [fortuna'mente] *avv* luckily, fortunately

fortunato, a [fortu'nato, a] *agg* 1. *(persona)* lucky 2. *(evento)* successful

forviare = **fuorviare**

forza ['fɔrtsa] *sf* 1. strength 2. *(in fisica, violenza)* force ● **a forza di** by dint of ● **per forza** *(naturalmente)* of course; *(contro la volontà)* against one's will ● **le forze armate** the armed forces

forzare [for'tsare] *vt* 1. *(porta, finestra)* to force open 2. *(obbligare)* ● **forzare qn a fare qc** to force sb to do sthg

foschia [fos'kia] *sf* haze

fossa ['fɔssa] *sf* 1. *(buca)* pit, hole 2. *(tomba)* grave

fossato [fos'sato] *sm* 1. ditch 2. *(di castello)* moat

fossile ['fɔssile] *sm* fossil

fosso ['fɔsso] *sm* ditch

foto ['fɔto] *sf inv* photo

fotocopia [foto'kɔpja] *sf* photocopy

fotocopiare [fotoko'pjare] *vt* to photocopy

fotogenico, a, ci, che [foto'dʒeniko, a, tʃi, ke] *agg* photogenic

fotografare [fotogra'fare] *vt* to photograph

fotografia [fotogra'fia] *sf* 1. *(arte)* photography 2. *(immagine)* photograph ● **fotografia a colori** colour photograph ● **fotografia in bianco e nero** black and white photograph

fotografo, a [fo'tɔgrafo, a] *sm, f* photographer

fototessera [foto'tɛssera] *sf* passport-size photograph

fra [fra] = **tra**

fracassare [frakas'sare] *vt* to smash

fracasso [fra'kasso] *sm* crash

fradicio, a, ci, ce ['fraditʃo, a, tʃi, tʃe] *agg* soaked

fragile ['fradʒile] *agg* 1. fragile 2. *(persona)* delicate

fragola ['fragola] *sf* strawberry

fragore [fra'gore] *sm* loud noise

fraintendere [frain'tɛndere] *vt* to misunderstand

frammento [fram'mento] *sm* fragment

frana ['frana] *sf* 1. landslide 2. *(fig) (persona)* ● **essere una frana** to be useless

francese [fran'tʃeze] ◇ *agg & sm* French ◇ *smf (abitante)* Frenchman *(f* French-woman) ● **i francesi** the French

Francia ['frantʃa] *sf* ● **la Francia** France

franco, a, chi, che ['franko, a, ki, ke] ◇ *agg* 1. *(sincero)* frank 2. *COMM* free ◇ *sm* franc ● **farla franca** to get away with it

francobollo [franko'bollo] *sm* stamp

frangia ['frandʒa] *(pl* **-ge**) *sf* fringe

frantumare [frantu'mare] *vt* to smash ● **frantumarsi** *vr* to smash

frantumi [fran'tumi] *smpl* ● **andare in frantumi** to smash; *(sogno)* to be shattered

frappé [frap'pe] *sm inv (milk)* shake

frase ['fraze] *sf* 1. *GRAMM* sentence 2. *(espressione)* expression

frastuono [fras'twɔno] *sm* din

frate ['frate] *sm* 1. *(monaco)* friar 2. *(pasta)* ring doughnut

fratellastro [fratel'lastro] *sm* stepbrother

fratello [fra'tɛllo] *sm* brother

frattempo [frat'tempo] *sm* ● **nel frat-tempo** in the meantime, meanwhile

frattura [frat'tura] *sf* fracture

frazione [frats'tsjone] *sf* 1. *(parte)* fraction 2. *(di comune)* village

freccia ['frettʃa] *(pl* **-ce)** *sf* arrow ● **freccia di direzione** indicator ● **mettere la freccia** to put the indicator on

freddo, a ['freddo, a] *agg* & *sm* cold ● **aver freddo** to be cold ● **è o fa freddo** it's cold

freddoloso, a [freddo'lozo, a] *agg* ● **essere freddoloso** to feel the cold

freezer ['fridzer] *sm inv* freezer

fregare [fre'gare] *vt* 1. *(strofinare)* to rub 2. *(fam) (imbrogliare)* to trick ● **fregare qc a qn** *(fam) (rubare)* to nick sthg from sb ● **fregarsene (di qc)** *(volg)* not to give a damn (about sthg)

frenare [fre'nare] ◇ *vi* to brake ◇ *vt* 1. *(rabbia, entusiasmo)* to curb 2. *(lacrime)* to hold back 3. *(avanzata, progresso)* to hold up

frenata [fre'nata] *sf* braking ● **fare una frenata** to brake

frenetico, a, ci, che [fre'nɛtiko, a, tʃi, ke] *agg* hectic

freno ['freno] *sm* 1. *(di veicolo)* brake 2. *(per cavallo)* bit ● **freno a mano** hand-brake

frequentare [frekwen'tare] *vt* 1. *(corso, scuola)* to attend 2. *(locale)* to go to 3. *(persona)* to mix with

frequente [fre'kwɛnte] *agg* frequent

fresco, a, schi, sche ['fresko, a, ski, ske] ◇ *agg* 1. fresh 2. *(temperatura)* cold 3. *(notizie)* recent ◇ *sm (temperatura)* cool ● **è o fa fresco** it's cool ● **mettere al fresco** to put in a cool place ● **stare fresco** to

be way out

fretta ['fretta] *sf* 1. *(urgenza)* hurry 2. *(rapidità)* haste ● **avere fretta** to be in a hurry ● **in fretta e furia** in a hurry

fricassea [frikas'sea] *sf* stewed meat and vegetables in an egg and lemon sauce

friggere ['friddʒere] ◇ *vt* to fry ◇ *vi* to sizzle

frigo ['frigo] *sm inv* fridge

frigobar [frigo'bar] *sm inv* minibar

frigorifero [frigo'rifero] *sm* refrigerator

frittata [frit'tata] *sf* omelette

frittella [frit'tɛlla] *sf* fritter ● **frittelle di mele** apple fritters

fritto, a ['fritto, a] ◇ *pp* ➤ **friggere** ◇ *agg* fried ◇ *sm* ● **fritto misto** mixed deep-fried fish and seafood

frittura [frit'tura] *sf* ● **frittura di pesce** deep-fried fish and seafood

frivolo, a ['frivolo, a] *agg* frivolous

frizione [frits'tsjone] *sf* 1. *(di auto)* clutch 2. *(massaggio)* massage

frizzante [fridz'dzante] *agg* 1. fizzy 2. *(vino)* sparkling

frode ['frɔde] *sf* fraud

frontale [fron'tale] *agg* 1. frontal 2. *(scontro)* head-on

fronte ['fronte] ◇ *sf* forehead ◇ *sm* front ● **di fronte** opposite ● **di fronte a** *(faccia a faccia)* opposite; *(in una fila)* in front of; *(in confronto a)* compared with

frontiera [fron'tjera] *sf* frontier

frottola ['frɔttola] *sf (bugia)* lie

frugare [fru'gare] *vi* & *vt* to search

frullare [frul'lare] *vt* to whisk

frullato [frul'lato] *sm* milk shake

frullatore [frulla'tore] *sm* blender, liquidizer

frullino [frul'lino] *sm* whisker

frusta ['frusta] *sf (per animali)* whip

frustino [frus'tino] *sm (riding)* crop

frutta ['frutta] *sf* fruit ● **frutta secca** dried fruit and nuts

fruttivendolo [frutti'vendolo] *sm (negozio)* greengrocer's

frutto ['frutto] *sm* 1. fruit 2. *(profitto)* profit ● **frutti di mare** seafood *sg*

FS [ɛffe'ɛsse] = FF.SS.

fu [fu] ➤ essere

fucile [fu'tʃile] *sm* rifle

fuga ['fuga] *sf* escape ● **fuga** *(pl* **-ghe)** *sf* escape ● **fuga di gas** gas leak

fuggire [fudʒ'dʒire] *vi* 1. *(allontanarsi)* to escape 2. *(rifugiarsi)* to run away

fulmine ['fulmine] *sm* bolt of lightning

fumare [fu'mare] ◇ *vt* to smoke ◇ *vi* 1. to smoke 2. *(emettere vapore)* to steam ▼ vietato fumare no smoking

fumatore, trice [fuma'tore, 'tritʃe] *sm,f* smoker ● **fumatori o non fumatori?** smoking or non-smoking?

fumetti [fu'metti] *smpl* 1. *(vignette)* cartoon strip *sg* 2. *(giornalino)* comics

fumetti

Comics and graphic novels are enormously popular in Italy, and not just with children. Some have even been adapted for cinema and television. Characters like *Lupo Alberto, Tex, Dylan Dog, Julia, Diabolik, Martin Mystère, Zagor, Nathan Never* and *Mister No* have huge cult followings.

fumo ['fumo] *sm* 1. smoke 2. *(vapore)* steam

fumo

Since January 2005, smoking has been banned in Italy in all enclosed public places such as offices, cafés, bars, and restaurants. People may still smoke in their homes and outdoors, but in places open to the public, smoking is allowed only in special smoking rooms, if these have been provided.

fune ['fune] *sf* rope

funebre ['funebre] *agg* 1. funeral *(dav s)* 2. *(lugubre)* funereal

funerale [fune'rale] *sm* funeral

fungo ['fungo] *(pl* **-ghi)** *sm* 1. mushroom 2. *MED* fungus ● **fungo mangereccio** edible mushroom

funicolare [funiko'lare] *sf* funicular railway

funivia [funi'via] *sf* cable way

funzionamento [funtsjona'mento] *sm* functioning

funzionare [funtsjo'nare] *vi* to work ● **funzionare da** *v + prep* to act as

funzione [fun'tsjone] *sf* 1. function 2. *(compito)* duty 3. *(religiosa)* service ● **essere in funzione** to be working ● **in funzione di** *(secondo)* according to

fuoco ['fwɔko] *(pl* **-chi)** *sm* 1. fire 2. *(fornello)* ring 3. *(in ottica)* focus ● **al fuoco!** fire! ● **dar fuoco a qc** to set fire to sthg ● **fare fuoco** to fire ● **prender fuoco** to catch fire ● **fuochi d'artificio** fireworks

fuorché [fwor'ke] *cong* except

fuori ['fwɔri] ◇ *avv* 1. out, outside 2. *(fuori di casa)* out 3. *(all'aperto)* outdoors, outside ◇ *prep* ● **fuori (di)** out of, outside ● **far fuori qn** *(fam)* to kill sb ● **essere fuori di sé** to be beside oneself ● **lasciare fuori** to leave out ● **tirare fuori** to get out ● **fuori luogo** uncalled for ● **andare fuori strada** to leave the road ▼ **fuori servizio** out of order

fuoribordo [fwori'bordo] *sm inv* outboard

fuorilegge [fwori'ledʒe] *smf inv* outlaw

fuoristrada [fwori'strada] ◇ *sm inv* Jeep® ◇ *agg inv* ● **moto fuoristrada** trail bike

fuorviare [fwor'vjare] *vt* to mislead

furbo, a ['furbo, a] *agg* **1.** clever, smart **2.** *(spreg)* cunning

furgone [fur'gone] *sm* van

furia ['furja] *sf* **1.** *(ira)* fury **2.** *(impeto)* violence ● **a furia di fare qc** by (means of) doing sthg ● **andare su tutte le furie** to get into a towering rage

furioso, a [fu'rjozo, a] *agg* furious

furore [fu'rore] *sm* fury ● **far furore** to be all the rage

furto ['furto] *sm* theft ● **furto con scasso** burglary

fusa ['fuza] *sfpl* ● **fare le fusa** to purr

fusibile [fu'zibile] *sm* fuse

fusione [fu'zjone] *sf* **1.** *(di cera, metallo)* melting **2.** *(unione)* fusion

fuso, a ['fuso, a] ◇ *pp* → **fondere** ◇ *sm* ● **fuso orario** time zone

fustino [fus'tino] *sm* tub

fusto ['fusto] *sm* **1.** *(di pianta)* stem **2.** *(contenitore)* drum **3.** *(fam)* *(ragazzo)* hunk

futile ['futile] *agg* futile

futuro, a [fu'turo, a] *agg & sm* future

g G

gabbia ['gabbja] *sf* cage

gabbiano [gab'bjano] *sm* seagull

gabinetto [gabi'netto] *sm* **1.** *(bagno)* toilet **2.** *(ministero)* cabinet **3.** *(di dentista)* surgery

gaffe [gaf] *sf inv* blunder

gala ['gala] *sf* **1.** *(sfarzo)* pomp **2.** *(festa)* gala

galassia [ga'lassja] *sf* galaxy

galateo [gala'teo] *sm* etiquette

galera [ga'lera] *sf* prison

galla ['galla] *sf* ● **stare a galla** to float ● **venire a galla** *(fig)* to come out

galleggiante [galledʒ'dʒante] ◇ *agg* floating ◇ *sm* **1.** *(boa)* buoy **2.** *(per la pesca)* float

galleria [galle'ria] *sf* **1.** *(traforo)* tunnel **2.** *(museo)* gallery **3.** *(di teatro)* circle **4.** *(di cinema)* balcony **5.** *(strada coperta)* arcade

galletta [gal'letta] *sf* cracker

gallina [gal'lina] *sf* hen

gallo ['gallo] *sm* cock

gamba ['gamba] *sf* leg ● **essere in gamba** to be smart

gamberetto [gambe'retto] *sm* shrimp

gambero ['gambero] *sm* prawn

gamberoni [gambe'roni] *smpl* ● **gamberoni alla griglia** grilled crayfish

gambo ['gambo] *sm* stem

gancio ['gantʃo] *sm* hook

gangheri ['gangeri] *smpl* ● **essere fuori dai gangheri** to fly off the handle

gara ['gara] *sf* **1.** *(nello sport)* race **2.**

(concorso) competitive bidding ● **fare a gara** to compete

garage [ga'raʒ] *sm inv* garage

garantire [garan'tire] *vt* to guarantee

garanzia [garan'tsia] *sf* 1. (di merce) guarantee 2. (di debito) guarantee, security

gareggiare [gared'dʒare] *vi* to compete

gargarismo [garga'rizmo] *sm* ● **fare i gargarismi** to gargle

garza ['gardza] *sf* gauze

garzone [gar'dzone] ● **garzone** *sm* boy

gas [gas] *sm inv* gas ● **dare gas** to step on the gas ● **gas lacrimogeno** tear gas

gasato, a [ga'zato, a] = **gassato**

gasolio [ga'zɔljo] *sm* diesel oil

gassato, a [gas'sato, a] *agg* (bevanda) fizzy

gassosa [gas'sosa] *sf* fizzy drink

gastronomia [gastrono'mia] *sf* 1. gastronomy 2. (negozio) delicatessen

gastronomico, a, ci, che [gastro'nɔmiko] *agg* gastronomic

gattino, a [gat'tino, a] *sm,f* kitten

gatto, a ['gatto, a] *sm,f* cat ● **gatto delle nevi** snow cat ● **eravamo in quattro gatti** there were only a few of us

gazzetta [gadz'dzetta] *sf* gazette

G.d.F. *abbr* = **Guardia di Finanza**

gel [dʒɛl] *sm inv* gel

gelare [dʒe'lare] *vi, vt* & *v impers* to freeze

gelateria [dʒelate'ria] *sf* ice-cream shop (UK), ice-cream parlour (US)

gelatina [dʒela'tina] *sf* gelatine ● **gelatina di frutta** fruit jelly

gelato, a [dʒe'lato, a] ◇ *agg* frozen ◇ *sm* ice cream

gelido, a ['dʒɛlido, a] *agg* freezing, icy

gelo ['dʒɛlo] *sm* 1. (freddo) intense cold 2. (ghiaccio) ice

gelosia [dʒelo'sia] *sf* jealousy

geloso, a [dʒe'lozo, a] *agg* jealous

gemello, a [dʒe'mɛllo, a] *agg* twin ◆ **gemelli** *smpl* (di camicia) cuff links ◆ **Gemelli** *smpl* Gemini *sg*

gemere ['dʒɛmere] *vi* to moan

gemma ['dʒemma] *sf* 1. (pietra) gem 2. (di pianta) bud

generale [dʒene'rale] *agg* & *sm* general ● **in generale** in general

generalità [dʒenerali'ta] *sfpl* particulars

generalmente [dʒeneral'mente] *avv* generally

generare [dʒene'rare] *vt* (produrre) to generate, to produce

generatore [dʒenera'tore] *sm* generator

generazione [dʒenerats'tsjone] *sf* generation

genere ['dʒɛnere] *sm* 1. (tipo) kind, type 2. (di arte) genre 3. GRAMM gender 4. (di animali, vegetali) genus ● **il genere umano** mankind ● **in genere** generally ◆ **generi** *smpl* ● **generi alimentari** foodstuffs

generico, a, ci, che [dʒe'nɛriko, a, tʃi, ke] *agg* 1. (generale) generic 2. (vago) vague ● **medico generico** general practitioner

genero ['dʒɛnero] *sm* son-in-law

generoso, a [dʒene'roso, a] *agg* generous

gengiva [dʒen'dʒiva] *sf* gum

geniale [dʒe'njale] *agg* brilliant

genio ['dʒɛnjo] *sm* genius ● **andare a genio a qn** to be liked by sb

genitali *smpl* genitals

genitore [dʒeni'tore] *sm* parent ● **i**

nostri genitori our parents

gennaio [dʒen'najo] *sm* January ➢ settembre

Genova ['dʒɛnova] *sf* Genoa

gente ['dʒɛnte] *sf* people *pl*

gentile [dʒen'tile] *agg* kind, nice ● Gentile Signore Dear Sir ● Gentile Signor G. Paoli Mr G. Paoli

gentilezza [dʒenti'letstsa] *sf* kindness ● per gentilezza please

gentiluomo [dʒenti'lwɔmo] (*pl* **gentiluomini**) *sm* gentleman

genuino, a [dʒenu'ino, a] *agg* genuine

geografia [dʒeogra'fia] *sf* geography

geologia [dʒeolo'dʒia] *sf* geology

geometria [dʒeome'tria] *sf* geometry

Georgia [dʒe'ɔrdʒa] *sf* ● la Georgia Georgia

geranio [dʒe'ranjo] *sm* geranium

gerarchia [dʒerar'kia] *sf* hierarchy

gergo [dʒergo] (*pl* **-ghi**) *sm* **1.** (*di giovani*) slang **2.** (*specialistico*) jargon

Germania [dʒer'manja] *sf* ● la Germania Germany

germe ['dʒɛrme] *sm* germ

gerundio [dʒe'rundjo] *sm* gerund

gesso ['dʒɛsso] *sm* **1.** chalk **2.** (*per frattura*) plaster

gestione [dʒes'tjone] *sf* management

gestire [dʒes'tire] *vt* to run

gesto ['dʒɛsto] *sm* gesture

gestore [dʒes'tore] *sm* manager

Gesù [dʒe'zu] *sm* Jesus

gettare [dʒet'tare] *vt* **1.** (*lanciare*) to throw **2.** (*buttar via*) to throw away **3.** (*grido*) to utter **4.** (*acqua*) to spout **5.** (*scultura*) to cast ▼ non gettare alcun oggetto dal finestrino do not throw objects out of the window ● gettarsi

vr ● gettarsi da/in to throw o.s. from/into ● gettarsi in (*fiume*) to flow into

getto ['dʒɛtto] *sm* **1.** (*d'acqua, gas*) jet **2.** (*vapore*) puff ● di getto (*scrivere*) in one go

gettone [dʒet'tone] *sm* token ● gettone telefonico telephone token

ghiacciaio [gjat'tʃajo] *sm* glacier

ghiacciato, a [gjat'tʃato, a] *agg* **1.** frozen **2.** (*freddo*) ice-cold

ghiaccio ['gjattʃo] *sm* ice

ghiacciolo [gjat'tʃɔlo] *sm* **1.** (*gelato*) ice lolly (*UK*), Popsicle® (*US*) **2.** (*di fontana*) icicle

ghiaia ['gjaja] *sf* gravel

ghiandola ['gjandola] *sf* gland

ghiotto, a ['gjotto, a] *agg* **1.** (*persona*) greedy **2.** (*cibo*) appetizing

già [dʒa] ◇ *avv* **1.** already **2.** (*precedentemente*) already, before ◇ *esclam* of course!, yes! ● di già? already?

giacca ['dʒakka] (*pl* **-che**) *sf* jacket ● giacca a vento windcheater

giacché [dʒak'ke] *cong* as, since

giaccone [dʒak'kone] *sm* heavy jacket

giacere [dʒa'tʃere] *vi* to lie

giallo, a ['dʒallo, a] ◇ *agg* **1.** (*colore*) yellow **2.** (*carnagione*) sallow ◇ *sm* **1.** (*colore*) yellow **2.** (*romanzo*) detective story ● film giallo thriller ● giallo dell'uovo yolk

gianduiotto [dʒandu'jɔtto] *sm* hazelnut chocolate

Giappone [dʒap'pone] *sm* ● il Giappone Japan

giapponese [dʒappo'nese] *agg, smf & sm* Japanese

giardinaggio [dʒardi'nadʒdʒo] *sm* gardening

giardiniera [dʒardiˈnjɛra] *sf (verdure)* starter of mixed pickled vegetables > **giardiniere**

giardiniere, a [dʒardiˈnjɛre, a] *sm,f* gardener

giardino [dʒarˈdino] *sm* garden ● **giardino botanico** botanical gardens *pl* ● **giardino d'infanzia** nursery, kindergarten ● **giardino pubblico** park ● **giardino zoologico** zoo

gigante, a [dʒiˈgante] ◇ *agg (enorme)* gigantic ◇ *sm* giant

gigantesco, a, schi, sche [dʒiganˈtesko, a, ski, ske] *agg* gigantic

gilè [dʒiˈlɛ] *sm inv* waistcoat

gin [dʒin] *sm inv* gin

ginecologo, a, gi, ghe [dʒineˈkɔlogo, a, dʒi, ge] *sm,f* gynaecologist

ginestra [dʒiˈnɛstra] *sf* broom

Ginevra [dʒiˈnevra] *sf* Geneva

ginnastica [dʒinˈnastika] *sf* gymnastics *sg* ● **fare ginnastica** to do exercises

ginocchio [dʒiˈnɔkkjo] *(mpl* **ginocchi,** *fpl* **ginocchia)** *sm* knee ● **stare in ginocchio** to be on one's knees, to kneel

giocare [dʒoˈkare] ◇ *vi* 1. to play 2. *(scommettere)* to gamble ◇ *vt* 1. to play 2. *(scommettere)* to gamble 3. *(ingannare)* to take in ● **sai giocare a tennis?** can you play tennis? ● **giocarsi il posto** to lose one's job

giocatore, trice [dʒokaˈtore, ˈtritʃe] *sm,f* player ● **giocatore d'azzardo** gambler

giocattolo [dʒoˈkattolo] *sm* toy

gioco, chi [ˈdʒɔko, ki] *sm* 1. game 2. *(divertimento)* play ● **mettere in gioco qc** to risk sthg ● **gioco d'azzardo** game of chance ● **gioco di parole** pun ● **per gioco** as a joke

giocoliere [dʒokoˈljɛre] *sm* juggler

gioia [ˈdʒɔja] *sf* 1. joy 2. *(gioiello)* jewel ● **darsi alla pazza gioia** to live it up

gioielleria [dʒojelleˈria] *sf* jeweller's shop

gioiello [dʒoˈjɛllo] *sm* jewel, piece of jewellery

giornalaio, a [dʒornaˈlajo, a] *sm,f* newsagent (UK), newsdealer (US)

giornale [dʒorˈnale] *sm* 1. *(quotidiano)* newspaper 2. *(rivista)* magazine ● **giornale radio** news bulletin

giornaliero, a [dʒornaˈljɛro, a] *agg* daily

giornalista, i, e [dʒornaˈlista, i, e] *smf* journalist

giornata [dʒorˈnata] *sf* day ● **oggi è una bella giornata** it's lovely today ● **giornata lavorativa** working day ● **vivere alla giornata** to live for the day

giorno [ˈdʒorno] *sm* 1. *(ventiquattro ore)* day 2. *(opposto alla notte)* day, daytime 3. *(periodo di luce)* daylight ● **a giorni alterni** on alternate days ● **l'altro giorno** the other day ● **giorno feriale** working day ● **giorno festivo** holiday ● **giorno libero** day off ● **al giorno** by the day, per day ● **di giorno** by day, during the day

giostra [ˈdʒɔstra] *sf* merry-go-round

giovane [ˈdʒovane] *agg* young ● **da giovane** as a young man/woman ● **i giovani** young people

giovanile [dʒovaˈnile] *agg* youthful

giovanotto [dʒovaˈnɔtto] *sm* young man

giovare [dʒoˈvare] ● **giovare a** *v + prep* to be good for ● **giovarsi di** to make use of

giovedì [dʒoveˈdi] *sm inv* Thursday ● **giovedì grasso** last Thursday of Carnival, before Lent, **sabato**

gioventù [dʒoven'tu] *sf* **1.** *(età)* youth **2.** *(giovani)* young people *pl*

giovinezza [dʒovi'netstsa] *sf* youth

giraffa [dʒi'raffa] *sf* giraffe

giramento [dʒira'mento] *sm* • giramento di testa dizziness

girare [dʒi'rare] ◇ *vt* **1.** to turn **2.** *(visitare)* to go round **3.** *(filmare)* to shoot **4.** *(assegno, cambiale)* to endorse ◇ *vi* **1.** to turn **2.** *(velocemente)* to spin **3.** *(terra)* to revolve **4.** *(andare in giro)* to go around •

girarsi *vr* to turn around

girarrosto [dʒirar'rɔsto] *sm* spit

girasole [dʒira'sole] *sm* sunflower

girata [dʒi'rata] *sf* **1.** *(passeggiata)* stroll **2.** *(in macchina)* drive **3.** FIN endorsement

girello [dʒi'rello] *sm* **1.** *(di carne)* topside **2.** *(per bambini)* baby-walker

girevole [dʒi'revole] *agg* turning, revolving

giro ['dʒiro] *sm* **1.** *(viaggio)* tour **2.** *(rotazione)* turn **3.** *(di amici, colleghi)* circle **4.** *(di pista)* lap • fare un giro (a piedi) to go for a walk; *(in macchina)* to go for a drive; *(in bicicletta)* to go for a ride • fare il giro di *(città, negozi)* to go round • giro d'affari turnover • giro di parole circumlocution • giro di prova test drive • in giro around • nel giro di un anno in the space of a year • prendere in giro qn to tease sb, to pull sb's leg • essere su di giri to be excited

Giro d'Italia

First held in 1909, the *Giro d'Italia* is a 3,5000 km cycle race in twenty stages around the Italian peninsula that attracts an international field of competitors. The winner gets to wear the famous *maglia rosa* or pink jersey.

girotondo [dʒiro'tondo] *sm* ring-a-ring-o'-roses

gita ['dʒita] *sf* trip • andare in gita a Roma to go on a trip to Rome

giù [dʒu] *avv* **1.** down **2.** *(al piano di sotto)* downstairs • in giù down, downwards • giù di lì thereabouts • giù per le scale down the stairs • essere giù *(fig)* *(essere depresso)* to be low

giubbotto [dʒub'bɔtto] *sm* jacket

giudicare [dʒudi'kare] *vt* **1.** to judge **2.** *(reputare)* to consider **3.** DIR to find ◇ *vi* to judge

giudice ['dʒuditʃe] *sm* **1.** judge **2.** *(nello sport)* umpire

giudizio [dʒu'ditstsjo] *sm* **1.** judgment **2.** *(opinione)* opinion **3.** *(a scuola)* report • a mio giudizio in my opinion

giugno ['dʒuɲɲo] *sm* June ➤ settembre

giungere ['dʒundʒere] *vi* • giungere a/ in to reach

giungla ['dʒungla] *sf* jungle

giunta ['dʒunta] *sf* committee • per giunta in addition

giunto, a [' dʒunto, a] *pp* ➤ giungere

giuramento [dʒura'mento] *sm* oath

giurare [dʒu'rare] ◇ *vt* to swear ◇ *vi* to take an oath

giuria [dʒu'ria] *sf* **1.** *(di gare, concorsi)* judges *pl* **2.** *(di tribunale)* jury

giustificare [dʒustifi'kare] *vt* to justify

giustificazione [dʒustifikats'tsjone] *sf* **1.** *(scusa)* excuse **2.** SCOL note (of absence)

giustizia [dʒus'titstsja] *sf* justice

giusto, a ['dʒusto, a] ◇ *agg* **1.** *(equo)* fair,

just **2.** *(vero, adeguato)* right **3.** *(esatto)* correct ◇ *avv* **1.** *(esattamente)* correctly **2.** *(proprio)* just ● **cercavo giusto te!** you're just the person I was looking for!

gli [ʎi] ◇ *art m pl* (dav s + consonante, gn, ps, z, vocale e h) the ➝ **il** ◇ *pron* **1.** *(a lui)* (to) him **2.** *(a esso)* (to) it **3.** *(a loro)* (to) them ● **glielo hai detto?** have you told him/her? ● **gliene devo due** I owe him/her two (of them)

gliela [ˈʎela] ➝ **gli**
gliele [ˈʎele] ➝ **gli**
glieli [ˈʎeli] ➝ **gli**

globale [gloˈbale] *agg* global
globo [ˈglɔbo] *sm* globe
globulo [ˈglɔbulo] *sm* ● **globulo rosso/bianco** red/white corpuscle
gloria [ˈglɔrja] *sf* glory
gnocchi [ˈɲɔkki] *smpl* gnocchi *small dumplings made from potatoes and flour or from semolina*
goal [gɔl] *sm inv* goal
gobba [ˈgɔbba] *sf* **1.** *(su schiena)* hump **2.** *(rigonfiamento)* bump
gobbo, a [ˈgɔbbo, a] ◇ *agg* **1.** hunchbacked **2.** *(curvo)* round-shouldered ◇ *sm* hunchback
goccia [ˈgɔtʃa] *(pl* **-ce***) sf* drop
gocciolare [gotʃoˈlare] *vi & vt* to drip
godere [goˈdere] *vt* ● **godersi qc** to enjoy sthg ● **godere di** *v* + *prep (avere)* to enjoy ● **godere di una riduzione** to benefit from a reduction
goffo, a [ˈgɔffo, a] *agg* clumsy
gola [ˈgola] *sf* **1.** throat **2.** *(golosità)* greed **3.** *(di monte)* gorge
golf [gɔlf] *sm inv* **1.** *(maglia)* sweater, jumper **2.** *(sport)* golf
golfo [ˈgolfo] *sm* gulf

goloso, a [goˈlozo, a] *agg* greedy
gomito [ˈgomito] *sm* elbow
gomma [ˈgomma] *sf* **1.** rubber **2.** *(per cancellare)* rubber *(UK)*, eraser *(US)* **3.** *(pneumatico)* tyre ● **bucare** o **forare una gomma** to have a puncture ● **gomma a terra** flat tyre ● **gomma (da masticare)** chewing gum
gommapiuma® [gommaˈpjuma] *sf* foam rubber
gommista [gomˈmista] *sm* tyre centre
gommone [gomˈmone] *sm* rubber dinghy
gondola [ˈgondola] *sf* gondola
gondoliere [gondoˈljere] *sm* gondolier
gonfiare [gonˈfjare] *vt* **1.** *(pallone, gomme)* to inflate **2.** *(dilatare, ingrossare)* to swell **3.** *(notizia, impresa)* to exaggerate ◆
gonfiarsi *vr* **1.** to swell **2.** *(fiume)* to rise
gonfio, a [ˈgonfjo, a] *agg* **1.** *(piede, occhi)* swollen **2.** *(stomaco)* bloated
gonna [ˈgonna] *sf* skirt ● **gonna a pieghe** pleated skirt ● **gonna pantalone** culottes *pl*
gorgogliare [gorgoʎˈʎare] *vi* to gurgle
gorgonzola [gorgonˈdzɔla] *sm* Gorgonzola *(a strong green-veined cheese made from cow's milk)*
gorilla [goˈrilla] *sm inv* **1.** *(animale)* gorilla **2.** *(guardia del corpo)* bodyguard
goulash [ˈgulaʃ] *sm* goulash
governante [goverˈnante] *sf* **1.** *(per bambini)* governess **2.** *(di casa)* housekeeper
governare [goverˈnare] *vt* **1.** to govern **2.** *(animale)* to look after
governatore [governaˈtore] *sm* governor
governo [goˈverno] *sm* government
gracile [ˈgratʃile] *agg* delicate

gradazione [gradats'tsjone] *sf* **1.** *(di colori)* scale **2.** *(sfumatura)* shade ● **gradazione alcolica** alcoholic strength

gradevole [gra'devole] *agg* pleasant

gradinata [gradi'nata] *sf* **1.** *(scalinata)* (flight of) steps **2.** *(in stadi, teatri)* tiers *pl*

gradino [gra'dino] *sm* step

gradire [gra'dire] *vt* **1.** *(regalo)* to like, to appreciate **2.** *(desiderare)* to like ● **gradisce un caffè?** would you like a coffee?

grado [grado] *sm* **1.** degree **2.** *(sociale)* level **3.** *MIL* rank ● **quanti gradi ha questo vino?** how strong is this wine? ● **essere in grado di fare qc** to be able to do sthg ● **grado centigrado** centigrade

graduale [gradu'ale] *agg* gradual

graduatoria [gradwa'tɔrja] *sf* (ranked) list

graffetta [graf'fetta] *sf* **1.** *(fermaglio)* clip **2.** *(di pinzatrice)* staple

graffiare [graf'fjare] *vt* to scratch

graffio [graffjo] *sm* scratch

grafica [graffika] *sf* graphics *pl*

grafico, a, ci, che [graffiko, a, tʃi, ke] ◇ *agg (rappresentazione, arti)* graphic ◇ *sm,f (pubblicitario)* designer ◇ *sm* graph

grammatica [gram'matika] *(pl* **-che)** *sf* **1.** *(disciplina)* grammar **2.** *(libro)* grammar book

grammo ['grammo] *sm* gram

grana ['grana] ◇ *sf* **1.** *(fam)* *(soldi)* cash **2.** *(seccatura)* trouble ◇ *sm inv* a hard cheese similar to Parmesan

granaio [gra'najo] *sm* granary, barn

Gran Bretagna [grambre'taɲɲa] *sf* ● **la Gran Bretagna** Great Britain

granché [gran'ke] *pron* ● **non ne so (un) granché** I don't know much about it ●

non è (un) granché it's nothing special

granchio ['grankjo] *sm* crab ● **prendere un granchio** *(fig)* to blunder

grande ['grande] *(a volte gran)* ◇ *agg* **1.** *(gen)* big **2.** *(albero)* tall **3.** *(rumore)* loud **4.** *(scrittore, affetto, capacità)* great ◇ *sm (adulto)* grown-up, adult ● **grande magazzino** department store ● **cosa farai da grande?** what will you do when you grow up? ● **fare le cose in grande** to do things on a grand scale ● **è un gran bugiardo** he's such a liar ● **fa un gran caldo** it's very hot

grandezza [gran'detstsa] *sf* **1.** *(dimensioni)* size **2.** *(eccellenza)* greatness

grandinare [grandi'nare] *v impers* to hail

grandine ['grandine] *sf* hail

granello [gra'nɛllo] *sm (di sale, sabbia, polvere)* grain

granita [gra'nita] *sf* granita *(crushed ice with syrup, fruit juice or coffee poured over)*

grano ['grano] *sm* wheat

granturco [gran'turko] *sm* maize

grappa ['grappa] *sf (acquavite)* grappa *(spirit distilled from grape marc)*

grappolo ['grappolo] *sm* bunch

grasso, a ['grasso, a] ◇ *agg* **1.** *(persona)* fat **2.** *(cibo)* fatty **3.** *(pelle, capelli)* greasy ◇ *sm* **1.** fat **2.** *(unto)* grease

grassoccio, a, ci, ce [gras'sɔttʃo] *agg* plump

grata ['grata] *sf* grating

gratis ['gratis] *avv* free

gratitudine [grati'tudine] *sf* gratitude

grato, a ['grato, a] *agg* grateful

grattacielo [gratta'tʃelo] *sm* skyscraper

grattare [grat'tare] *vt* **1.** to scratch **2.** *(formaggio)* to grate **3.** *(fam)* *(rubare)* to pinch ● **grattarsi il naso/la gamba** to scratch one's nose/leg ◆ **grattarsi** *vr* to scratch o.s.

grattugia [grat'tudʒa, dʒe] *sf* grater

grattugiare [grattu'dʒare] *vt* to grate

gratuito, a [gra'tujto, a] *agg* free

grave ['grave] *agg* 1. *(malattia, ferita)* serious 2. *(danno, perdite)* serious, great 3. *(responsabilità)* heavy 4. *(sacrificio)* great 5. *(voce, suono)* deep 6. *(contegno)* solemn

gravemente [grave'mente] *avv* seriously

gravidanza [gravi'dantsa] *sf* pregnancy

gravità [gravi'ta] *sf* 1. *(in fisica)* gravity 2. *(serietà)* seriousness

grazia ['gratstsja] *sf* 1. grace 2. DIR pardon

grazie ['gratstsje] *esclam* thank you! ● **grazie tante** o **mille!** thank you so much! ● **grazie dei** o **per i fiori** thank you for the flowers ● **grazie a** thanks to

grazioso, a [grats'tsjoso, a] *agg* pretty, charming

Grecia [tʃa] *sf* ● **la Grecia** Greece

greco, a, ci, che ['grɛko, a, tʃi, ke] *agg* & *sm,f* Greek

gregge ['greddʒe] *(fpl* **greggi)** *sm* flock

greggio, a, gi, ge ['greddʒo, a, dʒi, dʒe] ◇ *agg* 1. raw, unrefined 2. *(tessuto)* unbleached ◇ *sm* crude oil

grembiule [grem'bjule] *sm* 1. *(da cucina)* apron 2. *(per bambini)* smock

grezzo, a ['greddzo] = **greggio**

gridare [gri'dare] ◇ *vi* 1. to shout 2. *(di dolore)* to yell, to cry out ◇ *vt* to shout

grido ['grido, 'grida, 'gridi] *(fpl* **grida)** *sm* *(di persona)* shout, cry ● **di grido** famous

grigio, a, gi, gie ['gridʒo, a, dʒi, dʒe] *agg* & *sm* grey

griglia ['griʎʎa] *sf* grill ● **alla griglia** grilled

grigliata [griʎ'ʎata] *sf* mixed grill *(of meat or fish)*

grill [gril] *sm* = **griglia**

grilletto [gril'letto] *sm* trigger

grillo ['grillo] *sm* cricket

grinta ['grinta] *sf* determination

grinzoso, a [grin'tsoso, a] *agg* 1. *(tessuto)* creased 2. *(pelle)* wrinkled

grissini [gris'sini] *smpl* bread-sticks

grolla ['grɔlla] *sf* wooden goblet or bowl, typical of the Valle d'Aosta

grondare [gron'dare] *vi* to stream ● **grondare di** *v + prep* to drip with

groppa ['grɔppa] *sf* rump

groppo ['grɔppo] *sm* tangle ● **avere un groppo alla gola** to have a lump in one's throat

grossista, i, e [gros'sista, i, e] *smf* wholesaler

grosso, a ['grɔsso, a] ◇ *agg* 1. big, large 2. *(spesso)* thick 3. *(importante)* important 4. *(grave)* great ◇ *sm* majority ● **dirla grossa** to tell a whopping lie ● **questa volta l'hai fatta grossa!** you've really done it this time! ● **sbagliarsi di grosso** to make a big mistake ● **mare grosso** rough sea ● **pezzo grosso** big shot ● **sale grosso** coarse salt

grossolano, a [grosso'lano, a] *agg* 1. *(persona)* coarse 2. *(lavoro)* crude 3. *(errore)* gross

grossomodo [grɔsso'mɔdo] *avv* roughly, approximately

grotta ['grɔtta] *sf* cave

grottesco, a, schi, sche [grot'tesko, a,

ski, ske] *agg* grotesque

groviera [gro'vjɛra] *sm o sf* Gruyère cheese

groviglio [gro'viʎʎo] *sm* tangle

gru [gru] *sf inv* (macchina) crane

gruccia [grutʃtʃa] *(pl* **-ce***) sf* **1.** (stampella) crutch **2.** (per abiti) coat hanger

grugnire [grup'pire] *vi* to grunt

grumo ['grumo] *sm* **1.** (di sangue) clot **2.** (di farina) lump

gruppo ['gruppo] *sm* group ● **gruppo sanguigno** blood group

gruviera [gru'vjɛra] = **groviera**

guadagnare [gwadaɲ'ɲare] *vt* **1.** (soldi) to earn **2.** (ottenere) to gain ● **guadagnarsi da vivere** to earn one's living

guadagno [gwa'daɲɲo] *sm* **1.** (denaro) earnings *pl* **2.** (tornaconto) profit

guado ['gwado] *sm* ford

guai ['gwaj] *esclam* ● **guai a te!** you'll be for it!

guaio ['gwajo] *sm* **1.** (pasticcio) trouble **2.** (inconveniente) problem ● **essere nei guai** to be in trouble ● **mettere qn nei guai** to get sb into trouble

guancia, ce ['gwantʃa, tʃe] *sf* cheek

guanciale [gwan'tʃale] *sm* pillow

guanto ['gwanto] *sm* glove

guardaboschi [gwarda'bɔski] *sm inv* forest ranger

guardacoste [gwarda'kɔste] *sm inv* **1.** (persona) coastguard **2.** (nave) (coastguard's) patrol boat

guardalinee [gwarda'linee] *sm inv* linesman

guardamacchine [gwarda'makkine] *sm inv* car park attendant

guardare [gwar'dare] ◇ *vt* **1.** (osservare) to look at, to watch **2.** (televisione, film)

to watch **3.** (bambini, borsa) to look after ◇ *vi* **1.** (edificio) to look, to face **2.** (badare) ● **non guardare a spese** to spare no expense ● **guarda!** look! ● **guardarsi** *vr* to look at o.s. ● **guardarsi da** to be wary of ● **guardarsi dal fare qc** to be careful not to do sthg

guardaroba [gwarda'rɔba] *sm inv* **1.** wardrobe **2.** (di locale) cloakroom

guardia ['gwardja] *sf* **1.** guard **2.** (attività) watch, guard duty ● **fare la guardia a** to guard ● **mettere qn in guardia contro qc** to warn sb about sthg ● **guardia del corpo** bodyguard ● **Guardia di Finanza** military body responsible for customs and fiscal matters ● **guardia forestale** forest ranger ● **guardia medica** first-aid station ● **di guardia** on duty

guardiano, a [gwar'djano, a] *sm* caretaker ● **guardiano notturno** night watchman

guardrail [gard'rejl o gward'rajl] *sm inv* crash barrier

guarire [gwa'rire] ◇ *vi* **1.** to recover **2.** (ferita) to heal ◇ *vt* **1.** to cure **2.** (ferita) to heal

guarnizione [gwarnits'tsjone] *sf* **1.** (ornamento) trim **2.** (contorno) accompaniment, garnish **3.** (per recipienti) seal **4.** (di auto) gasket

guastafeste [gwasta'fɛste] *smf inv* spoilsport

guastare [gwas'tare] *vt* to spoil ● **guastarsi** *vr* **1.** (meccanismo) to break down **2.** (cibo) to go bad **3.** (tempo) to change for the worse

guasto, a ['gwasto, a] ◇ *agg* **1.** (radio) broken **2.** (ascensore, telefono) out of order **3.** (cibo) bad ◇ *sm* breakdown ● **un guasto al motore** engine trouble

guerra ['gwɛrra] *sf* war ● **essere in guerra** to be at war ● **guerra mondiale** World War

guerriglia [gwer'riʎʎa] *sf* guerrilla warfare

gufo ['gufo] *sm* owl

guglia ['guʎʎa] *sf* spire

guida ['gwida] *sf* 1. guide 2. *(di veicolo)* driving ● **guida a destra** right-hand drive ● **guida a sinistra** left-hand drive

guidare [gwi'dare] *vt* 1. *(veicolo)* to drive 2. *(accompagnare)* to guide ● **sai guidare?** can you drive?

guidatore, trice [gwida'tore, 'tritʃe] *sm,f* driver

guinzaglio [gwin'tsaʎʎo] *sm* lead

guscio ['guʃʃo] *sm (di lumaca)* shell

gustare [gus'tare] *vt* 1. *(cibo)* to taste 2. *(godersi)* to enjoy

gusto ['gusto] *sm* taste ● **al gusto di banana** banana-flavoured ● **mangiare di gusto** to enjoy one's food ● **ridere di gusto** to laugh heartily ● **ci ha preso gusto** he's come to like it

gustoso, a [gus'tozo, a] *agg* tasty

h H

ha [a] ➤ **avere**

habitat ['abitat] *sm inv* habitat

hai ['ai] ➤ **avere**

hall [ɔl] *sf inv* hall, foyer

hamburger [am'burger] *sm inv* hamburger

handicap ['andikap] *sm inv* handicap

handicappato, a [andikap'pato, a] ◇ *agg* handicapped ◇ *sm,f* handicapped person, disabled person

hanno ['anno] ➤ **avere**

hardware ['ardwer] *sm INFORM* hardware

henné [en'ne] *sm inv* henna

hg *(abbr di ettogrammo)* hg

hi-fi [ai'fai] *sm inv* hi-fi

hippy ['ippi] *agg inv & smf inv* hippy

hi-tech [ai'tɛk] *sm inv* hi-tech

ho [ɔ] ➤ **avere**

hobby ['ɔbbi] *sm inv* hobby

hockey ['ɔkei] *sm* hockey *(UK)*, field hockey *(US)* ● **hockey su ghiaccio** ice hockey

hostess ['ɔstes] *sf inv (di volo)* airhostess

hotel [o'tɛl] *sm inv* hotel

i I

i [i] *art m pl* ➤ **il**

iceberg ['ajsberg] *sm inv* iceberg

icona [i'kona] *sf* 1. *INFORM* icona 2. *(immagine religiosa)* icon

Iddio [i'dio] *sm* God

idea [i'dɛa] *sf* 1. idea 2. *(opinione, impressione)* impression 3. *(progetto)* ● **avere idea di fare qc** to think of doing sthg ● **neanche per idea!** don't even think about it! ● **non avere la più pallida idea di qc** not to have the slightest idea of sthg ● **non ne ho idea** I've no idea ● **cambiare idea** to change one's mind

ideale [ide'ale] *agg* & *sm* ideal

ideare [ide'are] *vt* **1.** *(metodo, sistema)* to devise **2.** *(viaggio)* to plan

idem ['idem] *avv* *(fam)* *(lo stesso)* the same

identico, a, ci, che [i'dɛntiko, a, tʃi, ke] *agg* identical

identità [identi'ta] *sf inv* identity

ideologia, gie [ideolo'dʒia] *sf* ideology

idiota, i, e [i'djɔta, i, e] ◇ *agg* idiotic, stupid ◇ *smf* idiot

idolo ['idolo] *sm* idol

idoneo, a [i'dɔneo, a] *agg (adatto)* • **idoneo a** a suitable for; *MIL* fit for

idrante [i'drante] *sm* hydrant

idratante [idra'tante] *agg* moisturizing

idratare [idra'tare] *vt* to moisturize

idraulico, a, ci, che [i'drawliko, a, tʃi, ke] ◇ *agg* hydraulic ◇ *sm* plumber • **impianto idraulico** plumbing

idrofilo [i'drɔfilo] *agg m* ➤ **cotone**

idrogeno [i'drɔdʒeno] *sm* hydrogen

idrosolubile [idroso'lubile] *agg* soluble (in water)

iella ['jɛlla] *sf (fam)* bad luck

iena ['jɛna] *sf* **1.** *(animale)* hyena **2.** *(fig) (persona)* monster

ieri ['jɛri] *avv* yesterday • **ieri mattina** yesterday morning • **ieri notte** last night • **l'altro ieri, ieri l'altro** the day before yesterday • **la posta di ieri** yesterday's mail

igiene [i'dʒɛne] *sf* hygiene

igienico, a, ci, che [i'dʒɛniko, a, tʃi, ke] *agg* hygienic

ignorante [iɲɲo'rante] *agg* ignorant

ignorare [iɲɲo'rare] *vt* **1.** *(non sapere)* not to know **2.** *(trascurare)* to ignore

ignoto, a [iɲ'ɲɔto, a] *agg* unknown

il [il] *(mpl* **i***; dav sm lo (pl* **gli***) + s + consonante, gn, ps, z; f* **la***, fpl* **le***; dav sm o sf* **l'** *+ vocale e h)* *art* **1.** *(gen)* the **2.** *(con nome comune)* • **il lago** the lake • **la finestra** the window • **lo studente** the student • **l'isola** the island **3.** *(con nome astratto)* • **il tempo** time • **la vita** life **4.** *(con titolo)* • **il Signor Pollini** Mr Pollini • **la regina Elisabetta** Queen Elizabeth **5.** *(con nomi geografici)* • **il Po** the Po • **le Dolomiti** the Dolomites **6.** *(indica possesso)* • **si è rotto il naso** he broke his nose • **ha i capelli biondi** she has fair hair **7.** *(indica il tempo)* • **il sabato** *(tutti i sabati)* on Saturday; *(quel sabato)* on Saturday • **la sera** in the evening • **è il 29 dicembre** it's the 29th of December • **dopo le tre** after three o'clock **8.** *(ciascuno)* • **2 euro l'uno** 2 euro each

illazione [illats'tsjone] *sf* inference

illecito, a [il'letʃito, a] *agg* illicit

illegale [ille'gale] *agg* illegal

illegittimo, a [ille'dʒittimo, a] *agg* illegitimate

illeso, a [il'lezo, a] *agg* unhurt

illimitato, a [illimi'tato, a] *agg* **1.** *(spazio, tempo)* unlimited **2.** *(fiducia)* absolute

illudere [il'ludere] *vt* to deceive ◆ **illudersi** *vr* to deceive o.s.

illuminare [illumi'nare] *vt* to light up, to illuminate

illuminazione [illuminats'tsjone] *sf* **1.** lighting **2.** *(fig) (intuizione)* enlightenment

illusione [illu'zjone] *sf* **1.** *(falsa apparenza)* illusion **2.** *(falsa speranza)* delusion

illusionista, i, e [illuzjo'nista, i, e] *smf* conjurer

illuso, a [il'luzo, a] ◇ *pp* ➤ illudere ◇ *sm,f* ● essere un illuso to be fooling o.s.

illustrare [illus'trare] *vt* to illustrate

illustrazione [illustrats'tsjone] *sf* illustration, picture

imballaggio [imbal'laddʒo] *sm* packaging

imballare [imbal'lare] *vt* to pack (up)

imbalsamare [imbalsa'mare] *vt* to embalm

imbarazzante [imbarats'tsante] *agg* embarrassing

imbarazzare [imbarats'tsare] *vt* to embarrass

imbarazzato, a [imbarats'tsato, a] *agg* embarrassed

imbarcadero [imbarka'dɛro] *sm* landing stage

imbarcare [imbar'kare] *vt* 1. *(passeggero)* to board 2. *(merce)* to load ● **imbarcarsi** *vr* to board

imbarcazione [imbarkats'tsjone] *sf* boat ● **imbarcazioni da diporto** pleasure boats

imbarco [im'barko] *(pl* -**chi)** *sm* 1. *(salita a bordo)* boarding 2. *(carico)* loading 3. *(luogo)* point of departure

imbattersi [im'battersi] ● **imbattersi in** to run into

imbecille [imbe'tʃille] ◇ *agg* stupid, idiotic ◇ *smf* imbecile, idiot

imbellire [imbel'lire] ◇ *vt* to embellish ◇ *vi* to become more beautiful

imbiancare [imbjan'kare] ◇ *vt* to whitewash ◇ *vi (diventare bianco)* to turn white

imbianchino [imbjan'kino] *sm* decorator

imboccare [imbok'kare] *vt* 1. *(bambino)* to feed 2. *(strada)* to turn into

imboccatura [imbokka'tura] *sf* 1. *(di condotto)* mouth 2. *(di strada)* entrance 3. *(di strumento musicale)* mouthpiece

imbocco [im'bokko] *(pl* -**chi)** *sm* entrance

imbottigliare [imbottiʎ'ʎare] *vt* 1. *(liquido)* to bottle 2. *(nave)* to blockade ● **è rimasto imbottigliato** he got stuck in a traffic jam

imbottire [imbot'tire] *vt* 1. *(cuscino)* to stuff 2. *(giacca)* to pad

imbottito, a [imbot'tito, a] *agg* 1. stuffed 2. *(indumento)* padded, quilted ● **panino imbottito** filled roll

imbranato, a [imbra'nato, a] *agg (fam)* clumsy

imbrattare [imbrat'tare] *vt* to dirty

imbrogliare [imbroʎ'ʎare] *vt* 1. *(ingannare)* to deceive 2. *(ingarbugliare)* to entangle

imbroglio [im'brɔʎʎo] *sm* swindle

imbroglione, a [imbroʎ'ʎone, a] *sm,f* swindler

imbronciato, a [imbron'tʃato, a] *agg* sulky

imbucare [imbu'kare] *vt* to post (UK), to mail (US)

imburrare [imbur'rare] *vt* to butter

imbuto [im'buto] *sm* funnel

imitare [imi'tare] *vt* to imitate

imitazione [imitats'tsjone] *sf* imitation

immacolato, a [immako'lato] *agg* 1. *(bianco)* pure white 2. *(puro)* immaculate, pure

immaginare [immadʒi'nare] *vt* 1. *(rappresentarsi)* to imagine 2. *(supporre)* to suppose ● **si immagini!** don't mention it! ● **immaginare di fare qc** to imagine doing sthg

immaginazione [immadʒinats'tsjone] *sf* imagination

immagine [im'madʒine] *sf* image

immatricolare [immatriko'lare] *vt* **1.** *(auto)* to register **2.** *(studente)* to enrol

immaturo, a [imma'turo, a] *agg* immature

immedesimarsi [immedezi'marsi] ♦ **immedesimarsi in** to identify with

immediatamente [immedjata'mente] *avv* immediately

immediato, a [imme'djato, a] *agg* immediate

immenso, a [im'mɛnso, a] *agg* immense, enormous

immergere [im'mɛrdʒere] *vt* to immerse ♦ **immergersi** *vr* to dive ♦ **immergersi in** *(dedicarsi a)* to immerse o.s. in

immersione [immer'sjone] *sf* dive

immerso, a [im'mɛrso, a] *pp* ➤ **immergere**

immesso, a [im'messo, a] *pp* ➤ **immettere**

immettere [im'mettere] *vt* to introduce

immigrante [immi'grante] *smf* immigrant

immigrato, a [immi'grato, a] *sm,f* immigrant

imminente [immi'nɛnte] *agg* imminent

immobile [im'mobile] ♦ *agg* immobile ♦ *sm* property *(UK)*, real estate *(US)*

immobiliare [immobi'ljare] *agg* property *(dav s)* *(UK)*, real estate *(dav s)* *(US)*

immodesto, a [immo'dɛsto, a] *agg* immodest

immondizia [immon'ditstsja] *sf* rubbish

immorale [immo'rale] *agg* immoral

immortale [immor'tale] *agg* immortal

immunità [immuni'ta] *sf* immunity

immunizzare [immunidz'dzare] *vt* to immunize

impacchettare [impakket'tare] *vt* to wrap

impacciato, a [impatʃ'tʃato, a] *agg* **1.** *(goffo)* awkward **2.** *(imbarazzato)* embarrassed

impacco [im'pakko] *(pl -chi)* *sm* compress

impadronirsi [impadro'nirsi] ♦ **impadronirsi di** *(città, beni)* to take possession of; *(lingua)* to master

impalcatura [impalka'tura] *sf* scaffolding

impallidire [impalli'dire] *vi* to go pale

impalpabile [impal'pabile] *agg* impalpable

impappinarsi [impappi'narsi] *vr* to stumble

imparare [impa'rare] *vt* to learn ♦ **imparare a fare qc** to learn to do sthg

imparziale [impar'tsjale] *agg* impartial, unbiased

impassibile [impas'sibile] *agg* impassive

impastare [impas'tare] *vt* **1.** *(pane)* to knead **2.** *(mescolare)* to mix

impasto [im'pasto] *sm* **1.** *(di farina)* dough **2.** *(amalgama)* mixture

impatto [im'patto] *sm* impact

impaurire [impau'rire] *vt* to frighten ♦ **impaurirsi** *vr* to get frightened

impaziente [impats'tsjente] *agg* impatient ♦ **essere impaziente di fare qc** to be impatient to do sthg

impazzire [impats'tsire] *vi* to go mad

impedimento [impedi'mento] *sm* obstacle

impedire [impe'dire] *vt* **1.** *(ostacolare)* to

obstruct **2.** *(vietare)* ● **impedire a qn di fare qc** to prevent sb from doing sthg

impegnare [impeɲ'ɲare] *vt* **1.** *(occupare)* to keep busy **2.** *(dare in pegno)* to pawn ● **impegnarsi a fare qc** to undertake to do sthg ● **impegnarsi in qc** to commit o.s. to sthg

impegnativo, a [impeɲɲa'tivo, a] *agg* **1.** *(lavoro)* demanding, exacting **2.** *(promessa)* binding

impegnato, a [impeɲ'ɲato, a] *agg* **1.** *(occupato)* busy **2.** *(militante)* committed

impegno [im'peɲɲo] *sm* **1.** commitment **2.** *(incombenza)* engagement, appointment

impellente [impel'lɛnte] *agg* pressing, urgent

impenetrabile [impene'trabile] *agg* impenetrable

impennarsi [impen'narsi] *vr* **1.** *(cavallo)* to rear (up) **2.** *(moto)* to do a wheelie **3.** *(aereo)* to climb

impennata [impen'nata] *sf* **1.** *(di cavallo)* rearing **2.** *(di moto)* wheelie **3.** *(di aereo)* climb

impensabile [impen'sabile] *agg* unthinkable, inconceivable

impepata [impe'pata] *sf* ● **impepata di cozze** mussels cooked with lots of pepper or chilli *(a speciality of Naples)*

imperativo [impera'tivo] *sm* imperative

imperatore, trice [impera'tore, 'tritʃe] *sm,f* emperor *(f* empress)

imperfezione [imperfets'tsjone] *sf* imperfection

impermeabile [imperme'abile] ◇ *agg* waterproof ◇ *sm* raincoat

impero [im'pɛro] *sm* empire

impersonale [imperso'nale] *agg* impersonal

impersonare [imperso'nare] *vt* to play

impertinente [imperti'nɛnte] *agg* impertinent

imperturbabile [impertur'babile] *agg* imperturbable

imperversare [imperver'sare] *vi* **1.** *(calamità)* to rage **2.** *(fam)* *(moda)* to be all the rage

impervio, a [im'pɛrvjo, a] *agg* passable with difficulty

impeto ['impeto] *sm* **1.** *(forza)* force **2.** *(slancio)* surge

impianto [im'pjanto] *sm* **1.** *(installazione)* installation **2.** *(elettrico, del gas, antifurto)* system **3.** *(macchinario)* plant ● **impianto di riscaldamento** heating system ● **impianto sportivo** sports complex ● **impianti di risalita** ski lifts

impiccare [impik'kare] *vt* to hang ● **impiccarsi** *vr* to hang o.s.

impiccione, a [impitʃ'tʃone, a] *sm,f* busybody

impiegare [impje'gare] *vt* **1.** *(tempo)* to take **2.** *(utilizzare)* to use **3.** *(assumere)* to employ ● **impiegarsi** *vr* to get a job

impiegato, a [impje'gato, a] *sm,f* employee ● **impiegato di banca** bank clerk

impiego [im'pjɛgo] *sm* (*pl* **-ghi**) **1.** *(lavoro)* work, employment **2.** *(uso)* use

impigliare [impiʎ'ʎare] *vt* to entangle ● **impigliarsi** *vr* ● **impigliarsi in qc** to get entangled in sthg

impigrire [impi'grire] ◇ *vt* to make lazy ◇ *vi* to become lazy ● **impigrirsi** *vr* to become lazy

implacabile [impla'kabile] *agg* implacable, relentless

implicare [impli'kare] *vt* **1.** *(comportare)* to imply, to entail **2.** *(coinvolgere)* to involve

implicato, a [impli'kato, a] *agg* • **essere implicato in qc** to be implicated in sthg

implicazione [implikats'tsjone] *sf* implication

implicito, a [im'plitʃito, a] *agg* implicit

implorare [implo'rare] *vt* to implore

impolverare [impolve'rare] *vt* to cover with dust • **impolverarsi** *vr* to get dusty

imponente [impo'nente] *agg* imposing

impopolare [impopo'lare] *agg* unpopular

imporre [im'porre] *vt* **1.** *(volontà, silenzio)* to impose **2.** *(costringere)* • **imporre a qn di fare qc** to make sb do sthg • **imporsi** *vr* **1.** *(farsi ubbidire)* to impose o.s., to assert o.s. **2.** *(avere successo)* to be successful • **imporsi di fare qc** to make o.s. do sthg

importante [impor'tante] *agg* important

importanza [impor'tantsa] *sf* importance • **avere importanza** to be important, to matter • **dare importanza a qc** to give weight to sthg

importare [impor'tare] ◇ *vt* to import ◇ *vi* to matter, to be important ◇ *v impers* to matter • **non importa!** it doesn't matter! • **non mi importa** I don't care

importato, a [impor'tato, a] *agg* imported

importazione [importats'tsjone] *sf* **1.** importation **2.** *(prodotto)* import

importo [im'porto] *sm* amount

importunare [importu'nare] *vt* to bother

impossessarsi [imposses'sarsi] • **im-**

possessarsi di to take possession of

impossibile [impos'sibile] ◇ *agg* impossible ◇ *sm* • **fare l'impossibile** to do all one can

impostare [impos'tare] *vt* **1.** *(lettera)* to post *(UK)*, to mail *(US)* **2.** *(lavoro)* to plan **3.** *(domanda)* to formulate

imposto, a [im'posto, a] *pp* > **imporre**

impostore, a [impos'tore, a] *sm,f* impostor

impotente [impo'tente] *agg* **1.** powerless **2.** *MED* impotent

impraticabile [imprati'kabile] *agg* impassable

imprecare [impre'kare] *vi* to curse

imprecazione [imprekats'tsjone] *sf* curse

impregnare [impren'nare] *vt* • **impregnare qc (di qc)** *(inzuppare)* to soak sthg (with sthg); *(di fumo, odore)* to impregnate sthg (with sthg)

imprenditore, trice [imprendi'tore, 'tritʃe] *sm,f* **1.** *(industriale)* entrepreneur **2.** *(appaltatore)* contractor

impreparato, a [imprepa'rato, a] *agg* unprepared

impresa [im'presa] *sf* **1.** *(azione)* undertaking **2.** *(ditta)* business

impresario, a [impre'sarjo, a] *sm,f* *(teatrale)* impresario • **impresario edile** building constructor

impressionante [impressjo'nante] *agg* impressive

impressionare [impressjo'nare] *vt* **1.** *(turbare)* to disturb **2.** *(colpire)* to impress • **impressionarsi** *vr* to get upset

impressione [impres'sjone] *sf* **1.** impression **2.** *(sensazione)* impression, feeling • **ho l'impressione di conoscerlo** I have the impression o feeling I know him •

fare impressione *(colpire)* to impress; *(turbare)* to upset ● fare buona/cattiva impressione to make a good/bad impression

impresso, a [im'prɛsso, a] *pp* ➤ imprimere

imprestare [impres'tare] *vt* ● imprestare qc a qn to lend sthg to sb

imprevisto, a [impre'visto, a] ◇ *agg* unexpected ◇ *sm* unexpected event ● salvo imprevisti circumstances permitting

imprigionare [impridʒo'nare] *vt* **1.** *(incarcerare)* to imprison **2.** *(tenere chiuso)* to confine

imprimere [im'primere] *vt* **1.** to print **2.** *(movimento)* to transmit

improbabile [impro'babile] *agg* improbable, unlikely

impronta [im'pronta] *sf (di piede, mano, zampa)* print ● impronta digitale fingerprint

improvvisamente [improvviza'mente] *avv* suddenly, unexpectedly

improvvisare [improvvi'zare] *vt* to improvise ● improvvisarsi *vr* ● si è improvvisato cuoco he acted as cook

improvvisata [improvvi'zata] *sf* surprise

improvviso, a [improv'vizo, a] *agg* **1.** *(inatteso)* sudden, unexpected **2.** *(istantaneo)* sudden ● all'improvviso suddenly

imprudente [impru'dɛnte] *agg* **1.** *(persona)* unwise, imprudent **2.** *(azione)* rash

imprudenza [impru'dɛntsa] *sf* rash action

impudente [impu'dɛnte] *agg* impudent

impugnare [impuɲ'ɲare] *vt* **1.** *(stringere)* to grasp **2.** *DIR* to contest

impugnatura [impuɲɲa'tura] *sf* handle

impulsivo, a [impul'sivo, a] *agg* impulsive

impulso [im'pulso] *sm* impulse ● d'impulso on impulse

impuntarsi [impun'tarsi] *vr* **1.** *(bambino)* to stop dead **2.** *(cavallo)* to jib **3.** *(ostinarsi)* to dig one's heels in

imputare [impu'tare] *vt* ● imputare qc a qn to attribute sthg to sb ● imputare qn di qc to accuse sb of sthg

imputato, a [impu'tato, a] *sm,f* defendant

in [in] *prep* **1.** *(stato in luogo)* in ● abitare in campagna to live in the country ● essere in casa to be at home ● l'ho lasciato in macchina/nella borsa I left it in the car/in the bag ● vivo in Italia I live in Italy ● avere qc in mente to have sthg in mind **2.** *(moto a luogo)* to ● andare in Italia to go to Italy ● andare in montagna to go to the mountains ● mettersi qc in testa to get sthg into one's head ● entrare in macchina to get into the car ● entrare nella stanza to go into the room **3.** *(indica un momento)* in ● in primavera in spring ● nel 1995 in 1995 **4.** *(indica durata)* in ● l'ho fatto in cinque minuti I did it in five minutes ● in giornata within the day **5.** *(indica modo)* ● parlare in italiano to speak in Italian ● in silenzio in silence ● sono ancora in pigiama I'm still in my pyjamas ● quant'è in euro? how much is that in euro? ● in vacanza on holiday *(UK)*, on vacation *(US)* **6.** *(indica mezzo)* by ● pagare in contanti to pay cash ● viaggiare in macchina to travel by car **7.** *(indica materia)* made of

in

● statua in bronzo bronze statue **8.** *(indica fine)* ● ha speso un capitale in libri he spent a fortune on books ● dare in omaggio to give as a free gift ● in onore di in honour of **9.** *(con valore distributivo)* ● siamo partiti in tre three of us left ● in tutto sono 5 euro it's 5 euro in total

inabile [i'nabile] *agg* ● inabile (a qc) unfit (for sthg)

inaccessibile [inatʃtʃes'sibile] *agg* **1.** *(luogo)* inaccessible **2.** *(persona)* unapproachable

inaccettabile [inatʃtʃet'tabile] *agg* unacceptable

inadatto, a [ina'datto, a] *agg* unsuitable

inadeguato, a [inade'gwato, a] *agg* **1.** *(insufficiente)* inadequate **2.** *(non idoneo)* unsuitable

inagibile [ina'dʒibile] *agg* unfit for use

inalare [ina'lare] *vt* to inhale

inalberarsi [inalbe'rarsi] *vr* to get angry

inalterato, a [inalte'rato] *agg* unchanged

inamidare [inami'dare] *vt* to starch

inammissibile [inammis'sibile] *agg* inadmissible

inappetenza [inappe'tentsa] *sf* lack of appetite

inappuntabile [inappun'tabile] *agg* **1.** *(persona)* faultless, irreproachable **2.** *(lavoro, vestito)* impeccable

inarcare [inar'kare] *vt* to arch ● inarcare le sopracciglia to raise one's eyebrows ◆ **inarcarsi** *vr* to arch

inaridire [inari'dire] *vt* to dry (up) ◆ **inaridirsi** *vr* to dry up

inaspettato, a [inaspet'tato, a] *agg* unexpected

inasprire [inas'prire] *vt* to make worse ◆ **inasprirsi** *vr* to become bitter

inattendibile [inatten'dibile] *agg* unbelievable, unreliable

inatteso, a [inat'teso, a] *agg* unexpected

inattività [inattivi'ta] *sf* inactivity

inattuabile [inattu'abile] *agg* impractical, unfeasible

inaudito, a [inaw'dito, a] *agg* unheard-of, unprecedented

inaugurare [inawgu'rare] *vt* **1.** *(luogo, mostra)* to open **2.** *(monumento)* to unveil

inavvertenza [inavver'tentsa] *sf* carelessness

inavvertitamente [inavvertita'mente] *avv* inadvertently

incagliarsi [inka'ʎʎarsi] *vr* **1.** *(nave)* to run aground **2.** *(fig)* *(trattative)* to break down

incalcolabile [inkalko'labile] *agg* incalculable

incallito, a [inkal'lito] *agg* **1.** *(mani, piedi)* calloused **2.** *(fig)* *(fumatore, giocatore)* inveterate

incalzare [inkal'tsare] ◇ *vt* **1.** *(inseguire)* to pursue **2.** *(fig)* *(premere)* to press ◇ *vi* to be imminent

incamminarsi [inkammi'narsi] *vr* to set out

incantevole [inkan'tevole] *agg* enchanting

incanto [in'kanto] *sm* **1.** *(incantesimo)* enchantment **2.** *(asta)* auction ● come per incanto as if by magic

incapace [inka'patʃe] *agg* incapable

incapacità [inkapatʃi'ta] *sf* **1.** *(inettitudine)* incapacity **2.** *DIR* incompetence

incappare [inkap'pare] ◆ **incappare in** *v* + *prep* to run into

incaricare [inkari'kare] *vt* to entrust • incaricare qn di qc to entrust sb with sthg • incaricare qn di fare qc to ask sb to do sthg • **incaricarsi di** to undertake to

incaricato, a [inkari'kato, a] *agg* • incaricato di qc entrusted with sthg, representative

incarico [in'kariko] (*pl* **-chi**) *sm* task

incarnare [inkar'nare] *vt* to embody

incarnirsi [inkar'nirsi] *vr* to become ingrown

incartare [inkar'tare] *vt* to wrap up • me lo può incartare? can you wrap it up for me?

incassare [inkas'sare] *vt* 1. (*denaro*) to receive 2. (*assegno*) to cash 3. (*colpo, offesa*) to take 4. (*mobile*) to build in

incasso [in'kasso] *sm* takings *pl*

incastrare [inkas'trare] • **incastrare** *vt* (*connettere*) to join; (*fam*) (*intrappolare*) to catch • **incastrarsi** *vr* (*rimanere bloccato*) to get stuck; (*combaciare*) to fit together

incastro [in'kastro] *sm* joint • **a incastro** interlocking

incatenare [inkate'nare] *vt* (*legare*) to chain

incauto, a [in'kawto, a] *agg* imprudent, rash

incavato, a [inka'vato, a] *agg* 1. hollow 2. (*occhi*) sunken

incavo ['inkavo o in'kavo] *sm* hollow

incavolarsi [inkavo'larsi] *vr* (*fam*) to lose one's temper

incendiare [intʃen'djare] *vt* (*dare fuoco a*) to set fire to • **incendiarsi** *vr* to catch fire

incendio [in'tʃɛndjo] *sm* fire

incenerire [intʃene'rire] *vt* to incinerate

incenso [in'tʃɛnso] *sm* incense

incensurato, a [intʃensu'rato, a] *agg* • essere incensurato to have no previous convictions

incentivo [intʃen'tivo] *sm* incentive

inceppare [intʃep'pare] *vt* to block, to obstruct • **inchiudersi** *vr* to jam

incerata [intʃe'rata] *sf* 1. (*tela*) oilcloth 2. (*giaccone*) oilskin

incertezza [intʃer'tettsa] *sf* uncertainty

incerto, a [in'tʃɛrto, a] *agg* 1. uncertain 2. (*tempo*) variable

incetta [in'tʃetta] *sf* • **fare incetta di qc** to buy sthg up

inchiesta [in'kjɛsta] *sf* enquiry

inchinarsi [inki'narsi] *vr* 1. (*uomo*) to bow 2. (*donna*) to curtsy

inchino [in'kino] *sm* 1. (*di uomo*) bow 2. (*di donna*) curtsy

inchiodare [inkjo'dare] *vt* to nail

inchiostro [in'kjɔstro] *sm* ink

inciampare [intʃam'pare] *vi* to trip • inciampare in qc to trip over sthg

incidente [intʃi'dɛnte] *sm* accident • incidente stradale road accident

incidere [in'tʃidere] *vt* 1. (*intagliare*) to engrave 2. (*canzone*) to record 3. (*ascesso*) to lance • **incidere su** *v* + *prep* to affect

incinta [in'tʃinta] *agg f* pregnant

incirca [in'tʃirka] *avv* • **all'incirca** approximately, about

incisione [intʃi'zjone] *sf* 1. (*taglio*) cut 2. (*in arte*) engraving 3. (*di disco, canzone*) recording 4. MED incision

incisivo, a [intʃi'zivo, a] ◇ *agg* incisive ◇ *sm* incisor

inciso, a [in'tʃizo] ◇ *pp* ➤ incidere ◇ *sm* • per inciso incidentally

in

incitare [intʃi'tare] *vt* to incite

incivile [intʃi'vile] *agg* **1.** *(non civilizzato)* uncivilized **2.** *(maleducato)* rude

inclinazione [inklinats'tsjone] *sf* inclination

includere [in'kludere] *vt* **1.** *(accludere)* to enclose **2.** *(comprendere)* to include

incluso, a [in'kluzo, a] ◇ *pp* ➤ **includere** ◇ *agg* **1.** *(accluso)* enclosed **2.** *(compreso)* included ◆ **incluso nel prezzo** included in the price

incognito [in'kɔɲɲito] *sm* ◆ **in incognito** incognito

incollare [inkol'lare] *vt* **1.** *(sovrapporre)* to stick **2.** *(unire)* to stick, to glue ◆ **incollarsi** *vr (stare vicino)* ◆ **incollarsi a qn** to stick close to sb

incolpare [inkol'pare] *vt* ◆ **incolpare qn (di qc)** to blame sb (for sthg)

incolume [in'kolume] *agg* unhurt

incominciare [inkomin'tʃare] *vt* & *vi* to begin, to start ◆ **incominciare a fare qc** to begin to do sthg o doing sthg, to start to do sthg o doing sthg

incompatibile [inkompa'tibile] *agg* incompatible

incompetente [inkompe'tɛnte] *agg* incompetent

incompiuto, a [inkom'pjuto, a] *agg* unfinished, incomplete

incompleto, a [inkom'plɛto, a] *agg* incomplete

incomprensibile [inkompren'sibile] *agg* incomprehensible

inconcepibile [inkontʃe'pibile] *agg* inconceivable

inconcludente [inkonklu'dɛnte] *agg* **1.** *(persona)* ineffectual **2.** *(discorsi)* inconclusive

incondizionato, a [inkonditstsjo'nato, a] *agg* unconditional

inconfondibile [inkonfon'dibile] *agg* unmistakable

inconsapevole [inkonsa'pevole] *agg* unaware

inconscio, a, sci, sce [in'kɔnʃo, a, ʃi, ʃe] *agg* unconscious

incontaminato, a [inkontami'nato, a] *agg* uncontaminated

incontentabile [inkonten'tabile] *agg* impossible to please

incontinenza [inkonti'nɛntsa] *sf* incontinence

incontrare [inkon'trare] *vt* **1.** to meet **2.** *(difficoltà, favore)* to meet with ◆ **incontrarsi** *vr* to meet

incontrario [inkon'trarjo] ◆ **all'incontrario** *avv (fam) (alla rovescia)* back to front; *(all'indietro)* backwards

incontro [in'kontro] ◇ *sm* **1.** meeting **2.** *(casuale)* encounter **3.** *(sportivo)* match ◇ *avv* towards ◆ **andare/venire incontro a qn** *(avanzare verso)* to go/to come towards sb; *(incontrare)* to go/to come to meet sb; *(fig) (con compromesso)* to meet sb halfway ◆ **andare incontro a qc** *(spese)* to incur; *(difficoltà)* to encounter

inconveniente [inkonve'njɛnte] *sm* setback, problem

incoraggiare [inkoradʒ'dʒare] *vt* to encourage

incosciente [inkoʃ'ʃɛnte] *agg* **1.** *(privo di coscienza)* unconscious **2.** *(irresponsabile)* irresponsible

incredibile [inkre'dibile] *agg* incredible

incrementare [inkremen'tare] *vt* to increase

incremento [inkre'mento] *sm* increase

incrociare [inkro'tʃare] vt **1.** to cross **2.** (persona, veicolo) to pass ● **incrociare le gambe/braccia** to cross one's legs/arms ● **incrociare le dita** to cross one's fingers ◆ **incrociarsi** vr **1.** (strade, linee) to cross **2.** (persone, veicoli) to pass each other

incrocio [in'krotʃo] sm **1.** (crocevia) crossroads sg **2.** (combinazione) cross-breed

incubatrice [inkuba'tritʃe] sf incubator

incubo ['inkubo] sm nightmare

incurabile [inku'rabile] agg incurable

incurante [inku'rante] agg ● **incurante di** careless of, indifferent to

incuriosire [inkurjo'zire] vt to make curious ◆ **incuriosirsi** vr to become curious

incustodito, a [inkusto'dito, a] agg unattended

indaco ['indako] sm indigo

indaffarato, a [indaffa'rato, a] agg busy

indagine [in'dadʒine] sf **1.** (di polizia) investigation **2.** (studio) research

indebolire [indebo'lire] vt to weaken ◆ **indebolirsi** vr to weaken, to become weak

indecente [inde'tʃɛnte] agg indecent

indecifrabile [indeci'frabile] agg indecipherable

indeciso, a [inde'tʃizo, a] agg uncertain

indefinito, a [indefi'nito, a] agg indefinite

indegno, a [in'deɲɲo] agg disgraceful

indelebile [inde'lɛbile] agg indelible

indenne [in'dɛnne] agg unhurt

indennità [indenni'ta] sf inv **1.** (rimborso) payment **2.** (risarcimento) compensation

indescrivibile [indeskri'vibile] agg indescribable

indeterminativo, a [indetermina'tivo, a] agg indefinite

indeterminato, a [indetermi'nato, a] agg indeterminate, vague

India ['indja] sf ● **l'India** India

indiano, a [in'djano, a] agg & sm.f Indian

indicare [indi'kare] vt **1.** (mostrare) to show **2.** (col dito) to point to **3.** (suggerire) to recommend

indicatore [indika'tore] sm TECNOL gauge ● **indicatore della benzina** petrol gauge ● **indicatore di direzione** indicator ● **indicatore di velocità** speedometer

indicazione [indikats'tsjone] sf **1.** (segnalazione) indication **2.** (informazione) piece of information **3.** (prescrizione) direction

indice ['inditʃe] sm **1.** (dito) index finger **2.** (di libro) index **3.** (lancetta) needle **4.** (indizio) rating

indietro [in'djetro] avv **1.** back **2.** (moto a luogo) backwards ● **essere indietro** (col lavoro) to be behind; (orologio) to be slow ● **rimandare indietro** to send back ● **tornare indietro** to go back ● **all'indietro** backwards

indifeso, a [indi'fezo, a] agg defenceless

indifferente [indiffe'rɛnte] agg **1.** (insensibile) indifferent **2.** (irrilevante) insignificant ● **mi è indifferente** it's all the same to me

indigeno, a [in'didʒeno, a] sm.f native

indigente [indi'dʒɛnte] agg destitute

indigestione [indidʒes'tjone] sf indigestion

indigesto, a [indi'dʒɛsto, a] agg indigestible

indimenticabile [indimenti'kabile] agg unforgettable

in

indipendente [indipen'dɛnte] *agg* independente

indipendenza [indipen'dɛntsa] *sf* independence

indire [in'dire] *vt* **1.** *(concorso)* to announce **2.** *(elezioni)* to call

indiretto, a [indi'retto, a] *agg* indirect

indirizzare [indirits'tsare] *vt* **1.** *(lettera, discorso)* to address **2.** *(mandare)* to refer

indirizzo [indi'ritstso] *sm* address ◆ **scuola a indirizzo tecnico** ≃ technical college ● **indirizzo e-mail** dirección de correo electrónico

dare l'indirizzo

Dopo aver dato il vostro nome, date il numero civico, il nome della strada e il nome della città seguito dal codice postale. Il numero di telefono si legge cifra per cifra, separando con una pausa il prefisso dal numero. Lo zero si legge *oh* nel Regno Unito e *zero* negli USA. Negli indirizzi e-mail il punto si legge *dot* e la @ si legge *at*.

indisciplinato, a [indiʃʃipli'nato, a] *agg* undisciplined

indiscreto, a [indis'kreto, a] *agg* indiscreet

indiscrezione [indiskrets'tsjone] *sf* **1.** *(invadenza)* indiscretion **2.** *(notizia)* unconfirmed report

indiscusso, a [indis'kusso] *agg* undisputed

indiscutibile [indisku'tibile] *agg* unquestionable

indispensabile [indispen'sabile] *agg* indispensable

indispettire [indispet'tire] *vt* to annoy ◆

indispettirsi *vr* to become annoyed

indisponente [indispo'nɛnte] *agg* annoying

indistruttibile [indistrut'tibile] *agg* indestructible

individuale [individu'ale] *agg* individual

individuare [individu'are] *vt* to identify

individuo [indi'vidwo] *sm* individual

indiziato, a [indits'tsjato] ◆ *agg* suspected ◇ *sm,f* suspect

indizio [in'ditstsjo] *sm* **1.** *(segno)* sign **2.** *(per polizia)* clue **3.** *DIR* piece of evidence

indole [indole] *sf* nature

indolenzito, a [indolen'tsito, a] *agg* aching, stiff

indolore [indo'lore] *agg* painless

indomani [indo'mani] *sm* ● **l'indomani** the next day

indossare [indos'sare] *vt* **1.** *(mettere addosso)* to put on **2.** *(avere addosso)* to wear

indossatore, trice [indossa'tore, 'tritʃe] *sm,f* model

indotto, a [in'dotto] *pp* ▶ **indurre**

indovinare [indovi'nare] *vt* **1.** to guess **2.** *(prevedere)* to predict **3.** *(azzeccare)* to get right

indovinello [indovi'nɛllo] *sm* riddle

indovino, a [indo'vino, a] *sm,f* fortune-teller

indubbiamente [indubbja'mente] *avv* undoubtedly

indugiare [indu'dʒare] *vi* *(temporeggiare)* to take one's time

indugio [in'dudʒo] *sm* delay ● **senza indugio** without delay

indulgente [indul'dʒɛnte] *agg* indulgent

indumento [indu'mɛnto] *sm* garment ●

indumenti *(abiti)* clothes

indurire [indu'rire] *vt* to harden ◆

indurirsi *vr* to harden

indurre [in'durre] *vt* ◆ **indurre qn a fare qc** to induce sb to do sthg

industria [in'dustrja] *sf* **1.** industry **2.** *(stabilimento)* industrial plant

industriale [indus'trjale] ◇ *agg* industrial ◇ *sm* industrialist

inebetito, a [inebe'tito, a] *agg* stunned

inebriante [inebri'ante] *agg* intoxicating

ineccepibile [inet∫t∫e'pibile] *agg* unexceptionable

inedito, a [i'nedito, a] *agg* unpublished

inefficiente [ineffi't∫ɛnte] *agg* inefficient

ineluttabile [inelut'tabile] *agg* inescapable

inerente [ine'rɛnte] *agg* ◆ **inerente a** concerning

inerme [i'nɛrme] *agg* unarmed, defenceless

inerzia [i'nɛrtsja] *sf* inactivity

inesatto, a [ine'zatto, a] *agg* inaccurate

inesauribile [inezau'ribile] *agg* inexhaustible

inesistente [inesis'tɛnte] *agg* nonexistent

inesperienza [inespe'rjɛntsa] *sf* inexperience

inesperto, a [ines'pɛrto, a] *agg* inexperienced

inestimabile [inesti'mabile] *agg* inestimable

inevaso, a [ine'vazo, a] *agg* outstanding

inevitabile [inevi'tabile] *agg* inevitable

inevitabilmente [inevitabil'mente] *avv* inevitably

in extremis [ineks'tremis] *avv* in extremis

infallibile [infal'libile] *agg* infallible

infantile [infan'tile] *agg* **1.** *(di, per bambini)* child *(dav s)* **2.** *(immaturo)* infantile

infanzia [in'fantsja] *sf* **1.** *(periodo)* childhood **2.** *(bambini)* children *pl* ◆ **prima infanzia** infancy

infarinare [infari'nare] *vt* **1.** *(di farina)* to cover with flour **2.** *(cospargere)* to sprinkle

infarto [in'farto] *sm* heart attack

infastidire [infasti'dire] *vt* to annoy ◆

infastidirsi *vr* to get annoyed

infatti [in'fatti] *cong* in fact

infatuarsi [infatu'arsi] ◆ **infatuarsi di** to become infatuated with

infatuazione [infatuats'tsjone] *sf* infatuation

infedele [infe'dɛle] *agg* unfaithful

infedeltà [infedel'ta] *sf inv* infidelity

infelice [infe'lit∫e] *agg* **1.** unhappy **2.** *(sfavorevole)* unsuccessful **3.** *(mal riuscito)* poor **4.** *(inopportuno)* unfortunate

infelicità [infelit∫i'ta] *sf* unhappiness

inferiore [infe'rjore] ◇ *agg* **1.** *(sottostante)* lower **2.** *(per qualità)* inferior ◇ *smf* inferior ◆ **inferiore a** *(minore)* below; *(peggiore)* inferior to

infermeria [inferme'ria] *sf* **1.** infirmary **2.** *(di scuola)* sickbay

infermiere, a [infer'mjere, a] *sm,f* nurse

infermo, a [in'fermo] *agg* infirm

infernale [infer'nale] *agg* **1.** *(fam)* *(terribile)* terrible **2.** *(diabolico)* diabolical

inferno [in'ferno] *sm* hell

inferriata [infer'rjata] *sf* grating

infestare [infes'tare] *vt* to infest

infettare [infet'tare] *vt* to infect ◆

infettarsi *vr* to become infected

infettivo, a [infet'tivo, a] *agg* infectious

• **malattie infettive** infectious diseases
infezione [infets'tsjone] *sf* infection
infiammabile [infjam'mabile] *agg* flammable
infiammare [infjam'mare] *vt* 1. *(incendiare)* to set alight 2. *MED* to inflame ◆ **infiammarsi** *vr* 1. *(incendiarsi)* to catch fire 2. *MED* to become inflamed
infiammazione [infjammats'tsjone] *sf* inflammation
infilare [infi'lare] *vt* 1. *(introdurre)* to insert 2. *(ago)* to thread 3. *(anello, vestito)* to slip on ◆ **infilarsi** *vr* to slip into
infine [in'fine] *avv* 1. *(alla fine)* finally 2. *(insomma)* in short
infinità [infini'ta] *sf* infinity ◆ **un'infinità di** countless
infinito, a [infi'nito, a] ◇ *agg* 1. *(illimitato)* infinite 2. *(enorme, innumerevole)* countless ◇ *sm* 1. *(spazio, tempo)* infinite 2. *GRAMM* infinitive
infischiarsi [infiski'arsi] ◆ **infischiarsene di** not to care about
inflazione [inflats'tsjone] *sf* inflation
inflessibile [infles'sibile] *agg* inflexible
infliggere [in'flidʒere] *vt* to inflict
inflitto, a [in'flitto, a] *pp* ➤ **infliggere**
influente [influ'ente] *agg* influential
influenza [influ'entsa] *sf* 1. influence 2. *(malattia)* flu ◆ **avere influenza su** to have an influence on ● **avere l'influenza** to have flu
influenzare [influen'tsare] *vt* to influence
influire [influ'ire] ◆ **influire su** *v* + *prep* to have an effect on
influsso [in'flusso] *sm* influence
infondato, a [infon'dato] *agg* unfounded

infondere [in'fondere] *vt* to instil
inforcare [infor'kare] *vt* 1. *(fieno)* to fork up 2. *(bicicletta, moto)* to get onto 3. *(occhiali)* to put on
informale [infor'male] *agg* informal
informare [infor'mare] *vt* ◆ **informare qn (di qc)** to inform sb (of sthg) ◆ **informarsi** *vr* ◆ **informarsi di** o **su** to find out about
informatica [infor'matika] *sf* information technology
informativo, a [informa'tivo] *agg* informative
informatore [informa'tore] *sm* informer
informazione [informats'tsjone] *sf* piece of information ● **chiedere informazioni (a qn)** to ask (sb) for information ▼ **informazioni** information
informicolirsi [informiko'lirsi] *vr* ◆ **mi si è informicolita una gamba** I've got pins and needles in my leg
infortunio [infor'tunjo] *sm* accident
infossarsi [infos'sarsi] *vr* 1. *(terreno)* to sink 2. *(guance)* to become hollow
infradito [infra'dito] *sm inv* o *sf inv* flip-flop
infrangere [in'frandʒere] *vt* to break ◆ **infrangersi** *vr* to break
infrangibile [infran'dʒibile] *agg* unbreakable
infranto, a [in'franto, a] ◇ *pp* ➤ **infrangere** ◇ *agg* broken
infrazione [infrats'tsjone] *sf* infringement
infreddolito, a [infreddo'lito, a] *agg* chilled
infuori [in'fwɔri] *avv* ● **all'infuori** outwards ● **all'infuori di** apart from
infusione [infu'zjone] *sf* infusion

infuso, a [in'fuzo, a] ◇ *pp* ➤ infondere ◇ *sm* herb tea

ingannare [ingan'nare] *vt* **1.** *(imbrogliare)* to deceive **2.** *(tempo)* to while away ◆ **ingannarsi** *vr* to be mistaken

inganno [in'ganno] *sm* deception

ingarbugliare [ingarbuʎ'ʎare] *vt* **1.** to tangle **2.** *(situazione, conti)* to muddle ◆ **ingarbugliarsi** *vr* **1.** to become tangled **2.** *(situazione)* to become muddled **3.** *(impaparsi)* to falter

ingegnere [indʒen'nere] *sm* engineer

ingegneria [indʒenne'ria] *sf* engineering

ingegno [in'dʒenno] *sm* **1.** *(intelligenza)* intelligence **2.** *(creatività)* ingenuity

ingegnoso, a [indʒen'noso, a] *agg* ingenious

ingelosire [indʒelo'sire] *vt* to make jealous ◆ **ingelosirsi** *vr* to become jealous

ingente [in'dʒente] *agg* huge

ingenuo, a [in'dʒenuo, a] *agg* naive

ingerire [indʒe'rire] *vt* to ingest

ingessare [indʒes'sare] *vt* to put in plaster

Inghilterra [ingil'terra] *sf* ● l'Inghilterra England

inghiottire [ingiot'tire] *vt* **1.** to swallow **2.** *(sopportare)* to put up with

ingiallire [indʒal'lire] *vi* to yellow

ingigantire [indʒigan'tire] *vt* **1.** *(foto)* to enlarge **2.** *(fig)* *(problema)* to exaggerate

inginocchiarsi [indʒinok'kjarsi] *vr* to kneel down

ingiù [in'dʒu] *avv* ● (all')ingiù downwards

ingiustizia [indʒus'titstsja] *sf* **1.** *(qualità)* injustice **2.** *(atto)* unjust act

ingiusto, a [in'dʒusto, a] *agg* unfair

inglese [in'glese] ◇ *agg* English ◇ *smf* Englishman (*f* Englishwoman) ◇ *sm* *(lingua)* English

ingoiare [ingo'jare] *vt* **1.** *(inghiottire)* to swallow **2.** *(fig)* *(sopportare)* to put up with

ingolfare [ingol'fare] *vt* to flood ◆ **ingolfarsi** *vr* to flood

ingombrante [ingom'brante] *agg* cumbersome

ingombrare [ingom'brare] *vt* **1.** *(passaggio, strada)* to obstruct **2.** *(tavolo, stanza)* to clutter up

ingombro, a [in'gombro, a] ◇ *agg* obstructed ◇ *sm* ● essere d'ingombro to be in the way

ingordo, a [in'gordo, a] *agg* greedy

ingorgo [in'gorgo] *(pl* **-ghi)** *sm* traffic jam

ingranaggio [ingra'nadʒdʒo] *sm* **1.** *(meccanismo)* gear **2.** *(fig)* *(operazioni, attività)* machinery

ingranare [ingra'nare] ◇ *vt* to engage ◇ *vi* **1.** *(ingranaggio)* to engage **2.** *(fam)* *(prendere avvio)* to get going

ingrandimento [ingrandi'mento] *sm* **1.** enlargement **2.** *(ottico)* magnification

ingrandire [ingran'dire] *vt* **1.** to enlarge **2.** *(con microscopio, lente)* to magnify ◆ **ingrandirsi** *vr* **1.** *(di misura)* to get bigger **2.** *(d'importanza)* to become more important

ingrassare [ingras'sare] ◇ *vi* to put on weight ◇ *vt* **1.** *(animali)* to fatten up **2.** *(motore)* to grease

ingrediente [ingre'djente] *sm* ingredient

ingresso [in'gresso] *sm* **1.** *(porta)* entrance **2.** *(stanza)* hall **3.** *(permesso di entrare)* admission ▼ **ingresso gratuito** admission free ▼ **ingresso libero** admission free

ingrossare [ingros'sare] *vt* (*gambe, fegato*) to cause to swell ◆ **ingrossarsi** *vr* (*gambe, fegato*) to swell

ingrosso [in'grɔsso] *avv* ● **all'ingrosso** (*vendita*) wholesale; (*grossomodo*) about, roughly

inguine ['ingwine] *sm* groin

inibire [ini'bire] *vt* to inhibit

iniettare [injet'tare] *vt* to inject

iniezione [injets'tsjone] *sf* injection

inimicare [inimi'kare] *vt* ● **inimicarsi qn** to make an enemy of sb

inimitabile [inimi'tabile] *agg* inimitable

ininterrottamente [ininterrotta'mente] *avv* nonstop

ininterrotto, a [ininter'rotto, a] *agg* continuous, unbroken

iniziale [inits'tsjale] *agg & sf* initial

inizialmente [initstsjal'mente] *avv* initially

iniziare [inits'tsjare] *vt & vi* to begin, to start ● **iniziare qn a qc** to introduce sb to sthg ○ **iniziare a fare qc** to begin o start to do sthg

iniziativa [initstsja'tiva] *sf* initiative ● **prendere l'iniziativa** to take the initiative

inizio [i'nitstsjo] *sm* start, beginning ● **all'inizio** at the start, at the beginning ○ **dare inizio a qc** to start o begin sthg ○ **avere inizio** to start, to begin

innaffiare [innaf'fjare] = **annaffiare**

innalzare [innal'tsare] *vt* to erect

innamorarsi [innamo'rarsi] *vr* ● **innamorarsi (di qn)** to fall in love (with sb)

innamorato, a [innamo'rato, a] *agg* ● **innamorato (di qn)** in love (with sb)

innanzi [in'nantsi] ◇ *avv* in front ◇ *prep*

1. (*davanti a*) in front of **2.** (*prima di*) before

innanzitutto [innantsi'tutto] *avv* first of all

innato, a [in'nato, a] *agg* innate

innervosire [innervo'sire] *vt* to make nervous ◆ **innervosirsi** *vr* to get nervous

innescare [innes'kare] *vt* **1.** (*bomba*) to prime **2.** (*fig*) (*fenomeno, meccanismo*) to trigger

innestare [innes'tare] *vt* **1.** (*pianta*) to graft **2.** (*meccanismo, marcia*) to engage

inno ['inno] *sm* hymn ● **inno nazionale** national anthem

innocente [inno'tʃɛnte] *agg* innocent

innocuo, a [in'nɔkwo, a] *agg* harmless

innovazione [innova'tsjone] *sf* innovation

innumerevole [innume'revole] *agg* countless

inodore [ino'dore] *agg* odourless

inoffensivo, a [inoffen'sivo, a] *agg* inoffensive

inoltrare [inol'trare] *vt* to forward ◆ **inoltrarsi** *vr* to advance

inoltrato, a [inol'trato, a] *agg* late

inoltre [i'noltre] *avv* besides

inondazione [inondats'tsjone] *sf* flood

inopportuno, a [inoppor'tuno, a] *agg* inappropriate

inorridire [inorri'dire] ◇ *vt* to horrify ◇ *vi* to be horrified

inosservato, a [inosser'vato, a] *agg* ● **passare inosservato** to go unnoticed

inquadrare [inkwa'drare] *vt* **1.** (*personaggio, avvenimento*) to place **2.** (*con telecamera*) ● **inquadrare qn/qc** to get sb/ sthg in the shot

inquadratura [inkwadra'tura] *sf* shot

inqualificabile [inkwalifi'kabile] *agg* contemptible

inquietante [inkwje'tante] *agg* disturbing

inquilino, a [inkwi'lino, a] *sm,f* tenant

inquinamento [inkwina'mento] *sm* pollution

inquinare [inkwi'nare] *vt* **1.** (*contaminare*) to pollute **2.** (*fig*) (*prove*) to corrupt

inquinato, a [inkwi'nato, a] *agg* polluted

insabbiare [insab'bjare] *vt* to shelve ◆ **insabbiarsi** *vr* **1.** (*nave*) to run aground **2.** (*pratica, progetto*) to be shelved

insaccato [insak'kato] *sm* sausage

insalata [insa'lata] *sf* **1.** (*di verdure*) salad **2.** (*lattuga*) lettuce ● **insalata mista** mixed salad ● **insalata di mare** seafood salad ● **insalata di riso** rice salad ● **insalata russa** Russian salad (*cold diced cooked vegetables mixed with mayonnaise*)

insalatiera [insala'tjɛra] *sf* salad bowl

insaponare [insapo'nare] *vt* to soap ◆ **insaponarsi** *vr* to soap o.s.

insapore [insa'pore] *agg* tasteless

insaporire [insapo'rire] *vt* to flavour

insaputa [insa'puta] *sf* ● **all'insaputa di qn** without sb's knowledge

inscenare [inʃe'nare] *vt* to stage

insegna [in'seɲɲa] *sf* sign

insegnamento [inseɲɲa'mento] *sm* teaching

insegnante [inseɲ'ɲante] *smf* teacher

insegnare [inseɲ'ɲare] *vt & vi* to teach ● **insegnare qc a qn** to teach sb sthg ● **insegnare a qn a fare qc** to teach sb to do sthg

inseguire [inse'gwire] *vt* to pursue

insenatura [insena'tura] *sf* inlet, creek

insensato, a [insen'sato, a] *agg* **1.** (*persona*) foolish **2.** (*discorso, idea*) senseless

insensibile [insen'sibile] *agg* insensitive

inseparabile [insepa'rabile] *agg* inseparable

inserire [inse'rire] *vt* **1.** (*introdurre*) to insert **2.** (*includere*) to put in ◆ **inserirsi** *vr* ● **inserirsi in qc** (*entrare a far parte di*) to become part of sthg

inserto [in'sɛrto] *sm* insert

inserviente [inser'vjɛnte] *smf* attendant

inserzione [inser'tsjone] *sf* advertisement

insetticida, i [insetti'tʃida, i] *sm* insecticide

insetto [in'sɛtto] *sm* insect

insicurezza [insiku'rettstsa] *sf* insecurity

insicuro, a [insi'kuro, a] *agg* insecure

insidia [in'sidja] *sf* hidden danger

insieme [in'sjeme] ◇ *avv* together ◇ *sm* **1.** (*totalità*) whole **2.** *set* ◇ *prep* ● **insieme a** ○ **con** with ● **mettere insieme** (*raccogliere*) to put together ● **tutto insieme** all together ● **tutti insieme** all together ● **nell'insieme** taken as a whole

insignificante [insiɲɲifi'kante] *agg* insignificant

insinuare [insi'nware] *vt* to insinuate

insinuazione [insinwats'tsjone] *sf* insinuation

insipido, a [in'sipido, a] *agg* insipid

insistente [insis'tɛnte] *agg* **1.** (*persona, richieste*) insistent **2.** (*pioggia, dolore*) persistent

insistere [in'sistere] *vi* to insist ● **insistere a** ○ **col fare qc** to persist in doing sthg

insoddisfacente [insoddisfa'tʃɛnte] *agg* unsatisfactory

insoddisfatto, a [insoddis'fatto, a] ♦ **insoddisfatto di** dissatisfied with

insolazione [insolats'tsjone] *sf* sunstroke

insolente [inso'lɛnte] *agg* insolent

insolito, a [in'sɔlito, a] *agg* unusual

insoluto, a [inso'luto] *agg* **1.** (*non risolto*) unsolved **2.** (*non pagato*) outstanding

insomma [in'somma] ♦ *avv* well ♦ *esclam* for Heaven's sake!

insonne [in'sonne] *agg* **1.** (*persona*) unable to sleep **2.** (*notte*) sleepless

insonnia [in'sɔnnja] *sf* insomnia

insonnolito, a [insonno'lito, a] *agg* sleepy

insopportabile [insoppor'tabile] *agg* unbearable

insorgere [in'sordʒere] *vi* **1.** (*popolo*) to rise up **2.** (*difficoltà*) to arise

insospettire [insospet'tire] *vt* to arouse suspicions in ♦ **insospettirsi** *vr* to become suspicious

insozzare [insots'tsare] *vt* to dirty

insperato, a [inspe'rato, a] *agg* unhoped-for

inspiegabile [inspje'gabile] *agg* inexplicable

inspirare [inspi'rare] *vt* to breathe in

installare [instal'lare] *vt* to install

instaurare [instaw'rare] *vt* to establish

insù [in'su] *avv* ♦ **(all')insù** upwards

insuccesso [insu'tʃtʃɛsso] *sm* failure

insudiciare [insudi'tʃare] *vt* to dirty ♦ **insudiciarsi** *vr* to get dirty

insufficiente [insuffi'tʃɛnte] *agg* insufficient

insulina [insu'lina] *sf* insulin

insultare [insul'tare] *vt* to insult

insulto [in'sulto] *sm* insult

intaccare [intak'kare] *vt* **1.** to attack **2.** (*fare tacche in*) to cut into **3.** (*risparmi*) to break into

intanto [in'tanto] *avv* (*nel frattempo*) meanwhile

intarsio [in'tarsjo] *sm* inlay

intasare [inta'sare] *vt* to block ♦ **intasarsi** *vr* to become blocked

intatto, a [in'tatto, a] *agg* **1.** (*intero*) intact **2.** (*mai toccato*) untouched

integrale [inte'grale] *agg* **1.** (*totale*) complete **2.** (*pane, farina*) wholemeal

integrare [inte'grare] *vt* to integrate ♦ **integrarsi** *vr* to integrate

integrità [integri'ta] *sf* integrity

integro, a ['integro, a] *agg* **1.** (*intero*) intact **2.** (*onesto*) honest

intelaiatura [intelaja'tura] *sf* framework

intelletto [intel'letto] *sm* intellect

intellettuale [intellettu'ale] *agg & smf* intellectual

intelligente [intelli'dʒɛnte] *agg* intelligent

intelligenza [intelli'dʒɛntsa] *sf* intelligence

intemperie [intem'pɛrje] *sfpl* bad weather *sg*

intendere [in'tɛndere] *vt* **1.** (*capire*) to understand **2.** (*udire*) to hear **3.** (*avere intenzione di*) ♦ **intendere fare qc** to intend to do sthg ● **non intende ragioni** he won't listen to reason ● **intendersela con qn** to have an affair with sb ♦ **intendersi di** to know about

intenditore, trice [intendi'tore, 'tritʃe] *sm,f* expert

intensificare [intensifi'kare] *vt* to intensify ♦ **intensificarsi** *vr* to intensify

intensità [intensi'ta] *sf* intensity

intensivo, a [inten'sivo, a] *agg* intensive

intenso, a [in'tɛnso, a] *agg* intense

intento, a [in'tɛnto, a] ◇ *sm* intention ◇ *agg* ● **intento (a fare qc)** intent (on doing sthg)

intenzione [inten'tsjone] *sf* intention ● **aver intenzione di fare qc** to intend to do sthg

interamente [intera'mente] *avv* completely

intercalare [interka'lare] ◇ *sm* catchphrase ◇ *vt* to insert

intercettare [intertʃet'tare] *vt* to intercept

intercity [inter'siti] *sm inv* fast train connecting major Italian cities

interdetto, a [inter'detto, a] *agg* taken aback

interessamento [interessa'mento] *sm* **1.** (*interesse*) interest **2.** (*intervento*) intervention

interessante [interes'sante] *agg* interesting ● **in stato interessante** (*incinta*) expecting

interessare [interes'sare] ◇ *vt* **1.** (*destare l'interesse di*) to interest **2.** (*riguardare*) to concern ◇ *vi* ● **interessare a qn** to interest sb ● **ciò non mi interessa** I'm not interested in it ● **interessarsi a** to be interested in ● **interessarsi di** (*per informazioni*) to find out about; (*per lavoro, hobby*) to be interested in

interessato, a [interes'sato, a] *agg* **1.** (*partecipe*) interested **2.** (*calcolatore*) self-interested

interesse [inte'rɛsse] *sm* **1.** interest **2.** (*tornaconto*) self-interest ◆ **interessi** *smpl* interests

interferire [interfe'rire] *vi* to interfere

interiezione [interjets'tsjone] *sf* interjection

interiora [inte'rjora] *sfpl* entrails

interiore [inte'rjore] *agg* (*lato, parte*) interior

interlocutore, trice [interloku'tore, 'tritʃe] *sm,f* interlocutor

intermezzo [inter'mɛddzo] *sm* interval

interminabile [intermi'nabile] *agg* endless

intermittente [intermit'tɛnte] *agg* intermittent

internazionale [internatstsjo'nale] *agg* international

Internet ['internet] *sm inv* Internet ● **su Internet** on the Internet

interno, a [in'tɛrno, a] ◇ *agg* **1.** (*di dentro*) interior, internal **2.** (*nazionale*) domestic ◇ *sm* **1.** interior **2.** (*telefono*) extension **3.** (*in indirizzo*) interno 20 flat 20 ● **all'interno** inside ◆ **interni** *smpl* ● **ministero degli Interni** ≃ Home Office (*UK*), Department of the Interior (*US*)

intero, a [in'tɛro, a] *agg* **1.** whole **2.** (*prezzo*) full **3.** (*latte*) full-cream ● **per intero** in full

interpretare [interpre'tare] *vt* **1.** to interpret **2.** (*recitare*) to perform

interprete [in'tɛrprete] *smf* **1.** (*traduttore*) interpreter **2.** (*attore, musicista*) performer

interrogare [interro'gare] *vt* **1.** (*studente*) to examine **2.** (*sospetto*) to question

interrogativo, a [interroga'tivo, a] ◇ *agg* **1.** (*sguardo*) enquiring **2.** GRAMM interrogative ◇ *sm* question

interrogazione [interrogats'tsjone] *sf* oral examination

interrompere [inter'rompere] *vt* **1.** to interrupt **2.** (*linea telefonica, strada*) to cut off ◆ **interrompersi** *vr* to stop

interrotto, a [inter'rotto, a] ◇ *pp* > interrompere ◇ *agg* cut off

interruttore [interrut'tore] *sm* switch

intersecare [interse'kare] *vt* to intersect

interurbana [interur'bana] *sf* long-distance call

interurbano, a [interur'bano, a] *agg* **1.** (*trasporti*) intercity **2.** (*chiamata*) long-distance

intervallo [inter'vallo] *sm* interval

intervenire [interve'nire] *vi* **1.** to intervene **2.** (*partecipare*) to take part **3.** MED to operate

intervento [inter'vɛnto] *sm* **1.** (*intromissione*) intervention **2.** (*partecipazione*) participation **3.** (*discorso*) speech **4.** MED operation

intervenuto, a [interve'nuto, a] *pp* > intervenire

intervista [inter'vista] *sf* interview

intesa [in'tesa] *sf* **1.** (*tra persone*) understanding **2.** (*tra stati*) agreement

inteso, a [in'teso, a] ◇ *pp* > intendere ◇ *agg* ● resta inteso che it is understood that ● siamo intesi? are we agreed?

intestare [intes'tare] *vt* (*lettera*) to address ● intest are qc a qn (*casa, auto*) to register sthg in sb's name; (*assegno*) to make sthg out to sb

intestino [intes'tino] *sm* intestine

intimare [inti'mare] *vt* to order

intimidire [intimi'dire] *vt* to intimidate

intimità [intimi'ta] *sf* **1.** (*spazio privato*) privacy **2.** (*familiarità*) intimacy

intimo, a [ˈintimo, a] ◇ *agg* **1.** intimate **2.** (*cerimonia, parti*) private **3.** (*interiore*) innermost **4.** (*igiene*) personal ◇ *sm* (*persona*) close friend

intimorire [intimo'rire] *vt* to frighten

intingolo [in'tingolo] *sm* sauce

intitolare [intito'lare] *vt* **1.** (*libro, film*) to entitle **2.** (*via, piazza*) ● intitolare a to name after ◆ **intitolarsi** *vr* to be entitled

intollerabile [intolle'rabile] *agg* unbearable

intollerante [intolle'rante] *agg* intolerant

intolleranza [intolle'rantsa] *sf* intolerance

intonaco [in'tɔnako] (*pl* **-ci** o **-chi**) *sm* plaster

intonare [into'nare] *vt* **1.** (*canto*) to intone **2.** (*vestiti*) ● intonare qc a qc to match sthg with sthg ◆ **intonarsi** *vr* to go together

intontire [inton'tire] *vt* to stun

intorno [in'torno] ◇ *avv* around, round ◇ *prep* ● intorno a around

intossicare [intossi'kare] *vt* to poison

intossicato, a [intossi'kato, a] *agg* poisoned

intossicazione [intossikats'tsjone] *sf* poisoning

intraducibile [intradu'tʃibile] *agg* untranslatable

intralciare [intral'tʃare] *vt* to hamper

intramontabile [intramon'tabile] *agg* timeless

intramuscolare [intramusko'lare] *agg* > iniezione

intransigente [intransi'dʒɛnte] *agg* intransigent

intransitivo, a [intransi'tivo, a] *agg* intransitive

intraprendente [intrapren'dɛnte] *agg* enterprising

intraprendere [intra'prɛndere] *vt* to undertake

intrapreso, a [intra'preso, a] *pp* > **intraprendere**

intrattabile [intrat'tabile] *agg* **1.** *(persona)* intractable **2.** *(prezzo)* non-negotiable

intrattenere [intratte'nere] *vt* **1.** *(persona)* to entertain **2.** *(relazioni, rapporti)* to maintain ♦ **intrattenersi** *vr* ♦ **intrattenersi su qc** to dwell on sthg

intrecciare [intret'ʃare] *vt* **1.** *(capelli)* to plait, to braid **2.** *(nastri)* to intertwine ♦ **intrecciarsi** *vr* *(fili)* to intertwine

intrigante [intri'gante] *agg* scheming

intrigo [in'trigo] *(pl* **-ghi)** *sm (macchinazione)* intrigue

introdurre [intro'durre] *vt* **1.** to introduce **2.** *(moneta)* to insert ▼ **vietato introdurre cani** dogs not allowed ♦ **introdursi** *vr* **1.** *(uso, tecnica)* to be introduced **2.** *(entrare)* to enter

introduzione [introduts'tsjone] *sf* introduction

introito [in'trɔito] *sm (incasso)* income

intromettersi [intro'mettersi] *vr* **1.** *(immischiarsi)* to interfere **2.** *(interporsi)* to intervene

introvabile [intro'vabile] *agg* not to be found

introverso, a [intro'verso, a] *agg* introverted

intruso, a [in'truzo, a] *sm,f* intruder

intuire [intu'ire] *vt* **1.** *(cogliere)* to grasp **2.** *(accorgersi)* to realize

intuito [in'tujto] *sm* intuition

intuizione [intujts'tsjone] *sf* intuition

inumidire [inumi'dire] *vt* to dampen ♦ **inumidirsi** *vr* to become damp

inutile [i'nutile] *agg* **1.** useless **2.** *(superfluo)* pointless

inutilmente [inutil'mente] *avv* in vain

invadente [inva'dɛnte] *agg* intrusive

invadere [in'vadere] *vt* to invade

invaghirsi [inva'girsi] ♦ **invaghirsi di** to take a fancy to

invalido, a [in'valido, a] ◇ *agg* disabled ◇ *sm,f* disabled person

invano [in'vano] *avv* in vain

invasione [inva'zjone] *sf* invasion

invasore [inva'zore] *sm* invader

invecchiare [invek'kjare] ◇ *vi* **1.** *(persona)* to grow old **2.** *(vino)* to age ◇ *vt* **1.** *(vino, formaggio)* to age **2.** *(persona)* to make look older

invece [in'vetʃe] ◇ *avv* but ◇ *prep* ♦ **invece di** instead of

inveire [inve'ire] *vi* ♦ **inveire (contro)** to rail (against)

inventare [inven'tare] *vt* to invent ♦ **si è inventato tutto** he made it all up

inventario [inven'tarjo] *sm* **1.** *(registrazione)* stocktaking **2.** *(lista)* inventory

inventore, trice [inven'tore, 'tritʃe] *sm,f* inventor

invenzione [inven'tsjone] *sf* invention

invernale [inver'nale] *agg* winter *(dav s)*

inverno [in'vɛrno] *sm* winter ♦ **in** o **d'inverno** in (the) winter

inverosimile [invero'simile] *agg* unbelievable

inversione [inver'sjone] *sf* **1.** *(di ordine, tendenza)* inversion **2.** *(di marcia)* U-turn

inverso, a [in'vɛrso, a] *agg &sm* opposite ♦ **fare qc all'inverso** to do sthg the wrong way round

invertire [inver'tire] *vt (ordine)* to invert ● **invertire la marcia** to do a U-turn

invertito, a [inver'tito, a] ◇ *agg (rovesciato)* inverted ◇ *sm (omosessuale)* homosexual

investimento [investi'mento] *sm* investment

investire [inves'tire] *vt* **1.** *(denaro)* to invest **2.** *(persona, animale)* to knock down

inviare [invi'are] *vt* to send

inviato, a [invi'ato, a] *sm,f* **1.** *(incaricato)* envoy **2.** *(giornalista)* correspondent

invidia [in'vidja] *sf* envy

invidiare [invi'djare] *vt* to envy ● **invidiare qc a qn** to envy sb sthg

invidioso, a [invi'djozo, a] *agg* envious

invincibile [invin'tʃibile] *agg (imbattibile)* invincible

invio [in'vio] *sm* **1.** *(spedizione)* dispatching **2.** *(merci)* consignment

inviperito, a [invipe'rito, a] *agg* furious

invischiarsi [invis'kjarsi] ● **invischiarsi in** to get involved in

invisibile [invi'zibile] *agg* invisible

invitare [invi'tare] *vt* to invite ● **invitare qn a fare qc** *(proporre di)* to invite sb to do sthg; *(sollecitare)* to request sb to do sthg

invitato, a [invi'tato, a] *sm,f* guest

invito [in'vito] *sm* invitation

invocare [invo'kare] *vt* **1.** *(Dio)* to invoke **2.** *(chiedere)* to beg for **3.** *(legge, diritto)* to cite

invogliare [invoʎ'ʎare] *vt* to tempt

involontario, a [involon'tarjo, a] *agg* involuntary

involtino [invol'tino] *sm thin slice of meat, rolled up and sometimes stuffed* ● **involtino primavera** spring roll

involucro [in'volukro] *sm* covering

inzaccherare [intsakke'rare] *vt* to splash with mud

inzuppare [indzup'pare] *vt* **1.** to soak **2.** *(biscotto)* to dip

io ['io] *pron* I ● **sono io** it's me ● **io stesso** I myself

iodio ['jɔdjo] *sm* iodine

iogurt ['jɔgurt] *sf inv* = **yogurt**

Ionio ['jɔnjo] *sm* ● **lo Ionio, il mar Ionio** the Ionian (Sea)

ipertensione [iperten'sjone] *sf* hypertension

ipnosi [ip'nɔzi] *sf* hypnosis

ipnotizzare [ipnotidz'dzare] *vt* to hypnotize

ipocrisia [ipokri'zia] *sf* hypocrisy

ipocrita, i, e [i'pɔkrita, i, e] ◇ *agg* hypocritical ◇ *smf* hypocrite

ipoteca [ipo'tɛka] *(pl* **-che)** *sf* mortgage

ipotesi [i'pɔtezi] *sf inv* hypothesis

ippica ['ippika] *sf* horse racing

ippico, a, ci, che ['ippiko, a, tʃi, ke] *agg* horse *(dav s)*

ippodromo [ip'pɔdromo] *sm* racecourse

ippopotamo [ippo'pɔtamo] *sm* hippopotamus

Iran ['iran] *sm* ● **l'Iran** Iran

Iraq [i'rak o 'irak] *sm* ● **l'Iraq** Iraq

iride ['iride] *sf* **1.** *(di occhio)* iris **2.** *(arcobaleno)* rainbow

iris ['iris] *sf inv* iris

Irlanda [ir'landa] *sf* ● **l'Irlanda** Ireland ● **l'Irlanda del Nord** Northern Ireland

irlandese [irlan'dese] ◇ *agg* Irish ◇ *smf* Irishman *(f* Irishwoman*)*

ironia [iro'nia] *sf* irony

ironico, a, ci, che [i'rɔniko, a, tʃi, ke] *agg* ironic

irradiare [irra'djare] ◇ *vt* to light up ◇ *vi* to radiate

irraggiungibile [irradʒ dʒun'dʒibile] *agg* unreachable

irragionevole [irradʒo'nevole] *agg* unreasonable

irrazionale [irratstsjo'nale] *agg* irrational

irreale [irre'ale] *agg* unreal

irrecuperabile [irrekupe'rabile] *agg* 1. (*oggetto*) irretrievable 2. (*fig*) (*persona*) irredeemable

irregolare [irrego'lare] *agg* 1. irregular 2. (*discontinuo*) uneven

irregolarità [irregolari'ta] *sf inv* 1. irregularity 2. (*discontinuità*) unevenness

irremovibile [irremo'vibile] *agg* inflexible

irreparabile [irrepa'rabile] *agg* irreparable

irrequieto, a [irre'kwjɛto, a] *agg* restless

irresponsabile [irrespon'sabile] *agg* irresponsible

irreversibile [irrever'sibile] *agg* irreversible

irriducibile [irridu'tʃibile] *agg* unyielding

irrigare [irri'gare] *vt* to irrigate

irrigidirsi [irridʒi'dirsi] *vr* to stiffen

irrilevante [irrile'vante] *agg* insignificant

irrisorio, a [irri'zɔrjo, a] *agg* ridiculous

irritabile [irri'tabile] *agg* irritable

irritante [irri'tante] *agg* irritating

irritare [irri'tare] *vt* to irritate ◆ **irritarsi** *vr* to become irritated

irrompere [ir'rompere] ◆ **irrompere in** *v* + *prep* to burst into

irrotto, a [ir'rotto, a] ➤ **irrompere**

irruente [irru'ente] *agg* impetuous

irruzione [irruts'tsjone] *sf* raid

iscritto, a [is'kritto, a] ◇ *pp* ➤ **iscrivere** ◇ *agg* ● **essere iscritto a qc** (*ad un circolo, partito*) to be a member of sthg; (*all'università*) to be enrolled in sthg; (*ad un esame*) to be entered for sthg ● **per iscritto** in writing

iscrivere [is'krivere] *vt* ● **iscrivere qn** (*a qc*) (*scuola*) to register sb (at sthg), to enrol sb (at sthg); (*corso*) to register sb (for sthg), to enrol sb (for sthg) ◆ **iscriversi** ● **iscriversi** (**a**) (*circolo, partito*) to become a member (of); (*university*) to enrol (in); (*esame*) to enter

iscrizione [iskrits'tsjone] *sf* 1. (*a università*) enrolment 2. (*a esame*) entry 3. (*a partito*) membership 4. (*funeraria*) inscription

Islanda [iz'landa] *sf* ● **l'Islanda** Iceland

islandese [izlan'dese] ◇ *agg* Icelandic ◇ *smf* Icelander

isola ['izola] *sf* island ● **isola pedonale** pedestrian precinct

isolamento [izola'mento] *sm* 1. (*solitudine*) isolation 2. (*elettrico, termico*) insulation 3. (*acustico*) soundproofing

isolante [izo'lante] ◇ *agg* insulating ◇ *sm* insulator

isolare [izo'lare] *vt* 1. (*tenere lontano*) to isolate 2. (*da freddo, corrente elettrica*) to insulate 3. (*da rumore*) to soundproof ◆ **isolarsi** *vr* to cut o.s. off

isolato, a [izo'lato, a] ◇ *agg* isolated ◇ *sm* block

ispettore [ispet'tore] *sm* inspector

ispezionare [ispetstsjo'nare] *vt* to inspect

ispezione [ispets'tsjone] *sf* inspection

ispirare [ispi'rare] *vt* to inspire ● **ispirarsi a** to draw one's inspiration from
Israele [izra'ele] *sm* Israel
issare [is'sare] *vt* to hoist
istantanea [istan'tanea] *sf* snapshot
istantaneo, a [istan'taneo, a] *agg* instantaneous, instant
istante [is'tante] *sm* instant ● **all'istante** instantly, at once
isterico, a, ci, che [is'teriko, a, tʃi, ke] *agg* hysterical
istigare [isti'gare] *vt* ● **istigare qn a fare qc** to incite sb to do sthg
istinto [is'tinto] *sm* instinct
istituire [istitu'ire] *vt* to institute
istituto [isti'tuto] *sm* **1.** (*organismo*) institute **2.** (*universitario*) department ● **istituto di bellezza** beauty salon
istituzione [istituts'tsjone] *sf* institution ● **le istituzioni** (*le autorità*) the Establishment
istmo ['istmo] *sm* GEOG isthmus
istrice ['istritʃe] *sm* (*animale*) porcupine
istruire [istru'ire] *vt* **1.** (*insegnare a*) to teach **2.** (*informare*) to instruct
istruito, a [istru'ito, a] *agg* educated
istruttore, trice [istrut'tore, 'tritʃe] *sm,f* instructor
istruzione [istruts'tsjone] *sf* **1.** (*insegnamento*) education **2.** (*cultura*) learning ● **istruzioni** *sfpl* ● **istruzioni** (*per l'uso*) instructions (for use)
Italia [i'talja] *sf* ● **l'Italia** Italy
italiano, a [ita'ljano, a] *agg* & *sm,f* Italian
itinerario [itine'rarjo] *sm* **1.** (*percorso*) route **2.** (*descrizione*) itinerary ● **itinerario turistico** (*percorso*) tourist route
Iugoslavia [jugoz'lavja] *sf* ● **la Iugoslavia** Yugoslavia

IVA ['iva] *sf* (*abbr di* imposta sul valore aggiunto) VAT

jazz [dʒets] *sm* jazz
jeans [dʒins] ◇ *smpl* jeans ◇ *sm* (*tessuto*) denim
jeep ® [dʒip] *sf inv* Jeep ®
jolly ['dʒɔlli] *sm inv* joker
jota ['jɔta] *sf* bean soup with onions and turnips marinated in wine (*a speciality of Friuli*)
joystick ['dʒɔjstik] *sm inv* INFORM joystick
Jugoslavia [jugoz'lavja] = **Iugoslavia**
juke-box [dʒu'bɔks] *sm inv* jukebox

karaoke [kara'ɔke] *sm inv* **1.** (*gioco*) karaoke **2.** (*locale*) karaoke bar
karatè [kara'tɛ] *sm* karate
Kenia ['kɛnja] *sm* ● **il Kenia** Kenya
kg (*abbr di* chilogrammo) kg
killer ['killer] *smf inv* killer
kit [kit] *sm inv* **1.** (*insieme*) kit **2.** INFORM kit, package
kitsch [kitʃ] *agg inv* kitsch
kiwi ['kiwi] *sm inv* kiwi fruit

km *(abbr di* chilometro) km

k.o. [kappa'ɔ] *avv* ● mettere qn k.o. to knock sb out

koala [ko'ala] *sm inv* koala

Kosovo ['kɔsovo] *sm* ● le Kosovo Kosovo

K-way ® [ki'wɛi] *sm inv* cagoule

L

l' ➤ la, lo

la [la] *(l' dav vocale e h) ◇ art f the* ➤ il *◇ pron* **1.** *(persona)* her **2.** *(animale, cosa)* it **3.** *(forma di cortesia)* you

là [la] *avv* there ● di là *(nella stanza accanto)* in there; *(moto da luogo)* from there; *(nei paraggi)* over there ● al di là di beyond

labbro ['labbro] *(fpl* **labbra**) *sm* ANAT lip

labirinto [labi'rinto] *sm* **1.** *(di strade, corridoi)* labyrinth **2.** *(giardino)* maze

laboratorio [labora'tɔrjo] *sm* **1.** *(scientifico)* laboratory **2.** *(artigianale)* workshop ● laboratorio linguistico language laboratory

lacca, che ['lakka, ke] *sf* **1.** *(per capelli)* lacquer, hair spray **2.** *(vernice)* lacquer

laccio ['lattʃo] *sm* lace

lacerare [latʃe'rare] *vt* to tear, to rip ● **lacerarsi** *vr* to tear

lacero, a ['latʃero, a] *agg* torn

lacrima ['lakrima] *sf* tear ● in lacrime in tears

lacrimogeno [lakri'mɔdʒeno] *agg m* ➤ gas

lacuna [la'kuna] *sf* gap

ladro, a ['ladro, a] *sm,f* thief

laggiù [ladʒ'dʒu] *avv* **1.** *(in basso)* down there **2.** *(lontano)* over there

lagnarsi [laɲ'narsi] *vr* **1.** *(piagnucolare)* to moan, to groan **2.** *(protestare)* ● lagnarsi *(di)* to complain (about)

lago ['lago] *(pl* **-ghi**) *sm* lake

laguna [la'guna] *sf* lagoon

laico, a, ci, che ['lajko, a, tʃi, ke] *agg* lay *(dav s)*

lama ['lama] *sf* blade

lamentarsi [lamen'tarsi] *vr* *(emettere lamenti)* to groan, to moan ● **lamentarsi** *(di)* *(dimostrarsi insoddisfatto)* to complain (about)

lamentela [lamen'tela] *sf* complaint, complaining *sg*

lametta [la'metta] *sf* razor blade

lamiera [la'mjera] *sf* sheet metal

lampada ['lampada] *sf* lamp ● fare la lampada to use a sunlamp ● lampada da tavolo table lamp

lampadario [lampa'darjo] *sm* chandelier

lampadina [lampa'dina] *sf* light bulb ● lampadina tascabile torch *(UK)*, flashlight *(US)*

lampeggiare [lamped'dʒare] *vi* to flash

lampeggiatore [lampeddʒa'tore] *sm* **1.** *(freccia)* indicator **2.** *(di ambulanza)* flashing light

lampione [lam'pjone] *sm* streetlight

lampo ['lampo] ◇ *sm* **1.** *(fulmine)* flash of lightning **2.** *(bagliore)* flash ◇ *sf inv (cerniera)* zip *(UK)*, zipper *(US)*

lampone [lam'pone] *sm* raspberry

la

lana ['lana] *sf* wool ◆ **pura lana vergine** pure new wool

lancetta [lan'tʃetta] *sf* hand

lancia, ce ['lantʃa, tʃe] *sf* 1. (*arma*) lance 2. (*imbarcazione*) launch

lanciare [lan'tʃare] *vt* 1. (*pietra, palla*) to throw 2. (*missile*) to launch 3. (*grido*) to give 4. (*insulto*) to hurl 5. (*fig*) (*appello, moda, prodotto*) to launch ◆ **lanciarsi** *vr* to throw o.s. ◆ **lanciarsi in qc** (*mare*) to throw o.s. into sthg; (*impresa*) to embark on sthg

lancinante [lantʃi'nante] *agg* piercing, shooting

lancio ['lantʃo] *sm* 1. (*tiro*) throw 2. (*di prodotti, missile*) launch

languido, a ['langwido, a] *agg* languid

languore [lan'gwore] *sm* (*di stomaco*) hunger pangs *pl*

lapide ['lapide] *sf* 1. (*funeraria*) tombstone 2. (*commemorativa*) plaque

lapis ['lapis] *sm inv* pencil

lapsus ['lapsus] *sm inv* slip

lardo ['lardo] *sm* lard, bacon fat

larghezza [lar'getstsa] *sf* 1. (*dimensione*) width, breadth 2. (*abbondanza*) generosity

largo, a, ghi, ghe ['largo, a, gi, ge] ◇ *agg* 1. wide, broad 2. (*indumento*) loose 3. (*percentuale, parte*) large ◇ *sm* 1. width 2. (*piazza*) square 3. (*alto mare*) ◆ **andare al largo** to take to the open sea ◆ **è largo 10 metri** it's 10 metres wide ◆ **stare o tenersi alla larga (da)** to keep one's distance (from) ◆ **farsi largo** to push one's way

larva ['larva] *sf* (*insetto*) larva

lasagne [la'zaɲɲe] *sfpl* lasagne *sg*

lasciare [laʃ'ʃare]

◇ *vt* to leave; (*cessare di tenere*) to let go of ◆ **posso lasciare i bagagli in camera?** can I leave the luggage in the room? ◆ **lasciare la porta aperta** to leave the door open ◆ **lasciare qn in pace** to leave sb in peace ◆ **lasciar detto a qn che ...** to leave sb word that ... ◆ **lasciare a desiderare** to leave a lot to be desired ◆ **prendere o lasciare** take it or leave it ◆ **lasciare la presa** to let go

◇ *v aus* ◆ **lasciami vedere** let me see ◆ **lascia che faccia come vuole** let him do as he wants ◆ **lascia perdere!** forget it! ◆ **lasciar credere qc a qn** to let sb believe sthg ◆ **lascialo stare!** leave him alone!

◆ **lasciarsi** *vr* (*separarsi*) to leave each other ◆ **lasciarsi andare** to let o.s. go ◆ **lasciarsi convincere** to allow o.s. to be persuaded

laser ['lazer] *sm inv & agg inv* laser

lassativo [lassa'tivo, a] *sm* laxative

lassù [las'su] *avv* up there

lastra ['lastra] *sf* 1. (*di ghiaccio, vetro*) sheet 2. (*di pietra*) slab 3. (*radiografia*) plate

laterale [late'rale] *agg* lateral, side (*dav s*)

latino, a [la'tino, a] *agg & sm* Latin

latino-americano, a [latinoameri'kano, a] *agg* Latin-American

latitante [lati'tante] *smf* fugitive

latitudine [lati'tudine] *sf* latitude

lato ['lato] *sm* side ◆ **a lato (di qc)** beside (sthg) ◆ **da un lato ... dall'altro ...** on the one hand ... on the other hand ...

latta ['latta] *sf* tin

lattaio, a [lat'tajo, a] *sm,f* milkman (*f* milkwoman)

lattante [lat'tante] *smf* baby

latte ['latte] *sm* milk ● **latte detergente** cleansing milk ● **latte intero** full cream milk ● **latte magro** o **scremato** skimmed milk ● **latte in polvere** powdered milk ● **latte di soia** soya milk

latteria [latte'ria] *sf* dairy

latticini [latti'tʃini] *smpl* dairy products

lattina [lat'tina] *sf* can

lattuga, ghe [lat'tuga, ge] *sf* lettuce

laurea ['lawrea] *sf* degree

laurearsi [lawre'arsi] *vr* to graduate ● **laurearsi in qc** to graduate in sthg

laureato, a [lawre'ato, a] *agg & smf* graduate ● **è laureato in legge** he has a law degree

lava ['lava] *sf* lava

lavaggio [la'vaddʒo] *sm* washing ● **lavaggio automatico** *(per auto)* car wash

lavagna [la'vaɲɲa] *sf* blackboard

lavanda [la'vanda] *sf* lavender ● **fare una lavanda gastrica a qn** to pump sb's stomach

lavanderia [lavande'ria] *sf* laundry ● **lavanderia automatica** launderette ● **lavanderia a secco** dry cleaner's

lavandino [lavan'dino] *sm* sink

lavapiatti [lava'pjatti] *sf inv* dishwasher

lavare [la'vare] *vt* to wash ● **lavare a secco qc** to dry-clean sthg ● **lavarsi le mani** to wash one's hands ● **lavarsi i denti** to clean one's teeth ● **lavarsi** *vr* to wash o.s.

lavasecco [lava'sekko] *sm inv* o *sf inv* dry cleaner's

lavastoviglie [lavasto'viʎʎe] *sf inv* dishwasher

lavatrice [lava'tritʃe] *sf* washing machine

lavorare [lavo'rare] *vi & vt* to work ● **lavorare a maglia** to knit

lavorativo, a [lavora'tivo, a] *agg* working *(dav s)*

lavorato, a [lavo'rato, a] *agg* **1.** *(mobile, tessuto)* elaborate **2.** *(terreno)* cultivated

lavoratore, trice [lavora'tore, tritʃe] *smf* worker

lavorazione [lavorats'tsjone] *sf* **1.** *(di legno)* carving **2.** *(di cotone)* manufacture

lavoro [la'voro] *sm* **1.** work **2.** *(occupazione)* work, job ● **lavori stradali** road works ▼ **lavori in corso** men at work

le [le] ◇ *art fpl* the ➤ **il** ◇ *pron* **1.** *(complemento oggetto)* them **2.** *(a lei)* (to) her **3.** *(forma di cortesia)* (to) you

leader ['lider] *smf inv* leader

leale [le'ale] *agg* loyal

lecca lecca [lekka'lekka] *sm inv* lollipop

leccare [lek'kare] *vt* to lick

lecito, a ['letʃito, a] *agg* permitted

lega, ghe ['lega, ge] *sf* **1.** *(associazione)* league **2.** *(alleanza politica)* alliance **3.** *(di metalli)* alloy

legale [le'gale] ◇ *agg* legal ◇ *smf (avvocato)* lawyer

legalizzare [legalidz'dzare] *vt* to legalize

legame [le'game] *sm* **1.** *(sentimentale)* tie **2.** *(nesso)* link

legare [le'gare] *vt* **1.** *(con catena, laccio)* to tie (up) **2.** *(sog: sentimento, interesse)* to bind

legge ['leddʒe] *sf* law

leggenda [led'dʒɛnda] *sf* **1.** *(favola)* legend **2.** *(didascalia)* key

leggendario, a [leddʒen'darjo, a] *agg* legendary

leggere ['lɛddʒere] *vt & vi* to read

leggerezza [ledʒdʒe'retstsa] *sf* **1.** *(di materiale, corpo)* lightness **2.** *(fig) (sconsideratezza)* thoughtlessness

leggero, a [ledʒ'dʒero, a] *agg* **1.** light **2.** *(caffè, tè)* weak **3.** *(di poca importanza)* slight

legittimo, a [le'dʒittimo, a] *agg* legitimate ● **legittima difesa** self-defence

legna ['leɲɲa] *sf* firewood

legname [leɲ'name] *sm* wood

legno ['leɲɲo] *sm* **1.** *(materia)* wood **2.** *(pezzo)* piece of wood, stick

legumi [le'gumi] *smpl* pulses

lei ['lɛi] *pron* **1.** *(soggetto)* she **2.** *(complemento oggetto, dopo preposizione)* her **3.** *(forma di cortesia)* you ● **è lei** it's her ● **io sto bene, e lei?** I'm fine, and you? ● **lei stessa** she herself/you yourself

lentamente [lenta'mente] *avv* slowly

lente ['lɛnte] *sf* lens ● **lente di ingrandimento** magnifying glass ● **lenti a contatto** contact lenses

lentezza [len'tettsa] *sf* slowness

lenticchie [len'tikkje] *sfpl* lentils

lento, a ['lɛnto, a] ◇ *agg* **1.** slow **2.** *(allentato)* loose ◇ *sm* slow dance

lenza ['lɛntsa] *sf* fishing line

lenzuolo [len'tswɔla] *(fpl* **lenzuola***) sm* sheet

leone [le'one] *sm* lion ● **Leone** *sm* Leo

leopardo [leo'pardo] *sm* leopard

lepre ['lɛpre] *sf* hare ● **lepre in salmì** *marinated hare in a sauce made from its offal*

lesbica, che ['lɛzbika, ke] *sf* lesbian

lesione [le'zjone] *sf* lesion

lesso, a ['lesso, a] ◇ *agg* boiled ◇ *sm* boiled beef

letale [le'tale] *agg* lethal

letame [le'tame] *sm* manure

lettera ['lɛttera] *sf* letter ● **alla lettera** literally ● **lettere** *sfpl (facoltà)* ≃ arts

lettera

L'indirizzo del mittente va sulla destra in alto, mentre quello del destinatario compare più in basso sulla sinistra. In situazioni formali, se non si conosce il nome del destinatario la lettera comincia con *Dear Sir* o *Dear Madam*; in caso contrario si aggiunge il nome: *Dear Mr Smith, Mrs Jones*. In situazioni formali, se si ignora il nome del destinatario si conclude con *Yours faithfully* prima della firma; in caso contrario si usa *Yours sincerely, Yours truly* o *Best wishes* o *Kind regards* se il tono è meno formale. In lettere informali si può usare *With love (to you all), Love and best wishes, Lots of love* a seconda del livello di conoscenza.

letteratura [lettera'tura] *sf* literature

lettino [let'tino] *sm* **1.** *(del medico)* couch **2.** *(per bambini)* cot

letto, a ['lɛtto] ◇ *pp* ≥ **leggere** ◇ *sm* bed ● **andare a letto** to go to bed ● **letto matrimoniale** o **a due piazze** double bed ● **letto a una piazza** single bed ● **letti a castello** bunk beds ● **letti gemelli** twin beds

Lettonia [let'tɔnja] *sf* ● **la Lettonia** Latvia

lettore, trice [let'tore, 'tritʃe] ◇ *sm,f* **1.** *(di libro, giornale)* reader **2.** *(di università)* foreign language assistant ◇ *sm* ● **lettore di compact** CD player

lettura [let'tura] *sf* reading

leva ['leva] *sf* 1. lever 2. *(militare)* conscription ● **fare leva su qc** *(fig)* to play on sthg ● **leva del cambio** gear lever *(UK)*, gear shift *(US)*

levante [le'vante] *sm* east

levare [le'vare] *vt* 1. *(togliere)* to remove 2. *(alzare)* to raise ◆ **levarsi** *vr (vento)* to get up, to rise

levata [le'vata] *sf* collection

levigare [levi'gare] *vt* to smooth

lezione [lets'tsjone] *sf* 1. lesson 2. *(all'università)* lecture

lezioso, a [lets'tsjoso, a] *agg* affected

lezzo ['letstso] *sm* stink

li [li] *pron mpl* them

lì [li] *avv* there ● **essere lì (lì) per fare qc** to be on the point of doing sthg ● **da lì in poi** *(tempo)* from then on; *(spazio)* from that point onwards

Libano ['libano] *sm* ● **il Libano** Lebanon

libeccio [li'betʃtʃo] *sm* southwest wind

libellula [li'bellula] *sf* dragonfly

liberale [libe'rale] *agg* liberal

liberamente [libera'mente] *avv* freely

liberare [libe'rare] *vt* 1. *(prigioniero)* to free, to release 2. *(camera, posto)* to vacate ◆ **liberarsi** *vr (annullare un impegno)* to free o.s. ● **liberarsi di** to get rid of

libero, a ['libero, a] *agg* free ● **essere libero di fare qc** to be free to do sthg ● **libero professionista** self-employed professional ▼ **libero** *(su taxi)* for hire; *(in toilette)* vacant

libertà [liber'ta] *sf inv* 1. freedom 2. *(permesso)* liberty ● **mettere in libertà qn** to free sb

liberazione [liberats'tsjone] *sf* ● **la Liberazione** the Liberation

Libia ['libja] *sf* ● **la Libia** Libya

libreria [libre'ria] *sf* 1. *(negozio)* bookshop 2. *(mobile)* bookcase

libretto [li'bretto] *sm MUS* libretto ● **libretto degli assegni** cheque book ● **libretto di circolazione** log book ● **libretto di risparmio** savings book ● **libretto universitario** university report card

libro ['libro] *sm* book ● **libro giallo** thriller

licenza [li'tʃentsa] *sf* 1. *(autorizzazione)* licence 2. *(militare)* leave ● **licenza media** school-leaving certificate

licenziamento [litʃentsja'mento] *sm* dismissal

licenziare [litʃen'tsjare] *vt* to dismiss ◆ **licenziarsi** *vr* to resign

liceo [li'tʃɛo] *sm* secondary school *(UK)*, high school *(US)*

lido ['lido] *sm* beach ● **il Lido di Venezia** the Venice Lido

lieto, a ['ljɛto, a] *agg (contento)* ● **lieto di conoscerla!** pleased to meet you! ● **molto lieto!** pleased to meet you!

lievitare [ljevi'tare] *vi* to rise

lievito ['ljɛvito] *sm* yeast ● **lievito di birra** brewer's yeast

Liguria [li'gurja] *sf* ● **la Liguria** Liguria

lillà [lil'la] *agg inv* & *sm inv* lilac

lima ['lima] *sf* file

limetta [li'metta] *sf* ● **limetta per unghie** nail file

limitare [limi'tare] *vt* to limit, to restrict ◆ **limitarsi** *vr* ● **limitarsi a fare qc** to limit o.s. to do sthg ● **limitarsi nel bere** to restrict one's drinking

limitato, a [limi'tato, a] *agg* limited

limite ['limite] *sm* **1.** *(confine)* border **2.** *(punto estremo)* limit ● **limite di velocità** speed limit ● **entro certi limiti** within certain limits ● **al limite** if the worst comes to the worst

limitrofo, a [li'mitrofo, a] *agg* neighbouring

limonata [limo'nata] *sf* lemonade

limone [li'mone] *sm* lemon

limpido, a ['limpido, a] *agg* clear

linea ['linea] *sf* **1.** line **2.** *(itinerario)* route ● **mantenere la linea** to look after one's figure ● **avere qualche linea di febbre** to have a slight temperature ● **linee urbane** local buses ● **in linea d'aria** as the crow flies ● **in linea di massima** as a general rule ● **a grandi linee** in broad outline ● **è caduta la linea** we have been cut off

lineare [line'are] *agg* linear

lineetta [line'etta] *sf* dash

lingua ['lingwa] *sf* **1.** tongue **2.** *(linguaggio)* language ● **lingua madre** mother tongue ● **lingua straniera** foreign language

linguaggio [lin'gwadʒo] *sm* language ● **linguaggio dei segni** sign language

linguetta [lin'gwetta] *sf* tongue

linguistico, a, ci, che [lin'gwistiko, a, tʃi, ke] *agg* linguistic

lino ['lino] *sm* linen

linoleum [li'nɔleum] *sm* linoleum

liofilizzato, a [ljofilidz'dzato, a] *agg* freeze-dried

liquefare [likwe'fare] *vt* to melt ● **liquefarsi** *vr* to melt

liquefatto, a [likwe'fatto, a] *pp* > **liquefare**

liquidare [likwi'dare] *vt* **1.** *(società, beni)* to liquidate **2.** *(merce)* to sell off **3.** *(sbarazzarsi di)* to get rid of **4.** *(fig)* *(questione, problema)* to solve

liquidazione [likwidats'tsjone] *sf* **1.** *(di merci)* selling off, clearance **2.** *(indennità)* severance pay

liquido, a ['likwido, a] ◇ *agg* liquid ◇ *sm* **1.** liquid **2.** *(denaro)* cash

liquirizia [likwi'ritstsja] *sf* liquorice

liquore [li'kwore] *sm* liqueur

lira ['lira] *sf* lira

lirica ['lirika] *sf* opera

lirico, a, ci, che ['liriko, a, tʃi, ke] *agg* *(musica)* lyric

lisca ['liska] *(pl* **-sche)** *sf* fishbone

liscio, a, sci, sce ['liʃʃo, a, ʃʃi, ʃʃe] ◇ *agg* **1.** *(pietra, pelle)* smooth **2.** *(capelli)* straight **3.** *(whisky)* neat ◇ *sm* *(ballo)* ballroom dance ● **andar liscio** to go smoothly

lista ['lista] *sf* list ● **essere in lista d'attesa** to be on a waiting list ● **lista dei vini** wine list

listino [lis'tino] *sm* ● **listino (dei) prezzi** price list ● **listino dei cambi** exchange rate

lite ['lite] *sf* quarrel

litigare [liti'gare] *vi* to quarrel

litigio [li'tidʒo] *sm* quarrel

litorale [lito'rale] *sm* coast

litoraneo, a [lito'raneo, a] *agg* coastal

litro ['litro] *sm* litre

livello [li'vɛllo] *sm* *(altezza, piano)* level ● **livello del mare** sea level

livido, a ['livido, a] ◇ *agg* *(per percosse)* black and blue ◇ *sm* bruise ● **livido per il freddo** blue with cold

Livorno [li'vorno] *sm* Livorno

lo [lo] ◇ *art* the ▸ **il** ◇ *pron* **1.** *(persona)* him **2.** *(animale, cosa)* it ▸ **lo so** I know

locale [lo'kale] ◇ *agg* local ◇ *sm* **1.** *(stanza)* room **2.** *(luogo pubblico)* premises *pl* ● **locale notturno** night club

località [lokali'ta] *sf inv* locality

locanda [lo'kanda] *sf* inn

locandina [lokan'dina] *sf* theatre poster

locomotiva [lokomo'tiva] *sf* locomotive

lodare [lo'dare] *vt* to praise

lode ['lɔde] *sf (elogio)* praise ● **laurearsi con 110 e lode** to graduate with first-class honours *(UK)*, to graduate summa cum laude *(US)*

loggia ['lɔdʒa] *(pl* **-ge**) *sf* loggia

loggione [lod'ʒone] *sm* ● **il loggione** the gods *pl*

logica ['lɔdʒika] *sf* logic

logico, a, ci, che ['lɔdʒiko, a, tʃi, ke] *agg* logical

logorare [logo'rare] *vt* to wear out ◆ **logorarsi** *vr* to wear out

logorio [logo'rio] *sm* wear and tear

Lombardia [lombar'dia] *sf* ● **la Lombardia** Lombardy

lombardo, a [lom'bardo, a] *agg* Lombard

lombata [lom'bata] *sf* loin

lombrico [lom'briko] *(pl* **-chi**) *sm* earthworm

Londra ['londra] *sf* London

longitudine [londʒi'tudine] *sf* longitude

lontananza [lonta'nantsa] *sf* **1.** *(distanza)* distance **2.** *(di persona)* absence ● **in lontananza** in the distance

lontano, a [lon'tano, a] ◇ *agg* **1.** *(luogo)* distant, faraway **2.** *(nel tempo)* far off **3.** *(assente)* absent **4.** *(parente)* distant ◇ *avv* far ● **è lontano?** is it far? ● **è lontano 3**

chilometri it's 3 kilometres from here ● **lontano da** far (away) from ● **da lontano** from far away ● **più lontano** farther

loquace [lo'kwatʃe] *agg* talkative

lordo, a ['lordo, a] *agg* gross

loro ['loro] *pron* **1.** *(soggetto)* they **2.** *(complemento oggetto, con preposizione)* them **3.** *(form) (complemento di termine)* (to) them ● **loro stessi** they themselves ◆ **il loro, la loro, i loro, le loro** ◇ *agg* their ◇ *pron* theirs

losco, a, schi, sche ['losko, a, ki, ke] *agg* suspicious, shady

lotta ['lɔtta] *sf* struggle, fight

lottare [lot'tare] *vi* to fight

lotteria [lotte'ria] *sf* lottery

lotto ['lɔtto] *sm* **1.** *(gioco)* lottery **2.** *(di terreno)* lot

lozione [lots'tsjone] *sf* lotion

lubrificante [lubrifi'kante] *sm* lubricant

lucchetto [luk'ketto] *sm* padlock

luccicare [luttʃi'kare] *vi* to sparkle

lucciola ['luttʃola] *sf* glow-worm, firefly

luce ['lutʃe] *sf* **1.** light **2.** *(elettricità)* electricity ● **dare alla luce** to give birth to ● **mettere in luce qc** to highlight sthg ● **luce del sole** sunlight ● **luci d'arresto** brake lights ● **luci di direzione** indicators ● **luci di posizione** parking lights ● **film a luci rosse** porno film

lucernario [lutʃer'narjo] *sm* skylight

lucertola [lu'tʃertola] *sf* lizard

lucidare [lutʃi'dare] *vt* to polish

lucidatrice [lutʃida'tritʃe] *sf* floor polisher

lucido, a ['lutʃido, a] ◇ *agg* **1.** *(pavimento, tessuto)* shiny **2.** *(fig) (mente, persona)*

lucid ◇ *sm (da proiettore)* acetate ● **lucido da scarpe** shoe polish

lucro ['lukro] *sm* profit

luganega, ghe [lu'ganega, ge] *sf type of sausage (a speciality of Veneto and Lombardy)*

luglio ['luʎʎo] *sm* July > **settembre**

lugubre ['lugubre] *agg* gloomy

lui ['lui] *pron* **1.** *(soggetto)* he **2.** *(complemento oggetto, con preposizione)* him ● **è lui** it's him ● **lui stesso** he himself

lumaca [lu'maka] *(pl* **-che**) *sf* snail

lume ['lume] *sm* lamp ● **a lume di candela** by candlelight

luminaria [lumi'narja] *sf* illuminations *pl*

luminoso, a [lumi'nozo, a] *agg* luminous, bright

luna ['luna] *sf* moon ● **luna di miele** honeymoon ● **luna park** funfair ● **luna piena** full moon

lunario [lu'narjo] *sm* ● **sbarcare il lunario** to make ends meet

lunedì [lune'di] *sm inv* Monday > **sabato**

lungarno [lun'garno] *sm (a Firenze) the embankment along the Arno*

lunghezza [lun'getstsa] *sf* length

lungo, a, ghi, ghe ['lungo, a, gi, ge] *agg* **1.** long **2.** *(caffè)* weak ● **è lungo 3 metri** it's 3 metres long ● **saperla lunga** to know what's what ● **a lungo** for a long time ● **di gran lunga** by far ● **in lungo e in largo** far and wide ● **andare per le lunghe** to drag on

lungofiume [lungo'fjume] *sm* embank-ment

lungolago [lungo'lago] *(pl* **-ghi**) *sm road around a lake*

lungomare [lungo'mare] *sm* promenade

lungotevere [lungo'tevere] *sm (a Roma) the embankment along the Tiber*

lunotto [lu'nɔtto] *sm* rear window

luogo ['lwɔgo] *(pl* **-ghi**) *sm* **1.** place **2.** *(di delitto, incidente)* scene ● **aver luogo** to take place ● **dare luogo a qc** to give rise to sthg ● **luogo comune** commonplace ● **luogo di culto** place of worship ● **luogo di nascita** place of birth ● **del luogo** local ● **in primo luogo** in the first place

lupino [lu'pino] *sm* lupin

lupini [lu'pini] *smpl* lupins

lupo ['lupo] *sm* wolf

lurido, a [lu'rido, a] *agg* filthy

lusinga [lu'zinga] *(pl* **-ghe**) *sf* flattery

lusingare [luzin'gare] *vt* to flatter

lussare [lus'sare] *vt* to dislocate

Lussemburgo [lussem'burgo] *sm* ● **il Lussemburgo** Luxembourg

lusso ['lusso] *sm* luxury ● **di lusso** de luxe, luxury

lussuoso, a [lus'swozo, a] *agg* luxurious

lussureggiante [lussured3'd3ante] *agg* luxuriant

lussuria [lus'surja] *sf* lust

lustrare [lus'trare] *vt* to polish

lustrino [lus'trino] *sm* sequin

lustro, a ['lustro, a] *agg* shiny

lutto ['lutto] *sm* mourning ● **essere in lutto** to be in mourning

m M

ma [ma] *cong* but

macabro, a ['makabro, a] *agg* macabre

macché [mak'ke] *esclam* of course not!

maccheroni [makke'roni] *smpl* macaroni *sg* ● **maccheroni alla chitarra** *flat ribbons of egg pasta in a sauce of either tomatoes and chillis, or lamb (a speciality of Abruzzo)*

macchia ['makkja] *sf* 1. (*chiazza*) spot, stain 2. (*di colore*) spot 3. (*bosco*) scrub

macchiare [mak'kjare] *vt* to stain, to mark ● **macchiarsi** *vr* 1. (*persona*) to get stains o marks on one's clothes 2. (*abiti, tappeto*) to become stained o marked

macchiato, a [mak'kjato, a] *agg* stained

macchina ['makkina] *sf* 1. (*automobile*) car 2. (*apparecchio*) machine ● **andare in macchina** to go by car, to drive ● **macchina fotografica** camera ● **macchina da scrivere** typewriter

macchinario [makki'narjo] *sm* machinery

macchinetta [makki'netta] *sf* (*caffettiera*) percolator ● **macchinetta mangiasoldi** slot machine

macchinista [makki'nista] (*pl* **-i**) *sm* 1. (*di treno*) driver 2. (*di nave*) engineer

macedonia [matʃe'dɔnja] *sf* fruit salad

Macedonia [matʃe'dɔnja] *sf* (*stato balcanico*) ● **la Macedonia** Macedonia

macellaio, a [matʃel'lajo, a] *sm,f* butcher

macelleria [matʃelle'ria] *sf* butcher's

macerie [ma'tʃɛrje] *sfpl* rubble *sg*

macigno [ma'tʃiɲɲo] *sm* rock, boulder

macinacaffè [matʃinakaf'fɛ] *sm inv* coffee grinder

macinapepe [matʃina'pepe] *sm inv* pepper grinder

macinare [matʃi'nare] *vt* 1. (*grano*) to mill, to grind 2. (*caffè, pepe*) to grind 3. (*carne*) to mince (*UK*), to grind (*US*)

macinato, a [matʃi'nato,a] ◇ *agg* minced (*UK*), ground (*US*) ◇ *sm* mince (*UK*), ground beef (*US*)

macrobiotico, a ci, che [makrobi'ɔtiko, a, tʃi, ke] *agg* macrobiotic

Madonna [ma'dɔnna] *sf* Madonna

madre ['madre] *sf* mother

madrelingua [madre'lingwa] ◇ *agg inv* mother tongue (*dav s*) ◇ *sf* mother tongue

madreperla [madre'perla] *sf* mother-of-pearl

madrina [ma'drina] *sf* godmother

maestrale [maes'trale] *sm* northwest wind

maestro, a [ma'ɛstro, a] ◇ *sm,f* teacher ◇ *sm* 1. *MUS* maestro 2. (*artigiano, artista*) master ● **maestro di tennis** tennis coach

mafia ['mafja] *sf* Mafia

mafioso, a [ma'fjozo, a] ◇ *agg* of the Mafia, Mafia (*dav s*) ◇ *sm,f* member of the Mafia

magari [ma'gari] ◇ *esclam* if only! ◇ *avv* maybe

magazzino [magadz'dzino] *sm* warehouse

maggio ['maddʒo] *sm* May ● **il primo maggio** May Day ➤ **settembre**

maggioranza [maddʒo'rantsa] *sf* majority ● **nella maggioranza dei casi** in the majority of cases

maggiorana [maddʒo'rana] *sf* (*erba*) marjoram

maggiore [mad'dʒore] ◇ *agg* 1. (*comparativo: più grande, più numeroso*) larger, bigger; (*di quantità*) greater; (*più importante*) major, more important; (*più vecchio*) elder, older 2. (*superlativo: più grande, più numeroso*) largest, biggest; (*di quantità*) greatest; (*più importante*) most important; (*più vecchio*) eldest, oldest ◇ *sm* MIL major ● **andare per la maggiore** to be very popular ● **la maggiore età** the age of majority ● **la maggior parte (di)** the majority (of)

maggiorenne [maddʒo'renne] ◇ *agg* of age ◇ *smf* person who has come of age

maggiormente [maddʒor'mente] *avv* much more

magia [ma'dʒia] *sf* magic

magico, a, ci, che [ˈmadʒiko, a, tʃi, ke] *agg* magic

magistratura [madʒistra'tura] *sf* magistracy

maglia [ˈmaʎʎa] *sf* 1. (*indumento*) sweater, jersey 2. (*di sportivo, tessuto*) jersey 3. (*di catena*) link ● **lavorare a maglia** to knit

maglieria [maʎʎe'ria] *sf* knitwear

maglietta [maʎ'ʎetta] *sf* 1. T-shirt 2. (*canottiera*) vest (*UK*), undershirt (*US*)

maglione [maʎ'ʎone] *sm* sweater, jumper

magnate [maɲ'ɲate] *sm* magnate

magnetico, a, ci, che [maɲ'ɲetiko, a, tʃi, ke] *agg* magnetic

magnifico, a, ci, che [maɲ'ɲifiko, a, tʃi, ke] *agg* magnificent

mago, a, ghi, ghe [ˈmago, a, gi, ge] *sm,f* 1. (*stregone*) sorcerer (*f* sorceress) 2. (*illusionista*) magician

magro, a [ˈmagro, a] *agg* 1. (*persona*) thin 2. (*formaggio, yogurt*) low-fat 3. (*carne*) lean 4. (*fig*) (*scarso*) meagre

mai [ˈmai] *avv* 1. never 2. (*qualche volta*) ● **l'hai mai visto?** have you ever seen him? ● **non ... mai** never ● **mai più** never again

maiale [ma'jale] *sm* 1. (*animale*) pig 2. (*carne*) pork ● **maiale alle mele** *pork with brandy-flavoured apple sauce*

maiolica [ma'jolika, ke] *sf* majolica

maionese [majo'nese] *sf* mayonnaise

mais [ˈmais] *sm* maize

maiuscola [ma'juskola] *sf* capital letter

maiuscolo, a [ma'juskolo, a] *agg* capital

mal [mal] = **male**

malafede [mala'fede] *sf* bad faith

malaga [ˈmalaga] *sm* ● **gelato al malaga** *rum and raisin ice cream*

malandato, a [malan'dato, a] *agg* 1. (*persona*) in poor shape 2. (*oggetto*) shabby

malanno [ma'lanno] *sm* ailment

malapena [mala'pena] ● **a malapena** *avv* hardly, scarcely

malato, a [ma'lato, a] ◇ *agg* ill, sick ◇ *sm,f* sick person, patient ● **essere malato di cuore** to have a bad heart

malattia [malat'tia] *sf* illness, disease ● **essere in malattia** to be on sick leave

malavita [mala'vita] *sf* underworld

malconcio, a, ci, ce [mal'kontʃo, a, tʃi, tʃe] *agg* in a sorry state

maldestro, a [mal'destro, a] *agg* 1. (*poco abile*) inept 2. (*impacciato, goffo*) clumsy

maldicenza [maldit∫'εntsa] *sf* malicious gossip

male ['male] ◇ *sm* **1.** *(ingiustizia)* evil **2.** *(dolore)* pain **3.** *(malattia)* complaint ◇ *avv* badly ● **ti fa male?** does it hurt? ● **mi fanno male i piedi** my feet hurt ● **fare del male a qn** to hurt sb ● **non c'è male!** not bad! ● **mal d'aereo** airsickness ● **mal d'auto** carsickness ● **mal di gola** sore throat ● **mal di mare** seasickness ● **mal di stomaco** stomachache ● **mal di testa** headache ● **andare a male** to go off ● **restarci o rimanerci male** to be disappointed ● **sentirsi male** to feel ill ● **di male in peggio** from bad to worse

maledetto, a [male'detto, a] ◇ *pp* ➤ maledire ◇ *agg* damned

maledire [male'dire] *vt* to curse

maledizione [maledits'tsjone] *sf* curse

maleducato, a [maledu'kato, a] *agg* rude

maleducazione [maledukats'tsjone] *sf* rudeness

maleodorante [maleodo'rante] *agg* smelly

malessere [ma'lessere] *sm* **1.** *(fisico)* ailment **2.** *(mentale)* uneasiness

malfamato, a [malfa'mato, a] *agg* notorious

malfattore, trice [malfat'tore, 'trit∫e] *sm,f* wrongdoer

malfermo, a [mal'fermo, a] *agg* unsteady

malformazione [malformats'tsjone] *sf* malformation, deformity

malgrado [mal'grado] ◇ *prep* in spite of ◇ *cong* although ● **mio malgrado** against my will

malignità [malinni'ta] *sf inv* **1.** *(d'animo)* malice **2.** *(insinuazione)* spiteful remark

maligno, a [ma'linno, a] *agg* **1.** *(persona, commento)* malicious **2.** MED malignant

malinconia [malinko'nia] *sf* melancholy

malinconico, a, ci, che [malin'koniko, a, t∫i, ke] *agg* gloomy

malincuore [malin'kwɔre] ● **a malincuore** *avv* reluctantly

malintenzionato, a [malintentsjo'nato, a] *agg* ill-intentioned

malinteso [malin'tezo] *sm* misunderstanding

malizia [ma'litstsja] *sf* cunning, malice

malizioso, a [malits'tsjozo, a] *agg* malicious

malleabile [malle'abile] *agg* malleable

malmenare [malme'nare] *vt* to beat up

malnutrizione [malnutrits'tsjone] *sf* malnutrition

malore [ma'lore] *sm* ● **ho avuto un malore** I suddenly felt ill

malridotto, a [malri'dotto, a] *agg* in a bad state

malsano, a [mal'sano, a] *agg* unhealthy

Malta ['malta] *sf* Malta

maltagliati [maltaʎ'ʎati] *smpl* soup pasta, cut into irregular shapes

maltempo [mal'tempo] *sm* bad weather

malto ['malto] *sm* malt

maltrattare [maltrat'tare] *vt* to ill-treat

malumore [malu'more] *sm* bad temper ● **essere di malumore** to be in a bad mood

malvagio, a, gi, gie [mal'vadʒo, a, dʒi, dʒe] *agg* wicked

malvolentieri [malvolen'tjεri] *avv* unwillingly

mamma ['mamma] *sf* mum (*UK*), mom

(US) ● **mamma mia!** my goodness!

mammella [mam'mɛlla] *sf* **1.** *(di donna)* breast **2.** *(di animale)* udder

mammifero [mam'mifero] *sm* mammal

manager ['mɛnadʒer] *smf inv* manager (*f* manageress)

manata [ma'nata] *sf* slap

mancanza [man'kantsa] *sf* **1.** *(scarsità, assenza)* lack **2.** *(colpa)* fault ● **sentire la mancanza di qn** to miss sb ● **in mancanza di** for lack of

mancare [man'kare] ◇ *vi* **1.** *(non esserci)* to be missing **2.** *(essere lontano)* to be away **3.** *(form)* *(morire)* to pass away ◇ *vt (colpo, bersaglio)* to miss ● **è mancata la luce per due ore** the electricity was off for two hours ● **mi manchi molto** I miss you a lot ● **manca il latte** there's no milk ● **mi manca il tempo** I haven't got the time ● **mi mancano due euro** I still need two euros ● **ci è mancato poco che cadesse** it nearly fell ● **manca un quarto alle quattro** it's quarter to four ● **mancare a** *v + prep (promessa)* to fail to keep ● **mancare di** *v + prep* to lack

mancia ['mantʃa] *(pl* **-ce)** *sf* tip ● **dare la mancia (a qn)** to tip (sb)

manciata [man'tʃata] *sf* handful

mancino, a [man'tʃino, a] *agg* left-handed

manco ['manko] *avv (fam)* not even ● **manco per sogno** o **per idea** I wouldn't dream of it

mandarancio [manda'rantʃo] *sm* clementine

mandare [man'dare] *vt* **1.** to send **2.** *(grido)* to give ● **mandare a chiamare qn** to send for sb ● **mandare via qn** to send sb away ● **mandare avanti qn** to send sb on ahead ● **mandare avanti qc** to provide for sthg ● **mandare giù** to swallow

mandarino [manda'rino] *sm* mandarin (orange), tangerine

mandata [man'data] *sf (di chiave)* turn ● **chiudere a doppia mandata** to double-lock

mandato [man'dato] *sm* DIR warrant ● **mandato d'arresto** arrest warrant

mandibola [man'dibola] *sf* jaw

mandolino [mando'lino] *sm* mandolin

mandorla ['mandorla] *sf* almond

maneggiare [maned'dʒare] *vt* **1.** *(strumenti, attrezzi)* to handle **2.** *(denaro)* to manage, to deal with

maneggio [ma'neddʒo] *sm* riding school

manetta [ma'netta] *sf* handle ◆ **manette** *sfpl* handcuffs

mangiare [man'dʒare] ◇ *vt* **1.** *(cibo)* to eat **2.** *(fig)* *(patrimonio)* to squander **3.** *(negli scacchi)* to take ◇ *vi* to eat ● **far da mangiare** to do the cooking ● **mangiarsi le parole** to mumble

mangime [man'dʒime] *sm* fodder

mangione, a [man'dʒone, a] *sm,f* glutton

mania [ma'nia] *sf (fissazione)* obsession ● **avere la mania di fare qc** to have a habit of doing sthg

maniaco, a, ci, che [ma'niako, a, tʃi, ke] ◇ *agg* manic ◇ *sm,f* maniac

manica, che ['manika, ke] *sf* sleeve ● **a maniche corte** o **a mezze maniche** short-sleeved ◆ **Manica** *sf* ● **la Manica, il Canale della Manica** the (English) Channel

manicaretto [manika'retto] *sm* delicacy

manichino [mani'kino] *sm* **1.** *(di negozio)* dummy **2.** *(per artisti)* model

manico ['maniko] *(pl* **-ci)** *sm* handle

manicomio [mani'kɔmjo] *sm* **1.** *(ospedale)* mental hospital **2.** *(fig) (confusione)* madhouse

manicure [mani'kur] *sf inv* **1.** *(persona)* manicurist **2.** *(trattamento)* manicure

maniera [ma'njɛra] *sf* way ● **in maniera che** so that ● **in maniera da fare qc** so as to do sthg ● **in tutte le maniere** at all costs

manifestare [manifes'tare] ◇ *vt* to show ◇ *vi* to demonstrate ◆ **manifestarsi** *vr* to appear

manifestazione [manifestats'tsjone] *sf* **1.** *(corteo)* demonstration **2.** *(di sentimento)* show **3.** *(di malattia)* symptom **4.** *(spettacolo)* event

manifesto [mani'fɛsto] *sm (cartellone)* poster

maniglia [ma'niʎʎa] *sf* **1.** *(di porta)* handle **2.** *(di autobus)* strap

manipolare [manipo'lare] *vt* **1.** *(con le mani)* to handle **2.** *(fig) (alterare)* to manipulate

mano, i ['mano, i] *sf* **1.** hand **2.** *(di vernice)* coat ● **dare una mano a qn** to give sb a hand ● **darsi la mano** to shake hands ● **fatto a mano** handmade ● **di seconda mano** second-hand ● **man mano** gradually ● **andare contro mano** to drive on the wrong side of the road ● **essere alla mano** to be easygoing ● **fare man bassa** to take everything ● **fuori mano** out of the way ● **stare con le mani in mano** to twiddle one's thumbs

manodopera [mano'dɔpera] *sf.* *(lavoratori)* workforce **2.** *(costo)* labour

manomesso, a [mano'messo, a] *pp* ➢ **manomettere**

manomettere [mano'mettere] *vt (serratura)* to force

manopola [ma'nɔpola] *sf* knob, control

manovale [mano'vale] *sm* labourer

manovella [mano'vella] *sf* handle

manovra [ma'nɔvra] *sf* manoeuvre

manovrare [mano'vrare] ◇ *vt* **1.** *(congegno)* to operate **2.** *(fig) (manipolare)* to manipulate ◇ *vi* **1.** MIL to manoeuvre **2.** *(fig) (tramare)* to plot

manrovescio [manro'veʃʃo] *sm* slap

mansarda [man'sarda] *sf* attic

mansione [man'sjone] *sf* task, job

mantella [man'tella] *sf* cape

mantello [man'tello] *sm* **1.** *(di animale)* coat **2.** *(indumento)* cloak

mantenere [mante'nere] *vt* **1.** to keep **2.** *(sostenare)* to support ◆ **mantenersi** *vr* **1.** *(pagarsi da vivere)* to support o.s. **2.** *(conservarsi)* to stay, to keep

mantenimento [manteni'mento] *sm* maintenance

manuale [manu'ale] *agg & sm* manual

manubrio [ma'nubrjo] *sm* **1.** *(di bicicletta, moto)* handlebars *pl* **2.** *(di congegno)* handle

manutenzione [manuten'tsjone] *sf* maintenance

manzo ['mandzo] *sm (carne)* beef

mappa ['mappa] *sf* map

mappamondo [mappa'mondo] *sm* **1.** *(globo)* globe **2.** *(su carta)* map of the world

maraschino [maras'kino] *sm* maraschino *(cherry liqueur)*

maratona [mara'tona] *sf* marathon

marca ['marka] (*pl* **-che**) *sf* **1.** (*di prodotto*) brand **2.** (*scontrino*) ticket ● **marca da bollo** revenue stamp ● **prodotto di marca** quality product

marcare [mar'kare] *vt* **1.** to mark **2.** (*goal*) to score

marchio ['markjo] *sm* **1.** mark **2.** (*di bestiame*) brand ● **marchio di fabbrica** trademark ● **marchio registrato** registered trademark

marcia ['martʃa] (*pl* **-ce**) *sf* **1.** march **2.** (*di auto*) gear **3.** SPORT walking ● **fare marcia indietro** to reverse ● **mettersi in marcia** to start off

marciapiede [martʃa'pjɛde] *sm* **1.** pavement (*UK*), sidewalk (*US*) **2.** (*di stazione*) platform

marciare [mar'tʃare] *vi* to march

marcio, a, ci, ce ['martʃo, a, tʃi, tʃe] *agg* rotten

marcire [mar'tʃire] *vi* **1.** (*cibo*) to rot **2.** (*ferita*) to fester

marco ['marko] (*pl* **-chi**) *sm* mark

mare ['mare] *sm* sea ● **andare al mare** to go to the seaside ● **il Mare del Nord** the North Sea

marea [ma'rɛa] *sf* tide ● **alta marea** high tide ● **bassa marea** low tide

mareggiata [mared'dʒata] *sf* stormy sea

maresciallo [mareʃ'ʃallo] *sm* ≃ warrant officer

margarina [marga'rina] *sf* margarine

margherita [marge'rita] *sf* daisy

margine ['mardʒine] *sm* **1.** (*di pagina*) margin **2.** (*di strada, bosco*) edge

marina [ma'rina] *sf* navy

marinaio [mari'najo] *sm* sailor

marinare [mari'nare] *vt* to marinate ● **marinare la scuola** to play truant

marinaro, a [mari'naro, a] *agg* (*popoli, tradizioni*) seafaring ● **alla marinara** cooked with seafood

marinata [mari'nata] *sf* marinade

marino, a [ma'rino, a] *agg* sea (*dav s*)

marionetta [marjo'netta] *sf* marionette

marito [ma'rito] *sm* husband

maritozzo [mari'tɔtstso] *sm* type of sweet bread containing sultanas, pine kernels and candied peel (a speciality of Lazio)

marittimo, a [ma'rittimo, a] *agg* **1.** (*clima*) maritime **2.** (*scalo*) coastal ● **località marittima** seaside resort

marmellata [marmel'lata] *sf* **1.** jam **2.** (*di arance*) marmalade

marmitta [mar'mitta] *sf* **1.** (*di auto, moto*) silencer **2.** (*pentola*) large cooking pot

marmo ['marmo] *sm* marble

marocchino, a [marok'kino, a] *agg* & *sm,f* Moroccan

Marocco [ma'rɔkko] *sm* ● **il Marocco** Morocco

marrone [mar'rone] ◇ *agg inv* brown ◇ *sm* **1.** (*colore*) brown **2.** (*frutto*) chestnut

marron glacé [marrɔngla'se] *sm inv* marron glacé (crystallized chestnut)

marsala [mar'sala] *sm inv* Marsala (sweet fortified wine)

marsupio [mar'supjo] *sm* **1.** (*borsello*) bum bag (*UK*), fanny pack (*US*) **2.** (*di animale*) pouch

martedì [marte'di] *sm inv* Tuesday ≻ **sabato**

martellare [martel'lare] ◇ *vt* to hammer ◇ *vi* to throb

martello [mar'tɛllo] *sm* hammer

martire ['martire] *smf* martyr

marzapane [mardza'pane] *sm* marzipan

marziale [mar'tsjale] *agg* martial

marziano, a [mar'tsjano, a] *sm,f* Martian

marzo ['martso] *sm* March ➤ **settembre**

mascalzone [maskal'tsone] *sm* scoundrel

mascara [mas'kara] *sm inv* mascara

mascarpone [maskar'pone] *sm* mascarpone *(type of cream cheese)*

mascella [maʃ'ʃella] *sf* jaw

maschera ['maskera] *sf* 1. mask 2. *(costume)* fancy dress 3. *(di bellezza)* face pack 4. *(di cinema, teatro)* usher *(f* usherette*)*

mascherare [maske'rare] *vt* 1. *(volto)* to mask 2. *(emozioni)* to conceal ◆ **mascherarsi** *vr* ◆ **mascherarsi (da)** to dress up (as)

maschile [mas'kile] *agg* 1. GRAMM masculine 2. *(sesso, anatomia)* male 3. *(abiti)* men's *(dav s)* 4. *(per ragazzi)* boy's *(dav s)*

maschio, a ['maskjo, a] ◇ *agg* male ◇ *sm* 1. *(animale, individuo)* male 2. *(ragazzo, figlio, neonato)* boy ● **figlio maschio** son

mascolino, a [masko'lino, a] *agg* masculine

mascotte ['maskɔt] *sf inv* mascot

masochista, i, e [mazo'kista, i, e] *smf* masochist

massa ['massa] *sf* mass ● **una massa di** *(errori, gente)* loads of; *(mattoni, legna)* a pile of ● **la massa** the masses *pl* ● **di massa** mass *(dav s)* ● **in massa** en masse

massacro [mas'sakro] *sm* massacre

massaggiare [massadʒ'dʒare] *vt* to massage

massaggiatore, trice [massadʒdʒa'tore, 'tritʃe] *sm,f* masseur *(f* masseuse*)*

massaggio [mas'sadʒdʒo] *sm* massage

massaia [mas'saja] *sf* housewife

massiccio, a, ci, ce [mas'sitʃtʃo, a, tʃi, tʃe] *agg* 1. *(corporatura)* stout, big 2. *(edificio)* solid ● **oro massiccio** solid gold, massif

massima ['massima] *sf* 1. *(detto)* maxim 2. *(temperatura)* maximum temperature ● **in linea di massima** generally speaking

massimo, a ['massimo, a] *agg* & *sm* maximum ● **al massimo** at most

mass media [mass'mɛdia] *smpl* mass media

masso ['masso] *sm* rock

masticare [masti'kare] *vt* to chew

mastino [mas'tino] *sm* mastiff

matassa [ma'tassa] *sf* skein

matematica [mate'matika] *sf* mathematics *sg*

matematico, a, ci, che [mate'matiko, a, tʃi, ke] *agg* 1. mathematical 2. *(sicuro)* certain

materasso [mate'rasso] *sm* mattress

materassino [materas'sino] *sm* 1. air bed 2. *(da ginnastica)* mat

materia [ma'tɛrja] *sf* 1. *(in fisica)* matter 2. *(materiale)* material 3. *(disciplina, argomento)* subject ● **materie prime** raw materials

materiale [mate'rjale] ◇ *agg* material ◇ *sm* 1. material 2. *(attrezzatura)* equipment ● **beni materiale** worldly goods ● **materiale sintetico** man-made material

maternità [materni'ta] *sf inv* 1. *(condizione)* motherhood 2. *(di ospedale)* maternity ward ● **essere in maternità** to be on maternity leave

materno, a [ma'tɛrno, a] *agg* **1.** maternal **2.** *(paese, lingua)* mother *(dav s)*

matita [ma'tita] *sf* pencil

matrigna [ma'triɲɲa] *sf* stepmother

matrimoniale [matrimo'njale] *agg* matrimonial

matrimonio [matri'mɔnjo] *sm* **1.** marriage **2.** *(cerimonia)* wedding

mattatoio [matta'tojo] *sm* slaughterhouse

mattina [mat'tina] *sf* morning ● **di mattina** in the morning

mattinata [matti'nata] *sf* morning

mattiniero, a [matti'njɛro, a] *agg* ● **essere mattiniero** to be an early riser

mattino [mat'tino] *sm* morning

matto, a ['matto, a] *agg* mad ◇ *sm,f* madman *(f* madwoman*)* ● **andare matto per** to be crazy about

mattone [mat'tone] *sm* brick

mattonella [matto'nɛlla] *sf* tile

maturare [matu'rare] *vi* & *vt* **1.** *(frutta, grano)* to ripen **2.** *(persona)* to mature

maturità [maturi'ta] *sf* **1.** *(diploma, esame)* ≃ A levels *pl* (UK), ≃ SATs *pl* (US) **2.** *(persona)* mature

maturo, a [ma'turo, a] *agg* **1.** *(frutto)* ripe **2.** *(persona)* mature

mazza ['matstsa] *sf* **1.** *(bastone)* club **2.** *(da baseball, cricket)* bat ● **mazza da golf** golf club

mazzo ['matstso] *sm* **1.** *(di fiori, chiavi)* bunch **2.** *(di carte)* pack

me [me] *pron* me ➤ **mi**

MEC [mɛk] *abbr* = Mercato Comune

meccanica [mek'kanika] *sf (scienza)* mechanics *sg* ➤ **meccanico**

meccanico, a, ci, che [mek'kaniko, a, tʃi, ke] ◇ *agg* mechanical ◇ *sm* mechanic

meccanismo [makka'nizmo] *sm* mechanism

mèche [mɛʃ] *sfpl* streaks

medaglia [me'daʎʎa] *sf* medal

medaglione [medaʎ'ʎone] *sm (gioiello)* locket ● **medaglione di vitello** veal medallion

medesimo, a [me'dɛzimo, a] *agg* same

media ['mɛdja] *sf* **1.** *(valore intermedio)* average **2.** *(di voti)* average mark (UK), average grade (US) ● **in media** on average ● **le (scuole) medie** ≃ secondary school *sg* (UK), junior high school *sg* (US)

mediante [me'djante] *prep* by means of

mediatore, trice [medja'tore, 'tritʃe] *sm,f* **1.** mediator **2.** *COMM* middleman

medicare [medi'kare] *vt* to dress

medicina [medi'tʃina] *sf* medicine

medicinale [meditʃi'nale] *sm* medicine, drug

medico, a, ci, che ['mɛdiko, a, tʃi, ke] ◇ *agg* medical ◇ *sm* doctor ● **medico di guardia** doctor on call

medievale [medje'vale] *agg* medieval

medio, a ['mɛdjo, a] ◇ *agg* **1.** average **2.** *(di mezzo)* middle ◇ *sm* ● **(dito) medio** middle finger

mediocre [me'djɔkre] *agg* mediocre

medioevale [medjoe'vale] = **medievale**

medioevo [medjo'evo] *sm* Middle Ages *pl*

meditare [medi'tare] ◇ *vt* to plan ◇ *vi* to meditate

meditazione [meditats'tsjone] *sf* **1.** *(riflessione)* reflection **2.** *(disciplina orientale)* meditation

mediterraneo, a [mediter'raneo, a] *agg* Mediterranean ◆ **Mediterraneo** *sm* ● **il**

(mar) Mediterraneo the Mediterranean (Sea)

medusa [me'duza] *sf* jellyfish

megafono [me'gafono] *sm* megaphone

meglio ['mεʎʎo]

◇ *avv* **1.** *(comparativo)* better ● **mi sento meglio di ieri** I feel better than I did yesterday ● **andare meglio** to get better ● **così va meglio** that's better ● **per meglio dire** or rather **2.** *(superlativo)* best ● **è la cosa che mi riesce meglio** It's the thing I do best ● **le persone meglio vestite** the best-dressed people

◇ *agg inv* **1.** *(migliore)* better ● **la tua macchina è meglio della mia** your car is better than mine **2.** *(in costruzioni impersonali)* better ● **è meglio rimanere qui** it would be better to stay here ● **è meglio che te lo dica** I'd better tell you

◇ *sm* ● **fare del proprio meglio** to do one's best ● **agire per il meglio** to do the right thing

◇ *sf* ● **avere la meglio su qn** to get the better of sb

mela ['mela] *sf* apple

melagrana [mela'grana] *sf* pomegranate

melanzana [melan'tsana] *sf* aubergine (UK), eggplant (US) ● **melanzane alla parmigiana** *fried aubergine slices covered in tomato and Parmesan cheese*

melenso, a [me'lenso, o] *agg* dull

melma ['melma] *sf* mud

melo ['melo] *sm* apple tree

melodia [melo'dia] *sf* melody

melodramma [melo'dramma] *(pl* **-i)** *sm* melodrama

melone [me'lone] *sm* melon

membro ['mεmbro] *(pl* **-i)** *sm (di club, associazione)* member

memorabile [memo'rabile] *agg* memorable

memoria [me'mɔrja] *sf* memory ● **sapere qc a memoria** to know sthg by heart

mendicante [mendi'kante] *smf* beggar

meno ['meno]

◇ *avv* **1.** *(in comparativi)* less ● **meno di** less than ● **meno vecchio (di)** younger (than) ● **camminate meno in fretta** don't walk so fast ● **ne voglio di meno** I want less ● **meno lo vedo meglio sto** the less I see him, the better I feel **2.** *(in superlativi)* least ● **la camera meno cara** the cheapest room ● **il meno interessante** the least interesting ● **fare il meno possibile** to do as little as possible ● **la macchina che costa meno (di tutte)** the least expensive car (of all) ● **è Luca che mi preoccupa meno** Luca worries me the least **3.** *(no)* ● **non so se accettare o meno** I don't know whether to accept or not **4.** *(nelle ore)* ● **le nove meno un quarto** a quarter to nine (UK), a quarter of nine (US) **5.** *(nelle sottrazioni, nelle temperature)* minus **6.** *(in espressioni)* ● **non essere da meno (di qn)** to be just as good (as sb) ● **fare a meno di** to do without ● **meno male (che)** c'eri tu! thank goodness you were there! ● **venir meno a** *(promessa)* to break; *(impegno)* not to fulfil ● **non poteva fare a meno di urlare** he couldn't help screaming

◇ *prep* except (for) ● **c'erano tutti meno (che) lei** they were all there except (for) her ● **pensa a tutto meno che a divertirsi** enjoying himself is the last thing on his mind

◇ *agg inv* less ● **oggi c'è meno gente** there are fewer people today ♦ **a meno che** *cong* unless ● **vengo a meno che non piova** I'm coming unless it rains

menopausa [meno'pawza] *sf* menopause

mensa ['mɛnsa] *sf* canteen

mensile [men'sile] *agg & sm* monthly

mensola ['mɛnsola] *sf* shelf

menta ['menta] *sf* **1.** mint **2.** *(bibita)* peppermint cordial

mentale [men'tale] *agg* mental

mentalmente [mental'mente] *avv* mentally

mente ['mente] *sf* mind ● **avere in mente di fare qc** to be thinking of doing sthg ● **imparare/sapere qc a mente** to learn/know sthg by heart ◇ **passare di mente a qn** to slip sb's mind ● **tenere a mente qc** to bear sthg in mind

mentire [men'tire] *vi* to lie

mento ['mento] *sm* chin

mentre ['mentre] *cong* **1.** *(temporale)* while **2.** *(avversativa)* while, whereas

menu [me'nu] *sm inv* menu

menù [me'nu] *sm inv* **1.** *(lista)* menu **2.** INFORM menu

menzionare [mentsjo'nare] *vt* to mention

menzogna [men'dzoɲɲa] *sf* lie

meraviglia [mera'viʎʎa] *sf* **1.** *(stupore)* amazement **2.** *(cosa, persona)* marvel ● **a meraviglia** perfectly

meravigliare [meraviʎ'ʎare] *vt* to amaze ♦ **meravigliarsi di** to be amazed at

meraviglioso, a [meraviʎ'ʎoso, a] *agg* wonderful

mercante [mer'kante] *sm* trader

mercantile [merkan'tile] ◇ *agg* merchant *(dav s)* ◇ *sm (nave)* merchant ship

mercanzia [merkan'tsia] *sf* goods *pl*, merchandise

mercatino [merka'tino] *sm* local market

mercato [mer'kato] *sm* market ● **mercato dei cambi** foreign exchange market ● **mercato nero** black market ● **a buon mercato** cheap ● **Mercato Comune Europeo** Common Market

merce ['mɛrtʃe] *sf* goods *pl*, merchandise

merceria [mertʃe'ria] *sf* haberdasher's *(UK)*, notions store *(US)*

mercoledì [merkole'di] *sm inv* Wednesday > **sabato**

mercurio [mer'kurjo] *sm* mercury

merda ['mɛrda] *sf & esclam (volg)* shit!

merenda [me'rɛnda] *sf* afternoon snack

meridionale [meridjo'nale] ◇ *agg* southern ◇ *smf* southerner

Meridione [meri'djone] *sm* ● **il Meridione** the South of Italy

meringa [me'ringa] *(pl* **-ghe)** *sf* meringue

meritare [meri'tare] ◇ *vt* to deserve ◇ *vi* to be good ● **meritarsi qc** to deserve sthg

merito ['mɛrito] *sm* **1.** *(qualità)* merit **2.** *(riconoscimento)* credit ● **per merito di qn** thanks to sb ● **finire a pari merito** to tie

merletto [mer'letto] *sm (pizzo)* lace

merlo ['mɛrlo] *sm* **1.** *(uccello)* blackbird **2.** *(di mura)* battlement

merluzzo [mer'lutstso] *sm* cod

meschino, a [mes'kino, a] *agg (spregevole)* mean

mescolare [mesko'lare] *vt* **1.** *(mischiare)* to mix **2.** *(insalata)* to toss **3.** *(caffè)* to stir

4. (mettere in disordine) to mix up ●
mescolarsi vr (confondersi) to mingle
mese ['meze] sm month
messa ['messa] sf mass
messaggio [mes'sadʒdʒo] sm message
messicano, a [messi'kano, a] ◇ agg
Mexican ◇ sm,f **1.** (abitante) Mexican **2.**
● **messicani di vitello** (involtini) Stuffed
veal escalopes
Messico ['messiko] sm ● **il Messico**
Mexico
messinscena [messin'ʃɛna] sf **1.** (teatrale) production **2.** (finzione) act
messo, a ['messo, a] pp ➤ **mettere**
mestiere [mes'tjɛre] sm **1.** (professione)
job **2.** (artigianale) craft **3.** (manuale) trade
mestolo ['mestolo] sm ladle
mestruazioni [mestrwats'tsjoni] sfpl period sg
meta ['meta] sf **1.** (destinazione) destination **2.** (scopo) aim, goal
metà [me'ta] sf inv **1.** (parte) half **2.**
(punto di mezzo) middle ● **dividere qc a
metà** to divide sthg in half ● **essere a
metà strada** to be halfway ● **fare a
metà (con qn)** to go halves (with sb)
metabolismo [metabo'lizmo] sm metabolism
metafora [me'tafora] sf metaphor
metallico, a, ci, che [me'talliko, a, tʃi,
ke] agg **1.** (di metallo) metal (dav s) **2.**
(rumore, voce) metallic
metallo [me'tallo] sm metal
metallurgico, a [metal'lurdʒiko, a] agg
metallurgical
metano [me'tano] sm methane
meteo ['meteo] sm (alla TV o radio)
weather report
meteorologico, a, ci, che [meteo-

ro'lɔdʒiko, a, tʃi, ke] agg meteorological,
weather (dav s)
meticoloso, a [metiko'lozo, a] agg meticulous
metodico, a, ci, che [me'tɔdiko, a, tʃi,
ke] agg methodical
metodo ['mɛtodo] sm method
metrico, a, ci, che ['mɛtriko, a, tʃi, ke]
agg metric
metro ['mɛtro] sm **1.** (unità di misura)
metre **2.** (nastro) tape measure **3.** (a
stecche) rule ● **metro cubo** cubic metre
● **metro quadrato** square metre
metronotte [metro'nɔtte] sm inv night
security guard
metropoli [me'trɔpoli] sf inv metropolis
metropolitana [metropoli'tana] sf underground (UK), subway (US)
mettere ['mettere] vt **1.** (collocare) to put
● **mettere un annuncio** to place an
advert ● **mettere i piatti in tavola** to set
the table ● **mettere qn alla prova** to put
sb to the test ● **mettere i libri in ordine**
to tidy (up) the books ● **mettere
l'antenna dritta** to put the aerial
straight **2.** (indossare) ● **mettersi qc** to
put sthg on ● **mettersi una sciarpa** to
put a scarf on, to wear a scarf ● **cosa
mi metto oggi?** what shall I wear
today? **3.** (tempo) ● **metterci: ci si
mette un'ora per andare** it takes an
hour to get there **4.** (dedicare) ●
mettere attenzione in qc to do sthg with
care ● **mettercela tutta** to do one's
best **5.** (far funzionare) to put on ●
mettere gli abbaglianti to put one's
headlights on full beam **6.** (suscitare) ●
mettere appetito a qn to make sb
hungry ● **mettere paura a qn** to scare

sb **7.** *(supporre)* ● mettiamo che non venga let's suppose he doesn't come **8.** *(in espressioni)* ● mettere avanti/indietro l'orologio to put the clock forward/back ● mettere in chiaro qc to clear sthg up ● mettere in dubbio qc to cast doubt on sthg ● mettersi in testa di fare qc to get it into one's head to do sthg ● mettere insieme to put together

◆ **mettersi** *vr* **1.** *(porsi)* ● mettiti a sedere qui sit here ● mettersi a tavola to sit down to eat ● mettersi nei guai to get into trouble **2.** *(vestirsi)* ● mettersi in pigiama to put one's pyjamas on **3.** *(cominciare)* ● mettersi a fare qc to start doing sthg ● s'è messo a gridare he started screaming ● mettersi in viaggio to set off **4.** *(in espressioni)* ● mettersi d'accordo to agree ● mettersi bene/male to turn out well/badly ● mettersi con qn *(in società)* to go into partnership with sb; *(in coppia)* to go out with sb

mezza ['mɛddza] *sf* ● la mezza *(mezzogiorno e mezzo)* half-past twelve

mezzaluna [mɛddza'luna] *(pl* **mezzelune***)* *sf* **1.** *(parte di luna)* half moon **2.** *(coltello)* chopping blade **3.** *(islamica)* crescent

mezzanino [mɛddza'nino] *sm* mezzanine floor

mezzanotte [mɛddza'nɔtte] *sf* midnight

mezzo, a ['mɛddzo, a] ◇ *agg* half ◇ *sm* **1.** *(metà)* half **2.** *(parte centrale)* middle **3.** *(strumento, procedimento)* means **4.** *(veicolo)* vehicle ◇ *avv* ● mezzo pieno half-full ● mezzo chilo half a kilo ● mezzo litro half a litre ● mezza pensione half

board ● abiti di mezza stagione spring/autumn clothes ● a mezze maniche short-sleeved ● di mezza età middle-aged ● quello di mezzo the one in the middle, the middle one ● per mezzo di by means of ● le cinque e mezza o mezzo half-past five ● non vuole andarci di mezzo he doesn't want to get involved ● fare a mezzo (con qn) to share (with sb) ● levarsi o togliersi di mezzo to get out of the way ● mezzi di comunicazione (di massa) (mass) media ● mezzi pubblici public transport *sg* ● mezzi di trasporto means of transport ◆ **mezzi** *smpl (economici)* means

mezzogiorno [mɛddzo'dʒorno] *sm (ora)* midday, noon ◆ **Mezzogiorno** *sm* ● il Mezzogiorno southern Italy

Il Mezzogiorno

This term refers to southern Italy and includes Sicily and Sardinia. Despite its natural beauty and rich cultural and artistic heritage, the south is less industrially developed and has much higher unemployment than the north. National and local government agencies are trying new initiatives to help reduce the north-south divide.

mezzora [medz'dzora] *sf* half an hour

mi [mi] *(diventa me se precede lo, la, li, le, ne)* ◇ *pron* **1.** *(complemento oggetto)* me **2.** *(complemento di termine)* to me **3.** *(riflessivo)* myself ● me li dai? will you give them to me?

miagolare [mjago'lare] *vi* to miaow

mica ['mika] *avv* (*fam*) ● **non ci avrai mica creduto?** you didn't believe it, did you? ● **non sono mica scemo!** I'm not stupid, am I! ● **mica male** not bad (at all)

michetta [mi'ketta] *sf* (*region*) (*pane*) bread roll

miccia, ce ['mittʃa, tʃe] *sf* fuse

micidiale [mitʃi'djale] *agg* **1.** (*mortale*) deadly **2.** (*dannoso*) murderous **3.** (*insopportabile*) unbearable

micosi [mi'kɔzi] *sf inv* MED fungus

microfono [mi'krɔfono] *sm* microphone

microscopio [mikros'kɔpjo] *sm* microscope

midolla [mi'dɔlla] *sf* (*mollica*) crumb

midollo [mi'dɔllo] (*fpl* **midolla**) *sm* marrow

mie ['mie] ➢ **mio**

miei ['mjei] ➢ **mio**

miele [mi'jele] *sm* honey

migliaio [miʎ'ʎajo] (*fpl* **migliaia**) *sm* thousand ● **un migliaio (di persone)** about a thousand (people) ● **a migliaia** by the thousand

miglio [miʎ'ʎo] *sm* **1.** (*unità di misura pl f* **miglia**) mile **2.** (*pianta*) millet

miglioramento [miʎʎora'mento] *sm* improvement

migliorare [miʎʎo'rare] ◊ *vt* to improve ◊ *vi* **1.** (*tempo, situazione*) to improve **2.** (*malato*) to get better

migliore [miʎ'ʎore] *agg* (*comparativo*) better ● **il/la migliore** (*superlativo*) the best

mignolo ['miɲɲolo] *sm* **1.** little finger (*UK*), pinkie (*US*) **2.** (*del piede*) little toe

mila ['mila] *pl* ➢ **mille**

milanese [mila'neze] ◊ *agg* Milanese ◊ *smf* person from Milan

Milano [mi'lano] *sf* Milan

miliardo [mi'ljardo] *sm* thousand million (*UK*), billion (*US*)

milione [mi'ljone] *sm* million

militare [mili'tare] ◊ *agg* military ◊ *sm* serviceman ● **fare il militare** to do one's military service

mille ['mille] (*pl* **mila**) *num* a ○ one thousand ➢ **sei**

millefoglie [mille'fɔʎʎe] *sm inv* millefeuille (*UK*), napoleon (*US*)

millennio [mil'lennjo] *sm* millennium

millepiedi [mille'pjedi] *sm inv* millipede

millesimo, a [mil'lezimo, a] *num* thousandth ➢ **sesto**

millimetro [mil'limetro] *sm* millimetre

milza ['miltsa] *sf* spleen

mimare [mi'mare] *vt* to mime

mimetizzare [mimetidz'dzare] *vt* to camouflage ● **mimetizzarsi** *vr* (*animali, piante*) to camouflage o.s.

mimo ['mimo] *sm* mime

mimosa [mi'moza] *sf* mimosa

min. (*abbr di* **minimo, minuto**) min.

mina ['mina] *sf* **1.** (*esplosiva*) mine **2.** (*di matita*) lead

minaccia, ce [mi'nattʃa, tʃe] *sf* threat

minacciare [minat'tʃare] *vt* to threaten ● **minacciare di fare qc** to threaten to do sthg

minaccioso, a [minat'tʃozo, a] *agg* threatening, menacing

minatore [mina'tore] *sm* miner

minerale [mine'rale] *agg & sm* mineral

minerva [mi'nerva] *smf* **1.** MED orthopaedic collar **2.** (*fiammiferi*) safety match

minestra [mi'nestra] *sf* soup ● **minestra in brodo** noodle broth ● **minestra di**

mi

verdure vegetable soup

minestrone [mines'trone] *sm* minestrone

miniatura [minja'tura] *sf* miniature

miniera [mi'njɛra] *sf* mine

minigolf [mini'gɔlf] *sm* minigolf

minigonna [mini'gɔnna] *sf* miniskirt

minima ['minima] *sf* minimum temperature

minimizzare [minimidz'dzare] *vt* to minimize

minimo, a ['minimo, a] ◇ *agg* **1.** *(il più piccolo)* slightest, least **2.** *(il più basso)* lowest **3.** *(molto piccolo)* very small, slight ◇ *sm* **1.** *(parte più piccola)* minimum **2.** *(di motore)* idling speed ● **come minimo** at the very least

ministero [minis'tɛro] *sm (settore amministrativo)* ministry

ministro [mi'nistro] *sm* minister ● **ministro degli Esteri** Foreign Secretary (UK), Secretary of State (US)

minoranza [mino'rantsa] *sf* minority ● **essere in minoranza** to be in a minority

minorato, a [mino'rato, a] ◇ *agg* disabled ◇ *sm,f* disabled person

minore [mi'nore] ◇ *agg* **1.** *(di età)* younger **2.** *(di grandezza)* smaller **3.** *(di importanza)* minor **4.** *(numero)* lower **5.** *(grado)* lesser ◇ *agg* **1.** *(di età)* youngest **2.** *(di grandezza)* smallest **3.** *(di importanza)* least important **4.** *(di numero)* lowest ◇ *smf (minorenne)* minor

minorenne [mino'rɛnne] *smf* minor

minuscola [mi'nuskola] *sf* small letter

minuscolo, a [mi'nuskolo, a] *agg* **1.** *(scrittura)* small **2.** *(molto piccolo)* tiny

minuto, a [mi'nuto, a] ◇ *agg* **1.** *(persona, corpo)* small **2.** *(piccolo)* tiny, minute **3.** *(fine)* fine ◇ *sm (unità)* minute

mio, mia, miei, mie ['mio, 'mia, 'mjɛi, 'mie]
◇ *agg* ● **il mio (la mia)** my
◇ *pron* ● **il mio (la mia)** mine ● **mio padre** my father ● **un mio amico** a friend of mine ● **questa bici non è mia** this bike is mine

miope ['miope] *agg* short-sighted

mira ['mira] *sf* aim ● **prendere la mira** to take aim ● **prendere di mira qc** *(fig)* to pick on sb

miracolo [mi'rakolo] *sm* miracle

miraggio [mi'radʒdʒo] *sm* mirage

mirare [mi'rare] *vi* ● **mirare a** to aim at

miriade [mi'riade] *sf* multitude ● **una miriade di** a multitude of

mirtillo [mir'tillo] *sm* blueberry

miscela [miʃ'ʃela] *sf* **1.** *(miscuglio)* mixture **2.** *(di caffè)* blend **3.** *(benzina)* petrol and oil mixture

mischia ['miskja] *sf* **1.** brawl **2.** *(nel rugby)* scrum

mischiare [mis'kjare] *vt* to mix ● **mischiare le carte** to shuffle the cards ● **mischiarsi** *vr* to mix

miseria [mi'zɛrja] *sf* **1.** *(estrema) poverty* **2.** *(quantità insufficiente)* ● **è costato una miseria** it cost next to nothing ● **porca miseria!** *(volg) (accidenti)* damn!, bloody hell!

misericordia [mizeri'kordja] *sf* mercy

misero, a ['mizero, a] *agg* **1.** *(povero)* poor, poverty-stricken **2.** *(infelice)* wretched, miserable **3.** *(insufficiente)* miserable

missile ['missile] *sm* missile

missionario, a [missjo'narjo, a] *sm,f* missionary

missione [mis'sjone] *sf* mission

misterioso, a [miste'rjozo, a] *agg* mysterious

mistero [mis'tɛro] *sm* mystery

misto, a ['misto, a] ◇ *agg* mixed ◇ *sm* mixture ● **insalata mista** mixed salad ● **misto lana** wool blend ● **misto cotone** cotton blend

misura [mi'zura] *sf* **1.** (*unità, provvedimento*) measure **2.** (*dimensione*) measurement **3.** (*taglia*) size **4.** (*moderazione*) moderation ● **prendere le misure di qc** to measure sthg ● **su misura** made-to-measure

misurare [mizu'rare] ◇ *vt* **1.** to measure **2.** (*abito*) to try on **3.** (*vista*) to test ◇ *vi* to measure ● **misurarsi con** to compete with

misurino [mizu'rino] *sm* measure

mite ['mite] *agg* mild

mito ['mito] *sm* myth

mitra ['mitra] *sm inv* submachine gun

mitragliatrice [mitraʎʎa'tritʃe] *sf* machine gun

mittente [mit'tɛnte] *smf* sender

mobile ['mɔbile] ◇ *agg* movable ◇ *sm* piece of furniture ● **mobili** (*mobilia*) furniture *sg*

mobilia [mo'bilja] *sf* furniture

mobilitare [mobili'tare] *vt* to mobilize

moca ['mɔka] *sf inv* coffee machine

mocassino [mokas'sino] *sm* mocassin

moda ['mɔda] *sf* fashion ● **essere o andare di moda** to be in fashion ● **passare di moda** to go out of fashion ● **alla moda** fashionable ● **di moda** fashionable

modellare [model'lare] *vt* to model

modellino [model'lino] *sm* model

modello, a [mo'dɛllo, a] ◇ *sm,f* model ◇ *sm* **1.** model **2.** (*per sarta*) pattern **3.** (*modulo*) form

modem ['mɔdem] *sm inv* INFORM modem

moderare [mode'rare] *vt* to moderate

moderato, a [mode'rato, a] *agg* moderate

moderno, a [mo'dɛrno, a] *agg* modern

modestia [mo'dɛstja] *sf* modesty

modesto, a [mo'dɛsto, a] *agg* modest

modico, a, ci, che ['mɔdiko, a, tʃi, ke] *agg* low

modifica [mo'difika] (*pl* **-che**) *sf* alteration

modificare [modifi'kare] *vt* to alter

modo ['mɔdo] *sm* **1.** way **2.** (*opportunità*) chance **3.** GRAMM (*verbale*) mood ● **a modo mio** in my way ● **in modo da fare qc** so as to do sthg ● **modo di dire** expression ● **di modo che** so that ● **in nessun modo** in no way ● **in qualche modo** in some way ● **in ogni modo** anyway ● **in tutti i modi** in every way

modulazione [modulats'tsjone] *sf* ● **modulazione di frequenza** frequency modulation

modulo ['mɔdulo] *sm* form

moglie ['moʎʎe] (*pl* **-gli**) *sf* wife

mole ['mɔle] *sf* **1.** (*dimensione*) massive shape **2.** (*quantità*) ● **una mole di lavoro** masses of work

molestare [moles'tare] *vt* to annoy

molesto, a [mo'lesto, a] *agg* annoying

molla ['mɔlla] *sf* (*meccanica*) spring ●

molle *sfpl* (*per camino, ghiaccio*) tongs

mollare [mol'lare] *vt* **1.** (*allentare*) to slacken **2.** (*lasciar andare*) to let go **3.** (*fam*) (*fidanzato*) to ditch ● **mollare un ceffone a qn** (*fam*) (*dare uno schiaffo*) to slap sb

molle ['mɔlle] *agg* **1.** (*morbido*) soft **2.** (*fig*) (*persona*) weak

molletta[mol'letta] *sf* **1.** (*per capelli*) hair grip **2.** (*per panni*) clothes peg

mollica, che [mol'lika, ke] *sf* crumb

molo ['mɔlo] *sm* (*di porto*) jetty

molteplice [mol'teplitʃe] *agg* (*complesso*) complex ◆ **molteplici** *agg pl* (*numerosi*) various, numerous

moltiplicare [moltipli'kare] *vt* to multiply

moltiplicazione [moltiplikats'tsjone] *sf* **1.** multiplication **2.** (*accrescimento*) increase

moltitudine [molti'tudine] *sf* multitude

molto, a ['molto, a]

◇ *agg* **1.** (*in grande quantità*) a lot of, much ● **non ho molto tempo** I don't have (very) much time ● **hai molta fame?** are you very hungry? **2.** (*di numero elevato*) **molti** a lot of, many ● **ci sono molti turisti** there are a lot of tourists

◇ *pron* a lot, much ● **molti** (*molta gente*) many (people) ● **molti di noi** many of us

◇ *avv* **1.** (*con verbi*) a lot, (very) much ● **mi piace molto** I like it a lot o very much **2.** (*con aggettivi, avverbi*) very; (*con participio passato*) much ● **è molto simpatica** she's very nice ● **è molto meglio così** it's much better like this ● **è molto presto/tardi** it's very early/late ● **molto volentieri!** certainly!

momentaneamente [momentanea'mente] *avv* at the moment

momentaneo, a [momen'taneo, a] *agg* momentary

momento [mo'mento] *sm* **1.** moment **2.** (*circostanza*) time ● **all'ultimo momento** at the last moment ● **da un momento all'altro** (*tra poco*) (at) any moment ● **dal momento che** since ● **per il momento** for the time being ● **a momenti** (*tra poco*) soon; (*quasi*) nearly

monaca ['mɔnaka] (*pl* **-che**) *sf* nun

monaco ['mɔnako] (*pl* **-ci**) *sm* monk

monarchia [monar'kia] *sf* monarchy

monastero [monas'tero] *sm* **1.** (*di monaci*) monastery **2.** (*di monache*) convent

mondano, a [mon'dano, a] *agg* **1.** (*di società*) society (*dav s*) **2.** (*terreno*) earthly

mondiale [mon'djale] *agg* world (*dav s*)

mondo ['mondo] *sm* world

moneta [mo'neta] *sf* **1.** (*di metallo*) coin **2.** (*valuta*) currency ● **moneta spicciola** change

monetario, a [mone'tarjo, a] *agg* monetary

monitor ['mɔnitor] *sm inv* **1.** (*schermo*) monitor **2.** INFORM monitor

monolocale [monolo'kale] *sm* studio flat (*UK*), studio apartment (*US*)

monopattino [mono'pattino] *sm* scooter

monopolio [mono'pɔljo] *sm* monopoly

monotono, a [mo'nɔtono, a] *agg* **1.** (*ripetitivo*) monotonous **2.** (*noioso*) dull

montacarichi [monta'kariki] *sm inv* goods lift

montagna [mon'taɲɲa] *sf* **1.** mountain **2.** (*zona*) the mountains *pl* ● **andare in montagna** to go to the mountains ● **montagne russe** roller coaster *sg*

montanaro, a [monta'naro, a] *sm,f* mountain dweller

montano, a [mon'tano, a] *agg* mountain (*dav s*)

montare [mon'tare] ◇ *vi* 1. *(salire)* to go up 2. *(cavalcare)* to ride ◇ *vt* 1. *(congegno)* to assemble 2. *(cavallo, pietra preziosa)* to mount 3. *(panna)* to whip 4. *(albumi)* to whisk 5. *(fecondare)* to cover ● **montare in macchina** to get into a car ● **montare in treno** to get on a train ● **montarsi la testa** to become bigheaded

montatura [monta'tura] *sf* 1. *(di occhiali)* frames *pl* 2. *(di gioiello)* setting

monte ['monte] *sm* mountain ● **andare a monte** to come to nothing ● **mandare a monte qc** to upset sthg ● **monte premi** prize money ● **il Monte Bianco** Mont Blanc

Montecitorio [montetʃi'tɔrjo] *sm* ● **il Montecitorio** the House of Parliament

Montenegro [monte'negro] *sm (stato balcanico)* Montenegro ● **il Montenegro** Montenegro

montone [mon'tone] *sm* 1. *(animale)* ram 2. *(carne)* mutton 3. *(giaccone)* sheepskin jacket

montuoso, a [mon'twozo, a] *agg* mountainous

monumento [monu'mento] *sm* monument

mora ['mɔra] *sf* 1. *(commestibile)* blackberry 2. *(del gelso)* mulberry 3. *DIR* default

morale [mo'rale] ◇ *agg* moral ◇ *sf* 1. morals *pl* 2. *(insegnamento)* moral ◇ *sm* morale ● **essere giù di morale** to be feeling down

morbido, a ['mɔrbido, a] *agg* soft

morbillo [mor'billo] *sm* measles *sg*

morbo ['mɔrbo] *sm* disease

morboso, a [mor'bozo] *agg* morbid

mordere ['mɔrdere] *vt* to bite

morfina [mor'fina] *sf* morphine

moribondo, a [mori'bondo, a] *agg* dying

morire [mo'rire] *vi* 1. to die 2. *(estinguersi)* to die out ● **morire di fame** to die of hunger ● **morire di noia** to die of boredom ● **morire dal ridere** to kill o.s. laughing ● **bello da morire** stunning

mormorare [mormo'rare] ◇ *vi* 1. *(bisbigliare)* to whisper 2. *(sparlare)* to gossip ◇ *vt* to murmur

moro, a ['mɔro, a] *agg* dark

morso, a ['mɔrso, a] ◇ *pp* ➢ **mordere** ◇ *sm* 1. bite 2. *(di briglia)* bit

mortadella [morta'dɛlla] *sf* Mortadella *(large pork sausage served cold in thin slices)*

mortaio [mor'tajo] *sm* 1. *(per alimenti)* mortar 2. *(arma)* mortar

mortale [mor'tale] ◇ *agg* 1. mortal 2. *(letale)* deadly ◇ *sm* mortal

mortalità [mortali'ta] *sf* mortality

morte ['mɔrte] *sf* death ● **avercela a morte con qn** to have it in for sb

mortificare [mortifi'kare] *vt* to mortify

morto, a ['mɔrto, a] ◇ *pp* ➢ **morire** ◇ *agg* dead ◇ *sm,f* dead man *(f* dead woman*)* ● **fare il morto** *(nell'acqua)* to float on one's back

mosaico [mo'zajko] *sm (pl* **-ci***)* mosaic

Mosca ['moska] *sf* Moscow

mosca ['moska] *sf (pl* **-sche***)* fly ● **mosca cieca** blind man's buff

moscato [mos'kato] *sm* muscatel *(sweet wine)*

moscerino [moʃʃe'rino] *sm* gnat

moschettone [mosket'tone] *sm* spring clip

moscone [mos'kone] *sm* 1. *(insetto)* bluebottle 2. *(imbarcazione)* pedalo

mossa ['mɔssa] *sf* **1.** movement **2.** *(negli scacchi)* move

mosso, a ['mɔsso, a] ◇ *pp* ➤ **muovere** ◇ *agg* **1.** *(mare)* rough **2.** *(capelli)* wavy **3.** *(fotografia)* blurred

mostarda [mos'tarda] *sf* mustard

mostra ['mostra] *sf* exhibition ● **mettersi in mostra** to draw attention to o.s. ● **in mostra** on show ● **la Mostra del cinema di Venezia** Venice Film Festival

---

La Mostra del cinema di Venezia

Part of the Venice *Biennale* Festival since 1932, this important event in the international cinema calendar takes place annually in August and September. The Venice Film Festival is open to new talent as well as established names. Of the prizes awarded, the *Leone d'Oro* (Golden Lion) is the most prestigious.

---

mostrare [mos'trare] *vt* to show ● **mostrarsi** *vr* to look ● **mostrarsi in pubblico** to appear in public

mostro ['mostro] *sm* monster

mostruoso, a [mostru'oso, a] *agg* **1.** *(orrendo)* monstrous **2.** *(feroce)* ferocious **3.** *(smisurato)* incredible

motel [mo'tɛl] *sm inv* motel

motivo [mo'tivo] *sm* **1.** *(causa)* reason **2.** *(di stoffa)* pattern **3.** *(musicale)* tune ● **per quale motivo?** for what reason? ● **senza motivo** without a reason

moto ['mɔto] ◇ *sm* **1.** *(in fisica)* motion **2.** *(movimento)* movement **3.** *(esercizio fisico)* exercise ◇ *sf inv* motorbike ●

mettere in moto *(auto)* to start

motocicletta [mototʃi'kletta] *sf* motorcycle

motocross [moto'krɔss] *sm* motocross

motore [mo'tore] *sm* motor, engine ● **a motore** motor *(dav s)*

motorino [moto'rino] *sm* moped ● **motorino d'avviamento** starter

motoscafo [motos'kafo] *sm* motorboat

motto ['mɔtto] *sm* maxim

mouse ['maus] *sm inv* INFORM mouse

mousse [mus] *sf inv* mousse

movimentare [movimen'tare] *vt* to liven up

movimento [movi'mento] *sm* *(attività)* activity

mozzafiato [mottsa'fjato] *agg inv* breathtaking

mozzare [mots'tsare] *vt* to cut off ● **mozzare il fiato a qn** to take sb's breath away

mozzicone [mottsi'kone] *sm* stub

mozzo, a ['mottsto, a] ◇ *agg* cut off ◇ *sm* ship's boy

mucca ['mukka] *(pl* **-che)** *sf* cow

mucchio ['mukkjo] *sm* *(cumulo)* heap ● **un mucchio di** *(fig)* *(grande quantità)* loads of

muffa ['muffa] *sf* mould

muffole ['muffole] *sfpl* mittens

muflone [mu'flone] *sm* *(animale)* mouflon

mughetto [mu'getto] *sm* *(fiore)* lily of the valley

mugolare [mugo'lare] *vi* to whine

mulattiera [mulat'tjɛra] *sf* mule track

mulatto, a [mu'latto, a] *agg* & *sm,f* mulatto

mulinello [muli'nɛllo] *sm* **1.** *(vortice)*

whirl **2.** *(da pesca)* reel

mulino [mu'lino] *sm* mill ● **mulino a vento** windmill

mulo ['mulo, a] *sm* mule

multa ['multa] *sf* fine

multare [mul'tare] *vt* to fine

multietnico, a, ci, che [multi'etniko, a, tʃi, ke] *agg* multi-ethnic

multiplo, a [multi'plo, a] *agg & sm* multiple

multiproprietà [multiproprje'ta] *sf inv* timeshare

mungere ['mundʒere] *vt* to milk

municipale [munitʃi'pale] *agg* municipal

municipio [muni'tʃipjo] *sm* town hall

munire [mu'nire] *vt* ● **munire qn/qc di qc** to equip sb/sthg with sthg ◆ **munirsi di** to equip o.s. with

muovere ['mwovere] *vt* **1.** to move **2.** *(critica, accusa)* to make ◆ **muoversi** *vr* **1.** to move **2.** *(fam) (sbrigarsi)* to hurry up, to get a move on

mura ['mura] *sfpl* walls

murale [mu'rale] ◇ *agg* mural ◇ *sm (affresco)* mural ● **i murali di Orgosolo** the Orgosolo murals

murare [mu'rare] *vt* to wall up

muratore [mura'tore] *sm* bricklayer

murena [mu'rena] *sf* moray eel

muro ['muro] *sm* wall

muscolare [musko'lare] *agg* muscular, muscle *(dav s)*

muscolo [mus'kolo] *sm* muscle ● **muscoli** *(forza)* brawn *sg*

muscoloso, a [musko'lozo, a] *agg* muscular

museo [mu'zeo] *sm* museum

museruola [muze'rwola] *sf* muzzle

musica ['muzika] *sf* music ● **musica**

classica classical music ● **musica leggera** light music

musicale [muzi'kale] *agg* musical

musicista [muzi'tʃista, i, e] *(pl* **-e)** *smf* musician

muso ['muzo] *sm* **1.** *(di animale)* muzzle **2.** *(fam & spreg) (di persona)* mug **3.** *(di auto)* front end **4.** *(aereo)* nose ● **tenere il muso** to sulk

muta ['muta] *sf* **1.** *(da sub)* wet suit **2.** *(di cani)* pack

mutamento [muta'mento] *sm* change

mutande [mu'tande] *sfpl* pants

mutandine [mutan'dine] *sfpl* knickers

mutare [mu'tare] *vt & vi* to change

mutazione [mutats'tsjone] *sf* **1.** change **2.** *(genetica)* mutation

mutilato, a [muti'lato, a] *sm,f* person who has lost a limb ● **mutilato di guerra** disabled ex-serviceman *(UK)*, disabled war veteran *(US)*

muto, a ['muto, a] *agg* **1.** dumb **2.** *(silenzioso)* silent **3.** *(cinema, consonante)* silent

mutua ['mutwa] *sf* ≃ National Health Service

mutuo, a ['mutwo, a] ◇ *agg* mutual ◇ *sm* loan

*n*N

N ['enne] *(abbr di nord)* N

nafta ['nafta] *sf* **1.** *(olio combustibile)* fuel oil **2.** *(gasolio)* diesel oil

naftalina [nafta'lina] *sf* mothballs *pl*

na

nailon ® ['najlon] *sm* nylon

nanna ['nanna] *sf (fam)* ● andare a nanna to go to beddy-byes

nano, a ['nano, a] *agg & sm.f* dwarf

napoletana [napole'tana] *sf* a type of coffee percolator

napoletano, a [napole'tano, a] *agg & sm.f* Neapolitan

Napoli ['napoli] *sf* Naples

narcotraffico ['narkotrafiko] *sm* drug trade

narice [na'ritʃe] *sf* nostril

narrare [nar'rare] *vt* to tell

narrativa [narra'tiva] *sf* fiction

nasale [na'zale] *agg* nasal

nascere ['naʃʃere] *vi* **1.** to be born **2.** *(pianta)* to come up **3.** *(sole)* to rise **4.** *(fiume)* to have its source **5.** *(dente)* to come through **6.** *(attività, impresa)* to start up ● sono nata il 31 luglio del 1965 I was born on the 31st of July 1965 ● nascere da *v + prep* to arise from

nascita [ˈnaʃʃita] *sf* **1.** *(di bambino, animale)* birth **2.** *(di attività, movimento)* start ● data di nascita date of birth ● luogo di nascita place of birth

nascondere [nasˈkondere] *vt* **1.** to hide **2.** *(dissimulare)* to hide, to conceal ● nascondersi *vr* to hide

nascondino [naskonˈdino] *sm* hide and seek

nascosto, a [nasˈkosto, a] ◇ *pp* ➤ nascondere ◇ *agg* hidden ● di nascosto secretly

naso ['nazo] *sm* nose ● ficcare il naso in qc to poke one's nose into sthg

nastro ['nastro] *sm* ribbon ● nastro adesivo adhesive tape ● nastro trasportatore conveyor belt

Natale [na'tale] *sm* Christmas

natalità [natali'ta] *sf* birth rate

natante [na'tante] *sm* craft

nato, a ['nato, a] ◇ *pp* ➤ nascere ◇ *agg* (fig) (per natura) born ● nata Mattei (da nubile) née Mattei

NATO ['nato] *sf* NATO

natura [na'tura] *sf* nature ● natura morta still life

naturale [natu'rale] *agg* natural

naturalmente [natural'mente] *avv* **1.** naturally **2.** *(certamente sì)* naturally, of course

naufragare [naufra'gare] *vi* **1.** *(nave)* to be wrecked **2.** *(persona)* to be shipwrecked

naufragio [nawˈfradʒo] *sm* shipwreck

naufrago, a, ghi, ghe ['nawfrago, a, gi, ge] *sm.f* shipwrecked person

nausea ['nawzea] *sf* nausea

nauseante [nawze'ante] *agg* nauseating

nauseare [nawze'are] *vt* to make sick

nautico, a, ci, che ['nawtiko, a, tʃi, ke] *agg* nautical

navale [na'vale] *agg* naval

navata [na'vata] *sf* nave

nave ['nave] *sf* ship ● nave passeggeri passenger ship ● nave traghetto ferry

navetta [na'vetta] *sf* shuttle ● navetta (spaziale) space shuttle

navigabile [navi'gabile] *agg* navigable

navigare [navi'gare] *vi* **1.** *(nave)* to sail **2.** *(persona)* to navigate

navigazione [navigats'tsjone] *sf* navigation

naviglio [na'viʎʎo] *sm* **1.** *(nave)* vessel **2.** *(canale)* canal

nazionale [natstsjo'nale] ◇ *agg* national ◇ *sf (squadra)* national team

nazionalità [natstsjonali'ta] *sf inv* nationality

nazione [nats'tsjone] *sf* nation

ne [ne]
◇ *pron* **1.** *(di lui)* of/about him; *(di lei)* of/about her; *(di loro)* of/about them ● **ne apprezzo l'onestà** I value his honesty **2.** *(di un insieme)* of it, of them ● **ha dei panini?** - **ne vorrei due** have you got any rolls? - I'd like two (of them) **3.** *(di ciò)* about it ● **non parliamone più** let's not talk about it any more ● **non ne ho idea** I've no idea **4.** *(da ciò)* ● **ne deriva che ...** it follows that ...
◇ *avv (di là)* from there ● **ne veniamo proprio ora** we've just come from there

né [ne] *cong* ● **né ... né** neither ... nor ● **né l'uno né l'altro sono italiani** neither of them are Italian ● **non si è fatto né sentire né vedere** I haven't heard from him or seen him ● **non voglio né il primo né il secondo** I don't want either the first one or the second

neanche [ne'anke] *cong & avv* not even ● **non ... neanche** not even ● **neanche io lo conosco** I don't know him either ● **non ho mangiato - neanche io** I haven't eaten - neither have I ○ I haven't either ● **neanche per sogno** ○ **per idea!** not on your life!

nebbia ['nebbja] *sf* fog

nebulizzatore [nebulidzdza'tore] *sm* spray

nebuloso, a [nebu'lozo, a] ◇ *agg (poco chiaro)* nebulous ◇ *sf (costellazione)* nebula

necessariamente [netʃessarja'mente] *avv* necessarily

necessario, a [netʃes'sarjo, a] ◇ *agg* necessary ◇ *sm* necessities *pl* ● **è necessario farlo** it must be done ● **necessario per toeletta** toiletries *pl*

necessità [netʃessi'ta] *sf inv (bisogno)* necessity

necessitare di ◆ **necessitare di** *v + prep* to need, to require

necrologio [nekro'lɔdʒo] *sm (annuncio)* obituary

negare [ne'gare] *vt* **1.** to deny **2.** *(rifiutare)* ● **negare qc (a qn)** to refuse (sb) sthg ● **negare di aver fatto qc** to deny having done sthg

negativo, a [nega'tivo, a] *agg & sm* negative

negato, a [ne'gato, a] *agg* ● **essere negato per qc** to be hopeless at sthg

negli ['neʎʎi] = in + gli; ≻ in

negligente [negliʤ'ente] *agg* negligent

negoziante [negots'tsjante] *smf* shopkeeper

negozio [ne'gɔtstsjo] *sm* shop ● **negozio di giocattoli** toy shop

negro, a ['negro, a] *agg & sm,f* black

nei ['nei] = in + i; ≻ in

nel [nel] = in + il; ≻ in

nell' [nell] = in + l'; ≻ in

nella ['nella] = in + la; ≻ in

nelle ['nelle] = in + le; ≻ in

nello ['nello] = in + lo; ≻ in

nemico, a, ci, che [ne'miko, a, tʃi, ke] ◇ *agg* **1.** *(esercito, stato)* enemy *(dav s)* **2.** *(ostile)* hostile ◇ *sm,f* enemy

nemmeno [nem'meno] = **neanche**

neo ['nɛo] *sm* mole

neofascismo [neofaʃ'ʃizmo] *sm* neofascism

neoliberismo [neolibe'rizmo] *sm* neoliberalism

neon ['nɛon] *sm* neon

neonato, a [neo'nato, a] *sm,f* newborn baby

neozelandese [neodzdzelan'dese] ◇ *agg* New Zealand *(dav s)* ◇ *smf* New Zealander

neppure [nep'pure] = **neanche**

nero, a ['nero, a] ◇ *agg* **1.** *(colore)* black **2.** *(scuro)* dark **3.** *(pane)* wholemeal ◇ *sm* black

nervo ['nɛrvo] *sm* nerve ● **dare ai** o **sui nervi a qn** to get on sb's nerves

nervosismo [ner'vozizmo] *sm* nervousness

nervoso, a [ner'vozo, a] ◇ *agg* nervous ◇ *sm* ● **avere il nervoso** to be on edge

nespola ['nɛspola] *sf* medlar

nessuno, a [nes'suno, a] ◇ *agg* no ◇ *pron (non una persona)* nobody, no one; *(non una cosa)* none; *(qualcuno)* ● **c'è nessuno?** is anybody in? ● **nessuna città è bella quanto Roma** there's no city more beautiful than Rome ● **non c'è nessun posto libero** there aren't any free seats ● **da nessuna parte** nowhere ● **nessuno lo sa** nobody knows ● **non ho visto nessuno** I didn't see anybody ● **nessuno di noi** none of us ● **nessuno dei due** neither of them ● **non me ne piace nessuno** I don't like any of them

net [nɛt] *sm inv* **1.** INFORM net **2.** SPORT *(tennis, ping pong)* net

nettezza [net'tettsa] *sf* ● **nettezza urbana** refuse department

netto, a ['nɛtto, a] *agg* **1.** *(preciso)* clear **2.** *(deciso)* definite **3.** *(peso, stipendio)* net

netturbino [nettur'bino] *sm* dustman

neutrale [nɛw'trale] *agg* neutral

neutralizzare [newtralid'dzare] *vt* to neutralize

neutro, a ['nɛwtro, a] *agg* neutral ● **essere neutro** *(imparziale)* to be neutral; *(in linguistica)* neuter

neve ['neve] *sf* snow

nevicare [nevi'kare] *v impers* to snow ● **nevica** it's snowing

nevicata [nevi'kata] *sf* snowfall

nevischio [ne'viskjo] *sm* sleet

nevralgia [nevral'dʒia] *sf* neuralgia

nevrotico, a, ci, che [ne'vrɔtiko, a, tʃi, ke] *agg* neurotic

nicchia ['nikkja] *sf* niche

nicotina [niko'tina] *sf* nicotine

nido ['nido] *sm* nest

niente ['njɛnte] ◇ *pron* **1.** *(nessuna cosa)* nothing ● **non ... niente** nothing ● **non faccio niente la domenica** I do nothing on Sundays, I don't do anything on Sundays ● **niente di niente** nothing at all ● **grazie! - di niente!** thank you - not at all **2.** *(qualcosa)* anything ● **le serve niente?** do you need anything? ● **non per niente, ma ...** not that it matters, but ... **3.** *(poco)* ● **da niente** *(cosa)* not important; *(persona)* worthless ◇ *agg inv* *(fam)* *(nessuno)* ● **non ha niente buon senso** he has no common sense ● **niente paura!** never fear! ◇ *avv* ● **non ... niente** not ... at all ● **non me ne importa niente** I couldn't care less ● **questo non c'entra niente** this doesn't come into it at all ● **non fa niente** it doesn't matter ● **ti piace ? - per niente!** do you like it? - not at all! ◇ *sm* ● **basta un niente per farlo contento** the slightest thing makes him happy • **un bel niente** nothing at all

nientemeno [njɛnte'meno] ◇ *avv* no less, actually ◇ *esclam* you don't say!

night(-club) [naitˈklɛb] *sm inv* nightclub

Nilo [ˈnilo] *sm* • **il Nilo** the Nile

ninnananna [ninnaˈnanna] *sf* lullaby

ninnolo [ˈninnolo] *sm* knick-knack

nipote [niˈpote] *smf* **1.** *(di zii)* nephew *(f* niece*)* **2.** *(di nonni)* grandson *(f* granddaughter*)*

nitido, a [ˈnitido, a] *agg* well-defined

nitrire [niˈtrire] *vi* to neigh

no [nɔ] *avv* no • **c'eri anche tu, no?** you were there too, weren't you? • **lo sai, no, com'è fatto** you know, don't you, what he's like? • **lo vuoi o no?** do you want it or not? • **no di certo** certainly not • **perché no?** why not?

nobile [ˈnɔbile] *agg & smf* noble

nobiltà [nobilˈta] *sf* **1.** *(aristocrazia)* nobility **2.** *(di animo, azione)* nobleness

nocciola [notʃˈtʃɔla] ◇ *sf* hazelnut ◇ *agg inv* hazel

nocciolina [notʃtʃoˈlina] *sf* • **nocciolina (americana)** peanut

nocciolo[1] [ˈnɔtʃtʃɔlo] *sm (di frutto)* stone

nocciolo[2] [notʃˈtʃɔlo] *sm (albero)* hazel

noce [ˈnotʃe] *sf & sm* walnut • **noce di cocco** coconut • **noce moscata** nutmeg

nocivo, a [noˈtʃivo, a] *agg* harmful

nodo [ˈnɔdo] *sm* knot • **avere un nodo alla gola** to have a lump in one's throat

noi [ˈnoi] *pron* **1.** *(soggetto)* we **2.** *(complemento oggetto, con preposizione)* us • **da noi** *(nel nostro paese)* in our country • **noi stessi** we ourselves

noia [ˈnɔja] *sf* **1.** *(tedio)* boredom **2.** *(fastidio)* nuisance • **gli è venuto a noia**

he's tired of it • **dar noia a qn** to annoy sb • **avere delle noie con** to have trouble with

noioso, a [noˈjozo, a] *agg* **1.** *(monotono)* boring **2.** *(fastidioso)* annoying

noleggiare [noledˈdʒare] *vt* **1.** *(prendere a nolo)* to hire **2.** *(dare a nolo)* to hire out

noleggio [noˈledːdʒo] *sm* hire (*UK*), rental • **prendere qc a noleggio** to hire sthg

nolo [ˈnɔlo] = **noleggio**

nome [ˈnome] *sm* **1.** name **2.** GRAMM noun • **conoscere qn di nome** to know sb by name • **a nome di qn** on behalf of sb • **nome di battesimo** Christian name • **nome da ragazza** maiden name

nominare [nomiˈnare] *vt* **1.** *(menzionare)* to mention **2.** *(eleggere)* to appoint

non [non] *avv* not ➤ **affatto, ancora**

nonché [nonˈke] *cong* **1.** *(e anche)* as well as **2.** *(tanto meno)* let alone

noncurante [nonkuˈrante] *agg* • **noncurante (di)** indifferent (to)

nondimeno [nondiˈmeno] *cong* nevertheless, however

nonno, a [ˈnonno, a] *sm,f* grandfather *(f* grandmother*)*

nonnulla [nonˈnulla] *sm inv* • **un nonnulla** a trifle

nono, a [ˈnɔno, a] *num* ninth ➤ **sesto**

nonostante [nonosˈtante] ◇ *prep* in spite of ◇ *cong* although

non vedente [nonveˈdɛnte] *smf* blind person

nord [nɔrd] ◇ *sm* north ◇ *agg inv* north, northern • **a nord (di)** north (of) • **nel nord** in the north

nordest [nɔrˈdɛst] *sm* northeast

nordico, a, ci, che [ˈnɔrdiko, a, tʃi, ke]

agg Nordic

nordovest [nɔrd'ɔvest] *sm* northwest

norma ['nɔrma] *sf* rule ● **di norma** as a rule ● **a norma di legge** according to the law

normale [nor'male] *agg* normal

normalità [normali'ta] *sf* normality

normanno, a [nor'manno, a] *agg* Norman

norvegese [norve'dʒeze] *agg, smf & sm* Norwegian

Norvegia [nor'vedʒa] *sf* ● **la Norvegia** Norway

nostalgia [nostal'dʒia] *sf* nostalgia ● **avere nostalgia di casa** o **di paese** to be homesick

nostro, a ['nɔstro, a]
◇ *agg* ● **il nostro (la nostra)** our
◇ *pron* ● **il nostro (la nostra)** ours ● **nostro padre** our father ● **un nostro amico** a friend of ours ● **questa casa è nostra** it's our house

nota ['nɔta] *sf* 1. note 2. *(conto)* bill 3. *(elenco)* list ● **prendere nota (di qc)** to make a note (of sthg)

notaio [no'tajo] *sm* notary public

notare [no'tare] *vt* 1. *(osservare, accorgersi di)* to notice 2. *(annotare)* to note down ● **farsi notare** to get o.s. noticed

notevole [no'tevole] *agg* 1. *(differenza, prezzo)* considerable 2. *(persona)* remarkable

notificare [notifi'kare] *vt (form)* to notify

notizia [no'tittsja] *sf (informazione)* news *sg*, piece of news ● **le ultime notizie** the latest news ● **avere notizie di qn** to hear from sb

notiziario [notits'tsjarjo] *sm* news *sg*

noto, a ['nɔto, a] *agg* well-known ● **rendere noto qc a qn** to make sthg known to sb

nottambulo, a [not'tambulo] *sm,f* night bird

notte ['nɔtte] *sf* night ● **di notte** at night ● **una notte in bianco** a sleepless night

notturno, a [not'turno, a] *agg* night *(dav s)* ● **animale notturno** nocturnal animal

novanta [no'vanta] *num* ninety ➤ **sei**

novantesimo, a [novan'tezimo, a] *num* ninetieth ➤ **sesto**

nove ['nɔve] *num* nine ➤ **sei**

novecento [nove'tʃento, a] *num* nine hundred ➤ **sei** ◆ **Novecento** *sm* ● **il Novecento** the twentieth century

novella [no'vella] *sf* short story

novellino, a [novel'lino, a] *agg (principiante)* inexperienced

novembre [no'vembre] *sm* November ➤ **settembre**

novità [novi'ta] *sf inv* 1. *(cosa nuova)* something new 2. *(fatto, notizia recente)* (piece of) news *sg* ● **le novità musicali** the latest releases

novizio, a [no'vittsjo] *sm,f RELIG* novice

nozione [nots'tsjone] *sf* notion, idea ● **nozioni** *(di matematica, francese)* rudiments

nozze ['nɔttse] *sfpl* wedding *sg* ● **nozze d'oro** golden wedding

nube ['nube] *sf* cloud

nubifragio [nubi'fradʒo] *sm* rainstorm

nubile ['nubile] *agg* single

nuca ['nuka] *(pl -che) sf* nape of the neck

nucleare [nukle'are] *agg* nuclear

nucleo ['nukleo] *sm* **1.** *(di cellula, atomo)* nucleus **2.** *(di persone)* group **3.** *(di soldati, polizia)* squad ● **nucleo familiare** family unit

nudismo [nu'dizmo] *sm* nudism

nudista, i, e [nu'dista, i, e] *smf* nudist

nudo, a ['nudo, a] *agg* **1.** *(persona)* naked **2.** *(parete)* bare ● **mettere a nudo qc** to lay sthg bare; *(arte)* nude

nugolo ['nugolo] *sm* ● **un nugolo di** a host of

nulla ['nulla] = **niente**

nullità [nulli'ta] *sf inv* **1.** *(di ragionamento, documento)* nullity **2.** *(persona)* nobody

nullo, a ['nullo, a] *agg* **1.** *(non valido)* (null and) void **2.** SPORT drawn

numerale [nume'rale] *agg & sm* numeral

numerare [nume'rare] *vt* to number

numerico, a [nu'meriko, a] *agg* **1.** TECNOL numerical **2.** INFORM digital

numero ['numero] *sm* **1.** *(quantità)* number **2.** *(segno, cifra)* numeral **3.** *(di scarpe)* size **4.** *(di rivista)* issue ● **numero civico** house number ● **numero chiuso** selective entry system ● **numero di conto** account number ● **numero di targa** numberplate ● **numero di telefono** telephone number ● **numero verde** ≃ freefone number *(UK)*, toll-free number *(US)* ● **dare i numeri** *(fig)* to be off one's head

numeroso, a [nume'rozo, a] *agg* **1.** *(molteplice)* numerous **2.** *(grande)* large

numismatica [numiz'matika] *sf* numismatics *sg*

nuocere ['nwotʃere] ● **nuocere a** *v + prep* to harm

nuora ['nwɔra] *sf* daughter-in-law

nuotare [nwo'tare] *vi* to swim

nuoto ['nwɔto] *sm* swimming

nuovamente [nwova'mente] *avv* again

Nuova Zelanda [nwovad'dze'landa] *sf* ● **la Nuova Zelanda** New Zealand

nuovo, a ['nwɔvo, a] *agg* new ● **di nuovo** again ● **nu ovo di zecca** brand-new

nuraghe [nu'rage] (*pl* **-ghi**) *sm* prehistoric stone monument in Sardinia

---

nuraghe

This is a prehistoric stone structure in the form of a flat-topped cone that is peculiar to Sardinia, which contains about 8,000 of them. The earliest examples date back more than 5,000 years B.C. They are variously thought to have been fortresses, look-out towers, parliaments, or residences of tribal chiefs.

---

nutriente [nutri'ɛnte] *agg* nutritious

nutrimento [nutri'mento] *sm* nourishment

nutrire [nu'trire] *vt* **1.** *(con cibo)* to feed **2.** *(fig) (sentimento)* to feel ● **nutrirsi di** to feed on

nuvola ['nuvola] *sf* cloud ● **cascare dalle nuvole** to be flabbergasted

nuvoloso, a [nuvo'lozo, a] *agg* cloudy

o [ɔ] *cong* or ● **o ... o** either ... or

O [ɔ] *(abbr di ovest)* W

oasi ['ɔazi] *sf inv* oasis

obbediente [obbe'djɛnte] = **ubbidiente**

obbedire [obbe'dire] = **ubbidire**

obbligare [obbli'gare] *vt* ● obbligare qn a fare qc to force sb to do sthg

obbligato, a [obbli'gato, a] *agg* **1.** *(percorso, passaggio)* fixed **2.** *(costretto)* obbligato a fare qc obliged to do sthg

obbligatorio, a [obbliga'tɔrjo, a] *agg* compulsory

obbligo ['ɔbbligo] *(pl* **-ghi)** *sm* obligation ● avere l'obbligo di fare qc to be obliged to do sthg

obelisco [obe'lisko] *(pl* **-schi)** *sm* obelisk

obeso, a [o'bezo, a] *agg* obese

obiettare [objet'tare] *vt* to object

obiettivo, a [objet'tivo, a] ◇ *agg* objective ◇ *sm* **1.** *(fotografico)* lens **2.** *(bersaglio, scopo)* objective

obiettore [objet'tore] *sm* objector ● obiettore di coscienza conscientious objector

obiezione [objets'tsjone] *sf* objection

obitorio [obi'tɔrjo] *sm* mortuary

obliquo, a [o'blikwo, a] *agg* slanting

obliterare [oblite'rare] *vt* to stamp

obsoleto, a [obso'leto, a] *agg* obsolete

oca ['ɔka] *(pl* **oche)** *sf* goose

occasione [okka'zjone] *sf* **1.** *(momento favorevole)* opportunity **2.** *(affare)* bargain **3.** *(causa, circostanza)* occasion ● avere occasione di fare qc to have the chance to do sthg ● cogliere l'occasione per fare qc to take the opportunity to do sthg ● d'occasione second-hand

occhiaia [ok'kjaja] *(pl* **occhiaie)** *sf* *(contorno degli occhi)* bag ● avere le occhiaie to have bags under your eyes

occhiali [ok'kjali] *smpl* ● occhiali (da vista) glasses ● occhiali da sole sunglasses

occhiata [ok'kjata] *sf* ● dare un'occhiata a to have a look at

occhiello [ok'kjɛllo] *sm* buttonhole

occhio ['ɔkkjo] *sm* eye ● a occhio nudo with the naked eye ● tenere o non perdere d'occhio qn/qc to keep an eye on sb/sthg ● a occhio e croce roughly ● costare un occhio della testa to cost a fortune ● saltare o balzare all'occhio to be obvious ● a quattr'occhi in private ● sognare a occhi aperti to daydream

occhiolino [okkjo'lino] *sm* ● fare l'occhiolino (a qn) to wink (at sb)

occidentale [otʃfiden'tale] *agg* **1.** *(zona)* west, western **2.** *(cultura, società)* Western

occidente [otʃfi'dɛnte] *sm* west ◆ **Occidente** *sm* ● l'Occidente the West

occorrente [okkor'rɛnte] *sm* everything necessary

occorrenza [okkor'rɛntsa] *sf* ● all'occorrenza if need be

occorrere [ok'korrere] *vi* to be necessary ● occorre aspettare you/we have to wait ● mi occorre tempo I need time

occorso, a [ok'korso, a] *pp* > occorrere

occulto, a [ok'kulto, a] *agg* occult

occupare [okku'pare] *vt* **1.** *(ingombrare)* to take up **2.** *(paese, università)* to occupy **3.** *(impegnare)* to keep busy ◆ **occuparsi di 1.** *(prendersi cura di)* to take care of, to look after **2.** *(impicciarsi in)* to interfere in **3.** *(interessarsi di)* ● si occupa di politica he's in politics ● occupati dei fatti tuoi! mind your own business!

occupato, a [okku'pato, a] *agg* **1.** *(sedia, posto)* taken **2.** *(telefono, bagno)* engaged **3.** *(impegnato)* busy

occupazione [okkupats'tsjone] *sf* **1.** *(impiego)* occupation **2.** *(in economia)* employment

Oceania [otfe'anja] *sf* • l'Oceania Oceania

oceano [o'tfɛano] *sm* ocean

oculista [oku'lista] *(mpl* -i, *pl* -e*)* *smf* eye specialist

odiare [o'djare] *vt* to hate

odio [ˈɔdjo] *sm* hatred

odioso, a [o'djozo, a] *agg* hateful, odious

odorare [odo'rare] *vt* to smell ♦ **odorare di** *v + prep* to smell of

odorato [odo'rato] *sm* (sense of) smell

odore [o'dore] *sm* smell ♦ **odori** *smpl (da cucina)* herbs

offendere [of'fendere] *vt* to offend ♦ **offendersi** *vr* to take offence

offerto, a [of'ferto, a] ◇ *pp* ➤ **offrire**

offerta *sf* **1.** *(proposta)* offer **2.** *(donazione)* donation **3.** *FIN* supply • **offerta speciale** special offer

offesa [of'feza] *sf* offence

offeso, a [of'fezo, a] ◇ *pp* ➤ **offendere** ◇ *agg* offended

officina [offi'tfina] *sf* **1.** *(di fabbrica)* workshop **2.** *(per auto)* garage

offrire [of'frire] *vt* **1.** to offer **2.** *(cena, caffè)* to pay for • **offrire da bere a qn** to buy sb a drink ♦ **offrirsi di** ♦ **offrirsi di fare qc** to offer to do sthg

offuscare [offus'kare] *vt* **1.** *(luce)* to darken **2.** *(vista, mente, memoria)* to dim ♦ **offuscarsi** *vr (vista)* to dim

oggettivo, a [odʒʒet'tivo, a] *agg* objective

oggetto [odʒ'dʒɛtto] *sm* object • **(ufficio) oggetti smarriti** lost property (office) *(UK)*, lost-and-found office *(US)*

oggi [ˈɔdʒdʒi] *avv* **1.** today **2.** *(attualmente)* nowadays • **oggi pomeriggio** this afternoon • **il giornale di oggi** today's newspaper • **dall'oggi al domani** from one day to the next

oggigiorno [ɔdʒdʒi'dʒorno] *avv* nowadays

OGM [ɔdʒi'emme] *sf (abbr di Organismo Geneticamente Modificato)* GMO

ogni [ˈoɲɲi] *agg inv* **1.** *(tutti)* every, each **2.** *(distributivo)* every • **gente di ogni tipo** all sorts of people • **ogni giorno/mese/anno** every day/month/year • **ogni tre giorni** every three days • **in ogni caso** in any case • **ad ogni modo** anyway • **ogni tanto** every so often • **ogni volta che** whenever

Ognissanti [oɲɲis'santi] *sm* All Saints' Day

ognuno, a [oɲ'nuno, a] *pron* everyone, everybody • **ognuno di voi** each of you

Olanda [o'landa] *sf* • l'Olanda Holland

olandese [olan'deze] ◇ *agg & sm* Dutch ◇ *smf* Dutchman *(f* Dutchwoman*)* • **gli olandesi** the Dutch

oleoso, a [ole'ozo, a] *agg* oily

olfatto [ol'fatto] *sm* sense of smell

oliare [o'ljare] *vt* to oil

oliera [o'ljera] *sf* oil and vinegar cruet

olimpiadi [olim'pjadi] *sfpl* • **le olimpiadi** the Olympic Games

olio [ˈɔljo] *sm* oil • **olio (extra-vergine) d'oliva** (extra-virgin) olive oil • **olio di semi** vegetable oil • **sott'olio** in oil

oliva [o'liva] *sf* olive ● **olive farcite all'anconetana** *olives stuffed with meat and vegetables,' then covered in breadcrumbs and fried*

olivastro, a [oli'vastro, a] *agg (carnagione)* sallow

olivo [o'livo] *sm* olive tree

olmo ['olmo] *sm* elm

ologramma [olo'gramma] *sm* hologram

oltraggio [ol'traddʒo] *sm* DIR offence

oltralpe [ol'tralpe] ♦ **d'oltralpe** *agg* on the other side of the Alps

oltralpe [ol'tralpe] *avv* on the outside of the Alps

oltranza [ol'trantsa] ♦ **a oltranza** *avv* to the (bitter) end

oltre ['oltre] ♦ *prep* **1.** *(di là da)* beyond **2.** *(più in là)* over, more than **3.** *(in aggiunta a)* as well as, besides ◇ *avv (più in là)* further ● **oltre a** *(all'infuori di)* apart from; *(in aggiunta a)* as well as ● **non oltre le cinque** no later than five o'clock

oltrepassare [oltrepas'sare] *vt* to go beyond

omaggio [o'maddʒo] *sm* **1.** *(tributo)* homage **2.** *(regalo)* gift ● **in omaggio** *(con prodotto)* free

ombelico [ombe'liko] *(pl* **-chi)** *sm* navel

ombra ['ombra] *sf* **1.** *(zona)* shade **2.** *(figura)* shadow ● **all'ombra** in the shade

ombrello [om'brɛllo] *sm* umbrella

ombrellone [ombrel'lone] *sm* beach umbrella

ombretto [om'bretto] *sm* eye shadow

omeopatia [omeopa'tia] *sf* homeopathy

omeopatico, a [omeo'patiko, a] *agg* **1.** *(medico)* homeopathic **2.** *(sostanza)* homeopathic

omesso, a [o'messo, a] *pp* ➤ **omettere**

omettere [o'mettere] *vt* to omit ● **omettere di fare qc** to omit to do sthg

omicidio [omi'tʃidjo] *sm* murder

omissione [omis'sjone] *sf* omission

omofobia [omofo'bia] *sf* homophobia

omogeneizzato [omodʒeneidʒ'dzato] *sm* baby food

omogeneo, a [omo'dʒɛneo, a] *agg* **1.** *(uniforme)* homogeneous **2.** *(armonico)* harmonious

omonimo, a [o'mɔnimo, a] *sm.f (persona)* namesake

omosessuale [omosessu'ale] *smf* homosexual

On. *(abbr di* onorevole*)* Hon.

onda ['onda] *sf* wave ● **andare in onda** to go on the air ● **mandare in onda qc** to broadcast sthg ● **onde lunghe/medie/corte** long/medium/short wave *sg* ▼ **onde pericolose** *sign warning swimmers to take care*

ondulato, a [ondu'lato, a] *agg* **1.** *(terreno)* undulating **2.** *(capelli)* wavy **3.** *(lamiera, carta)* corrugated

onere ['ɔnere] *sm (form)* burden ● **oneri fiscali** DIR taxes

onestà [ones'ta] *sf* honesty

onesto, a [o'nesto, a] *agg* honest

on line [on'lain] *agg* online

onnipotente [onnipo'tɛnte] *agg* omnipotent

onomastico [ono'mastiko] *sm* name day

onorare [ono'rare] *vt* **1.** *(celebrare)* to honour **2.** *(fare onore a)* to do credit to

onorario, a [ono'rarjo, a] ◇ *agg (cittadinanza, console)* honorary ◇ *sm* fee

onore [o'nore] *sm* honour ● **fare onore**

a qc *(pranzo)* to do justice to sthg; *(scuola, famiglia)* to be a credit to sthg ● **in onore di** in honour of ● **fare gli onori di casa** to be the host *(f hostess)* ● **farsi onore** to distinguish o.s.

onorevole [ono'revole] ◇ *agg (parlamentare)* Honourable ◇ *smf* ≃ Member of Parliament *(UK)*, ≃ Congressman *(f Congresswoman) (US)*

ONU ['ɔnu] *(abbr di* Organizzazione delle Nazioni Unite*)* UN

opaco, a, chi, che [o'pako, a, ki, ke] *agg* **1.** *(vetro)* opaque **2.** *(colore, metallo)* dull

opera ['ɔpera] *sf* **1.** work **2.** *(in musica)* opera ● **è tutta opera sua!** it's all his doing! ● **mettersi all'opera** to get down to work ● **opera d'arte** work of art ● **opere pubbliche** public works

operaio, a [ope'rajo, a] ◇ *agg* working-class ◇ *sm,f* worker

operare [ope'rare] ◇ *vt* **1.** *(realizzare)* to carry out **2.** *MED* to operate on ◇ *vi (agire)* to act ● **operarsi** *vr* **1.** *(compiersi)* to take place **2.** *(subire un'operazione)* to have an operation

operatore, trice [opera'tore, 'tritʃe] *sm,f* *(di televisione, cinema)* cameraman *(f* camerawoman*)* ● **operatore turistico** tour operator

operazione [operats'tsjone] *sf* **1.** operation **2.** *FIN* transaction

opinione [opi'njone] *sf* opinion ● **l'opinione pubblica** public opinion

opporre [op'porre] *vt (argomenti, ragioni)* to put forward ● **opporre resistenza** to put up some resistance ● **opporre un rifiuto** to refuse ● **opporsi** *vr* ● **opporsi (a)** to oppose

opportunità [opportuni'ta] *sf inv* opportunity

opportuno, a [oppor'tuno, a] *agg* opportune

opposizione [oppozits'tsjone] *sf* opposition

opposto, a [op'posto, a] ◇ *pp* > **opporre** ◇ *agg* **1.** *(lato, senso)* opposite **2.** *(idee)* opposing ◇ *sm* opposite

oppressione [oppres'sjone] *sf* oppression

oppresso, a [op'presso, a] *pp* > **opprimere**

opprimente [oppri'mɛnte] *agg* oppressive

opprimere [op'primere] *vt* **1.** *(popolo)* to oppress **2.** *(angosciare)* to weigh down

oppure [op'pure] *cong* **1.** *(o invece)* or **2.** *(se no)* or else, otherwise

optare [op'tare] ● **optare per** *v + prep* to opt for

opuscolo [o'puskolo] *sm* brochure

opzione [op'tsjone] *sf* **1.** *(scelta)* option **2.** *INFORM* option ● **questa gita è in opzione** this trip is optional

ora ['ora] ◇ *sf* **1.** hour **2.** *(momento)* time ◇ *avv* now ● **a che ora parte il treno?**

what time does the train leave? ● **è ora di partire** it's time to leave ● **che ora è?, che ore sono?** what's the time? ● **e ora?** now what? ● **ora come ora** right now ● **ora legale** summertime ● **ora locale** local time ● **ora di punta** rush hour ● **50 km all'ora** 50 km an hour ● **di buon'ora** early ● **d'ora in poi** ○ **in avanti** from now on ● **fare le ore piccole** to stay up till the small hours

orale [o'rale] *agg & sm* oral

oramai [ora'mai] = **ormai**

orario, a [o'rarjo, a] ○ *agg* **1.** (segnale) time (dav s) **2.** (velocità) per hour **3.** (tariffa) hourly ○ *sm* **1.** (di lavoro, visite) hours *pl* **2.** (tabella) timetable ● **fuori orario** after hours ● **in orario** on time ● **orario di arrivo** arrival time ● **orario di partenza** departure time ● **orario di apertura** opening hours *pl* ● **orario di chiusura** closing time ● **orario d'ufficio** office hours *pl*

orata [o'rata] *sf* sea bream

orbita [ɔr'bita] *sf* **1.** (di satellite) orbit **2.** (di occhio) eye socket

orchestra [or'kɛstra] *sf* orchestra

ordigno [or'diɲɲo] *sm* device

ordinare [ordi'nare] *vt* **1.** (al ristorante, bar) to order **2.** (disporre in ordine) to put in order **3.** (comandare) ● **ordinare a qn di fare qc** to order sb to do sthg

ordinario, a [ordi'narjo, a] *agg* **1.** (normale) ordinary **2.** (mediocre, scadente) poor

ordinato, a [ordi'nato, a] *agg* tidy

ordinazione [ordinats'tsjone] *sf* order

ordine ['ordine] *sm* order ● **essere in ordine** (stanza) to be tidy; (documenti) to be in order ● **mettere in ordine qc**

(stanza) to tidy sthg; (documenti) to put sthg in order ● **ordine pubblico** public order

orecchiabile [orek'kjabile] *agg* catchy

orecchiette [orek'kjette] *sfpl* tiny ear-shaped pasta from Puglia

orecchino [orek'kino] *sm* earring

orecchio [o'rekkjo] (*fpl* **orecchie**) *sm* ear ● **avere orecchio** to have a good ear (for music)

orecchioni [orek'kjoni] *smpl* mumps *sg*

oreficeria [orefitʃe'ria] *sf* (negozio) jeweller's

orfano, a [ɔrfano, a] *agg & sm,f* orphan

organico, a, ci, che (or'ganiko, a, tʃi, ke] ○ *agg* organic ○ *sm* staff

organismo [orga'nizmo] *sm* **1.** (essere vivente) organism **2.** (ente) body

organizzare [organidz'dzare] *vt* to organize ● **organizzarsi** *vr* to organize o.s.

organizzato, a [organidz'dzato, a] *agg* organized

organizzatore, trice [organidzdza'tore, 'tritʃe] *sm,f* organizer

organizzazione [organidzdzats'tsjone] *sf* organization

organo ['organo] *sm* organ

orgasmo [or'gazmo] *sm* orgasm

orgoglio [or'ɣoʎʎo] *sm* pride

orgoglioso, a [orgoʎ'ʎozo, a] *agg* proud

orientale [orjen'tale] ○ *agg* **1.** (paese, prodotto) eastern **2.** (persona) oriental ○ *smf* Oriental

orientamento [orjenta'mento] *sm* **1.** (posizione) orientation **2.** (fig) (indirizzo) leanings *pl* ● **perdere l'orientamento** to lose one's bearings ● **orientamento professionale** careers guidance

orientare [orjen'tare] *vt* (carta) to orientate ◆ **orientarsi** *vr* to find one's bearings

oriente [o'rjɛnte] *sm* east ◆ **Oriente** *sm* ● l'Oriente the East

origano [o'rigano] *sm* oregano

originale [oridʒi'nale] ◇ *agg* 1. original 2. *(stravagante)* eccentric ◇ *sm* original

originario, a [oridʒi'narjo, a] *agg* 1. *(iniziale)* original 2. *(paese, lingua)* native

origine [o'ridʒine] *sf* 1. origin 2. *(causa)* origin, cause ● avere origine da qc to originate from sthg ● dare origine a qc to cause sthg ● di origine italiana of Italian origin

origliare [oriʎ'ʎare] *vi* to eavesdrop

orina [o'rina] = **urina**

oriundo, a [o'rjundo, a] *sm,f* ● essere oriundo italiano to be of Italian extraction

orizzontale [oridzdzon'tale] *agg* horizontal

orizzonte [oridz'dzonte] *sm* horizon

orlo ['orlo] *sm* 1. *(di fosso)* edge 2. *(di bicchiere)* rim 3. *(di gonna, pantaloni)* hem

orma ['orma] *sf* footprint

ormai [or'mai] *avv* 1. *(a questo punto)* by now 2. *(a quel punto)* by then 3. *(quasi)* almost ● ormai è tardi it's too late now

ormeggiare [ormedʒ'dʒare] *vt & vi* to moor

ormeggio [or'medʒdʒo] *sm* mooring

ormone [or'mone] *sm* hormone

ornamento [orna'mento] *sm* ornament

ornare [or'nare] *vt* to decorate

oro ['ɔro] *sm* gold ● d'oro gold

orologio [oro'lɔdʒo] *sm* 1. clock 2. *(da polso)* watch

oroscopo [o'rɔskopo] *sm* horoscope

orrendo, a [or'rɛndo, a] *agg* 1. *(spaven-* toso, atroce)* horrendous 2. *(brutto)* horrible, awful

orribile [or'ribile] *agg* horrible

orrore [or'rore] *sm* horror

orsacchiotto [orsak'kjɔtto] *sm* teddy bear

orso ['orso] *sm* bear

ortaggio [or'taddʒo] *sm* vegetable

ortica, che [or'tika, ke] *sf* nettle

orticaria [orti'karja] *sf* hives *pl*

orto ['ɔrto] *sm* vegetable garden

ortodosso, a [orto'dɔsso, a] *agg* orthodox

ortografia [ortogra'fia] *sf* spelling

orzaiolo [ordza'jolo] *sm* stye

orzo ['ɔrdzo] *sm* barley

osare [o'zare] *vt* ● osare (fare qc) to dare (to do sthg)

osceno, a [oʃ'ʃɛno, a] *agg* obscene

oscillare [oʃʃil'lare] *vi* 1. *(dondolare)* to swing 2. *(fig)* *(variare)* to vary

oscillazione [oʃʃillats'tsjone] *sf* 1. *(di pendolo)* swing 2. *(di prezzi)* fluctuation 3. *(di temperatura)* variation

oscurità [oskuri'ta] *sf* darkness

oscuro, a [os'kuro, a] ◇ *agg* dark ◇ *sm* ● essere all'oscuro di qc to be in the dark about sthg

ospedale [ospe'dale] *sm* hospital

ospitale [ospi'tale] *agg* 1. *(persona)* hospitable 2. *(paese)* friendly

ospitalità [ospitali'ta] *sf* hospitality ● mi ha dato ospitalità per una notte he put me up for a night

ospitare [ospi'tare] *vt* to put up

ospite [ɔs'pite] *smf* 1. *(chi ospita)* host *(f* hostess)* 2. *(ospitato)* guest

ospizio [os'pitstsjo] *sm* old people's home

ossa ['ɔssa] *pl* ➤ **osso**

osseo, a ['ɔsseo, a] *agg* bone *(dav s)*

osservare [osser'vare] *vt* **1.** *(guardare)* to observe, to watch **2.** *(rilevare)* to notice **3.** *(rispettare, mantenere)* to observe ● **far osservare qc a qn** to point sthg out to sb

osservatorio [osserva'tɔrjo] *sm* observatory

osservazione [osservats'tsjone] *sf* **1.** *(esame)* observation **2.** *(commento)* observation, remark **3.** *(rimprovero)* criticism

ossessionare [ossessjo'nare] *vt* to obsess

ossessione [osses'sjone] *sf* obsession

ossia [os'sia] *cong* that is

ossidare [ossi'dare] *vt* to oxidize ●

ossidarsi *vr* to oxidize

ossido ['ɔssido] *sm* oxide ● **ossido di carbonio** carbon monoxide

ossigenare [ossidʒe'nare] *vt* **1.** to oxygenate **2.** *(capelli)* to bleach

ossigeno [os'sidʒeno] *sm* oxygen

osso ['ɔsso] *sm* **1.** *(umano: pl f ossa)* bone **2.** *(di carne: pl m ossi)* bone

ossobuco [ɔsso'buko] *(pl* **ossibuchi)** *sm* veal knuckle cooked on the bone in tomatoes and white wine (a speciality of Milan)

ostacolare [ostako'lare] *vt* to obstruct

ostacolo [os'takolo] *sm* **1.** obstacle **2.** *(in atletica)* hurdle **3.** *(in equitazione)* fence

ostaggio [os'taddʒo] *sm* hostage

ostello [os'tɛllo] *sm* ● **ostello (della gioventù)** (youth) hostel

ostentare [osten'tare] *vt* to flaunt

osteria [oste'ria] *sf* inn

ostetrica, che [os'tɛtrika, ke] *sf* midwife

ostia ['ɔstja] *sf* RELIG host

ostile [os'tile] *agg* hostile

ostilità [ostili'ta] *sf* hostility ◇ *sfpl* MIL hostilities

ostinarsi [osti'narsi] *vr* ● **ostinarsi a fare qc** to persist in doing sthg

ostinato, a [osti'nato, a] *agg* obstinate

ostinazione [ostinats'tsjone] *sf* persistence

ostrica ['ɔstrika] *(pl* **-che)** *sf* oyster

ostruire [ostru'ire] *vt* to obstruct, to block

ottanta [ot'tanta] *num* eighty ➤ **sei**

ottantesimo, a [ottan'tezimo, a] *num* eightieth ➤ **sesto**

ottantina [ottan'tina] *sf* ● **una ottantina (di)** about eighty ● **essere sull'ottantina** to be in one's eighties

ottavo, a [ot'tavo, a] *num* eighth ➤ **sesto**

ottenere [otte'nere] *vt* to get

ottico, a, ci, che ['ɔttiko, a, tʃi, ke] ◇ *agg* **1.** *(nervo)* optic **2.** *(strumento)* optical ◇ *sm* optician

ottimale [otti'male] *agg* optimum

ottimismo [otti'mizmo] *sm* optimism

ottimista, i, e [otti'mista, i, e] *smf* optimist

ottimo, a ['ɔttimo, a] *agg* excellent, very good

otto ['ɔtto] ◇ *num* eight ➤ **sei** ◇ *sm* ● **otto volante** roller coaster

ottobre [ot'tobre] *sm* October ➤ **settembre**

ottocento [otto'tʃento] *num* eight hundred ➤ **sei** ● **Ottocento** *sm* ● **l'Ottocento** the nineteenth century

ottone [ot'tone] *sm* brass

otturare [ottu'rare] *vt* to fill

otturazione [otturats'tsjone] *sf* filling

ottuso, a [ot'tuzo, a] *agg* obtuse

ovale [o'vale] *agg* oval

ovatta [o'vatta] *sf* cotton wool

overdose [over'doze] *sf inv* overdose

ovest ['ɔvest] *sm & agg inv* west ● ovest (di qc) west (of sth)

ovile [o'vile] *sm* sheepfold

ovino, a [o'vino, a] *agg* sheep *(dav s)*

ovoviaw> [ovo'via] *sf* ski lift *(with oval cabins)*

ovunque [o'vunkwe] = dovunque

ovvero [ov'vero] *cong* or, in other words

ovviare [ov'vjare] *vi* ● ovviare a qc to avoid sth

ovvio, a [ˈɔvvjo, a] *agg* obvious

ozio [ˈɔtstsjo] *sm* idleness

ozono [odzˈdzɔno] *sm* ozone

pP

pacato, a [pa'kato, a] *agg* calm

pacca ['pakka] *(pl -che) sf* pat

pacchetto [pak'ketto] *sm* 1. *(di sigarette, caramelle)* packet 2. *(pacco)* parcel

pacchiano, a [pak'kjano, a] *agg* garish

pacco ['pakko] *(pl -chi) sm* parcel

pace ['patʃe] *sf* peace ● in pace in peace ● fare (la) pace to make it up

pacemaker [pejs'mɛkər] *sm inv* pacemaker

pacifico, a, ci, che [pa'tʃifiko, a, tʃi, ke] *agg* peaceful ◆ Pacifico *sm* ● il Pacifico the Pacific

pacifista, i, e [patʃi'fista, i, e] *agg & smf* pacifist

padella [pa'dɛlla] *sf* 1. *(da cucina)* frying pan 2. *(per malati)* bedpan

padiglione [padiʎ'ʎone] *sm* 1. *(di ospedale, fiera)* pavilion 2. *(di giardino)* marquee

Padova ['padova] *sf* Padua

padre ['padre] *sm* father

padrino [pa'drino] *sm* godfather

padrone, a [pa'drone, a] *sm,f* owner ● essere padrone di fare qc to be free to do sth ● padrone di casa landlord *(f* landlady)

paesaggio [pae'zadʒdʒo] *sm* 1. landscape 2. *(panorama)* scenery

paese [pa'eze] *sm* 1. *(nazione)* country 2. *(villaggio)* village ● paese di provenienza country of origin ● paese mandare qn a quel *(volg)* to tell sb to get lost ◆ Paesi Bassi *smpl* ● i Paesi Bassi the Netherlands

paffuto, a [paf'futo, a] *agg* plump, chubby

paga ['paga] *(pl -ghe) sf* pay

pagamento [paga'mento] *sm* payment ▼ pagamento pedaggio toll to be paid here

pagano, a [pa'gano, a] *agg & sm,f* pagan

pagare [pa'gare] *vt* 1. to pay 2. *(offrire)* to buy ● quanto l'hai pagato? how much did you pay for it? ● pagare con assegno to pay by cheque ● pagare con carta di credito to pay by credit card ● pagare in contanti to pay cash

pagella [pa'dʒɛlla] *sf* (school) report

pagina [pa'dʒina] *sf* page

paglia ['paʎʎa] *sf* straw

pagliaccio [paʎ'ʎatʃtʃo] *sm* clown

pagnotta [paɲ'ɲotta] *sf* round loaf

paio ['pajo] *(fpl* paia) *sm* pair ● un paio di *(alcuni)* a couple of ● un paio di scarpe a pair of shoes

Pakistan ['pakistan] *sm* ● il Pakistan Pakistan

pala ['pala] *sf* **1.** (*vanga*) shovel **2.** (*di mulino, elica*) blade

palato [pa'lato] *sm* palate

palazzo [pa'lattso] *sm* **1.** (*signorile*) palace **2.** (*edificio*) building **3.** (*condominio*) block of flats (*UK*), apartment building (*US*) ● **palazzo di giustizia** law courts *pl* ● **palazzo dello sport** indoor stadium

palco ['palko] (*pl* **-chi**) *sm* **1.** (*palcoscenico*) stage **2.** (*pedana*) stand **3.** (*a teatro*) box

palcoscenico [palkoʃ'ʃɛniko] (*pl* **-ci**) *sm* stage

Palermo [pa'lɛrmo] *sf* Palermo

Palestina [peles'tina] *sf* ● **la Palestina** Palestine

palestra [pa'lɛstra] *sf* gymnasium

paletta [pa'letta] *sf* **1.** (*giocattolo, per giardiniere*) spade **2.** (*per lo sporco*) dustpan **3.** (*di polizia, capostazione*) signalling disc

paletto [pa'letto] *sm* stake

palio ['paljo] *sm* ● **mettere qc in palio** to offer sthg as a prize ● **Palio** *sm* ● **il Palio (di Siena)** the Palio (*traditional horse race held in the centre of Siena*)

Il Palio di Siena

This event is held in July and again in August each year in Siena. Representatives of the city's 17 *contrade* (districts) parade in Renaissance costumes before participating in a dangerous horserace around the *Piazza del Campo*. The winning district is awarded the *palio*, a banner depicting the Virgin Mary.

palla ['palla] *sf* ball ● **che palle!** (*volg*) what a drag!

pallacanestro [pallaka'nɛstro] *sf* basketball

pallanuoto [palla'nwɔto] *sf* water polo

pallavolo [palla'volo] *sf* volleyball

pallido, a [pal'lido, a] *agg* pale

palloncino [pallon'tʃino] *sm* balloon

pallone [pal'lone] *sm* **1.** (*palla*) ball **2.** (*da calcio*) football ● **pallone aerostatico** hot air balloon

pallottola [pal'lɔttola] *sf* bullet

palma ['palma] *sf* palm tree

palmo ['palmo] *sm* palm

palo ['palo] *sm* **1.** (*di legno*) post **2.** (*di telefono*) pole ● **palo della luce** lamppost

palombaro [palom'baro] *sm* (deep sea) diver

palpebra ['palpebra] *sf* eyelid

palude [pa'lude] *sf* marsh, swamp

panca ['panka] (*pl* **-che**) *sf* bench

pancarré [pankar're] *sm* sliced bread

pancetta [pan'tʃetta] *sf* bacon

panchina [pan'kina] *sf* **1.** (*di parco*) bench **2.** (*di giardino*) garden seat

pancia [pan'tʃa] (*pl* **-ce**) *sf* (*fam*) belly

panciotto [pan'tʃɔtto] *sm* waistcoat

panda ['panda] *sm inv* panda

pandoro [pan'dɔro] *sm* conical sponge cake eaten at Christmas

pane ['pane] *sm* **1.** bread **2.** (*pagnotta*) loaf **3.** (*di burro*) block ● **pane a o in cassetta** sliced bread ● **pane integrale** wholemeal bread ● **pane tostato** toast ● **pan dolce** Christmas cake with candied fruit (*a speciality of Genoa*) ● **pan di Spagna** sponge cake

panetteria [panette'ria] *sf* bakery

panettone [panet'tone] *sm traditional dome-shaped Christmas cake containing raisins and candied fruit*

panforte [pan'fɔrte] *sm very rich round, flat cake made with almonds, hazelnuts, candied fruit and spices (a speciality of Siena)*

pangrattato [pangrat'tato] *sm* breadcrumbs *pl*

panico ['paniko] *sm* panic

panificio [pani'fitʃo] *sm* baker's

panino [pa'nino] *sm* roll • **panino imbottito** o **ripieno** filled roll • **panino al prosciutto** ham roll

paninoteca [panino'tɛka] (*pl* **-che**) *sf* sandwich bar

panna ['panna] *sf* • **panna (montata)** whipped cream • **panna cotta** *cold dessert made from cream and sugar, eaten with chocolate or fruit sauce* • **panna da cucina** cream

panne ['panne] *agg inv* • **ho l'auto in panne** my car has broken down

pannello [pan'nɛllo] *sm* panel

panno ['panno] *sm* cloth • **mettersi nei panni di qn** to put o.s. in sb's shoes

pannocchia [pan'nɔkkja] *sf* cob

pannolino [panno'lino] *sm* nappy (*UK*), diaper (*US*)

panorama [pano'rama] (*pl* **-i**) *sm* panorama

panoramico, a, ci, che [pano'ramiko, a, tʃi, ke] *agg* panoramic

panpepato [panpe'pato] *sm* ≃ gingerbread

pantaloni [panta'loni] *smpl* trousers (*UK*), pants (*US*)

pantera [pan'tera] *sf* panther

pantofole [pan'tɔfole] *sfpl* slippers

panzanella [pantsa'nɛlla] *sf Tuscan salad of tomatoes, anchovies, tuna, onion and herbs, whose special ingredient is moistened bread*

panzerotti [pantse'rɔtti] *smpl large ravioli stuffed with cheese and tomato, and fried in oil*

paonazzo, a [pao'natstso, a] *agg* purple

papà [pa'pa] *sm inv (fam)* daddy, dad

papavero [pa'pavero] *sm* poppy

papera ['papera] *sf (errore)* • **fare una papera** to make a slip of the tongue, papero

papero, a ['papero, a] *sm,f* gosling

papillon [papiʎ'ʎon] *sm inv* bow tie

pappa ['pappa] *sf (fam)* baby food

pappagallo [pappa'gallo] *sm* 1. *(animale)* parrot 2. *(per malati)* bedpan

pappardelle [pappar'dɛlle] *sfpl* large noodles • **pappardelle alla lepre** *'pappardelle' served with hare sauce*

paprica ['paprika] *sf* paprika

para ['para] *sf* crepe rubber

parabola [pa'rabola] *sf* 1. parabola 2. *RELIG* parable

parabrezza [para'bredzdza] *sm inv* windscreen

paracadute [paraka'dute] *sm inv* parachute

paracarro [para'karro] *sm* post

paradiso [para'dizo] *sm RELIG* paradise, heaven

paradossale [parados'sale] *agg* paradoxical

paradosso [para'dɔsso] *sm* paradox

parafango [para'fango] (*pl* **-ghi**) *sm* mudguard

parafulmine [para'fulmine] *sm* lightning conductor

paraggi [pa'raddʒi] *smpl* ● **nei paraggi** in the neighbourhood

paragonare [parago'nare] *vt* ● **paragonare con** to compare with

paragone [para'gone] *sm* comparison

paragrafo [pa'ragrafo] *sm* paragraph

paralisi [pa'ralizi] *sf inv* paralysis

paralizzare [paralidz'dzare] *vt* to paralyse

parallela [paral'lɛla] *sf* parallel ● **parallele** *sfpl* (*attrezzo*) parallel bars

parallelo, a [paral'lɛlo, a] *agg* & *sm* parallel

paralume [para'lume] *sm* lampshade

parapetto [para'petto] *sm* parapet

parare [pa'rare] *vt* 1. (*colpi*) to parry 2. (*occhi*) to shield 3. (*nel calcio*) to save

parassita [paras'sita] (*pl* **-i**) *sm* parasite

parata [pa'rata] *sf* 1. (*militare*) parade 2. (*nel calcio*) save

paraurti [para'urti] *sm inv* bumper

paravento [para'vento] *sm* screen

parcella [par'tʃɛlla] *sf* fee

parcheggiare [parkedʒ'dʒare] *vt* to park

parcheggio [par'keddʒo] *sm* 1. (*area*) car park (*UK*), parking lot (*US*) 2. (*manovra*) parking ● **parcheggio a pagamento** car park where drivers must pay to park ● **parcheggio riservato** private car park

parchimetro [par'kimetro] *sm* parking meter

parco ['parko] (*pl* **-chi**) *sm* park ● **parco giochi** o **dei divertimenti** swing park

parecchio, a [pa'rekkjo, a] ◇ *agg* quite a lot ◇ *pron* quite a lot ◇ *avv* 1. (*con agg*) quite 2. (*con verbo*) quite a lot ● **è parecchio (tempo) che aspetto** I've been waiting for quite a while

pareggiare [paredʒ'dʒare] ◇ *vt* 1. (*capelli, orlo*) to make even 2. (*terreno*) to level 3. (*bilancio, conti*) to balance ◇ *vi* to draw

pareggio [pa'reddʒo] *sm* 1. (*in partite*) draw 2. (*del bilancio*) balance

parente [pa'rente] *smf* relative

parentela [paren'tela] *sf* 1. (*vincolo*) relationship 2. (*famiglia*) relatives *pl*

parentesi [pa'rentezi] *sf inv* 1. (*segno*) bracket 2. (*commento*) digression ● **tra parentesi** in brackets

pareo [pa'rɛo] *sm* pareo

parere [pa'rere] ◇ *sm* (*opinione*) opinion ◇ *vi* 1. (*sembrare*) to seem 2. (*apparire*) to look ◇ *v impers* ● **pare che** it seems that ● **che te ne pare?** what do you think? ● **fate come vi pare** do as you like ● **mi pare di no** I don't think so ● **mi pare di sì** I think so ● **mi pare (che) vada bene** it seems (to be) all right ● **pare (che) sia vero** it seems (to be) true

parete [pa'rete] *sf* 1. (*di stanza*) wall 2. (*di montagna*) face

pari ['pari] ◇ *agg inv* 1. (*in partite, giochi, superficie*) level 2. (*numero*) even ◇ *sm inv* equal ● **alla pari** (*ragazza*) au pair ● **ora siamo pari** now we're even ● **essere pari a** (*uguale*) to be the same as, to be equal to ● **essere alla pari** to be even ● **mettersi in pari con qc** to catch up with sthg ● **pari pari** word for word

Parigi [pa'ridʒi] *sf* Paris

parlamentare [parlamen'tare] ◇ *agg* parliamentary ◇ *smf* ≃ Member of Parliament (*UK*), ≃ Congressman (*f* Congresswoman) (*US*)

parlamento [parla'mento] *sm* parliament

parlantina [parlan'tina] *sf* (*fam*) ●

avere una buona **parlantina** to have the gift of the gab

parlare [par'lare] ◇ *vi* to talk, to speak ◇ *vt* (*lingua*) to speak ● **parlare (a qn) di** to talk o to speak (to sb) about ● **parla italiano?** do you speak Italian?

Parma ['parma] *sf* Parma

parmigiano [parmi'dʒano] *sm* Parmesan (cheese)

parola [pa'rɔla] *sf* word ● **prendere la parola** to (begin) to speak ● **rivolgere la parola a qn** to talk to sb ● **rimangiarsi la parola** to go back on one's word ● **parola d'onore** word of honour ● **parola d'ordine** password ● **parole crociate** crossword (puzzle) *sg* ● **è una parola!** it's not easy!

parolaccia [paro'lattʃa] (*pl* **-ce**) *sf* swearword

parrocchia [par'rɔkkja] *sf* **1.** (*chiesa*) parish church **2.** (*zona*) parish

parroco ['parroko] (*pl* **-ci**) *sm* parish priest

parrucca [par'rukka] (*pl* **-che**) *sf* wig

parrucchiere, a [parruk'kjɛre, a] *sm,f* (*per signora*) hairdresser

parso, a ['parso, a] *pp* ➤ **parere**

parte ['parte] *sf* **1.** part **2.** (*lato*) side **3.** (*direzione*) way **4.** (*quota*) share **5.** DIR party ● **fare parte di qc** to be part of sthg ● **mettere da parte qc** (*risparmiare*) to put sthg aside ● **prendere parte a qc** to take part in sthg ● **stare dalla parte di** to be on the side of ● **la maggior parte** di most ● **la maggior parte degli italiani** most Italians ● **a parte questo** apart from that ● **a parte** (*spese, pacco*) separate; (*pagare, incartare*) separately ● **da parte di qn** from; (*ringraziare*) on sb's

behalf ● **d'altra parte** on the other hand ● **dall'altra parte** the other way ● **da nessuna parte** nowhere ● **da ogni parte** everywhere ● **da qualche parte** somewhere ● **da questa parte** this way ● **in parte** partly

partecipare a ● **partecipare a** *v + prep* (*intervenire*) to take part in; (*spese*) to contribute to; (*gioia, dolore*) to share in

partecipazione [partetʃipats'tsjone] *sf* **1.** (*di nozze*) invitation **2.** (*a qc*) participation (in sth)

partenza [par'tɛntsa] *sf* **1.** departure **2.** (*nello sport*) start ● **essere in partenza (per Roma)** to be about to leave (for Rome) ● **partenze nazionali/internazionali** domestic/international departures

participio [parti'tʃipjo] *sm* participle

particolare [partiko'lare] ◇ *agg* **1.** particular **2.** (*caratteristico*) distinctive ◇ *sm* detail ● **niente di particolare** nothing special ● **in particolare** in particular

particolareggiato, a [partikolaredʒ'dʒato, a] *agg* detailed

partigiano, a [parti'dʒano, a] *sm,f* partisan

partire [par'tire] *vi* **1.** (*persona*) to leave **2.** (*treno, aereo*) to depart **3.** (*nello sport*) to start **4.** (*colpo*) to go off ● **a partire da** from ● **parto da Milano alle cinque** I leave Milan at five

partita [par'tita] *sf* **1.** (*competizione*) match **2.** (*a carte, a tennis*) game **3.** (*di merce*) consignment ● **partita IVA** VAT registration number

partito [par'tito] *sm* party

parto ['parto] *sm* birth

partorire [parto'rire] *vt* to give birth to

parziale [par'tsjale] *agg* **1.** (*limitato*)

partial **2.** *(ingiusto)* biased

pascolo [pas'kɔlo] *sm* pasture

Pasqua ['paskwa] *sf* Easter

pasquale [pas'kwale] *agg* Easter *(dav s)*

Pasquetta [pas'kwetta] *sf* Easter Monday

passabile [pas'sabile] *agg* passable

passaggio [pas'saddʒo] *sm* **1.** *(transito)* passage **2.** *(varco)* thoroughfare **3.** *(in macchina)* lift **4.** *(cambiamento)* change ● **essere di passaggio** to be passing through ● **passaggio a livello** level crossing *(UK)*, grade crossing *(US)* ● **passaggio pedonale** pedestrian crossing

passamontagna [passamon'taɲɲa] *sm inv* balaclava

passante [pas'sante] ◇ *smf (persona)* passer-by ◇ *sm (per cintura)* loop

passaporto [passa'pɔrto] *sm* passport

passare [pas'sare] ◇ *vi* **1.** to go by **2.** *(da un'apertura)* to go through **3.** *(fare una visita)* to call in **4.** *(cessare)* to go away **5.** *(proposta)* to be passed ◇ *vt* **1.** *(attraversare)* to cross **2.** *(trascorrere)* to spend **3.** *(cera, vernice)* to apply **4.** *(esame)* to pass **5.** *(oltrepassare)* to go beyond **6.** *(verdure)* to puree **7.** *(porgere)* to pass ● **mi è passato di mente!** it slipped my mind! ● **ti passo Matteo** *(al telefono)* here's Matteo ● **il treno passa da Firenze** the train goes via Florence ● **passare l'aspirapolvere** to vacuum ● **passare qc a qn** to pass o to give sb sthg ● **passare avanti a qn** to push in front of sb ● **passare da** o **per scemo** to be taken for a fool ● **passare sopra qc** *(fig)* *(tollerare)* to overlook ● **passarsela bene** to get on well ● **come te la passi?** how are you getting on?

passatempo [passa'tɛmpo] *sm* pastime

passato, a [pas'sato, a] ◇ *agg (trascorso)* over ◇ *sm* past ● **passato di verdure** thin vegetable soup

passaverdura [passaver'dura] *sm inv* vegetable mill

passeggero, a [passedʒ'dʒɛro, a] ◇ *agg* passing ◇ *sm,f* passenger

passeggiare [passedʒ'dʒare] *vi* to walk

passeggiata [passedʒ'dʒata] *sf* **1.** *(camminata)* walk **2.** *(strada)* promenade ● **fare una passeggiata** to take a walk

passeggino [passedʒ'dʒino] *sm* push-chair

passeggio [pas'sedʒdʒo] *sm* ● **andare a passeggio** to go for a walk

passerella [passe'rɛlla] *sf* **1.** *(passaggio)* footbridge **2.** *(di aereo, nave)* gangway **3.** *(di sfilata)* catwalk

passerotto [passe'rɔtto] *sm* sparrow

passione [pas'sjone] *sf* passion

passivo, a [pas'sivo, a] ◇ *agg* passive ◇ *sm* **1.** *GRAMM* passive **2.** *COMM* liabilities *pl*

passo ['passo] *sm* **1.** *(movimento)* step **2.** *(andatura)* pace **3.** *(rumore)* footstep **4.** *(valico)* pass ● **allungare il passo** to quicken one's pace ● **fare il primo passo** *(fig)* to make the first move ● **a passo d'uomo** dead slow ● **fare due o quattro passi** to go for a short walk ● **a due passi** a stone's throw away ● **di questo passo** at this rate ▼ **passo carraio** o **carrabile** keep clear

password ['password] *sf inv* INFORM password

pasta ['pasta] *sf* **1.** pasta **2.** *(impasto)* dough **3.** *(pasticcino)* pastry **4.** *(di colla)* paste ● **pasta in brodo** *soup with pasta* *in it* ● **pasta frolla** shortcrust pastry ● **pasta sfoglia** puff pastry

pasta

It is hard for an Italian to imagine a meal without pasta, whether cooked plain, with a sauce, in a soup, or baked. Pasta may be fresh or dried, made with egg, or from durum wheat. It comes in all shapes and sizes and each region has its specialities.

pastasciutta [pastaʃˈʃutta] *sf* pasta
pastella [pasˈtɛlla] *sf* batter
pasticca, che [pasˈtikka, ke] = **pastiglia**
pasticceria [pastittʃeˈria] *sf* ≃ cake shop
pasticcino [pastitˈtʃino] *sm* pastry
pasticcio [pasˈtittʃo] *sm* **1.** (*vivanda*) pie **2.** (*disordine*) mess **3.** (*guaio*) trouble ● **essere nei pasticci** to be in trouble
pasticcione, a [pastitˈtʃone, a] *sm,f* bungler
pastiera [pasˈtjera] *sf* Neapolitan Easter tart with a filling of ricotta cheese and candied fruit
pastiglia [pasˈtiʎʎa] *sf* pastille
pastizzada [pastitsˈtsada] *sf* horse meat or beef and vegetables marinated in wine, generally serves with polenta (a speciality of Veneto)
pasto [ˈpasto] *sm* meal
pastore [pasˈtore] *sm* **1.** (*di greggi*) shepherd **2.** (*sacerdote*) minister ● **pastore tedesco** German shepherd, Alsatian (*UK*)

pastorizzato, a [pastoridzˈdzato, a] *agg* pasteurized
patata [paˈtata] *sf* potato ● **patate fritte** chips (*UK*), French fries (*US*)
patatine [pataˈtine] *sfpl* crisps (*UK*), chips (*US*)
pâté [paˈte] *sm inv* pâté
patente [paˈtɛnte] *sf* licence ● **patente (di guida)** driving licence (*UK*), driver's license (*US*)
paternità [paterniˈta] *sf* paternity
paterno, a [paˈtɛrno, a] *agg* paternal
patetico, a, ci, che [paˈtetiko, a, tʃi, ke] *agg* pathetic
patire [paˈtire] *vt & vi* to suffer
patria [ˈpatrja] *sf* homeland
patrigno [paˈtriɲɲo] *sm* stepfather
patrimonio [patriˈmɔnjo] *sm* **1.** (*beni*) property **2.** (*culturale, spirituale*) heritage
patrono [paˈtrɔno] *sm* patron saint

patrono

Every town and city in Italy has its own patron saint. The patron saint's feast day, which is different for every saint, is a local and school holiday with religious processions and fairs. Some towns put up illuminations for the day.

pattinaggio [pattiˈnadʤo] *sm* skating ● **pattinaggio su ghiaccio** ice skating
pattinare [pattiˈnare] *vi* to skate ● **pattinare su ghiaccio** to ice-skate
pattini [ˈpattini] *smpl* ● **pattini a rotelle** roller skates ● **pattini da ghiaccio** ice skates
pattino [ˈpattino] *sm* pedalo with oars

patto ['patto] *sm* (*accordo*) pact ● a patto che on condition that

pattuglia [pat'tuʎʎa] *sf* patrol

pattumiera [pattu'mjɛra] *sf* dustbin

paura [pa'ura] *sf* fear ● avere paura (di) to be afraid (of) ● avere paura di fare qc to be afraid of doing sthg ● fare paura a qn to frighten sb ● per paura di fare qc for fear of doing sthg ● per paura che for fear that

pauroso, a [pau'roso, a] *agg* 1. (*spaventoso*) frightening 2. (*timoroso*) fearful

pausa ['pawza] *sf* 1. (*intervallo*) break 2. *MUS* pause ● fare una pausa to take a break

pavimento [pavi'mento] *sm* floor

pavone [pa'vone] *sm* peacock

paziente [pats'tsjɛnte] *agg* & *smf* patient

pazienza [pats'tsjɛntsa] *sf* patience ● perdere la pazienza to lose one's patience ● pazienza! never mind!

pazzamente [pazza'mente] *avv* madly

pazzesco, a, schi, sche [pats'tsesko, a, ski, ske] *agg* crazy

pazzia [pat'tsia] *sf* 1. madness 2. (*azione*) crazy thing

pazzo, a ['patstso, a] ◇ *agg* (*malato*) mad ◇ *sm,f* madman (*f* madwoman) ● andare pazzo per qc to be crazy about sthg ● essere pazzo di qn to be crazy about sb ● darsi alla pazza gioia to live it up

PC [pitʃ'tʃi] *sm* (*abbr di* Personal Computer) PC

peccare [pek'kare] *vi* to sin ● peccare di qc to be guilty of sthg

peccato [pek'kato] *sm* sin ● è un peccato che ... it's a pity that ... ● (che) peccato! what a pity!

peccatore, trice [pekka'tore, 'tritʃe] *sm,f* sinner

pecora ['pɛkora] *sf* sheep

pecorino [peko'rino] *sm* a cheese made from ewe's milk

pedaggio [pe'daddʒo] *sm* toll

pedalare [pada'lare] *vi* to pedal

pedale [pe'dale] *sm* pedal ● a pedali pedal (*dav s*)

pedana [pe'dana] *sf* 1. (*poggiapiedi*) footboard 2. (*in atletica*) springboard 3. (*nella scherma*) piste

pedata [pe'data] *sf* 1. (*impronta*) footmark 2. (*calcio*) kick

pediatra, i, e [pe'djatra, i, e] *smf* paediatrician

pedicure [pedi'kur] *sm* pedicure

pedina [pe'dina] *sf* (*nella dama*) piece

pedonale [pedo'nale] *agg* pedestrian (*dav s*)

pedone [pe'done] *sm* 1. pedestrian 2. (*negli scacchi*) pawn

peggio ['pɛddʒo] ◇ *avv* & *agg inv* worse ◇ *smf* ● il/la peggio the worst ● peggio per te! so much the worse for you! ● peggio che mai worse than ever ● temere il peggio to fear the worst ● alla peggio if the worst comes to the worst ● peggio che mai worse than ever

peggioramento [peddʒora'mento] *sm* deterioration

peggiorare [peddʒo'rare] *vt* & *vi* to worsen

peggiore [pedʒ'dʒore] ◇ *agg* 1. (*comparativo*) worse 2. (*superlativo*) worst ◇ *smf* ● il/la peggiore the worst

pelare [pe'lare] *vt* to peel

pelato, a [pe'lato, a] *agg* bald ◆ **pelati** *smpl* peeled tomatoes

pelle ['pɛlle] *sf* 1. skin 2. (*conciata*)

leather ● **avere la pelle d'oca** to have goose pimples

pellegrinaggio [pellegri'naddʒo] *sm* pilgrimage

pelletteria [pellette'ria] *sf* 1. (prodotti) leather goods *pl* 2. (negozio) leather goods shop

pelliccia [pel'littʃa] (*pl* **-ce**) *sf* 1. (di animale) fur 2. (indumento) fur coat

pellicola [pel'likola] *sf* film ● **pellicola a colori** colour film

pelo ['pelo] *sm* 1. (del corpo, di tessuto) hair 2. (di animale) fur ● **ce l'ho fatta per un pelo** I made it by the skin of my teeth ● **c'è mancato un pelo che lo investissero** they narrowly missed hitting him

peloso, a [pe'lozo, a] *agg* hairy

peltro ['peltro] *sm* pewter

peluche [pe'luʃ] *sm inv* 1. (tessuto) plush 2. (pupazzo) cuddly toy

pena ['pena] *sf* 1. (condanna) sentence 2. (cruccio) anxiety 3. (pietà) pity 4. RELIG torment ● **mi fanno pena** I feel sorry for them ● **(non) vale la pena di andarci** it's (not) worth going ● **pena di morte** death penalty ● **a mala pena** hardly

penalità [penali'ta] *sf inv* penalty

pendente [pen'dɛnte] ◇ *agg* 1. (appeso) hanging 2. (conto) pending ◇ *sm* 1. (ciondolo) pendant 2. (orecchino) drop earring

pendenza [pen'dɛntsa] *sf* 1. (inclinazione) slope 2. (di conto) outstanding account

pendere ['pendere] *vi* 1. (essere appeso) to hang 2. (essere inclinato) to slope

pendici [pen'ditʃi] *sfpl* slopes

pendio [pen'dio] *sm* slope

pendola ['pendola] *sf* pendulum clock

pendolare [pendo'lare] *smf* commuter

pene ['pɛne] *sm* penis

penetrare [pene'trare] *vi* ● **penetrare in qc** (entrare in) to enter sthg ● (sog: chiodo, liquido) to penetrate sthg

penicillina [penitʃil'lina] *sf* penicillin

penisola [pe'nizola] *sf* peninsula

penitenza [peni'tentsa] *sf* 1. (religiosa) penitence 2. (nei giochi) forfeit

penitenziario [peniten'tsjarjo] *sm* prison

penna ['penna] *sf* 1. (da scrivere) pen 2. (di uccello) feather ● **penna a sfera** ballpoint pen ● **penna stilografica** fountain pen ● **penne** *sfpl* pasta quills ● **penne all'arrabbiata** 'penne' in a spicy sauce of tomatoes and chillies

pennarello [penna'rɛllo] *sm* felt-tip pen

pennello [pen'nɛllo] *sm* 1. (da pittore) brush 2. (per vernici, tinte) paintbrush ● **pennello da barba** shaving brush ● **a pennello** like a glove

penombra [pe'nombra] *sf* half-light

penoso, a [pe'nozo, a] *agg* painful

pensare [pen'sare] ◇ *vi* to think ◇ *vt* 1. (immaginare) to think 2. (escogitare) to think up ● **cosa ne pensi?** what do you think (of it)? ● **pensare a** (riflettere su, ricordare) to think about; (occuparsi di) to see to ● **pensa a un numero** think of a number ● **pensare di fare qc** to be thinking of doing sthg ● **penso di no** I don't think so ● **penso di sì** I think so ● **pensarci su** to think it over

pensiero [pen'sjɛro] *sm* 1. thought 2. (preoccupazione) worry ● **stare in pensiero per qn** to be worried about sb

pensile ['pensile] ◇ *agg* hanging ◇ *sm* wall cupboard

pensilina [pensi'lina] *sf* 1. (di stazione)

platform roof **2.** *(per autobus)* bus shelter

pensionante [pensjo'nante] *smf* lodger

pensionato, a [pensjo'nato, a] ◇ *sm,f (persona)* pensioner ◇ *sm (per studenti)* hostel

pensione [pen'sjone] *sf* **1.** *(somma)* pension **2.** *(albergo)* boardinghouse **3.** *(vitto e alloggio)* board and lodging ● **andare in pensione** to retire ● **essere in pensione** to be retired ● **pensione completa** full board ● **mezza pensione** half board

Pentecoste [pente'kɔste] *sf* Whitsun

pentirsi [pen'tirsi] *vr* ● **pentirsi di qc** to regret sthg ● **pentirsi di aver fatto qc** to regret doing sthg

pentola ['pentola] *sf* pot ● **pentola a pressione** pressure cooker

penultimo, a [pe'nultimo, a] *agg* penultimate

pepare [pe'pare] *vt* to pepper

pepato, a [pe'pato, a] *agg* peppery

pepe ['pepe] *sm* pepper

peperonata [pepero'nata] *sf* stewed sliced peppers, tomatoes and onions

peperoncino [peperon't∫ino] *sm* chilli pepper ● **peperoncino rosso** red chilli pepper

peperone [pepe'rone] *sm* (capsicum) pepper

per [per] *prep* **1.** *(indica lo scopo, la destinazione)* for ● **è per te** it's for you ● **fare qc per i soldi** to do sthg for money ● **equipaggiarsi per la montagna** to kit o.s. out for the mountains ● **per fare qc** (in order) to do sthg ● **sono venuto per vederti** I've come to see you ● **è abbastanza grande per capire certe**

cose he's old enough to understand these things **2.** *(attraverso)* through ● **ti ho cercato per tutta la città** I've been looking for you all over town **3.** *(moto a luogo)* for, to ● **il treno per Genova** the Genoa train ● **partire per Napoli** to leave for Naples **4.** *(indica una durata, una scadenza)* for ● **per tutta la vita** for one's whole life ● **sarò di ritorno per le cinque** I'll be back by five ● **l'ho vista per Pasqua** I saw her at Easter ● **fare qc per tempo** to do sthg in time ● **per sempre** forever **5.** *(indica il mezzo, il modo)* by ● **gli ho parlato per telefono** I talked to him over the phone ● **viaggiare per mare** to travel by sea ● **fare qc per scherzo** to do sthg for a joke ● **per caso** by chance **6.** *(indica la causa)* for ● **piangere per la rabbia** to cry with rage ● **viaggiare per lavoro** to travel on business ● **per aver fatto qc** for doing sthg **7.** *(con valore distributivo)* per ● **entrare uno per volta** to go in one at a time ● **uno per uno** one by one **8.** *(come)* as ● **tenere qc per certo** to take sthg for granted **9.** *(indica il prezzo)* ● **lo ha venduto per un milione** he sold it for a million **10.** ● **2 per 3 fa 6** 2 times 3 makes 6 **11.** *(indica la conseguenza)* ● **è troppo bello per essere vero** it's too good to be true **12.** *(indica limitazione)* for ● **per me, vi sbagliate** as far as I'm concerned, you are wrong ● **per questa volta** this time

pera ['pera] *sf* pear

peraltro [pe'raltro] *avv* what is more

perbene [per'bene] ◇ *agg inv* decent ◇ *avv* properly

percentuale [pert∫entu'ale] *sf* percentage

percepire [pertʃe'pire] *vt* **1.** (*sentire*) to perceive **2.** (*ricevere*) to receive

perché [per'ke]

◇ *avv* why ● **perché** con**ì? why are you running? ● **perché non ci andiamo?** why don't we go? ● **spiegami perché lo hai fatto** tell me why you did it ● **perché no?** why not? ● **chissà perché** who knows why ● **ecco perché** that's why

◇ *cong* **1.** (*per il fatto che*) because ● **vado perché ho fretta** I'm going because I'm in a hurry ● **perché sì/no!** (just) because! **2.** (*affinché*) so that ● **telefona perché non stiano in pensiero** phone so that (they) don't worry **3.** (*cosicché*) ● **è troppo complicato perché si possa capire** it's too complicated for anyone to understand

◇ *sm inv* (*ragione*) reason ● **senza un perché** for no reason

perciò [per'tʃɔ] *cong* therefore

percorrere [per'korrere] *vt* **1.** (*regione*) to travel over **2.** (*distanza*) to cover

percorso, a [per'korso, a] ◇ *pp* > **percorrere** ◇ *sm* journey

percosse [per'kɔsse] *sfpl* blows

percosso, a [per'kɔsso, a] *pp* > **percuotere**

percuotere [per'kwɔtere] *vt* (*form*) to beat

perdere ['perdere] *vt* **1.** to lose **2.** (*treno, lezione, film*) to miss **3.** (*tempo, denaro*) to waste **4.** (*liquido, gas*) to leak ● **perdere sangue** to lose blood ● **lasciare perdere** not to bother ● **non avere nulla da perdere** to have nothing to lose ● **perdere la testa** to lose one's head ● **perdersi** *vr* to get lost

perdita ['perdita] *sf* **1.** loss **2.** (*di acqua, gas*) leak ● **una perdita di tempo** a waste of time ● **a perdita d'occhio** as far as the eye can see

perdonare [perdo'nare] *vt* to forgive

perdono [per'dono] *sm* **1.** (*di colpa, peccato*) pardon **2.** (*scusa*) forgiveness

perdutamente [perduta'mente] *avv* desperately

perfettamente [perfetta'mente] *avv* perfectly

perfetto, a [per'fetto, a] *agg* perfect

perfezionare [perfets'tsjonare] *vt* to perfect

perfezione [perfets'tsjone] *sf* perfection ● **alla perfezione** perfectly

perfido, a [perfido, a] *agg* treacherous

perfino [per'fino] *avv* even

perforare [perfo'rare] *vt* to pierce

pergola ['pergola] *sf* pergola

pericolante [periko'lante] *agg* unsafe

pericolo [pe'rikolo] *sm* danger ● **essere fuori pericolo** to be out of danger ● **essere in pericolo** to be in danger ▼ **pericolo (di morte)** danger of death

pericoloso, a [periko'lozo, a] *agg* dangerous

periferia [perife'ria] *sf* outskirts *pl*

perimetro [pe'rimetro] *sm* perimeter

periodico, a, ci, che [pe'rjɔdiko, a, tʃi, ke] ◇ *agg* periodic ◇ *sm* periodical

periodo [pe'rjodo] *sm* period

perito [pe'rito] *sm* (*esperto*) expert ● **perito chimico** qualified chemist

perla ['perla] *sf* pearl

perlustrare [perlus'trare] *vt* to patrol

permaloso, a [perma'lozo, a] *agg* touchy

permanente [perma'nente] ◇ *agg* permanent ◇ *sf* perm ▼ **permanente** at all times

permanenza [perma'nɛntsa] *sf* continued stay

permesso, a [per'messo, a] ◇ *pp* ➤ **permettere** ◇ *sm* **1.** *(autorizzazione)* permission **2.** *(congedo)* leave **3.** *(documento)* permit ● **(è) permesso?** *(per entrare)* may I come in? ● **permesso!** *(per passare)* excuse me! ● **permesso di soggiorno** residence permit

permettere [per'mettere] *vt* to allow ● **permettere a qn di fare qc** to allow sb to do sthg ● **potersi permettere qc** *(spesa, acquisto)* to be able to afford sthg ● **permettersi di fare qc** *(prendersi la libertà)* to take the liberty of doing sthg ● **potersi permettere di fare qc** *(finanziariamente)* to be able to afford to do sthg

perno ['perno] *sm* hinge

pernottamento [pernotta'mento] *sm* overnight stay

però [pe'rɔ] *cong* **1.** *(ma)* but **2.** *(tuttavia)* however

perpendicolare [perpendiko'lare] *agg* perpendicular

perplesso, a [per'plɛsso, a] *agg* puzzled

perquisire [perkwi'zire] *vt* to search

perquisizione [perkwizits'tsjone] *sf* search

perseguitare [persegwi'tare] *vt* to persecute

perseverare [perseve'rare] *vi* to persevere

persiana [per'sjana] *sf* shutter

persiano, a [per'sjano, a] ◇ *agg* Persian ◇ *sm (pelliccia)* Persian lamb

persino [per'sino] = **perfino**

persistente [persis'tɛnte] *agg* persistent

perso, a ['pɛrso, a] *pp* ➤ **perdere**

persona [per'sona] *sf* person ● **c'è una persona che ti aspetta** there's somebody waiting for you ● **conoscere qn di persona** to know sb personally ● **in persona** in person

personaggio [perso'naddʒo] *sm* **1.** *(di libro, film)* character **2.** *(pubblico, politico)* figure

personale [perso'nale] ◇ *agg* personal ◇ *sm* **1.** *(dipendenti)* personnel, staff **2.** *(fisico)* build

personalità [personali'ta] *sf inv* personality

personalmente [personal'mente] *avv* personally

persuadere [persua'dere] *vt* to persuade ● **persuadere qn a fare qc** to persuade sb to do sthg ● **persuadere qn di qc** to convince sb of sthg

persuaso, a [persu'azo, a] *pp* ➤ **persuadere**

pertanto [per'tanto] *cong (perciò)* therefore

perturbazione [perturbats'tsjone] *sf* disturbance

Perugia [pe'ruddʒa] *sf* Perugia

pesante [pe'zante] *agg* **1.** heavy **2.** *(fig) (persona, film)* boring **3.** *(scherzo)* in bad taste

pesare [pe'zare] ◇ *vt* to weigh ◇ *vi* **1.** to weigh **2.** *(essere pesante)* to be heavy **3.** *(essere spiacevole)* to be hard ● **pesarsi** *vr* to weigh o.s.

pesca ['peska] *(pl* **-sche)** *sf* **1.** *(frutto)* peach **2.** *(attività)* fishing ● **pesche ripiene** peaches stuffed with macaroons and baked in white wine ● **andare a pesca** to go fishing ● **pesca di benefi-**

cenza lucky dip ● **pesca subacquea** underwater fishing

pescare [pes'kare] vt **1.** (pesce) to catch **2.** (carta) to draw **3.** (trovare) to find out ● **mi piace pescare** I like fishing

pescatore [peska'tore] sm fisherman

pesce ['peʃʃe] sm fish ● **pesce d'aprile!** April Fool! ● **Pesci** smpl Pisces sg

pescheria [peske'ria] sf fishmonger's

pescivendolo, a [peʃʃi'vendolo, a] sm,f fishmonger

peso ['pezo] sm weight ● **lancio del peso** shotput ● **peso lordo** gross weight ● **peso netto** net weight ● **essere di peso a qn** to be a burden on sb

pessimismo [pessi'mizmo] sm pessimism

pessimista, i, e [pessi'mista, i, e] smf pessimist

pessimo, a ['pessimo, a] agg dreadful

pestare [pes'tare] vt **1.** (calpestare) to tread on **2.** (uva, aglio) to crush **3.** (picchiare) to beat up

peste ['peste] sf **1.** (malattia) plague **2.** (fig) (bambino, persona) pest

pesto, a ['pesto, a] ◇ agg ● **buio pesto** pitch-black ● **occhio pesto** black eye ◇ sm ● **pesto (alla genovese)** pesto

petalo ['petalo] sm petal

petardo [pe'tardo] sm firecracker

petroliera [petro'ljera] sf oil tanker

petrolio [pe'trɔljo] sm oil

pettegolezzi [pettego'letstsi] smpl gossip sg

pettinare [petti'nare] vt to comb ● **pettinarsi** vr to comb one's hair

pettine ['pettine] sm comb

petto ['pɛtto] sm **1.** (torace) chest **2.** (seno) breast ● **petto di pollo** chicken breast ● **a doppio p etto** double-breasted

pezzo ['pɛtstso] sm **1.** piece **2.** (di spazio, tempo) bit ● **è un bel pezzo che ti cerco** I've been looking for you for quite a while ● **andare in (mille) pezzi** to be smashed (to smithereens) ● **cadere a pezzi** to fall to pieces ● **pezzo di ricambio** spare part ● **pezzo grosso** (fig) big shot

phon [fɔn] sm inv (asciugacapelli) hairdryer

piacere [pja'tʃere] ◇ sm **1.** pleasure **2.** (favore) favour ◇ vi ● **mi piace** I like it ● **mi piacciono i tulipani** I like tulips ● **mi ha fatto molto piacere vederla** I was delighted to see her ● **per piacere** please ● **piacere (di conoscerla)!** pleased to meet you! ● **piacere mio!** the pleasure is mine!

piacevole [pja'tʃevole] agg pleasant

piaga ['pjaga] (pl -ghe) sf **1.** (lesione) sore **2.** (fig) (flagello) plague

pianerottolo [pjane'rɔttolo] sm landing

pianeta [pja'neta] (pl -i) sm planet

piangere ['pjandʒere] vi to cry, to weep

pianista, i, e [pja'nista, i, e] smf pianist

piano, a ['pjano, a] ◇ agg **1.** (piatto) flat **2.** plane ◇ avv **1.** (lentamente) slowly **2.** (a bassa voce) softly ◇ sm **1.** (di edificio) floor, storey **2.** GEO plane **3.** (livello) level **4.** (programma, disegno) plan **5.** (pianoforte) piano ● **andarci piano** to act with caution ● **piano piano** (poco a poco) little by little; (lentamente) very slowly ● **abitano al primo piano** they live on the first floor (UK), they live on the second floor (US) ● **il piano di sopra/di sotto** the floor above/below ●

in primo piano in the foreground

piano-bar [pjano'bar] *sm inv* bar with music provided by pianist

pianoforte [pjano'fɔrte] *sm* piano

pianoterra [pjano'tɛrra] = **pianterreno**

pianta ['pjanta] *sf* 1. plant 2. *(di piede)* sole 3. *(di città)* map 4. *(di casa)* plan ● **pianta grassa** succulent

piantare [pjan'tare] *vt* 1. *(semi)* to plant 2. *(conficcare)* to knock in 3. *(fam) (abbandonare)* to leave ● **piantala!** stop it!

pianterreno [pjanter'reno] *sm* ground floor *(UK)*, first floor *(US)* ● **al pianterreno** on the ground floor *(UK)*, on the first floor *(US)*

pianto ['pjanto, a] *pp* ➢ **piangere** *sm* crying, weeping

pianura [pja'nura] *sf* plain ● **la pianura padana** the Paduan Plain

piastrella [pjas'trɛlla] *sf* tile

piattaforma [pjatta'fɔrma] *sf* 1. *(superficie piana)* platform 2. *(galleggiante)* rig

piattino [pjat'tino] *sm* saucer

piatto, a ['pjatto, a] *agg* 1. *(piano)* flat 2. *(monotono)* dreary *sm* 1. *(recipiente)* plate, dish 2. *(vivanda)* dish 3. *(portata)* course ● **piatto freddo** cold dish ● **piatto del giorno** today's special ● **piatto tipico** typical dish ● **primo piatto** first course ● **secondo piatto** second course ● **lavare i piatti** to wash the dishes ● **piatti pronti** ready meals

piazza ['pjattsa] *sf* square ● **fare piazza pulita di** to make a clean sweep of

piazzale [pjat'tsale] *sm* large square

piazzare [pjat'tsare] *vt* 1. *(collocare)* to place 2. *(vendere)* to sell ● **piazzarsi** *vr*

(in gara) to be placed

piccante [pik'kante] *agg* spicy

picchetto [pik'ketto] *sm* 1. *(di tenda)* peg 2. *(di scioperanti, soldati)* picket

picchiare [pik'kjare] *vt* 1. *(dar botte)* to beat (up) 2. *(testa, pugni)* to bang *vi* 1. *(alla porta, sul tavolo)* to thump 2. *(sole)* to beat down ● **picchiare contro il muro** *(urtare)* to hit the wall ● **picchiarsi** *vr* to fight

piccino, a [pit'tʃino, a] *agg* small

piccione [pit'tʃone] *sm* pigeon

picco ['pikko] *(pl* **-chi)** *sm (vetta)* peak ● **a picco** vertically ● **colare a picco** to sink

piccolo, a ['pikkolo, a] *agg* 1. small 2. *(breve)* short 3. *(di poco conto)* slight

piccozza [pik'kɔttsa] *sf* ice-axe

picnic [pik'nik] *sm inv* picnic

pidocchio [pi'dɔkkjo] *sm* louse

piede ['pjede] *sm* 1. foot 2. *(di mobile)* leg ● **andare a piedi** to go on foot ● **essere a piedi** to be on foot ● **in piedi** standing ● **prendere piede** to gain ground

piedistallo [pjedis'tallo] *sm* pedestal

piega ['pjega] *(pl* **-ghe)** *sf* 1. fold 2. *(di gonna)* pleat 3. *(di pantaloni, grinza)* crease ● **prendere una brutta piega** to take a turn for the worse

piegare [pje'gare] *vt* 1. to bend 2. *(foglio, tovaglia)* to fold 3. *(letto, sedia)* to fold up ● **piegarsi** *vr* 1. *(curvarsi)* to bend 2. *(letto, sedia)* to fold up ● **piegarsi a** to give in to

pieghevole [pje'gevole] *agg* 1. *(flessibile)* pliable 2. *(sedia, tavolo)* folding

Piemonte [pje'monte] *sm* ● **il Piemonte** Piedmont

piena ['pjɛna] *sf* flood

pieno, a ['pjɛno, a] ◇ *agg* full ◇ *sm* **1.** *(di carburante)* full tank **2.** *(culmine)* peak ● **pieno di** full of ● **pieno di sé** full of oneself ● **a stomaco pieno** on a full stomach ● **in pieno inverno** in the middle of winter ● **il pieno per favore** fill her up, please

pietà [pje'ta] *sf (compassione)* pity ● **avere pietà di qn** to take pity on sb ● **come attore fa pietà** as an actor he's useless

pietanza [pje'tantsa] *sf* dish, course

pietoso, a [pje'tozo, a] *agg* **1.** *(che sente pietà)* compassionate **2.** *(che ispira pietà)* pitiful

pietra ['pjɛtra] *sf* stone ● **pietra dura** semi-precious stone ● **pietra preziosa** precious stone

pigiama [pi'dʒama] *(pl* **-i)** *sm* pyjamas *pl*

pigiare [pi'dʒare] *vt* to press

pigliare [piʎ'ʎare] *vt* **1.** *(prendere)* to take **2.** *(afferrare)* to grab

pigna ['piɲɲa] *sf* pine cone

pignolo, a [piɲ'ɲɔlo, a] *agg* fussy, meticulous

pignorare [piɲɲo'rare] *vt DIR* to distrain

pigrizia [pi'gritstsja] *sf* laziness

pigro, a ['pigro, 'pigra] *agg* lazy

pila ['pila] *sf* **1.** *(cumulo)* pile **2.** *(batteria)* battery

pilastro [pi'lastro] *sm* pillar

pile ['pail] *sm inv (fibra tessile)* fleece

pillola ['pillola] *sf* pill

pilone [pi'lone] *sm* **1.** *(di ponte)* pylon **2.** *(di ponte)* pier

pilota, i, e [pi'lɔta, i, e] *smf* **1.** *(di aereo, nave)* pilot **2.** *(di auto)* driver

pinacoteca [pinako'tɛka] *(pl* **-che)** *sf* art gallery

pineta [pi'neta] *sf* pinewood

ping-pong [pim'pɔŋ] *sm* table tennis

pinguino [pin'gwino] *sm* **1.** *(animale)* penguin **2.** *(gelato)* chocolate-coated ice cream on a stick

pinna ['pinna] *sf* **1.** *(di pesce)* fin **2.** *(per nuotare)* flipper

pino ['pino] *sm* **1.** *(albero)* pine tree **2.** *(legno)* pine

pinoccate [pinok'kate] *sfpl* ● **pinoccate alla perugina** almond and pine kernel sweets

pinolo [pi'nɔlo] *sm* pine kernel

pinza ['pintsa] *sf* **1.** *(utensile)* pliers, tongs **2.** *(di gambero, granchio)* pincer

pinzare [pin'tsare] *vt* **1.** *(con graffette)* to staple **2.** *(sog: granchio)* to nip

pinze ['pintse] *sfpl (utensile)* pliers

pinzette [pin'tsette] *sfpl* tweezers

pioggia ['pjɔddʒa] *(pl* **-ge)** *sf* rain

piolo [pi'ɔlo] *sm* rung

piombare [pjom'bare] *vi* **1.** *(giungere)* to arrive unexpectedly **2.** *(fig) (nella disperazione)* to plunge **3.** *(gettarsi)* ● **piombare su** to fall upon

piombino [pjom'bino] *sm* **1.** *(per pacchi)* lead seal **2.** *(da pesca)* sinker

piombo ['pjombo] *sm* lead ● **senza piombo** unleaded

piovere ['pjovere] ◇ *v impers* **1.** to rain **2.** *(proteste)* to rain ◇ *vi (pietre, proiettili, insulti)* to rain down ● **piove** it's raining

piovigginare [pjoviddʒi'nare] *v impers* to drizzle

piovoso, a [pjo'vozo, a] *agg* rainy

pipa ['pipa] *sf* pipe

pipì [pi'pi] *sf (fam)* ● **fare (la) pipì** to have a wee

pipistrello [pipis'trɛllo] *sm* bat

pirata [pi'rata] (*pl* **-i**) *agg & sm* pirate ● pirata della strada road hog

Pirenei [pire'nɛi] *smpl* ● **i Pirenei** the Pyrenees

pirofila [pi'rɔfila] *sf* Pyrex ®dish

piromane [pi'rɔmane] *smf* pyromaniac

piroscafo [pi'rɔskafo] *sm* steamer

Pisa ['piza] *sf* Pisa

pisarei [piza'rɛi] *smpl* ● **pisarei e fasò** piacentini "gnocchi" in a sauce of beans, tomatoes and other vegetables

pisciare [piʃ'ʃare] *vi* (*volg*) to piss

piscina [piʃ'ʃina] *sf* swimming pool

pisello [pi'zɛllo] *sm* pea

pisolino [pizo'lino] *sm* ● **fare un pisolino** to take a nap

pista ['pista] *sf* **1.** (*traccia*) trail **2.** (*per corse*) track **3.** (*da sci*) run **4.** (*di aeroporto*) runway ● **pista da ballo** dance floor ● **pista ciclabile** cycle lane

pistacchio [pis'takkjo] *sm* pistachio

pistola [pis'tɔla] *sf* pistol, gun

pitta ['pitta] *sf* tart made with a yeasted dough and filled with tomatoes, anchovies, tuna and capers or ricotta cheese and boiled eggs

pittore, trice [pit'tore, 'tritʃe] *sm,f* painter

pittoresco, a, schi, sche [pitto'resko, a, ski, ske] *agg* picturesque

pittura [pit'tura] *sf* painting ▼ pittura fresca wet paint

pitturare [pittu'rare] *vt* to paint

più [pju]
◇ *avv* **1.** (*in comparativi*) ● **più (di)** more (than) ● **ho fatto più tardi del solito** I was later than usual ● **più triste che mai** sadder than ever ● **poco più di** just

over ● **di più** (*in maggior quantità*) more ● **l'ho pagato di più** I paid more for it **2.** (*in superlativi*) ● **la più bella città** the most beautiful city ● **la collina più alta** the highest hill ● **il più grande** the biggest ● **il più velocemente possibile** as quickly as possible **3.** (*oltre*) any more ● **non parlo più** I'm not saying any more ● **mai più** never again **4.** (*in espressioni*) ● **più o meno** more or less ● **per di più** what's more ● **tre di o in più** three more ● **più ci pensi, peggio è** the more you think about it, the worse it seems
◇ *prep* **1.** (*con l'aggiunta di*) plus ● **siamo in sei più gli ospiti** there are six of us plus guests **2.** ● **3 più 3 fa 6** 3 plus 3 makes 6
◇ *agg inv* **1.** (*in quantità, numero maggiore*) more ● **ho più lavoro del solito** I've got more work than usual ● **il più delle volte** most of the time ● **ho fatto più punti di te** I got more points than you ● **più siamo, meglio è** the more of us there are, the better **2.** (*diversi*) several ● **l'ho ripetuto più volte** I repeated it several times
◇ *sm inv* **1.** (*la maggior parte*) most ● **il più delle volte** more often than not ● **parlare del più e del meno** to talk about this and that **2.** (*la maggioranza*) ● **i più** the majority

piuma ['pjuma] *sf* feather

piumino [pju'mino] *sm* **1.** (*trapunta*) duvet **2.** (*giaccone*) quilted jacket

piumone ® [pju'mone] *sm* (*trapunta*) duvet

piuttosto [pjut'tɔsto] *avv* rather ● **piuttosto che** rather than

pizza ['pittsa] *sf* pizza

pizzaiola [pittsa'jɔla] *sf* ● **alla pizzaiola**

in a tomato, garlic and oregano sauce

pizzeria [pittse'ria] *sf* pizzeria, pizza restaurant

pizzetta [pits'tsetta] *sf small pizza eaten as a snack*

pizzicagnolo, a [pittsi'kaɲɲolo, a] *sm,f* delicatessen owner

pizzicare [pittsi'kare] ◇ *vt* **1.** (con le dita) to pinch **2.** (pungere) to sting ◇ *vi* **1.** (prudere) to itch **2.** (cibo) to be spicy

pizzicheria [pittsike'ria] *sf* delicatessen

pizzico ['pittsiko] (*pl* **-chi**) *sm* dash ● **un pizzico di sale** a pinch of salt

pizzicotto [pittsi'kɔtto] *sm* pinch

pizzo ['pittso] *sm* **1.** (merletto) lace **2.** (barba) goatee

placare [pla'kare] *vt* **1.** (ira) to pacify **2.** (fame, sete) to satisfy ● **placarsi** *vr* **1.** (vento) to die down **2.** (mare) to become calmer

placca ['plakka] (*pl* **-che**) *sf* **1.** (targa) plate **2.** (dentaria) plaque

placcare [plak'kare] *vt* (rivestire) to plate ● **placcato d'oro** gold-plated

plagiare [pla'dʒare] *vt* **1.** (libro, canzone) to plagiarize **2.** (persona) to coerce

plagio ['pladʒo] *sm* **1.** (imitazione) plagiarism **2.** (di persona) coercion

plancia ['plantʃa] (*pl* **-ce**) *sf* bridge

planetario, a [plane'tarjo, a] ◇ *agg* planetary ◇ *sm* planetarium

plasmare [plaz'mare] *vt* to mould

plastica ['plastika] (*pl* **-che**) *sf* **1.** (sostanza) plastic **2.** MED plastic surgery

plastico, a, ci, che [plastiko, a, tʃi, ke] ◇ *agg* **1.** (materiale) plastic **2.** (modello) model **2.** (esplosivo) plastic explosive

plastilina ® [plasti'lina] *sf* Plasticine ®

platano ['platano] *sm* plane tree

platea [pla'tea] *sf* **1.** (settore) stalls *pl* **2.** (pubblico) audience

plausibile [plau'zibile] *agg* plausible

plico ['pliko] (*pl* **-chi**) *sm* parcel

plurale [plu'rale] *agg* & *sm* plural

pneumatico [pneu'matiko] (*pl* **-ci**) *sm* tyre

po' [pɔ] = **poco**

Po [pɔ] *sm* ● **il Po** the Po

poco, a, chi, che ['pɔko, a, ki, ke] ◇ *agg* **1.** (in piccola quantità) little, not much ● **ha poca fantasia** he doesn't have much imagination ● **a poco prezzo** cheap **2.** (in piccolo numero) ● **pochi fan**, not many ● **in poche parole** in few words
◇ *sm* little
● *pron* **1.** (una piccola quantità) (a) little; (un piccolo numero) few, not many ● **pochi** (non molta gente) few (people) ● **pochi di noi** few of us **2.** (in espressioni) ● **aver poco da fare** to have little to do ● **ci vuole poco a capire che ...** it doesn't take much to understand that ... ● **siamo tornati da poco** we've just got back ● **è una cosa da poco** it's nothing ● **per poco** nearly ● **tra poco** soon, shortly ● **(a) poco a poco** little by little
◇ *avv* **1.** (con verbo) little, not much ● **mangia poco** he doesn't eat much **2.** (con aggettivo, avverbio) not very ● **poco lontano da qui** not very far from here ● **è poco simpatica** she's not very nice ● **sta poco bene** he's not very well **3.** (indica tempo) ● **durare poco** not to last long ● **poco dopo/prima** shortly afterwards/before ● **un po'** *avv* a bit, a little ● **restiamo ancora un po'** we'll stay a bit longer ● **un po' di** a bit of, a little ●

compra un po' di pane buy some bread

podere [po'dere] *sm* farm

poderoso, a [pode'roso, a] *agg* powerful

podio ['pɔdjo] *sm* podium

poesia [poe'zia] *sf* 1. *(arte)* poetry 2. *(componimento)* poem

poeta, essa, i, esse [po'ɛta, essa, i, esse] *sm,f* poet

poetico, a, ci, che [po'ɛtiko, a, tʃi, ke] *agg* poetic

poggiare [podʒ'dʒare] ◇ *vt* to rest ◇ *vi* ● poggiare su qc to rest on sthg

poggiatesta [pɔdʒdʒa'testa] *sm inv* headrest

poi ['pɔi] *avv* 1. then 2. *(dopo)* later

poiché [poj'ke] *cong* as, since

polacco, a, chi, che [po'lakko, a, ki, ke] ◇ *agg* Polish ◇ *sm,f (abitante)* Pole ◇ *sm (lingua)* Polish

polare [po'lare] *agg* polar

polemica [po'lɛmika] *(pl* **-che)** *sf* controversy

polemico, a, ci, che [po'lɛmiko, a, tʃi, ke] *agg* 1. *(persona, tono)* argumentative 2. *(discorso)* controversial

polenta [po'lenta] *sf* polenta

poliestere [poli'ɛstere] *sm* polyester

polipo ['polipo] *sm* polyp

polistirolo [polisti'rɔlo] *sm* polystyrene

politica [po'litika] *(pl* **-che)** *sf* 1. *(scienza)* politics *sg* 2. *(linea di condotta)* policy
> **politico**

politico, a, ci, che [po'litiko, a, tʃi, ke] *agg* political ◇ *sm,f* politician

polizia [polits'tsia] *sf* police ● polizia stradale traffic police

poliziesco, a, schi, sche [polits'tsjesko, a, ski, ske] *agg* 1. police *(dav s)* 2. *(romanzo, film)* detective *(dav s)*

poliziotto, a [polits'tsjɔtto, a] *sm,f* policeman *(f* policewoman)

polizza ['politstsa] *sf* policy ● polizza di assicurazione insurance policy

pollaio [pol'lajo] *sm* hen house

pollame [pol'lame] *sm* poultry

pollice ['pollitʃe] *sm* 1. thumb 2. *(unità di misura)* inch

polline ['polline] *sm* pollen

pollo ['pollo] *sm* chicken

polmone [pol'mone] *sm* lung

polmonite [polmo'nite] *sf* pneumonia

polo ['pɔlo] ◇ *sm* pole ◇ *sf inv* polo shirt ● il polo Nord/Sud the North/South Pole

Polonia [po'lɔnja] *sf* ● la Polonia Poland

polpaccio [pol'pattʃo] *sm* calf

polpastrello [polpas'trɛllo] *sm* fingertip

polpetta [pol'petta] *sf* meatball

polpettone [polpet'tone] *sm* meat loaf

polpo ['polpo] *sm* octopus

polsino [pol'sino] *sm* cuff

polso ['polso] *sm* 1. wrist 2. *MED* pulse

poltiglia [pol'tiʎʎa] *sf* paste

poltrona [pol'trona] *sf* 1. armchair 2. *(di teatro)* seat in the stalls

poltrone, a [pol'trone, a] *sm,f* lazy person

polvere ['polvere] *sf* dust ● latte in polvere powdered milk ● sapone in polvere soap powder

polveroso, a [polve'rozo, a] *agg* dusty

pomata [po'mata] *sf* ointment

pomeridiano, a [pomeri'djano, a] *agg* afternoon *(dav s)*

pomeriggio [pome'riddʒo] *sm* afternoon ● di pomeriggio in the afternoon

pomice ['pomitʃe] *sf* pumice

pomo ['pomo] *sm* knob ● pomo

d'Adamo Adam's apple

pomodoro [pomo'dɔro] *sm* tomato ● **pomodori ripieni** *tomatoes stuffed with breadcrumbs, parsley, garlic and egg*

pompa ['pompa] *sf* **1.** pump **2.** (*sfarzo*) pomp ● **pompe funebri** *undertaker's sg*

pompare [pom'pare] *vt* to pump

Pompei [pom'pɛ] *s* Pompei

pompelmo [pom'pelmo] *sm* grapefruit

pompiere [pom'pjɛre] *sm* fireman

pomposo, a [pom'pozo, a] *agg* **1.** (*sfarzoso*) full of pomp **2.** (*ostentato*) pompous

ponderare [ponde'rare] *vt & vi* to ponder

ponente [po'nɛnte] *sm* west

ponte ['ponte] *sm* **1.** bridge **2.** (*di nave*) deck **3.** (*impalcatura*) scaffolding ● **ponte levatoio** drawbridge ● **fare il ponte** *to have the day off between a national holiday and a weekend* ● il **Ponte Vecchio** the Ponte Vecchio

pontefice [pon'tefitʃe] *sm* pontiff

pony ['pɔni] *sm inv* pony ● **pony express** *express courier service*

popcorn [pɔp'kɔrn] *sm* popcorn

popolare [popo'lare] ◇ *agg* **1.** popular **2.** (*popolano*) working-class (*dav s*) ◇ *vt* to populate

popolarità [popolari'ta] *sf* popularity

popolazione [popolats'tsjone] *sf* population

popolo ['pɔpolo] *sm* people *pl*

popone [po'pone] *sm* melon

poppa ['poppa] *sf* NAUT stern

poppare [pop'pare] *vt* to suck (from the breast)

porcellana [portʃel'lana] *sf* porcelain

porcellino [portʃel'lino] *sm* (*maialino*)

piglet ● **porcellino d'India** guinea pig

porcino [por'tʃino] *sm* cep (*edible brown mushroom with nutty flavour*)

porco ['pɔrko] (*pl* **-ci**) *sm* **1.** (*animale*) pig **2.** (*carne*) pork

porcospino [porkos'pino] *sm* porcupine

porgere ['pɔrdʒere] *vt* **1.** (*tendere*) to hold out **2.** (*dare*) to give ● **porgo distinti saluti** (*in lettera*) yours sincerely

pornografico, a, ci, che [porno'grafiko, a, tʃi, ke] *agg* pornographic

poro ['pɔro] *sm* pore

porpora ['pɔrpora] *agg inv* crimson

porre ['porre] *vt* **1.** to put **2.** (*condizioni, limiti*) to set **3.** (*riporre*) to place **4.** (*supporre*) ● **poniamo che ...** let us suppose that ... ● **porre una domanda** to ask a question ● **porre fine a qc** to put an end to sthg

porro ['pɔrro] *sm* **1.** (*verdura*) leek **2.** MED wart

porta ['pɔrta] *sf* **1.** door **2.** (*di città*) gate **3.** (*nel calcio*) goal

portabagagli [portaba'gaʎʎi] *sm inv* **1.** (*bagagliaio*) boot (*UK*), trunk (*US*) **2.** (*sul tetto*) roof rack

portacenere [porta'tʃenere] *sm inv* ashtray

portachiavi [porta'kjavi] *sm inv* key ring

portaerei [porta'ɛrei] *sf inv* aircraft carrier

portafinestra [portafi'nɛstra] (*pl* **portefinestre**) *sf* French window

portafoglio [porta'fɔʎʎo] *sm* **1.** (*per denaro*) wallet **2.** FIN & POL portfolio

portafortuna [portafor'tuna] *sm inv* lucky charm

portagioie [porta'dʒɔja] *sm inv* jewel box

portamento [porta'mento] *sm* bearing

portamonete [portamo'nete] *sm inv* purse

portapacchi [porta'pakki] *sm inv* luggage rack

portare [por'tare] *vt* **1.** *(trasportare)* to carry **2.** *(condurre, prendere)* to take **3.** *(abiti, occhiali)* to wear **4.** *(barba, capelli, lunghi)* to have **5.** *(fig) (spingere)* to drive ● **portare qc a qn** *(consegnare)* to take sthg to sb ● **portar via** to take ● **portare avanti** to carry on ● **portare fortuna** to bring luck

portasapone [portasa'pone] *sm inv* soap dish

portasigarette [portasiga'rette] *sm inv* cigarette case

portata [por'tata] *sf* **1.** *(piatto)* course **2.** *(di veicolo)* capacity **3.** *(di fiume)* flow **4.** *(importanza)* importance ● **essere a portata di mano** to be within reach ● **alla portata di tutti** within everybody's grasp

portatile [por'tatile] *agg* portable ● **portatile di handicap** disabled

portatore, trice [porta'tore, 'tritfe] *sm,f (di assegno)* bearer

portatovagliolo [portatovaʎ'ʎɔlo] *sm* napkin ring

portauovo [porta'wɔvo] *sm inv* eggcup

portico [ˈportiko] *sm* portico

portiera [por'tjɛra] *sf* door

portiere, a [por'tjɛre, a] *sm,f* **1.** *(portinaio)* concierge, caretaker **2.** *(di albergo)* porter **3.** *(nel calcio)* goalkeeper

portineria [portine'ria] *sf* **1.** *(di palazzo)* caretaker's lodge **2.** *(di albergo)* reception

porto, a [ˈpɔrto, a] ◇ *pp* → **porgere** ◇ *sm* port ● **porto d'armi** licence to carry firearms

Portogallo [porto'gallo] *sm* ● **il Portogallo** Portugal

portoghese [porto'gese] *agg, sm & sf* Portuguese

portone [por'tone] *sm* main entrance

porzione [por'tsjone] *sf* **1.** portion **2.** *(di cibo)* helping

posa [ˈpɔza] *sf* pose ● **mettersi in posa** to pose

posacenere [pɔza'tʃenere] *sm inv* ashtray

posare [po'zare] ◇ *vt* to put down ◇ *vi* to pose ◆ **posarsi** *vr (uccello)* to perch

posate [po'zate] *sfpl* cutlery *sg*

positivo, a [pozi'tivo, a] *agg* positive

posizione [pozits'tsjone] *sf* position

posologia [pozolo'dʒia] *sf* dosage

possedere [posse'dere] *vt* **1.** *(cose)* to own, to possess **2.** *(qualità)* to have, to possess

possessivo, a [posses'sivo, a] *agg* possessive

possesso [pos'sɛsso] *sm* possession, ownership ● **essere in possesso di qc** to be in possession of sthg

possibile [pos'sibile] ◇ *agg* possible ◇ *sm* ● **fare (tutto) il possibile (per fare qc)** to do everything possible (to do sthg) ● **ma non è possibile!** it can't be true! ● **il più presto possibile** as soon as possible ● **se possibile** if possible ● **il più possibile** *(quantità)* as much as possible; *(numero)* as many as possible

possibilità [possibili'ta] *sf inv* **1.** *(eventualità)* possibility **2.** *(occasione)* chance **3.** *(capacità)* ● **avere la possibilità di fare qc** to be able to do sthg

posta ['pɔsta] *sf* 1. *(negozio)* post office 2. *(lettere, servizio)* post, mail ● **per posta** by post o mail ● **posta aerea** air mail

postale [pos'tale] *agg* postal, post *(dav s)*

posteggiare [posted'dʒare] *vt* to park

posteggiatore, trice [posteddʒa'tore, tritʃe] *sm,f* car park attendant *(UK)*, parking lot attendant *(US)*

posteggio [pos'teddʒo] *sm* car park *(UK)*, parking lot *(US)* ● **posteggio a pagamento** *car park where drivers must pay to park*

poster ['pɔster] *sm inv* poster

posteriore [poste'rjore] *agg* 1. *(nello spazio)* rear, back 2. *(nel tempo)* later

posticipare [postitʃi'pare] *vt* to postpone

postino, a [pos'tino, a] *sm,f* postman *(f* postwoman*)*

posto, a ['pɔsto] ◇ *pp* → **porre** ◇ *sm* 1. *(spazio)* place 2. *(spazio)* room 3. *(per persona)* place, seat 4. *(impiego)* job ● **mettere a posto** to tidy (up) ● **posto di blocco** roadblock ● **posto letto** bed ● **posto di polizia** police station ● **al posto di** in (the) place of

potabile [po'tabile] *agg* → **acqua**

potare [po'tare] *vt* to prune

potente [po'tɛnte] *agg* powerful

potere [po'tere] ◇ *vi* 1. *(essere in grado di)* can, to be able ● **non ci posso andare** I can't go, I'm not able to go ● **puoi farmi un favore?** can you do me a favour? ● **non posso farci niente** I can't do anything about it 2. *(avere il permesso di)* can, to be able ● **non potete parcheggiare qui** you can't park here ● **posso entrare?** can o may I

come in? 3. *(esprime eventualità)* ● **può far freddo** it can get cold ● **possono aver perso il treno** they might o could have missed the train ● **potrei sbagliarmi** I could be wrong ● **può darsi** perhaps ● **può darsi che sia partito** he may o might have left 4. *(esprime suggerimento)* ● **puoi provare** you can try 5. *(in espressioni)* ● **non ne posso più!** *(sono stufo)* I can't take any more!; *(sono stanco)* I'm exhausted! ● **a più non posso** *(correre)* really fast; *(lavorare)* really hard ● **si può fare** it can be done ◇ *sm* 1. *(comando)* power ● **essere al potere** to be in power 2. *(facoltà)* power, ability

luoghi del potere politico

Political power is all concentrated in Rome. The *Quirinale* is the Italian President's residence. The *Consiglio dei Ministri* (Cabinet) meets in *Palazzo Chigi*, MPs meet in the *Palazzo di Montecitorio*, and the Senate in *Palazzo Madama*. The Italian Foreign Office is based in the *Farnesina*, while the *Campidoglio* is Rome's Town Hall.

povero, a ['pɔvero, a] ◇ *agg* poor ◇ *sm,f* poor man *(f* woman*)* ● **i poveri** the poor ● **povero di qc** lacking in sthg

pozza ['pɔttsa] *sf* pool

pozzanghera [pots'tsangera] *sf* puddle

pozzo ['pɔttso] *sm* well ● **pozzo petrolifero** oil well

pranzare [pran'dzare] *vi* to have lunch

pranzo ['prandzo] *sm* 1. *(di mezzogiorno)*

lunch 2. *(banchetto)* dinner

prassi ['prassi] *sf* usual procedure

pratica ['pratika] *(pl* **-che***) sf* 1. practice 2. *(esperienza)* practical experience 3. *(documenti)* paperwork ● **mettere in pratica qc** to put sthg into practice ● **in pratica** in practice

praticamente [pratika'mente] *avv* 1. *(quasi)* practically 2. *(concretamente)* in a practical way

pratico, a, ci, che ['pratiko, a, tʃi, ke] *agg* practical

prato ['prato] *sm* 1. *(distesa d'erba)* meadow 2. *(di giardino)* lawn

preavviso [preav'vizo] *sm* notice

precario, a [pre'karjo, a] *agg* precarious

precauzione [prekaw'tsjone] *sf* precaution

precedente [pretʃe'dɛnte] ◇ *agg* preceding, previous ◇ *sm* precedent ● **senza precedenti** unprecedented ● **precedenti penali** criminal record *sg*

precedenza [pretʃe'dɛntsa] *sf* 1. *(in auto)* right of way 2. *(priorità)* priority ● **dare la precedenza (a)** *(in auto)* to give way (to)

precedere [pre'tʃɛdere] *vt* 1. *(nello spazio)* to be ahead of 2. *(nel tempo)* to precede

precipitare [pretʃipi'tare] *vi* 1. *(cadere)* to fall 2. *(fig) (situazione)* to come to a head ● **precipitarsi** *vr* to rush

precipitazione [pretʃipitats'tsjone] *sf* 1. *(atmosferica)* precipitation 2. *(fretta)* haste

precipizio [pretʃi'pittsjo] *sm* precipice

precisare [pretʃi'zare] *vt* to specify

precisione [pretʃi'zjone] *sf* 1. *(esattezza)* precision 2. *(accuratezza)* accuracy

preciso, a [pre'tʃizo, a] *agg* precise ● **sono le due precise** it's exactly two o'clock

precoce [pre'kɔtʃe] *agg* 1. *(bambino)* precocious 2. *(vecchiaia)* premature

preda ['prɛda] *sf* prey ● **essere in preda a qc** to be prey to sthg

predetto, a [pre'detto, a] *pp* > **predire**

predica ['prɛdika] *(pl* **-che***) sf* 1. RELIG sermon 2. *(fam) (ramanzina)* telling-off

predire [pre'dire] *vt* to foretell

predisporre [predis'porre] *vt* to prepare ● **predisporre qn/qc a qc** to predispose sb/sthg to sthg

predisposizione [predispozits'tsjone] *sf* tendency

predominare [predomi'nare] *vi* to predominate

prefabbricato, a [prefabbri'kato, a] *agg* prefabricated

preferenza [prefe'rɛntsa] *sf* preference

preferire [prefe'rire] *vt* to prefer ● **preferire qn/qc a** to prefer sb/sthg to

preferito, a [prefe'rito, a] *agg* favourite

prefiggersi [pre'fidʒdʒersi] *vr* ● **prefiggersi uno scopo** to set o.s. a goal

prefisso, a [pre'fisso, a] ◇ *pp* > **prefiggersi** ◇ *sm* code

pregare [pre'gare] ◇ *vi* to pray ◇ *vt* (*Dio*) to pray to ● **pregare qn di fare qc** *(supplicare)* to beg sb to do sthg; *(chiedere a)* to ask sb to do sthg ▼ **i passeggeri sono gentilmente pregati di non fumare** passengers are kindly requested not to smoke

preghiera [pre'gjɛra] *sf* prayer

pregiato, a [pre'dʒato, a] *agg* precious

pregio ['prɛdʒo] *sm* 1. *(qualità)* good quality 2. *(valore)* value

pregiudicare [predʒudi'kare] *vt* to prejudice

pregiudicato, a [predʒudi'kato, a] *sm,f* previous offender

pregiudizio [predʒu'ditstsjo] *sm* prejudice

prego ['prego] *esclam* **1.** *(risposta a ringraziamento)* don't mention it! **2.** *(invito a sedersi)* take a seat! **3.** *(invito ad entrare prima)* after you!

preistorico, a, ci, che [preis'tɔriko, a, tʃi, ke] *agg* prehistoric

prelavaggio [prela'vaddʒo] *sm* prewash

prelevare [prele'vare] *vt* **1.** *(soldi)* to withdraw **2.** *(campione, sangue)* to take

prelievo [pre'ljɛvo] *sm* **1.** *(in banca)* withdrawal **2.** *MED* sample

preliminare [prelimi'nare] *agg & sm* preliminary

pre-maman *agg inv* maternity *(dav s)*

prematuro, a [prema'turo, a] *agg* premature

premere ['prɛmere] ◇ *vt* to press ◇ *vi* ● **premere su** to press on ● **premere a** *v +* *prep* ● **premere a qn** to matter to sb

premiare [pre'mjare] *vt* **1.** *(dare un premio)* to give a prize to **2.** *(merito, onestà)* to reward

premiazione [premjats'tsjone] *sf* prize-giving

premio ['prɛmjo] *sm* **1.** *(vincita)* prize **2.** *(ricompensa)* reward ● **premio (di assicurazione)** *(insurance)* premium

premi letterari

There are more than 1,300 literary awards in Italy. The most prestigious is the *Strega* prize, which was first awarded in 1947. Other major awards are the *Viareggio-Rèpaci* prize, the *Campiello* prize, and the *Bautta* prize.

premunirsi [premu'nirsi] *vr* ● **premunirsi contro qc** to protect o.s. against sthg

premuroso, a [premu'rozo, a] *agg* thoughtful

prendere ['prɛndere]
◇ *vt* **1.** *(afferrare)* to take **2.** *(portare con sé)* to take ● **prendi l'ombrello** take the umbrella **3.** *(mezzi di trasporto, strada)* to take ● **prendere il treno** to take the train ● **prenda la prima a destra** take the first on the right **4.** *(mangiare, bere)* to have ● **andiamo a prendere un caffè** let's go for a coffee ● **prendere qualcosa da bere** to have something to drink ● **che cosa prendete?** *(da bere)* what would you like to drink? **5.** *(lezioni, voto, stipendio)* to get ● **prendere qc in affitto** to rent sthg **6.** *(interpretare)* to take ● **prenderla bene/male** to take it well/badly **7.** *(catturare, sorprendere)* to catch ● **quanti pesci hai preso?** how many fish have you caught? ● **prendere qn con le mani nel sacco** to catch sb redhanded **8.** *(malattia, stato fisico)* ● **prendere freddo** to catch cold ● **prendere il sole** to sunbathe ● **prendersi un raffreddore** to catch a cold **9.** *(sottrarre)* ● **prendere qc a qn** to take sthg (away) from sb **10.** *(scambiare)* ● **prendere qn per** to take sb for **11.** *(in espressioni)* ● **andare a prendere** *(persona)* to meet; *(cosa)* to go to get ● **prendersi cura di** to look after ● **prendere fuoco** to catch

fire ● **prendere un impegno** to take on a commitment ● **prendere le misure di** *(oggetto, persona)* to measure ● **che ti prende?** what's the matter with you? ● **prendersela** *(offendersi)* to get annoyed; *(preoccupare)* to worry ● **prendersela con qn** *(arrabbiarsi)* to get angry with sb ◇ *vi* **1.** *(colla, cemento)* to set; *(fuoco)* to catch **2.** *(cominciare)* ● **prendere a fare qc** to start doing sthg

prendisole [prendi'sole] *sm inv* sundress

prenotare [preno'tare] *vt* to book ● **ho prenotato una camera** I've booked a room

prenotazione [prenotats'tsjone] *sf* booking

preoccupare [preokku'pare] *vt* to worry ◆ **preoccuparsi** *vr* ● **preoccuparsi (per)** to worry (about) ◆ **preoccuparsi di** *(occuparsi di)* to think about

preoccupato, a [preokku'pato, a] *agg* worried

preoccupazione [preokkupats'tsjone] *sf* worry

preparare [prepa'rare] *vt* **1.** to prepare **2.** *(documenti, cose)* to get ready **3.** *(esame, concorso)* to prepare for ● **preparare da mangiare** to cook ◆ **prepararsi** *vr* *(vestirsi)* to get ready ● **prepararsi a fare qc** to get ready to do sthg

preparativi [prepara'tivi] *smpl* preparations

preposizione [prepozits'tsjone] *sf* preposition

prepotente [prepo'tente] ◇ *agg* domineering ◇ *smf* bully

presa ['presa] *sf* **1.** *(il prendere)* grip **2.** *(nello sport, appiglio)* hold **3.** *(di acqua, gas)* supply point **4.** *(di sale, pepe)* pinch **5.** *(di colla, cemento)* setting **6.** *(di città)*

capture **7.** *(per spina)* ● **presa (di corrente)** socket ● **far presa** to set ● **far presa su qn** to captivate sb ● **presa d'aria** air intake ● **essere alle prese con** to be up against

presbite ['prezbite] *agg* longsighted

prescindere [pref'ʃindere] ◆ **prescindere da** *v + prep* to leave aside ● **a prescindere da** apart from

prescritto, a [pres'kritto, a] *pp* > prescrivere

prescrivere [pres'krivere] *vt* to prescribe

presentare [prezen'tare] *vt* **1.** to present **2.** *(domanda, dimissioni)* to submit **3.** *(persona)* ● **presentare qn a qn** to introduce sb to sb ● **le presento mia moglie** this is my wife ◆ **presentarsi** *vr* **1.** *(farsi conoscere)* to introduce o.s. **2.** *(recarsi)* to present o.s. **3.** *(capitare)* to arise **4.** *(mostrarsi)* to look

presentatore, trice [prezenta'tore, 'tritʃe] *sm,f* presenter

presentazione [prezentats'tsjone] *sf* presentation ● **fare le presentazioni** to make the introductions

presente [pre'zente] ◇ *agg* present ◇ *smf* ● **i presenti** those present ● **tener presente che** to bear in mind that ● **aver presente** to remember

presentimento [prezenti'mento] *sm* presentiment

presenza [pre'zɛntsa] *sf* presence ● **in presenza di tutti** in front of everybody

presepe [pre'zɛpe] = **presepio**

presepio [pre'zɛpjo] *sm* Nativity scene, crib

preservativo [prezerva'tivo] *sm* condom

preside [pre'side] *smf* headteacher *(UK)*, principal *(US)*

presidente [presi'dɛnte] *smf* president ● presidente del Consiglio ≃ Prime Minister ● il presidente della Repubblica the Italian President

preso, a [ˈprezo, a] *pp* ➤ prendere

pressappoco [pressa'ppɔko] *avv* more or less

pressare [presˈsare] *vt* to press

pressione [presˈsjone] *sf* pressure ● far pressione su qn to put pressure on sb ● essere sotto pressione to be under pressure

presso [ˈpresso] *prep* **1.** *(sulle lettere)* c/o **2.** *(vicino a)* near **3.** *(alle dipendenze di)* for, with ● presso qn *(a casa di)* at sb's home ◆ **pressi** *smpl* ● nei pressi di Siena in the vicinity of Siena

prestare [presˈtare] *vt* to lend ● prestare qc (a qn) *(denaro, oggetti)* to lend (sb) sthg, to lend sthg (to sb) ● prestare aiuto a qn to lend sb a hand ● prestare attenzione a to pay attention to ◆ **prestarsi a** ● prestarsi a fare qc to offer to do sthg

prestazione [prestats'tsjone] *sf* performance ◆ **prestazioni** services

prestigiatore, trice [prestidʒa'tore, 'tritʃe] *sm,f* conjurer

prestito [ˈprɛstito] *sm* loan ● dare in prestito qc (a qn) to lend sthg (to sb) ● prendere qc in prestito (da qn) to borrow sthg (from sb)

presto [ˈprɛsto] *avv* **1.** *(fra poco)* soon **2.** *(in fretta)* quickly **3.** *(nella giornata, nel tempo)* early ● fai presto! hurry up! ● a presto! see you soon! ● al più presto as soon as possible

presumere [pre'zumere] *vt* to presume

presunto, a [pre'zunto, a] *pp* ➤ presumere

presuntuoso, a [prezun'twozo, a] *agg* conceited

prete [ˈprɛte] *sm* priest

pretendere [pre'tɛndere] *vt* **1.** to claim **2.** *(a torto)* to pretend ● pretende che tutti lo ascoltino he expects everyone to listen to him ● pretende di essere il migliore he thinks he's the best

preteso, a [pre'tezo, a] *pp* ➤ pretendere

pretesto [pre'tɛsto] *sm* **1.** *(scusa)* excuse, pretext **2.** *(occasione)* opportunity

prevalente [preva'lɛnte] *agg* prevalent

prevalere [preva'lere] *vi* to prevail

prevedere [preve'dere] *vt* to foresee ◆ **prevedere di** *v* + *prep* to expect

prevenire [preve'nire] *vt* **1.** *(anticipare)* to forestall **2.** *(evitare)* to prevent

preventivo, a [preven'tivo, a] ◇ *agg* preventive ◇ *sm* estimate

prevenzione [preven'tsjone] *sf* prevention

previdenza [previ'dɛntsa] *sf* foresight ● previdenza sociale social security (UK), welfare (US)

previo, a [ˈprɛvjo, a] *agg* ● previo pagamento upon payment

previsione [previ'zjone] *sf* **1.** *(valutazione)* prediction **2.** *(aspettativa)* expectation ● in previsione di in anticipation of ● previsioni del tempo o meteorologiche weather forecast

previsto, a [pre'visto, a] ◇ *pp* ➤ prevedere ◇ *agg* expected ◇ *sm* ● più/meno del previsto more/less than expected

prezioso, a [prets'tsjozo, a] *agg* precious, valuable

prezzemolo [prets'tsemolo] *sm* parsley

prezzo ['prɛttso] *sm* price ● **prezzo comprensivo del servizio** price including service charge ● **a buon prezzo** cheap

prigione [pri'dʒone] *sf* prison

prigioniero, a [pridʒo'njɛro, a] ◇ *agg* 1. *(rinchiuso)* imprisoned 2. *(catturato)* captive ◇ *sm,f* prisoner

prima ['prima] ◇ *avv* 1. *(in precedenza)* before 2. *(più presto)* earlier 3. *(per prima cosa, nello spazio)* first 4. *(un tempo)* once ◇ *sf* 1. *(di teatro)* first night 2. *(marcia)* first gear 3. *(in treno, aereo)* first class ◇ *cong* before ◇ *prep* ● **prima di** before ● **fai prima di qua** it's quicker this way ● **prima che arrivi** before he arrives ● **prima di fare qc** before doing sthg ● **prima o poi** sooner or later ● **prima d'ora** before now ● **prima di tutto** first of all ● **l'anno prima** the year before

primario, a [pri'marjo, a] ◇ *agg* primary ◇ *sm* MED chief physician

primato [pri'mato] *sm* 1. *(supremazia)* primacy 2. SPORT record

primavera [prima'vɛra] *sf* spring

primitivo, a [primi'tivo, a] *agg* 1. *(uomo, civiltà)* primitive 2. *(originario)* original

primo, a ['primo, a] ◇ *agg* 1. first 2. *(nel tempo)* early ◇ *sm* 1. *(portata)* first course 2. *(giorno)* first ● **il primo (di) marzo** the first of March ● **di prima qualità** first-class ● **ai primi d'ottobre** in early October ● **sulle prime** at first, in the beginning

primogenito, a [primo'dʒɛnito, a] *agg* & *sm,f* firstborn

principale [printʃi'pale] ◇ *agg* main, principal ◇ *smf* manager, boss

principe ['printʃipe] *sm* prince

principessa [printʃi'pessa] *sf* princess

principiante [printʃi'pjante] *smf* beginner

principio [prin'tʃipjo] *sm* 1. *(inizio, origine)* beginning 2. *(concetto, norma)* principle ● **in** o **al principio** at first ● **per principio** on principle

priorità [priori'ta] *sf inv (precedenza)* priority

privare [pri'vare] *vt* ● **privare qn di qc** to deprive sb of sthg ● **privarsi di** ● **privarsi di qc** to go without sthg

privato, a [pri'vato, a] ◇ *agg* private ◇ *sm,f (cittadino)* private citizen ◇ *sm* ● **in privato** in private

privilegiare [privile'dʒare] *vt* to favour

privo, a ['privo, a] *agg* ● **privo di qc** without sthg, lacking in sthg

pro [pro] *sm inv* ● **a che pro?** for what purpose? ● **i pro e i contro** the pros and cons

probabile [pro'babile] *agg* probable ● **è probabile che piova** it will probably rain

probabilità [probabili'ta] *sf inv* probability

probabilmente [probabil'mente] *avv* probably

problema [pro'blɛma] *(pl* **-i**) *sm* problem

proboscide [pro'bɔʃʃide] *sf* trunk

procedere [pro'tʃedere] *vi* 1. *(avanzare, progredire)* to proceed 2. *(agire)* to behave

procedimento [protʃedi'mento] *sm* procedure

processare [protʃes'sare] *vt* to try

processione [protʃes'sjone] *sf* procession

processo [pro'tʃɛsso] *sm* 1. DIR trial 2.

(operazione, metodo) process

processore [protʃes'sore] *sm INFORM* process

procinto [pro'tʃinto] *sm* ● **essere in procinto di fare qc** to be about to do sthg

proclamare [prokla'mare] *vt* to proclaim

procurare [proku'rare] *vt* ● **procurare qc a qn** to obtain sthg for sb, to get sthg for sb ● **procurarsi qc** to get sthg

prodotto, a [pro'dotto] ◇ *pp* ➤ **produrre** ◇ *sm* product

produrre [pro'durre] *vt* **1.** to produce **2.** *(provocare)* to cause

produttore, trice [produt'tore, 'tritʃe] *sm,f* producer

produzione [produts'tsjone] *sf* production

Prof. [prɔf] *(abbr di professore)* Prof.

profano, a [pro'fano, a] ◇ *agg* profane ◇ *sm* layman

professionale [professjo'nale] *agg* professional

professione [profes'sjone] *sf* profession

professionista, i, e [professjo'nista, i, e] *smf* **1.** *(avvocato, medico)* professional person **2.** *(non dilettante)* professional

professore, essa [profes'sore, essa] *sm,f* **1.** teacher **2.** *(all'università)* professor

profilo [pro'filo] *sm* profile ● **di profilo** in profile

profiterole [profite'rɔl] *sm inv* profiteroles *pl*

profitto [pro'fitto] *sm* profit ● **trarre profitto da qc** to take advantage of sthg

profondità [profondi'ta] *sf inv* depth

profondo, a [pro'fondo, a] *agg* deep

Prof.ssa *(abbr di professoressa)* Prof

profugo, a, ghi, ghe ['prɔfugo, a, gi, ge] *sm,f* refugee

profumare [profu'mare] ◇ *vt* to perfume ◇ *vi* to smell good ● **profumare di** to smell of

profumato, a [profu'mato, a] *agg* scented

profumeria [profume'ria] *sf* perfumery

profumo [pro'fumo] *sm* **1.** *(odore)* scent, fragrance **2.** *(cosmetico)* perfume

progettare [prodʒet'tare] *vt* to plan

progetto [pro'dʒetto] *sm* plan

programma [pro'gramma] *(pl -i)* *sm* **1.** programme **2.** *(per vacanze, serata)* plan **3.** *SCOL* syllabus **4.** *INFORM* program

programmare [program'mare] *vt* **1.** *(pianificare)* to plan **2.** *INFORM* to program

progredire [progre'dire] *vi* **1.** *(avanzare)* to advance **2.** *(migliorare)* to progress

progressivo, a [progres'sivo, a] *agg* progressive

progresso [pro'gresso] *sm* progress ● **fare progressi** to make progress

proibire [proi'bire] *vt* to forbid ● **proibire a qn di fare qc** to forbid sb to do sthg ● **è proibito fumare** smoking is prohibited

proiettare [projet'tare] *vt* **1.** *(film)* to show **2.** *(luce, ombra)* to cast

proiettile [pro'jettile] *sm* bullet

proiezione [projets'tsjone] *sf* *(di film)* projection, showing

proletariato [proleta'rjato] *sm* proletariat

proletario, a [prole'tarjo, a] ◇ *agg* proletarian ◇ *sm,f* proletarian

prolunga [pro'lunga] *(pl -ghe)* *sf* extension

prolungare [prolun'gare] *vt* to prolong ●

prolungarsi *vr* to go on

promessa [pro'messa] *sf* promise ● mantenere una promessa to keep a promise

promesso, a [pro'messo, a] *pp* ➤ promettere

promettere [pro'mettere] *vt* ● promettere qc (a qn) to promise (sb) sthg ● promettere (a qn) di fare qc to promise (sb) to do sthg ● promette bene! that's a good start

promontorio [promon'tɔrjo] *sm* promontory

promosso, a [pro'mɔsso, a] *pp* ➤ promuovere

promotore, trice [promo'tore, 'tritʃe] *sm,f* promoter

promozione [promots'tsjone] *sf* 1. promotion 2. *SCOL* ● avere la promozione to go up a class

promulgare [promul'gare] *vt* to promulgate

promuovere [pro'mwɔvere] *vt* 1. *SCOL* to pass 2. *(impiegato, iniziativa)* to promote

pronome [pro'nome] *sm* pronoun

pronto, a ['pronto, a] ◇ *agg* ready ◇ *esclam* hello! *(on the phone)* ● essere pronto a fare qc to be ready to do sthg ● pronto soccorso first aid ● pronto, chi parla? hello, who's speaking?

pronuncia [pro'nuntʃa] *(pl* **-ce)** *sf* pronunciation

pronunciare [pronun'tʃare] *vt* 1. *(parola, lettera)* to pronounce 2. *(dire)* to say ● pronunciarsi *vr* 1. *(parola, lettera)* to be pronounced 2. *(dichiararsi)* to declare o.s.

pronunzia [pro'nuntsja] = pronuncia

proporre [pro'porre] *vt* ● proporre qc (a

qn) to propose sthg (to sb) ● proporre di fare qc to suggest doing sthg ● proporsi *vr* ● proporsi di fare qc to decide to do sthg

proporzionato, a [proportsjo'nato, a] *agg* well proportioned

proporzione [propor'tsjone] *sf* ratio ● in proporzione a in proportion to

proposito [pro'pɔzito] *sm (progetto)* intention ● avere qc di proposito to do sthg on purpose ● a proposito, ... by the way, ... ● capitare a proposito *(avvenimento)* to happen at the right time

proposta [pro'posta] *sf* proposal

proposto, a [pro'posto, a] *pp* ➤ proporre

proprietà [proprje'ta] *sf inv* property ▼ proprietà privata private property

proprietario, a [proprje'tarjo, a] *sm,f* owner

proprio, a ['prɔprjo, a] ◇ *agg* 1. *(possessivo)* own 2. *(senso)* literal, exact 3. *(tipico)* characteristic ◇ *avv* 1. *(veramente)* really 2. *(precisamente)* just 3. *(affatto)* at all ● non ne ho proprio idea I really have no idea ● proprio così that's just it ● non proprio not exactly ● mettersi in proprio to set up on one's own

prora ['prɔra] *sf* 1. *(di nave)* prow 2. *(di aereo)* nose

prosa ['prɔza] *sf* prose

prosciutto [proʃ'ʃutto] *sm* ham ● prosciutto cotto (cooked) ham ● prosciutto crudo Parma ham

proseguire [prose'gwire] ◇ *vt* to carry on with, to continue ◇ *vi* to carry on, to continue

prospettiva [prospet'tiva] *sf* 1. *(di diseg-*

no, *punto di vista*) perspective **2.** (*possibilità*) prospect

prossimità [prossimi'ta] *sf* ◆ **in prossimità di qc** near sthg

prossimo, a ['prɔssimo, a] ◇ *agg* next ◇ *sm* neighbour

prostituta [prosti'tuta] *sf* prostitute

protagonista, i, e [protago'nista, i, e] *smf* protagonist

proteggere [pro'tɛddʒere] *vt* ◆ **proteggere qn/qc (da)** to protect sb/sthg (from)

protesta [pro'tɛsta] *sf* protest

protestante [protes'tante] *agg & smf* Protestant

protestare [protes'tare] *vi & vt* to protest

protetto, a [pro'tɛtto, a] *pp* ➤ proteggere

protezione [protets'tsjone] *sf* protection

prototipo [pro'tɔtipo] *sm* prototype

prova ['prɔva] *sf* **1.** (*dimostrazione, conferma*) proof **2.** (*esperimento*) test, trial **3.** DIR proof, evidence **4.** (*di spettacolo*) rehearsal **5.** (*esame*) exam ◆ **dar prova di abilità** to prove to be skilful ◆ **mettere qn alla prova** to put sb to the test ◆ **fino a prova contraria** until (it's) proved otherwise ◆ **in prova** on trial ◆ **fare la prove** to rehearse

provare [pro'vare] *vt* **1.** (*cibo*) to try **2.** (*vestito*) to try on **3.** (*sentire*) to feel, to experience **4.** (*tentare*) to show **5.** ◆ **provare a fare qc** to try to do sthg ◆ **provarsi qc** to try sthg on ◆ **provarsi a** ◆ **provarsi a fare qc** to try to do sthg

provenienza [prove'njɛntsa] *sf* origin ◆ **in provenienza da** (*treno, aereo*) from

provenire [prove'nire] ◆ **provenire da** *v + prep* to come from ◆ **proveniente da** (*treno, aereo*) from

provenuto, a [prove'nuto, a] *pp* ➤ provenire

proverbio [pro'vɛrbjo] *sm* proverb

provetta [pro'vetta] *sf* test tube

provider [pro'vaider] *sm inv* service provider

provincia [pro'vintʃa] (*pl* **-ce**) *sf* **1.** (*ente*) province **2.** (*opposta a grandi città*) provinces *pl*

provinciale [provin'tʃale] ◇ *agg* provincial ◇ *sf* main road

provino [pro'vino] *sm* **1.** (*audizione*) audition **2.** (*fotografico*) screen test

provocante [provo'kante] *agg* provocative

provocare [provo'kare] *vt* **1.** (*causare*) to cause **2.** (*sfidare*) to provoke

provocazione [provokats'tsjone] *sf* provocation

provolone [provo'lone] *sm a hard cheese made from cow's milk*

provvedere [provve'dere] *vi* **1.** (*prendere provvedimenti*) to take measures **2.** (*occuparsi di*) ◆ **provvedere (a qc)** to provide (for sthg)

provvedimento [provvedi'mento] *sm* measure

provvisorio, a [provvi'zɔrjo, a] *agg* temporary, provisional

provviste [prov'viste] *sfpl* supplies

prua ['prua] *sf* prow

prudente [pru'dɛnte] *agg* cautious, prudent

prudenza [pru'dɛntsa] *sf* caution, prudence ▼ prudenza caution

prudere ['prudere] *vi* to itch ◆ **mi prude**

una gamba my leg is itchy

prugna ['pruɲɲa] *sf* plum • **prugna secca** prune

pruno ['pruno] *sm* prickle, thorn

prurito [pru'rito] *sm* itch

P.S. [pi'ɛsse] ◇ *sm inv (abbr di postscriptum)* PS ◇ *abbr* = **Pubblica Sicurezza**

pseudonimo [psew'dɔnimo] *sm* pseudonym

psicanalisi [psika'nalizi] *sf* psychoanalysis

psiche ['psike] *sf* psyche

psichiatra, i, e [psi'kjatra, i, e] *smf* psychiatrist

psicologia [psikolo'dʒia] *sf* psychology

psicologo, a, gi, ge [psi'kɔlogo, a, dʒi, ge] *sm,f* psychologist

P.T. *(abbr di poste e telecomunicazioni)* PO

P.T.P. *(abbr di posto telefonico pubblico)* payphone

pubblicare [pubbli'kare] *vt* to publish

pubblicazione [pubblikats'tsjone] *sf* publication • **pubblicazioni** *sfpl* • **pubblicazione (matrimoniali)** (marriage) banns

pubblicità [pubblitʃi'ta] *sf inv* **1.** *(annuncio)* advertisement **2.** *(divulgazione)* publicity **3.** *(attività)* advertising

pubblico, a, ci, che ['pubbliko, a, tʃi, ke] ◇ *agg* **1.** public **2.** *(statale)* state *(dav s)* ◇ *sm* **1.** *(utenti)* public **2.** *(spettatori)* audience • **in pubblico** in public • **la Pubblica Sicurezza** the police

pube ['pube] *sm* pubis

pubertà [puber'ta] *sf inv* puberty

pudore [pu'dore] *sm* modesty

puerile [pwe'rile] *agg (bambinesco)* puerile

pugilato [pudʒi'lato] *sm* boxing

pugile ['pudʒile] *sm* boxer

Puglia ['puʎʎa] *sf* • **la Puglia** Apulia

pugnalare [puɲɲa'lare] *vt* to stab

pugno ['puɲɲo] *sm* **1.** *(mano)* fist **2.** *(colpo)* punch **3.** *(quantità)* handful

pulce ['pultʃe] *sf* flea

pulcino [pul'tʃino] *sm* chick

puledro, a [pu'ledro, a] *sm,f* colt *(f* filly*)*

pulire [pu'lire] *vt* to clean • **pulirsi il viso/le scarpe** to clean one's face/shoes

pulita [pu'lita] *sf* • **dare una pulita** to clean up

pulito, a [pu'lito, a] *agg* **1.** clean **2.** *(coscienza)* clear

pulizia [pulits'tsia] *sf* **1.** *(stato)* cleanliness **2.** *(atto)* cleaning • **fare le pulizie** to do the cleaning

pullman ['pullman] *sm inv* coach

pullover [pul'lover] *sm inv* pullover

pulmino [pul'mino] *sm* minibus

pulsante [pul'sante] *sm* button

pulsare [pul'sare] *vi* to beat

puma ['puma] *sm inv* puma

pungere ['pundʒere] *vt* to sting

pungiglione [pundʒiʎ'ʎone] *sm* sting

punire [pu'nire] *vt* to punish

punizione [punits'tsjone] *sf* **1.** *(castigo)* punishment **2.** *(nel calcio)* free kick

punta ['punta] *sf* **1.** *(di matita, spillo, coltello)* point **2.** *(di continente, dita)* tip • **in punta dei piedi** *(camminare)* on tiptoe

puntare [pun'tare] *vt* **1.** *(arma)* to aim **2.** *(scommettere)* to bet • **puntare i piedi** to dig one's heels in

puntata [pun'tata] *sf* **1.** *(episodio)* episode **2.** *(scommessa)* bet • **teleromanzo a puntate** serial

punteggiatura [puntedʒdʒa'tura] *sf* punctuation

punteggio [pun'teddʒo] *sm* score

puntina [pun'tina] *sf* ● puntina (da disegno) drawing pin

puntino [pun'tino] *sm* dot ● fare qc a puntino to do sthg properly ● puntini di sospensione suspension points

punto, a ['punto, a] ◇ *pp* ➤ pungere ◇ *sm* **1.** point **2.** (segno grafico) full stop (UK), period (US) **3.** MED (di cucito) stitch ● punto esclamativo exclamation mark ● punto interrogativo question mark ● punto di riferimento point of reference, landmark ● punto di ritrovo meeting point ● punto vendita point of sale ● punto e virgola semi-colon ● punto di vista point of view ● due punti colon ● punti cardinali points of the compass ● essere sul punto di fare qc to be about to do sthg ● essere a buon punto to be at a good point ● fare il punto della situazione to take stock ● mettere a punto qc to adjust sthg ● di punto in bianco all of a sudden ● a tal punto che to such an extent that ● le tre in punto three o'clock sharp

puntuale [puntu'ale] *agg* punctual

puntualità [puntwali'ta] *sf* punctuality

puntura [pun'tura] *sf* **1.** (di insetto) sting **2.** (di spillo) prick **3.** (fam) (iniezione) injection

punzecchiare [puntsek'kjare] *vt* **1.** (pungere) to prick **2.** (fig) (infastidire) to tease

pupazzo [pu'patstso] *sm* puppet

pupilla [pu'pilla] *sf* pupil

purché [pur'ke] *cong* provided that

pure ['pure] ◇ *avv* (anche) also, too ◇ *cong* even if ● pur di fare qc just to do

sthg ● faccia pure! please do!, go ahead!

purè [pu'rɛ] *sm* (di patate) mashed potatoes with milk, butter and Parmesan cheese

purezza [pu'retstsa] *sf* purity

purga ['purga] (*pl* **-ghe**) *sf* laxative

purgatorio [purga'tɔrjo] *sm* Purgatory

puro, a ['puro, a] *agg* **1.** pure **2.** (verità) simple

purosangue [puro'sangwe] *agg inv* thoroughbred

purtroppo [pur'troppo] *avv* unfortunately

pustola ['pustola] *sf* pimple

putiferio [puti'ferjo] *sm* row

putrefare *vi* to putrefy, to rot

putrefatto, a [putre'fatto, a] ◇ *pp* ➤ putrefare ◇ *agg* rotten

putrido, a ['putrido, a] *agg* putrid

puttana [put'tana] *sf* (volg) whore

puzza ['putstsa] *sf* = puzzo

puzzare [puts'tsare] *vi* to stink

puzzo ['putstso] *sm* stink

puzzola ['putstsola] *sf* polecat

puzzolente [putstso'lɛnte] *agg* stinking

q Q

qua [kwa] *avv* here ● al di qua di on this side of ● di qua e di là here and there ● per di qua this way

quaderno [kwa'dɛrno] *sm* exercise book

quadrante [kwa'drante] *sm* **1.** (di orologio) face **2.** (di bussola) quarter

quadrare [kwa'drare] *vi* **1.** *(bilancia)* to balance **2.** *(coincidere)* to correspond ● **non mi quadra** *(fam)* there's something not quite right about it

quadrato, a [kwa'drato, a] *agg & sm* square ● **al quadrato** 2 squared

quadretto [kwa'dretto] *sm* ● **a quadretti** *(tessuto)* checked; *(foglio)* squared

quadrifoglio [kwadri'fɔʎʎo] *sm* four-leaf clover

quadrimestre [kwadri'mɛstre] *sm* **1.** *SCOL* term **2.** *(periodo)* period of four months

quadro ['kwadro] *sm* **1.** *(pittura)* painting **2.** *(fig)* *(situazione)* picture **3.** *TECNOL* board, panel **4.** *(in azienda)* executive ● **quadri** *smpl* *(nelle carte)* diamonds

quadruplo, a ['kwadruplo, a] *agg & sm* quadruple

quaggiù [kwadʒ'dʒu] *avv* down here

quaglia ['kwaʎʎa] *sf* quail

qualche ['kwalke] *agg* **1.** *(alcuni)* a few, some ● **restiamo solo qualche giorno** we are only staying a few days ● **qualche volta** a few times ● **c'è qualche novità?** is there any news? **2.** *(indeterminato)* some ● **l'ho letto in qualche articolo** I read it in some article ● **hai qualche libro da prestarmi?** have you any books to lend me? ● **in qualche modo** somehow ● **da qualche parte** somewhere **3.** *(un certo)* some ● **ci siamo frequentati per qualche tempo** we've been seeing each other for some time ● **qualche cosa = qualcosa**

qualcheduno, a [kwalke'duno, a] = qualcuno

qualcosa [kwal'kɔza] *pron* **1.** something **2.** *(nelle interrogative)* anything ● **qual-** cosa di nuovo something new ● **qualcosa da bere** something to drink ● **qualcos'altro** something else

qualcuno, a [kwal'kuno, a] *pron* **1.** *(uno)* someone, somebody **2.** *(nelle interrogative)* anyone, anybody **3.** *(alcuni)* some **4.** *(alcuni : nelle interrogative)* any ● **qualcun altro** *(persona)* someone else ● **qualcuno di voi** some of you; *(nelle interrogative)* any of you

quale ['kwale]
◇ *agg* **1.** *(persona)* which ● **qual è il tuo scrittore preferito?** who is your favourite writer? ● **da quale dentista sei stato?** which dentist have you been to? **2.** *(cosa)* which, what ● **non so quale libro scegliere** I don't know which book to choose ● **in quale albergo hai prenotato?** which hotel have you booked?
◇ *agg* such as, like ● **alcuni animali quali il cane** some animals such as the dog
◇ *pron interr* which (one) ● **quale vuole di questi cappelli?** which of these hats do you want? ● **non so quale scegliere** I don't know which (one) to choose
◇ *pron rel* **1.** *(soggetto)* ● **il/la quale** *(persona)* who; *(cosa)* which, that ● **suo fratello, il quale è un mio amico** his brother, who is a friend of mine **2.** *(con preposizioni : persona)* who(m); *(cosa)* which, that ● **l'albergo nel quale alloggio** the hotel (that) I'm staying in ● **la persona con la quale parlavo** the person (whom) I was talking to ● **l'uomo del quale conosco il figlio** the man whose son I know **3.** *(in qualità di)* as ● **vengo quale accompagnatore** I'm

coming as a tour guide

qualifica [kwa'lifika] *(pl* **-che)** *sf* qualification

qualificare [kwalifi'kare] *vt* to describe, to define ♦ **qualificarsi** *vr* to qualify

qualificativo, a [kwalifika'tivo, a] *agg* qualifying

qualità [kwali'ta] *sf inv* **1.** quality **2.** *(varietà)* type ● **in qualità di** in one's capacity as

qualsiasi [kwal'siasi] = **qualunque**

qualunque [kwa'lunkwe] *agg* **1.** any **2.** *(quale che)* whatever ● **qualunque cosa** anything ● **qualunque cosa succeda** whatever happens ● **qualunque persona** anyone ● **prendine uno qualunque** take whichever you want

quando ['kwando] *avv* & *cong* when ● **da quando sono qui** from when I ● **da quando sei qui?** how long have you been here? ● **da quando in qua** since when ● **di quando sono queste foto?** when were these photos taken?

quantità [kwanti'ta] *sf inv* quantity, amount ● **una quantità di** a lot ○ lots of

quanto, a ['kwanto, a]
◇ *agg* **1.** *(quantità)* how much; *(numero)* how many ● **quanto tempo ci vuole?** how long does it take? ● **quanti anni hai?** how old are you? **2.** *(in frasi esclamative)* what ● **quanta fatica sprecata!** what a waste of energy!
◇ *agg (quantità)* as much as; *(numero)* as many as ● **puoi restare quanti giorni vuoi** you can stay for as many days as you like
◇ *pron interr (quantità)* how much; *(numero)* how many ● **prima di com-**

prare il pane guarda quanto ce n'è before buying the bread see how much there is ● **quanti ne vuoi?** how many do you want? ● **quanti ne abbiamo oggi?** what's the date today?
◇ *pron rel (quello che: quantità)* as much as; *(numero)* as many as ● **dammene quanto ti pare** give me as much as you want ● **per quanto ne so** as far as I know
◇ *avv* **1.** *(interrogativo: quantità)* how much; *(numero)* how many ● **quant'è?** how much is it? ● **quanto ti fermi?** how long are you staying? ● **quanto è alta questa montagna?** how high is this mountain? ● **quanto mi dispiace!** I'm so sorry! **quanto costa/costano?** how much is it/ are they? **2.** *(relativo)* as much as ● **mi sforzo quanto posso** I try as hard as I can ● **quanto prima** as soon as possible **3.** *(in espressioni)* ● **in quanto** *(perché)* as ● **per quanto** however

quaranta [kwa'ranta] *num* forty ➤ **sei**

quarantena [kwaran'tena] *sf* quarantine

quarantesimo, a [kwaran'tezimo, a] *num* fortieth ➤ **sesto**

quarantina [kwaran'tina] *sf* ● **una quarantina (di)** about forty ● **essere sulla quarantina** to be in one's forties

quaresima *sf* RELIG ● **la quaresima** Lent

quarta ['kwarta] *sf (marcia)* fourth gear

quartetto [kwar'tetto] *sm* quartet

quartiere [kwar'tjere] *sm* area, district ● **quartier generale** headquarters *pl*

quarto, a ['kwarto, a]
◇ *num* fourth ◇ *sm (parte)* quarter ● **un quarto d'ora** a quarter of an hour ● **le tre e un quarto** quarter past three *(UK)*, quarter after three *(US)* ● **le tre meno un quarto** quarter to three *(UK)*, quarter of three

(US) ● **un quarto di vino** a quarter litre of wine, sesto

quarzo ['kwartso] *sm* quartz

quasi ['kwazi] ◇ *avv* nearly ◇ *cong* as if ● **quasi mai** hardly ever ● **quasi sempre** almost always ● **quasi quasi vengo anch'io** I might just come too

quassù [kwas'su] *avv* up here

quattordicèsimo, a [kwattordi'tʃezimo, a] *num* fourteenth > **sesto**

quattòrdici [kwat'torditʃi] *num* fourteen > **sei**

quattrini [kwat'trini] *smpl (fam)* money *sg*

quattro ['kwattro] *num* four ● **farsi in quattro (per fare qc)** to go out of one's way (to do sthg) ● **eravamo quattro gatti** *(fam)* there were only a few of us there ● **in quattro e quattr'otto** in less than no time, sei

quattrocento [kwattro'tʃɛnto] *num* four hundred > **sei** ◆ **Quattrocento** *sm* ● **il Quattrocento** the fifteenth century

quegli ['kweʎʎi] quello

quei ['kwei] > **quello**

quello, a ['kwello, a] *(dav sm* **quel** + *consonante;* **quello** + *s* + *consonante, gn, ps, x, z;* **quell'** + *vocale)*

◇ *agg* **1.** *(indica lontananza)* that, those *pl* ● **quella casa** that house ● **quegli alberi** those trees ● **quei bambini** those children **2.** *(per sottolineare)* ● **spegni quella tv!** switch that TV off! **3.** *(per cosa, persona già nota)* that, those *pl* ● **non mi piace quella gente** I don't like those people

◇ *pron* **1.** *(indica lontananza)* that (one), those (ones) *pl* ● **quella è la mia macchina** that one's my car ● **prendo quello in offerta** I'll take the one on special offer ● **quello lì** that one (there) **2.** *(con pronome relativo)* ● **faccio quello che posso** I'll do what I can ● **quelli che potevano si sono fermati** those who could, stopped

quèrcia [kwertʃa] *(pl* **-ce)** *sf* oak

querelàre [kwere'lare] *vt* to bring a legal action against

quesìto [kwe'zito] *sm* query

questionàrio [kwestjo'narjo] *sm* questionnaire

questiòne [kwes'tjone] *sf* question ● **è questione di giorni** it's a matter of days ● **in questione** in question

questo, a ['kwesto, a]

◇ *agg* **1.** *(indica prossimità)* this, these *pl* ● **questa finestra è aperta** this window is open ● **partiamo questo giovedì** we're leaving this Thursday **2.** *(simile)* such ● **non uscire con questa pioggia** don't go out in rain like this **3.** *(il seguente/precedente)* this, these *pl* ● **questo è il mio consiglio** this is my advice

◇ *pron* **1.** *(indica prossimità)* this (one), these (ones) *pl* ● **questo è Franco** this is Franco ● **questo qui o qua** this one (here) **2.** *(per riassumere)* that ● **questo è tutto** that's all ● **questa è bella!** that's rich!

questùra [kwes'tura] *sf (organo)* police headquarters *pl*

qui [kwi] *avv* here ● **da qui in avanti** from now on ● **di o da qui** from here ● **di qui a un anno** in a year's time ● **di qui a poco** in a little while

quiète ['kwjɛte] *sf* quiet

quindi ['kwindi] *cong* so, therefore

quindicèsimo, a [kwindi'tʃezimo, a] *num* fifteenth > **sesto**

quindici [ˈkwinditʃi] *num* fifteen ● **quindici giorni** a fortnight, sei

quindicina [kwindiˈtʃina] *sf* about fifteen ● **una quindicina di giorni** about a fortnight

quinta [ˈkwinta] *sf (marcia)* fifth gear ◆ **quinte** *sfpl (di teatro)* wings

quintale [kwinˈtale] *sm* = 100 kilograms

quinto, a [ˈkwinto, a] *num* fifth ➤ **sesto**

quintuplo [ˈkwintuplo] *sm* ● **il quintuplo del prezzo normale** five times the normal price

Quirinale [kwiriˈnale] *s* ● **il Quirinale** official residence of the President of Italy

quota [ˈkwɔta] *sf* 1. *(altitudine)* altitude 2. *(di denaro, bene)* share ● **perdere quota** to lose height ● **prendere quota** to climb ● **quota d'iscrizione** *(a circolo)* membership fee

quotato, a [kwoˈtato, a] *agg* valued

quotidianamente [kwotidjanaˈmente] *avv* daily

quotidiano, a [kwotiˈdjano, a] ◇ *agg* daily ◇ *sm* daily (newspaper)

quotiente [kwotsˈtsjɛnte] *sm* quotient ● **quotiente d'intelligenza** IQ

rR

rabarbaro [raˈbarbaro] *sm* rhubarb

rabbia [ˈrabbja] *sf* 1. *(collera)* anger, rage 2. *(malattia)* rabies ● **far rabbia a qn** to drive sb mad

rabbino [rabˈbino] *sm* rabbi

rabbioso, a [rabˈbjozo, a] *agg* 1. angry 2. MED rabid

rabbonire [rabboˈnire] *vt* to calm down ◆ **rabbonirsi** *vr* to calm down

rabbrividire [rabbriviˈdire] *vi* 1. *(di freddo)* to shiver 2. *(di paura)* to shudder

rabbuiarsi [rabbuˈjarsi] *vr* 1. *(oscurarsi)* to darken 2. *(fig) (incupirsi)* to darken

raccapezzarsi [rakkapetsˈtsarsi] *vr* ● **non mi ci raccapezzo** I can't make it out

raccapricciante [rakkapritʃˈtʃante] *agg* horrifying

raccattapalle [rakkattaˈpalle] *smf inv* ball-boy *(f* ball-girl*)*

raccattare [rakkatˈtare] *vt* to pick up

racchetta [rakˈketta] *sf* 1. *(da tennis)* racket 2. *(da ping-pong)* bat *(UK)*, paddle *(US)* 3. *(da sci)* ski pole

raccogliere [rakˈkoʎˈʎere] *vt* 1. *(da terra)* to pick up 2. *(frutti, fiori)* to pick 3. *(mettere insieme)* to collect 4. *(voti)* to win ◆ **raccogliersi** *vr* 1. *(radunarsi)* to meet, to gather 2. *(in meditazione, preghiera)* to gather one's thoughts

raccolta [rakˈkolta] *sf* 1. collection 2.

(agricola) harvest ● **fare la raccolta di qc** to collect sthg

raccòlto, a [rak'kɔlto, a] ◇ *pp* >
raccògliere ◇ *sm* harvest, crop

raccomandàre [rakkoman'dare] *vt* 1. to recommend 2. *(affidare)* to entrust ● **raccomandare a qn di fare qc** to urge sb to do sthg ◆ **raccomandarsi** *vr* ● **raccomandarsi a** to appeal to ● **mi raccomando, non fare tardi!** don't be late now, will you?

raccomandàta [rakkoman'data] *sf* registered letter

raccomandàto, a [rakkoman'dato, a] *agg* 1. *(lettera)* registered 2. *(candidato)* recommended

raccomandazióne [rakkomandats'tsjone] *sf (consiglio)* recommendation

raccontàre [rakkon'tare] *vt* to tell

raccónto [rak'konto] *sm* 1. *(esposizione)* account 2. *(romanzo)* short story

raccòrdo [rak'kɔrdo] *sm* 1. connection, link 2. *(di autostrada)* slip road *(UK)*, entrance/exit ramp *(US)* ● **raccordo anulare** ring road *(UK)*, beltway *(US)*

racimolàre [ratʃimo'lare] *vt* to scrape together

racket ['raket] *sm* racket

ràda ['rada] *sf* harbour

ràdar ['radar] *sm inv* radar

raddoppiàre [raddop'pjare] ◇ *vt* 1. *(rendere doppio)* to double 2. *(aumentare)* to redouble ◇ *vi* to double

radènte [ra'dɛnte] *agg (tiro, volo)* very low

ràdere ['radere] *vt* to shave ● **radere al suolo** to raze sthg to the ground ◆ **radersi** *vr* to shave

radiàre [ra'djare] *vt* to strike off

radiatóre [radja'tore] *sm* radiator

radiazióne [radjats'tsjone] *sf* radiation

radicàle [radi'kale] *agg* radical

radicalmente [radikal'mente] *avv* radically, completely

radìcchio [ra'dikkjo] *sm* chicory

radìce [ra'ditʃe] *sf* root ● **radice quadrata** square root

ràdio ['radjo] ◇ *sf inv* 1. radio 2. *(stazione)* radio station ● **alla radio** on the radio

radioamatóre, trìce [radjoama'tore, 'tritʃe] *sm,f* radio ham

radioascoltatóre, trìce [radjoaskolta'd tore] *sm,f* listener

radioattìvo, a [radjoat'tivo, a] *agg* radioactive

radiocomandàto, a [radjokoman'dato, a] *agg* remote-controlled

radiografìa [radjogra'fia] *sf* X-ray

radióso, a [ra'djozo, a] *agg* bright

radiotaxi [radjo'taksi] *sm inv* minicab

ràdo, a ['rado, a] *agg* sparse ● **di rado** rarely

radunàre [radu'nare] *vt* 1. *(persone)* to gather 2. *(cose)* to assemble ◆ **radunarsi** *vr* to gather

radùno [ra'duno] *sm* meeting

ràfano ['rafano] *sm* radish

raffèrmo, a [raf'fermo, a] *agg* stale

ràffica ['raffika] *sf (pl -che)* 1. *(di vento)* gust 2. *(di mitra)* burst

raffiguràre [raffigu'rare] *vt* to portray

raffinàto, a [raffi'nato, a] *agg* 1. refined 2. *(stile)* sophisticated

raffinerìa [raffine'ria] *sf* refinery

rafforzàre [raffor'tsare] *vt* to strengthen

raffreddàre [raffred'dare] *vt* 1. to cool 2. *(fig) (rapporti, interesse)* to cool, to dampen ◆ **raffreddarsi** *vr* 1. *(bevanda,* *cibo*) to get cold **2.** (*fig*) (*persona, amicizia*) to cool down **3.** (*ammalarsi*) to catch a cold

raffreddato, a [raffred'dato, a] *agg* ◆ **essere raffreddato** to have a cold

raffreddore [raffred'dore] *sm* cold

rafia ['rafja] *sf* raffia

ragazza [ra'gattsa] *sf* **1.** (*giovane donna*) girl **2.** (*fidanzata*) girlfriend ◆ **ragazza madre** single mother

ragazzata [ragats'tsata] *sf* childish trick

ragazzo [ra'gattso] *sm* **1.** (*giovane*) boy **2.** (*fidanzato*) boyfriend

raggiante [radʒ'dʒante] *agg* radiant, beaming

raggio ['radʒdʒo] *sm* **1.** (*di sole, infrarosso*) ray **2.** (*area*) range **3.** radius **4.** (*di ruota*) spoke

raggirare [radʒdʒi'rare] *vt* to trick, to cheat

raggiungere [radʒ'dʒundʒere] *vt* **1.** (*persona*) to catch up **2.** (*luogo*) to reach **3.** (*fig*) (*fine*) to achieve

raggiunto, a [radʒ'dʒunto, a] *pp* > raggiungere

raggomitolarsi *vr* to curl up

raggranellare [raggranel'lare] *vt* to scrape together

raggrinzire [raggrin'tsire] *vt & vi* to shrivel up ◆ **raggrinzirsi** *vr* to shrivel

raggruppare [raggrup'pare] *vt* **1.** (*mettere insieme*) to assemble **2.** (*a gruppi*) to group together ◆ **raggrupparsi** *vr* to assemble

ragguagli [rag'gwaʎʎi] *smpl* ◆ **dare ragguagli** to give details

ragionamento [radʒona'mento] *sm*. **1.** (*riflessione*) reasoning **2.** (*discorso*) argument

ragionare [radʒo'nare] *vi* to reason ◆ **ragionare di** *v + prep* (*parlare di*) to argue about

ragione [ra'dʒone] *sf* reason ◆ **avere ragione** to be right ◆ **dare ragione a qn** to side with sb ◆ **a maggior ragione** even more so

ragioneria [radʒone'ria] *sf* **1.** (*materia*) accountancy **2.** (*scuola*) commercial school **3.** (*reparto*) accounts *pl*

ragionevole [radʒo'nevole] *agg* reasonable

ragioniere, a [radʒo'njere, a] *sm.f* accountant

ragliare [raʎ'ʎare] *vi* to bray

ragnatela [raɲɲa'tela] *sf* cobweb, spider's web

ragno ['raɲɲo] *sm* spider

ragù [ra'gu] *sm inv* sauce of minced beef, tomatoes and onions

RAI [rai] *sf* Italian broadcasting corporation

rallegramenti [rallegra'menti] *smpl* congratulations

rallentare [rallen'tare] *vt* to slow down

rally ['relli] *sm inv* rally

ramaiolo [rama'jolo] *sm* ladle

ramanzina [raman'dzina] *sf* telling-off

rame ['rame] *sm* copper

ramino [ra'mino] *sm* rummy

rammaricarsi [rammari'karsi] ◆ **rammaricarsi di** to regret

rammendare [rammen'dare] *vt* **1.** (*stoffa*) to mend **2.** (*lana*) to darn

rammentare [rammen'tare] *vt* to remember ◆ **rammentare qc a qn** to remind sb of sthg ◆ **rammentarsi di** to remember

rammollito, a [rammol'lito, a] *agg* soft

ramo ['ramo] *sm* branch

ramoscello [ramoʃ'ʃɛllo] *sm* twig

rampa ['rampa] *sf* flight *(of stairs)* ● rampa di lancio launch pad

rampicante [rampi'kante] *agg* climbing

rampone [ram'pone] *sm* **1.** *(fiocina)* harpoon **2.** *(in alpinismo)* crampon

rana ['rana] *sf* frog

rancido, a [a'rantʃido, a] *agg* rancid

rancore [ran'kore] *sm* rancour

randagio, a, gi, gie ◇ **ge** [ran'dadʒo, a, dʒi, dʒe] *agg* stray

randello [ran'dɛllo] *sm* club

rango ['rango] *(pl* -ghi*) sm* rank

ranocchio [ra'nɔkkjo] *sm* frog

rantolo ['rantolo] *sm* death rattle

rapa ['rapa] *sf* turnip

rapace [ra'patʃe] ◇ *agg* predatory ◇ *sm* bird of prey

rapanello [rapa'nɛllo] *sm* radish

rapare [ra'pare] *vt* to crop

rapida ['rapida] *sf* rapids *pl*

rapidamente [rapida'mente] *avv* rapidly, fast

rapidità [rapidi'ta] *sf* rapidity

rapido, a ['rapido, a] ◇ *agg* **1.** *(svelto)* fast **2.** *(breve)* quick, rapid ◇ *sm* express *(train)*

rapimento [rapi'mento] *sm* kidnapping

rapina [ra'pina] *sf* robbery ● rapina a mano armata armed robbery

rapinare [rapi'nare] *vt* to rob

rapinatore, trice [rapina'tore, 'tritʃe] *sm,f* robber

rapire [ra'pire] *vt* to kidnap

rapitore, trice [rapi'tore, 'tritʃe] *sm,f* kidnapper

rapporto [rap'pɔrto] *sm* **1.** *(resoconto)* report **2.** *(tra persone)* relationship **3.** *(connessione)* connection, relation **4.** ratio ● rapporti sessuali sexual intercourse *sg*

rapprendersi [rap'prendersi] *vr* to curdle

rappresentante [rapprezen'tante] *smf* representative

rappresentare [rapprezen'tare] *vt* **1.** to represent **2.** *(raffigurare)* to depict **3.** *(mettere in scena)* to stage, to perform

rappresentazione [rapprezentats'tsjone] *sf* **1.** *(spettacolo)* performance **2.** *(raffigurazione)* representation

rappreso, a [rap'prezo, a] *pp* ➢ **rapprendersi**

raramente [rara'mente] *avv* rarely

rarità [rari'ta] *sf inv* **1.** *(scarsità)* rarity **2.** *(oggetto)* rare thing

raro, a ['raro, a] *agg* rare

rasare [ra'zare] *vt* to shave ● rasarsi *vr* to shave

rasato, a [ra'zato, a] *agg* shaven

raschiamento [raskja'mento] *sm MED* curettage

raschiare [ras'kjare] *vt* to scrape

rasentare [razen'tare] *vt* **1.** *(sfiorare)* to graze **2.** *(muro)* to hug, to keep close to **3.** *(fig)* *(avvicinarsi a)* to border on

rasente [ra'zɛnte] *prep* close to

raso, a ['razo, a] ◇ *pp* ➢ **radere** ◇ *agg (cucchiaio)* level ● raso terra close to the ground

rasoio [ra'zojo] *sm* razor ● rasoio elettrico electric razor

rassegna [ras'seɲɲa] *sf* **1.** review **2.** *(cinematografica, teatrale)* season ● passare in rassegna *MIL* to review

rassegnare [rassep'nare] *vt* ● rassegnare le dimissioni to hand in one's resignation ◆ **rassegnarsi** *vr* to resign o.s.

rassettare [rasset'tare] *vt* **1.** (*stanza, capelli*) to tidy (up) **2.** (*vestito*) to mend

rassicurare [rassiku'rare] *vt* to reassure

rassodare [rasso'dare] *vt* **1.** (*terreno*) to harden **2.** (*muscoli*) to tone

rassomigliare [rassomiʎ'ʎare] ◆ **rassomigliare** *a* v + *prep* to resemble

rastrellare [rastrel'lare] *vt* **1.** (*foglie*) to rake **2.** (*fig*) (*zona*) to comb

rastrello [ras'trɛllo] *sm* rake

rata ['rata] *sf* instalment ◆ **pagare qc a rate** to pay for sthg in instalments

rateale [rate'ale] *agg* by o in instalments

ratificare [ratifi'kare] *vt* DIR to ratify

ratto ['ratto] *sm* rat

rattoppare [rattop'pare] *vt* to patch

rattrappire [rattrap'pire] *vt* to numb ◆ **rattrapprirsi** *vr* to go numb

rattristare [rattris'tare] *vt* to make sad ◆ **rattristarsi** *vr* to become sad

rauco, a, chi, che ['rawko, a, ki, ke] *agg* raucous

ravanello [rava'nɛllo] *sm* radish

ravioli [ra'vjɔli] *smpl* ravioli

ravvicinare [ravvitʃi'nare] *vt* **1.** (*avvicinare*) to bring closer **2.** (*rappacificare*) to reconcile ◆ **ravvicinarsi** *vr* to be reconciled

ravvivare [ravvi'vare] *vt* to brighten up

razionale [ratstsjo'nale] *agg* rational

razionalità [ratstsjonali'ta] *sf* rationality

razionare [ratstsjo'nare] *vt* to ration

razione [rats'tsjone] *sf* ration

razza ['rattsa] *sf* **1.** (*di persone*) race **2.** (*di animali*) breed **3.** (*pesce*) ray ◆ **che razza di domanda è questa?** (*fam*) what sort of question is that?

razzia [rats'tsia] *sf* raid

razziale [rats'tsjale] *agg* racial

razzismo [rats'tsizmo] *sm* racism

razzista, i, e [rats'tsista, i, e] *agg & smf* racist

razzo ['radzdzo] *sm* rocket

razzolare [ratstso'lare] *vi* to scratch about

re [rɛ] *sm inv* king

reagire [rea'dʒire] *vi* ◆ **reagire (a qc)** to react (to sthg)

reale [re'ale] *agg* **1.** (*vero*) real **2.** (*di re*) royal

realista, i, e [rea'lista, i, e] *smf* realist

realizzare [realidz'dzare] *vt* **1.** (*progetto*) to carry out **2.** (*sogno*) to fulfil **3.** (*film*) to produce **4.** (*rendersi conto di*) to realize **5.** COMM to realize ◆ **realizzarsi** *vr* **1.** (*persona*) to be fulfilled **2.** (*progetto*) to be carried out **3.** (*sogno*) to come true

realizzazione [realidzdzats'tsjone] *sf* (*attuazione*) carrying-out

realmente [real'mente] *avv* really

realtà [real'ta] *sf inv* reality ◆ **in realtà** in reality

reato [re'ato] *sm* offence, crime

reattore [reat'tore] *sm* **1.** (*aereo*) jet **2.** (*motore*) jet engine **3.** (*in fisica*) reactor

reazionario, a [reats'tsjonarjo, a] *agg* reactionary

reazione [reats'tsjone] *sf* reaction

rebus ['rɛbus] *sm inv* game in which pictures represent the syllables of words

recapitare [rekapi'tare] *vt* to deliver

recapito [re'kapito] *sm* **1.** (*luogo*) address **2.** (*consegna*) delivery ◆ **recapito telefonico** (tele)phone number

recare [re'kare] *vt* ◆ **recare disturbo a qn** to disturb sb ◆ **recarsi** *vr* to go

recensione [retʃen'sjone] *sf* review

recente [re'tʃɛnte] *agg* recent ● **di recente** recently

recentemente [retʃente'mente] *avv* recently

reception [re'sɛpsjon] *sf inv* (*in albergo, compagnia*) reception

presentarsi nella reception

Se avete un appuntamento di lavoro potete dire: *Hello I'm Jenny Barton, I have an appointment with Michael Johnson.* Se vi trovate in un albergo basta citare il nome di chi ha fatto la prenotazione: *Hello, we've booked a room for 2 nights in the name of Barker.*

recessione [retʃes'sjone] *sf* recession

recidere [re'tʃidere] *vt* to cut off

recintare [retʃin'tare] *vt* to fence in

recinto [re'tʃinto] *sm* **1.** (*spazio*) enclosure **2.** (*recinzione*) fence

recipiente [retʃi'pjɛnte] *sm* container

reciproco, a, ci, che [re'tʃiproko, a, tʃi, ke] *agg* reciprocal

reciso, a [re'tʃizo, a] *pp* ➤ **recidere**

recita [ˈrɛtʃita] *sf* play

recitare [retʃi'tare] ◇ *vt* **1.** (*poesia*) to recite **2.** (*ruolo*) to play ◇ *vi* to act

reclamare [rekla'mare] ◇ *vi* to complain ◇ *vt* to claim

réclame [re'klam] *sf inv* advertising

reclamo [re'klamo] *sm* (*protesta*) complaint

reclinabile [rekli'nabile] *agg* reclining

reclusione [reklu'zjone] *sf DIR* imprisonment

reclutare [reklu'tare] *vt* to recruit

record [ˈrɛkord] *sm inv* record

recuperare [rekupe'rare] *vt* **1.** (*riprendere*) to recover, to get back **2.** (*svantaggio, tempo*) to mske up **3.** (*rottami*) to salvage

redatto, a *pp* ➤ **redigere**

redattore, trice [redat'tore, 'tritʃe] *sm,f* editor

redazione [redats'tsjone] *sf* **1.** (*stesura*) writing **2.** (*ufficio*) editorial department **3.** (*personale*) editorial staff

redditizio, a [reddi'titstsjo] *agg* profitable

reddito [ˈreddito] *sm* income

redigere [re'didʒere] *vt* **1.** (*articolo, lettera*) to write **2.** (*documento, contratto*) to draw up

redini [ˈredini] *sfpl* reins

referendum [refe'rɛndum] *sm inv* referendum

referenze [refe'rɛntse] *sfpl* references

referto [re'ferto] *sm* medical report

refettorio [refet'tɔrjo] *sm* refectory, dining hall

refrigerare [refridʒe'rare] *vt* to refrigerate

refurtiva [refur'tiva] *sf* stolen goods *pl*

regalare [rega'lare] *vt* **1.** (*dare*) to give (as a present) **2.** (*dare gratis*) to give away

regale [re'gale] *agg* (*da re*) regal

regalo [re'galo] *sm* (*dono*) present, gift

regata [re'gata] *sf* regatta

reggere [ˈrɛddʒere] ◇ *vt* **1.** (*tenere*) to hold **2.** (*sostenere*) to bear, to support **3.** (*sopportare*) to bear **4.** (*governare*) to govern **5.** GRAMM to take, to be followed by ◇ *vi* **1.** (*durare*) to last **2.** (*essere logico*) to stand up, to hold good

3. *(resistere)* ● **reggere a qc** to withstand sthg ● **reggersi** *vr* ● **non mi reggo in piedi** I can't stand up

reggia ['rɛdʒa] *(pl* -**ge**) *sf* palace

reggicalze [rɛdʒdʒi'kaltse] *sm inv* suspender belt

reggimento [rɛdʒdʒi'mento] *sm* regiment

reggiseno [rɛdʒdʒi'seno] *sm* bra

regia [re'dʒia] *sf* **1.** *(di film)* direction **2.** *(di dramma)* production

regime [re'dʒime] *sm* **1.** *(politico)* regime **2.** *(alimentare)* diet

regina [re'dʒina] *sf* queen

regionale [rɛdʒo'nale] *agg* regional

regione [re'dʒone] *sf* region

regioni a statuto speciale

Five of Italy's 20 regions have special status, which allows them to pass their own laws. These are Sicily, Sardinia, and the border regions, Valle d'Aosta, Trentino-Alto Adige and Friuli Venezia Giulia. Recently the Italian government passed further decentralization legislation which applies to the remaining regions too.

regista, i, e [re'dʒista, i, e] *smf* director

registrare [rɛdʒis'trare] *vt* **1.** to register **2.** *(su cassetta)* to record **3.** *COMM* to enter

registratore [rɛdʒistra'tore] *sm* tape recorder ● **registratore di cassa** cash register

registrazione [rɛdʒistrats'tsjone] *sf* **1.** *(di nascita, morte)* registration **2.** *(di musica,* *programma)* recording **3.** *COMM* entry

registro [re'dʒistro] *sm* register ● **registro di classe** attendance register

regnare [reɲ'ɲare] *vi* to reign

regno ['reɲɲo] *sm* **1.** kingdom **2.** *(fig)* *(ambito)* realm ● **Regno Unito** *sm* ● **il Regno Unito** the United Kingdom

regola ['rɛgola] *sf* rule ● **essere in regola** to be (all) in order ● **fare qc a regola d'arte** to do sthg perfectly

regolabile [rego'labile] *agg* adjustable

regolamento [regola'mento] *sm* regulations *pl*

regolare [rego'lare] ◇ *agg* regular ◇ *vt* **1.** to regulate **2.** *(apparecchio, macchina)* to adjust **3.** *(questione, conto)* to settle ● **regolarsi** *vr* **1.** *(comportarsi)* to behave **2.** *(moderarsi)* to control o.s. ● **regolarsi nel bere/mangiare** to watch what one drinks/eats

regolarmente [regolar'mente] *avv* regularly

regolo ['rɛgolo] *sm* ruler ● **regolo calcolatore** slide rule

regredire [regre'dire] *vi* to regress

reintegrare [rejnte'grare] *vt* to reinstate

relativamente [relativa'mente] *avv* relatively, comparatively ● **relativamente a** in relation to, as regards

relativo, a [rela'tivo, a] *agg* relative ● **relativo a** relating to

relax [re'laks] *sm* relaxation

relazione [relats'tsjone] *sf* **1.** relationship **2.** *(amorosa)* affair **3.** *(resoconto)* report

relegare [rele'gare] *vt* to relegate

religione [reli'dʒone] *sf* religion

religioso, a [reli'dʒozo, a] ◇ *agg* religious ◇ *sm,f* monk *(f* nun)

reliquia [re'likwja] *sf* relic

relitto [re'litto] *sm* wreck, piece of wreckage

remare [re'mare] *vi* to row

remo ['rɛmo] *sm* oar

rendere ['rɛndere] ◇ *vt* **1.** *(restituire)* to give back, to return **2.** *(far diventare)* to make **3.** *(produrre)* to yield ◇ *vi* **1.** *(persona, azienda)* to do well **2.** *(lavoro)* to pay well ● **rendere possibile qc** to make sthg possible ● **rendere l'idea** *(persona)* to make o.s. clear ● **rendersi** *vr (diventare)* to become ● **rendersi utile** to make o.s. useful

rendiconto [rendi'konto] *sm* **1.** *(relazione)* report **2.** COMM statement of accounts

rendimento [rendi'mento] *sm* **1.** *(efficienza)* efficiency **2.** *(di scolaro, macchina)* performance

rendita ['rendita] *sf* unearned income ● **vivere di rendita** *(fig) (studente)* to get by on one's past performance

rene ['rɛne] *sm* kidney

renitente [reni'tɛnte] *agg* reluctant ● **è renitente ai consigli** he won't listen to advice ● **essere renitente alla leva** *to fail to report for military service*

renna ['rɛnna] *sf* reindeer

Reno ['rɛno] *sm* ● **il Reno** the Rhine

reparto [re'parto] *sm* **1.** *(di negozio)* department **2.** *(d'ospedale)* ward **3.** MIL unit

repentaglio [repen'taʎʎo] *sm* ● **mettere a repentaglio qc** to put sthg at risk

reperibile [repe'ribile] *agg* **1.** *(merce, persona)* available **2.** *(al lavoro)* on call

reperto [re'pɛrto] *sm* **1.** *(resto)* find **2.** *(resoconto)* report

repertorio [reper'tɔrjo] *sm* **1.** *(teatrale)* repertoire **2.** *(elenco)* index

replica ['rɛplika] *(pl* **-che***) sf* **1.** *(in televisione)* repeat **2.** *(a teatro)* repeat performance

replicare [repli'kare] *vt* to reply

repressione [repres'sjone] *sf* repression

represso, a [re'presso, a] *pp* ➤ **reprimere**

reprimere [re'primere] *vt* to repress ● **reprimersi** *vr* to restrain o.s.

repubblica, che [re'pubblika, ke] *sf* republic

Repubblica Ceca [re'pubblika'tʃeka] *sf* Czech Republic

repubblicano, a [reppubbli'kano, a] *agg* republican

repulsione [repul'sjone] *sf* repulsion

reputare [repu'tare] *vt* to consider

reputazione [reputats'tsjone] *sf* reputation

requisire [rekwi'zire] *vt* to requisition

requisito [rekwi'zito] *sm* requisite

resa ['resa] *sf* **1.** *(l'arrendersi)* surrender **2.** *(restituzione)* return **3.** *(rendimento)* yield ● **resa dei conti** *(fig)* day of reckoning

residence ['rezidens] *sm inv* residential hotel

residente [resi'dɛnte] *agg* resident

residenza [resi'dɛntsa] *sf* residence

residenziale [residen'tsjale] *agg* residential

residuo, a [re'sidwo, a] ◇ *agg* residual, remaining ◇ *sm* **1.** *(avanzo)* remainder **2.** *(scoria)* waste

resina ['rezina] *sf* resin

resistente [resis'tɛnte] *agg* **1.** *(robusto)* strong **2.** *(durevole)* durable ● **resistente al calore** heat proof, heat-resistant

resistenza [resis'tɛntsa] *sf* **1.** resistance **2.** *(di materiale)* strength **3.** *(a fatica,* *dolore)* endurance ● **resistenza (elettrica)** (electrical) resistance

resìstere [re'sistere] *vi (tener duro)* to hold put ✦ **resìstere a** *v + prep* **1.** *(opporsi)* to resist **2.** *(sopportare)* to withstand

resistito, a [resis'tito, a] *pp* ➤ **resistere**

reso, a ['reso, a] *pp* ➤ **rendere**

resoconto [reso'konto] *sm* account

respìngere [res'pindʒere] *vt* **1.** to reject **2.** *(attacco, aggressore)* to repel **3.** SCOL to fail

respinto, a [res'pinto, a] *pp* ➤ **respingere**

respirare [respi'rare] *vi & vt* to breathe

respiratore [respira'tore] *sm* **1.** *(per immersione)* aqualung **2.** MED respirator

respirazione [respirats'tsjone] *sf* breathing ● **respirazione artificiale** artificial respiration

respiro [res'piro] *sm* **1.** *(respirazione)* breathing **2.** *(movimento)* breath ● **tirare un respiro di sollievo** to heave a sigh of relief

responsàbile [respon'sabile] ◇ *agg* responsible ◇ *smf* **1.** *(in azienda, negozio)* person in charge **2.** *(colpevole)* culprit ● **essere responsabile di qc** *(incaricato di)* to be in charge of sthg; *(colpevole di)* to be responsible for sthg

responsabilità [responsabili'ta] *sf inv* **1.** responsibility **2.** *(colpa)* responsibility, liability

ressa ['ressa] *sf* crowd

restare [res'tare] *vi* **1.** to stay, to remain **2.** *(avanzare)* to be left, to remain **3.** *(trovarsi)* to be ● **restare a piedi** to remain standing ● **mi restano pochi giorni** I only have a few days left

restaurare [restau'rare] *vt* to restore

restauro [res'tauro] *sm* restoration

restituire [restitu'ire] *vt* to give back, to return

resto ['resto] *sm* **1.** rest, remainder **2.** *(di denaro)* change **3.** remainder ● **del resto** moreover, besides ● **resti** *smpl* **1.** *(ruderi)* ruins **2.** *(di cibo)* leftovers **3.** *(di persona, animale)* remains

restrìngere [res'trindʒere] *vt* **1.** *(dimensioni)* to reduce **2.** *(tessuto)* to shrink **3.** *(limitare)* to limit, to restrict ● **restrìngersi** *vr* **1.** *(strada)* to (become) narrow **2.** *(stoffa)* to shrink **3.** *(per numero, estensione)* to reduce

resurrezione [resurrets'tsjone] *sf* resurrection

resuscitare [resuʃʃi'tare] = **risuscitare**

rete ['rete] *sf* **1.** net **2.** *(recinzione)* wire fence **3.** *(radiotelevisiva, stradale)* network **4.** *(del letto)* bedsprings *pl* **5.** *(nel calcio: punto)* goal

reticente [reti'ʃɛnte] *agg* reticent

reticolato [retiko'lato] *sm* **1.** *(intreccio di linee)* network **2.** *(recinzione)* fencing, wire netting

rètina ['retina] *sf* ANAT retina

retino [re'tino] *sm* net

retòrico, a, ci, che [re'tɔriko, a, tʃi, ke] *agg (spreg)* pompous

retribuire [retribu'ire] *vt* to remunerate, to pay

retribuzione [retributs'tsjone] *sf* remuneration, pay

retro ['retro] *sm inv* back ● **sul retro** at the back ● **vedi retro** see over

retrocedere [retro'tʃedere] *vi* **1.** to recede **2.** SPORT to be relegated

retrocesso, a [retro'tʃɛsso, a] *pp* ➤ **retrocedere**

retrogrado, a [retro'grado, a] *agg* retrograde

retromarcia [retro'martʃa] *sf* reverse

retroscena [retroʃ'ʃena] *sm inv (antefatti)* background

retrospettivo, a [retrospet'tivo, a] *agg* retrospective

retrovisore [retrovi'zore] *sm* rear-view mirror

retta ['retta] *sf* 1. *(linea)* straight line 2. *(di pensionato)* charge ● **dar retta a** to pay attention to

rettangolare [rettango'lare] *agg* rectangular

rettangolo [ret'tangolo] *sm* rectangle

rettificare [rettifi'kare] *vt (form)* to rectify

rettile ['rettile] *sm* reptile

rettilineo, a [retti'lineo, a] *agg & sm* straight

retto, a ['retto, a] *◇ pp* ➤ **reggere** *◇ agg* 1. *(diritto)* straight 2. *(persona, comportamento)* honest ● **angolo retto** right angle

rettore [ret'tore] *sm* rector

reumatismi [reuma'tizmi] *smpl* rheumatism *sg*

reversibile [rever'sibile] *agg* reversible

revisionare [revizjo'nare] *vt* 1. *(apparecchio, macchina)* to service, to overhaul 2. *(testo)* to revise

revisione [revi'zjone] *sf* 1. *(di apparecchio)* service 2. *(di conti)* audit(ing) 3. *(di scritto)* revision

revocare [revo'kare] *vt* to revoke

revolver [re'vɔlver] *sm inv* revolver

riabilitare [rjabili'tare] *vt* to rehabilitate

riacquistare [rjakkwis'tare] *vt* to regain

riaggiustare [riadʒdʒus'tare] *vt* to readjust

rialzare [rial'tsare] *vt* to raise ◆ **rialzarsi** *vr* to get up

rialzo [ri'altso] *sm* rise

rianimazione [rianimats'tsjone] *sf (reparto)* intensive care

riaperto, a [ria'pɛrto, a] *pp* ➤ **riaprire**

riapertura [riaper'tura] *sf* reopening ● **riapertura delle scuole** beginning of the school term

riaprire [ria'prire] *vt & vi* to reopen ◆ **riaprirsi** *vr* to reopen

riarmo [ri'armo] *sm* rearming

riassetto [rias'setto] *sm* reorganization

riassumere [rias'sumere] *vt* 1. *(ricapitolare)* to summarize 2. *(impiegato)* to re-employ 3. *(riprendere)* to resume

riassunto, a [rias'sunto, a] *◇ pp* ➤ **riassumere** *◇ sm* summary

riattaccare [riattak'kare] *vt* 1. *(attaccare di nuovo)* to re-attach 2. *(bottone)* to sew back on 3. *(ricominciare)* to start again 4. *(al telefono)* to hang up

riavere [ria'vere] *vt* 1. *(avere di nuovo)* to have again 2. *(avere indietro)* to get back 3. *(riacquistare)* to regain, to recover ◆ **riaversi da** to recover from

ribadire [riba'dire] *vt* to confirm

ribaltabile [ribal'tabile] *agg* folding

ribaltare [ribal'tare] *vt* to overturn

ribassare [ribas'sare] *◇ vt* to lower *◇ vi* to fall

ribasso [ri'basso] *sm* fall, reduction

ribattere [ri'battere] *◇ vt (palla)* to return *◇ vi (replicare)* to answer back

ribellarsi [ribel'larsi] *vr* to rebel ● **ribellarsi a qn** to rebel against sb

ribelle [ri'bɛlle] *agg* rebellious

ribellione [ribel'ljone] *sf* rebellion

ribes ['ribes] *sm inv* ● **ribes nero**

blackcurrant ● **ribes rosso** redcurrant

ribollire [ribol'lire] *vi (fig)* to seethe

ribrezzo [ri'bretstso] *sm* horror ● **far ribrezzo a qn** to revolt sb

ricadere [rika'dere] *vi* **1.** *(cadere di nuovo)* to fall again **2.** *(in errore, vizio)* to relapse **3.** *(capelli, vestiti)* to hang down ● **ricadere su** *v + prep* to fall on

ricalcare [rikal'kare] *vt* to trace

ricamare [rika'mare] *vt* to embroider

ricambiare [rikam'bjare] *vt* **1.** *(sentimento, favore)* to return **2.** *(cambiare di nuovo)* to change again

ricambio [ri'kambjo] *sm (sostituzione)* exchange, replacement ● **in ricambio** in return ● **ricambi** *smpl* spare parts

ricamo [ri'kamo] *sm* embroidery

ricapitolare [rikapito'lare] *vt* to summarize

ricaricabile [rikari'kabile] *agg* rechargeable

ricaricare [rikari'kare] *vt* **1.** *(macchina fotografica, arma)* to reload **2.** *(batteria)* to recharge **3.** *(orologio)* to wind up

ricattare [rikat'tare] *vt* to blackmail

ricatto [ri'katto] *sm* blackmail

ricavare [rika'vare] *vt* **1.** *(estrarre)* to extract **2.** *(ottenere)* to obtain

ricavato [rika'vato] *sm (guadagno)* proceeds *pl*

ricchezza [rik'ketstsa] *sf* wealth ● **ricchezze** *sfpl* wealth *sg* ● **ricchezza naturale** natural resource

ricciarelli [ritʃtʃa'relli] *smpl* diamond-shaped sweets made from marzipan (a speciality of Siena)

riccio, a, ci, ce ['ritʃtʃo, a, tʃi, tʃe] ◇ *agg* curly ◇ *sm* **1.** *(di capelli)* curl **2.** *(animale)* hedgehog ● **riccio di mare** sea urchin

ricciolo [ri'tʃtʃolo] *sm* curl

ricciuto, a [ritʃ'tʃuto, a] *agg* curly

ricco, a, chi, che ['rikko, a, ki, ke] *agg* rich, wealthy ● **ricco di qc** rich in sthg

ricerca, che [ri'tʃerka, ke] *sf* **1.** research **2.** *(di persona, di cosa)* search ● **essere alla ricerca di** to be in search of

ricercare [ritʃer'kare] *vt* **1.** *(cercare di nuovo)* to look for (again) **2.** *(ladro)* to look for, to search for

ricercatezza [ritʃerka'tetstsa] *sf* refinement

ricercato, a [ritʃer'kato, a] *agg* **1.** *(elegante)* refined **2.** *(apprezzato)* in demand, sought-after ● **essere ricercato dalla polizia** to be wanted by the police

ricercatore, trice [ritʃerka'tore, 'tritʃe] *sm,f* researcher

ricetta [ri'tʃetta] *sf* recipe ● **ricetta medica** prescription

ricettazione [ritʃettats'tsjone] *sf* receiving (stolen goods)

ricevere [ri'tʃevere] *vt* **1.** *(lettera, regalo)* to receive, to get **2.** *(schiaffo, palla)* to get **3.** *(accogliere)* to welcome **4.** *(ospite)* to entertain **5.** *(cliente, paziente)* to receive

ricevimento [ritʃevi'mento] *sm* reception

ricevitore [ritʃevi'tore] *sm* receiver

ricevitoria

If you want to play the Italian national lottery *(il Lotto, il Superenalotto)*, do the football pools *(il Totocalcio, il Totogol)*, or bet on a horse *(il Totip)* in Italy, you go to a *ricevitoria* and fill out a lottery ticket, pools coupon, or betting slip.

ricevuta [ritʃe'vuta] *sf* receipt ● mi può fare una ricevuta? may I have a receipt?

ricezione [ritʃets'tsjone] *sf* reception

richiamare [rikja'mare] *vt* **1.** *(ritelefonare, per far tornare)* to call back **2.** *(attirare)* to attract **3.** *(rimproverare)* to reprimand ● **richiamare alla mente** qc a qn to remind sb of sthg

richiamo [ri'kjamo] *sm* **1.** *(per far tornare)* call **2.** *(attrazione)* appeal, attraction **3.** *(di vaccinazione)* booster

richiedere [ri'kjedere] *vt* **1.** *(ridomandare)* to ask again **2.** *(aiuto, spiegazioni)* to ask for **3.** *(necessitare di)* to require ● **gli ho richiesto le chiavi** *(indietro)* I asked him for my keys back

richiesta [ri'kjɛsta] *sf* **1.** *(domanda)* request **2.** *(esigenza)* demand ● **a richiesta** on request

richiesto, a [ri'kjɛsto, a] ◇ *pp* ➢ **richiedere** ◇ *agg* in demand, sought-after

richiudere [ri'kjudere] *vt* to close again

riciclare [ritʃi'klare] *vt* to recycle

ricollegare [rikolle'gare] *vt* **1.** *(centri isolati)* to reconnect **2.** *(fatti discorsi)* to connect, to relate ◆ **ricollegarsi** *vr* ● **ricollegarsi a** *(riferirsi)* to refer to; *(fatto)* to be connected with

ricominciare [rikomin'tʃare] *vt & vi* to begin again, to start again ● **ricominciare a fare** qc to begin again, to resume doing sthg

ricompensa [rikom'pensa] *sf* reward

ricompensare [rikompen'sare] *vt* to reward

ricomporre [rikom'porre] *vt* to reconstruct ◆ **ricomporsi** *vr* to regain one's composure

ricomposto, a [rikom'posto, a] *pp* ➢ **ricomporre**

riconciliare [rikontʃi'ljare] *vt* to reconcile ◆ **riconciliarsi** *vr* to be reconciled

ricondotto, a [rikon'dotto, a] *pp* ➢ **ricondurre**

ricondurre [rikon'durre] *vt* *(in luogo)* to take back, to bring back

riconferma [rikon'ferma] *sf* **1.** *(conferma ulteriore)* reconfirmation **2.** *(dimostrazione)* proof

riconfermare [rikonfer'mare] *vt* to reconfirm

riconoscente [rikonoʃ'ʃɛnte] *agg* grateful

riconoscenza [rikonoʃ'ʃɛntsa] *sf* *(gratitudine)* grattitude

riconoscere [riko'noʃʃere] *vt* **1.** to recognize **2.** *(ammettere)* to admit

riconquistare [rikonkwis'tare] *vt* **1.** *(territorio)* to reconquer **2.** *(stima, rispetto)* to regain

riconsegnare [rikonseɲ'ɲare] *vt* to give back

ricoperto, a [riko'pɛrto, a] *pp* ➢ **ricoprire**

ricopiare [riko'pjare] *vt* to copy

ricoprire [riko'prire] *vt* **1.** *(poltrona, dolce)* to cover **2.** *(carica)* to hold ● **ricoprire** qn/qc **di** qc to cover sb/sthg with sthg

ricordare [rikor'dare] *vt* to remember, to recall ● **ricordare** qc a qn to remind sb of sthg ● **non mi ricordo l'indirizzo** I don't remember the address ◆ **ricordarsi di** to remember ● **ricordarsi di aver fatto** qc to remember doing sthg ● **ricordarsi di fare** qc to remember to do sthg

ricordo [ri'kɔrdo] *sm* **1.** *(memoria)* memory **2.** (*oggetto*) souvenir

ricorrente [rikor'rɛnte] *agg* recurrent

ricorrenza [rikor'rɛntsa] *sf* anniversary

ricorrere [ri'korrere] *vi* (*ripetersi*) to recur ◆ **ricorrere a** *v* + *prep* **1.** (*rivolgersi a*) to turn to **2.** (*utilizzare*) to resort to

ricorso, a [ri'korso, a] ◇ *pp* ➤ **ricorrere** ◇ *sm* DIR appeal ◆ **far ricorso a qc** (*utilizzare*) to resort to sthg

ricostruire [rikostru'ire] *vt* **1.** (*edificio*) to rebuild **2.** (*fatto*) to reconstruct

ricotta [ri'kɔtta] *sf* ricotta (*soft cheese made from milk whey*)

ricoverare [rikove'rare] *vt* ◆ **ricoverare qn in ospedale** to admit sb to hospital

ricreare [rikre'are] *vt* (*creare di nuovo*) to recreate

ricreazione [rikreats'tsjone] *sf* (*a scuola*) break

ricredersi [ri'kredersi] *vr* to change one's mind

ricucire [riku'tʃire] *vt* to mend

recuperare [rikupe'rare] = **recuperare**

ridacchiare [ridak'kjare] *vi* to snigger

ridare [ri'dare] *vt* **1.** (*dare di nuovo*) to give again **2.** (*restituire*) to give back

ridere ['ridere] *vi* to laugh ◆ **morire dal ridere** to die laughing ◆ **ridere di** *v* + *prep* to laugh at

ridetto, a [ri'detto, a] *pp* ➤ **ridire**

ridicolo, a [ri'dikolo, a] *agg* ridiculous

ridimensionare [ridimensjo'nare] *vt* ◆ **ridimensionare un problema** to get a problem into perspective

ridire [ri'dire] *vt* (*ripetere*) to repeat ● **avere qualcosa da ridire** to find fault

ridondante [ridon'dante] *agg* redundant

ridosso [ri'dɔsso] *sm* ● **a ridosso (di qc)** behind (sthg)

ridotto, a [ri'dotto, a] ◇ *pp* ➤ **ridurre** ◇ *agg* **1.** (*prezzo*) reduced **2.** (*formato*) smaller ● **ridotto male** in a bad state

ridurre [ri'durre] *vt* to reduce ◆ **ridursi** *vr* (*diminuire*) to shrink ◆ **ridursi a** to be reduced to

riduzione [riduts'tsjone] *sf* reduction

rielaborare [rjelabo'rare] *vt* to redesign

riempire [riem'pire] *vt* **1.** to fill **2.** (*modulo*) to fill in ● **riempire di** to fill with ◆ **riempirsi di 1.** (*stadio, cinema*) to fill with **2.** (*fam*) (*mangiare*) to stuff o.s. with

rientrare [rien'trare] *vi* **1.** (*entrare di nuovo*) to go/come back in **2.** (*a casa, in patria*) to return **3.** (*essere compreso*) to be included **4.** (*avere una rientranza*) to curve inwards

riepilogo [rie'pilogo] (*pl* **-ghi**) *sm* summary

rievocare [rievo'kare] *vt* **1.** (*ricordare*) to recall **2.** (*far ricordare*) to commemorate

rifare [ri'fare] *vt* **1.** (*fare di nuovo*) to do again **2.** (*ricostruire*) to rebuild ◆ **rifare il letto** to make the bed ◆ **rifarsi di** (*perdita*) to recover ◆ **rifarsi di qc su qn** to get one's own back on sb for sthg

rifatto, a [ri'fatto, a] *pp* ➤ **rifare**

riferimento [riferi'mento] *sm* reference ● **fare riferimento a** to refer to

riferire [rife'rire] *vt* ◆ **riferire qc (a qn)** to report sthg (to sb) ◆ **riferirsi a** to refer to

rifilare [rifi'lare] *vt* ◆ **rifilare qc a qn** (*fam*) (*merce*) to palm sthg off on sb; (*fam*) (*compito*) to saddle sb with sthg

rifiniture [rifini'ture] *sfpl* finishing touches

rifiorire [rifjo'rire] *vi* to flower again

rifiutare [rifju'tare] *vt* to refuse ●
rifiutare di fare qc to refuse to do sthg

rifiuto [ri'fjuto] *sm* refusal ◆ **rifiuti** *smpl*
(*spazzatura*) rubbish *sg* (UK), trash *sg*
(US)

riflessione [rifles'sjone] *sf* reflection

riflessivo, a [rifles'sivo, a] *agg* reflexive

riflesso, a [ri'flesso, a] ◇ *pp* ➞ **riflettere**
◆ *sm* **1.** (*luce*) reflection **2.** (*conseguenza*)
repercussion **3.** MED reflex

riflettere [ri'flettere] *vt* & *vi* to reflect ●
riflettere su to reflect on, to think about
◆ **riflettersi** *vr* to be reflected ●
riflettersi su (*influire*) to influence, to
have repercussions on

riflettore [riflet'tore] *sm* **1.** (*di teatro*)
spotlight **2.** (*di stadio*) floodlight

riflusso [ri'flusso] *sm* **1.** (*flusso contrario*)
flow **2.** (*di marea*) ebb

riforma [ri'forma] *sf* reform

riformare [rifor'mare] *vt* **1.** to reform **2.**
MIL to invalid out

rifornimento [riforni'mento] *sm* ● **fare**
rifornimento di qc to stock up with sthg
◆ **rifornimenti** *smpl* supplies

rifornire [rifor'nire] *vt* ● **rifornire qn/qc**
di to supply sb/sthg with ◆ **rifornirsi di**
to stock up with

rifrangere [ri'frandʒere] *vt* to refract

rifratto, a [ri'fratto, a] *pp* ➞ **rifrangere**

rifugiarsi [rifu'dʒarsi] *vr* to take refuge

rifugiato, a [rifu'dʒato, a] *sm,f* refugee

rifugio [ri'fudʒo] *sm* (*riparo*) shelter,
refuge ● **rifugio alpino** mountain hut

riga ['riga] (*pl* **-ghe**) *sf* **1.** line **2.** (*di*
capelli) parting **3.** (*righello*) ruler ●
mettersi in riga to get into line ● **a**
righe (*tessuto*) striped; (*foglio*) lined

rigare [ri'gare] ◇ *vt* to scratch ◇ *vi* ●

rigare diritto to toe the line

rigattiere [rigat'tjere] *sm* junk dealer

rigettare [ridʒet'tare] *vt* **1.** (*gettare indie-*
tro) to throw back **2.** (*respingere*) to
reject **3.** (*fam*) (*vomitare*) to throw up

rigetto [ri'dʒetto] *sm* MED rejection

rigidità [ridʒidi'ta] *sf* **1.** (*di oggetto*)
rigidity **2.** (*del corpo*) stiffness **3.** (*di*
clima) harshness **4.** (*di regolamento, per-*
sona) strictness

rigido, a ['ridʒido, a] *agg* **1.** (*non elastico*)
rigid **2.** (*membra*) stiff **3.** (*clima*) harsh **4.**
(*severo*) strict

rigirare [ridʒi'rare] *vt* (*voltare*) to turn
(round) ● **rigirare il discorso** to change
the subject ◆ **rigirarsi** *vr* **1.** (*voltarsi*) to
turn round **2.** (*nel letto*) to turn over

rigo ['rigo] (*pl* **-ghi**) *sm* line

rigoglioso, a [rigoʎ'ʎozo, a] *agg* luxuriant

rigore [ri'gore] *sm* **1.** rigour **2.** SPORT
penalty ● **essere di rigore** to be
compulsory

rigoroso, a [rigo'rozo, a] *agg* rigorous

rigovernare [rigover'nare] *vt* to wash up

riguardare [rigwar'dare] *vt* **1.** (*guardare di*
nuovo) to look at again **2.** (*controllare*) to
check **3.** (*concernere*) to concern ◆
riguardarsi *vr* to look after o.s. ●
riguardati! look after yourself! ●
questo non ti riguarda this has
nothing to do with you

riguardo [ri'gwardo] *sm* **1.** (*attenzione*)
care **2.** (*stima*) regard, respect ● **riguar-**
do a with regard to

rilanciare [rilan'tʃare] *vt* to relaunch

rilancio [ri'lantʃo] *sm* **1.** relaunch **2.**
(*economico*) recovery

rilasciare [rilaʃ'ʃare] *vt* **1.** (*intervista*) to

give **2.** *(ostaggio)* to release **3.** *(documento, diploma)* to issue

rilassare [rilas'sare] *vt* to relax ◆ **rilassarsi** *vr* to relax

rilegare [rile'gare] *vt* to bind

rilento [ri'lɛnto] *avv* ◆ **a rilento** slowly

rilevante [rile'vante] *agg* relevant

rilevare [rile'vare] *vt* **1.** *(notare)* to notice **2.** *(mettere in evidenza)* to point out **3.** *(dati)* to collect **4.** COMM to take over

rilievo [ri'ljɛvo] *sm* relief ● **mettere in rilievo qc** to emphasize sthg

riluttante [rilut'tante] *agg* reluctant

rima ['rima] *sf* rhyme

rimandare [riman'dare] *vt* **1.** *(mandare di nuovo)* to send again **2.** *(mandare indietro)* to send back **3.** *(riunione, esame)* to postpone ● **rimandare qn a qc** *(in testo)* to refer sb to sthg ● **rimandare qn in italiano** SCOL to make sb resit their Italian exam

rimando [ri'mando] *sm* cross-reference

rimanente [rima'nente] ◇ *agg* remaining ◇ *sm* remainder

rimanenza [rima'nɛntsa] *sf* remainder

rimanere [rima'nere] *vi* **1.** *(in luogo)* to stay, to remain **2.** *(nel tempo)* to last, to remain **3.** *(avanzare)* to be left **4.** *(essere)* to be ● **mi sono rimaste dieci euro** I have ten euros left ● **siamo rimasti in due** there are (only) two of us left ● **sono rimasto solo** I was left on my own ● **rimanere indietro** *(di luogo)* to be left behind; *(nel lavoro)* to fall behind

rimarginare [rimardʒi'nare] *vt* to heal ◆ **rimarginarsi** *vr* to heal

rimasto, a [ri'masto, a] *pp* > **rimanere**

rimasuglio [rima'zuʎʎo] *sm* scrap

rimbalzare [rimbal'tsare] *vi* **1.** *(palla)* to

bounce **2.** *(proiettile)* to ricochet

rimbalzo [rim'baltso] *sm* **1.** *(di palla)* bounce **2.** *(di proiettile)* ricochet

rimbambito, a [rimbam'bito, a] *agg* daft

rimboccare [rimbok'kare] *vt* **1.** *(lenzuola, coperta)* to tuck in **2.** *(maniche, pantaloni)* to turn up ● **rimboccarsi le maniche** to roll up one's sleeves

rimbombare [rimbom'bare] *vi* to rumble

rimborsare [rimbor'sare] *vt* to reimburse, to refund

rimborso [rim'borso] *sm* refund ● **rimborso spese** refund of expenses

rimediare [rime'djare] ◇ *vt* *(fam)* *(procurarsi)* to find ◇ *vi* ● **rimediare a qc** *(sbaglio, danno)* to make amends for sthg

rimedio [ri'mɛdjo] *sm* remedy ● **porre rimedio a qc** to remedy sthg

rimescolare [rimesko'lare] *vt* **1.** *(liquido)* to mix well **2.** *(carte)* to shuffle

rimessa [ri'messa] *sf* **1.** *(per veicoli)* garage **2.** *(per aerei)* hangar **3.** *(nel calcio)* throw-in

rimesso, a [ri'messo, a] *pp* > **rimettere**

rimettere [ri'mettere] *vt* **1.** *(mettere di nuovo)* to put back **2.** *(indossare di nuovo)* to put back on **3.** *(perdonare)* to forgive, to pardon **4.** *(vomitare)* to vomit ● **rimettere a posto** to tidy up ● **rimetterci (qc)** to lose (sthg) ◆ **rimettersi** *vr* **1.** *(guarire)* to get better, to recover **2.** *(tempo)* to clear up ● **rimettersi a fare qc** to start doing sthg again

rimmel® ['rimmel] *sm inv* mascara

rimodernare [rimoder'nare] *vt* to modernize

rimontare [rimon'tare] ◇ *vt* to reassemble ◇ *vi* to catch up

rimorchiare [rimor'kjare] *vt* **1.** (*veicolo*) to tow **2.** (*fam*) (*ragazza*) to pick up

rimorchiatore [rimorkja'tore] *sm* tug

rimorchio [ri'mɔrkjo] *sm* **1.** (*operazione*) towing **2.** (*di veicolo*) trailer

rimorso [ri'mɔrso] *sm* remorse

rimosso, a [ri'mɔsso, a] *pp* ➤ rimuovere

rimozione [rimots'tsjone] *sf* **1.** (*spostamento*) removal **2.** (*da carica, impiego*) dismissal ▼ rimozione forzata o coatta towaway zone

rimpatriare [rimpatri'are] ◇ *vt* to repatriate ◇ *vi* to go home

rimpiangere [rim'pjandʒere] *vt* ◆ rimpiangere di aver fatto qc to regret doing sthg

rimpianto, a [rim'pjanto, a] ◇ *pp* ➤ rimpiangere ◇ *sm* regret

rimpiattino [rimpjat'tino] *sm* hide-and-seek

rimpiazzare [rimpjats'tsare] *vt* to replace

rimpicciolire [rimpittʃo'lire] ◇ *vt* to make smaller ◇ *vi* to become smaller

rimpinzarsi [rimpin'dzarsi] ◆ rimpinzarsi di to stuff o.s. with

rimproverare [rimprove'rare] *vt* to scold

rimprovero [rim'prɔvero] *sm* scolding

rimuginare [rimudʒi'nare] ◇ *vt* to brood over ◇ *vi* ◆ rimuginare (su qc) to ponder (sthg)

rimuovere [ri'mwɔvere] *vt* **1.** (*spostare*) to remove **2.** (*da carica*) to dismiss

Rinascimento [rinaʃʃi'mento] *sm* ◆ il Rinascimento the Renaissance

rinascita [ri'naʃʃita] *sf* **1.** (*di foglie, capelli*) regrowth **2.** (*economica, sociale*) revival

rincalzare [rinkal'tsare] *vt* **1.** (*lenzuola*) to tuck in **2.** (*muro, scala*) to prop up

rincarare [rinka'rare] *vi* to increase in price

rincasare [rinka'zare] *vi* to return home

rinchiudere [rin'kjudere] *vt* to confine ◆ **rinchiudersi in** to shut o.s. up in

rinchiuso, a [rin'kjuzo, a] *pp* ➤ rinchiudere

rincorrere [rin'korrere] *vt* to chase

rincorsa [rin'korsa] *sf* run-up

rincorso, a [rin'korso, a] *pp* ➤ rincorrere

rincrescere [rin'kreʃʃere] *vi* ◆ mi rincresce che tu parta I'm sorry you're leaving ◆ mi rincresce di non poterti aiutare I'm sorry I can't help you

rinculo [rin'kulo] *sm* recoil

rinfacciare [rinfatʃ'tʃare] *vt* ◆ rinfacciare qc a qn (*colpa, difetto*) to reproach sb with o for sthg; (*favore*) to throw sthg in sb's face

rinforzare [rinfor'tsare] *vt* **1.** (*muscoli, capelli*) to strengthen **2.** (*rendere più solido*) to reinforce

rinforzo [rin'fɔrtso] *sm* reinforcement

rinfrescante [rinfres'kante] *agg* refreshing

rinfrescare [rinfres'kare] ◇ *vt* (*atmosfera*) to cool ◇ *v impers* ◆ è rinfrescato it's got cooler ◆ rinfrescare la memoria a qn to refresh sb's memory ◆ rinfrescarsi *vr* **1.** (*ristorarsi*) to refresh o.s. **2.** (*lavarsi*) to freshen up

rinfresco [rin'fresko] (*pl* **-schi**) *sm* reception

rinfusa [rin'fuza] ◆ alla rinfusa *avv* higgledy-piggledy

ringhiare [rin'gjare] *vi* to snarl

ringhiera [rin'gjera] *sf* **1.** (*di balcone*)

railings *pl* **2.** *(di scala)* banisters *pl*

ringiovanire [rindʒova'nire] ♦ **ringiovanire** ◇ *vt* ● **ringiovanire qn** to make sb look younger ◇ *vi* to look young again, to be rejuvenated

ringraziamento [ringratstsja'mento] *sm* thanks *pl*

ringraziare [ringrats'tsjare] *vt* to thank ● **ringraziare qn di qc** to thank sb for sthg

rinnegare [rinne'gare] *vt* **1.** *(persona)* to disown **2.** *(fede)* to renounce

rinnovamento [rinnova'mento] *sm* **1.** *(cambiamento)* updating **2.** *(di impianti, locale)* renovation

rinnovare [rinno'vare] *vt* **1.** to renew **2.** *(locale)* to renovate **3.** *(ripetere)* to repeat

rinnovo [rin'nɔvo] *sm* **1.** *(di contratto, guardaroba)* renewal **2.** *(di casa)* renovation

rinoceronte [rinotʃer'onte] *sm* rhinoceros

rinomato, a [rino'mato, a] *agg* famous

rinsaldare [rinsal'dare] *vt* to strengthen

rintocco [rin'tokko] *(pl* **-chi)** *sm* **1.** *(di campana)* toll **2.** *(di orologio)* chime

rintracciare [rintratʃ'tʃare] *vt* to track down

rintronare [rintro'nare] ◇ *vt* to deafen ◇ *vi* to boom

rinuncia [ri'nuntʃa] *(pl* **-ce)** *sf* renunciation

rinunciare [rinun'tʃare] ♦ **rinunciare a** *v* + *prep (rifiutare)* to renounce; *(privarsi di)* to give up; **rinunciare a fare qc** to give up doing sthg

rinunzia [ri'nuntsja] = **rinuncia**

rinunziare [rinun'tsjare] = **renunciare**

rinvenire [rinve'nire] ◇ *vt* **1.** *(trovare)* to find **2.** *(scoprire)* to find out ◇ *vi* to come round/to, to revive

rinvenuto, a [rinve'nuto, a] *pp* ➢ **rinvenire**

rinviare [rinvi'are] *vt* to return ● **rinviare qc (a)** *(posporre)* to postpone sthg (until)

rinvio [rin'vio] *sm* **1.** *(di lettera, palla)* return **2.** *(di appuntamento, riunione)* postponement **3.** *(a pagina, capitolo)* cross-reference

rione [ri'one] *sm* quarter

riordinare [riordi'nare] *vt* **1.** *(mettere in ordine)* to tidy up **2.** *(cambiare ordine)* to reorganize

riorganizzare [riorganidz'dzare] *vt* to reorganize

riparare [ripa'rare] *vt* **1.** *(aggiustare)* to repair **2.** *(proteggere)* to protect **3.** *(rimediare)* to make up for ♦ **ripararsi** *vr* to shelter ● **ripararsi da qc** to shelter/ protect o.s. from sthg

riparazione [riparats'tsjone] *sf* repair

riparo [ri'paro] *sm* **1.** *(protezione)* protection **2.** *(rifugio)* shelter

ripartire [ripar'tire] ◇ *vt* **1.** *(eredità, guadagno)* to share out **2.** *(compiti, responsabilità)* to allocate ◇ *vi* to leave again

ripassare [ripas'sare] ◇ *vt* to go over ◇ *vi* to go/come back

ripensare [ripen'sare] ♦ **ripensare a** *v* + *prep (riflettere su)* to think over; *(cambiare idea)* to change one's mind about; *(ricordare)* to recall

ripercosso, a [riper'kɔsso, a] *pp* ➢ **ripercuotersi**

ripercuotersi [riper'kwɔtersi] ♦ **riper-**

cuotersi su to influence

ripercussione [riperkus'sjone] sf repercussion

ripescare [ripes'kare] vt 1. (dall'acqua) to fish out 2. (ritrovare) to find

ripetere [ri'petere] vt to repeat ◆ **ripetersi** vr 1. (persona) to repeat o.s. 2. (avvenimento) to happen again

ripetitivo, a [ripeti'tivo, a] agg repetitive

ripetizione [ripetits'tsjone] sf (replica) repetition ◆ **ripetizioni** sfpl private lessons

ripiano [ri'pjano] sm shelf

ripicca [ri'pikka] (pl **-che**) ◆ **per ripicca** out of spite

ripido, a ['ripido, a] agg steep

ripiegare [ripje'gare] vt 1. (lenzuola) to fold (up) 2. (piegare di nuovo) to refold ◇ vi (indietreggiare) to retreat ◆ **ripiegare su** v + prep (rassegnarsi a) to make do with

ripiego [ri'pjɛgo] (pl **-ghi**) sm expedient ◆ **per ripiego** as a makeshift

ripieno, a [ri'pjɛno, a] agg ripieno (di qc) (casa, cassetto) full (of sthg); (panino) filled (with sthg); (tacchino) stuffed (with sthg) ◇ sm (di panino) filling

riporre [ri'porre] vt 1. (mettere al suo posto) to put back 2. (mettere via) to put away ◆ **riporre la propria fiducia in qn** to place one's trust in sb

riportare [ripor'tare] vt 1. (restituire, ricondurre) to take/bring back 2. (riferire) to report, to tell 3. (ottenere) to obtain

riposare [ripo'zare] ◇ vi 1. (rilassarsi) to rest 2. (dormire) to sleep ◇ vt to rest ◆ **riposarsi** vr 1. (rilassarsi) to rest 2. (dormire) to sleep

riposo [ri'pɔzo] sm 1. rest 2. (sonno) sleep ◆ **a riposo** retired

ripostiglio [ripos'tiʎʎo] sm store room

riposto, a [ri'posto, a] pp ➤ **riporre**

riprendere [ri'prɛndere] ◇ vt 1. (prendere di nuovo) to take again 2. (ritirare) to take back 3. (ricominciare) to resume 4. (rimproverare) to reproach 5. (filmare) to shoot, to film ◇ vi ◆ **riprendere a fare qc** to start doing sthg again ◆ **riprendersi da** to recover from

ripresa [ri'presa] sf 1. (di attività) resumption 2. (da malattia) recovery 3. (di motore) acceleration 4. (cinematografica) shot ◆ **a più riprese** several times

ripreso, a [ri'preso, a] pp ➤ **riprendere**

riprodotto, a [ripro'dotto, a] pp ➤ **riprodurre**

riprodurre [ripro'durre] vt to reproduce ◆ **riprodursi** vr to reproduce

riproduzione [riproduts'tsjone] sf reproduction

ripromettersi [ripro'mettersi] vr ◆ **ripromettersi di fare qc** to intende to do sth

riprova [ri'prɔva] sf confirmation

riprovevole [ripro'vevole] agg reprehensible

ripudiare [ripu'djare] vt (moglie, figli) to reject, disown

ripugnante [ripuɲ'ɲante] agg disgusting

ripugnare [ripuɲ'ɲare] vi ◆ **ripugnare a qn** (disgustare qn) to repel ◇ disgust sb

ripulire [ripu'lire] vt 1. (pulire) to clean up 2. (rubare) to clean out

riquadro [ri'kwadro] sm 1. square 2. (di parete, soffitto) panel

risalire [risa'lire] vt to go back up ◆ **risalire a** v + prep to go back to

risaltare [rizal'tare] *vi* to stand out

risalto [ri'zalto] *sm* prominence ● **mettere in risalto qc** to make sthg stand out

risaputo, a [risa'puto, a] *agg* ● **è risaputo che ...** it is common knowledge that ...

risarcimento [rizartʃi'mento] *sm* compensation

risarcire [rizar'tʃire] *vt* ● **risarcire qn (di qc)** to compensate sb (for sthg)

risata [ri'zata] *sf* laugh

riscaldamento [riskalda'mento] *sm* heating ● **riscaldamento centrale** central heating

riscaldare [riskal'dare] *vt* 1. *(stanza)* to heat 2. *(mani)* to warm 3. *(cibo)* to heat up ● **riscaldarsi** *vr* 1. *(persona)* to warm up 2. *(diventare caldo)* to get warmer

riscatto [ris'katto] *sm* ransom

rischiarare [riskja'rare] *vt* to light up ● **rischiararsi** *vr* to clear

rischiare [ris'kjare] ◇ *vt* to risk ◇ *vi* ● **rischio di arrivare in ritardo** I'm likely to be late ● **ha rischiato di essere investito** he nearly got run over

rischio ['riskjo] *sm* risk ● **correre il rischio di fare qc** to run the risk of doing sthg

rischioso, a [ris'kjozo, a] *agg* risky

risciacquare [riʃʃak'kware] *vt* to rinse

riscontrare [riskon'trare] *vt* to find

riscontro [ris'kontro] *sm* *(conferma)* confirmation

riscosso, a [ris'kɔsso, a] *pp* ➤ **riscuotere**

riscuotere [ris'kwɔtere] *vt* 1. *(somma)* to collect 2. *(stipendio, pensione)* to receive 3. *(assegno, consenso)* to cash 4. *(successo, consenso)* to win, to earn

risentire [risen'tire] ● **risentire di** *v + prep* to be affected by ● **risentirsi** *vr* ● **risentirsi di o per qc** to take offence at sthg

riserva [ri'sɛrva] *sf* 1. *(provvista, giocatore)* reserve 2. *(di caccia, pesca)* preserve 3. *(restrizione)* reservation ● **essere in riserva** *(auto)* to be low on petrol *(UK)* o gas *(US)* ● **di riserva** in reserve

riservare [riser'vare] *vt* 1. to save 2. *(prenotare)* to book, to reserve

riservato, a [riser'vato, a] *agg* 1. *(posto, carattere)* reserved 2. *(informazione, lettera)* confidential

risiedere [ri'sjɛdere] *vi* to reside

riso ['rizo] ◇ *pp* ➤ **ridere** ◇ *sm* 1. *(cereale)* rice 2. *(il ridere: pl f risa)* laughter

risolto, a [ri'sɔlto, a] *pp* ➤ **risolvere**

risoluto, a [riso'luto, a] *agg* *(deciso)* determined

risoluzione [risoluts'tsjone] *sf* *(decisione)* resolution

risolvere [ri'sɔlvere] *vt* 1. *(problema, caso)* to solve 2. *(questione)* to resolve ● **risolversi** *vr* *(problema)* to resolve itself ● **risolversi a** ● **risolversi a fare qc** to make up one's mind to do sthg ● **risolversi in** *(andare a finire)* to turn out

risonanza [riso'nantsa] *sf* resonance ● **avere grande risonanza** *(fatto, notizia)* to arouse a great deal of interest

risorgere [ri'sɔrdʒere] *vi* 1. *(risuscitare)* to revive 2. *(problema)* to recur

Risorgimento [risordʒi'mento] *sm* ● **il Risorgimento** Risorgimento

risorsa [ri'sorsa] *sf* resort ● **risorse** *sfpl* resources

risorto, a [ri'sorto, a] *pp* ➤ **risorgere**

risotto [ri'zɔtto] *sm* risotto

risparmiare [rispar'mjare] ◇ *vi* to save ◇ *vt* **1.** *(non consumare)* to save **2.** *(non uccidere)* to spare **3.** *(evitare)* to spare ● **risparmiare qc a qn** to spare sb sthg

risparmio [ris'parmjo] *sm* **1.** *(somma)* savings *pl* **2.** *(di tempo, soldi, fatica)* saving

rispecchiare [rispek'kjare] *vt* to reflect

rispettabile [rispet'tabile] *agg* respectable

rispettare [rispet'tare] *vt* to respect ● **farsi rispettare** to command respect

rispettivamente [rispettiva'mente] *avv* respectively

rispettivo, a [rispet'tivo, a] *agg* respective

rispetto [ris'pɛtto] *sm* respect ● **mancare di rispetto (a qn)** to be disrespectful (to sb) ● **rispetto a** *(a paragone di)* compared to; *(in relazione a)* as for

rispettoso, a [rispet'tozo, a] *agg* respectful

risplendere [ris'plɛndere] *vi* to shine

rispondere [ris'pondere] *vi* **1.** to answer, to reply **2.** *(freni)* to respond ● **rispondere a** *v + prep (corrispondere)* to meet ● **rispondere a qn** to answer sb ● **rispondere di** *v + prep* to be responsible for

risposta [ris'posta] *sf* **1.** answer **2.** *(azione)* response ● **in risposta a qc** in reply to sthg

risposto, a [ris'posto, a] *pp* ➤ **rispondere**

rissa ['rissa] *sf* brawl

ristabilire [ristabi'lire] *vt* to restore ● **ristabilirsi** *vr* to recover

ristagnare [ristaɲ'ɲare] *vi* **1.** *(acqua)* to become stagnant **2.** *(fig) (industria)* to stagnate

ristampa [ris'tampa] *sf (opera)* reprint

ristorante [risto'rante] *sm* restaurant

ristretto, a [ris'tretto, a] ◇ *pp* ➤ **restringere** ◇ *agg* **1.** *(numero)* limited **2.** *(brodo)* thick **3.** *(uso)* restricted

ristrutturare [ristruttu'rare] *vt* **1.** *(azienda)* to reorganize **2.** *(casa)* to alter

risucchiare [risuk'kjare] *vt* to suck in

risultare [rizul'tare] *vi* to turn out to be ● **mi risulta che ...** I understand that ... ● **non mi risulta** not as far as I know ● **risultare da** *v + prep* to result from

risultato [rizul'tato] *sm* result

risuolare [riswo'lare] *vt* to resole

risuscitare [risuʃʃi'tare] *vt* to resuscitate

risvegliare [rizveʎ'ʎare] *vt* **1.** *(dal sonno)* to wake up **2.** *(memoria, appetito)* to awaken

risvolto [riz'vɔlto] *sm* **1.** *(di pantaloni)* turn-up *(UK)*, cuff *(US)* **2.** *(di giacca)* lapel **3.** *(fig) (conseguenza)* implication

ritagliare [ritaʎ'ʎare] *vt* to cut out

ritaglio [ri'taʎʎo] *sm* **1.** *(di giornale)* cutting **2.** *(di stoffa)* scrap ● **nei ritagli di tempo** in one's spare time

ritardare [ritar'dare] ◇ *vi* to be late ◇ *vt* **1.** *(rimandare)* to delay **2.** *(rallentare)* to slow down

ritardatario, a [ritarda'tarjo, a] *sm,f* latecomer

ritardo [ri'tardo] *sm (di treno, pagamento)* delay ● **in ritardo** late

ritenere [rite'nere] *vt* **1.** *(giudicare)* to believe **2.** *(somma)* to deduct

ritentare [riten'tare] *vt* to try again

ritirare [riti'rare] *vt* **1.** to withdraw **2.** *(pacco, da lavanderia)* to collect **3.** *(insulto, promessa)* to take back ● **ritirarsi** *vr* **1.** *(da attività)* to retire **2.** *(restringersi)* to shrink

ritirata [riti'rata] *sf* retreat

ritiro [ri'tiro] *sm* **1.** *(di pacco)* collection **2.** *(di patente, passaporto)* confiscation **3.** *(sportivo, spirituale)* retreat **4.** *(da attività)* retirement

ritmo ['ritmo] *sm* **1.** *MUS* rhythm **2.** *(di pulsazioni)* beat **3.** *(di vita, lavoro)* pace

rito ['rito] *sm* rite

ritornare [ritor'nare] *vi* **1.** *(andare, venire di nuovo)* to return, to go/come back **2.** *(ricomparire)* to recur **3.** *(ridiventare)* ◆ **ritornare pulito** to be clean again

ritornello [ritor'nɛllo] *sm* chorus

ritorno [ri'torno] *sm* return ◆ **essere di ritorno** to be back

ritrarre [ri'trarre] *vt* **1.** *(ritirare)* to withdraw **2.** *(rappresentare)* to portray

ritratto, a [ri'tratto, a] ◇ *pp* ▸ **ritrarre** ◇ *sm* portrait

ritrovare [ritro'vare] *vt* **1.** *(cosa persa)* to find **2.** *(riacquistare)* to regain ◆ **ritrovarsi** *vr* **1.** *(incontrarsi)* to meet **2.** *(in situazione)* to find o.s.

ritrovo [ri'trovo] *sm* meeting place

ritto, a ['ritto, a] *agg* upright

rituale [ritu'ale] ◇ *agg* ritual ◇ *sm* ritual

riunione [riu'njone] *sf* **1.** *(incontro)* meeting **2.** *(riconciliazione)* reconciliation

riunire [riu'nire] *vt* to bring together ◆ **riunirsi** *vr* to meet

riuscire [riuʃ'ʃire] *vi* **1.** *(avere esito)* to turn out **2.** *(aver successo)* to succeed ◆ **riuscire a fare qc** to manage to do sthg ◆ **riuscire in qc** to succeed in sthg

riva ['riva] *sf* **1.** *(di fiume)* bank **2.** *(di lago, mare)* shore

rivale [ri'vale] *agg & smf* rival

rivalutare [rivalu'tare] *vt* to revalue

rivedere [rive'dere] *vt* **1.** *(vedere di nuovo)* to see again **2.** *(riesaminare)* to review **3.** *(ripassare)* to revise ◆ **rivedersi** *vr* to meet again

rivelare [rive'lare] *vt* to reveal

rivelazione [rivelats'tsjone] *sf* **1.** *(di notizie)* revelation **2.** *RELIG* revelation

rivendicare [rivendi'kare] *vt* **1.** *(diritto, bene)* to claim **2.** *(attentato)* to claim responsibility for

rivendita [ri'vendita] *sf* *(negozio)* dealer

rivenditore, trice [rivendi'tore, 'tritʃe] *sm,f* retailer ◆ **rivenditore autorizzato** authorized dealer

riversare [river'sare] *vt* **1.** *(fig) (affetto)* to lavish **2.** *(colpa)* to heap ◆ **riversarsi** *vr* to pour

rivestimento [rivesti'mento] *sm* covering

rivestire [rives'tire] *vt* **1.** *(poltrona)* to cover **2.** *(carica)* to hold **3.** *(ruolo)* to play ◆ **rivestirsi** *vr* to get dressed again

riviera [ri'vjɛra] *sf* coast

rivincita [ri'vintʃita] *sf* **1.** *(di partita)* return match **2.** *(rivalsa)* revenge

rivisto, a [ri'visto, a] ◇ *pp* ▸ **rivedere** ◇ *sf* *(giornale)* magazine

rivolgere [ri'voldʒere] *vt* **1.** *(parola)* to address **2.** *(attenzione, occhiata)* to direct ◆ **rivolgersi a** to go and speak to

rivoltante [rivol'tante] *agg* revolting

rivoltare [rivol'tare] *vt* **1.** *(rigirare)* to turn over **2.** *(disgustare)* to disgust ◆ **rivoltarsi** *vr* to rebel

rivoltella [rivol'tɛlla] *sf* revolver

rivolto, a [ri'volto, a] ◇ *pp* ▸ **rivolgere** ◇ *sf* revolt

rivoluzionario, a [rivolutstsjo'narjo, a] *agg & sm,f* revolutionary

rivoluzione [rivoluts'tsjone] *sf* revolution

rizoma [ridz'dzɔma] (*pl* **-i**) *sm* rhizome

rizzare [rits'tsare] *vt* to stand on end ◆

rizzarsi *vr* to stand up

roastbeef ['rɔzbif] *sm inv* joint of beef braised or grilled, then served sliced

roba ['rɔba] *sf* (*cose*) stuff, things ◇ *pl* ● **roba da mangiare** things to eat ● **roba da matti!** (*well I*) never!

robiola [ro'bjɔla] *sf* a type of soft rindless cheese

robot [ro'bo] *sm inv* **1.** (*automa*) robot **2.** (*da cucina*) food processor

robotica [ro'bɔtika] *sf* TECNOL robotics

robusto, a [ro'busto, a] *agg* robust, sturdy

rocca ['rɔkka] (*pl* **-che**) *sf* fortress

roccaforte [rokka'fɔrte] *sf* stronghold

rocchetto [rok'ketto] *sm* reel, spool

roccia ['rɔttʃa] (*pl* **-ce**) *sf* rock

rocciatore, trice [rottʃa'tore] *sm.f* (*alpinista*) rock-climber

roccioso, a [rottʃ'tʃozo, a] *agg* rocky

roco, a, chi, che ['rɔko, a, ki, ke] *agg* hoarse

rodaggio [ro'daddʒo] *sm* running-in

rodere ['rɔdere] *vt* to gnaw ◆ **rodersi di** to be consumed with

rogna ['rɔɲɲa] *sf* **1.** (*malattia*) scabies **2.** (*fam*) (*guaio*) nuisance

rognone [roɲ'ɲone] *sm* kidney

rogo ['rogo] (*pl* **-ghi**) *sm* **1.** (*supplizio*) stake **2.** (*incendio*) balze

Roma ['roma] *sf* Rome

romanesco [roma'nesko] *sm* (*dialetto*) Roman

Romania [roma'nia] *sf* ● **la Romania** Romania

romanico, a, ci, che [ro'maniko, a, tʃi, ke] *agg* Romanesque

romano, a [ro'mano, a] *agg & sm.f* Roman

romanticismo [romanti'tʃizmo] *sm* romanticism

romantico, a, ci, che [ro'mantiko, a, tʃi, ke] *agg* romantic

romanza [ro'mandza] *sf* MUS aria

romanzo [ro'mandzo] *sm* (*libro*) novel

rombo ['rombo] *sm* **1.** (*rumore*) roar **2.** (*pesce*) turbot ● **a rombi** (*disegno*) diamond patterned

rompere ['rompere] ◇ *vt* **1.** to break **2.** (*fidanzamento*) to break off **3.** (*strappare*) to tear ◇ *vi* (*coppia*) to break up ● **rompersi una gamba** to break one's leg ● **smetti di rompere!** (*fam*) lay off! ◆

rompersi *vr* to break

rompicapo [rompi'kapo] *sm* puzzle

rompiscatole [rompis'katole] *smf inv* (*fam*) pest, pain in the neck

rondine ['rondine] *sf* swallow

ronzare [ron'dzare] *vi* to buzz

ronzio [ron'dzio] *sm* **1.** (*di insetti*) buzzing **2.** (*rumore*) drone

rosa ['rɔza] ◇ *agg inv* **1.** (*di colore*) pink **2.** (*sentimentale*) sentimental ◇ *sf* rose ◇ *sm* pink

rosé [ro'ze] *sm inv* rosé

rosicchiare [rozik'kjare] *vt* to gnaw, to nibble

rosmarino [rozma'rino] *sm* rosemary

roso, a ['rozo, a] *pp* ➤ **rodere**

rosolare [rozo'lare] *vt* to brown

rosolia [rozo'lia] *sf* German measles *sg*

rosone [ro'zone] *sm* **1.** (*di soffitti*) ceiling rose **2.** (*vetrata*) rose window

rospo ['rɔspo] *sm* toad

rossetto [ros'setto] *sm* lipstick

rosso, a ['rosso, a] *agg & sm* red ● **rosso**

d'uovo egg yolk

rosticceria [rostit[tʃe'ria] sf shop selling cooked food such as roast chicken, lasagne etc

rosticciana [rostit'tʃana] sf grilled or fried pork

rotaie [ro'taje] sfpl rails

rotazione [rotats'tsjone] sf rotation

rotella [ro'tella] sf cog

rotolare [roto'lare] vi (palla, valanga) to roll ◆ **rotolarsi** vr to roll

rotolo ['rɔtolo] sm roll ● **andare a rotoli** to go to rack and ruin

rotonda [ro'tonda] sf circular terrace

rotondo, a [ro'tondo, a] agg round

rotta ['rotta] sf route

rottame [rot'tame] sm scrap

rotto, a ['rotto, a] ◇ pp = **rompere** ◇ agg 1. (spezzato, guasto) broken 2. (strappato) torn

rottura [rot'tura] sf 1. (azione) breaking 2. (interruzione) breaking-off 3. (fam) (seccatura) nuisance

roulette [ru'let] sf roulette

roulotte [ru'lɔt] sf inv caravan

routine [ru'tin] sf inv routine

rovente [ro'vɛnte] agg red-hot

rovescia [ro'veʃʃa] sf ● **alla rovescia** upside down; (sottosopra) inside out

rovesciare [roveʃ'ʃare] vt 1. (liquido) to spill 2. (tavolo, sedia) to overturn 3. (situazione) to turn upside down ◆ **rovesciarsi** vr 1. (versarsi) to spill 2. (capovolgersi) to overturn 3. (barca) to capsize

rovescio [ro'veʃʃo] sm 1. (di vestito, stoffa) wrong side 2. (pioggia) downpour 3. (nel tennis) backhand ● **al rovescio** (con l'interno all'esterno) inside out; (con il

davanti didietro) back to front

rovina [ro'vina] sf ruin ● **andare in rovina** to collapse ◆ **rovine** sfpl ruins

rovinare [rovi'nare] vt to ruin ◆ **rovinarsi** vr 1. (cosa) to be ruined 2. (persona) to be ruined

rovo ['rovo] sm bramble bush

rozzo, a ['rodzdzo, a] agg rough

ruba ['ruba] sf ● **andare a ruba** to sell like hot cakes

rubare [ru'bare] ◇ vt to steal ◇ vi ● **hanno rubato in casa mia** my house has been burgled ● **rubare qc a qn** to steal sthg from sb

rubinetto [rubi'netto] sm tap

rubino [ru'bino] sm ruby

rubrica [ru'brika] (pl **-che**) sf 1. (di indirizzi) address book 2. (di giornale) column

ruderi ['ruderi] smpl ruins

rudimentale [rudimen'tale] agg rudimentary, basic

ruffiano, a [ruf'fjano, a] sm,f creep

ruga, ghe ['ruga, ge] sf wrinkle

rugby ['rɛgbi] sm rugby

ruggine [rud'dʒine] sf rust

ruggire [rud'dʒire] vi to roar

rugiada [ru'dʒada] sf dew

rullino [rul'lino] sm roll of film ● **un rullino da 24** a 24-exposure film

rullo ['rullo] sm 1. (rotolo, arnese) roller ◆ 2. (di tamburo) roll

rum [rum] sm inv rum

rumeno, a [ru'meno, a] ◇ agg (della Romania) Romanian ◇ sm,f (persona) Romanian ◇ sm (lingua) Romanian

rumore [ru'more] sm noise

rumoroso, a [rumo'rozo, a] agg noisy

ruolo ['rwɔlo] sm role

ruota ['rwɔta] *sf* wheel ● ruota di scorta spare wheel
ruotare [rwo'tare] *vi* & *vt* to rotate
rupe ['rupe] *sf* cliff
ruscello [ruʃ'ʃello] *sm* stream
ruspa ['ruspa] *sf* excavator
Russia ['russja] *sf* ● la Russia Russia
russo, a ['russo, a] *agg, sm* & *sf* Russian
rustico, a, ci, che ['rustiko, a, tʃi, ke] *agg* rustic
ruttare [rut'tare] *vi* to belch
rutto ['rutto] *sm* belch
ruvido, a ['ruvido, a] *agg* rough
ruzzolare [rutstso'lare] *vi* to tumble down
ruzzolone [rutstso'lone] *sm* tumble

SS

sabato ['sabato] *sm* Saturday ● torniamo sabato we'll be back on Saturday ● oggi è sabato it's Saturday today ● sabato 6 maggio Saturday 6 May ● sabato pomeriggio Saturday afternoon ● sabato prossimo next Saturday ● sabato scorso last Saturday ● di sabato on Saturdays ● a sabato! see you Saturday!
sabbia ['sabbja] *sf* sand
sabotare [sabo'tare] *vt* to sabotage
sacca ['sakka] (*pl* **-che**) *sf* (borsa) bag
saccarina [sakka'rina] *sf* saccharin
saccente [satʃ'tʃɛnte] *sm.f* conceited
saccheggiare [sakkedʒ'dʒare] *vt* **1.** (case, villaggi) to loot **2.** (fig) (con acquisti) to buy up

sacchetto [sak'ketto] *sm* bag
sacco ['sakko] (*pl* **-chi**) *sm* **1.** (di carta, nylon) bag **2.** (di iuta) sack ● un sacco di a lot of ● sacco a pelo sleeping bag
sacerdote [satʃer'dɔte] *sm* priest
sacrificare [sakrifi'kare] *vt* to sacrifice ●
sacrificarsi *vr* to make sacrifices
sacrificio [sakri'fitʃo] *sm* sacrifice
sacro, a ['sakro, a] *agg* sacred
sadico, a, ci, che ['sadiko, a, tʃi, ke] ◇ *agg* sadistic ◇ *sm.f* sadist
safari [sa'fari] *sm inv* safari
saggezza [sadʒ'dʒetstsa] *sf* wisdom
saggio, a, gi, ge ['sadʒdʒo, a, dʒi, dʒe] ◇ *agg* wise ◇ *sm* **1.** (persona) wise man, sage **2.** (campione) sample **3.** (libro, ricerca) essay
Sagittario [sadʒit'tarjo] *sm* Sagittarius
sagoma ['sagoma] *sf* **1.** (profilo, forma) outline **2.** (fam) (persona) character
sagra ['sagra] *sf* festival, feast

sagre

Festivals may be either religious or non-religious in nature. Some celebrate the patron saint of a town or the anniversary of the foundation of a church with processions, fairs, and funfairs. Others are organized to celebrate a local product with stands where you can sample local wine, truffles, chestnuts etc.

sagrestano, a [sagres'tano, a] *sm.f* sacristan
sai ['sai] > **sapere**
saint-honoré [sɛntono'rɛ] *sm inv* dessert consisting of a puff pastry base topped

with cream and surrounded by choux buns

sala ['sala] *sf* **1.** *(salotto)* living room **2.** *(di palazzo)* hall ● **sala d'aspetto** o **d'attesa** waiting room ● **sala da gioco** gaming room ● **sala operatoria** operating theatre ● **sala da pranzo** dining room

salame [sa'lame] *sm* salami

salare [sa'lare] *vt* to salt

salario [sa'larjo] *sm* wage

salatini [sala'tini] *smpl* salted crackers

salato, a [sa'lato, a] *agg* **1.** *(con sale)* salted **2.** *(con troppo sale)* salty **3.** *(fam) (caro)* expensive

saldare [sal'dare] *vt* **1.** *(metalli)* to weld **2.** *(debito, conto)* to settle

saldo, a [ˈsaldo, a] ◇ *agg* *(resistente, stabile)* firm ◇ *sm* balance ◆ **saldi** *smpl* sales

sale ['sale] *sm* salt ● **sale grosso** cooking salt

salice ['salitʃe] *sm* willow ● **salice piangente** weeping willow

saliente [sa'ljɛnte] *agg* salient

saliera [sa'ljɛra] *sf* saltcellar (*UK*), salt shaker (*US*)

salire [sa'lire] ◇ *vt* *(scale)* to go up ◇ *vi* **1.** to go up **2.** *(aereo)* to climb ● **salire in** o **su** *(treno, moto)* to get onto; *(auto)* to get into ● **salire su** *(tetto, podio)* to climb onto ● **salire a bordo** to board

salita [sa'lita] *sf* climb ● **in salita** uphill

saliva [sa'liva] *sf* saliva

salma ['salma] *sf* *(form)* *(cadavere)* corpse

salmone [sal'mone] *sm* salmon

salone [sa'lone] *sm* **1.** *(sala)* sitting room **2.** *(mostra)* show

salotto [sa'lɔtto] *sm* lounge

salpare [sal'pare] ◇ *vi* *(partire)* to set sail ◇ *vt* ● **salpare l'ancora** to weigh anchor

salsa ['salsa] *sf* sauce ● **salsa di pomodoro** tomato sauce

salsiccia [sal'sittʃa] *(pl* **-ce**) *sf* sausage

saltare [sal'tare] ◇ *vt* **1.** *(scavalcare)* to jump (over) **2.** *(omettere)* to skip ◇ *vi* to jump ● **fare saltare qc** to blow sthg up ● **saltare fuori (da qc)** to jump out (from sthg) ● **saltare giù da qc** to jump down from sthg ● **saltare su (qc)** to jump on (sthg)

saltimbocca [saltim'bokka] *sm inv* thin slices of veal rolled up with ham and sage

salto ['salto] *sm* **1.** *(balzo)* jump **2.** *(visita)* ● **fare un salto in città** to pop into town ● **salto in alto/lungo** high/long jump ● **salto con l'asta** pole vault

salumeria [salume'ria] *sf* delicatessen

salumi [sa'lumi] *smpl* cold meats and salami

salutare [salu'tare] *vt* **1.** *(incontrandosi)* to greet, to say hello to **2.** *(andando via)* to say goodbye to ◆ **salutarsi** *vr* **1.** *(incontrandosi)* to say hello **2.** *(andando via)* to say goodbye ● **salutamelo!** say hello to him from me!

salute [sa'lute] *sf* health ● **bere alla salute di qn** to drink to sb's health

saluto [sa'luto] *sm* **1.** *(incontrandosi)* greeting **2.** *(andando via)* goodbye **3.** *(col capo)* nod **4.** *(con la mano)* wave

salvadanaio [salvada'najo] *sm* money-box

salvagente [salvadʒ'ɛnte] *sm* **1.** *(giubbotto)* life jacket **2.** *(ciambella)* life buoy **3.** *(spartitraffico)* traffic island

salvaguardàre [salvagwar'dare] *vt* to safeguard

salvare [sal'vare] *vt* **1.** *(vita, persona)* to survive **2.** *(onore)* to protect ◆ **salvarsi** *vr* to save o.s.

salvataggio [salva'taddʒo] *sm* rescue

salvavita ® [salva'vita] *sm inv* fuse box

salve ['salve] *esclam (fam)* hello!

salvezza [sal'vetstsa] *sf* safety

salvia ['salvja] *sf* sage

salvietta [sal'vjetta] *sf* wet wipe

salvo, a ['salvo, a] ◇ *agg* safe ◇ *prep* except for ● **essere in salvo** to be safe ● **salvo imprevisti** barring accidents

san [san] ▷ **santo**

sandali ['sandali] *smpl* sandals

sangue ['sangwe] *sm* blood ● **a sangue freddo** in cold blood

sanguinare [sangwi'nare] *vi* to bleed

sanità [sani'ta] *sf* health service

sanitario, a [sani'tarjo, a] *agg* **1.** *(sistema, servizio)* health *(dav s)* **2.** *(condizioni)* sanitary ◆ **sanitari** *smpl* bathroom fittings

San Marino [samma'rino] *sf* San Marino

La Repubblica di San Marino

Situated near the Adriatic coast in central Italy and just 61 km² in size, the Republic of San Marino was founded in 300 AD. Its capital is the City of San Marino and its official language is Italian. It is an independent state and is not a member of the EU.

sano, a ['sano, a] *agg* healthy ● **sano e salvo** safe and sound ● **sano come un pesce** as fit as a fiddle

San Silvestro [sansil'vestro] *sf* ● **la notte di San Silvestro** New Year's Eve

santità [santi'ta] *sf (condizione)* sanctity ● **Sua Santità** *(Papa)* His Holiness

santo, a ['santo, a] ◇ *agg* holy ◇ *sm,f* saint ● **Santo Stefano** ≃ Boxing Day ● **tutto il santo giorno** all day long

santuario [santu'arjo] *sm* sanctuary

sanzione [san'tsjone] *sf* sanction

sapere [sa'pere] *vt* to know ● **mi sa che non viene** I don't think he's coming ● **sapere fare qc** to know how to do sthg ● **sai sciare?** can you ski? ● **far sapere qc a qn** to let sb know sthg ● **sapere di** *v* + *prep* to taste of

sapone [sa'pone] *sm* soap ● **sapone da bucato** ≃ household

saponetta [sapo'netta] *sf* bar of soap

sapore [sa'pore] *sm* taste, flavour

saporito, a [sapo'rito, a] *agg* tasty

saracinesca [saratʃi'neska] *(pl* **-sche)** *sf* rolling shutter

sarcastico, a, ci, che [sar'kastiko, a, tʃi, ke] *agg* sarcastic

sarde [sar'de] *sfpl* ● **sarde e beccaficu** *fried sardines stuffed with breadcrumbs, pecorino cheese and tomatoes*

Sardegna [sar'deɲɲa] *sf* ● **la Sardegna** Sardinia

sardina [sar'dina] *sf* sardine

sardo, a ['sardo, a] *agg & sm,f* Sardinian

sarto, a ['sarto, a] *sm,f* **1.** dressmaker **2.** *(per azienda)* tailor

sartù [sar'tu] *sm inv* ● **sartù di riso** *rice mould filled with liver, mushrooms, peas, meatballs, mozzarella cheese and* *boiled eggs (a speciality of Naples)*

sasso ['sasso] *sm* stone

sassofono [sas'sɔfono] *sm* saxophone

satellite [sa'tɛllite] *sm* **1.** *(naturale, artificiale)* satellite **2.** *TV* satellite TV

satira ['satira] *sf* satire

saturo, a ['saturo, a] *agg* **1.** *(soluzione)* saturated **2.** *(mercato)* saturated

sauna ['sawna] *sf* sauna

savoiardi [savo'jardi] *smpl* sponge fingers

saziare [sats'tsjare] *vt* to satisfy

sazietà [satstsje'ta] *sf* ● mangiare a sazietà to eat one's fill

sazio, a ['satstsjo, a] *agg* full

sbadato, a [zba'dato, a] *agg* careless

sbadigliare [zbadiʎ'ʎare] *vi* to yawn

sbadiglio [zba'diʎʎo] *sm* yawn

sbafo [z'bafo] *sm* ● a sbafo at somebody else's expense

sbagliare [zbaʎ'ʎare] ◇ *vt* **1.** to get wrong **2.** *(indirizzo, persona)* to get wrong ◇ *vi* **1.** *(fare un errore)* to make a mistake **2.** *(avere torto)* to be wrong ● sbagliare mira to miss one's aim ● sbagliare strada to take the wrong road ● ho sbagliato a sbagliare I counted wrong ◆ **sbagliarsi** *vr* **1.** *(fare un errore)* to make a mistake **2.** *(avere torto)* to be wrong ● sbagliarsi di grosso to be completely wrong

sbagliato, a [zbaʎ'ʎato, a] *agg* wrong

sbaglio [z'baʎʎo] *sm* mistake ● fare uno sbaglio to make a mistake ● fare qc per sbaglio to do sthg by mistake

sbalzare [zbal'tsare] *vt* to throw

sbalzo [z'baltso] *sm* *(di temperatura)* change

sbandare [zban'dare] *vi* to skid

sbandata [zban'data] *sf* skid ● prendersi una sbandata per qn to fall for sb

sbandato, a [zban'dato, a] *sm,f* *(delinquente)* drop-out

sbandierare [zbandje'rare] *vt* **1.** *(sventolare)* to wave **2.** *(ostentare)* to show off

sbando [z'bando] *sm* ● allo sbando adrift

sbaraglio [zba'raʎʎo] *sm* ● andare allo sbaraglio to risk everything

sbarazzare [zbarats'tsare] *vt* to clear up ◆ **sbarazzarsi di** to get rid of

sbarazzino, a [zbarats'tsino, a] *agg* cheeky

sbarcare [zbar'kare] ◇ *vt* **1.** *(merce)* to unload **2.** *(passeggeri)* to disembark ◇ *vi* *(da nave)* to disembark

sbarco [z'barko] *sm* **1.** *(di merci)* unloading **2.** *(di passeggeri)* disembarkation

sbarra [z'barra] *sf* **1.** *(spranga)* bar **2.** *(segno grafico)* stroke **3.** *(di passaggio a livello)* barrier

sbarrare [zbar'rare] *vt* **1.** *(porta, finestra)* to bar **2.** *(passaggio)* to block ● sbarrare gli occhi to open one's eyes wide

sbarrato, a [zbar'rato, a] *agg* **1.** *(strada)* blocked **2.** *(porta)* barred **3.** *(casella)* crossed **4.** *(parola)* crossed **5.** *(occhi)* wide open

sbattere [z'battere] ◇ *vt* **1.** to beat **2.** *(porta)* to bang, to slam ◇ *vi* to bang ● sbattere contro *(muro)* to bang against, to knock against ● sbattere fuori qn to throw sb out ◆ **sbattersene** *vr* *(fam)* not to give a damn

sbattuto, a [zbat'tuto, a] *agg* downcast

sbavare [zba'vare] *vi* to dribble

sbellicarsi [zbelli'karsi] *vr* ● sbellicarsi dal ridere to split one's sides laughing

sbiadire [zbja'dire] *vt* to fade ◆ **sbiadirsi** *vr* to fade

sbiadito, a [zbja'dito, a] *agg* faded

sbiancare [zbjan'kare] ◇ *vi* to grow pale ◇ *vt* to bleach

sbieco, a, chi, che [z'bjɛko, a, ki, ke] *agg* ● **di sbieco** *(obliquamente)* at an angle

sbigottire [zbigot'tire] *vt* to dismay ◆ **sbigottirsi** *vr* to be dismayed

sbigottito, a [zbigot'tito, a] *agg* dismayed, aghast

sbilanciare [zbilan'tʃare] *vt* to unbalance ◆ **sbilanciarsi** *vr* **1.** *(perdere l'equilibrio)* to lose one's balance **2.** *(fig) (compromettersi)* to compromise o.s.

sbirciare [zbir'tʃare] *vt* **1.** *(con curiosità)* to eye **2.** *(di sfuggita)* to peep at

sbizzarrirsi [zbidzdzar'rirsi] *vr* to satisfy one's whims

sbloccare [zblok'kare] *vt* to unblock ● sbloccare la situazione to get things moving ◆ **sbloccarsi** *vr* **1.** *(meccanismo)* to become unblocked **2.** *(situazione)* to return to normal

sboccare [zbok'kare] ◆ **sboccare in** *v* + *prep (fiume)* to flow into; *(strada)* to lead into; *(concludersi con)* to end in

sboccato, a [zbok'kato, a] *agg* foulmouthed

sbocciare [zbot'tʃare] *vi* to bloom

sbocco [z'bokko] *(pl* **-chi)** *sm* **1.** *(di strada)* end **2.** *(di fiume)* mouth **3.** *(fig) (esito)* way out

sbornia [z'bɔrnja] *sf (fam)* ● prendersi una sbornia to get plastered

sborsare [zbor'sare] *vt (pagare)* to pay out

sbottare [zbot'tare] *vi* **1.** *(in risata)* to burst out **2.** *(di rabbia)* to explode

sbottonare [zbotto'nare] *vt* to unbutton ● sbottonarsi la giacca to undo one's jacket ◆ **sbottonarsi** *vr (fam) (confidarsi)* to open up

sbracciarsi [zbrat'tʃarsi] *vr* to wave one's arms about

sbracciato, a [zbrat'tʃato, a] *agg* **1.** *(vestito)* sleeveless **2.** *(persona)* with bare arms

sbraitare [zbraj'tare] *vi* to shout

sbranare [zbra'nare] *vt* to tear to pieces

sbriciolare [zbritʃo'lare] *vt* to crumble ◆ **sbriciolarsi** *vr (pane, muro)* to crumble

sbrigare [zbri'gare] *vt (faccenda)* to deal with ◆ **sbrigarsi** *vr* to hurry ● sbrigarsi a fare qc to hurry up and do sthg

sbrodolare [zbrodo'lare] *vt* to stain

sbronza [z'brondza] *sf (fam)* ● prendersi una sbronza to get plastered

sbronzo, a [z'brondzo, a] *agg (fam)* plastered

sbucare [zbu'kare] *vi* **1.** *(uscire)* to come out **2.** *(saltar fuori)* to spring out

sbucciare [zbut'tʃare] *vt* to peel ● sbucciarsi un ginocchio to graze one's knee

sbuffare [zbuf'fare] *vi* **1.** *(per fastidio, noia)* to snort **2.** *(per caldo)* to pant

scabroso, a [ska'brozo, a] *agg* indecent

scacchi ['skakki] *smpl* chess *sg* ◆ **a scacchi** *(tessuto)* checked

scacciare [skat'tʃare] *vt* **1.** *(persona, animale)* to drive away **2.** *(preoccupazioni)* to dispel

scadente [ska'dɛnte] *agg* **1.** *(prodotto)* poor-quality **2.** *(qualità)* poor

scadenza [ska'dentsa] *sf* **1.** *(di cibo)* sell-by date **2.** *(di documento, contratto)* expiry date **3.** *(di medicinali)* "use-by"

date **4.** *(per iscrizione, consegna)* deadline

scadere [ska'dere] *vi* **1.** to expire **2.** *(cibo)* to pass it's sell by date

scaffale [skaf'fale] *sm* shelf

scafo [s'kafo] *sm* hull

scagionare [skadʒo'nare] *vt* to exonerate, excuse

scaglia [s'kaʎʎa] *sf* **1.** *(frammento)* flake, chip **2.** *(di pesce)* scale

scagliare [skaʎ'ʎare] *vt* to throw ● **scagliarsi contro** **1.** *(assalire)* to hurl o.s. against **2.** *(fig) (insultare)* to hurl abuse at

scaglionare [skaʎʎo'nare] *vt* **1.** *(persona)* to group **2.** *(pagamento)* stagger

scaglione [skaʎ'ʎone] *sm* echelon ● **a scaglioni** in groups

scala [s'kala] *sf* **1.** *(gradini)* stairs *pl*, staircase **2.** *(a pioli)* ladder **3.** *(di valori)* scale ● **su larga scala** on a large scale ● **scala mobile** escalator ● **le scale** the stairs

Il Teatro alla Scala

La Scala, which first opened its doors in 1778, is one of the world's most famous venues for opera and ballet. It was completely refurbished in 2004, and its productions feature many of the greatest opera singers, ballet dancers, musicians, and conductors in the world.

scalare [ska'lare] *vt* **1.** *(mura, montagna)* to climb **2.** *(somma)* to knock off **3.** *(capelli)* to layer

scalata [ska'lata] *sf* climb

scalatore, trice [skala'tore, 'tritʃe] *sm,f* climber

scalcinato, a [skaltʃi'nato, a] *agg (fig) (casa)* shabby

scaldabagno [skalda'baɲɲo] *sm* water heater

scaldare [skal'dare] *vt* to heat ● **scaldarsi** *vr* **1.** *(al fuoco, al sole)* to warm o.s. **2.** *(fig) (accalorarsi)* to get excited

scaleo [ska'leo] *sm* stepladder

scalfire [skal'fire] *vt* to scratch

scalinata [skali'nata] *sf* flight of steps

scalino [ska'lino] *sm* step

scalmanarsi [skalma'narsi] *vr* to get worked up

scalo [s'kalo] *sm* call ● **fare scalo a** *(in aereo)* to make a stopover at; *(in nave)* to call at ● **scalo merci** goods yard *(UK)*, freight yard *(US)*

scaloppina [skalop'pina] *sf* escalope

scalpore [skal'pore] *sm (risonanza)* stir ● **fare** o **destare scalpore** to cause a stir

scaltro, a [s'kaltro, a] *agg* shrewd

scalzo, a [s'kaltso, a] *agg* barefooted

scambiare [skam'bjare] *vt* to exchange, to swap ● **scambiare qn/qc per** *(confondere)* to mistake sb/sthg for ● **scambiarsi qc** to exchange sthg

scambio [s'kambjo] *sm* **1.** *(di regali, opinioni)* exchange **2.** *(confusione)* mistake **3.** *COMM* trade ● **fare a scambio con qn** to swap with sb

scampagnata [skampaɲ'ɲata] *sf* trip to the country

scampare [skam'pare] *vt* to escape ● **scamparla (bella)** to have a narrow escape ● **scampare a** *v + prep* to escape

scampo [s'kampo] *sm* ● **non c'è (via di) scampo** there is no way out ● **trovare scampo in qc** to find safety in sthg ● **scampi** *smpl* scampi *sg*

scampolo [s'kampolo] *sm* remnant

scandagliare [skanda'ʎʎare] *vt (mare)* to sound

scandalizzare [skandalidz'dzare] *vt* to scandalize ◆ **scandalizzarsi** *vr* to be scandalized

scandalo [s'kandalo] *sm* scandal ● **dare scandalo** to make a spectacle of o.s. ● **fare scandalo** to cause a scandal

scandaloso, a [skanda'lozo, a] *agg* scandalous

Scandinavia [skandi'navja] *sf* ● **la Scandinavia** Scandinavia

scandire [skan'dire] *vt* to articulate

scannare [skan'nare] *vt* **1.** *(animale)* to butcher **2.** *(persona)* to cut the throat of

scanner [s'kanner] *sm* INFORM scanner

scansafatiche [skansafa'tike] *smf inv* idler, waster

scansare [skan'sare] *vt* **1.** *(spostare)* to shift **2.** *(colpo)* to ward off **3.** *(difficoltà, fatica)* to avoid **4.** *(persona)* to shun ◆ **scansarsi** *vr* to step aside

scanso [s'kanso] *sm* ● **a scanso di equivoci** *(in order)* to avoid any misunderstandings

scantinato [skanti'nato] *sm* basement

scanzonato, a [skantso'nato, a] *agg* easygoing

scapaccione [skapatʃ'tʃone] *sm* slap

scapestrato, a [skapes'trato, a] *agg* dissolute

scapito [s'kapito] *sm* ● **a scapito di** to the detriment of

scapolo [s'kapolo] *sm* bachelor

scappamento [skappa'mento] *sm* ➢ **tubo**

scappare [skap'pare] *vi* **1.** *(fuggire)* to escape **2.** *(da casa)* to run away **3.** *(andare)* to rush ● **mi è scappato detto** I let it slip ● **mi è scappato di mano** it slipped out of my hands ● **mi è scappato di mente** it slipped my mind ● **mi è scappato da ridere** I couldn't help laughing ● **lasciarsi scappare l'occasione** to miss an opportunity

scappatella [skappa'tella] *sf* casual affair

scappatoia [skappa'toja] *sf* way out

scarabocchiare [skarabok'kjare] ◇ *vt* to scrawl ◇ *vi* to scribble

scarafaggio [skara'fadʒdʒo] *sm* cockroach

scaramanzia [skaraman'tsia] *sf* ● **per scaramanzia** for luck

scaraventare [skaraven'tare] *vt* to hurl ◆ **scaraventarsi** *vr* to fling o.s.

scarcerare [skartʃe'rare] *vt* to release

scarica [s'karika] *(pl* **-che***)* *sf* **1.** *(di pugni)* hail **2.** *(di pistola)* volley ● **scarica elettrica** electrical discharge

scaricare [skari'kare] *vt* **1.** *(merci, camion, arma)* to unload **2.** *(passeggeri)* to let off **3.** *(batteria)* to run down **4.** *(fig) (colpa)* to shift ◆ **scaricarsi** *vr* **1.** *(batteria)* to go flat **2.** *(fig) (rilassarsi)* to unwind

scarico, a, chi, che [s'kariko, a, ki, ke] ◇ *agg* **1.** *(camion, arma)* unloaded **2.** *(batteria)* flat ◇ *sm* **1.** *(di merci)* unloading **2.** *(discarica)* dump ▼ **divieto di scarico** no dumping

scarlatto, a [skar'latto, a] *agg* scarlet

scarpa [s'karpa] *sf* shoe ● **che numero di scarpe porta?** what size shoe do you take? ● **scarpe da ginnastica** plimsolls *(UK)*, sneakers *(US)*

scarpata [skar'pata] *sf* slope

scarponi [skar'poni] *smpl* boots ● **scarponi da sci** ski boots

scarseggiàre [skarsed'dʒare] *vi* to be scarce ♦ **scarseggiare di** *v* + *prep* to be short of

scarsità [skarsi'ta] *sf inv* scarcity, shortage

scàrso, a [s'karso, a] *agg* scarce ● **un chilo scarso** just under a kilo

scartàre [skar'tare] *vt* 1. *(regalo)* to unwrap 2. *(eliminare)* to reject 3. *(nelle carte)* to discard

scàrto [s'karto] *sm* 1. *(scelta)* discarding 2. *(cosa scartata)* reject 3. *(differenza)* gap, difference

scassàre [skas'sare] *vt (fam) (rompere, rovinare)* to annoy

scassàto, a [skas'sato, a] *agg (fam) (rovinato, rotto)* smashed

scassinàre [skassi'nare] *vt* to break open

scàsso [s'kasso] *sm* ➤ **furto**

scatenàre [skate'nare] *vt* to provoke, to stir up ♦ **scatenarsi** *vr* 1. *(temporale)* to break up 2. *(persona)* to go wild

scatenàto, a [skate'nato, a] *agg (persona, ballo)* wild

scàtola [s'katola] *sf* 1. box 2. *(di latta)* tin, can ● **in scatola** *(cibo)* tinned, canned ● **rompere le scatole a qn** *(fam)* to get up sb's nose

scattànte [skat'tante] *agg* agile

scattàre [skat'tare] ◇ *vt (foto)* to take ◇ *vi* 1. *(balzare)* to jump 2. *(molla, congegno)* to be released 3. *(allarme)* to go off 4. *(manifestare ira)* to fly into a rage ● **far scattare** *(molla, congegno)* to release sthg; *(allarme)* to set off

scàtto [s'katto] *sm* 1. *(di congegno)* release 2. *(rumore)* click 3. *(di foto)* shot 4. *(balzo)* fit ● **di scatto** suddenly

scaturìre [skatu'rire] ♦ **scaturire da** *v* + *prep (sgorgare)* to gush from; *(fig) (derivare)* to come from

scavalcàre [skaval'kare] *vt* 1. *(muro, ostacolo)* to climb over 2. *(fig) (concorrenti)* to overtake

scavàre [ska'vare] *vt* 1. *(fossa, terreno)* to dig 2. *(render cavo)* to hollow out

scàvo [s'kavo] *sm* excavation

scégliere [ʃeʎʎere] *vt* to choose

scélta [ʃelta] *sf* 1. choice 2. *(raccolta)* selection ● **non avere scelta** to have no choice ▼ **frutta o formaggio a scelta** choice of fruit or cheese

scélto, a [ʃelto, a] ◇ *pp* ➤ **scegliere** ◇ *agg* 1. *(gruppo)* select 2. *(frutta)* choice

scémo, a [ʃemo, a] *agg (fam)* stupid, silly

scèna [ʃɛna] *sf* scene

scenàta [ʃe'nata] *sf* row, scene

scéndere [ʃendere] ◇ *vi* 1. *(venir giù)* to go/come down 2. *(da treno)* to get off 3. *(diminuire)* to go down ◇ *vt* to go/come down ● **scendere dal treno** to get off the train ● **scendere dalla macchina** to get out of the car

sceneggiàta [ʃened'dʒata] *sf (messinscena)* performance ● **sceneggiata napoletana** *Neapolitan melodrama*

sceneggiàto [ʃened'dʒato] *sm* serial

sceneggiatùra [ʃenedʒdʒa'tura] *sf* screenplay

scervellàrsi [ʃervel'larsi] *vr* to rack one's brains

scéso, a [ʃezo, a] *pp* ➤ **scendere**

scèttico, a, ci, che [ʃettiko, a, tʃi, ke] *agg* sceptical

schèda [s'keda] *sf* 1. *(cartoncino)* card 2. *(modulo)* form ● **scheda magnetica** magnetic card

schedare [ske'dare] *vt (libro)* to catalogue ● **è stato schedato dalla polizia** he has a police record

schedario [ske'darjo] *sm* 1. *(raccolta)* file 2. *(mobile)* filing cabinet

schedina [ske'dina] *sf* ≃ pools coupon

scheggia [s'keddʒa] *(pl* **-ge)** *sf* splinter

scheletro [s'keletro] *sm* skeleton

schema [s'kɛma] *(pl* **-i)** *sm* plan

scherma [s'kerma] *sf* fencing

schermare [sker'mare] *vt* 1. *(nascondere)* to shield 2. *(raggi, radiazioni)* to screen

schermata [sker'mata] *sf* screenful

schermo [s'kermo] *sm* screen

scherno [s'kerno] *sm* derision

scherzare [sker'tsare] *vi* to joke

scherzo [s'kertso] *sm* 1. *(battuta, gesto)* joke 2. *(brutto tiro)* trick ● **fare qc per scherzo** to do sthg for a laugh ● **è uno scherzo** *(cosa facile)* it's child's play

scherzoso, a [sker'tsoso, a] *agg* playful

schiaccianoci [skjatʃa'notʃi] *sm inv* nutcrackers *pl*

schiacciare [skjatʃ'tʃare] *vt* 1. *(comprimere)* to crush 2. *(noce)* to crack 3. *(pulsante)* to press 4. *(fig) (avversario)* to overwhelm 5. *SPORT* to smash ● **schiacciarsi** *vr* to get squashed

schiacciata [skjatʃ'tʃata] *sf (focaccia)* type of flat salted bread made with olive oil

schiacciato, a [skjatʃ'tʃato, a] *agg* 1. *(appiattito)* flat 2. *(deformato)* squashed

schiaffo [s'kjaffo] *sm* slap

schiamazzi [skja'matstsi] *smpl* screams

schiantare [skjan'tare] *vt* to break ● **schiantarsi** *vr* to break up

schianto [s'kjanto] *sm (rumore)* crash ● **è uno schianto!** *(fam)* she's/it's a knockout!

schiarire [skja'rire] *vt* to lighten ● **schiarirsi** *vr* 1. *(cielo)* to clear up 2. *(colore)* to become lighter ● **schiarirsi la voce** to clear one's throat

schiavitù [skjavi'tu] *sf* slavery

schiavo, a [s'kjavo, a] ◇ *sm,f* slave ◇ *agg* ● **schiavo di** a slave to

schiena [s'kjena] *sf* back

schienale [skje'nale] *sm* back

schiera [s'kjera] *sf* group

schierare [skje'rare] *vt* 1. *(esercito, squadra)* to draw up 2. *(libri, oggetti)* to line up ● **schierarsi** *vr (mettersi in fila)* to line up ● **schierarsi con/contro qn** to side with/oppose sb

schietto, a [s'kjetto, a] *agg* 1. *(persona)* frank 2. *(vino)* not watered-down

schifezza [ski'fettsa] *sf* ● **essere una schifezza** *(cibo)* to be disgusting; *(film)* to be awful

schifo [s'kifo] *sm* disgust ● **mi fa schifo** it makes me sick ● **fare schifo** *(cibo, insetto)* to be disgusting; *(film)* to be awful

schifoso, a [ski'foso, a] *agg* 1. *(disgustoso)* disgusting 2. *(pessimo, brutto)* awful

schioccare [skjok'kare] *vt* 1. *(dita)* to snap 2. *(lingua)* to click

schioppo [s'kjɔppo] *sm (fucile)* shotgun

schiuma [s'kjuma] *sf* 1. *(marina)* foam 2. *(di sapone)* lather ● **schiuma da barba** shaving foam

schivare [ski'vare] *vt* to dodge, to avoid

schivo, a [s'kivo, a] *agg* reserved, shy

schizzare [skits'tsare] ◇ *vt* to splash ◇ *vi* 1. *(acqua, getto)* to spurt 2. *(fig) (saltar via)* to dart away

schizzo [s'kitstso] *sm* 1. *(spruzzo)* stain, splash 2. *(disegno)* sketch

sci [ʃi] *sm inv* **1.** *(attrezzo)* ski **2.** *(attività)* skiing ● **sci d'acqua** water skiing ● **sci da fondo** cross-country skiing

scia ['ʃia] *sf* **1.** *(di nave)* wake **2.** *(di profumo, fumo)* trail

sciabola ['ʃabola] *sf (spada)* sabre

sciacquare [ʃak'kware] *vt (di nave)* to rinse ● **sciacquarsi la bocca** to rinse out one's mouth

sciacquone [ʃak'kwone] *sm* flush ● **tirare lo sciacquone** to flush the toilet

sciagura [ʃa'gura] *sf* disaster

sciagurato, a [ʃagu'rato, a] *agg* **1.** *(sfortunato)* unlucky **2.** *(cattivo)* wicked

scialacquare [ʃalak'kware] *vt* to squander

scialbo, a ['ʃalbo, a] *agg* **1.** *(colore)* pale **2.** *(sapore)* bland **3.** *(persona)* dull

scialle ['ʃalle] *sm* shawl

scialuppa [ʃa'luppa] *sf* sloop ● **scialuppa di salvataggio** lifeboat

sciame ['ʃame] *sm* swarm

sciangai [ʃan'gai] *sm (gioco)* pick-up-sticks

sciare [ʃi'are] *vi* to ski

sciarpa ['ʃarpa] *sf* scarf

sciatica [ʃi'atika] *sf (nevralgia)* sciatica

sciatore, trice [ʃia'tore, 'tritʃe] *sm,f* skier

sciatto, a ['ʃatto, a] *agg* untidy

scientifico, a, ci, che [ʃen'tifiko, a, tʃi, ke] *agg* scientific

scienza ['ʃentsa] *sf* **1.** *(studio della realtà)* science **2.** *(sapere)* knowledge ◆ **scienze** *sfpl* science *sg*

scienziato, a [scen'tsjato, a] *sm,f* scientist

scimmia ['ʃimmja] *sf* monkey

scimmiottare [ʃimmjot'tare] *vt* to ape

scindere ['ʃindere] *vt (dividere)* to divide

scintilla [ʃin'tilla] *sf* spark

scintillare [ʃintil'lare] *vi* to sparkle

scioccare [ʃok'kare] *vt* to shock

sciocchezza [ʃok'ketsa] *sf* **1.** *(cosa stupida)* silly thing **2.** *(cosa poco importante)* trifle

sciocco, a, chi, che ['ʃokko, a, ki, ke] *agg* silly

sciogliere ['ʃoʎʎere] *vt* **1.** *(nodo)* to untie **2.** *(capelli)* to loosen **3.** *(animale)* to let loose **4.** *(ghiaccio, burro)* to melt **5.** *(pastiglia, società)* to dissolve **6.** *(mistero)* to solve **7.** *(assemblea)* to close ◆ **sciogliersi** *vr* **1.** *(nodo)* to come untied **2.** *(neve, burro)* to melt

scioglilingua [ʃoʎʎi'lingwa] *sm inv* tongue twister

sciolina [ʃio'lina] *sf (per sci di fondo)* ski wax

sciolto, a ['ʃolto, a] ◇ *pp* ➤ **sciogliere** ◇ *agg* **1.** *(disinvolto)* easy **2.** *(agile)* agile

sciopero ['ʃopero] *sm* strike ● **essere in sciopero** to be on strike

sciovia [ʃio'via] *sf* ski lift

scippare [ʃip'pare] *vt* ● **scippare qn** to snatch sb's bag

scippo ['ʃippo] *sm* bagsnatching

sciroppo [ʃi'roppo] *sm* **1.** *(medicina)* cough mixture **2.** *(di frutta)* syrup

scissione [ʃis'sjone] *sf (separazione)* split

scisso, a ['ʃisso, a] *pp* ➤ **scindere**

sciupare [ʃu'pare] *vt (vestito, libro)* to spoil, to ruin ◆ **sciuparsi** *vr* **1.** *(rovinarsi)* to get spoiled **2.** *(deperire)* to become run down

scivolare [ʃivo'lare] *vi* **1.** *(scorrere)* to glide **2.** *(perdere l'equilibrio)* to slip, to slide

scivolo ['ʃivolo] *sm (gioco)* slide

scivoloso, a [ʃivo'lozo, a] *agg* slippery

scoccare [skok'kare] ◇ *vt (freccia)* to shoot ◇ *vi (ore)* to strike

scocciare [skotʃ'tʃare] *vt (fam)* to annoy ◆ **scocciarsi** *vr (fam)* to be annoyed

scodella [sko'dɛlla] *sf* bowl

scodinzolare [skodintso'lare] *vi* to wag its tail

scogliera [skoʎ'ʎera] *sf* rocks *pl*

scoglio [s'kɔʎʎo] *sm* **1.** *(roccia)* rock **2.** *(fig)* stumbling block

scoiattolo [sko'jattolo] *sm* squirrel

scolapasta [skola'pasta] *sm inv* colander

scolapiatti [skola'pjatti] *sm inv* draining rack

scolare [sko'lare] *vt* to drain

scolaro, a [sko'laro, a] *sm,f* schoolboy (*f* schoolgirl)

scolastico, a, ci, che [sko'lastiko, a, tʃi, ke] *agg* school *(dav s)*

scollare [skol'lare] *vt (staccare)* to unstick ◆ **scollarsi** *vr* to come unstuck

scollato, a [skol'lato, a] *agg (abito)* low-cut

scollatura [skolla'tura] *sf* neckline

scolorire [skolo'rire] *vt* to fade ◆ **scolorirsi** *vr* to fade

scolpire [skol'pire] *vt* **1.** to sculpt **2.** *(legno)* to carve **3.** *(iscrizione)* to engrave

scombussolare [skombusso'lare] *vt* to upset

scommessa [skom'messa] *sf* bet

scommesso, a [skom'messo, a] *pp* ➣ **scommettere**

scommettere [skom'mettere] *vt* to bet

scomodare [skomo'dare] *vt* to bother ◆ **scomodarsi** *vr* to put o.s. out ◆ **scomodarsi a fare qc** to go to the bother of doing sthg

scomodo, a [s'kɔmodo, a] *agg* **1.** *(poltrona)* uncomfortable **2.** *(orario)* inconvenient

scompagnato, a [skompaɲ'ɲato, a] *agg (calzini)* odd

scomparire [skompa'rire] *vi (sparire)* to disappear

scomparso, a [skom'parso, a] *pp* ➣ **scomparire**

scompartimento [skomparti'mento] *sm (di treno)* compartment

scomparto [skom'parto] *sm* compartment

scompigliare [skompiʎ'ʎare] *vt (capelli)* to ruffle, to mess up

scompiglio [skom'piʎʎo] *sm* confusion

scomporre [skom'porre] *vt (mobile, armadio)* to take to pieces ◆ **scomporsi** *vr (perdere il controllo)* to lose one's composure

scomposto, a [skom'posto, a] *pp* ➣ **scomporre**

sconcertare [skontʃer'tare] *vt* to disconcert

sconcio, a, ci, ce [s'kontʃo, a, tʃi, tʃe] *agg (osceno)* obscene

sconfiggere [skon'fiddʒere] *vt* to defeat

sconfinare [skonfi'nare] *vi* **1.** *(uscire dai confini)* to cross the border **2.** *(fig)* ◆ **sconfinare da** to stray from

sconfinato, a [skonfi'nato, a] *agg* boundless

sconfitta [skon'fitta] *sf* defeat

sconfitto, a [skon'fitto, a] *pp* ➣ **sconfiggere**

sconforto [skon'fɔrto] *sm* dejection

scongelare [skondʒe'lare] *vt* to defrost

scongiurare [skondʒu'rare] *vt* **1.** *(supplicare)*

care) to implore **2.** (*pericolo, minaccia*) to ward off

sconnesso, a [skon'nesso, a] *agg* (*ragionamento*) incoherent

sconosciuto, a [skonoʃ'ʃuto, a] ◇ *agg* unknown ◇ *sm,f* stranger

sconsiderato, a [skonside'rato, a] *agg* thoughtless

sconsigliare [skonsiʎ'ʎare] *vt* to advise against ● **sconsigliare qc a qn** to advise sb against sthg ● **sconsigliare a qn di fare qc** to advise sb against doing sthg

scontare [skon'tare] *vt* **1.** (*detrarre*) to deduct **2.** (*pena*) to serve **3.** (*colpa, errore*) to pay for

scontato, a [skon'tato, a] *agg* **1.** (*prezzo*) discounted **2.** (*previsto*) taken for granted ● **dare qc per scontato** to take sthg for granted

scontento, a [skon'tɛnto, a] *agg* ● **scontento (di)** dissatisfied (with)

sconto [skon'to] *sm* discount ● **fare uno sconto** to give a discount

scontrarsi [skon'trarsi] *vr* **1.** (*urtarsi*) to collide **2.** (*combattere, discordare*) to clash

scontrino [skon'trino] *sm* receipt ▼ **munirsi dello scontrino alla cassa** pay at the till and obtain a receipt

---

scontrino

Many businesses, especially bars, display the sign *munirsi dello scontrino alla cassa* (obtain a receipt from the cash desk). This means you must first pay for what you intend to order to eat or drink, get a receipt for it, and then show it when you give your order.

---

scontro [s'kontro] *sm* **1.** (*urto*) collision **2.** (*combattimento, fig*) clash

scontroso, a [skon'troso, a] *agg* surly

sconveniente [skonve'njɛnte] *agg* (*indecente*) improper

sconvolgente [skonvoldʒ'ɛnte] *agg* disturbing

sconvolgere [skon'vɔldʒere] *vt* **1.** (*persona*) to disturb, to shake **2.** (*ordine, piani*) to upset

sconvolto, a [skon'vɔlto, a] *pp* ➤ **sconvolgere**

scopa [s'kopa] *sf* (*arnese*) broom

scoperta [sko'pɛrta] *sf* discovery

scoperto, a [sko'pɛrto, a] ◇ *pp* ➤ **scoprire** ◇ *agg* **1.** uncovered **2.** (*capo, braccia*) bare

scopo [s'kɔpo] *sm* purpose, aim ● **allo scopo di fare qc** in order to do sthg ● **a che scopo?** for what purpose?

scoppiare [skop'pjare] *vi* **1.** (*spaccarsi*) to burst **2.** (*esplodere*) to explode ● **scoppiare dal caldo** (*fam*) to be boiling (hot) ● **scoppiare a piangere** to burst into tears ● **scoppiare a ridere** to burst out laughing

scoppio [s'kɔppjo] *sm* **1.** (*rumore, di pneumatico*) bang **2.** (*esplosione*) explosion **3.** (*di risa*) burst **4.** (*di guerra*) outbreak ● **a scoppio ritardato** delayed-action

scoprire [sko'prire] *vt* **1.** to discover **2.** (*liberare da copertura*) to uncover ● **scoprirsi** *vr* **1.** (*svestirsi*) to dress less warmly **2.** (*rivelarsi*) to give o.s. away

scoraggiare [skoradʒ'dʒare] *vt* to discourage ● **scoraggiarsi** *vr* to become discouraged

scorbutico, a, ci, che [skor'butiko, a,

tʃi, ke] *agg* (scontroso) cantankerous

scorciatoia [skortʃaˈtoja] *sf* short cut ◆ **prendere una scorciatoia** to take a short cut

scordare [skorˈdare] *vt* to forget ◆ **scordarsi di** to forget ◆ **scordarsi di fare qc** to forget to do sthg

scorgere [ˈskordʒere] *vt* to see, to make out

scoria [ˈskɔrja] *sf* (residuo) slag

scorpacciata [skorpatˈtʃata] *sf* ◆ **fare una scorpacciata (di qc)** to stuff o.s. (with sthg)

scorpione [skorˈpjone] *sm* scorpion ◆ **Scorpione** *sm* Scorpio

scorrazzare [skoratsˈtsare] *vi* to run around

scorrere [ˈskorrere] ◇ *vi* (liquido, fiume, traffico) to flow 2. (fune) to run 3. (tempo) to pass ◇ *vt* (giornale, libro) to glance through

scorretto, a [skorˈretto, a] *agg* 1. (errato) incorrect 2. (sleale) unfair

scorrevole [skorˈrevole] *agg* 1. (porta) sliding 2. (traffico, stile) flowing

scorrimento *sm* (di traffico) flow

scorsa [ˈskorsa] *sf* ◆ **dare una scorsa a qc** to glance over sthg

scorso, a [ˈskorso, a] ◇ *pp* ➤ scorrere ◇ *agg* last

scorta [ˈskɔrta] *sf* ◆ **fare scorta di qc** to stock up with sthg ◆ **di scorta** spare

scortare [skorˈtare] *vt* to escort

scortese [skorˈteze] *agg* impolite

scorticare [skortiˈkare] *vt* 1. (pelle) to graze 2. (animale) to skin

scorto, a [ˈskɔrto, a] *pp* ➤ scorgere

scorza [ˈskɔrtsa] *sf* 1. (di albero) bark 2. (di frutto) peel

scoscesco, a [skoʃˈʃezo, a] *agg* steep

scossa [ˈskɔssa] *sf* 1. (movimento) jolt 2. (elettrica) shock

scosso, a [ˈskɔsso, a] ◇ *pp* ➤ scuotere ◇ *agg* shaken

scossone [skosˈsone] *sm* jolt

scostare [skosˈtare] *vt* to move aside ◆ **scostarsi** *vr* to move aside

scotch¹ [skɔtʃ] *sm inv* (nastro adesivo) ≃ Sellotape® (UK) Scotch®tape (US)

scotch² [skɔtʃ] *sm inv* (whisky) Scotch

scottadito [skottaˈdito] ◆ **a scottadito** *avv* piping hot

scottare [skotˈtare] ◇ *vt* 1. (ustionare) to burn 2. (cuocere) to scald ◇ *vi* (bevanda, pietanza) to be too hot ◆ **scottarsi** *vr* to burn o.s.

scottatura [skottaˈtura] *sf* burn

scotto, a [ˈskɔtto, a] *agg* overcooked

scout [skawt] *smf inv* scout

scovare [skoˈvare] *vt* (negozio, ristorante) to discover

Scozia [ˈskɔtstsja] *sf* ◆ **la Scozia** Scotland

scozzese [skotsˈtseze] ◇ *agg* Scottish ◇ *smf* Scotsman (f Scotswoman) ◆ **gli scozzesi** the Scots

screditare [skrediˈtare] *vt* to discredit

screpolare [skrepoˈlare] *vt* to crack ◆ **screpolarsi** *vr* to crack

screziato, a [skretsˈtsjato, a] *agg* streaked

screzio [ˈskretstsjo] *sm* disagreement

scricchiolare [skrikkjoˈlare] *vi* to creak

scricchiolio [skrikkjoˈlio] *sm* creaking

scriminatura [skriminaˈtura] *sf* parting

scritta [ˈskritta] *sf* inscription

scritto, a [ˈskritto, a] ◇ *pp* ➤ scrivere ◇ *agg* written ◇ *sm* 1. (opera) work 2. (cosa scritta) letter

scrittore, trice [skrit'tore, tritʃe] *sm,f* writer

scrittura [skrit'tura] *sf* writing

scrivania [skriva'nia] *sf* writing desk

scrivere [s'krivere] *vt & vi* to write ● **scrivere a qn** to write to sb ♦ **scriversi** *vr (parola)* ● **come si scrive 'cuore'?** how do you write o spell 'cuore'?

scroccare [skrok'kare] *vt (fam)* to scrounge

scrollare [skrol'lare] *vt* **1.** *(agitare)* to shake **2.** *(spalle)* to shrug ● **scrollarsi qc di dosso** to shake sthg off

scrosciare [skroʃ'ʃare] *vi* **1.** *(pioggia)* to pelt down **2.** *(applausi)* to thunder

scroscio [s'kroʃʃo] *sm* **1.** *(d'acqua)* pelting **2.** *(d'applausi)* thunder

scrostare [skros'tare] *vt (intonaco)* to strip off ♦ **scrostarsi** *vr (pareti, tegame)* to peel

scrupolo [s'krupolo] *sm* **1.** *(timore)* scruple **2.** *(diligenza)* conscientiousness ● **senza scrupoli** unscrupulous

scrupoloso, a [skrupo'lozo, a] *agg* **1.** *(persona)* scrupulous **2.** *(resoconto, lavoro)* meticulous

scrutare [skru'tare] *vt* **1.** *(orizzonte)* to search **2.** to scrutinize

scucire [sku'tʃire] *vt (cucitura)* to unpick ♦ **scucirsi** *vr* to come unstitched

scuderia [skude'ria] *sf* stable

scudetto [sku'detto] *sm* SPORT championship shield

scudo [s'kudo] *sm* shield

sculacciare [skulat'tʃare] *vt* to spank

scultore, trice [skul'tore, tritʃe] *sm,f* sculptor

scultura [skul'tura] *sf* sculpture

scuola [s'kwɔla] *sf* school ● **andare a**

scuola to go to school ● **scuola elementare** ≃ primary school *(UK)*, grade school *(US)* *(for children aged from 6 to 11)* ● **scuola guida** driving school ● **scuola materna** nursery school *(for children aged from 3 to 5)* ● **scuola media** *first three years of secondary school for children aged from 11 to 14* ● **scuola dell'obbligo** compulsory education ● **scuole tecniche** *schools which prepare their students for practical professions* ● **scuole serali** evening classes

scuotere [s'kwɔtere] *vt* **1.** to shake **2.** *(spalle)* to shrug ♦ **scuotersi** *vr* to shake o.s.

scurire [sku'rire] ◇ *vt* to darken ◇ *vi* to grow dark ♦ **scurirsi** *vr* to grow dark

scuro, a [s'kuro, a] ◇ *agg* dark ◇ *sm (buio)* darkness

scusa [s'kuza] *sf* excuse ● **chiedere scusa (a qn)** to apologize *(to sb)*

scusare [sku'zare] *vt* **1.** *(perdonare)* to forgive **2.** *(giustificare)* to excuse ♦ **scusarsi** *vr* to apologize ● **(mi) scusi, dov'è la stazione?** excuse me, where is the station? ● **scusi!** sorry!

sdebitarsi [zdebi'tarsi] *vr* ● **sdebitarsi con qn di qc** to repay sb for sthg

sdentato, a [zden'tato, a] *agg* toothless

sdolcinato, a [zdoltʃi'nato, a] *agg* oversentimental

sdraia [z'draja] *sf* deckchair

sdraiarsi [zdra'jarsi] *vr* to lie down

sdraio [z'drajo] *sm* ● **(sedia a) sdraio** deckchair

sdrammatizzare [zdrammatidz'dzare] *vt* to play down

sdrucciolare [zdruttʃo'lare] *vi* to slip

se [se]

◇ *cong* **1.** *(nel caso in cui)* if ● rimani se vuoi stay if you want ● se è possibile if it's possible ● se fossi in te if I were you ● se non sbaglio ... if I'm not wrong ... **2.** *(dato che)* if ● se lo dici, sarà vero if you say so, it must be true **3.** *(con frasi dubitative) (indirette)* whether, if ● vedi se puoi venire see whether o if you can come ● chiedile se le piace ask her if she likes it **4.** *(esprime un suggerimento)* ● e se andassimo al cinema? how about going to the cinema? **5.** *(esprime un augurio)* if ● se solo potessi! if only I could! **6.** *(in espressioni)* ● anche se even if ● se mai if ● neanche se even if ● se non altro if nothing else ● se no otherwise

◇ *pron* ➤ si

sé [se] *pron* **1.** *(per cosa)* itself **2.** *(per persona)* himself/herself/themselves ● tenere qc per sé to keep sthg for oneself ● pensa solo a se stesso he only thinks of himself

sebbene [seb'bɛne] *cong* although

sec. *(abbr di secolo)* c.

secca ['sekka] *(pl* **-che)** *sf (di mare, fiume)* shallows *pl*

seccare [sek'kare] *vt* **1.** to dry **2.** *(prosciugare)* to dry up **3.** *(infastidire)* to annoy ◆ **seccarsi** *vr* **1.** to dry **2.** *(prosciugarsi)* to dry up **3.** *(infastidirsi)* to get annoyed

seccato, a [sek'kato, a] *agg (infastidito)* annoyed

seccatore, trice [sekka'tore, 'tritʃe] *sm,f (fastidio)* nuisance

seccatura [sekka'tura] *sf (fastidio)* nuisance

secchiello [sek'kjɛllo] *sm (contenitore)* bucket

secchio ['sekkjo] *sm* bucket

secchione, a [sek'kjone] *sm,f (fam)* swot

secco, a, chi, che ['sekko, a, ki, ke] ◇ *agg* **1.** dry **2.** *(funghi, prugne)* dried **3.** *(brusco)* curt ◇ *sm* ● essere a secco di qc *(fig) (non avere)* to be without sthg ● tirare in secco una barca to beach a boat ● lavare a secco to dry-clean

secolare [seko'lare] *agg (vecchio di secoli)* age-old

secolo ['sɛkolo] *sm* **1.** century **2.** *(periodo lungo)* ● non lo vedo da secoli I haven't seen him for ages

seconda [se'konda] *sf (marcia)* second gear ● viaggiare in seconda to travel second-class ● a seconda di according to

secondario, a [sekon'darjo, a] *agg* secondary ● scuola secondaria secondary school

secondo, a [se'kondo, a] ◇ *num* second ◆ *agg (altro)* second ◇ *sm* **1.** *(tempo)* second **2.** *(portata)* main course ◇ *prep* according to ● secondo me in my opinion ● di seconda mano secondhand, sesto

sedano ['sɛdano] *sm* celery

sedativo [seda'tivo] *sm* sedative

sede ['sɛde] *sf* **1.** *(di organizzazione)* headquarters *pl* **2.** *(di azienda)* head office

sedentario, a [seden'tarjo, a] *agg* sedentary

sedere [se'dere] ◇ *sm (parte del corpo)* bottom ◆ *vi* ● mettersi a sedere to sit down ◆ **sedersi** *vr* to sit down

sedia ['sɛdja] *sf* chair

sedicesimo, a [sedi'tʃɛzimo, a] *num*

sixteenth ➤ **sesto**

sedici ['seditʃi] *num* sixteen ➤ **sei**

sedile [se'dile] *sm (di veicolo)* seat

sedotto, a [se'dotto, a] *pp* ➤ **sedurre**

seducente [sedu'tʃɛnte] *agg* seductive

sedurre [se'durre] *vt* **1.** *(uomo, donna)* to seduce **2.** *(sog: idea, proposta)* to appeal to

seduta [se'duta] *sf* session

seduttore, trice [sedut'tore, 'tritʃe] *sm,f* seducer

sega ['sega] *(pl* **-ghe)** *sf* saw

segale ['segale] *sf* rye

segare [se'gare] *vt* to saw

seggio ['sɛddʒo] *sm* seat ● **seggio elettorale** polling station

seggiola ['sɛddʒola] *sf* chair

seggiolino [sedddʒo'lino] *sm (sedia pieghevole)* folding chair

seggiolone [sedddʒo'lone] *sm (per bambini)* high chair

seggiovia [sedddʒo'via] *sf* chair lift

segnalare [seɲɲa'lare] *vt* **1.** *(comunicare)* to point out **2.** *(indicare)* to indicate

segnalazione [seɲɲalats'tsjone] *sf* **1.** *(indicazione)* indication **2.** *(raccomandazione)* recommendation

segnale [seɲ'ɲale] *sm* **1.** *(indicazione)* signal **2.** *(stradale)* sign ● **segnale acustico** sound signal ● **segnale d'allarme** alarm ● **segnale orario** time signal

segnaletica [seɲɲa'lɛtika] *sf (stradale)* road signs *pl*

segnalibro [seɲɲa'libro] *sm* bookmark

segnaposto [seɲɲa'posto] *sm* place card

segnare [seɲ'ɲare] *vt* **1.** *(mettere un segno)* to mark **2.** *(indicare)* to indicate **3.** SPORT to score ● **segnarsi qc** to make a note of sthg

segno ['seɲɲo] *sm* **1.** sign **2.** *(lettera, numero)* symbol **3.** *(contrassegno, traccia)* mark ● **fare segno a qn di fare qc** to signal sb to do sthg ● **fare segno di no** to shake one's head ● **fare segno di sì** to nod one's head ● **perdere il segno** to lose one's place ● **cogliere o colpire nel segno** *(fig)* to hit the mark

segretario, a [segre'tarjo, a] *sm,f* secretary

segreteria [segrete'ria] *sf* **1.** *(di azienda, scuola)* secretary's office **2.** *(di partito)* position of Secretary ● **segreteria telefonica** *sf* answering machine

segreto, a [se'greto, a] *agg & sm* secret

seguente [se'gwɛnte] *agg* following, next

seguire [se'gwire] *◇ vt* to follow *◇ vi* **1.** to follow **2.** *(continuare)* ● **segue a pag. 70** continued on page 70

seguito ['segwito] *sm* **1.** *(proseguimento)* continuation **2.** *(risultato)* result **3.** *(scorta)* retinue **4.** *(favore)* following ● **in seguito** a following ● **di seguito** at a stretch, on end ● **in seguito** subsequently

sei¹ ['sɛi] ➤ **essere**

sei² ['sɛi] *agg num* six ● **ha sei anni** he/she is six (years old) ● **sono le sei** it's six o'clock ● **il sei gennaio** the sixth of January ● **pagina sei** page six ● **il sei di picche** the six of spades ● **erano in sei** there were six of them

seicento [sɛi'tʃɛnto] *num* six hundred ● **Seicento** *sm* ● **il Seicento** the seventeenth century ➤ **sei**

selciato [sel'tʃato, a] *sm* cobbles *pl*, cobbled surface

selettivo, a [selet'tivo, a] *agg* selective

selezionare [seletstsjo'nare] *vt* to select

selezione [selets'tsjone] *sf* selection

self-service [self'servis] *agg inv* & *sm inv* self-service

sella ['sella] *sf* saddle

selvaggina [selvad'dʒina] *sf* game

selvaggio, a, gi, ge [sel'vaddʒo, a, dʒi, dʒe] ◇ *agg* 1. wild 2. *(tribù)* savage 3. *(delitto)* brutal ◇ *sm.f* savage

selvatico, a, ci, che [sel'vatiko, a, tʃi, ke] *agg* wild

semaforo [se'maforo] *sm (apparecchio)* traffic lights *pl*

sembrare [sem'brare] ◇ *vi* to seem ◇ *v impers* ● sembra che it seems that ● mi sembra di conoscerlo I think I know him ● sembra che stia per piovere it looks like it's going to rain

seme ['seme] *sm* 1. seed 2. *(nocciolo)* stone 3. *(di carte da gioco)* suit

semestre [se'mestre] *sm* 1. six-month period 2. SCOL semester

semifinale [semifi'nale] *sf* semifinal

semifreddo [semi'freddo] *sm dessert similar to ice cream*

seminare [semi'nare] *vt* to sow

seminario [semi'narjo] *sm* 1. seminar 2. RELIG seminary

seminterrato [seminter'rato] *sm* basement

semmai [sem'mai] ◇ *cong* if (ever) ◇ *avv* if anything

semolino [semo'lino] *sm* semolina

semplice ['semplitʃe] *agg* 1. simple 2. *(filo, consonante)* single ● è una semplice proposta it's just a suggestion

semplicemente [semplitʃe'mente] *avv* simply

semplicità [semplitʃi'ta] *sf* simplicity

semplificare [semplifi'kare] *vt* to simplify

sempre ['sempre] *avv* 1. always 2. *(ancora)* still ● va sempre meglio/peggio things are getting better and better/worse and worse ● sempre che ci riesca provided he manages it ● da sempre always ● di sempre usual ● per sempre forever

senape ['senape] *sf* mustard

senato [se'nato] *sm* senate

senatore, trice [sena'tore, tritʃe] *sm.f* senator

sennò [sen'no] *avv (altrimenti)* otherwise

seno ['seno] *sm (petto)* breast

sensazionale [sensatstsjo'nale] *agg* sensational

sensazione [sensats'tsjone] *sf* sensation, feeling ● fare sensazione to cause a sensation

sensibile [sen'sibile] *agg* 1. sensitive 2. *(notevole)* noticeable ● sensibile a *(caldo, freddo)* sensitive to; *(complimenti)* susceptible to

sensibilità [sensibili'ta] *sf* sensitivity

senso ['sɛnso] *sm* 1. *(facoltà, coscienza)* sense 2. *(sentimento, impressione)* feeling 3. *(significato)* meaning, sense 4. *(direzione)* direction ● non avere senso to make no sense ● a senso unico one-way ● in senso orario clockwise ● perdere i sensi to lose consciousness

sentenza [sen'tentsa] *sf* 1. *(di processo)* sentence 2. *(massima)* maxim

sentiero [sen'tjero] *sm* path

sentimentale [sentimen'tale] *agg* sentimental

sentimento [senti'mento] *sm* feeling

sentire [sen'tire] *vt* 1. *(udire)* to hear 2.

(percepire, con il tatto) to feel **3.** (odore) to smell **4.** (sapore) to taste ● **senti!** listen! ● **sentirsi** *vr* **1.** (bene, stanco, allegro) to feel **2.** (telefonarsi) ● **ci sentiamo domani** speak to you tomorrow ● **sentirsi di fare qc** to feel like doing sthg ● **sentirsi bene/male** to feel well/ill

senza ['sɛntsa] *prep & cong* without ● **senza di me** without me ● **senz'altro** certainly, of course ● **senza dubbio** undoubtedly ● **senza che tu te ne accorga** without you noticing it

senzatetto [sɛntsa'tɛtto] *smf inv* homeless person

separare [sepa'rare] *vt* to separate ● **separarsi** *vr* **1.** (coniugi) to separate **2.** (gruppo) to split up ● **separarsi da** (coniuge) to separate from

separato, a [sepa'rato, a] *agg* **1.** (disgiunto) separate **2.** (coniuge) separated

separazione [separats'tsjone] *sf* separation

sepolto, a [se'polto, a] *pp* ➤ **seppellire**

seppellire [seppel'lire] *vt* to bury

seppia ['sɛppja] *sf* cuttlefish

sequenza [se'kwentsa] *sf* sequence

sequestrare [sekwes'trare] *vt* **1.** DIR to sequestrate **2.** (persona) to kidnap

sequestro [se'kwestro] *sm* **1.** DIR sequestration **2.** (rapimento) kidnapping

sera ['sera] *sf* evening ● **di sera** in the evening

serale [se'rale] *agg* evening (dav s)

serata [se'rata] *sf* **1.** evening **2.** (ricevimento) party

serbare [ser'bare] *vt* to put aside, to keep ● **serbare rancore a qn** to bear sb a grudge

serbatoio [serba'tojo] *sm* (di veicolo) tank

Serbia ['sɛrbja] *sf* Serbia

serbo ['sɛrbo] *sm* ● **avere qc in serbo** to have sthg in store ● **tenere qc in serbo** to put sthg aside

serenata [sere'nata] *sf* serenade

sereno, a [se'reno, a] ◇ *agg* **1.** (tempo, cielo) clear **2.** (persona) calm ◇ *sm* (bel tempo) fine weather

serie ['sɛrje] *sf inv* **1.** (successione) series **2.** (insieme) set **3.** SPORT division ● **produzione in serie** mass production

serietà [serje'ta] *sf* **1.** seriousness **2.** (coscienziosità) reliability

serio, a ['sɛrjo, a] ◇ *agg* **1.** serious **2.** (coscienzioso) reliable ◇ *sm* ● **sul serio** (davvero) seriously ● **prendere qn/qc sul serio** to take sb/sthg seriously

serpente [ser'pente] *sm* **1.** snake **2.** (pelle) snakeskin

serra ['sɛrra] *sf* (per piante) greenhouse

serranda [ser'randa] *sf* rolling shutter

serrare [ser'rare] *vt* **1.** (chiudere) to close **2.** (stringere) to shut tightly

serratura [serra'tura] *sf* lock

server ['server] *sm inv* INFORM server

servire [ser'vire] ◇ *vt* to serve ◇ *vi* **1.** (in tennis, pallavolo) to serve **2.** (essere utile) to be of use ● **servire a fare qc** to be used for doing sthg ● **servire a qn** to be of use to sb ● **mi serve un martello** I need a hammer ● **servire da** to be used as ● **servirsi** *vr* (prendere da mangiare/bere) to help o.s. ● **servirsi da** to shop at ● **servirsi di** (utilizzare) to use

servitù [servi'tu] *sf* **1.** (condizione) slavery **2.** (personale) domestic staff

servizio [ser'vittsjo] *sm* **1.** service **2.** (di piatti, bicchieri) set **3.** (giornalistico) report ● **essere di servizio** to be on duty ●

servizio militare military service ▼

servizio compreso service included ◆

servizi smpl (di abitazione) kitchen and bathroom

sesamo ['sezamo] sm sesame

sessanta [ses'santa] num sixty ➤ **sei**

sessantesimo, a [sessan'tezimo, a] num sixtieth ➤ **sesto**

sessantina [sessan'tina] sf ● **una ses-santina (di)** about sixty ● **essere sulla sessantina** to be in one's sixties

sesso ['sɛsso] sm sex

sessuale [sessu'ale] agg sexual

sesto, a ['sɛsto, a] ◇ agg sixth & pron num sixth ◇ sm (frazione) sixth ● **rimettersi in sesto** to recover

seta ['seta] sf silk

setacciare [setatʃ'tʃare] vt (separare) to sieve

sete ['sete] sf thirst ● **avere sete** to be thirsty

settanta [set'tanta] num seventy ➤ **sei**

settantesimo, a [settan'tezimo, a] num seventieth ➤ **sesto**

settantina [settan'tina] sf ● **una settan-tina (di)** about seventy ● **essere sulla settantina** to be in one's seventies

sette ['sɛtte] num seven ➤ **sei**

settecento [sette'tʃɛnto] num seven hundred ◆ **Settecento** sm ● **il Sette-cento** the eighteenth century ➤ **sei**

settembre [set'tɛmbre] sm September ● **a o in settembre** in September ● **lo scorso settembre** last September ● **il prossimo settembre** next September ● **all'inizio di settembre** at the beginning of September ● **alla fine di settembre** at the end of September ● **il due settembre** the second of September

settentrionale [settentrjo'nale] agg northern

settentrione [setten'trjone] sm north

setter ['setter] sm inv setter

settimana [setti'mana] sf week

settimanale [settima'nale] ◇ agg weekly ◇ sm weekly publication

settimo, a ['sɛttimo, a] num seventh ➤ **sesto**

settore [set'tore] sm sector

severamente [severa'mente] avv ▼ **è severamente vietato attraversare i binari** crossing the track is strictly forbidden

severo, a [se'vɛro, a] agg strict, severe

sevizie [se'vittsje] sfpl torture sg

sexy ['sɛksi] agg inv sexy

sezione [sets'tsjone] sf **1.** section **2.** MED dissection

sfaccendato, a [sfattʃen'dato, a] agg lazy

sfacchinata [sfakki'nata] sf hard work

sfacciato, a [sfatʃ'tʃato, a] agg (persona) cheeky

sfacelo [sfa'tʃɛlo] sm (rovina) ruin

sfamare [sfa'mare] vt to feed ◆ **sfamarsi** vr to satisfy one's hunger

sfare [s'fare] vt to undo

sfarzo [s'fartso] sm pomp, magnificence

sfasciare [sfaʃ'ʃare] vt **1.** (sbendare) to unbandage **2.** (rompere) to smash ◆ **sfasciarsi** vr (rompersi) to fall to pieces

sfaticato, a [sfati'kato, a] agg lazy

sfatto, a [s'fatto, a] pp ➤ **sfare**

sfavorevole [sfavo'revole] agg unfavou-rable

sfera [s'fɛra] sf sphere

sferrare [sfer'rare] vt (attacco) to launch ● **sferrare un colpo contro qn** to lash out at sb

sfibrare [sfi'brare] *vt* to exhaust

sfida [s'fida] *sf* challenge

sfidare [sfi'dare] *vt* **1.** to challenge **2.** *(pericolo, morte)* to defy ● **sfidare qn a fare qc** to challenge sb to do sthg

sfiducia [sfi'dutʃa] *sf* distrust

sfigurare [sfigu'rare] ◇ *vt* to disfigure ◇ *vi* to make a bad impression

sfilare [sfi'lare] ◇ *vt (togliere)* to take off ◇ *vi (marciare)* to parade ● **sfilarsi le scarpe** to slip off one's shoes ◆ **sfilarsi** *vr (calze)* to ladder

sfilata [sfi'lata] *sf* **1.** *(corteo)* march **2.** *(di moda)* fashion show

sfinire [sfi'nire] *vt* to exhaust

sfiorare [sfjo'rare] *vt* to skim (over)

sfiorire [sfjo'rire] *vi* to wither

sfitto, a [s'fitto, a] *agg* vacant

sfizioso, a [sfitts'jozo, a] *agg* enticing

sfocato, a [sfo'kato, a] = **sfuocato**

sfociare [sfo'tʃare] ◆ **sfociare in** *v* + *prep (fiume)* to flow into

sfoderare [sfode'rare] *vt* **1.** *(giacca)* to remove the lining from **2.** *(spada)* to draw **3.** *(fig)* to show off

sfoderato, a [sfode'rato, a] *agg* unlined

sfogare [sfo'gare] *vt* to give vent to ◆ **sfogarsi** *vr (aprirsi)* to pour out one's feelings ● **sfogarsi su qn** *(scaricare la collera)* to vent one's anger on sb

sfoggiare [sfod'dʒare] *vt* to show off

sfogliare [sfoʎ'ʎare] *vt (giornale)* to leaf through

sfogliatelle [sfoʎʎa'tɛlle] *sfpl* puff pastries filled with spiced ricotta cheese and candied fruit

sfogo [s'fɔgo] *(pl* **-ghi)** *sm* **1.** *(passaggio)* outlet **2.** *(di sentimenti)* outburst **3.** *(eruzione cutanea)* rash ● **dare sfogo a**

qc to give vent to sthg

sfoltire [sfol'tire] *vt* to thin

sfondare [sfon'dare] *vt* **1.** *(contenitore)* to break the bottom of **2.** *(porta)* to break down ◆ **sfondarsi** *vr (contenitore)* to burst at the bottom

sfondo [s'fondo] *sm* background

sformato [sfor'mato] *sm* savoury pudding made with vegetables and cheese or sometimes with meat, baked in a mould and then turned out

sfornare [sfor'nare] *vt (pane, dolci)* to take out of the oven

sfortuna [sfor'tuna] *sf* misfortune ● **portare sfort una** to bring bad luck

sfortunatamente [sfortunata'mente] *avv* unfortunately

sfortunato, a [sfortu'nato, a] *agg* unlucky

sforzare [sfor'tsare] *vt* **1.** to force **2.** *(occhi, voce, motore)* to strain ◆ **sforzarsi** *vr* to make an effort

sforzo [s'fɔrtso] *sm* effort ● **fare uno sforzo** to make an effort

sfottere [s'fottere] *vt (fam)* to tease

sfratto [s'fratto] *sm* eviction

sfrecciare [sfretʃ'tʃare] *vi* to shoot past

sfregare [sfre'gare] *vt (strofinare)* to rub

sfregio [s'fredʒo] *sm (taglio)* gash

sfrenato, a [sfre'nato, a] *agg* unrestrained

sfrontato, a [sfron'tato, a] *agg* impudent

sfruttamento [sfrutta'mento] *sm* exploitation

sfruttare [sfrut'tare] *vt* to exploit

sfuggire [sfud3'dʒire] *vi (scappare)* to escape ◆ **sfuggire a** *v* + *prep (sottrarsi a)* to escape from ● **sfuggire di mano a qn**

to slip out of sb's hands ● **sfuggire di mente a qn** to slip sb's mind ● **non gli sfugge nulla** he misses nothing

sfuggita [sfud͡ʒˈd͡ʒita] ● **di sfuggita** *avv* in passing

sfumare [sfuˈmare] ◇ *vt* 1. *(colore)* to shade off 2. *(capelli)* to taper ◇ *vi* 1. *(colore)* to shade off 2. *(svanire)* to vanish

sfumato, a [sfuˈmato, a] *agg (colore)* soft

sfumatura [sfumaˈtura] *sf* 1. *(tonalità)* shade 2. *(fig) (piccola differenza)* touch, hint 3. *(di capelli)* tapering

sfuocato, a [sfwoˈkato, a] *agg* blurred, out of focus

sfuriata [sfuˈrjata] *sf* 1. *(sfogo violento)* outburst of anger 2. *(rimprovero)* telling off

sgabello [zgaˈbɛllo] *sm* stool

sgabuzzino [zgabudzˈdzino] *sm* storage room

sgambetto [zgamˈbetto] *sm* ● **fare lo sgambetto a qn** to trip sb up

sganciare [zganˈt͡ʃare] *vt* 1. *(vestito, allacciatura)* to unfasten 2. *(rimorchio, vagone)* to uncouple 3. *(bombe)* to drop 4. *(fam) (soldi)* to fork out ● **sganciarsi** *vr (staccarsi)* to come undone

sgarbato, a [zgarˈbato, a] *agg* impolite

sghignazzare [zgiɲɲatsˈtsare] *vi* to laugh scornfully

sgobbare [zgobˈbare] *vi (fam)* to slog

sgocciolare [zgott͡ʃoˈlare] ◇ *vt (bottiglia)* to drain ◇ *vi* to drip

sgolarsi [zgoˈlarsi] *vr* to make o.s. hoarse

sgomb(e)rare [zgombeˈrare] *vt (strada, soffitta)* to clear

sgombero, a [ˈzgombero, a] = **sgombro**

sgombro, a [zˈgombro, a] ◇ *agg* clear ◇ *sm* 1. *(evacuazione)* evacuation 2. *(pesce)* mackerel

sgomentare [zgomenˈtare] *vt* to dismay ● **sgomentarsi** *vr* to be dismayed

sgonfiare [zgonˈfjare] *vt* to deflate ● **sgonfiarsi** *vr* 1. *(canotto)* to deflate 2. *(caviglia)* to go down

sgorbio [zˈgɔrbjo] *sm* 1. *(scarabocchio)* scribble 2. *(fig) (persona)* fright

sgradevole [zgraˈdevole] *agg* unpleasant

sgradito, a [zgraˈdito, a] *agg* unwelcome

sgranare [zgraˈnare] *vt (fagioli)* to shell

sgranchirsi [zgranˈkirsi] *vr* ● **sgranchirsi le gambe** to stretch one's legs

sgranocchiare [zgranokˈkjare] *vt* to munch

sgraziato, a [zgratsˈtsjato, a] *agg* graceless

sgretolare [zgretoˈlare] *vt (frantumare)* to cause to crumble ● **sgretolarsi** *vr* to crumble

sgridare [zgriˈdare] *vt* to scold

sguaiato, a [zgwaˈjato, a] *agg* coarse

sgualcire [zgwalˈt͡ʃire] *vt* to crumple ● **sgualcirsi** *vr* to become crumpled

sguardo [zˈgwardo] *sm* 1. *(occhiata)* look 2. *(espressione)* expression

sguinzagliare [zgwintsaʎˈʎare] *vt (cane)* to take off the lead

sgusciare [zguʃˈʃare] ◇ *vt (fagioli)* to shell ◇ *vi (sfuggire)* to slip away

shampoo [ˈʃampo] *sm inv* shampoo

shock [ʃɔk] *sm inv* shock

si [si] *(diventa* **se** *quando precede* lo, la, li, le, ne) *pron* 1. *(riflessivo: persona)* himself *(f* herself*)*, themselves *pl*; *(impersonale)* oneself; *(cosa, animale)* itself, themselves *pl* ● **lavarsi** to wash (oneself) ● **si stanno preparando** they are getting ready **2.** *(con verbo transitivo)* ● **lavarsi i denti** to brush one's teeth ● **si è comprato un vestito** he bought himself a suit **3.** *(reciproco)* each other, one another ● **si sono conosciuti a Roma** they met in Rome **4.** *(impersonale)* ● **si può sempre provare** one o you can always try ● **si dice che ...** they say that ..., it is said that ... ● **si vede che è stanco** one o you can see he's tired ▼ **si prega di non fumare** please do not smoke ● **non si sa mai** you never know **5.** *(passivo)* ● **questi prodotti si trovano dappertutto** these products are found everywhere

sì [si] *avv & sm inv* yes ● **dire di sì** to say yes ● **uno sì e uno no** every other one

sia¹ ['sia] ➤ **essere**

sia² ['sia] *cong* ● **sia ... che, sia ... sia** both ... and ... ● **sia che ... sia che** whether ... or ● **sia che tu venga, sia che tu non venga** whether you come or not

siamo ['sjamo] ➤ **essere**

sicché [sik'ke] *cong (e quindi)* and so

siccità [sitʃtʃi'ta] *sf inv* drought

siccome [sik'kome] *cong* as, since

Sicilia [si'tʃilja] *sf* ● **la Sicilia** Sicily

siciliano, a [sitʃi'ljano, a] *agg & sm,f* Sicilian

sicura [si'kura] *sf* **1.** *(di auto)* safety lock **2.** *(di arma)* safety catch

sicurezza [siku'retstsa] *sf* **1.** *(mancanza di pericolo)* safety, security **2.** *(certezza)* certainty ● **di sicurezza** safety *(dav s)*, security *(dav s)*

sicuro, a [si'kuro, a] ◇ *agg* **1.** safe **2.** *(amico, informazione)* reliable **3.** *(fiducioso)*

confident **4.** *(certo)* certain ◇ *avv* certainly ● **di sicuro** certainly ● **andare sul sicuro** to play safe ● **essere sicuro di sé** to be sure of o.s. ● **al sicuro** in a safe place

Siena ['sjena] *sf* Siena

siepe ['sjɛpe] *sf* hedge

sieropositivo, a [sjeropozi'tivo, a] *agg* HIV-positive

siete ['sjete] ➤ **essere**

Sig. *(abbr di signor)* Mr

sigaretta [siga'retta] *sf* cigarette

sigaro ['sigaro] *sm* cigar

Sigg. *(abbr di Signori)* Messrs

sigla ['sigla] *sf* **1.** *(abbreviazione)* acronym **2.** *(musicale)* signature tune

Sig.na *(abbr di signorina)* Miss

significare [siɲɲifi'kare] *vt* to mean ● **che cosa significa?** what does it mean?

significativo, a [siɲɲifika'tivo, a] *agg* **1.** *(discorso)* significant **2.** *(sguardo)* meaningful

significato [siɲɲifi'kato] *sm* meaning

signor [siɲ'ɲor] *sm* ➤ **signore**

signora [siɲ'ɲora] *sf* **1.** *(donna)* lady **2.** *(moglie)* wife ● **buon giorno signora** good morning (Madam) ● **Gentile Signora** *(in una lettera)* Dear Madam ● **la signora Poli** Ms o Mrs Poli ● **signore e signora** ladies and gentlemen

signore [siɲ'ɲore] *sm (uomo)* gentleman ● **buon giorno signore** good morning (Sir) ● **il signore desidera?** what can I do for you, sir? ● **Gentile Signore** *(in una lettera)* Dear Sir ● **i Signori Rossi** *(marito e moglie)* Mr and Mrs Rossi ● **il Signor Martini** Mr Martini

signorina [siɲɲo'rina] *sf (ragazza)* young lady ● **buon giorno signorina** good morning (Madam) ● **la signorina Logi** Miss Logi

Sig.ra *(abbr di* **Signora)** Mrs, Ms

silenzio [si'lɛntsjo] *sm* silence ● **fare silenzio** to be quiet

silenzioso, a [silen'tsjozo, a] *agg* quiet, silent

sillaba ['sillaba] *sf* syllable

simbolico, a, ci, che [sim'bɔliko, a, tʃi, ke] *agg* symbolic

simbolo ['simbolo] *sm* symbol

simile ['simile] *agg* **1.** *(analogo)* similar **2.** *(tale)* such ● **una persona simile** such a person ● **simile a** similar to

simmetrico, a, ci, che [sim'mɛtriko, a, tʃi, ke] *agg* symmetric(al)

simpatia [simpa'tia] *sf* **1.** *(inclinazione)* liking **2.** *(qualità)* pleasantness

simpatico, a, ci, che [sim'patiko, a, tʃi, ke] *agg* nice

simulare [simu'lare] *vt* **1.** *(fingere)* to feign **2.** *(imitare)* to simulate

simultaneo, a [simul'taneo, a] *agg* simultaneous

sin [sin] = **sino**

sinagoga [sina'gɔga] *(pl* **-ghe)** *sf* synagogue

sincero, a [sin'tʃero, a] *agg* **1.** *(persona)* sincere **2.** *(dolore, gioia)* genuine, heartfelt

sindacalista, i, e [sindaka'lista, i, e] *smf* trade unionist

sindacato [sinda'kato] *sm (di lavoratori)* trade union

sindaco ['sindako] *(pl* **-ci)** *sm* mayor

sinfonia [sinfo'nia] *sf* symphony

singhiozzo [sin'gjottso] *sm* hiccups *pl* ● **i singhiozzi** *smpl* sobs ● **a singhiozzi** *(fig)* by fits and starts

single ['singol] *smf inv* single person

singolare [singo'lare] ◇ *agg* **1.** *(originale)* unusual **2.** *GRAMM* singular ◇ *sm GRAMM* singular

singolo, a ['singolo, a] *agg* single

sinistra [si'nistra] *sf* ● **la sinistra** the left; *POL* the left (wing) ● **scrivere con la sinistra** to write with one's left hand ● **a sinistra** left ● **a sinistra di** to the left of

sinistro, a [si'nistro, a] ◇ *agg* **1.** left **2.** *(minaccioso)* sinister ◇ *sm* accident

sino ['sino] = **fino**

sinonimo [si'nɔnimo] *sm* synonym

sintesi ['sintezi] *sf inv (riassunto)* summary

sintetico, a, ci, che [sin'tɛtiko, a, tʃi, ke] *agg* **1.** *(artificiale)* synthetic **2.** *(succinto)* brief

sintetizzare [sintetidz'dzare] *vt (riassumere)* to summarize

sintomo ['sintomo] *sm* symptom

sintonizzare [sintonidz'dzare] *vt* to tune in ● **sintonizzarsi su** to tune in to

sipario [si'parjo] *sm* curtain

sirena [si'rɛna] *sf* **1.** *(apparecchio)* siren **2.** *(nella mitologia)* mermaid

Siria ['sirja] *sf* ● **la Siria** Syria

siringa [si'ringa] *(pl* **-ghe)** *sf* **1.** *(per iniezioni)* syringe **2.** *(da cucina)* ≃ piping bag

sistema [sis'tɛma] *(pl* **-i)** *sm* system

sistemare [siste'mare] *vt* **1.** *(ordinare)* to tidy up **2.** *(risolvere)* to sort out, to settle **3.** *(alloggiare)* to find accommodation *(UK)* o accomodations *(US)* for **4.** *(procurare un lavoro a)* to find a job for **5.** *(maritare)* to marry off ● **sistemarsi** *vr* **1.** *(risolversi)* to be settled **2.** *(trovare* alloggio) to find accommodation (*UK*) o accomodations (*US*) **3.** *(trovare lavoro)* to find work **4.** *(sposarsi)* to marry

sistematico, a, ci, che [siste'matiko, a, tʃi, ke] *agg* systematic

sistemazione [sistemat'tsjone] *sf* **1.** *(disposizione)* arrangement **2.** *(alloggio)* accommodation (*UK*), accommodations (*US*) **3.** *(lavoro)* employment

situare [situ'are] *vt* to situate, to locate

situazione [sitwats'tsjone] *sf* situation

skate-board [s'keitbord] *sm inv* skateboard

skinhead [skin'ɛd] *sm inv (spreg)* skinhead

ski-lift [ski'lift] *sm inv* ski lift

ski-pass [ski'pas] *sm inv* ski pass

slacciare [zlatʃ'tʃare] *vt* to undo

slanciato, a [zlan'tʃato, a] *agg* slender

slancio [z'lantʃo] *sm* **1.** *(balzo)* dash **2.** *(fig)* burst

slash [slaʃ] *sm inv* (forward) slash

slavina [zla'vina] *sf* snowslide

slavo, a [z'lavo, a] *agg* Slavonic, Slav

sleale [zle'ale] *agg* **1.** *(persona)* disloyal **2.** *(azione)* treacherous

slegare [zle'gare] *vt* to untie

slip [z'lip] *sm inv* briefs *pl*

slitta [z'litta] *sf* sledge

slittare [zlit'tare] *vi* **1.** to slide **2.** *(automobile)* to skid

slogan [z'lɔgan] *sm inv* slogan

slogare [zlo'gare] *vt* to dislocate

slogatura [zloga'tura] *sf* dislocation

smacchiatore [zmakkja'tore] *sm* stain remover

smagliante [zmaʎ'ʎante] *agg* dazzling

smagliare [zmaʎ'ʎare] *vt (collant, calze)* to ladder

smagliatura [zmaʎʎa'tura] *sf* **1.** *(di calze)* ladder **2.** *(della pelle)* stretch mark

smaltire [zmal'tire] *vt* **1.** *(merce)* to sell off **2.** *(rifiuti)* to discharge **3.** *(cibo)* to digest ● **smaltire la sbornia** to get over one's hangover

smalto [z'malto] *sm* **1.** *(per metalli, di denti)* enamel **2.** *(per ceramica)* glaze **3.** *(per unghie)* nail varnish

smania [z'manja] *sf* **1.** *(agitazione)* restlessness **2.** *(desiderio)* craving ● **aver la smania di qc** to have a craving for sthg

smarrire [zmar'rire] *vt* to lose
● **smarrirsi** *vr* to get lost

smarrito, a [zmar'rito, a] *agg* **1.** lost **2.** *(sbigottito)* bewildered

smascherare [zmaske'rare] *vt* to unmask

smemorato, a [zmemo'rato, a] *agg* absent-minded

smentire [zmen'tire] *vt* **1.** *(notizia)* to deny **2.** *(testimonianza)* to refute

smentita [zmen'tita] *sf (di notizia)* denial

smeraldo [zme'raldo] *sm* emerald

smesso, a [z'messo, a] *pp* ➤ **smettere**

smettere [z'mettere] *vt* **1.** to stop **2.** *(abito)* to stop wearing ● **smettere di fare qc** to stop doing sthg ● **smettila!** stop it!

smidollato, a [zmidol'lato, a] *agg* spineless

sminuire [zminu'ire] *vt* to belittle

sminuzzare [zminuts'tsare] *vt* to crumble

smistamento [zmista'mento] *sm* **1.** *(di posta, pacchi)* sorting **2.** *(di treni)* shunting

smistare [zmis'tare] *vt* **1.** *(posta)* to sort **2.** *(treni)* to shunt

smisurato, a [zmizu'rato, a] *agg* enormous, huge

smodato, a [zmo'dato, a] *agg* excessive

smog [zmɔg] *sm inv* smog

smoking [z'mɔking] *sm inv* dinner jacket (*UK*), tuxedo (*US*)

smontabile [zmon'tabile] *agg* that can be dismantled

smontare [zmon'tare] ◇ *vt* 1. (*macchina, libreria*) to take to pieces 2. (*fig*) (*far perdere l'entusiasmo a*) to discourage ◇ *vi* 1. (*da cavallo*) to dismount 2. (*da turno di lavoro*) to finish (work)

smorfia [z'mɔrfja] *sf* grimace

smorfioso, a [zmor'fjozo, a] *agg* simpering

smorzare [zmor'tsare] *vt* 1. (*suoni*) to muffle 2. (*colore*) to tone down 3. (*entusiasmo*) to dampen

smosso, a [z'mɔsso, a] *pp* ➤ **smuovere**

smottamento [zmotta'mento] *sm* landslide

SMS ['esse'emme'esse] *sm inv* (abbr di *Short Message Service*) SMS *m* ● **inviare un SMS** to send a text

smunto, a [z'munto, a] *agg* pinched

smuovere [z'mwɔvere] *vt* 1. (*spostare*) to shift 2. (*da proposito, intenzione*) to deter

smussare [zmus'sare] *vt* (*spigolo*) to round off

snack-bar [znɛk'bar] *sm inv* snack bar

snaturato, a [znatura'rato, a] *agg* inhuman

snello, a [z'nɛllo, a] *agg* slim, slender

snervante [z'nervante] *agg* exhausting

snidare [zni'dare] *vt* to flush out

snobismo [zno'bizmo] *sm* snobbery

snodare [zno'dare] *vt* 1. (*slegare*) to untie 2. (*arti*) to loosen up ● **snodarsi**
vr (*slegarsi*) to come loose

soccombere [sok'kombere] *vi* 1. (*cedere*) to give in 2. (*essere sconfitto*) to be overcome

sobbalzare [sobbal'tsare] *vi* 1. (*balzare*) to jolt 2. (*trasalire*) to jump

sobborgo [sob'borgo] (*pl* **-ghi**) *sm* suburb

sobrio, a [s'ɔbrjo, a] *agg* sober

socchiudere [sok'kjudere] *vt* 1. (*porta*) to leave ajar 2. (*occhi*) to half-close

socchiuso, a [sok'kjuzo, a] *pp* ➤ **socchiudere**

soccorrere [sok'korrere] *vt* to help

soccorso, a [sok'korso, a] ◇ *pp* ➤ **soccorrere** ◇ *sm* help, aid ● **soccorso stradale** breakdown service

sociale [so'tʃale] *agg* social

socialista, i, e [sotʃa'lista, i, e] *agg* socialist

socializzare [sotʃalidz'dzare] *vi* to socialize

società [sotʃe'ta] *sf inv* 1. (*gruppo umano*) society 2. (*associazione*) association, club 3. COMM company ● **società per azioni** limited company (*UK*), incorporated company (*US*)

socievole [so'tʃevole] *agg* sociable

socio, a, ci, cie [s'ɔtʃo, a, tʃi, tʃe] *sm,f* 1. (*di circolo*) member 2. COMM partner

soda [s'ɔda] *sf* (*bevanda*) soda water

soddisfacente [soddisfa'tʃɛnte] *agg* satisfactory

soddisfare [soddis'fare] *vt* to satisfy

soddisfatto, a [soddis'fatto, a] *agg* satisfied ● **essere soddisfatto di** (*contento*) to be satisfied with

soddisfazione [soddisfats'tsjone] *sf* satisfaction

sodo, a ['sɔdo, a] *agg* hard, firm

sofà [so'fa] *sm inv* sofa

sofferente [soffe'rɛnte] *agg* suffering

sofferto, a [sof'fɛrto, a] *pp* ➤ **soffrire**

soffiare [sof'fjare] ◇ *vi* to blow ◇ *vt* to blow ♦ **soffiare qn/qc a qn** to pinch sb/ sthg from sb ♦ **soffiarsi il naso** to blow one's nose

soffiata [sof'fjata] *sf (fam)* tip-off

soffice ['soffitʃe] *agg* soft

soffio ['soffjo] *sm (di fiato, vento)* breath ♦ **soffio al cuore** heart murmur

soffitta [sof'fitta] *sf* attic

soffitto [sof'fitto] *sm* ceiling

soffocante [soffo'kante] *agg* suffocating, stifling

soffocare [soffo'kare] ◇ *vt* to suffocate ◇ *vi* to suffocate

soffriggere [sof'friddʒere] *vt & vi* to fry lightly

soffrire [sof'frire] ◇ *vt* **1.** *(patire)* to suffer **2.** *(sopportare)* to bear ◇ *vi* to suffer ♦ **soffrire di** *v + prep* to suffer from

soffritto [sof'fritto] *sm lightly fried onions and herbs*

sofisticato, a [sofisti'kato, a] *agg* sophisticated

software ['sɔftwer] *sm* software

soggetto, a [sod'dʒetto, a] *agg* ♦ **essere soggetto a** to be subject to, subject

soggezione [soddʒets'tsjone] *sf* **1.** *(sottomissione)* subjection **2.** *(imbarazzo)* uneasiness ♦ **dare soggezione a qn** to make sb ill at ease

soggiorno [sod'dʒorno] *sm* **1.** *(permanenza)* stay **2.** *(stanza)* living room

soglia ['sɔʎʎa] *sf* threshold

sogliola [sɔʎ'ʎola] *sf* sole

sognare [son'nare] ◇ *vt* to dream of ◇ *vi* to dream ♦ **sognare ad occhi aperti** to daydream

sogno ['sonno] *sm* dream ♦ **fare un brutto sogno** to have a bad dream

soia ['sɔja] *sf* soya

solaio [so'lajo] *sm* attic

solamente [sola'mente] *avv* only, just

solare [so'lare] *agg* solar, sun *(dav s)*

solarium [so'larjum] *sm inv* solarium

solco ['solko] *(pl* **-chi)** *sm* **1.** *(in terreno)* furrow **2.** *(incisione)* groove **3.** *(scia)* wake

soldato [sol'dato] *sm* soldier ♦ **soldato semplice** private

soldo ['sɔldo] *sm* ♦ **non avere un soldo** to be penniless ♦ **soldi** *smpl (denaro)* money *sg*

sole ['sole] *sm* sun ♦ **prendere il sole** to sunbathe

soleggiato, a [soled'dʒato, a] *agg* sunny

solenne [so'lɛnne] *agg* solemn

solere [so'lere] *v impers* ♦ **come si suol dire** as they say

soletta [so'letta] *sf (suola)* insole

solidale [soli'dale] *agg* ♦ **essere solidale con qn** to be in agreement with sb

solidarietà [solidarje'ta] *sf* solidarity

solido, a ['sɔlido, a] *agg & sm* solid

solista, i, e [so'lista, i, e] *smf* soloist

solitario, a [soli'tarjo, a] ◇ *agg* **1.** *(persona)* lonely, solitary **2.** *(luogo)* lonely ◇ *sm* **1.** *(di carte)* patience *(UK)*, solitaire *(US)* **2.** *(brillante)* solitaire

solito, a ['sɔlito, a] *agg* usual ♦ **essere solito fare qc** to be in the habit of doing sthg ♦ **(come) al solito** as usual ♦ **di solito** usually

solitudine [soli'tudine] *sf* solitude

sollecitare [sollet∫i'tare] *vt (risposta, pagamento)* to press for

solleone [solle'one] *sm* 1. *(caldo)* summer heat 2. *(periodo)* dog days *pl*

solletico [sol'letiko] *sm* tickling ● **soffrire il solletico** to be ticklish

sollevamento [solleva'mento] *sm* lifting ● **sollevamento pesi** *SPORT* weightlifting

sollevare [solle'vare] *vt* 1. *(tirare su)* to lift, to raise 2. *(problema, questione)* to raise 3. *(fare insorgere)* to stir up ◆ **sollevarsi** *vr* 1. *(da terra)* to get up 2. *(insorgere)* to rise up

sollevato, a [solle'vato, a] *agg (confortato)* relieved

sollievo [sol'ljεvo] *sm* relief

solo, a ['solo, a] ◇ *agg* 1. *(senza compagnia)* alone 2. *(isolato)* lonely 3. *(unico)* only ◇ *avv (soltanto)* only, just ● **c'è un solo posto a sedere** there's only one seat ● **da solo** by oneself ● **ho solo 5 euro** I only have 5 euros ● **non solo ... ma anche** not only ... but also ● **a solo** *MUS* solo

soltanto [sol'tanto] *avv* only

solubile [so'lubile] *agg* soluble ● **caffè solubile** instant coffee

soluzione [soluts'tsjone] *sf* solution

Somalia [so'malja] *sf* ● **la Somalia** Somalia

somaro, a [so'maro, a] *sm,f* 1. *(asino)* donkey, ass 2. *(fig) (a scuola)* dunce

somiglianza [somiλ'λantsa] *sf* resemblance

somigliare [somiλ'λare] ◆ **somigliare a** *v + prep (nell'aspetto)* to look like; *(nel modo di essere)* to be like ◆ **somigliarsi** *vr* to be alike

somma ['somma] *sf* sum

sommare [som'mare] *vt* to add up

sommario, a [som'marjo, a] ◇ *agg* brief ◇ *sm (di libro)* index

sommergere [som'mεrdʒere] *vt* to submerge ● **sommergere di** *(fig)* to overwhelm with

sommergibile [sommer'dʒibile] *sm* submarine

sommerso, a [som'mεrso, a] ◇ *pp* ➤ **sommergere** ◇ *agg (isola, città)* underwater

somministrare [somminis'trare] *vt* to administer

sommità [sommi'ta] *sf inv (cima)* summit

sommo, a ['sommo, a] *agg* 1. highest 2. *(eccellente)* outstanding, excellent ● **per sommi capi** in short, in brief

sommossa [som'mɔssa] *sf* uprising

sommozzatore, trice [sommotstsa'tore, tritʃe] *sm,f (deep-sea)* diver

sonda ['sonda] *sf (spaziale, MED)* probe

sondaggio [son'daddʒo] *sm (indagine)* survey

sondare [son'dare] *vt* 1. *(fondo marino)* to sound 2. *(intenzioni, opinioni)* to sound out

sonnambulo, a [son'nambulo, a] *agg* ● **essere sonnambulo** to sleepwalk

sonnellino [sonnel'lino] *sm* nap

sonnifero [son'nifero] *sm* sleeping pill

sonno ['sonno] *sm* sleep ● **avere sonno** to be sleepy ● **prendere sonno** to fall asleep

sono ['sono] ➤ **essere**

sonoro, a [so'nɔro, a] *agg* 1. *(onde, di film)* sound *(dav s)* 2. *(voce, risata, schiaffo)* ringing ◇ *sm (di film)* soundtrack

sontuoso, a [son'twozo, a] *agg* sumptuous

soppiatto [sop'pjatto] ● **di soppiatto** *avv* secretly

sopportare [soppor'tare] *vt* 1. *(peso)* to support, to bear 2. *(umiliazione, dolore)* to bear 3. *(tollerare)* to put up with

soppresso, a [sop'presso, a] *pp* > sopprimere

sopprimere [sop'primere] *vt* 1. *(legge)* to abolish 2. *(servizio, treno)* to withdraw, to do away with 3. *(parola)* to delete

sopra ['sopra] ◇ *prep* 1. *(su)* on 2. *(al di sopra di)* above 3. *(al di là di)* over 4. *(riguardo a)* about, on ◇ *avv* 1. *(in alto)* above 2. *(in lettera, scritto)* ● **come precisato sopra** as detailed above ● **al di sopra di** above ● **di sopra** upstairs

soprabito [so'prabito] *sm* overcoat

sopracciglio [soprat't∫iλλo] *(fpl* **sopracciglia)** *sm* eyebrow

sopraffare [sopraf'fare] *vt* to overcome

sopraffatto, a [sopraf'fatto, a] *pp* > sopraffare

sopraggiungere [soprad'dʒundʒere] *vi* 1. *(giungere all'improvviso)* to arrive (unexpectedly) 2. *(accadere)* to occur (unexpectedly)

sopraggiunto, a [soprad'dʒunto, a] *pp* > sopraggiungere

sopralluogo [sopral'lwɔgo] *(pl* **-ghi)** *sm* 1. *(di polizia)* on-the-spot investigation 2. *(visita)* inspection

soprammobile [sopram'mɔbile] *sm* ornament

soprannaturale [soprannatu'rale] *agg* supernatural

soprannome [sopran'nome] *sm* nickname

soprano [so'prano] *sm* soprano

soprassalto [sopras'salto] ● **di soprassalto** *avv* with a start

soprattutto [soprat'tutto] *avv* above all, especially

sopravvalutare [sopravvalu'tare] *vt* to overestimate

sopravvento [sopravv'vento] *sm* ● **avere il sopravvento su** to have the upper hand over

sopravvissuto, a [sopravvis'suto, a] ◇ *pp* > sopravvivere ◇ *sm,f* survivor

sopravvivere [sopravv'vivere] *vi* to survive ● **sopravvivere a** *v* + *prep* to survive

soprelevata [soprele'vata] *sf* elevated section

soprintendente [soprinten'dɛnte] *smf* (a *attività, lavoro)* superintendent, supervisor

soprintendenza [soprinten'dɛntsa] *sf* 1. *(attività)* supervision 2. *(ufficio)* superintendency

sopruso [so'pruzo] *sm* abuse of power

soqquadro [sok'kwadro] *sm* ● **mettere qc a soqquadro** to turn sthg upside down

sorbetto [sor'betto] *sm* sorbet

sorbire [sor'bire] *vt* to sip ● **sorbirsi qn/qc** *(fig)* to put up with sb/sthg

sorcio ['sort∫o] *sm* mouse

sordido, a ['sordido, a] *agg* sordid, squalid

sordina [sor'dina] *sf* ● **in sordina** softly

sordo, a ['sordo, a] ◇ *agg* 1. *(non udente)* deaf 2. *(rumore, tonfo)* muffled, dull ◇ *sm,f* deaf person

sordomuto, a [sordo'muto, a] ◇ *agg* deaf and dumb ◇ *sm,f* deaf and dumb person

sorella [so'rɛlla] *sf* sister

sorellastra [sorel'lastra] *sf* stepsister

sorgente [sor'dʒɛnte] *sf* **1.** (d'acqua) spring **2.** (di fiume, elettricità, calore) source

sorgere ['sordʒere] *vi* **1.** to rise **2.** (sospetto, dubbio) to arise

sorpassare [sorpas'sare] *vt* **1.** AUTO to overtake **2.** (superare) to exceed

sorpassato, a [sorpas'sato, a] *agg* old-fashioned

sorpasso [sor'passo] *sm* (di veicolo) overtaking ● **fare un sorpasso** to overtake

sorprendere [sor'prɛndere] *vt* **1.** (cogliere) to catch **2.** (stupire) to surprise ◇ **sorprendersi di** to be surprised at

sorpresa [sor'presa] *sf* surprise ● **fare una sorpresa a qn** to give sb a surprise ● **di sorpresa** by surprise

sorpreso, a [sor'preso, a] *pp* ➤ **sorprendere**

sorreggere [sor'redʒdʒere] *vt* to support

sorretto, a [sor'retto, a] *pp* ➤ **sorreggere**

sorridente [sorri'dɛnte] *agg* smiling

sorridere [sor'ridere] *vi* to smile

sorriso [sor'rizo] ◇ *pp* ➤ **sorridere** ◇ *sm* smile

sorsata [sor'sata] *sf* gulp

sorso ['sorso] *sm* **1.** (sorsata) gulp **2.** (piccola quantità) sip

sorta ['sorta] *sf* kind, sort

sorte ['sorte] *sf* fate ● **tirare a sorte** to draw lots

sorteggio [sor'tedʒdʒo] *sm* draw

sortilegio [sorti'lɛdʒo] *sm* spell

sorveglianza [sorveʎ'ʎantsa] *sf* **1.** supervision **2.** (polizia) surveillance

sorvegliare [sorveʎ'ʎare] *vt* to watch

sorvolare [sorvo'lare] ◇ *vt* (territorio) to fly over ◇ *vi* ● **sorvolare su** (territorio) to fly over; (fig) to pass over

SOS ['esse'o'esse] *sm* SOS ● **lanciare un SOS** to send out an SOS

sosia ['sɔzja] *smf inv* double

sospendere [sos'pɛndere] *vt* **1.** (attaccare) to hang **2.** (attività, pagamenti, funzionario) to suspend

sospensione [sospen'sjone] *sf* suspension

sospeso, a [sos'pezo, a] ◇ *pp* ➤ **sospendere** ◇ *agg* (interrotto) suspended ● **lasciare qc in sospeso** to leave sthg unfinished ● **tenere qn in sospeso** to keep sb in suspense

sospettare [sospet'tare] ◇ *vt* to suspect ◇ *vi* ● **sospettare di qn** (avere sospetti su) to suspect sb; (diffidare di) to be suspicious of sb

sospetto, a [sos'petto, a] ◇ *agg* suspicious ◇ *smf* suspect ◇ *sm* suspicion

sospirare [sospi'rare] *vi* to sigh ● **farsi sospirare** to keep sb waiting

sospiro [sos'piro] *sm* sigh ● **tirare un sospiro di sollievo** to heave a sigh of relief

sosta ['sɔsta] *sf* **1.** (in luogo) stop **2.** (pausa) break ● **fare sosta a/in** to make a stop at/in ● **senza sosta** nonstop ▼ **divieto di sosta** no waiting ▼ **sosta consentita solo per carico e scarico** no waiting except for loading and unloading

sostantivo [sostan'tivo] *sm* noun

sostanza [sos'tantsa] *sf* substance

sostanzioso, a [sostan'tsjozo, a] *agg* **1.** (cibo) nourishing **2.** (notevole) substantial

sostare [sos'tare] *vi (fermarsi)* to stop

sostegno [sos'teɲɲo] *sm* support

sostenere [soste'nere] *vt* to support ♦ **sostenere che** to maintain (that) ♦ **sostenere gli esami** to sit exams ♦ **sostenersi** *vr (tenersi dritto)* to hold o.s. up

sostenitore, trice [sosteni'tore, 'tritʃe] *sm,f* supporter

sostentamento [sostenta'mento] *sm* maintenance

sostenuto, a [soste'nuto, a] *agg* 1. *(tono, stile)* elevated 2. *(ritmo, passo)* sustained

sostituire [sostitu'ire] *vt* 1. *(rimpiazzare)* to replace 2. *(prendere il posto di)* to take over from ♦ **sostituire qn/qc con** to substitute sb/sthg with ♦ **sostituire qn/qc a** to substitute sb/sthg for

sostituto, a [sosti'tuto, a] *sm,f* substitute

sostituzione [sostituts'tsjone] *sf* substitution

sottana [sot'tana] *sf* 1. *(gonna)* skirt 2. *(di prete)* cassock

sotterfugio [sotter'fudʒo] *sm* subterfuge

sotterraneo, a [sotter'raneo, a] ◇ *agg* 1. underground 2. *(fig)* clandestine, secret ◇ *sm* cellar

sottigliezza [sottiʎ'ʎettsa] *sf* 1. *(di spessore)* thinness 2. *(fig)* subtlety 3. *(dettaglio)* quibble

sottile [sot'tile] *agg* 1. *(non spesso)* thin 2. *(capelli)* fine 3. *(slanciato)* slim 4. *(vista, odorato, ingegno)* sharp, keen ♦ **non andare per il sottile** not to mince matters

sottintendere [sottin'tendere] *vt* to imply

sottinteso, a [sottin'teso, a] ◇ *pp* ➤

sottintendere ◇ *sm* allusion

sotto ['sotto] ◇ *prep* 1. under 2. *(più in basso di)* below ◇ *avv* 1. *(in posizione inferiore)* underneath 2. *(più in basso, in scritto)* below ♦ **al di sotto di** under, below ♦ **sott'olio** in oil ♦ **di sotto** *(al piano inferiore)* downstairs

sottobanco [sotto'banko] *avv (comprare)* under the counter

sottobicchiere [sottobik'kjere] *sm* coaster

sottobosco ['bosko] *sm* undergrowth

sottobraccio [sotto'brattʃo] *avv* 1. *(prendere)* by the arm 2. *(camminare)* arm in arm

sottofondo [sotto'fondo] *sm* MUS background music

sottolineare [sottoline'are] *vt* 1. to underline 2. *(dare risalto a)* to emphasize

sottolio [sot'toljo] ➤ **sotto**

sottomarino, a [sottoma'rino, a] ◇ *agg* underwater *(dav s)* ◇ *sm* submarine

sottomesso, a [sotto'messo, a] ◇ *pp* ➤ **sottomettere** ◇ *agg* submissive

sottomettere [sotto'mettere] *vt (al proprio dominio)* to subdue ♦ **sottomettersi a** to submit to

sottopassaggio [sottopas'saddʒo] *sm* 1. *(per auto)* underpass 2. *(per pedoni, in stazione)* subway, underpass ▼ **servirsi del sottopassaggio** please use the subway

sottoporre [sotto'porre] *vt* ♦ **sottoporre qn a qc** to subject sb to sthg ♦ **sottoporre qc a qn** to submit sthg to sb ♦ **sottoporsi a** *(subire)* to undergo

sottoposto, a [sotto'posto, a] *pp* ➤ **sottoporre**

sottoscala [sottos'kala] *sm inv* cupboard under the stairs

sottoscritto, a [sottos'kritto, a] ◇ *pp* ➤ sottoscrivere ◇ *sm,f* the undersigned

sottoscrivere ◇ *sm,f* the undersigned

sottoscrivere [sottos'krivere] *vt* to sign
• **sottoscrivere a** *v + prep* to subscribe to

sottosopra [sotto'sopra] *avv* upside down

sottostante [sottos'tante] *agg* lower

sottosuolo [sotto'swɔlo] *sm* **1.** *(di terreno)* subsoil **2.** *(locale)* basement

sottosviluppato, a [sottozvilup'pato, a] *agg* underdeveloped

sottoterra [sotto'tɛrra] *avv* underground

sottotitolato, a [sottotito'lato, a] *agg* subtitled

sottotitolo [sotto'titolo] *sm (di TV, cinema)* subtitle

sottovalutare [sottovalu'tare] *vt* to underestimate

sottoveste [sotto'vɛste] *sf* underskirt

sottovoce [sotto'votʃe] *avv* in a low voice

sottovuoto [sotto'vwɔto] *avv* vacuum-packed

sottrarre [sot'trarre] *vt* **1.** to subtract **2.** *(fondi)* to take away, to remove • sottrarre qc a qn *(rubare)* to steal sthg from sb • **sottrarsi a** to escape, to avoid

sottratto, a [sot'tratto, a] *pp* ➤ sottrarre

sottrazione [sottrats'tsjone] *sf* **1.** subtraction **2.** *(furto)* removal

souvenir [suve'nir] *sm inv* souvenir

sovraccaricare [sovrakkari'kare] *vt* to overload

sovrano, a [so'vrano, a] *agg & sm,f* sovereign

sovrapporre [sovrap'porre] *vt* to put on top of

sovrapposto, a [sovrap'posto, a] *pp* ➤ sovrapporre

sovrastare [sovras'tare] *vt (valle, paese)* to overhang

sovrumano, a [sovru'mano, a] *agg* superhuman

sovvenzionare [sovventsjo'nare] *vt* to subsidize

sovversivo, a [sovver'sivo, a] *agg* subversive

sozzo, a ['sotstso, a] *agg* filthy

S.p.A. [essepi'a] *(abbr di* società per azioni*)* ≃ Ltd *(UK)*, ≃ Inc. *(US)*

spaccare [spak'kare] *vt* to break, to split
• **spaccarsi** *vr* to break, to split

spaccatura [spakka'tura] *sf* split

spacciare [spat'tʃare] *vt (droga)* to push
• **spacciarsi per** to pass o.s. off as

spacciatore, trice [spattʃa'tore, tritʃe] *sm,f (di droga)* pusher

spaccio [s'pattʃo] *sm* **1.** *(bottega)* shop **2.** *(di droga)* trafficking

spacco [s'pakko] *(pl* -chi*) sm* **1.** split **2.** *(di gonna)* slit

spaccone, a [spak'kone, a] *sm,f* boaster

spada [s'pada] *sf* sword

spaesato, a [spae'zato, a] *agg* disorientated

spaghetteria [spagette'ria] *sf* restaurant specializing in pasta dishes

spaghetti [spa'getti] *smpl* spaghetti

Spagna [s'paɲɲa] *sf* • la Spagna Spain

spagnolo, a [spaɲ'ɲɔlo, a] ◇ *agg* Spanish ◇ *sm,f* Spaniard ◇ *sm (lingua)* Spanish

spago [s'pago] *(pl* -ghi*) sm* string

spaiato, a [spa'jato, a] *agg* odd

spalancare [spalan'kare] *vt* to open wide

spalla [s'palla] *sf* shoulder • voltare le

spalle a qn to turn one's back on sb ● **di spalle** from behind

spalliera [spal'ljera] *sf* **1.** *(di letto)* head **2.** SPORT wall bars *pl*

spallina [spal'lina] *sf* **1.** *(di reggiseno, sottoveste)* strap **2.** *(imbottitura)* shoulder pad

spalmare [spal'mare] *vt* to spread

spalti [s'palti] *smpl (di stadio)* terraces

spandere [s'pandere] *vt* **1.** *(versare)* to pour **2.** *(spargere)* to spread ◆ **spandersi** *vr* to spread

spappolare [spappo'lare] *vt* to pulp ◆ **spappolarsi** *vr* to get mushy

sparare [spa'rare] ◇ *vi* to fire ◇ *vt (colpo, fucilata)* to fire

sparecchiare [sparek'kjare] ◇ *vi* to clear the table ◇ *vt* ● **sparecchiare la tavola** to clear the table

spareggio [spa'reddʒo] *sm* SPORT play-off

spargere [s'pardʒere] *vt* **1.** *(sparpagliare)* to scatter **2.** *(versare)* to spill **3.** *(divulgare)* to spread ◆ **spargersi** *vr* **1.** *(sparpagliarsi)* to scatter **2.** *(divulgarsi)* to spread

sparire [spa'rire] *vi* to disappear

sparlare [spar'lare] ◆ **sparlare di** *v* + *prep* to run down

sparo [s'paro] *sm* shot

sparpagliare [sparpaʎ'ʎare] *vt* to scatter ◆ **sparpagliarsi** *vr* to scatter

sparso, a [s'parso, a] ◇ *pp* ➤ **spargere** ◇ *agg* scattered

spartire [spar'tire] *vt (dividere)* to share out

spartitraffico [sparti'traffiko] *sm inv* central reservation *(UK)*, median strip *(US)*

spasmo [s'pazmo] *sm* spasm

spassarsela [spas'sarsela] *vr* to have a good time

spasso [s'passo] *sm* **1.** *(film, scena)* amusement, fun **2.** *(persona)* laugh, scream **3.** *(passeggiata)* ● **andare a spasso** to go for a walk ● **essere a spasso** *(fig)* to be out of work

spauracchio [spau'rakkjo] *sm* scarecrow

spaventapasseri [spaventa'passeri] *sm inv* scarecrow

spaventare [spaven'tare] *vt* to frighten ◆ **spaventarsi** *vr* to become frightened

spavento [spa'vento] *sm (paura)* fear, fright ● **far spavento a qn** to give sb a fright

spaventoso, a [spaven'tozo, a] *agg* frightening

spazientirsi [spatstsjen'tirsi] *vr* to lose one's patience

spazio [s'patstsjo] *sm* space

spazioso, a [spats'tsjozo, a] *agg* spacious

spazzaneve [spatstsa'neve] *sm inv* snowplough

spazzare [spats'tsare] *vt* **1.** *(pavimento)* to sweep **2.** *(sporco, foglie)* to sweep up

spazzatura [spatstsa'tura] *sf (rifiuti)* rubbish

spazzino, a [spats'tsino, a] *sm,f* road sweeper

spazzola [s'patstsola] *sf* **1.** *(per capelli)* hairbrush **2.** *(per abiti)* clothes brush ● **spazzola da scarpe** shoe brush

spazzolare [spatstso'lare] *vt* to brush

spazzolino [spatstso'lino] *sm* ● **spazzolino (da denti)** toothbrush

spazzolone [spatstso'lone] *sm* scrubbing brush

specchiarsi [spek'kjarsi] *vr* to look at o.s. (in a mirror)

specchietto [spek'kjetto] *sm* 1. *(da borsetta)* pocket mirror 2. *(prospetto)* scheme, table ● **specchietto (retrovisore)** rear-view mirror

specchio [s'pekkjo] *sm* mirror

speciale [spe'tʃale] *agg* special

specialista, i, e [spetʃa'lista, i, e] *sm,f* specialist

specialità [spetʃali'ta] *sf inv* speciality ● **specialità della casa** speciality of the house

specialmente [spetʃal'mente] *avv* especially

specie [s'petʃe] ◇ *sf inv* 1. *(di piante, animali)* species *inv* 2. *(sorta)* kind ◇ *avv* especially ● **una specie di** a kind of

specificare [spetʃifi'kare] *vt* to specify

specifico, a, ci, che [spe'tʃifiko, a, tʃi, ke] *agg* specific

speculare [speku'lare] *vi* to speculate

speculazione [spekulats'tsjone] *sf* speculation

spedire [spe'dire] *vt* to send

spedizione [spedits'tsjone] *sf* 1. *(di lettera, merci)* sending 2. *(viaggio)* expedition

spegnere [s'peɲɲere] *vt* 1. *(fuoco, sigaretta)* to put out 2. *(luce, TV, gas)* to turn off

spellare [spel'lare] *vt* *(coniglio)* to skin ◆ **spellarsi** *vr* to peel

spendere [s'pendere] *vt* & *vi* to spend

spensierato, a [spensje'rato, a] *agg* carefree

spento, a [s'pento, a] ◇ *pp* > **spegnere** ◇ *agg* 1. *(colore)* dull 2. *(sguardo)* lifeless

speranza [spe'rantsa] *sf* hope

sperare [spe'rare] *vt* to hope for ● **spero che venga** I hope he'll come ● **spero di sì** I hope so ◆ **sperare di fare qc** to hope to do sthg ◆ **sperare in** *v + prep*

to trust in

sperduto, a [sper'duto, a] *agg* 1. *(luogo)* out-of-the-way 2. *(persona)* lost

spericolato, a [speriko'lato, a] *agg* fearless

sperimentale [sperimen'tale] *agg* experimental

sperimentare [sperimen'tare] *vt* 1. *(sottoporre a esperimento, fig)* to test 2. *(fare esperienza di)* to experience

sperma, i [s'perma, i] *sm* sperm

sperperare [sperpe'rare] *vt* to squander

spesa [s'peza] *sf* 1. *(somma)* expense 2. *(acquisti)* shopping ● **fare la spesa** to do the shopping ● **fare spese** *(acquisti)* to go shopping ● **spese** *sfpl (uscite)* expenses ● **spese postali** postage *sg* ● **spese di viaggio** travel expenses ● **a spese di** at the expense of

spesso, a [s'pesso, a] ◇ *agg* thick ◇ *avv* often

spessore [spes'sore] *sm* thickness

Spett. *abbr* = **spettabile**

spettabile [spet'tabile] *agg* *(nelle lettere)* ● **spettabile ditta** Messrs ... & Co.

spettacolo [spet'takolo] *sm* 1. *(rappresentazione)* show 2. *(vista)* sight

spettare [spet'tare] > **spettare a** *v + prep* to be up to ● **spetta a te dirglielo** it's up to you to tell him

spettatore, trice [spetta'tore, 'tritʃe] *sm,f* 1. *(di spettacolo)* member of the audience 2. *(di avvenimento)* onlooker

spettinare [spetti'nare] *vt* ● **spettinare qn** to ruffle sb's hair ◆ **spettinarsi** *vr* to get one's hair messed up

spettro [s'pettro] *sm* *(fantasma)* spectre

spezia [s'petstsja] *sf* spice

spezzare [spets'tsare] *vt* 1. *(rompere)* to

break 2. *(viaggio, giornata)* to break (up) ◆ **spezzarsi** *vr* to break

spezzatino [spetstsa'tino] *sm* stew

spezzato, a [spets'tsato, a] ◇ *agg (diviso)* broken ◇ *sm (vestito)* jacket and trousers

spezzettare [spetstset'tare] *vt* to break into small pieces

spia [s'pia] *sf* 1. *(di polizia)* informer 2. *(agente)* spy 3. *(luminosa)* warning light 4. *(indizio)* indication, sign ● **fare la spia** to be a sneak

spiacente [spja'tʃɛnte] *agg* ● **essere spiacente (di fare qc)** to be sorry (for doing sthg)

spiacevole [spja'tʃevole] *agg* unpleasant

spiaggia [s'pjadʒdʒa] *(pl* **-ge)** *sf* beach ● **spiaggia privata** private beach

spianare [spja'nare] *vt* 1. *(terreno)* to level 2. *(pasta)* to roll out ● **spianare il terreno** *(fig)* to prepare the ground

spiare [spi'are] *vt* to spy on

spiazzo [s'pjatstso] *sm* open space

spiccare [spik'kare] ◇ *vi (risaltare)* to stand out ◇ *vt* ● **spiccare un balzo** to jump ● **spiccare il volo** to fly off

spiccato, a [spik'kato, a] *agg* marked, strong

spicchio [s'pikkjo] *sm* 1. *(d'arancia)* segment 2. *(di mela, pera)* slice ● **spicchio d'aglio** clove of garlic

spicciarsi [spit'tʃarsi] *vr* to hurry up

spicciolo, a [s'pittʃolo, a] *agg* ● **moneta spicciola** small change ◆ **spiccioli** *smpl* small change

spiedino [spje'dino] *sm (pietanza)* kebab

spiedo [s'pjedo] *sm* spit ● **allo spiedo** spit-roasted

spiegare [spje'gare] *vt* 1. *(far capire)* to

explain 2. *(vele)* to unfurl 3. *(lenzuola)* to unfold ● **spiegare qc a qn** to explain sthg to sb ◆ **spiegarsi** *vr* 1. *(farsi capire)* to make o.s. clear 2. *(diventare chiaro)* to become clear ● **spieghiamoci!** let's get things straight!

spiegazione [spjegat'tsjone] *sf* explanation

spietato, a [spje'tato, a] *agg* ruthless

spiga [s'piga] *(pl* **-ghe)** *sf (di grano)* ear

spigolo [s'pigolo] *sm (di mobile, muro)* corner

spilla [s'pilla] *sf* brooch ● **spilla da balia** safety pin

spillare [spil'lare] *vt (soldi)* ● **spillare qc a qn** to tap sb for sthg

spillo [s'pillo] *sm (da sarto)* pin

spilorcio, a, ci, ce [spi'lortʃo, a, tʃi, tʃe] *agg* mean, stingy

spina [s'pina] *sf* 1. *(di pianta)* thorn 2. *(di riccio)* spine 3. *(lisca)* bone 4. *(elettrica)* plug ● **birra alla spina** draught beer ● **spina dorsale** backbone

spinaci [spi'natʃi] *smpl* spinach *sg*

spinello [spi'nello] *sm (fam) (sigaretta)* joint

spingere [s'pindʒere] *vt* & *vi* to push ● **spingere qn a fare qc** to press sb to do sthg ◆ **spingersi** *vr* to push on

spinoso, a [spi'nozo, a] *agg* prickly, thorny

spinta [s'pinta] *sf* 1. *(pressione, urto)* push 2. *(incoraggiamento)* incentive, spur 3. *(raccomandazione)* ● **dare una spinta a qn** to pull strings for sb

spinto, a [s'pinto, a] ◇ *pp* ➤ **spingere** ◇ *agg* risqué

spintone [spin'tone] *sm* push, shove

spionaggio [spio'nadʒdʒo] *sm* espionage

spioncino [spion'tʃino] *sm* peephole, spy hole

spiraglio [spi'raʎʎo] *sm* **1.** *(fessura)* chink **2.** *(di luce)* gleam, glimmer

spirale [spi'rale] *sf* **1.** spiral **2.** *(anticoncezionale)* coil

spirito [s'pirito] *sm* **1.** *(intelletto)* mind **2.** *(fantasia, disposizione d'animo)* RELIG spirit **3.** *(vivacità d'ingegno)* wit **4.** *(senso dell'umorismo)* humour **5.** *(alcol)* ● ciliegie sotto spirito cherries preserved in alcohol

spiritoso, a [spiri'tozo, a] *agg* witty

spirituale [spiritu'ale] *agg* spiritual

splendente [splen'dɛnte] *agg* shining

splendere [s'plɛndere] *vi* to shine

splendido, a [s'plɛndido, a] *agg (bellissimo)* magnificent

splendore [splen'dore] *sm* **1.** splendour **2.** *(luce)* brilliance

spogliare [spoʎ'ʎare] *vt (svestire)* to undress ● spogliare qn di qc *(derubare, privare)* to strip sb of sthg ◆ spogliarsi *vr* to undress

spogliarello [spoʎʎa'rɛllo] *sm* striptease

spogliatoio [spoʎʎa'tojo] *sm* **1.** *(di palestra, piscina)* changing room **2.** *(di abitazione)* dressing room

spoglio [s'pɔʎʎo] *sm (di schede elettorali)* counting

spola [s'pola] *sf (bobina)* spool ● fare la spola (tra) to go to and fro (between)

spolpare [spol'pare] *vt* to strip the flesh off

spolverare [spolve'rare] *vt & vi* to dust

sponda [s'ponda] *sf* **1.** *(di fiume)* bank **2.** *(di lago)* shore **3.** *(di letto)* edge **4.** *(di biliardo)* cushion

sponsorizzare [sponsoridz'dzare] *vt* sponsor

spontaneo, a [spon'taneo, a] *agg* **1.**
spontaneous **2.** *(non artificioso)* natural

spopolare [spopo'lare] ◇ *vt* to depopulate ◇ *vi* to draw the crowds ◆ **spopolarsi** *vr* to become depopulated

sporadico, a, ci, che [spo'radiko, a, tʃi, ke] *agg* sporadic

sporcare [spor'kare] *vt* to dirty ◆ **sporcarsi le mani** to get one's hands dirty ◆ **sporcarsi** *vr* to get dirty

sporcizia [spor'tʃitstsja] *sf* **1.** *(l'esser sporco)* dirtiness **2.** *(cosa sporca)* dirt

sporco, a, chi, che [s'pɔrko, a, ki, ke] *agg* dirty ◇ *sm* dirt

sporgente [spor'dʒɛnte] *agg* **1.** protruding **2.** *(occhi)* bulging

sporgere [s'pɔrdʒere] ◇ *vt* to put out ◇ *vi* to stick out ◆ **sporgersi** *vr* to lean out

sport [sport] *sm inv* sport

sporta [s'pɔrta] *sf* shopping bag

sportello [spor'tello] *sm* **1.** *(di mobile, treno)* door **2.** *(di banca, posta)* window, counter ● sportello automatico cash dispenser

sportivo, a [spor'tivo, a] ◇ *agg* **1.** *(programma, campo)* sports *(dav s)* **2.** *(persona)* sporty **3.** *(abbigliamento)* casual **4.** *(comportamento, spirito)* sporting ◇ *sm,f* sportsman *(f* sportswoman*)*

sporto, a [sporto, a] *pp* ➤ sporgere

sposare [spo'zare] *vt* to marry ◆ **sposarsi** *vr* to get married ◆ **sposarsi con** to marry

sposato, a [spo'zato, a] *agg* married

sposo, a [s'pɔzo, a] *sm,f* bridegroom *(f* bride*)* ● gli sposi the newlyweds

spossante [spos'sante] *agg* exhausting

spostare [spos'tare] *vt* **1.** to move **2.** *(cambiare)* to change ◆ **spostarsi** *vr* to move

spot [s'pɔt] *sm inv* **1.** *(faretto)* spotlight **2.** *(pubblicità)* advert

spranga [s'praŋga] *(pl* **-ghe)** *sf* bar

spray [s'prai] *sm inv* spray

sprecare [spre'kaɾe] *vt* to waste

spreco [s'prɛko] *sm* waste

spregiudicato, a [spredʒudi'kato, a] *agg (senza scrupoli)* unscrupulous

spremere [s'premere] *vt (arancia, limone)* to squeeze

spremiagrumi [spremia'grumi] *sm inv* lemon squeezer

spremuta [spre'muta] *sf* fresh fruit juice ● **spremuta di arancia** freshly-squeezed orange juice

sprezzante [sprets'tsante] *agg* scornful

sprigionare [spridʒo'nare] *vt* to emit ● **sprigionarsi** *vr* to emanate

sprizzare [sprits'tsare] *vi* to spurt

sprofondare [sprofon'dare] *vi* **1.** *(crollare)* to collapse **2.** *(affondare)* to sink

sproporzionato, a [sproportsjo'nato, a] *agg* out of all proportion

sproposito [spro'pɔzito] *sm* **1.** blunder **2.** *(somma esagerata)* ● **costa uno sproposito** it costs a fortune ● **parlare a sproposito** to talk out of turn

sprovveduto, a [sprovve'duto, a] *agg* inexperienced

sprovvisto, a [sprov'visto, a] *agg* ● **sprovvisto di** lacking in ● **cogliere qn alla sprovvista** to catch sb unawares

spruzzare [spruts'tsare] *vt* **1.** *(profumo)* to spray **2.** *(acqua)* to sprinkle **3.** *(persona)* to splash

spruzzatore [sprutstsa'tore] *sm* spray

spruzzo [s'prutstso] *sm* spray

spugna [s'puɲɲa] *sf* **1.** *(da bagno)* sponge **2.** *(tessuto)* towelling

spuma [s'puma] *sf (schiuma)* foam, froth

spumante [spu'mante] *sm* sparkling wine

spumone [spu'mone] *sm (dolce)* a foamy dessert made from whisked egg white, milk and sugar

spuntare [spun'tare] ◇ *vi (apparire)* to appear ◇ *vt (tagliare la punta di)* to break the point of ● **spuntarsi i capelli** to trim one's hair ● **spuntarla** *(fig)* to make it

spuntino [spun'tino] *sm* snack

spunto [s'punto] *sm (punto di partenza)* starting point

sputare [spu'tare] ◇ *vt* to spit out ◇ *vi* to spit

sputo [s'puto] *sm* spit

squadra [s'kwadra] *sf* **1.** *(di operai, SPORT)* squad, team **2.** *(strumento)* set square

squadrare [skwa'drare] *vt* **1.** *(scrutare)* to look at closely **2.** *(foglio, blocco)* to square

squagliare [skwaʎ'ʎare] *vt* to melt ● **squagliarsela** *(fam)* to clear off ● **squagliarsi** *vr* to melt

squalificare [skwalifi'kare] *vt* to disqualify

squallido, a [s'kwallido, a] *agg* wretched, miserable

squallore [skwal'lore] *sm* wretchedness, misery

squalo [s'kwalo] *sm* shark

squama [s'kwama] *sf* scale

squamare [skwa'mare] *vt (pesce)* to scale ● **squamarsi** *vr (pelle)* to flake (off)

squarciagola [skwartʃa'gola] ● **asquarciagola** *avv* at the top of one's voice

squarciare [skwar'tʃare] *vt* to rip

squartare [skwar'tare] *vt* to quarter

squattrinato, a [skwattri'nato, a] *agg* penniless

squilibrato, a [skwili'brato, a] *agg* unbalanced

squilibrio [skwi'librjo] *sm* **1.** *(fisico)* disequilibrium **2.** *(psichico)* derangement **3.** *(disparità)* imbalance

squillo [s'kwillo] *sm* **1.** *(di telefono, campanello)* ring **2.** *(di tromba)* blare

squisito, a [skwi'zito, a] *agg* **1.** *(cibo)* delicious **2.** *(raffinato)* exquisite **3.** *(persona)* delightful

sradicare [sradi'kare] *vt (albero)* to uproot

srotolare [sroto'lare] *vt* to unroll

stabile [s'tabile] ◇ *agg* **1.** stable **2.** *(lavoro, occupazione)* steady ◇ *sm (edificio)* building

stabilimento [stabili'mento] *sm (complesso)* factory, plant ● **stabilimento balneare** area of beach offering a number of services and activities

---

stabilimento balneare

On some Italian beaches there are designated areas providing services from a bar to showers, beach huts, hire of beach umbrellas, sunloungers, and deckchairs. Also called *bagni*, they sometimes have a beach volleyball court or a children's play area. At night many offer open-air music and dancing.

---

stabilire [stabi'lire] *vt* **1.** to establish **2.** *(fissare)* to fix ● **stabilire che** *(decidere)* to decide (that) ◆ **stabilirsi** *vr* to settle

stabilità [stabili'ta] *sf* stability

staccare [stak'kare] ◇ *vt* **1.** *(separare)* to detach, to separate **2.** SPORT to leave behind ◇ *vi* **1.** *(risaltare)* to stand out **2.** *(fam)* *(finire il lavoro)* to knock off ◆ **staccarsi** *vr (bottone, cerotto)* to come off ● **staccarsi da** *(venir via da)* to come off; *(fig)* *(allontanarsi)* to move away from

staccionata [statʃtʃo'nata] *sf* **1.** *(recinzione)* fence **2.** SPORT hurdle

stadio [s'tadjo] *sm* **1.** SPORT stadium **2.** *(fase)* stage

staffa [s'taffa] *sf (di sella, pantaloni)* stirrup ● **perdere le staffe** *(fig)* to fly off the handle

staffetta [staf'fetta] *sf* SPORT relay race

stagionale [stadʒo'nale] ◇ *agg* seasonal ◇ *smf* seasonal worker

stagionato, a [stadʒo'nato, a] *agg* seasoned

stagione [sta'dʒone] *sf* season ● **alta/bassa stagione** high/low season ● **vestiti di mezza stagione** clothes for spring and autumn

stagno, a [s'taɲɲo, a] ◇ *agg* **1.** *(a tenuta d'acqua)* watertight **2.** *(a tenuta d'aria)* airtight ◇ *sm* **1.** *(laghetto)* pond **2.** *(metallo)* tin

stagnola [staɲ'ɲɔla] *sf* tinfoil

stalla [s'talla] *sf* **1.** *(per cavalli)* stable **2.** *(per bovini)* cowshed

stamattina [stamat'tina] *avv* this morning

stambecco [stam'bekko] *(pl* **-chi***) sm* ibex

stampa [s'tampa] *sf* **1.** *(tecnica)* printing **2.** *(con stampante, opera)* print **3.** *(giornalisti)* ● **la stampa** the press ▼ **stampe** printed matter

stampante [stam'pante] *sf* INFORM printer

stampare [stam'pare] *vt* **1.** to print **2.** *(pubblicare)* to publish **3.** *(nella memoria)* to impress

stampatello [stampa'tello] *sm* block letters *pl*

stampella [stam'pella] *sf* crutch

stampo [s'tampo] *sm* **1.** mould **2.** *(fig) (sorta)* type

stancare [stan'kare] *vt* **1.** *(affaticare)* to tire **2.** *(stufare)* to bore ◆ **stancarsi** *vr* to get tired ● **stancarsi di** *(stufarsi di)* to grow tired of

stanchezza [stan'kettsa] *sf* tiredness

stanco, a, chi, che [s'tanko, a, ki, ke] *agg* **1.** tired **2.** *(stufo)* ● **stanco di** fed up with ● **stanco morto** dead tired

stanghetta [stan'getta] *sf (di occhiali)* leg

stanotte [sta'notte] *avv* **1.** tonight **2.** *(nella notte appena passata)* last night

stante [s'tante] *agg* ● **a sé stante** separate, independent

stantio, a [stan'tio, a] *agg (cibo)* stale

stanza [s'tantsa] *sf (camera)* room ● **stanza da bagno** bathroom ● **stanza da letto** bedroom

stanziare [stan'tsjare] *vt* to allocate

stare [s'tare] *vi* **1.** *(rimanere)* to stay **2.** *(abitare)* to live **3.** *(con gerundio)* ● **sto leggendo** I'm reading ● **come sta?** how are you? ● **ti sta bene!** it serves you right! ● **ci stai?** is that OK with you? ● **sta a voi decidere** it's up to you to decide ● **queste scarpe mi stanno strette** these shoes are tight ● **stare per fare qc** to be about to do sthg ● **stare bene/male** to be well/not very well ● **stare a guardare** to watch ● **stare in piedi** to stand (up) ● **stare seduto** to sit, to be sitting ● **stare**

simpatico a qn to like sb ● **stare zitto** to shut up ● **starci** to fit

starnutire [starnu'tire] *vi* to sneeze

starnuto [star'nuto] *sm* sneeze

stasera [sta'sera] *avv* this evening, tonight

statale [sta'tale] ◇ *agg* state *(dav s)*, government *(dav s)* ◇ *smf* civil servant ◇ *sf* main road

statistica [sta'tistika] *(pl* **-che)** *sf* **1.** *(disciplina)* statistics *pl* **2.** *(dati)* statistic

stato, a [s'tato, a] ◇ *pp* ➤ **essere, stare** ◇ *sm* **1.** *(condizione)* state, condition **2.** *(nazione)* state ● **essere in stato interessante** to be pregnant ● **stato d'animo** state of mind ● **stato civile** marital status ● **gli Stati Uniti (d'America)** the United States (of America)

statua [s'tatwa] *sf* statue

statunitense [stauni'tense] *agg* United States *(dav s)*, of the United States

statura [sta'tura] *sf (fisica)* height

statuto [sta'tuto] *sm* statute

stazionario, a [statstsjo'narjo, a] *agg (immutato)* unchanged

stazione [stats'tsjone] *sf* station ● **stazione degli autobus** bus station ● **stazione balneare** seaside resort ● **stazione centrale** central station ● **stazione ferroviaria** railway station *(UK)*, railroad station *(US)* ● **stazione di polizia** police station ● **stazione sciistica** ski resort ● **stazione di servizio** petrol station *(UK)*, gas station *(US)* ● **stazione termale** spa

stecca [s'tekka] *(pl* **-che)** *sf* **1.** *(asticella)* stick **2.** *(di sigarette)* carton **3.** *(da biliardo)* cue

steccato [stek'kato] *sm* fence

stella [s'tella] *sf* star ● **stelle filanti** shooting stars ● **albergo a tre stelle** three-star hotel

stellato, a [stel'lato, a] *agg* starry

stelo [s'tɛlo] *sm (di fiore)* stem

stemma, i [s'temma, i] *sm* coat of arms

stendere [s'tɛndere] *vt* **1.** *(allungare)* to stretch (out) **2.** *(panni, vele)* to spread (out) **3.** *(bucato)* to hang out ◆ **stendersi** *vr (sdraiarsi)* to lie down

stenografare [stenogra'fare] *vt* to take down in shorthand

stentare [sten'tare] *vi* ● **stentare a fare qc** to find it hard to do sthg

stento [s'tɛnto] *sm* ● **a stento** with difficulty ◆ **stenti** *smpl (privazioni)* hardship *sg*

sterco, chi [s'tɛrko, ki] *sm* dung

stereo [s'tɛreo] *sm inv* stereo

stereotipo [stere'ɔtipo] *sm* stereotype

sterile [s'tɛrile] *agg (uomo, donna)* sterile

sterilizzare [sterilid'dzare] *vt* to sterilize

sterlina [ster'lina] *sf* pound (sterling)

sterminare [stermi'nare] *vt* to exterminate

sterminato, a [stermi'nato, a] *agg* immense

sterminio [ster'minjo] *sm* extermination

sterzare [ster'tsare] *vi* to steer

sterzo [s'tɛrtso] *sm* steering

steso, a [s'tezo, a] *pp* > stendere

stesso, a [s'tesso, a] *agg* **1.** same **2.** *(in persona, proprio)* ● **il presidente stesso** the president himself o in person ● **lo stesso/la stessa** the same (one) o **io stesso** I myself ● **lei stessa** she herself ● **lo faccio per me stesso** I'm doing it for myself ● **fare qc lo stesso** to do sthg

just the same ● **fa o è lo stesso** it doesn't matter ● **per me è lo stesso** it's all the same to me

stesura [ste'zura] *sf* **1.** *(atto)* drafting **2.** *(documento)* draft

stile [s'tile] *sm* style ● **stile libero** freestyle

stilista, i, e [sti'lista, i, e] *smf* designer

stilografica [stilo'grafika] *(pl -che)* *sf* fountain pen

stima [s'tima] *sf* **1.** *(valutazione)* valuation **2.** *(apprezzamento)* esteem ● **fare la stima di qc** to estimate the value of sthg ● **avere stima di qn** to have a high opinion of sb

stimare [sti'mare] *vt* **1.** *(valutare)* to value **2.** *(ritenere)* to consider **3.** *(apprezzare)* to respect

stimolare [stimo'lare] *vt* to stimulate ● **stimolare qn a fare qc** to spur sb on to do sthg

stimolo [s'timolo] *sm* stimulus

stingere [s'tindʒere] *vi* to fade ◆ **stingersi** *vr* to fade

stinto, a [s'tinto, a] *pp* > stingere

stipendio [sti'pɛndjo] *sm* salary

stipite [s'tipite] *sm (di porta, finestra)* jamb

stipulare [stipu'lare] *vt* to draw up

stirare [sti'rare] *vt (con il ferro)* to iron

stiro [s'tiro] *sm* > asse, ferro

stirpe [s'tirpe] *sf* stock, birth

stitichezza [stiti'kettsa] *sf* constipation

stivale [sti'vale] *sm* boot

stivaletto [stiva'letto] *sm* ankle boot

stizza [s'tittsa] *sf* anger

stizzirsi [stits'tsirsi] *vr* to get irritated

stoccafisso [stokka'fisso] *sm* wind-dried cod, stockfish

stoffa [s'tɔffa] *sf* material, fabric ● **avere la stoffa di** to have the makings of

stola [s'tɔla] *sf* stole

stolto, a [s'tolto, a] *agg* stupid

stomaco [s'tɔmako] (*pl* **-chi** o **-ci**) *sm* stomach

stonato, a [sto'nato, a] *agg* MUS off key

stop [stɔp] ◇ *sm inv* **1.** AUTO (*segnale*) stop sign **2.** AUTO (*luce*) brake light (UK), stoplight ◇ *esclam* stop! ▼ **stop con segnale rosso** stop when light is on red

storcere [s'tɔrtʃere] *vt* to twist ● **storcere il naso** to turn up one's nose ● **storcersi una caviglia** to twist one's ankle ● **storcersi** *vr* to twist

stordire [stor'dire] *vt* to stun

stordito, a [stor'dito, a] *agg* stunned

storia [s'tɔrja] *sf* **1.** (*avvenimenti umani, materia, opera*) history **2.** (*vicenda, invenzione*) story **3.** (*faccenda*) business (*no pl*) **4.** (*scusa*) excuse

storico, a, ci, che [s'tɔriko, a, tʃi, ke] ◇ *agg* historic(al) ◇ *sm,f* historian

stormo [s'tormo] *sm* (*di uccelli*) flock

storpiare [stor'pjare] *vt* **1.** (*rendere storpio*) to cripple **2.** (*parola*) to mangle **3.** (*concetto*) to twist

storta [s'tɔrta] *sf* ● **prendere una storta al piede** to sprain one's foot

storto, a [s'tɔrto, a] ◇ *pp* ➤ **storcere** ◇ *agg* **1.** (*chiodo*) twisted, bent **2.** (*gambe, quadro*) crooked ● **andare storto** to go wrong

stoviglie [sto'viʎʎe] *sfpl* dishes

strabico, a, ci, che [s'trabiko, a, tʃi, ke] *agg* **1.** (*persona*) squint-eyed **2.** (*occhi*) squint

straccadenti [strakka'denti] *smpl* type of very hard biscuit

stracchino [strak'kino] *sm a creamy cow's milk cheese from Lombardy*

stracciare [strat'tʃare] *vt* (*vestito, foglio*) to tear

stracciatella [strattʃa'tɛlla] *sf* **1.** (*gelato*) chocolate-chip ice cream **2.** (*minestra*) broth enriched with eggs, semolina and Parmesan cheese

straccio [s'trattʃo] *sm* **1.** rag **2.** (*per pulizie*) duster, cloth

straccione, a [strat'tʃone, a] *sm,f* ragamuffin

strada [s'trada] *sf* **1.** road **2.** (*urbana*) street **3.** (*percorso*) way ● **strada facendo** on the way ● **tagliare la strada a qn** to cut across sb ● **strada panoramica** scenic route ● **strada senza uscita** dead end ▼ **strada deformata** uneven road surface ▼ **strada privata** private road ▼ **strada transitabile con catene** road negotiable with chains

stradale [stra'dale] ◇ *agg* road (*dav s*) ◇ *sf* traffic police

strafalcione [strafal'tʃone] *sm* (*sproposito*) howler

straforo [stra'fɔro] ● **di straforo** *avv* on the sly

strafottente [strafot'tɛnte] *agg* arrogant

strage [s'tradʒe] *sf* massacre

stralunato, a [stralu'nato] *agg* **1.** (*occhi*) rolling **2.** (*persona*) dazed

stramazzare [stramats'tsare] *vi* to fall heavily

strangolare [strango'lare] *vt* to strangle

straniero, a [stra'njɛro, a] ◇ *agg* foreign ◇ *sm,f* foreigner

strano, a [s'trano, a] *agg* strange

straordinario, a [straordi'narjo, a] ◇ *agg* **1.** extraordinary **2.** (*treno*) special ◇ *sm* *(lavoro)* overtime

strapazzare [strapats'tsare] *vt* to ill-treat ◆ **strapazzarsi** *vr* to tire o.s. out

strappo [s'trappo] *sm* **1.** *(in tessuto, MED)* tear **2.** *(fam) (passaggio)* lift *(UK)*, ride *(US)* ● **fare uno strappo alla regola** to make an exception to the rule

straripare [strari'pare] *vi* to overflow

strascico [s'traʃʃiko] *(pl* **-chi***)* *sm* **1.** *(di abito)* train **2.** *(fig) (consequenza)* after-reflect

strascinati [straʃʃi'nati] *smpl* squares of pasta in a tomato and minced meat sauce (a speciality of Calabria)

stratagemma [strata'dʒɛmma] *(pl* **-i***)* *sm* stratagem

strategia [strate'dʒia] *sf* strategy

strato [s'trato] *sm* **1.** *(di polvere, di crema)* layer **2.** *(di vernice, smalto)* coat

stravagante [strava'gante] *agg* eccentric

stravedere [strave'dere] ◆ **stravedere per** *v* + *prep* to be crazy about

stravisto, a [stra'visto, a] *pp* ➤ **stravedere**

stravolgere [stra'vɔldʒere] *vt* to distort

stravolto, a [stra'vɔlto, a] *pp* ➤ **stravolgere**

strazio [s'tratstsjo] *sm* ● **essere uno strazio** *(libro, film)* to be awful; *(persona)* to be a pain

strega [s'trega] *(pl* **-ghe***)* *sf* witch

stregone [stre'gone] *sm* **1.** *(mago)* sorcerer **2.** *(di tribù)* witchdoctor

stremare [stre'mare] *vt* to exhaust

stremo [s'tremo] *sm* ● **essere allo stremo delle forze** to be at the end of one's tether

strepitare [strepi'tare] *vi* *(gridare)* to shout

strepitoso, a [strepi'tozo, a] *agg* resounding

stress [stres] *sm* stress

stressante [stres'sante] *agg* stressful

stretta [s'tretta] *sf* grip ● **stretta di mano** handshake ● **mettere alle strette qn** to put sb in a tight corner

strettamente [stretta'mente] *avv* **1.** *(serratamente)* tightly **2.** *(rigorosamente)* strictly

stretto, a [s'tretto, a] *pp* ➤ **stringere** ◇ *agg* **1.** *(strada, stanza)* narrow **2.** *(vestito, scarpe)* tight **3.** *(rigoroso, preciso)* strict ◇ *sm* strait ● **parenti stretti** close family *sg*

strettoia [stret'toja] *sf* bottleneck

striato, a [stri'ato, a] *agg* streaked

stridere [s'tridere] *vi* **1.** *(freni)* to creak **2.** *(cicale, grilli)* to chirr **3.** *(colori)* to clash

strillare [stril'lare] *vi* & *vt* to scream

strillo [s'trillo] *sm* scream

striminzito, a [strimin'tsito, a] *agg* **1.** *(vestito)* shabby **2.** *(persona)* skinny

stringa [s'tringa] *(pl* **-ghe***)* *sf* lace

stringato, a [strin'gato, a] *agg* concise

stringere [s'trindʒere] ◇ *vt* **1.** *(vite, nodo)* to tighten **2.** *(denti, pugno)* to clench **3.** *(labbra)* to press **4.** *(tenere stretto)* to grip **5.** *(abito)* to take in **6.** *(patto, accordo)* to conclude ◇ *vi* to be tight ● **stringere qn tra le braccia** to hug sb ● **stringere la mano a qn** to shake hands with sb ● **stringere i tempi** to get a move on ● **il tempo stringe** time is short ◆ **stringersi** *vr* to squeeze up

striscia [s'triʃʃa] *(pl* **-sce***)* *sf* **1.** *(nastro)* strip **2.** *(riga)* stripe ● **strisce (pedonali)** zebra crossing *sg*

strisciare [striʃ'ʃare] ◇ *vi* **1.** *(serpente)* to slither **2.** *(passare rasente)* to scrape ◇ *vt*

1. *(macchina)* to scrape **2.** *(piedi)* to drag
striscione [striʃˈʃone] *sm* banner
stritolare [stritoˈlare] *vt* to crush
strizzare [stritsˈtsare] *vt* to wring out ●
strizzare l'occhio to wink
strofinaccio [strofiˈnattʃo] *sm* cloth
strofinare [strofiˈnare] *vt* to rub
stroncare [stronˈkare] *vt* **1.** to break off
2. *(rivolta)* to put down **3.** *(libro, film)* to
pan
stropicciare [stropitˈtʃare] *vt* **1.** *(braccia, occhi)* to rub **2.** *(vestito)* to crease
strozzapreti [strɔtsˈtsaˈpreti] *smpl* "gnoc-chi" either in a meat sauce, or made with eggs and spinach and served with butter and cheese
strozzare [strotsˈtsare] *vt* **1.** *(strangolare)* to strangle **2.** *(sog: cibo)* to choke ●
strozzarsi *vr* to choke
strumento [struˈmento] *sm* **1.** *(musicale, di precisione)* instrument **2.** *(di fabbro, meccanico)* tool
strusciare [struʃˈʃare] *vt* to rub ●
strusciarsi *vr* to rub o.s.
strutto [strutˈto] *sm* lard
struttura [strutˈtura] *sf* structure
struzzo [strutsˈtso] *sm* ostrich
stuccare [stukˈkare] *vt* **1.** *(buco)* to plaster **2.** *(vetro)* to putty
stucco, chi [stukˈko, ki] *sm* **1.** *(malta)* plaster **2.** *(decorazione)* stucco ● rima-nere di stucco to be dumbfounded
studente, essa [stuˈdɛnte, essa] *sm,f* **1.** student **2.** *(di liceo)* pupil
studentesco, a, schi, sche [studenˈtes-ko, a, ski, ske] *agg* student *(dav s)*
studiare [stuˈdjare] *vt & vi* to study
studio [stuˈdjo] *sm* **1.** *(attività)* studying **2.** *(ricerca, stanza)* study **3.** *(di professio-*

nista) office **4.** *(di televisione, radio)* studio
● studio medico surgery *(UK)*, office *(US)* ● gli studi *(scuola, università)* studies
studioso, a [stuˈdjoza, a] ◇ *agg* studious ◇ *sm,f* scholar
stufa [sˈtufa] *sf* stove ● stufa elettrica heater
stufare [stuˈfare] *vt (seccare)* ● mi hai stufato con le tue chiacchiere! I'm sick and tired of you talking! ◆ stufarsi *vr* ● stufarsi (di) *(fam)* to get fed up (with)
stufato [stuˈfato] *sm* stew
stufo, a [sˈtufo, a] *agg (fam)* ● essere stufo (di) to be fed up (with)
stuoia [sˈtwɔja] *sf* straw mat
stupefacente [stupefaˈtʃɛnte] ◇ *agg* amazing ◇ *sm* drug
stupendo, a [stuˈpɛndo, a] *agg* marvel-lous
stupidaggine [stupiˈdaddʒine] *sf* stupid thing
stupido, a [sˈtupido, a] *agg* stupid
stupire [stuˈpire] *vt* to amaze ◆ stupirsi di to be amazed by
stupore [stuˈpore] *sm* astonishment
stupro [sˈtupro] *sm* rape
sturare [stuˈrare] *vt* to unblock
stuzzicadenti [stutstsikaˈdɛnti] *sm inv* toothpick
stuzzicare [stutstsiˈkare] *vt (irritare)* to tease ● stuzzicare l'appetito to whet one's appetite
su [su]
◇ *prep* **1.** *(stato in luogo)* on ● le chiavi sono sul tavolo the keys are on the desk ● a 2 000 metri sul livello del mare at 2,000 metres above sea level ● una casa sul mare a house by the sea **2.**

(*moto a luogo*) on, onto • **venite sulla terrazza** come onto the terrace **3.** (*argomento*) about, on • **un libro sulla vita di Napoleone** a book about Napoleon's life **4.** (*tempo*) around • **vengo sul tardo pomeriggio** I'll come in the late afternoon • **sul momento** at that moment • **sul presto** fairly early **5.** (*prezzo e misura*) about • **costerà sui 100 euro** it costs about 100 euros • **peserà sui tre chili** he weighs about three kilos • **un uomo sulla quarantina** a man about forty years old **6.** (*modo*) • **facciamo dolci solo su ordinazione** we only make cakes to order • **su appuntamento** by appointment • **vestito su misura** made-to-measure suit • **parlare sul serio** to be serious • **nove volte su dieci** nine times out of ten ◇ *avv* **1.** (*in alto*) up; (*al piano di sopra*) upstairs • (*verso l'alto*) up(wards); (*in poi*) onwards • **dai 18 anni in su** from the age of 18 onwards **2.** (*per esortare*) come on • **su, sbrigatevi!** come on, hurry up! • **su con la vita!** cheer up!

sub [sub] *smf inv* diver

subacqueo, a [su'bakkweo, a] ◇ *agg* underwater ◇ *sm,f* diver

subbuglio [sub'buʎʎo] *sm* turmoil • **essere in subbuglio** to be in a turmoil

subdolo, a ['subdolo, a] *agg* sly

subentrare [suben'trare] *vi* • **subentra-re a qn** to take sb's place

subire [su'bire] *vt* **1.** (*ingiustizia, conseguenze*) to suffer **2.** (*operazione*) to undergo • **subire un torto** to be wronged

subissare [subis'sare] *vt* • **subissare qn di qc** to shower sb with sth

subito ['subito] *avv* (*immediatamente*) straightaway, immediately, at once • **torno subito** I'll be right back

sublime [su'blime] *agg* sublime

subordinato, a [subordi'nato, a] *agg* • **subordinato a** (*dipendente da*) dependent on

suburbano, a [subur'bano, a] *agg* suburban

succedere [sut'tʃɛdere] *vi* (*accadere*) to happen • **succedere a qn** (*subentrare*) to succeed sb • **che cos'è successo?** what happened? • **succedersi** *vr* to follow one another

successivamente [suttʃessiva'mente] *avv* afterwards

successivo, a [suttʃes'sivo, a] *agg* following

successo, a [sut'tʃɛsso, a] ◇ *pp* > **succedere** ◇ *sm* success • **di successo** successful

successore [suttʃes'sore] *sm* successor

succhiare [suk'kjare] *vt* to suck

succhiotto [suk'kjɔtto] *sm* dummy

succinto, a [sut'tʃinto, a] *agg* **1.** (*conciso*) succinct **2.** (*abito*) scanty

succo ['sukko] (*pl* **-chi**) *sm* juice • **succo di frutta** fruit juice • **succo di pomodoro** tomato juice

sud [sud] ◇ *sm* south ◇ *agg inv* south • **a sud (di qc)** south (of sth) • **nel sud** in the south

Sudafrica [su'dafrika] *sm* • **il Sud africa** South Africa

Sudamerica [suda'mɛrika] *sm* • **il Sudamerica** South America

sudare [su'dare] *vi* to sweat

suddetto, a [sud'detto, a] *agg* abovementioned

suddividere [suddi'videre] *vt* to subdivide

sudest [sud'est] *sm* southeast

sudicio, a, ci, ce o cie ['suditʃo, a, tʃi, tʃe] *agg* dirty

sudore [su'dore] *sm* sweat

sudovest [sud'ovest] *sm* southwest

sue ['sue] > **suo**

sufficiente [suffi'tʃɛnte] ◇ *agg* **1.** (*che basta*) enough, sufficient **2.** (*tono, atteggiamento*) arrogant ◇ *sm* SCOL pass

sufficienza [suffi'tʃɛntsa] *sf* ● **a sufficienza** enough

suffragio [suf'fradʒo] *sm* (*voto*) vote ● **suffragio universale** universal suffrage

suggerimento [sudʒdʒeri'mento] *sm* suggestion

suggerire [sudʒdʒe'rire] *vt* **1.** (*consigliare*) to suggest **2.** (*risposta*) to tell

suggestionare [sudʒdʒestjo'nare] *vt* to influence

suggestivo, a [sudʒdʒes'tivo, a] *agg* evocative

sughero ['sugero] *sm* cork

sugli ['suʎʎi] = **su + gli** > **su**

sugo ['sugo] (*pl* **-ghi**) *sm* **1.** (*condimento*) sauce **2.** (*di arrosto*) juices *pl* **3.** (*succo*) juice ● **sugo di pomodoro** tomato sauce

sui ['sui] = **su + i** > **su**

suicidarsi [suitʃi'darsi] *vr* to commit suicide

suicidio [sui'tʃidjo] *sm* suicide

suino, a [su'ino, a] ◇ *agg* pork (*dav s*) ◇ *sm* pig

sul [sul] = **su + il** > **su**

sull' [sull] = **su + l'** > **su**

sulla ['sulla] = **su + la** > **su**

sulle ['sulle] = **su + le** > **su**

sullo ['sullo] = **su + lo** > **su**

suo, sua, suoi, sue ['suo, 'sua, 'swoi, 'sue]

◇ *agg* (*di lui*) his; (*di lei*) her; (*di esso, essa*) its; (*forma di cortesia*) your; (*proprio*) one's

◇ *pron* (*di lui*) his; (*di lei*) hers; (*di esso, essa*) its; (*forma di cortesia*) yours; (*proprio*) one's ● **i suoi** (*di lui*) his family; (*di lei*) her family

suocero, a ['swɔtʃero, a] *sm,f* father-in-law (*f* mother-in-law) ● **suoceri** *smpl* in-laws

suoi ['swɔi] > **suo**

suola ['swɔla] *sf* sole

suolo ['swɔlo] *sm* **1.** (*terra*) ground **2.** (*terreno*) soil

suonare [swo'nare] ◇ *vt* **1.** (*strumento*) to play **2.** (*campanello*) to ring **3.** (*clacson*) to sound **4.** (*allarme*) to set off **5.** (*ore*) to strike ◇ *vi* **1.** (*musicista*) to play **2.** (*telefono, campana*) to ring **3.** (*allarme, sveglia*) to go off **4.** (*fig*) (*parole*) to sound

suono ['swɔno] *sm* sound

suora ['swɔra] *sf* nun

super ['super] *sf inv* four-star (petrol) (UK), premium (US)

superare [supe'rare] *vt* **1.** (*confine, traguardo, fiume*) to cross **2.** (*limite*) to exceed **3.** (*veicolo*) to overtake **4.** (*esame, concorso, prova*) to pass **5.** (*ostacolo*) to overcome **6.** (*essere migliore di*) to beat ● **ha superato la trentina** he is over 30

superbo, a [su'pɛrbo, a] *agg* **1.** (*arrogante*) haughty **2.** (*grandioso*) superb

superficiale [superfi'tʃale] *agg* superficial

superficie [super'fitʃe] (*pl* **-ci**) *sf* **1.** surface **2.** area

superfluo, a [su'pɛrfluo, a] *agg* superfluous

superiore [supe'rjore, a] ◇ *sm,f* superior ◇ *agg* **1.** *(di sopra)* upper **2.** *(quantità, numero)* larger, greater **3.** *(prezzo)* higher **4.** *(qualità)* superior ● **di età superiore ai 26 anni** above 26

superlativo [superla'tivo, a] *sm* superlative

supermercato [supermer'kato] *sm* supermarket

superstrada [supers'trada] *sf* ≃ (toll-free) motorway (*UK*), ≃ (toll-free) expressway (*US*)

supplementare [supplemen'tare] *agg* extra

supplemento [supple'mento] *sm* **1.** supplement **2.** *(di prezzo)* extra charge ● **supplemento rapido** additional charge for fast train

supplente [sup'plɛnte] *smf* SCOL supply teacher

supporre [sup'porre] *vt* to suppose

supposta [sup'posta] *sf* suppository

supposto, a [sup'posto, a] *pp* ➤ **supporre**

surriscaldare [surriskal'dare] *vt* to overheat

suscitare [suʃʃi'tare] *vt* to arouse

susina [su'zina] *sf* plum

susseguire [susse'gwire] *vt* to follow ●

susseguirsi *vr* to follow one another

sussidio [su'ssidjo] *sm* subsidy

sussulto [sus'sulto] *sm* (*sobbalzo*) start

sussurrare [sussur'rare] *vt* to whisper

svagarsi [sva'garsi] *vr* **1.** *(divertirsi)* to enjoy o.s. **2.** *(distrarsi)* to take one's mind off things

svago [z'vago] (*pl* **-ghi**) *sm* **1.** *(diverti-*

mento) fun **2.** *(passatempo)* pastime

svaligiare [zvali'dʒare] *vt* to burgle

svalutare [zvalu'tare] *vt* to devalue

svanire [zva'nire] *vi* to disappear, to vanish

svantaggio [zvan'taddʒo] *sm* (*aspetto negativo*) disadvantage ● **essere in svantaggio** SPORT to be behind

svariato, a [zva'rjato, a] *agg* **1.** *(vario)* varied **2.** *(numeroso)* various

svedese [zve'deze] ◇ *agg* & *sm* Swedish ◇ *smf* Swede

sveglia [z'veʎʎa] *sf (orologio)* alarm clock ● **la sveglia è alle sei** we have to get up at six

svegliare [zveʎ'ʎare] *vt* to wake (up) ●

svegliarsi *vr* to wake up

sveglio, a [z'veʎʎo, a] *agg* **1.** *(desto)* awake **2.** *(intelligente)* smart

svelare [zve'lare] *vt* to reveal

svelto, a [z'velto, a] *agg* quick ● **alla svelta** quickly

svendita [z'vendita] *sf* sale

svenire [zve'nire] *vi* to faint

sventare [zven'tare] *vt* to foil

sventolare [zvento'lare] ◇ *vt* to wave ◇ *vi* to flutter

sventura [zven'tura] *sf* **1.** *(sfortuna)* bad luck, misfortune **2.** *(disgrazia)* disaster

svestire [zves'tire] *vt* to undress ●

svestirsi *vr* to get undressed

Svezia [z'vɛttsja] *sf* ● **la Svezia** Sweden

sviare [zvi'are] *vt* to distract ● **sviare il discorso** to change the subject

svignarsela [zviɲ'narsela] *vr* (*fam*) to sneak off

sviluppare [zvilup'pare] *vt* to develop ●

svilupparsi *vr* **1.** *(ragazzo)* to grow **2.** *(industria, attività)* to expand, to grow **3.**

(incendio, infezione) to spread

sviluppo [zvi'luppo] *sm* development ● **età dello sviluppo** puberty

svincolo [z'vinkolo] *sm (stradale)* motorway junction

svitare [zvi'tare] *vt* to unscrew

Svizzera [z'vitstsera] *sf* ● **la Svizzera** Switzerland

svizzero, a [z'vitstsero, a] *agg & sm.f* Swiss

svogliato, a [zvoʎ'ʎato, a] *agg* listless

svolgere [z'vɔldʒere] *vt* **1.** *(attività, lavoro)* to carry out **2.** *(srotolare)* to unroll, to unwind **3.** *(tema)* to write ◆ **svolgersi** *vr* **1.** *(fatto, film)* to take place **2.** *(srotolarsi)* to unwind

svolta [z'vɔlta] *sf* **1.** turn **2.** *(mutamento)* turning point

svoltare [zvol'tare] *vi* to turn ● **svoltare a sinistra** to turn left

svolto, a [z'vɔlto, a] *pp* ➤ **svolgere**

svuotare [zvwo'tare] *vt* to empty

*t*T

T [ti] *(abbr di* tabaccheria*)* sign for Tobacconist's shop

tabaccaio, a [tabak'kajo, a] *sm.f* tobacconist

tabaccheria [tabakke'ria] *sf* tobacconist's

tabacco [ta'bakko] *(pl* **-chi**) *sm* tobacco

TAC [tak] *sm inv (abbr di* Tomografia Assiale Computerizzata*)* CAT

tabella [ta'bɛlla] *sf* **1.** *(cartellone)* board

2. *(prospetto)* table ● **tabella oraria** time-table

tabellone [tabel'lone] *sm* **1.** *(con orari)* timetable (board) **2.** *(per affissioni)* billboard

tabù [ta'bu] *sm inv* taboo

tacca ['takka] *(pl* **-che**) *sf* notch

taccagno, a [tak'kaɲɲo, a] *agg* mean

tacchino [tak'kino, a] *sm* turkey

tacciare [tatʃ'tʃare] *vt* ● **tacciare qn di qc** to accuse sb of sthg

tacco ['takko] *(pl* **-chi**) *sm* heel ● **tacchi a spillo** stilettos

taccuino [takk'wino] *sm* notebook

tacere [ta'tʃere] ◇ *vi* to be quiet ◇ *vt* to keep quiet with

taciturno, a [tatʃi'turno, a] *agg* taciturn

tafano [ta'fano] *sm* horsefly

tafferuglio [taffe'ruʎʎo] *sm* brawl

taglia ['taʎʎa] *sf* **1.** *(misura)* size **2.** *(corporatura)* build ● **taglia unica** one size

tagliacarte [taʎʎa'karte] *sm inv* paper knife

taglialegna [taʎʎa'leɲɲa] *sm inv* woodcutter

tagliando [taʎ'ʎando] *sm* coupon

tagliare [taʎ'ʎare] *vt* **1.** to cut **2.** *(affettare)* to slice **3.** *(carne)* to carve **4.** *(legna)* to chop **5.** *(recidere)* to cut off **6.** *(ritagliare)* to cut out **7.** *(intersecare)* to cut across **8.** *(vino)* to mix ● **tagliare corto** to cut short ● **tagliare la strada a qn** to cut in front of sb ● **tagliarsi i capelli** to have one's hair cut ◆ **tagliarsi** *vr* to cut o.s.

tagliatelle [taʎʎa'telle] *sfpl* tagliatelle *sg*

tagliaunghie [taʎʎa'ungje] *sm inv* nail clippers *pl*

tagliente [taʎ'ʎente] *agg* sharp

tagliere [taʎˈʎere] *sm* chopping board

taglio [ˈtaʎʎo] *sm* 1. cut 2. *(di stoffa)* length 3. *(parte tagliente)* edge ● taglio cesareo MED caesarean section ● banconote di piccolo/grosso taglio small/large denomination bank notes

tagliuzzare [taʎʎutsˈtsare] *vt* to cut into small pieces

tailleur [taˈjer] *sm inv* suit *(for women)*

talco [ˈtalko] *sm* talcum powder

tale [ˈtale]

◇ *agg* 1. *(di questo tipo)* such ● non ammetto tali atteggiamenti I won't allow such behaviour 2. *(così grande)* ● mi hai fatto una tale paura! you gave me such a fright! ● è un tale disordinato! he's so untidy! ● fa un tale freddo! it's so cold! ● è di una gentilezza tale che non si può dirgli di no he's so nice (that) you can't say no to him ● fa un rumore tale da farti venire il mal di testa it makes so much noise (that) it gives you a headache 3. *(in paragoni)* ● tale ... tale ... like ... like ● tale madre tale figlia like mother like daughter ● tale quale just like ● è tale quale lo ricordavo he's just like I remembered

◇ *agg (non precisato)* ● ti cerca un tal signor Marchi someone called Mr Marchi is looking for you ● il giorno tale all'ora tale on such and such a day at such and such a time

◇ *pron (persona non precisata)* ● un tale mi ha chiesto di te some man asked me about you ● quel tale that person

talebano [taleˈbano] *sm* Taliban

taleggio [taˈleddʒo] *sm a type of soft cheese from Lombardy*

talento [taˈlɛnto] *sm* talent

talloncino [tallonˈtʃino] *sm* counterfoil

tallone [talˈlone] *sm* heel

talmente [talˈmente] *avv* so

talora [taˈlora] *avv* sometimes

talpa [ˈtalpa] *sf* mole

talvolta [talˈvɔlta] *avv* sometimes

tamburellare [tamburelˈlare] *vi* to drum

tamburello [tambuˈrello] *sm* 1. *(strumento)* tambourine 2. *(gioco)* ball game played with a round bat

tamburo [tamˈburo] *sm* drum

Tamigi [taˈmidʒi] *sm* ● il Tamigi the Thames

tamponamento [tampona'mento] *sm* collision ● tamponamento a catena pileup

tamponare [tampoˈnare] *vt* 1. AUTO to bump into 2. *(ferita)* to plug

tampone [tamˈpone] *sm* 1. MED wad 2. *(assorbente interno)* tampon

tana [ˈtana] *sf* den

tandem [ˈtandem] *sm inv* tandem

tanfo [ˈtanfo] *sm* stench

tanga [ˈtanga] *sm inv* tanga

tangente [tanˈdʒɛnte] *sf* 1. tangent 2. *(quota)* share

tangenziale [tandʒenˈtsjale] *sf* bypass

tango, ghi [ˈtango, gi] *sm* tango

tanica [ˈtanika] *(pl* **-che**) *sf (recipiente)* (jerry) can

tantino [tanˈtino] ● **untantino** *avv* a little, a bit

tanto, a [ˈtanto, a]

◇ *agg* 1. *(in grande quantità)* a lot of, much; *(così tanto)* such a lot of, so much ● abbiamo ancora tanto tempo we've still got a lot of time ● lo conosco da tanto tempo I've known him for a long time 2. *(in numero elevato)* ● tanti, tante a lot of, many; *(così tanti)* such a lot of, so many ● **ho tanti amici** I've got a lot of o many friends ● **tanti auguri!** all the best!; *(di compleanno)* happy birthday! **3.** *(in paragoni)* ● **tanto ... quanto** *(quantità)* as much ... as; *(numero)* as many ... as ● **non ho tanta immaginazione quanta ne hai tu** I haven't got as much imagination as you ● **ha tanti fratelli quante sorelle** he's got as many brothers as sisters

◇ *pron* **1.** *(una grande quantità)* a lot, much; *(così tanto)* such a lot, so much ● **mi piace il cioccolato e ne mangio tanto** I like chocolate and eat a lot of it ● **c'è tanto da fare** there's a lot o plenty to do **2.** *(un grande numero)* ● **tanti, tante** many, a lot; *(così tanti)* so many, such a lot ● **è una ragazza come tante** she's just an ordinary girl ● **l'hanno visto in tanti** many people saw it **3.** *(una quantità indeterminata)* ● **di questi soldi tanti sono per la casa, tanti per le tue spese** so much of this money is for the house and so much for your expenses ● **pago un tanto al mese** I pay so much per month **4.** *(in paragoni)* ● **tanto quanto** as much as ● **tanti quanti** as many as **5.** *(in espressioni)* ● **tanto vale che tu stia a casa** you may as well stay at home ● **di tanto in t anto** from time to time

◇ *avv* **1.** *(molto)* very ● **ti ringrazio tanto** thank you very much ● **non tanto** *(poco)* not much ● **tanto meglio!** so much the better! **2.** *(così)* so ● **è tanto sciocco da crederci** he's silly enough to believe it ● **è tanto grasso che non ci passa** he's so fat that he can't get through ● **non pensavo piovesse tanto**

I didn't think it rained so much **3.** *(in paragoni)* ● **tanto ... quanto** as ... as ● **non studia tanto quanto potrebbe** he doesn't study as much as he could **4.** *(soltanto)* ● **tanto per divertirsi/parlare** just for enjoyment/for the sake of talking ● **tanto per cambiare** just for a change ● **una volta tanto** for once
◇ *cong* after all

tappa ['tappa] *sf* **1.** *(fermata)* stop **2.** *(parte di tragitto, nel ciclismo)* stage

tappare [tap'pare] *vt* **1.** *(buco, falla)* to plug **2.** *(bottiglia)* to cork ● **tapparsi le orecchie** to turn a deaf ear

tapparella [tappa'rella] *sf* store

tappeto [tap'peto] *sm* **1.** *(da pavimento)* carpet **2.** *(più piccolo)* rug ● **mandare qn al tappeto** SPORT to floor sb

tappezzare [tappets'tsare] *vt* **1.** *(pareti)* to paper **2.** *(poltrona)* to cover

tappezzeria [tappetstse'ria] *sf* **1.** *(tessuto)* soft furnishings *pl* **2.** *(carta da parati)* wallpaper

tappo ['tappo] *sm* **1.** *(di plastica, metallo)* top **2.** *(di sughero)* cork **3.** *(fam)* *(spreg : persona bassa)* shorty

taralli [ta'ralli] *smpl* ring-shaped biscuits flavoured with aniseed and pepper (a speciality of southern Italy)

tarantella [taran'tella] *sf* tarantella (a folk dance from the South of Italy)

tarantola [ta'rantola] *sf* tarantula

tarchiato, a [tar'kjato, a] *agg* stocky

tardare [tar'dare] ◇ *vi* *(arrivare tardi)* to be late ◇ *vt* *(ritardare)* to delay ● **tardare a fare qc** to be late in doing sthg

tardi ['tardi] *avv* late ● **fare tardi** to be late ● **più tardi** later ● **al più tardi** at the latest ● **sul tardi** late in the day

targa ['targa] (*pl* **-ghe**) *sf* 1. (*di auto*) numberplate 2. (*con indicazione*) plate

targhetta [tar'getta] *sf* 1. (*su campanello*) nameplate 2. (*piccola targa*) tag

tariffa [ta'riffa] *sf* 1. rate 2. (*di trasporti*) fare ● **tariffa ridotta** reduced fare ● **tariffa unica** flat rate

tarlo ['tarlo] *sm* woodworm

tarma ['tarma] *sf* moth

tarocchi [ta'rɔkki] *smpl* tarot cards

tartagliare [tartaʎ'ʎare] *vi* to stammer, to stutter

tartaro ['tartaro] *sm* tartar

tartaruga [tarta'ruga] (*pl* **-ghe**) *sf* 1. (*di terra*) tortoise 2. (*di mare*) turtle 3. (*materiale*) tortoiseshell

tartina [tar'tina] *sf* canapé

tartufo [tar'tufo] *sm* 1. (*fungo*) truffle 2. (*gelato*) type of chocolate ice cream

tasca ['taska] (*pl* **-sche**) *sf* (*di giacca, pantaloni*) pocket

tascabile [tas'kabile] ◇ *agg* pocket (*davs*) ◇ *sm* paperback

taschino [tas'kino] *sm* breast pocket

tassa ['tassa] *sf* 1. (*imposta*) tax 2. (*per servizio*) fee ● **tassa di iscrizione** membership fee

tassametro [tas'sametro] *sm* taximeter

tassare [tas'sare] *vt* to tax

tassativo, a [tassa'tivo] *agg* peremptory

tassello [tas'sɛllo] *sm* plug

tassi [tas'si] = **taxi**

tassista, i, e [tas'sista, i, e] *smf* taxi driver

tasso ['tasso] *sm* 1. (*indice*) rate 2. (*percentuale*) percentage 3. (*animale*) badger ● **tasso di cambio** exchange rate

tastare [tas'tare] *vt* (*polso*) to take ●

tastare il terreno (*fig*) to see how the land lies

tastiera [tas'tjɛra] *sf* keyboard

tasto ['tasto] *sm* 1. (*di pianoforte, computer*) key 2. (*di TV, radio*) button

tastoni [tas'toni] *avv* ● **procedere (a) tastoni** to feel one's way

tattico, a, ci, che ['tattiko, a, tʃi, ke] *agg* tactical

tatto ['tatto] *sm* 1. (*senso*) touch 2. (*fig*) (*accortezza*) tact

tatuaggio [tatu'adʒdʒo] *sm* tattoo

tatuare [tatu'are] *vt* to tattoo

tavola ['tavola] *sf* 1. (*mobile*) table 2. (*asse*) plank ● **mettersi o andare a tavola** to sit down to eat ● **tavola calda** snack bar

tavoletta [tavo'letta] *sf* bar

tavolino [tavo'lino] *sm* 1. (*da salotto*) small table 2. (*di bar*) table 3. (*scrivania*) writing desk

tavolo ['tavolo] *sm* table

taxi ['taksi] *sm inv* taxi

tazza ['tattsa] *sf* 1. cup 2. (*del water*) toilet bowl ● **una tazza di caffè** a cup of coffee

tazzina [tats'tsina] *sf* coffee cup

T.C.I. [titʃtʃi'i] (*abbr di* **Touring Club Italiano**) ≃ AA, ≃ RAC

te [te] *pron you* > **ti**

tè [tɛ] *sm inv* tea

teatrale [tea'trale] *agg* theatrical

teatrino [tea'trino] *sm* puppet theatre

teatro [te'atro] *sm* theatre ● **teatro tenda** marquee used for public performances

tecnica ['tɛknika] (*pl* **-che**) *sf* 1. technique 2. (*tecnologia*) technology > **tecnico**

tecnico, a, ci, che ['tɛkniko, a, tʃi, ke] ◇ *agg* technical ◇ *sm,f* technician

tecno ['tɛkno] ◇ *agg* techno ◇ *sf* techno

tecnologia [teknolo'dʒia] *sf* technology

tecnologico, a, ci, che [tekno'lɔdʒiko, a, tʃi, ke] *agg* technological

tedesco, a, schi, sche [te'desko, a, ski, ske] *agg, sm & sf* German

tegame [te'game] *sm* pan

teglia ['teʎʎa] *sf* baking tin

tegola ['tegola] *sf* tile

teiera [te'jɛra] *sf* teapot

tel. (*abbr di* telefono) tel.

tela ['tela] *sf* 1. (*tessuto*) cloth 2. (*quadro*) canvas ● **tela cerata** oilcloth

telaio [te'lajo] *sm* 1. (*per tessere*) loom 2. (*di macchina*) chassis 3. (*di finestra, letto*) frame

telecamera [tele'kamera] *sf* television camera

telecomando [teleko'mando] *sm* remote control

telecronaca [tele'krɔnaka] (*pl* **-che**) *sf* television report

teleferica [tele'fɛrika] (*pl* **-che**) *sf* cableway

telefilm [tele'film] *sm inv* TV film (*UK*), TV movie (*US*)

telefonare [telefo'nare] *vi & vt* to (tele)phone ● **telefonare a qn** to (tele)phone sb

telefonata [telefo'nata] *sf* (tele)phone call ● **telefonata a carico (del destinatario)** reverse charge call

telefonico, a, ci, che [tele'fɔniko, a, tʃi, ke] *agg* (tele)phone (*dav s*)

telefonino [telefo'nino] *sm* mobile phone

telefonista, i, e [telefo'nista, i, e] *smf* switchboard operator

telefono [te'lɛfono] *sm* telephone ● **telefono cellulare** mobile phone ● **telefono a gettoni** pay phone ● **telefono pubblico** public phone; (*cabina*) call box ● **telefono a scatti** metered phone ● **telefono a scheda (magnetica)** cardphone ● **al telefono** on the phone ● **per telefono** by phone

al telefono

A casa si risponde semplicemente *hello* spesso seguito dal numero di telefono. Se l'interlocutore dice *can I speak to...* chiedendo di voi, potete rispondere *speaking* (nel Regno Unito) o *this is* he/she (in USA). Se chiede di un'altra persona rispondete *just a moment please* e andate a chiamare l'interessato. Se la chiamata arriva in un momento inopportuno potete rispondere *I have someone with me right now, can I call you back?* La persona che ha ricevuto la chiamata dice normalmente *thanks for calling*. In telefonate più informali si può salutare con *speak to you soon* o *lots of love.*

telegiornale [teledʒor'nale] *sm* television news *sg*

telegrafare [telegra'fare] *vt & vi* to cable, to telegraph

telegramma, i [tele'gramma, i] *sm* telegram

teleobiettivo [teleobjet'tivo] *sm* telephoto lens

teleromanzo [telero'mandzo] *sm* serial

teleschermo [teles'kermo] *sm* television screen

telescopio [teles'kɔpjo] *sm* telescope

televisione [televi'zjone] *sf* television ● **alla televisione** on television

televisione

RAI 1, RAI 2 and RAI 3 are public channels funded by a licence fee; *Rete 4, Canale 5, Italia 1,* and the more recent *La 7* are privately owned. All these are national channels, but there are also small local networks and, of course, satellite and digital terrestrial TV.

televisivo, a [televi'zivo, a] *agg* television *(dav s)*

televisore [televi'zore] *sm* television (set) ● **televisore in bianco e nero** black-and-white television ● **televisore a colori** colour television

telex ['tɛleks] *sm inv* telex

telo ['telo] *sm* cloth

tema, i ['tɛma, i] *sm* 1. *(argomento, soggetto)* topic, subject 2. *SCOL* essay 3. *MUS* theme

temere [te'mere] ◇ *vt* to fear, to be afraid of ◇ *vi* to be afraid ● **temo che non venga** I'm afraid he won't come ● **temo di no** I'm afraid not ● **temo di sì** I'm afraid so ● **temo di non farcela** I'm afraid I can't make it ● **temere per** *v + prep* to fear for

tempera ['tempera] *sf* tempera

temperamatite [temperama'tite] *sm inv* pencil sharpener

temperamento [tempera'mento] *sm* 1. *(carattere)* temperament 2. *(carattere forte)* strong character

temperato, a [tempe'rato, a] *agg (clima, stagione)* temperate

temperatura [tempera'tura] *sf* temperature

temperino [tempe'rino] *sm* 1. *(coltello)* penknife 2. *(temperamatite)* pencil sharpener

tempesta [tem'pɛsta] *sf* storm ● **tempesta di neve** blizzard

tempestare [tempes'tare] *vt* ● **tempestare qn di domande** to bombard sb with questions

tempestivo, a [tempes'tivo, a] *agg* timely

tempestoso, a [tempes'tozo, a] *agg* stormy

tempia ['tempja] *sf* temple *(building)*

tempio ['tempjo] *sm* ANAT temple

tempo ['tempo] *sm* 1. *(cronologico, ritmo)* time 2. *(meteorologico)* weather 3. *GRAMM* tense 4. *(di partita)* half 5. *(di film)* part ● **quanto tempo ci vuole?** how long does it take? ● **avere il tempo di** ○ **per fare qc** to have the time to do sthg ● **fare qc per tempo** to do sthg in time ● **perdere tempo** to waste time ● **tempo di cottura** cooking time ● **tempo libero** free time ● **tempo fa** some time ago ● **in tempo** in time ● **allo stesso tempo** at the same time

temporale [tempo'rale] ◇ *agg* GRAMM of time ◇ *sm* (thunder)storm

temporaneo, a [tempo'raneo, a] *agg* temporary

temporeggiare [tempored͡ʒ'd͡ʒare] *vi* to play for time

tenace [te'natʃe] *agg* (persona, carattere) tenacious

tenacia [te'natʃa] *sf* tenacity

tenaglie [te'naʎʎe] *sfpl* pliers

tenda ['tɛnda] *sf* **1.** (di finestra) curtain **2.** (da campeggio) tent ● **tenda canadese** ridge tent

tendenza [ten'dɛntsa] *sf* tendency

tendere ['tɛndere] *vt* **1.** (elastico, muscoli) to stretch **2.** (corda) to tighten **3.** (mano) to hold out ● **tendere a** *v + prep* ● **tendere a qc** (propendere per) to be inclined to sthg; (essere simile a) to verge on sthg ● **tendere a fare qc** to tend to do sthg

tendine ['tɛndine] *sm* tendon

tenebre ['tɛnebre] *sfpl* darkness *sg*

tenente [te'nɛnte] *sm* lieutenant

tenere [te'nere]
◇ *vt* **1.** (reggere) to hold ● **tenere qc in mano** to hold sthg (in one's hand) ● **tenere qn per mano** to hold sb by the hand **2.** (mantenere) to keep ● **tenere la finestra aperta** to keep the window open ● **tenere le mani in tasca** to keep one's hands in one's pockets ● **tenere qc a mente** to remember sthg ● **tenere il posto a qn** to keep a seat for sb ● **tenere qn occupato** to keep sb busy **3.** (promessa, segreto) to keep **4.** (conferenza, riunione) to hold ● **tenere un discorso** to make a speech **5.** (non allontanarsi da) ● **tenere la destra/sinistra** to keep right/left ● **tenere la strada** to hold the road **6.** (in espressioni) ● **tieni!** (dando qc) here! ● **la lana tiene caldo** wool is warm ● **tenere compagnia a qn** to keep sb company ● **tenere conto di qc** to take sthg into account ● **tenere d'occhio qn** to keep an eye on sb
◇ *vi* (corda, diga) to hold ● **questa colla non tiene** this glue isn't sticking ● **tenere duro** to hold out

◆ **tenere per** *v + prep* (dare importanza a) to care about ● **tenere a fare qc** to be keen to do sthg

◆ **tenere per** *v + prep* (fare il tifo per) to support ● **per che squadra tieni?** which team do you support?

◆ **tenersi** *vr* **1.** (reggersi) ● **tenersi (a)** to hold on (to) ● **tieniti forte!** hold on! **2.** (restare) ● **tieniti pronto** be ready ● **tenersi in disparte** to stand apart ● **tenersi a disposizione di qn** to be at sb's disposal ● **tenersi a distanza** to keep one's distance **3.** (aver luogo) to be held

tenerezza [tene'retstsa] *sf* tenderness

tenero, a ['tɛnero, a] *agg* **1.** (cibo) tender **2.** (materia) soft

tenia ['tɛnja] *sf* tapeworm

tennis ['tɛnnis] *sm* tennis ● **tennis da tavolo** table tennis

tennista, i, e [ten'nista, i, e] *smf* tennis player

tenore [te'nore] *sm* **1.** (tono) tone **2.** MUS tenor ● **tenore di vita** standard of living

tensione [ten'sjone] *sf* tension ● **alta tensione** high voltage

tentacolo [ten'takolo] *sm* tentacle

tentare [ten'tare] *vt* **1.** (sperimentare) to try **2.** (allettare) to tempt ● **tentare di fare qc** to try o to attempt to do sthg

tentativo [tenta'tivo] *sm* attempt

tentazione [tentats'tsjone] *sf* temptation

tentennare [tenten'nare] *vi* **1.** (oscillare) to wobble **2.** (esitare) to hesitate

tentoni [ten'toni] *avv* • andare (a) tentoni to feel one's way

tenuta [te'nuta] *sf* **1.** *(abbigliamento)* clothes *pl* **2.** *(di liquidi, gas)* capacity **3.** *(podere)* estate • **a tenuta d'aria** airtight • **tenuta di strada** roadholding

teoria [teo'ria] *sf* theory • **in teoria** in theory

teoricamente [teorika'mente] *avv* theoretically

teorico, a, ci, che [te'ɔriko, a, tʃi, ke] *agg* theoretical

tepore [te'pore] *sm* warmth

teppista, i, e [tep'pista, i, e] *smf* hooligan

tequila [te'kila] *sf inv* tequila

terapeutico, a, ci, che [tera'pɛwtiko, a, tʃi, ke] *agg* therapeutic

terapia [tera'pia] *sf* therapy

tergicristallo [terdʒikris'tallo] *sm* windscreen wiper

tergiversare [terdʒiver'sare] *vi* to avoid the issue

tergo ['tergo] *sm* • **a tergo** overleaf

terital ® ['terital] *sm* Terylene ®

termale [ter'male] *agg* thermal

terme ['tɛrme] *sfpl* **1.** *(stabilimento)* spa *sg* **2.** *(nell'antica Roma)* baths

terme

Italy boasts a large number of spa resorts, especially in the central and northern parts of the country. Among the best-known spas are Abano, Salsomaggiore, Chianciano, Montecatini, Fiuggi, and Ischia.

termico, a, ci, che ['tɛrmiko, a, tʃi, ke] *agg* *(di temperatura)* thermal

terminal ['terminal] *sm inv* (air) terminal

terminale [termi'nale] ◇ *agg* final ◇ *sm* terminal

terminare [termi'nare] ◇ *vt* to finish ◇ *vi* to end

termine ['termine] *sm* **1.** *(fine)* end **2.** *(scadenza)* deadline **3.** *(parola)* term • **portare o condurre a termine qc** to bring sthg to a conclusion • **a breve/lungo termine** short-/long-term • **senza mezzi termini** without beating about the bush • **termini** *smpl* terms

termite ['termite] *sf* termite

termometro [ter'mɔmetro] *sm* thermometer

termos ['tɛrmos] = **thermos**

termosifone [termosi'fone] *sm* radiator

termostato [ter'mɔstato] *sm* thermostat

terra ['tɛrra] *sf* **1.** *(pianeta)* Earth **2.** *(terraferma, territorio)* land **3.** *(suolo)* ground **4.** *(sostanza)* soil • **terra battuta** *SPORT* clay • **a o per terra** *(sedere)* on the ground; *(cadere)* to the ground • **essere a terra** to feel low • **essere terra terra** to be down to earth

terracotta [terra'kɔtta] *sf* terracotta

terraferma [terra'ferma] *sf* dry land

terrapieno [terra'pjeno] *sm* embankment

terrazza [ter'ratstsa] *sf* terrace

terrazzo [ter'ratstso] *sm* **1.** *(balcone)* balcony **2.** *(di terreno)* terrace

terremoto [terre'mɔto] *sm* earthquake

terreno, a [ter'reno, a] ◇ *agg* **1.** *(vita)* earthly **2.** *(beni)* worldly ◇ *sm* **1.** *(suolo)* land **2.** *(appezzamento)* plot of land

terreo, a ['tɛrreo, a] *agg* wan

terrestre [ter'rɛstre] *agg* **1.** *(del pianeta)*

of the Earth **2.** *(di terraferma)* land *(dav s)*

terribile [ter'ribile] *agg* **1.** terrible **2.** *(irrequieto)* wild

terrificante [terrifi'kante] *agg* terrifying

terrina [ter'rina] *sf* tureen

territoriale [territo'rjale] *agg* territorial

territorio [terri'tɔrjo] *sm* **1.** *(nazionale, straniero)* territory **2.** *(montuoso, desertico)* region

terrore [ter'rore] *sm* terror

terrorismo [terro'rizmo] *sm* terrorism

terrorista, i, e [terro'rista, i, e] *smf* terrorist

terrorizzare [terroridz'dzare] *vt* to terrorize

terso, a ['terso, a] *agg* clear

terza ['tɛrtsa] *sf (marcia)* third gear

terzetto [ter'tsetto] *sm* trio

terzino [ter'tsino] *sm* fullback

terzo, a ['tɛrtso, a] *num* third ● **la terza età** old age ◆ **terzi** *smpl (altri)* others ➤ **sesto**

terzultimo, a [ter'tsultimo, a] *sm,f* third from last

tesa ['teza] *sf* brim

teschio ['teskjo] *sm* skull

tesi ['tɛzi] *sf inv* theory ● **tesi (di laurea)** thesis

teso, a ['tezo, a] ◇ *pp* ➤ **tendere** ◇ *agg* **1.** *(corda)* taut **2.** *(faccia, situazione)* tense **3.** *(rapporti)* strained

tesoreria [tezore'ria] *sf* treasury

tesoro [te'zɔro] *sm* **1.** *(oggetti preziosi, denaro)* treasure **2.** *(naturale)* resources *pl* **3.** *(fam) (appellativo)* darling ● **ministro del Tesoro** Chancellor of the Exchequer *(UK)*, Secretary of the Treasury *(US)*

tessera ['tɛssera] *sf* membership card ● **tessera magnetica** magnetic card

tessere ['tɛssere] *vt* to weave

tessile ['tɛssile] *agg* textile *(dav s)*

tessitura [tessi'tura] *sf* weaving

tessuto [tes'suto] *sm* **1.** *(stoffa)* material **2.** *(muscolare, osseo)* tissue

test ['tɛst] *sm inv* test ● **test di gravidanza** pregnancy test

testa ['tɛsta] *sf* head ● **di testa** *(vagone)* front ● **mettersi in testa di fare qc** to set one's mind on doing sthg ● **dalla testa ai piedi** from head to foot ● **essere in testa (a qc)** to be in the lead (in sthg) ● **fare qc di testa propria** to do sthg off one's own bat ● **montarsi la testa** to become bigheaded ● **perdere la testa** to lose one's head ● **dare alla testa a qn** to go to sb's head ● **essere fuori di testa** to be out of one's mind ● **fare a testa o croce** to toss up ● **a testa** each

testamento [testa'mento] *sm* will

testardo, a [tes'tardo, a] *agg* stubborn

testaroli [testa'rɔli] *smpl* broad pasta in a pesto sauce *(a speciality of La Spezia)*

testato, a [tes'tato, a] *agg* tested

teste ['tɛste] *smf* witness

testicolo [tes'tikolo] *sm* testicle

testimone [testi'mone] *smf* witness

testimoniare [testimo'njare] ◇ *vt* **1.** *(il vero, il falso)* to testify **2.** *(provare)* to prove ◇ *vi* to testify

testina [tes'tina] *sf* head

testo ['tɛsto] *sm* text

testone, a [tes'tone, a] *sm,f* stubborn person

testuggine [tes'tudʒdʒine] *sf* tortoise

tetano ['tɛtano] *sm* tetanus

tetro, a ['tetro, a] *agg* gloomy

tetta ['tetta] *sf* (*fam*) tit

tettarella [tetta'rella] *sf* teat

tette ['tette] *sfpl* (*fam*) boobs

tetto ['tetto] *sm* roof ● **i senza tetto** the homeless

tettoia [tet'tɔja] *sf* canopy

Tevere ['tevere] *sm* ● **il Tevere** the Tiber

thermos ® ['tɛrmos] *sm inv* Thermos-flask ®

thriller ['triller] *sm inv* thriller

ti [ti] *pron* **1.** (*complemento oggetto*) you **2.** (*complemento di termine*) (to) you **3.** (*riflessivo*) yourself ● **te li do** I'll give them to you

tibia ['tibja] *sf* tibia

tic [tik] *sm inv* **1.** (*nervoso*) tic **2.** (*rumore*) tick

ticchettio [tikket'tio] *sm* ticking

ticket ['tiket] *sm inv* MED prescription charge

tiepido, a ['tjɛpido, a] *agg* lukewarm

tifare [ti'fare] ● **tifare per** *v* + *prep* to support

tifo ['tifo] *sm* SPORT ● **fare il tifo per** to be a fan of

tifone [ti'fone] *sm* typhoon

tifoso, a [ti'fozo, a] *sm,f* supporter, fan

tiglio ['tiʎʎo] *sm* lime

tigrato, a [ti'grato, a] *agg* striped

tigre ['tigre] *sm o sf* tiger

tilt [tilt] *sm* ● **andare in tilt** to stop functioning

timballo [tim'ballo] *sm* pie

timbrare [tim'brare] *vt* to stamp

timbro ['timbro] *sm* **1.** (*arnese, marchio*) stamp **2.** (*di voce*) timbre

timer ['taimer] *sm inv* timer

timidezza [timi'detstsa] *sf* shyness

timido, a ['timido, a] *agg* **1.** (*persona, sguardo*) shy, timid **2.** (*tentativo, accenno*) bashful

timo ['timo] *sm* thyme

timone [ti'mone] *sm* rudder

timore [ti'more] *sm* fear

timpano ['timpano] *sm* eardrum

tinello [ti'nello] *sm* small dining room

tingere ['tindʒere] *vt* to dye ● **tingersi i capelli** to dye one's hair

tinozza [ti'nɔtstsa] *sf* tub

tinta ['tinta] *sf* **1.** (*materiale*) paint **2.** (*colore*) colour ● **farsi la tinta** (*dal parrucchiere*) to have one's hair dyed ● **in tinta unita** in one colour

tintarella [tinta'rella] *sf* (*fam*) suntan

tintinnare [tintin'nare] *vi* to tinkle

tinto, a ['tinto, a] ◇ *pp* ➤ **tingere** ◇ *agg* dyed

tintoria [tinto'ria] *sf* dry cleaner's

tintura [tin'tura] *sf* ● **tintura di iodio** iodine

tipa ['tipa] *sf* **1.** (*fam*) (*donna*) woman **2.** (*ragazza*) girl

tipico, a, ci, che ['tipiko, a, tʃi, ke] *agg* typical

tipo ['tipo] *sm* **1.** (*specie*) type, kind **2.** (*modello*) type **3.** (*fam*) (*individuo*) bloke (*UK*), guy (*US*)

tipografia [tipogra'fia] *sf* (*stabilimento*) printing works *sg*

tipografo, a [ti'pɔgrafo, a] *sm,f* printer

TIR [tir] *sm inv* (*abbr di* Transports Internationaux Routiers) ≃ HGV

tiramisù [tirami'su] *sm inv* tiramisu

tiranno, a [ti'ranno, a] *sm,f* tyrant

tirare [ti'rare] ◇ *vt* **1.** to pull **2.** (*lanciare*) to throw **3.** (*riga, tende*) to draw **4.** (*sparare*) to fire ◇ *vi* to be tight ● **tira**

vento it's windy ● **tirare calci contro qc** to kick sthg ● **tirare diritto** to go straight on ● **tirare fuori** to pull out ● **tirare a indovinare** to guess ● **tirare a sorte** to draw lots ● **tirare su** to lift ● **tirarsi indietro** *(rinunciare)* to draw back ▼ **tirare** *(su porta)* pull

tiratore [tira'tore] *sm* shot

tiratura [tira'tura] *sf (di giornale)* circulation

tirchio, a ['tirkjo, a] *agg (fam)* mean

tiro ['tiro] *sm* **1.** *(d'arma)* shooting **2.** SPORT shot **3.** *(traino)* draught ● **tiro con l'arco** archery ● **giocare un brutto tiro a qn** to play a nasty trick on sb

tirocinio [tiro'tʃinjo] *sm* apprenticeship

tiroide [ti'rɔide] *sf* thyroid

tirrenico, a, ci, che [tir'rɛniko, a, tʃi, ke] *agg* Tyrrhenian

Tirreno [tir'rɛno] *sm* ● **il (mar) Tirreno** the Tyrrhenian Sea

tisana [ti'zana] *sf* herb tea

titolare [tito'lare] *smf* owner

titolo ['titolo] *sm* title ● **titolo di studio** academic qualification ● **titoli di credito** instruments of credit

titubante [titu'bante] *agg* hesitant

tivù [ti'vu] *sf inv (fam)* TV, telly *(UK)*

tizio, a ['tittsjo, a] *sm,f* person

tizzone [tits'tsone] *sm* ember

toast ['tɔst] *sm inv* toasted sandwich

toccare [tok'kare] ◇ *vt* **1.** to touch **2.** *(tastare)* to feel **3.** *(argomento)* to touch on **4.** *(riguardare)* to concern ◇ *vi* to touch the bottom ▼ **vietato toccare** do not touch ● **toccare a** *v + prep* **1.** *(spettare)* to be up to **2.** *(capitare)* to happen to ● **a chi tocca?** whose turn is it? ● **mi tocca ricomprarlo** I have to

buy it back

tocco ['tokko] *(pl* **-chi)** *sm* touch

tofu ['tofu] *sm (formaggio di soia)* tofu

toga ['tɔga] *(pl* **-ghe)** *sf (di magistrato)* robe

togliere ['tɔʎʎere] *vt* **1.** *(rimuovere)* to take off **2.** *(privare di)* to take away **3.** *(liberare)* to get out ● **togliere qc a qn** to take sthg (away) from sb ● **ciò non toglie che ...** this doesn't mean that ... ● **togliersi gli occhiali** to take one's glasses off ● **togliere l'appetito a qn** to put sb off his food

toilette [twa'lɛt] *sf inv* toilet

tollerabile [tolle'rabile] *agg* tolerable

tollerante [tolle'rante] *agg* tolerant

tollerare [tolle'rare] *vt* to tolerate

tolto, a ['tolto, a] *pp* > **togliere**

tomba ['tomba] *sf* grave

tombino [tom'bino] *sm* manhole

tombola ['tombola] *sf* ≃ bingo

tonaca ['tɔnaka] *(pl* **-che)** *sf* habit

tonalità [tonali'ta] *sf inv* **1.** *(di colore)* shade **2.** MUS key

tondo, a ['tondo, a] *agg (circolare)* round

tonfo ['tonfo] *sm* **1.** *(rumore)* thud **2.** *(caduta)* fall

tonico, a, ci, che ['tɔniko, a, tʃi, ke] *agg & sm* tonic

tonificare [tonifi'kare] *vt* to tone up

tonnellata [tonnel'lata] *sf* ton

tonno ['tonno] *sm* tuna fish ● **tonno in scatola** tinned tuna fish

tono ['tɔno] *sm* tone ● **essere giù di tono** to be under the weather

tonsille [ton'sille] *sfpl* tonsils

tonto, a ['tonto, a] *agg* stupid ● **fare il finto tonto** to pretend not to understand

top ['tɔp] *sm inv* top

topaia [to'paja] *sf* dump

topazio [to'patstsjo] *sm* topaz

topless ['tɔplɛs] ◆ **topless** *sm inv* ● **essere in topless** to be topless

topo ['tɔpo] *sm* mouse

toppa ['tɔppa] *sf* **1.** (*di stoffa*) patch **2.** (*di serratura*) keyhole

torace [to'ratʃe] *sm* thorax, chest

torbido, a ['torbido, a] *agg* cloudy

torcere ['tɔrtʃere] *vt* **1.** (*panni*) to wring **2.** (*piegare*) to twist ◆ **torcersi** *vr* to double up

torchio ['tɔrkjo] *sm* press

torcia ['tɔrtʃa] (*pl* **-ce**) *sf* torch

torcicollo [tortʃi'kɔllo] *sm* stiff neck

torero [to'rɛro, a] *sm* bullfighter

Torino [to'rino] *sf* Turin

tormenta [tor'menta] *sf* blizzard

tormentare [tormen'tare] *vt* (*procurare fastidio*) to annoy ◆ **tormentarsi** *vr* to fret

tormento [tor'mento] *sm* **1.** (*angoscia*) torment **2.** (*fastidio*) nuisance

tornaconto [torna'konto] *sm* advantage

tornante [tor'nante] *sm* hairpin bend

tornare [tor'nare] *vi* **1.** to go/come back **2.** (*ridiventare*) to become again **3.** (*riuscire giusto*) to be correct ● **tornare utile** to come in handy ● **tornare a casa** to go/come home

torneo [tor'nɛo] *sm* tournament

toro ['tɔro] *sm* bull ● **Toro** *sm* Taurus

torre ['torre] *sf* **1.** (*edificio*) tower **2.** (*negli scacchi*) rook ● **torre di controllo** control tower ● **la torre di Pisa** the Leaning Tower of Pisa

torrefazione [torrefats'tsjone] *sf* (*negozio*) shop where coffee is roasted and sold

torrente [tor'rɛnte] *sm* torrent

torrido, a ['torrido, a] *agg* torrid

torrione [tor'rjone] *sm* keep

torrone [tor'rone] *sm* nougat

torsione [tor'sjone] *sf* twisting

torso ['torso] *sm* torso ● **a torso nudo** bare-chested

torsolo ['torsolo] *sm* core

torta ['torta] *sf* (*dolce*) cake ● **torta gelato** ice-cream cake ● **torta di mele** apple tart ● **torta pasqualina** *puff-pastry tart filled with spinach, ricotta cheese, Parmesan cheese and eggs a speciality of Genoa* ● **torta salata** flan

tortellini [tortel'lini] *smpl* tortellini

tortiera [tor'tjera] *sf* cake tin

tortino [tor'tino] *sm* pie

torto, a ['tɔrto, a] ◇ *pp* ➤ **torcere** ◇ *sm* **1.** (*ingiustizia*) wrong **2.** (*colpa*) ● **avere torto** to be wrong ● **a torto** wrongly

tortora ['tɔrtora] *sf* turtledove

tortuoso, a [tor'twozo, a] *agg* winding

tortura [tor'tura] *sf* torture

torturare [tortu'rare] *vt* to torture

tosaerba [toza'ɛrba] *sm inv* o *sf inv* lawnmower

tosare [to'zare] *vt* **1.** (*pecora*) to shear **2.** (*siepe*) to clip

Toscana [tos'kana] *sf* ● **la Toscana** Tuscany

toscano, a [tos'kano, a] *agg* Tuscan

tosse ['tosse] *sf* cough

tossico, a, ci, che ['tɔssiko, a, tʃi, ke] *agg* toxic

tossicomane [tossi'kɔmane] *smf* drug addict

tossire [tos'sire] *vi* to cough

tosta *agg f* ➤ **faccia**

tostapane [tosta'pane] *sm inv* toaster

tostare [tos'tare] *vt* to toast

tosto, a ['tɔsto, a] *sm.f* **1.** toast **2.** *(fam)* ● **faccia tosta** cheek

tot [tɔt] *agg inv & pron inv* **1.** *(quantità)* so much **2.** *(numero)* so many *pl*

totale [to'tale] *agg & sm* total ● **in totale** in total

totalità [totali'ta] *sf* ● **la totalità di** all of

totalizzare [totalid'dzare] *vt* to score

totano ['tɔtano] *sm* squid

totip [to'tip] *sm* betting game based on horse racing similar to the pools

totocalcio [toto'kaltʃo] *sm* pools *pl*

toupet [tu'pe] *sm inv* toupee

tournée [tur'ne] *sf inv* tour

tovaglia [to'vaʎʎa] *sf* tablecloth

tovagliolo [tovaʎ'ʎɔlo] *sm* napkin

tozzo, a ['tɔttso, a] ◇ *agg* squat ◇ *sm* ● **un tozzo di pane** a crust of bread

tra ['tra] *prep* **1.** *(in mezzo a due)* between **2.** *(in mezzo a molti)* among(st) **3.** *(di tempo, distanza)* in ● **tenere qn tra le braccia** to hold sb in one's arms ● **quale preferisci tra questi?** which one of these do you like best? ● **detto tra (di) noi** between me and you ● **tra sé e sé** to oneself

traballare [trabal'lare] *vi* to stagger

trabiccolo [tra'bikkolo] *sm (fam)* car

traboccare [trabok'kare] *vi* to overflow

trabocchetto [trabok'ketto] *sm* trap

tracannare [trakan'nare] *vt* to gulp down

traccia ['trattʃa] *(pl* **-ce)** *sf* **1.** *(segno)* mark **2.** *(indizio)* trace

tracciare [trat'tʃare] *vt* **1.** *(solco)* to trace **2.** *(disegnare)* to draw

tracciato [trat'tʃato] *sm* **1.** *(percorso)* route **2.** *(grafico)* graph

trachea [tra'kɛa] *sf* windpipe

tracolla [tra'kɔlla] *sf* shoulder bag ● **a tracolla** over one's shoulder

tradimento [tradi'mento] *sm* **1.** *(slealtà)* treachery **2.** *(adulterio)* infidelity ● **a tradimento** by surprise

tradire [tra'dire] *vt* **1.** to betray **2.** *(coniuge)* to be unfaithful to ◆ **tradirsi** *vr* to give o.s. away

traditore, trice [tradi'tore, tritʃe] *sm.f* traitor

tradizionale [traditstsjo'nale] *agg* traditional

tradizione [tradits'tsjone] *sf* tradition

tradotto, a [tra'dotto, a] *pp* ➤ **tradurre**

tradurre [tra'durre] *vt* to translate

traduttore, trice [tradut'tore, tritʃe] *sm.f* translator

traduzione [traduts'tsjone] *sf* translation

trafelato, a [trafe'lato, a] *agg* breathless

trafficante [traffi'kante] *smf (di droga, armi)* dealer

trafficare [traffi'kare] ◇ *vt* to deal in ◇ *vi* to busy o.s.

traffico ['traffiko] *(pl* **-ci)** *sm* **1.** *(di veicoli)* traffic **2.** *(di droga, armi)* dealing

trafiggere [tra'fidʒdʒere] *vt* to pierce

trafiletto [trafi'letto] *sm* short article

trafitto, a [tra'fitto, a] *pp* ➤ **trafiggere**

traforo [tra'fɔro] *sm* tunnel

tragedia [tra'dʒɛdja] *sf* tragedy

traghetto [tra'getto] *sm* ferry

tragico, a, ci, che ['tradʒiko, a, tʃi, ke] *agg* tragic

tragitto [tra'dʒitto] *sm* journey

traguardo [tra'gwardo] *sm* finishing line

traiettoria [trajet'tɔrja] *sf* trajectory

trainare [trai'nare] *vt (tirare)* to tow

traino ['trajno] *sm* **1.** *(operazione)* pulling **2.** *(di auto)* towing

tralasciare [tralaʃ'ʃare] *vt* to leave out

traliccio [tra'litʃtʃo] *sm* *(per elettricità)* pylon

tram ['tram] *sm inv* tram

trama ['trama] *sf* plot

tramandare [traman'dare] *vt* to pass on

tramare [tra'mare] *vt* *(fig) (macchinare)* to plot

trambusto [tram'busto] *sm* turmoil

tramestio [trames'tio] *sm* hubbub

tramezzino [tramedz'dzino] *sm* sandwich

tramite ['tramite] *prep* through

tramontana [tramon'tana] *sf* north wind

tramonto [tra'monto] *sm* sunset

tramortire [tramor'tire] *vt* to stun

trampoli ['trampoli] *sm (bastoni)* stilts

trampolino [trampo'lino] *sm* **1.** *(per tuffi)* springboard, divingboard **2.** *(sci)* ski jump

tramutare [tramu'tare] *vt* ● **tramutare qn/qc in** to change sb/sthg into ● **tramutarsi in** to turn into

trancio ['trantʃo] *sm* slice

tranello [tra'nello] *sm* trap

trangugiare [trangu'dʒare] *vt* to gulp down

tranne ['tranne] *prep* except (for) ● **tranne che** unless

tranquillante [trankwil'lante] *sm* tranquillizer

tranquillità [trankwilli'ta] *sf* **1.** *(stato d'animo)* calm **2.** *(di luogo)* peacefulness **3.** *(sicurezza)* peace of mind

tranquillizzare [trankwillidz'dzare] *vt* to reassure ● **tranquillizzarsi** *vr* to calm down

tranquillo, a [tran'kwillo, a] *agg* **1.** quiet **2.** *(non preoccupato)* calm ● **stai tranquillo** don't worry

transalpino, a [transal'pino, a] *agg* transalpine

transatlantico, a, ci, che [transa'tlantiko, a, tʃi, ke] ◇ *agg* transatlantic ◇ *sm* ocean liner

transatto, a [tran'satto, a] *pp* ➤ **transigere**

transazione [transats'tsjone] *sf* transaction

transenna [tran'senna] *sf* barrier

transigere [tran'sidʒere] *vi* ● **in fatto di puntualità non transige** she won't stand for people being late

transistor [tran'sistor] *sm inv* transistor

transitabile [transi'tabile] *agg* passable

transitare [transi'tare] *vi* to pass

transitivo, a [transi'tivo, a] *agg* GRAMM transitive

transito ['transito] *sm* transit ▼ **divieto di transito** no entry

transizione [transits'tsjone] *sf* transition

trapanare [trapa'nare] *vt (muro, dente)* to drill

trapano ['trapano] *sm* drill

trapassare [trapas'sare] *vt* to pierce

trapelare [trape'lare] *vi* to leak out

trapezio [tra'petstsjo] *sm (di circo)* trapeze

trapezista, i, e [trapets'tsista, i, e] *smf* trapeze artist

trapiantare [trapjan'tare] *vt* to transplant

trapianto [tra'pjanto] *sm* transplant

trappola ['trappola] *sf* trap

trapunta [tra'punta] *sf* quilt

trarre ['trarre] *vt* ● **trarre in inganno qn**

to deceive sb • **trarre origine da qc** to come from sth • **trarre in salvo qn** to rescue sb • **trarre vantaggio da qc** to gain benefit from sth

trasalire [trasa'lire] *vi* to jump

trasandato, a [trazan'dato, a] *agg* shabby

trasbordare [trazbor'dare] ◇ *vt* to transfer ◇ *vi* to change ship/plane/train

trascinare [traʃʃi'nare] *vt* to drag • **trascinarsi** *vr* **1.** (*strisciare*) to drag o.s. along **2.** (*nel tempo*) to drag on

trascorrere [tras'korrere] ◇ *vt* to spend ◇ *vi* to pass

trascorso, a [tras'korso, a] *pp* > trascorrere

trascritto, a [tras'kritto, a] *pp* > trascrivere

trascrivere [tras'krivere] *vt* to transcribe

trascurabile [trasku'rabile] *agg* negligible

trascurare [trasku'rare] *vt* **1.** (*lavoro, persona*) to neglect **2.** (*dettagli*) to disregard

trascurato, a [trasku'rato, a] *agg* neglected

trasecolare [traseko'lare] *vi* to be amazed

trasferibile [trasfe'ribile] ◇ *agg* (*biglietto*) transferable ◇ *sm* transfer

trasferimento [trasferi'mento] *sm* transfer

trasferire [trasfe'rire] *vt* **1.** (*impiegato*) to transfer **2.** (*negozio, sede*) to move • **trasferirsi** *vr* to move

trasferta [tras'fɛrta] *sf* **1.** (*viaggio*) transfer **2.** (*indennità*) travelling expenses *pl* **3.** SPORT away game

trasformare [trasfor'mare] *vt* to transform • **trasformare qc in qc** to turn

sth into sth; (*edificio, stanza*) to convert sth into sth • **trasformarsi** *vr* to change completely • **trasformarsi in** to turn into

trasformatore [trasforma'tore] *sm* transformer

trasformazione [trasformats'tsjone] *sf* transformation

trasformista, i, e [trasfor'mista, i, e] *smf* **1.** (*artista*) quick-change artist **2.** (*spreg*) (*politica, società*) transformist (*absorbing different political groups in order to achieve a majority*)

trasfusione [trasfu'zjone] *sf* transfusion

trasgredire [trazgre'dire] *vt* to disobey

trasgressore [trazgres'sore] *sm* trespasser ▼ **i trasgressori saranno puniti** trespassers will be prosecuted

traslocare [trazlo'kare] *vi* to move

trasloco [traz'lɔko] (*pl* **-chi**) *sm* **1.** (*di mobili*) removal **2.** (*trasferimento*) move

trasmesso, a [traz'messo, a] *pp* > trasmettere

trasmettere [traz'mettere] *vt* **1.** RADIO & TV to broadcast **2.** (*malattia*) to pass on **3.** (*far pervenire*) to send

trasmissione [trazmis'sjone] *sf* **1.** (*programma*) programme **2.** TECNOL transmission

trasparente [traspa'rɛnte] *agg* **1.** (*acqua*) transparent **2.** (*vestito*) see-through

trasparenza [traspa'rɛntsa] *sf* transparency

trasparire [traspa'rire] *vi* (*essere visibile*) to shine through

traspirazione [traspirats'tsjone] *sf* perspiration

trasportare [traspor'tare] *vt* to transport

trasporto [tras'pɔrto] *sm* transport

trastullarsi [trastul'larsi] *vr* **1.** *(divertirsi)* to amuse o.s. **2.** *(perdere tempo)* to waste time

trasversale [trazver'sale] *agg* **1.** *(obliquo)* cross *(dav s)* **2.** *(via)* side *(dav s)*

trattamento [tratta'mento] *sm* treatment

trattare [trat'tare] *vt* **1.** *(persona)* to treat **2.** *(argomento)* to discuss **3.** *(negoziare)* to negotiate **4.** *(commerciare)* to deal in ◆ **trattare di** *v + prep* to deal with ◆ **trattarsi** *vr* • **di cosa si tratta?** what is it about?

trattative [tratta'tive] *sfpl* negotiations

trattato [trat'tato] *sm* **1.** *(patto)* treaty **2.** *(testo)* treatise

trattenere [tratte'nere] *vt* **1.** *(far rimanere)* to detain **2.** *(lacrime, risa)* to hold back **3.** *(somma)* to deduct ◆ **trattenere qn dal fare qc** to stop sb doing sthg ◆ **trattenersi** *vr* to stay • **quanto si trattiene?** how long are you staying? • **trattenersi dal fare qc** to stop o.s. doing sthg

trattenuta [tratte'nuta] *sf* deduction

trattino [trat'tino] *sm* **1.** *(tra parole)* hyphen **2.** *(per discorso diretto)* dash

tratto, a [a'tratto, a] ◇ *pp* ➤ **trarre** ◇ *sm* **1.** *(di penna)* stroke **2.** *(di strada, mare)* stretch • **ad un tratto, d'un tratto** suddenly ◆ **tratti** *smpl* features

trattore [trat'tore] *sm* tractor

trattoria [tratto'ria] *sf restaurant specializing in local cuisine*

---

trattoria

Originally a *trattoria* was a small, often family-run restaurant, offering simple dishes and good value for money. Nowadays many are restaurants in all but name, providing local cuisine at often very high prices in a rustic but elegant setting.

---

trauma ['trawma] *(pl -i) sm* **1.** *(shock)* shock **2.** MED trauma

traumatizzare [traumatidz'dzare] *vt* **1.** *(perturbare)* to shock **2.** MED to traumatize

travagliato, a [travaʎ'ʎato, a] *agg* troubled

travaglio [tra'vaʎʎo] *sm* labour

travasare [trava'zare] *vt* to decant

trave ['trave] *sf* beam

traveggole [tra'veggole] *sfpl* • **avere le traveggole** to be seeing things

traveller's cheque ['traveler'tʃɛk] *sm inv* traveller's cheque

traversa [tra'versa] *sf* **1.** *(via)* side street **2.** SPORT crossbar

traversare [traver'sare] *vt* to cross

traversata [traver'sata] *sf* **1.** *(marittima)* crossing **2.** *(aerea)* flight

traverso, a [tra'verso, a] ◇ *agg* side *(dav s)* ◇ *avv* • **di traverso** crosswise

travestimento [travesti'mento] *sm* disguise

travestire [traves'tire] *vt* to dress up ◆ **travestirsi da** to dress up as

travestito, a [traves'tito, a] *sm* **1.** *(mascherato)* someone in disguise **2.** *(omosessuale)* travestite • **travestito da** disguised as

travisare [travi'zare] *vt* to misinterpret

travolgente [travol'dʒɛnte] *agg* **1.** *(impetuoso)* overpowering **2.** *(fig)* *(irresistibile)* overwhelming

travolgere [tra'vɔldʒere] *vt* to sweep away

travolto, a [tra'vɔlto, a] *pp* ➤ travolgere

tre [tre] *num* three ➤ sei

treccia ['trettʃa] (*pl* -ce) *sf* plait

trecento [tre'tʃɛnto] *num* three hundred ➤ sei ● **Trecento** *sm* ● il trecento the fourteenth century

tredicesima [tredi'tʃɛzima] *sf* Christmas bonus

tredicesimo, a [tredi'tʃɛzimo, a] *num* thirteenth ➤ sesto

tredici ['treditʃi] *num* thirteen ➤ sei

tregua ['trɛgwa] *sf* **1.** (*armistizio*) truce **2.** (*sosta*) rest

trekking ['trɛkkiŋ] *sm* trekking

tremare [tre'mare] *vi* ● tremare (di) (*paura*) to shake o tremble (with); (*freddo*) to shiver o tremble (with)

tremarella [trema'rɛlla] *sf* (*fam*) shivers *pl*

tremendo, a [tre'mɛndo, a] *agg* terrible, awful

trementina [tremen'tina] *sf* turpentine

tremila [tre'mila] *num* three thousand ➤ sei

Tremiti ['trɛmiti] *sfpl* ● le (isole) Tremiti the Tremiti Islands

tremito ['trɛmito] *sm* shudder

trenino [tre'nino] *sm* toy train

treno ['trɛno] *sm* train ● treno diretto fast train ● treno espresso express train ● treno intercity intercity train ● treno interregionale long-distance train ● treno merci goods train (*UK*), freight train (*US*) ● treno regionale local train ▼ treni in arrivo arrivals ▼ treni in partenza departures

trenta ['trenta] *num* thirty ➤ sei

trentesimo, a [tren'tɛzimo, a] *num* thirtieth ➤ sesto

trentina [tren'tina] *sf* ● una trentina (di) about thirty ● essere sulla trentina to be in one's thirties

Trentino [tren'tino] *sm* ● il Trentino-Alto Adige Trentino-Alto Adige

tresca ['treska] (*pl* -sche) *sf* intrigue

triangolare [triaŋgo'lare] *agg* triangular

triangolo [tri'aŋgolo] *sm* triangle

tribolare [tribo'lare] *vi* to suffer

tribù [tri'bu] *sf inv* tribe

tribuna [tri'buna] *sf* stand

tribunale [tribu'nale] *sm* court

tributo [tri'buto] *sm* tax

tricheco [tri'kɛko] (*pl* -chi) *sm* walrus

triciclo [tri'tʃiklo] *sm* tricycle

tricolore [triko'lore] *agg* three-coloured

tridimensionale [tridimensjo'nale] *agg* three-dimensional

trielina [trie'lina] *sf* trichloethylene

triennio [tri'ɛnnjo] *sm* three-year period

Trieste [tri'ɛste] *sf* Trieste

trifoglio [tri'fɔʎʎo] *sm* clover

trifolato, a [trifo'lato, a] *agg* (*verdura, carne*) *cooked in oil, garlic and parsley*

triglia ['triʎʎa] *sf* red mullet

trimestre [tri'mɛstre] *sm* **1.** (*tre mesi*) quarter **2.** *SCOL* term

trina ['trina] *sf* lace

trincea [trin'tʃɛa] *sf* trench

trinciapollo [trintʃa'pollo] *sm inv* poultry shears *pl*

trio ['trio] *sm* trio

trionfale [trjon'fale] *agg* triumphal

trionfare [trjon'fare] *vi* (*vincere*) to triumph

trionfo [tri'onfo] *sm* triumph

triplicare [tripli'kare] *vt* to triple

triplice ['triplitʃe] *agg* triple

triplo, a ['triplo, a] ◇ *agg* triple ◇ *sm* ● il triplo three times as much

trippa ['trippa] *sf* tripe

tris [tris] *sm inv* three

triste ['triste] *agg* **1.** sad **2.** *(luogo)* gloomy

tristezza [tris'tetstsa] *sf* **1.** *(afflizione)* sadness **2.** *(squallore)* dreariness

tritacarne [trita'karne] *sm inv* mincer *(UK)*, grinder *(US)*

tritaghiaccio [trita'gjatʃtʃo] *sm inv* ice crusher

tritare [tri'tare] *vt* **1.** to chop **2.** *(carne)* to mince *(UK)*, to grind *(US)*

trito, a ['trito, a] ◇ *agg* chopped ◇ *sm* chopped ingredients *pl* ● **trito e ritrito** *(fig)* trite

triturare [tritu'rare] *vt* to mince *(UK)*, to grind *(US)*

trivellare [trivel'lare] *vt* to drill

triviale [tri'vjale] *agg* crude

trofeo [tro'fɛo] *sm* trophy

tromba ['tromba] *sf* trumpet ● **tromba d'aria** whirlwind ● **tromba delle scale** stairwell

trombone [trom'bone] *sm* trombone

troncare [tron'kare] *vt* to cut off

tronco ['tronko] *(pl* **-chi**) *sm* trunk

trono ['trɔno] *sm* throne

tropicale [tropi'kale] *agg* tropical

tropico ['trɔpiko] *sm* tropic ● **i tropici** the tropics

troppo, a ['trɔppo, a]
◇ *agg* **1.** *(in quantità eccessiva)* too much ● **c'è troppa acqua** there's too much water **2.** *(in numero eccessivo)* troppi, troppe too many ● **ho mangiato troppi biscotti** I've eaten too many biscuits

◇ *pron* **1.** *(una quantità eccessiva)* too much ● **ho poco tempo libero, tu troppo** I have little free time, you have too much **2.** *(un numero eccessivo)* ● troppi too many ● **non voglio altri problemi, ne ho fin troppi** I don't want any more problems, I've got too many already ● **lo sanno in troppi** too many people know

◇ *avv* **1.** *(in misura eccessiva)* too ● **sei troppo stanco** you are too tired ● **parla troppo velocemente** he speaks too quickly ● **spendo troppo** I spend too much ● **ho bevuto un bicchiere di troppo** I've had one drink too many ● **essere di troppo** to be in the way **2.** *(molto)* ● **non mi sento troppo bene** I'm not feeling too good

trota ['trɔta] *sf* trout

trottare [trot'tare] *vi* to trot

trotto ['trɔtto] *sm* trot

trottola ['trɔttola] *sf* spinning top

troupe [trup] *sf inv* troupe

trovare [tro'vare] *vt* **1.** to find **2.** *(per caso)* to come across ● **andare a trovare qn** to go and see sb ● **trovarsi** *vr* **1.** *(essere, stare)* to be **2.** *(incontrarsi)* to meet

trovata [tro'vata] *sf* good idea

truccare [truk'kare] *vt* **1.** *(attore)* to make up **2.** *(motore)* to soup up **3.** *(risultato, partita)* to fix ● **truccarsi** *vr* to make o.s. up

trucco ['trukko] *(pl* **-chi**) *sm* **1.** *(artificio, inganno)* trick **2.** *(cosmetico)* make-up **3.** *(operazione)* making-up

truce ['trutʃe] *agg* fierce

trucidare [trutʃi'dare] *vt* to slaughter

truciolo ['trutʃolo] *sm* shaving

truffa ['truffa] *sf* fraud

truffare [truf'fare] *vt* to swindle

truffatore, trice [truffa'tore, 'tritʃe] *sm,f* swindler

trullo ['trullo] *sm* circular dry-stone house

trullo

Found in some places in Puglia, notably Alberobello, the *trullo* is a whitewashed dry-stone house, usually circular in shape with a grey conical roof.

truppa ['truppa] *sf* troop

tu [tu] ◇ *pron* you ● **a tu per tu** face to face ● **tu stesso** you yourself ● **se lo dici tu!** if you say so!

tua ['tua] ➤ tuo

tubare [tu'bare] *vi* to coo

tubatura [tuba'tura] *sf* piping, pipes *pl*

tubercolosi [tuberko'lɔzi] *sf* tuberculosis

tubero ['tubero] *sm* tuber

tubetto [tu'betto] *sm* tube

tubo ['tubo] *sm* pipe ● **tubo di scappamento** exhaust (pipe)

tue ['tue] ➤ tuo

tuffare [tuf'fare] *vt* (*immergere*) to dive ● **tuffarsi** *vr* **1.** (*immergersi*) to immerse oneself **2.** (*gettarsi giù*) to dive

tuffo ['tuffo] *sm* dive

tugurio [tu'gurjo] *sm* hovel

tulipano [tuli'pano] *sm* tulip

tumore [tu'more] *sm* tumour

tunica ['tunika] (*pl* **-che**) *sf* tunic

Tunisia [tuni'zja] *sf* ● **la Tunisia** Tunisia

tunnel ['tunnel] *sm inv* tunnel

tuo, tua, tuoi, tue ['tuo, 'tua, 'twɔi, 'tue] ◇ *agg* your ◇ *pron* ● **il tuo (la tua)** yours ● **tuo padre** your father ● **un tuo**

amico a friend of yours ● **questi soldi sono tuoi** this is your money

tuoi ['twɔi] ➤ tuo

tuonare [two'nare] *v impers* ● **tuona** it's thundering

tuono ['twɔno] *sm* (*di lampo*) thunder

tuorlo ['tworlo] *sm* ● **tuorlo (d'uovo)** yolk

turacciolo [tu'rattʃolo] *sm* **1.** (*di sughero*) cork **2.** (*di plastica*) top

turare [tu'rare] *vt* **1.** (*buco*) to plug **2.** (*orecchie, naso*) to block ◆ **turarsi** *vr* ● **turare il naso** to hold one's nose

turbamento [turba'mento] *sm* (*sconcerto*) anxiety

turbante [tur'bante] *sm* (*copricapo*) turban

turbare [tur'bare] *vt* (*sconcertare*) to trouble

turbolento, a [turbo'lɛnto, a] *agg* (*persona*) boisterous

turchese [tur'keze] *agg & sm* turquoise

Turchia [tur'kia] *sf* ● **la Turchia** Turkey

turchino, a [tur'kino, a] *agg* deep blue

turismo [tu'rizmo] *sm* tourism

turista, i, e [tu'rista, i, e] *smf* tourist

turistico, a, ci, che [tu'ristiko, a, tʃi, ke] *agg* tourist (*dav s*)

turno ['turno] *sm* **1.** (*di lavoro*) shift **2.** (*di gioco*) turn ● **è il tuo turno** it's your turn ● **fare a turno (a fare qc)** to take turns (to do sthg) ● **essere di turno** to be on duty

tuta ['tuta] *sf* **1.** (*da lavoro*) overalls *pl* **2.** (*sportiva*) tracksuit

tutela [tu'tɛla] *sf* protection

tutelare [tute'lare] *vt* to protect ◆ **tutelarsi** *vr* to protect o.s.

tutina [tu'tina] *sf* romper suit

tuttavia [tutta'via] *cong* yet, nevertheless

tutto, a ['tutto, a]
◇ *agg* 1. *(la totalità di)* all (of), the whole (of) ● **tutto il vino** all the wine ● **tutto il giorno** all day, the whole day ● **in tutta Europa** all over Europe ● **tutti i presenti** everyone present ● **tutte le piante** all the plants ● **tutti e cinque** all five of us/you/them ● **tutti e due** both of us/you/them ● **tutta una pizza** a whole pizza 2. *(ogni)* ● **tutti, tutte** every ● **telefona tutti i giorni** he phones every day ● **in tutti i casi** in every case ● **tutte le volte che** every time (that) 3. *(esclusivamente)* all ● **è tutta colpa tua** it's all your fault ● **è tutto casa e chiesa** he's a family man and a regular churchgoer 4. *(molto)* very ● **è tutta contenta** she's very happy ● **sei tutto sporco** you're all dirty ◇ *pron* 1. *(la totalità)* all ● **bevilo tutto** drink all of it ● **li ho visti tutti** I've seen all of them ● **in tutto** *(nel complesso)* in all ● **in tutto fanno 150 euro** that's 150 euros in all 2. *(la totalità della gente)* ● **tutti** everyone, all ● **verremo tutti (quanti)** we will all come, everybody will come ● **tutti voi** all of you 3. *(ogni cosa)* everything ● **mi ha raccontato tutto** he told me everything ● **non è tutto** that's not everything ● **vende di tutto** it sells all sorts of things ● **mangio un po' di tutto** I eat a bit of everything ● **in tutto e per tutto** completely ● **tutto compreso** all in ● **tutto esaurito** sold out ● **tutto sommato** all things considered 4. *(qualunque cosa)* anything ● **è capace di tutto** he's capable of anything

◇ *avv (interamente)* completely ● **tutt'altro** anything but ● **tutto il contrario** quite the opposite ● **del tutto** completely ● **tutt'al più** at the most
◇ *sm* ● **il tutto** the lot ● **il tutto per tutto** everything

tuttora [tut'tora] *avv* still

tutù [tu'tu] *sm inv* tutu

TV [ti'vu] *(abbr di televisione) sf inv* TV

tweed [twid] *sm* tweed

u U

ubbidiente [ubbi'djɛnte] *agg* obedient

ubbidire [ubbi'dire] *vi* to obey

ubriacare [ubria'kare] *vt* ● **ubriacare qn** to get sb drunk ● **ubriacarsi** *vr* to get drunk

ubriaco, a, chi, che [ubri'ako, a, ki, ke] *agg & sm,f* drunk

uccello [utʃ'tʃɛllo] *sm* bird

uccidere [utʃ'tʃidere] *vt* to kill ● **uccidersi** *vr* to kill o.s.

udienza [u'djɛntsa] *sf* 1. *(colloquio)* audience 2. *DIR* hearing

udire [u'dire] *vt* to hear

udito [u'dito] *sm* hearing

UE *sf (abbr di Unione Europea)* EU

uffa ['uffa] *esclam* tut!

ufficiale [uffi'tʃale] ◇ *agg* official ◇ *sm* 1. *MIL* officer 2. *(funzionario)* ● **ufficiale giudiziario** clerk of the court

ufficialmente [uffitʃal'mente] *avv* officially

ufficio [uf'fitʃo] *sm* office ● **ufficio**

cambi bureau de change ● **ufficio di collocamento** employment office ● **ufficio informazioni** information bureau ● **ufficio oggetti smarriti** lost property office (UK), lost-and-found office (US) ● **ufficio postale** post office ● **ufficio turistico** tourist office

Uffizi [uf'fitstsi] *smpl* ● **gli Uffizi** the Uffizi *(art gallery in Florence)*

ufo ['ufo] *sm inv* UFO ● **a ufo** *avv* free

uggioso, a [udʒ'dʒozo, a] *agg* dull

uguaglianza [ugwaʎ'ʎantsa] *sf* 1. equality 2. equals sign

uguagliare [ugwaʎ'ʎare] *vt* to equal

uguale [u'gwale] ◇ *agg* 1. *(identico)* same 2. *(pari)* equal ◇ *avv* ● **costano uguale** they cost the same ● **essere uguale a** *(identico)* to be the same as; *(pari)* to be equal to

ugualmente [ugwal'mente] *avv* 1. *(in modo uguale)* equally 2. *(lo stesso)* all the same

ulcera ['ultʃera] *sf* ulcer

ulivo [u'livo] = **olivo**

ulteriore [ulte'rjore] *agg* further

ultimare [ulti'mare] *vt* to finish

ultimatum [ulti'matum] *sm inv* ultimatum

ultimo, a ['ultimo, a] ◇ *agg* 1. last 2. *(più recente)* latest ◇ *sm,f* last (one) ● **da ultimo** in the end ● **fino all'ultimo** till the end ● **per ultimo** last ● **l'ultimo piano** the top floor

ultras [ul'tras] *smf inv (tifosi di calcio)* fanatics; football fans

ultravioletto, a [ultravjo'letto, a] *agg* ultraviolet

ululare [ulu'lare] *vi (lupo, cane)* to howl

umanità [umani'ta] *sf* humanity

umano, a [u'mano, a] *agg* 1. human 2. *(benevolo)* humane

Umbria ['umbrja] *sf* ● **l'Umbria** Umbria

umidità [umidi'ta] *sf* 1. *(di clima)* humidity 2. *(di stanza, muro)* dampness

umido, a ['umido, a] ◇ *agg* 1. *(bagnato)* damp 2. *(clima)* humid ◇ *sm* ● **in umido** stewed

umile ['umile] *agg* humble

umiliante [umi'ljante] *agg* humiliating

umiliare [umi'ljare] *vt* to humiliate ● **umiliarsi** *vr* to humble o.s.

umiliazione [umiljats'tsjone] *sf* humiliation

umore [u'more] *sm* mood ● **essere di buon/cattivo umore** to be in a good/bad mood

umorismo [umo'rizmo] *sm* humour

umoristico, a, ci, che [umo'ristiko, a, tʃi, ke] *agg* humorous

un [un] > **uno**

un' [un] > **uno**

una ['una] > **uno**

unanime [u'nanime] *agg* unanimous

unanimità [unanimi'ta] *sf* unanimity ● **all'unanimità** unanimously

uncinetto [untʃi'netto] *sm* crochet hook

undicesimo, a [undi'tʃezimo, a] *num* eleventh > **sesto**

undici ['unditʃi] *num* eleven > **sei**

ungere ['undʒere] *vt* 1. *(padella, teglia)* to grease 2. *(macchiare)* to get greasy ● **ungersi** *vr (macchiarsi)* to get covered in grease ● **ungersi di crema solare** to put suntan lotion on

Ungheria [unge'ria] *sf* ● **l'Ungheria** Hungary

unghia ['ungja] *sf* nail

unicamente [unika'mente] *avv* only

unico, a, ci, che ['uniko, a, tʃi, ke] *agg* **1.** *(singolo)* only **2.** *(incomparabile)* unique

unificare [unifi'kare] *vt* **1.** *(unire)* to unify **2.** *(uniformare)* to standardize

uniformare [unifor'mare] *vt* **1.** *(adeguare)* to adapt **2.** *(superficie)* to level ♦ **uniformarsi a** to comply with

uniforme [uni'forme] *agg & sf* uniform

unione [u'njone] *sf* union ● **l'Unione Europea** the European Union

unire [u'nire] *vt* **1.** *(mettere insieme)* to join **2.** *(persone)* to unite **3.** *(collegare)* to link **4.** *(mescolare)* to combine ♦ **unirsi** *vr* **1.** *(associarsi)* to join together **2.** *(strade)* to meet

unità [uni'ta] *sf inv* **1.** unit **2.** *(unione)* unity ● **unità di misura** unit of measurement

unito, a [u'nito, a] *agg* **1.** *(amici, parenti)* close **2.** *(da uno scopo)* united **3.** *(oggetti)* joined

universale [univer'sale] *agg* universal

università [universi'ta] *sf inv* university

universitario, a [universi'tarjo, a] *agg* university *(dav s)*

universo [uni'verso] *sm* universe

uno, a [a ['uno, a] *(dav sm un + consonante o vocale* uno + s + *consonante, gn, ps, x, z; dav sf* un' + *vocale o* una + *consonante)*
◇ *art* a, an ● **uno studente** a student ● **una donna** a woman ● **un albero** a tree ● **un'arancia** an orange ● **un giorno ci andrò** one day I'll go ● **ho avuto una fortuna!** it was such a stroke of luck!
◇ *pron* **1.** *(uno qualunque)* one ● **me ne dai uno?** can you give me one (of them)? ● **uno dei miei libri/dei migliori** one of my books/of the best ● **l'un**

l'altro each other, one another ● **sanno tutto l'uno dell'altro** they know everything about each other ● **l'uno o l'altro** either (of you/them/us) ● **né l'uno né l'altro** neither (of you/them/us) ● **l'uno e l'altro** both (of you/them/us) **2.** *(un tale)* someone, somebody ● **sta parlando con una** he's talking to some woman **3.** *(uso impersonale)* one, you ● **se uno può** if one o you can
◇ *num* one ➤ **sei**

unto, a ['unto, a] ◇ *pp* ➤ **ungere** ◇ *sm* grease

untuoso, a [un'twozo, a] *agg* greasy

uomo ['wɔmo] *(pl* **uomini**) *sm* man ● **uomo d'affari** businessman ● **da uomo** men's

uovo ['wɔvo] *(fpl* **uova**) *sm* egg ● **uovo in camicia** poached egg ● **uovo alla coque** boiled egg ● **uovo di Pasqua** Easter egg ● **uovo sodo** hard-boiled egg ● **uovo al tegamino** fried egg ● **uova strapazzate** scrambled eggs

uragano [ura'gano] *sm* hurricane

urbano, a [ur'bano, a] *agg* urban

urgente [ur'dʒente] *agg* urgent

urgenza [ur'dʒɛntsa] *sf* **1.** *(necessità)* urgency **2.** *MED* emergency ● **essere operato d'urgenza** to have emergency surgery

urgere ['urdʒere] *vi* to be needed urgently

urina [u'rina] *sf* urine

urlare [ur'lare] ◇ *vi* **1.** *(persona)* to scream **2.** *(animale)* to howl ◇ *vt* to yell

urlo ['urlo] *sm* **1.** *(di persona: pl f* **urla**) scream **2.** *(di animale: pl m* **urli**) howl

urna ['urna] *sf* ● **andare alle urne** to go to the polls

urrà [ur'ra] *esclam* hurrah!

urtare [ur'tare] ◇ vt **1.** *(scontrare)* to bump into **2.** *(irritare)* to annoy ◇ vi ●
urtare contro o **in qc** to bump into sthg ◆
urtarsi vr **1.** *(scontrarsi)* to collide **2.** *(irritarsi)* to get annoyed

urto ['urto] sm crash

USA ['uza] smpl ◇ **gli USA** the USA sg

usanza [u'zantsa] sf custom

usare [u'zare] vt to use ● **usare fare qc** to be in the habit of doing sthg ● **qui usa così** it's the custom here

usato, a [u'zato, a] ◇ agg **1.** *(consumato)* worn **2.** *(di seconda mano)* used ◇ sm second-hand goods pl

usciere, a [uʃ'ʃɛre, a] sm,f usher

uscio ['uʃʃo] sm door

uscire [uʃ'ʃire] vi **1.** to go out **2.** *(libro, numero)* to come out ● **uscire di strada** to go off the road

uscita [uʃ'ʃita] sf **1.** *(porta)* exit, way out **2.** *(al cinema, ristorante)* evening out **3.** *(di autostrada)* junction **4.** *(di libro)* publication **5.** *(di film)* release **6.** COMM expenditure ● **ci vediamo all'uscita da scuola** I'll meet you after school ● **uscita di sicurezza** o **emergenza** emergency exit

usignolo [uzin'ɲɔlo] sm nightingale

uso ['uzo] sm **1.** *(impiego)* use **2.** *(abitudine)* custom ● **fuori uso** out of use ● **per uso esterno** for external use

USSL *(abbr di* Unità Socio-Sanitaria Locale*)* local health and social centre

ustionare [ustjo'nare] vt to burn ●
ustionarsi un braccio to burn one's arm

ustione [us'tjone] sf burn

usuale [uzu'ale] agg common

usufruire [uzufru'ire] ● **usufruire di** v + prep to make use of

usuraio, a [uzu'rajo, a] sm,f moneylender

utensile [uten'sile] sm tool ● **utensili da cucina** kitchen utensils

utente [u'tɛnte] smf user

utero ['utɛro] sm uterus

utile ['utile] ◇ agg useful ◇ sm COMM profit ● **rendersi utile** to be helpful ●
posso esserle utile? can I help you?

utilità [utili'ta] sf usefulness ● **essere di grande utilità** to be of great use

utilitaria [utili'tarja] sf economy car

utilizzare [utilidz'dzare] vt to use, to make use of

uva ['uva] sf grapes pl

uvetta [u'vetta] sf raisins pl

VV

va [va] ➤ **andare**

vacanza [va'kantsa] sf holiday *(UK)*, vacation *(US)* ● **andare/essere in vacanza** to go/be on holiday *(UK)*, to go/ be on vacation *(US)*

vacca ['vakka] *(pl* **-che***)* sf cow

vaccinare [vattʃi'nare] vt to vaccinate

vaccinazione [vattʃinats'tsjone] sf vaccination

vacillare [vatʃil'lare] vi **1.** *(barcollare)* to sway **2.** *(fig) (memoria, coraggio)* to be failing

vado ['vado] ➤ **andare**

vagabondo, a [vaga'bondo, a] sm,f **1.** *(senza dimora fissa)* tramp **2.** *(fannullone)* loafer

vagare [va'gare] *vi* to wander

vagina [va'dʒina] *sf* vagina

vagito [va'dʒito] *sm* wailing

vaglia [ˈvaʎʎa] *sm inv* money order ● vaglia postale postal order

vagliare [vaʎˈʎare] *vt* (*valutare*) to weigh up

vago, a, ghi, ghe [ˈvago, a, gi, ge] *agg* vague

vagone [va'gone] *sm* carriage (UK), car (US) ● vagone letto sleeper ● vagone ristorante restaurant car

vai [ˈvai] > andare

valanga [va'langa] (*pl* **-ghe**) *sf* avalanche

Val d'Aosta = Valle d'Aosta

valere [va'lere] ◇ *vi* **1.** (*biglietto*) to be valid **2.** (*regola*) to apply **3.** (*avere valore*) to be worth ◇ *vt* **1.** (*avere un valore di*) to be worth **2.** (*equivalere a*) to be equal to ● valere la pena di fare qc to be worth doing sthg ● far valere qc to assert sthg ● vale a dire that is to say ◆ valersi di to take advantage of

valevole [va'levole] *agg* valid

valico [ˈvaliko] (*pl* **-chi**) *sm* pass

validità [validi'ta] *sf* validity

valido, a [ˈvalido, a] *agg* **1.** (*valevole*) valid **2.** (*efficace*) effective **3.** (*abile*) capable

valigia [va'lidʒa] (*pl* **-gie** o **-ge**) *sf* suitcase ● fare le valigie to pack

vallata [val'lata] *sf* valley

valle [ˈvalle] *sf* valley ◆ Valle d'Aosta *sf* ● la Valle d'Aosta Valle d'Aosta

valore [va'lore] *sm* **1.** value **2.** (*validità*) validity **3.** (*talento*) merit ◆ **valori** *smpl* **1.** (*gioielli*) valuables **2.** (*ideali*) values

valorizzare [valoridz'dzare] *vt* to bring out

valoroso, a [valo'rozo, a] *agg* courageous

valso, a [ˈvalso, a] *pp* >> valere

valuta [va'luta] *sf* currency

valutare [valu'tare] *vt* **1.** (*quadro, persona*) to value **2.** (*valore, peso*) to estimate

valutazione [valutats'tsjone] *sf* **1.** (*di un bene*) valuation **2.** (*calcolo sommario*) estimate **3.** SCOL assessment

valvola [ˈvalvola] *sf* **1.** (*in meccanica*) valve **2.** (*in elettrotecnica*) fuse

vampata [vam'pata] *sf* blaze

vampiro [vam'piro] *sm* vampire

vandalismo [vanda'lizmo] *sm* vandalism

vandalo, a [ˈvandalo, a] *sm,f* vandal

vanga [ˈvanga] (*pl* **-ghe**) *sf* spade

vangelo [van'dʒelo] *sm* gospel

vanificare [vanifi'kare] *vt* to nullify

vaniglia [va'niʎʎa] *sf* vanilla

vanità [vani'ta] *sf* vanity

vanitoso, a [vani'tozo, a] *agg* vain

vanno [ˈvanno] > andare

vano, a [ˈvano, a] ◇ *agg* vain ◇ *sm* **1.** (*stanza*) room **2.** (*apertura*) opening

vantaggio [van'taddʒo] *sm* **1.** advantage **2.** (*in competizioni*) lead ● trarre vantaggio da qc to benefit from sthg ● essere in vantaggio to be in the lead

vantaggioso, a [vantadʒ'dʒozo, a] *agg* favourable

vantarsi [van'tarsi] *vr* to boast ● vantarsi di fare qc to boast about doing sthg

vanvera [ˈvanvera] *sf* ● parlare a vanvera to talk nonsense

vapore [va'pore] *sm* ● vapore (acqueo) steam ● cuocere a vapore to steam

vaporetto [vapo'retto] *sm* steamer

vaporizzatore [vaporidzdza'tore] *sm* spray

vaporoso, a [vapo'rozo, a] *agg* (*abito*) floaty

varare [va'rare] *vt* **1.** (*legge*) to pass **2.** (*nave*) to launch

varcare [var'kare] *vt* to cross

varco ['varko] (*pl* **-chi**) *sm* passage

variabile [va'rjabile] *agg* variable

variante [va'rjante] *sf* variation

variare [va'rjare] ◇ *vt* to vary ◇ *vi* **1.** (*modificarsi*) to vary **2.** (*essere diverso*) to fluctuate

variazione [varjats'tsjone] *sf* variation

varice [va'ritʃe] *sf* varicose vein

varicella [vari'tʃella] *sf* chickenpox

variegato, a [varje'gato, a] *agg* variegated

varietà [varje'ta] ◇ *sf inv* variety ◇ *sm inv* variety show

vario, a ['varjo, a] *agg* **1.** (*svariato*) varied **2.** (*numeroso, diverso*) various

variopinto, a [varjo'pinto, a] *agg* multicoloured

vasca ['vaska] (*pl* **-sche**) *sf* **1.** (*contenitore*) tank **2.** (*di fontana*) basin **3.** (*nel nuoto*) length ● **vasca (da bagno)** bath

vaschetta [vas'ketta] *sf* basin

vasellame [vazel'lame] *sm* crockery

vasetto [va'zetto] *sm* **1.** (*di yogurt*) pot **2.** (*di marmellata*) jar

vaso ['vazo] *sm* **1.** vase **2.** (*per piante*) pot

vassoio [vas'sojo] *sm* tray

vasto, a ['vasto, a] *agg* (*superficie*) vast

Vaticano [vati'kano] *sm* ● **il Vaticano** the Vatican

Il Vaticano

The Vatican City is an independent state just 0.44 km² in size, situated inside the city of Rome on the right bank of the Tiber. It is under the Pope's authority and contains St Peter's Cathedral and the Vatican Museum.

ve [ve] ➢ **vi**

vecchiaia [vek'kjaja] *sf* old age

vecchio, a ['vekkjo, a] ◇ *agg* **1.** old **2.** (*sorpassato*) old-fashioned ◇ *sm,f* old man (*f* old woman)

vedere [ve'dere] *vt & vi* to see ● **vedrò di fare qualcosa** I'll see what I can do ● **questo non ha niente a che vedere con me** this has nothing to do with me ● **non la posso vedere** (*fig*) I can't stand her ● **non vedo l'ora di arrivare** I can't wait to get there ● **farsi vedere da uno specialista** to see a specialist ● **da qui si vede il mare** you can see the sea from there ♦ **vedersi** *vr* **1.** (*guardarsi*) to see o.s. **2.** (*incontrarsi*) to meet ● **ci vediamo!** see you!

vedovo, a ['vedovo, a] *sm,f* widower (*f* widow)

veduta [ve'duta] *sf* view

vegetale [vedʒe'tale] ◇ *agg* vegetable (*dav v*) ◇ *sm* plant

vegetariano, a [vedʒeta'rjano, a] *agg* vegetarian

vegetazione [vedʒetats'tsjone] *sf* vegetation

veglia ['veʎʎa] *sf* wakefulness

veglione [veʎ'ʎone] *sm* ball

veicolo [ve'ikolo] *sm* vehicle ▼ **veicoli lenti** slow lane

vela ['vela] *sf* **1.** (*tela*) sail **2.** (*sport*) sailing

velare [ve'lare] *vt* to veil

veleno [ve'leno] *sm* poison

velenoso, a [vele'nozo, a] *agg (sostanza)* poisonous

velina [ve'lina] *sf* tissue paper

velivolo [ve'livolo] *sm* aircraft

vellutato, a [vellu'tato, a] *agg* velvety

velluto [vel'luto] *sm* velvet • **velluto a coste** cord

velo ['velo] *sm (indumento)* veil

veloce [ve'lotʃe] *agg* fast

velocemente [velotʃe'mente] *avv* quickly

velocità [velotʃi'ta] *sf* speed ▼ **velocità max 15 kmh** maximum speed 15 kph

vena ['vena] *sf* vein • **non essere in vena di qc** not to be in the mood for sthg

vendemmia [ven'demmja] *sf* grape harvest

vendemmiare [vendem'mjare] *vi* to harvest the grapes

vendere ['vendere] *vt* to sell ▼ **vendesi** for sale

vendetta [ven'detta] *sf* revenge

vendicare [vendi'kare] *vt* to avenge • **vendicarsi** *vr* to avenge o.s. • **vendicarsi di** to take one's revenge for • **vendicarsi su qn** to take one's revenge on sb

vendita ['vendita] *sf* sale • **essere in vendita** to be on sale ▼ **in vendita qui** on sale here

venditore, trice [vendi'tore, tritʃe] *sm,f* seller • **venditore ambulante** pedlar

venerdì [vener'di] *sm inv* Friday > **sabato**

venereo, a [ve'nɛreo, a] *agg (malattia)* venereal

Venezia [ve'nɛtstsja] *sf* Venice

veneziana [venets'tsjana] *sf* venetian blind > **veneziano**

veneziano, a [venets'tsjano, a] *agg & sm,f* Venetian

venire [ve'nire] *vi* to come • **mi viene da piangere** I feel like crying • **quanto vengono le mele?** how much are the apples? • **venire bene/male** to turn out well/badly • **venire giù** to come down • **venire via** *(persona)* to leave; *(macchia)* to come out; *(etichetta)* to come off • **venire a sapere qc** to learn sthg

ventata [ven'tata] *sf* gust

ventesimo, a [ven'tɛzimo, a] *num* twentieth > **sesto**

venti ['venti] *num* twenty > **sei**

ventilare [venti'lare] *vt* to ventilate

ventilatore [ventila'tore] *sm* ventilator

ventina [ven'tina] *sf* • **una ventina (di)** about twenty • **essere sulla ventina** to be in one's twenties

vento ['vɛnto] *sm* wind ▼ **forte vento laterale** strong side wind

ventosa [ven'toza] *sf (di gomma)* suction pad

ventoso, a [ven'tozo, a] *agg* windy

ventre ['vɛntre] *sm* stomach

venturo, a [ven'turo, a] *agg* next

venuto, a [ve'nuto, a] *pp* > **venire**

veramente [vera'mente] *avv* really

veranda [ve'randa] *sf* veranda

verbale [ver'bale] *sm* minutes *pl*

verbo ['vɛrbo] *sm* verb

verde ['verde] ◇ *agg* green ◇ *sm* 1. *(colore)* green 2. *(vegetazione)* greenery

verdetto [ver'detto] *sm* verdict

verdura [ver'dura] *sf* vegetables *pl*

verduraio, a [verdu'rajo, a] *sm,f* greengrocer

vergine ['verdʒine] *agg* 1. virgin 2. *(cassetta)* blank • **Vergine** *sf* Virgo

vergogna [ver'goɲɲa] *sf* **1.** (*pentimento, scandalo*) shame **2.** (*timidezza*) shyness **3.** (*imbarazzo*) embarrassment

vergognarsi [vergoɲ'narsi] *vr* ◆ **vergognarsi (di)** (*per disonore*) to be ashamed (of); (*per timidezza*) to be embarrassed (about)

vergognoso, a [vergoɲ'ɲozo, a] *agg* **1.** (*scandaloso*) shameful **2.** (*timido*) shy

verifica [ve'rifika] (*pl* **-che**) *sf* check

verificare [verifi'kare] *vt* to check ◆ **verificarsi** *vr* to happen

verità [veri'ta] *sf* truth ● **dire la verità** to tell the truth

verme ['verme] *sm* worm

vermicelli [vermi't∫elli] *smpl* vermicelli *sg*

vermut ['vermut] *sm inv* vermouth

vernice [ver'nit∫e] *sf* **1.** (*sostanza*) paint **2.** (*pelle*) patent leather ▼ **vernice fresca** wet paint

verniciare [verni't∫are] *vt* to paint

vero, a ['vero, a] ◇ *agg* **1.** (*reale*) true **2.** (*autentico*) real, genuine ◇ *sm* truth

verosimile [vero'simile] *agg* likely, probable

verruca [ver'ruka] (*pl* **-che**) *sf* wart

versamento [versa'mento] *sm* deposit

versante [ver'sante] *sm* slopes *pl*

versare [ver'sare] *vt* **1.** (*in recipiente*) to pour **2.** (*rovesciare*) to spill **3.** (*pagare*) to pay **4.** (*depositare*) to deposit ◆ **versarsi** *vr* to spill

versatile [ver'satile] *agg* versatile

versione [ver'sjone] *sf* **1.** version **2.** (*traduzione*) translation

verso ['verso] ◇ *sm* **1.** (*di poesia*) line **2.** (*di animale*) cry **3.** (*direzione*) direction ◇ *prep* **1.** (*in direzione di, nei confronti di*) towards

2. (*in prossimità di*) near **3.** (*di tempo, età*) around, about ● **non c'è verso di convincerlo** there's no way of convincing him ● **fare il verso a qn** to mimic sb

vertebra ['vɛrtebra] *sf* vertebra

verticale [verti'kale] *agg* & *sf* vertical

vertice ['vɛrtit∫e] *sm* **1.** peak **2.** vertex

vertigine [ver'tidʒine] *sf* dizziness ● **soffrire di vertigini** to be afraid of heights

vescovo ['veskovo] *sm* bishop

vespa ['vespa] *sf* wasp

vestaglia [ves'taʎʎa] *sf* dressing gown

veste ['veste] *sf* ● **in veste di** as

vestiario [ves'tjarjo] *sm* wardrobe, clothes *pl*

vestire [ves'tire] *vt* & *vi* to dress ◆ **vestirsi** *vr* to get dressed

vestito [ves'tito] *sm* **1.** (*da uomo*) suit **2.** (*da donna*) dress ◆ **vestiti** *smpl* (*indumenti*) clothes

Vesuvio [ve'zuvjo] *sm* ● **il Vesuvio** Vesuvius

veterinario, a [veteri'narjo, a] *sm,f* vet(erinary surgeon) (*UK*), veterinarian (*US*)

vetrata [ve'trata] *sf* **1.** (*di casa*) glass door/window **2.** (*di chiesa*) stained glass window

vetrina [ve'trina] *sf* (*di negozio*) shop window

vetro ['vetro] *sm* **1.** (*materiale*) glass **2.** (*frammento*) piece of glass **3.** (*di finestra*) windowpane **4.** (*di auto*) window

vetta ['vetta] *sf* top

vettovaglie [vetto'vaʎʎe] *sfpl* supplies

vettura [vet'tura] *sf* **1.** (*automobile*) car **2.** (*di treno*) carriage (*UK*), car (*US*)

vezzeggiativo [vetstsedʒdʒa'tivo] *sm* term of endearment

vezzo ['vetstso] *sm* habit

vi [vi] (*diventa* **ve** *se precede* lo, la, li, le, ne) ◇ *pron* **1.** (*complemento oggetto*) you **2.** (*complemento di termine*) (to) you **3.** (*riflessivo*) yourselves **4.** (*reciproco*) each other ◇ *avv* = **ci** ◆ **ve lo do** I'll give them to you

via ['via] *sf* **1.** way **2.** (*strada*) street, road ◇ *avv* away ◇ *prep* via ◇ *esclam* **1.** (*per scacciare*) go away! **2.** (*in gara, gioco*) go! ◇ *sm inv* go ◆ **dare il via** SPORT to give the starting signal ◆ **dare il via a qc** (*progetto*) to give the green light to sthg ◆ **via aerea** (*posta*) by airmail ◆ **via mare** by sea ◆ **via terra** overland ◆ **in via eccezionale** as an exception ◆ **per via di** (*a causa di*) because of ◆ **in via di guarigione** on the road to recovery ◆ **una via di mezzo** a middle course ◆ **e così via** and so on

viabilità [viabili'ta] *sf* practicability

viaggiare [vjadʒ'dʒare] *vi* to travel

viaggiatore, trice [vjadʒdʒa'tore, tritʃe] *sm,f* passenger

viaggio [vjadʒ'dʒo] *sm* **1.** travel **2.** (*tragitto*) journey **3.** (*gita*) trip ◆ **buon viaggio!** have a good trip! ◆ **essere in viaggio** to be away ◆ **fare un viaggio** to go on a trip ◆ **viaggio d'affari** business trip ◆ **viaggio di nozze** honeymoon ◆ **viaggio organizzato** package tour

viale ['vjale] *sm* **1.** (*corso*) avenue **2.** (*in un parco*) path

viavai [via'vai] *sm* coming and going

vibrare [vi'brare] *vi* to vibrate

vibrazione [vibrats'tsjone] *sf* vibration

vice ['vitʃe] *smf inv* deputy

vicenda [vi'tʃɛnda] *sf* event ◆ **a vicenda** *avv* in turn

viceversa [vitʃe'vɛrsa] *avv* vice versa

vicinanza [vitʃi'nantsa] *sf* proximity ◆ **nelle vicinanze (di qc)** in the vicinity (of sthg)

vicinato [vitʃi'nato] *sm* **1.** (*zona*) neighbourhood **2.** (*vicini*) neighbours *pl*

vicino, a [vi'tʃino, a] ◇ *agg* **1.** (*nello spazio*) near, nearby **2.** (*nel tempo*) close at hand ◇ *sm,f* neighbour ◇ *avv* nearby ◇ *prep* ◆ **vicino a** (*accanto a*) next to; (*nei pressi di*) near ◆ **vicino di casa** neighbour ◆ **da vicino** close up

vicolo ['vikolo] *sm* alley ◆ **vicolo cieco** blind alley

video ['video] *sm inv* **1.** (*musicale*) video **2.** (*schermo*) screen

videocassetta [videokas'setta] *sf* video(cassette)

videocitofono [videotʃi'tɔfono] *sm* entryphone with closed circuit TV

videogioco [video'dʒɔko] (*pl* **-chi**) *sm* video game

videoregistratore [videoredʒistra'tore] *sm* video(recorder) (*UK*), VCR (*US*)

vietare [vje'tare] *vt* to forbid ◆ **vietare a qn di fare qc** to forbid sb to do sthg ◆ **vietare qc a qn** to forbid sthg to sb

vietato, a [vje'tato, a] *agg* forbidden ▼ **vietato l'accesso** no entry ▼ **vietato l'accesso ai mezzi non autorizzati** no entry for unauthorized vehicles ▼ **è vietato fare il bagno nelle ore notturne** no swimming at night ▼ **vietato fumare** no smoking ▼ **vietato ai minori** adults only

Vietnam ['vjɛtnam] *sm* ◆ **il Vietnam** Vietnam

vigilare [vidʒi'lare] *vt* to watch over

vigile ['vidʒile] ◇ *agg* watchful ◇ *smf* ● **vigile (urbano)** *local police officer who deals mainly with traffic offences* ● **i vigili del fuoco** the fire brigade

vigilia [vi'dʒilja] *sf* eve ● **vigilia di Natale** Christmas Eve

vigliacco, a, chi, che [viʎ'ʎakko, a, ki, ke] ◇ *agg* cowardly ◇ *sm,f* coward

vigna ['viɲɲa] *sf* vines *pl*

vigore [vi'gore] *sm* vigour ● **in vigore** *DIR* in force

vile ['vile] *agg* cowardly

villa ['villa] *sf* villa

villaggio [vil'laddʒo] *sm* village ● **villaggio turistico** holiday village

villano, a [vil'lano, a] ◇ *agg* rude ◇ *sm,f* boor

villeggiatura [villeddʒa'tura] *sf* holiday (UK), vacation (US)

villetta [vil'letta] *sf* cottage

vimini ['vimini] *smpl* wicker *sg*

vinavil ® [vina'vil] *sm* glue

vincere ['vintʃere] ◇ *vt* **1.** (gioco, partita, battaglia) to win **2.** (avversario) to beat ◇ *vi* to win

vincita ['vintʃita] *sf* **1.** (vittoria) win **2.** (premio) winnings *pl*

vincitore, trice [vintʃi'tore, 'tritʃe] *sm,f* winner

vincolo ['vinkolo] *sm* **1.** (legame) tie **2.** (obbligo) obligation

vino ['vino] *sm* wine ● **vino bianco** white wine ● **vino rosso** red wine

vino

Almost all the Italian regions produce fine wines, whether red, white, or rosé. Their names often come from the region they are produced in, e.g. Chianti. Italian wines are classified according to their quality in descending order as follows: *DOCG, DOC,* and *VQPRD*.

vinto, a ['vinto, a] ◇ *pp* ➤ **vincere** ◇ *agg* **1.** (partita) won **2.** (concorrente) beaten ● **darla vinta a qn** to let sb have their way ● **non darsi per vinto** not to give up

viola ['vjɔla] ◇ *agg inv & sm inv* purple ◇ *sf* (fiore) violet

violare [vjo'lare] *vt* to violate

violentare [vjolen'tare] *vt* to rape

violento, a [vjo'lento, a] *agg* violent

violenza [vjo'lentsa] *sf* violence

violino [vjo'lino] *sm* violin

viottolo ['vjɔttolo] *sm* track

vipera ['vipera] *sf* viper

virare [vi'rare] *vi* **1.** NAUT to come about **2.** (aereo) to turn

virgola ['virgola] *sf* **1.** GRAMM comma **2.** point

virgolette [virgo'lette] *sfpl* quotation marks

virile [vi'rile] *agg* manly

virtù [vir'tu] *sf inv* virtue

virtuale [vir'twale] *agg* virtual

virus ['virus] *sm inv* virus

viscere ['viʃʃere] *sfpl* entrails

viscido, a ['viʃʃido, a] *agg* slimy

viscosa [vis'koza] *sf* viscose

visibile [vi'zibile] *agg* **1.** (che si vede) visible **2.** (chiaro) evident

visibilità [vizibili'ta] *sf* visibility

visiera [vi'zjera] *sf* peak

visionare [vizjo'nare] *vt* to examine

visione [vi'zjone] *sf* **1.** (vista) sight **2.** (modo di vedere) view **3.** (apparizione)

vision ● **prendere visione di qc** to look over sthg ● **prima visione** TV premiere

visita [vi'zita] *sf* **1.** *(di amico)* visit **2.** *(di medico)* examination ● **fare visita a qn** to pay sb a visit ● **visita medica** medical examination

visitare [vizi'tare] *vt* **1.** to visit **2.** *(sog: medico)* to examine

viso ['vizo] *sm* face

vispo, a [a'vispo, a] *agg* lively

vissuto, a [vis'suto, a] *pp* ➤ **vivere**

vista ['vista] *sf* **1.** *(facoltà)* (eye)sight **2.** *(possibilità di vedere)* sight **3.** *(panorama)* view ● **conoscere qn di vista** to know sb by sight ● **a prima vista** at first sight

visto, a ['visto, a] ◇ *pp* ➤ **vedere** ◇ *sm* visa

vistoso, a [vis'tozo, a] *agg* gaudy

vita ['vita] *sf* **1.** life **2.** ANAT waist

vitale [vi'tale] *agg* vital

vitamina [vita'mina] *sf* vitamin

vite ['vite] *sf* **1.** *(pianta)* vine **2.** *(utensile)* screw

vitello [vi'tɛllo] *sm* **1.** *(animale)* calf **2.** *(carne)* veal **3.** *(pelle)* calfskin ● **vitello tonnato** *boiled veal served cold with tuna mayonnaise*

vittima [vit'tima] *sf* victim

vitto ['vitto] *sm* food ● **vitto e alloggio** board and lodging

vittoria [vit'tɔrja] *sf* victory

viva ['viva] *esclam* ● **viva le vacanze!** hurray for the holidays!

vivace [vi'vatʃe] *agg* **1.** *(persona)* lively **2.** *(colore)* bright

vivaio [vi'vajo] *sm* **1.** *(di piante)* nursery **2.** *(di pesci)* hatchery

vivanda [vi'vanda] *sf* food

vivente [vi'vɛnte] *agg* ➤ **essere**

vivere ['vivere] ◇ *vi* to live ◇ *vt* **1.** *(vita)* to live **2.** *(passare)* to live through

viveri ['viveri] *smpl* food *sg*

vivido, a [a'vivido, a] *agg (colore)* vivid

vivo, a ['vivo, a] *agg* **1.** *(vivente)* alive, living **2.** *(persona)* lively **3.** *(colore)* bright ● **dal vivo** from life ● **farsi vivo (con qn)** to get in touch (with sb)

viziare [vits'tsjare] *vt* to spoil

viziato, a [vits'tsjato, a] *agg* **1.** *(bambino)* spoilt **2.** *(aria)* stale

vizio ['vitstsjo] *sm* **1.** *(cattiva abitudine)* bad habit **2.** *(morale)* vice **3.** *(difetto)* defect

V.le *(abbr di viale)* Ave.

vocabolario [vokabo'larjo] *sm* **1.** *(dizionario)* dictionary **2.** *(lessico)* vocabulary

vocabolo [vo'kabolo] *sm* word

vocale [vo'kale] ◇ *agg* vocal ◇ *sf* vowel

vocazione [vokats'tsjone] *sf (inclinazione)* natural bent

voce ['votʃe] *sf* **1.** *(suono)* voice **2.** *(diceria)* rumour **3.** *(di elenco)* entry ● **a bassa/alta voce** in a low/loud voice ● **sotto voce** in a whisper

voga ['voga] *sf* ● **essere in voga** to be in fashion

vogatore, trice [voga'tore, tritʃe] ◇ *sm,f* oarsman *(f oarswoman)* ◇ *sm* rowing machine

voglia ['vɔʎʎa] *sf* **1.** *(desiderio)* desire **2.** *(sulla pelle)* birthmark ● **avere voglia di fare qc** to feel like doing sthg ● **avere voglia di qc** to feel like sthg ● **levarsi la voglia di qc** to satisfy one's desire for sthg ● **contro voglia** unwillingly

voi ['voi] *pron* you ● **voi stessi** you yourselves

volano [vo'lano] *sm* shuttlecock

volante [vo'lante] ◇ *agg* flying ◇ *sm (di veicolo)* steering wheel ◇ *sf (polizia)* flying squad

volantino [volan'tino] *sm* leaflet

volare [vo'lare] *vi* to fly

volata [vo'lata] *sf (corsa)* rush

volontariato [volonta'rjato] *sm (civile)* voluntary service

volatile [vo'latile] *sm* bird

vol-au-vent [volo'van] *sm inv* vol-au-vent

volenteroso, a [volente'rozo, a] *agg* willing

volentieri [volen'tjɛri] *avv* 1. *(con piacere)* willingly 2. *(come risposta)* with pleasure

volere [vo'lere]
◇ *vt* 1. *(desiderare, esigere)* to want ● **cosa vuoi?** what do you want? ● **voglio delle spiegazioni** I want some explanations ● **volere fare qc** to want to do sthg ● **voglio che tu venga** I want you to come ● **cosa volete fare stasera?** what do you want to do tonight? ● **ti vogliono al telefono** you're wanted on the phone ● **come vuoi** as you like ● **vorrei un cappuccino** I'd like a cappuccino ● **vorrei andare** I'd like to go ● **senza volerlo** unintentionally ● **se si vuole accomodare** if you would care to take a seat? 2. *(consentire a)* ● **se tua madre vuole, ti porto al cinema** if your mother agrees, I'll take you to the cinema ● **vogliamo andare?** shall we go? 3. *(soldi)* ● **quanto vuole per questo orologio?** how much do you want for this watch? 4. *(credere)* to think ● **la leggenda vuole che ...** legend has it that ... 5. *(decidersi a)* ● **la macchina non vuole partire** the car won't start 6.

(necessitare di) to need ● **volerci** *(coraggio, materiale)* to need; *(tempo)* to take ● **ci vuole pazienza** you must be patient ● **ci vogliono ancora dieci minuti per finire** it'll take another ten minutes to finish 7. *(in espressioni)* ● **voler bene a qn** *(affetto)* to be fond of sb; *(amare)* to love sb ● **voler dire** to mean ● **volerne a qn** to have a grudge against sb
◇ *sm* will, wish ● **contro il volere di qn** against sb's wishes

volgare [vol'gare] *agg* vulgar

volgere ['vɔldʒere] *vt* to turn ● **il tempo volge al bello** the weather's getting better ● **volgere al termine** to draw to an end

volo ['volo] *sm* flight ● **volo charter** charter flight ● **volo di linea** scheduled flight ● **capire qc al volo** to understand sthg straightaway

volontà [volon'ta] *sf inv* will ● **buona volontà** goodwill ● **a volontà** as much as one likes

volontario, a [volon'tarjo, a] ◇ *agg* voluntary ◇ *sm,f* volunteer

volpe ['volpe] *sf* fox

volt [vɔlt] *sm inv* volt

volta ['volta] *sf* 1. *(circostanza)* time 2. *(di edificio)* vault ● **a sua volta** in his/her turn ● **di volta in volta** from time to time ● **una volta** once ● **due volte** twice ● **tre volte** three times ● **una volta che** once ● **una volta tanto** just for once ● **uno per o alla volta** one at a time ● **a volte** sometimes

voltafaccia [volta'fatt∫a] *sm inv* about-turn

voltare [vol'tare] *vt & vi* to turn ● **voltare l'angolo** to turn the corner ●

voltare pagina to turn over a new leaf ● **voltarsi** *vr* to turn

voltastomaco [voltas'tɔmako] *sm* nausea ● **dare il voltastomaco a qn** to make sb feel sick

volto, a ['volto, a] ◇ *pp* ➤ **volgere** ◇ *sm* face

volubile [vo'lubile] *agg* fickle

volume [vo'lume] *sm* volume

voluminoso, a [volumi'nozo, a] *agg* voluminous, bulky

vomitare [vomi'tare] *vt & vi* to vomit, to throw up

vomito ['vɔmito] *sm* vomit

vongola ['vongola] *sf* clam

vorace [vo'ratʃe] *agg* **1.** *(animale)* voracious **2.** *(persona)* greedy

voragine [vo'radʒine] *sf* abyss

vortice ['vɔrtitʃe] *sm* whirl

vostro, a ['vɔstro, a] ◇ *agg* ● **il vostro (la vostra)** your ◇ *pron* ● **il vostro (la vostra)** yours ● **vostro padre** your father ● **un vostro amico** a friend of yours ● **sono vostri questi bagagli?** is this your luggage?

votare [vo'tare] ◇ *vt* to vote on ◇ *vi* to vote

votazione [votats'tsjone] *sf* **1.** *(procedimento)* vote **2.** *SCOL* marks *pl*

voto ['vɔto] *sm* **1.** *DIR* vote **2.** *SCOL* marks *pl*

vulcanico, a, ci, che [vul'kaniko, a, tʃi, ke] *agg* volcanic

vulcano [vul'kano] *sm* volcano

vulnerabile [vulne'rabile] *agg* vulnerable

vuotare [vwo'tare] *vt* to empty ● **vuotarsi** *vr* to empty

vuoto, a ['vwɔto, a] ◇ *agg* **1.** empty **2.**

(pagina) blank ◇ *sm* **1.** *(spazio vuoto)* empty space **2.** *(bottiglia)* empty (bottle) **3.** *(in fisica)* vacuum ● **andare a vuoto** to fail ● **parlare a vuoto** to waste one's breath

wafer ['vafer] *sm inv* wafer

water (closet) ['vater ('klozet)] *sm inv* toilet

watt [vat] *sm inv* watt

WC *(abbr di* water closet*)* WC

web [web] ◇ *agg inv* web ◇ *sm inv* Web

webcam [web'kam] *sf inv* webcam

week-end [wi'kɛnd] *sm inv* weekend

western ['wɛstern] *agg inv* ● **film western** western

whisky ['wiski] *sm inv* whisky

windsurf [wind'sɛrf] *sm inv* **1.** *(tavola)* windsurf board **2.** *(sport)* windsurfing

würstel [vurstel] *sm inv* frankfurter

xenofobia [ksenofo'bia] *sf* xenophobia

xilofono [ksi'lɔfono] *sm* xylophone

yY

yacht [jɔt] *sm inv* yacht

yoga ['jɔga] *sm* yoga

yogurt ['jɔgurt] *sm inv* yoghurt

zZ

zabaglione [dzabaʎ'ʎone] *sm* = **zabaione**

zabaione [dza ba'jone] *sm cream dessert made from egg yolks whipped with sugar and Marsala*

zafferano [dzaffe'rano] *sm* saffron

zaino ['dzajno] *sm* rucksack

zampa ['dzampa] *sf* paw ◆ **a quattro zampe** on all fours

zampillo [dzam'pillo] *sm* spurt

zampirone [dzampi'rone] *sm* mosquito repellent

zampone [dzam'pone] *sm boiled pig's trotter stuffed with minced meat and spices*

zanna ['dzanna] *sf* 1. *(di elefante)* tusk 2. *(di carnivori)* fang

zanzara [dzan'dzara] *sf* mosquito

zanzariera [dzandza'rjɛra] *sf* mosquito net

zappa ['dzappa] *sf* hoe

zappare [dzap'pare] *vt* to hoe

zattera ['dzattera] *sf* raft

zavorra [dza'vɔrra] *sf* ballast

zazzera ['dzaddzdzera] *sf* fringe

zebra ['dzɛbra] *sf* zebra ◆ **zebre** *sfpl* (*fam*) zebra crossing *sg* (*UK*), crosswalk *sg* (*US*)

zecca ['tsekka] (*pl* **-che**) *sf* 1. *(insetto)* tick 2. *(officina di monete)* mint

zelante [dze'lante] *agg* zealous

zelo ['dzɛlo] *sm* zeal

zenzero ['dzɛndzero] *sm* ginger

zeppo, a ['tseppo, a] *agg* crammed

zeppole ['tseppola] *sfpl type of ring doughnut eaten at carnival time in the south of Italy*

zerbino [dzer'bino] *sm* doormat

zero ['dzɛro] *sm* 1. zero 2. SPORT nil ◆ **sotto zero** subzero

zigomo ['dzigomo] *sm* cheekbone

zigzag [dzig'dzag] *sm inv* zigzag

zimbello [dzim'bello] *sm* laughingstock

zingaro, a ['dzingaro, a] *sm,f* gipsy

zio, a ['dzio, ''dzia] *sm,f* uncle (*f* aunt)

zip ['dzip] *sm inv* zip

zippare [dzip'pare] *vt* to zip

zitella [dzi'tella] *sf* (*spreg*) spinster

zittire [dzit'tire] *vt* to hiss, hush

zitto, a ['dzitto, a] *agg* silent ◆ **state zitti!** be quiet!

zoccolo ['dzɔkkolo] *sm* 1. *(calzatura)* clog 2. *(di cavallo)* hoof

zodiaco [dzo'diako] *sm* zodiac

zolfo ['dzolfo] *sm* sulphur

zolla ['dzɔlla] *sf* clod

zolletta [dzol'letta] *sf* lump

zona ['dzɔna] *sf* area ◆ **zona blu** o **verde** *zone where traffic is restricted* ◆ **zona disco** *parking meter zone* ◆ **zona industriale** *industrial estate* ◆ **zona pedonale** *pedestrian precinct* (*UK*), pedestrian zone (*US*) ▼ **zona militare** army property

zonzo ['dzondzo] ◆ **a zonzo** *avv* **andare a zonzo** to wander about

zoo ['dzɔɔ] *sm inv* zoo

zoom [zum] *sm inv* zoom

zoppicare [dzoppi'kare] *vi* to limp

zoppo, a ['dzɔppo, a] *agg* lame

zucca ['dzukka] (*pl* **-che**) *sf* pumpkin

zuccherato, a [dzukke'rato, a] *agg* sweetened

zuccheriera [dzukke'rjɛra] *sf* sugar bowl

zucchero ['dzukkero] *sm* sugar ◆ **zucchero filato** candyfloss ◆ **zucchero vanigliato** vanilla sugar ◆ **zucchero a velo** icing sugar (*UK*), confectioner's sugar (*US*)

zuccheroso, a [dzukke'rozo, a] *agg* sugary

zucchina [dzuk'kina] *sf* courgette ◆ **zucchine ripiene** *courgettes stuffed with minced meat, breadcrumbs, eggs and spices*

zucchino [dzuk'kino] = **zucchina**

zuccone, a [dzuk'kone, a] *sm,f* **1.** *(sciocco)* blockhead **2.** *(testardo)* stubborn person

zuccotto [dzuk'kɔtto] *sm* ice-cream sponge

zuffa ['dzuffa] *sf* brawl

zuppa ['dzuppa] *sf* soup ◆ **zuppa inglese** ≃ trifle (*UK*), *dessert made from sponge soaked in liqueur, with custard and chocolate*

zuppiera [dzup'pjɛra] *sf* tureen

zuppo, a ['dzuppo, a] *agg* ◆ **zuppo (di)** soaked (with)

Zurigo [dzu'rigo] *sf* Zurich

amare :

pr ind : amo, ami, ama, amiamo, amate, amano • *imperf :* amavo, amavi, amava, amavamo, amavate, amavano • *fut :* amerò, amerai, amerà, ameremo, amerete, ameranno • *pr cond :* amerei, ameresti, amerebbe, ameremmo, amereste, amerebbero • *pr cong :* ami, ami, ami, amiamo, amate, amino • *pr imperat :* ama, ami, amate • *ger :* amando • *pp :* amato

andare :

pr ind : vado, vai, va, andiamo, andate, vanno • *imperf :* andavo, andavi, andava, andavamo, andavate, andavano • *fut :* andrò • *pr cond :* andrei • *pr cong :* vada, vada, vada, andiamo, andiate, vadano • *pr imperat :* va', vada, andate • *ger :*

andando • *pp :* andato

aprire :

pr ind : apro • *pr cong :* apra • *pp :* aperto

avere :

pr ind : ho, hai, ha, abbiamo, avete, hanno • *imperf :* avevo • *fut :* avrò • *pr cond :* avrei • *pr cong :* abbia • *pr imperat :* abbi, abbia, abbiate • *ger :* avendo • *pp :* avuto

bere :

pr ind : bevo • *imperf :* bevevo • *fut :* berrò • *pr cond :* berrei • *pr cong :* beva • *pr imperat :* bevi, beva, bevete • *ger :* bevendo • *pp :* bevuto

cadere :

fut : cadrò

correre :

pp : corso

cuocere :

pr ind : cuocio, cuoci,

cuoce, cuociamo, cuocete, cuociono • *pp :* cotto

dare :

pr ind : do, dai, dà, diamo, date, danno • *fut :* darò • *pr cong :* dia • *pr imperat :* da', dia, date

dire :

pr ind : dico, dici, dice, diciamo, dite, dicono • *imperf :* dicevo • *fut :* dirò • *pr cong :* dica, dica, dica, diciamo, diciate, dicano • *pr imperat :* di', dica, dite • *ger :* dicendo • *pp :* detto

dovere :

pr ind : devo, devi, deve, dobbiamo, dovete, devono • *fut :* dovrò • *pr cond :* dovrei • *pr cong :* deva, deva, deva, dobbiamo, dobbiate, devano

essere :

pr ind : sono, sei, è, siamo, siete, sono

• *imperf* : ero, eri, era, eravamo, eravate, erano • *fut* : sarò • *pr cond* : sarei • *pr cong* : sia • *pr imperat* : sii, sia, siate • *ger* : essendo • *pp* : stato

fare :
pr ind : faccio, fai, fa, facciamo, fate, fanno • *imperf* : facevo • *pr cong* : faccia • *pr imperat* : fai, faccia, fate • *ger* : facendo • *pp* : fatto

finire :
pr ind : finisco, finisci, finisce, finiamo, finite, finiscono • *imperf* : finivo, finivi, finiva, finivamo, finivate, finivano • *fut* : finirò, finirai, finirà, finiremo, finirete, finiranno • *pr cond* : finirei, finiresti, finirebbe, finiremmo, finireste, finirebbero • *pr cong* : finisca, finisca, finisca, finiamo, finiate, finiscano • *pr imperat* :

finisci, finisca, finite • *ger* : finendo • *pp* : finito

gungere :
pp : giunto

leggere :
pp : letto

mettere :
pp : messo

morire :
pr ind : muoio, muori, muore, muoriamo, muorite, muoiono • *fut* : morirò • *pr cong* : muoia • *pr imperat* : muori, muoia, morite • *pp* : morto

muovere :
pp : mosso

nascere :
pp : nato

piacere :
pr ind : piaccio, piaci, piace, piacciamo, piacete, piacciono • *pr cong* : piaccia • *pp* : piaciuto

porre :
pr ind : pongo, poni,

pone, poniamo, ponete, pongono • *imperf* : ponevo • *fut* : porrò • *pr cond* : porrei • *pr cong* : ponga • *pr imperat* : poni, ponga, ponete • *ger* : ponendo • *pp* : posto

potere :
pr ind : posso, puoi, può, possiamo, potete, possono • *fut* : potrò • *pr cong* : possa

prendere :
pp : preso

ridurre :
pr ind : riduco • *imperf* : riducevo • *fut* : ridurrò • *pr cong* : riduca • *ger* : riducendo • *pp* : ridotto

riempire :
pr ind : riempio, riempi, riempie, riempiamo, riempite, riempiono • *ger* : riempiendo

rimanere :
pr ind : rimango, rimani, rimane, ri-

maniamo, rimanete, rimangono • *fut* : rimarrò • *pr cong* : rimanga • *pp* : rimasto

rispondere :
pp : risposto

salire :
pr ind : salgo, sali, sale, saliamo, salite, salgono • *pr cong* : salga

sapere :
pr ind : so, sai, sa, sappiamo, sapete, sanno • *fut* : saprò • *pr cong* : sappia • *pr imperat* : sappi, sappia, sappiate

scegliere :
pr ind : scelgo, scegli, sceglie, scegliamo, scegliete, scelgono • *pr cong* : scelga • *pr imperat* : scegli, scelga, scegliete • *pp* : scelto

sciogliere :
pr ind : sciolgo, sciogli, scioglie, sciogliamo, sciogliete, sciolgono • *pr*

cong : sciolga • *pr imperat* : sciogli, sciolga, sciogliete • *pp* : sciolto

scrivere :
pp : scritto

sedere :
pr ind : siedo, siedi, siede, siediamo, siedete, siedono • *pr cong* : sieda

servire :
pr ind : servo, servi, serve, serviamo, servite, servono • *imperf* : servivo, servivi, serviva, servivamo, servivate, servivano • *fut* : servirò, servirai, servirà, serviremo, servirete, serviranno • *pr cond* : servirei, serviresti, servirebbe, serviremmo, servireste, servirebbero • *pr cong* : serva, serva, serva, serviamo, serviate, servano • *pr imperat* : servi, serva, servite • *ger* : servendo • *pp* : servito

spegnere :
pr ind : spengo, spegni, spegne, spegnamo, spegnete, spengono • *pr cong* : spenga • *pp* : spento

stare :
pr ind : sto, stai, sta, stiamo, state, stanno • *fut* : starò • *pr cong* : stia • *pr imperat* : sta, stia, state • *pp* : stato

tacere :
pr ind : taccio, taci, tace, tacciamo, tacete, tacciono • *pr cong* : taccia • *pp* : taciuto

temere :
pr ind : temo, temi, teme, temiamo, temete, temono • *imperf* : temevo, temevi, temeva, temevamo, temevate, temevano • *fut* : temerò, temerai, temerà, temeremo, temerete, temeranno • *pr cond* : temerei, temeresti,

temerebbe, teme-remmo, temereste, temerebbero • *pr cong* : tema, tema, tema, temiamo, temiate, temano • *pr imperat* : temi, tema, temete • *ger* : temendo • *pp* : temuto

tenere :

pr ind : tengo, tieni, tiene, teniamo, tenete, tengono • *fut* : terrò • *pr cong* : tenga

togliere :

pr ind : tolgo, togli, toglie, togliamo, togliete, tolgono • *pr cong* : tolga • *pr imperat* : togli, tolga, togliete • *pp* : tolto

trarre :

pr ind : traggo, trai, trae, traiamo, traete, traggono • *fut* : trarrò • *pr cong* : tragga • *pr imperat* : trai, tragga, traete • *ger* : traendo • *pp* : tratto

uscire :

pr ind : esco, esci, esce, usciamo, uscite, escono • *pr cong* : esca

vedere :

fut : vedrò • *pp* : visto

venire :

pr ind : vengo, vieni, viene, veniamo, venite, vengono • *fut* : verrò • *pr cong* : venga • *pp* : venuto

vivere :

pp : vissuto

volere :

pr ind : voglio, vuoi, vuole, vogliamo, volete, vogliono • *fut* : vorrò • *pr cond* : vorrei • *pr cong* : voglia

infinitive	past tense	past participle
arise	arose	arisen
awake	awoke	awoken
be	was	been/were
bear	bore	born(e)
beat	beat	beaten
begin	began	begun
bend	bent	bent
bet	bet/betted	bet/betted
bid	bid	bid
bind	bound	bound
bite	bit	bitten
bleed	bled	bled
blow	blew	blown
break	broke	broken
breed	bred	bred
bring	brought	brought
build	built	built
burn	burnt/burned	burnt/burned
burst	burst	burst
buy	bought	bought
can	could	-
cast	cast	cast
catch	caught	caught
choose	chose	chosen
come	came	come

infinitive	past tense	past participle
cost	cost	cost
creep	crept	crept
cut	cut	cut
deal	dealt	dealt
dig	dug	dug
do	did	done
draw	drew	drawn
dream	dreamed/dreamt	dreamed/dreamt
drink	drank	drunk
drive	drove	driven
eat	ate	eaten
fall	fell	fallen
feed	fed	fed
feel	felt	felt
fight	fought	fought
find	found	found
fling	flung	flung
fly	flew	flown
forget	forgot	forgotten
freeze	froze	frozen
get	got	got
give	gave	given
go	went	gone
grind	ground	ground
grow	grew	grown

infinitive	past tense	past participle
hang	hung/hanged	hung/hanged
have	had	had
hear	heard	heard
hide	hid	hidden
hit	hit	hit
hold	held	held
hurt	hurt	hurt
keep	kept	kept
kneel	knelt/kneeled	knelt/kneeled
know	knew	known
lay	laid	laid
lead	led	led
lean	leant/leaned	leant/leaned
leap	leapt/leaped	leapt/leaped
learn	learnt/learned	learnt/learned
leave	left	left
lend	lent	lent
let	let	let
lie	lay	lain
light	lit/lighted	lit/lighted
lose	lost	lost
make	made	made
may	might	-
mean	meant	meant
meet	met	met

infinitive	past tense	past participle
mow	mowed	mown/mowed
pay	paid	paid
put	put	put
quit	quit/quitted	quit/quitted
read	read	read
rid	rid	rid
ride	rode	ridden
ring	rang	rung
rise	rose	risen
run	ran	run
saw	sawed	sawn
say	said	said
see	saw	seen
seek	sought	sought
sell	sold	sold
send	sent	sent
set	set	set
shake	shook	shaken
shall	should	-
shed	shed	shed
shine	shone	shone
shoot	shot	shot
show	showed	shown
shrink	shrank	shrunk
shut	shut	shut

infinitive	past tense	past participle
sing	sang	sung
sink	sank	sunk
sit	sat	sat
sleep	slept	slept
slide	slid	slid
sling	slung	slung
smell	smelt/smelled	smelt/smelled
sow	sowed	sown/sowed
speak	spoke	spoken
speed	sped/speeded	sped/speeded
spell	spelt/spelled	spelt/spelled
spend	spent	spent
spill	spilt/spilled	spilt/spilled
spin	spun	spun
spit	spat	spat
split	split	split
spoil	spoiled/spoilt	spoiled/spoilt
spread	spread	spread
spring	sprang	sprung
stand	stood	stood
steal	stole	stolen
stick	stuck	stuck
sting	stung	stung
stink	stank	stunk
strike	struck/stricken	struck

infinitive	past tense	past participle
swear	swore	sworn
sweep	swept	swept
swell	swelled	swollen/swelled
swim	swam	swum
swing	swung	swung
take	took	taken
teach	taught	taught
tear	tore	torn
tell	told	told
think	thought	thought
throw	threw	thrown
tread	trod	trodden
wake	woke/waked	woken/waked
wear	wore	worn
weave	wove/weaved	woven/weaved
weep	wept	wept
win	won	won
wind	wound	wound
wring	wrung	wrung
write	wrote	written

ENGLISH-ITALIAN

INGLESE-ITALIANO

a A

a *(stressed* [eɪ], *unstressed* [ə]), **an** *before vowel or silent 'h')* art **1.** un/uno(una OR un') ● **a restaurant** un ristorante ● **a brush** uno spazzolino ● **a chair** una sedia ● **an island** un'isola ● **a friend** un amico(un'amica) ● **to be a doctor** essere medico, fare il medico **2.** *(instead of the number one)* un/uno (una/un') ● **a month ago** un mese fa ● **a hundred and twenty pounds** centoventi sterline ● **a thousand** mille ● **four and a half** quattro e mezzo **3.** *(in prices, ratios)* a ● **£2 a kilo** 2 sterline al chilo ● **three times a week** tre volte alla settimana

AA [eɪeɪ] *n* **1.** *(UK) (abbr of* **Automobile Association)** ≃ ACI **2.** *(abbr of* **Alcoholics Anonymous)** AA *f*

aback [əˈbæk] *adv* ● **to be taken aback** restare sbalordito(a)

abandon [əˈbændən] *vt* abbandonare

abattoir [ˈæbətwɑːʲ] *n* mattatoio *m*

abbey [ˈæbɪ] *n* abbazia *f*

abbreviation [ə͵briːvɪˈeɪʃn] *n* abbreviazione *f*

abdomen [ˈæbdəmən] *n* addome *m*

abide [əˈbaɪd] *vt* ● **I can't abide him** non lo sopporto ● **abide by** *vt insep* rispettare

ability [əˈbɪlətɪ] *n* capacità *f inv*

able [ˈeɪbl] *adj* capace ● **to be able to do sthg** essere capace di fare qc, poter fare qc

abnormal [æbˈnɔːml] *adj* anormale

aboard [əˈbɔːd] ◇ *adv* a bordo ◇ *prep* a bordo di, su

abolish [əˈbɒlɪʃ] *vt* abolire

aborigine [͵æbəˈrɪdʒənɪ] *n* aborigeno *m*, -a *f*

abort [əˈbɔːt] *vt (call off)* sospendere

abortion [əˈbɔːʃn] *n* aborto *m* ● **to have an abortion** abortire

about [əˈbaʊt]

◇ *adv* **1.** *(approximately)* circa, più o meno ● **about 50 people** una cinquantina di persone ● **about a thousand** un migliaio ● **at about six o'clock** verso le sei **2.** *(referring to place)* qua e là ● **to walk about** camminare **3.** *(on the point of)* ● **to be about to do sthg** stare per fare qc

◇ *prep* **1.** *(concerning)* su, a proposito di ● **a book about Scotland** un libro sulla Scozia ● **what's it about?** di che cosa si tratta? ● **I'll talk to you about it** te ne parlerò ● **what about a coffee?** cosa ne diresti di un caffè? **2.** *(referring to place)* per, in giro per ● **there are lots of hotels about the town** ci sono molti alberghi about the town

above [əˈbʌv] ◇ *prep* sopra ◇ *adv* **1.** *(higher)* su, sopra **2.** *(more)* oltre ● **above all** soprattutto

abroad [əˈbrɔːd] *adv* all'estero

abrupt [əˈbrʌpt] *adj (sudden)* improvviso(a)

ABS [eɪbiːes] *n (abbr of* **antilock braking system)** ABS *m*

abscess [ˈæbses] *n* ascesso *m*

absence [ˈæbsəns] *n* assenza *f*

absent [ˈæbsənt] *adj* assente

absent-minded [-'maɪndɪd] *adj* distratto(a)

absolute ['æbsəluːt] *adj* assoluto(a)

absolutely ◇ *adv* ['æbsəluːtlɪ] *(completely)* assolutamente ◇ *excl* [,æbsə'luːtlɪ] assolutamente!

absorb [ab'sɔːb] *vt* assorbire

absorbed [ab'sɔːbd] *adj* ● **to be absorbed in sthg** essere assorto(a) in qc

absorbent [ab'sɔːbənt] *adj* assorbente

abstain [ab'steɪn] *vi* ● **to abstain (from)** astenersi (da)

absurd [ab'sɜːd] *adj* assurdo(a)

ABTA ['æbtə] *n* associazione delle agenzie di viaggio britanniche

abuse ◇ *n* [ə'bjuːs] **1.** *(insults)* insulti *mpl* **2.** *(wrong use)* abuso *m* **3.** *(maltreatment)* maltrattamento *m* ◇ *vt* [ə'bjuːz] **1.** *(insult)* insultare **2.** *(use wrongly)* abusare di **3.** *(maltreat)* maltrattare

abusive [ə'bjuːsɪv] *adj* offensivo(a)

AC [eɪ'siː] *(abbr of* alternating current) c.a.

academic [,ækə'demɪk] ◇ *adj (educational)* accademico(a) ◇ *n* professore *m* universitario, professoressa universitaria *f*

academy [ə'kædəmɪ] *n* accademia *f*

accelerate [ak'seləreɪt] *vi* accelerare

accelerator [ak'seləreɪtə] *n* acceleratore *m*

accent ['æksent] *n* accento *m*

accept [ak'sept] *vt* accettare

acceptable [ak'septəbl] *adj* accettabile

access ['ækses] *n* accesso *m*

accessible [ak'sesəbl] *adj (place)* accessibile

accessories [ak'sesərɪz] *npl* accessori *mpl*

access road *n* strada *f* d'accesso

accident ['æksɪdənt] *n* incidente *m* ● **by accident** per caso

accidental [,æksɪ'dentl] *adj* accidentale

accident insurance *n* assicurazione *f* contro gli infortuni

accident-prone *adj* soggetto(a) a frequenti infortuni

acclimatize [ə'klaɪmətaɪz] *vi* acclimatarsi

accommodate [ə'komədeɪt] *vt* alloggiare

accommodation [ə,komə'deɪʃn] *n* alloggio *m*

accommodations [ə,komə'deɪʃnz] *npl* (*US*) = **accommodation**

accompany [ə'kʌmpənɪ] *vt* accompagnare

accomplish [ə'kʌmplɪʃ] *vt* realizzare

accord [ə'kɔːd] *n* ● **of one's own accord** di propria iniziativa

accordance [ə'kɔːdəns] *n* ● **in accordance with** in conformità a

according [ə'kɔːdɪŋ] ● **according to** secondo

accordion [ə'kɔːdɪən] *n* fisarmonica *f*

account [ə'kaʊnt] *n* **1.** *(at bank, shop)* conto *m* **2.** *(report)* resoconto *m* ● **to take into account** tener conto di ● **on no account** in nessun caso ● **on account of** a causa di ◆ **account for** *vt insep* **1.** *(explain)* spiegare **2.** *(constitute)* rappresentare

accountant [ə'kaʊntənt] *n* ragioniere *m*, -a *f*

account number *n* numero *m* di conto

accumulate [ə'kjuːmjʊleɪt] *vt* accumulare

accurate ['ækjʊrət] *adj* preciso(a)

accuse [ə'kjuːz] *vt* • **to accuse sb of sthg** accusare qn di qc

accused [ə'kjuːzd] *n* • **the accused** l'imputato *m*, -a *f*

ace [eɪs] *n (card)* asso *m*

ache [eɪk] ◇ *n* dolore *m* ◇ *vi* • **my head aches** mi fa male la testa

achieve [ə'tʃiːv] *vt* ottenere

acid ['æsɪd] ◇ *adj* acido(a) ◇ *n* acido *m*

acid rain *n* pioggia *f* acida

acknowledge [ək'nɒlɪdʒ] *vt* **1.** *(accept)* riconoscere **2.** *(letter)* accusare ricevuta di

acne ['ækni] *n* acne *f*

acorn ['eɪkɔːn] *n* ghianda *f*

acoustic [ə'kuːstɪk] *adj* acustico(a)

acquaintance [ə'kweɪntəns] *n (person)* conoscente *mf*

acquire [ə'kwaɪə'] *vt* acquisire

acre ['eɪkə'] *n* = 4 046,9 m², acro *m*

acrobat ['ækrəbæt] *n* acrobata *m*

across [ə'krɒs] ◇ *prep* **1.** *(to, on other side of)* dall'altra parte di **2.** *(from one side to the other of)* attraverso, da una parte all'altra di ◇ *adv (to other side)* dall'altra parte • **to walk across sthg** attraversare qc (a piedi) • **to drive across sthg** attraversare qc (in macchina) • **10 miles across** largo 10 miglia • **across from** di fronte a

acrylic [ə'krɪlɪk] *n* acrilico *m*

act [ækt] ◇ *vi* **1.** agire **2.** *(behave)* comportarsi **3.** *(in play, film)* recitare ◇ *n* **1.** atto *m* **2.** POL legge *f* **3.** *(performance)* numero *m* • **to act as** *(serve as)* fare da

action ['ækʃn] *n* azione *f* • **to take action** agire • **to put sthg into action** mettere in pratica qc • **out of action** *(machine)* fuori uso; *(person)* fuori combattimento

active ['æktɪv] *adj (busy)* attivo(a)

activity [æk'tɪvəti] *n* attività *f inv*

activity holiday *n* vacanza organizzata per ragazzi con attività ricreative di vario genere

act of God *n* causa *f* di forza maggiore

actor ['æktə'] *n* attore *m*

actress ['æktrɪs] *n* attrice *f*

actual ['æktʃʊəl] *adj* **1.** *(real)* effettivo(a), reale **2.** *(itself)* in sé

actually ['æktʃʊəli] *adv* **1.** *(really)* veramente **2.** *(in fact)* in effetti

acupuncture ['ækjʊpʌŋktʃə'] *n* agopuntura *f*

acute [ə'kjuːt] *adj* acuto(a)

ad [æd] *n* **1.** *(inf) (for product)* pubblicità *f inv* **2.** *(for job)* annuncio *m*

AD [eɪ'diː] *(abbr of* Anno Domini*)* d.C.

adapt [ə'dæpt] ◇ *vt* adattare ◇ *vi* adattarsi

adapter [ə'dæptə'] *n* **1.** *(for foreign plug)* adattatore *m* **2.** *(for several plugs)* presa *f* multipla

add [æd] *vt* **1.** *(put, say in addition)* aggiungere **2.** *(numbers, prices)* sommare ◆ **add up** *vt sep* sommare ◆ **add up to** *vt insep (total)* ammontare a

adder ['ædə'] *n* vipera *f*

addict ['ædɪkt] *n* tossicodipendente *mf*

addicted [ə'dɪktɪd] *adj* • **to be addicted to sthg** essere assuefatto(a) a qc

addiction [ə'dɪkʃn] *n* dipendenza *f*

addition [ə'dɪʃn] *n* **1.** *(added thing)* aggiunta *f* **2.** *(in maths)* addizione *f* •

in addition inoltre • **in addition to** oltre a

additional [əˈdɪʃənl] *adj* supplementare

additive [ˈædɪtɪv] *n* additivo *m*

address [əˈdrɛs] ◇ *n* (on letter) indirizzo *m* ◇ *vt* **1.** (speak to) rivolgersi a **2.** (letter) indirizzare

address book *n* rubrica *f*

addressee [ˌædreˈsiː] *n* destinatario *m*, -a *f*

adequate [ˈædɪkwət] *adj* adeguato(a)

adhere [ədˈhɪər] *vi* • **to adhere to** (stick to) aderire a; (obey) rispettare

adhesive [ədˈhiːsɪv] ◇ *adj* adesivo(a) ◇ *n* adesivo *m*

adjacent [əˈdʒeɪsənt] *adj* adiacente

adjective [ˈædʒɪktɪv] *n* aggettivo *m*

adjoining [əˈdʒɔɪnɪŋ] *adj* contiguo(a)

adjust [əˈdʒʌst] ◇ *vt* aggiustare ◇ *vi* • **to adjust to** adattarsi a

adjustable [əˈdʒʌstəbl] *adj* regolabile

adjustment [əˈdʒʌstmənt] *n* **1.** (of machine) regolazione *f* **2.** (of plan) modifica *f*

administration [ədˌmɪnɪˈstreɪʃn] *n* amministrazione *f*

administrator [ədˈmɪnɪstreɪtər] *n* amministratore *m*, -trice *f*

admiral [ˈædmərəl] *n* ammiraglio *m*

admire [ədˈmaɪər] *vt* ammirare

admission [ədˈmɪʃn] *n* (permission to enter, entrance cost) ingresso *m*

admission charge *n* ingresso *m*

admit [ədˈmɪt] *vt* **1.** (confess) ammettere **2.** (allow to enter) far entrare • **to admit to sthg** ammettere qc ▼ **admits one** (on ticket) valido per una sola persona

adolescent [ˌædəˈlesnt] *n* adolescente *mf*

adopt [əˈdɒpt] *vt* adottare

adopted [əˈdɒptɪd] *adj* adottivo(a)

adorable [əˈdɔːrəbl] *adj* adorabile

adore [əˈdɔːr] *vt* adorare

Adriatic [eɪdrɪˈætɪk] *n* • **the Adriatic (Sea)** l'Adriatico *m*, il mar Adriatico

adult [ˈædʌlt] ◇ *n* adulto *m*, -a *f* ◇ *adj* **1.** (entertainment, films) per adulti **2.** (animal) adulto(a)

adult education *n* ≃ educazione *f* permanente

adultery [əˈdʌltəri] *n* adulterio *m*

advance [ədˈvɑːns] ◇ *n* **1.** (money) anticipo *m* **2.** (movement) avanzamento *m* ◇ *adj* (payment) anticipato(a) ◇ *vt* anticipare ◇ *vi* **1.** (move forward) avanzare **2.** (improve) fare progressi • **advance warning** preavviso *m*

advance booking *n* prenotazione *f* anticipata

advanced [ədˈvɑːnst] *adj* **1.** (student) di livello avanzato **2.** (level) avanzato(a)

advantage [ədˈvɑːntɪdʒ] *n* vantaggio *m* • **to take advantage of** approfittare di

adventure [ədˈventʃər] *n* avventura *f*

adventurous [ədˈventʃərəs] *adj* avventuroso(a)

adverb [ˈædvɜːb] *n* avverbio *m*

adverse [ˈædvɜːs] *adj* avverso(a)

advert [ˈædvɜːt] = **advertisement**

advertise [ˈædvətaɪz] *vt* (product, event) fare pubblicità a

advertisement [ədˈvɜːtɪsmənt] *n* **1.** (for product) pubblicità *f inv* **2.** (for job) annuncio *m*

advice [ədˈvaɪs] *n* consigli *mpl* • **a piece of advice** un consiglio • **to ask for sb's advice** chiedere consiglio a qn

advisable [əd'vaɪzəbl] *adj* consigliabile

advise [əd'vaɪz] *vt* consigliare ● **to advise sb to do sth** consigliare a qn di fare qc ● **to advise sb against doing sth** sconsigliare a qn di fare qc

advocate ◇ *n* ['ædvəkət] *LAW* avvocato *m* (difensore) ◇ *vt* ['ædvəkeɪt] sostenere

aerial ['eərɪəl] *n* antenna *f*

aerobics [eə'rəʊbɪks] *n* aerobica *f*

aerodynamic [ˌeərəʊdaɪ'næmɪk] *adj* aerodinamico(a)

aeroplane ['eərəpleɪn] *n* aeroplano *m*

aerosol ['eərəsɒl] *n* aerosol *m*

affair [ə'feə'] *n* **1.** (*event*) affare *m* **2.** (*love affair*) relazione *f*

affect [ə'fekt] *vt* (*influence*) incidere su

affection [ə'fekʃn] *n* affetto *m*

affectionate [ə'fekʃnət] *adj* affettuoso(a)

affluent ['æfluənt] *adj* ricco(a)

afford [ə'fɔːd] *vt* ● **to be able to afford sth** potersi permettere qc ● **I can't afford it** non me lo posso permettere ● **I can't afford the time** non ho tempo ● **afters** *npl* dessert *m*

affordable [ə'fɔːdəbl] *adj* accessibile

afloat [ə'fləʊt] *adj* a galla

afraid [ə'freɪd] *adj* spaventato(a) ● **to be afraid of** aver paura di ● **I'm afraid so/not** temo di sì/di no

Africa ['æfrɪkə] *n* l'Africa *f*

African ['æfrɪkən] ◇ *adj* africano(a) ◇ *n* africano *m*, -a *f*

African American

Questo è il termine socialmente accettato e politicamente corretto con il quale negli USA si indicano gli Americani di origine Africana. La maggior parte di essi discendono dagli Africani portati in America come schiavi tra il XVI e il XIX secolo.

after ['ɑːftə'] ◇ *prep* & *adv* dopo ◇ *conj* dopo che ● **he arrived after me** arrivò dopo di me ● **a quarter after ten** (*US*) le dieci e un quarto ● **to be after sb/sth** (*in search of*) cercare qn/qc ● **after all** dopo tutto ● **afters** *npl* dessert *m*

aftercare ['ɑːftəkeə'] *n* assistenza *f* postospedaliera

aftereffects ['ɑːftərɪˌfekts] *npl* **1.** conseguenze *fpl* **2.** (*of illness*) postumi *mpl*

afternoon [ˌɑːftə'nuːn] *n* pomeriggio *m* ● **good afternoon!** buon giorno! (*il pomeriggio*)

afternoon tea *n* spuntino pomeridiano a base di tramezzini, dolci, tè o caffè

aftershave ['ɑːftəʃeɪv] *n* dopobarba *m*

aftersun ['ɑːftəsʌn] *n* doposole *m*

afterwards ['ɑːftəwədz] *adv* dopo

again [ə'gen] *adv* ancora, di nuovo ● **again and again** più volte ● **never ... again** non ... mai più

against [ə'genst] *prep* contro ● **to lean against sth** appoggiarsi a qc ● **against the law** contro la legge

age [eɪdʒ] *n* età *f* ● **under age** minorenne ● **I haven't seen him for ages** (*inf*) non lo vedo da secoli

aged [eɪdʒd] *adj* ● **aged eight** di otto anni

age group *n* fascia *f* d'età

age limit *n* limite *m* d'età

agency ['eɪdʒənsɪ] *n* agenzia *f*

agenda [ə'dʒendə] *n* ordine *m* del giorno

agent ['eɪdʒənt] *n* agente *mf*

aggression [ə'greʃn] *n* aggressività *f* ● **act of aggression** aggressione *f*

aggressive [ə'gresɪv] *adj* aggressivo(a)

agile [(*UK*) 'ædʒaɪl, (*US*) 'ædʒəl] *adj* agile

agility [ə'dʒɪlətɪ] *n* agilità *f*

agitated ['ædʒɪteɪtɪd] *adj* agitato(a)

ago [ə'gəʊ] *adv* ● **a month ago** un mese fa ● **how long ago?** quanto tempo fa?

agonizing ['ægənaɪzɪŋ] *adj* **1.** (*pain*) atroce **2.** (*decision*) straziante

agony ['ægənɪ] *n* **1.** (*physical*) dolore *m* atroce **2.** (*mental*) angoscia *f*

agree [ə'griː] *vi* **1.** (*be in agreement*) essere d'accordo **2.** (*consent*) acconsentire **3.** (*correspond*) concordare ● **it doesn't agree with me** (*food*) mi fa male ● **to agree to sthg** accettare qc ● **to agree to do sthg** accettare di fare qc ◆ **agree on** *vt insep* (*time, price*) concordare, mettersi d'accordo su

agreed [ə'griːd] *adj* stabilito(a) ● **to be agreed** (*person*) essere d'accordo

agreement [ə'griːmənt] *n* accordo *m* ● **in agreement with** d'accordo con

agriculture ['ægrɪkʌltʃə] *n* agricoltura *f*

ahead [ə'hed] *adv* **1.** (*in front*) davanti **2.** (*forwards*) avanti ● **the months ahead** i prossimi mesi ● **to be ahead** (*winning*) condurre ● **ahead of** (*in front of*) davanti a; (*in better position than*) in vantaggio su; (*in time*) in anticipo su

aid [eɪd] ◇ *n* aiuto *m* ◇ *vt* aiutare ● **in aid of** a favore di ● **with the aid of** con l'aiuto di

AIDS [eɪdz] *n* AIDS *m*

ailment ['eɪlmənt] *n* (*fml*) acciacco *m*

aim [eɪm] ◇ *n* (*purpose*) scopo *m* ◇ *vt* (*gun, camera, hose*) puntare ◇ *vi* ● **to aim (at)** mirare (a) ● **to aim to do sthg** avere l'intenzione di fare qc

air [eə] ◇ *n* aria *f* ◇ *vt* (*room*) arieggiare ◇ *adj* **1.** aereo(a) **2.** (*travel*) in aereo ● **by air** (*travel*) in aereo; (*send*) via aerea

airbed ['eəbed] *n* materassino *m*

airborne ['eəbɔːn] *adj* in volo

air-conditioned [-kən'dɪʃnd] *adj* con aria condizionata

air-conditioning [-kən'dɪʃnɪŋ] *n* aria *f* condizionata

aircraft ['eəkrɑːft] (*pl inv*) *n* aeromobile *m*

aircraft carrier [-ˌkærɪə] *n* portaerei *f inv*

airfield ['eəfiːld] *n* campo *m* d'aviazione

airforce ['eəfɔːs] *n* aeronautica *f* militare

air freshener [-ˌfreʃnə] *n* deodorante *m* per ambienti

airhostess ['eəˌhəʊstɪs] *n* hostess *f inv*

airing cupboard ['eərɪŋ-] *n* sgabuzzino della caldaia dove viene riposta la biancheria (*ad asciugare*)

airletter ['eəˌletə] *n* aerogramma *m*

airline ['eəlaɪn] *n* compagnia *f* aerea

airliner ['eəˌlaɪnə] *n* aereo *m* di linea

airmail ['eəmeɪl] *n* posta *f* aerea ● **by airmail** per via aerea

airplane ['eəpleɪn] *n* (*US*) aeroplano *m*

airport ['eəpɔːt] *n* aeroporto *m*

air raid *n* incursione *f* aerea

airsick ['eəsɪk] *adj* ● **to be airsick**

soffrire di mal d'aria

air steward *n* assistente *m* di volo

air stewardess *n* assistente *f* di volo

air traffic control *n (people)* controllori *mpl* di volo

airy ['eərɪ] *adj* arioso(a)

aisle [aɪl] *n* **1.** *(in church)* navata *f* **2.** *(in plane, cinema)* corridoio *m* **3.** *(in supermarket)* corsia *f*

aisle seat *n* posto *m* corridoio

ajar [ə'dʒɑːʳ] *adj* socchiuso(a)

alarm [ə'lɑːm] ◇ *n* allarme *m* ◇ *vt* allarmare

alarm clock *n* sveglia *f*

alarmed [ə'lɑːmd] *adj (door, car)* dotato(a) di allarme

alarming [ə'lɑːmɪŋ] *adj* allarmante

Albert Hall ['ælbət-] *n* ● **the Albert Hall** l'Albert Hall *f (sala concerti di Londra)*

album ['ælbəm] *n* album *m inv*

alcohol ['ælkəhɒl] *n* alcool *m*

alcohol-free *adj* analcolico(a)

alcoholic [ˌælkə'hɒlɪk] ◇ *adj* alcolico(a) ◇ *n* alcolizzato *m*, -a *f*

alcoholism ['ælkəhɒlɪzm] *n* alcolismo *m*

alcove ['ælkəʊv] *n* rientranza *f*

ale [eɪl] *n* birra *f*

alert [ə'lɜːt] ◇ *adj* vigile ◇ *vt* allertare

A levels *npl* ≃ esami *mpl* di maturità

algebra ['ældʒɪbrə] *n* algebra *f*

alias ['eɪlɪəs] *adv* alias

alibi ['ælɪbaɪ] *n* alibi *m inv*

alien ['eɪlɪən] *n* **1.** *(foreigner)* straniero *m*, -a *f* **2.** *(from outer space)* alieno *m*, -a *f*

alight [ə'laɪt] ◇ *adj* in fiamme ◇ *vi (fml)* *(from train, bus)* ● **to alight (from)** scendere (da)

align [ə'laɪn] *vt* allineare

alike [ə'laɪk] ◇ *adj* simile ◇ *adv* allo stesso modo ● **to look alike** assomigliarsi

alive [ə'laɪv] *adj (living)* vivo(a)

all [ɔːl]
◇ *adj* tutto(a) ● **all the food** tutto il cibo ● **all the money** tutti i soldi ● **all trains stop at Tonbridge** tutti i treni fermano a Tonbridge ● **all the time** sempre ● **all day** tutto il giorno ● **all the houses** tutte le case
◇ *adv* **1.** *(completely)* completamente, interamente ● **all alone** tutto solo (tutta sola) **2.** *(in scores)* ● **it's two all** sono due pari **3.** *(in phrases)* ● **all but empty** quasi vuoto ● **all over** *(finished)* finito(a)
◇ *pron* **1.** *(the whole amount)* tutto(a) ● **all of the work** tutto il lavoro ● **is that all?** *(in shop)* basta così? **2.** *(everybody, everything)* tutti(e) ● **all of the girls/ rooms** tutte le ragazze/camere ● **all of us** siamo andati tutti **3.** *(with superlative)* ● **the best of all** il migliore di tutti **4.** *(in phrases)* ● **in all** *(in total)* in tutto; *(in summary)* nel complesso ● **can I help you at all?** posso esserle di aiuto?

Allah ['ælə] *n* Allah *m*

allege [ə'ledʒ] *vt* asserire

allergic [ə'lɜːdʒɪk] *adj* ● **to be allergic** essere allergico(a) a

allergy ['ælədʒɪ] *n* allergia *f*

alleviate [ə'liːvɪeɪt] *vt* alleviare

alley ['ælɪ] *n (narrow street)* vicolo *m*

alligator ['ælɪgeɪtəʳ] *n* alligatore *m*

all-in *(UK) (inclusive)* tutto compreso *(inv)*

all-night *adj* (bar, petrol station) aperto(a) tutta la notte

allocate ['æləkeɪt] *vt* (money, task) assegnare

allotment [ə'lɒtmənt] *n* (UK) (for vegetables) piccolo lotto di terra preso in affitto per coltivarvi ortaggi

allow [ə'lau] *vt* 1. (permit) permettere 2. (time, money) calcolare • **to allow sb to do sthg** permettere a qn di fare qc • **to be allowed to do sthg** avere il permesso di fare qc, poter fare qc • **to be allowed to do sthg** Le dispiace se fumo?

allow for *vt insep* tener conto di

allowance [ə'lauəns] *n* 1. (state benefit) assegno *m* 2. (for expenses) indennità *f inv* 3. (US) (pocket money) paghetta *f*

all right ◇ *adv* 1. (satisfactorily) bene 2. (yes, okay) va bene ◇ *adj* • **is everything all right?** va tutto bene? • **is it all right if I smoke?** Le dispiace se fumo? • **are you all right?** ti senti bene? • **how was the film? - it was all right** com'era il film? - niente di speciale • **how are you? - I'm all right** come stai? - non c'è male

ally ['ælaɪ] *n* alleato *m*, -a *f*

almond ['ɑːmənd] *n* mandorla *f*

almost ['ɔːlməust] *adv* quasi

alone [ə'ləun] ◇ *adj* solo(a) ◇ *adv* da solo(a) • **to leave sb alone** lasciare qn in pace • **to leave sthg alone** lasciar stare qc

along [ə'lɒŋ] ◇ *prep* lungo ◇ *adv* • **to walk along** camminare • **to bring sthg along** portare qc • **all along** sempre • **along with** insieme a

alongside [ə,lɒŋ'saɪd] ◇ *prep* accanto a ◇ *adv* • **to come alongside** accostare

aloof [ə'luːf] *adj* distaccato(a)

aloud [ə'laud] *adv* a voce alta

alphabet ['ælfəbet] *n* alfabeto *m*

Alps [ælps] *npl* • **the Alps** le Alpi

already [ɔːl'redɪ] *adv* già

also ['ɔːlsəu] *adv* anche

altar ['ɔːltər] *n* altare *m*

alter ['ɔːltər] *vt* cambiare

alteration [,ɔːltə'reɪʃn] *n* modifica *f*

alternate [(UK) ɔːl'tɜːnət, (US) 'ɔːltɜːnət] *adj* alterni(e)

alternating current ['ɔːltəneɪtɪŋ-] *n* corrente *f* alternata

alternative [ɔːl'tɜːnətɪv] ◇ *adj* alternativo(a) ◇ *n* alternativa *f*

alternatively [ɔːl'tɜːnətɪvlɪ] *adv* in alternativa

alternator ['ɔːltəneɪtər] *n* alternatore *m*

although [ɔːl'ðəu] *conj* sebbene, benché

altitude ['æltɪtjuːd] *n* altitudine *f*

altogether [,ɔːltə'geðər] *adv* 1. (completely) del tutto 2. (in total) in tutto

aluminium [,æljʊ'mɪnɪəm] *n* (UK) alluminio *m*

aluminum [ə'luːmɪnəm] (US) = **aluminium**

always ['ɔːlweɪz] *adv* sempre

am [æm] ➤ **be**

a.m. [eɪ'em] (abbr of ante meridiem) • **at two a.m.** alle due di notte • **at ten a.m.** alle dieci di mattina

amateur ['æmətər] *n* dilettante *mf*

amazed [ə'meɪzd] *adj* stupito(a)

amazing [ə'meɪzɪŋ] *adj* incredibile

Amazon ['æməzn] *n* (river) • **the Amazon** il Rio delle Amazzoni

ambassador [æm'bæsədə'] n ambasciatore m, -trice f

amber ['æmbə'] adj **1.** (traffic lights) giallo(a) **2.** (jewellery) d'ambra

ambiguous [æm'bɪgjʊəs] adj ambiguo(a)

ambition [æm'bɪʃn] n ambizione f

ambitious [æm'bɪʃəs] adj ambizioso(a)

ambulance ['æmbjʊləns] n ambulanza f

ambush ['æmbʊʃ] n imboscata f

amenities [ə'miːnətɪz] npl **1.** (in hotel) comfort m inv **2.** (in town) strutture fpl (sportive, ricreative ecc.)

America [ə'merɪkə] n l'America f

American [ə'merɪkən] ◇ adj americano(a) ◇ n (person) americano m, -a f

amiable ['eɪmɪəbl] adj amabile

ammunition [,æmjʊ'nɪʃn] n munizioni fpl

amnesia [æm'niːzɪə] n amnesia f

among(st) [ə'mʌŋ (st)] prep tra, fra

amount [ə'maʊnt] n **1.** (quantity) quantità f inv **2.** (sum) somma f ● **amount to** vt insep (total) ammontare a

amp [æmp] n ampere m inv ● **a 13-amp plug** una spina con fusibile da 13 ampere

ample ['æmpl] adj più che sufficiente

amplifier ['æmplɪfaɪə'] n amplificatore m

amputate ['æmpjʊteɪt] vt amputare

Amtrak ['æmtræk] n compagnia ferroviaria statunitense

amuse [ə'mjuːz] vt divertire

amusement arcade [ə'mjuːzmənt-] n sala f giochi

amusement park n luna park m inv

amusements [ə'mjuːzmənts] npl giostre e giochi al luna park

amusing [ə'mjuːzɪŋ] adj divertente

an (stressed [æn], unstressed [ən]) → **a**

anaemic [ə'niːmɪk] adj (UK) (person) anemico(a)

anaesthetic [,ænɪs'θetɪk] n (UK) anestetico m

analgesic [,ænæl'dʒiːsɪk] n analgesico m

analyse ['ænəlaɪz] vt analizzare

analyst ['ænəlɪst] n analista mf

analyze ['ænəlaɪz] (US) = analyse

anarchy ['ænəkɪ] n anarchia f

anatomy [ə'nætəmɪ] n **1.** (science) anatomia f **2.** (of animal) struttura f **3.** (of person) corpo m

ancestor ['ænsestə'] n antenato m, -a f

anchor ['æŋkə'] n àncora f

anchovy ['æntʃəvɪ] n acciuga f

ancient ['eɪnʃənt] adj (customs, monument) antico(a)

and (strong form [ænd], weak form [ənd, ən]) conj e, ed (before vowel) ● **more and more** sempre più ● **and you?** e tu? ● **a hundred and one** centouno ● **to try and do sthg** cercare di fare qc ● **to go and see** andare a vedere

Andes ['ændiːz] npl ● **the Andes** le Ande

anecdote ['ænɪkdəʊt] n aneddoto m

anemic [ə'niːmɪk] (US) = anaemic

anesthetic [,ænɪs'θetɪk] (US) = anaesthetic

angel ['eɪndʒl] n angelo m

anger ['æŋgə'] n rabbia f

angina [æn'dʒaɪnə] n angina f pectoris

angle ['æŋgl] n angolo m ● **at an angle** storto(a)

angler ['æŋglə'] n pescatore m, -trice f

angling ['æŋglɪŋ] *n* pesca *f*

angry ['æŋgrɪ] *adj* **1.** (person) arrabbiato(a) **2.** (words) pieno(a) di rabbia ● **to get angry (with sb)** arrabbiarsi (con qn)

animal ['ænɪml] *n* animale *m*

aniseed ['ænɪsiːd] *n* semi *mpl* d'anice

ankle ['æŋkl] *n* caviglia *f*

annex ['æneks] *n* (building) edificio *m* annesso

annihilate [ə'naɪəleɪt] *vt* annientare

anniversary [ˌænɪ'vɜːsərɪ] *n* anniversario *m*

announce [ə'naʊns] *vt* annunciare

announcement [ə'naʊnsmənt] *n* annuncio *m*

announcer [ə'naʊnsə'] *n* annunciatore *m*, -trice *f*

annoy [ə'nɔɪ] *vt* dare fastidio a

annoyed [ə'nɔɪd] *adj* seccato(a) ● **to get annoyed (with sb)** arrabbiarsi (con qn)

annoying [ə'nɔɪɪŋ] *adj* seccante, irritante

annual ['ænjʊəl] *adj* annuale

anonymous [ə'nɒnɪməs] *adj* anonimo(a)

anorak ['ænəræk] *n* giacca *f* a vento

another [ə'nʌðə'] ◇ *adj* un altro(un'altra) ◇ *pron* un'altro(un'altra) ● **can I have another (one)?** posso prenderne un altro? ● **in another two weeks** fra altre due settimane ● **one another** l'un l'altro (l'un l'altra) ● **to help one another** aiutarsi (l'un l'altra) ● **to talk to one another** parlarsi ● **one after another** uno dopo l'altro(una dopo l'altra)

answer ['ɑːnsə'] ◇ *n* risposta *f* ◇ *vt* rispondere a ◇ *vi* rispondere ● **to answer the door** andare ad aprire (la porta) ● **to answer the phone** rispondere al telefono ● **answer back** *vi* rispondere male

answering machine ['ɑːnsərɪŋ-] = **answerphone**

answerphone ['ɑːnsəfəʊn] *n* segreteria *f* telefonica

answerphone

Answerphone messages, whether for land lines or mobile phones, generally give the same information: the number you are calling, followed by a message saying that the person you are calling is not available, and that you should leave a message or call back later. For example, *Risponde lo 02 86 32 47 38. Non siamo in casa. Lasciate il vostro nome e numero di telefono e vi richiameremo al più presto* or *Risponde il 340 69 13 686. In questo momento non siamo disponibile. Potete richiamare più tardi o lasciare un messaggio dopo il segnale acustico. Grazie.*

ant [ænt] *n* formica *f*

Antarctic [æn'tɑːktɪk] *n* ● **the Antarctic** l'Antartide *f*

antenna [æn'tenə] *n* (US) (aerial) antenna *f*

anthem ['ænθəm] *n* inno *m*

antibiotics [ˌæntɪbaɪ'ɒtɪks] *npl* antibiotici *mpl*

anticipate [ænˈtɪsɪpeɪt] *vt* 1. *(expect)* aspettarsi 2. *(guess correctly)* prevedere

anticlimax [ˌæntɪˈklaɪmæks] *n* delusione *f*

anticlockwise [ˌæntɪˈklɒkwaɪz] *adv* (UK) in senso antiorario

antidote [ˈæntɪdəʊt] *n* antidoto *m*

antifreeze [ˈæntɪfriːz] *n* antigelo *m*

antihistamine [ˌæntɪˈhɪstəmɪn] *n* antistaminico *m*

antiperspirant [ˌæntɪˈpɜːspərənt] *n* deodorante *m* (ad azione antitraspirante)

antiquarian bookshop [ˌæntɪˈkweərɪən-] *n* libreria *f* antiquaria

antique [ænˈtiːk] *n* pezzo *m* d'antiquariato

antique shop *n* negozio *m* d'antiquariato

antiseptic [ˌæntɪˈseptɪk] *n* antisettico *m*

antisocial [ˌæntɪˈsəʊʃl] *adj* 1. *(person)* asociale 2. *(behaviour)* incivile

antlers [ˈæntləz] *npl* palchi *mpl*

anxiety [æŋˈzaɪətɪ] *n* ansia *f*

anxious [ˈæŋkʃəs] *adj* 1. *(worried)* preoccupato(a) 2. *(eager)* ansioso(a)

any [ˈenɪ]
◇ *adj* 1. *(in questions)* ● have you got any money? hai (dei) soldi? ● have you got any postcards? hai delle cartoline? ● is there any coffee left? c'è ancora del caffè? 2. *(in negatives)* ● I haven't got any money non ho soldi ● I haven't got any Italian stamps non ho nessun francobollo italiano ● we don't have any rooms non abbiamo camere libere 3. *(no matter which)* qualunque, qualsiasi ● take any one you like prendi quello che preferisci

◇ *pron* 1. *(in questions)* ne ● I'm looking for a hotel - are there any nearby? sto cercando un albergo - ce ne sono da queste parti? 2. *(in negatives)* ne ● I don't want any (of them) non ne voglio; *(no matter which one)* ● you can sit at any of the tables potete sedere a qualsiasi tavolo

◇ *adv* 1. *(in questions)* ● is that any better? così va un po' meglio? ● is there any more ice cream? c'è ancora un po' di gelato? ● any other questions? altre domande? 2. *(in negatives)* ● he's not any better non c'è nessun miglioramento ● we can't wait any longer non possiamo più aspettare

anybody [ˈenɪˌbɒdɪ] = **anyone**

anyhow [ˈenɪhaʊ] *adv* 1. comunque 2. *(carelessly)* alla rinfusa

anyone [ˈenɪwʌn] *pron* 1. *(someone)* qualcuno 2. *(any person)* chiunque ● is anyone there? c'è nessuno? ● there wasn't anyone in non c'era nessuno

anything [ˈenɪθɪŋ] *pron* 1. *(something)* qualcosa 2. *(no matter what)* qualunque cosa, qualsiasi cosa ● have you anything bigger? ha niente di più grande? ● I don't want anything to eat non voglio mangiare niente

anyway [ˈenɪweɪ] *adv* comunque

anywhere [ˈenɪweə] *adv* 1. *(in questions)* da qualche parte 2. *(with negative)* da nessuna parte 3. *(any place)* dovunque, da qualunque OR qualsiasi parte ● did you go anywhere else? siete andati da qualche altra parte? ● anywhere you like dove vuoi

apart [əˈpɑːt] *adv (separated)* ● the

towns are 5 miles apart le due città distano 8 km l'una dall'altra ● we live apart non viviamo insieme ● to come apart andare in pezzi ● **apart from** *from (except for)* a parte; *(as well as)* oltre a

apartheid [əˈpɑːtheɪt] *n* apartheid *f*

apartment [əˈpɑːtmənt] *n* (US) appartamento *m*

apathetic [ˌæpəˈθetɪk] *adj* apatico(a)

ape [eɪp] *n* scimmia *f*

aperitif [əˌperɪˈtiːf] *n* aperitivo *m*

aperture [ˈæpətʃə*] *n* (of camera) apertura *f*

APEX [ˈeɪpeks] *n* **1.** *(plane ticket)* biglietto *m* APEX **2.** *(UK) (train ticket)* biglietto ferroviario con data prefissata e dal prezzo ridotto comprato due settimane prima della partenza

apiece [əˈpiːs] *adv* **1.** *(for each item)* l'uno(l'una) **2.** *(to, for each person)* ciascuno(a)

apologetic [əˌpɒləˈdʒetɪk] *adj* ● **to be apologetic** scusarsi

apologize [əˈpɒlədʒaɪz] *vi* ● **to apologize (to sb for sthg)** scusarsi (con qn per qc)

apologizing

If you bump into someone in the street or step on someone's foot in a bus, you can apologize by saying: *Mi scusi, le ho fatto male?* (Sorry, are you all right?) If you have hurt them, you can say: *Guardi, sono davvero mortificato* (Look, I'm really sorry). When you cannot give someone the information they need, apologize by explaining why, e.g.: *Mi dispiace, ma non conosco bene questo quartiere* (I'm sorry, but I don't know the area very well).

apology [əˈpɒlədʒɪ] *n* scuse *fpl*

apostrophe [əˈpɒstrəfɪ] *n* apostrofo *m*

appal [əˈpɔːl] *vt* (UK) sconvolgere

appall [əˈpɔːl] *(US)* = **appal**

appalling [əˈpɔːlɪŋ] *adj* spaventoso(a)

apparatus [ˌæpəˈreɪtəs] *n* **1.** *(device)* apparecchio *m* **2.** *(in gym)* attrezzatura *f*

apparently [əˈpærəntlɪ] *adv* **1.** *(it seems)* a quanto pare **2.** *(evidently)* evidentemente

appeal [əˈpiːl] ◇ *n* **1.** LAW appello *m* **2.** *(fundraising campaign)* raccolta *f* di fondi ◇ *vi* LAW fare appello ● **to appeal to sb for help** chiedere aiuto a qn ● **it doesn't appeal to me** non mi attira

appear [əˈpɪə*] *vi* **1.** apparire **2.** *(seem)* sembrare **3.** *(before court)* comparire ● **it appears that** sembra che

appearance [əˈpɪərəns] *n* **1.** *(arrival)* comparsa *f* **2.** *(look)* aspetto *m*

appendices [əˈpendɪsiːz] *pl* ➤ **appendix**

appendicitis [əˌpendɪˈsaɪtɪs] *n* appendicite *f*

appendix [əˈpendɪks] *(pl* **-dices)** *n* appendice *f*

appetite [ˈæpɪtaɪt] *n* appetito *m*

appetizer [ˈæpɪtaɪzə*] *n* stuzzichino *m*

appetizing [ˈæpɪtaɪzɪŋ] *adj* appetitoso(a)

applaud [əˈplɔːd] *vt & vi* applaudire

applause [əˈplɔːz] *n* applauso *m*

apple [ˈæpl] *n* mela *f*

apple crumble n mele cotte ricoperte da uno strato di pasta frolla sbriciolata

apple juice n succo m di mela

apple pie n torta f di mele ricoperta di pasta

apple sauce n mele fpl grattugiate

apple tart n crostata f di mele

apple turnover [-'tɜːn,əʊvə'] n sfogliatella f di mele

appliance [ə'plaɪəns] n apparecchio m ● **electrical/domestic appliance** elettrodomestico m

applicable [ə'plɪkəbl] adj ● **to be applicable (to)** essere applicabile (a) ● **if applicable** se pertinente

applicant ['æplɪkənt] n candidato m, -a f

application [,æplɪ'keɪʃn] n (for job, membership) domanda f

application form n modulo m di domanda

apply [ə'plaɪ] ◇ vt **1.** (lotion, paint) dare **2.** (brakes) azionare ◇ vi ● **to apply (to sb for sthg)** (make request) fare domanda (per qc presso qn) ● **to apply (to sb)** (be applicable) essere valido (per qn) ● **to apply for a job** fare domanda di lavoro

appointment [ə'pɔɪntmənt] n (with doctor, hairdresser, businessman) appuntamento m ● **to have/make an appointment (with)** avere/prendere un appuntamento (con) ● **by appointment** per oʀ su appuntamento

appreciable [ə'priːʃəbl] adj apprezzabile

appreciate [ə'priːʃɪeɪt] vt **1.** apprezzare **2.** (understand) rendersi conto di

apprehensive [,æprɪ'hensɪv] adj preoccupato(a)

apprentice [ə'prentɪs] n apprendista mf

apprenticeship [ə'prentɪʃɪp] n apprendistato m

approach [ə'prəʊtʃ] ◇ n **1.** (road) accesso m **2.** (to problem, situation) approccio m ◇ vt **1.** (come nearer to) avvicinare **2.** (problem, situation) affrontare ◇ vi avvicinarsi

appropriate [ə'prəʊprɪət] adj adatto(a)

approval [ə'pruːvl] n approvazione f

approve [ə'pruːv] vi ● **to approve (of sb/sthg)** approvare (qn/qc)

approximate [ə'prɒksɪmət] adj approssimativo(a)

approximately [ə'prɒksɪmətlɪ] adv circa

Apr. (abbr of April) apr.

apricot ['eɪprɪkɒt] n albicocca f

April ['eɪprəl] n aprile m ➤ **September**

April Fools' Day n il primo aprile, giorno in cui si fanno i 'pesci d'aprile'

apron ['eɪprən] n grembiule m (da cucina)

apt [æpt] adj (appropriate) appropriato(a) ● **to be apt to do sthg** avere tendenza a fare qc

aquarium [ə'kweərɪəm] (pl **-ria**) n acquario m

Aquarius [ə'kweərɪəs] n Acquario m

aqueduct ['ækwɪdʌkt] n acquedotto m

Arab ['ærəb] ◇ adj arabo(a) ◇ n (person) arabo m, -a f

Arabic ['ærəbɪk] ◇ adj arabo(a) ◇ n (language) arabo m

arbitrary ['ɑːbɪtrərɪ] adj arbitrario(a)

arc [ɑːk] n arco m

arcade [ɑː'keɪd] n **1.** (for shopping)

galleria *f* **2.** *(of video games)* sala *f* giochi

arch [ɑːtʃ] *n* arco *m*

archaeology [,ɑːkɪˈɒlədʒɪ] *n* archeologia *f*

archbishop [,ɑːtʃˈbɪʃəp] *n* arcivescovo *m*

archery [ˈɑːtʃərɪ] *n* tiro *m* con l'arco

archipelago [,ɑːkɪˈpeləgəʊ] *n* arcipelago *m*

architect [ˈɑːkɪtekt] *n* architetto *mf*

architecture [ˈɑːkɪtektʃəʳ] *n* architettura *f*

archives [ˈɑːkaɪvz] *npl* archivi *mpl*

Arctic [ˈɑːktɪk] *n* ● the Arctic l'Artide *f*

are *(weak form* [əʳ], *strong form* [ɑːʳ]*)* ➢ be

area [ˈeərɪə] *n* **1.** *(region)* zona *f* **2.** *(space, zone)* area *f* **3.** *(surface size)* superficie *f* ● dining area zona pranzo

area code *n (US)* prefisso *m*

arena [əˈriːnə] *n* **1.** *(at circus)* pista *f* **2.** *(sports ground)* campo *m*

aren't = are not

Argentina [,ɑːdʒənˈtiːnə] *n* l'Argentina *f*

argue [ˈɑːgjuː] *vi (quarrel)* ● to argue (with sb about sthg) litigare (con qn per qc) ● to argue (that) ... sostenere (che) ...

argument [ˈɑːgjʊmənt] *n* **1.** *(quarrel)* discussione *f* **2.** *(reason)* argomento *m*

arid [ˈærɪd] *adj* arido(a)

Aries [ˈeəriːz] *n* Ariete *m*

arise [əˈraɪz] *(pt* arose, *pp* arisen*)* *vi (problem, opportunity)* presentarsi ● to arise from derivare da

aristocracy [,ærɪˈstɒkrəsɪ] *n* aristocrazia *f*

arithmetic [əˈrɪθmətɪk] *n* aritmetica *f*

arm [ɑːm] *n* **1.** *(of person)* braccio *m* **2.** *(of chair)* bracciolo *m* **3.** *(of garment)* manica *f*

armbands [ˈɑːmbændz] *npl (for swimming)* braccioli *mpl*

armchair [ˈɑːmtʃeəʳ] *n* poltrona *f*

armed [ɑːmd] *adj* armato(a)

armed forces *npl* ● the armed forces le forze armate

armor *(US)* = armour

armour [ˈɑːməʳ] *n (UK)* armatura *f*

armpit [ˈɑːmpɪt] *n* ascella *f*

arms [ɑːmz] *npl (weapons)* armi *fpl*

army [ˈɑːmɪ] *n* esercito *m*

A road *n (UK)* strada *f* statale

aroma [əˈrəʊmə] *n* aroma *m*

aromatic [,ærəˈmætɪk] *adj* aromatico(a)

arose [əˈrəʊz] *pt* ➢ arise

around [əˈraʊnd] ◇ *adv* in giro ◇ *prep* **1.** *(surrounding)* intorno a **2.** *(to the other side of)* dall'altra parte di **3.** *(near)* vicino a **4.** *(all over)* per **5.** *(approximately)* circa ● around here *(in the area)* da queste parti ● around the corner dietro l'angolo ● to turn around girarsi ● to look around *(turn head)* guardarsi intorno; *(in shop, city)* dare un'occhiata in giro ● at around two o'clock verso le due ● is Paul around? c'è Paul?

arouse [əˈraʊz] *vt* destare

arrange [əˈreɪndʒ] *vt* **1.** *(flowers, books)* sistemare **2.** *(meeting, event)* organizzare ● to arrange to do sthg (with sb) mettersi d'accordo (con qn) per fare qc

arrangement [əˈreɪndʒmənt] *n* **1.** *(agreement)* accordo *m* **2.** *(layout)* disposizione *f* ● by arrangement su richiesta ●

to make arrangements (to do sthg) fare il necessario (per fare qc)

arrest [ə'rest] ◇ *n* arresto *m* ◇ *vt* arrestare ● **under arrest** in arresto

arrival [ə'raɪvl] *n* arrivo *m* ● **on arrival** all'arrivo ● **new arrival** (*person*) nuovo arrivato *m*, nuova arrivata *f*

arrive [ə'raɪv] *vi* arrivare ● **to arrive at** (*place*) arrivare in/a

arrogant ['ærəgənt] *adj* arrogante

arrow ['ærəʊ] *n* freccia *f*

arson ['ɑːsn] *n* incendio *m* doloso

art [ɑːt] *n* arte *f* ● **arts** *npl* (*humanities*) discipline *fpl* umanistiche ● **the arts** (*fine arts*) l'arte *f*

artefact ['ɑːtɪfækt] *n* manufatto *m*

artery ['ɑːtərɪ] *n* arteria *f*

art gallery *n* galleria *f* d'arte

arthritis [ɑː'θraɪtɪs] *n* artrite *f*

artichoke ['ɑːtɪtʃəʊk] *n* carciofo *m*

article ['ɑːtɪkl] *n* articolo *m*

articulate [ɑː'tɪkjʊlət] *adj* chiaro(a)

artificial [ˌɑːtɪ'fɪʃl] *adj* artificiale

artist ['ɑːtɪst] *n* artista *mf*

artistic [ɑː'tɪstɪk] *adj* **1.** (*design*) artistico(a) **2.** (*person*) dotato(a) di senso artistico

arts centre *n* centro *m* artistico

as [unstressed [əz], stressed [æz]] ◇ *adv* (*in comparisons*) ● **as ... as** (così) ... come ● **as white as snow** bianco come la neve ● **he's as tall as I am** è alto quanto me ● **as many as** tanti ... quanti (tante ... quante) ● **as much as** tanto ... quanto (tanta ... quanta) ● **twice as big** due volte più grande ◇ *conj* **1.** (*referring to time*) mentre, nel momento in cui ● **as the plane was** coming in to land nel momento in cui l'aereo si preparava ad atterrare **2.** (*referring to manner*) come ● **as expected** ... come previsto ... ● **do as you like** fa' come vuoi **3.** (*introducing a statement*) come ● **as you know** ... come sai ... **4.** (*because*) poiché, dato che **5.** (*in phrases*) ● **as for** quanto a ● **as from** (a partire) da ● **as if** come se ● **it looks as if it will rain** sembra che stia per piovere ◇ *prep* (*referring to function, job*) come ● **to work as a teacher** fare l'insegnante

asap [eɪeseɪ'piː] (*abbr of as soon as possible*) il più presto possibile

ascent [ə'sent] *n* (*climb*) scalata *f*

ascribe [ə'skraɪb] *vt* ● **to ascribe sthg to** attribuire qc a

ash [æʃ] *n* **1.** (*from cigarette, fire*) cenere *f* **2.** (*tree*) frassino *m*

ashore [ə'ʃɔː'] *adv* a riva

ashtray ['æʃtreɪ] *n* portacenere *m* inv

Asia [(UK) 'eɪʃə, (US) 'eɪʒə] *n* l'Asia *f*

Asian [(UK) 'eɪʃn, (US) 'eɪʒn] ◇ *adj* asiatico(a) ◇ *n* asiatico *m*, -a *f*

aside [ə'saɪd] *adv* (*to one side*) di lato ● **to move aside** spostarsi

ask [ɑːsk] ◇ *vt* **1.** (*person*) chiedere a **2.** (*request*) chiedere **3.** (*invite*) invitare ◇ *vi* ● **to ask about sthg** chiedere informazioni su qc ● **to ask sb sthg** chiedere qc a qn ● **to ask sb about sthg** chiedere a qn di qc ● **to ask sb to do sthg** chiedere a qn di fare qc ● **to ask sb for sthg** chiedere qc a qn ● **to ask a question** fare una domanda ● **can I ask you about this translation?** posso farti qualche domanda su questa traduzione? ● **ask for** vt insep **1.** (ask to talk to) chiedere di **2.** (request) chiedere

asleep [ə'sli:p] adj addormentato(a) ● **to be asleep** dormire ● **to fall asleep** addormentarsi

asparagus [ə'spærəgəs] n asparagi mpl

asparagus tips npl punte fpl d'asparagi

aspect ['æspekt] n aspetto m

aspirin ['æsprın] n aspirina ® f

ass [æs] n (animal) asino m

assassinate [ə'sæsıneıt] vt assassinare

assault [ə'sɔ:lt] ◇ n aggressione f ● vt aggredire

assemble [ə'sembl] ◇ vt (bookcase, model) montare ◇ vi riunirsi

assembly [ə'sembli] n (at school) riunione quotidiana di alunni e professori

assembly hall n (at school) locale di una scuola dove alunni e professori si riuniscono ogni giorno prima delle lezioni

assembly point n punto di raduno in caso di emergenza

assert [ə'sɜ:t] vt **1.** (fact, innocence) sostenere **2.** (authority) far valere ● **assert o.s.** farsi valere

assess [ə'ses] vt **1.** (person, situation, effect) valutare **2.** (value, damage, cost) stimare

assessment [ə'sesmənt] n **1.** (of person, situation, effect) valutazione f **2.** (of value, damage, cost) stima f

asset ['æset] n (valuable person, thing) punto m di forza

assign [ə'saın] vt ● **to assign sthg to sb** (give) assegnare qc a qn ● **to assign sb to do sthg** (designate) incaricare qn di fare qc

assignment [ə'saınmənt] n **1.** (task) incarico m **2.** SCH ricerca f

assist [ə'sıst] vt aiutare

assistance [ə'sıstəns] n aiuto m ● **to be of assistance (to sb)** essere d'aiuto (a qn)

assistant [ə'sıstənt] n assistente mf

associate ◇ n [ə'səʊʃıət] **1.** (partner) socio m, -a f **2.** (colleague) collega m ◇ vt [ə'səʊʃıeıt] ● **to associate sb/sthg with** associare qn/qc a ● **to be associated with** venire associato a

association [ə,səʊsı'eıʃn] n associazione f

assorted [ə'sɔ:tıd] adj assortito(a)

assortment [ə'sɔ:tmənt] n assortimento m

assume [ə'sju:m] vt **1.** (suppose) supporre **2.** (control) assumere **3.** (responsibility) assumersi

assurance [ə'ʃʊərəns] n **1.** (promise) promessa f **2.** (insurance) assicurazione f

assure [ə'ʃʊə] vt assicurare ● **to assure sb (that)** ... assicurare a qn che ...

asterisk ['æstərısk] n asterisco m

asthma ['æsmə] n asma f

asthmatic [æs'mætık] adj asmatico(a)

astonished [ə'stonıʃt] adj stupito(a)

astonishing [ə'stonıʃıŋ] adj incredibile

astound [ə'staʊnd] vt sbalordire

astray [ə'streı] adv ● **to go astray** smarrirsi

astrology [ə'strɒlədʒı] n astrologia f

astronomy [ə'strɒnəmı] n astronomia f

asylum [ə'saıləm] n (mental hospital) manicomio m

at (*unstressed* [ət], *stressed* [æt]) *prep* **1.** (*indicating place, position*) a ● **at school** a scuola ● **at the hotel** in OR all'albergo ● **at home** a casa ● **at my mother's** da mia madre **2.** (*indicating direction*) ● **to throw sthg at** tirare qc contro ● **to look at sb/sthg** guardare qn/qc ● **to smile at sb** sorridere a qn **3.** (*indicating time*) a ● **at nine o'clock** alle nove ● **at night** di notte **4.** (*indicating rate, level, speed*) a ● **it works out at £5 each** viene 5 sterline a testa ● **at 60 km/h** a 60km/h **5.** (*indicating activity*) ● **she's at lunch** sta pranzando ● **to be good/bad at sthg** essere/non essere bravo in qc **6.** (*indicating cause*) ● **shocked at sthg** scioccato da qc ● **angry at sb** arrabbiato con qn ● **delighted at sthg** contentissimo di qc

ate [(*UK*) et, (*US*) eɪt] *pt* ➤ **eat**

atheist [ˈeɪθɪɪst] *n* ateo *m*, -a *f*

athlete [ˈæθliːt] *n* atleta *mf*

athletics [æθˈletɪks] *n* atletica *f*

Atlantic [ətˈlæntɪk] *n* ● **the Atlantic (Ocean)** l'Atlantico *m*, l'Oceano Atlantico *m*

atlas [ˈætləs] *n* atlante *m*

ATM [eɪtiːˈem] *n* (*abbr of* **automatic** or **automated teller machine**) ≃ bancomat ® *m inv*

atmosphere [ˈætməsfɪə²] *n* **1.** atmosfera *f* **2.** (*air in room*) aria *f*

atom [ˈætəm] *n* atomo *m*

A to Z *n* (*map*) stradario *m*

atrocious [əˈtrəʊʃəs] *adj* (*very bad*) orrendo(a)

attach [əˈtætʃ] *vt* attaccare ● **to attach sthg to sthg** attaccare qc a qc

attachment [əˈtætʃmənt] *n* (*device*) accessorio *m*

attack [əˈtæk] ◇ *n* attacco *m* ◇ *vt* aggredire

attacker [əˈtækə²] *n* aggressore *m*

attain [əˈteɪn] *vt* (*fml*) conseguire

attempt [əˈtempt] ◇ *n* tentativo *m* ◇ *vt* tentare ● **to attempt to do sthg** tentare di fare qc

attend [əˈtend] *vt* **1.** (*meeting*) partecipare a **2.** (*school*) frequentare **3.** (*Mass*) ascoltare ◆ **attend to** *vt insep* (*deal with*) occuparsi di

attendance [əˈtendəns] *n* **1.** (*people at concert, match*) affluenza *f* **2.** (*at school*) frequenza *f*

attendant [əˈtendənt] *n* **1.** (*at public toilets, cloakroom*) addetto *m*, -a *f* **2.** (*at museum*) custode *mf*

attention [əˈtenʃn] *n* attenzione *f* ● **to pay attention (to)** fare attenzione (a)

attic [ˈætɪk] *n* soffitta *f*

attitude [ˈætɪtjuːd] *n* atteggiamento *m*

attorney [əˈtɜːnɪ] *n* (*US*) avvocato *m*

attract [əˈtrækt] *vt* attirare

attraction [əˈtrækʃn] *n* **1.** (*liking*) attrazione *f* **2.** (*attractive feature*) attrattiva *f*

attractive [əˈtræktɪv] *adj* attraente

attribute [əˈtrɪbjuːt] *vt* ● **to attribute sthg to** attribuire qc a

aubergine [ˈəʊbəʒiːn] *n* (*UK*) melanzana *f*

auburn [ˈɔːbən] *adj* castano ramato (*inv*)

auction [ˈɔːkʃn] *n* asta *f*

audience [ˈɔːdɪəns] *n* **1.** (*of play, concert, film*) pubblico *m* **2.** (*of TV*) telespettatori *mpl* **3.** (*of radio*) ascoltatori *mpl*

audio ['ɔːdɪəʊ] *adj* audio *(inv)*

audio-visual [-'vɪʒʊəl] *adj* audiovisivo(a)

auditorium [,ɔːdɪ'tɔːrɪəm] *n* sala *f*

Aug. *(abbr of* August) ago

August ['ɔːgəst] *n* agosto *m* ➤ September

aunt [ɑːnt] *n* zia *f*

au pair [,əʊ'peə'] *n* ragazza *f* alla pari

aural ['ɔːrəl] *adj* uditivo(a)

Australia [ɒ'streɪlɪə] *n* l'Australia *f*

Australian [ɒ'streɪlɪən] ◇ *adj* australiano(a) ◇ *n* australiano *m*, -a *f*

Austria ['ɒstrɪə] *n* l'Austria *f*

Austrian ['ɒstrɪən] ◇ *adj* austriaco(a) ◇ *n* austriaco *m*, -a *f*

authentic [ɔː'θentɪk] *adj* autentico(a)

author ['ɔːθə'] *n* **1.** *(of book, article)* autore *m*, -trice *f* **2.** *(by profession)* scrittore *m*, -trice *f*

authority [ɔː'θɒrətɪ] *n* autorità *f inv* ● **the authorities** le autorità

authorization [,ɔːθəraɪ'zeɪʃn] *n* autorizzazione *f*

authorize ['ɔːθəraɪz] *vt* autorizzare ● **to authorize sb to do sthg** autorizzare qn a fare qc

autobiography [,ɔːtəbaɪ'ɒgrəfɪ] *n* autobiografia *f*

autograph ['ɔːtəgrɑːf] *n* autografo *m*

automatic [,ɔːtə'mætɪk] ◇ *adj* automatico(a) ◇ *n (car)* automobile *f* con cambio automatico

automatically [,ɔːtə'mætɪklɪ] *adv* automaticamente

automobile ['ɔːtəməbiːl] *n (US)* automobile *f*

autumn ['ɔːtəm] *n* autunno *m* ● **in**

(the) autumn in autunno

auxiliary (verb) [ɔːg'zɪljərɪ-] *n* ausiliare *m*

available [ə'veɪləbl] *adj* disponibile

avalanche ['ævəlɑːnʃ] *n* valanga *f*

Ave. *(abbr of* avenue) V.le

avenue ['ævənjuː] *n* viale *m*

average ['ævərɪdʒ] ◇ *adj* **1.** medio(a) **2.** *(not very good)* mediocre ◇ *n* media *f* ● **on average** in media

aversion [ə'vɜːʃn] *n* avversione *f*

aviation [,eɪvɪ'eɪʃn] *n* aviazione *f*

avid ['ævɪd] *adj* avido(a)

avocado [,ævə'kɑːdəʊ] *(pl* -**s** *od* -**es**) *n* ● **avocado (pear)** avocado *m inv*

avoid [ə'vɔɪd] *vt* evitare ● **to avoid doing sthg** evitare di fare qc

await [ə'weɪt] *vt* attendere

awake [ə'weɪk] *(pt* awoke, *pp* awoken) ◇ *adj* sveglio(a) ◇ *vi* svegliarsi

award [ə'wɔːd] ◇ *n* premio *m* ◇ *vt* ● **to award sb sthg** *(prize)* assegnare qc a qn; *(damages, compensation)* accordare qc a qn

aware [ə'weə'] *adj* consapevole ● **to be aware of** rendersi conto di

away [ə'weɪ] *adv* **1.** via **2.** *(look, turn)* da un'altra parte ● **to drive away** allontanarsi ● **to walk away** allontanarsi ● **to go away on holiday** partire per le vacanze ● **to put sthg away** mettere via qc, mettere a posto qc ● **to take sthg away (from sb)** portare via qc (a qn), prendere qc (a qn) ● **far away** molto lontano ● **it's 10 miles away (from here)** è a 10 miglia (da qui) ● **the festival is two weeks away** manca no due settimane al festival

awesome ['ɔːsəm] *adj* 1. *(impressive)* imponente 2. *(inf)* *(excellent)* fantastico(a)

awful ['ɔːfəl] *adj* orribile • **I feel awful** sto malissimo • **an awful lot of** un mucchio di

awfully ['ɔːflɪ] *adv* *(very)* molto, terribilmente

awkward ['ɔːkwəd] *adj* 1. *(movement)* sgraziato(a) 2. *(position)* goffo 3. *(shape, size)* poco funzionale 4. *(situation, question)* imbarazzante 5. *(task, time)* difficile

awning ['ɔːnɪŋ] *n* tenda *f*

awoke [ə'wəʊk] *pt* > **awake**

awoken [ə'wəʊkən] *pp* > **awake**

axe [æks] *n* scure *f*

axle ['æksl] *n* asse *m*

*b*B

BA [biː'eɪ] *(abbr of Bachelor of Arts)* *(degree)* laurea *f* in materie umanistiche *(person)* laureato *m*, -a *f* in materie umanistiche

babble ['bæbl] *vi* balbettare

baby ['beɪbɪ] *n* bambino *m*, -a *f* • **to have a baby** avere un bambino • **baby sweetcorn** piccole spighe di mais

baby carriage *n (US)* carrozzina *f*

baby food *n* alimenti *mpl* per l'infanzia

baby-sit *vi* fare da baby-sitter

baby wipe *n* salvietta *f* umidificata (per bambini)

back [bæk] ◇ *adv* indietro ◇ *n* 1. *(of person)* schiena *f* 2. *(of chair)* schienale *m* 3. *(of car, book, bank note)* retro *m* 4. *(of room)* fondo *m* 5. *(of hand)* dorso *m* ◇ *adj (seat, wheels)* posteriore ◇ *vi (car, driver)* fare retromarcia ◇ *vt (support)* appoggiare • **to put sthg back** rimettere qc *(a posto)* • **to arrive back** ritornare • **to give sthg back** restituire OR dare indietro qc • **to write back to sb** rispondere a qn • **at the back of** sul retro di, dietro • **in back of** *(US)* sul retro di, dietro • **back to front** davanti di dietro • **back up** ◇ *vt sep (support)* appoggiare ◇ *vi (car, driver)* fare retromarcia

backache ['bækeɪk] *n* mal *m* di schiena

backbone ['bækbəʊn] *n* spina *f* dorsale

back door *n* porta *f* posteriore

backfire [ˌbæk'faɪə] *vi (car)* fare un'autoaccensione

background ['bækgraʊnd] *n* 1. sfondo *m* 2. *(of person)* background *m inv*

backlog ['bæklɒg] *n* cumulo *m* • **a backlog of work** del lavoro arretrato

backpack ['bækpæk] *n* zaino *m*

backpacker ['bækpækə] *n* persona che viaggia con zaino e sacco a pelo

back seat *n* sedile *m* posteriore

backside [ˌbæk'saɪd] *n (inf)* sedere *m*

back street *n* viuzza *f*

backstroke ['bækstrəʊk] *n* dorso *m* *(nel nuoto)*

backwards ['bækwədz] *adv* 1. *(look)* indietro 2. *(fall, move)* all'indietro 3. *(wrong way round)* al contrario

bacon ['beɪkən] *n* pancetta *f*, bacon *m* •
bacon and eggs uova *fpl* e pancetta

bacteria [bæk'tɪərɪə] *npl* batteri *mpl*

bad [bæd] (*compar* **worse**, *superl*
worst) *adj* **1.** cattivo(a) **2.** (*harmful*)
dannoso(a) **3.** (*accident, wound*) brutto(a) **4.** (*eyesight, heart*) debole **5.** (*arm,
leg*) malandato(a) • **drinking is bad for
you** bere ti fa male • **to go bad** (*milk,
yoghurt*) andare a male • **not bad** (*film,
food, journey*) niente male • **how are
you? - not bad** come stai? - non c'è
male

badge [bædʒ] *n* distintivo *m*

badger ['bædʒəʳ] *n* tasso *m*

badly ['bædlɪ] (*compar* **worse**, *superl*
worst) *adv* **1.** male **2.** (*injured*) gravemente **3.** (*affected*) profondamente **4.**
(*very much*) tanto

badly paid [-peɪd] *adj* mal pagato(a)

badminton ['bædmɪntən] *n* badminton
m

bad-tempered [-'tempəd] *adj* irascibile

bag [bæg] *n* **1.** sacchetto *m* **2.** (*handbag*)
borsa *f* **3.** (*piece of luggage*) borsone *m* •
a bag of crisps un sacchetto di patatine

bagel ['beɪgəl] *n* panino *m* a forma di
ciambella

baggage ['bægɪdʒ] *n* bagagli *mpl*

baggage allowance *n* franchigia *f*
bagaglio

baggage reclaim *n* ritiro *m* bagagli

baggy ['bægɪ] *adj* largo(a)

bagpipes ['bægpaɪps] *npl* cornamusa *f*

bail [beɪl] *n* cauzione *f*

bait [beɪt] *n* esca *f*

bake [beɪk] ◇ *vt* cuocere (al forno) ◇ *n*
• **vegetable bake** verdure al forno

baked [beɪkt] *adj* cotto(a) al forno

baked beans *npl* fagioli *mpl* al sugo di
pomodoro

baked potato *n* patata *f* cotta al forno
con la buccia

baker ['beɪkəʳ] *n* fornaio *m*, -a *f* •
baker's (shop) panificio *m*, panetteria *f*

balance ['bæləns] ◇ *n* **1.** (*of person*)
equilibrio *m* **2.** (*of bank account, remainder*) saldo *m* ◇ *vt* (*object*) tenere in
equilibrio

balcony ['bælkənɪ] *n* balcone *m*

bald [bɔːld] *adj* calvo

bale [beɪl] *n* balla *f*

ball [bɔːl] *n* **1.** SPORT palla *f* **2.** (*in
football, rugby*) pallone *m* **3.** (*in golf, table
tennis*) pallina *f* **4.** (*of wool, string*)
gomitolo *m* **5.** (*dance*) ballo *m* • **on
the ball** (*fig*) in gamba

ballad ['bæləd] *n* ballata *f*

ballerina [,bælə'riːnə] *n* ballerina *f*

ballet ['bæleɪ] *n* balletto *m*

ballet dancer *n* ballerino *m* classico,
(ballerina classica *f*)

balloon [bə'luːn] *n* (*at party etc*) palloncino *m*

ballot ['bælət] *n* (*vote*) votazione *f* a
scrutinio segreto

ballpoint pen ['bɔːlpɔɪnt-] *n* penna *f* a
sfera

ballroom ['bɔːlrʊm] *n* sala *f* da ballo

ballroom dancing *n* ballo *m* liscio

bamboo [bæm'buː] *n* bambù *m*

bamboo shoots *npl* germogli *mpl* di
bambù

ban [bæn] ◇ *n* divieto *m* ◇ *vt* vietare •
to ban sb from doing sthg vietare a qn
di fare qc

banana [bəˈnɑːnə] *n* banana *f*

banana split *n* banana split *f inv*

band [bænd] *n* **1.** (*musical group*) banda *f* **2.** (*for rock, jazz*) complesso *m*, gruppo *m* **3.** (*strip of paper, rubber*) striscia *f*

bandage [ˈbændɪdʒ] ◇ *n* benda *f* ◇ *vt* fasciare

B and B *abbr* = **bed and breakfast**

bandstand [ˈbændstænd] *n* palco *m* dell'orchestra

bang [bæŋ] ◇ *n* (*of gun, explosion*) scoppio *m* ◇ *vt* sbattere

banger [ˈbæŋəʳ] *n* (*UK*) (*inf*) (*sausage*) salsiccia *f* ● **bangers and mash** salsicce e purè di patate

bangle [ˈbæŋgl] *n* braccialetto *m*

bangs [bæŋz] *npl* (*US*) frangia *f*

banister [ˈbænɪstəʳ] *n* ringhiera *f*

banjo [ˈbændʒəʊ] (*pl* -**s** OR -**es**) *n* banjo *m inv*

bank [bæŋk] *n* **1.** (*for money*) banca *f* **2.** (*of river, lake*) riva *f* **3.** (*slope*) scarpata *f*

bank account *n* conto *m* bancario

bank book *n* libretto *m* di banca

bank charges *npl* commissioni *fpl* bancarie

bank clerk *n* impiegato *m*, -a *f* di banca

bank draft *n* assegno *m* circolare

banker [ˈbæŋkəʳ] *n* banchiere *m*

banker's card *n* carta *f* assegni

bank holiday *n* (*UK*) giorno *m* festivo

bank holiday

Le feste nazionali nel Regno Unito sono chiamate *bank holiday* perché in quei giorni le banche rimangono chiuse. Oltre alle feste comandate come il 25 e 26 dicembre, il 1 gennaio e il venerdì santo, il calendario prevede circa altri otto giorni festivi all'anno, sempre di lunedì.

bank manager *n* direttore *m*, -trice *f* di banca

bank note *n* banconota *f*

bankrupt [ˈbæŋkrʌpt] *adj* fallito(a)

bank statement *n* estratto *m* conto

banner [ˈbænəʳ] *n* striscione *m*

bannister [ˈbænɪstəʳ] = **banister**

banquet [ˈbæŋkwɪt] *n* (*formal dinner*) banchetto *m*

bap [bæp] *n* (*UK*) panino *m*

baptize [(*UK*) bæpˈtaɪz, (*US*) ˈbæptaɪz] *vt* battezzare

bar [bɑːʳ] ◇ *n* **1.** (*pub, in hotel*) bar *m inv* **2.** (*counter in pub*) banco *m* **3.** (*of metal, wood*) sbarra *f* **4.** (*of chocolate*) tavoletta *f* ◇ *vt* (*obstruct*) sbarrare ● **a bar of soap** una saponetta

barbecue [ˈbɑːbɪkjuː] ◇ *n* barbecue *m inv* ◇ *vt* arrostire alla griglia

barbecue sauce *n* salsa piccante usata per condire carne o pesce alla griglia

barbed wire [bɑːbd-] *n* filo *m* spinato

barber [ˈbɑːbəʳ] *n* barbiere *m* ● **barber's** (*shop*) barbiere *m*

bar code *n* codice *m* a barre

bare [beəʳ] *adj* **1.** (*feet, arms*) nudo(a) **2.** (*head*) scoperto(a) **3.** (*room, cupboard*) vuoto(a) ● **the bare minimum** il minimo indispensabile

barefoot [ˌbeəˈfʊt] *adv* a piedi nudi

barely [ˈbeəlɪ] *adv* **1.** (*hardly*) appena **2.** (*with difficulty*) a malapena

bargain ['bɑːgɪn] ◇ n 1. *(agreement)* accordo m 2. *(cheap buy)* occasione f ◇ vi *(haggle)* contrattare sul prezzo ◆ **bargain for** vt insep aspettarsi

bargain basement n reparto m occasioni

barge [bɑːdʒ] n chiatta f ◆ **barge in** vi fare irruzione ● **to barge in on sb** interrompere qn

bark [bɑːk] ◇ n *(of tree)* corteccia f ◇ vi abbaiare

barley ['bɑːlɪ] n orzo m

barmaid ['bɑːmeɪd] n barista f

barman ['bɑːmən] *(pl* **-men)** n barista m

bar meal n pasto leggero servito in un bar o un pub

barn [bɑːn] n granaio m

barometer [bə'rɒmɪtə'] n barometro m

baron ['bærən] n barone m

baroque [bə'rɒk] adj barocco(a)

barracks ['bærəks] npl caserma f

barrage ['bærɑːʒ] n 1. *(of questions)* raffica f 2. *(of criticism)* ondata f

barrel ['bærəl] n 1. *(of beer, wine, oil)* barile m 2. *(of gun)* canna f

barren ['bærən] adj *(land, soil)* sterile

barricade [ˌbærɪ'keɪd] n barricata f

barrier ['bærɪə'] n barriera f

barrister ['bærɪstə'] n *(UK)* avvocato m

bartender ['bɑːtendə'] n *(US)* barista m

barter ['bɑːtə'] vi barattare

base [beɪs] ◇ n base f ◇ vt ● **to base sthg on** basare qc su ● **I'm based in London** ho base a Londra

baseball ['beɪsbɔːl] n baseball m

baseball cap n cappellino m da baseball

basement ['beɪsmənt] n seminterrato m

bases ['beɪsiːz] pl ➤ **basis**

bash [bæʃ] vt *(inf)* sbattere

basic ['beɪsɪk] adj 1. *(fundamental)* fondamentale 2. *(accommodation, meal)* semplice ◆ **basics** npl ● **the basics** i rudimenti

basically ['beɪsɪklɪ] adv 1. *(in conversation)* in sostanza 2. *(fundamentally)* fondamentalmente

basil ['bæzl] n basilico m

basin ['beɪsn] n 1. *(washbasin)* lavabo m 2. *(bowl)* terrina f

basis ['beɪsɪs] *(pl* **-ses)** n base f ● **on a weekly basis** settimanalmente ● **on the basis of** sulla base di

basket ['bɑːskɪt] n cesto m

basketball ['bɑːskɪtbɔːl] n *(game)* pallacanestro f

basmati rice [bəz'mæti-] n tipo di riso aromatico utilizzato nella cucina indiana

bass[1] [beɪs] ◇ n *(singer)* basso m ◇ adj **bass guitar** basso m

bass[2] [bæs] n 1. *(freshwater fish)* pesce m persico 2. *(sea fish)* spigola f, branzino m

bassoon [bə'suːn] n fagotto m

bastard ['bɑːstəd] n *(vulg)* stronzo m, -a f

bat [bæt] n 1. *(in cricket, baseball)* mazza f 2. *(in table tennis)* racchetta f 3. *(animal)* pipistrello m

batch [bætʃ] n 1. *(of goods)* lotto m 2. *(of people)* scaglione m

bath [bɑːθ] ◇ n 1. bagno m 2. *(tub)* vasca f *(da bagno)* ◇ vt fare il bagno a ● **to have a bath** fare il or un bagno ◆

baths *npl* (UK) (public swimming pool) piscina *f*

bathe [beɪð] *vi* fare il bagno

bathing [ˈbeɪðɪŋ] *n* (UK) balneazione *f*

bathrobe [ˈbɑːðrəʊb] *n* **1.** (for bathroom, swimming pool) accappatoio *m* **2.** (dressing gown) vestaglia *f*

bathroom [ˈbɑːθrʊm] *n* bagno *m*

bathroom cabinet *n* armadietto *m* del bagno

bathtub [ˈbɑːθtʌb] *n* vasca *f* da bagno

baton [ˈbætən] *n* **1.** (of conductor) bacchetta *f* **2.** (truncheon) manganello *m*

batter [ˈbætəʳ] ◇ *n* CULIN pastella *f* ◇ *vt* (wife, child) picchiare

battered [ˈbætəd] *adj* CULIN ricoperto di pastella e fritto

battery [ˈbætərɪ] *n* **1.** (for radio) pila *f* **2.** (for car) batteria *f*

battery charger [-ˌtʃɑːdʒəʳ] *n* caricabatteria *m inv*

battle [ˈbætl] *n* battaglia *f*

battlefield [ˈbætlfiːld] *n* campo *m* di battaglia

battlements [ˈbætlmənts] *npl* parapetto *m*

battleship [ˈbætlʃɪp] *n* corazzata *f*

bay [beɪ] *n* **1.** (on coast) baia *f* **2.** (for parking) posto *m* macchina

bay leaf *n* foglia *f* d'alloro

bay window *n* bow-window *m inv*

BC [ˌbiːˈsiː] (abbr of before Christ) a.C.

Bcc [ˌbiːsiːˈsiː] *n* (abbr of blind carbon copy) Ccn *f* (copia per conoscenza nascosta)

be [biː] (*pt* was, were, *pp* been) ◇ *vi* **1.** (exist) essere ● there is c'è ● there are ci sono ● are there any shops

near here? ci sono dei negozi qui vicino? **2.** (referring to location) essere ● the hotel is near the airport l'albergo è or si trova vicino all'aeroporto **3.** (referring to movement) ● has the postman been? è venuto il postino? ● have you ever been to Ireland? sei mai stato in Irlanda? ● I'll be there in ten minutes sarò lì tra dieci minuti **4.** (occur) essere ● my birthday is in November il mio compleanno è in novembre **5.** (identifying, describing) essere ● he's a doctor è medico ● I'm Italian sono italiano ● I'm hot/cold ho caldo/freddo **6.** (referring to health) stare ● how are you? come sta? ● I'm fine sto bene ● she's ill è malata **7.** (referring to age) ● how old are you? quanti anni hai? ● I'm 14 (years old) ho 14 anni **8.** (referring to cost) costare ● how much is it? (item) quanto costa?; (meal, shopping) quant'è? ● it's £10 (item) costa 10 sterline; (meal, shopping) sono 10 sterline **9.** (referring to time, dates) essere ● what time is it? che ore sono? ● it's ten o'clock sono le dieci ● it's the 9th of April è il 9 aprile **10.** (referring to measurement) essere ● it's 2 m wide/long è largo/lungo 2 m ● I'm 6 feet tall sono alto 1 metro e 80 ● I'm 8 stone peso 50 chili **11.** (referring to weather) fare ● it's hot/cold fa caldo/freddo ● it's sunny c'è il sole ● it's windy c'è vento ● it's going to be nice today oggi farà bello

◇ *aux vb* **1.** (forming continuous tense) ● I'm learning Italian sto imparando l'italiano ● what are you reading? cosa stai leggendo?, cosa leggi? ● he's arriving tomorrow arriva domani, arriverà domani ● we've been visiting the museum abbiamo visitato il museo 2. *(forming passive)* essere ● the flight was delayed il volo è stato ritardato 3. *(with infinitive to express order)* ● all rooms are to be vacated by 10 a.m. tutte le camere devono essere lasciate libere per le 10 4. *(with infinitive to express future tense)* ● the race is to start at noon la corsa è prevista per mezzogiorno 5. *(in tag questions)* ● it's cold, isn't it? fa freddo, (non è vero?)

beach [biːtʃ] *n* spiaggia *f*

bead [biːd] *n (of glass, wood etc)* grano *m*

beak [biːk] *n* becco *m*

beaker ['biːkəʳ] *n* bicchiere *m*

beam [biːm] ◇ *n* 1. *(of light)* raggio *m* 2. *(of wood, concrete)* trave *f* ◇ *vi (smile)* sorridere

bean [biːn] *n* 1. *(of light)* fagiolo *m* 2. *(of coffee)* chicco *m*

bean curd [-kɜːd] *n* tofu *m*

beansprouts ['biːnsprauts] *npl* germogli *mpl* di soia

bear [beəʳ] *(pt* bore, *pp* borne) ◇ *n (animal)* orso *m* ◇ *vt* 1. *(support)* reggere 2. *(endure)* sopportare ● to bear left/right tenersi sulla sinistra/destra

bearable ['beərəbl] *adj* sopportabile

beard [biəd] *n* barba *f*

bearer ['beərəʳ] *n* 1. *(of cheque)* portatore *m* 2. *(of passport)* titolare *mf*

bearing ['beərɪŋ] *n (relevance)* attinenza *f* ● to get one's bearings orizzontarsi

beast [biːst] *n* bestia *f*

beat [biːt] *(pt* beat, *pp* beaten) ◇ *n* 1.

(of heart, pulse) battito *m* 2. *MUS* tempo *m* ◇ *vt* 1. battere 2. *(eggs, cream)* sbattere ● **beat down** ◇ *vi (sun, rain)* battere ◇ *vt sep* ● I beat him down to £20 gli ho fatto abbassare il prezzo a 20 sterline ● **beat up** *vt sep* pestare

beautiful ['bjuːtɪfʊl] *adj* bello(a)

beauty ['bjuːtɪ] *n* bellezza *f*

beauty parlour *n* istituto *m* di bellezza

beauty spot *n (place)* bellezza *f* naturale

beaver ['biːvəʳ] *n* castoro *m*

became [bɪ'keɪm] *pt* ➤ become

because [bɪ'kɒz] *conj* perché ● because of a causa di

beckon ['bekən] *vi* ● to beckon (to) fare cenno (a)

become [bɪ'kʌm] *(pt* became, *pp inv)* *vi* diventare ● what became of him? cosa ne è stato di lui?

bed [bed] *n* 1. letto *m* 2. *(of sea)* fondo *m* 3. *CULIN* strato *m* ● in bed a letto ● to get out of bed alzarsi ● to go to bed andare a letto ● to go to bed with sb andare a letto con qn ● to make the bed fare il letto

bed and breakfast *n (UK)* ≃ pensione *f*

bed and breakfast

Nonostante siano ormai molto diffusi anche all'estero, i *B & B* rappresentano il tipo di alloggio più caratteristico del Regno Unito. Si tratta generalmente di sistemazioni accoglienti a gestione familiare in case private che offrono camere e prima colazione a prezzi modici, ma spesso si trovano in dimore più lussuose complete di bar e ristorante.

bedclothes ['bedkləʊðz] *npl* lenzuola *fpl* e coperte *fpl*

bedding ['bedɪŋ] *n* biancheria *f* da letto

bed linen *n* lenzuola *fpl* (e federe *fpl*)

bedroom ['bedrʊm] *n* camera *f* da letto

bedside table ['bedsaɪd-] *n* comodino *m*

bedsit ['bed,sɪt] *n* (UK) camera *f* ammobiliata

bedspread ['bedspred] *n* copriletto *m inv*

bedtime ['bedtaɪm] *n* ora *f* di andare a letto

bee [bi:] *n* ape *f*

beech [bi:tʃ] *n* faggio *m*

beef [bi:f] *n* manzo *m*

beefburger ['bi:f,bɜ:gəʳ] *n* hamburger *m inv*

beehive ['bi:haɪv] *n* alveare *m*

been [bi:n] *pp* → be

beer [bɪəʳ] *n* birra *f*

beer garden *n* giardino per i clienti di un pub

beer mat *n* sottobicchiere *m*

beetle ['bi:tl] *n* scarabeo *m*

beetroot ['bi:tru:t] *n* barbabietola *f*

before [bɪ'fɔ:ʳ] ◇ *adv* prima ◇ *prep* prima di 2. (fml) (in front of) davanti a ◇ *conj* ● before it gets too late prima che sia troppo tardi ● I've been there before ci sono già stato ● before doing sthg prima di fare qc ● before you

leave prima di partire ● the day before il giorno prima ● the week before last due settimane fa

beforehand [bɪ'fɔ:hænd] *adv* in anticipo

befriend [bɪ'frend] *vt* trattare da amico

beg [beg] ◇ *vi* elemosinare ◇ *vt* ● to beg sb to do sthg supplicare qn di fare qc ● to beg for sthg elemosinare qc

began [bɪ'gæn] *pt* → begin

beggar ['begəʳ] *n* mendicante *mf*

begin [bɪ'gɪn] (pt **began**, pp **begun**) *vt & vi* cominciare, iniziare ● to begin doing OR to begin to do sthg cominciare a fare qc ● to begin by doing sthg cominciare col fare qc ● to begin with (at the start) all'inizio; (firstly) per prima cosa

beginner [bɪ'gɪnəʳ] *n* principiante *mf*

beginning [bɪ'gɪnɪŋ] *n* inizio *m*

begun [bɪ'gʌn] *pp* → begin

behalf [bɪ'hɑ:f] *n* ● on behalf of a nome di

behave [bɪ'heɪv] *vi* comportarsi ● to behave (o.s.) (be good) comportarsi bene

behavior [bɪ'heɪvjəʳ] (US) = behaviour

behaviour [bɪ'heɪvjəʳ] *n* comportamento *m*

behind [bɪ'haɪnd] ◇ *adv* **1.** (at the back) dietro **2.** (late) indietro ◇ *prep* (at the back of) dietro ◇ *n* (inf) didietro *m* ● to leave sthg behind dimenticare qc ● to stay behind restare indietro ● we're all behind you (supporting) siamo tutti con te

beige [beɪʒ] *adj* beige (inv)

being ['bi:ɪŋ] *n* essere *m* ● to come into being nascere

belated [bɪ'leɪtɪd] *adj* tardivo(a)

belch [beltʃ] *vi* ruttare

Belgian ['beldʒən] ◇ *adj* belga ◇ *n* belga *mf*

Belgium ['beldʒəm] *n* il Belgio

belief [bɪ'liːf] *n* **1.** *(faith)* fede *f* **2.** *(opinion)* convinzione *f*

believe [bɪ'liːv] ◇ *vt* credere ◇ *vi* • **to believe in** *(God)* credere in • **to believe in doing sthg** credere che sia giusto fare qc

believer [bɪ'liːvə'] *n* credente *mf*

bell [bel] *n* **1.** *(of church)* campana *f* **2.** *(of phone)* suoneria *f* **3.** *(of door)* campanello *m*

bellboy ['belbɔɪ] *n* fattorino *m* d'albergo

bellow ['beləʊ] *vi* muggire

belly ['belɪ] *n* (*inf*) pancia *f*

belly button *n* (*inf*) ombelico *m*

belong [bɪ'lɒŋ] *vi* (*be in right place*) essere al suo posto • **to belong to** *(property)* appartenere a; *(club, party)* far parte di • **where does this belong?** dove sta questo?

belongings [bɪ'lɒŋɪŋz] *npl* effetti *mpl* personali

below [bɪ'ləʊ] ◇ *adv* **1.** sotto **2.** *(downstairs)* di sotto **3.** *(in text)* qui sotto ◇ *prep* sotto

belt [belt] *n* **1.** *(for clothes)* cintura *f* **2.** TECH cinghia *f*

beltway ['beltweɪ] *n* (*US*) raccordo *m* anulare

bench [bentʃ] *n* panchina *f*

bend [bend] (*pt & pp* **bent**) ◇ *n* **1.** *(in road)* curva *f* **2.** *(in river)* ansa *f* **3.** *(in pipe)* gomito *m* ◇ *vt* piegare ◇ *vi* (*road,*

river, pipe) fare una curva ✦ **bend down** *vi* abbassarsi ✦ **bend over** *vi* chinarsi

beneath [bɪ'niːθ] *adv & prep* sotto

beneficial [,benɪ'fɪʃl] *adj* benefico(a)

benefit ['benɪfɪt] ◇ *n* **1.** *(advantage)* beneficio *m* **2.** *(money)* indennità *f inv* ◇ *vt* giovare a ◇ *vi* • **to benefit (from)** beneficiare (di) • **for the benefit of** per

benign [bɪ'naɪn] *adj* benigno(a)

bent [bent] *pt & pp* ➤ **bend**

bereaved [bɪ'riːvd] *adj* (*family*) del defunto

beret ['bereɪ] *n* basco *m*

Bermuda shorts [bə'mjuːdə-] *npl* bermuda *mpl*

berry ['berɪ] *n* bacca *f*

berserk [bə'zɜːk] *adj* • **to go berserk** andare su tutte le furie

berth [bɜːθ] *n* **1.** *(for ship)* ormeggio *m* **2.** *(in ship, train)* cuccetta *f*

beside [bɪ'saɪd] *prep* (*next to*) accanto a • **that's beside the point** questo non c'entra

besides [bɪ'saɪdz] ◇ *adv* inoltre ◇ *prep* oltre a

best [best] ◇ *adj* migliore ◇ *adv* meglio ◇ *n* • **the best** il migliore(la migliore) • **I like this one best** questo mi piace più di tutti • **she played best** ha giocato meglio di tutti • **the best thing to do is ...** la miglior cosa da fare è ... • **to make the best of sthg** accontentarsi di qc • **to do one's best** fare del proprio meglio ▼ **best before** ... da consumarsi preferibilmente entro ... • **at best** per bene che vada • **all the best!** auguri!

best man *n* testimone *m* (di nozze)

best man

Oltre a svolgere il ruolo di testimone durante il matrimonio, il *best man*, parente o amico stretto dello sposo, custodisce le fedi nuziali, pronuncia un divertente discorso al termine dei festeggiamenti e organizza la festa di addio al celibato.

best-seller [-'selə'] *n (book)* best seller *m inv*

bet [bet] *(pt & pp inv)* ◇ *n* scommessa *f* ◇ *vt* scommettere ◇ *vi* ● **to bet (on)** scommettere (su) ● **I bet (that) you can't do it** scommetto che non sei capace di farlo

betray [bɪ'treɪ] *vt* tradire

better ['betə'] ◇ *adj* migliore ◇ *adv* meglio ● **she's better at tennis than me** è più brava di me a tennis ● **are you better now?** stai meglio adesso? ● **you had better ...** faresti meglio a ... ● **to get better** migliorare

betting ['betɪŋ] *n* scommesse *fpl*

betting shop *n (UK)* ≃ sala *f* scommesse

between [bɪ'twi:n] ◇ *prep* tra, fra ◇ *adv (in time)* nel frattempo ● **in between** *(in space)* in mezzo; *(in time)* nel frattempo

beverage ['bevərɪdʒ] *n (fml)* bevanda *f*

beware [bɪ'weə'] *vi* ● **to beware of** stare attento a ▼ **beware of the dog** attenti al cane

bewildered [bɪ'wɪldəd] *adj* sconcertato(a)

beyond [bɪ'jɒnd] ◇ *prep* oltre ◇ *adv* più avanti ● **beyond doubt** senza dubbio ● **beyond reach** irraggiungibile

biased ['baɪəst] *adj* di parte

bib [bɪb] *n (for baby)* bavaglino *m*

bible ['baɪbl] *n* bibbia *f*

biceps ['baɪseps] *n* bicipite *m*

bicycle ['baɪsɪkl] *n* bicicletta *f*

bicycle path *n* pista *f* ciclabile

bicycle pump *n* pompa *f* per la bicicletta

bid [bɪd] *(pt & pp inv)* ◇ *n* **1.** *(at auction)* offerta *f* **2.** *(attempt)* tentativo *m* ◇ *vt (money)* fare un'offerta di ◇ *vi* ● **to bid (for)** fare un'offerta (per)

bidet ['bi:deɪ] *n* bidè *m inv*

big [bɪg] *adj* **1.** grande **2.** *(problem, mistake, risk)* grosso(a) ● **my big brother** mio fratello maggiore ● **how big is it?** quanto è grande?

Big Ben

Tale nome indica comunemente la torre dell'orologio delle *Houses of Parliament* di Londra, ma in realtà designa la grande campana dell'orologio. Il caratteristico motivo della campana introduce spesso i notiziari radiofonici e televisivi, mentre ogni fine d'anno centinaia di persone si affollano ai piedi della torre per ascoltare i rintocchi della mezzanotte.

bike [baɪk] *n* **1.** *(inf) (bicycle)* bici *f inv* **2.** *(motorcycle)* moto *f inv*

biking ['baɪkɪŋ] *n* ● **to go biking** *(on*

bicycle) andare in bicicletta; *(on motorcycle)* andare in moto

bikini [bɪˈkiːnɪ] *n* bikini *m inv*

bikini bottom *n* pezzo *m* di sotto del bikini

bikini top *n* pezzo *m* di sopra del bikini

bilingual [baɪˈlɪŋgwəl] *adj* bilingue

bill [bɪl] *n* **1.** *(for meal, hotel room)* conto *m* **2.** *(for electricity etc)* bolletta *f* **3.** *(US) (bank note)* banconota *f* **4.** *(at cinema, theatre)* programma *m* **5.** POL proposta *f* di legge ● **can I have the bill, please?** il conto, per favore

billboard [ˈbɪlbɔːd] *n* tabellone *m*

billfold [ˈbɪlfəʊld] *n (US)* portafoglio *m*

billiards [ˈbɪljədz] *n* biliardo *m*

billion [ˈbɪljən] *n* **1.** *(thousand million)* miliardo *m* **2.** *(UK) (million million)* mille miliardi

bin [bɪn] *n* **1.** *(rubbish bin)* pattumiera *f* **2.** *(wastepaper bin)* cestino *m* **3.** *(for flour)* barattolo *m* **4.** *(on plane)* armadietto *m* in alto ● **bread bin** portapane *m inv*

bind [baɪnd] (*pt & pp* **bound**) *vt (tie up)* legare

binding [ˈbaɪndɪŋ] *n* **1.** *(of book)* rilegatura *f* **2.** *(for ski)* attacco *m*

bingo [ˈbɪŋgəʊ] *n* ≃ tombola *f*

binoculars [bɪˈnɒkjʊləz] *npl* binocolo *m*

biodegradable [ˌbaɪəʊdɪˈgreɪdəbl] *adj* biodegradabile

biography [baɪˈɒgrəfɪ] *n* biografia *f*

biological [ˌbaɪəˈlɒdʒɪkl] *adj* biologico(a)

biological weapon *n* arma *f* batteriologica

biology [baɪˈɒlədʒɪ] *n* biologia *f*

biotechnology [ˌbaɪəʊtekˈnɒlədʒɪ] *n* biotecnologia *f*

bioterrorism [ˌbaɪəʊˈterərɪzm] *n* bioterrorismo *m*

birch [bɜːtʃ] *n* betulla *f*

bird [bɜːd] *n* **1.** uccello *m* **2.** *(UK) (inf) (woman)* pollastrella *f*

bird-watching [-ˌwɒtʃɪŋ] *n* osservazione *f* degli uccelli

Biro ® [ˈbaɪərəʊ] *(pl* **-s***)* *n* biro ® *f inv*

birth [bɜːθ] *n* nascita *f* ● **by birth** di nascita ● **to give birth to** dare alla luce, partorire

birth certificate *n* certificato *m* di nascita

birth control *n* controllo *m* delle nascite

birthday [ˈbɜːθdeɪ] *n* compleanno *m* ● **happy birthday!** buon compleanno!

birthday card *n* biglietto *m* d'auguri di compleanno

birthday party *n* festa *f* di compleanno

birthplace [ˈbɜːθpleɪs] *n* luogo *m* di nascita

biscuit [ˈbɪskɪt] *n* **1.** *(UK)* biscotto *m* **2.** *(US) (scone)* focaccia *f* di pasta non lievitata da mangiare con burro e marmellata o insieme a piatti salati

bishop [ˈbɪʃəp] *n* **1.** RELIG vescovo *m* **2.** *(in chess)* alfiere *m*

bistro [ˈbiːstrəʊ] *(pl* **-s***)* *n* ristorantino *m*

bit [bɪt] ⋄ *pt* ➤ **bite** ⋄ *n* **1.** *(piece)* pezzetto *m* **2.** *(of drill)* punta *f* **3.** *(of bridle)* morso *m* **4.** *(amount)* ● **a bit** un po' ● **a bit of money** un po' di soldi ● **to do a bit of reading** leggere un po' ●

not a bit per niente ● **bit by bit** a poco a poco

bitch [bɪtʃ] *n* 1. *(vulg) (woman)* stronza *f* 2. *(dog)* cagna *f*

bite [baɪt] *(pt* **bit**, *pp* **bitten)* ◇ *n* 1. morso *m* 2. *(from insect)* puntura *f* ◇ *vt* 1. mordere 2. *(subj: insect)* pungere ● **to have a bite to eat** mangiare un boccone

bitter ['bɪtə*ʳ*] ◇ *adj* 1. *(taste, food)* amaro(a) 2. *(weather, wind)* pungente 3. *(person)* amareggiato(a) 4. *(argument, conflict)* aspro(a) ◇ *n (UK) (beer)* tipo di birra amarognola

bitter lemon *n* limonata *f* amara

bizarre [bɪ'zɑː*ʳ*] *adj* bizzarro(a)

black [blæk] ◇ *adj* nero(a) ◇ *n* 1. *(colour)* nero *m* 2. *(person)* negro *m*, -a *f* ● **black out** *vi* perdere conoscenza

black and white *adj* in bianco e nero

blackberry ['blækbrɪ] *n* mora *f*

blackbird ['blækbɜːd] *n* merlo *m*

blackboard ['blækbɔːd] *n* lavagna *f*

black cherry *n* ciliegia *f* nera

blackcurrant [,blæk'kʌrənt] *n* ribes *m inv* nero

black eye *n* occhio *m* nero

black ice *n* strato *m* di ghiaccio invisibile

blackmail ['blækmeɪl] ◇ *n* ricatto *m* ◇ *vt* ricattare

blackout ['blækaʊt] *n (power cut)* black-out *m inv*

black pepper *n* pepe *m* nero

black pudding *n (UK)* sanguinaccio *m*

blacksmith ['blæksmɪθ] *n* fabbro *m*

bladder ['blædə*ʳ*] *n* vescica *f*

blade [bleɪd] *n* 1. *(of knife, saw)* lama *f* 2.

(of propeller, oar) pala *f* 3. *(of grass)* filo *m*

blame [bleɪm] ◇ *n* colpa *f* ◇ *vt* incolpare ● **to blame sb for sthg** incolpare qn di qc ● **to blame sthg on sb** dare a qn la colpa di qc

bland [blænd] *adj (food)* insipido(a)

blank [blæŋk] ◇ *adj* 1. *(space, cassette)* vuoto(a) 2. *(page)* bianco(a) 3. *(expression)* assente ◇ *n (empty space)* spazio *m* (in) bianco

blank cheque *n* assegno *m* in bianco

blanket ['blæŋkɪt] *n* coperta *f*

blast [blɑːst] ◇ *n* 1. *(explosion)* esplosione *f* 2. *(of wind)* raffica *f* 3. *(of air)* folata *f* ◇ *excl (inf)* maledizione! ● **at full blast** a tutto volume

blaze [bleɪz] ◇ *n (fire)* incendio *m* ◇ *vi* 1. *(fire)* ardere 2. *(sun, light)* risplendere

blazer ['bleɪzə*ʳ*] *n* blazer *m inv*

bleach [bliːtʃ] ◇ *n* candeggina *f* ◇ *vt* 1. *(clothes)* candeggiare 2. *(hair)* decolorare

bleak [bliːk] *adj* triste

bleed [bliːd] *(pt & pp* **bled)** *vi* sanguinare

blend [blend] ◇ *n (of coffee, whisky)* miscela *f* ◇ *vt* mescolare

blender ['blendə*ʳ*] *n* frullatore *m*

bless [bles] *vt* benedire ● **bless you!** *(said after sneeze)* salute!

blessing ['blesɪŋ] *n* benedizione *f*

blew [bluː] *pt* > **blow**

blind [blaɪnd] ◇ *adj* cieco(a) ◇ *n (for window)* tendina *f* avvolgibile ◇ *npl* ● **the blind** i non vedenti

blind corner *n* svolta *f* senza visibilità

blindfold ['blaɪndfəʊld] ◇ *n* benda *f* ◇ *vt* bendare

blind spot n AUT punto m senza visibilità

blink [blɪŋk] vi battere le palpebre

blinkers ['blɪŋkəz] npl (UK) paraocchi mpl

bliss [blɪs] n estasi f

blister ['blɪstə'] n vescica f

blizzard ['blɪzəd] n bufera f di neve

bloated ['bləʊtɪd] adj (after eating) strapieno(a)

blob [blɒb] n (of paint) chiazza f

block [blɒk] ◇ n 1. (of stone, wood, ice) blocco m 2. (building) palazzo m 3. (US) (in town, city) isolato m ◇ vt (obstruct) bloccare ● **to have a blocked (up) nose** avere il naso chiuso ◆ **block up** vt sep ostruire

blockage ['blɒkɪdʒ] n ostruzione f

block capitals npl stampatello m maiuscolo

block of flats n condominio m

bloke [bləʊk] n (UK) (inf) tipo m, tizio m

blond [blɒnd] ◇ adj biondo(a) ◇ n biondo m

blonde [blɒnd] ◇ adj biondo(a) ◇ n bionda f

blood [blʌd] n sangue m

blood donor n donatore m, -trice f di sangue

blood group n gruppo m sanguigno

blood poisoning n setticemia f

blood pressure n pressione f sanguigna ● **to have high blood pressure** avere la pressione alta ● **to have low blood pressure** avere la pressione bassa

bloodshot ['blʌdʃɒt] adj arrossato(a)

blood test n analisi f inv del sangue

blood transfusion n trasfusione f di sangue

bloody ['blʌdɪ] ◇ adj 1. (hands, handkerchief) insanguinato(a) 2. (UK) (vulg) (damn) maledetto(a) ◇ adv (UK) (vulg) veramente

bloody mary n Bloody Mary m inv

bloom [bluːm] ◇ n fiore m ◇ vi fiorire ● **in bloom** in fiore

blossom ['blɒsəm] n fiori mpl

blot [blɒt] n macchia f

blotch [blɒtʃ] n chiazza f

blotting paper ['blɒtɪŋ-] n carta f assorbente

blouse [blaʊz] n camicetta f

blow [bləʊ] (pt **blew**, pp **blown**) ◇ vt 1. (subj: wind) soffiare 2. (whistle, trumpet) suonare 3. (bubbles) fare ◇ vi 1. soffiare 2. (fuse) saltare ◇ n colpo m ● **to blow one's nose** soffiarsi il naso ◆ **blow up** ◇ vt sep 1. (cause to explode) far saltare in aria 2. (inflate) gonfiare ◇ vi (explode) saltare in aria

blow-dry ◇ n piega f föhn ◇ vt fonare

blown [bləʊn] pp → **blow**

BLT [biːel'tiː] n (abbr of bacon, lettuce and tomato) panino imbottito con pancetta, lattuga e pomodoro

blue [bluː] ◇ adj 1. azzurro(a) 2. (film) spinto(a) ◇ n azzurro m ◆ **blues** n MUS blues m

bluebell ['bluːbel] n campanula f

blueberry ['bluːbərɪ] n mirtillo m

bluebottle ['bluːˌbɒtl] n moscone m

blue cheese n formaggio con muffa di stagionatura

bluff [blʌf] ◇ n (cliff) promontorio m ◇ vi bleffare

blunder ['blʌndəʳ] *n* cantonata *f*

blunt [blʌnt] *adj* **1.** *(pencil)* spuntato(a) **2.** *(knife)* non affilato(a) **3.** *(fig) (person)* brusco(a)

blurred [blɜːd] *adj* **1.** *(photo)* sfocato(a) **2.** *(vision)* offuscato(a)

blush [blʌʃ] *vi* arrossire

blusher ['blʌʃəʳ] *n* fard *m inv*

blustery ['blʌstərɪ] *adj* burrascoso(a)

board [bɔːd] ⋄ *n* **1.** *(plank)* tavola *f* **2.** *(notice board, for games)* tabellone *m* **3.** *(for chess)* scacchiera *f* **4.** *(blackboard)* lavagna *f* **5.** *(of company)* consiglio *m* d'amministrazione ⋄ *vt* **1.** *(plane, ship)* imbarcarsi su **2.** *(bus)* salire su ● **board and lodging** vitto e alloggio ● **full board** pensione *f* completa ● **half board** mezza pensione ● **on board** ⋄ *adv* a bordo ⋄ *prep* su

board game *n* gioco *m* di società

boarding ['bɔːdɪŋ] *n* imbarco *m*

boarding card *n* carta *f* d'imbarco

boardinghouse ['bɔːdɪŋhaʊs] *n* pensione *f*

boarding school *n* collegio *m*

board of directors *n* consiglio *m* d'amministrazione

boast [bəʊst] *vi* ● **to boast (about sthg)** vantarsi (di qc)

boat [bəʊt] *n* **1.** *(small)* barca *f* **2.** *(large)* nave *f* ● **by boat** in barca

bob [bɒb] *n* *(hairstyle)* carré *m inv*

bobby pin ['bɒbɪ-] *n (US)* forcina *f*

bodice ['bɒdɪs] *n* corpino *m*

body ['bɒdɪ] *n* **1.** corpo *m* **2.** *(of car)* carrozzeria *f* **3.** *(organization)* organismo *m*

bodyguard ['bɒdɪgɑːd] *n (person)* guardia *f* del corpo

bodywork ['bɒdɪwɜːk] *n* carrozzeria *f*

bog [bɒg] *n* pantano *m*

bogus ['bəʊgəs] *adj* falso(a)

boil [bɔɪl] ⋄ *vt* **1.** *(water)* bollire, far bollire **2.** *(kettle)* mettere a bollire **3.** *(food)* lessare ⋄ *vi* bollire ⋄ *n* *(on skin)* foruncolo *m*

boiled egg [bɔɪld-] *n* uovo *m* alla coque

boiled potatoes [bɔɪld-] *npl* patate *fpl* lesse

boiler ['bɔɪləʳ] *n* caldaia *f*

boiling (hot) ['bɔɪlɪŋ-] *adj (inf) (water)* bollente ● **I'm boiling hot** sto morendo di caldo ● **it's boiling hot** si scoppia dal caldo

bold [bəʊld] *adj (brave)* audace

bollard ['bɒlɑːd] *n (UK) (on road)* colonnina *f* spartitraffico

bolt [bəʊlt] ⋄ *n* **1.** *(on door, window)* chiavistello *m* **2.** *(screw)* bullone *m* ⋄ *vt* *(door, window)* sprangare

bomb [bɒm] ⋄ *n* bomba *f* ⋄ *vt* bombardare

bombard [bɒm'bɑːd] *vt* bombardare

bomb scare *n* allarme causato dalla presunta presenza di una bomba

bomb shelter *n* rifugio *m* antiaereo

bond [bɒnd] *n (tie, connection)* legame *m*

bone [bəʊn] *n* **1.** *(of person, animal)* osso *m* **2.** *(of fish)* lisca *f*

boned [bəʊnd] *adj* **1.** *(chicken)* disossato(a) **2.** *(fish)* senza lische

boneless ['bəʊnləs] *adj (chicken, pork)* disossato(a)

bonfire ['bɒnˌfaɪəʳ] *n* falò *m inv*

bonnet ['bɒnɪt] *n (UK) (of car)* cofano *m*

bonus ['bəʊnəs] *(pl* **-es)** *n* **1.** *(extra*

money) gratifica f **2.** *(additional advantage)* extra m inv

bony ['bəʊnɪ] adj **1.** *(fish)* pieno(a) di spine **2.** *(chicken)* pieno di ossi

boo [bu:] vi fischiare

boogie ['bu:gɪ] vi *(inf)* ballare

book [bʊk] ◇ n **1.** libro m **2.** *(for writing in)* quaderno m **3.** *(of tickets, stamps)* blocchetto m **4.** *(of matches)* pacchetto m ◇ vt *(reserve)* prenotare ◆ **book in** vi *(at hotel)* registrarsi

bookable ['bʊkəbl] adj *(seats, flight)* prenotabile

bookcase ['bʊkkeɪs] n libreria f

booking ['bʊkɪŋ] n *(reservation)* prenotazione f

booking office n **1.** *(at theatre)* botteghino m **2.** *(at station)* ufficio m prenotazioni

bookkeeping ['bʊk,ki:pɪŋ] n contabilità f

booklet ['bʊklɪt] n opuscolo m

bookmaker's ['bʊk,meɪkəz] n ≃ sala f scommesse

bookmark ['bʊkmɑ:k] n segnalibro m

bookshelf ['bʊkʃelf] *(pl* **-shelves**) n scaffale m

bookshop ['bʊkʃɒp] n libreria f

bookstall ['bʊkstɔ:l] n bancarella f di libri

bookstore ['bʊkstɔ:ʳ] = bookshop

book token n buono m libri

boom [bu:m] ◇ n *(sudden growth)* boom m inv ◇ vi *(voice, guns)* tuonare

boost [bu:st] vt **1.** *(profits, production)* incrementare **2.** *(confidence)* aumentare **3.** *(spirits)* sollevare

booster ['bu:stəʳ] n *(injection)* richiamo m

boot [bu:t] n **1.** *(shoe)* stivale m **2.** *(for walking)* scarpone m **3.** *(for football)* scarpetta f **4.** *(UK) (of car)* bagagliaio m

booth [bu:ð] n **1.** *(for telephone)* cabina f **2.** *(at fairground)* baraccone m

booze [bu:z] ◇ n *(inf)* alcool m ◇ vi *(inf)* sbevazzare

border ['bɔ:dəʳ] n **1.** *(of country)* frontiera f **2.** *(edge)* orlo m

bore [bɔ:ʳ] ◇ pt > **bear** ◇ n *(inf)* noia f ◇ vt **1.** *(person)* annoiare **2.** *(hole)* praticare

bored [bɔ:d] adj annoiato(a)

boredom ['bɔ:dəm] n noia f

boring ['bɔ:rɪŋ] adj noioso(a)

born [bɔ:n] adj ● **to be born** nascere

borne [bɔ:n] pp > **bear**

borough ['bʌrə] n ≃ comune m

borrow ['bɒrəʊ] vt ● **to borrow sthg (from sb)** prendere in prestito qc (da qn)

bosom ['bʊzəm] n seno m

boss [bɒs] n capo m ◆ **boss around** vt sep dare ordini a

bossy ['bɒsɪ] adj autoritario(a)

botanical garden [bə'tænɪkl-] n giardino m botanico

both [bəʊθ] ◇ adj & pron tutti(e) e due, entrambi(e) ◇ adv ● **both ... and ...** sia, sia ... che ● **it is both stupid and dangerous** è stupido e pericoloso insieme ● **both of them** entrambi, tutti e due ● **both of us** entrambi, tutti e due

bother ['bɒðəʳ] ◇ vt **1.** *(worry)* preoccupare **2.** *(annoy, pester)* disturbare ◇ vi preoccuparsi ◇ n *(trouble)* fatica f ● **I can't be bothered** non ne ho voglia ●

don't bother, I'll go! non ti scomodare, vado io! ● **it's no bother!** non c'è problema!

Botox ® ['bɒutɒks] *n* Botox ® *m*, botulino *m*

bottle ['bɒtl] *n* **1.** bottiglia *f* **2.** (for baby) biberon *m inv*

bottle bank *n* campana *f* per la raccolta del vetro

bottled ['bɒtld] *adj* imbottigliato(a) ● **bottled beer** birra in bottiglia ● **bottled water** acqua minerale

bottle opener [-ˌəʊpnəʳ] *n* apribottiglie *m inv*

bottom ['bɒtəm] ◇ *adj* **1.** (lowest, last) ultimo(a) **2.** (worst) più basso(a) ◇ *n* **1.** fondo *m* **2.** (of hill) piedi *mpl* **3.** (buttocks) sedere *m* ● **the bottom shelf** l'ultimo scaffale in basso ● **bottom gear** prima *f*

bought [bɔːt] *pt* & *pp* ➤ **buy**

boulder ['bəʊldəʳ] *n* masso *m*

bounce [baʊns] *vi* **1.** (rebound) rimbalzare **2.** (jump) saltare **3.** (cheque) essere scoperto

bouncer ['baʊnsəʳ] *n* (inf) buttafuori *m inv*

bouncy ['baʊnsɪ] *adj* (person) pimpante

bound [baʊnd] ◇ *pt* & *pp* ➤ **bind** ◇ *vi* saltellare ◇ *adj* ● **it's bound to rain** pioverà di sicuro ● **to be bound for** essere diretto(a) ● **it's out of bounds** l'accesso è vietato

boundary ['baʊndrɪ] *n* confine *m*

bouquet [bu'keɪ] *n* **1.** bouquet *m inv* **2.** (big bunch of flowers) mazzo *m* di fiori

bourbon ['bɜːbən] *n* bourbon *m inv*

bout [baʊt] *n* **1.** (of illness) attacco *m* **2.** (of activity) periodo *m*

boutique [buːˈtiːk] *n* boutique *f inv*

bow¹ [baʊ] ◇ *n* **1.** (of head) inchino *m* **2.** (of ship) prua *f* ◇ *vi* inchinarsi

bow² [bəʊ] *n* **1.** (knot) fiocco *m* **2.** (weapon) arco *m* **3.** MUS archetto *m*

bowels ['baʊəlz] *npl* ANAT intestino *m*

bowl [bəʊl] *n* **1.** ciotola *f* **2.** (for washing) bacinella *f* **3.** (of toilet) tazza *f* ● **fruit bowl** fruttiera *f* ● **salad bowl** insalatiera *f* ● **sugar bowl** zuccheriera *f* ●

bowls *npl* bocce *fpl*

bowling alley ['bəʊlɪŋ-] *n* (building) bowling *m inv*

bowling green ['bəʊlɪŋ-] *n* campo *m* di bocce

bow tie [ˌbəʊ-] *n* farfalla *f*

box [bɒks] ◇ *n* **1.** scatola *f* **2.** (on form) casella *f* **3.** (in theatre) palco *m* ◇ *vi* fare del pugilato ● **a box of chocolates** una scatola di cioccolatini ● **jewellery box** portagioie *m inv* ● **tool box** cassetta *f* degli attrezzi

boxer ['bɒksəʳ] *n* (fighter) pugile *m*

boxer shorts *npl* boxer *mpl*

boxing ['bɒksɪŋ] *n* pugilato *m*

Boxing Day *n* Santo Stefano *m*

Boxing Day

Nel Regno Unito, il nome dato al giorno successivo al Natale entra nell'uso nel XIX secolo e nasce dall'usanza di regalare *Christmas boxes* a servi e mercanti come ringraziamento per il lavoro svolto durante l'anno. Oggigiorno il 26 dicembre è festa nazionale.

boxing gloves *npl* guantoni *mpl*

boxing ring *n* ring *m inv*

box office *n* botteghino *m*

boy [bɔɪ] ◇ *n* **1.** ragazzo *m* **2.** (*son*) figlio *m* ◇ *excl* (*inf*) ● (oh) boy! accidenti!

boycott [ˈbɔɪkɒt] *vt* boicottare

boyfriend [ˈbɔɪfrend] *n* ragazzo *m*

boy scout *n* boy-scout *m inv*

bra [brɑː] *n* reggiseno *m*

brace [breɪs] *n* (*for teeth*) apparecchio *m* (per i denti) ◆ **braces** *npl* (*UK*) bretelle *fpl*

bracelet [ˈbreɪslɪt] *n* braccialetto *m*

bracken [ˈbrækn] *n* felce *f*

bracket [ˈbrækɪt] *n* **1.** (*written symbol*) parentesi *f inv* **2.** (*support*) reggimensola *m inv*

brag [bræg] *vi* vantarsi

braid [breɪd] *n* **1.** (*hairstyle*) treccia *f* **2.** (*on clothes*) passamano *m*

brain [breɪn] *n* cervello *m*

brainy [ˈbreɪnɪ] *adj* (*inf*) sveglio(a)

braised [breɪzd] *adj* brasato(a)

brake [breɪk] ◇ *n* freno *m* ◇ *vi* frenare

brake block *n* freno *m*

brake fluid *n* fluido *m* dei freni

brake light *n* stop *m inv*

brake pad *n* pastiglia *f* (del freno)

brake pedal *n* (pedale *m* del) freno *m*

bran [bræn] *n* crusca *f*

branch [brɑːntʃ] *n* **1.** ramo *m* **2.** (*of bank, company*) filiale *f* ◆ **branch off** *vi* diramarsi

branch line *n* diramazione *f*

brand [brænd] ◇ *n* marca *f* ◇ *vt* ● to brand sb (as) bollare qn (come)

brand-new *adj* nuovo(a) di zecca

brandy [ˈbrændɪ] *n* brandy *m inv*

brash [bræʃ] *adj* (*pej*) sfrontato(a)

brass [brɑːs] *n* ottone *m*

brass band *n* fanfara *f*

brasserie [ˈbræsərɪ] *n* ≃ trattoria *f*

brassiere [(*UK*) ˈbræsɪəʳ, (*US*) brəˈzɪr] *n* reggiseno *m*

brat [bræt] *n* (*inf*) discolo *m*, -a *f*

brave [breɪv] *adj* coraggioso(a)

bravery [ˈbreɪvərɪ] *n* coraggio *m*

bravo [ˌbrɑːˈvəʊ] *excl* bravo(a)!

brawl [brɔːl] *n* rissa *f*

Brazil [brəˈzɪl] *n* il Brasile

brazil nut *n* noce *f* del Brasile

breach [briːtʃ] *vt* **1.** (*contract*) rompere **2.** (*confidence*) tradire

bread [bred] *n* pane *m* ● bread and butter pane *m* imburrato

bread bin *n* (*UK*) portapane *m inv*

breadboard [ˈbredbɔːd] *n* tagliere *m* (per il pane)

bread box (*US*) = bread bin

breadcrumbs [ˈbredkrʌmz] *npl* pangrattato *m*

breaded [ˈbredɪd] *adj* impanato(a)

bread knife *n* coltello *m* da pane

bread roll *n* panino *m*

breadth [bretθ] *n* larghezza *f*, ampiezza *f*

break [breɪk] (*pt* broke, *pp* broken) ◇ *n* **1.** (*interruption*) interruzione *f* **2.** (*rest, pause*) pausa *f* **3.** SCH ricreazione *f* ◇ *vt* **1.** rompere **2.** (*law, rule*) infrangere **3.** (*promise, contract*) non rispettare **4.** (*a record*) battere ◇ *vi* **1.** rompersi **2.** (*dawn*) spuntare **3.** (*voice*) cambiare ● without a break senza sosta ● a lucky break un colpo di fortuna ● to break one's leg rompersi la gamba ● to break the news to sb dare una notizia a qn ● to

break one's journey fare una sosta ◆ **break down** ◇ *vi (car, machine)* guastarsi ◇ *vt sep (door, barrier)* abbattere ◆ **break in** *vi (enter by force)* fare irruzione ◆ **break off** ◇ *vt* 1. *(detach)* staccare 2. *(holiday)* interrompere ◇ *vi (stop suddenly)* interrompersi ◆ **break out** *vi (fire, war, panic)* scoppiare ● **he broke out in a rash** gli è venuto uno sfogo ◆ **break up** *vi* 1. *(with spouse, partner)* lasciarsi 2. *(meeting, marriage, school)* finire

breakage ['breɪkɪdʒ] *n* danni *mpl*

breakdown ['breɪkdaʊn] *n* 1. *(of car)* guasto *m* 2. *(in communications, negotiation)* interruzione *f* 3. *(mental)* esaurimento *m* nervoso

breakdown truck *n* carro *m* attrezzi

breakfast ['brekfəst] *n* colazione *f* ● **to have breakfast** fare colazione ● **to have sthg for breakfast** mangiare qc a colazione

breakfast cereal *n* cereali *mpl*

break-in *n* scasso *m*

breakwater ['breɪk,wɔːtə'] *n* frangiflutti *m inv*

breast [brest] *n* 1. *(of woman)* seno *m* 2. *(of chicken, duck)* petto *m*

breastbone ['brestbəʊn] *n* sterno *m*

breast-feed *vt* allattare (al seno)

breaststroke ['breststrəʊk] *n* nuoto *m* a rana

breath [breθ] *n* 1. *(of person)* alito *m* 2. *(air inhaled)* respiro *m* ● **out of breath** senza fiato ● **to go for a breath of fresh air** andare a prendere una boccata d'aria

Breathalyser ® ['breθəlaɪzə'] *n (UK)* etilometro *m*

Breathalyzer ® ['breθəlaɪzə'] *(US)* = **Breathalyser** ®

breathe [briːð] *vi* respirare ◆ **breathe in** *vi* inspirare ◆ **breathe out** *vi* espirare

breathtaking ['breθ,teɪkɪŋ] *adj* mozzafiato *(inv)*

breed [briːd] *(pt & pp* **bred**) ◇ *n* 1. *(of animal)* razza *f* 2. *(of plant)* varietà *f inv* ◇ *vt (animals)* allevare ◇ *vi* riprodursi

breeze [briːz] *n* brezza *f*

breezy ['briːzɪ] *adj (weather, day)* ventilato(a)

brew [bruː] ◇ *vt (tea)* fare ◇ *vi* ● **the tea/coffee is brewed** il tè/caffè è pronto

brewery ['brʊərɪ] *n* fabbrica *f* di birra

bribe [braɪb] ◇ *n* bustarella *f*, tangente *f* ◇ *vt* corrompere

bric-a-brac ['brɪkəbræk] *n* cianfrusaglie *fpl*

brick [brɪk] *n* mattone *m*

bricklayer ['brɪk,leɪə'] *n* muratore *m*

brickwork ['brɪkwɜːk] *n* muratura *f* di mattoni

bride [braɪd] *n* sposa *f*

bridegroom ['braɪdgrʊm] *n* sposo *m*

bridesmaid ['braɪdzmeɪd] *n* damigella *f* d'onore

bridge [brɪdʒ] *n* 1. ponte *m* 2. *(card game)* bridge *m*

bridle ['braɪdl] *n* briglia *f*

bridle path *n* sentiero *m* *(per cavalli)*

brief [briːf] ◇ *adj* breve ◇ *vt* mettere al corrente ● **in brief** in breve ◆ **briefs** *npl* mutande *fpl*

briefcase ['briːfkeɪs] *n* 1. *(hard)* ventiquattr'ore *f inv* 2. *(soft)* cartella *f*

briefly ['briːflɪ] *adv* brevemente

brigade [brɪ'geɪd] *n* brigata *f*

bright [braɪt] *adj* **1.** *(light, sun)* vivido(a) **2.** *(weather, room, idea)* luminoso(a) **3.** *(clever)* sveglio(a) **4.** *(lively, cheerful, in colour)* vivace

brilliant ['brɪljənt] *adj* **1.** brillante **2.** *(inf)* *(wonderful)* stupendo(a)

brim [brɪm] *n* *(of hat)* tesa *f* ● **it's full to the brim** è pieno fino all'orlo

brine [braɪn] *n* salamoia *f*

bring [brɪŋ] *(pt & pp* **brought***) vt* portare ◆ **bring along** *vt sep* portare ◆ **bring back** *vt sep* riportare ◆ **bring in** *vt sep* **1.** *(introduce)* introdurre **2.** *(earn)* rendere ◆ **bring out** *vt sep (new product)* far uscire ◆ **bring up** *vt sep* **1.** *(child)* allevare **2.** *(subject)* sollevare **3.** *(food)* vomitare

brink [brɪŋk] *n* ● **on the brink of sthg** sull'orlo di qc ● **on the brink of doing sthg** sul punto di fare qc

brisk [brɪsk] *adj* **1.** *(quick)* rapido(a) **2.** *(efficient)* energico(a) **3.** *(wind)* pungente

bristle ['brɪsl] *n* **1.** *(of brush)* setola *f* **2.** *(on chin)* pelo *m* ispido

Britain ['brɪtn] *n* la Gran Bretagna

British ['brɪtɪʃ] ◇ *adj* britannico(a) ◇ *npl* ● **the British** i Britannici

Briton ['brɪtn] *n* britannico *m*, -a *f*

brittle ['brɪtl] *adj* friabile

broad [brɔːd] *adj* **1.** ampio(a) **2.** *(accent)* marcato(a)

B road *n* *(UK)* ≃ strada *f* provinciale

broadband ['brɔːdbænd] *n* COMPUT banda *f* larga

broad bean *n* fava *f*

broadcast ['brɔːdkɑːst] *(pt & pp inv)* ◇ *n* trasmissione *f* ◇ *vt* trasmettere

broadly ['brɔːdlɪ] *adv* *(in general)* grosso-modo ● **broadly speaking** in linea di massima

broadsheet ['brɔːdʃiːt] *n* giornale *m* di qualità

broadsheet

I quotidiani in formato *broadsheet* (*broadside* negli USA) rappresentano un giornalismo serio e di qualità, a differenza del formato più piccolo, il *tabloid*, tipico dei giornali scandalistici. Oggi per facilitare la lettura alcuni quotidiani di rilievo, come *The Independent* e *The Times*, vengono pubblicati in formato *tabloid*.

broccoli ['brɒkəlɪ] *n* broccoli *mpl*

brochure ['brəʊʃəʳ] *n* opuscolo *m*

broiled [brɔɪld] *adj* *(US)* alla griglia

broke [brəʊk] ◇ *pt* ➤ **break** ◇ *adj* *(inf)* al verde

broken ['brəʊkn] ◇ *pp* ➤ **break** ◇ *adj* **1.** rotto(a) **2.** *(English, Italian)* stentato(a)

bronchitis [brɒŋˈkaɪtɪs] *n* bronchite *f*

bronze [brɒnz] *n* bronzo *m*

brooch [brəʊtʃ] *n* spilla *f*

brook [brʊk] *n* ruscello *m*

broom [bruːm] *n* scopa *f*

broomstick ['bruːmstɪk] *n* manico *m* di scopa

broth [brɒθ] *n* brodo *m*

brother ['brʌðəʳ] *n* fratello *m*

brother-in-law *n* cognato *m*

brought [brɔːt] *pt & pp* ➤ **bring**

brow [braʊ] *n* **1.** *(forehead)* fronte *f* **2.** *(eyebrow)* sopracciglio *m*

brown [braʊn] ◇ *adj* **1.** *(tanned)* abbronzato(a) **2.** *(eyes, hair)* castano(a) ◇ *n* marrone *m*

brown bread *n* pane *m* integrale

brownie ['braʊnɪ] *n* CULIN biscotto con noci e cioccolato

Brownie ['braʊnɪ] *n* giovane esploratrice *f*, coccinella *f*

brown rice *n* riso *m* integrale

brown sauce *n* salsa piccante, usata con la carne e i salumi

brown sugar *n* zucchero *m* di canna

browse [braʊz] ◇ *vt* COMPUT navigare ◇ *vi* (*in shop*) dare un'occhiata ● **to browse through** *(book, paper)* sfogliare

browser ['braʊzə'] *n* COMPUT browser *m inv*

bruise [bruːz] *n* livido *m*

brunch [brʌntʃ] *n* brunch *m inv*

brunette [bruː'net] *n* bruna *f*

brush [brʌʃ] ◇ *n* **1.** *(for hair)* spazzola *f* **2.** *(for teeth)* spazzolino *n* **3.** *(for painting)* pennello *m* ◇ *vt* **1.** *(clean, tidy)* spazzare **3.** *(move with hand)* scostare ● **to brush one's hair** spazzolarsi i capelli ● **to brush one's teeth** lavarsi i denti

Brussels ['brʌslz] *n* Bruxelles *f*

brussels sprouts *npl* cavoletti *mpl* di Bruxelles

brutal ['bruːtl] *adj* brutale

BSc [biːes'siː] *n* (*abbr of* Bachelor of Science) *(titolare di una) laurea in discipline scientifiche*

bubble ['bʌbl] *n* bolla *f*

bubble bath *n* bagnoschiuma *m inv*

bubble gum *n* gomma *f* da masticare *(con cui si può fare le bolle)*

bubbly ['bʌblɪ] *n* (*inf*) spumante *m*

buck [bʌk] *n* **1.** *(US)* (*inf*) *(dollar)* dollaro *m* **2.** *(male animal)* maschio *m*

Buckingham Palace ['bʌkɪŋəm-] *n* il Palazzo di Buckingham *(residenza della famiglia reale britannica)*

Buckingham Palace

Questo palazzo è la residenza ufficiale a Londra del monarca del Regno Unito. Prende il nome dal Duca di Buckingham che fece costruire il palazzo acquistato nel 1761 da Giorgio III. Grande attrazione turistica è il Cambio della Guardia che si svolge ogni mattina davanti alla reggia.

buckle ['bʌkl] ◇ *n* fibbia *f* ◇ *vt* (*fasten*) allacciare ◇ *vi* (*warp*) piegarsi

buck's fizz [,bʌks'fɪz] *n* bibita a base di champagne e succo d'arancia

bud [bʌd] ◇ *n* germoglio *m* ◇ *vi* germogliare

Buddhist ['bʊdɪst] *n* buddista *mf*

buddy ['bʌdɪ] *n* (*inf*) amico *m*

budge [bʌdʒ] *vi* spostarsi

budgerigar ['bʌdʒərɪgɑː'] *n* pappagallino *m*

budget ['bʌdʒɪt] ◇ *adj* (*holiday, travel*) a basso prezzo ◇ *n* bilancio *m* preventivo ● **the Budget** (*UK*) la Legge finanziaria ● **budget for** *vt insep* ● **to budget for sthg** preventivare la spesa di qc

budgie ['bʌdʒɪ] *n* (*inf*) pappagallino *m*

buff [bʌf] *n* (*inf*) patito *m*, -a *f*

buffalo ['bʌfələʊ] (*pl* **-s** OR **-es**) *n* bufalo *m*

buffalo wings *npl* (US) ali *fpl* di pollo fritte

buffer ['bʌfə'] *n* (on train) respingente *m*

buffet [(UK) 'bʊfeɪ, (US) bə'feɪ] *n* buffet *m inv*

buffet car *n* vagone *m* ristorante

bug [bʌg] ◇ *n* **1.** (insect) insetto *m* **2.** (inf) (mild illness) virus *m inv* ◇ *vt* (inf) (annoy) dare fastidio a

buggy ['bʌgɪ] *n* **1.** (pushchair) passeggino *m* **2.** (US) (pram) carrozzina *f*

bugle ['bju:gl] *n* tromba *f*

build [bɪld] (*pt & pp* **built**) ◇ *n* corporatura *f* ◇ *vt* costruire ◆ **build up** ◇ *vt sep* aumentare ◇ *vi* accumularsi

builder ['bɪldə'] *n* costruttore *m*, -trice *f*

building ['bɪldɪŋ] *n* edificio *m*

building site *n* cantiere *m* edile

building society *n* (UK) ≃ istituto *m* di credito edilizio

built [bɪlt] *pt & pp* ➤ **build**

built-in *adj* incorporato(a)

built-up area *n* agglomerato *m* urbano

bulb [bʌlb] *n* **1.** (for lamp) lampadina *f* **2.** (of plant) bulbo *m*

Bulgaria [bʌl'geərɪə] *n* la Bulgaria

bulge [bʌldʒ] *vi* essere rigonfio(a)

bulk [bʌlk] *n* ● **the bulk of** la maggior parte di ● **in bulk** all'ingrosso

bulky ['bʌlkɪ] *adj* ingombrante

bull [bʊl] *n* toro *m*

bulldog ['bʊldɒg] *n* bulldog *m inv*

bulldozer ['bʊldəʊzə'] *n* bulldozer *m inv*

bullet ['bʊlɪt] *n* proiettile *m*, pallottola *f*

bulletin ['bʊlɪtɪn] *n* **1.** (on radio, TV) notiziario *m* **2.** (publication) bollettino *m*

bullfight ['bʊlfaɪt] *n* corrida *f*

bull's-eye *n* centro *m* (del bersaglio)

bully ['bʊlɪ] ◇ *n* prepotente *mf* ◇ *vt* fare il prepotente con

bum [bʌm] *n* **1.** (inf) (bottom) sedere *m* **2.** (US) (inf) (tramp) barbone *m*, -a *f*

bum bag *n* (UK) marsupio *m*

bumblebee ['bʌmblbi:] *n* bombo *m*

bump [bʌmp] ◇ *n* **1.** (on knee, leg) rigonfiamento *m* **2.** (on head) bernoccolo *m* **3.** (on road) cunetta *f* **4.** (sound) tonfo *m* **5.** (minor accident) scontro *m* leggero ◇ *vt* (head, leg) sbattere ◆ **bump into** *vt insep* **1.** (hit) sbattere contro **2.** (meet) imbattersi in

bumper ['bʌmpə'] *n* **1.** (on car) paraurti *m inv* **2.** (US) (on train) respingente *m*

bumpy ['bʌmpɪ] *adj* (road) dissestato(a) ● **the flight was bumpy** c'è stata un po' di turbolenza durante il volo

bun [bʌn] *n* **1.** (cake) focaccina *f* **2.** (bread roll) panino *m* **3.** (hairstyle) crocchia *f*

bunch [bʌntʃ] *n* **1.** (of people) gruppo *m* **2.** (of flowers, keys) mazzo *m* **3.** (of grapes) grappolo *m* **4.** (of bananas) casco *m*

bundle ['bʌndl] *n* fascio *m*

bung [bʌŋ] *n* tappo *m*

bungalow ['bʌŋgələʊ] *n* casa a un solo piano

bunion ['bʌnjən] *n* rigonfiamento *m* dell'alluce

bunk [bʌŋk] *n* (bed) cuccetta *f*

bunk bed *n* letto *m* a castello

bunker ['bʌŋkə'] *n* **1.** bunker *m inv* **2.** (for coal) carbonaia *f*

bunny ['bʌnɪ] *n* coniglietto *m*

buoy [(*UK*) bɔɪ, (*US*) 'buːɪ] *n* boa *f*

buoyant ['bɔɪənt] *adj* galleggiante

BUPA ['buːpə] *n* compagnia d'assicurazione britannica per assistenza medica privata

burden ['bɜːdn] *n* **1.** (*load*) carico *m* **2.** (*responsibility*) peso *m*

bureaucracy [bjʊə'rɒkrəsɪ] *n* burocrazia *f*

bureau de change [ˌbjʊərəʊdə'ʃɒndʒ] *n* agenzia *f* di cambio

burger ['bɜːgə^r] *n* **1.** hamburger *m inv* **2.** (*made with nuts, vegetables etc*) hamburger vegetariano

burglar ['bɜːglə^r] *n* scassinatore *m*, -trice *f*

burglar alarm *n* allarme *m* antifurto

burglarize ['bɜːgləraɪz] (*US*) = **burgle**

burglary ['bɜːglərɪ] *n* furto *m* con scasso

burgle ['bɜːgl] *vt* scassinare

burial ['berɪəl] *n* sepoltura *f*

burn [bɜːn] (*pt & pp* **burnt** OR **burned**) ◇ *n* bruciatura *f* ◇ *vt & vi* bruciare ● **burn down** ◇ *vt sep* incendiare ◇ *vi* ● **the building was burned down** l'edificio è stato interamente distrutto dalle fiamme

burning (hot) ['bɜːnɪŋ-] *adj* rovente

Burns' Night [bɜːnz-] *n* festa celebrata in onore del poeta scozzese Robert Burns il 25 gennaio

burnt [bɜːnt] *pt & pp* ➢ **burn**

burp [bɜːp] *vi* (*inf*) ruttare

burrow ['bʌrəʊ] *n* tana *f*

burst [bɜːst] (*pt & pp inv*) ◇ *n* scoppio *m* ◇ *vt* far scoppiare ◇ *vi* scoppiare ● **he burst into the room** irruppe nella stanza ● **to burst into tears** scoppiare in lacrime ● **to burst open** (*door*) spalancarsi

bury ['berɪ] *vt* seppellire

bus [bʌs] *n* autobus *m inv* ● **by bus** in autobus

bus conductor [-ˌkən'dʌktə^r] *n* bigliettaio *m*, -a *f*

bus driver *n* conducente *mf*

bush [bʊʃ] *n* cespuglio *m*

business ['bɪznɪs] *n* **1.** affari *mpl* **2.** (*shop, firm*) impresa *f* **3.** (*affair*) faccenda *f* ● **mind your own business!** fatti gli affari tuoi! ▾ **business as usual** aperto (regolarmente)

business card *n* biglietto *f* da visita

business class *n* business class *f inv*

business hours *npl* orario *m* di apertura

businessman ['bɪznɪsmæn] (*pl* **-men**) *n* uomo *m* d'affari

business studies *npl* ≃ amministrazione *f* aziendale

businesswoman ['bɪznɪsˌwʊmən] (*pl* **-women**) *n* donna *f* d'affari

busker ['bʌskə^r] *n* (*UK*) musicista *m* ambulante

bus lane *n* corsia *f* preferenziale (per autobus)

bus pass *n* abbonamento *m* all'autobus

bus shelter *n* pensilina *f*

bus station *n* stazione *f* degli autobus

bus stop *n* fermata *f* dell'autobus

bust [bʌst] ◇ *n* (*of woman*) seno *m* ◇ *adj* ● **to go bust** (*inf*) fallire

bustle ['bʌsl] *n* (*activity*) trambusto *m*

bus tour *n* gita *f* in autobus

busy ['bɪzɪ] *adj* **1.** occupato(a) **2.** (*day,*

schedule) pieno(a) **3.** *(street, office)* affollato(a) • **to be busy doing sthg** essere occupato a fare qc

busy signal *n* (US) segnale *m* di occupato

but [bʌt] ◇ *conj* ma, però ◇ *prep* tranne • **the last but one** il penultimo(la penultima) • **but for** a parte

butcher ['bʊtʃəʳ] *n* macellaio *m*, -a *f*

butcher's *(shop)* macelleria *f*

butt [bʌt] *n* **1.** *(of rifle)* calcio *m* **2.** *(of cigarette, cigar)* mozzicone *m*

butter ['bʌtəʳ] ◇ *n* burro *m* ◇ *vt* imburrare

butter bean *n* fagiolo *m* bianco

buttercup ['bʌtəkʌp] *n* ranuncolo *m*

butterfly ['bʌtəflaɪ] *n* farfalla *f*

butterscotch ['bʌtəskɒtʃ] *n* caramella dura di zucchero e burro

buttocks ['bʌtəks] *npl* natiche *fpl*

button ['bʌtn] *n* **1.** bottone *m* **2.** (US) *(badge)* distintivo *m*

buttonhole ['bʌtnhəʊl] *n* (hole) occhiello *m*

button mushroom *n* champignon *m inv*

buttress ['bʌtrɪs] *n* contrafforte *m*

buy [baɪ] *(pt & pp* **bought)** ◇ *vt* comprare ◇ *n* a good buy un buon acquisto • **to buy sthg for sb, to buy sb sthg** comprare qc per qn, comprare qc a qn

buzz [bʌz] ◇ *vi* ronzare ◇ *n* (inf) *(phone call)* • **to give sb a buzz** dare un colpo di telefono a qn

buzzer ['bʌzəʳ] *n* cicalino *m*

by [baɪ]
◇ *prep* **1.** *(expressing cause, agent)* da • he

was hit by a car è stato investito da un'automobile • **funded by the government** finanziato dal governo • a book by Joyce un libro di Joyce **2.** *(expressing method, means)* • **by car/train/plane** in macchina/treno/aereo • **by post/phone** per posta/telefono • **to pay by credit card** pagare con la carta di credito • **to win by cheating** vincere con l'imbroglio **3.** *(near to, beside)* vicino a, accanto a • **by the sea** *(holiday)* al mare; *(town)* sul mare **4.** *(past)* davanti a • a car went by the house un'automobile è passata davanti alla casa **5.** *(via)* da • **go out by the door on the left** uscite dalla porta sulla sinistra **6.** *(with time)* • **be there by nine** trovati lì per le nove • **by day/night** di giorno/notte • **by now** ormai **7.** *(expressing quantity)* a • **sold by the dozen/thousand** venduti a dozzine/migliaia • **prices fell by 20%** i prezzi sono diminuiti del 20% • **we charge by the hour** facciamo pagare a ore **8.** *(expressing meaning)* • **what do you mean by that?** cosa intendi dire con questo? **9.** *(in sums, measurements)* per • **two metres by five** due metri per cinque **10.** *(according to)* per, secondo • **by law** per legge • **it's fine by me** per me va bene **11.** *(expressing gradual process)* • **bit by bit** (a) poco a poco • **one by one** uno per uno • **year by year** di anno in anno **12.** *(in phrases)* • **by mistake** per errore • **by oneself** *(alone)* (da) solo; *(unaided)* da solo • **he's a lawyer by profession** è avvocato di professione

◇ *adv (past)* ● **to go by** passare
bye(-bye) [baɪ (baɪ)] *excl (inf)* ciao!
bypass ['baɪpɑːs] *n (road)* circonvallazione *f*

cC

C (*abbr of* **Celsius, centigrade**) C
cab [kæb] *n* **1.** *(taxi)* taxi *m inv* **2.** *(of lorry)* cabina *f*
cabaret ['kæbəreɪ] *n* spettacolo *m* di cabaret
cabbage ['kæbɪdʒ] *n* cavolo *m*
cabin ['kæbɪn] *n* **1.** cabina *f* **2.** *(wooden house)* capanna *f*
cabin crew *n* personale *m* di bordo
cabinet ['kæbɪnɪt] *n* **1.** *(cupboard)* armadietto *m* **2.** *POL* consiglio *m* di gabinetto
cable ['keɪbl] *n* cavo *m*
cable car *n* funivia *f*
cable television *n* televisione *f* via cavo
cactus ['kæktəs] *(pl* **-tuses** OR **-ti)** *n* cactus *m inv*
Caesar salad [ˌsiːzə-] *n* insalata di lattuga, acciughe, olive, crostini e parmigiano
cafe ['kæfeɪ] *n* caffè *m*
cafeteria [ˌkæfɪ'tɪərɪə] *n* ristorante *m* self-service
cafetière [kæf'tjeə] *n* tipo di caffettiera con pressa che separa la polvere del caffè ottenuto
caffeine ['kæfiːn] *n* caffeina *f*

cage [keɪdʒ] *n* gabbia *f*
cagoule [kə'guːl] *n (UK)* K-way® *m inv*
Cajun ['keɪdʒən] *adj* tipico della popolazione di origine francese della Louisiana

Cajun

I Cajun sono i discendenti dei coloni francesi di *Acadia* stabilitisi nel 1604 nell'attuale provincia canadese di *Nova Scotia*. Deportati nello stato della Louisiana nel XVIII secolo, oggi restano ristrette comunità, concentrate nelle zone paludose dello stato, che parlano un'antica varietà di francese.

cake [keɪk] *n* **1.** *(large)* torta *f* **2.** *(small)* pasta *f* **3.** *(of soap)* pezzo *m*
calculate ['kælkjʊleɪt] *vt* calcolare
calculator ['kælkjʊleɪtə] *n* calcolatrice *f*
calendar ['kælɪndə] *n* calendario *m*
calf [kɑːf] *(pl* **calves)** *n* **1.** *(of cow)* vitello *m* **2.** *(part of leg)* polpaccio *m*
call [kɔːl] ◇ *n* **1.** *(visit)* visita *f* **2.** *(phone call)* telefonata *f* **3.** *(of bird)* richiamo *m* **4.** *(at airport)* chiamata *f* **5.** *(at hotel)* sveglia *f* ◇ *vt* **1.** chiamare **2.** *(meeting)* convocare **3.** *(elections, strike)* indire ◇ *vi* **1.** *(visit)* passare **2.** *(phone)* chiamare ● **on call** *(nurse, doctor)* reperibile ● **to pay sb a call** fare una visita a qn ● **to be called** chiamarsi ● **what is he called?** come si chiama? ● **to call sb a liar** dare del bugiardo a qn ● **to call sb's name** chiamare qn ● **this train calls at ...** questo treno ferma a ... ● **who's calling?** chi parla?

◆ **call back** ◇ *vt sep* richiamare ◇ *vi* **1.** *(phone again)* richiamare **2.** *(visit again)* ripassare

◆ **call for** *vt insep* **1.** *(come to fetch)* passare a prendere **2.** *(demand)* chiedere **3.** *(require)* richiedere

◆ **call on** *vt insep (visit)* fare visita a ● **to call on sb to do sthg** chiedere a qn di fare qc

◆ **call out** ◇ *vt sep* **1.** *(name, winner)* annunciare **2.** *(doctor, fire brigade)* chiamare ◇ *vi* gridare

◆ **call up** *vt sep* **1.** MIL chiamare alle armi **2.** *(telephone)* chiamare

call box *n* cabina *f* telefonica

caller ['kɔːlər] *n* **1.** *(visitor)* visitatore *m*, -trice *f* **2.** *(on phone)* persona *che chiama*

calm [kɑːm] ◇ *adj* calmo(a) ◇ *vt* calmare

◆ **calm down** ◇ *vt sep* calmare ◇ *vi* calmarsi

Calor gas ® ['kælə-] *n* butano *m*

calorie ['kælərı] *n* caloria *f*

calves [kɑːvz] *pl* ➤ **calf**

camcorder ['kæm,kɔːdə'] *n* videocamera *f*

came [keım] *pt* ➤ **come**

camel ['kæml] *n* cammello *m*

camembert ['kæməmbeə'] *n* camembert *m inv*

camera ['kæmərə] *n* **1.** *(for photographs)* macchina *f* fotografica **2.** *(for filming)* macchina da presa

cameraman ['kæmərəmæn] *(pl* -men*)* *n* cameraman *m inv*

camera shop *n* fotografo *m*

camisole ['kæmısəʊl] *n* canottiera *f*

camp [kæmp] ◇ *n* **1.** *(for holidaymakers)* campeggio *m*, camping *m inv* **2.** *(for soldiers, prisoners)* campo *m* ◇ *vi* accamparsi

campaign [kæm'peın] ◇ *n* campagna *f* ◇ *vi* ● **to campaign (for/against)** fare una campagna (per/contro)

camp bed *n* branda *f*

camper ['kæmpə'] *n* **1.** *(person)* campeggiatore *m*, -trice *f* **2.** *(van)* camper *m inv*

camping ['kæmpıŋ] *n* ● **to go camping** andare in campeggio

camping stove *n* fornello *m* da campeggio

campsite ['kæmpsaıt] *n* campeggio *m*, camping *m inv*

campus ['kæmpəs] *(pl* -es*)* *n* campus *m inv*

can¹ [kæn] *n* **1.** *(of food)* scatola *f* **2.** *(of drink)* lattina *f* **3.** *(of paint)* barattolo *m* **4.** *(of oil)* latta *f*

can² *(weak form* [kən]*, strong form* [kæn]*, conditional and preterite form* could*) aux vb* **1.** *(be able to)* potere **2.** *(know how to)* sapere **3.** *(be allowed to)* potere **4.** *(in polite requests)* potere **5.** *(expressing occasional occurence)* ● **it can get cold at night** può fare freddo la notte **6.** *(expressing possibility)* potere ● **can you help me?** puoi aiutarmi? ● **I can see you** ti vedo ● **can you drive?** sai guidare? ● **I can speak Italian** parlo (l')italiano ● **you can't smoke here** è proibito fumare qui ● **can you tell me the time?** mi può dire l'ora?, mi sa dire l'ora? ● **can I speak to the manager?** posso parlare al direttore? ● **they could be lost** si potrebbero essere persi

Canada ['kænədə] *n* il Canada

Canadian [kə'neɪdɪən] ◇ *adj* canadese ◇ *n* canadese *mf*

canal [kə'næl] *n* canale *m*

canapé ['kænəpeɪ] *n* tartina *f*

cancel ['kænsl] *vt* annullare

cancellation [,kænsə'leɪʃn] *n* annullamento *m*

cancer ['kænsə'] *n* cancro *m*

Cancer ['kænsə'] *n* Cancro *m*

candidate ['kændɪdət] *n* candidato *m*, -a *f*

candle ['kændl] *n* candela *f*

candlelit dinner ['kændllɪt-] *n* cena *f* a lume di candela

candy ['kændɪ] *n* 1. (US) (confectionery) dolciumi *mpl* 2. (sweet) caramella *f*

candyfloss ['kændɪflɒs] *n* (UK) zucchero *m* filato

cane [keɪn] *n* 1. (for walking) bastone *m* 2. (for punishment) bacchetta *f* 3. (for furniture, baskets) vimini *mpl*

canister ['kænɪstə'] *n* 1. (for tea) barattolo *m* 2. (for gas) bombola *f*

cannabis ['kænəbɪs] *n* cannabis *f*

canned [kænd] *adj* 1. (food) in scatola 2. (drink) in lattina

cannon ['kænən] *n* cannone *m*

cannot ['kænɒt] = can not

canoe [kə'nu:] *n* canoa *f*

canoeing [kə'nu:ɪŋ] *n* canottaggio *m*

canopy ['kænəpɪ] *n* (over bed etc) baldacchino *m*

can't [kɑːnt] = cannot

cantaloup(e) ['kæntəlu:p] *n* melone *m* (cantalupo)

canteen [kæn'ti:n] *n* mensa *f*

canvas ['kænvəs] *n* (for tent, bag) tela *f*

cap [kæp] *n* 1. (hat) berretto *m* 2. (of pen, bottle) tappo *m* 3. (contraceptive) diaframma *m*

capable ['keɪpəbl] *adj* (competent) capace ● **to be capable of doing sthg** essere capace di fare qc

capacity [kə'pæsɪtɪ] *n* 1. (ability) capacità *f inv* 2. (of stadium, theatre) capienza *f*

cape [keɪp] *n* 1. (of land) capo *m* 2. (cloak) cappa *f*

capers ['keɪpəz] *npl* capperi *mpl*

capital ['kæpɪtl] *n* 1. (of country) capitale *f* 2. (money) capitale *m* 3. (letter) maiuscola *f*

capital punishment *n* pena *f* capitale

cappuccino [,kæpʊ'tʃi:nəʊ] (*pl* -s) *n* cappuccino *m*

Capricorn [,kæprɪ'kɔːn] *n* Capricorno *m*

capsicum ['kæpsɪkəm] *n* peperone *m*

capsize [kæp'saɪz] *vi* rovesciarsi

capsule ['kæpsjuːl] *n* (for medicine) capsula *f*

captain ['kæptɪn] *n* capitano *m*

caption ['kæpʃn] *n* didascalia *f*

capture ['kæptʃə'] *vt* 1. (person, animal) catturare 2. (town, castle) conquistare

car [kɑː'] *n* 1. (motorcar) automobile *f*, macchina *f* 2. (railway wagon) vagone *m*

carafe ['kɑː'ræf] *n* caraffa *f*

car alarm *n* antifurto *f inv*

caramel ['kærəmel] *n* 1. (sweet) caramella *f mou* ® 2. (burnt sugar) caramello *m*

carat ['kærət] *n* carato *m* ● **24-carat gold** oro a 24 carati

caravan ['kærəvæn] *n* (UK) roulotte *f inv*

caravanning ['kærəvænɪŋ] *n* (UK) ● **to go caravanning** andare in vacanza in roulotte

caravan site *n* (UK) campeggio *m* per roulotte

carbohydrate [ˌkɑːbəʊˈhaɪdreɪt] *n* (in foods) carboidrato *m*

carbon [ˈkɑːbən] *n* carbone *m*

carbon copy *n* copia *f* fatta con carta carbone

carbon dioxide [-daɪˈɒksaɪd] *n* anidride *f* carbonica

carbon monoxide [-mɒˈnɒksaɪd] *n* monossido *m* di carbonio

car boot sale *n* (UK) mercatino di oggetti usati esposti nei bagagliai aperti delle automobili dei venditori

carburetor [ˌkɑːbəˈretəʳ] (US) = **carburettor**

carburettor [ˌkɑːbəˈretəʳ] *n* (UK) carburatore *m*

car crash *n* incidente *m* automobilistico

card [kɑːd] *n* 1. (for filing, notes) scheda *f* 2. (for greetings) biglietto *m* 3. (showing membership) tessera *f* 4. (of businessperson) biglietto da visita 5. (postcard) cartolina *f* 6. (playing card) carta *f* 7. (cardboard) cartoncino *m* ● **cards** *fpl* (game) carte *fpl*

cardboard [ˈkɑːdbɔːd] *n* cartone *m*

car deck *n* ponte *m* auto

cardiac arrest [ˌkɑːdiæk-] *n* arresto *m* cardiaco

cardigan [ˈkɑːdɪgən] *n* cardigan *m inv*

care [keəʳ] ◇ *n* cura *f* ◇ *vi* ● I don't care non me ne importa ● **to take care of** (look after) prendersi cura di; (deal with) occuparsi di ● **would you care to ...?** (fml) se vuole ...? ● **to take care to do sthg** stare attento a fare qc ● **take**

care! (goodbye) stammi bene! ● **with care** con cura ● **to care about** (think important) avere a cuore; (person) voler bene a

career [kəˈrɪəʳ] *n* carriera *f*

carefree [ˈkeəfriː] *adj* spensierato(a)

careful [ˈkeəfʊl] *adj* 1. (cautious) attento(a) 2. (driver) prudente 3. (thorough) accurato(a) ● **be careful!** attento(a)!

carefully [ˈkeəflɪ] *adv* 1. (cautiously) con cautela 2. (thoroughly) attentamente

careless [ˈkeələs] *adj* 1. (inattentive) sbadato(a) 2. (unconcerned) spensierato(a)

caretaker [ˈkeəˌteɪkəʳ] *n* (UK) custode *mf*

car ferry *n* traghetto *m*

cargo [ˈkɑːgəʊ] (pl **-es** OR **-s**) *n* carico *m*

car hire *n* (UK) autonoleggio *m*

Caribbean [(UK) ˌkærɪˈbiːən, (US) kəˈrɪbɪən] *n* ● **the Caribbean** (area) i Caraibi

caring [ˈkeərɪŋ] *adj* premuroso(a)

carnation [kɑːˈneɪʃn] *n* garofano *m*

carnival [ˈkɑːnɪvl] *n* carnevale *m*

carousel [ˌkærəˈsel] *n* 1. (for luggage) nastro *m* trasportatore 2. (US) (merry-go-round) giostra *f*

carp [kɑːp] *n* carpa *f*

car park *n* (UK) parcheggio *m*

carpenter [ˈkɑːpəntəʳ] *n* falegname *m*

carpentry [ˈkɑːpəntrɪ] *n* falegnameria *f*

carpet [ˈkɑːpɪt] *n* 1. (rug) tappeto *m* 2. (wall-to-wall) moquette *f inv*

car rental *n* (US) autonoleggio *m*

carriage [ˈkærɪdʒ] *n* carrozza *f*

carriageway [ˈkærɪdʒweɪ] *n* (UK) carreggiata *f*

carrier (bag) ['kærɪər-] *n* sacchetto *m*
carrot ['kærət] *n* carota *f*
carrot cake *n* torta *f* di carote
carry ['kærɪ] ◇ *vt* 1. portare 2. *(disease)* essere portatore di ◇ *vi* *(voice, sound)* arrivare ◆ **carry on** ◇ *vi* continuare ◇ *vt insep* 1. *(continue)* continuare 2. *(conduct)* compiere ● **to carry on doing sthg** continuare a fare qc ◆ **carry out** *vt sep* 1. *(work, repairs, investigation)* effettuare 2. *(plan)* portare a compimento 3. *(order)* eseguire 4. *(promise)* adempiere
carrycot ['kærɪkɒt] *n* (UK) culla *f* portatile
carryout ['kærɪaʊt] *n* (US) *(meal)* cibo *m* da asporto
carsick ['kɑːˌsɪk] *adj* ● **to be carsick** soffrire il mal d'auto
cart [kɑːt] *n* 1. *(for transport)* carro *m* 2. *(inf)* *(video game cartridge)* cartuccia *f* 3. *(US)* *(in supermarket)* carrello *m*
carton ['kɑːtn] *n* 1. *(of milk, juice)* cartone *m* 2. *(box)* scatola *f*
cartoon [kɑːˈtuːn] *n* 1. *(drawing)* vignetta *f* 2. *(comic strip)* fumetto *m* 3. *(film)* cartone *m* animato
cartridge ['kɑːtrɪdʒ] *n* cartuccia *f*
carve [kɑːv] *vt* 1. *(wood, stone)* intagliare 2. *(meat)* tagliare
carvery ['kɑːvərɪ] *n* ristorante dove si mangia carne arrosto, tagliata appositamente al banco per il cliente
car wash *n* autolavaggio *m*
case [keɪs] *n* 1. (UK) *(suitcase)* valigia *f* 2. *(container)* custodia *f* 3. *(instance, patient)* caso *m* 4. LAW *(trial)* causa *f* ● **in any case** in ogni caso ● **in case it rains** nel caso che piova ● **in case of** in caso di

● **(just) in case** in caso di necessità ● **in that case** allora
cash [kæʃ] ◇ *n* 1. *(coins, notes)* contanti *mpl* 2. *(money in general)* soldi *mpl* ◇ *vt* ● **to cash a cheque** incassare un assegno ● **to pay cash** pagare in contanti
cashback ['kæʃbæk] *n* (UK) rimborso *m*, somma in contanti che un supermercato permette di prelevare dal proprio conto al momento del pagamento con carta automatica
cash desk *n* cassa *f*
cash dispenser [-ˌdɪˈspensər] *n* cassa *f* automatica
cashew (nut) ['kæʃuː-] *n* noce *f* di acagiù
cashier [kæˈʃɪər] *n* cassiere *m*, -a *f*
cashmere [kæʃˈmɪər] *n* cachemire *m*
cashpoint ['kæʃpɔɪnt] *n* (UK) cassa *f* automatica
cash register *n* registratore *m* di cassa
casino [kəˈsiːnəʊ] *(pl -s)* *n* casinò *m inv*
cask [kɑːsk] *n* barile *m*
cask-conditioned [-ˌkənˈdɪʃnd] *adj* fermentato(a) in barili
casserole ['kæsərəʊl] *n* *(stew)* stufato *m* ● **casserole (dish)** casseruola *f*
cassette [kæˈset] *n* cassetta *f*
cassette recorder *n* registratore *m* (a cassette)
cast [kɑːst] *(pt & pp inv)* ◇ *n* 1. *(actors)* cast *m inv* 2. *(for broken bone)* ingessatura *f* ◇ *vt* *(shadow, light, look)* gettare ● **to cast doubt on** mettere in dubbio ● **to cast one's vote** votare ◆ **cast off** *vi* *(boat, ship)* salpare
caster ['kɑːstər] *n* rotella *f*
caster sugar *n* (UK) zucchero *m* semolato

castle ['kɑːsl] n 1. (building) castello m 2. (in chess) torre f

casual ['kæʒʊəl] adj 1. (relaxed) disinvolto(a) 2. (offhand) noncurante 3. (clothes) casual inv ● **casual work** lavoro occasionale

casualty ['kæʒjʊəltɪ] n 1. (injured person) ferito m, -a f 2. (dead person) morto m, -a f ● **casualty (ward)** pronto soccorso m

cat [kæt] n gatto m

catalog ['kætəlɒg] (US) = catalogue

catalogue ['kætəlɒg] n catalogo m

catapult ['kætəpʌlt] n fionda f

cataract ['kætərækt] n (in eye) cateratta f

catarrh [kə'tɑːʳ] n catarro m

catastrophe [kə'tæstrəfɪ] n catastrofe f

catch [kætʃ] (pt & pp **caught**) ◇ vt 1. prendere 2. (surprise, hear) cogliere 3. (attention) attirare ◇ vi (become hooked) impigliarsi ◇ n 1. (of window, door) fermo m 2. (snag) intoppo m ◆ **catch up** ◇ vt sep raggiungere ◇ vi ● **to catch up (with sthg)** (sleep, work) recuperare (qc) ● **to catch up with sb** raggiungere qn

catching ['kætʃɪŋ] adj (inf) contagioso(a)

category ['kætəgərɪ] n categoria f

cater ['keɪtəʳ] ◆ **cater for** vt insep (UK) (needs) provvedere a; (anticipate) tenere conto di; (tastes) soddisfare

caterpillar ['kætəpɪləʳ] n bruco m

cathedral [kə'θiːdrəl] n cattedrale f, duomo m

Catholic ['kæθlɪk] ◇ adj cattolico(a) ◇ n cattolico m, -a f

Catseyes ® ['kætsaɪz] npl (UK) catarifrangenti mpl

cattle ['kætl] npl bestiame m

cattle grid n griglia metallica posta sul suolo stradale per impedire il passaggio di pecore, mucche, ecc.

caught [kɔːt] pt & pp ➢ catch

cauliflower ['kɒlɪˌflaʊəʳ] n cavolfiore m

cauliflower cheese n cavolfiore gratinato con besciamella

cause [kɔːz] ◇ n 1. causa f 2. (justification) ragione f ◇ vt causare ● **to cause sb to make a mistake** far fare un errore a qn

causeway ['kɔːzweɪ] n strada f rialzata

caustic soda [ˌkɔːstɪk-] n soda f caustica

caution ['kɔːʃn] n 1. (care) cautela f 2. (warning) avvertimento m

cautious ['kɔːʃəs] adj cauto(a)

cave [keɪv] n grotta f ◆ **cave in** vi crollare

caviar(e) ['kævɪɑːʳ] n caviale m

cavity ['kævətɪ] n (in tooth) carie f inv

CD [siː'diː] n (abbr of compact disc) CD m inv

CDI [siːdiː'aɪ] n (abbr of compact disc interactive) CDI m (inv)

CD player n lettore m di compact disc

cease [siːs] vt & vi (fml) cessare

ceasefire ['siːsˌfaɪəʳ] n cessate il fuoco m inv

ceilidh ['keɪlɪ] n festa scozzese o irlandese con danze folcloristiche

ceiling ['siːlɪŋ] n soffitto m

celebrate ['selɪbreɪt] ◇ vt 1. (win, birthday) festeggiare 2. (Mass) celebrare ◇ vi festeggiare

celebration [ˌselɪ'breɪʃn] n (event) festa f ◆ **celebrations** npl (festivities) festeggiamenti mpl

celebrity [sɪˈlebrətɪ] *n (person)* celebrità *f inv*

celeriac [sɪˈlerɪæk] *n* sedano *m* rapa

celery [ˈselərɪ] *n* sedano *m*

cell [sel] *n* **1.** *(of plant, body)* cellula *f* **2.** *(in prison)* cella *f*

cellar [ˈselə^r] *n* cantina *f*

cello [ˈtʃeləʊ] *(pl* **-s***) n* violoncello *m*

Cellophane ® [ˈseləfeɪn] *n* cellophane ® *m*

Celsius [ˈselsɪəs] *adj* Celsius *(inv)*

cement [sɪˈment] *n* cemento *m*

cement mixer *n* betoniera *f*

cemetery [ˈsemɪtrɪ] *n* cimitero *m*

cent [sent] *n (US)* cent *m inv*

center [ˈsentə^r] *(US)* = **centre**

centigrade [ˈsentɪgreɪd] *adj* centigrado(a)

centimetre [ˈsentɪˌmiːtə^r] *n* centimetro *m*

centipede [ˈsentɪpiːd] *n* centopiedi *m inv*

central [ˈsentrəl] *adj* centrale

central heating *n* riscaldamento *m* autonomo

central locking [-ˈlɒkɪŋ] *n* chiusura *f* delle porte centralizzata

central reservation *n (UK)* zona *f* spartitraffico

centre [ˈsentə^r] ⋄ *n (UK)* centro *m* ⋄ *adj (UK)* centrale ● **the centre of attention** il centro dell'attenzione

century [ˈsentʃʊrɪ] *n* secolo *m*

ceramic [sɪˈræmɪk] *adj* di ceramica ◆ **ceramics** *npl* oggetti *mpl* di ceramica

cereal [ˈsɪərɪəl] *n (breakfast food)* cereali *mpl*

ceremony [ˈserɪmənɪ] *n* cerimonia *f*

certain [ˈsɜːtn] *adj* certo(a) ● **she's certain to be late** farà tardi di sicuro ● **to be certain of sthg** essere certo di qc ● **to make certain (that)** assicurarsi che

certainly [ˈsɜːtnlɪ] *adv* certamente, certo

certificate [səˈtɪfɪkət] *n* certificato *m*

certify [ˈsɜːtɪfaɪ] *vt (declare true)* attestare

chain [tʃeɪn] ⋄ *n* **1.** catena *f* **2.** *(of islands)* arcipelago *m* ⋄ *vt* ● **to chain sthg to sthg** incatenare qc a qc

chain store *n* negozio *m* che fa parte di una catena

chair [tʃeə^r] *n* sedia *f*

chair lift *n* seggiovia *f*

chairman [ˈtʃeəmən] *(pl* **-men***) n* presidente *m*

chairperson [ˈtʃeəˌpɜːsn] *(pl* **-s***) n* presidente *m*, **-essa** *f*

chairwoman [ˈtʃeəˌwʊmən] *(pl* **-women***) n* presidentessa *f*

chalet [ˈʃæleɪ] *n* **1.** chalet *m inv* **2.** *(at holiday camp)* bungalow *m inv*

chalk [tʃɔːk] *n* gesso *m* ● **a piece of chalk** un gesso

chalkboard [ˈtʃɔːkbɔːd] *n (US)* lavagna *f*

challenge [ˈtʃælɪndʒ] ⋄ *n* sfida *f* ⋄ *vt (question)* mettere in discussione ● **to challenge sb (to sthg)** sfidare qn (a qc)

chamber [ˈtʃeɪmbə^r] *n (room)* sala *f*

chambermaid [ˈtʃeɪmbəmeɪd] *n* cameriera *f* (d'albergo)

champagne [ˌʃæmˈpeɪn] *n* champagne *m inv*

champion [ˈtʃæmpjən] *n* campione *m*, **-essa** *f*

championship ['tʃæmpjənʃɪp] *n* campionato *m*

chance [tʃɑːns] ◇ *n* 1. *(luck)* caso *m* 2. *(possibility)* probabilità *f inv* 3. *(opportunity)* possibilità *f inv*, occasione *f* ◇ *vt* • **to chance it** *(inf)* provarci • **to take a chance** rischiare • **by chance** per caso • **I came on the off chance you'd be here** sono venuto per vedere se per caso ci fossi

Chancellor of the Exchequer [,tʃɑːnsələrənˈðɒksˈtʃekəʳ] *n (UK)* ≃ ministro *m* del Tesoro

chandelier [,ʃændəˈlɪəʳ] *n* lampadario *m*

change [tʃeɪndʒ] ◇ *n* 1. *(alteration)* cambiamento *m* 2. *(money received back)* resto *m* 3. *(coins)* spiccioli *mpl* ◇ *vt* cambiare ◇ *vi* 1. cambiare 2. *(change clothes)* cambiarsi • **a change of clothes** vestiti *mpl* di ricambio • **do you have change for a pound?** mi può cambiare una sterlina? • **to get changed** cambiarsi • **to change money** cambiare i soldi • **to change a nappy** cambiare un pannolino • **to change a wheel** cambiare una ruota • **to change trains/planes** cambiare treno/aereo • **all change!** *(on train)* per tutte le altre stazioni si cambia!

changeable ['tʃeɪndʒəbl] *adj (weather)* variabile

change machine *n* distributore automatico di monete

changing room ['tʃeɪndʒɪŋ-] *n* 1. *(for sport)* spogliatoio *m* 2. *(in shop)* camerino *m*

channel ['tʃænl] *n* canale *m* • **the**

(English) **Channel** la Manica

Channel Islands *npl* • **the Channel Islands** le Isole della Manica

Channel Tunnel *n* • **the Channel Tunnel** il tunnel sotto la Manica

chant [tʃɑːnt] *vt* 1. *RELIG* cantare 2. *(words, slogan)* scandire

chaos ['keɪɒs] *n* caos *m*

chaotic [keɪˈɒtɪk] *adj* caotico(a)

chap [tʃæp] *n (UK)* tipo *m*

chapatti [tʃəˈpætɪ] *n* pane *m* azzimo indiano

chapel ['tʃæpl] *n* cappella *f*

chapped [tʃæpt] *adj* screpolato(a)

chapter ['tʃæptəʳ] *n* capitolo *m*

character ['kærəktəʳ] *n* 1. carattere *m* 2. *(in film, book, play)* personaggio *m* 3. *(inf) (person, individual)* tipo *m*

characteristic [,kærəktəˈrɪstɪk] ◇ *adj* caratteristico(a) ◇ *n* caratteristica *f*

charcoal ['tʃɑːkəʊl] *n (for barbecue)* carbone *m* di legna

charge [tʃɑːdʒ] ◇ *n* 1. *(price)* spesa *f* 2. *LAW* accusa *f* ◇ *vt* 1. *(customer)* far pagare 2. *(money)* chiedere 3. *LAW* accusare 4. *(battery)* ricaricare ◇ *vi* 1. *(ask money)* far pagare 2. *(rush)* precipitarsi • **to be in charge (of)** essere responsabile (di) • **to take charge (of)** assumere la responsabilità (di) • **free of charge** gratis • **extra charge** supplemento *m* • **there is no charge for service** il servizio è gratuito

char-grilled ['tʃɑːgrɪld] *adj* alla brace

charity ['tʃærətɪ] *n (organization)* ente *m* di beneficenza • **to give to charity** dare soldi in beneficenza

charity shop *n* negozio che vende

articoli vari, il cui ricavato è destinato ad un ente di beneficenza

charm [tʃɑːm] ◇ n (attractiveness) fascino m ◇ vt affascinare

charming ['tʃɑːmɪŋ] adj affascinante

chart [tʃɑːt] n 1. (diagram) grafico m 2. (map) carta f ● the charts l'hit-parade f inv

chartered accountant [,tʃɑːtəd-] n esperto m, -a f contabile

charter flight ['tʃɑːtə-] n volo m charter

chase [tʃeɪs] ◇ n inseguimento m ◇ vt inseguire

chat [tʃæt] ◇ n chiacchierata f ◇ vi chiacchierare ● to have a chat (with) fare quattro chiacchiere (con) ◆ **chat up** vt sep (UK) (inf) agganciare

château ['ʃætəʊ] n castello m

chat show n (UK) talk show m inv

chatty ['tʃætɪ] adj 1. (person) chiacchierone(a) 2. (letter) pieno di pettegolezzi

chauffeur ['ʃəʊfə'] n autista m

cheap [tʃiːp] adj 1. a buon mercato 2. (pej) (low-quality) dozzinale

cheap day return n biglietto di andata e ritorno a prezzo ridotto, valido per un solo giorno e soggetto a restrizioni di orario

cheaply ['tʃiːplɪ] adv a basso prezzo

cheat [tʃiːt] ◇ n imbroglione m, -a f ◇ vi imbrogliare ◇ vt ● to cheat sb out of sthg sottrarre qc a qn con l'inganno

check [tʃek] ◇ n 1. (inspection) controllo m 2. (US) (bill) conto m 3. (US) (tick) segno m 4. (US) = **cheque** ◇ vt 1. controllare 2. (US) (tick) spuntare ◇ vi verificare ● to check for sthg contro-

llare qc ● to check on sthg controllare qc ◆ **check in** ◇ vt sep (luggage) far passare al check-in ◇ vi 1. (at hotel) farsi registrare 2. (at airport) fare il check-in ◆ **check off** vt sep spuntare ◆ **check out** vi saldare il conto e andarsene ◆ **check up** vi ● to check up (on) fare delle indagini (su)

checked [tʃekt] adj a quadri

checkers ['tʃekəz] n (US) dama f

check-in desk n banco m dell'accettazione bagagli OR del check-in

checkout ['tʃekaʊt] n cassa f

checkpoint ['tʃekpɔɪnt] n posto m di blocco

checkroom ['tʃekrʊm] n (US) deposito m bagagli

checkup ['tʃekʌp] n check-up m inv

cheddar (cheese) ['tʃedə'-] n tipo di formaggio semi-stagionato

cheek [tʃiːk] n guancia f ● what a cheek! che faccia tosta!

cheeky ['tʃiːkɪ] adj sfacciato(a)

cheer [tʃɪə'] ◇ n acclamazione f ◇ vi acclamare

cheerful ['tʃɪəfʊl] adj 1. allegro(a) 2. (colour) vivace

cheerio [,tʃɪərɪ'əʊ] excl (UK) (inf) ciao!

cheers [tʃɪəz] excl 1. (when drinking) cincin! 2. (UK) (inf) (thank you) grazie!

cheese [tʃiːz] n formaggio m

cheeseboard ['tʃiːzbɔːd] n (cheese and biscuits) piatto m di formaggi

cheeseburger ['tʃiːz,bɜːgə'] n cheeseburger m inv (panino con hamburger e formaggio fuso)

cheesecake ['tʃiːzkeɪk] n dolce m a base di

biscotti, formaggio fresco e panna

chef [ʃef] *n* chef *m inv*

chemical ['kemɪkl] ◇ *adj* chimico(a) ◇ *n* sostanza *f* chimica

chemist ['kemɪst] *n* **1.** *(UK) (pharmacist)* farmacista *mf* & **2.** *(scientist)* chimico *m*, -a *f* ● **chemist's** *(UK) (shop)* farmacia *f*

chemistry ['kemɪstrɪ] *n* chimica *f*

cheque [tʃek] *n (UK)* assegno *m* ● **to pay by cheque** pagare con un assegno

chequebook ['tʃekbʊk] *n* libretto *m* degli assegni

cheque card *n* carta *f* assegni

cherry ['tʃerɪ] *n* ciliegia *f*

chess [tʃes] *n* scacchi *mpl*

chest [tʃest] *n* **1.** *(of body)* torace *m* **2.** *(box)* cassa *f*

chestnut ['tʃesnʌt] ◇ *n* castagna *f* ◇ *adj (colour)* castano(a)

chest of drawers *n* cassettone *m*

chew [tʃuː] ◇ *vt* masticare ◇ *n (sweet)* caramella *f (morbida)*

chewing gum ['tʃuːɪŋ-] *n* gomma *f* da masticare

chic [ʃiːk] *adj* alla moda, chic *(inv)*

chicken ['tʃɪkɪn] *n* **1.** *(bird)* gallina *f* **2.** *(meat)* pollo *m*

chicken breast *n* petto *m* di pollo

chicken Kiev [-'kiːev] *n* filetto *m* di pollo farcito con burro all'aglio, impanato e fritto

chicken pox *n* varicella *f*

chickpea ['tʃɪkpiː] *n* cece *m*

chicory ['tʃɪkərɪ] *n* cicoria *f*

chief [tʃiːf] ◇ *adj* **1.** *(highest-ranking)* capo *(inv)* **2.** *(main)* principale ◇ *n* capo *m*

chiefly ['tʃiːflɪ] *adv* **1.** *(mainly)* principal-mente **2.** *(especially)* soprattutto

child [tʃaɪld] *(pl* **children)** *n* **1.** *(young boy, girl)* bambino *m*, -a *f* **2.** *(son, daughter)* figlio *m*, -a *f*

child abuse *n* maltrattamento *m* di minori

child benefit *n (UK)* ≃ assegno *m* di famiglia

childhood ['tʃaɪldhʊd] *n* infanzia *f*

childish ['tʃaɪldɪʃ] *adj (pej)* infantile

childminder ['tʃaɪld,maɪndə^r] *n (UK)* bambinaia *f*

children ['tʃɪldrən] *pl* ➤ **child**

childrenswear ['tʃɪldrənzweə^r] *n* abbi-gliamento *m* per bambini

child seat *n (in car)* seggiolino *m* per bambini

Chile ['tʃɪlɪ] *n* il Cile

chill [tʃɪl] ◇ *n (illness)* infreddatura *f* ◇ *vt* raffreddare ● **there's a chill in the air** l'aria è fredda

chilled [tʃɪld] *adj* freddo(a) ▼ **serve chilled** servire fresco

chilli ['tʃɪlɪ] *(pl* **-ies)** *n* **1.** *(vegetable)* peperoncino *m* piccante **2.** *(dish)* ≃ chilli con carne

chilli con carne [,tʃɪlɪkɒn'kɑːnɪ] *n* piatto messicano a base di carne e fagioli rossi cotti in spezie e salsa piccante

chilly ['tʃɪlɪ] *adj* freddo(a)

chimney ['tʃɪmnɪ] *n* camino *m*

chimneypot ['tʃɪmnɪpɒt] *n* comignolo *m*

chimpanzee [,tʃɪmpən'ziː] *n* scimpanzé *m inv*

chin [tʃɪn] *n* mento *m*

china ['tʃaɪnə] *n (material)* porcellana *f*

China ['tʃaɪnə] *n* la Cina

Chinese [,tʃaɪ'niːz] ◇ *adj* cinese ◇ *n*

(language) cinese *m* ◇ *npl* ● **the Chinese** i cinesi

chip [tʃɪp] ◇ *n* **1.** *(small piece)* scheggia *f* **2.** *(mark)* scheggiatura *f* **3.** *(counter)* fiche *f inv* **4.** COMPUT chip *m inv* ◇ *vt* scheggiare ◆ **chips** *npl* **1.** *(UK)* (French fries) patate *fpl* fritte **2.** *(US)* (crisps) patatine *fpl*

chiropodist [kɪ'rɒpədɪst] *n* callista *mf*

chisel ['tʃɪzl] *n* cesello *m*

chives [tʃaɪvz] *npl* erba *f* cipollina

chlorine ['klɔːriːn] *n* cloro *m*

choc-ice ['tʃɒkaɪs] *n (UK)* blocco *di* gelato ricoperto di cioccolato

chocolate ['tʃɒkələt] ◇ *n* **1.** *(food)* cioccolato *m*, cioccolata *f* **2.** *(sweet)* cioccolatino *m* **3.** *(drink)* cioccolata ◇ *adj* al cioccolato

chocolate biscuit *n* biscotto *m* al cioccolato

choice [tʃɔɪs] ◇ *n* scelta *f* ◇ *adj (meat, ingredients)* di prima qualità ● **the dressing of your choice** il condimento di vostra scelta

choir ['kwaɪər] *n* coro *m*

choke [tʃəʊk] ◇ *n* AUT (valvola *f* dell')aria *f* ◇ *vt* soffocare ◇ *vi* **1.** *(on fishbone etc)* strozzarsi **2.** *(to death)* soffocare

cholera ['kɒlərə] *n* colera *m*

choose [tʃuːz] *(pt* chose, *pp* chosen) *vt & vi* scegliere ● **to choose to do sthg** scegliere di fare qc

chop [tʃɒp] ◇ *n (of meat)* braciola *f* ◇ *vt* tagliare ◆ **chop down** *vt sep* abbattere ◆ **chop up** *vt sep* tagliare a pezzetti

chopper ['tʃɒpər] *n (inf) (helicopter)* elicottero *m*

chopping board ['tʃɒpɪŋ-] *n* tagliere *m*

choppy ['tʃɒpɪ] *adj* increspato(a)

chopsticks ['tʃɒpstɪks] *npl* bastoncini *mpl* cinesi

chop suey [,tʃɒp'suːɪ] *n* piatto cinese a base di riso, striscioline di maiale OR pollo, verdura e germogli di soia

chord [kɔːd] *n* accordo *m*

chore [tʃɔːr] *n* faccenda *f*

chorus ['kɔːrəs] *n* **1.** *(part of song)* ritornello *m* **2.** *(group of singers, dancers)* coro *m*

chose [tʃəʊz] *pt* ➤ **choose**

chosen ['tʃəʊzn] *pp* ➤ **choose**

choux pastry [ʃuː-] *n* pasta *f* per bignè

chowder ['tʃaʊdər] *n* zuppa *f* di pesce o frutti di mare

chow mein [,tʃaʊ'meɪn] *n* piatto cinese di tagliolini fritti con verdure, carne OR frutti di mare

Christ [kraɪst] *n* Cristo *m*

christen ['krɪsn] *vt (baby)* battezzare

Christian ['krɪstʃən] ◇ *adj* cristiano(a) ◇ *n* cristiano *m*, -a *f*

Christian name *n* nome *m* di battesimo

Christmas ['krɪsməs] *n* Natale *m* ● **Happy Christmas!** Buon Natale!

Christmas card *n* biglietto *m* d'auguri di Natale

Christmas carol [-'kærəl] *n* canto *m* di Natale

Christmas Day *n* il giorno di Natale

Christmas Eve *n* la vigilia di Natale

Christmas pudding *n* dolce tradizionale natalizio a base di uva passa e frutta candita

Christmas tree *n* albero *m* di Natale

chrome [krəʊm] *n* cromo *m*

chuck [tʃʌk] *vt* **1.** *(inf) (throw)* buttare **2.** *(boyfriend, girlfriend)* mollare ◆ **chuck away** *vt sep* buttare via

chunk [tʃʌŋk] *n* pezzo *m*

church [tʃɜːtʃ] *n* chiesa *f* ● **to go to church** andare in chiesa

churchyard [ˈtʃɜːtʃjɑːd] *n* cimitero *m*

chute [ʃuːt] *n* scivolo *m*

chutney [ˈtʃʌtnɪ] *n* salsa piccante agro-dolce a base di frutta e spezie

cider [ˈsaɪdəʳ] *n* sidro *m*

cigar [sɪˈɡɑːʳ] *n* sigaro *m*

cigarette [ˌsɪɡəˈret] *n* sigaretta *f*

cigarette lighter *n* accendino *m*

cinema [ˈsɪnəmə] *n* cinema *m inv*

cinnamon [ˈsɪnəmən] *n* cannella *f*

circle [ˈsɜːkl] ⋄ *n* **1.** *(shape, ring)* cerchio *m* **2.** *(in theatre)* galleria *f* ⋄ *vt* **1.** *(draw circle around)* cerchiare **2.** *(move round)* girare intorno a ⋄ *vi (plane)* girare in circolo

circuit [ˈsɜːkɪt] *n* **1.** *(track)* circuito *m* **2.** *(lap)* giro *m*

circular [ˈsɜːkjʊləʳ] ⋄ *adj* circolare ⋄ *n* circolare *f*

circulation [ˌsɜːkjʊˈleɪʃn] *n* **1.** *(of blood)* circolazione *f* **2.** *(of newspaper, magazine)* tiratura *f*

circumstances [ˈsɜːkəmstənsɪz] *npl* circostanze *fpl* ● **in** OR **under the circumstances** date le circostanze

circus [ˈsɜːkəs] *n* circo *m*

cistern [ˈsɪstən] *n* *(of toilet)* serbatoio *m* dell'acqua

citizen [ˈsɪtɪzn] *n* cittadino *m*, -a *f*

city [ˈsɪtɪ] *n* città *f inv* ● **the City** la City *(il centro finanziario di Londra)*

city centre *n* centro *m* (della) città

city hall *n (US)* municipio *m*

civilian [sɪˈvɪljən] *n* civile *m*

civilized [ˈsɪvɪlaɪzd] *adj* **1.** *(society)* civi-lizzato(a) **2.** *(person, evening)* cortese

civil rights [ˌsɪvl-] *npl* diritti *mpl* civili

civil servant [ˌsɪvl-] *n* impiegato *m*, -a *f* statale

civil service [ˌsɪvl-] *n* amministrazione *f* pubblica

civil war [ˌsɪvl-] *n* guerra *f* civile

cl [siːˈel] *(abbr of* centilitre) cl

claim [kleɪm] ⋄ *n* **1.** *(assertion)* afferma-zione *f* **2.** *(demand)* richiesta *f*, domanda *f* **3.** *(for insurance)* domanda *f* di indennizzo ⋄ *vt* **1.** *(allege)* affermare, sostenere **2.** *(demand)* richiedere **3.** *(credit, responsibility)* rivendicare ⋄ *vi (on insurance)* richiedere l'indennizzo

claimant [ˈkleɪmənt] *n (of benefit)* ri-chiedente *mf*

claim form *n* modulo *m* per il rimborso

clam [klæm] *n* vongola *f*

clamp [klæmp] ⋄ *n (for car)* ganascia *f* (bloccaruota) ⋄ *vt (car)* bloccare con ganasce

clap [klæp] *vi* applaudire

claret [ˈklærət] *n* vino rosso di Bordeaux

clarinet [ˌklærəˈnet] *n* clarinetto *m*

clash [klæʃ] ⋄ *n* **1.** *(noise)* rumore *m* metallico **2.** *(confrontation)* scontro *m* ⋄ *vi* **1.** *(colours)* stonare **2.** *(event, date)* coincidere

clasp [klɑːsp] ⋄ *n (fastener)* fermaglio *m* ⋄ *vt* stringere

class [klɑːs] ⋄ *n* **1.** classe *f* **2.** *(teaching period)* lezione *f* ⋄ *vt* ● **to class sb/sthg**

(as) classificare qn/qc (come)

classic ['klæsɪk] ◇ *adj* classico(a) ◇ *n* classico *m*

classical ['klæsɪkl] *adj* classico(a)

classical music *n* musica *f* classica

classification [ˌklæsɪfɪ'keɪʃn] *n* classificazione *f*

classified ads [ˌklæsɪfaɪd-] *npl* piccoli annunci *mpl*

classroom ['klɑːsrʊm] *n* aula *f*

claustrophobic [ˌklɔːstrə'fəʊbɪk] *adj* **1.** (person) claustrofobo(a) **2.** (place, situation) claustrofobico(a)

claw [klɔː] *n* **1.** (of bird, cat, dog) artiglio *m* **2.** (of crab, lobster) pinza *f*

clay [kleɪ] *n* argilla *f*

clean [kliːn] ◇ *vt* pulire ◇ *adj* pulito(a)
● **to clean one's teeth** lavarsi i denti ● **I have a clean driving licence** non sono mai stato multato per infrazioni gravi

cleaner ['kliːnə'] *n* **1.** (person) addetto *m*, -a *f* alle pulizie **2.** (substance) detergente *m*

cleanse [klenz] *vt* pulire

cleanser ['klenzə'] *n* detergente *m*

clear [klɪə'] ◇ *adj* **1.** chiaro(a) **2.** (transparent) trasparente **3.** (unobstructed) libero(a) **4.** (view) sgombro(a) **5.** (day, sky) sereno(a) ◇ *vt* **1.** (road, path) sgombrare **2.** (pond) ripulire **3.** (jump over) saltare **4.** (declare not guilty) scagionare **5.** (authorize) autorizzare **6.** (cheque) autorizzare l'accreditamento di ◇ *vi* **1.** (weather) schiarirsi **2.** (fog) levarsi ● **to be clear** (about sthg) avere capito esattamente (qc) ● **to be clear of sthg** (not touching) essere staccato da qc ● **to clear one's throat** schiarirsi la

voce ● **to clear the table** sparecchiare
◆ **clear up** ◇ *vt sep* **1.** (room, toys) mettere a posto **2.** (problem, confusion) chiarire ◇ *vi* **1.** (weather) schiarirsi **2.** (tidy up) mettere a posto

clearance ['klɪərəns] *n* **1.** (authorization) autorizzazione *f* **2.** (free distance) distanza *f* **3.** (for takeoff) autorizzazione (al decollo)

clearance sale *n* liquidazione *f* totale della merce

clearing ['klɪərɪŋ] *n* radura *f*

clearly ['klɪəlɪ] *adv* chiaramente

clearway ['klɪəweɪ] *n* (UK) strada *f* con divieto di fermata

clementine ['kleməntaɪn] *n* mandarancio *m*

clerk [(UK) klɑːk, (US) klɜːrk] *n* **1.** (in office) impiegato *m*, -a *f* **2.** (US) (in shop) commesso *m*, -a *f*

clever ['klevə'] *adj* **1.** (person) intelligente **2.** (idea, device) ingegnoso(a)

click [klɪk] ◇ *n* scatto *m* ◇ *vi* **1.** (make sound) schioccare **2.** COMPUT cliccare

client ['klaɪənt] *n* cliente *mf*

cliff [klɪf] *n* **1.** (by the sea) scoglio *m* **2.** (inland) rupe *f*

climate ['klaɪmɪt] *n* clima *m*

climax ['klaɪmæks] *n* culmine *m*

climb [klaɪm] ◇ *vt* **1.** salire su **2.** (tree) arrampicarsi su **3.** (mountain) scalare ◇ *vi* **1.** salire **2.** (plane) prendere quota ◆ **climb down** ◇ *vt insep* scendere da ◇ *vi* scendere ◆ **climb up** *vt insep* salire su

climber ['klaɪmə'] *n* (person) scalatore *m*, -trice *f*

climbing ['klaɪmɪŋ] *n* alpinismo *m* ● **to go climbing** fare alpinismo

climbing frame n (UK) castello m (*gioco per bambini*)

clingfilm ['klɪŋfɪlm] n (UK) pellicola f (*per alimenti*)

clinic ['klɪnɪk] n clinica f

clip [klɪp] ⋄ n 1. (*fastener*) fermaglio m 2. (*for paper*) graffetta f 3. (*of film, programme*) sequenza f ⋄ vt 1. (*fasten*) fermare insieme 2. (*cut*) tagliare 3. (*tickets*) forare

cloak [kləʊk] n mantello m

cloakroom ['kləʊkrʊm] n 1. (*for coats*) guardaroba m inv 2. (UK) (*toilet*) toilettes fpl

clock [klɒk] n 1. orologio m 2. (*mileometer*) contachilometri m inv ● **round the clock** 24 ore su 24

clockwise ['klɒkwaɪz] adv in senso orario

clog [klɒg] ⋄ n zoccolo m ⋄ vt intasare

close¹ [kləʊs] ⋄ adj 1. vicino(a) 2. (*relation, contact, resemblance*) stretto(a) 3. (*friend*) intimo(a) 4. (*examination*) attento(a) 5. (*race, contest*) combattuto(a) ⋄ adv vicino ● **close by** vicino ● **close to** (*near*) vicino a; (*on the verge of*) sull'orlo di

close² [kləʊz] ⋄ vt chiudere ⋄ vi 1. (*door, jar, eyes*) chiudersi 2. (*shop, office*) chiudere ● (*deadline, offer, meeting*) finire ● **close down** vt sep & vi chiudere (definitivamente)

closed [kləʊzd] adj chiuso(a)

closely ['kləʊslɪ] adv 1. (*related, involved*) strettamente 2. (*follow, examine*) da vicino, attentamente

closet ['klɒzɪt] n (US) armadio m

close-up ['kləʊs-] n primo piano m

closing time ['kləʊzɪŋ-] n orario m di chiusura

clot [klɒt] n (*of blood*) grumo m

cloth [klɒθ] n 1. (*fabric*) stoffa f, tessuto m 2. (*piece of cloth*) strofinaccio m, panno m

clothes [kləʊðz] npl vestiti mpl, abiti mpl

clothesline ['kləʊðzlaɪn] n filo m della biancheria

clothes peg n (UK) molletta f

clothespin ['kləʊðzpɪn] (US) = **clothes peg**

clothes shop n negozio m di abbigliamento

clothing ['kləʊðɪŋ] n abbigliamento m

clotted cream [ˌklɒtɪd-] n panna molto densa tipica della Cornovaglia

cloud [klaʊd] n nuvola f

cloudy ['klaʊdɪ] adj 1. (*sky, day*) nuvoloso(a) 2. (*liquid*) torbido(a)

clove [kləʊv] n (*of garlic*) spicchio m ● **cloves** npl (*spice*) chiodi mpl di garofano

clown [klaʊn] n pagliaccio m

club [klʌb] n 1. (*organization*) club m inv, circolo m 2. (*nightclub*) locale m notturno 3. (*stick*) mazza f ● **clubs** npl (*in cards*) fiori mpl

clubbing ['klʌbɪŋ] n ● **to go clubbing** (*inf*) andare in discoteca

club class n club class f inv

club soda n (US) acqua f di seltz

clue [kluː] n 1. (*information*) indizio m 2. (*in crossword*) definizione f ● **I haven't got a clue** non ho la minima idea

clumsy ['klʌmzɪ] adj (*person*) goffo(a)

clutch [klʌtʃ] ◊ *n* frizione *f* ◊ *vt* tenere stretto, afferrare

cm [siː'em] (*abbr of* centimetre) cm

c/o [siː'əʊ] (*abbr of* care of) c/o

Co. [kəʊ] (*abbr of* company) C.ia

coach [kəʊtʃ] *n* **1.** (*bus*) pullman *m inv*, autobus *m inv* **2.** (*of train*) carrozza *f* **3.** SPORT allenatore *m*, -trice *f*

coach party *n* (*UK*) gruppo *m* in viaggio organizzato in pullman

coach station *n* stazione *f* dei pullman

coach trip *n* (*UK*) escursione *f* in pullman

coal [kəʊl] *n* carbone *m*

coal mine *n* miniera *f* di carbone

coarse [kɔːs] *adj* **1.** (*rough*) ruvido(a) **2.** (*vulgar*) rozzo(a)

coast [kəʊst] *n* costa *f*

coaster ['kəʊstə'] *n* (*for glass*) sottobicchiere *m*

coastguard ['kəʊstgɑːd] *n* guardia *f* costiera

coastline ['kəʊstlaɪn] *n* costa *f*

coat [kəʊt] ◊ *n* **1.** cappotto *m* **2.** (*of animal*) pelo *m* ◊ *vt* ● **to coat sthg (with)** ricoprire qc (con or di)

coat hanger *n* gruccia *f* (per abiti)

coating ['kəʊtɪŋ] *n* rivestimento *m*

cobbled street ['kɒbld-] *n* strada *f* in acciottolato

cobbles ['kɒblz] *npl* ciottoli *mpl*

cobweb ['kɒbweb] *n* ragnatela *f*

Coca-Cola® [,kəʊkə'kəʊlə] *n* Coca-Cola® *f*

cocaine [kəʊ'keɪn] *n* cocaina *f*

cock [kɒk] *n* (*male chicken*) gallo *m*

cock-a-leekie [,kɒkə'liːkɪ] *n* zuppa *f* di porri e pollo

cockerel ['kɒkrəl] *n* galletto *m*

cockles ['kɒklz] *npl* cardii *mpl*

cockpit ['kɒkpɪt] *n* cabina *f* di pilotaggio

cockroach ['kɒkrəʊtʃ] *n* scarafaggio *m*

cocktail ['kɒkteɪl] *n* cocktail *m inv*

cocktail party *n* cocktail *m inv*

cock-up *n* (*UK*) (*vulg*) casino *m*

cocoa ['kəʊkəʊ] *n* (*drink*) cacao *m*

coconut ['kəʊkənʌt] *n* noce *f* di cocco

cod [kɒd] (*pl inv*) *n* merluzzo *m*

code [kəʊd] *n* **1.** codice *m* **2.** (*dialling code*) prefisso *m*

cod-liver oil *n* olio *m* di fegato di merluzzo

coeducational [,kəʊedjuː'keɪʃənl] *adj* misto(a)

coffee ['kɒfɪ] *n* caffè *m inv* ● **black/white coffee** caffè nero/macchiato ● **ground/instant coffee** caffè macinato/istantaneo

coffee bar *n* (*UK*) caffè *m inv*

coffee break *n* pausa *f* per il caffè

coffeepot ['kɒfɪpɒt] *n* caffettiera *f*

coffee shop *n* **1.** (*cafe*) caffè *m inv*, bar *m inv* **2.** (*in store etc*) caffetteria *f*

coffee table *n* tavolino *m* (basso)

coffin ['kɒfɪn] *n* bara *f*

cog(wheel) ['kɒg(wiːl)] *n* ingranaggio *m*

coil [kɔɪl] ◊ *n* **1.** (*of rope*) rotolo *m* **2.** (*UK*) (*contraceptive*) spirale *f* ◊ *vt* avvolgere, arrotolare

coin [kɔɪn] *n* moneta *f*

coinbox ['kɔɪnbɒks] *n* (*UK*) telefono *m* a monete

coincide [,kəʊɪn'saɪd] *vi* ● **to coincide (with)** coincidere (con)

coincidence [kəʊˈɪnsɪdəns] n coincidenza f

Coke ® [kəʊk] n coca ® f

colander [ˈkʌləndəʳ] n colino m

cold [kəʊld] ◇ adj freddo(a) ◇ n 1. *(illness)* raffreddore m 2. *(low temperature)* freddo m ● **I'm cold** ho freddo ● **it's cold** fa freddo ● **to get cold** *(food, drink)* raffreddarsi; *(person)* avere freddo; *(weather)* venire freddo ● **to catch cold** prendere freddo ● **to catch a cold** prendere il raffreddore

cold cuts (US) = **cold meats**

cold meats npl affettati mpl

cold calling n cold calling m

coleslaw [ˈkəʊlslɔː] n insalata di cavolo, carote, cipolle e maionese

colic [ˈkɒlɪk] n colica f

collaborate [kəˈlæbəreɪt] vi collaborare

collapse [kəˈlæps] vi 1. *(building, tent)* crollare 2. *(person)* avere un collasso

collar [ˈkɒləʳ] n 1. *(of shirt, coat)* colletto m 2. *(of dog, cat)* collare m

collarbone [ˈkɒləbəʊn] n clavicola f

colleague [ˈkɒliːg] n collega mf

collect [kəˈlekt] ◇ vt 1. raccogliere 2. *(as a hobby)* collezionare 3. *(go and get)* andare a prendere ◇ vi *(dust, leaves, crowd)* raccogliersi ◇ adv (US) ● **to call collect** fare una telefonata a carico del destinatario

collection [kəˈlekʃn] n 1. *(of stamps, coins etc)* collezione f, raccolta f 2. *(of stories, poems)* raccolta 3. *(of money)* colletta f 4. *(of mail)* levata f

collector [kəˈlektəʳ] n *(as a hobby)* collezionista mf

college [ˈkɒlɪdʒ] n 1. *(school)* istituto m superiore 2. (UK) *(of university)* tipo di organizzazione indipendente di studenti e professori in cui si dividono certe università 3. (US) *(university)* università f inv

collide [kəˈlaɪd] vi ● **to collide (with)** scontrarsi (con)

collision [kəˈlɪʒn] n collisione f

cologne [kəˈləʊn] n *(acqua f di)* colonia f

colon [ˈkəʊlən] n GRAM due punti mpl

colonel [ˈkɜːnl] n colonnello m

colony [ˈkɒlənɪ] n colonia f

color [ˈkʌləʳ] (US) = **colour**

colour [ˈkʌləʳ] ◇ n colore m ◇ adj *(photograph, film)* a colori ◇ vt 1. *(hair)* tingere 2. *(food)* colorare ◆ **colour in** vt sep colorare

colour-blind adj daltonico(a)

colourful [ˈkʌləful] adj vivace

colouring [ˈkʌlərɪŋ] (UK) n 1. *(of food)* colorante m 2. *(complexion)* colorito m

colouring book n album m inv da colorare

colour supplement n supplemento m a colori

colour television n televisione f a colori

column [ˈkɒləm] n 1. colonna f 2. *(newspaper article)* rubrica f

coma [ˈkəʊmə] n coma m inv

comb [kəʊm] ◇ n pettine m ◇ vt ● **to comb one's hair** pettinarsi

combination [ˌkɒmbɪˈneɪʃn] n combinazione f

combine [kəmˈbaɪn] vt ● **to combine sthg (with)** combinare qc (con)

combine harvester [ˈkɒmbaɪnˈhɑːvɪstəʳ] n mietitrebbia f

come [kʌm] (pt **came**, pp inv) vi 1. (move) venire ● we came by taxi siamo venuti in taxi ● come and see! vieni a vedere! ● come here! vieni qui! 2. (arrive) arrivare ● they still haven't come home non sono ancora arrivati ● to come home tornare a casa ● coming soon prossimamente 3. (in order) ● to come first (in sequence) venire per primo; (in competition) arrivare primo ● to come last (in sequence) venire per ultimo; (in competition) arrivare ultimo 4. (reach) ● to come up/down to arrivare a 5. (become) ● to come undone slacciarsi ● to come true realizzarsi 6. (be sold) ● they come in packs of six si vendono in confezioni da sei

◆ **come across** vt insep (person) imbattersi in; (thing) trovare (per caso)

◆ **come along** vi (progress) procedere; (arrive) arrivare ● come along! (as encouragement) forza!; (hurry up) sbrigati!

◆ **come apart** vi cadere a pezzi

◆ **come back** vi tornare

◆ **come down** vi (price) calare

◆ **come down with** vt insep (illness) buscarsi

◆ **come from** vt insep venire da

◆ **come in** vi (enter) entrare; (arrive) arrivare; (tide) salire ● come in! avanti!

◆ **come off** vi (become detached) staccarsi, venir via; (succeed) riuscire

◆ **come on** vi (project) procedere; (student) fare progressi ● come on! (as encouragement) forza!; (hurry up) sbrigati!

◆ **come out** vi uscire; (photo) venire, riuscire; (stain) scomparire; (sun, moon) apparire

◆ **come over** vi (visit) venire

◆ **come round** vi (visit) venire; (regain consciousness) riprendere conoscenza

◆ **come to** vt insep (bill): **it comes to £10** viene 10 sterline

◆ **come up** vi (go upstairs) salire; (be mentioned) essere sollevato(a); (happen, arise) presentarsi; (sun, moon) sorgere

◆ **come up with** vt insep (idea) proporre

comedian [kə'miːdjən] n comico m, -a f

comedy ['kɒmədɪ] n 1. commedia f 2. (humour) humour m

comfort ['kʌmfət] ◇ n 1. (ease) benessere m 2. (luxury) comfort m inv, comodità f inv 3. (consolation) conforto m ◇ vt confortare, consolare

comfortable ['kʌmftəbl] adj 1. comodo(a) 2. (after operation) in condizioni stazionarie 3. (financially) agiato(a) ● I don't feel comfortable here non mi sento a mio agio qui

comic ['kɒmɪk] ◇ adj comico(a) ◇ n 1. (person) comico m, -a f 2. (magazine) giornalino m

comical ['kɒmɪkl] adj comico(a)

comic strip n fumetto m

comma ['kɒmə] n virgola f

command [kə'mɑːnd] ◇ n 1. (order) comando m, ordine m 2. (mastery) padronanza f ◇ vt 1. (order) ordinare a 2. (be in charge of) comandare

commander [kə'mɑːndə'] n comandante m

commemorate [kə'meməreɪt] vt commemorare

commence [kə'mens] *vi (fml)* cominciare

comment ['kɒment] ◇ *n* commento ◇ *vi* commentare

commentary ['kɒməntri] *n* **1.** *(on TV)* telecronaca *f* **2.** *(on radio)* radiocronaca *f*

commentator ['kɒmənteitə'] *n* **1.** *(on TV)* telecronista *mf* **2.** *(on radio)* radiocronista *mf*

commerce ['kɒmɜːs] *n* commercio *m*

commercial [kə'mɜːʃl] ◇ *adj* commerciale ◇ *n* pubblicità *f inv*

commercial break *n* intervallo *m* pubblicitario

commission [kə'mɪʃn] *n* commissione *f*

commit [kə'mɪt] *vt (crime, sin)* commettere ● **to commit o.s. (to doing sthg)** impegnarsi (a fare qc) ● **to commit suicide** suicidarsi

committee [kə'mɪti] *n* comitato *m*

commodity [kə'mɒdəti] *n* merce *f*, articolo *m*

common ['kɒmən] ◇ *adj* **1.** comune **2.** *(pej) (vulgar)* volgare ◇ *n (UK) (land)* prato *m* pubblico ● **in common** *(shared)* in comune

commonly ['kɒmənli] *adv (generally)* comunemente

common room *n* **1.** *(for teachers)* sala *f* professori **2.** *(for students)* sala di ritrovo

common sense *n* buon senso *m*

Commonwealth ['kɒmənwelθ] *n* ● **the Commonwealth** il Commonwealth

communal ['kɒmjʊnl] *adj (bathroom, kitchen)* in comune

communicate [kə'mjuːnɪkeɪt] *vi* ● **to communicate (with)** comunicare (con)

communication [kə,mjuːnɪ'keɪʃn] *n* comunicazione *f*

communication cord *n (UK)* freno *m* di emergenza

communist ['kɒmjʊnist] *n* comunista *mf*

community [kə'mjuːnəti] *n* comunità *f inv*

community centre *n* centro *m* sociale

commute [kə'mjuːt] *vi* fare il pendolare

commuter [kə'mjuːtə'] *n* pendolare *mf*

compact ◇ *adj* [kəm'pækt] compatto(a) ◇ *n* ['kɒmpækt] **1.** *(for make-up)* portacipria *m inv* **2.** *(US) (car)* utilitaria *f*

compact disc [,kɒmpækt-] *n* compact disc *m inv*

compact disc player *n* lettore *m* di compact disc

company ['kʌmpəni] *n* **1.** *(business)* società *f inv*, compagnia *f* **2.** *(companionship, guests)* compagnia ● **to keep sb company** fare OR tenere compagnia a qn

company car *n* auto *f* della ditta

comparatively [kəm'pærətɪvli] *adv* relativamente

compare [kəm'peə'] *vt* ● **to compare sthg (with)** confrontare qc (con) ● **compared with** paragonato a

comparison [kəm'pærɪsn] *n* confronto *m*, paragone *m* ● **in comparison with** in confronto a

compartment [kəm'pɑːtmənt] *n* **1.** *(of train)* scompartimento *m* **2.** *(section)* compartimento *m*

compass ['kʌmpəs] *n (magnetic)* bussola *f* ● **(a pair of) compasses** un compasso

compatible [kəm'pætəbl] *adj* compatibile

compensate ['kɒmpenseɪt] ◇ *vt* risarcire ◇ *vi* ● **to compensate (for sthg)** compensare (qc) ● **to compensate sb for sthg** compensare qn di or per qc

compensation [,kɒmpen'seɪʃn] *n* (money) risarcimento *m*

compete [kəm'piːt] *vi* (take part) gareggiare, concorrere ● **to compete with sb for sthg** competere con qn per qc

competent ['kɒmpɪtənt] *adj* competente

competition [,kɒmpɪ'tɪʃn] *n* **1.** (race, contest) gara *f*, competizione *f* **2.** (rivalry) concorrenza *f* ● **the competition** (rivals) la concorrenza

competitive [kəm'petətɪv] *adj* **1.** (price) competitivo(a) **2.** (person) che ha spirito di competizione

competitor [kəm'petɪtə'] *n* concorrente *mf*

complain [kəm'pleɪn] *vi* ● **to complain (about)** lamentarsi (di)

complaint [kəm'pleɪnt] *n* **1.** (statement) lamentela *f*, reclamo *m* **2.** (illness) malattia *f*

complement ['kɒmplɪment] *vt* completare

complete [kəm'pliːt] ◇ *adj* completo(a) ◇ *vt* **1.** completare **2.** (a form) riempire ● **complete with** completo di

completely [kəm'pliːtlɪ] *adv* completamente

complex ['kɒmpleks] ◇ *adj* complesso(a) ◇ *n* complesso *m*

complexion [kəm'plekʃn] *n* (of skin) carnagione *f*

complicated ['kɒmplɪkeɪtɪd] *adj* complicato(a)

compliment ◇ *n* ['kɒmplɪmənt] complimento *m* ◇ *vt* ['kɒmplɪment] fare i complimenti a

complimentary [,kɒmplɪ'mentərɪ] *adj* **1.** (seat, ticket) (in) omaggio (inv) **2.** (words, person) lusinghiero(a)

compose [kəm'pəʊz] *vt* comporre ● **to be composed of** essere composto da or di

composed [kəm'pəʊzd] *adj* composto(a), calmo(a)

composer [kəm'pəʊzə'] *n* compositore *m*, -trice *f*

composition [,kɒmpə'zɪʃn] *n* (essay) composizione *f*

compound ['kɒmpaʊnd] *n* **1.** (substance) composto *m* **2.** (word) parola *f* composta

comprehensive [,kɒmprɪ'hensɪv] *adj* esauriente, completo(a)

comprehensive (school) *n* (UK) scuola secondaria ad ammissione non selettiva

compressed air [kəm'prest-] *n* aria *f* compressa

comprise [kəm'praɪz] *vt* comprendere

compromise ['kɒmprəmaɪz] *n* compromesso *m*

compulsory [kəm'pʌlsərɪ] *adj* obbligatorio(a)

computer [kəm'pjuːtə'] *n* computer *m inv*

computer game *n* gioco *m* su computer

computerized [kəm'pjuːtəraɪzd] *adj* computerizzato(a)

computer programmer [-'prəʊɡræmə'] *n* programmatore *m*, -trice *f*

computing [kəm'pju:tɪŋ] *n* informatica *f*

con [kɒn] *n* (*inf*) (*trick*) truffa *f* ● **all mod cons** tutti i comfort

conceal [kən'si:l] *vt* nascondere

conceited [kən'si:tɪd] *adj* (*pej*) presuntuoso(a)

concentrate ['kɒnsəntreɪt] *vi* concentrarsi ◇ *vt* ● **to be concentrated** (*in one place*) essere concentrato ● **to concentrate on sthg** concentrarsi su qc

concentrated ['kɒnsəntreɪtɪd] *adj* (*juice, soup, baby food*) concentrato(a)

concentration [ˌkɒnsən'treɪʃn] *n* concentrazione *f*

concern [kən'sɜ:n] ◇ *n* **1.** (*worry*) preoccupazione *f* **2.** (*matter of interest*) affare *m* **3.** COMM azienda *f* ◇ *vt* **1.** (*be about*) trattare di **2.** (*worry*) preoccupare **3.** (*involve*) riguardare ● **to be concerned about** essere preoccupato per ● **to be concerned with** riguardare ● **to concern o.s. with sthg** preoccuparsi di qc ● **as far as I'm concerned** per quanto mi riguarda

concerned [kən'sɜ:nd] *adj* (*worried*) preoccupato(a)

concerning [kən'sɜ:nɪŋ] *prep* riguardo a, circa

concert ['kɒnsət] *n* concerto *m*

concession [kən'seʃn] *n* (*reduced price*) riduzione *f*

concise [kən'saɪs] *adj* conciso(a)

conclude [kən'klu:d] ◇ *vt* concludere ◇ *vi* (*fml*) (*end*) concludersi

conclusion [kən'klu:ʒn] *n* conclusione *f*

concrete ['kɒnkri:t] ◇ *adj* **1.** (*building, path*) di cemento **2.** (*idea, plan*) concreto(a) ◇ *n* calcestruzzo *m*, cemento *m* armato

concussion [kən'kʌʃn] *n* commozione *f* cerebrale

condensation [ˌkɒnden'seɪʃn] *n* condensazione *f*

condensed milk [kən'denst-] *n* latte *m* condensato

condition [kən'dɪʃn] *n* **1.** condizione *f* **2.** (*illness*) malattia *f* ● **to be out of condition** non essere in forma ● **on condition that** a condizione che (+ *subjunctive*)

conditioner [kən'dɪʃnər] *n* **1.** (*for hair*) balsamo *m* **2.** (*for clothes*) ammorbidente *m*

condo ['kɒndəʊ] (US) (*inf*) = **condominium**

condom ['kɒndəm] *n* preservativo *m*

condominium [ˌkɒndə'mɪnɪəm] *n* (US) **1.** (*block of flats*) condominio *m* **2.** (*flat*) appartamento *m* in un condominio

conduct ◇ *vt* [kən'dʌkt] **1.** (*investigation, business*) dirigere, condurre **2.** MUS dirigere ◇ *n* ['kɒndʌkt] (*fml*) (*behaviour*) condotta *f* ● **to conduct o.s.** (*fml*) comportarsi

conductor [kən'dʌktər] *n* **1.** MUS direttore *m*, -trice *f* d'orchestra **2.** (*on bus*) bigliettaio *m*, -a *f* **3.** (US) (*on train*) capotreno *mf*

cone [kəʊn] *n* **1.** cono *m* **2.** (*on roads*) cono spartitraffico

confectioner's [kən'fekʃnəz] *n* (*shop*) negozio *m* di dolciumi

confectionery [kən'fekʃnərɪ] *n* dolciumi *mpl*

conference ['kɒnfərəns] *n* conferenza *f*

confess [kənˈfes] *vi* ● to confess (to sthg) confessare (qc)

confession [kənˈfeʃn] *n* confessione *f*

confidence [ˈkɒnfidəns] *n* **1.** *(self-assurance)* sicurezza *f* di sé **2.** *(trust)* fiducia *f* ● to have confidence in avere fiducia in

confident [ˈkɒnfidənt] *adj* **1.** *(self-assured)* sicuro(a) di sé **2.** *(certain)* sicuro(a)

confined [kənˈfaind] *adj* ristretto(a)

confirm [kənˈfɜːm] *vt* confermare

confirmation [ˌkɒnfəˈmeiʃn] *n* **1.** conferma *f* **2.** *RELIG* cresima *f*

conflict ◇ *n* [ˈkɒnflikt] conflitto *m* ◇ *vi* [kənˈflikt] ● to conflict (with) essere in conflitto (con)

conform [kənˈfɔːm] *vi* ● to conform (to) conformarsi

confuse [kənˈfjuːz] *vt* confondere ● to confuse sthg with sthg confondere qc con qc

confused [kənˈfjuːzd] *adj* confuso(a)

confusing [kənˈfjuːziŋ] *adj* *(explanation, plot)* confuso(a)

confusion [kənˈfjuːʒn] *n* confusione *f*

congested [kənˈdʒestid] *adj* *(street)* congestionato(a)

congestion [kənˈdʒestʃn] *n* *(traffic)* congestione *f*

congratulate [kənˈgrætʃʊleit] *vt* ● to congratulate sb (on sthg) congratularsi con qn (per OR di qc)

congratulations [kənˌgrætʃʊˈleiʃənz] *excl* congratulazioni!

congregate [ˈkɒngrigeit] *vi* riunirsi

Congress [ˈkɒngres] *n* *(US)* il Congresso

Congress

L'organo legislativo degli USA si riunisce al Campidoglio a Washington DC. Si divide in *Senate* (la *Upper House*) e *House of Representatives* (la *Lower House*). Ogni stato elegge due senatori, mentre i 435 *legislator* eletti per formare la *lower house* sono in numero proporzionale alla popolazione dello stato che rappresentano.

conifer [ˈkɒnifəʳ] *n* conifera *f*

conjunction [kənˈdʒʌŋkʃn] *n* *GRAM* congiunzione *f*

conjurer [ˈkʌndʒərəʳ] *n* prestigiatore *m*, -trice *f*

connect [kəˈnekt] ◇ *vt* **1.** collegare, connettere **2.** *(telephone, machine)* collegare **3.** *(caller on phone)* dare la linea a ◇ *vi* ● to connect with *(train, plane)* avere la coincidenza con ● to connect sthg with sthg *(associate)* collegare qc con OR a qc

connecting flight [kəˈnektiŋ-] *n* volo *m* di coincidenza

connection [kəˈnekʃn] *n* **1.** *(link)* collegamento *m* **2.** *(train, plane)* coincidenza *f* ● it's a bad connection *(on phone)* la linea è disturbata ● a loose connection *(in machine)* un contatto difettoso ● in connection with riguardo a, a proposito di

conquer [ˈkɒŋkəʳ] *vt* *(country)* conquistare

conscience [ˈkɒnʃəns] *n* coscienza *f*

conscientious [ˌkɒnʃiˈenʃəs] *adj* coscienzioso(a)

conscious ['kɒnʃəs] *adj* **1.** *(awake)* cosciente **2.** *(deliberate)* consapevole ◆ **to be conscious of** *(aware)* essere consapevole di

consent [kən'sent] *n* consenso *m*

consequence ['kɒnsɪkwəns] *n* *(result)* conseguenza *f*

consequently ['kɒnsɪkwəntlɪ] *adv* di conseguenza

conservation [ˌkɒnsə'veɪʃn] *n* tutela *f* dell'ambiente

conservative [kən'sɜːvətɪv] *adj* conservatore(trice) ◆ **Conservative** ◇ *adj* conservatore(trice) ◇ *n* conservatore *m*, -trice *f*

conservatory [kən'sɜːvətrɪ] *n* veranda *f* vetrata

consider [kən'sɪdə^r] *vt* considerare ● **to consider doing sthg** pensare di fare qc

considerable [kən'sɪdrəbl] *adj* considerevole

consideration [kən,sɪdə'reɪʃn] *n* considerazione *f* ● **to take sthg into consideration** prendere qc in considerazione

considering [kən'sɪdərɪŋ] *prep* considerando

consist [kən'sɪst] ◆ **consist in** *vt insep* consistere in ● **to consist in doing sthg** consistere nel fare qc ◆ **consist of** *vt insep* essere composto *di* OR *da*

consistent [kən'sɪstənt] *adj* **1.** *(coherent)* coerente **2.** *(worker, performance)* costante

consolation [ˌkɒnsə'leɪʃn] *n* consolazione *f*

console ['kɒnsəʊl] *n* console *f inv*

consonant ['kɒnsənənt] *n* consonante *f*

conspicuous [kən'spɪkjʊəs] *adj* cospicuo(a)

constable ['kʌnstəbl] *n* *(UK)* agente *m* di polizia

constant ['kɒnstənt] *adj* **1.** *(unchanging)* costante **2.** *(continuous)* continuo(a)

constantly ['kɒnstəntlɪ] *adv* *(all the time)* continuamente

constipated ['kɒnstɪpeɪtɪd] *adj* stitico(a)

constitution [ˌkɒnstɪ'tjuːʃn] *n* costituzione *f*

construct [kən'strʌkt] *vt* costruire

construction [kən'strʌkʃn] *n* costruzione *f* ● **under construction** in costruzione

consul ['kɒnsəl] *n* console *m*

consulate ['kɒnsjʊlət] *n* consolato *m*

consult [kən'sʌlt] *vt* consultare

consultant [kən'sʌltənt] *n* *(UK)* *(doctor)* specialista *mf*

consume [kən'sjuːm] *vt* consumare

consumer [kən'sjuːmə^r] *n* consumatore *m*, -trice *f*

contact ['kɒntækt] ◇ *n* **1.** *(communication)* contatto *m* **2.** *(person)* conoscenza *f* ◇ *vt* mettersi in contatto con ● **in contact with** *(in communication with)* in contatto con; *(touching)* a contatto con

contact lens *n* lente *f* a contatto

contagious [kən'teɪdʒəs] *adj* contagioso(a)

contain [kən'teɪn] *vt* contenere

container [kən'teɪnə^r] *n* *(box)* contenitore *m*, recipiente *m*

contaminate [kən'tæmɪneɪt] *vt* contaminare

contemporary [kən'tempərərɪ] ◇ *adj* contemporaneo(a) ◇ *n* contemporaneo *m*, -a *f*

contend [kən'tend] ◆ **contend with** *vt insep* affrontare

content ◇ *adj* [kən'tent] contento(a) ◇ *n* ['kɒntent] (*of vitamins, fibre etc*) contenuto *m* ◆ **contents** *npl* **1.** (*things inside*) contenuto *m* **2.** (*at beginning of book*) indice *m*

contest ◇ *n* ['kɒntest] **1.** (*competition*) gara *f*, concorso *m* **2.** (*struggle*) lotta *f* ◇ *vt* [kən'test] **1.** (*election, seat*) candidarsi per **2.** (*decision, will*) contestare

context ['kɒntekst] *n* contesto *m*

continent ['kɒntɪnənt] *n* continente *m* ● **the Continent** (*UK*) l'Europa *f* continentale

continental [ˌkɒntɪ'nentl] *adj* (*UK*) (*European*) (dell'Europa) continentale

continental breakfast *n* colazione *f* continentale

continental quilt *n* (*UK*) piumone ® *m*

continual [kən'tɪnjʊəl] *adj* continuo(a)

continually [kən'tɪnjʊəlɪ] *adv* continuamente, di continuo

continue [kən'tɪnjuː] *vt* & *vi* continuare ● **to continue doing sthg** continuare a fare qc ● **to continue with sthg** continuare con qc

continuous [kən'tɪnjʊəs] *adj* continuo(a)

continuously [kən'tɪnjʊəslɪ] *adv* continuamente, senza interruzione

contraception [ˌkɒntrə'sepʃn] *n* contraccezione *f*

contraceptive [ˌkɒntrə'septɪv] *n* contraccettivo *m*

contract ◇ *n* ['kɒntrækt] contratto *m* ◇ *vt* [kən'trækt] (*fml*) (*illness*) contrarre

contradict [ˌkɒntrə'dɪkt] *vt* contraddire

contraflow ['kɒntrəfləʊ] *n* (*UK*) sistema che permette il traffico nei due sensi su una stessa carreggiata dell'autostrada per lavori in corso o per un incidente

contrary ['kɒntrərɪ] *n* ● **on the contrary** al contrario

contrast ◇ *n* ['kɒntrɑːst] contrasto *m* ◇ *vt* [kən'trɑːst] mettere in contrasto ● **in contrast to** contrariamente a

contribute [kən'trɪbjuːt] ◇ *vt* (*help, money*) dare (come contributo) ◇ *vi* ● **to contribute to** contribuire a

contribution [ˌkɒntrɪ'bjuːʃn] *n* contributo *m*

control [kən'trəʊl] ◇ *n* **1.** controllo *m* **2.** (*operating device*) comando *m* ◇ *vt* **1.** controllare **2.** (*machine*) regolare ● **to be in control** avere la situazione sotto controllo ● **to get out of control** (*situation*) sfuggire di mano ● **to go out of control** (*car, plane*) non rispondere ai comandi ● **under control** sotto controllo ◆ **controls** *npl* comandi *mpl*

control tower *n* torre *f* di controllo

controversial [ˌkɒntrə'vɜːʃl] *adj* **1.** controverso(a) **2.** (*person*) polemico(a)

convenience [kən'viːnjəns] *n* comodità *f inv* ● **at your convenience** quando Le è più comodo

convenient [kən'viːnjənt] *adj* comodo(a) ● **would tomorrow be convenient?** domani andrebbe bene?

convent ['kɒnvənt] *n* convento *m*

conventional [kən'venʃənl] *adj* convenzionale

conversation [ˌkɒnvəˈseɪʃn] n conversazione f

conversion [kənˈvɜːʃn] n 1. *(change)* trasformazione f 2. *(of currency)* conversione f 3. *(to building)* ristrutturazione f

convert [kənˈvɜːt] vt 1. *(change)* trasformare 2. *(currency, person)* convertire ● **to convert sthg into** trasformare qc in

converted [kənˈvɜːtɪd] adj *(barn, loft)* ristrutturato(a)

convertible [kənˈvɜːtəbl] n cabriolet m inv

convey [kənˈveɪ] vt 1. *(fml)* *(transport)* trasportare 2. *(idea, impression)* dare

convict ◇ n [ˈkɒnvɪkt] carcerato m, -a f ◇ vt [kənˈvɪkt] ● **to convict sb (of)** giudicare qn colpevole (di)

convince [kənˈvɪns] vt ● **to convince sb (of sthg)** convincere qn (di qc) ● **to convince sb to do sthg** convincere qn a fare qc

convoy [ˈkɒnvɔɪ] n convoglio m

cook [kʊk] ◇ n cuoco m, -a f ◇ vt 1. *(meal)* cucinare 2. *(food)* cuocere ◇ vi 1. *(person)* cucinare 2. *(food)* cuocere

cookbook [ˈkʊkbʊk] = cookery book

cooker [ˈkʊkəʳ] n cucina f *(elettrodomestico)*

cookery [ˈkʊkərɪ] n cucina f

cookery book n libro m di cucina

cookie [ˈkʊkɪ] n *(US)* biscotto m

cooking [ˈkʊkɪŋ] n cucina f

cooking apple n mela f da cuocere

cooking oil n olio m per cucinare

cool [kuːl] ◇ adj 1. *(temperature)* fresco(a) 2. *(calm)* calmo(a) 3. *(unfriendly)* freddo(a) 4. *(inf)* *(great)* fantastico(a) ◇ vt raffreddare ◆ **cool down** vi 1. *(become colder)* raffreddarsi 2. *(become calmer)* calmarsi

cooperate [kəʊˈɒpəreɪt] vi collaborare, cooperare

cooperation [kəʊˌɒpəˈreɪʃn] n collaborazione f

cooperative [kəʊˈɒpərətɪv] adj *(helpful)* disposto(a) a collaborare

coordinates [kəʊˈɔːdɪnəts] npl *(clothes)* coordinati mpl

cope [kəʊp] vi ● **to cope with** far fronte a ● **I can't cope!** non ce la faccio!

copilot [ˈkəʊˌpaɪlɒt] n secondo pilota m

copper [ˈkɒpəʳ] n 1. *(metal)* rame m 2. *(UK)* *(inf)* *(coin)* moneta f in rame da uno o due penny

copy [ˈkɒpɪ] ◇ n copia f ◇ vt copiare

cord(uroy) [ˈkɔːd(ərɔɪ)] n velluto m a coste

core [kɔːʳ] n *(of fruit)* torsolo m

coriander [ˌkɒrɪˈændəʳ] n coriandolo m *(spezia)*

cork [kɔːk] n *(in bottle)* tappo m *(di sughero)*

corkscrew [ˈkɔːkskruː] n cavatappi m inv

corn [kɔːn] n 1. *(UK)* *(crop)* cereali mpl 2. *(US)* *(maize)* granturco m 3. *(on foot)* callo m

corned beef [ˌkɔːnd-] n carne f di manzo in scatola

corner [ˈkɔːnəʳ] n 1. angolo m 2. *(bend in road)* curva f 3. *(in football)* calcio m d'angolo ● **it's just around the corner** è qui dietro l'angolo

corner shop n *(UK)* negozietto m *(di*

alimentari e prodotti per la casa)

cornet ['kɔːnɪt] *n* (UK) (ice-cream cone) cornetto *m*

cornflakes ['kɔːnfleɪks] *npl* corn-flakes *mpl*

corn-on-the-cob *n* pannocchia *f* bollita

Cornwall ['kɔːnwɔːl] *n* la Cornovaglia

corporal ['kɔːpərəl] *n* caporale *m*

corpse [kɔːps] *n* cadavere *m*

correct [kə'rekt] ◇ *adj* giusto(a) ◇ *vt* correggere

correction [kə'rekʃn] *n* correzione *f*

correspond [ˌkɒrɪ'spɒnd] *vi* ● to correspond (to) *(match)* corrispondere (a) ● to correspond (with) *(exchange letters)* essere in corrispondenza (con)

corresponding [ˌkɒrɪ'spɒndɪŋ] *adj* corrispondente

corridor ['kɒrɪdɔː] *n* corridoio *m*

corrugated iron ['kɒrəgeɪtɪd-] *n* lamiera *f* ondulata

corrupt [kə'rʌpt] *adj* corrotto(a)

cosmetics [kɒz'metɪks] *npl* cosmetici *mpl*

cost [kɒst] *(pt & pp inv)* ◇ *n* **1.** costo *m* **2.** *(fig) (loss)* prezzo *m* ◇ *vt* costare ● how much does it cost? quanto costa?

costly ['kɒstlɪ] *adj (expensive)* costoso(a)

costume ['kɒstjuːm] *n* costume *m*

cosy ['kəʊzɪ] *adj* (UK) *(room, house)* accogliente

cot [kɒt] *n* **1.** (UK) *(for baby)* lettino *m (per bambini)* **2.** (US) *(camp bed)* brandina *f*

cottage ['kɒtɪdʒ] *n* cottage *m inv*

cottage cheese *n* formaggio *m* magro in fiocchi

cottage pie *n* (UK) pasticcio a base di carne macinata e purè di patate

cotton ['kɒtn] ◇ *adj* di cotone ◇ *n* cotone *m*

cotton candy *n* (US) zucchero *m* filato

cotton wool *n* cotone *m* idrofilo

couch [kaʊtʃ] *n* **1.** divano *m* **2.** *(at doctor's)* lettino *m*

couchette [kuː'ʃet] *n* cuccetta *f*

cough [kɒf] ◇ *n* tosse *f* ◇ *vi* tossire ● to have a cough avere la tosse

cough mixture *n* sciroppo *m* per la tosse

could [kʊd] *pt* ➢ **can**

couldn't ['kʊdnt] = **could not**

could've ['kʊdəv] = **could have**

council ['kaʊnsl] *n* **1.** (UK) *(of town)* comune *m* **2.** (UK) *(of county)* ≃ regione *f* **3.** *(organization)* consiglio *m*

council house *n* (UK) casa *f* popolare

councillor ['kaʊnsələ] *n* (UK) *(of town, county)* consigliere *m*, -a *f*

council tax *n* (UK) ≃ tassa *f* comunale

count [kaʊnt] ◇ *vt & vi* contare ◇ *n (nobleman)* conte *m* ● **count on** *vt insep* contare su

counter ['kaʊntə] *n* **1.** *(in shop)* banco *m* **2.** *(in bank)* sportello *m* **3.** *(in board game)* fiche *f inv*

counterclockwise [ˌkaʊntə'klɒkwaɪz] *adv* (US) in senso antiorario

counterfoil ['kaʊntəfɔɪl] *n* matrice *f*

countess ['kaʊntɪs] *n* contessa *f*

country ['kʌntrɪ] ◇ *n* **1.** paese *m* **2.** *(countryside)* campagna *f* ◇ *adj* di campagna

country and western n (musica f) country m

country house n villa f di campagna

country road n strada f di campagna

countryside ['kʌntrɪsaɪd] n campagna f

county ['kaʊntɪ] n contea f

couple ['kʌpl] n coppia f ● **a couple (of)** un paio (di)

coupon ['kuːpɒn] n 1. *(for discount etc)* buono m 2. *(for orders, enquiries)* tagliando m

courage ['kʌrɪdʒ] n coraggio m

courgette [kɔː'ʒet] n *(UK)* zucchina f

courier ['kʊrɪə'] n 1. *(for holidaymakers)* accompagnatore m, -trice f 2. *(for delivering letters)* corriere m

course [kɔːs] n 1. corso m 2. *(of meal)* portata f 3. *(of treatment, injections)* ciclo m 4. *(of ship, plane)* rotta f 5. *(for golf)* campo m ● **of course** *(certainly)* certo; *(evidently)* naturalmente ● **of course not** certo che no ● **in the course of** nel corso di, durante

court [kɔːt] n 1. LAW *(building, room)* tribunale m 2. SPORT campo m 3. *(of king, queen)* corte f

courtesy coach ['kɜːtɪsɪ-] n pullman m inv gratuito *(di hotel, aeroporto ecc.)*

court shoes npl scarpe fpl décolleté

courtyard ['kɔːtjɑːd] n cortile m

cousin ['kʌzn] n cugino m, -a f

cover ['kʌvə'] ◇ n 1. *(covering)* fodera f 2. *(lid)* coperchio m 3. *(of book, magazine)* copertina f 4. *(blanket)* coperta f 5. *(insurance)* copertura f ◇ vt 1. coprire 2. *(apply to)* comprendere 3. *(discuss)* trattare 4. *(report)* fare un servizio su ● **to be covered in** essere ricoperto di

OR da ● **to cover sthg with sthg** coprire qc con qc ● **to take cover** mettersi al riparo ◆ **cover up** vt sep 1. *(put cover on)* coprire 2. *(facts, truth)* nascondere

cover charge n coperto m

cover note n *(UK)* polizza f di assicurazione provvisoria

cow [kaʊ] n vacca f

coward ['kaʊəd] n vigliacco m, -a f

cowboy ['kaʊbɔɪ] n cow-boy m inv

crab [kræb] n granchio m

crack [kræk] ◇ n 1. *(in cup, glass)* incrinatura f, crepa f 2. *(gap)* fessura f ◇ vi *(cup, glass, wood)* incrinarsi ◇ vt 1. *(cup, glass, wood)* incrinare 2. *(nut)* schiacciare 3. *(egg)* rompere 4. *(whip)* schioccare ● **to crack a joke** *(inf)* fare una battuta

cracker ['krækə'] n 1. *(biscuit)* cracker m inv 2. *(for Christmas)* tubo di cartone rivestito di carta da regalo che quando viene aperto produce uno scoppio e rilascia una sorpresa, tipico delle feste natalizie

cradle ['kreɪdl] n culla f

craft [krɑːft] n 1. *(skill)* arte f 2. *(trade)* artigianato m 3. *(boat: pl inv)* imbarcazione f

craftsman ['krɑːftsmən] *(pl* **-men**) n artigiano m

cram [kræm] vt ● **to cram sthg into** stipare qc in ● **to be crammed with** essere stipato di

cramp [kræmp] n crampo m ● **stomach cramps** crampi allo stomaco

cranberry ['krænbərɪ] n mirtillo m

cranberry sauce n salsa f di mirtilli

crane [kreɪn] n *(machine)* gru f inv

crap [kræp] ◇ *adj* (*vulg*) di merda ◇ *n* (*vulg*) merda *f*

crash [kræʃ] ◇ *n* **1.** (*accident*) incidente *m* **2.** (*noise*) schianto *m* ◇ *vt* (*car*) sfasciare ◇ *vi* **1.** (*car, train*) schiantarsi **2.** (*plane*) precipitare ◆ **crash into** *vt insep* schiantarsi contro

crash helmet *n* casco *m*

crash landing *n* atterraggio *m* di fortuna

crate [kreɪt] *n* cassa *f*

crawl [krɔːl] ◇ *vi* **1.** (*baby*) andare carponi **2.** (*person*) strisciare **3.** (*insect*) muoversi lentamente **4.** (*traffic*) andare a passo d'uomo ◇ *n* (*swimming stroke*) stile *m* libero

crawler lane ['krɔːləʳ-] *n* (*UK*) corsia *f* per veicoli lenti

crayfish ['kreɪfɪʃ] (*pl inv*) *n* gambero *m* di fiume

crayon ['kreɪɒn] *n* matita *f* colorata

craze [kreɪz] *n* mania *f*

crazy ['kreɪzɪ] *adj* matto(a), pazzo(a) ● **to be crazy about** andare matto per

crazy golf *n* minigolf *m*

cream [kriːm] ◇ *n* **1.** crema *f* **2.** (*fresh*) panna *f* ◇ *adj* (*in colour*) color crema (*inv*)

cream cake *n* (*UK*) torta *f* alla panna

cream cheese *n* formaggio *m* cremoso

cream sherry *n* sherry *m inv* dolce

cream tea *n* (*UK*) merenda *f* a base di tè e 'scones' serviti con marmellata e panna

creamy ['kriːmɪ] *adj* **1.** (*food*) alla panna **2.** (*texture*) cremoso(a)

crease [kriːs] *n* grinza *f*

creased [kriːst] *adj* sgualcito(a)

create [kriːˈeɪt] *vt* creare

creative [kriːˈeɪtɪv] *adj* creativo(a)

creature ['kriːtʃəʳ] *n* creatura *f*

crèche [kreʃ] *n* (*UK*) nursery *f inv*

credit ['kredɪt] *n* **1.** (*praise*) merito *m* **2.** (*money*) credito *m* **3.** (*part of school, university course*) sezione completata di un corso di studio ● **to be in credit** essere in attivo ◆ **credits** *npl* (*of film*) titoli *mpl*

credit card *n* carta *f* di credito ● **to pay by credit card** pagare con la carta di credito ▼ **all major credit cards accepted** si accettano tutte le maggiori carte di credito

creek [kriːk] *n* **1.** (*inlet*) insenatura *f* **2.** (*US*) (*river*) ruscello *m*

creep [kriːp] (*pt & pp* **crept**) ◇ *vi* **1.** (*crawl*) strisciare **2.** (*walk*) muoversi furtivamente ◇ *n* (*inf*) (*groveller*) leccapiedi *mf inv*

cremate [krɪˈmeɪt] *vt* cremare

crematorium [ˌkreməˈtɔːrɪəm] *n* crematorio *m*

crepe [kreɪp] *n* crêpe *f inv*

crept [krept] *pt & pp* ➤ **creep**

cress [kres] *n* crescione *m*

crest [krest] *n* **1.** cresta *f* **2.** (*emblem*) stemma *m*

crew [kruː] *n* (*of ship, plane*) equipaggio *m*

crew neck *n* girocollo *m*

crib [krɪb] *n* (*US*) (*cot*) lettino *m* (per bambini)

cricket ['krɪkɪt] *n* **1.** (*game*) cricket *m* **2.** (*insect*) grillo *m*

crime [kraɪm] *n* crimine *m*

criminal ['krɪmɪnl] ◇ *adj* criminale ◇ *n* criminale *mf*

cripple ['krɪpl] ◇ *n* storpio *m*, -a *f* ◇ *vt (subj: disease, accident)* storpiare

crisis ['kraɪsɪs] *(pl* **crises)** *n* crisi *f inv*

crisp [krɪsp] *adj* **1.** *(bacon, pastry)* croccante **2.** *(fruit, vegetable)* sodo(a) ◆

crisps *npl (UK)* patatine *fpl*

crispy ['krɪspɪ] *adj* croccante

critic ['krɪtɪk] *n* critico *m*, -a *f*

critical ['krɪtɪkl] *adj* critico(a)

criticize ['krɪtɪsaɪz] *vt* criticare

crockery ['krɒkərɪ] *n* stoviglie *fpl*

crocodile ['krɒkədaɪl] *n* coccodrillo *m*

crocus ['krəʊkəs] *(pl* **-es)** *n* croco *m*

crooked ['krʊkɪd] *adj (bent, twisted)* storto(a)

crop [krɒp] *n* **1.** *(kind of plant)* coltivazione *f* **2.** *(harvest)* raccolto *m* ◆ **crop up** *vi* saltare fuori

cross [krɒs] ◇ *adj* arrabbiato(a) ◇ *n* croce *f* **2.** *(mixture)* incrocio *m* ◇ *vt* **1.** *(road, river, ocean)* attraversare **2.** *(arms, legs)* incrociare **3.** *(UK) (cheque)* sbarrare ◇ *vi (intersect)* incrociarsi ◆ **cross out** *vt sep* sbarrare ◆ **cross over** *vt insep (road)* attraversare

crossbar ['krɒsbɑːʳ] *n* **1.** *(of goal)* traversa *f* **2.** *(of bicycle)* canna *f*

cross-Channel ferry *n* traghetto *m* di servizio sulla Manica

cross-country (running) *n* corsa *f* campestre

crossing ['krɒsɪŋ] *n* **1.** *(on road)* attraversamento *m* **2.** *(sea journey)* traversata *f*

crossroads ['krɒsrəʊdz] *(pl inv)* *n* incrocio *m*

crosswalk ['krɒswɔːk] *n (US)* passaggio *m* pedonale

crossword (puzzle) ['krɒswɜːd-] *n* cruciverba *m inv*

crotch [krɒtʃ] *n (of person)* inforcatura *f*

crouton ['kruːtɒn] *n* crostino *m*

crow [krəʊ] *n* cornacchia *f*

crowbar ['krəʊbɑːʳ] *n* piede *m* di porco

crowd [kraʊd] *n* **1.** folla *f* **2.** *(at match)* spettatori *mpl*

crowded ['kraʊdɪd] *adj* affollato(a)

crown [kraʊn] *n* **1.** *(of king, queen, or tooth)* corona *f* **2.** *(of head)* sommità *f inv*

Crown Jewels *npl* ● **the Crown Jewels** i gioielli della Corona

crucial ['kruːʃl] *adj* cruciale

crude [kruːd] *adj* **1.** *(drawing)* abbozzato(a) **2.** *(estimate)* approssimativo(a) **3.** *(rude)* rozzo(a)

cruel [krʊəl] *adj* crudele

cruelty ['krʊəltɪ] *n* crudeltà *f*

cruet (set) ['kruːɪt-] *n* ampolliera *f*

cruise [kruːz] ◇ *n* crociera *f* ◇ *vi (car, plane, ship)* andare a velocità di crociera

cruiser ['kruːzəʳ] *n (pleasure boat)* cabinato *m*

crumb [krʌm] *n* briciola *f*

crumble ['krʌmbl] ◇ *n* frutta cotta ricoperta da uno strato di pasta frolla sbriciolata ◇ *vi* **1.** *(building, cliff)* sgretolarsi **2.** *(pastry, cake, cheese)* sbriciolarsi

crumpet ['krʌmpɪt] *n* tipo di focaccina da mangiarsi calda con burro, marmellata, ecc.

crunchy ['krʌntʃɪ] *adj* croccante

crush [krʌʃ] ◇ *n (drink)* spremuta *f* ◇ *vt* **1.** schiacciare **2.** *(ice)* frantumare

crust [krʌst] *n* crosta *f*

crusty ['krʌstɪ] *adj* croccante

crutch [krʌtʃ] *n* **1.** (stick) stampella *f* **2.** (between legs) = crotch

cry [kraɪ] ◇ *n* **1.** urlo *m*, grido *m* **2.** (of bird) verso *m* ◇ *vi* **1.** (weep) piangere **2.** (shout) urlare, gridare ◆ **cry out** *vi* urlare, gridare

crystal ['krɪstl] *n* **1.** (in jewellery etc) cristallo *m* **2.** (glass) cristallo *m*

cub [kʌb] *n* (animal) cucciolo *m*

Cub [kʌb] *n* lupetto *m*

cube [kju:b] *n* **1.** cubo *m* **2.** (of sugar, ice) cubetto *m*

cubicle ['kju:bɪkl] *n* cabina *f*

Cub Scout = Cub

cuckoo ['kʊku:] *n* cuculo *m*

cucumber ['kju:kʌmbə^r] *n* cetriolo *m*

cuddle ['kʌdl] *n* coccola *f*

cuddly toy ['kʌdlɪ-] *n* pupazzo *m* di peluche

cue [kju:] *n* (in snooker, pool) stecca *f*

cuff [kʌf] *n* **1.** (of sleeve) polsino *m* **2.** (US) (of trousers) risvolto *m*

cuff links *npl* gemelli *mpl*

cuisine [kwɪ'zi:n] *n* cucina *f*

cul-de-sac ['kʌldəsæk] *n* vicolo *m* cieco

cult [kʌlt] ◇ *n* RELIG culto *m* ◇ *adj* di culto

cultivate ['kʌltɪveɪt] *vt* (grow) coltivare

cultivated ['kʌltɪveɪtɪd] *adj* (person) raffinato(a)

cultural ['kʌltʃərəl] *adj* culturale

culture ['kʌltʃə^r] *n* cultura *f*

cumbersome ['kʌmbəsəm] *adj* ingombrante

cumin ['kju:mɪn] *n* cumino *m*

cunning ['kʌnɪŋ] *adj* furbo(a)

cup [kʌp] *n* **1.** tazza *f* **2.** (trophy, competition, of bra) coppa *f*

cupboard ['kʌbəd] *n* **1.** (for food, dishes) credenza *f* **2.** (for clothes) armadio *m*

curator [ˌkjʊə'reɪtə^r] *n* conservatore *m* (di museo)

curb [kɜ:b] (US) = kerb

curd cheese [ˌkɜ:d-] *n* cagliata *f*

cure [kjʊə^r] ◇ *n* (for illness) cura *f* ◇ *vt* **1.** (illness, person) curare **2.** (food) trattare

curious ['kjʊərɪəs] *adj* curioso(a)

curl [kɜ:l] ◇ *n* (of hair) riccio *m* ◇ *vt* (hair) arricciare

curler ['kɜ:lə^r] *n* bigodino *m*

curly ['kɜ:lɪ] *adj* riccio(a)

currant ['kʌrənt] *n* uvetta *f*

currency ['kʌrənsɪ] *n* (money) moneta *f*

current ['kʌrənt] ◇ *adj* attuale ◇ *n* corrente *f*

current account *n* (UK) conto *m* corrente

current affairs *npl* attualità *f*

currently ['kʌrəntlɪ] *adv* attualmente

curriculum [kə'rɪkjələm] *n* curricolo *m*

curriculum vitae [-'vi:taɪ] *n* (UK) curriculum vitae *m inv*

curried ['kʌrɪd] *adj* al curry

curry ['kʌrɪ] *n* piatto *m* al curry

curse [kɜ:s] *vi* bestemmiare

cursor ['kɜ:sə^r] *n* cursore *m*

curtain ['kɜ:tn] *n* **1.** (in house) tenda *f* **2.** (in theatre) sipario *m*

curve [kɜ:v] ◇ *n* curva *f* ◇ *vi* curvare

curved [kɜ:vd] *adj* curvo(a)

cushion ['kʊʃn] *n* (for sitting on) cuscino *m*

custard ['kʌstəd] *n* crema *f* gialla

custom ['kʌstəm] *n* (tradition) usanza *f* ▼ **thank you for your custom** arrivederci e grazie

customary ['kʌstəmrɪ] *adj* abituale
customer ['kʌstəmə'] *n (of shop)* cliente *mf*
customer services *n (department)* servizio *m* clienti
customs ['kʌstəmz] *n* dogana *f* ● **to go through customs** passare la dogana
customs duty *n* dazio *m* doganale
customs officer *n* doganiere *m*
cut [kʌt] *(pt & pp un)* ◇ *n* **1.** taglio *m* **2.** *(in taxes)* riduzione *f* ◇ *vt & vi* tagliare ● **cut and blow-dry** taglio e piega föhn ● **to cut o.s.** tagliarsi ● **to cut one's finger** tagliarsi un dito ● **to have one's hair cut** tagliarsi i capelli ● **to cut the grass** tagliare l'erba ● **to cut sthg open** aprire qc ◆ **cut back** *vi* ● **to cut back on sthg** ridurre qc ◆ **cut down** *vt sep (tree)* tagliare ◆ **cut down on** *vt insep* ridurre ◆ **cut off** *vt sep* **1.** tagliare **2.** *(supply)* sospendere ● **I've been cut off** *(on phone)* è caduta la linea ● **to be cut off** *(isolated)* rimanere isolato ◆ **cut out** ◇ *vt sep (newspaper article, photo)* ritagliare ◇ *vi (engine)* spegnersi ● **to cut out smoking** smettere di fumare ● **cut it out!** *(inf)* dacci un taglio! ◆ **cut up** *vt sep* tagliare a pezzetti
cute [kjuːt] *adj* carino(a)
cut-glass *adj* in vetro intagliato
cutlery ['kʌtlərɪ] *n* posate *fpl*
cutlet ['kʌtlɪt] *n* **1.** *(of meat)* costoletta *f* **2.** *(of nuts, vegetables)* crocchetta *f*
cut-price *adj* a prezzo scontato
cutting ['kʌtɪŋ] *n (from newspaper)* ritaglio *m*
CV [siː'viː] *n (UK) (abbr of curriculum vitae)* curriculum *m inv*

cwt *abbr* = **hundredweight**
cycle ['saɪkl] ◇ *n* **1.** *(bicycle)* bicicletta *f* **2.** *(series)* ciclo *m* ◇ *vi* andare in bicicletta
cycle hire *n* noleggio *m* biciclette
cycle lane *n* pista *f* ciclabile
cycle path *n* pista *f* ciclabile
cycling ['saɪklɪŋ] *n* ciclismo *m* ● **to go cycling** andare in bicicletta
cycling shorts *npl* pantaloncini *mpl* da ciclista
cyclist ['saɪklɪst] *n* ciclista *mf*
cylinder ['sɪlɪndə'] *n* **1.** *(of gas)* bombola *f* **2.** *(in engine)* cilindro *m*
cynical ['sɪnɪkl] *adj* cinico(a)
Czech [tʃek] ◇ *adj* ceco(a) ◇ *n* **1.** *(person)* ceco *m*, -a *f* **2.** *(language)* ceco *m*
Czech Republic *n* ● **the Czech Republic** la Repubblica Ceca

*d*D

dab [dæb] *vt (wound)* tamponare
dad [dæd] *n (inf)* papà *m inv*, babbo *m*
daddy ['dædɪ] *n (inf)* papà *m inv*, babbo *m*
daddy longlegs [-'lɒŋlegz] *(pl inv)* *n* tipula *f*
daffodil ['dæfədɪl] *n* giunchiglia *f*
daft [dɑːft] *adj (UK) (inf)* stupido(a)
daily ['deɪlɪ] ◇ *adj* quotidiano(a) ◇ *adv* quotidianamente ◇ *n* ● **a daily (newspaper)** un quotidiano

dairy ['deərɪ] n 1. (on farm) caseificio m 2. (shop) latteria f

dairy product n latticino m

daisy ['deɪzɪ] n margherita f

dam [dæm] n diga f

damage ['dæmɪdʒ] ◇ n danno m ◇ vt 1. danneggiare 2. (back, leg) lesionare

damn [dæm] ◇ excl (inf) accidenti! ◇ adj (inf) maledetto(a) • I don't give a damn non me ne importa un accidente

damp [dæmp] ◇ adj umido(a) ◇ n umidità f

damson ['dæmzn] n susina f damaschina

dance [dɑːns] ◇ n 1. danza f 2. (social event) ballo m ◇ vi ballare • to have a dance ballare

dance floor n (in club) pista f da ballo

dancer ['dɑːnsə'] n ballerino m, -a f

dancing ['dɑːnsɪŋ] n danza f • to go dancing andare a ballare

dandelion ['dændɪlaɪən] n dente m di leone

dandruff ['dændrʌf] n forfora f

Dane [deɪn] n danese mf

danger ['deɪndʒə'] n pericolo m • in danger in pericolo

dangerous ['deɪndʒərəs] adj pericoloso(a)

Danish ['deɪnɪʃ] ◇ adj danese ◇ n (language) danese m

Danish pastry n sfoglia f alla frutta

dare [deə'] vt • to dare to do sthg osare fare qc • to dare sb to do sthg sfidare qn a fare qc • how dare you! come ti permetti!

daring ['deərɪŋ] adj audace

dark [dɑːk] ◇ adj 1. (room, night) buio(a) 2. (colour, skin) scuro(a) 3. (person) bruno(a) ◇ n • after dark col buio • the dark il buio

dark chocolate n cioccolata f fondente

dark glasses npl occhiali mpl scuri

darkness ['dɑːknɪs] n oscurità f

darling ['dɑːlɪŋ] n (term of affection) caro m, -a f

dart [dɑːt] n freccia f • darts n (game) freccette fpl

dartboard ['dɑːtbɔːd] n bersaglio m per freccette

dash [dæʃ] ◇ n 1. (of liquid) goccio m 2. (in writing) trattino m ◇ vi precipitarsi

dashboard ['dæʃbɔːd] n cruscotto m

data ['deɪtə] n dati mpl

database ['deɪtəbeɪs] n data base m inv

date [deɪt] ◇ n 1. (day) data f 2. (meeting) appuntamento m 3. (US) (person) ragazzo m, -a f 4. (fruit) dattero m ◇ vt 1. (cheque, letter) datare 2. (person) uscire con ◇ vi (become unfashionable) passare di moda • what's the date? quanti ne abbiamo oggi? • to have a date with sb avere (un) appuntamento con qn

date of birth n data f di nascita

daughter ['dɔːtə'] n figlia f

daughter-in-law n nuora f

dawn [dɔːn] n alba f

day [deɪ] n 1. (of week) giorno m 2. (period, working day) giornata f • what day is it today? che giorno è oggi? • what a lovely day! che bella giornata! • to have a day off avere un giorno libero • to have a day out trascorrere una giornata fuori ● **by day** *(travel)* di giorno ● **the day after tomorrow** dopodomani ● **the day before** il giorno prima ● **the day before yesterday** l'altro ieri, ieri l'altro ● **the following day** il giorno dopo ● **have a nice day!** buona giornata!

daylight ['deɪlaɪt] *n* **1.** *(light)* luce *f* (del giorno) **2.** *(dawn)* alba *f*

day return *n (UK) (railway ticket)* biglietto di andata e ritorno valido per un giorno

dayshift ['deɪʃɪft] *n* turno *m* di giorno

daytime ['deɪtaɪm] *n* giorno *m*

day-to-day *adj (everyday)* quotidiano(a)

day trip *n* gita *f (di un giorno)*

dazzle ['dæzl] *vt* abbagliare

DC [di:'si:] *(abbr of direct current)* c.c.

dead [ded] ◇ *adj* **1.** morto(a) **2.** *(battery)* scarico(a) ◇ *adv* proprio ● **the line has gone dead** è caduta la linea ● **dead on time** in perfetto orario ● **it's dead ahead** è proprio a diritto ▼ **dead slow** a passo d'uomo

dead end *n (street)* strada *f* senza uscita

deadline ['dedlaɪn] *n* termine *m* ultimo, scadenza *f*

deaf [def] ◇ *adj* sordo(a) ◇ *npl* ● **the deaf** i non udenti

deal [di:l] *(pt & pp* **dealt)** ◇ *n (agreement)* accordo *m* ◇ *vt (cards)* dare ● **a good/bad deal** un buon/cattivo affare ● **a great deal of** una gran quantità di ● **it's a deal!** affare fatto! ◆ **deal in** *vt insep* commerciare in ◆ **deal with** *vt insep* **1.** *(handle)* affrontare **2.** *(be about)* trattare di

dealer ['di:lə^r] *n* **1.** COMM commerciante *mf* **2.** *(in drugs)* spacciatore *m*, -trice *f*

dealt [delt] *pt & pp* **>** **deal**

dear [dɪə^r] ◇ *adj* caro(a) ◇ *n* ● **my dear** mio caro (mia cara) ● **Dear Sir** Gentile Signore ● **Dear Madam** Gentile Signora ● **Dear John** Caro John ● **oh dear!** oh Dio!

death [deθ] *n* morte *f*

debate [dɪ'beɪt] ◇ *n* dibattito *m* ◇ *vt (wonder)* riflettere su

debit ['debɪt] ◇ *n* debito *m* ◇ *vt (account)* addebitare su

debt [det] *n (money owed)* debito *m* ● **to be in debt** essere indebitato

Dec. *(abbr of December)* dic

decaff ['di:kæf] *n (inf)* caffè *m inv* decaffeinato

decaffeinated [dɪ'kæfɪneɪtɪd] *adj* decaffeinato(a)

decanter [dɪ'kæntə^r] *n* bottiglia *f* da liquore

decay [dɪ'keɪ] ◇ *n* **1.** *(of wood)* disfacimento *m* **2.** *(of building)* rovina *f* **3.** *(of tooth)* carie *f* ◇ *vi (rot)* putrefarsi

deceive [dɪ'si:v] *vt* ingannare

decelerate [,di:'seləreɪt] *vi* decelerare

December [dɪ'sembə^r] *n* dicembre *m*
> **September**

decent ['di:snt] *adj* **1.** *(adequate, respectable)* decente **2.** *(kind)* carino(a) **3.** *(people)* perbene *(inv)*

decide [dɪ'saɪd] *vt & vi* decidere ● **to decide to do sthg** decidere di fare qc ◆ **decide on** *vt insep* scegliere

decimal ['desɪml] *adj* decimale

decimal point *n* ≃ virgola *f*

decision [dɪ'sɪʒn] *n* decisione *f* ● **to**

make a decision prendere una decisione

decisive [dɪ'saɪsɪv] *adj* **1.** *(person)* deciso(a) **2.** *(event, factor)* decisivo(a)

deck [dek] *n* **1.** *(level of ship)* ponte *m* **2.** *(exposed part of ship)* coperta *f* **3.** *(of bus)* piano *m* **4.** *(of cards)* mazzo *m*

deckchair ['dektʃeəʳ] *n* sedia *f* a sdraio

declare [dɪ'kleəʳ] *vt* dichiarare ● **to declare (that)** dichiarare che ▼ **goods to declare** articoli da dichiarare ▼ **nothing to declare** nulla da dichiarare

decline [dɪ'klaɪn] ◇ *n* **1.** calo *m* **2.** *(of country)* declino *m* ◇ *vi* **1.** *(get worse)* peggiorare **2.** *(refuse)* declinare

decorate ['dekəreɪt] *vt* **1.** *(with wallpaper)* tappezzare **2.** *(with paint)* pitturare **3.** *(make attractive)* decorare

decoration [,dekə'reɪʃn] *n* *(decorative object)* decorazione *f*

decorator ['dekəreɪtəʳ] *n* imbianchino *m*

decrease ◇ *n* [di:'kri:s] diminuzione *f* ◇ *vi* [di:'kri:s] diminuire

dedicated ['dedɪkeɪtɪd] *adj (committed)* devoto(a)

deduce [dɪ'dju:s] *vt* dedurre

deduct [dɪ'dʌkt] *vt* dedurre

deduction [dɪ'dʌkʃn] *n* deduzione *f*

deep [di:p] ◇ *adj* **1.** profondo(a) **2.** *(colour)* intenso(a) ◇ *adv* in profondità ● **the pool is 2 metres deep** la piscina è profonda 2 metri

deep end *n (of swimming pool)* parte dove l'acqua è più alta

deep freeze *n* congelatore *m*

deep-fried [-'fraɪd] *adj* fritto(a)

deer [dɪəʳ] *(pl inv)* *n* cervo *m*

defeat [dɪ'fi:t] ◇ *n* sconfitta *f* ◇ *vt (team, army, government)* sconfiggere

defect ['di:fekt] *n* difetto *m*

defective [dɪ'fektɪv] *adj* difettoso(a)

defence [dɪ'fens] *n* difesa *f*

defend [dɪ'fend] *vt* difendere

defense [dɪ'fens] *(US)* = **defence**

deficiency [dɪ'fɪʃnsɪ] *n (lack)* carenza *f*

deficit ['defɪsɪt] *n* deficit *m inv*

define [dɪ'faɪn] *vt* definire

definite ['defɪnɪt] *adj* **1.** *(clear)* preciso(a) **2.** *(certain)* sicuro(a) **3.** *(improvement)* deciso(a)

definite article *n* articolo *m* determinativo

definitely ['defɪnɪtlɪ] *adv (certainly)* senz'altro

definition [defɪ'nɪʃn] *n (of word)* definizione *f*

deflate [dɪ'fleɪt] *vt (tyre)* sgonfiare

deflect [dɪ'flekt] *vt (ball)* deviare

defogger [,di:'fogəʳ] *n (US)* deumidificatore *m*

deformed [dɪ'fɔ:md] *adj* deformato(a)

defrost [,di:'frost] *vt* **1.** *(food)* scongelare **2.** *(fridge)* sbrinare **3.** *(US) (demist)* disappannare

degree [dɪ'gri:] *n* **1.** *(unit of measurement, amount)* grado *m* **2.** *(qualification)* ≃ laurea *f* ● **to have a degree in sthg** avere una laurea in qc

dehydrated [,di:haɪ'dreɪtɪd] *adj* **1.** *(food)* liofilizzato(a) **2.** *(person)* disidratato(a)

de-ice [di:'aɪs] *vt* togliere il ghiaccio da

de-icer [di:'aɪsəʳ] *n* antighiaccio *m*

dejected [dɪ'dʒektɪd] *adj* sconsolato(a)

delay [dɪ'leɪ] ◇ *n* ritardo *m* ◇ *vt* **1.** *(flight, departure)* ritardare **2.** *(person)* trattenere ◇ *vi* indugiare • **without delay** senza indugio

delayed [dɪ'leɪd] *adj (train, flight)* in ritardo

delegate ◇ *n* ['delɪgət] delegato *m*, -a *f* ◇ *vt* ['delɪgeɪt] *(person)* delegare

delete [dɪ'li:t] *vt* cancellare

deli ['delɪ] *n (inf) (abbr of* delicatessen*)* negozio *m* di specialità gastronomiche

deliberate [dɪ'lɪbərət] *adj (intentional)* intenzionale

deliberately [dɪ'lɪbərətlɪ] *adv (intentionally)* deliberatamente

delicacy ['delɪkəsɪ] *n (food)* leccornia *f*

delicate ['delɪkət] *adj* delicato(a)

delicatessen [ˌdelɪkə'tesn] *n* negozio *m* di specialità gastronomiche

delicious [dɪ'lɪʃəs] *adj* squisito(a)

delight [dɪ'laɪt] ◇ *n (feeling)* gioia *f* ◇ *vt* deliziare • **to take (a) delight in doing sthg** provare piacere a fare qc

delighted [dɪ'laɪtɪd] *adj* felicissimo(a)

delightful [dɪ'laɪtfʊl] *adj* delizioso(a)

deliver [dɪ'lɪvə'] *vt* 1. *(goods, letters, newspaper)* consegnare 2. *(speech, lecture)* tenere 3. *(baby)* far nascere

delivery [dɪ'lɪvərɪ] *n* 1. *(of goods, letters)* consegna *f* 2. *(birth)* parto *m*

delude [dɪ'lu:d] *vt* illudere

de luxe [də'lʌks] *adj* di lusso

demand [dɪ'mɑ:nd] ◇ *n* 1. *(request)* richiesta *f* 2. *(claim)* rivendicazione *f* 3. COMM domanda *f* 4. *(requirement)* esigenza *f* ◇ *vt* 1. *(request forcefully)* pretendere 2. *(require)* richiedere • **to demand to do sthg** esigere di fare qc • **in demand** richiesto

demanding [dɪ'mɑ:ndɪŋ] *adj* esigente

demerara sugar [demə'reərə-] *n* zucchero *m* di canna

demist [ˌdi:'mɪst] *vt (UK)* disappannare

demister [ˌdi:'mɪstə'] *n (UK)* deumidificatore *m*

democracy [dɪ'mɒkrəsɪ] *n* democrazia *f*

Democrat ['deməkræt] *n (US)* democratico *m*, -a *f*

democratic [demə'krætɪk] *adj* democratico(a)

demolish [dɪ'mɒlɪʃ] *vt (building)* demolire

demonstrate ['demənstreɪt] ◇ *vt* 1. *(prove)* dimostrare 2. *(machine, appliance)* mostrare il funzionamento di ◇ *vi* dimostrare

demonstration [demən'streɪʃn] *n* dimostrazione *f*

denial [dɪ'naɪəl] *n* 1. *(refusal)* rifiuto *m* 2. *(statement)* smentita *f*

denim ['denɪm] *n* denim *m* • **denims** *npl* jeans *mpl*

denim jacket *n* giubbotto *m* di jeans

Denmark ['denmɑːk] *n* la Danimarca

dense [dens] *adj* 1. *(crowd, forest)* fitto(a) 2. *(smoke)* denso(a)

dent [dent] *n* ammaccatura *f*

dental ['dentl] *adj* dentale

dental floss [-flɒs] *n* filo *m* interdentale

dental surgeon *n* dentista *mf*

dental surgery *n (place)* studio *m* dentistico

dentist ['dentɪst] *n* dentista *mf* • **to go to the dentist's** andare dal dentista

dentures ['dentʃəz] *npl* dentiera *f*

deny [dɪ'naɪ] *vt* negare

deodorant [di:'əʊdərənt] *n* deodorante *m*

depart [dɪ'pɑːt] *vi* partire

department [dɪ'pɑːtmənt] *n* **1.** *(of business, shop)* reparto *m* **2.** *(of government)* ministero *m* **3.** *(of school, university)* dipartimento *m*

department store *n* grandi magazzini *mpl*

departure [dɪ'pɑːtʃə] *n* partenza *f* ▼ **departures** *(at airport)* partenze

departure lounge *n* sala *f* partenze

depend [dɪ'pend] *vi* ● **it depends** dipende ● **depend on** *vt insep* dipendere da ● **depending on** a seconda di

dependable [dɪ'pendəbl] *adj* affidabile

deplorable [dɪ'plɔːrəbl] *adj* deplorevole

deport [dɪ'pɔːt] *vt* espellere

deposit [dɪ'pɒzɪt] ◇ *n* deposito *m* ◇ *vt* depositare

deposit account *n* *(UK)* conto *m* vincolato

depot ['diːpəʊ] *n* *(US)* *(for buses, trains)* stazione *f*

depressed [dɪ'prest] *adj* depresso(a)

depressing [dɪ'presɪŋ] *adj* deprimente

depression [dɪ'preʃn] *n* depressione *f*

deprive [dɪ'praɪv] *vt* ● **to deprive sb of sthg** privare qn di qc

depth [depθ] *n* *(distance down)* profondità *f inv* ● **out of one's depth** *(when swimming)* dove non si tocca; *(fig)* *(unable to cope)* non all'altezza ● **depth of field** *(in photography)* profondità di campo

deputy ['depjʊtɪ] *adj* vice *(inv)*

derailleur [də'reɪljə] *n* deragliatore *m*

derailment [dɪ'reɪlmənt] *n* deragliamento *m*

derelict ['derəlɪkt] *adj* abbandonato(a)

descend [dɪ'send] *vt* & *vi* scendere

descendant [dɪ'sendənt] *n* discendente *mf*

descent [dɪ'sent] *n* discesa *f*

describe [dɪ'skraɪb] *vt* descrivere

description [dɪ'skrɪpʃn] *n* descrizione *f*

desert ◇ *n* ['dezət] deserto *m* ◇ *vt* [dɪ'zɜːt] abbandonare

deserted [dɪ'zɜːtɪd] *adj* deserto(a)

deserve [dɪ'zɜːv] *vt* meritare

design [dɪ'zaɪn] ◇ *n* **1.** *(pattern)* disegno *m* **2.** *(art)* design *m* **3.** *(of machine, building)* progetto *m* ◇ *vt* **1.** *(dress)* disegnare **2.** *(machine, building)* progettare ● **to be designed for** essere concepito per

designer [dɪ'zaɪnə] ◇ *n* **1.** *(of clothes)* stilista *mf* **2.** *(of building)* architetto *m* **3.** *(of product)* designer *mf inv* ◇ *adj* *(clothes, sunglasses)* firmato(a)

desirable [dɪ'zaɪərəbl] *adj* desiderabile

desire [dɪ'zaɪə] ◇ *n* desiderio *m* ◇ *vt* desiderare ● **it leaves a lot to be desired** lascia molto a desiderare

desk [desk] *n* **1.** *(in home, office)* scrivania *f* **2.** *(at airport, station, of pupil)* banco *m* **3.** *(at hotel)* portineria *f*

desktop ['desktɒp] *n* COMPUT desktop *m inv*

desktop publishing ['desk,top-] *n* desktop publishing *m*

despair [dɪ'speə] *n* disperazione *f*

despatch [dɪ'spætʃ] = **dispatch**

desperate ['desprət] *adj* disperato(a) ● **to be desperate for sthg** avere un disperato bisogno di qc

despicable [dɪ'spɪkəbl] *adj* spregevole

despise [dɪ'spaɪz] *vt* disprezzare

despite [dɪ'spaɪt] *prep* nonostante

dessert [dɪ'zɜːt] *n* dessert *m inv*

dessertspoon [dɪ'zɜːtspuːn] *n* cucchiaino *m*

destination [ˌdestɪ'neɪʃn] *n* destinazione *f*

destroy [dɪ'strɔɪ] *vt* distruggere

destruction [dɪ'strʌkʃn] *n* distruzione *f*

detach [dɪ'tætʃ] *vt* staccare

detached house [dɪ'tætʃt-] *n* villetta *f* unifamiliare

detail ['diːteɪl] *n* dettaglio *m* ● **in detail** dettagliatamente ◆ **details** *npl (facts)* informazioni *fpl*

detailed ['diːteɪld] *adj* dettagliato(a)

detect [dɪ'tekt] *vt* 1. *(sense)* avvertire 2. *(find)* scoprire

detective [dɪ'tektɪv] *n* detective *mf inv* ● **a detective story** un racconto poliziesco

detention [dɪ'tenʃn] *n* SCH punizione che consiste nel trattenere un alunno a scuola oltre l'orario scolastico

detergent [dɪ'tɜːdʒənt] *n* detersivo *m*

deteriorate [dɪ'tɪərɪəreɪt] *vi* deteriorarsi

determination [dɪˌtɜːmɪ'neɪʃn] *n* determinazione *f*

determine [dɪ'tɜːmɪn] *vt* 1. *(control)* determinare 2. *(find out)* accertare

determined [dɪ'tɜːmɪnd] *adj* risoluto(a) ● **to be determined to do sthg** essere determinato a fare qc

deterrent [dɪ'terənt] *n* deterrente *m*

detest [dɪ'test] *vt* detestare

detour ['diː tʊəʳ] *n* deviazione *f*

detrain [ˌdiː'treɪn] *vi (fml)* scendere dal treno

deuce [djuːs] *n (tennis)* parità *f*

devastate ['devəsteɪt] *vt* devastare

develop [dɪ'veləp] ◇ *vt* 1. sviluppare 2. *(machine, method)* perfezionare 3. *(illness, habit)* contrarre ◇ *vi (evolve)* svilupparsi

developing country [dɪ'veləpɪŋ-] *n* paese *m* in via di sviluppo

development [dɪ'veləpmənt] *n* sviluppo *m* ● **a housing development** un complesso residenziale

device [dɪ'vaɪs] *n* congegno *m*

devil ['devl] *n* diavolo *m* ● **what the devil ...?** *(inf)* che diavolo ...?

devise [dɪ'vaɪz] *vt* escogitare

devolution [ˌdiːvə'luːʃn] *n* decentralizzazione *f*

devoted [dɪ'vəʊtɪd] *adj (person)* affezionato(a)

dew [djuː] *n* rugiada *f*

diabetes [ˌdaɪə'biːtiːz] *n* diabete *m*

diabetic [ˌdaɪə'betɪk] ◇ *adj* 1. *(person)* diabetico(a) 2. *(chocolate)* per diabetici ◇ *n* diabetico *m*, -a *f*

diagnosis [ˌdaɪəg'nəʊsɪs] *(pl* **-oses)** *n* diagnosi *f inv*

diagonal [daɪ'ægənl] *adj* diagonale

diagram ['daɪəgræm] *n* diagramma *m*

dial ['daɪəl] ◇ *n* 1. *(of telephone)* disco *m* combinatore 2. *(of clock)* quadrante *m* 3. *(of radio)* scala *f* ◇ *vt (number)* comporre

dialling code ['daɪəlɪŋ-] *n (UK)* prefisso *m* telefonico

dialling tone ['daɪəlɪŋ-] *n (UK)* segnale *m* di libero

dial tone *(US)* = **dialling tone**

diameter [daɪ'æmɪtəʳ] *n* diametro *m*

diamond ['daɪəmənd] *n (gem)* diamante

m ♦ **diamonds** *npl* (*in cards*) quadri *mpl*

diaper ['daɪpə'] *n* (*US*) pannolino *m*

diarrhoea [,daɪə'rɪə] *n* diarrea *f*

diary ['daɪərɪ] *n* **1.** (*for appointments*) agenda *f* **2.** (*journal*) diario *m*

dice [daɪs] (*pl inv*) *n* dado *m*

diced [daɪst] *adj* a dadini

dictate [dɪk'teɪt] *vt* dettare

dictation [dɪk'teɪ∫n] *n* dettato *m*

dictator [dɪk'teɪtə'] *n* dittatore *m*, -trice *f*

dictionary ['dɪk∫ənrɪ] *n* dizionario *m*

did [dɪd] *pt* > **do**

die [daɪ] (*pt & pp* **died**, *cont* **dying**) *vi* morire ♦ **to be dying for sthg** (*inf*) morire dalla voglia di qc ♦ **to be dying to do sthg** (*inf*) morire dalla voglia di fare qc ♦ **die away** *vi* spegnersi ♦ **die out** *vi* scomparire

diesel ['diːzl] *n* **1.** (*fuel*) gasolio *m* **2.** (*car*) diesel *m inv*

diet ['daɪət] ◇ *n* **1.** (*for slimming, health*) dieta *f* **2.** (*food eaten*) alimentazione *f* ◇ *vi* essere a dieta ◇ *adj* dietetico(a)

diet Coke ® *n* coca *f* light ®

differ ['dɪfə'] *vi* ♦ **to differ (from)** (*disagree*) non essere d'accordo (con); (*be dissimilar*) essere diverso (da)

difference ['dɪfrəns] *n* differenza *f* ♦ **it makes no difference** è lo stesso ♦ **a difference of opinion** una divergenza di opinioni

different ['dɪfrənt] *adj* diverso(a) ♦ **to be different (from)** essere diverso (da) ♦ **a different route** un'altra strada

differently ['dɪfrəntlɪ] *adv* in modo diverso

difficult ['dɪfɪkəlt] *adj* difficile

difficulty ['dɪfɪkəltɪ] *n* difficoltà *f inv*

dig [dɪg] (*pt & pp* **dug**) *vt & vi* scavare ♦ **dig out** *vt sep* **1.** (*rescue*) estrarre **2.** (*find*) scovare ♦ **dig up** *vt sep* (*from ground*) dissotterrare

digest [dɪ'dʒest] *vt* digerire

digestion [dɪ'dʒest∫n] *n* digestione *f*

digestive (biscuit) [dɪ'dʒestɪv-] *n* (*UK*) biscotto di frumento con farina integrale

digit ['dɪdʒɪt] *n* **1.** (*figure*) cifra *f* **2.** (*finger, toe*) dito *m*

digital ['dɪdʒɪtl] *adj* digitale

digital radio *n* radio *f inv* digitale

dill [dɪl] *n* aneto *m*

dilute [daɪ'luːt] *vt* (*liquid*) diluire

dim [dɪm] ◇ *adj* **1.** (*light*) debole **2.** (*room*) buio(a) **3.** (*inf*) (*stupid*) ottuso(a) ◇ *vt* (*light*) abbassare

dime [daɪm] *n* (*US*) moneta *f* da dieci centesimi di dollaro

dimensions [dɪ'men∫nz] *npl* dimensioni *fpl*

din [dɪn] *n* baccano *m*

dine [daɪn] *vi* cenare ♦ **dine out** *vi* cenare fuori

diner ['daɪnə'] *n* **1.** (*US*) (*restaurant*) ≃ tavola *f* calda **2.** (*person*) cliente *mf*

dinghy ['dɪŋgɪ] *n* **1.** (*with sail, oars*) barca *f* **2.** (*for racing*) dinghy *m inv* **3.** (*made of rubber*) canotto *m*

dingy ['dɪndʒɪ] *adj* **1.** (*clothes*) sporco(a) **2.** (*town, hotel*) squallido(a)

dining car ['daɪnɪŋ-] *n* carrozza *f* ristorante

dining hall ['daɪnɪŋ-] *n* refettorio *m*

dining room ['daɪnɪŋ-] *n* sala *f* da pranzo

dinner ['dɪnə'] *n* **1.** (*at lunchtime*) pranzo

m **2.** *(in evening)* cena *f* ◆ **to have dinner** *(at lunchtime)* pranzare; *(in evening)* cenare

dinner jacket *n* giacca *f* dello smoking

dinner party *n* cena *f*

dinner set *n* servizio *m* da tavola

dinner suit *n* smoking *m* inv

dinnertime ['dɪnətaɪm] *n* ora *f* di cena

dinosaur ['daɪnəsɔː'] *n* dinosauro *m*

dip [dɪp] ◇ *n* **1.** *(in road, land)* avvallamento *m* **2.** *(food)* salsetta cremosa in cui intingere patatine o verdure crude ◇ *vt (into liquid)* immergere ◇ *vi (road, land)* digradare ◆ **to have a dip** *(swim)* fare una nuotatina ◆ **to dip one's headlights** *(UK)* spegnere gli abbaglianti

diploma [dɪ'pləumə] *n* diploma *m*

dipstick ['dɪpstɪk] *n* asta *f* di livello

direct [dɪ'rekt] ◇ *adj* diretto(a) ◇ *adv* **1.** *(go)* direttamente **2.** *(travel)* senza fermarsi ◇ *vt* ◆ **can you direct me to the railway station?** mi può indicare la strada per la stazione?

direct current *n* corrente *f* continua

direction [dɪ'rekʃn] *n* *(of movement)* direzione *f* ◆ **to ask for directions** chiedere indicazioni ◆ **directions** *npl (instructions)* istruzioni *fpl*

directly [dɪ'rektlɪ] *adv* **1.** *(exactly)* proprio **2.** *(soon)* subito

director [dɪ'rektə'] *n* **1.** *(of company)* amministratore *m*, -trice *f* **2.** *(of film, play, TV programme)* regista *mf* **3.** *(organizer)* direttore *m*, -trice *f*

directory [dɪ'rektərɪ] *n* elenco *m*

directory enquiries *n* *(UK)* informazioni *fpl* elenco abbonati

dirt [dɜːt] *n* **1.** sporcizia *f* **2.** *(earth)* terra *f*

dirty ['dɜːtɪ] *adj* sporco(a)

disability [ˌdɪsə'bɪlɪtɪ] *n* **1.** handicap *m* inv **2.** *(through old age, illness)* invalidità *f* inv

disabled [dɪs'eɪbld] ◇ *adj* disabile ◇ *npl* ◆ **the disabled** i portatori di handicap ▼ **disabled toilet** toilette per portatori di handicap

disadvantage [ˌdɪsəd'vɑːntɪdʒ] *n* svantaggio *m*

disagree [ˌdɪsə'griː] *vi* non essere d'accordo ◆ **to disagree with sb (about)** non essere d'accordo con qn (su) ◆ **those mussels disagreed with me** quelle cozze mi hanno fatto male

disagreement [ˌdɪsə'griːmənt] *n* **1.** *(argument)* discussione *f* **2.** *(dissimilarity)* disaccordo *m*

disappear [ˌdɪsə'pɪə'] *vi* sparire

disappearance [ˌdɪsə'pɪərəns] *n* scomparsa *f*

disappoint [ˌdɪsə'pɔɪnt] *vt* deludere

disappointed [ˌdɪsə'pɔɪntɪd] *adj* deluso(a)

disappointing [ˌdɪsə'pɔɪntɪŋ] *adj* deludente

disappointment [ˌdɪsə'pɔɪntmənt] *n* delusione *f*

disapprove [ˌdɪsə'pruːv] *vi* ◆ **to disapprove of** disapprovare

disarmament [dɪs'ɑːməmənt] *n* disarmo *m*

disaster [dɪ'zɑːstə'] *n* disastro *m*

disastrous [dɪ'zɑːstrəs] *adj* disastroso(a)

disc [dɪsk] *n* **1.** *(UK)* disco *m* **2.** *(UK) (CD)* compact disc *m* inv ◆ **I slipped a disc** mi è venuta l'ernia al disco

discard [dɪ'skɑːd] *vt* scartare

discharge [dɪs'tʃɑːdʒ] *vt* **1.** *(prisoner)* rilasciare **2.** *(patient)* dimettere **3.** *(soldier)* congedare **4.** *(smoke, gas)* emettere **5.** *(liquid)* scaricare

discipline ['dɪsɪplɪn] *n* disciplina *f*

disc jockey *n* disc-jockey *mf inv*

disco ['dɪskəʊ] *(pl* **-s)** *n* **1.** *(place)* discoteca *f* **2.** *(event)* festa *f*

discoloured [dɪs'kʌləd] *adj* scolorito(a)

discomfort [dɪs'kʌmfət] *n* fastidio *m*

disconnect [ˌdɪskə'nekt] *vt* **1.** staccare **2.** *(gas supply)* chiudere **3.** *(pipe)* scollegare

discontinued [ˌdɪskən'tɪnjuːd] *adj (product)* di fine serie

discotheque ['dɪskəʊtek] *n* **1.** *(place)* discoteca *f* **2.** *(event)* festa *f*

discount ['dɪskaʊnt] *n* sconto *m*

discover [dɪs'kʌvə'] *vt* scoprire

discovery [dɪs'kʌvərɪ] *n* scoperta *f*

discreet [dɪs'kriːt] *adj* discreto(a)

discrepancy [dɪs'krepənsɪ] *n* discrepanza *f*

discriminate [dɪs'krɪmɪneɪt] *vi* ● **to discriminate against sb** discriminare contro qn

discrimination [dɪˌskrɪmɪ'neɪʃn] *n (unfair treatment)* discriminazione *f*

discuss [dɪs'kʌs] *vt* discutere

discussion [dɪs'kʌʃn] *n* discussione *f*

disease [dɪ'ziːz] *n* malattia *f*

disembark [ˌdɪsɪm'bɑːk] *vi* sbarcare

disgrace [dɪs'greɪs] *n (shame)* vergogna *f* ● **it's a disgrace!** è una vergogna!

disgraceful [dɪs'greɪsfʊl] *adj* vergognoso(a)

disguise [dɪs'gaɪz] ◇ *n* travestimento *m* ◇ *vt* travestire ● **in disguise** travestito(a)

disgust [dɪs'gʌst] ◇ *n* disgusto *m* ◇ *vt* disgustare

disgusting [dɪs'gʌstɪŋ] *adj* disgustoso(a)

dish [dɪʃ] *n* piatto *m* ● **to do the dishes** fare i piatti ▼ **dish of the day** piatto del giorno ● **dish up** *vt sep* servire

dishcloth ['dɪʃklɒθ] *n* strofinaccio *m*

disheveled [dɪ'ʃevəld] *(US)* = **dishevelled**

dishevelled [dɪ'ʃevəld] *adj* **1.** *(UK) (hair)* arruffato(a) **2.** *(appearance)* trasandato(a)

dishonest [dɪs'ɒnɪst] *adj* disonesto(a)

dish towel *n (US)* strofinaccio *m*

dishwasher ['dɪʃˌwɒʃə'] *n (machine)* lavastoviglie *f inv*

disinfectant [ˌdɪsɪn'fektənt] *n* disinfettante *m*

disintegrate [dɪs'ɪntɪgreɪt] *vi* disintegrarsi

disk [dɪsk] *n* **1.** *(US)* = **disc 2.** COMPUT dischetto *m*

disk drive *n* drive *m inv*

dislike [dɪs'laɪk] ◇ *n (poor opinion)* antipatia *f* ◇ *vt* ● **I dislike them** non mi piacciono ● **to take a dislike to** prendere in antipatia

dislocate ['dɪsləkeɪt] *vt* ● **to dislocate one's shoulder** slogarsi la spalla

dismal ['dɪzml] *adj* **1.** *(weather, place)* deprimente **2.** *(terrible)* pessimo(a)

dismantle [dɪs'mæntl] *vt* smontare

dismay [dɪs'meɪ] *n* sgomento *m*

dismiss [dɪs'mɪs] *vt* **1.** *(not consider)* ignorare **2.** *(from job)* licenziare **3.** *(from classroom)* congedare

disobedient [ˌdɪsə'biːdjənt] *adj* disubbidiente

disobey [,dɪsə'beɪ] *vt* disubbidire

disorder [dɪs'ɔːdəʳ] *n* **1.** *(confusion)* disordine *m* **2.** *(illness)* disturbo *m*

disorganized [dɪs'ɔːgənaɪzd] *adj* disorganizzato(a)

dispatch [dɪ'spætʃ] *vt* inviare

dispense [dɪ'spens] ◆ **dispense with** *vt insep* fare a meno di

dispenser [dɪ'spensəʳ] *n* *(device)* distributore *m*

dispensing chemist [dɪ'spensɪŋ-] *n* *(UK)* *(shop)* farmacia *f*

disperse [dɪ'spɜːs] ◇ *vt* disperdere ◇ *vi* disperdersi

display [dɪ'spleɪ] ◇ *n* **1.** *(of goods)* esposizione *f* **2.** *(public event)* spettacolo *m* **3.** *(readout)* schermo *m* ◇ *vt* **1.** *(goods, information)* esporre **2.** *(feeling, quality)* manifestare ● **on display** in mostra

displeased [dɪs'pliːzd] *adj* contrariato(a)

disposable [dɪ'spəʊzəbl] *adj* usa-e-getta *(inv)*

disposable camera *n* macchina *f* fotografica usa-e-getta

dispute [dɪ'spjuːt] ◇ *n* **1.** *(argument)* controversia *f* **2.** *(industrial)* vertenza *f* ◇ *vt* mettere in discussione

disqualify [,dɪs'kwɒlɪfaɪ] *vt* squalificare ● **he is disqualified from driving** *(UK)* gli hanno ritirato la patente

disregard [,dɪsrɪ'gɑːd] *vt* ignorare

disrupt [dɪs'rʌpt] *vt* disturbare

disruption [dɪs'rʌpʃn] *n* disordine *m*

dissatisfied [,dɪs'sætɪsfaɪd] *adj* insoddisfatto(a)

dissolve [dɪ'zɒlv] ◇ *vt* sciogliere ◇ *vi* sciogliersi

dissuade [dɪ'sweɪd] *vt* ● **to dissuade sb from doing sthg** dissuadere qn dal fare qc

distance ['dɪstəns] *n* distanza *f* ● **from a distance** da lontano ● **in the distance** in lontananza

distant ['dɪstənt] *adj* **1.** distante **2.** *(in time)* lontano(a)

distilled water [dɪ'stɪld-] *n* acqua *f* distillata

distillery [dɪ'stɪlərɪ] *n* distilleria *f*

distinct [dɪ'stɪŋkt] *adj* **1.** *(separate)* distinto(a) **2.** *(noticeable)* chiaro(a)

distinction [dɪ'stɪŋkʃn] *n* **1.** *(difference)* distinzione *f* **2.** *(mark in exam)* lode *f*

distinctive [dɪ'stɪŋktɪv] *adj* inconfondibile

distinguish [dɪ'stɪŋgwɪʃ] *vt* *(perceive)* distinguere ● **to distinguish sthg from sthg** distinguere qc da qc

distorted [dɪ'stɔːtɪd] *adj* distorto(a)

distract [dɪ'strækt] *vt* distrarre

distraction [dɪ'strækʃn] *n* distrazione *f*

distress [dɪ'stres] *n* **1.** *(pain)* sofferenza *f* **2.** *(anxiety)* angoscia *f*

distressing [dɪ'stresɪŋ] *adj* doloroso(a)

distribute [dɪ'strɪbjuːt] *vt* distribuire

distributor [dɪ'strɪbjʊtəʳ] *n* **1.** COMM distributore *m* **2.** AUT spinterogeno *m*

district ['dɪstrɪkt] *n* **1.** regione *f* **2.** *(of town)* quartiere *m*

district attorney *n* *(US)* ≃ procuratore *m* della Repubblica

disturb [dɪ'stɜːb] *vt* **1.** *(interrupt)* disturbare **2.** *(worry)* turbare **3.** *(move)* muovere ▼ **do not disturb** non disturbare

disturbance [dɪ'stɜːbəns] *n* *(violence)* disordini *mpl*

ditch [dɪtʃ] *n* fossato *m*

ditto ['dɪtəʊ] *adv* idem

divan [dɪ'væn] *n* divano *m*

dive [daɪv] ((*US*) *pt* **-d** OR **dove**, (*UK*) **-d**) ◇ *n* (*of swimmer*) tuffo *m* ◇ *vi* **1.** tuffarsi **2.** (*under sea*) immergersi

diver ['daɪvə'] *n* **1.** (*from divingboard, rock*) tuffatore *m*, -trice *f* **2.** (*under sea*) sommozzatore *m*, -trice *f*

diversion [daɪ'vɜːʃn] *n* **1.** (*of traffic*) deviazione *f* **2.** (*amusement*) diversivo *m*

divert [daɪ'vɜːt] *vt* **1.** (*traffic, river*) deviare **2.** (*attention*) distrarre

divide [dɪ'vaɪd] *vt* dividere ● **divide up** *vt sep* dividere

diving ['daɪvɪŋ] *n* **1.** (*from divingboard, rock*) tuffi *mpl* **2.** (*under sea*) immersioni *fpl* ● **to go diving** fare sub

divingboard ['daɪvɪŋbɔːd] *n* trampolino *m*

division [dɪ'vɪʒn] *n* **1.** divisione *f* **2.** (*in football league*) serie *f*

divorce [dɪ'vɔːs] ◇ *n* divorzio *m* ◇ *vt* divorziare da

divorced [dɪ'vɔːst] *adj* divorziato(a)

DIY [diːaɪ'waɪ] *n* (*UK*) (*abbr of* do-it-yourself) il fai da te

dizzy ['dɪzɪ] *adj* ● **I feel dizzy** mi gira la testa

DJ [diː'dʒeɪ] *n* (*abbr of* disc jockey) disc-jockey *mf inv*

do [duː] (*pt* **did**, *pp* **done**, *pl* **dos**) ◇ *aux vb* **1.** (*in negatives*) ● **don't do that!** non farlo! ● **she didn't listen** non ha ascoltato **2.** (*in questions*) ● **do you like it?** ti piace? ● **how do you do it?** come si fa? **3.** (*referring to previous verb*) ● **I eat**

more than you do io mangio più di te ● **you made a mistake - no I didn't!** ti sei sbagliato - non è vero! ● **so do I** anch'io **4.** (*in question tags*) vero?, non è vero? ● **so, you like Scotland, do you?** e così ti piace la Scozia, non è vero? **5.** (*for emphasis*) ● **I do like this bedroom** questa camera mi piace proprio ● **do come in!** si accomodi!

◇ *vt* **1.** (*perform*) fare ● **to do one's homework** fare i compiti ● **what is she doing?** cosa sta facendo? ● **what can I do for you?** in cosa posso esserle utile? **2.** (*attend to*) ● **to do one's hair** pettinarsi ● **to do one's make-up** truccarsi ● **to do one's teeth** lavarsi i denti **3.** (*cause*) fare ● **to do damage** danneggiare ● **to do sb good** fare bene a qn **4.** (*have as job*) ● **what do you do?** che lavoro fai? **5.** (*provide, offer*) fare ● **we do pizzas for under £5** facciamo pizze a meno di 5 sterline **6.** (*study*) fare **7.** (*subj: vehicle*) fare ● **the car was doing 50 mph** la macchina andava a 80 km all'ora **8.** (*inf*) (*visit*) fare ● **we're doing France next week** la settimana prossima facciamo la Francia

◇ *vi* **1.** (*behave, act*) fare ● **do as I say** fai come ti dico **2.** (*progress, get on*) andare ● **to do badly** andare male ● **to do well** andare bene **3.** (*be sufficient*) bastare ● **will £5 do?** bastano 5 sterline? **4.** (*in phrases*) ● **how do you do?** piacere! ● **what has that got to do with it?** e questo che c'entra?

◇ *n* (*party*) festa *f* ● **the dos and don'ts** le cose da fare e da non fare

● **do out of** *vt sep* (*inf*) ● **to do sb out of**

sthg fregare qc a qn

◆ **do up** *vt sep (fasten)* allacciare; *(decorate)* rinnovare; *(wrap up)* impacchettare

◆ **do with** *vt insep (need)* ● I could do with a drink mi ci vuole proprio un bicchierino

◆ **do without** *vt insep* fare a meno di

dock [dɒk] ◇ *n* 1. *(for ships)* molo *m* 2. LAW banco *m* degli imputati ◇ *vt* attraccare

doctor ['dɒktə'] *n* dottore *m*, -essa *f* ● to go to the doctor's andare dal dottore

document ['dɒkjumənt] *n* documento *m*

documentary [,dɒkju'mentəri] *n* documentario *m*

dodgy ['dɒdʒi] *adj* 1. *(UK) (inf) (plan)* rischioso(a) 2. *(car)* poco sicuro(a)

does *(weak form* [dəz], *strong form* [dʌz]) ≻ do

doesn't ['dʌznt] = does not

dog [dɒg] *n* cane *m*

dog food *n* cibo *m* per cani

doggy bag['dɒgi-] *n* sacchetto per portar via gli avanzi di un pasto consumato al ristorante

do-it-yourself *n* il fai da te

dole [dəul] *n* ● to be on the dole *(UK)* prendere il sussidio di disoccupazione

doll [dɒl] *n* bambola *f*

dollar ['dɒlə'] *n* dollaro *m*

Dolomites ['dɒləmaɪts] *npl* ● the Dolomites the Dolomiti

dolphin ['dɒlfɪn] *n* delfino *m*

dome [dəum] *n* cupola *f*

domestic [də'mestɪk] *adj* 1. *(of house, family)* domestico(a) 2. *(of country)* nazionale, interno(a)

domestic appliance *n* elettrodomestico *m*

domestic flight *n* volo *m* nazionale

domestic science *n* economia *f* domestica

dominate ['dɒmɪneɪt] *vt* dominare

dominoes ['dɒmɪnəuz] *n* domino *m*

donate [də'neɪt] *vt* donare

donation [də'neɪʃn] *n* donazione *f*

done [dʌn] ◇ *pp* ≻ do ◇ *adj* 1. *(finished)* finito(a) 2. *(cooked)* cotto(a)

donkey ['dɒŋkɪ] *n* asino *m*

don't [dəunt] = do not

door [dɔː'] *n* 1. *(of building)* porta *f* 2. *(of vehicle, cupboard)* sportello *m*

doorbell ['dɔːbel] *n* campanello *m*

doorknob ['dɔːnɒb] *n* pomello *m*

doorman ['dɔːmən] *(pl* -men*)* *n* portiere *m*

doormat ['dɔːmæt] *n* zerbino *m*

doormen ['dɔːmən] *pl* ≻ doorman

doorstep ['dɔːstep] *n* 1. gradino *m* della porta 2. *(UK) (inf) (piece of bread)* grossa fetta *f* di pane

doorway ['dɔːweɪ] *n* porta *f*

dope [dəup] *n* 1. *(inf) (any illegal drug)* roba *f* 2. *(marijuana)* erba *f*

dormitory ['dɔːmətrɪ] *n* dormitorio *m*

dosage ['dəusɪdʒ] *n* dosaggio *m*

dose [dəus] *n* 1. *(amount)* dose *f* 2. *(of illness)* attacco *m*

dot [dɒt] *n* punto *m* ● on the dot *(fig)* in punto

dotted line ['dɒtɪd-] *n* linea *f* punteggiata

double ['dʌbl] ◇ *adj* doppio(a) ◇ *adv*

(twice the amount) due volte ◇ *n* **1.** *(twice the amount)* doppio *m* **2.** *(alcohol)* dose *f* doppia ◇ *vt* & *vi* raddoppiare ● **double three, two, eight** trentatré, ventotto ● **a double whisky** un doppio whisky ● **to bend sthg double** piegare qc in due ◆ **doubles** *n* *(in tennis)* doppio *m*

double bed *n* letto *m* matrimoniale

double-breasted [-'brestid] *adj* a doppio petto

double-click ◇ *vt* & *vi* COMPUT fare doppio click ◇ *n* COMPUT doppio click *m*

double cream *n* (UK) *panna molto densa ad alto contenuto di grassi*

double-decker (bus) [-'dekə'-] *n* autobus *m inv* a due piani

double doors *npl* porte *fpl* a due battenti

double-glazing [-'gleizin] *n* doppi vetri *mpl*

double room *n* camera *f* per due

doubt [daʊt] ◇ *n* dubbio *m* ◇ *vt* dubitare di ● **I doubt it** ne dubito ● **I doubt she'll be there** dubito che ci sarà ● **in doubt** in dubbio ● **no doubt** *(almost certainly)* senza dubbio

doubtful ['daʊtfʊl] *adj* *(uncertain)* incerto(a) ● **it's doubtful that ...** è improbabile che ... *(+ subjunctive)*

dough [dəʊ] *n* pasta *f*, impasto *m* *(per pane, dolci)*

doughnut ['dəʊnʌt] *n* bombolone *m*

dove[1] [dʌv] *n* *(bird)* colomba *f*

dove[2] [dəʊv] *pt* (US) ➢ **dive**

Dover ['dəʊvə'] *n* Dover *f*

down [daʊn]
◇ *adv* **1.** *(towards the bottom)* giù ● **down**

here quaggiù ● **down there** laggiù ● **to fall down** cadere **2.** *(along)* ● **I'm going down to the shops** vado ai negozi **3.** *(downstairs)* ● **I'll come down later** scenderò più tardi **4.** *(southwards)* ● **we're going down to London** andiamo a Londra **5.** *(in writing)* ● **to write sthg down** scrivere qc
◇ *prep* **1.** *(towards the bottom of)* ● **they ran down the hill** corsero giù per la collina **2.** *(along)* lungo ● **I was walking down the street** camminavo lungo la strada
◇ *adj* *(inf)* *(depressed)* giù *(inv)*
◇ *n* *(feathers)* piumino *m* ◆ **downs** *npl* colline *fpl*

downhill [,daʊn'hɪl] *adv* in discesa

Downing Street ['daʊnɪŋ-] *n* Downing Street *f* *(strada di Londra dove si trova la residenza del primo ministro)*

Downing Street

Il numero 10 di Downing Street a Londra è la residenza ufficiale del Primo Ministro del Regno Unito. Tony Blair è stato il primo premier a scegliere di risiedere al numero 11, più spazioso e accogliente. I media utilizzano spesso questo nome come sinonimo di governo o Primo Ministro.

downpour ['daʊnpɔː'] *n* acquazzone *m*

downstairs [,daʊn'steəz] ◇ *adj* di sotto ◇ *adv* al piano di sotto ● **to go downstairs** scendere giù

downtown [,daʊn'taʊn] ◇ *adj* **1.** *(hotel)*

del centro **2.** *(train)* per il centro ◇ *adv* **1.** in centro **2.** ● **downtown New York** il centro di New York

down under *adv* *(UK)* *(inf)* *(in Australia)* in Australia

downwards ['daʊnwədz] *adv* verso il basso

doz. *abbr* = **dozen**

doze [dəʊz] *vi* fare un pisolino

dozen ['dʌzn] *n* dozzina *f* ● **a dozen eggs** una dozzina di uova

Dr (*abbr of* doctor) Dott. *m* (Dott.ssa *f*)

drab [dræb] *adj* grigio(a)

draft [drɑːft] *n* **1.** *(early version)* bozza *f* **2.** *(money order)* tratta *f* **3.** *(US)* = **draught**

drag [dræg] ◇ *vt* *(pull along)* trascinare ◇ *vi* *(along ground)* strascicare ● **what a drag!** *(inf)* che seccatura! ● **drag on** *vi* trascinarsi

dragonfly ['drægnflaɪ] *n* libellula *f*

drain [dreɪn] ◇ *n* **1.** *(sewer)* fogna *f* **2.** *(grating in street)* tombino *m* ◇ *vt* *(tank, radiator)* svuotare ◇ *vi* *(vegetables, washing-up)* scolare

draining board ['dreɪnɪŋ-] *n* scolatoio *m*

drainpipe ['dreɪnpaɪp] *n* tubo *m* di scarico

drama ['drɑːmə] *n* **1.** *(play, exciting event)* dramma *m* **2.** *(art)* teatro *m* **3.** *(excitement)* emozioni *fpl*

dramatic [drə'mætɪk] *adj* *(impressive)* sensazionale

drank [dræŋk] *pt* > **drink**

drapes [dreɪps] *npl* *(US)* tende *fpl*

drastic ['dræstɪk] *adj* **1.** drastico(a) **2.** *(improvement)* netto(a)

drastically ['dræstɪklɪ] *adv* sensibilmente

draught [drɑːft] *n* *(UK)* *(of air)* corrente *f* d'aria

draught beer *n* birra *f* alla spina

draughts [drɑːfts] *n* *(UK)* dama *f*

draughty ['drɑːftɪ] *adj* pieno di correnti d'aria

draw [drɔː] (*pt* drew, *pp* drawn) ◇ *vt* **1.** *(with pen, pencil)* disegnare **2.** *(line)* tracciare **3.** *(pull)* tirare **4.** *(attract)* attirare **5.** *(conclusion)* trarre **6.** *(comparison)* fare ◇ *vi* **1.** *(with pen, pencil)* disegnare **2.** SPORT pareggiare ◇ *n* **1.** SPORT *(result)* pareggio *m*; *(lottery)* estrazione *f* **2.** ● **to draw the curtains** tirare le tende ●**draw out** *vt sep* *(money)* prelevare ●**draw up** ◇ *vt sep* *(list, plan)* stendere ◇ *vi* *(car, bus)* accostarsi

drawback ['drɔːbæk] *n* inconveniente *m*

drawer [drɔː'] *n* cassetto *m*

drawing ['drɔːɪŋ] *n* disegno *m*

drawing pin *n* *(UK)* puntina *f* da disegno

drawing room *n* salotto *m*

drawn [drɔːn] *pp* > **draw**

dreadful ['dredfʊl] *adj* terribile

dream [driːm] ◇ *n* sogno *m* ◇ *vt* sognare ◇ *vi* ● **to dream (of)** sognare (di) ● **a dream house** una casa da sogno

dress [dres] ◇ *n* **1.** vestito *m* **2.** *(clothes)* abbigliamento *m* ◇ *vt* **1.** vestire **2.** *(wound)* fasciare **3.** *(salad)* condire ◇ *vi* **1.** *(get dressed)* vestirsi **2.** *(in particular way)* vestire ● **to be dressed in** essere vestito di ● **to get dressed** vestirsi ●**dress up** *vi* mettersi in ghingheri

dress circle *n* prima galleria *f*

dresser ['dresə'] *n* **1.** *(UK)* *(for crockery)*

credenza f **2.** (US) (chest of drawers) comò m inv

dressing ['dresɪŋ] n **1.** (for salad) condimento m **2.** (for wound) fasciatura f

dressing gown n vestaglia f

dressing room n camerino m

dressing table n toilette f inv

dressmaker ['dres,meɪkə'] n sarto m, -a f

dress rehearsal n prova f generale

drew [dru:] pt ➤ **draw**

dribble ['drɪbl] vi **1.** (liquid) gocciolare **2.** (baby) sbavare

drier ['draɪə'] = **dryer**

drift [drɪft] ◇ n **1.** (of snow) cumulo m ◇ vi **1.** (in wind) essere spinto dal vento **2.** (in water) essere spinto dalla corrente

drill [drɪl] ◇ n trapano m ◇ vt (hole) fare

drink [drɪŋk] (pt drank, pp drunk) ◇ n **1.** bevanda f **2.** (alcoholic) bicchierino m ◇ vt & vi bere ● would you like a drink? vuoi qualcosa da bere? ● to have a drink (alcoholic) bere un bicchierino

drinkable ['drɪŋkəbl] adj **1.** (safe to drink) potabile **2.** (wine) bevibile

drinking water ['drɪŋkɪŋ-] n acqua f potabile

drip [drɪp] ◇ n **1.** (drop) goccia f **2.** flebo f inv ◇ vi gocciolare

drip-dry adj che non si stira

dripping (wet) ['drɪpɪŋ-] adj fradicio(a)

drive [draɪv] (pt drove, pp driven) ◇ n **1.** (journey) viaggio m (in macchina) **2.** (in front of house) viale m d'accesso ◇ vi **1.** (in car) guidare **2.** (travel in car) andare in macchina ◇ vt **1.** (car, bus, train) guidare **2.** (take in car) portare (in macchina) **3.** (operate, power) ● it's

driven by electricity funziona a elettricità ● it's two hours' drive from here è a due ore di macchina da qui ● to go for a drive andare a fare un giro in macchina ● to drive sb to do sthg spingere qn a fare qc ● to drive sb mad far diventare matto qn ● can you drive me to the station? mi accompagni alla stazione?

drivel ['drɪvl] n scemenze fpl

driven ['drɪvn] pp ➤ **drive**

driver ['draɪvə'] n **1.** (of car, bus) conducente mf **2.** (of train) macchinista m **3.** (of taxi) tassista mf

driver's license (US) = **driving licence**

driveshaft ['draɪvʃɑ:ft] n albero m motore

driveway ['draɪvweɪ] n vialetto m d'accesso

driving lesson ['draɪvɪŋ-] n lezione f di guida

driving licence ['draɪvɪŋ-] n (UK) patente f di guida

driving test ['draɪvɪŋ-] n esame m di guida

drizzle ['drɪzl] n pioggerellina f

drop [drɒp] ◇ n **1.** (drip) goccia f **2.** (small amount) goccio m **3.** (distance down) salto m **4.** (decrease) calo m **5.** (in wages) riduzione f ◇ vt **1.** lasciar cadere **2.** (reduce) ridurre **3.** (from vehicle) far scendere **4.** (omit) saltare ◇ vi **1.** (fall) cadere **2.** (decrease) diminuire ● to drop a hint that far capire che ● to drop sb a line scrivere due righe a qn ◆ **drop in** vi (inf) fare un salto ◆ **drop off** ◇ vt sep (from vehicle) far scendere ◇ vi **1.**

(fall asleep) addormentarsi **2.** *(fall off)* staccarsi ◆ **drop out** *vi (of college, race)* ritirarsi

drought [draʊt] *n* siccità *f inv*

drove [drəʊv] *pt* > **drive**

drown [draʊn] *vi* annegare

drug [drʌg] ◇ *n* **1.** farmaco *m* **2.** *(stimulant)* droga *f* ◇ *vt* drogare

drug addict *n* tossicodipendente *mf*

druggist ['drʌgɪst] *n (US)* farmacista *mf*

drum [drʌm] *n* **1.** *MUS* tamburo *m* **2.** *(container)* fusto *m* ◆ **drums** *npl* batteria *f*

drummer ['drʌmə'] *n* batterista *mf*

drumstick ['drʌmstɪk] *n (of chicken)* coscia *f* (di pollo)

drunk [drʌŋk] ◇ *pp* > **drink** ◇ *adj* ubriaco(a) ◇ *n* ubriaco *m* ◆ **to get drunk** ubriacarsi

dry [draɪ] ◇ *adj* **1.** secco(a) **2.** *(weather, day)* asciutto(a) ◇ *vt* asciugare ◇ *vi* asciugarsi ◆ **to dry o.s.** asciugarsi ◆ **to dry one's hair** asciugarsi i capelli ◆ **dry up** *vi* **1.** *(become dry)* seccarsi **2.** *(dry the dishes)* asciugare i piatti

dry-clean *vt* pulire a secco

dry cleaner's *n* lavanderia *f* (a secco)

dryer ['draɪə'] *n* **1.** *(for clothes)* asciuga-biancheria *m inv* **2.** *(for hair)* asciuga-capelli *m inv*

dry-roasted peanuts [-'rəʊstɪd-] *npl* arachidi *fpl* tostate

DTP [ˌdiːtiːˈpiː] *n (abbr of desktop publishing)* desktop publishing *m*

dual carriageway ['djuːəl-] *n (UK)* strada *f* a doppia carreggiata

dubbed [dʌbd] *adj (film)* doppiato(a) *f*

dubious ['djuːbjəs] *adj (suspect)* dubbio(a)

duchess ['dʌtʃɪs] *n* duchessa *f*

duck [dʌk] ◇ *n* anatra *f* ◇ *vi* abbassarsi

due [djuː] *adj* **1.** *(expected)* atteso(a) **2.** *(owed)* dovuto(a) ◆ **to be due** *(bill, rent)* scadere ◆ **in due course** a tempo debito ◆ **due to** a causa di

duet [djuːˈet] *n* duetto *m*

duffel bag ['dʌfl-] *n* sacca *f* da viaggio

duffel coat ['dʌfl-] *n* montgomery *m inv*

dug [dʌg] *pt & pp* > **dig**

duke [djuːk] *n* duca *m*

dull [dʌl] *adj* **1.** *(boring)* noioso(a) **2.** *(not bright)* spento(a) **3.** *(weather)* coperto(a) **4.** *(pain)* sordo(a)

dumb [dʌm] *adj* **1.** *(inf) (stupid)* stupido(a) **2.** *(unable to speak)* muto(a)

dummy ['dʌmɪ] *n* **1.** *(UK) (for baby)* ciuccio *m* **2.** *(for clothes)* manichino *m*

dump [dʌmp] ◇ *n* **1.** *(for rubbish)* discarica *f* **2.** *(inf) (place)* porcile *m* ◇ *vt* **1.** *(drop carelessly)* gettare **2.** *(get rid of)* scaricare

dumpling ['dʌmplɪŋ] *n* gnocco *m* di pasta *cotto al vapore e servito insieme agli stufati*

dune [djuːn] *n* duna *f*

dungarees [ˌdʌŋgəˈriːz] *npl* **1.** *(for work)* tuta *f* **2.** *(UK) (fashion item)* salopette *f inv*

dungeon ['dʌndʒən] *n* segreta *f*

duplicate ['djuːplɪkət] *n* duplicato *m*

during ['djʊərɪŋ] *prep* durante

dusk [dʌsk] *n* crepuscolo *m*

dust [dʌst] ◇ *n* polvere *f* ◇ *vt* spolverare

dustbin ['dʌstbɪn] *n (UK)* pattumiera *f*

dustcart ['dʌstkɑːt] *n (UK)* camion *m inv* delle immondizie

duster ['dʌstə'] *n* straccio *m (per spolverare)*

dustman ['dʌstmən] *(pl* **-men)** *n (UK)* netturbino *m*

dustpan ['dʌstpæn] *n* paletta *f (per la spazzatura)*

dusty ['dʌstɪ] *adj* polveroso(a)

Dutch [dʌtʃ] ◇ *adj* olandese ◇ *n (language)* olandese *m* ♦ *npl* ● **the Dutch** gli olandesi

Dutchman ['dʌtʃmən] *(pl* **-men)** *n* olandese *m*

Dutchwoman ['dʌtʃ,wʊmən] *(pl* **-women)** *n* olandese *f*

duty ['dju:tɪ] *n* **1.** *(moral obligation)* dovere *m* **2.** *(tax)* dazio *m*, tassa *f* ● **to be on duty** essere in OR di servizio ● **to be off duty** essere fuori servizio, essere libero ♦ **duties** *npl (job)* mansioni *fpl*

duty chemist's *n* farmacia *f* di turno

duty-free ◇ *adj* esente da dazio ◇ *n* duty free *m inv*

duty-free shop *n* duty free shop *m inv*

duvet ['du:veɪ] *n* piumone ® *m*

DVD [di:vi:'di:] *noun (abbr of Digital Video o Versatile Disc)* DVD *m inv (Digital Video o Versatile Disc)*

DVD player *n* lettore *m* DVD

DVD-ROM [di:vi:di:'rɒm] *noun (abbr of Digital Video or Versatile Disc read only memory)* DVD-ROM *m inv*

dwarf [dwɔːf] *(pl* **dwarves)** *n* nano *m*, -a *f*

dwelling ['dwelɪŋ] *n (fml)* abitazione *f*

dye [daɪ] ◇ *n* tinta *f* ◇ *vt* tingere

dynamite ['daɪnəmaɪt] *n* dinamite *f*

dynamo ['daɪnəməʊ] *(pl* **-s)** *n (on bike)* dinamo *f inv*

dyslexic [dɪs'leksɪk] *adj* dislessico(a)

eE

E *(abbr of east)* E

each [i:tʃ] ◇ *adj* ogni *(inv)*, ciascuno(a) ◇ *pron* ciascuno *m*, -a *f,* ognuno *m*, -a *f* ● **each one** ognuno ● **each of them** ognuno di loro ● **one each** uno ciascuno ● **one of each** uno di ciascuno ● **they know each other** si conoscono

eager ['i:gə'] *adj (pupil, expression)* entusiasta ● **to be eager to do sthg** essere impaziente di fare qc

eagle ['i:gl] *n (bird)* aquila *f*

ear [ɪə'] *n* **1.** orecchio *m* **2.** *(of corn)* spiga *f*

earache ['ɪəreɪk] *n* ● **to have earache** avere mal *m* d'orecchi

earl [ɜːl] *n* conte *m*

early ['ɜːlɪ] ◇ *adj* **1.** *(childhood)* primo(a) **2.** *(train)* di buon'ora **3.** *(before usual or arranged time)* anticipato(a), precoce ◇ *adv* presto ● **in the early morning** di primo mattino ● **in the early 20th century** all'inizio del XX secolo ● **at the earliest** al più presto ● **early on** presto ● **to have an early night** andare a letto presto

earn [ɜːn] *vt* **1.** *(money)* guadagnare **2.** *(praise, success)* guadagnarsi ● **to earn a living** guadagnarsi da vivere

earnings [ˈɜːnɪŋz] *npl* guadagni *mpl*

earphones [ˈɪəfəʊnz] *npl* cuffie *fpl*

earplugs [ˈɪəplʌgz] *npl* tappi *mpl* per le orecchie

earrings [ˈɪərɪŋz] *npl* orecchini *mpl*

earth [ɜːθ] ◇ *n* terra *f* ◇ *vt* (UK) *(appliance)* mettere a terra ● **how on earth ...?** come diavolo ...?

earthenware [ˈɜːθnweə] *adj* di terra-cotta

earthquake [ˈɜːθkweɪk] *n* terremoto *m*

ease [iːz] ◇ *n* (lack of difficulty) facilità *f* ◇ *vt* (pain, problem) alleviare ● **at ease** a proprio agio ● **with ease** con facilità

ease off *vi* (pain, rain) attenuarsi

easily [ˈiːzɪlɪ] *adv* 1. facilmente 2. (by far) senza dubbio

east [iːst] ◇ *n* est *m* ◇ *adj* dell'est ◇ *adv* a est ● **in the east of England** nell'Inghilterra orientale ● **the East** (Asia) l'Oriente *m*

eastbound [ˈiːstbaʊnd] *adj* diretto(a) a est

Easter [ˈiːstə] *n* Pasqua *f*

eastern [ˈiːstən] *adj* orientale, dell'est

Eastern *adj* (Asian) orientale

Eastern Europe *n* l'Europa *f* dell'Est

eastwards [ˈiːstwədz] *adv* verso est

easy [ˈiːzɪ] *adj* 1. facile 2. (without problems) tranquillo(a) ● **to take it easy** prendersela con calma

easygoing [ˌiːzɪˈgəʊɪŋ] *adj* rilassato(a)

eat [iːt] (pt **ate**, pp **eaten**) *vt* & *vi* mangiare ◆ **eat out** *vi* mangiare fuori

eating apple [ˈiːtɪŋ-] *n* mela *f* (da mangiare cruda)

ebony [ˈebənɪ] *n* ebano *m*

EC [iːˈsiː] *n* (abbr of European Commu-

nity) CE *f*

eccentric [ɪkˈsentrɪk] *adj* eccentrico(a)

echo [ˈekəʊ] (pl **-es**) ◇ *n* eco *f* ◇ *vi* fare eco

ecology [ɪˈkɒlədʒɪ] *n* ecologia *f*

economic [ˌiːkəˈnɒmɪk] *adj* economico ◆ **economics** *n* economia *f*

economical [ˌiːkəˈnɒmɪkl] *adj* 1. (car, system) economico(a) 2. (person) parsi-monioso(a)

economize [ɪˈkɒnəmaɪz] *vi* economiz-zare, risparmiare

economy [ɪˈkɒnəmɪ] *n* economia *f*

economy class *n* classe *f* economica

economy size *adj* in confezione eco-nomica

ecstasy [ˈekstəsɪ] *n* estasi *f*

ECU [ˈekjuː] *n* ECU *m* inv

eczema [ˈeksɪmə] *n* eczema *m*

edge [edʒ] *n* 1. bordo *m* 2. (of knife) taglio *m*

edible [ˈedɪbl] *adj* commestibile

Edinburgh [ˈedɪnbrə] *n* Edimburgo *f*

Edinburgh Festival *n* ● **the Edinburgh Festival** il festival di Edimburgo

edition [ɪˈdɪʃn] *n* 1. edizione *f* 2. (of TV programme) puntata *f*

editor [ˈedɪtə] *n* 1. (of newspaper, maga-zine) direttore *m*, -trice *f* 2. (of book) curatore *m*, -trice *f* 3. (of film, TV programme) tecnico *m*, -a *f* del montag-gio

editorial [ˌedɪˈtɔːrɪəl] *n* editoriale *n*

educate [ˈedʒʊkeɪt] *vt* istruire

education [ˌedʒʊˈkeɪʃn] *n* istruzione *f*

eel [iːl] *n* anguilla *f*

effect [ɪˈfekt] *n* effetto *m* ● **to put sthg into effect** mettere qc in atto ● **to**

take effect *(drug)* fare effetto; *(law)* entrare in vigore

effective [ɪˈfektɪv] *adj* **1.** *(successful)* efficace **2.** *(law, system)* effettivo(a)

effectively [ɪˈfektɪvlɪ] *adv* **1.** *(successfully)* efficacemente **2.** *(in fact)* effettivamente

efficient [ɪˈfɪʃənt] *adj* efficiente

effort [ˈefət] *n* sforzo *m* ● **to make an effort to do sthg** fare uno sforzo per fare qc ● **it's not worth the effort** non ne vale la pena

e.g. *adv* ad es

egg [eg] *n* uovo *m*

egg cup *n* portauovo *m inv*

egg mayonnaise *n* uova *fpl* sode in maionese

eggplant [ˈegplɑːnt] *n (US)* melanzana *f*

egg white *n* albume *m*

egg yolk *n* tuorlo *m*

Egypt [ˈiːdʒɪpt] *n* l'Egitto *m*

eiderdown [ˈaɪdədaʊn] *n* piumone® *m*

eight [eɪt] *num* otto ➤ **six**

eighteen [ˌeɪˈtiːn] *num* diciotto ➤ **six**

eighteenth [ˌeɪˈtiːnθ] *num* diciottesimo(a) ➤ **sixth**

eighth [eɪtθ] *num* ottavo(a) ➤ **sixth**

eightieth [ˈeɪtɪθ] *num* ottantesimo(a) ➤ **sixth**

eighty [ˈeɪtɪ] *num* ottanta ➤ **six**

Eire [ˈeərə] *n* la Repubblica d'Irlanda

Eisteddfod [aɪˈstedfəd] *n* festival culturale gallese

either [ˈaɪðəʳ, ˈiːðəʳ] ◇ *adj* ● **either book will do** va bene sia l'uno che l'altro libro ◇ *pron* ● **I'll take either (of them)** prendo o l'uno(a) o l'altro(a) ● **I don't like either (of them)** non mi piace né l'uno(a) né l'altro (a) ◇ *adv* ● **I**

can't either non posso neanch'io ● **either ... or** o ... o ● **on either side** su entrambi i lati

eject [ɪˈdʒekt] *vt (cassette)* espellere

elaborate [ɪˈlæbrət] *adj (needlework, design)* elaborato(a)

elastic [ɪˈlæstɪk] *n* elastico *m*

elastic band *n (UK)* elastico *m*

elbow [ˈelbəʊ] *n (of person)* gomito *m*

elder [ˈeldəʳ] *adj* più vecchio(a), maggiore

elderly [ˈeldəlɪ] ◇ *adj* anziano(a) ◇ *npl* ● **the elderly** gli anziani

eldest [ˈeldɪst] *adj* ● **the eldest son/daughter** il figlio/la figlia maggiore

elect [ɪˈlekt] *vt* eleggere ● **to elect to do sthg** *(fml) (choose)* scegliere di fare qc

election [ɪˈlekʃn] *n* elezione *f*

electric [ɪˈlektrɪk] *adj* elettrico(a)

electrical goods [ɪˈlektrɪkl-] *npl* apparecchi *mpl* elettrici

electric blanket *n* coperta *f* elettrica

electric drill *n* trapano *m* elettrico

electric fence *n* recinto *m* elettrificato

electrician [ˌɪlekˈtrɪʃn] *n* elettricista *mf*

electricity [ˌɪlekˈtrɪsətɪ] *n* elettricità *f*

electric shock *n* scossa *f* elettrica

electrocute [ɪˈlektrəkjuːt] *vt* fulminare

electronic [ˌɪlekˈtrɒnɪk] *adj* elettronico(a)

elegant [ˈelɪgənt] *adj* elegante

element [ˈelɪmənt] *n* **1.** elemento *m* **2.** *(of fire, kettle)* resistenza *f* ● **the elements** *(weather)* gli elementi

elementary [ˌelɪˈmentərɪ] *adj* elementare

elephant [ˈelɪfənt] *n* elefante *m*

elevator [ˈelɪveɪtəʳ] n (US) ascensore m

eleven [ɪˈlevn] num undici ➤ **six**

eleventh [ɪˈlevnθ] num undicesimo(a) ➤ **sixth**

eligible [ˈelɪdʒəbl] adj che ha i requisiti

eliminate [ɪˈlɪmɪneɪt] vt eliminare

Elizabethan [ɪˌlɪzəˈbiːθn] adj elisabettiano *(seconda metà del XVI sec.)*

elm [elm] n olmo m

else [els] adv ● **I don't want anything else** non voglio nient'altro ● **anything else?** altro? ● **everyone else** tutti gli altri ● **nobody else** nessun altro ● **nothing else** nient'altro ● **somebody else** qualcun altro ● **something else** qualcos'altro ● **somewhere else** da qualche altra parte ● **what else?** che altro? ● **who else?** chi altri? ● **or else** altrimenti

elsewhere [elsˈweəʳ] adv altrove

e-mail [ˈiːmeɪl] n e-mail f inv

e-mail

In e-mails you can use any of the standard phrases you use when starting or ending a letter, however it is not necessary to include these. When replying to an e-mail, even in a professional context, it is common to miss out any greeting at the start or end of the message. You can use informal language when e-mailing friends, but in a professional context, or if you are writing to someone you do not know very well or do not know at all, it is better to be more formal.

e-mail address n indirizzo m e-mail

embankment [ɪmˈbæŋkmənt] n **1.** *(next to river)* argine m **2.** *(next to road, railway)* terrapieno m

embark [ɪmˈbɑːk] vi (board ship) imbarcarsi

embarkation card [ˌembɑːˈkeɪʃn-] n carta f d'imbarco

embarrass [ɪmˈbærəs] vt imbarazzare

embarrassed [ɪmˈbærəst] adj imbarazzato(a)

embarrassing [ɪmˈbærəsɪŋ] adj imbarazzante

embarrassment [ɪmˈbærəsmənt] n imbarazzo m

embassy [ˈembəsɪ] n ambasciata f

emblem [ˈembləm] n emblema m

embrace [ɪmˈbreɪs] vt abbracciare

embroidered [ɪmˈbrɔɪdəd] adj ricamato(a)

embroidery [ɪmˈbrɔɪdərɪ] n ricamo m

emerald [ˈemərəld] n smeraldo m

emerge [ɪˈmɜːdʒ] vi emergere

emergency [ɪˈmɜːdʒənsɪ] ◇ n emergenza f ◇ adj di emergenza ● **in an emergency** in caso di emergenza

emergency exit n uscita f di sicurezza

emergency landing n atterraggio m di emergenza

emergency services npl servizi mpl di pronto intervento

emigrate [ˈemɪgreɪt] vi emigrare

emit [ɪˈmɪt] vt emettere

emotion [ɪˈməʊʃn] n emozione f

emotional [ɪˈməʊʃənl] adj emotivo(a)

emphasis [ˈemfəsɪs] (pl **-ases**) n enfasi f ● **to put the emphasis on sthg** dare importanza a qc

emphasize ['emfəsaɪz] *vt* sottolineare

empire ['empaɪə'] *n* impero *m*

employ [ɪm'plɔɪ] *vt* impiegare

employed [ɪm'plɔɪd] *adj* impiegato(a)

employee [ɪm'plɔɪiː] *n* dipendente *mf*

employer [ɪm'plɔɪə'] *n* datore *m*, -trice *f* di lavoro

employment [ɪm'plɔɪmənt] *n* impiego *m*

employment agency *n* agenzia *f* di collocamento

empty ['emptɪ] ◇ *adj* 1. vuoto(a) 2. *(threat, promise)* vano(a) ◇ *vt* vuotare

EMS [iːem'əs] *n* *(abbr of Economic Monetary System)* SME *m*

EMU [iːem'juː] *n* *(abbr of Economic Monetary Union)* unione *f* economica e monetaria

emulsion (paint) [ɪ'mʌlʃn-] *n* pittura *f* a emulsione

enable [ɪ'neɪbl] *vt* ● **to enable sb to do sthg** permettere a qn di fare qc

enamel [ɪ'næml] *n* smalto *m*

enclose [ɪn'kləʊz] *vt* 1. *(surround)* cingere, circondare 2. *(with letter)* allegare

enclosed [ɪn'kləʊzd] *adj* *(space)* contenuto(a), limitato(a)

encounter [ɪn'kaʊntə'] *vt* incontrare

encourage [ɪn'kʌrɪdʒ] *vt* incoraggiare ● **to encourage sb to do sthg** incoraggiare qn a fare qc

encouragement [ɪn'kʌrɪdʒmənt] *n* incoraggiamento *m*

encyclopedia [ɪn,saɪklə'piːdjə] *n* enciclopedia *f*

end [end] ◇ *n* 1. fine *f* 2. *(purpose)* fine *m* ◇ *vt* 1. *(story, evening, holiday)* finire 2. *(war, practice)* finire, mettere fine a ◇ *vi*

finire ● **to come to an end** finire, giungere alla fine ● **to put an end to sthg** mettere fine a qc ● **for days on end** per giorni e giorni ● **in the end** alla fine ● **to make ends meet** sbarcare il lunario ● **end up** *vi* finire ● **to end up doing sthg** finire con il fare qc

endangered species [ɪn'deɪndʒəd-] *n* specie *f inv* in via di estinzione

ending ['endɪŋ] *n* 1. *(of story, film, book)* fine *f* 2. GRAM desinenza *f*

endive ['endaɪv] *n* 1. *(curly)* indivia *f* (riccia) 2. *(chicory)* cicoria *f*

endless ['endlɪs] *adj* interminabile, senza fine

endorsement [ɪn'dɔːsmənt] *n* *(of driving licence)* infrazione registrata sulla patente

endurance [ɪn'djʊərəns] *n* resistenza *f*, sopportazione *f*

endure [ɪn'djʊə'] *vt* sopportare

enemy ['enɪmɪ] *n* nemico *m*, -a *f*

energy ['enədʒɪ] *n* energia *f*

enforce [ɪn'fɔːs] *vt* *(law)* applicare, far rispettare

engaged [ɪn'geɪdʒd] *adj* 1. *(to be married)* fidanzato(a) 2. *(UK)* *(phone)* occupato(a) 3. *(toilet)* occupato(a) ● **to get engaged** fidanzarsi

engaged tone *n* *(UK)* segnale *m* di occupato

engagement [ɪn'geɪdʒmənt] *n* 1. *(to marry)* fidanzamento *m* 2. *(appointment)* appuntamento *m*

engagement ring *n* anello *m* di fidanzamento

engine ['endʒɪn] *n* 1. *(of vehicle)* motore *m* 2. *(of train)* locomotiva *f*

engineer [ˌendʒɪˈnɪəʳ] n **1.** (of roads, machinery) ingegnere m **2.** (to do repairs) tecnico m, -a f

engineering [ˌendʒɪˈnɪərɪŋ] n ingegneria f

engineering works npl (on railway line) lavori mpl in corso

England [ˈɪŋɡlənd] n l'Inghilterra f

English [ˈɪŋɡlɪʃ] ◇ adj inglese ◇ n (language) inglese m ◇ npl ● **the English** gli inglesi

English breakfast n colazione f all'inglese

English Channel n ● **the English Channel** la Manica

Englishman [ˈɪŋɡlɪʃmən] (pl **-men**) n inglese m

Englishwoman [ˈɪŋɡlɪʃˌwʊmən] (pl **-women**) n inglese f

engrave [ɪnˈɡreɪv] vt incidere

engraving [ɪnˈɡreɪvɪŋ] n incisione f

enjoy [ɪnˈdʒɔɪ] vt godersi ● **to enjoy doing sthg** divertirsi a fare qc ● **I enjoy swimming** mi piace nuotare ● **to enjoy o.s.** divertirsi ● **enjoy your meal!** buon appetito!

enjoyable [ɪnˈdʒɔɪəbl] adj piacevole

enjoyment [ɪnˈdʒɔɪmənt] n piacere m

enlargement [ɪnˈlɑːdʒmənt] n (of photo) ingrandimento m

enormous [ɪˈnɔːməs] adj enorme

enough [ɪˈnʌf] ◇ adj abbastanza (inv), sufficiente ◇ pron & adv abbastanza ● **enough time** abbastanza tempo ● **is that enough?** è abbastanza?, basta? ● **it's not big enough** non è abbastanza grande ● **to have had enough (of)** averne abbastanza (di)

enquire [ɪnˈkwaɪəʳ] vi informarsi

enquiry [ɪnˈkwaɪərɪ] n **1.** (question) domanda f **2.** (investigation) indagine f, inchiesta f ▼ **Enquiries** Informazioni

enquiry desk n banco m informazioni

enrol [ɪnˈrəʊl] vi (UK) iscriversi

enroll [ɪnˈrəʊl] (US) = **enrol**

en suite bathroom [ɒnˈswiːt-] n bagno m privato

ensure [ɪnˈʃʊəʳ] vt garantire, assicurare

ENT [ˌiːenˈtiː] n (abbr of Ear, Nose and Throat) ORL f

entail [ɪnˈteɪl] vt comportare

enter [ˈentəʳ] ◇ vt **1.** entrare in **2.** (college, competition) iscriversi a **3.** (on form) scrivere ◇ vi **1.** entrare **2.** (in competition) iscriversi

enterprise [ˈentəpraɪz] n **1.** (company) impresa f **2.** (plan) iniziativa f

entertain [ˌentəˈteɪn] vt (amuse) divertire

entertainer [ˌentəˈteɪnəʳ] n intrattenitore m, -trice f

entertaining [ˌentəˈteɪnɪŋ] adj divertente

entertainment [ˌentəˈteɪnmənt] n **1.** (amusement) divertimento m **2.** (show) spettacolo m

enthusiasm [ɪnˈθjuːzɪæzm] n entusiasmo m

enthusiast [ɪnˈθjuːzɪæst] n appassionato m, -a f

enthusiastic [ɪnˌθjuːzɪˈæstɪk] adj entusiasta

entire [ɪnˈtaɪəʳ] adj intero(a)

entirely [ɪnˈtaɪəlɪ] adv completamente

entitle [ɪnˈtaɪtl] vt ● **to entitle sb to sthg** dare a qn diritto a qc ● **to entitle**

sb to do sthg dare diritto a qn di fare qc

entrance ['entrəns] *n* entrata *f*, ingresso *m*

entrance fee *n* biglietto *m* d'ingresso

entry ['entri] *n* **1.** *(door, gate, admission)* entrata *f*, ingresso *m* **2.** *(in dictionary)* voce *f* **3.** *(piece in competition)* cosa *f* presentata ▼ **no entry** *(sign on door)* ingresso vietato; *(road sign)* divieto d'accesso

envelope ['envələʊp] *n* busta *f*

addressing an envelope

Italian addresses usually consist of: first name and surname; street name + number; postcode + town or city; province; country. If you want to send a letter or parcel to someone living care of someone else, you use the English abbreviation c/o: *Paolo Novembri, c/o Carlo Pianaviale, via Bolognesi, 16, 47100 Forlì, FC, Italia.*

envious ['enviəs] *adj* invidioso(a)

environment [ɪn'vaɪərənmənt] *n* ambiente *m* ● **the environment** l'ambiente (naturale)

environmental [ɪn,vaɪərən'mentl] *adj* ambientale

environmentally friendly [ɪn,vaɪərən'mentəlɪ-] *adj* che rispetta l'ambiente, ecologico(a)

envy ['envi] *vt* invidiare

epic ['epɪk] *n* epopea *f*

epidemic [,epɪ'demɪk] *n* epidemia *f*

epileptic [,epɪ'leptɪk] *adj* epilettico(a)

episode ['epɪsəʊd] *n* episodio *m*

equal ['iːkwəl] ◇ *adj* **1.** *(of same amount)* uguale **2.** *(with equal rights)* uguale, pari *(inv)* ◇ *vt (number)* fare ● **to be equal to** *(number)* essere uguale a

equality [ɪ'kwɒlətɪ] *n* uguaglianza *f*

equalize ['iːkwəlaɪz] *vi* pareggiare

equally ['iːkwəlɪ] *adv* **1.** *(bad, good, matched)* ugualmente **2.** *(pay, treat, share)* equamente **3.** *(at the same time)* allo stesso modo

equation [ɪ'kweɪʒn] *n* equazione *f*

equator [ɪ'kweɪtə^r] *n* ● **the equator** l'equatore *m*

equip [ɪ'kwɪp] *vt* ● **to equip sb/sthg with** fornire qn/qc di

equipment [ɪ'kwɪpmənt] *n* attrezzatura *f*

equipped [ɪ'kwɪpt] *adj* ● **to be equipped with** essere fornito(a) di

equivalent [ɪ'kwɪvələnt] ◇ *adj* equivalente ◇ *n* equivalente *m*

ER [iː'ɑː^r] *n (US) (abbr of emergency room)* DEA *m inv*

erase [ɪ'reɪz] *vt (letter, word)* cancellare

eraser [ɪ'reɪzə^r] *n* gomma *f*

erect [ɪ'rekt] ◇ *adj (person, posture)* eretto(a) ◇ *vt* **1.** *(tent)* montare **2.** *(monument)* erigere

ERM [iː'ɑːrəm] *n (abbr of Exchange Rate Mechanism)* meccanismo *m* di cambio (dello SME)

erotic [ɪ'rɒtɪk] *adj* erotico(a)

errand ['erənd] *n* commissione *f*

erratic [ɪ'rætɪk] *adj* irregolare, incostante

error ['erə^r] *n* errore *m*

escalator [ˈeskəleɪtəʳ] *n* scala *f* mobile

escalope [ˈeskələp] *n* cotoletta *f* alla milanese

escape [ɪˈskeɪp] ◇ *n* fuga *f* ◇ *vi* ● **to escape (from)** *(from prison)* evadere (da); *(from danger)* fuggire (da); *(leak)* fuoriuscire (da)

escort ◇ *n* [ˈeskɔːt] *(guard)* scorta *f* ◇ *vt* [ɪˈskɔːt] accompagnare

espadrilles [ˈespəˌdrɪlz] *npl* espadrilles *fpl*

especially [ɪˈspeʃəlɪ] *adv* **1.** *(in particular)* specialmente, soprattutto **2.** *(on purpose)* apposta **3.** *(very)* particolarmente

esplanade [ˌespləˈneɪd] *n* passeggiata *f* (a mare)

essay [ˈeseɪ] *n* *(at school, university)* composizione *f*, tema *m*

essential [ɪˈsenʃl] *adj (indispensable)* essenziale ● **essentials** *npl* ● **the essentials** l'essenziale *m* ● **the bare essentials** il minimo indispensabile

essentially [ɪˈsenʃəlɪ] *adv* essenzialmente

establish [ɪˈstæblɪʃ] *vt* **1.** *(set up, create)* fondare **2.** *(fact, truth)* stabilire

establishment [ɪˈstæblɪʃmənt] *n* *(business)* azienda *f*

estate [ɪˈsteɪt] *n* **1.** *(land in country)* proprietà *f inv* **2.** *(for housing)* complesso *m* residenziale **3.** *(UK) (car)* = **estate car**

estate agent *n (UK)* agente *mf* immobiliare

estate car *n (UK)* station wagon *f inv*

estimate ◇ *n* [ˈestɪmət] **1.** *(guess)* stima *f* **2.** *(from builder, plumber)* preventivo *m* ◇ *vt* [ˈestɪmeɪt] stimare, valutare

estuary [ˈestjʊərɪ] *n* estuario *m*

etc. *(abbr of* etcetera*)* ecc.

ethnic minority [ˈeθnɪk-] *n* minoranza *f* etnica

EU [iːˈjuː] *n (abbr of* European Union*)* U.E. *f*

euro [ˈjʊərəʊ] *n* euro *m inv*

Eurocheque [ˈjʊərəʊˌtʃek] *n* eurochèque *m inv*

Europe [ˈjʊərəp] *n* l'Europa *f*

European [ˌjʊərəˈpɪən] ◇ *adj* europeo(a) ◇ *n* europeo *m*, -a *f*

European Community *n* Comunità *f* Europea

euro zone *n* area *f* euro

evacuate [ɪˈvækjʊeɪt] *vt* evacuare

evade [ɪˈveɪd] *vt* **1.** *(person, issue)* evitare **2.** *(responsibility)* sottrarsi a

evaporated milk [ɪˈvæpəreɪtɪd-] *n* latte *m* concentrato

eve [iːv] *n* ● **on the eve of** alla vigilia di

even [ˈiːvn] ◇ *adj* **1.** *(uniform, equal)* regolare, uniforme **2.** *(level, flat)* liscio(a), piano(a) **3.** *(contest)* alla pari **4.** *(number)* pari *(inv)* ◇ *adv* perfino, anche ● **to break even** fare pari ● **not even** nemmeno ● **even so** ciò nonostante ● **even though** anche se

evening [ˈiːvnɪŋ] *n* **1.** sera *f* **2.** *(event, period)* serata *f* ● **good evening!** buona sera! ● **in the evening** di OR la sera

evening classes *npl* corsi *mpl* serali

evening dress *n* **1.** *(formal clothes)* abito *m* da sera **2.** *(woman's garment)* vestito *m* da sera

evening meal *n* cena *f*

event [ɪˈvent] *n* **1.** *(occurrence)* evento *m*, avvenimento *m* **2.** SPORT prova *f* ● **in**

the event of (*fml*) in caso di

eventual [ɪ'ventʃʊəl] *adj* finale

eventually [ɪ'ventʃʊəlɪ] *adv* alla fine

ever ['evə'] *adv* mai • it's the worst ever è il peggiore che sia mai esistito • he was ever so angry era veramente arrabbiato • **for ever** (*eternally*) per sempre • we've been waiting for ever aspettiamo da tantissimo • **hardly ever** quasi mai ♦ **ever since** ◇ *adv* fin da allora ◇ *prep* da ... in poi ◇ *conj* fin da quando

every ['evrɪ] *adj* ogni (*inv*) • every day ogni giorno, tutti i giorni • every other day ogni due giorni • one in every ten uno su dieci • we make every effort ... facciamo ogni sforzo ... • every so often ogni tanto

everybody ['evrɪ,bɒdɪ] = everyone

everyday ['evrɪdeɪ] *adj* di ogni giorno, quotidiano(a)

everyone ['evrɪwʌn] *pron* ognuno *m*, -a *f*, tutti *mpl*, -e *f*

everyplace ['evrɪ,pleɪs] (*US*) = everywhere

everything ['evrɪθɪŋ] *pron* tutto, ogni cosa

everywhere ['evrɪweə'] *adv* 1. dappertutto 2. (*wherever*) dovunque

evidence ['evɪdəns] *n* 1. (*proof*) prova *f* 2. (*legal statement*) testimonianza *f*

evident ['evɪdənt] *adj* evidente

evidently ['evɪdəntlɪ] *adv* evidentemente

evil ['iːvl] ◇ *adj* cattivo(a), malvagio(a) ◇ *n* male *m*

ex [eks] *n* (*inf*) (*wife, husband, partner*) ex *mf*

exact [ɪg'zækt] *adj* esatto(a) ▼ exact fare ready please si prega di munirsi dell'esatta somma per il biglietto

exactly [ɪg'zæktlɪ] *adv* & *excl* esattamente

exaggerate [ɪg'zædʒəreɪt] *vt* & *vi* esagerare

exaggeration [ɪg,zædʒə'reɪʃn] *n* esagerazione *f*

exam [ɪg'zæm] *n* esame *m* • to take an exam fare un esame

examination [ɪg,zæmɪ'neɪʃn] *n* 1. esame *m* 2. visita *f*

examine [ɪg'zæmɪn] *vt* 1. esaminare 2. visitare

example [ɪg'zɑːmpl] *n* esempio *m* • for example per esempio

exceed [ɪk'siːd] *vt* 1. (*be greater than*) superare 2. (*go beyond*) oltrepassare

excellent ['eksələnt] *adj* eccellente

except [ɪk'sept] *prep* & *conj* eccetto, tranne • except for a parte, all'infuori di ▼ except for access escluso residenti ▼ except for loading escluso (per le operazioni di) carico

exception [ɪk'sepʃn] *n* (*thing excepted*) eccezione *f*

exceptional [ɪk'sepʃənl] *adj* eccezionale

excerpt ['eksɜːpt] *n* estratto *m*

excess [ɪk'ses] (*before noun* ['ekses]) ◇ *adj* in eccesso ◇ *n* eccesso *m*

excess baggage *n* bagaglio *m* in eccedenza

excess fare *n* (*UK*) supplemento *m*

excessive [ɪk'sesɪv] *adj* eccessivo(a)

exchange [ɪks'tʃeɪndʒ] ◇ *n* 1. (*of telephones*) centralino *m* 2. (*of students*)

scambio *m* ◇ *vt* scambiare ● **to exchange sthg for sthg** scambiare qc con qc ● **we're here on an exchange** siamo qui con uno scambio

exchange rate *n* tasso *m* di cambio

excited [ɪk'saɪtɪd] *adj* eccitato(a)

excitement [ɪk'saɪtmənt] *n* **1.** eccitazione *f* **2.** (*exciting thing*) cosa *f* eccitante

exciting [ɪk'saɪtɪŋ] *adj* eccitante, emozionante

exclamation mark [,eksklə'meɪʃn-] *n* (UK) punto *m* esclamativo

exclamation point [,eksklə'meɪʃn-] (US) = **exclamation mark**

exclude [ɪk'sklu:d] *vt* escludere

excluding [ɪk'sklu:dɪŋ] *prep* escluso(a)

exclusive [ɪk'sklu:sɪv] ◇ *adj* esclusivo(a) ◇ *n* esclusiva *f* ● **exclusive of** escluso(a)

excursion [ɪk'skɜ:ʃn] *n* escursione *f*

excuse ◇ *n* [ɪk'skju:s] scusa *f* ◇ *vt* [ɪk'skju:z] **1.** (*forgive*) scusare **2.** (*let off*) dispensare ● **excuse me!** mi scusi!

ex-directory *adj* (UK) fuori elenco

execute ['eksɪkju:t] *vt* (*kill*) giustiziare

executive [ɪg'zekjʊtɪv] ◇ *adj* (*room*) per dirigenti ◇ *n* (*person*) dirigente *mf*

exempt [ɪg'zempt] *adj* ● **exempt (from)** esente (da)

exemption [ɪg'zempʃn] *n* esenzione *f*

exercise ['eksəsaɪz] ◇ *n* esercizio *m* ◇ *vi* fare esercizio OR del moto ● **to do exercises** fare degli esercizi

exercise book *n* quaderno *m*

exert [ɪg'zɜ:t] *vt* esercitare

exhaust [ɪg'zɔ:st] ◇ *vt* esaurire ◇ *n* ● **exhaust (pipe)** tubo *m* di scappamento

exhausted [ɪg'zɔ:stɪd] *adj* esausto(a)

exhibit [ɪg'zɪbɪt] ◇ *n* (*in museum, gallery*) oggetto *m* esposto ◇ *vt* (*in exhibition*) esporre

exhibition [,eksɪ'bɪʃn] *n* (*of art*) esposizione *f*, mostra *f*

exist [ɪg'zɪst] *vi* esistere

existence [ɪg'zɪstəns] *n* esistenza *f* ● **to be in existence** esistere

existing [ɪg'zɪstɪŋ] *adj* esistente

exit ['eksɪt] ◇ *n* uscita *f* ◇ *vi* uscire

exotic [ɪg'zɒtɪk] *adj* esotico(a)

expand [ɪk'spænd] *vi* **1.** (*in size*) espandersi **2.** (*in number*) aumentare

expect [ɪk'spekt] *vt* **1.** (*believe likely*) aspettarsi, prevedere **2.** (*await*) aspettare ● **to expect to do sthg** prevedere di fare qc ● **to expect sb to do sthg** (*require*) aspettarsi che qn faccia qc ● **to be expecting** (*be pregnant*) aspettare un bambino

expedition [,ekspɪ'dɪʃn] *n* **1.** spedizione *f* **2.** (*short outing*) gita *f*

expel [ɪk'spel] *vt* (*from school*) espellere

expense [ɪk'spens] *n* spesa *f*, costo *m* ● **at the expense of** (*fig*) a spese di ●

expenses *npl* (*of business trip*) spese *fpl*

expensive [ɪk'spensɪv] *adj* costoso(a), caro(a)

experience [ɪk'spɪərɪəns] ◇ *n* esperienza *f* ◇ *vt* provare

experienced [ɪk'spɪərɪənst] *adj* esperto(a)

experiment [ɪk'sperɪmənt] ◇ *n* esperimento *m* ◇ *vi* fare esperimenti

expert ['ekspɜ:t] ◇ *adj* **1.** (*advice*) esperto(a) **2.** (*treatment*) apposito(a) ◇ *n* esperto *m*, -a *f*

expire [ɪk'spaɪər] *vi* scadere

expiry date [ɪkˈspaɪərɪ-] *n* data *f* di scadenza

explain [ɪkˈspleɪn] *vt* spiegare

explanation [ˌeksplə'neɪʃn] *n* spiegazione *f*

explode [ɪkˈspləʊd] *vi (bomb)* esplodere

exploit [ɪkˈsplɔɪt] *vt (person)* sfruttare

explore [ɪkˈsplɔːˈ] *vt (place)* esplorare

explosion [ɪkˈspləʊʒn] *n (of bomb etc)* esplosione *f*

explosive [ɪkˈspləʊsɪv] *n* esplosivo *m*

export ◇ *n* [ˈekspɔːt] **1.** *(of goods)* esportazione *f* **2.** *(goods themselves)* merce *f* d'esportazione ◇ *vt* [ɪkˈspɔːt] esportare

exposed [ɪkˈspəʊzd] *adj (place)* non riparato(a)

exposure [ɪkˈspəʊʒəˈ] *n* **1.** *(photograph)* foto *f inv* **2.** assideramento *m* **3.** *(to heat, radiation)* esposizione *f*

express [ɪkˈspres] ◇ *adj (letter, delivery, train)* espresso(a) ◇ *n (train)* espresso *m* ◇ *vt* esprimere ◇ *adv* per espresso

expression [ɪkˈspreʃn] *n* espressione *f*

expresso [ɪkˈspresəʊ] *(pl* -**s***)* *n* espresso *m*

expressway [ɪkˈspresweɪ] *n (US)* autostrada *f (urbana)*

extend [ɪkˈstend] ◇ *vt* **1.** prolungare **2.** *(hand)* offrire ◇ *vi* estendersi

extension [ɪkˈstenʃn] *n* **1.** *(of building)* sala *f* annessa **2.** *(for phone at work)* interno *m* **3.** *(for phone in private house)* apparecchio *m* supplementare **4.** *(for permit, essay)* proroga *f*

extension lead *n* prolunga *f*

extensive [ɪkˈstensɪv] *adj* **1.** *(area)* este-

so(a), ampio(a) **2.** *(damage)* grave **3.** *(selection)* ampio

extent [ɪkˈstent] *n (of damage, knowledge)* estensione *f* ● **to a certain extent** fino ad un certo punto ● **to what extent ...?** fino a che punto ...?

exterior [ɪkˈstɪərɪəˈ] ◇ *adj* esterno(a) ◇ *n (of car, building)* esterno *m*

external [ɪkˈstɜːnl] *adj* esterno(a)

extinct [ɪkˈstɪŋkt] *adj* estinto(a)

extinction [ɪkˈstɪŋkʃn] *n* estinzione *f*

extinguish [ɪkˈstɪŋgwɪʃ] *vt (fire, cigarette)* spegnere

extinguisher [ɪkˈstɪŋgwɪʃəˈ] *n* estintore *m*

extortionate [ɪkˈstɔːʃnət] *adj* esorbitante

extra [ˈekstrə] ◇ *adj* **1.** *(additional)* extra *(inv)*, supplementare **2.** *(spare)* altro(a), in più ◇ *n* extra *m inv* ◇ *adv* **1.** *(especially)* eccezionalmente **2.** *(more)* di più ● **extra charge** supplemento *m* ● **extra large** extra-large *(inv)* ● **extras** *npl (in price)* spese *fpl* supplementari

extract ◇ *n* [ˈekstrækt] **1.** *(of yeast, malt etc)* estratto *m* **2.** *(from book, opera)* brano *m* ◇ *vt* [ɪkˈstrækt] *(tooth)* estrarre

extractor fan [ɪkˈstræktə-] *n (UK)* aspiratore *m*

extraordinary [ɪkˈstrɔːdnrɪ] *adj* straordinario(a)

extravagant [ɪkˈstrævəgənt] *adj* dispendioso(a)

extreme [ɪkˈstriːm] ◇ *adj* estremo(a) ◇ *n* estremo *m*

extremely [ɪkˈstriːmlɪ] *adv* estremamente

extrovert [ˈekstrəvɜːt] *n* estroverso *m*, -a *f*

eye [aɪ] ◇ *n* **1.** occhio *m* **2.** *(of needle)* cruna ◇ *vt* osservare attentamente ● **to keep an eye on** tenere d'occhio

eyebrow ['aɪbraʊ] *n* sopracciglio *m*

eye drops *npl* collirio *m*, gocce *fpl* per gli occhi

eyeglasses ['aɪglɑːsɪz] *npl (US)* occhiali *mpl*

eyelash ['aɪlæʃ] *n* ciglio *m*

eyelid ['aɪlɪd] *n* palpebra *f*

eyeliner ['aɪˌlaɪnə^r] *n* eye-liner *m inv*

eye shadow *n* ombretto *m*

eyesight ['aɪsaɪt] *n* vista *f*

eye test *n* esame *m* oculistico

eyewitness [ˌaɪ'wɪtnɪs] *n* testimone *mf* oculare

F *(abbr of* Fahrenheit) F

fab [fæb] *adj (inf)* favoloso

fabric ['fæbrɪk] *n (cloth)* stoffa *f*, tessuto *m*

fabulous ['fæbjʊləs] *adj* favoloso(a)

facade [fə'sɑːd] *n* facciata *f*

face [feɪs] ◇ *n* **1.** faccia *f* **2.** *(of cliff, mountain)* parete *f* **3.** *(of clock, watch)* quadrante *m* ◇ *vt* **1.** essere di fronte a **2.** *(accept, cope with)* affrontare ● **to be faced with** avere di fronte ◆ **face up to** *vt insep* affrontare

facecloth ['feɪsklɒθ] *n (UK)* panno *m* di spugna

facial ['feɪʃl] *n* trattamento *m* del viso

facilitate [fə'sɪlɪteɪt] *vt (fml)* facilitare

facilities [fə'sɪlɪtɪz] *npl* attrezzature *fpl*

facsimile [fæk'sɪmɪlɪ] *n* facsimile *m inv*

fact [fækt] *n* fatto *m* ● **in fact** in effetti

factor ['fæktə^r] *n* fattore *m* ● **factor ten suntan lotion** crema *f* abbronzante a fattore di protezione dieci

factory ['fæktərɪ] *n* fabbrica *f*

faculty ['fækltɪ] *n* facoltà *f inv*

fade [feɪd] *vi* **1.** *(light, sound)* affievolirsi **2.** *(flower)* appassire **3.** *(jeans, wallpaper)* sbiadire, sbiadirsi

faded ['feɪdɪd] *adj (jeans)* sbiadito(a)

fag [fæg] *n (UK) (inf) (cigarette)* sigaretta *f*

Fahrenheit ['færənhaɪt] *adj* Fahrenheit *(inv)*

fail [feɪl] ◇ *vt (exam)* non superare ◇ *vi* **1.** fallire **2.** *(in exam)* essere bocciato **3.** *(engine)* guastarsi ● **to fail to do sthg** *(not do)* non fare qc

failing ['feɪlɪŋ] ◇ *n* difetto *m* ◇ *prep* ● **failing that** se no

failure ['feɪljə^r] *n* **1.** fallimento *m* **2.** *(unsuccessful person)* fallito *m*, -a *f* **3.** *(act of neglecting)* mancanza *f*

faint [feɪnt] ◇ *vi* svenire ◇ *adj* **1.** debole **2.** *(outline)* indistinto(a) ● **I haven't the faintest idea** non ho la più pallida idea

fair [feə^r] ◇ *adj* **1.** *(just)* giusto(a), equo(a) **2.** *(quite large, quite good)* discreto(a) **3.** *(hair, person)* biondo(a) **4.** *(skin)* chiaro(a) **5.** *(weather)* bello(a) ◇ *n* **1.** *(funfair)* luna park *m inv* **2.** *(trade fair)* fiera *f* ● **fair enough!** mi sembra giusto!

fairground ['feəgraʊnd] *n* luna park *m inv*

fair-haired [-'heəd] *adj* biondo(a)

fairly ['feəlɪ] *adv* (quite) abbastanza

fairy ['feərɪ] *n* fata *f*

fairy tale *n* fiaba *f*

faith [feɪθ] *n* fede *f*

faithfully ['feɪθfʊlɪ] *adv* ● **Yours faithfully** Distinti saluti

fake [feɪk] ◇ *n* (painting etc) falso *m* ◇ *vt* (signature, painting) falsificare

fall [fɔːl] (pt **fell**, pp **fallen**) ◇ *vi* 1. cadere 2. (number, pound, night) scendere ◇ *n* 1. caduta *f* 2. (decrease) abbassamento *m* 3. (US) (autumn) autunno *m* ● **to fall asleep** addormentarsi ● **to fall ill** ammalarsi ● **to fall in love** innamorarsi ◆ **falls** *npl* (waterfall) cascate *fpl* ◆ **fall behind** *vi* (with work, rent) rimanere indietro ◆ **fall down** *vi* (lose balance) cadere ◆ **fall off** *vi* cadere ◆ **fall out** *vi* 1. (hair, teeth) cadere 2. (argue) litigare ◆ **fall over** *vi* cadere per terra ◆ **fall through** *vi* fallire

false [fɔːls] *adj* falso(a)

false alarm *n* falso allarme *m*

false teeth *npl* dentiera *f*

fame [feɪm] *n* fama *f*

familiar [fə'mɪljə] *adj* 1. (known) familiare 2. (informal) (troppo) confidenziale ● **to be familiar with** (know) conoscere

family ['fæmlɪ] ◇ *n* famiglia *f* ◇ *adj* 1. (size) familiare, da famiglia 2. (film, holiday) per famiglie

family planning clinic [-'plænɪŋ-] *n* ≃ consultorio *m* familiare

family room *n* 1. (at hotel) camera *f* familiare 2. (at pub, airport) sala *f* per famiglie con bambini

famine ['fæmɪn] *n* carestia *f*

famished ['fæmɪʃt] *adj* (inf) molto affamato(a)

famous ['feɪməs] *adj* famoso(a)

fan [fæn] *n* 1. (held in hand) ventaglio *m* 2. (electric) ventilatore *m* 3. (enthusiast) ammiratore *m*, -trice *f* 4. (supporter) tifoso *m*, -a *f*

fan belt *n* cinghia *f* del ventilatore

fancy ['fænsɪ] ◇ *vt* (inf) (feel like) avere voglia di ◇ *adj* (elaborate) ricercato(a) ● **I fancy her** (inf) mi piace ● **fancy (that)!** pensa un po'!

fancy dress *n* costume *m* (per maschera)

fan heater *n* stufa *f* elettrica con ventilatore

fanlight ['fænlaɪt] *n* (UK) lunetta *f*

fantastic [fæn'tæstɪk] *adj* fantastico(a)

fantasy ['fæntəsɪ] *n* (imagined thing) fantasia *f*

FAQ [fak] *n* COMPUT (abbr of **frequently asked questions**) FAQ *fpl*

far [fɑː] (compar **further** OR **farther**, superl **furthest** OR **farthest**) ◇ *adv* 1. lontano 2. (in degree) molto, assai ◇ *adj* ● **at the far (of)** in fondo ● **how far is it (to London)?** quanto è lontano (da Londra)? ● **as far as** (place) fino a ● **as far as I'm concerned** per quanto mi riguarda ● **as far as I know** per quel che ne so ● **far better** assai migliore ● **by far** di gran lunga ● **so far** (until now) finora ● **to go too far** (behave unacceptably) oltrepassare i limiti

farce [fɑːs] *n* (ridiculous situation) farsa *f*

fare [feə] ◇ *n* 1. (on bus, train etc) tariffa *f* 2. (fml) (food) cibo *m* ◇ *vi* passarsela

Far East *n* ● the Far East l'Estremo Oriente *m*

farm [fɑːm] *n* fattoria *f*

farmer ['fɑːməʳ] *n* agricoltore *m*

farmhouse ['fɑːmhaʊs] *n* casa *f* colonica

farming ['fɑːmɪŋ] *n* **1.** agricoltura *f* **2.** *(of animals)* allevamento *m*

farmland ['fɑːmlænd] *n* terreno *m* coltivabile

farmyard ['fɑːmjɑːd] *n* aia *f*

farther ['fɑːðəʳ] > far

farthest ['fɑːðəst] > far

fascinating ['fæsɪneɪtɪŋ] *adj* affascinante

fascination [,fæsɪ'neɪʃn] *n* fascino *m*

fashion ['fæʃn] *n* **1.** moda *f* **2.** *(manner)* modo *m*, maniera *f* ● to be in fashion essere di moda ● to be out of fashion essere fuori moda

fashionable ['fæʃnəbl] *adj* di moda, alla moda

fashion show *n* sfilata *f* di moda

fast [fɑːst] *adv* **1.** *(quickly)* velocemente, rapidamente **2.** *(securely)* saldamente ◇ *adj* veloce, rapido(a) ● to be fast *(clock)* andare avanti ● fast asleep profondamente addormentato ● a fast train un treno diretto

fasten ['fɑːsn] *vt* **1.** *(belt)* allacciare **2.** *(coat)* abbottonare **3.** *(two things)* fissare

fastener ['fɑːsnəʳ] *n* chiusura *f*, fermaglio *m*

fast food *n* ● fast food outlet *m* fast food *m inv*

fat [fæt] ◇ *adj* grasso(a) ◇ *n* grasso *m*

fatal ['feɪtl] *adj* (accident, disease) mortale

father ['fɑːðəʳ] *n* padre *m*

Father Christmas *n* *(UK)* Babbo *m* Natale

father-in-law *n* suocero *m*

fattening ['fætnɪŋ] *adj* che fa ingrassare

fatty ['fætɪ] *adj* grasso(a)

faucet ['fɔːsɪt] *n* *(US)* rubinetto *m*

fault ['fɔːlt] *n* **1.** *(responsibility)* colpa *f* **2.** *(flaw)* difetto *m* **3.** *(in machine)* guasto *m* ● it's your fault è colpa tua

faulty ['fɔːltɪ] *adj* difettoso(a)

favor ['feɪvər] *(US)* = favour

favorites ['feɪvrɪts] *n* COMPUT preferiti mpl

favour ['feɪvəʳ] ◇ *n* *(UK)* *(kind act)* favore *m* ◇ *vt* *(prefer)* preferire ● to be in favour of essere in favore di ● to do sb a favour fare un favore a qn

favourable ['feɪvrəbl] *adj* favorevole

favourite ['feɪvrɪt] ◇ *adj* favorito(a) ◇ *n* favorito *m*, -a *f*

fawn [fɔːn] *adj* fulvo chiaro *(inv)*

fax [fæks] ◇ *n* fax *m inv* ◇ *vt* **1.** *(document)* inviare per fax, faxare **2.** *(person)* inviare un fax a

fear [fɪəʳ] ◇ *n* paura *f* ◇ *vt* *(be afraid of)* avere paura di, temere ● for fear of per paura di

feast [fiːst] *n* *(meal)* banchetto *m*

feather ['feðəʳ] *n* penna *f*, piuma *f*

feature ['fiːtʃəʳ] ◇ *n* **1.** *(characteristic)* caratteristica *f* **2.** *(in newspaper, on radio, TV)* servizio *m* (speciale) ◇ *vt* *(subj: film)* avere come protagonista ● features *(of face)* lineamenti mpl

feature film *n* lungometraggio *m*

Feb. *(abbr of February)* feb.

February ['februərɪ] *n* febbraio *m* > September

fed [fed] *pp* ➤ **feed**

fed up *adj* stufo(a) ● **to be fed up with** essere stufo di

fee [fiː] *n* **1.** pagamento *m* **2.** *(of doctor, lawyer)* onorario *m*

feeble [ˈfiːbəl] *adj* debole

feed [fiːd] *(pt & pp* **fed)** *vt* **1.** *(person, animal)* dare da mangiare a **2.** *(baby)* allattare **3.** *(insert)* immettere

feel [fiːl] *(pt & pp* **felt)** ◇ *vt* **1.** *(touch)* tastare, toccare **2.** *(experience)* sentire **3.** *(think)* credere, pensare ◇ *vi* **1.** sentirsi **2.** *(seem)* essere ◇ *n (of material)* ● **I like the feel of it** è piacevole al tatto ● **to feel cold/hungry** avere freddo/fame ● **to feel like** *(fancy)* avere voglia di ● **to feel up to doing sthg** sentirsela di fare qc

feeling [ˈfiːlɪŋ] *n* **1.** *(emotion)* sentimento *m* **2.** *(sensation)* sensazione *f* **3.** *(belief)* opinione *f* ● **to hurt sb's feelings** ferire i sentimenti di qn

feet [fiːt] ➤ **foot**

fell [fel] ◇ *pt* ➤ **fall** ◇ *vt (tree)* abbattere

fellow [ˈfeləʊ] *n (man)* tipo *m*, individuo *m* ◇ *adj* ● **my fellow students** i miei compagni di classe

felt [felt] ◇ *pt & pp* ➤ **feel** ◇ *n* feltro *m*

felt-tip pen *n* pennarello *m*

female [ˈfiːmeɪl] ◇ *adj* **1.** femminile **2.** *(child, animal)* femmina ◇ *n (animal)* femmina *f*

feminine [ˈfemɪnɪn] *adj* femminile

feminist [ˈfemɪnɪst] *n* femminista *mf*

fence [fens] *n* recinto *m*

fencing [ˈfensɪŋ] *n* SPORT scherma *f*

fend [fend] *vi* ● **to fend for o.s.** provvedere a se stesso

fender [ˈfendə'] *n* **1.** *(for fireplace)* parafuoco *m* **2.** *(US) (on car)* parafango *m*

fennel [ˈfenl] *n* finocchio *m*

fern [fɜːn] *n* felce *f*

ferocious [fəˈrəʊʃəs] *adj* feroce

ferry [ˈferɪ] *n* traghetto *m*

fertile [ˈfɜːtaɪl] *adj (land)* fertile

fertilizer [ˈfɜːtɪlaɪzə'] *n* fertilizzante *m*

festival [ˈfestəvl] *n* **1.** *(of music, arts etc)* festival *m inv* **2.** *(holiday)* festa *f*

fetch [fetʃ] *vt* **1.** andare a prendere **2.** *(be sold for)* essere venduto a

fete [feɪt] *n* festa *f* all'aperto *(a scopo di beneficenza)*

fever [ˈfiːvə'] *n* febbre *f* ● **to have a fever** avere la febbre

feverish [ˈfiːvərɪʃ] *adj (having a fever)* febbricitante

few [fjuː] ◇ *adj* pochi ◇ *pron* pochi *mpl*, -e *fpl* ● **a few** ◇ *adj* qualche *(inv)* ◇ *pron* alcuni(e) ● **quite a few** parecchi

fewer [ˈfjuːə'] *adj & pron* meno *(inv)*

fiancé [fɪˈɒnseɪ] *n* fidanzato *m*

fiancée [fɪˈɒnseɪ] *n* fidanzata *f*

fib [fɪb] *n (inf)* piccola bugia *f*

fiber [ˈfaɪbə'] *(US)* = **fibre**

fibre [ˈfaɪbə'] *n* fibra *f*

fibreglass [ˈfaɪbəglɑːs] *n* fibra *f* di vetro

fickle [ˈfɪkl] *adj* incostante, volubile

fiction [ˈfɪkʃn] *n* narrativa *f*

fiddle [ˈfɪdl] ◇ *n (violin)* violino *m* ◇ *vi* ● **to fiddle with sthg** giocherellare con qc

fidget [ˈfɪdʒɪt] *vi* agitarsi

field [fiːld] *n* campo *m*

field glasses *npl* binocolo *m*

fierce [fɪəs] *adj* **1.** feroce **2.** *(storm, heat)* violento(a)

fifteen [fɪfˈtiːn] *num* quindici ➤ **six**

fifteenth [ˌfɪf'tiːnθ] *num* quindicesimo(a) ➢ **sixth**

fifth [fɪfθ] *num* quinto(a) ➢ **sixth**

fiftieth ['fɪftɪəθ] *num* cinquantesimo(a) ➢ **sixth**

fifty ['fɪftɪ] *num* cinquanta ➢ **six**

fig [fɪg] *n* fico *m*

fight [faɪt] (*pt & pp* **fought**) ◇ *n* **1.** rissa *f* **2.** (*argument*) lite *f* **3.** (*struggle*) lotta *f* ◇ *vt* **1.** combattere **2.** (*person*) azzuffarsi con ◇ *vi* **1.** (*physically*) combattere **2.** (*quarrel*) litigare **3.** (*struggle*) lottare ● **to have a fight with sb** fare a pugni con qn ◆ **fight back** *vi* difendersi ◆ **fight off** *vt sep* **1.** (*attacker*) respingere **2.** (*illness*) vincere

fighting ['faɪtɪŋ] *n* combattimento *m*

figure [(*UK*) 'fɪgə', (*US*) 'fɪgjər] *n* **1.** figura *f* **2.** (*number, statistic*) cifra *f* ◆ **figure out** *vt sep* riuscire a capire

file [faɪl] ◇ *n* **1.** (*folder*) cartella *f* **2.** (*box*) schedario *m* **3.** (*information on person*) scheda *f* **4.** COMPUT file *m inv* **5.** (*tool*) lima *f* ◇ *vt* **1.** (*complaint, petition*) presentare **2.** (*nails*) limare ● **in single file** in fila indiana

filing cabinet ['faɪlɪŋ-] *n* schedario *m*

fill [fɪl] *vt* **1.** riempire **2.** (*role*) ricoprire **3.** (*tooth*) otturare ◆ **fill in** *vt sep* (*form*) riempire ◆ **fill out** *vt sep* = **fill in** ◆ **fill up** *vt sep* riempire ● **fill her up!** (*with petrol*) il pieno, per favore!

filled roll ['fɪld-] *n* panino *m* imbottito

fillet ['fɪlɪt] *n* filetto *m*

fillet steak *n* bistecca *f* di filetto

filling ['fɪlɪŋ] ◇ *n* **1.** (*of cake, sandwich*) ripieno *m* **2.** (*in tooth*) otturazione *f* ◇ *adj* ● **it's very filling** sazia molto

filling station *n* stazione *f* di servizio

film [fɪlm] ◇ *n* **1.** (*at cinema*) film *m inv* **2.** (*for camera*) pellicola *f* ◇ *vt* filmare

film star *n* divo *m*, -a *f* del cinema

filter ['fɪltə'] *n* filtro *m*

filthy ['fɪlθɪ] *adj* sudicio(a)

fin [fɪn] *n* pinna *f*

final ['faɪnl] ◇ *adj* **1.** ultimo(a) **2.** (*decision*) definitivo(a) ◇ *n* finale *f*

finalist ['faɪnəlɪst] *n* finalista *mf*

finally ['faɪnəlɪ] *adv* **1.** (*at last*) finalmente **2.** (*lastly*) infine

finance ◇ *n* ['faɪnæns] **1.** (*money*) finanziamento *m* **2.** (*profession*) finanza *f* ◇ *vt* [faɪ'næns] finanziare ◆ **finances** *npl* finanze *fpl*

financial [fɪ'nænʃl] *adj* finanziario(a)

find [faɪnd] (*pt & pp* **found**) ◇ *vt* **1.** trovare **2.** (*find out*) scoprire ◇ *n* scoperta *f* ● **to find the time to do sthg** trovare il tempo di fare qc ◆ **find out** ◇ *vt sep* (*fact, truth*) scoprire ◇ *vi* ● **to find out (about sthg)** (*learn*) scoprire (qc); (*get information*) informarsi (su qc)

fine [faɪn] ◇ *adv* **1.** (*thinly*) finemente **2.** (*well*) bene ◇ *n* multa *f* ◇ *vt* multare ◇ *adj* **1.** (*good*) buono(a) **2.** (*weather, day*) bello(a) **3.** (*thin*) sottile ● **it's fine** (*satisfactory*) va bene ● **I'm fine** (*in health*) sto bene

fine art *n* belle arti *fpl*

finger ['fɪŋgə'] *n* dito *m*

fingernail ['fɪŋgəneɪl] *n* unghia *f*

fingertip ['fɪŋgətɪp] *n* polpastrello *m*

finish ['fɪnɪʃ] ◇ *n* **1.** fine *f* **2.** (*on furniture*) finitura *f* ◇ *vt & vi* finire ● **to finish doing sthg** finire di fare qc ◆ **finish off** *vt sep* finire ◆ **finish up** *vi* finire ● **to**

finish up doing sthg finire a fare qc

Finland ['finlənd] *n* la Finlandia

Finn [fin] *n* finlandese *mf*

Finnish ['finiʃ] ◇ *adj* finlandese ◇ *n (language)* finlandese *m*

fir [fɜ:'] *n* abete *m*

fire [faɪə'] ◇ *n* 1. fuoco *m* 2. *(uncontrolled)* incendio *m* 3. *(device)* stufa *f* ◇ *vt (from job)* licenziare ● **to fire a gun** sparare ● **on fire** in fiamme ● **to catch fire** prendere fuoco ● **to make a fire** accendere un fuoco

fire alarm *n* allarme *m* antincendio

fire brigade *n (UK)* vigili *mpl* del fuoco

fire department *(US)* = **fire brigade**

fire engine *n* autopompa *f*

fire escape *n* scala *f* antincendio

fire exit *n* uscita *f* di sicurezza

fire extinguisher *n* estintore *m*

fire hazard *n* ● **it's a fire hazard** rappresenta un pericolo di incendio

fireman ['faɪəmən] *(pl* **-men)** *n* vigile *m* del fuoco

fireplace ['faɪəpleɪs] *n* caminetto *m*

fire regulations *npl* norme *fpl* antincendio

fire station *n* caserma *f* dei vigili del fuoco

firewall ['faɪəwɔ:l] *n COMPUT* firewall *m inv*

firewood ['faɪəwʊd] *n* legna *f* da ardere

firework display ['faɪəwɜ:k-] *n* fuochi *mpl* d'artificio

fireworks ['faɪəwɜ:ks] *npl (rockets)* fuochi *mpl* d'artificio

firm [fɜ:m] ◇ *adj* 1. *(fruit)* sodo(a) 2. *(mattress)* duro(a) 3. *(structure)* solido(a) 4. *(grip)* saldo(a) 5. *(decision, belief)* fermo(a) ◇ *n* ditta *f*

first [fɜ:st] ◇ *adj* primo(a) ◇ *adv* 1. prima 2. *(for the first time)* per la prima volta ◇ *n (event)* novità *f inv* ◇ *pron* ● **the first** il primo (la prima) ● **first (gear)** prima *f* ● **first thing (in the morning)** per prima cosa ● **for the first time** per la prima volta ● **the first of January** il primo gennaio ● **at first** dapprima ● **first of all** prima di tutto

first aid *n* pronto soccorso *m*

first-aid kit *n* cassetta *f* del pronto soccorso

first class *n* 1. *(mail)* posta celere, di solito consegnata entro uno o due giorni 2. *(on train, plane, ship)* prima classe *f*

first-class *adj* 1. *(stamp)* per consegna *celere* 2. *(ticket)* di prima (classe) 3. *(very good)* di prima qualità

first floor *n* 1. *(UK) (floor above ground floor)* primo piano *m* 2. *(US) (ground floor)* pianterreno *m*

firstly ['fɜ:stli] *adv* in primo luogo

First World War *n* ● **the First World War** la prima guerra mondiale

fish [fiʃ] *(pl inv)* ◇ *n* pesce *m* ◇ *vi* pescare

fish and chips *n* pesce *m* e patate fritti

fishcake ['fiʃkeɪk] *n* crocchetta *f* di pesce

fisherman ['fiʃəmən] *(pl* **-men)** *n* pescatore *m*

fish farm *n* vivaio *m*

fish fingers *npl (UK)* bastoncini *mpl* di pesce

fishing ['fiʃiŋ] *n* pesca *f* ● **to go fishing** andare a pesca

fishing boat *n* barca *f* da pesca

fishing rod *n* canna *f* da pesca

fishmonger's['fɪʃ,mʌŋgəz] *n* (shop) pescheria *f*

fish sticks (US) = **fish fingers**

fist [fɪst] *n* pugno *m*

fit [fɪt] ◇ *adj* (healthy) in forma ◇ *vt* 1. (be right size for) andare (bene) a 2. (kitchen, bath) installare 3. (a lock) mettere 4. (insert) inserire ◇ *vi* (be right size) andare bene ◇ *n* 1. (of coughing, anger) attacco *m* 2. (epileptic) crisi *f inv* epilettica ● **they're a good fit** (clothes, shoes) sono della misura giusta ● **to be fit for sthg** (suitable) essere adatto a qc ● **fit to eat** buono da mangiare ● **it doesn't fit** (object) non c'entra ● **it doesn't fit me** (jacket, skirt) non mi sta OR va ● **to get fit** rimettersi in forma ● **to keep fit** tenersi in forma ◆ **fit in** ◇ *vt sep* (find time to do) trovare il tempo per ◇ *vi* (belong) inserirsi

fitness ['fɪtnɪs] *n* (health) forma *f*

fitted carpet [,fɪtəd-] *n* moquette *f inv*

fitted sheet [,fɪtəd-] *n* lenzuolo *m* con gli angoli

fitting room ['fɪtɪŋ-] *n* camerino *m*

five [faɪv] *num* cinque ➤ **six**

fiver ['faɪvə'] *n* 1. (UK) (inf) cinque sterline *fpl* 2. (note) banconota *f* da cinque sterline

fix [fɪks] *vt* 1. (attach, decide on) fissare 2. (mend) riparare 3. (drink, food) preparare 4. (arrange) organizzare ◆ **fix up** *vt sep* ● **to fix sb up with sthg** procurare qc a qn

fixture ['fɪkstʃə'] *n* SPORT incontro *m* ● **fixtures and fittings** installazioni *fpl*

fizzy ['fɪzɪ] *adj* frizzante

flag [flæg] *n* bandiera *f*

flake [fleɪk] ◇ *n* (of snow) fiocco *m* ◇ *vi* sfaldarsi

flame [fleɪm] *n* fiamma *f*

flammable ['flæməbl] *adj* infiammabile

flan [flæn] *n* flan *m inv*

flannel ['flænl] *n* 1. (material) flanella *f* 2. (UK) (for washing face) panno *m* di spugna ◆ **flannels** *npl* pantaloni *mpl* di flanella

flap [flæp] ◇ *n* 1. (of envelope) linguetta *f* 2. (of pocket) risvolto *m* ◇ *vt* (wings) battere

flapjack ['flæpdʒæk] *n* (UK) biscotto *m* di avena

flare [fleə'] *n* (signal) razzo *m*

flared [fleəd] *adj* 1. (trousers) a zampa d'elefante 2. (skirt) scampanato(a)

flash [flæʃ] ◇ *n* 1. (of light) lampo *m* 2. (for camera) flash *m inv* ◇ *vi* (light) lampeggiare ● **a flash of lightning** un lampo ● **to flash one's headlights** lampeggiare

flashlight ['flæʃlaɪt] *n* torcia *f* elettrica

flask [flɑːsk] *n* 1. (Thermos) thermos ® *m inv* 2. (hip flask) borraccia *f*

flat [flæt] ◇ *adj* 1. piatto(a) 2. (battery) scarico(a) 3. (drink) sgasato(a) 4. (rate, fee) unico(a) ◇ *adv* (level) in piano ◇ *n* (UK) (apartment) appartamento *m* ● **a flat (tyre)** una gomma a terra ● **flat out** a più non posso

flatter ['flætə'] *vt* adulare

flavor ['fleɪvər] (US) = **flavour**

flavour ['fleɪvə'] *n* 1. (UK) (taste) sapore *m* 2. (of ice cream) gusto *m*

flavoured ['fleɪvəd] *adj* ● **lemon-fla-**

voured al gusto di limone

flavouring ['fleɪvərɪŋ] (UK) n aroma m

flaw [flɔː] n difetto m

flea [fliː] n pulce f

flea market n mercato m delle pulci

fleece [fliːs] n (downy material) vello m

fleet [fliːt] n (of ships) flotta f

Fleet Street

Sede storica di numerose testate giornalistiche, il nome di questa strada nel cuore di Londra viene ancora usata come sinonimo per stampa nazionale o giornalisti. Attualmente i giornali hanno spostato la loro sede in zone meno centrali.

Flemish ['flemɪʃ] ◇ adj fiammingo(a) ◇ n (language) fiammingo m

flesh [fleʃ] n 1. (of person, animal) carne f 2. (of fruit, vegetable) polpa f

flew [fluː] pt ➤ fly

flex [fleks] n cavetto m

flexible ['fleksəbl] adj flessibile

flick [flɪk] vt 1. (a switch) premere 2. (with finger) colpire con il dito ◆ **flick through** vt insep sfogliare

flies [flaɪz] npl (of trousers) patta f

flight [flaɪt] n volo m ◆ **a flight (of stairs)** una rampa (di scale)

flight attendant n assistente mf di volo

flimsy ['flɪmzɪ] adj 1. (object) poco consistente 2. (clothes) leggero(a)

fling [flɪŋ] (pt & pp **flung**) vt lanciare

flint [flɪnt] n (of lighter) pietrina f

flip-flop [flɪp-] n (UK) (shoe) infradito m inv f inv

flipper ['flɪpəʳ] n (UK) (of swimmer) pinna f

flirt [flɜːt] vi ◆ **to flirt (with sb)** flirtare (con qn)

float [fləʊt] ◇ n 1. (for swimming) tavoletta f 2. (for fishing) galleggiante m 3. (in procession) carro m 4. (drink) bevanda con del gelato aggiunto ◇ vi galleggiare

flock [flɒk] ◇ n 1. (of birds) stormo m 2. (of sheep) gregge m ◇ vi (people) accalcarsi

flood [flʌd] ◇ n alluvione f ◇ vt inondare ◇ vi straripare

floodlight ['flʌdlaɪt] n riflettore m

floor [flɔːʳ] n 1. (of room) pavimento m 2. (storey) piano m 3. (of nightclub) pista f

floorboard ['flɔːbɔːd] n asse f del pavimento

floor show n varietà m inv

flop [flɒp] n (inf) fiasco m

floppy disk ['flɒpɪ-] n floppy disk m inv

floral ['flɔːrəl] adj (pattern) floreale

Florence ['flɒrəns] n Firenze f

Florida Keys ['flɒrɪdə-] npl ◆ **the Florida Keys** l'arcipelago m Keys

florist's ['flɒrɪsts] n (shop) fioraio m

flour ['flaʊəʳ] n farina f

flow [fləʊ] ◇ n (of river, blood) flusso m ◇ vi (river, blood) scorrere

flower ['flaʊəʳ] n fiore m

flowerbed ['flaʊəbed] n aiuola f

flowerpot ['flaʊəpɒt] n vaso m da fiori

flown [fləʊn] pp ➤ fly

fl oz abbr = fluid ounce

flu [fluː] n influenza f

fluent ['fluːənt] adj ◆ **to be fluent in**

Italian, to speak fluent Italian parlare italiano correntemente

fluff [flʌf] *n* (*on clothes*) pelucchi *mpl*

fluid ounce ['fluːɪd-] *n* = 0,03l

flume [fluːm] *n* canale *m*

flung [flʌŋ] *pp* ➤ **fling**

flunk [flʌŋk] *vt* (*US*) (*inf*) (*exam*) essere bocciato(a) a

fluorescent [fluəˈresənt] *adj* fluorescente

flush [flʌʃ] ◇ *vi* (*toilet*) funzionare ● *vt* **to flush the toilet** tirare lo sciacquone

flute [fluːt] *n* flauto *m* traverso

fly [flaɪ] (*pt* **flew**, *pp* **flown**) ◇ *n* **1.** (*insect*) mosca *f* **2.** (*of trousers*) patta *f* ◇ *vt* **1.** (*plane, helicopter*) pilotare **2.** (*airline*) volare con **3.** (*transport*) trasportare in aereo ◇ *vi* **1.** volare **2.** (*passenger*) andare in aereo **3.** (*pilot a plane*) pilotare un aereo **4.** (*flag*) sventolare

fly-drive *n* fly and drive *m inv*

flying ['flaɪɪŋ] ● *n* **I'm frightened of flying** ho paura di volare

flyover ['flaɪˌəʊvə^r] *n* (*UK*) cavalcavia *m inv*

flypaper ['flaɪˌpeɪpə^r] *n* carta *f* moschicida

flysheet ['flaɪʃiːt] *n* telo *m* protettivo

FM [ef'em] *n* (*abbr of* **frequency modulation**) FM *f*

foal [fəʊl] *n* puledro *m*

foam [fəʊm] *n* **1.** (*bubbles*) schiuma *f* **2.** (*foam rubber*) gommapiuma ® *f*

focus ['fəʊkəs] ◇ *n* (*of camera*) fuoco *m* ◇ *vi* (*with camera, binoculars*) mettere a fuoco ● **in focus** a fuoco ● **out of focus** sfocato

fog [fɒg] *n* nebbia *f*

fogbound ['fɒgbaʊnd] *adj* bloccato(a) dalla nebbia

foggy ['fɒgɪ] *adj* nebbioso(a)

fog lamp *n* antinebbia *m inv*

foil [fɔɪl] *n* (*thin metal*) carta *f* di alluminio

fold [fəʊld] ◇ *n* (*in paper, material*) piega *f* ◇ *vt* **1.** piegare **2.** (*wrap*) avvolgere ● **to fold one's arms** incrociare le braccia ● **fold up** (*chair, bed, bicycle*) piegarsi

folder ['fəʊldə^r] *n* cartella *f*

foliage ['fəʊlɪdʒ] *n* fogliame *m*

folk [fəʊk] ◇ *npl* (*people*) gente *f* ◇ *n* (*music*) folk *m* ◆ **folks** *npl* (*inf*) (*relatives*) ● **my folks** i miei

follow ['fɒləʊ] ◇ *vt* **1.** seguire **2.** (*in order, time*) seguire a ◇ *vi* seguire ● **followed by** (*in time*) seguito da ● **as follows** come segue ● **follow on** *vi* (*come later*) seguire

following ['fɒləʊɪŋ] ◇ *adj* **1.** (*next*) successivo(a) **2.** (*mentioned below*) seguente ◇ *prep* dopo

follow on call *n* chiamata *f* successiva

fond [fɒnd] *adj* ● **to be fond of** amare

fondue ['fɒnduː] *n* fonduta *f*

food [fuːd] *n* cibo *m*

food poisoning [-ˌpɔɪznɪŋ] *n* avvelenamento *m* da cibo

food processor [-ˌprəʊsesə^r] *n* tritatutto-frullatore *m inv* elettrico

foodstuffs ['fuːdstʌfs] *npl* generi *mpl* alimentari

fool [fuːl] ◇ *n* **1.** (*idiot*) stupido *m*, -a *f* **2.** (*pudding*) mousse *f inv* di frutta ◇ *vt* ingannare

foolish ['fuːlɪʃ] *adj* stupido(a)

foot [fʊt] *n* (*pl* **feet**) *n* **1.** (*of person*) piede _m_ **2.** (of animal) zampa _f_ **3.** (measurement) = 30,48 cm, piede **4.** (of hill, cliff, bed) piedi _mpl_ **5.** (of wardrobe, tripod, stairs) base _f_ ● **by foot** a piedi ● **on foot** a piedi

football ['futbɔːl] _n_ **1.** (UK) (soccer) calcio _m_ **2.** (US) (American football) football _m_ americano **3.** (ball) pallone _m_

footballer ['futbɔːləʳ] _n_ (UK) calciatore _m_, -trice _f_

football pitch _n_ (UK) campo _m_ di calcio

footbridge ['futbrɪdʒ] _n_ sovrappassaggio _m_

footpath ['futpɑːθ] _n_ sentiero _m_

footprint ['futprɪnt] _n_ orma _f_

footstep ['futstep] _n_ passo _m_

footwear ['futweəʳ] _n_ calzature _fpl_

for [fɔːʳ] _prep_ **1.** (expressing intention, purpose, reason) per ● **this book is for you** questo libro è per te ● **what did you do that for?** perché l'hai fatto? ● **what's it for?** a cosa serve? ● **a town famous for its wine** una città famosa per il suo vino ● **for this reason** per questo motivo ● **to go for a walk** andare a fare una passeggiata ▼ **for sale** vendesi **2.** (during) ● **I've lived here for ten years** abito qui da dieci anni, sono dieci anni che abito qui ● **we talked for hours** abbiamo chiacchierato per ore **3.** (by, before) per ● **be there for eight p.m.** trovati lì per le otto di sera ● **I'll do it for tomorrow** lo farò per domani **4.** (on the occasion of) per ● **I got socks for Christmas** ho avuto dei calzini per Natale ● **what's for dinner?**

cosa c'è per cena? **5.** (on behalf of) per ● **to do sthg for sb** fare qc per qn **6.** (with time and space) per ● **there's no room for your suitcase** non c'è posto per la tua valigia ● **have you got time for a coffee?** hai tempo per un caffè? ● **it's time for dinner** è ora di cena **7.** (expressing distance) per ▼ **road works for 20 miles** lavori in corso per 32 chilometri **8.** (expressing destination) per ● **a ticket for Boston** un biglietto per Boston ● **this train is for London only** questo treno ferma solo a Londra **9.** (expressing price) ● **I bought it for £5** l'ho comprato per 5 sterline, l'ho pagato 5 sterline **10.** (expressing meaning) per ● **what's the Italian for "boy"?** come si dice "boy" in italiano? **11.** (with regard to) per ● **it's warm for November** fa caldo per essere novembre ● **it's easy for you** è facile per te ● **it's too far for us to walk** è troppo lontano per andarci a piedi

forbid [fəˈbɪd] (_pt_ **-bade**, _pp_ **-bidden**) _vt_ proibire, vietare ● **to forbid sb to do sthg** proibire OR vietare a qn di fare qc

forbidden [fəˈbɪdn] _adj_ proibito(a)

force [fɔːs] ◇ _n_ forza _f_ ◇ _vt_ forzare ● **to force sb to do sthg** costringere qn a fare qc ● **to force one's way through** farsi strada con la forza ● **the forces** le forze armate

ford [fɔːd] _n_ guado _m_

forecast ['fɔːkɑːst] _n_ previsione _f_

forecourt ['fɔːkɔːt] _n_ spiazzo _m_

forefinger ['fɔːˌfɪŋgəʳ] _n_ indice _m_

foreground ['fɔːgraʊnd] _n_ primo piano _m_

forehead ['fɔːhed] *n* fronte *f*

foreign ['fɒrən] *adj* 1. straniero(a) 2. *(travel)* all'estero

foreign currency *n* valuta *f* estera

foreigner ['fɒrənə'] *n* straniero *m*, -a *f*

foreign exchange *n* cambio *m*

Foreign Secretary *n* (UK) ministro *m* degli Esteri

foreman ['fɔːmən] *(pl* -**men**) *n (of workers)* capo operaio *m*

forename ['fɔːneɪm] *n (fml)* nome *m* (di battesimo)

foresee [fɔːˈsiː] *(pt* -**saw**, *pp* -**seen**) *vt* prevedere

forest ['fɒrɪst] *n* foresta *f*

forever [fəˈrevə'] *adv* 1. *(eternally)* per sempre 2. *(continually)* in continuazione

forgave [fəˈgeɪv] *pt* ➤ **forgive**

forge [fɔːdʒ] *vt (copy)* falsificare

forgery ['fɔːdʒərɪ] *n (copy)* falso *m*

forget [fəˈget] *(pt* -**got**, *pp* -**gotten**) ◇ *vt* 1. dimenticare 2. *(give up)* lasciar perdere ◇ *vi* dimenticarsi ● **to forget about sthg** dimenticarsi di qc ● **to forget how to do sthg** dimenticare come si fa qc ● **to forget to do sthg** dimenticare di fare qc ● **forget it!** lascia perdere!

forgetful [fəˈgetful] *adj* smemorato(a)

forgive [fəˈgɪv] *(pt* -**gave**, *pp* -**given**) *vt* perdonare

forgot [fəˈgɒt] *pt* ➤ **forget**

forgotten [fəˈgɒtn] *pp* ➤ **forget**

fork [fɔːk] *n* 1. *(for eating with)* forchetta *f* 2. *(for gardening)* forca *f* 3. *(of road, path)* bivio *m* ● **forks** *npl (of bike, motorbike)* forcelle *fpl*

form [fɔːm] ◇ *n* 1. *(type, shape)* forma *f* 2. *(piece of paper)* modulo *m* 3. SCH classe *f* ◇ *vt* 1. *(constitute)* costituire 3. *(produce)* creare ◇ *vi* formarsi ● **off form** giù di forma ● **on form** in forma ● **to form part of** fare parte di

formal ['fɔːml] *adj* formale

formality [fɔːˈmælətɪ] *n* formalità *f inv* ● **it's just a formality** è solo una formalità

format ['fɔːmæt] *n* formato *m*

former ['fɔːmə'] ◇ *adj* 1. *(previous)* precedente 2. *(first)* primo(a) ◇ *pron* ● **the former** il primo ● **the former President** l'ex Presidente

formerly ['fɔːməlɪ] *adv* precedentemente

formula ['fɔːmjʊlə] *(pl* -**as** OR -**ae**) *n* formula *f*

fort [fɔːt] *n* forte *m*

forthcoming [ˌfɔːθˈkʌmɪŋ] *adj (future)* prossimo(a)

fortieth ['fɔːtɪɪθ] *num* quarantesimo(a) ➤ **sixth**

fortnight ['fɔːtnaɪt] *n* (UK) quindici giorni *mpl*

fortunate ['fɔːtʃnət] *adj* fortunato(a)

fortunately ['fɔːtʃnətlɪ] *adv* fortunatamente

fortune ['fɔːtʃuːn] *n* fortuna *f* ● **it costs a fortune** *(inf)* costa una fortuna

forty ['fɔːtɪ] *num* quaranta ➤ **six**

forward ['fɔːwəd] ◇ *adv (move, lean)* in avanti ◇ *n* SPORT attaccante *mf* ◇ *vt* spedire ● **to look forward to doing sthg** non vedere l'ora di fare qc

forwarding address ['fɔːwədɪŋ-] *n* recapito *m* nuovo

forward slash n barra f

fought [fɔ:t] pp ➤ **fight**

foul [faʊl] ◇ adj (unpleasant) disgustoso(a) ◇ n fallo m

found [faʊnd] ◇ pp ➤ **find** ◇ vt fondare

foundation (cream) [faʊn'deɪʃn-] n fondotinta m inv

foundations [faʊn'deɪʃnz] npl fondamenta fpl

fountain [faʊntɪn] n fontana f

fountain pen n penna f stilografica

four [fɔ:'] num quattro ➤ **six**

four-star (petrol) n super f inv

fourteen [,fɔ:'ti:n] num quattordici ➤ **six**

fourteenth [,fɔ:'ti:nθ] num quattordicesimo(a) ➤ **sixth**

fourth [fɔ:θ] num quarto(a) ➤ **sixth**

Fourth of July

Negli USA la festa del 4 luglio, nota anche come *Independence Day*, commemora la firma della Dichiarazione di Indipendenza del 1776 da parte del Congresso a Philadelphia, in Pennsylvania. In tutti gli Stati Uniti si festeggia con parate, fuochi d'artificio e manifestazioni di patriottismo.

four-wheel drive n (car) veicolo m a quattro ruote motrici

fowl [faʊl] (pl inv) n volatile m

fox [fɒks] n volpe f

foyer ['fɔɪeɪ] n 1. (of hotel) hall f inv 2. (of theatre) foyer m inv

fraction ['frækʃn] n frazione f

fracture ['fræktʃə'] ◇ n frattura f ◇ vt fratturare

fragile ['frædʒaɪl] adj fragile

fragment ['frægmənt] n frammento m

fragrance ['freɪgrəns] n profumo m

frail [freɪl] adj debole

frame [freɪm] ◇ n 1. (of window, tent, bicycle) telaio m 2. (of picture, photo) cornice f 3. (of glasses) montatura f ◇ vt (photo, picture) incorniciare

France [frɑːns] n la Francia

frank [fræŋk] adj franco(a)

frankfurter ['fræŋkfɜːtə'] n würstel m inv

frankly ['fræŋklɪ] adv francamente

frantic ['fræntɪk] adj frenetico(a)

fraud [frɔːd] n (crime) frode f

freak [fri:k] ◇ adj strano(a) ◇ n (inf) (fanatic) fanatico m, -a f

freckles ['freklz] npl lentiggini fpl

free [fri:] ◇ adj 1. libero(a) 2. (costing nothing) gratuito(a) ◇ vt (prisoner) liberare ◇ adv gratis • **for free** gratis

free of charge gratis • **to be free to do sthg** essere libero di fare qc

freedom ['fri:dəm] n libertà f

freefone ['fri:fəʊn] n (UK) ≃ numero m verde

free gift n omaggio m

free kick n calcio m di punizione

freelance ['fri:lɑːns] adj free-lance (inv)

freely ['fri:lɪ] adv 1. liberamente 2. (available) facilmente

free period n SCH ora f di buco

freepost ['fri:pəʊst] n affrancatura f a carico del destinatario

free-range adj 1. (chicken) ruspante 2. (eggs) di galline ruspanti

free time *n* tempo *m* libero

freeway ['fri:weɪ] *n* (US) superstrada *f*

freeze [fri:z] (*pt* **froze**, *pp* **frozen**) ◇ *vt* congelare ◇ *vi* gelare ◇ *impers vb* ● it's freezing fa un freddo polare

freezer ['fri:zə'] *n* **1.** (*deep freeze*) congelatore *m* **2.** (*part of fridge*) freezer *m inv*

freezing ['fri:zɪŋ] *adj* **1.** gelato(a) **2.** (*temperatures*) sotto zero

freezing point *n* temperatura *f* di congelamento

freight [freɪt] *n* (*goods*) carico *m*

French [frentʃ] ◇ *adj* francese ◇ *n* (*language*) francese *m* ◇ *npl* ● the French i Francesi

French bean *n* fagiolino *m*

French bread *n* baguette *f inv*

French dressing *n* **1.** (*in UK*) condimento per insalata a base di olio e aceto **2.** (*in US*) condimento per insalata a base di maionese e ketchup

French fries *npl* patatine *fpl* fritte

Frenchman ['frentʃmən] (*pl* **-men**) *n* francese *m*

French toast *n* (*fried bread*) fetta di pane passata nell'uovo e fritta

French windows *npl* portafinestra *f*

Frenchwoman ['frentʃ,wumən] (*pl* **-women**) *n* francese *f*

frequency ['fri:kwənsɪ] *n* frequenza *f*

frequent ['fri:kwənt] *adj* frequente

frequently ['fri:kwəntlɪ] *adv* frequentemente

fresh [freʃ] *adj* **1.** fresco(a) **2.** (*water*) dolce **3.** (*new*) nuovo(a) ● to get some fresh air prendere un po' d'aria fresca

fresh cream *n* panna *f* fresca

freshen ['freʃn] ● **freshen up** *vi* rinfrescarsi

freshly ['freʃlɪ] *adv* appena

fresh orange (juice) *n* spremuta *f* d'arancia

Fri. (*abbr of* Friday) ven.

Friday ['fraɪdɪ] *n* venerdì *m inv* ➤ Saturday

fridge [frɪdʒ] *n* frigorifero *m*

fried egg [fraɪd-] *n* uovo *m* al tegame

fried rice [fraɪd-] *n* piatto cinese a base di riso fritto

friend [frend] *n* amico *m*, -a *f* ● to be friends with sb essere amico di qn ● to make friends with sb fare amicizia con qn

friendly ['frendlɪ] *adj* cordiale ● to be friendly with sb essere amico di qn

friendship ['frendʃɪp] *n* amicizia *f*

fries [fraɪz] = French fries

fright [fraɪt] *n* spavento *m*, paura *f* ● to give sb a fright far paura a qn

frighten ['fraɪtn] *vt* spaventare, far paura a

frightened ['fraɪtnd] *adj* (*scared*) spaventato(a) ● to be frightened (that) ... (*worried*) avere paura che ... ● to be frightened of avere paura di

frightening ['fraɪtnɪŋ] *adj* spaventoso(a)

frightful ['fraɪtfʊl] *adj* (*very bad, unpleasant*) terribile

frilly ['frɪlɪ] *adj* arricciato(a)

fringe [frɪndʒ] *n* frangia *f*

frisk [frɪsk] *vt* perquisire

fritter ['frɪtə'] *n* frittella *f*

fro [frəʊ] *adv* ➤ to

frog [frɒg] *n* rana *f*

from [from] prep **1.** (expressing origin, source) da ● I'm from England sono inglese ● I bought it from a supermarket l'ho comprato al supermercato ● the train from Manchester il treno (proveniente) da Manchester **2.** (expressing removal, deduction) da ● away from home lontano da casa ● to take sthg (away) from sb prendere qc a qn ● 10% will be deducted from the total dal totale verrà dedotto il 10% **3.** (expressing distance) da ● 5 miles from London a 5 miglia da Londra ● it's not far from here non è lontano (da qui) **4.** (expressing position) da ● from here you can see the valley da qui si vede la valle **5.** (expressing starting time) da ● open from nine to five aperto dalle nove alle cinque ● from next year dall'anno prossimo **6.** (expressing change) da ● the price has gone up from £1 to £2 il prezzo è salito da 1 a 2 sterline **7.** (expressing range) da ● tickets are from £10 i biglietti vanno dalle 10 sterline in su **8.** (as a result of) ● I'm tired from walking all day sono stanco per aver camminato tutto il giorno **9.** (expressing protection) da ● sheltered from the wind al riparo dal vento **10.** (in comparisons) ● different from diverso da

fromage frais [ˌfrɒmɑːʒˈfreɪ] n formaggio fresco cremoso

front [frʌnt] ◇ adj anteriore ◇ n **1.** parte f anteriore **2.** (of weather) fronte m **3.** (by the sea) lungomare m ● in front (further forward) avanti; (in the lead) d'avanti ● in front of davanti a

front door n porta f principale

frontier [frʌnˈtɪəˈ] n frontiera f

front page n prima pagina f

front seat n sedile m anteriore

frost [frɒst] n gelo m

frosty [ˈfrɒstɪ] adj (morning, weather) gelato(a)

froth [frɒθ] n spuma f

frown [fraʊn] ◇ n fronte f aggrottata ◇ vi aggrottare la fronte

froze [frəʊz] pt > freeze

frozen [ˈfrəʊzn] ◇ pp > freeze ◇ adj **1.** gelato(a) **2.** (food) congelato(a)

fruit [fruːt] n **1.** (food) frutta f **2.** (variety, single fruit) frutto m ● a piece of fruit un frutto ● fruits of the forest frutti di bosco

fruit cake n torta con frutta secca

fruiterer [ˈfruːtərəˈ] n (UK) fruttivendolo m, -a f

fruit juice n succo m di frutta

fruit machine n (UK) slot-machine f inv

fruit salad n macedonia f

frustrating [frʌˈstreɪtɪŋ] adj frustrante

frustration [frʌˈstreɪʃn] n frustrazione f

fry [fraɪ] vt **1.** soffriggere **2.** (deep-fry) friggere

frying pan [ˈfraɪŋ-] n padella f

ft abbr = foot, feet

fudge [fʌdʒ] n dolciume gommoso fatto con burro, latte e zucchero

fuel [fjʊəl] n **1.** (for engine) carburante m **2.** (for heating) combustibile m

fuel pump n pompa f del carburante

fulfil [fʊlˈfɪl] vt (UK) **1.** (promise) mantenere **2.** (duty, role, need) adempiere **3.** (conditions, request) soddisfare **4.** (instructions) eseguire

fulfill [fʊlˈfɪl] (*US*) = **fulfil**

full [fʊl] ◇ *adj* **1.** pieno(a) **2.** (*extent, fare*) intero(a) **3.** (*name*) completo(a) ◇ *adv* (*directly*) in pieno ● I'm full (up) sono pieno ● at full speed a tutta velocità ● in full per esteso

full board *n* pensione *f* completa

full-cream milk *n* latte *m* intero

full-length *adj* (*skirt, dress*) lungo(a)

full moon *n* luna *f* piena

full stop *n* punto *m*

full-time *adj & adv* a tempo pieno

fully [ˈfʊlɪ] *adv* (*completely*) completamente

fully-licensed *adj* autorizzato a vendere alcolici

fumble [ˈfʌmbl] *vi* (*search clumsily*) rovistare

fun [fʌn] *n* divertimento *m* ● it's good fun è divertente ● for fun per divertimento ● to have fun divertirsi ● to make fun of prendere in giro

function [ˈfʌŋkʃn] ◇ *n* **1.** (*role*) funzione *f* **2.** (*formal event*) ricevimento *m* ◇ *vi* funzionare

fund [fʌnd] ◇ *n* (*of money*) fondo *m* ◇ *vt* finanziare ◆ funds *npl* fondi *mpl*

fundamental [ˌfʌndəˈmentl] *adj* fondamentale

funeral [ˈfjuːnərəl] *n* funerale *m*

funfair [ˈfʌnfeəʳ] *n* luna park *m inv*

funky [ˈfʌŋkɪ] *adj* (*inf*) (*music*) funky (*inv*)

funnel [ˈfʌnl] *n* **1.** (*for pouring*) imbuto *m* **2.** (*on ship*) fumaiolo *m*

funny [ˈfʌnɪ] *adj* **1.** (*amusing*) divertente **2.** (*strange*) strano(a) ● to feel funny (*ill*) sentirsi strano

fur [fɜːʳ] *n* pelliccia *f*

fur coat *n* pelliccia *f*

furious [ˈfjʊərɪəs] *adj* (*angry*) furioso(a)

furnished [ˈfɜːnɪʃt] *adj* ammobiliato(a)

furnishings [ˈfɜːnɪʃɪŋ] *npl* arredamento *m*

furniture [ˈfɜːnɪtʃəʳ] *n* mobilia *f* ● a piece of furniture un mobile

furry [ˈfɜːrɪ] *adj* peloso(a)

further [ˈfɜːðəʳ] ◇ *compar* ➤ **far** ◇ *adv* **1.** (*in distance*) più lontano **2.** (*more*) di più ◇ *adj* (*additional*) ulteriore ● until further notice fino a nuovo avviso

furthermore [ˌfɜːðəˈmɔːʳ] *adv* inoltre

furthest [ˈfɜːðɪst] ◇ *superl* ➤ **far** ◇ *adj* (*most distant*) il più lontano(la più lontana) ◇ *adv* (*in distance*) il più lontano (possibile)

fuse [fjuːz] ◇ *n* **1.** (*of plug*) fusibile *m* **2.** (*on bomb*) detonatore *m* ◇ *vi* (*plug, device*) saltare

fuse box *n* scatola *f* dei fusibili

fuss [fʌs] *n* **1.** (*agitation*) confusione *f* **2.** (*complaints*) storie *fpl*

fussy [ˈfʌsɪ] *adj* (*person*) difficile

future [ˈfjuːtʃəʳ] ◇ *n* futuro *m* ◇ *adj* futuro(a) ● in future in futuro

g G

g (*abbr of gram*) g

gable [ˈgeɪbl] *n* timpano *m*

gadget [ˈgædʒɪt] *n* aggeggio *m*

Gaelic [ˈgeɪlɪk] *n* gaelico *m*

gag [gæg] n (inf) (joke) gag f inv
gain [geɪn] ◇ n 1. (improvement) avanzamento m 2. (profit) guadagno m ◇ vt 1. guadagnare 2. (weight) aumentare di 3. (confidence, speed, popularity) acquistare 4. (achieve) ottenere 5. (subj: clock, watch) andare avanti di ◇ vi (get benefit) ● to gain from sthg trarre vantaggio da qc
gale [geɪl] n burrasca f
gallery ['gælərɪ] n galleria f
gallon ['gælən] n 1. (UK) = 4,546 l, gallone m 2. (US) = 3,791 l, gallone
gallop ['gæləp] vi galoppare
gamble ['gæmbl] ◇ n azzardo m ◇ vi (bet money) giocare d'azzardo
gambling ['gæmblɪŋ] n gioco m d'azzardo
game [geɪm] n 1. (gen) gioco m 2. (of football, squash, cards) partita f 3. (wild animals, meat) cacciagione f ◆ **games** ◇ n SCH ≃ attività fpl sportive ◇ npl (sporting event) gare fpl
gammon ['gæmən] n coscia di maiale da cuocere
gang [gæŋ] n 1. (of criminals) banda f 2. (of friends) gruppo m
gangster ['gæŋstə'] n gangster m inv
gangway ['gæŋweɪ] n 1. (for ship) passerella f 2. (UK) (in bus, aeroplane, theatre) corridoio m
gap [gæp] n 1. (space) buco m 2. (of time) intervallo m 3. (difference) divario m
garage ['gærɑːʒ, 'gærɪdʒ] n 1. (for keeping car) garage m inv 2. (UK) (for petrol) stazione f di servizio 3. (for repairs) autofficina f 4. (UK) (for selling cars) concessionaria f
garbage ['gɑːbɪdʒ] n (US) (refuse) spazzatura f

garbage can n (US) pattumiera f
garbage truck n (US) camion m inv della nettezza urbana
garden ['gɑːdn] ◇ n giardino m ◇ vi fare giardinaggio ◆ **gardens** npl (public park) giardini mpl pubblici
garden centre n vivaio m
gardener ['gɑːdnə'] n giardiniere m, -a f
gardening ['gɑːdnɪŋ] n giardinaggio m
garden peas npl piselli mpl
garlic ['gɑːlɪk] n aglio m
garlic bread n ≃ bruschetta f
garlic butter n burro m all'aglio
garment ['gɑːmənt] n indumento m
garnish ['gɑːnɪʃ] ◇ n guarnizione f ◇ vt guarnire
gas [gæs] n 1. gas m inv 2. (US) (petrol) benzina f
gas cooker n (UK) cucina f a gas
gas cylinder n bombola f del gas
gas fire n (UK) stufa f a gas
gasket ['gæskɪt] n guarnizione f
gas mask n maschera f antigas
gasoline ['gæsəliːn] n (US) benzina f
gasp [gɑːsp] vi (in shock) rimanere senza fiato
gas pedal n (US) acceleratore m
gas station n (US) stazione f di servizio
gas stove (UK) = gas cooker
gas tank n (US) serbatoio m della benzina
gasworks ['gæswɜːks] (pl inv) n officina f del gas
gate [geɪt] n 1. (to garden, field) cancello m 2. (at airport) uscita f
gâteau ['gætəʊ] (pl -x) n (UK) torta f
gateway ['geɪtweɪ] n (entrance) entrata f

gather ['gæðə'] ◇ *vt* **1.** *(collect)* raccogliere **2.** *(speed)* acquistare **3.** *(understand)* dedurre ◇ *vi* *(come together)* riunirsi

gaudy ['gɔːdɪ] *adj* vistoso(a)

gauge [geɪdʒ] ◇ *n* **1.** *(for measuring)* indicatore *m* **2.** *(of railway track)* scartamento *m* ◇ *vt* *(calculate)* misurare

gauze [gɔːz] *n* garza *f*

gave [geɪv] *pt* ➢ **give**

gay [geɪ] *adj* *(homosexual)* gay *(inv)*

gaze [geɪz] *vi* ● **to gaze at** fissare

GB [dʒiː'biː] *(abbr of* **Great Britain)** GB

GCSE [dʒiːsiːes'iː] *n esami sostenuti a conclusione della scuola dell'obbligo*

gear [gɪə'] *n* **1.** *(wheel)* ingranaggio *m* **2.** *(speed)* marcia *f* **3.** *(belongings)* roba *f* **4.** *(equipment, clothes)* attrezzatura *f* ● **in gear** con la marcia inserita

gearbox ['gɪəbɒks] *n* cambio *m*

gear lever *n* leva *f* del cambio

gear shift *(US)* = **gear lever**

gear stick *(UK)* = **gear lever**

geese [giːs] *pl* ➢ **goose**

gel [dʒel] *n* gel *m inv*

gelatine [,dʒelə'tiːn] *n* gelatina *f*

gem [dʒem] *n* gemma *f*

Gemini ['dʒemɪnaɪ] *n* Gemelli *mpl*

gender ['dʒendə'] *n* genere *m*

general ['dʒenərəl] ◇ *adj* **1.** generale **2.** *(idea, statement)* generico(a) ◇ *n* generale *m* ● **in general** in generale; *(usually)* in genere

general anaesthetic *n* anestesia *f* totale

general election *n* elezioni *fpl* politiche

generally ['dʒenərəlɪ] *adv* generalmente

general practitioner [-præk'tɪʃənə'] *n* medico *m* generico

general store *n* drogheria *f*

generate ['dʒenəreɪt] *vt* generare

generation [,dʒenə'reɪʃn] *n* generazione *f*

generator ['dʒenəreɪtə'] *n* generatore *m*

generosity [,dʒenə'rɒsɪtɪ] *n* generosità *f*

generous ['dʒenərəs] *adj* generoso(a)

genitals ['dʒenɪtlz] *npl* genitali *mpl*

genius ['dʒiːnjəs] *n* genio *m*

gentle ['dʒentl] *adj* **1.** *(careful)* delicato(a) **2.** *(kind)* gentile **3.** *(movement, breeze)* leggero(a)

gentleman ['dʒentlmən] *(pl* **-men)** *n* **1.** signore *m* **2.** *(with good manners)* gentiluomo *m* ▼ **gentlemen** *(men's toilets)* uomini

gently ['dʒentlɪ] *adv* *(carefully)* delicatamente

gents [dʒents] *n* *(UK)* toilette *f inv* degli uomini

genuine ['dʒenjuɪn] *adj* **1.** *(authentic)* autentico(a) **2.** *(sincere)* sincero(a)

geographical [dʒɪə'græfɪkl] *adj* geografico(a)

geography [dʒɪ'ɒgrəfɪ] *n* geografia *f*

geology [dʒɪ'ɒlədʒɪ] *n* geologia *f*

geometry [dʒɪ'ɒmətrɪ] *n* geometria *f*

Georgian ['dʒɔːdʒən] *adj* *(architecture etc)* georgiano(a) *(del periodo dei re Giorgio I-IV, 1714-1830)*

geranium [dʒɪ'reɪnjəm] *n* geranio *m*

German ['dʒɜːmən] ◇ *adj* tedesco(a) ◇ *n* **1.** *(person)* tedesco *m*, -a *f* **2.** *(language)* tedesco *m*

German measles *n* rosolia *f*

Germany ['dʒɜːmənɪ] *n* la Germania

germs [dʒɜːmz] *npl* germi *mpl*

gesture [ˈdʒestʃəʳ] *n* (movement) gesto *m*

get [get] (*pt & pp* **got**, (*US*) *pp* **gotten**)

◇ *vt* **1.** (obtain) ottenere; (job, house) trovare ● I got some crisps from the shop ho comprato delle patatine al negozio ● she got a job ha trovato lavoro **2.** (receive) ricevere ● I got a book for Christmas mi hanno regalato un libro per Natale ● you get a lot of rain here in winter qui piove molto in inverno **3.** (means of transport) prendere ● let's get a taxi prendiamo un taxi **4.** (fetch) andare a prendere ● could you get me the manager? (in shop) mi può chiamare il direttore?; (on phone) mi può passare il direttore? **5.** (illness) avere, prendere ● I've got a headache ho mal di testa **6.** (cause to become, do) ● to get sthg done (do) fare qc; (have done) far fare qc ● to get sb to do sthg far fare qc a qn ● I can't get it open non riesco ad aprirlo ● can I get my car repaired here? posso far riparare qui la mia macchina? **7.** (move) ● to get sthg in/out far entrare/uscire qc ● I can't get it through the door non riesco a farlo passare dalla porta **8.** (understand) capire ● to get a joke capire una barzelletta **9.** (time, chance) avere, trovare ● we didn't get the chance to see everything non siamo riusciti a vedere tutto **10.** (answer) ● I'll get it! (phone) rispondo io!; (door) vado io!

◇ *vi* **1.** (become) diventare ● it's getting late si sta facendo tardi ● to get bored annoiarsi ● to get ready prepararsi ● to get lost perdersi ● get lost! (inf) vattene! **2.** (arrive) arrivare ● when does the train get here? a che ora arriva il treno? **3.** (go) ● to get to/from andare a/da **4.** (manage) ● to get to do sthg riuscire a fare qc

◇ *aux vb* ● to get delayed essere trattenuto ● to get killed essere ucciso

◆ **get back** *vi* (return) ritornare

◆ **get in** *vi* (arrive) arrivare; (enter) entrare

◆ **get into** *vt insep* (enter) entrare in ● to get into the car salire in macchina ● to get into bed mettersi a letto ● to get into trouble mettersi nei guai

◆ **get off** *vi* (leave train, bus) scendere; (depart) partire

◆ **get on** *vi* (enter train, bus) salire; (in relationship) andare d'accordo ● how are you getting on? come va la vita?

◆ **get out** *vi* (of car, bus, train) scendere

◆ **get through** *vi* (on phone) ottenere la comunicazione

◆ **get up** *vi* alzarsi

get-together *n* (inf) riunione *f*

ghastly [ˈgɑːstlɪ] *adj* (inf) terribile

gherkin [ˈgɜːkɪn] *n* cetriolino *m*

ghetto blaster [ˈgetəʊˌblɑːstəʳ] *n* (inf) stereo *m* portatile

ghost [gəʊst] *n* fantasma *m*

giant [ˈdʒaɪənt] ◇ *adj* gigantesco(a) ◇ *n* (in stories) gigante *m*

giblets [ˈdʒɪblɪts] *npl* rigaglie *fpl*

giddy [ˈgɪdɪ] *adj* (dizzy) ● I feel giddy mi gira la testa

gift [gɪft] *n* **1.** regalo *m* **2.** (talent) talento *m*

gifted ['gɪftɪd] *adj* dotato(a)

gift shop *n* negozio *m* di articoli da regalo

gift voucher *n* (UK) buono *m* acquisto

gig [gɪg] *n* (inf) (concert) concerto *m*

gigabyte [gɪgə'baɪt] *n* gigabyte *m* inv

gigantic [dʒaɪ'gæntɪk] *adj* gigantesco(a)

giggle ['gɪgl] *vi* ridacchiare

gill [dʒɪl] *n* (measurement) 0,142 l

gimmick ['gɪmɪk] *n* trovata *f*

gin [dʒɪn] *n* gin *m* inv ◆ **gin and tonic** gin tonic

ginger ['dʒɪndʒə'] ◇ *n* zenzero *m* ◇ *adj* (colour) rosso(a)

ginger ale *n* bibita analcolica gassata allo zenzero

ginger beer *n* bibita analcolica allo zenzero

gingerbread ['dʒɪndʒəbred] *n* torta *o* biscotto allo zenzero

gipsy ['dʒɪpsɪ] *n* zingaro *m*, -a *f*

giraffe [dʒɪ'rɑːf] *n* giraffa *f*

girdle ['gɜːdl] *n* panciera *f*

girl [gɜːl] *n* 1. (child) bambina *f* 2. (young woman) ragazza *f* 3. (daughter) femmina *f*

girlfriend ['gɜːlfrend] *n* 1. (of boy, man) ragazza *f* 2. (of girl, woman) amica *f*

girl guide *n* (UK) giovane *f* esploratrice

girl scout (US) = **girl guide**

giro ['dʒaɪrəʊ] *n* (system) giroconto *m*

give [gɪv] (pt **gave**, pp **given**) *vt* 1. dare 2. (a smile, speech) fare 3. (attention) prestare 4. (time) dedicare ● **to give sb sthg** dare qc a qn; (as present) regalare qc a qn ● **to give sthg a push** dare una spinta a qc ● **to give sb a kiss** dare un bacio a qn ● **it took an hour,**

give or take a few minutes c'è voluta un'ora, minuto più minuto meno ▼ **give way** dare la precedenza

◆ **give away** *vt sep* 1. (get rid of) dare via 2. (reveal) rivelare

◆ **give back** *vt sep* restituire

◆ **give in** *vi* arrendersi

◆ **give off** *vt insep* emettere

◆ **give out** *vt sep* (distribute) distribuire

◆ **give up** ◇ *vt sep* 1. (cigarettes, chocolate) rinunciare a 2. (seat) cedere ◇ *vi* (admit defeat) arrendersi ● **to give up** (smoking) smettere di fumare

glacier ['glæsjə'] *n* ghiacciaio *m*

glad [glæd] *adj* contento(a) ● **to be glad to do sthg** essere contento di fare qc

gladly ['glædlɪ] *adv* (willingly) volentieri

glamorous ['glæmərəs] *adj* affascinante

glance [glɑːns] ◇ *n* sguardo *m* ◇ *vi* ● **to glance (at)** dare uno sguardo (a)

gland [glænd] *n* ghiandola *f*

glandular fever ['glændjʊlə-] *n* mononucleosi *f*

glare [gleə'] *vi* 1. (person) lanciare sguardi truci 2. (sun, light) abbagliare

glass [glɑːs] ◇ *n* 1. (material) vetro *m* 2. (container, glassful) bicchiere *m* ◇ *adj* di vetro ◆ **glasses** *npl* occhiali *mpl*

glassware ['glɑːsweə'] *n* oggetti *mpl* in vetro

glider ['glaɪdə'] *n* aliante *m*

glimpse [glɪmps] *vt* intravedere

glitter ['glɪtə'] *vi* luccicare

global warming [ˌgləʊbl'wɔːmɪŋ] *n* effetto *m* serra

globe [gləʊb] *n* globo *m* ● **the globe** (Earth) il globo

gloomy ['glu:mɪ] *adj* cupo(a)

glorious ['glɔ:rɪəs] *adj* **1.** *(weather, sight)* magnifico(a) **2.** *(victory, history)* glorioso(a)

glory ['glɔ:rɪ] *n* gloria *f*

gloss [glɒs] *n* *(shine)* lucido *m* ● **gloss (paint)** vernice *f* lucida

glossary ['glɒsərɪ] *n* glossario *m*

glossy ['glɒsɪ] *adj* **1.** *(magazine)* patinato(a) **2.** *(photo)* lucido(a)

glove [glʌv] *n* guanto *m*

glove compartment *n* vano *m* portaoggetti

glow [gləʊ] ◇ *n* barlume *m* ◇ *vi* brillare

glucose ['glu:kəʊs] *n* glucosio *m*

glue [glu:] ◇ *n* colla *f* ◇ *vt* incollare

GM [dʒi:'em] *adj* (*abbr of* genetically modified) geneticamente modificato(a) ● **GM foods/products** cibi *mpl* transgenici

GMT [dʒi:em'əʊ] *n* (*abbr of* Greenwich Mean Time) TMG *m*

gnat [næt] *n* pappataci *m inv*

gnaw [nɔ:] *vt* rosicchiare

go [gəʊ] (*pt* went, *pp* gone, *pl* goes *m*) ◇ *vi* **1.** *(move, travel, attend)* andare ● to go home andare a casa ● to go to Italy andare in Italia ● to go by bus andare con l'autobus ● to go to school andare a scuola ● to go for a walk andare a fare una passeggiata ● to go and do sthg andare a fare qc ● to go shopping andare a fare spesa **2.** *(leave)* andarsene; *(bus, train)* partire ● it's time to go è ora d'andare ● go away! vattene! **3.** *(become)* diventare ● she went pale è impallidita ● the milk has gone sour il latte è inacidito **4.** *(expressing future*

tense) ● to be going to do sthg stare per fare qc; *(intend to do)* avere intenzione di fare qc ● I'm going to be sick sto per vomitare ● I'm going to phone them tonight ho intenzione di chiamarli stasera **5.** *(function)* funzionare ● the car won't go la macchina non parte **6.** *(stop working)* rompersi ● the fuse has gone è saltato il fusibile **7.** *(time)* passare **8.** *(progress)* andare ● to go well andar bene **9.** *(bell, alarm)* suonare **10.** *(match, be appropriate)* ● to go (with) andare (con) **11.** *(be sold)* essere venduto(a) ▼ everything must go svendita totale **12.** *(fit)* entrare **13.** *(lead)* andare, portare ● where does this path go? dove porta questo sentiero? **14.** *(belong)* andare **15.** *(in phrases)* ● to let go of sthg *(drop)* lasciare (andare) qc ● to go *(to take away)* da asportare ● there are only three weeks to go mancano solo tre settimane ◇ *n* **1.** *(turn)* turno *m* ● it's your go tocca a te **2.** *(attempt)* prova *f*, tentativo *m* ● to have a go at sthg provare qc ● 50p a go *(in game)* 50 pence a partita

◆ **go ahead** *vi* *(take place)* aver luogo ● go ahead! fai pure!

◆ **go back** *vi* *(return)* ritornare

◆ **go down** *vi* *(decrease)* abbassarsi, scendere; *(sun)* tramontare; *(tyre)* sgonfiarsi

◆ **go down with** *vt insep* *(inf)* *(illness)* prendere ◆ **go in** *vi* *(enter)* entrare

◆ **go off** *vi* *(alarm, bell)* suonare; *(go bad)* andare a male; *(lights, heating)* spegnersi

◆ **go on** *vi* *(happen)* succedere; *(lights,*

heating) accendersi; *(continue)* ● **to go on doing sthg** continuare a fare qc

◆ **go out** *vi (leave house)* uscire; *(light, fire, cigarette)* spegnersi; *(have relationship)* ● **to go out (with sb)** stare insieme (a qn) ● **to go out for a meal** andare a mangiare fuori

◆ **go over** *vt insep (check)* controllare ◆ **go round** *vi (revolve)* girare; *(be enough)* bastare per tutti

◆ **go through** *vt insep (experience)* passare; *(spend)* spendere; *(search)* esaminare

◆ **go up** *vi (increase)* aumentare

◆ **go without** *vt insep* fare a meno di

goal [gəʊl] *n* **1.** *(posts)* porta *f* **2.** *(point scored)* goal *m inv* **3.** *(aim)* scopo *m*

goalkeeper ['gəʊl,ki:pə'] *n* portiere *m*

goalpost ['gəʊlpəʊst] *n* palo *m*

goat [gəʊt] *n* capra *f*

gob [gɒb] *n (UK) (inf) (mouth)* bocca *f*

god [gɒd] *n* dio *m* ◆ **God** *n* Dio *m*

goddaughter ['gɒd,dɔ:tə'] *n* figlioccia *f*

godfather ['gɒd,fɑ:ðə'] *n* padrino *m*

godmother ['gɒd,mʌðə'] *n* madrina *f*

gods [gɒdz] *npl* ● **the gods** *(UK) (inf) (in theatre)* il loggione

godson ['gɒdsʌn] *n* figlioccio *m*

goes [gəʊz] ➤ **go**

goggles ['gɒglz] *npl* **1.** *(for swimming)* occhialini *mpl* **2.** *(for skiing)* occhiali *mpl* da neve

going ['gəʊɪŋ] *adj (available)* disponibile ● **the going rate** la tariffa corrente

go-kart [-kɑ:t] *n* go-kart *m inv*

gold [gəʊld] ◇ *n* oro *m* ◇ *adj* d'oro

goldfish ['gəʊldfɪʃ] *(pl inv) n* pesce *m* rosso

gold-plated [-'pleɪtɪd] *adj* placcato(a) d'oro

golf [gɒlf] *n* golf *m*

golf ball *n* pallina *f* da golf

golf club *n* **1.** *(place)* circolo *m* del golf **2.** *(piece of equipment)* mazza *f* da golf

golf course *n* campo *m* di golf

golfer ['gɒlfə'] *n* golfista *mf*

gone [gɒn] ◇ *pp* ➤ **go** ◇ *prep (UK) (past)* ● **it's gone ten** sono le dieci passate

good [gʊd] *(compar* **better**, *superl* **best***)* ◇ *adj* **1.** buono(a) **2.** *(enjoyable)* bello(a) **3.** *(skilled, well-behaved)* bravo(a) **4.** *(kind)* gentile ◇ *n* bene *m* ● **the weather's good** fa bel tempo ● **to have a good time** divertirsi ● **to be good at sthg** saper fare qc bene ● **a good ten minutes** dieci minuti buoni ● **in good time** in anticipo ● **to make good sthg** compensare qc ● **for good** per sempre ● **for the good of** per il bene di ● **to do sb good** far bene a qn ● **it's no good** *(there's no point)* è inutile ● **good afternoon!** buon giorno! ● **good evening!** buona sera! ● **good morning!** buon giorno! ● **good night!** buona notte!

◆ **goods** *npl* merce *f*

goodbye [,gʊd'baɪ] *excl* arrivederci!

Good Friday *n* Venerdì *m* Santo

good-looking [-'lʊkɪŋ] *adj* attraente

goods train [gʊdz-] *n* treno *m* merci

goose [gu:s] *(pl* **geese***) n* oca *f*

gooseberry ['gʊzbərɪ] *n* uva *f* spina

gorge [gɔ:dʒ] *n* gola *f*

gorgeous [gɔ:dʒəs] *adj* stupendo(a)

gorilla [gə'rɪlə] *n* gorilla *m inv*

gossip ['gɒsɪp] ◇ *n (about someone)*

pettegolezzi *mpl* ◇ *vi* **1.** *(about someone)* fare pettegolezzi **2.** *(chat)* chiacchierare ● **to have a gossip** chiacchierare

gossip column *n* cronaca *f* rosa

got [gɒt] *pt* & *pp* > **get**

gotten ['gɒtn] *pp* (US) > **get**

goujons ['guːdʒɒnz] *npl (of fish)* frittelle *fpl*

goulash ['guːlæʃ] *n* gulasch *m inv*

gourmet ['guəmeɪ] ◇ *n* buongustaio *m*, -a *f* ◇ *adj* per intenditori

govern ['gʌvən] *vt (country, city)* governare

government ['gʌvnmənt] *n* governo *m*

gown [gaʊn] *n (dress)* abito *m* lungo

GP *abbr* = **general practitioner**

grab [græb] *vt (take hold of)* afferrare

graceful ['greɪsfʊl] *adj (elegant)* aggraziato(a)

grade [greɪd] *n* **1.** *(quality)* categoria *f* **2.** *(in exam)* voto *m* **3.** (US) *(year at school)* classe *f*

gradient ['greɪdjənt] *n* pendenza *f*

gradual ['grædʒʊəl] *adj* graduale

gradually ['grædʒʊəlɪ] *adv* gradualmente

graduate ◇ *n* ['grædʒʊət] **1.** *(from university)* laureato *m*, -a *f* **2.** (US) *(from high school)* diplomato *m*, -a *f* ◇ *vi* ['grædʒʊeɪt] **1.** *(from university)* laurearsi **2.** (US) *(from high school)* diplomarsi

graduation [,grædʒʊ'eɪʃn] *n* **1.** *(ceremony at university)* consegna *f* delle lauree **2.** (US) *(ceremony at school)* consegna dei diplomi

graffiti [grə'fiːtɪ] *n* graffiti *mpl*

grain [greɪn] *n* **1.** *(seed)* chicco *m* **2.** *(crop)* cereali *mpl* **3.** *(of sand, salt)*

granello *m*

gram [græm] *n* grammo *m*

grammar ['græmə⁗] *n* grammatica *f*

grammar school *n (in UK)* scuola *secondaria più selettiva e tradizionale delle altre*

gramme [græm] = **gram**

gramophone ['græməfəʊn] *n* grammofono *m*

gran [græn] *n (UK) (inf)* nonna *f*

grand [grænd] ◇ *adj (impressive)* grandioso(a) ◇ *n* **1.** *(inf)* (£1,000) mille sterline *fpl* **2.** ($1,000) mille dollari *mpl*

grandad ['grændæd] *n (inf)* nonno *m*

grandchild ['græntʃaɪld] *(pl* -children*)* *n* nipote *mf*

granddaughter ['græn,dɔːtə⁗] *n* nipote *f*

grandfather ['grænd,fɑːðə⁗] *n* nonno *m*

grandma ['grænmɑː] *n (inf)* nonna *f*

grandmother ['græn,mʌðə⁗] *n* nonna *f*

grandpa ['grænpɑː] *n (inf)* nonno *m*

grandparents ['græn,peərənts] *npl* nonni *mpl*

grandson ['grænsʌn] *n* nipote *m*

granite ['grænɪt] *n* granito *m*

granny ['grænɪ] *n (inf)* nonna *f*

grant [grɑːnt] ◇ *n* **1.** POL sovvenzione *f* **2.** *(for university)* borsa *f* di studio ◇ *vt (fml) (give)* concedere ● **to take sthg for granted** dare qc per scontato ● **to take sb for granted** pensare di poter sempre contare su qn

grapefruit ['greɪpfruːt] *n* pompelmo *m*

grapefruit juice *n* succo *m* di pompelmo

grapes [greɪps] *npl* uva *f*

graph [grɑːf] *n* grafico *m*

graph paper *n* carta *f* millimetrata

grasp [grɑːsp] *vt* afferrare

grass [grɑːs] *n* **1.** *(plant)* erba *f* **2.** *(lawn)* prato *m* ▾ keep off the grass non calpestare il prato

grasshopper ['grɑːsˌhɒpə^r] *n* cavalletta *f*

grate [greɪt] *n* grata *f*

grated ['greɪtɪd] *adj* grattugiato(a)

grateful ['greɪtfʊl] *adj (person)* grato(a)

grater ['greɪtə^r] *n* grattugia *f*

gratitude ['grætɪtjuːd] *n* gratitudine *f*

gratuity [grə'tjuːɪtɪ] *n (fml)* mancia *f*

grave[1] [greɪv] *adj (mistake, news, concern)* grave ◇ *n* tomba *f*

grave[2] [grɑːv] *adj (accent)* grave

gravel ['grævl] *n* ghiaia *f*

graveyard ['greɪvjɑːd] *n* cimitero *m*

gravity ['grævətɪ] *n* gravità *f*

gravy ['greɪvɪ] *n* salsa ottenuta dal sugo di carne arrosto e resa più densa con della farina

gray [greɪ] *(US)* = grey

graze [greɪz] *vt (injure)* scorticare, escoriare

grease [griːs] *n* **1.** *(for machine)* olio *m*, lubrificante *m* **2.** *(animal fat)* grasso *m*

greaseproof paper ['griːspruːf-] *n (UK)* carta *f* oleata

greasy ['griːsɪ] *adj* **1.** *(food, skin, hair)* grasso(a) **2.** *(tools, clothes)* unto(a)

great [greɪt] *adj* **1.** grande **2.** *(very good)* eccellente, fantastico(a) ● (that's) great! fantastico!

Great Britain *n* la Gran Bretagna

great-grandfather *n* bisnonno *m*

great-grandmother *n* bisnonna *f*

greatly ['greɪtlɪ] *adv* molto

Greece [griːs] *n* la Grecia

greed [griːd] *n* avidità *f*

greedy ['griːdɪ] *adj* avido(a)

Greek [griːk] ◇ *adj* greco(a) ◇ *n* **1.** *(person)* greco *m*, -a *f* **2.** *(language)* greco *m*

green [griːn] ◇ *adj* **1.** verde **2.** *(environmentalist)* ambientalista **3.** *(inf) (inexperienced)* inesperto(a) ◇ *n* **1.** *(colour)* verde *m* **2.** *(in village)* prato *m* pubblico **3.** *(on golf course)* green *m inv* ◆ **greens** *npl (vegetables)* verdura *f*

green beans *npl* fagiolini *mpl*

green card *n* **1.** *(UK) (for car)* carta *f* verde **2.** *(US) (work permit)* permesso *m* di soggiorno

green card

Gli stranieri che possiedono questo documento (un tempo di colore verde) hanno il diritto di risiedere e lavorare negli USA. La *green card* viene rilasciata per avvicinamento familiare, per motivi di lavoro, a chi ha richiesto asilo politico da almeno un anno e a chi investe negli USA.

green channel *n* uscita di porto o aeroporto riservata ai passeggeri che non hanno niente da dichiarare

greengage ['griːngeɪdʒ] *n* susina *f* Regina Claudia

greengrocer's ['griːnˌgrəʊsəz] *n (shop)* negozio *m* di frutta e verdura

greenhouse ['griːnhaʊs] *n* serra *f*

greenhouse effect *n* effetto *m* serra

green light *n (go-ahead)* ● to give sb the green light dare il via libera a qn

green pepper *n* peperone *m* verde

Greens [griːnz] *npl* ● **the Greens** i Verdi

green salad *n* insalata *f* verde

greet [griːt] *vt (say hello to)* salutare

greeting ['griːtɪŋ] *n* saluto *m*

grenade [grə'neɪd] *n* granata *f*

grew [gruː] *pt* > **grow**

grey [greɪ] ◇ *adj* grigio(a) ◇ *n* grigio *m* ● **to go grey** diventar grigio

greyhound ['greɪhaund] *n* levriero *m*

grid [grɪd] *n* 1. *(grating)* grata *f* 2. *(on map etc)* reticolato *m*

grief [griːf] *n* dolore *m* ● **to come to grief** *(plan)* naufragare; *(person)* finire male

grieve [griːv] *vi* affliggersi

grill [grɪl] ◇ *n* 1. *(on cooker)* grill *m inv* 2. *(for open fire)* griglia *f* 3. *(part of restaurant)* area di un ristorante dove si cucina alla griglia ◇ *vt* cuocere ai ferri OR alla griglia

grille [grɪl] *n AUT* griglia *f*

grilled [grɪld] *adj* alla griglia, ai ferri

grim [grɪm] *adj* 1. *(expression)* severo(a) 2. *(place)* lugubre 3. *(news)* triste

grimace ['grɪməs] *n* smorfia *f*

grimy ['graɪmɪ] *adj* sudicio(a)

grin [grɪn] ◇ *n* (gran) sorriso *m* ◇ *vi* fare un gran sorriso

grind [graɪnd] *(pt & pp* **ground**) *vt (pepper, coffee)* macinare

grip [grɪp] ◇ *n* 1. *(hold)* presa *f* 2. *(of tyres)* tenuta *f* di strada 3. *(handle)* impugnatura *f* 4. *(bag)* borsa *f* da viaggio ◇ *vt (hold)* afferrare

gristle ['grɪsl] *n* cartilagine *f*

groan [grəun] ◇ *n* lamento *m* ◇ *vi* lamentarsi

groceries ['grəusərɪz] *npl* generi *mpl* alimentari

grocer's ['grəusəz] *n (shop)* drogheria *f*

grocery ['grəusərɪ] *n (shop)* drogheria *f*

groin [grɔɪn] *n* inguine *m*

groove [gruːv] *n* solco *m*

grope [grəup] *vi* andare a tastoni ● **to grope for sthg** cercare qc a tastoni

gross [grəus] *adj (weight, income)* lordo(a)

grossly ['grəuslɪ] *adv (extremely)* estremamente

grotty ['grɒtɪ] *adj (UK)* (inf) squallido(a)

ground [graund] ◇ *pt & pp* > **grind** ◇ *n* 1. *(surface of earth)* terra *f* 2. *(soil)* terreno *m* 3. SPORT campo *m* ◇ *adj (coffee)* macinato(a) ◇ *vt (US) (electrical connection)* mettere a terra ● **to be grounded** *(plane)* essere trattenuto a terra ● **on the ground** a OR per terra ◆ **grounds** *npl* 1. *(of building)* terreni *mpl* 2. *(of coffee)* fondi *mpl* 3. *(reason)* motivo *m*, ragione *f*

ground floor *n* pianterreno *m*

groundsheet ['graundʃiːt] *n* telo *m* impermeabile

group [gruːp] *n* gruppo *m*

grouse [graus] *(pl inv)* *n (bird)* gallo *m* cedrone

grovel ['grɒvl] *vi (be humble)* umiliarsi

grow [grəu] *(pt* **grew**, *pp* **grown**) ◇ *vi* 1. *(person, animal, plant)* crescere 2. *(fears, traffic)* aumentare 3. *(company, city)* espandersi 4. *(become)* diventare ◇ *vt* 1. *(plant, crop)* coltivare 2. *(beard)* farsi crescere ● **to grow old** invecchiare ◆ **grow up** *vi* crescere, diventare grande

growl [graʊl] *vi* (dog) ringhiare

grown [grəʊn] *pp* ➤ **grow**

grown-up ◇ *adj* adulto(a) ◇ *n* adulto *m*, -a *f*

growth [grəʊθ] *n* **1.** (increase) crescita *f* **2.** tumore *m*

grub [grʌb] *n* (inf) (food) cibo *m*

grubby ['grʌbɪ] *adj* (inf) sporco(a)

grudge [grʌdʒ] ◇ *n* rancore *m* ◇ *vt* **to grudge sb sthg** invidiare qc a qn

grueling ['gruːlɪŋ] (US) = **gruelling**

gruelling ['gruːlɪŋ] *adj* (UK) estenuante

gruesome ['gruːsəm] *adj* raccapricciante

grumble ['grʌmbl] *vi* (complain) lagnarsi

grumpy ['grʌmpɪ] *adj* (inf) scorbutico(a)

grunt [grʌnt] *vi* grugnire

guarantee [ˌgærən'tiː] ◇ *n* garanzia *f* ◇ *vt* garantire

guard [gɑːd] ◇ *n* **1.** (of prisoner etc) guardia *f* **2.** (UK) (on train) capotreno *mf* **3.** (protective cover) schermo *m* di protezione ◇ *vt* (watch over) sorvegliare ◆ **to be on one's guard** stare in guardia

guess [ges] ◇ *n* supposizione *f* ◇ *vt* & *vi* indovinare ◆ **I guess (so)** penso di sì ◆ **have a guess!** indovina!

guest [gest] *n* **1.** (in home) ospite *mf* **2.** (in hotel) cliente *mf*

guesthouse ['gesthaʊs] *n* pensione *f*

guestroom ['gestrʊm] *n* camera *f* degli ospiti

guidance ['gaɪdəns] *n* guida *f*, direzione *f*

guide [gaɪd] ◇ *n* guida *f* ◇ *vt* guidare

Guide *n* (UK) giovane esploratrice *f*

guidebook ['gaɪdbʊk] *n* guida *f*

guide dog *n* cane *m* guida

guided tour ['gaɪdɪd-] *n* visita *f* guidata

guidelines ['gaɪdlaɪnz] *npl* direttive *fpl*

guilt [gɪlt] *n* colpa *f*

guilty ['gɪltɪ] *adj* colpevole ◆ **to feel guilty** sentirsi in colpa

guinea pig ['gɪnɪ-] *n* cavia *f*

guitar [gɪ'tɑːʳ] *n* chitarra *f*

guitarist [gɪ'tɑːrɪst] *n* chitarrista *mf*

gulf [gʌlf] *n* (of sea) golfo *m* ◆ **the Gulf** el Golfo

gull [gʌl] *n* gabbiano *m*

gullible ['gʌləbl] *adj* credulone(a)

gulp [gʌlp] *n* (of drink) sorso *m*

gum [gʌm] *n* **1.** gomma *f* da masticare **2.** (adhesive) colla *f* ◆ **gums** *npl* gengive *fpl*

gun [gʌn] *n* **1.** (pistol) pistola *f* **2.** (rifle) fucile *m* **3.** (cannon) cannone *m*

gunfire ['gʌnfaɪəʳ] *n* sparatoria *f*

gunshot ['gʌnʃɒt] *n* sparo *m*

gust [gʌst] *n* (of wind) raffica *f*

gut [gʌt] *n* (inf) (stomach) stomaco *m* ◆ **guts** *npl* **1.** (inf) (intestines) budella *fpl* **2.** (courage) ◆ **to have guts** avere fegato

gutter ['gʌtəʳ] *n* **1.** (beside road) cunetta *f* **2.** (of house) grondaia *f*

guy [gaɪ] *n* (inf) (man) tipo *m* ◆ **guys** *npl* (US) (inf) (people) gente *f*

Guy Fawkes Night [-'fɔːks-] *n* festa che si celebra il 5 novembre per ricordare il fallimento della Congiura delle polveri

Guy Fawkes Night

Ogni 5 novembre nel Regno Unito si commemora il fallimento del *Gunpowder Plot*, il tentativo di far saltare in aria il Parlamento e il re Giacomo I ad opera di un estremista cattolico, Guy Fawkes, nel 1605. In tutto il paese si accendono enormi falò e si organizzano spettacoli pirotecnici.

guy rope *n* cavo *m*

gym [dʒɪm] *n* **1.** palestra *f* **2.** *(school lesson)* ginnastica *f*

gymnast ['dʒɪmnæst] *n* ginnasta *mf*

gymnastics [dʒɪm'næstiks] *n* ginnastica *f*

gym shoes *npl* scarpe *fpl* da ginnastica

gynaecologist [ˌgaɪnə'kɒlədʒɪst] *n* ginecologo *m*, -a *f*

gypsy ['dʒɪpsɪ] = **gipsy**

hH

H ◇ *abbr* (abbr of hospital) H ◇ *abbr* = hot

habit ['hæbɪt] *n (custom)* abitudine *f*

hacksaw ['hæksɔː] *n* seghetto *m*

had [hæd] *pt & pp* → **have**

haddock ['hædək] *(pl inv)* *n* eglefino *m* (pesce simile al merluzzo)

hadn't ['hædnt] = **had not**

haggis ['hægɪs] *n* piatto tipico scozzese a base di avena e frattaglie di pecora

haggle ['hægl] *vi* mercanteggiare

hail [heɪl] ◇ *n* grandine *f* ◇ *impers vb* grandinare

hailstone ['heɪlstəʊn] *n* chicco *m* di grandine

hair [heəʳ] *n* **1.** *(on head)* capelli *mpl* **2.** *(on animal)* pelo *m* **3.** *(on human skin)* peli *mpl* **4.** *(individual hair on head)* capello *m* **5.** *(individual hair on skin)* pelo *m* ● **to have one's hair cut** tagliarsi i capelli

hairband ['heəbænd] *n* cerchietto *m* per capelli

hairbrush ['heəbrʌʃ] *n* spazzola *f* per capelli

hairclip ['heəklɪp] *n* fermaglio *m* per capelli

haircut ['heəkʌt] *n (style)* taglio *m* di capelli ● **to have a haircut** farsi tagliare i capelli

hairdo ['heəduː] *(pl* **-s***)* *n* acconciatura *f*, pettinatura *f*

hairdresser ['heəˌdresəʳ] *n* parrucchiere *m*, -a *f* ● **hairdresser's** *(salon)* negozio *m* di parrucchiere ● **to go to the hairdresser's** andare dal parrucchiere

hairdryer ['heəˌdraɪəʳ] *n* asciugacapelli *m inv*, föhn *m inv*

hair gel *n* gel *m inv* per capelli, gommina *f*

hairgrip ['heəgrɪp] *n (UK)* molletta *f* (per capelli)

hairnet ['heənet] *n* retina *f* (per capelli)

hairpin bend ['heəpɪn-] *n* tornante *m*

hair remover [-rɪˌmuːvəʳ] *n* crema *f* depilatoria

hair rollers [-ˈrəʊləz] *npl* bigodini *mpl*

hair slide *n* fermacapelli *m inv*

hairspray ['heəspreɪ] *n* lacca *f* per capelli

hairstyle ['heəstaɪl] *n* acconciatura *f*, pettinatura *f*

hairy ['heəri] *adj (person, chest, legs)* peloso(a)

half [(UK) hɑːf, (US) hæf] *(pl* **halves)** ◇ *n* **1.** metà *f inv* **2.** *(of match)* tempo *m* **3.** *(half pint)* mezza pinta *f* **4.** *(child's ticket)* biglietto *m* ridotto ◇ *adj* mezzo(a) ◇ *adv* ● **half cooked** cotto a metà ● **half full** mezzo pieno ● **I'm half Spanish** per metà sono spagnolo ● **a day and a half** un giorno e mezzo ● **four and a half** quattro e mezzo ● **half past seven** sette e mezza ● **half as big as** la metà di ● **an hour and a half** un'ora e mezza ● **half an hour** mezz'ora ● **half a dozen** mezza dozzina ● **half price** a metà prezzo

half board *n* mezza pensione *f*

half-day *n* mezza giornata *f*

half fare *n* mezza tariffa *f*

half portion *n* mezza porzione *f*

half-price *adj* a metà prezzo

half term *n* (UK) *vacanza a metà trimestre*

half time *n* intervallo *m*

halfway [hɑːfˈweɪ] *adv* **1.** *(in space)* a metà strada **2.** *(in time)* a metà

halibut ['hælɪbət] *(pl inv)* *n* halibut *m inv*

hall [hɔːl] *n* **1.** *(of house)* ingresso *m* **2.** *(large room, building)* sala *f*, salone *m* **3.** *(country house)* maniero *m*

hallmark ['hɔːlmɑːk] *n (on silver, gold)* marchio *m*

hallo [həˈləʊ] = **hello**

hall of residence *n* casa *f* dello studente

Halloween [ˌhæləʊˈiːn] *n* vigilia d'Ognissanti

Halloween

Nel Regno Unito e negli USA ogni 31 ottobre si festeggia *Halloween*, festa nata in epoca pre-cristiana dal culto pagano dei morti. In questo giorno gruppi di bambini travestiti da streghe o fantasmi vanno di casa in casa a chiedere *trick* (dolciumi o denaro) *or treat* (uno scherzo divertente).

halt [hɔːlt] ◇ *vi* fermarsi ◇ *n* ● **to come to a halt** fermarsi

halve [(UK) hɑːv, (US) hæv] *vt* dimezzare

halves [(UK) hɑːvz, (US) hævz] *pl* ➤ **half**

ham [hæm] *n (meat)* prosciutto *m* (cotto)

hamburger ['hæmbɜːgə] *n* **1.** *(beefburger)* hamburger *m inv* **2.** *(US) (mince)* carne *f* macinata

hamlet ['hæmlɪt] *n* paesino *m*

hammer ['hæmə] ◇ *n* martello *m* ◇ *vt (nail)* piantare

hammock ['hæmək] *n* amaca *f*

hamper ['hæmpə] *n* cesta *f*

hamster ['hæmstə] *n* criceto *m*

hamstring ['hæmstrɪŋ] *n* tendine *m* del ginocchio

hand [hænd] *n* **1.** mano *f* **2.** *(of clock, watch, dial)* lancetta *f* ● **to give sb a hand** dare una mano a qn ● **to get out of hand** sfuggire di mano ● **by hand** a mano ● **in hand** *(time)* a disposizione ● **on the one hand** da una parte ● **on the other hand** d'altra parte ◆ **hand in**

vt sep consegnare ◆ **hand out** *vt sep* distribuire ◆ **hand over** *vt sep* (give) consegnare

handbag ['hændbæg] *n* borsetta *f*

handbasin ['hændbeɪsn] *n* lavabo *m*

handbook ['hændbʊk] *n* manuale *m*

handbrake ['hændbreɪk] *n* freno *m* a mano

hand cream *n* crema *f* per le mani

handcuffs ['hændkʌfs] *npl* manette *fpl*

handful ['hændfʊl] *n* (amount) manciata *f*

handheld PC [hænd'held-] *n* ordenador *m* de bolsillo

handicap ['hændɪkæp] *n* palmare *m*

handicapped ['hændɪkæpt] ◇ *adj* handicappato(a) ◇ *npl* ● **the handicapped** i portatori di handicap

handkerchief ['hæŋkətʃɪf] (*pl* **-chiefs** OR **-chieves**) *n* fazzoletto *m*

handle ['hændl] ◇ *n* 1. (of door, window) maniglia *f* 2. (of knife, pan, suitcase) manico *m* ◇ *vt* 1. (touch) toccare 2. (deal with) occuparsi di ▼ handle with care fragile

handlebars ['hændlbɑːz] *npl* manubrio *m*

hand luggage *n* bagaglio *m* a mano

handmade [ˌhænd'meɪd] *adj* fatto(a) a mano

handout ['hændaʊt] *n* (leaflet) volantino *m*

handrail ['hændreɪl] *n* corrimano *m*

handset ['hændset] *n* ricevitore *m* ▼ please replace the handset si prega di riporre il ricevitore

handshake ['hændʃeɪk] *n* stretta *f* di mano

handsome ['hænsəm] *adj* (man) bello(a)

handstand ['hændstænd] *n* verticale *f*

handwriting ['hænd,raɪtɪŋ] *n* calligrafia *f*

handy ['hændɪ] *adj* 1. (useful) utile 2. (convenient) comodo(a) 3. (good with one's hands) abile 4. (near) vicino(a), a portata di mano ● **to come in handy** (inf) tornare utile

hang [hæŋ] (*pt & pp* **hung** OR **hanged**) ◇ *vt* 1. appendere 2. (*pt & pp* **hanged**) (execute) impiccare ◇ *vi* (be suspended) penzolare, pendere ◇ *n* ● **to get the hang of sthg** fare la mano a qc ◆ **hang about** *vi* (UK) (inf) ciondolare ◆ **hang around** *vi* (inf) = **hang about** ◆ **hang down** *vi* penzolare ◆ **hang on** *vi* (inf) (wait) aspettare ◆ **hang out** ◇ *vt sep* (washing) stendere ◇ *vi* (inf) stare ◆ **hang up** *vi* (on phone) riagganciare

hangar ['hæŋəʳ] *n* hangar *m inv*

hanger ['hæŋəʳ] *n* gruccia *f*, stampella *f*

hang gliding *n* deltaplano *m*

hangover ['hæŋ,əʊvəʳ] *n* postumi *mpl* di sbornia

hankie ['hæŋkɪ] *n* (inf) fazzoletto *m*

happen ['hæpən] *vi* succedere, accadere ● **I happened to catch sight of him** mi è capitato di vederlo

happily ['hæpɪlɪ] *adv* (luckily) fortunatamente

happiness ['hæpɪnɪs] *n* felicità *f*

happy ['hæpɪ] *adj* felice ● **to be happy about sthg** essere contento(a) di qc ● **to be happy to do sthg** (willing) fare qc volentieri ● **to be happy with sthg** essere soddisfatto(a) di qc ● **Happy Birthday!** buon compleanno! ● **Happy**

Christmas! buon Natale! ● **Happy New Year!** buon anno!

harassment ['hærəsmənt] n molestie fpl

harbor ['hɑːbər] (US) = harbour

harbour ['hɑːbər] n (UK) porto m

hard [hɑːd] ◇ adj **1.** duro(a) **2.** (difficult) difficile **3.** (strenuous) faticoso(a) **4.** (forceful) forte **5.** (winter, frost) rigido(a) **6.** (drugs) pesante ◇ adv **1.** (work) duro **2.** (listen) attentamente **3.** (hit) con forza **4.** (rain) a dirotto

hardback ['hɑːdbæk] n edizione f rilegata

hardboard ['hɑːdbɔːd] n pannello m di legno compresso

hard-boiled egg [-bɔıld-] n uovo m sodo

hard disk n hard disk m inv, disco m rigido

hardly ['hɑːdlı] adv a malapena, appena ● **hardly ever** quasi mai

hardship ['hɑːdʃıp] n **1.** (difficult conditions) privazioni fpl **2.** (difficult circumstance) avversità fpl

hard shoulder n (UK) corsia f d'emergenza

hard up adj (inf) in bolletta

hardware ['hɑːdweə'] n **1.** (tools, equipment) ferramenta fpl **2.** COMPUT hardware m

hardwearing [ˌhɑːd'weərıŋ] adj (UK) resistente

hardworking [ˌhɑːd'wɜːkıŋ] adj instancabile

hare [heə'] n lepre f

harm [hɑːm] ◇ n **1.** (injury) male m **2.** (damage) danno m ◇ vt **1.** (injure) far male a **2.** (damage) danneggiare

harmful ['hɑːmfʊl] adj nocivo(a)

harmless ['hɑːmlıs] adj innocuo(a)

harmonica [hɑːˈmɒnıkə] n armonica f

harmony ['hɑːmənı] n armonia f

harness ['hɑːnıs] n **1.** (for horse) finimenti mpl **2.** (for child) briglie fpl

harp [hɑːp] n arpa f

harsh [hɑːʃ] adj **1.** (weather) rigido(a) **2.** (conditions) duro(a) **3.** (cruel) severo(a) **4.** (sound) sgradevole

harvest ['hɑːvıst] n **1.** (of corn, fruit) raccolto m **2.** (of grapes) vendemmia f

has (weak form [həz], strong form [hæz]) ➤ have

hash browns [hæʃ-] npl (US) frittelle fpl di patate

hasn't ['hæznt] = has not

hassle ['hæsl] n (inf) (problem) seccatura f

hastily ['heıstılı] adv (rashly) precipitosamente

hasty ['heıstı] adj **1.** (hurried) affrettato(a) **2.** (rash) precipitoso(a)

hat [hæt] n cappello m

hatch [hætʃ] ◇ n (for food) passavivande m inv ◇ vi (egg) schiudersi

hatchback ['hætʃˌbæk] n (car) tre OR cinque porte f inv

hatchet ['hætʃıt] n accetta f

hate [heıt] ◇ n odio m ◇ vt odiare, detestare ● **to hate doing sthg** detestare fare qc

hatred ['heıtrıd] n odio m

haul [hɔːl] ◇ vt trascinare ◇ n ● **a long haul** un percorso lungo e faticoso

haunted ['hɔːntıd] adj (house) abitato(a) da fantasmi

have [hæv] (*pt & pp* **had**)
◇ *aux vb* **1.** (*to form perfect tenses: gen*) avere; (*with many intransitive verbs*) essere ● I have finished ho finito ● have you been there? - no, I haven't ci sei stato? - no ● the train had already gone il treno era già partito **2.** (*must*) ● to have (got) to do sthg dover fare qc ● do you have to pay? si deve pagare?
◇ *vt* **1.** (*possess*) ● to have (got) avere ● do you have OR have you got a double room? avete una camera doppia? ● she has (got) brown hair ha i capelli castani **2.** (*experience*) avere ● to have a cold avere il raffreddore ● we had a great time ci siamo divertiti un mondo **3.** (*replacing other verbs*) ● to have breakfast fare colazione ● to have dinner cenare ● to have lunch pranzare ● to have a drink bere qualcosa ● to have a shower fare una doccia ● to have a swim fare una nuotata ● to have a walk fare una passeggiata **4.** (*cause to be*) ● to have sthg done far fare qc ● to have one's hair cut farsi tagliare i capelli **5.** (*be treated in a certain way*) ● I've had my wallet stolen mi hanno rubato il portafoglio

havoc ['hævək] *n* caos *m*

hawk [hɔːk] *n* falco *m*

hawker ['hɔːkə'] *n* venditore *m*, -trice *f* ambulante

hay [heɪ] *n* fieno *m*

hay fever *n* raffreddore *m* da fieno

haystack ['heɪ,stæk] *n* pagliaio *m*

hazard ['hæzəd] *n* rischio *m*, pericolo *m*

hazardous ['hæzədəs] *adj* rischioso(a), pericoloso(a)

hazard warning lights *npl* (*UK*) luci *fpl* di emergenza

haze [heɪz] *n* foschia *f*

hazel ['heɪzl] *adj* nocciola (*inv*)

hazelnut ['heɪzl,nʌt] *n* nocciola *f*

hazy ['heɪzɪ] *adj* (*misty*) offuscato(a)

he [hiː] *pron* lui, egli ● he's tall è alto

head [hed] ◇ *n* **1.** (*of body*) testa *f*, capo *m* **2.** (*of queue, page, bed*) cima *f* **3.** (*of company, department, table*) capo *m* **4.** (*head teacher of primary or lower secondary school*) direttore *m*, -trice *f* di scuola **5.** (*head teacher of upper secondary school*) preside *mf* **6.** (*of beer*) schiuma *f* ◇ *vt* **1.** (*list*) essere in testa a **2.** (*organization*) dirigere, essere a capo di ◇ *vi* dirigersi ● £10 a head 10 sterline a testa ● heads or tails? testa o croce? ● **head for** *vt insep* dirigersi verso OR a

headache ['hedeɪk] *n* (*pain*) mal *m* di testa ● to have a headache avere mal di testa

heading ['hedɪŋ] *n* intestazione *f*

headlamp ['hedlæmp] (*UK*) = headlight

headlight ['hedlaɪt] *n* fanale *m* anteriore

headline ['hedlaɪn] *n* **1.** (*in newspaper*) titolo *m* **2.** (*on TV, radio*) notizie *fpl* principali

headmaster [,hed'mɑːstə'] *n* **1.** (*of primary or lower secondary school*) direttore *m* di scuola **2.** (*of upper secondary school*) preside *m*

headmistress [,hed'mɪstrɪs] *n* **1.** (*of primary or lower secondary school*) direttrice *f* di scuola **2.** (*of upper secondary school*) preside *f*

head of state *n* capo *m* di Stato

headphones ['hedfəʊnz] *npl* cuffie *fpl*

headquarters [,hed'kwɔ:təz] *npl* **1.** *(of company, bank)* sede *f* centrale **2.** *(of police, army)* quartiere *m* generale

headrest ['hedrest] *n* poggiatesta *m inv*

headroom ['hedrʊm] *n (under bridge)* altezza *f* massima

headscarf ['hedskɑ:f] *(pl* **-scarves)** *n* foulard *m inv*

head start *n* vantaggio *m*

head teacher *n* **1.** *(of primary or lower secondary school)* direttore *m*, -trice *f* di scuola **2.** *(of upper secondary school)* preside *mf*

head waiter *n* capocameriere *m*

heal [hi:l] ◇ *vt* curare ● *vi* guarire

health [helθ] *n* salute *f* ● to be in good health essere in buona salute ● to be in poor health essere in cattive condizioni di salute ● your (very) good health! alla tua salute!

health centre *n* centro *m* sanitario

health food *n* cibo *m* naturale

health food shop *n* negozio *m* di prodotti naturali

health insurance *n* assicurazione *f* contro le malattie

healthy ['helθi] *adj* sano(a)

heap [hi:p] *n* mucchio *m* ● heaps of *(inf)* un mucchio di

hear [hɪəʳ] *(pt & pp* **heard)** ◇ *vt* **1.** sentire **2.** *(case, evidence)* esaminare ◇ *vi* sentire ● to hear about sthg sapere OR sentire di qc ● to hear from sb ricevere notizie da qn ● to have heard of aver sentito parlare

hearing ['hɪərɪŋ] *n* **1.** *(sense)* udito *m* **2.** *(at court)* udienza *f* ● to be hard of hearing esser duro d'orecchi

hearing aid *n* apparecchio *m* acustico

heart [hɑ:t] *n* cuore *m* ● to know sthg (off) by heart sapere qc a memoria ● to lose heart scoraggiarsi ◆ hearts *npl (in cards)* cuori *mpl*

heart attack *n* infarto *m*

heartbeat ['hɑ:tbi:t] *n (rhythm)* battito *m* cardiaco

heartburn ['hɑ:tbɜ:n] *n* bruciore *m* di stomaco

heart condition *n* ● to have a heart condition avere un disturbo cardiaco

hearth [hɑ:θ] *n* focolare *m*

hearty ['hɑ:ti] *adj (meal)* abbondante, sostanzioso(a)

heat [hi:t] *n* **1.** *(warmth)* calore *m* **2.** *(warm weather)* caldo *m* **3.** *(of oven)* temperatura *f* ◆ heat up *vt sep* riscaldare

heater ['hi:təʳ] *n* **1.** *(for room)* stufa *f* **2.** *(radiator)* radiatore *m* **3.** *(in car)* riscaldamento *m* **4.** *(for water)* scaldabagno *m*

heath [hi:θ] *n* brughiera *f*

heather ['heðəʳ] *n* erica *f*

heating ['hi:tɪŋ] *n* riscaldamento *m*

heat wave *n* ondata *f* di caldo

heave [hi:v] *vt* **1.** *(push)* spingere (con forza) **2.** *(pull)* tirare (con forza) **3.** *(lift)* sollevare (con forza)

Heaven ['hevn] *n* paradiso *m*

heavily ['hevɪli] *adv* **1.** *(smoke, drink)* molto **2.** *(rain)* a dirotto

heavy ['hevi] *adj* **1.** pesante **2.** *(rain, traffic)* intenso(a) **3.** *(fighting)* violento(a) **4.** *(losses, defeat)* grave ● how

heavy is it? quanto pesa? • **to be a heavy smoker** essere un fumatore accanito

heavy cream *n* (US) *panna molto densa ad alto contenuto di grassi*

heavy goods vehicle *n* (UK) *veicolo m per trasporti pesanti*

heavy industry *n* industria *f* pesante

heavy metal *n* heavy metal *m*

heckle ['hekl] *vt* interrompere di continuo

hectic ['hektɪk] *adj* frenetico(a)

hedge [hedʒ] *n* siepe *f*

hedgehog ['hedʒhɒg] *n* riccio *m*

heel [hi:l] *n* 1. (of person) calcagno *m* 2. (of shoe) tacco *m*

hefty ['heftɪ] *adj* 1. (person) robusto(a) 2. (fine) salato

height [haɪt] *n* 1. altezza *f* 2. (peak period) apice *m* • **what height is it?** quanto è alto?

heir [eəʳ] *n* erede *m*

heiress ['eərɪs] *n* erede *f*

held [held] *pt & pp* ➤ hold

helicopter ['helɪkɒptəʳ] *n* elicottero *m*

he'll [hi:l] = he will, he shall

Hell [hel] *n* inferno *m*

hello [hə'ləʊ] *excl* 1. (as greeting) ciao! 2. (more formal) buongiorno! 3. (on phone) pronto! 4. (to attract attention) ehi!

helmet ['helmɪt] *n* casco *m*

help [help] ◇ *n* aiuto *m* ◇ *vt* 1. aiutare 2. (contribute to) contribuire a ◇ *vi* aiutare, essere d'aiuto ◇ *excl* aiuto! • **I can't help it** non ci posso fare niente • **to help sb (to) do sthg** aiutare qn a fare qc • **to help o.s. (to sthg)** servirsi (di qc) • **can I help you?** (in shop) desidera?

help out *vi* aiutare, dare una mano

helper ['helpəʳ] *n* 1. (assistant) aiutante *mf* 2. (US) (cleaner) uomo *m* OR donna *f* delle pulizie

helpful ['helpfʊl] *adj* 1. (person) di grande aiuto 2. (useful) utile

helping ['helpɪŋ] *n* porzione *f*

helpless ['helplɪs] *adj* 1. impotente 2. (child) indifeso(a)

hem [hem] *n* orlo *m*

hemophiliac [ˌhi:mə'fɪlɪæk] *n* emofiliaco *m*, -a *f*

hemorrhage ['hemərɪdʒ] *n* emorragia *f*

hen [hen] *n* gallina *f*

hepatitis [ˌhepə'taɪtɪs] *n* epatite *f*

her [hɜːʳ] ◇ *adj* il suo, i suoi pl ◇ *pron* 1. (direct) la 2. (indirect) le 3. (after prep, stressed) lei • **her brother** suo fratello • **I know her** la conosco • **it's her** è lei • **send it to her** mandaglielo, mandalo a lei • **tell her** diglielo • **tell her that ...** dille che ... • **he's worse than her** lui è peggio di lei

herb [hɜːb] *n* erba *f*

herbal tea ['hɜːbl-] *n* tè *m inv* d'erbe

herd [hɜːd] *n* (of cattle) mandria *f*

here [hɪəʳ] *adv* qui, qua • **here's your book** eccoti il libro • **here you are** eccoti (qui OR qua)

heritage ['herɪtɪdʒ] *n* eredità *f*, patrimonio *m*

heritage centre *n centro informazioni in luoghi di interesse storico*

hernia ['hɜːnjə] *n* ernia *f*

hero ['hɪərəʊ] (pl -es) *n* eroe *m*

heroin ['herəʊɪn] *n* eroina *f* (droga)

heroine ['herəʊɪn] *n* eroina *f*

heron ['herən] *n* airone *m*

herring ['herɪŋ] n aringa f

hers [hɜːz] pron il suo, i suoi pl ● **a friend of hers** un suo amico

herself [hɜːˈself] pron 1. (reflexive) si 2. (after prep) se stessa, sé ● **she did it herself** l'ha fatto da sola

hesitant ['hezɪtənt] adj esitante

hesitate ['hezɪteɪt] vi esitare

hesitation [ˌhezɪˈteɪʃən] n esitazione f

heterosexual [ˌhetərəʊˈsekʃʊəl] ◇ adj eterosessuale ◇ n eterosessuale mf

hey [heɪ] excl (inf) ehi!

HGV abbr = heavy goods vehicle

hi [haɪ] excl (inf) ciao!

hiccup ['hɪkʌp] n ● **to have (the) hiccups** avere il singhiozzo

hide [haɪd] (pt **hid**, pp **hidden**) ◇ vt nascondere ◇ vi nascondersi ◇ n (of animal) pelle f

hideous ['hɪdɪəs] adj raccapricciante

hi-fi ['haɪfaɪ] n hi-fi m inv

high [haɪ] ◇ adj 1. alto(a) 2. (price, speed, temperature) alto, elevato(a) 3. (wind) forte 4. (sound, voice) acuto(a), alto 5. (inf) (from drugs) fatto(a) ◇ n (weather front) anticiclone m ◇ adv alto, in alto ● **how high is it?** quanto è alto? ● **it's 10 metres high** è alto 10 metri

high chair n seggiolone m

high-class adj di lusso

Higher ['haɪəʳ] n in Scozia, esame sostenuto alla fine di studi secondari

higher education n istruzione f universitaria

high heels npl tacchi mpl alti

high jump n salto m in alto

Highland Games ['haɪlənd-] npl ● **the Highland Games** gare sportive disputate all'aperto nelle Highlands scozzesi

Highlands ['haɪləndz] npl ● **the Highlands** le Highlands fpl (regione montuosa nel nord della Scozia)

highlight ['haɪlaɪt] ◇ n (best part) clou m inv ◇ vt (emphasize) evidenziare ●

highlights npl 1. (of football match etc) sintesi f inv 2. (in hair) colpi mpl di sole

highly ['haɪlɪ] adv 1. (extremely) molto 2. (very well) molto bene ● **to think highly of sb** avere di qn grande stima

high-pitched [-'pɪtʃt] adj acuto(a)

high-rise adj con tanti piani

high school n 1. (in UK) ≃ scuola f secondaria inferiore e superiore 2. (in US) ≃ scuola secondaria superiore

high season n alta stagione f

high-speed train n treno m ad alta velocità

high street n (UK) strada f principale

high tide n alta marea f

highway ['haɪweɪ] n 1. (US) (between towns) superstrada f 2. (UK) (any main road) strada f principale

Highway Code n (UK) codice m stradale

hijack ['haɪdʒæk] vt dirottare

hijacker ['haɪdʒækəʳ] n dirottatore m, -trice f

hike [haɪk] ◇ n lunga camminata f ◇ vi fare una lunga camminata

hiking ['haɪkɪŋ] n ● **to go hiking** andare a fare lunghe camminate

hilarious [hɪ'leərɪəs] adj spassoso(a)

hill [hɪl] n collina f, colle m

hillwalking ['hɪlwɔːkɪŋ] n ● **to go hillwalking** fare lunghe camminate

hilly ['hɪlɪ] adj collinoso(a)

him [hɪm] *pron* **1.** *(direct)* lo **2.** *(indirect)* gli **3.** *(after prep, stressed)* lui ● I know him lo conosco ● it's him è lui ● send it to him mandaglielo, mandalo a lui ● tell him diglielo ● tell him that digli che ... ● she's worse than him lei è peggio di lui

himself [hɪm'self] *pron* **1.** *(reflexive)* si **2.** *(after prep)* se stesso, sé ● he did it himself l'ha fatto da solo

hinder ['hɪndər] *vt* ostacolare

Hindu ['hɪnduː] *(pl* -s*)* ◇ *adj* indù *(inv)* ◇ *n (person)* indù *mf inv*

hinge [hɪndʒ] *n* cardine *m*

hint [hɪnt] ◇ *n* **1.** *(indirect suggestion)* accenno *m*, allusione *f* **2.** *(piece of advice)* consiglio *m* **3.** *(slight amount)* accenno, punta *f* ◇ *vi* ● to hint at sthg alludere a qc

hip [hɪp] *n* fianco *m*

hippopotamus [ˌhɪpə'pɒtəməs] *n* ippopotamo *m*

hippy ['hɪpɪ] *n* hippy *mf inv*

hire ['haɪər] *vt (car, bicycle, television)* noleggiare ▼ **for hire** *(boats)* a noleggio; *(taxi)* libero ● **hire out** *vt sep (car, bicycle, television)* dare a noleggio

hire car *n (UK)* vettura *f* a noleggio

hire purchase *n (UK)* acquisto *m* rateale

his [hɪz] ◇ *adj* il suo, la sua, i suoi, le sue ◇ *pron* il suo, la sua, i suoi, le sue ● his brother suo fratello ● a friend of his un suo amico

historical [hɪ'stɒrɪkəl] *adj* storico(a)

history ['hɪstərɪ] *n* **1.** storia *f* **2.** *(record)* passato *m*

hit [hɪt] *(pt & pp inv)* ◇ *vt* **1.** colpire **2.**

(bang) sbattere, picchiare ◇ *n (record, play, film)* successo *m*

hit-and-run *adj* ● **hit-and-run accident** incidente in cui l'automobilista colpevole non si ferma a prestare soccorso

hitch [hɪtʃ] ◇ *n (problem)* contrattempo *m* ◇ *vt* ● to hitch a lift farsi dare un passaggio, fare l'autostop

hitchhike ['hɪtʃhaɪk] *vi* fare l'autostop

hitchhiker ['hɪtʃhaɪkər] *n* autostoppista *mf*

hive [haɪv] *n (of bees)* alveare *m*

HIV-positive *adj* sieropositivo(a)

hoarding ['hɔːdɪŋ] *n (UK) (for adverts)* tabellone *m* per pubblicità

hoarse [hɔːs] *adj* rauco(a)

hoax [həʊks] *n* burla *f*

hob [hɒb] *n* piano *m* di cottura

hobby ['hɒbɪ] *n* hobby *m inv*, passatempo *m*

hockey ['hɒkɪ] *n* **1.** *(on grass)* hockey *m* su prato **2.** *(US) (ice hockey)* hockey su ghiaccio

hoe [həʊ] *n* zappa *f*

Hogmanay ['hɒgməneɪ] *n (UK)* l'ultimo *m* dell'anno

Hogmanay

Questo è il nome con il quale gli scozzesi chiamano la vigilia di Capodanno. Per tradizione si festeggia l'arrivo del nuovo anno facendo visita ad amici e parenti dopo la mezzanotte. Quest'uso si chiama *first-footing* per i primi piedi che oltrepassano l'uscio di casa nell'anno nuovo.

hold [həʊld] (*pt & pp* **held**) ◇ *vt* **1.** tenere **2.** *(contain)* contenere **3.** *(possess)* avere, possedere ◇ *vt* *(keep)* mantenersi **2.** *(luck, offer)* permanere **3.** *(on telephone)* restare in linea ◇ *n* **1.** *(grip)* presa *f* **2.** *(of ship)* stiva *f* **3.** *(of aircraft)* bagagliaio *m* ● **to hold sb prisoner** tenere prigioniero qn ● **hold the line, please** resti in linea, per favore ◆ **hold back** *vt sep* **1.** *(restrain)* trattenere **2.** *(keep secret)* tenere segreto ◆ **hold on** *vi* **1.** *(wait)* aspettare, attendere **2.** *(on telephone)* restare in linea ● **to hold on to sthg** *(grip)* tenersi (stretto) a qc ◆ **hold out** *vt sep* *(hand)* porgere, tendere ◆ **hold up** *vt sep* *(delay)* bloccare

holdall ['həʊldɔːl] *n* *(UK)* borsone *m* da viaggio

holder ['həʊldə'] *n* **1.** *(of passport, licence)* titolare *mf*, proprietario *m*, -a *f* **2.** *(container)* contenitore *m*

holdup ['həʊldʌp] *n* *(delay)* ritardo *m*

hole [həʊl] *n* **1.** *(in sock, wall)* buco *m* **2.** *(in ground, golf)* buca *f*

holiday ['hɒlɪdeɪ] ◇ *n* **1.** *(UK)* *(period of time)* vacanze *fpl* **2.** *(time off work)* ferie *fpl* **3.** *(public holiday)* festa *f* ◇ *vi* *(UK)* trascorrere le vacanze ● **to be on holiday** essere in vacanza ● **to go on holiday** andare in vacanza

holidays

A differenza di molti paesi europei, le feste nazionali del Regno Unito non sono feste religiose. Eccetto le feste principali legate al Natale e alla Pasqua, esistono diverse *bank holidays* durante l'anno, sempre di lunedì. Negli USA si usa commemorare personaggi importanti o eventi storici (*Independence Day*, *Thanksgiving*, ecc.) .

holidaymaker ['hɒlɪdɪˌmeɪkə'] *n* *(UK)* villeggiante *mf*

holiday pay *n* *(UK)* retribuzione *f* delle ferie

Holland ['hɒlənd] *n* l'Olanda *f*

hollow ['hɒləʊ] *adj* cavo(a)

holly ['hɒlɪ] *n* agrifoglio *m*

Hollywood ['hɒlɪwʊd] *n* Hollywood *f*

holy ['həʊlɪ] *adj* sacro(a)

home [həʊm] ◇ *n* **1.** casa *f* **2.** *(own country)* patria *f* **3.** *(for old people)* istituto *m*, ricovero *m* ◇ *adv* a casa ◇ *adj* **1.** *(not foreign)* interno(a), nazionale **2.** *(cooking)* casereccio(a) ● **at home** *(in one's house)* a casa ● **to make o.s. at home** fare come se si fosse a casa propria ● **to go home** andare a casa ● **to leave home** *(for good)* andarsene di casa ● **home address** indirizzo *m* di casa ● **home number** numero *m* (telefonico) di casa

home economics *n* economia *f* domestica

home help *n* *(UK)* collaboratore *m* domestico (collaboratrice domestica *f*)

homeless ['həʊmlɪs] *npl* ● **the homeless** i senzatetto

homemade [ˌhəʊm'meɪd] *adj* *(food)* casereccio(a)

homeopathic [ˌhəʊmɪəʊ'pæθɪk] *adj* omeopatico(a)

Home Secretary *n (UK)* ministro *m* degli Interni

homesick ['həʊmsɪk] *adj* ● **to be homesick** avere nostalgia di casa

homework['həʊmwɜːk] *n* compiti *mpl* a casa

homosexual[ˌhɒmə'sekʃʊəl]◊*adj* omosessuale ◊ *n* omosessuale *mf*

honest ['ɒnɪst] *adj* **1.** *(trustworthy)* onesto(a) **2.** *(frank)* sincero(a), franco(a)

honestly ['ɒnɪstlɪ] *adv* **1.** *(truthfully)* onestamente **2.** *(frankly)* sinceramente, francamente

honey ['hʌnɪ] *n* miele *m*

honeymoon ['hʌnɪmuːn] *n* luna *f* di miele, viaggio *m* di nozze

honor ['ɒnər] *(US)* = **honour**

honour ['ɒnər] *n* onore *m*

honourable ['ɒnrəbl] *adj* onorevole

hood [hʊd] *n* **1.** *(of jacket, coat)* cappuccio *m* **2.** *(on convertible car)* capote *f inv* **3.** *(US) (car bonnet)* cofano *m*

hoof [huːf] *n* zoccolo *m*

hook [hʊk] *n* **1.** gancio *m* **2.** *(for fishing)* amo *m* ● **off the hook** *(telephone)* staccato

hooligan ['huːlɪgən] *n* teppista *mf*, hooligan *mf inv*

hoop [huːp] *n* cerchio *m*

hoot [huːt] *vi (driver)* suonare il clacson

Hoover ® ['huːvər] *n (UK)* aspirapolvere *m inv*

hop [hɒp] *vi (person)* saltellare su una gamba

hope [həʊp] ◊ *n* speranza *f* ◊ *vt* sperare ● **to hope for sthg** sperare in qc ● **to hope to do sthg** sperare di fare qc ● **I hope so** spero di sì

hopeful ['həʊpfʊl] *adj (optimistic)* fiducioso(a)

hopefully ['həʊpfəlɪ] *adv (with luck)* se tutto va bene

hopeless ['həʊplɪs] *adj (without any hope)* disperato(a) ● **he's hopeless!** *(inf)* è un disastro!

hops [hɒps] *npl* luppolo *m*

horizon [hə'raɪzn] *n* orizzonte *m*

horizontal [ˌhɒrɪ'zɒntl] *adj* orizzontale

horn [hɔːn] *n* **1.** *(of car)* clacson *m inv* **2.** *(on animal)* corno *m*

horoscope ['hɒrəskəʊp] *n* oroscopo *m*

horrible ['hɒrəbl] *adj* orribile

horrid ['hɒrɪd] *adj* **1.** *(very bad)* orrendo(a) **2.** *(unkind)* odioso(a) **3.** *(food, drink)* pessimo(a)

horrific [hɒ'rɪfɪk] *adj* orripilante, terrificante

hors d'oeuvre [hɔː'dɜːvrə] *n* antipasto *m*

horse [hɔːs] *n* cavallo *m*

horseback ['hɔːsbæk] *n* ● **on horseback** a cavallo

horse chestnut *n* ippocastano *m*

horse-drawn carriage *n* carrozza *f* a cavalli

horsepower ['hɔːsˌpaʊər] *n* cavallo *m* vapore

horse racing *n* ippica *f*

horseradish (sauce) ['hɔːsˌrædɪʃ-] *n* salsa *f* di rafano

horse riding *n* equitazione *f*

horseshoe ['hɔːsʃuː] *n* ferro *m* di cavallo

hose [həʊz] *n (hosepipe)* tubo *m* per annaffiare

hosepipe ['həʊzpaɪp] *n* tubo *m* per annaffiare

hosiery ['həʊzɪərɪ] *n* calzetteria *f*

hospitable [hɒˈspɪtəbl] *adj* ospitale

hospital ['hɒspɪtl] *n* ospedale *m* ● **in hospital** all'ospedale

hospitality [ˌhɒspɪˈtælətɪ] *n* ospitalità *f*

host [həʊst] *n* **1.** (of party, event) ospite *m* **2.** (of show, TV programme) conduttore *m*, -trice *f*

hostage ['hɒstɪdʒ] *n* ostaggio *m*

hostel ['hɒstl] *n* (youth hostel) ostello *m*

hostess ['həʊstes] *n* **1.** (on aeroplane) hostess *f inv* **2.** (of party, event) ospite *f*

hostile [(UK) 'hɒstaɪl, (US) 'hɒstl] *adj* ostile

hostility [hɒˈstɪlətɪ] *n* ostilità *f*

hot [hɒt] *adj* **1.** caldo(a) **2.** (spicy) piccante ● **to be hot** (person) aver caldo ● **it's hot** fa caldo

hot chocolate *n* cioccolata *f* calda

hot-cross bun *n* panino dolce con uvetta e spezie tipico del periodo pasquale

hot dog *n* hot dog *m inv* (panino imbottito con würstel e senape)

hotel [həʊˈtel] *n* hotel *m inv*, albergo *m*

hot line *n* telefono *m* rosso

hotplate ['hɒtpleɪt] *n* piastra *f*

hotpot ['hɒtpɒt] *n* spezzatino di carne con patate

hot-water bottle *n* borsa *f* dell'acqua calda

hour ['aʊə] *n* ora *f* ● **I've been waiting for hours** è un secolo che aspetto

hourly ['aʊəlɪ] ◇ *adj* **1.** (per hour) orario(a) **2.** (every hour) ogni ora ◇ *adv* **1.** (per hour) a ore **2.** (every hour) ogni ora

house ◇ *n* [haʊs] **1.** casa *f* **2.** SCH uno dei gruppi in cui sono divisi gli alunni di

una scuola media o superiore in occasione di competizioni sportive, ecc. ◇ *vt* [haʊz] (person) alloggiare

household ['haʊshəʊld] *n* famiglia *f*

housekeeping ['haʊsˌkiːpɪŋ] *n* amministrazione *f* della casa

House of Commons *n* (UK) Camera *f* dei Comuni

House of Lords *n* (UK) Camera *f* dei Lord

Houses of Parliament *npl* (UK) (building) palazzo *m* del Parlamento

Houses of Parliament

Il parlamento britannico è formato dalla *House of Commons* e dalla *House of Lords*. La prima è l'organo legislativo, formato dai *Members of Parliament* eletti dal popolo. La seconda, i cui membri (*peers*) hanno carattere ereditario, rifiuta o emenda le leggi, discute problemi rilevanti ed è il più alto tribunale del paese.

housewife ['haʊswaɪf] (*pl* **-wives**) *n* casalinga *f*

house wine *n* vino *m* della casa

housewives *pl* ➤ **housewife**

housework ['haʊswɜːk] *n* lavori *mpl* di casa

housing ['haʊzɪŋ] *n* alloggi *mpl*

housing estate *n* (UK) complesso *m* residenziale

housing project (US) = **housing estate**

hovercraft ['hɒvəkrɑːft] *n* hovercraft *m inv*

hoverport ['hɒvəpɔːt] *n* porto *m* per hovercraft

how [haʊ] *adv* **1.** *(asking about way or manner)* come ● **how do you get there?** come ci si arriva? ● **how does it work?** come funziona? ● **tell me how to do it** dimmi come devo fare **2.** *(asking about health, quality)* come ● **how are you?** come stai? ● **how are you doing?** come va? ● **how are things?** come vanno le cose? ● **how do you do?** piacere! ● **how is your room?** com'è la tua camera? **3.** *(asking about degree, amount)* ● **how tall is he?** quanto è alto? ● **how far is it?** quanto dista? ● **how long will it take?** quanto tempo ci vorrà? ● **how many?** quanti(e) ● **how much?** quanto(a) ● **how much is it?** quant'è? ● **how old are you?** quanti anni hai? **4.** *(in phrases)* ● **how about some coffee?** cosa ne diresti di un caffè? ● **how lovely!** che bello!

however [haʊ'evə] *adv (nevertheless)* tuttavia ● **however difficult it is** per quanto sia difficile

howl [haʊl] *vi* ululare

HP *abbr* = **hire purchase**

HQ *abbr* = **headquarters**

hub airport [hʌb-] *n* aeroporto *m* principale

hubcap ['hʌbkæp] *n* coprimozzo *m*

hug [hʌg] ◇ *vt* abbracciare ◇ *n* ● **to give sb a hug** abbracciare qn

huge [hjuːdʒ] *adj* enorme

hull [hʌl] *n* scafo *m*

hum [hʌm] *vi* **1.** *(bee, machine)* ronzare **2.** *(person)* canterellare

human ['hjuːmən] ◇ *adj* umano(a) ◇ *n* ●

human (being) essere *m* umano

humanities [hjuː'mænətɪz] *npl* materie *fpl* umanistiche

human rights *npl* diritti *mpl* dell'uomo

humble ['hʌmbl] *adj* umile

humid ['hjuːmɪd] *adj* umido(a)

humidity [hjuː'mɪdətɪ] *n* umidità *f*

humiliating [hjuː'mɪlɪeɪtɪŋ] *adj* umiliante

humiliation [hjuːˌmɪlɪ'eɪʃn] *n* umiliazione *f*

hummus ['hʊməs] *n* salsetta cremosa a base di ceci, aglio e pasta di sesamo

humor ['hjuːmər] *(US)* = **humour**

humorous ['hjuːmərəs] *adj* **1.** *(story)* umoristico(a) **2.** *(person)* spiritoso(a)

humour ['hjuːmə] *n* umorismo *m* ● **sense of humour** senso *m* dell'umorismo

hump [hʌmp] *n* **1.** *(bump)* dosso *m* **2.** *(of camel)* gobba *f*

humpbacked bridge ['hʌmpbækt-] *n* ponte *m* a schiena d'asino

hunch [hʌntʃ] *n* impressione *f*

hundred ['hʌndrəd] *num* cento ● **a hundred** cento, six

hundredth ['hʌndrətθ] *num* centesimo(a) ≻ **sixth**

hundredweight ['hʌndrədweɪt] *n* **1.** *(in UK)* = 50,8 kg **2.** *(in US)* = 45,4 kg

hung [hʌŋ] *pt & pp* ≻ **hang**

Hungarian [hʌŋ'geərɪən] ◇ *adj* ungherese ◇ *n* **1.** *(person)* ungherese *mf* **2.** *(language)* ungherese *m*

Hungary ['hʌŋgərɪ] *n* l'Ungheria *f*

hunger ['hʌŋgə] *n* fame *f*

hungry ['hʌŋgrɪ] *adj* affamato(a) ● **to**

be hungry avere fame

hunt [hʌnt] ◇ *n* (UK) (for foxes) caccia *f* ◇ *vt & vi* cacciare ● to hunt (for sb/stbg) (search) cercare (qn/qc)

hunting ['hʌntɪŋ] *n* caccia *f*

hurdle ['hɜːdl] *n* SPORT ostacolo *m*

hurl [hɜːl] *vt* (throw) scaraventare, scagliare

hurricane ['hʌrɪkən] *n* uragano *m*

hurry ['hʌrɪ] ◇ *vt* (person) mettere fretta a ◇ *vi* affrettarsi, sbrigarsi ◇ *n* ● to be in a hurry avere fretta ● to do stbg in a hurry fare qc in fretta ◆ **hurry up** *vi* sbrigarsi

hurt [hɜːt] (*pt & pp* inv) ◇ *vt* **1.** (injure) fare male a **2.** (emotionally) ferire ◇ *vi* far male ● my arm hurts mi fa male il braccio ● I hurt my arm mi sono fatto male al braccio ● to hurt o.s. farsi male

husband ['hʌzbənd] *n* marito *m*

hustle ['hʌsl] *n* ● hustle and bustle attività *f* febbrile

hut [hʌt] *n* capanna *f*

hyacinth ['haɪəsɪnθ] *n* giacinto *m*

hydrofoil ['haɪdrəfɔɪl] *n* aliscafo *m*

hygiene ['haɪdʒiːn] *n* igiene *f*

hygienic [haɪ'dʒiːnɪk] *adj* igienico(a)

hymn [hɪm] *n* inno *m*

hypermarket ['haɪpə,mɑːkɪt] *n* ipermercato *m*

hyphen ['haɪfn] *n* trattino *m*

hypocrite ['hɪpəkrɪt] *n* ipocrita *mf*

hypodermic needle [,haɪpə'dɜːmɪk-] *n* ago *m* ipodermico

hysterical [hɪs'terɪkl] *adj* **1.** (person) isterico(a) **2.** (inf) (very funny) esilarante

i I

I [aɪ] *pron* io ● I'm tall sono alto

ice [aɪs] *n* **1.** ghiaccio *m* **2.** (ice cream) gelato *m*

iceberg ['aɪsbɜːg] *n* iceberg *m inv*

iceberg lettuce *n* lattuga *f* iceberg

icebox ['aɪsbɒks] *n* (US) (fridge) frigorifero *m*

ice-cold *adj* ghiacciato(a)

ice cream *n* gelato *m*

ice cube *n* cubetto *m* di ghiaccio

ice hockey *n* hockey *m* su ghiaccio

Iceland ['aɪslənd] *n* l'Islanda *f*

ice lolly *n* (UK) ghiacciolo *m*

ice rink *n* pista *f* di pattinaggio su ghiaccio

ice skates *npl* pattini *mpl* da ghiaccio

ice-skating *n* pattinaggio *m* su ghiaccio ● to go ice-skating andare a pattinare sul ghiaccio

icicle ['aɪsɪkl] *n* ghiacciolo *m*

icing ['aɪsɪŋ] *n* glassa *f*

icing sugar *n* zucchero *m* a velo

icy ['aɪsɪ] *adj* **1.** (covered with ice) ghiacciato(a) **2.** (very cold) gelido(a), gelato(a)

I'd [aɪd] = I would, I had

ID [aɪ'diː] *n* (abbr of identification) documento *m* (d'identità)

ID card *n* carta *f* d'identità

idea [aɪ'dɪə] *n* idea *f* ● I've no idea non ne ho idea

ideal [aɪ'dɪəl] ◇ *adj* ideale ◇ *n* ideale *m*

ideally [aɪˈdɪəlɪ] *adv* **1.** idealmente **2.** *(suited)* perfettamente
identical [aɪˈdentɪkl] *adj* identico(a)
identification [aɪˌdentɪfɪˈkeɪʃn] *n (document)* documento *m* d'identità
identify [aɪˈdentɪfaɪ] *vt* identificare
identity [aɪˈdentətɪ] *n* identità *f inv*
idiom [ˈɪdɪəm] *n (phrase)* espressione *f* idiomatica
idiot [ˈɪdɪət] *n* idiota *mf*
idle [ˈaɪdl] ◇ *adj* **1.** *(lazy)* ozioso(a) **2.** *(not working)* inattivo(a) **3.** *(unemployed)* disoccupato(a) ◇ *vi (engine)* girare al minimo
idol [ˈaɪdl] *n (person)* idolo *m*
idyllic [ɪˈdɪlɪk] *adj* idilliaco(a)
i.e. [aɪˈiː] *(abbr of id est)* cioè
if [ɪf] *conj* se ● **if I were you** se fossi in te ● **if not** *(otherwise)* se no
ignition [ɪgˈnɪʃn] *n* AUT accensione *f*
ignorant [ˈɪgnərənt] *adj* ignorante
ignore [ɪgˈnɔː] *vt* ignorare
ill [ɪl] *adj* **1.** *(in health)* malato(a) **2.** *(bad)* cattivo(a)
I'll [aɪl] = **I will, I shall**
illegal [ɪˈliːgl] *adj* illegale
illegible [ɪˈledʒəbl] *adj* illeggibile
illegitimate [ˌɪlɪˈdʒɪtɪmət] *adj* illegittimo(a)
illiterate [ɪˈlɪtərət] *adj* analfabeta
illness [ˈɪlnɪs] *n* malattia *f*
illuminate [ɪˈluːmɪneɪt] *vt* illuminare
illusion [ɪˈluːʒn] *n* illusione *f*
illustration [ˌɪləˈstreɪʃn] *n* illustrazione *f*
I'm [aɪm] = **I am**
image [ˈɪmɪdʒ] *n* immagine *f*
imaginary [ɪˈmædʒɪnrɪ] *adj* immaginario(a)

imagination [ɪˌmædʒɪˈneɪʃn] *n* immaginazione *f*
imagine [ɪˈmædʒɪn] *vt* immaginare
imitate [ˈɪmɪteɪt] *vt* imitare
imitation [ˌɪmɪˈteɪʃn] ◇ *n* imitazione *f* ◇ *adj* finto(a)
immaculate [ɪˈmækjʊlət] *adj* **1.** *(very clean)* immacolato(a), lindo(a) **2.** *(perfect)* impeccabile
immature [ˌɪməˈtjʊəˈ] *adj* immaturo(a)
immediate [ɪˈmiːdjət] *adj (without delay)* immediato(a)
immediately [ɪˈmiːdjətlɪ] ◇ *adv (at once)* immediatamente, subito ◇ *conj (UK)* non appena
immense [ɪˈmens] *adj* immenso(a)
immersion heater [ɪˈmɜːʃn-] *n* scaldabagno *m inv* elettrico
immigrant [ˈɪmɪgrənt] *n* immigrato *m*, -a *f*
immigration [ˌɪmɪˈgreɪʃn] *n* **1.** *(to country)* immigrazione *f* **2.** *(section of airport, port)* dogana *f*
imminent [ˈɪmɪnənt] *adj* imminente
immune [ɪˈmjuːn] *adj* ● **to be immune to** essere immune da
immunity [ɪˈmjuːnətɪ] *n* immunità *f*
immunize [ˈɪmjuːnaɪz] *vt* immunizzare
impact [ˈɪmpækt] *n* impatto *m*
impair [ɪmˈpeəˈ] *vt* danneggiare
impatient [ɪmˈpeɪʃnt] *adj* impaziente ● **to be impatient to do sthg** essere impaziente di fare qc
imperative [ɪmˈperətɪv] *n* GRAM imperativo *m*
imperfect [ɪmˈpɜːfɪkt] *n* GRAM imperfetto *m*

impersonate [ɪm'pɜːsəneɪt] *vt (for amusement)* imitare

impertinent [ɪm'pɜːtɪnənt] *adj* impertinente

implement ◇ *n* ['ɪmplɪmənt] **1.** attrezzo *m* **2.** *(for cooking)* utensile *m* ◇ *vt* ['ɪmplɪment] mettere in atto, realizzare

implication [ˌɪmplɪ'keɪʃn] *n (consequence)* implicazione *f*

imply [ɪm'plaɪ] *vt (suggest)* lasciar intendere, sottintendere

impolite [ˌɪmpə'laɪt] *adj* scortese

import ◇ *n* ['ɪmpɔːt] merce *f* d'importazione ◇ *vt* [ɪm'pɔːt] importare

importance [ɪm'pɔːtns] *n* importanza *f*

important [ɪm'pɔːtnt] *adj* importante

impose [ɪm'pəʊz] ◇ *vt* imporre ◇ *vi* approfittare ● **to impose sthg on** imporre qc a

impossible [ɪm'pɒsəbl] *adj* impossibile

impractical [ɪm'præktɪkl] *adj* non pratico(a)

impress [ɪm'pres] *vt* fare una buona impressione a

impression [ɪm'preʃn] *n* impressione *f*

impressive [ɪm'presɪv] *adj* impressionante

improbable [ɪm'prɒbəbl] *adj* **1.** *(event)* improbabile **2.** *(story, excuse)* inverosimile

improper [ɪm'prɒpə'] *adj* **1.** *(incorrect, illegal)* scorretto(a) **2.** *(rude)* sconveniente

improve [ɪm'pruːv] *vt & vi* migliorare ● **improve on** *vt insep* migliorare

improvement [ɪm'pruːvmənt] *n* **1.** *(in weather, health)* miglioramento *m* **2.** *(to home)* miglioria *f*

improvise ['ɪmprəvaɪz] *vi* improvvisare

impulse ['ɪmpʌls] *n* impulso *m* ● **on impulse** d'impulso

impulsive [ɪm'pʌlsɪv] *adj* impulsivo(a)

in [ɪn]

◇ *prep* **1.** *(expressing place, position)* in ● **in a box** una scatola ● **in the bedroom** in camera da letto ● **in the street** per strada ● **in Italy** in Italia ● **in Sheffield** a Sheffield ● **in the United States** negli Stati Uniti ● **in here/there** qui/là dentro ● **in the sun** al sole ● **in the rain** sotto la pioggia ● **in the middle** al centro ● **an article in the paper** un articolo sul giornale **2.** *(participating in)* in ● **who's in the play?** chi recita nella commedia? **3.** *(expressing arrangement)* in ● **in a row** in fila ● **they come in packs of three** vengono venduti in pacchetti da tre **4.** *(with time)* ● **in April** in aprile ● **in the afternoon** nel pomeriggio ● **at ten o'clock in the morning** alle dieci del mattino ● **in 1994** nel 1994 ● **it'll be ready in an hour** sarà pronto fra un'ora ● **they're arriving in two weeks** arriveranno fra due settimane **5.** *(expressing means)* ● **to write in ink** scrivere a penna ● **in writing** per iscritto ● **they were talking in English** parlavano in inglese **6.** *(wearing)* ● **the man in the blue jacket** l'uomo con la giacca blu ● **dressed in white** vestito di bianco **7.** *(expressing state)* ● **in a bad mood** di pessimo umore ● **to be in a hurry** essere di fretta ● **to cry in pain** gridare di dolore ● **to be in pain** soffrire ● **in ruins** in rovina **8.** *(with regard to)* ● **a**

rise in prices un aumento dei prezzi ● **to be 50 metres in length** essere lungo 50 metri **9.** *(with numbers, ratios)* ● **one in ten** uno su dieci ● **in dozens** a dozzine **10.** *(expressing age)* ● **she's in her thirties** è sulla trentina **11.** *(with colours)* ● **it comes in green or blue** è disponibile in verde o in blu **12.** *(with superlatives)* di ● **the best in the world** il migliore del mondo

◇ *adv* **1.** *(inside)* dentro ● **you can go in now** ora può entrare ● **come in!** avanti! **2.** *(at home, work)* ● **she's not in** non c'è ● **to stay in** stare a casa **3.** *(train, bus, plane)* ● **the train's not in yet** il treno non è ancora arrivato **4.** *(tide)* ● **the tide is in** c'è alta marea; *(inf)* *(fashionable)* alla moda

inability [,ɪnə'bɪlətɪ] *n* ● **inability (to do sthg)** incapacità *f* (di fare qc)

inaccessible [,ɪnək'sesəbl] *adj* inaccessibile

inaccurate [ɪn'ækjʊrət] *adj* inesatto(a), impreciso(a)

inadequate [ɪn'ædɪkwət] *adj* inadeguato(a)

inappropriate [ɪnə'prəʊprɪət] *adj* non adatto(a)

inauguration [ɪ,nɔːgjʊ'reɪʃn] *n* **1.** inaugurazione *f* **2.** *(of president etc)* insediamento *m* in carica

inbox ['ɪnbɒks] *n* COMPUT posta *f* in arrivo

Inc. [ɪŋk] *(abbr of Incorporated)* ≃ S.R.L. *(Società a responsabilità limitata)*

incapable [ɪn'keɪpəbl] *adj* ● **to be incapable of doing sthg** essere incapace di fare qc

incense ['ɪnsens] *n* incenso *m*

incentive [ɪn'sentɪv] *n* incentivo *m*

inch [ɪntʃ] *n* = 2,5 cm, pollice *m*

incident ['ɪnsɪdənt] *n* episodio *m*, caso *m*

incidentally [,ɪnsɪ'dentəlɪ] *adv* a proposito

incline ['ɪnklaɪn] *n* pendio *m*

inclined [ɪn'klaɪnd] *adj* *(sloping)* inclinato(a) ● **to be inclined to do sthg** essere propenso a fare qc

include [ɪn'kluːd] *vt* includere, comprendere

included [ɪn'kluːdɪd] *adj* *(in price)* compreso(a) ● **to be included in sthg** essere compreso in qc

including [ɪn'kluːdɪŋ] *prep* compreso(a)

inclusive [ɪn'kluːsɪv] *adj* ● **from the 8th to the 16th inclusive** dall'8 al 16 compreso ● **inclusive of VAT** IVA compresa

income ['ɪŋkʌm] *n* reddito *m*

income support *n* *(UK)* ≃ sussidio *m* di indigenza

income tax *n* imposta *f* sul reddito

incoming ['ɪn,kʌmɪŋ] *adj* in arrivo

incompetent [ɪn'kɒmpɪtənt] *adj* incompetente

incomplete [,ɪnkəm'pliːt] *adj* incompleto(a)

inconsiderate [,ɪnkən'sɪdərət] *adj* sconsiderato(a)

inconsistent [,ɪnkən'sɪstənt] *adj* incoerente

incontinent [ɪn'kɒntɪnənt] *adj* incontinente

inconvenient [,ɪnkən'viːnjənt] *adj* scomodo(a)

incorporate [ɪnˈkɔːpəreɪt] *vt* incorporare

incorrect [ˌɪnkəˈrekt] *adj* **1.** *(answer, number)* sbagliato(a) **2.** *(information)* inesatto(a)

increase ◇ *n* [ˈɪnkriːs] aumento *m* ◇ *vt & vi* [ɪnˈkriːs] aumentare ● **an increase in sthg** un aumento di qc

increasingly [ɪnˈkriːsɪŋlɪ] *adv* sempre più

incredible [ɪnˈkredəbl] *adj* incredibile

incredibly [ɪnˈkredəblɪ] *adv* (*very*) incredibilmente

incur [ɪnˈkɜːʳ] *vt* incorrere in

indecisive [ˌɪndɪˈsaɪsɪv] *adj* indeciso(a)

indeed [ɪnˈdiːd] *adv* **1.** *(for emphasis)* davvero **2.** *(certainly)* certamente

indefinite [ɪnˈdefɪnɪt] *adj* **1.** *(time, number)* indefinito(a), indeterminato(a) **2.** *(answer, opinion)* vago(a)

indefinitely [ɪnˈdefɪnɪtlɪ] *adv* (*closed, delayed*) indefinitamente

independence [ˌɪndɪˈpendəns] *n* indipendenza *f*

independent [ˌɪndɪˈpendənt] *adj* indipendente

independently [ˌɪndɪˈpendəntlɪ] *adv* indipendentemente

independent school *n* (*UK*) scuola *f* privata

index [ˈɪndeks] *n* **1.** *(of book)* indice *m* **2.** *(in library)* catalogo *m*

index finger *n* dito *m* indice

India [ˈɪndjə] *n* l'India *f*

Indian [ˈɪndjən] ◇ *adj* indiano(a) ◇ *n* indiano *m*, -a *f* ● **an Indian restaurant** un ristorante indiano

Indian Ocean *n* ● **the Indian Ocean** l'oceano *m* Indiano

indicate [ˈɪndɪkeɪt] ◇ *vi* AUT mettere la freccia ◇ *vt* indicare

indicator [ˈɪndɪkeɪtəʳ] *n* AUT indicatore *m* di direzione, freccia *f*

indifferent [ɪnˈdɪfrənt] *adj* **1.** *(uninterested)* indifferente **2.** *(not very good)* mediocre

indigestion [ˌɪndɪˈdʒestʃn] *n* indigestione *f*

indigo [ˈɪndɪɡəʊ] *adj* indaco (*inv*)

indirect [ˌɪndɪˈrekt] *adj* non diretto(a)

individual [ˌɪndɪˈvɪdʒʊəl] ◇ *adj* individuale ◇ *n* individuo *m*

individually [ˌɪndɪˈvɪdʒʊəlɪ] *adv* individualmente

Indonesia [ˌɪndəˈniːzjə] *n* l'Indonesia *f*

indoor [ˈɪndɔːʳ] *adj* **1.** *(swimming pool)* coperto(a) **2.** *(sports)* praticato(a) al coperto

indoors [ˌɪnˈdɔːz] *adv* dentro

indulge [ɪnˈdʌldʒ] *vi* ● **to indulge in sthg** concedersi qc

industrial [ɪnˈdʌstrɪəl] *adj* industriale

industrial estate *n* (*UK*) zona *f* industriale

industry [ˈɪndəstrɪ] *n* industria *f*

inedible [ɪnˈedɪbl] *adj* **1.** *(unpleasant)* immangiabile **2.** *(unsafe)* non commestibile

inefficient [ˌɪnɪˈfɪʃnt] *adj* inefficiente

inequality [ˌɪnɪˈkwɒlətɪ] *n* disuguaglianza *f*

inevitable [ɪnˈevɪtəbl] *adj* inevitabile

inevitably [ɪnˈevɪtəblɪ] *adv* inevitabilmente

inexpensive [ˌɪnɪkˈspensɪv] *adj* poco costoso(a)

infamous [ˈɪnfəməs] *adj* infame

infant ['ɪnfənt] *n* bambino *m*, -a *f*

infant school *n* (UK) scuola *f* elementare *(per bambini da 5 a 7 anni)*

infatuated [ɪn'fætjʊeɪtɪd] *adj* ● **to be infatuated with** essere infatuato(a) di

infected [ɪn'fektɪd] *adj* infetto(a)

infectious [ɪn'fekʃəs] *adj* contagioso(a)

inferior [ɪn'fɪərɪə'] *adj* **1.** *(person)* inferiore **2.** *(goods, quality)* scadente

infinite ['ɪnfɪnət] *adj* infinito(a)

infinitely ['ɪnfɪnɪtlɪ] *adv* infinitamente

infinitive [ɪn'fɪnɪtɪv] *n* infinito *m*

infinity [ɪn'fɪnətɪ] *n* (in space, MATH) infinito *m*

infirmary [ɪn'fɜːmərɪ] *n* ospedale *m*

inflamed [ɪn'fleɪmd] *adj* infiammato(a)

inflammation [ˌɪnflə'meɪʃn] *n* infiammazione *f*

inflatable [ɪn'fleɪtəbl] *adj* gonfiabile

inflate [ɪn'fleɪt] *vt* gonfiare

inflation [ɪn'fleɪʃn] *n* (of prices) inflazione *f*

inflict [ɪn'flɪkt] *vt* infliggere

in-flight *adj* durante il volo

influence ['ɪnflʊəns] ◇ *vt* influenzare ◇ *n* ● **influence (on)** influenza *f* (su)

inform [ɪn'fɔːm] *vt* informare

informal [ɪn'fɔːml] *adj* (occasion, dress) informale

information [ˌɪnfə'meɪʃn] *n* informazioni *fpl* ● **a piece of information** un'informazione

asking for information

If you need information or help, you can say: *Scusi, avrei bisogno di un'informazione. Saprebbe dirmi...?* (Excuse me. I wonder whether I could ask you a question. Could you tell me...?) *Mi scusi, signora, potrebbe aiutarmi? Sto cercando...* (Excuse me. Could you help me? I'm looking for...) To thank them, you can say: *La ringrazio, è stato davvero gentile.* (Thank you. You've been very kind.) *Grazie mille per le indicazioni. Mi è stata di grande aiuto.* (Thank you very much for the directions. You've been a great help.)

information desk *n* banco *m* informazioni

information office *n* ufficio *m* informazioni

informative [ɪn'fɔːmətɪv] *adj* istruttivo(a)

infuriating [ɪn'fjʊərɪeɪtɪŋ] *adj* molto irritante

ingenious [ɪn'dʒiːnjəs] *adj* ingegnoso(a)

ingredient [ɪn'griːdjənt] *n* ingrediente *m*

inhabit [ɪn'hæbɪt] *vt* abitare

inhabitant [ɪn'hæbɪtənt] *n* abitante *mf*

inhale [ɪn'heɪl] *vi* aspirare

inhaler [ɪn'heɪlə'] *n* inalatore *m*

inherit [ɪn'herɪt] *vt* ereditare

inhibition [ˌɪnhɪ'bɪʃn] *n* inibizione *f*

initial [ɪ'nɪʃl] ◇ *adj* iniziale ◇ *vt* siglare ◆ **initials** *npl* iniziali *fpl*

initially [ɪ'nɪʃəlɪ] *adv* inizialmente

initiative [ɪ'nɪʃətɪv] *n* iniziativa *f*

injection [ɪn'dʒekʃn] *n* iniezione *f*

injure ['ɪndʒə'] *vt* (physically) ferire ● **to injure o.s.** ferirsi ● **to injure one's arm** ferirsi al braccio

injured ['ɪndʒəd] *adj (physically)* ferito(a)

injury ['ɪndʒərɪ] *n (physical)* ferita *f*

ink [ɪŋk] *n* inchiostro *m*

inland ◇ *adj* ['ɪnlənd] interno(a) ◇ *adv* [ɪn'lænd] nell'interno

Inland Revenue *n (UK)* ≃ Fisco *m*

inn [ɪn] *n* locanda *f*

inner ['ɪnə'] *adj* interno(a), interiore

inner city *n* quartieri vicino al centro di una città

inner tube *n* camera *f* d'aria

innocence ['ɪnəsəns] *n* innocenza *f*

innocent ['ɪnəsənt] *adj* innocente

inoculate [ɪ'nɒkjʊleɪt] *vt* ● **to inoculate sb (against sthg)** vaccinare qn (contro qc)

inoculation [ɪ,nɒkjʊ'leɪʃn] *n* vaccinazione *f*

input ['ɪnpʊt] *(pt & pp inv OR -ted) vt COMPUT* immettere

inquire [ɪn'kwaɪə'] = **enquire**

inquiry [ɪn'kwaɪərɪ] = **enquiry**

insane [ɪn'seɪn] *adj* pazzo(a), matto(a)

insect ['ɪnsekt] *n* insetto *m*

insect repellent [-rə'pelənt] *n* insettifugo *m*

insensitive [ɪn'sensətɪv] *adj* insensibile

insert [ɪn'sɜːt] *vt* inserire, introdurre

inside [ɪn'saɪd] ◇ *prep* dentro, all'interno di ◇ *adv* dentro ◇ *adj (internal)* interno(a) ◇ *n* ● **the inside** *(interior)* l'interno *m*; *AUT (in UK)* la sinistra; *AUT (in Europe, US)* la destra ● **inside out** *(clothes)* a rovescio

inside lane *n* **1.** *AUT (in UK)* corsia *f* di sinistra **2.** *(in Europe, US)* corsia di destra

inside leg *n* interno *m* gamba

insight ['ɪnsaɪt] *n (glimpse)* idea *f*

insignificant [,ɪnsɪg'nɪfɪkənt] *adj* insignificante

insinuate [ɪn'sɪnjʊeɪt] *vt* insinuare

Insist [ɪn'sɪst] *vi* insistere ● **to insist on doing sthg** insistere nel fare qc

insole ['ɪnsəʊl] *n* soletta *f*

insolent ['ɪnsələnt] *adj* insolente

insomnia [ɪn'sɒmnɪə] *n* insonnia *f*

inspect [ɪn'spekt] *vt* **1.** *(object)* ispezionare **2.** *(ticket, passport)* controllare

inspection [ɪn'spekʃn] *n* **1.** *(of object)* ispezione *f* **2.** *(of ticket, passport)* controllo *m*

inspector [ɪn'spektə'] *n* **1.** *(on bus, train)* controllore *m* **2.** *(in police force)* ispettore *m*, -trice *f*

inspiration [,ɪnspə'reɪʃn] *n* ispirazione *f*

instal [ɪn'stɔːl] *(US)* = **install**

install [ɪn'stɔːl] *vt (UK)* installare

installment [ɪn'stɔːlmənt] *(US)* = **instalment**

instalment [ɪn'stɔːlmənt] *n* **1.** *(payment)* rata *f* **2.** *(episode)* puntata *f*, parte *f*

instance ['ɪnstəns] *n (example, case)* esempio *m*, caso *m* ● **for instance** per OR ad esempio

instant ['ɪnstənt] ◇ *adj* **1.** *(results, success)* immediato(a) **2.** *(coffee)* solubile ◇ *n (moment)* istante *m*

instant coffee *n* caffè *m inv* solubile

instead [ɪn'sted] *adv* invece ● **instead of** invece di

instep ['ɪnstep] *n* collo *m* del piede

instinct ['ɪnstɪŋkt] *n* istinto *m*

institute ['ɪnstɪtjuːt] *n* istituto *m*

institution [,ɪnstɪ'tjuːʃn] *n* istituzione *f*

instructions [ɪn'strʌkʃnz] *npl* istruzioni *fpl*

instructor [ɪnˈstrʌktəʳ] *n* istruttore *m*, -trice *f*

instrument [ˈɪnstrəmənt] *n* strumento *m*

insufficient [ˌɪnsəˈfɪʃnt] *adj* insufficiente

insulating tape [ˈɪnsjʊleɪtɪŋ-] *n* nastro *m* isolante

insulation [ˌɪnsjʊˈleɪʃn] *n (material)* isolante *m*

insulin [ˈɪnsjʊlɪn] *n* insulina *f*

insult ◇ *n* [ˈɪnsʌlt] insulto *m* ◇ *vt* [ɪnˈsʌlt] insultare

insurance [ɪnˈʃʊərəns] *n* assicurazione *f*

insurance certificate *n* certificato *m* di assicurazione

insurance company *n* compagnia *f* di assicurazione

insurance policy *n* polizza *f* di assicurazione

insure [ɪnˈʃʊəʳ] *vt* assicurare

insured [ɪnˈʃʊəd] *adj* ● **to be insured** essere assicurato(a)

intact [ɪnˈtækt] *adj* intatto(a)

intellectual [ˌɪntəˈlektjʊəl] ◇ *adj* intellettuale ◇ *n* intellettuale *mf*

intelligence [ɪnˈtelɪdʒəns] *n (cleverness)* intelligenza *f*

intelligent [ɪnˈtelɪdʒənt] *adj* intelligente

intend [ɪnˈtend] *vt (mean)* ● **to intend to do sthg** avere intenzione di fare qc ● **you weren't intended to know** non dovevi saperlo

intense [ɪnˈtens] *adj* intenso(a)

intensity [ɪnˈtensɪtɪ] *n* intensità *f*

intensive [ɪnˈtensɪv] *adj* intensivo(a)

intensive care *n* terapia *f* intensiva

intent [ɪnˈtent] *adj* ● **to be intent on doing sthg** essere deciso(a) a fare qc

intention [ɪnˈtenʃn] *n* intenzione *f*

intentional [ɪnˈtenʃənl] *adj* intenzionale

intentionally [ɪnˈtenʃənəlɪ] *adv* intenzionalmente, apposta

interchange [ˈɪntətʃeɪndʒ] *n (on motorway)* svincolo *m*

Intercity ® [ˌɪntəˈsɪtɪ] *n (UK)* intercity ® *m inv*

intercom [ˈɪntəkɒm] *n* interfono *m*

interest [ˈɪntrəst] ◇ *n* interesse *m* ◇ *vt* interessare ● **to take an interest in sthg** interessarsi di OR a qc

interested [ˈɪntrəstɪd] *adj* interessato(a) ● **to be interested in sthg** interessarsi di qc

interesting [ˈɪntrəstɪŋ] *adj* interessante

interest rate *n* tasso *m* d'interesse

interfere [ˌɪntəˈfɪəʳ] *vi (meddle)* immischiarsi ● **to interfere with sthg** *(damage)* interferire con qc

interference [ˌɪntəˈfɪərəns] *n (on TV, radio)* interferenza *f*

interior [ɪnˈtɪərɪəʳ] ◇ *adj* interno(a) ◇ *n* interno *m*

intermediate [ˌɪntəˈmiːdjət] *adj* intermedio(a)

intermission [ˌɪntəˈmɪʃn] *n (at cinema, theatre)* intervallo *m*

internal [ɪnˈtɜːnl] *adj* interno(a)

internal flight *n* volo *m* interno

international [ˌɪntəˈnæʃnl] *adj* internazionale

international flight *n* volo *m* internazionale

Internet [ˈɪntənət] *n* ● **the Internet** Internet *sm inv* ● **on the Internet** su Internet

interpret [ɪnˈtɜːprɪt] *vi* fare da interprete

interpreter [ɪnˈtɜːprɪtə^r] *n* interprete *mf*

interrogate [ɪnˈterəgeɪt] *vt* interrogare

interrupt [ˌɪntəˈrʌpt] *vt* interrompere

intersection [ˌɪntəˈsekʃn] *n (of roads)* incrocio *m*

interval [ˈɪntəvl] *n* intervallo *m*

intervene [ˌɪntəˈviːn] *vi (person, event)* intervenire

interview [ˈɪntəvjuː] ◊ *n* **1.** *(on TV, in magazine)* intervista *f* **2.** *(for job)* colloquio *m* ◊ *vt* **1.** *(on TV, in magazine)* intervistare **2.** *(for job)* fare un colloquio a

interviewer [ˈɪntəvjuːə^r] *n (on TV, in magazine)* intervistatore *m*, -trice *f*

intestine [ɪnˈtestɪn] *n* intestino *m*

intimate [ˈɪntɪmət] *adj* intimo(a)

intimidate [ɪnˈtɪmɪdeɪt] *vt* intimidire

into [ˈɪntʊ] *prep* **1.** *(inside)* in, dentro **2.** *(against)* contro, in **3.** *(concerning)* su ● **4 into 20 goes 5 (times)** il 4 nel 20 ci sta 5 volte ● **to translate into Italian** tradurre in italiano ● **to change into sthg** trasformarsi in qc ● **to be into sthg** *(inf) (like)* essere appassionato di qc

intolerable [ɪnˈtɒlrəbl] *adj* intollerabile

intransitive [ɪnˈtrænzətɪv] *adj* intransitivo(a)

intricate [ˈɪntrɪkət] *adj* intricato(a)

intriguing [ɪnˈtriːgɪŋ] *adj* affascinante

introduce [ˌɪntrəˈdjuːs] *vt* presentare ● **I'd like to introduce you to Fred** ti presento Fred

introduction [ˌɪntrəˈdʌkʃn] *n* **1.** *(to book, programme)* introduzione *f* **2.** *(to person)* presentazione *f*

introverted [ˈɪntrəˌvɜːtɪd] *adj* introverso(a)

intruder [ɪnˈtruːdə^r] *n* intruso *m*, -a *f*

intuition [ˌɪntjuˈɪʃn] *n* **1.** *(feeling)* intuizione *f* **2.** *(faculty)* intuito *m*

invade [ɪnˈveɪd] *vt* invadere

invalid ◊ *adj* [ɪnˈvælɪd] *(ticket, cheque)* non valido(a) ◊ *n* [ˈɪnvəlɪd] invalido *m*, -a *f*

invaluable [ɪnˈvæljʊəbl] *adj* inestimabile

invariably [ɪnˈveərɪəblɪ] *adv* sempre, invariabilmente

invasion [ɪnˈveɪʒn] *n* invasione *f*

invent [ɪnˈvent] *vt* inventare

invention [ɪnˈvenʃn] *n* invenzione *f*

inventory [ˈɪnvəntrɪ] *n* inventario *m*

inverted commas [ɪnˈvɜːtɪd-] *npl* virgolette *fpl*

invest [ɪnˈvest] ◇ *vt* investire ◇ *vi* ● **to invest in sthg** investire in qc

investigate [ɪnˈvestɪɡeɪt] *vt* indagare

investigation [ɪnˌvestɪˈɡeɪʃn] *n* indagine *f*

investment [ɪnˈvestmənt] *n* investimento *m*

invisible [ɪnˈvɪzɪbl] *adj* invisibile

invitation [ˌɪnvɪˈteɪʃn] *n* invito *m*

invite [ɪnˈvaɪt] *vt* invitare ● **to invite sb to do sthg** *(ask)* invitare qn a fare qc ● **to invite sb round** invitare qn

invoice [ˈɪnvɔɪs] *n* fattura *f*

involve [ɪnˈvɒlv] *vt (entail)* richiedere, comportare ● **what does it involve?** che cosa comporta? ● **to be involved in sthg** essere coinvolto in qc

involved [ɪnˈvɒlvd] *adj (entailed)* richiesto(a), necessario(a)

inwards [ˈɪnwədz] *adv* verso l'interno

IOU [ˌaɪəʊˈjuː] *n (abbr of I owe you)* pagherà *m inv*

IQ [aɪˈkjuː] *n (abbr of intelligence quotient)* Q.I. *m*

Iran [ɪˈrɑːn] *n* l'Iran *m*

Iraq [ɪˈrɑːk] *n* l'Iraq *m*

Ireland [ˈaɪələnd] *n* l'Irlanda *f*

iris [ˈaɪərɪs] *(pl* **-es)** *n (flower)* giaggiolo *m*, iris *f inv*

Irish [ˈaɪrɪʃ] ◇ *adj* irlandese ◇ *n (language)* irlandese *m* ◇ *npl* ● **the Irish** gli irlandesi

Irish coffee *n* Irish coffee *m inv (caffè con whisky e panna)*

Irishman [ˈaɪrɪʃmən] *(pl* **-men)** *n* irlandese *m*

Irish stew *n* spezzatino di agnello con patate e cipolle

Irishwoman [ˈaɪrɪʃˌwʊmən] *(pl* **-women)** *n* irlandese *f*

iron [ˈaɪən] ◇ *n* **1.** *(metal)* ferro *m* **2.** *(for clothes)* ferro da stiro **3.** *(golf club)* mazza *f* da golf ◇ *vt* stirare

ironic [aɪˈrɒnɪk] *adj* ironico(a)

ironing board [ˈaɪənɪŋ-] *n* asse *f* da stiro

ironmonger's [ˈaɪənˌmʌŋɡəz] *n (UK)* ferramenta *f*

irrelevant [ɪˈreləvənt] *adj* non pertinente, irrilevante

irresistible [ˌɪrɪˈzɪstəbl] *adj* irresistibile

irrespective [ˌɪrɪˈspektɪv] ● **irrespective of** *prep* a prescindere da

irresponsible [ˌɪrɪˈspɒnsəbl] *adj* irresponsabile

irrigation [ˌɪrɪˈɡeɪʃn] *n* irrigazione *f*

irritable [ˈɪrɪtəbl] *adj* irritabile

irritate [ˈɪrɪteɪt] *vt* irritare

irritating [ˈɪrɪteɪtɪŋ] *adj* irritante

IRS [aɪəˈr˸es] *n* (*US*) (*abbr of* Internal Revenue Service) ≃ Fisco *m*

is [ɪz] ➤ be

Islam [ˈɪzlɑːm] *n* (*religion*) islamismo *m*

island [ˈaɪlənd] *n* isola *f*

isle [aɪl] *n* isola *f*

isolated [ˈaɪsəleɪtɪd] *adj* isolato(a)

Israel [ˈɪzreɪəl] *n* Israele *m*

issue [ˈɪʃuː] ◇ *n* 1. (*problem, subject*) questione *f*, problema *m* 2. (*of newspaper, magazine*) numero *m* ◇ *vt* 1. (*statement, passport, document*) rilasciare 2. (*stamps, bank notes*) emettere

it [ɪt] *pron* 1. (*referring to specific thing:* *subject, after prep*) esso(a); (*direct object*) lo (la); (*indirect object*) gli (le) ● **it's big** è grande ● **she hit it** l'ha colpito ● **give it to me** dammelo ● **tell me about it** parlamene ● **we went to it** ci siamo andati 2. (*non specific*) ● **it's nice here** si sta bene qui ● **it's me** sono io ● **who is it?** chi è ? 3. (*used impersonally*) ● **it's hot** fa caldo ● **it's six o'clock** sono le sei ● **it's Sunday** è domenica

Italian [ɪˈtæljən] ◇ *adj* italiano(a) ◇ *n* 1. (*person*) italiano *m*, -a *f* 2. (*language*) italiano *m* ● **an Italian restaurant** un ristorante italiano

Italian Riviera *n* ● **the Italian Riviera** la Riviera Ligure

Italy [ˈɪtəlɪ] *n* l'Italia *f*

itch [ɪtʃ] *vi* 1. (*arm, leg*) prudere 2. (*person*) avere prurito

item [ˈaɪtəm] *n* 1. (*object*) articolo *m* 2. (*on agenda*) punto *m* ● **news item** notizia *f*

itemized bill [ˈaɪtəmaɪzd-] *n* bolletta *f* con lettura dettagliata

its [ɪts] *adj* il suo (la sua), i suoi, (le sue)

it's [ɪts] = it is, it has

itself [ɪtˈself] *pron* 1. (*reflexive*) si 2. (*after prep*) se stesso(a), sé ● **the house itself is fine** la casa in sé va bene

I've [aɪv] = I have

ivory [ˈaɪvərɪ] *n* avorio *m*

ivy [ˈaɪvɪ] *n* edera *f*

Ivy League

Così si identifica il gruppo delle università più antiche e prestigiose degli USA. Sinonimo di eccellenza accademica e elitarismo, Brown, Columbia, Cornell, Dartmouth, Harvard, University of Pennsylvania, Princeton e Yale, tutte situate nel nord-est, sono istituti privati altamente selettivi e sono meta ambita dai migliori studenti, insegnanti e ricercatori.

j J

jab [dʒæb] *n* (*UK*) (*inf*) (*injection*) puntura *f*

jack [dʒæk] *n* 1. (*for car*) cric *m inv* 2. (*playing card*) fante *m*

jacket [ˈdʒækɪt] *n* 1. (*garment*) giacca *f* 2. (*of book*) sopraccoperta *f* 3. (*US*) *(ofrecord)* copertina *f* **4.** *(of potato)* buccia *f*

jacket potato *n* patata cotta al forno con la buccia

jack-knife *vi* piegarsi su se stesso *(camion)*

Jacuzzi ® [dʒəˈkuːzɪ] *n* vasca *f* con idromassaggio

jade [dʒeɪd] *n* giada *f*

jail [dʒeɪl] *n* prigione *f*

jam [dʒæm] ◇ *n* **1.** *(food)* marmellata *f* **2.** *(of traffic)* ingorgo *m* **3.** *(inf)* *(difficult situation)* pasticcio *m* ◇ *vt* *(pack tightly)* stipare ◇ *vi* *(get stuck)* bloccarsi ● **the roads are jammed** le strade sono intasate

jam-packed [-'pækt] *adj* *(inf)* stipato(a)

Jan. *(abbr of January)* gen

janitor ['dʒænɪtə'] *n (US)* bidello *m*, -a *f*

January ['dʒænjʊərɪ] *n* gennaio *m* ➢ September

Japan [dʒə'pæn] *n* il Giappone

Japanese [,dʒæpə'niːz] ◇ *adj* giapponese ◇ *n (language)* giapponese *m* ◇ *npl* ● **the Japanese** i giapponesi

jar [dʒɑː'] *n* barattolo *m*, vasetto *m*

javelin ['dʒævlɪn] *n* giavellotto *m*

jaw [dʒɔː] *n* mascella *f*

jazz [dʒæz] *n* jazz *m*

jealous ['dʒeləs] *adj* geloso(a)

jeans [dʒiːnz] *npl* jeans *mpl*

Jeep ® [dʒiːp] *n* jeep ® *f inv*

Jello ® [dʒeləʊ] *n (US)* gelatina *f*

jelly ['dʒelɪ] *n* **1.** *(dessert)* gelatina *f* **2.** *(US)* *(jam)* marmellata *f*

jellyfish ['dʒelɪfɪʃ] *(pl inv)* *n* medusa *f*

jeopardize ['dʒepədaɪz] *vt* mettere a repentaglio

jerk [dʒɜːk] *n* **1.** *(movement)* strattone *m*, scossa *f* **2.** *(inf)* *(idiot)* imbecille *mf*

jersey ['dʒɜːzɪ] *(pl* **-s)** *n (garment)* maglia *f*

jet [dʒet] *n* **1.** *(aircraft)* aviogetto *m* **2.** *(of liquid, gas)* getto *m* **3.** *(outlet)* ugello *m*

jetfoil ['dʒetfɔɪl] *n* aliscafo *m*

jet lag *n* jetleg *m*

jet-ski *n* acqua-scooter *m inv*

jetty ['dʒetɪ] *n* molo *m*

Jew [dʒuː] *n* ebreo *m*, -a *f*

jewel ['dʒuːəl] *n* gioiello *m* ◆ **jewels** *npl* *(jewellery)* gioielli *mpl*

jeweler's ['dʒuːələz] *(US)* = **jeweller's**

jeweller's ['dʒuːələz] *n (UK)* gioielleria *f*

jewellery ['dʒuːəlrɪ] *n (UK)* gioielli *mpl*

jewelry ['dʒuːəlrɪ] *(US)* = **jewellery**

Jewish ['dʒuːɪʃ] *adj* ebreo(a)

jigsaw (puzzle) ['dʒɪgsɔː-] *n* puzzle *m inv*

jingle ['dʒɪŋgl] *n (of advert)* motivo *m* musicale dipubblicità

job [dʒɒb] *n* lavoro *m* ● **to lose one's job** perdere il lavoro

job centre *n (UK)* ufficio *m* di collocamento

jockey ['dʒɒkɪ] *(pl* **-s)** *n* fantino *m*, -a *f*

jog [dʒɒg] ◇ *vt* *(bump)* urtare lievemente ◇ *vi* fare footing ◇ *n* ● **to go for a jog** andare a fare del footing

jogging ['dʒɒgɪŋ] *n* footing *m* ● **to go jogging** fare del footing

join [dʒɔɪn] *vt* **1.** *(club, organization)* iscriversi a **2.** *(fasten together)* unire **3.** *(other people, celebrations)* unirsi a **4.** *(road, river)* congiungersi con **5.** *(connect)* collegare ● **to join a queue** mettersi in fila ◆ **join in** ◇ *vt insep*

prendere parte a ◇ *vi* partecipare

joint [dʒɔɪnt] ◇ *adj* comune ◇ *n* **1.** *(of body)* articolazione *f* **2.** *(UK) (of meat)* taglio *m* di carne per arrosto **3.** *(in structure)* giuntura *f*

joke [dʒəʊk] ◇ *n* **1.** scherzo *m* **2.** *(story)* barzelletta *f* ◇ *vi* scherzare

joker ['dʒəʊkə'] *n (playing card)* jolly *m inv*, matta *f*

jolly ['dʒɒlɪ] ◇ *adj (cheerful)* allegro(a) ◇ *adv (UK) (inf) (very)* molto

jolt [dʒəʊlt] *n* scossa *f*, sobbalzo *m*

jot [dʒɒt] ❖ **jot down** *vt sep* annotare in fretta

journal ['dʒɜːnl] *n* **1.** *(professional magazine)* rivista *f* **2.** *(diary)* diario *m*

journalist ['dʒɜːnəlɪst] *n* giornalista *mf*

journey ['dʒɜːnɪ] *n (pl -s)* viaggio *m*

joy [dʒɔɪ] *n* gioia *f*

joypad ['dʒɔɪpæd] *n (of video game)* comandi *mpl*

joyrider ['dʒɔɪraɪdə'] *n* chi ruba un'auto per farci un giro e poi l'abbandona

joystick ['dʒɔɪstɪk] *n (of video game)* joystick *m inv*

judge [dʒʌdʒ] ◇ *n* giudice *mf* ◇ *vt* giudicare

judg(e)ment ['dʒʌdʒmənt] *n* giudizio *m*

judo ['dʒuːdəʊ] *n* judo *m*

jug [dʒʌg] *n* brocca *f*, caraffa *f*

juggernaut ['dʒʌgənɔːt] *n (UK)* grosso autotreno *m*, bestione *m*

juggle ['dʒʌgl] *vi* fare giochi di destrezza *(con palle, birilli, ecc.)*

juice [dʒuːs] *n* **1.** succo *m* **2.** *(from meat)* sugo *m*

juicy ['dʒuːsɪ] *adj (food)* succoso(a)

jukebox ['dʒuːkbɒks] *n* juke-box *m inv*

Jul. *(abbr of* July) lug.

July [dʒuː'laɪ] *n* luglio *m* ➤ **September**

jumble sale ['dʒʌmbl-] *n (UK)* vendita *f* di cose usate *(a scopo di beneficenza)*

jumbo ['dʒʌmbəʊ] *adj (inf) (big)* gigante

jumbo jet *n* jumbo-jet *m inv*

jump [dʒʌmp] ◇ *n* salto *m*, balzo *m* ◇ *vi* **1.** saltare, balzare **2.** *(with fright)* sussultare **3.** *(increase)* salire ◇ *vt* ● **to jump the train/bus** *(US)* viaggiare sul treno/sull'autobus senzapagare ● **to jump the queue** *(UK)* saltare la fila

jumper ['dʒʌmpə'] *n* **1.** *(UK) (pullover)* maglione *m*, pullover *m inv* **2.** *(US) (dress)* scamiciato *m*

jump leads *npl* cavi *mpl* per batteria

Jun. *(abbr of* June) giu.

junction ['dʒʌŋkʃn] *n* **1.** *(of roads)* incrocio *m* **2.** *(of railway lines)* nodo *m* ferroviario **3.** *(on motorways)* uscita *f*

June [dʒuːn] *n* giugno *m* ➤ **September**

jungle ['dʒʌŋgl] *n* giungla *f*

junior ['dʒuːnjə'] ◇ *adj* **1.** *(of lower rank)* di grado inferiore, subalterno(a) **2.** *(US) (after name)* junior ◇ *n (younger person)* ● **to be sb's junior** essere più giovane di qn

junior school *n (UK)* scuola *f* elementare *(per bambini da 7 a 11 anni)*

junk [dʒʌŋk] *n (inf) (unwanted things)* cianfrusaglie *fpl*

junk food *n (inf)* porcherie *fpl*

junkie ['dʒʌŋkɪ] *n (inf)* drogato *m*, -a *f*

junk shop *n* negozio *m* di rigattiere

jury ['dʒʊərɪ] *n* giuria *f*

just [dʒʌst] ◇ *adv* **1.** *(recently, slightly)* appena **2.** *(in the next moment)* giusto **3.** *(exactly)* proprio **4.** *(only)* solo ◇ *adj* giusto(a) ● to be just about to do sthg stare per fare qc ● to have just done sthg avere appena fatto qc ● just about (almost) praticamente, quasi ● (only) just per un pelo ● I've (only) just arrived sono arrivato (appena) adesso ● I'm just coming vengo (subito) ● just a minute! (solo) un minuto!

justice ['dʒʌstɪs] *n* giustizia *f*

justify ['dʒʌstɪfaɪ] *vt* giustificare

jut [dʒʌt] ● **jut out** *vi* sporgersi

juvenile ['dʒuːvənaɪl] *adj* **1.** (*young*) giovanile **2.** (*childish*) puerile **3.** (*crime*) minorile

K

kangaroo [ˌkæŋgə'ruː] *n* canguro *m*

karate [kə'rɑːtɪ] *n* karate *m*

kebab [kɪ'bæb] *n* ● (shish) kebab spiedino *m* di carne ● (doner) kebab *pane azzimo imbottito con carne di agnello, insalata e salsa piccante*

keel [kiːl] *n* chiglia *f*

keen [kiːn] *adj* **1.** (*enthusiastic*) entusiasta **2.** (*eyesight, hearing*) acuto(a) ● to be keen on sthg essere appassionato(a) di qc ● to be keen to do sthg avere voglia di fare qc

keep [kiːp] (*pt & pp* **kept**) ◇ *vt* **1.** tenere **2.** (*promise*) mantenere **3.** (*appointment*) rispettare **4.** (*delay*) trattenere ◇ *vi* **1.** (*food*) mantenersi **2.** (*remain*) restare ● to keep (on) doing sthg (*continuously*) continuare a fare qc; (*repeatedly*) fare qc di continuo ● to keep sb from doing sthg impedire a qn di fare qc ● keep back! state indietro! ● to keep clear (of) stare lontano (da) ▼ keep in lane! restare in corsia ▼ keep left tenere la sinistra ▼ keep off the grass! vietato calpestare l'erba ▼ keep out! vietato l'accesso ▼ keep your distance! mantenere la distanza (di sicurezza) ◆ **keep up** ◇ *vt sep* mantenere, continuare ◇ *vi* ● to keep up (with) tenersi al passo (con)

keep-fit *n* (*UK*) ginnastica *f*

kennel ['kenl] *n* canile *m*

kept [kept] *pt & pp* ➢ **keep**

kerb [kɜːb] *n* (*UK*) orlo *m* del marciapiede

kerosene ['kerəsiːn] *n* (*US*) cherosene *m*

ketchup ['ketʃəp] *n* ketchup *m*

kettle ['ketl] *n* bollitore *m* ● to put the kettle on mettere l'acqua a bollire

key [kiː] ◇ *n* **1.** chiave *f* **2.** (*of piano, typewriter*) tasto *m* **3.** (*of map*) leggenda *f* ◇ *adj* chiave (*inv*)

keyboard ['kiːbɔːd] *n* tastiera *f*

keyhole ['kiːhəʊl] *n* buco *m* della serratura

keypad ['kiːpæd] *n* tastiera *f*

key ring *n* portachiavi *m inv*

kg (*abbr of* kilogram) kg

kph (*abbr of* kilometres per hour) km/h

kick [kɪk] ◇ *n* (*of foot*) calcio *m* ◇ *vt* dare calci a, prendere a calci

kickoff ['kɪkɒf] *n* calcio *m* d'inizio

kid [kɪd] ◇ *n* **1.** (*inf*) (*child*) bimbo *m*, -a

f, bambino *m*, -a *f* **2.** *(young person)* ragazzo *m*, -a *f* ◇ *vi* *(joke)* scherzare

kidnap ['kɪdnæp] *vt* rapire

kidnaper ['kɪdnæpər] *(US)* = **kidnapper**

kidnapper ['kɪdnæpə'] *n* *(UK)* rapitore *m*, -trice *f*

kidney ['kɪdnɪ] *(pl* **-s)** *n* **1.** *(organ)* rene *m* **2.** *(food)* rognone *m*

kidney bean *n* fagiolo *m* comune

kill [kɪl] *vt* **1.** *(person)* uccidere, ammazzare **2.** *(time)* ammazzare ● **my feet are killing me!** i piedi mi fanno un male!

killer ['kɪlə'] *n* assassino *m*, -a *f*

kilo ['kiːləʊ] *(pl* **-s)** *n* chilo *m*

kilogram ['kɪlə,græm] *n* chilogrammo *m*

kilometre ['kɪlə,miːtə'] *n* chilometro *m*

kilt [kɪlt] *n* kilt *m inv*

kind [kaɪnd] ◇ *adj* gentile, buono(a) ◇ *n* *(sort, type)* genere *m*, tipo *m* ● **kind of** *(US)* *(inf)* un po'

kindergarten ['kɪndə,gɑːtn] *n* asilo *m* infantile

kindly ['kaɪndlɪ] *adv* ● **would you kindly ...?** potrebbe ..., per favore?

kindness ['kaɪndnɪs] *n* gentilezza *f*, cortesia *f*

king [kɪŋ] *n* re *m inv*

kingfisher ['kɪŋ,fɪʃə'] *n* martin *m inv* pescatore

king prawn *n* gambero *m*

king-size bed *n* letto largo 160 cm

kiosk ['kiːɒsk] *n* **1.** *(for newspapers etc)* chiosco *m*, edicola *f* **2.** *(UK)* *(phone box)* cabina *f* (telefonica)

kipper ['kɪpə'] *n* aringa *f* affumicata

kiss [kɪs] ◇ *n* bacio *m* ◇ *vt* baciare

kiss of life *n* respirazione *f* bocca a bocca

kit [kɪt] *n* **1.** *(set)* attrezzatura *f* **2.** *(clothes)* completo *m* **3.** *(for assembly)* scatola *f* di montaggio

kitchen ['kɪtʃɪn] *n* cucina *f*

kitchen unit *n* mobile *m* componibile (dacucina)

kite [kaɪt] *n* *(toy)* aquilone *m*

kitesurfing ['kaɪtsɜːfɪŋ] *n* kitesurf *m*

kitten ['kɪtn] *n* gattino *m*, -a *f*

kitty ['kɪtɪ] *n* *(of money)* cassa *f* comune

kiwi fruit ['kiːwiː-] *n* kiwi *m inv*

Kleenex ® ['kliːneks] *n* fazzoletto *m* di carta

km *(abbr of* kilometre) km

km/h *(abbr of* kilometres per hour) km/h

knack [næk] *n* ● **to have the knack of doing sthg** avere l'abilità di fare qc

knackered ['nækəd] *adj* *(UK)* *(inf)* stanco morto(stancamorta)

knapsack ['næpsæk] *n* zaino *m*

knee [niː] *n* ginocchio *m*

kneecap ['niːkæp] *n* rotula *f*

kneel [niːl] *(pt & pp* knelt) *vi* inginocchiarsi

knew [njuː] *pt* > **know**

knickers ['nɪkəz] *npl* *(UK)* *(underwear)* mutandine *fpl*

knife [naɪf] *(pl* knives) *n* coltello *m*

knight [naɪt] *n* **1.** *(in history)* cavaliere *m* **2.** *(in chess)* cavallo *m*

knit [nɪt] *vt* fare a maglia

knitted ['nɪtɪd] *adj* fatto(a) a maglia

knitting ['nɪtɪŋ] *n* lavoro *m* a maglia

knitting needle *n* ferro *m* (da calza)

l L

knitwear ['nɪtweəʳ] *n* maglieria *f*

knives [naɪvz] *pl* ➤ **knife**

knob [nɒb] *n* **1.** (on door etc) pomello *m* **2.** (on machine) manopola *f*

knock [nɒk] ◇ *n* (at door) colpo *m* ◇ *vt* **1.** (head, elbow) battere **2.** (chair, table) battere contro ◇ *vi* (at door etc) bussare ◆ **knock down** *vt sep* **1.** (pedestrian) investire **2.** (building) demolire **3.** (price) ribassare ◆ **knock out** *vt sep* **1.** (make unconscious) tramortire **2.** (of competition) eliminare ◆ **knock over** *vt sep* **1.** (glass, vase) rovesciare **2.** (pedestrian) investire

knocker ['nɒkəʳ] *n* (on door) battente *m*

knot [nɒt] *n* nodo *m*

know [nəʊ] (*pt* **knew**, *pp* **known**) *vt* **1.** sapere **2.** (person, place) conoscere ● **to get to know sb** imparare a conoscere qc ● **to know about sthg** (understand) saperne di qc; (have heard) sapere di qc ● **to know how to do sthg** sapere fare qc ● **to know of** sapere di ● **to be known as** essere noto come ● **to let sb know sthg** far sapere qc a qn ● **you know** (for emphasis) sai

knowledge ['nɒlɪdʒ] *n* conoscenza *f* ● **to my knowledge** che io sappia

known [nəʊn] *pp* ➤ **know**

knuckle ['nʌkl] *n* **1.** (of hand) nocca *f* **2.** (of pork) garretto *m*

Koran [kɒ'rɑːn] *n* ● **the Koran** il Corano

l (abbr of litre) l

L (abbr of learner) ≃ P

lab [læb] *n* (inf) laboratorio *m*

label ['leɪbl] *n* cartellino *m*, etichetta *f*

labor ['leɪbəʳ] (US) = **labour**

laboratory [(UK) lə'bɒrətrɪ, (US) 'læbrə,tɔːrɪ] *n* laboratorio *m*

labour ['leɪbəʳ] *n* (work) lavoro *m* ● **to be in labour** avere le doglie

Labor Day

Negli USA il *Labor Day* si celebra in onore dei lavoratori il primo lunedì di settembre. Comunemente la festa segna la fine dell'estate e molti si riversano sulle spiagge per approfittare del lungo ponte. Molte scuole riaprono nella settimana successiva alla festa.

labourer ['leɪbərəʳ] *n* manovale *m*

Labour Party *n* (UK) partito *m* laburista

labour-saving *adj* che fa risparmiare fatica

lace [leɪs] *n* **1.** (material) merletto *m* **2.** (for shoe) laccio *m*

lace-ups *npl* scarpe *fpl* con i lacci

lack [læk] ◇ *n* carenza *f* ◇ *vt* non avere ◇ *vi* ● **to be lacking** mancare

lacquer ['lækəʳ] *n* **1.** (for hair) lacca *f* **2.** (paint) vernice *f*

lad [læd] *n* (*inf*) ragazzo *m*

ladder ['lædə'] *n* **1.** (*for climbing*) scala *f* **2.** (*UK*) (*in tights*) smagliatura *f*

ladies ['leɪdɪz] *n* (*UK*) (*toilet*) toilette *f inv* per signore

ladies room (*US*) = **ladies**

ladieswear ['leɪdɪz,weə'] *n* abbigliamento *m* da donna

ladle ['leɪdl] *n* mestolo *m*

lady ['leɪdɪ] *n* signora *f*

ladybird ['leɪdɪbɜːd] *n* coccinella *f*

ladybug ['leɪdɪbʌg] *n* (*US*) = **ladybird**

lag [læg] *vi* (*trade*) ristagnare ● **to lag behind** (*move more slowly*) restare indietro

lager ['lɑːgə'] *n* birra *f* (chiara)

lagoon [lə'guːn] *n* laguna *f*

laid [leɪd] *pt & pp* ➤ **lay**

lain [leɪn] *pp* ➤ **lie**

lake [leɪk] *n* lago *m*

Lake District *n* ● **the Lake District** la regione dei laghi (*nel nordovest dell'Inghilterra*)

lamb [læm] *n* agnello *m*

lamb chop *n* braciola *f* OR costoletta *f* d'agnello

lame [leɪm] *adj* zoppo(a)

lamp [læmp] *n* **1.** lampada *f* **2.** (*bicycle lamp*) fanale *m* **3.** (*in street*) lampione *m*

lamppost ['læmppəʊst] *n* lampione *m*

lampshade ['læmpʃeɪd] *n* paralume *m*

land [lænd] ◇ *n* terra *f* ◇ *vi* **1.** (*plane*) atterrare **2.** (*passengers*) sbarcare **3.** (*fall*) cadere

landing ['lændɪŋ] *n* **1.** (*of plane*) atterraggio *m* **2.** (*on stairs*) pianerottolo *m*

landlady ['lænd,leɪdɪ] *n* **1.** (*of house*)

landlord ['lændlɔːd] *n* **1.** (*of house*) padrone *m* di casa **2.** (*of pub*) proprietario *m*

landmark ['lændmɑːk] *n* punto *m* di riferimento

landscape ['lændskeɪp] *n* paesaggio *m*

landslide ['lændslaɪd] *n* (*of earth, rocks*) frana *f*

lane [leɪn] *n* **1.** (*narrow road*) stradina *f* **2.** (*on road, motorway*) corsia *f* ▼ **get in lane** disporsi su più file

language ['læŋgwɪdʒ] *n* **1.** (*of a people, country*) lingua *f* **2.** (*system, words*) linguaggio *m*

lap [læp] *n* **1.** (*of person*) grembo *m* **2.** (*of race*) giro *m*

lapel [lə'pel] *n* risvolto *m*

lapse [læps] *vi* (*passport, membership*) scadere

lard [lɑːd] *n* strutto *m*

larder ['lɑːdə'] *n* dispensa *f*

large [lɑːdʒ] *adj* **1.** grande **2.** (*person, dog, sum*) grosso(a)

largely ['lɑːdʒlɪ] *adv* in gran parte

large-scale *adj* su vasta scala

lark [lɑːk] *n* allodola *f*

laryngitis [,lærɪn'dʒaɪtɪs] *n* laringite *f*

lasagne [lə'zænjə] *n* lasagne *fpl*

laser ['leɪzə'] *n* laser *m inv*

lass [læs] *n* (*inf*) ragazza *f*

last [lɑːst] ◇ *adj* **1.** ultimo(a) **2.** (*week, year, month*) scorso(a) ◇ *adv* **1.** (*most recently*) l'ultima volta *f* **2.** (*after everything else*) per ultimo ◇ *vi* (*continue*) durare ◇ *pron* ● **the last to come** l'ultimo ad arrivare ● **the last but one** il penulti-

padrona *f* di casa **2.** (*of pub*) proprietaria *f*

mo(la penultima) • **the day before last** l'altro ieri • **last year** l'anno scorso • **the last year** l'ultimo anno • **at last** finalmente • **to arrive last** arrivare (per) ultimo • **it won't last till tomorrow** *(food)* non va fino a domani

lastly ['lɑːstlɪ] *adv* infine

last-minute *adj* dell'ultimo momento

latch [lætʃ] *n* serratura *f* a scatto • **the door is on the latch** la porta non è chiusa a chiave

late [leɪt] ◇ *adj* 1. *(not on time)* in ritardo 2. *(after usual time)* tardi *(inv)* 3. *(dead)* defunto(a) 4. *(morning, afternoon)* tardo(a) ◇ *adv* 1. *(not on time)* in ritardo 2. *(after usual time)* tardi • **in late June, late in June** verso la fine di giugno • **the train is running two hours late** il treno viaggia con due ore di ritardo

lately ['leɪtlɪ] *adv* ultimamente

late-night *adj* aperto(a) fino a tardi • **late-night opening** apertura prolungata *(di negozi)*

later ['leɪtə'] ◇ *adj (train)* successivo(a) ◇ *adv* **later (on)** più tardi • **at a later date** in futuro

latest ['leɪtɪst] *adj* • **the latest fashion** l'ultima moda • **the latest** l'ultimo(a) • **at the latest** al più tardi

lather ['lɑːðə'] *n* schiuma *f*

Latin ['lætɪn] *n* latino *m*

Latin America *n* l'America *f* Latina

Latin American ◇ *adj* latino-americano *m*, -a *f* ◇ *n* latino-americano *m*, -a *f*

latitude ['lætɪtjuːd] *n (distance from Equator)* latitudine *f*

latter ['lætə'] *n* • **the latter** quest'ultimo(a)

laugh [lɑːf] ◇ *n* risata *f* ◇ *vi* ridere • **to have a laugh** *(UK)* *(inf)* farsi due risate ◆ **laugh at** *vt insep (mock)* ridere di

laughter ['lɑːftə'] *n* riso *m*

launch [lɔːntʃ] *vt* 1. *(boat)* varare 2. *(new product)* lanciare

laund(e)rette [lɔːn'dret] *n* lavanderia *f* *(automatica)*

laundry ['lɔːndrɪ] *n* 1. *(washing)* bucato *m* 2. *(place)* lavanderia *f*

lavatory ['lævətrɪ] *n* gabinetto *m*

lavender ['lævəndə'] *n* lavanda *f*

lavish ['lævɪʃ] *adj (meal, decoration)* sontuoso(a)

law [lɔː] *n* legge *f* • **to be against the law** essere contro la legge

lawn [lɔːn] *n* prato *m*

lawnmower ['lɔːn,məʊə'] *n* tagliaerba *m inv*

lawyer ['lɔːjə'] *n* 1. *(in court)* avvocato *m* 2. *(solicitor)* notaio *m*

laxative ['læksətɪv] *n* lassativo *m*

lay [leɪ] *(pt & pp* **laid)** ◇ *pt* ➤ **lie** ◇ *vt* 1. *(place)* poggiare 2. *(egg)* fare • **to lay the table** apparecchiare la tavola ◆ **lay off** *vt sep (worker)* licenziare ◆ **lay on** *vt sep* 1. *(food, transport)* fornire 2. *(entertainment)* organizzare ◆ **lay out** *vt sep (display)* disporre

lay-by *(pl* **lay-bys)** *n* piazzola *f* di sosta

layer ['leɪə'] *n* strato *m*

layman ['leɪmən] *(pl* **-men)** *n* profano *m*, -a *f*

layout ['leɪaʊt] *n* 1. *(of building)* struttura *f* 2. *(of streets)* tracciato *m*

lazy ['leɪzɪ] *adj* pigro(a)

lb *abbr* = **pound**

lead¹ [liːd] (*pt & pp* **led**) ◇ *vt* 1. (*take*) condurre 2. (*team, party, march*) guidare 3. (*procession*) aprire ◇ *vi* (*be winning*) condurre ◇ *n* 1. (*for dog*) guinzaglio *m* 2. (*cable*) cavo *m* ● **to lead sb to do sthg** indurre qn a fare qc ● **to lead to** portare a ● **to lead the way** fare strada ● **to be in the lead** essere in testa

lead² [led] ◇ *n* 1. piombo *m* 2. (*for pencil*) mina *f* ◇ *adj* di piombo

leaded petrol ['ledɪd-] *n* benzina *f* con piombo

leader ['liːdər] *n* 1. (*of group*) capo *m* 2. (*of union, party*) leader *mf inv* 3. (*in race*) chi è in testa

leadership ['liːdəʃɪp] *n* (*position*) direzione *f*

lead-free [led-] *adj* senza piombo

leading ['liːdɪŋ] *adj* (*most important*) principale

lead singer [liːd-] *n* cantante *mf* (*solista*)

leaf [liːf] (*pl* **leaves**) *n* (*of tree*) foglia *f*

leaflet ['liːflɪt] *n* dépliant *m inv*

league [liːg] *n* 1. SPORT campionato *m* 2. (*association*) lega *f*

leak [liːk] ◇ *n* 1. (*hole*) buco *m* 2. (*of gas, water*) perdita *f* ◇ *vi* 1. (*tank*) perdere 2. (*roof*) gocciolare

lean [liːn] (*pt & pp* **leant** OR **-ed**) ◇ *adj* 1. (*meat*) magro(a) 2. (*person, animal*) asciutto(a) ◇ *vi* 1. (*ben d*) piegarsi 2. (*building*) pendere ◇ *vt* ● **to lean sthg against sthg** appoggiare qc a qc ● **to lean on** appoggiarsi a ◆ **lean forward** *vi* sporgersi (in avanti) ◆ **lean over** *vi* sporgersi

leap [liːp] (*pt & pp* **leapt** OR **-ed**) *vi* (*jump*) balzare

leap year *n* anno *m* bisestile

learn [lɜːn] (*pt & pp* **learnt** OR **-ed**) *vt* imparare ● **to learn (how) to do sthg** imparare a fare qc ● **to learn about sthg** (*hear about*) venire a sapere di qc; (*study*) studiare qc

learner (driver) ['lɜːnə²-] *n* guidatore *m*, -trice *f* principiante

learnt [lɜːnt] *pt & pp* ➤ **learn**

lease [liːs] ◇ *n* contratto *m* d'affitto ◇ *vt* affittare ● **to lease sthg from sb** affittare qc da qn ● **to lease sthg to sb** affittare qc a qn

leash [liːʃ] *n* guinzaglio *m*

least [liːst] ◇ *adv* meno (di tutti) ◇ *adj* meno ... di tutti ◇ *pron* ● **(the) least** meno di tutti ● **at least** almeno ● **the least he could do** il minimo che potesse fare

leather ['leðə²] *n* cuoio *m*, pelle *f* ◆ **leathers** *npl* (*of motorcyclist*) tuta *f* in pelle da motociclista

leave [liːv] (*pt & pp* **left**) ◇ *vt* 1. lasciare 2. (*school*) finire ◇ *vi* 1. (*go away*) andarsene 2. (*train, bus*) partire ◇ *n* (*time off work*) permesso *m* ● **to leave a message** lasciare un messaggio, left ◆ **leave behind** *vt sep* (*not take away*) lasciare ◆ **leave out** *vt sep* tralasciare

leaves [liːvz] *pl* ➤ **leaf**

Lebanon ['lebənən] *n* il Libano

lecture ['lektʃə²] *n* 1. (*at university*) lezione *f* 2. (*at conference*) conferenza *f*

lecturer ['lektʃərə²] *n* docente *mf* (universitario)

lecture theatre *n* aula *f* (ad anfiteatro)

led [led] *pt & pp* ➤ **lead¹**

ledge [ledʒ] *n (of window)* davanzale *m*

leek [liːk] *n* porro *m*

left [left] ◇ *pt & pp* ➤ **leave** ◇ *adj (not right)* sinistro(a) ◇ *adv* a sinistra ◇ *n* sinistra *f* ● **on the left** a sinistra ● **there are none left** sono finiti

left-hand *adj* 1. *(side)* sinistro(a) 2. *(lane)* di sinistra

left-hand drive *n* guida *f* a sinistra

left-handed [-'hændɪd] *adj* 1. *(person)* mancino(a) 2. *(implement)* per mancini

left-luggage locker *n (UK)* armadietto *m* per deposito bagagli

left-luggage office *n (UK)* deposito *m* bagagli

left-wing *adj* di sinistra

leg [leg] *n* 1. gamba *f* 2. *(of animal)* zampa *f* ● **leg of lamb** coscia *f* d'agnello

legal ['liːgl] *adj* legale

legal aid *n* assistenza *f* legale gratuita

legalize ['liːgəlaɪz] *vt* legalizzare

legal system *n* sistema *f* legale

legend ['ledʒənd] *n* leggenda *f*

leggings ['legɪnz] *npl* fuseaux *mpl*, pantacollant *mpl*

legible ['ledʒɪbl] *adj* leggibile

legislation [ledʒɪs'leɪʃn] *n* legislazione *f*

legitimate [lɪ'dʒɪtɪmət] *adj* legittimo(a)

leisure [(*UK*) 'leʒə', (*US*) 'liːʒər] *n* tempo *m* libero

leisure centre *n* centro *m* sportivo

leisure pool *n* piscina *f*

lemon ['lemən] *n* limone *m*

lemonade [,lemə'neɪd] *n* limonata *f*

lemon curd [-kɜːd] *n (UK)* sorta *di* marmellata a base di succo e scorza di limone, uova, burro e zucchero

lemon juice *n* succo *m* di limone

lemon sole *n* limanda *f (varietà di sogliola)*

lemon tea *n* tè *m* al limone

lend [lend] (*pt & pp* **lent**) *vt* prestare ● **to lend sb sthg** prestare qc a qn

length [leŋθ] *n* 1. *(in distance)* lunghezza *f* 2. *(in time)* durata *f* 3. *(of swimming pool)* vasca *f*

lengthen ['leŋθən] *vt* allungare

lens [lenz] *n* lente *f*

lent [lent] *pt & pp* ➤ **lend**

Lent [lent] *n* la Quaresima

lentils ['lentlz] *npl* lenticchie *fpl*

Leo ['liːəʊ] (*pl* **-s**) *n* Leone *m*

leopard ['lepəd] *n* leopardo *m*

leopard-skin *adj* a pelle di leopardo

leotard ['liːətɑːd] *n* calzamaglia *f*

leper ['lepə'] *n* lebbroso *m*, -a *f*

lesbian ['lezbɪən] ◇ *adj* lesbico(a) ◇ *n* lesbica *f*

less [les] *adj, adv & pron* meno ● **less than 20** meno di 20

lesson ['lesn] *n (class)* lezione *f*

let [let] (*pt & pp inv*) *vt* 1. *(allow)* lasciare 2. *(rent out)* affittare ● **to let sb do sthg** lasciar fare qc a qn ● **to let go of sthg** mollare qc ● **to let sb have sthg** *(give)* dare qc a qn ● **to let sb know sthg** far sapere qc a qn ● **let's go!** andiamo! ▼ **to let** affittasi

◆ **let in** *vt sep (allow to enter)* far entrare

◆ **let off** *vt sep (excuse)* ● **to let sb off doing sthg** dispensare qn dal fare qc ● **can you let me off at the station?** mi fa scendere alla stazione?

◆ **let out** *vt sep (allow to go out)* far uscire

letdown ['letdaʊn] *n (inf)* delusione *f*

lethargic [lə'θɑːdʒɪk] *adj* apatico(a)

letter ['letəʳ] *n* lettera *f*

letters

In business correspondence, the sender's details appear in the top left-hand corner of the letter, while the addressees' come slightly lower down on the right-hand side. When writing to a company, add the name of the person you are writing to there underneath the addressee's details. In front of their name you put *CA*, which is short for *alla cortese attenzione di* and is equivalent to FAO (for the attention of). The place and date of the letter are written under the addressee's details. You usually start a letter with *Caro/Cara...*, if you are writing to a friend (e.g. *Cara Luisa*) or relative (e.g. *Cari zii,*), and with *Egregio/ Egregia...*, in official or business correspondence (e.g *Egregio Direttore, Egregia Signora Coltri,*). You then start the letter proper with a new paragraph. You end a letter to a friend or relative with *Con affetto* or *Un grosso abbraccio*, and a business letter with *Distinti saluti* or *Cordialmente*. You then sign your name. In business letters, the person's first name and surname, together with their job title, are typed or stamped before the signature.

letterbox ['letəbɒks] *n (UK)* buca *f* delle lettere

lettuce ['letɪs] *n* lattuga *f*

leuk(a)emia [luː'kiːmɪə] *n* leucemia *f*

level ['levl] ◇ *adj* **1.** *(flat)* piano(a) **2.** *(horizontal)* orizzontale ◇ *n* **1.** livello *m* **2.** *(storey)* piano *m* ● **to be level with** essere allo stesso livello di

level crossing *n (UK)* passaggio *m* a livello

lever [(UK) 'liːvəʳ, (US) 'levər] *n* leva *f*

liability [,laɪə'bɪlətɪ] *n (responsibility)* responsabilità *f*

liable ['laɪəbl] *adj* ● **to be liable to do sthg** avere la tendenza a fare qc ● **to be liable for sthg** rispondere di qc

liaise [lɪ'eɪz] *vi* ● **to liaise with** mantenere i contatti con

liar ['laɪəʳ] *n* bugiardo *m*, -a *f*

liberal ['lɪbərəl] *adj* **1.** *(tolerant)* liberale **2.** *(generous)* generoso(a)

Liberal Democrat Party *n* Partito *m* Liberaldemocratico

liberate ['lɪbəreɪt] *vt* liberare

liberty ['lɪbətɪ] *n* libertà *f inv*

Libra ['liːbrə] *n* Bilancia *f*

librarian [laɪ'breərɪən] *n* bibliotecario *m*, -a *f*

library ['laɪbrərɪ] *n* biblioteca *f*

Libya ['lɪbɪə] *n* la Libia

lice [laɪs] *npl* pidocchi

licence ['laɪsəns] ◇ *n (UK) (official document)* licenza *f* ◇ *vt (US)* = **license** ● **driving licence** patente *f (di guida)* ● **TV licence** abbonamento *m* alla televisione

license ['laɪsəns] ◇ *vt (UK)* autorizzare ◇ *n (US)* = **licence**

licensed ['laɪsənst] *adj (restaurant, bar)* munito di licenza per la vendita di alcolici

licensing hours ['laɪsənsɪŋ-] *npl (UK)* orario in cui è consentita la vendita di alcolici

lick [lɪk] *vt* leccare

lid [lɪd] *n (cover)* coperchio *m*

lie [laɪ] ◇ *n* bugia *f* ◇ *vi (pt* **lay,** *pp* **lain,** *cont* **lying) 1.** *(pt & pp* **lied)** *(tell lie)* mentire **2.** *(be horizontal)* essere disteso **3.** *(lie down)* sdraiarsi **4.** *(be situated)* trovarsi ● **to tell lies** dire bugie ● **to lie about sthg** mentire su qc ◆**lie down** *vi* sdraiarsi

lieutenant [(UK) lef'tenənt, (US) lu:-'tenənt] *n* tenente *m*

life [laɪf] *(pl* **lives)** *n* vita *f*

life assurance *n* assicurazione *f* sulla vita

life belt *n* salvagente *m*

lifeboat ['laɪfbəʊt] *n* scialuppa *f* di salvataggio

lifeguard ['laɪfgɑːd] *n* bagnino *m*, -a *f*

life jacket *n* giubbotto *m* di salvataggio

lifelike ['laɪflaɪk] *adj* fedele

life preserver [-prɪ'zɜːvər] *n* **1.** *(US) (life belt)* salvagente *m* **2.** *(life jacket)* giubbotto *m* di salvataggio

life-size *adj* a grandezza naturale

lifespan ['laɪfspæn] *n* vita *f*

lifestyle ['laɪfstaɪl] *n* stile *m* di vita

lift [lɪft] ◇ *n (UK) (elevator)* ascensore *m* ◇ *vt (rai se)* sollevare, alzare ◇ *vi (fog)* alzarsi ● **to give sb a lift** dare un passaggio a qn ◆**lift up** *vt sep* sollevare, alzare

light [laɪt] *(pt & pp* **lit** OR **-ed)** ◇ *adj* **1.** leggero(a) **2.** *(not dark)* chiaro(a) **3.** *(traffic)* scorrevole ◇ *n* **1.** luce *f* **2.** *(of car, bike)* faro *m* ◇ *vt* **1.** *(fire, cigarette)* accendere **2.** *(room, stage)* illuminare ● **have you got a light?** hai da accendere? ● **to set light to sthg** dar fuoco a qc ◆ **lights** *npl (traffic lights)* semaforo *m* ● **light up** ◇ *vt sep (house, road)* illuminare ◇ *vi (inf) (light a cigarette)* accendersi una sigaretta

light bulb *n* lampadina *f*

lighter ['laɪtər] *n* accendino *m*

light-hearted [-'hɑːtɪd] *adj* gioviale

lighthouse ['laɪthaʊs] *n* faro *m*

lighting ['laɪtɪŋ] *n* illuminazione *f*

light meter *n* contatore *m* della luce

lightning ['laɪtnɪŋ] *n* lampi *mpl,* fulmini *mpl*

lightweight ['laɪtweɪt] *adj (clothes, object)* leggero(a)

like [laɪk] ◇ *prep* **1.** come **2.** *(typical of)* tipico di ◇ *vt (want)* volere ● **I like it** mi piace ● **I like them** mi piacciono ● **I like going out** mi piace uscire ● **I'd like to sit down** vorrei sedermi ● **I'd like a drink** vorrei bere qualcosa ● **what's it like?** com'è? ● **to look like sb** assomigliare a qn ● **do it like this** fallo così ● **it's not like him** non è da lui

likelihood ['laɪklɪhʊd] *n* probabilità *f*

likely ['laɪklɪ] *adj* probabile

likeness ['laɪknɪs] *n* somiglianza *f*

likewise ['laɪkwaɪz] *adv* allo stesso modo ● **to do likewise** fare lo stesso

lilac ['laɪlək] *adj* lilla *(inv)*

Lilo ® ['laɪləʊ] *(pl* **-s)** *n (UK)* materassino *m* (pneumatico)

lily ['lɪlɪ] *n* giglio *m*

lily of the valley *n* mughetto *m*

limb [lɪm] *n* arto *m*

lime [laɪm] *n (fruit)* limetta *f* ● **lime (juice)** succo *m* di limetta

limestone ['laɪmstəʊn] *n* calcare *m*

limit ['lɪmɪt] ⋄ *n* limite *m* ⋄ *vt* limitare ● **the city limits** i confini della città

limited ['lɪmɪtɪd] *adj* **1.** *(restricted)* limitato(a) **2.** *(in company name)* a responsabilità limitata

limp [lɪmp] ⋄ *adj* floscio(a) ⋄ *vi* zoppicare

line [laɪn] ⋄ *n* **1.** linea *f* **2.** *(row)* fila *f* **3.** *(US) (queue)* coda *f*, fila **4.** *(of words on page)* riga *f* **5.** *(of poem, song)* verso *m* **6.** *(for fishing)* lenza *f* **7.** *(rope, washing line)* corda *f* **8.** *(of business, work)* settore *m*, ramo *m* ⋄ *vt (coat, drawers)* foderare ● **in line** *(aligned)* allineato ● **it's a bad line** la linea è disturbata ● **the line is engaged** la linea è occupata ● **to drop sb a line** *(inf)* mandare due righe a qn ● **to stand in line** *(US)* stare in fila ● **line up** ⋄ *vt sep (arrange)* organizzare ⋄ *vi* allinearsi

lined [laɪnd] *adj (paper)* rigato(a), a righe

linen ['lɪnɪn] *n* **1.** *(cloth)* lino *m* **2.** *(tablecloths, sheets)* biancheria *f*

liner ['laɪnə^r] *n (ship)* nave *f* di linea

linesman ['laɪnzmən] *(pl* **-men)** *n* guardalinee *m inv*

linger ['lɪŋgə^r] *vi (in place)* attardarsi

lingerie ['lænʒərɪ] *n* biancheria *f* intima

lining ['laɪnɪŋ] *n* **1.** *(of coat, jacket)* fodera *f* **2.** *(of brake)* guarnizione *f*

link [lɪŋk] ⋄ *n* **1.** *(connection)* collega-

mento *m* **2.** *(between countries, companies)* relazione *f* ⋄ *vt (connect)* collegare ● **rail link** collegamento ferroviario ● **road link** collegamento stradale

lino ['laɪnəʊ] *n (UK)* linoleum *m*

lion ['laɪən] *n* leone *m*

lioness ['laɪənes] *n* leonessa *f*

lip [lɪp] *n (of person)* labbro *m*

lip salve [-sælv] *n* burro *m* di cacao

lipstick ['lɪpstɪk] *n* rossetto *m*

liqueur [lɪ'kjʊə^r] *n* liquore *m (dolce)*

liquid ['lɪkwɪd] *n* liquido *m*

liquor ['lɪkə^r] *n (US)* superalcolico *m*

liquorice ['lɪkərɪs] *n* liquirizia *f*

lisp [lɪsp] *n* difetto *f* di pronuncia *(relativo alla lettere s)*

list [lɪst] ⋄ *n* lista *f*, elenco *m* ⋄ *vt* elencare

listen ['lɪsn] *vi* ● **to listen (to)** ascoltare

listener ['lɪsnə^r] *n (on radio)* ascoltatore *m*, -trice *f*

lit [lɪt] *pt* & *pp* ▶ **light**

liter ['li:tə^r] *(US)* = **litre**

literally ['lɪtərəlɪ] *adv* letteralmente

literary ['lɪtərərɪ] *adj* letterario(a)

literature ['lɪtrətʃə^r] *n* **1.** letteratura *f* **2.** *(printed information)* materiale *m* illustrativo

litre ['li:tə^r] *n (UK)* litro *m*

litter ['lɪtə^r] *n (rubbish)* rifiuti *mpl*

litterbin ['lɪtəbɪn] *n (UK)* cestino *m* dei rifiuti

little ['lɪtl] ⋄ *adj* **1.** piccolo(a) **2.** *(not much)* poco(a) ⋄ *pron* & *adv* poco ● **as little as possible** il meno possibile ● **little by little** poco a poco ● **a little** ⋄ *pron* & *adv* un po' ⋄ *adj* un po' di

little finger *n* mignolo *m*

live¹ [lɪv] *vi* **1.** vivere **2.** *(have home)* vivere, abitare ● **to live with sb** vivere con qn ◆ **live together** *vi* vivere insieme

live² [laɪv] ◇ *adj* **1.** *(alive)* vivo(a) **2.** *(programme, performance)* dal vivo **3.** *(wire)* sotto tensione ◇ *adv* in diretta

lively ['laɪvlɪ] *adj* **1.** *(person)* vivace **2.** *(place, atmosphere)* animato(a)

liver ['lɪvə'] *n* fegato *m*

lives [laɪvz] *pl* ➢ **life**

living ['lɪvɪŋ] ◇ *adj* vivente ◇ *n* ● **to earn a living** guadagnarsi da vivere ● **what do you do for a living?** che lavoro fa?

living room *n* soggiorno *m*

lizard ['lɪzəd] *n* lucertola *f*

load [ləʊd] ◇ *n* *(thing carried)* carico *m* ◇ *vt* caricare ● **loads of** *(inf)* un sacco di

loaf [ləʊf] *(pl* **loaves)** *n* ● **a loaf (of bread)** una pagnotta

loan [ləʊn] ◇ *n* prestito *m* ◇ *vt* prestare

loathe [ləʊð] *vt* detestare

loaves [ləʊvz] *pl* ➢ **loaf**

lobby ['lɒbɪ] *n* *(hall)* atrio *m*

lobster ['lɒbstə'] *n* aragosta *f*

local ['ləʊkl] ◇ *adj* **1.** locale **2.** *(train)* regionale ◇ *n* **1.** *(inf)* *(local person)* abitante *mf* del posto **2.** *(UK)* *(pub)* bar *m* vicino **3.** *(US)* *(train)* regionale *m* **4.** *(US)* *(bus)* autobus *m inv*

local anaesthetic *n* anestesia *f* locale

local call *n* chiamata *f* urbana

local government *n* amministrazione *f* locale

locate [*(UK)* ləʊˈkeɪt, *(US)* ˈləʊkeɪt] *vt* *(find)* localizzare ● **to be located** essere situato

location [ləʊˈkeɪʃn] *n* *(place)* posizione *f*

lock [lɒk] ◇ *n* **1.** *(on door, drawer)* serratura *f* **2.** *(for bike)* lucchetto *m* **3.** *(on canal)* chiusa *f* ◇ *vt* **1.** *(door, drawer, car)* chiudere a chiave **2.** *(keep safely)* chiudere ◇ *vi (become stuck)* bloccarsi ◆ **lock in** *vt sep* chiudere dentro ◆ **lock out** *vt sep* chiudere fuori ◆ **lock up** ◇ *vt sep (imprison)* mettere dentro ◇ *vi* chiudere porte e finestre

locker ['lɒkə'] *n* armadietto *m*

locker room *n* *(US)* spogliatoio *m*

locket ['lɒkɪt] *n* medaglione *m*

locomotive [ˌləʊkəˈməʊtɪv] *n* locomotiva *f*

locum ['ləʊkəm] *n* *(doctor)* medico *m* sostituto

locust ['ləʊkəst] *n* locusta *f*

lodge [lɒdʒ] ◇ *n* **1.** *(for skiers)* rifugio *m* **2.** *(for hunters)* casino *m* di caccia ◇ *vi* **1.** *(stay)* alloggiare **2.** *(get stuck)* conficcarsi

lodger ['lɒdʒə'] *n* pensionante *mf*

lodgings ['lɒdʒɪŋz] *npl* camera *f* ammobiliata

loft [lɒft] *n* soffitta *f*

log [lɒg] *n* *(piece of wood)* ceppo *m*

logic ['lɒdʒɪk] *n* logica *f*

logical ['lɒdʒɪkl] *adj* logico(a)

logo ['ləʊgəʊ] *(pl* **-s)** *n* logo *m inv*

loin [lɔɪn] *n* lombata *f*

loiter ['lɔɪtə'] *vi* **1.** *(remain)* attardarsi **2.** *(walk around)* bighellonare

lollipop ['lɒlɪpɒp] *n* lecca lecca *m inv*

lolly ['lɒlɪ] *n* **1.** *(inf)* *(lollipop)* lecca lecca *m inv* **2.** *(UK)* *(ice lolly)* ghiacciolo *m*

Lombardy ['lɒmbədɪ] *n* la Lombardia

London ['lʌndən] *n* Londra *f*

Londoner ['lʌndənə^r] *n* londinese *mf*

lonely ['ləʊnlɪ] *adj* **1.** (person) solo(a) **2.** (place) isolato(a)

long [lɒŋ] ◇ *adj* lungo(a) ◇ *adv* molto • it's 2 metres long è lungo 2 metri • it's two hours long dura due ore • how long is it? (in length) quanto è lungo?; (in time) quanto dura? • a long time molto tempo • all day long tutto il giorno • as longas (provided that) purché • for long per molto tempo • no longer non più • so long! (inf) ciao! • for long *vt insep* desiderare ardentemente

long-distance *adj* (phone call) interurbano(a)

long drink *n* long drink *m inv*

long-haul *adj* su lunga distanza

longitude ['lɒndʒɪtjuːd] *n* longitudine *f*

long jump *n* salto *m* in lungo

long-life *adj* **1.** (milk, fruit juice) a lunga conservazione **2.** (battery) a lunga durata

longsighted [ˌlɒŋˈsaɪtɪd] *adj* presbite

long-term *adj* a lungo termine

long wave *n* onde *fpl* lunghe

longwearing [ˌlɒŋˈweərɪŋ] *adj* (US) resistente

loo [luː] (*pl* -s) *n* (UK) (inf) gabinetto *m*

look [lʊk] ◇ *n* **1.** (glance) sguardo *m*, occhiata *f* **2.** (appearance) aspetto *m* ◇ *vi* **1.** guardare **2.** (seem) sembrare • you don't look well non hai una gran bella cera • to look onto (building, room) dare su • to have a look dare un'occhiata • (good) looks bellezza *f* • I'm just looking (inshop) sto solo guardando • look out! attento! • look

after *vt insep* occuparsi di • look at *vt insep* **1.** (observe) guardare **2.** (examine) vedere • look for *vt insep* cercare • look forward to *vt insep* non veder l'ora di • look out for *vt insep* cercare • look round ◇ *vt insep* **1.** (city, museum) visitare **2.** (shop) fare un giro da ◇ *vi* girarsi • look up *vt sep* (in dictionary, phone book) cercare

loony ['luːnɪ] *n* (inf) pazzo *m*, -a *f*

loop [luːp] *n* cappio *m*

loose [luːs] *adj* **1.** (not fixed firmly) allentato(a) **2.** (sweets, sheets of paper) sciolto(a) **3.** (clothes) largo(a) • to let sb/sthg loose lasciar libero qn/qc

loosen ['luːsn] *vt* allentare

lop-sided [-ˈsaɪdɪd] *adj* storto(a)

lord [lɔːd] *n* lord *m inv*

lorry ['lɒrɪ] *n* (UK) camion *m inv*

lorry driver *n* (UK) camionista *mf*

lose [luːz] (*pt & pp* **lost**) *vt & vi* perdere • to lose weight dimagrire

loser ['luːzə^r] *n* (incontest) perdente *mf*

loss [lɒs] *n* perdita *f*

lost [lɒst] ◇ *pt & pp* > **lose** ◇ *adj* (person) perso(a) • to get lost (lose way) perdersi

lost-and-found office *n* (US) ufficio *m* oggetti smarriti

lost property office *n* (UK) ufficio *m* oggetti smarriti

lot [lɒt] *n* **1.** (group of people) gruppo *m* **2.** (at auction) lotto *m* **3.** (US) (car park) parcheggio *m* • a lot (large amount) molto, -a *f*; (to a great extent, often) molto • a lot of time molto tempo • a lot of problems molti problemi • lots (of) molto, -a *f*, un sacco (di) •

the lot *(everything)* tutto quanto (tutta quanta)

lotion ['ləʊʃn] *n* lozione *f*

lottery ['lɒtərɪ] *n* lotteria *f*

loud [laʊd] *adj* **1.** *(music, noise)* forte **2.** *(voice)* alto **3.** *(colour, clothes)* sgargiante

loudspeaker [,laʊd'spi:kər] *n* altoparlante *m*

lounge [laʊndʒ] *n* **1.** *(in house)* salotto *m*, soggiorno *m* **2.** *(at airport)* sala *f* partenze

lounge bar *n* (UK) sala di un pub più confortevole e più cara del'public bar' *m*

lousy ['laʊzɪ] *adj* (inf) *(poor-quality)* schifoso(a)

lout [laʊt] *n* teppista *mf*

love [lʌv] ◇ *n* **1.** amore *m* **2.** *(in tennis)* zero *m* ◇ *vt* amare ● **I love reading** mi piace molto leggere ● **I'd love a coffee** mi andrebbe un caffè ● **I'd love to help** vorrei tanto aiutare ● **to be in love (with)** essere innamorato (di) ● (with) love from *(in letter)* con affetto

love affair *n* relazione *f*

lovely ['lʌvlɪ] *adj* **1.** *(very beautiful)* bello(a) **2.** *(very nice)* delizioso(a)

lover ['lʌvər] *n* **1.** *(sexual partner)* amante *mf* **2.** *(enthusiast)* appassionato *m*, -a *f*

loving ['lʌvɪŋ] *adj* affettuoso(a)

low [ləʊ] ◇ *adj* **1.** basso(a) **2.** *(quantity)* piccolo(a) **3.** *(supply)* scarso(a) **4.** *(standard, quality, opinion)* scadente **5.** *(depressed)* depresso(a) ◇ *n* *(area of low pressure)* area *f* di bassa pressione ● **we're low on petrol** abbiamo poca benzina

low-alcohol *adj* a basso contenuto alcolico

low-calorie *adj* ipocalorico(a)

low-cut *adj* scollato(a)

lower ['ləʊər] ◇ *adj* inferiore ◇ *vt* abbassare

lower sixth *n* (UK) primo anno di studi superiori per studenti di 17 anni che prepareranno gli 'A levels'

low-fat *adj* magro(a)

low tide *n* bassa marea *f*

loyal ['lɔɪəl] *adj* fedele

loyalty ['lɔɪəltɪ] *n* fedeltà *f*

lozenge ['lɒzɪndʒ] *n* *(sweet)* pasticca *f*, pastiglia *f*

L-plate *n* (UK) targa indicante che chi guida la vettura non ha ancora preso la patente

Ltd *(abbr of* limited*)* ≃ Srl

lubricate ['lu:brɪkeɪt] *vt* lubrificare

luck [lʌk] *n* fortuna *f* ● **bad luck** sfortuna *f* ● **good luck!** buona fortuna! ● **with luck** con un po' di fortuna

luckily ['lʌkɪlɪ] *adv* fortunatamente

lucky ['lʌkɪ] *adj* fortunato(a) ● **to be lucky** essere fortunato

ludicrous ['lu:dɪkrəs] *adj* ridicolo(a)

lug [lʌg] *vt* (inf) trascinare

luggage ['lʌgɪdʒ] *n* bagagli *mpl*

luggage compartment *n* bagagliaio *m*

luggage locker *n* armadietto *m* per deposito bagagli

luggage rack *n* *(on train)* portabagagli *m*

lukewarm ['lu:kwɔ:m] *adj* tiepido(a)

lull [lʌl] *n* pausa *f*

lullaby ['lʌləbaɪ] *n* ninnananna *f*

lumbago [lʌm'beɪgəʊ] *n* lombaggine *f*

lumber ['lʌmbər] *n* (US) *(timber)* legname *m*

luminous [ˈluːmɪnəs] *adj* fosforescente

lump [lʌmp] *n* **1.** *(of coal, mud, butter)* pezzo *m* **2.** *(of sugar)* zolletta *f* **3.** *(on body)* nodulo *m*

lump sum *n* compenso *m* forfettario

lumpy [ˈlʌmpɪ] *adj* **1.** *(sauce)* grumoso(a) **2.** *(mattress)* pieno(a) di bozzi

lunatic [ˈluːnətɪk] *n* pazzo *m*, -a *f*

lunch [lʌntʃ] *n* pranzo *m* ● to have lunch pranzare

luncheon [ˈlʌntʃən] *n (fml)* pranzo *m*

lunch hour *n* pausa *f* pranzo

lunchtime [ˈlʌntʃtaɪm] *n* ora *f* di pranzo

lung [lʌŋ] *n* polmone *m*

lunge [lʌndʒ] *vi* ● to lunge at gettarsi su

lurch [lɜːtʃ] *vi* barcollare

lure [ljʊəʳ] *vt* attirare

lurk [lɜːk] *vi (person)* stare in agguato

lush [lʌʃ] *adj (grass, field)* rigoglioso(a)

lust [lʌst] *n (sexual desire)* libidine *f*

Luxembourg [ˈlʌksəmbɜːg] *n* il Lussemburgo

luxurious [lʌɡˈʒʊərɪəs] *adj* di lusso

luxury [ˈlʌkʃərɪ] ◇ *adj* di lusso ◇ *n* lusso *m*

lying [ˈlaɪɪŋ] *cont* ➤ lie

lyrics [ˈlɪrɪks] *npl* parole *fpl*

m M

m ◇ *(abbr of metre)* m ◇ *abbr* = mile

M *(UK) (abbr of motorway)*; **A** *(abbr of medium)* M

MA [emˈeɪ] *n (abbr of Master of Arts)* titolare di master in materie umanistiche

mac [mæk] *n (UK) (inf) (coat)* impermeabile *m*

macaroni [ˌmækəˈrəʊnɪ] *n* maccheroni *mpl*

macaroni cheese *n* maccheroni *mpl* gratinati

machine [məˈʃiːn] *n* macchina *f*

machinegun [məˈʃiːngʌn] *n* mitragliatrice *f*

machinery [məˈʃiːnərɪ] *n* macchine *fpl*

machine-washable *adj* lavabile in lavatrice

mackerel [ˈmækrəl] *(pl inv)* *n* sgombro *m*

mackintosh [ˈmækɪntɒʃ] *n (UK)* impermeabile *m*

mad [mæd] *adj* **1.** pazzo(a), matto(a) **2.** *(angry)* arrabbiato(a) **3.** *(uncontrolled)* furioso(a) ● to be mad about *(inf)* *(like a lot)* andare pazzo per ● like mad come un matto

Madam [ˈmædəm] *n (form of address)* signora *f*

made [meɪd] *pt & pp* ➤ make

madeira [məˈdɪərə] *n* madera *m*

made-to-measure *adj* fatto(a) su misura

madness [ˈmædnɪs] *n* pazzia *f*

magazine [ˌmægəˈziːn] *n (journal)* rivista *f*

maggot [ˈmægət] *n* verme *m*

magic [ˈmædʒɪk] *n* magia *f*

magician [məˈdʒɪʃn] *n (conjurer)* mago *m*, -a *f*

magistrate ['mædʒɪstreɪt] *n* magistrato *m*

magnet ['mægnɪt] *n* calamita *f*

magnetic [mæg'netɪk] *adj* magnetico(a)

magnificent [mæg'nɪfɪsənt] *adj* magnifico(a)

magnifying glass ['mægnɪfaɪɪŋ-] *n* lente *f* d'ingrandimento

mahogany [mə'hɒgənɪ] *n* mogano *m*

maid [meɪd] *n* cameriera *f*

maiden name ['meɪdn-] *n* nome *m* da nubile

mail [meɪl] ◇ *n* posta *f* ◇ *vt* (US) spedire

mailbox ['meɪlbɒks] *n* (US) cassetta *f* delle lettere

mailing list ['meɪlɪŋ-] *n* COMPUT mailing list *f* inv

mailman ['meɪlmən] (*pl* **-men**) *n* (US) postino *m*

mail order *n* vendita *f* per corrispondenza

main [meɪn] *adj* principale

main course *n* portata *f* principale

main deck *n* ponte *m* principale, coperta *f*

mainland ['meɪnlənd] *n* • **the mainland** il continente

main line *n* linea *f* principale

mainly ['meɪnlɪ] *adv* principalmente

main road *n* strada *f* principale

mains [meɪnz] *npl* • **the mains** le condutture

main street *n* (US) corso *m*

maintain [meɪn'teɪn] *vt* 1. (keep) mantenere 2. (in good condition) provvedere alla manutenzione di

maintenance ['meɪntənəns] *n* 1. (of car, machine) manutenzione *f* 2. (money) alimenti *mpl*

maisonette [ˌmeɪzə'net] *n* (UK) appartamento *m* su due piani

maize [meɪz] *n* granturco *m*, mais *m*

major ['meɪdʒə'] ◇ *adj* 1. (important) importante 2. (most important) principale ◇ *n* MIL maggiore *m* ◇ *vi* (US) • **to major in** laurearsi in

majority [mə'dʒɒrətɪ] *n* maggioranza *f*

major road *n* strada *f* principale

make [meɪk] (*pt & pp* **made**) ◇ *vt* 1. (produce, manufacture) fare • **to be made of** essere (fatto) di • **to make lunch/supper** preparare il pranzo/la cena • **made in Japan** fabbricato in Giappone 2. (perform, do) fare; (decision) prendere • **to make a mistake** fare un errore • **to make a phone call** fare una telefonata 3. (cause to be) rendere • **to make sthg better** migliorare qc • **to make sb happy** rendere felice qn 4. (cause to do, force) fare • **to make sb do sthg** far fare qc a qn, costringere qn a fare qc • **it made her laugh** l'ha fatta ridere 5. (amount to, total) fare • **that makes £5** fanno 5 sterline 6. (calculate) • **I make it £4** mi viene 4 sterline • **I make it seven o'clock** io faccio le sette 7. (earn) fare • **to make a loss** registrare una perdita 8. (inf) (arrive in time for) • **I don't think we'll make the 10 o'clock train** non credo che ce la faremo per il treno delle 10 9. (friend, enemy) farsi 10. (have qualities for) • **this would make a lovely bedroom** sarebbe una camera (da letto) molto carina 11. (bed) fare, rifare 12. (in phrases) • **to make do (with)** arrangiarsi (con) • **to make good** (damage) risarcire • **to**

make it *(arrive on time, beable to go)* farcela ◇ *n (of product)* marca *f*

◆ **make out** *vt sep (cheque, receipt)* fare; *(form)* compilare; *(see, hear)* distinguere, capire

◆ **make up** *vt sep (invent)* inventare; *(comprise)* costituire, comporre; *(difference)* coprire

◆ **make up for** *vt insep* compensare

makeshift ['meɪkʃɪft] *adj* di fortuna

make-up *n (cosmetics)* trucco *m*

malaria [mə'leərɪə] *n* la malaria *f*

Malaysia [mə'leɪzɪə] *n* la Malesia

male [meɪl] ◇ *adj* **1.** maschile **2.** *(child, animal)* maschio ◇ *n (animal)* maschio *m*

malfunction [mæl'fʌŋkʃn] *n (fml)* funzionare male

malignant [mə'lɪɡnənt] *adj (tumour)* maligno(a)

mall [mɔːl] *n (shopping centre)* centro *m* commerciale

mallet ['mælɪt] *n* maglio *m*

malt [mɔːlt] *n* malto *m*

maltreat [,mæl'triːt] *vt* maltrattare

malt whisky *n* whisky *m inv* di malto

mammal ['mæml] *n* mammifero *m*

man [mæn] *(pl* **men***)* ◇ *n* uomo *m* ◇ *vt* **1.** *(office)* dotare di personale **2.** *(phones)* rispondere a

manage ['mænɪdʒ] ◇ *vt* **1.** *(company, business)* dirigere **2.** *(suitcase)* farcela a portare **3.** *(job)* riuscire a fare **4.** *(food)* farcela a mangiare ◇ *vi (cope)* farcela • **can you manage Friday?** venerdì ti andrebbe bene? • **to manage to do sthg** riuscire a fare qc

management ['mænɪdʒmənt] *n* direzione *f*

manager ['mænɪdʒə'] *n* **1.** *(of business, bank, shop)* direttore *m* **2.** *(of sports team)* allenatore *m*

manageress [,mænɪdʒə'res] *n (of business, bank, shop)* direttrice *f*

managing director ['mænɪdʒɪŋ-] *n* amministratore *m* delegato

mandarin ['mændərɪn] *n* mandarino *m*

mane [meɪn] *n* criniera *f*

maneuver [mə'nuːvər] *(US)* = **manoeuvre**

mangetout [,mɒnʒ'tuː] *n* pisello *m* mangiatutto

mangle ['mæŋɡl] *vt (body)* straziare

mango ['mæŋɡəʊ] *(pl* **-es** OR **-s***) n* mango *m*

Manhattan [mæn'hætən] *n* Manhattan *f*

manhole ['mænhəʊl] *n* pozzo *m* d'ispezione

maniac ['meɪnɪæk] *n (inf)* pazzo *m*, -a *f*

manicure ['mænɪkjʊə'] *n* manicure *f inv*

manifold ['mænɪfəʊld] *n AUT* collettore *m*

manipulate [mə'nɪpjʊleɪt] *vt* **1.** *(person)* manipolare **2.** *(machine, controls)* manovrare

mankind [,mæn'kaɪnd] *n* l'umanità *f*

manly ['mænlɪ] *adj* virile

man-made *adj* artificiale

manner ['mænə'] *n (way)* modo *m* ◆

manners *npl* maniere *fpl*

manoeuvre [mə'nuːvə'] ◇ *n (UK)* manovra *f* ◇ *vt (UK)* manovrare

manor ['mænə'] *n* grande casa *f* di campagna

mansion ['mænʃn] *n* casa *f* signorile

manslaughter ['mæn,slɔːtə'] *n* omicidio *m* colposo

mantelpiece ['mæntlpiːs] *n* mensola *f* del caminetto

manual ['mænjʊəl] ◇ *adj* manuale ◇ *n* manuale *m*

manufacture [,mænjʊ'fæktʃəʳ] ◇ *n* fabbricazione *f* ◇ *vt* (*produce*) fabbricare

manufacturer [,mænjʊ'fæktʃərəʳ] *n* fabbricante *m*

manure [mə'njʊəʳ] *n* concime *m*

many ['menɪ] (*compar* **more**, *superl* **most**) ◇ *adj* molti(e) ◇ *pron* molti *mpl*, -e *fpl* ● **how many?** quanti(e) ● **so many** così tanti(e) ● **too many** troppi(e) ● **take as many as you like** prendine quanti ne vuoi ● **twice as many as** il doppio di

map [mæp] *n* **1.** (*of country*) carta *f* geografica **2.** (*of town*) pianta *f*

Mar. (*abbr of March*) mar.

marathon ['mærəθn] *n* maratona *f*

marble ['mɑːbl] *n* **1.** (*stone*) marmo *m* **2.** (*glass ball*) bilia *f*, pallina *f* di vetro

march [mɑːtʃ] ◇ *n* (*demonstration*) marcia *f* ◇ *vi* (*walk quickly*) avanzare con passo deciso

March [mɑːtʃ] *n* marzo *m* ➤ September

mare [meəʳ] *n* giumenta *f*

margarine [,mɑːdʒə'riːn] *n* margarina *f*

margin ['mɑːdʒɪn] *n* margine *m*

marina [mə'riːnə] *n* porto *m* turistico

marinated ['mærɪneɪtɪd] *adj* marinato(a)

marital status ['mærɪtl-] *n* stato *m* civile

mark [mɑːk] ◇ *n* **1.** (*spot*) macchia *f* **2.** (*cut, symbol*) segno *m* **3.** SCH voto *m* **4.** (*of gas oven*) numero corrispondente a una certa temperatura ◇ *vt* **1.** (*blemish*) macchiare **2.** (*put symbol on*) segnare **3.** (*correct*) correggere **4.** (*show position of*) indicare

marker pen ['mɑːkə-] *n* (grosso) pennarello *m*

market ['mɑːkɪt] *n* mercato *m*

marketing ['mɑːkɪtɪŋ] *n* marketing *m*

marketplace ['mɑːkɪtpleɪs] *n* (*place*) piazza *f* del mercato

markings ['mɑːkɪŋz] *npl* (*on road*) segnaletica *f* orizzontale

marmalade ['mɑːməleɪd] *n* marmellata *f* di agrumi

marquee [mɑː'kiː] *n* padiglione *m*

marriage ['mærɪdʒ] *n* matrimonio *m*

married ['mærɪd] *adj* sposato(a) ● **to get married** sposarsi

marrow ['mærəʊ] *n* (*vegetable*) zucca *f*

marry ['mærɪ] ◇ *vt* sposare ◇ *vi* sposarsi

marsh [mɑːʃ] *n* palude *f*

martial arts [,mɑːʃl-] *npl* arti *fpl* marziali

marvellous ['mɑːvələs] *adj* (*UK*) meraviglioso(a)

marvelous ['mɑːvələs] (*US*) = **marvellous**

marzipan ['mɑːzɪpæn] *n* marzapane *m*

mascara [mæs'kɑːrə] *n* mascara *m inv*

masculine ['mæskjʊlɪn] *adj* **1.** maschile **2.** (*woman*) mascolino(a)

mashed potatoes [mæʃt-] *npl* purè *m inv* di patate

mask [mɑːsk] *n* maschera *f*

masonry ['meɪsnrɪ] *n* muratura *f*

mass [mæs] *n* **1.** (*large amount*) massa *f* **2.** RELIG messa *f* ● **masses (of)** (*inf*) (*lots*) un sacco (di)

massacre ['mæsəkəʳ] *n* massacro *m*

massage [(UK) 'mæsɑːʒ, (US) mə'sɑːʒ] ◇ n massaggio m ◇ vt massaggiare

masseur [mæ'sɜːʳ] n massaggiatore m

masseuse [mæ'sɜːz] n massaggiatrice f

massive ['mæsɪv] adj enorme

mast [mɑːst] n (on boat) albero m

master ['mɑːstəʳ] ◇ n 1. (at school) insegnante m 2. (of servant, dog) padrone m ◇ vt (learn) imparare a fondo

masterpiece ['mɑːstəpiːs] n capolavoro m

mat [mæt] n 1. (small rug) tappetino m 2. (on table) sottopiatto m

match [mætʃ] ◇ n 1. (for lighting) fiammifero m 2. (game) partita f, incontro m ◇ vt 1. (in colour, design) intonarsi a OR con 2. (be the same as) corrispondere a 3. (be as good as) uguagliare ◇ vi (in colour, design) intonarsi

matchbox ['mætʃbɒks] n scatola f di fiammiferi

matching ['mætʃɪŋ] adj intonato(a)

mate [meɪt] ◇ n (inf) (friend) amico m, -a f ◇ vi accoppiarsi

material [mə'tɪərɪəl] n 1. materiale m 2. (cloth) stoffa f ● **materials** npl (equipment) occorrente m

maternity leave [mə'tɜːnətɪ-] n congedo m di maternità

maternity ward [mə'tɜːnətɪ-] n reparto m maternità

math [mæθ] (US) = maths

mathematics [,mæθə'mætɪks] n matematica f

maths [mæθs] n (UK) matematica f

matinée ['mætɪneɪ] n matinée f inv

matt [mæt] adj opaco(a)

matter ['mætəʳ] ◇ n 1. (issue, situation) questione f 2. (physical material) materia f ◇ vi importare ● it doesn't matter non importa ● no matter what happens qualsiasi cosa accada ● there's something the matter with my car c'è qualcosa che non va con la mia macchina ● what's the matter? che cosa c'è (che non va)? ● as a matter of course come è naturale ● as a matter of fact in realtà

mattress ['mætrɪs] n materasso m

mature [mə'tjʊəʳ] adj 1. (person, behaviour) maturo(a) 2. (cheese, wine) stagionato(a)

mauve [məʊv] adj (color) malva (inv)

max. [mæks] (abbr of maximum) max.

maximum ['mæksɪməm] ◇ adj massimo(a) ◇ n massimo m

May [meɪ] n maggio m ➤ September

may [meɪ] aux vb 1. (expressing possibility) ● it may be done as follows si può procedere come segue ● it may rain può darsi che piova ● they may have got lost può darsi che si siano persi 2. (expressing permission) ● may I smoke? posso fumare? ● you may sit, if you wish può sedersi, se vuole 3. (when conceding a point) ● it may be a long walk, but it's worth it sarà anche lontano a piedi, ma ne vale la pena

maybe ['meɪbiː] adv forse

mayonnaise [,meɪə'neɪz] n maionese f

mayor [meəʳ] n sindaco m

mayoress ['meərɪs] n sindaco m (donna)

maze [meɪz] n labirinto m

MD [em'diː] n (abbr of Managing Director) amministratore *m*, -trice *f* delegato(a)

me [mi:] *pron* **1.** mi **2.** *(after prep, stressed)* me ● **she knows me** (lei) mi conosce ● **it's me** sono io ● **send it to me** mandalo a me ● **tell me** dimmi ● **he's worse than me** lui è peggio di me

meadow ['medəʊ] *n* prato *m*

meal [mi:l] *n* pasto *m*

mealtime ['mi:ltaɪm] *n* ora *f* di mangiare

mean [mi:n] *(pt & pp* **meant)** ◇ *adj* **1.** *(miserly)* avaro(a), gretto(a) **2.** *(unkind)* scortese, villano(a) ◇ *vt* **1.** *(signify, matter)* significare, voler dire **2.** *(intend, be serious about)* intendere **3.** *(be a sign of)* significare ● **I didn't mean it** non dicevo sul serio ● **to mean to do sthg** avere l'intenzione di fare qc ● **the bus was meant to leave at 8.30** l'autobus sarebbe dovuto partire alle 8.30 ● **it's meant to be good** dovrebbe essere buono

meaning ['mi:nɪŋ] *n* significato *m*, senso *m*

meaningless ['mi:nɪŋlɪs] *adj (irrelevant)* insignificante

means [mi:nz] *(pl inv)* ◇ *n (method)* mezzo *m* ◇ *npl (money)* mezzi *mpl* ● **by all means!** ma certo! ● **by means of** per mezzo di

meant [ment] *pt & pp* → **mean**

meantime ['mi:n,taɪm] ● **in the meantime** *adv* nel frattempo

meanwhile ['mi:n,waɪl] *adv* nel frattempo

measles ['mi:zlz] *n* morbillo *m*

measure ['meʒəʳ] ◇ *vt* misurare ◇ *n* **1.** *(step, action)* misura *f*, provvedimento *m* **2.** *(of alcohol)* dose *f* ● **the room measures 10 m²** la stanza misura 10 m²

measurement ['meʒəmənt] *n* misura *f*

meat [mi:t] *n* carne *f* ● **red meat** carne rossa ● **white meat** carne bianca

meatball ['mi:tbɔ:l] *n* polpetta *f* (di carne)

mechanic [mɪ'kænɪk] *n* meccanico *m*

mechanical [mɪ'kænɪkl] *adj (device)* meccanico(a)

mechanism ['mekənɪzm] *n* meccanismo *m*

medal ['medl] *n* medaglia *f*

media ['mi:djə] *npl* ● **the media** i *(mass)* media

Medicaid ['medɪkeɪd] *n (US)* assistenza *f* sanitaria statale

Medicaid/Medicare

Nel 1965 negli USA vennero istituiti i programmi di assistenza sanitaria per i cittadini meno abbienti. *Medicaid* si avvale di fondi dello stato e fornisce assistenza agli americani a basso reddito. *Medicare* è diretto ai maggiori di 65 anni ed è finanziato dai sussidi della previdenza sociale.

medical ['medɪkl] ◇ *adj* medico(a) ◇ *n* visita *f* medica

Medicare ['medɪkeəʳ] *n (US)* assistenza *f* sanitaria statale

medication [,medɪ'keɪʃn] *n* medicine *fpl*

medicine ['medsɪn] *n* medicina *f*

medicine cabinet n armadietto m dei medicinali

medieval [ˌmedɪˈiːvl] adj medievale

mediocre [ˌmiːdɪˈəʊkəʳ] adj mediocre

Mediterranean [ˌmedɪtəˈreɪnjən] n ● the Mediterranean (region) la regione del Mediterraneo ● the Mediterranean (Sea) il (Mare) Mediterraneo

medium [ˈmiːdjəm] adj 1. medio(a) 2. (sherry) semisecco(a)

medium-sized [-saɪzd] adj di misura media

medley [ˈmedlɪ] n ● a medley of cold meats affettati mpl misti

meet [miːt] (pt & pp met) ◇ vt 1. incontrare 2. (get to know) fare la conoscenza di, conoscere 3. (go to collect) andare a prendere 4. (need, requirement) soddisfare 5. (cost, expenses) far fronte a ◇ vi 1. incontrarsi 2. (get to know each other) conoscersi ◆meet up vi incontrarsi ◆meet with vt insep incontrare

meeting [ˈmiːtɪŋ] n (for business) incontro m

meeting point n (at airport, station) punto m d'incontro

megabyte [ˈmegəbaɪt] n megabyte m inv

melody [ˈmelədɪ] n melodia f

melon [ˈmelən] n melone m

melt [melt] vi 1. sciogliersi 2. (metal) fondersi

member [ˈmembəʳ] n membro m

Member of Congress [-ˈkɒŋgres] n (US) membro m del Congresso

Member of Parliament n (UK) ≃ deputato m, -a f

membership [ˈmembəʃɪp] n 1. (state of being a member) appartenenza f 2. (members) (numero dei) membri mpl

memorial [mɪˈmɔːrɪəl] n monumento m

memorize [ˈmeməraɪz] vt memorizzare

memory [ˈmemərɪ] n 1. memoria f 2. (thing remembered) ricordo m

men [men] pl > **man**

menacing [ˈmenəsɪŋ] adj minaccioso(a)

mend [mend] vt 1. accomodare, aggiustare 2. (clothes) rammendare

menopause [ˈmenəpɔːz] n menopausa f

men's room n (US) gabinetto m degli uomini

menstruate [ˈmenstrueɪt] vi avere le mestruazioni

menswear [ˈmenzweəʳ] n abbigliamento m da uomo

mental [ˈmentl] adj mentale

mental hospital n ospedale m psichiatrico

mentally handicapped [ˈmentlɪ-] ◇ adj mentalmente handicappato(a) ◇ npl ● the mentally handicapped i portatori di handicap mentale

mentally ill [ˈmentlɪ-] adj malato(a) di mente

mention [ˈmenʃn] vt accennare a ● don't mention it! non c'è di che!

menu [ˈmenjuː] n menu m inv ● children's menu menu per bambini

merchandise [ˈmɜːtʃəndaɪz] n mercanzia f, merce f

merchant marine [ˌmɜːtʃəntməˈriːn] (US) = **merchant navy**

merchant navy [ˌmɜːtʃənt-] n (UK) marina f mercantile

mercury ['mɜːkjʊrɪ] *n* mercurio *m*

mercy ['mɜːsɪ] *n* pietà *f*

mere [mɪə*] *adj* semplice ● **a mere £5** solo 5 sterline

merely ['mɪəlɪ] *adv* soltanto

merge [mɜːdʒ] *vi* (*combine*) fondersi, unirsi ▾ **merge** (US) AUT segnale che indica agli automobilisti che si immettono su un'autostrada di disporsi sulla corsia di destra

merger ['mɜːdʒə*] *n* fusione *f*

meringue [mə'ræŋ] *n* **1.** (*egg white*) meringa *f* **2.** (*cake*) meringa alla panna

merit ['merɪt] *n* merito *m*

merry ['merɪ] *adj* allegro(a) ● **Merry Christmas!** Buon Natale!

merry-go-round *n* giostra *f*

mess [mes] *n* **1.** (*untidiness*) disordine *m*, confusione *f* **2.** (*difficult situation*) pasticcio *m* ● **in a mess** (*untidy*) in disordine ◆ **mess about** *vi* **1.** (*inf*) (*have fun*) divertirsi **2.** (*behave foolishly*) fare lo scemo ● **to mess about with sthg** (*interfere*) intromettersi in qc ◆ **mess up** *vt sep* (*inf*) (*ruin, spoil*) mandare a monte

message ['mesɪdʒ] *n* messaggio *m*

messenger ['mesɪndʒə*] *n* messaggero *m*, -a *f*

messy ['mesɪ] *adj* disordinato(a)

met [met] *pt & pp* ➢ **meet**

metal ['metl] ◇ *adj* metallico(a), di metallo ◇ *n* metallo *m*

metalwork ['metəlwɜːk] *n* (*craft*) lavorazione *f* dei metalli

meter ['miːtə*] *n* **1.** (*device*) contatore *m* **2.** (US) = **metre**

method ['meθəd] *n* metodo *m*

methodical [mɪ'θɒdɪkl] *adj* metodico(a)

meticulous [mɪ'tɪkjʊləs] *adj* meticoloso(a)

metre ['miːtə*] *n* (UK) metro *m*

metric ['metrɪk] *adj* metrico(a)

mews [mjuːz] (*pl inv*) *n* (UK) stradina o cortile di antiche scuderie trasformate in appartamenti

Mexican ['meksɪkn] ◇ *adj* messicano(a) ◇ *n* messicano *m*, -a *f*

Mexico ['meksɪkəʊ] *n* il Messico

mg (*abbr of milligram*) *n* mg

miaow [miː'aʊ] *vi* (UK) miagolare

mice [maɪs] *pl* ➢ **mouse**

microchip ['maɪkrəʊtʃɪp] *n* microcircuito *m* integrato, microchip *m inv*

microphone ['maɪkrəfəʊn] *n* microfono *m*

microscope ['maɪkrəskəʊp] *n* microscopio *m*

microwave (oven) ['maɪkrəweɪv-] *n* forno *m* a microonde

midday [ˌmɪd'deɪ] *n* mezzogiorno *m*

middle ['mɪdl] ◇ *n* mezzo *m*, parte *f* centrale ◇ *adj* (*central*) di mezzo ● **in the middle of the road** in mezzo alla strada ● **in the middle of April** a metà aprile ● **to be in the middle of doing sthg** stare facendo qc

middle-aged *adj* di mezza età

middle-class *adj* borghese

Middle East *n* ● **the Middle East** il Medio Oriente

middle name *n* secondo nome *m*

middle school *n* (*in UK*) scuola *f* media (*per ragazzi dagli 8 ai 13 anni*)

midge [mɪdʒ] *n* pappataci *m inv*

midget ['mɪdʒɪt] *n* nano *m*, -a *f*

midnight ['mɪdnaɪt] *n* mezzanotte *f*

midsummer ['mɪd'sʌmə'] *n* piena estate *f*

midway [,mɪd'weɪ] *adv* **1.** *(in space)* a metà strada **2.** *(in time)* a metà

midweek ♦ *adj* ['mɪdwi:k] di metà settimana ♦ *adv* [mɪd'wi:k] a metà settimana

midwife ['mɪdwaɪf] *(pl* **-wives***) n* levatrice *f*

midwinter ['mɪd'wɪntə'] *n* pieno inverno *m*

might [maɪt]

♦ *aux vb* **1.** *(expressing possibility)* ● we might go to Wales this year forse andremo in Galles quest'anno ● I suppose they might still come può ancora darsi che arrivino ● they might have been killed avrebbero potuto rimanere uccisi **2.** *(fml) (expressing permission)* ● might I have a few words? posso parlarle un attimo? **3.** *(when conceding a point)* ● it might be expensive, but it's good quality sarà anche caro, ma è di buona qualità **4.** *(would)* ● I'd hoped you might come too speravo che venissi anche tu

♦ *n (physical strength)* forza *f*

migraine ['mi:greɪn, 'maɪgreɪn] *n* emicrania *f*

Milan [mɪ'læn] *n* Milano *f*

mild [maɪld] ♦ *adj* **1.** *(cheese, person)* dolce **2.** *(detergent, taste)* delicato(a) **3.** *(effect, flu)* leggero(a) **4.** *(weather, climate)* mite **5.** *(curiosity, surprise)* lieve ♦ *n (UK) (beer)* birra *f* leggera

mile [maɪl] *n* miglio *m* ● it's miles away è lontanissimo

mileage ['maɪlɪdʒ] *n* distanza *f* in miglia, ≃ chilometraggio *m*

mileometer [maɪ'lɒmɪtə'] *n* ≃ contachilometri *m inv*

military ['mɪlɪtrɪ] *adj* militare

milk [mɪlk] ♦ *n* latte *m* ♦ *vt (cow)* mungere

milk chocolate *n* cioccolato *m* al latte

milkman ['mɪlkmən] *(pl* **-men***) n* lattaio *m*

milk shake *n* frappé *m inv*

milky ['mɪlkɪ] *adj (drink)* con tanto latte

mill [mɪl] *n* **1.** *(flour-mill)* mulino *m* **2.** *(for pepper, coffee)* macinino *m* **3.** *(factory)* fabbrica *f*

milligram ['mɪlɪgræm] *n* milligrammo *m*

millilitre ['mɪlɪ,li:tə'] *n* millilitro *m*

millimetre ['mɪlɪ,mi:tə'] *n* millimetro *m*

million ['mɪljən] *n* milione *m* ● millions of *(fig)* milioni *of*

millionaire [,mɪljə'neə'] *n* ≃ miliardario *m*, -a *f*

mime [maɪm] *vt* mimare

min. [mɪn] *(abbr of minute, minimum)* min.

mince [mɪns] *n (UK)* carne *f* macinata

mincemeat ['mɪnsmi:t] *n* **1.** *(sweet filling)* miscuglio a base di uvetta e spezie **2.** *(US) (mince)* carne *f* macinata

mince pie *n* pasticcino con ripieno a base di uvetta e spezie che si mangia durante il periodo natalizio

mind [maɪnd] ♦ *n* mente *f* ♦ *vt* **1.** *(be careful of)* fare attenzione a **2.** *(look after)* badare a ♦ *vi* ● I don't mind non m'importa ● do you mind if ...? le dispiace se ...? ● **never mind!** *(don't worry)* non preoccuparti!, non importa! ● **it slipped my mind** mi è sfuggito di mente ● **to my mind** secondo me, a mio parere ● **to bear sthg in mind** tenere presente qc ● **to change one's mind** cambiare idea ● **to have sthg in mind** avere in mente qc ● **to have sthg on one's mind** essere preoccupato per qc ● **to make one's mind up** decidersi ● **do you mind the noise?** le dà fastidio il rumore? ● **I wouldn't mind a drink** non mi dispiacerebbe bere qualcosa ▼ **mind the gap!** *(on underground)* annuncio che avverte i viaggiatori sulla metropolitana di fare attenzione alla buca tra le carozze e il marciapiede

mine[1] [maɪn] *pron* il mio (la mia), i miei (le mie) ● **a friend of mine** un mio amico

mine[2] [maɪn] *n* **1.** *(for coal etc)* miniera *f* **2.** *(bomb)* mina *f*

miner [ˈmaɪnəʳ] *n* minatore *m*

mineral [ˈmɪnərəl] *n* minerale *m*

mineral water *n* acqua *f* minerale

minestrone [ˌmɪnɪˈstrəʊnɪ] *n* minestrone *m*

mingle [ˈmɪŋgl] *vi* mescolarsi

miniature [ˈmɪnətʃəʳ] ◇ *adj* in miniatura ◇ *n (bottle)* bottiglia *f* mignon

minibar [ˈmɪnɪbɑːʳ] *n* minibar *m inv*

minibus [ˈmɪnɪbʌs] *(pl* **-es)** *n* minibus *m inv*

minicab [ˈmɪnɪkæb] *n (UK)* radiotaxi *m inv*

minimal [ˈmɪnɪml] *adj* minimo(a)

minimum [ˈmɪnɪməm] ◇ *adj* minimo(a) ◇ *n* minimo *m*

miniskirt [ˈmɪnɪskɜːt] *n* minigonna *f*

minister [ˈmɪnɪstəʳ] *n* **1.** *(in government)* ministro *m* **2.** *(in church)* pastore *m*

ministry [ˈmɪnɪstrɪ] *n (of government)* ministero *m*

minor [ˈmaɪnəʳ] ◇ *adj* minore, di secondaria importanza ◇ *n (fml)* minorenne *mf*

minority [maɪˈnɒrətɪ] *n* minoranza *f*

minor road *n* strada *f* secondaria

mint [mɪnt] *n* **1.** *(sweet)* caramella *f* alla menta **2.** *(plant)* menta *f*

minus [ˈmaɪnəs] *prep (in subtraction)* meno ● **it's minus 10 (degrees C)** è meno 10 (gradi)

minuscule [ˈmɪnəskjuːl] *adj* minuscolo(a)

minute[1] [ˈmɪnɪt] *n* minuto *m* ● **any minute** da un momento all'altro ● **just a minute!** (solo) un minuto!

minute[2] [maɪˈnjuːt] *adj* minuscolo(a)

minute steak [ˌmɪnɪt-] *n* fettina *f (di carne)*

miracle [ˈmɪrəkl] *n* miracolo *m*

miraculous [mɪˈrækjʊləs] *adj* miracoloso(a)

mirror [ˈmɪrəʳ] *n* **1.** specchio *m* **2.** *(on car)* specchietto *m*

misbehave [ˌmɪsbɪˈheɪv] *vi* comportarsi male

miscarriage [ˌmɪsˈkærɪdʒ] *n* aborto *m* spontaneo

miscellaneous [ˌmɪsəˈleɪnjəs] *adj* **1.** *(things)* vario(a) **2.** *(collection)* misto(a)

mischievous [ˈmɪstʃɪvəs] *adj* birichino(a)

misconduct [ˌmɪsˈkɒndʌkt] *n* condotta *f* scorretta

miser ['maɪzə^r] *n* avaro *m*, -a *f*

miserable ['mɪzrəbl] *adj* **1.** *(unhappy)* infelice **2.** *(place, news, weather)* deprimente **3.** *(amount)* misero(a)

misery ['mɪzərɪ] *n* **1.** *(unhappiness)* tristezza *f* **2.** *(poor conditions)* miseria *f*

misfire [,mɪs'faɪə^r] *vi (car)* perdere colpi

misfortune [mɪs'fɔːtʃuːn] *n (bad luck)* sfortuna *f*

mishap ['mɪshæp] *n* disavventura *f*

misjudge [,mɪs'dʒʌdʒ] *vt* giudicare male

mislay [,mɪs'leɪ] *(pt & pp* **-laid)** *vt* smarrire

mislead [,mɪs'liːd] *(pt & pp* **-led)** *vt* trarre in inganno

miss [mɪs] *vt* **1.** perdere **2.** *(not notice)* non vedere **3.** *(fail to hit)* mancare ◇ *vi* sbagliare ● I miss you mi manchi ◆ **miss out** ◇ *vt sep* saltare, omettere ◇ *vi* ● to miss out on sthg perdersi qc

Miss [mɪs] *n* Signorina *f*

missile [(UK) 'mɪsaɪl, (US) 'mɪsl] *n* **1.** *(weapon)* missile *m* **2.** *(thing thrown)* oggetto *m (scagliato)*

missing ['mɪsɪŋ] *adj* **1.** *(lost)* scomparso(a) **2.** *(after accident)* disperso(a) ● to be missing *(not there)* mancare

missing person *n* persona *f* scomparsa

mission ['mɪʃn] *n* missione *f*

missionary ['mɪʃənrɪ] *n* missionario *m*, -a *f*

mist [mɪst] *n* foschia *f*

mistake [mɪ'steɪk] *(pt* **-took,** *pp* **-taken)** ◇ *n* sbaglio *m*, errore *m* ◇ *vt (misunderstand)* fraintendere ● by mistake per sbaglio ● to make a mistake fare uno sbaglio ● to mistake sb/sthg

for scambiare qn/qc per

Mister ['mɪstə^r] *n* Signor *m*

mistook [mɪ'stʊk] *pt* → **mistake**

mistress ['mɪstrɪs] *n* **1.** *(lover)* amante *f* **2.** *(UK) (teacher)* insegnante *f*

mistrust [,mɪs'trʌst] *vt* diffidare di

misty ['mɪstɪ] *adj* nebbioso(a)

misunderstanding [,mɪsʌndə'stændɪŋ] *n* malinteso *m*

misuse [,mɪs'juːs] *n* cattivo uso *m*

mitten ['mɪtn] *n* muffola *f*, manopola *f*

mix [mɪks] ◇ *vt* mescolare ◇ *n (for cake, sauce)* (miscuglio) preparato *m* ◇ *vi (socially)* ● to mix with people veder gente ● to mix sthg with sthg mescolare qc a OR con qc ◆ **mix up** *vt sep* **1.** *(confuse)* confondere **2.** *(put into disorder)* mescolare

mixed [mɪkst] *adj (school)* misto(a)

mixed grill *n* grigliata *f* mista

mixed salad *n* insalata *f* mista

mixed vegetables *npl* verdure *fpl* miste

mixer ['mɪksə^r] *n* **1.** *(for food)* frullatore *m* **2.** *(drink)* bevanda analcolica usata nella preparazione di cocktail

mixture ['mɪkstʃə^r] *n (combination)* mescolanza *f*

mix-up *n (inf)* confusione *f*

ml *(abbr of* millilitre*)* ml

mm *(abbr of* millimetre*)* mm

MMR [,emem'ɑː^r] *n* MED *(abbr of* measles, mumps & rubella*)* MPR *m*

moan [məʊn] *vi* **1.** *(in pain, grief)* gemere **2.** *(inf) (complain)* lamentarsi

moat [məʊt] *n* fossato *m*

mobile ['məʊbaɪl] *adj* mobile

mobile phone *n* telefono *m* cellulare, telefonino *m*

mock [mɒk] ◇ *adj* finto(a) ◇ *vt* deridere, prendersi gioco di ◇ *n* (UK) (exam) esercitazione *f* d'esame

mode [məʊd] *n* modo *m*

model ['mɒdl] *n* **1.** modello *m* **2.** (fashion model) modello *m*, -a *f*

moderate ['mɒdərət] *adj* moderato(a)

modern ['mɒdən] *adj* moderno(a)

modernized ['mɒdənaɪzd] *adj* rimodernato(a)

modern languages *npl* lingue *fpl* moderne

modest ['mɒdɪst] *adj* modesto(a)

modify ['mɒdɪfaɪ] *vt* modificare

mohair ['məʊheəʳ] *n* mohair *m*

moist [mɔɪst] *adj* umido(a)

moisture ['mɔɪstʃəʳ] *n* umidità *f*

moisturizer ['mɔɪstʃəraɪzəʳ] *n* idratante *m*

molar ['məʊləʳ] *n* molare *m*

mold [məʊld] (US) = **mould**

mole [məʊl] *n* **1.** (animal) talpa *f* **2.** (spot) neo *m*

molest [mə'lest] *vt* molestare

mom [mɒm] *n* (US) (inf) mamma *f*

moment ['məʊmənt] *n* momento *m* ● **at the moment** al momento ● **for the moment** per il momento

Mon. (abbr of Monday) lun.

monarchy ['mɒnəkɪ] *n* ● **the monarchy** la monarchia

monastery ['mɒnəstrɪ] *n* monastero *m*

Monday ['mʌndɪ] *n* lunedì *m inv* ➤ **Saturday**

money ['mʌnɪ] *n* denaro *m*, soldi *mpl*

money belt *n* marsupio *m*

money order *n* vaglia *m inv* (postale)

mongrel ['mʌŋgrəl] *n* cane *m* bastardo

monitor ['mɒnɪtəʳ] ◇ *n* (computer screen) monitor *m inv* ◇ *vt* (check, observe) controllare

monk [mʌŋk] *n* monaco *m*

monkey ['mʌŋkɪ] (pl **monkeys**) *n* scimmia *f*

monkfish ['mʌŋkfɪʃ] *n* bottatrice *f*

monopoly [mə'nɒpəlɪ] *n* monopolio *m*

monorail ['mɒnəʊreɪl] *n* monorotaia *f*

monotonous [mə'nɒtənəs] *adj* monotono(a)

monsoon [mɒn'su:n] *n* monsone *m*

monster ['mɒnstəʳ] *n* mostro *m*

month [mʌnθ] *n* mese *m* ● **every month** ogni mese ● **in a month's time** fra un mese

monthly ['mʌnθlɪ] ◇ *adj* mensile ◇ *adv* mensilmente, ogni mese

monument ['mɒnjʊmənt] *n* monumento *m*

mood [mu:d] *n* umore *m* ● **to be in a (bad) mood** essere di cattivo umore ● **to be in a good mood** essere di buon umore

moody ['mu:dɪ] *adj* **1.** (in a bad mood) di malumore **2.** (changeable) lunatico(a), volubile

moon [mu:n] *n* luna *f*

moonlight ['mu:nlaɪt] *n* chiaro *m* di luna

moor [mɔ:ʳ] ◇ *n* brughiera *f* ◇ *vt* ormeggiare

moose [mu:s] (pl inv) *n* alce *m*

mop [mɒp] ◇ *n* (for floor) lavapavimenti *m inv* ◇ *vt* (floor) lavare con lo straccio ● **mop up** *vt sep* (clean up) asciugare con uno straccio

moped ['məʊped] *n* ciclomotore *m*

moral ['mɒrəl] ◇ *adj* morale ◇ *n* (lesson) morale *f*

morality [mə'rælɪtɪ] *n* moralità *f*

more [mɔː']

◇ *adj* 1. (a larger amount of) più ● there are more tourists than usual ci sono più turisti del solito 2. (additional) altro(a) OR ancora ● are there any more cakes? ci sono altri pasticcini? ● I'd like two more bottles vorrei altre due bottiglie ● there's no more wine non c'è più vino 3. (in phrases) ● more and more sempre più

◇ *adv* 1. (in comparatives) più ● it's more difficult than before è più difficile di prima ● speak more clearly parla più chiaramente 2. (to a greater degree) di più ● we ought to go to the cinema more dovremmo andare più spesso al cinema 3. (in phrases) ● not ... any more non ... più ● I don't go there any more non ci vado più ● once more ancora una volta, un'altra volta ● more or less più o meno ● we'd be more than happy to help saremmo più che lieti di dare una mano

◇ *pron* 1. (a larger amount) più ● I've got more than you ne ho più di te ● more than 20 types of pizza oltre 20 tipi di pizza 2. (an additional amount) ancora ● is there any more? ce n'è ancora? ● there's no more non ce n'è più

moreover [mɔː'rəʊvə'] *adv* (fml) inoltre

morning ['mɔːnɪŋ] *n* mattina *f*, mattino *m* ● two o'clock in the morning le due di notte ● good morning! buon giorno! ● in the morning (early in the day) di

mattina; (tomorrow morning) domattina

morning-after pill *n* pillola *f* del giorno dopo

morning sickness *n* nausea *f* mattutina

Morocco [mə'rɒkəʊ] *n* il Marocco

moron ['mɔːrɒn] *n* (inf) deficiente *mf*

Morse (code) [mɔːs-] *n* alfabeto *m* Morse

mortgage ['mɔːgɪdʒ] *n* mutuo *m* (ipotecario)

mosaic [mə'zeɪɪk] *n* mosaico *m*

Moslem ['mɒzləm] = **Muslim**

mosque [mɒsk] *n* moschea *f*

mosquito [mə'skiːtəʊ] (pl **-es**) *n* zanzara *f*

mosquito net *n* zanzariera *f*

moss [mɒs] *n* muschio *m*

most [məʊst]

◇ *adj* 1. (the majority of) la maggior parte di ● most people agree la maggior parte della gente è d'accordo 2. (the largest amount of) ● I drank the most beer sono quello che ha bevuto più birra

◇ *adv* 1. (in superlatives) più ● the most expensive hotel in town l'albergo più caro della città 2. (to the greatest degree) di più, maggiormente 3. (fml) (very) molto, estremamente ● they were most welcoming sono stati estremamente accoglienti

◇ *pron* 1. (the majority) la maggior parte ● most of the villages la maggior parte dei paesi ● most of the time la maggior parte del tempo 2. (the largest amount) ● she earns (the) most è quella che guadagna di più **3.** *(in phrases)* • **at most** al massimo • **to make the most of sthg** sfruttare al massimo qc

mostly ['məʊstlɪ] *adv* per lo più

MOT *n (UK) (test)* revisione annuale obbligatoria degli autoveicoli di più di tre anni

motel [məʊ'tel] *n* motel *m inv*

moth [mɒθ] *n* farfalla *f* notturna

mother ['mʌðə'] *n* madre *f*

mother-in-law *n* suocera *f*

mother-of-pearl *n* madreperla *f*

motif [məʊ'tiːf] *n* motivo *m*

motion ['məʊʃn] ◇ *n (movement)* movimento *m*, moto *m* ◇ *vi* • **to motion to sb** fare cenno a qn

motionless ['məʊʃənlɪs] *adj* immobile

motivate ['məʊtɪveɪt] *vt (encourage)* motivare, stimolare

motive ['məʊtɪv] *n* motivo *m*

motor ['məʊtə'] *n (engine)* motore *m*

motorbike ['məʊtəbaɪk] *n* moto *f inv*

motorboat ['məʊtəbəʊt] *n* motoscafo *m*

motorcar ['məʊtəkɑː'] *n* automobile *f*

motorcycle ['məʊtəˌsaɪkl] *n* motocicletta *f*

motorcyclist ['məʊtəˌsaɪklɪst] *n* motociclista *mf*

motorist ['məʊtərɪst] *n* automobilista *mf*

motor racing *n* corse *fpl* automobilistiche

motorway ['məʊtəweɪ] *n (UK)* autostrada *f*

motto ['mɒtəʊ] *(pl* **-s)** *n* motto *m*

mould [məʊld] ◇ *n* **1.** *(UK) (shape)* forma *f*, stampo *m* **2.** *(substance)* muffa *f* ◇ *vt (UK)* formare, modellare

mouldy ['məʊldɪ] *adj (Br)* ammuffito(a)

mound [maʊnd] *n* **1.** *(hill)* monticello *m*, collinetta *f* **2.** *(pile)* mucchio *m*

mount [maʊnt] ◇ *n* **1.** *(for photo)* supporto *m* **2.** *(mountain)* monte *m* ◇ *vt* **1.** *(horse)* montare a OR su **2.** *(photo)* sistemare ◇ *vi (increase)* aumentare

mountain ['maʊntɪn] *n* montagna *f*

mountain bike *n* mountain bike *f inv*

mountaineer [ˌmaʊntɪ'nɪə'] *n* alpinista *mf*

mountaineering [ˌmaʊntɪ'nɪərɪŋ] *n* • **to go mountaineering** fare alpinismo

mountainous ['maʊntɪnəs] *adj* montagnoso(a)

Mount Rushmore [-'rʌʃmɔː'] *n* il monte Rushmore *(nel sud Dakota)*

mourning ['mɔːnɪŋ] *n* • **to be in mourning** essere in lutto

mouse [maʊs] *(pl* **mice)** *n* **1.** *(animal)* topo *m* **2.** *COMPUT* mouse *m inv*

moussaka [muːˈsɑːkə] *n* piatto tipico della cucina greca e turca, composto da strati di carne macinata, melanzane e besciamella

mousse [muːs] *n* mousse *f inv*

moustache [mə'stɑːʃ] *n (UK)* baffi *mpl*

mouth [maʊθ] *n* **1.** bocca *f* **2.** *(of cave, tunnel)* entrata *f*, imboccatura *f* **3.** *(of river)* foce *f*, bocca

mouthful ['maʊθfʊl] *n* **1.** *(of food)* boccone *m* **2.** *(of drink)* sorsata *f*

mouthorgan ['maʊθˌɔːgən] *n* armonica *f* (a bocca)

mouthpiece ['maʊθpiːs] *n* **1.** *(of telephone)* microfono *m* **2.** *(of musical instrument)* bocchino *m*

mouthwash ['maʊθwɒʃ] *n* collutorio *m*

move [muːv] ◊ n 1. mossa f 2. (change of house) trasloco m ◊ vt 1. (shift) muovere, spostare 2. (emotionally) commuovere ◊ vi (shift) muoversi, spostarsi ◆ to move (house) cambiare casa, traslocare ◆ to make a move (leave) andarsene ◆ move along vi circolare, andare avanti ◆ move in vi (to house) andare/venire ad abitare ◆ move off vi (train, car) partire ◆ move on vi (after stopping) ripartire ◆ move out vi (from house) sgombrare ◆ move over vi spostarsi ◆ move up vi (make room) spostarsi

movement ['muːvmənt] n movimento m

movie ['muːvɪ] n film m inv

movie theater n (US) cinema m inv

moving ['muːvɪŋ] adj (emotionally) commovente

mow [məʊ] vt ◆ to mow the lawn tagliare l'erba (del prato)

mozzarella [ˌmɒtsə'relə] n mozzarella f

MP [ˌem'piː] n (abbr of Member of Parliament) ≃ deputato m, -a f

MP3 [ˌempiː'θriː] n (abbr of MPEG-1 Audio Layer-3) MP3 m inv

mph (abbr of miles per hour) miglia all'ora

Mr ['mɪstər] abbr Sig.

Mrs ['mɪsɪz] abbr Sig.ra

MRSA [ˌemɑː'reseɪ] n MED (abbr of methicillin resistant Staphylococcus aureus) MRSA m inv

Ms [mɪz] abbr abbreviazione che comprende sia Mrs che miss

MSc [emes'siː] n (abbr of Master of Science) (degree) master m inv in materie scientifiche

much [mʌtʃ] (compar **more**, superl **most**)
◊ adj molto(a) ◆ I haven't got much money non ho molti soldi ◆ as much food as you can eat tanto cibo quanto ne riesci a mangiare ◆ how much time is left? quanto tempo resta? ◆ they have so much money hanno tanti di quei soldi ◆ we have too much work abbiamo troppo lavoro
◊ adv 1. (to a great extent) molto ◆ it's much better è molto meglio ◆ I like it very much mi piace moltissimo ◆ it's not much good (inf) non è un granché ◆ thank you very much grazie tante 2. (often) spesso, molto ◆ we don't go there much non ci andiamo spesso
◊ pron molto ◆ I haven't got much non ne ho molto ◆ as much as you like quanto ne vuoi ◆ how much is it? quant'è?, quanto costa?

muck [mʌk] n (dirt) sudiciume m ◆ **muck about** vi 1. (UK) (inf) (have fun) divertirsi 2. (waste time) gingillarsi ◆ **muck up** vt sep (UK) (inf) pasticciare

mud [mʌd] n fango m

muddle ['mʌdl] n ◆ to be in a muddle (confused) essere confuso; (in a mess) essere in disordine

muddy ['mʌdɪ] adj fangoso(a)

mudguard ['mʌdɡɑːd] n parafango m

muesli ['mjuːzlɪ] n muesli m

muffin ['mʌfɪn] n 1. (roll) panino m soffice (mangiato caldo, con burro) 2. (cake) pasticcino m soffice

muffler ['mʌflər] n (US) (silencer) marmitta f

mug [mʌg] ◇ *n* (*cup*) tazza *f* cilindrica ◇ *vt* aggredire e derubare

mugging ['mʌgɪŋ] *n* aggressione *f* (*a scopo di rapina*)

muggy ['mʌgɪ] *adj* afoso(a)

mule [mju:l] *n* mulo *m*

multicoloured ['mʌltɪ,kʌləd] *adj* multicolore

multiple ['mʌltɪpl] *adj* multiplo(a)

multiplex cinema ['mʌltɪpleks-] *n* cinema *m inv* multisala

multiplication [,mʌltɪplɪ'keɪʃn] *n* moltiplicazione *f*

multiply ['mʌltɪplaɪ] ◇ *vt* moltiplicare ◇ *vi* moltiplicarsi

multistorey (car park) [,mʌltɪ'stɔ:rɪ-] *n* parcheggio *m* multipiano

mum [mʌm] *n* (*UK*) (*inf*) mamma *f*

mummy ['mʌmɪ] *n* (*UK*) (*inf*) (*mother*) mamma *f*

mumps [mʌmps] *n* orecchioni *mpl*

munch [mʌntʃ] *vt* sgranocchiare

municipal [mju:'nɪsɪpl] *adj* municipale

mural ['mjuərəl] *n* dipinto *m* murale

murder ['mɜ:dər] ◇ *n* assassinio *m*, omicidio *m* ◇ *vt* assassinare

murderer ['mɜ:dərər] *n* assassino *m*, -a *f*, omicida *mf*

muscle ['mʌsl] *n* muscolo *m*

museum [mju:'zi:əm] *n* museo *m*

mushroom ['mʌʃrom] *n* fungo *m*

music ['mju:zɪk] *n* musica *f*

musical ['mju:zɪkl] ◇ *adj* **1.** musicale **2.** (*person*) portato(a) per la musica ◇ *n* musical *m inv*

musical instrument *n* strumento *m* musicale

musician [mju:'zɪʃn] *n* musicista *mf*

Muslim ['mʊzlɪm] ◇ *adj* musulmano(a) ◇ *n* musulmano *m*, -a *f*

mussels ['mʌslz] *npl* cozze *fpl*

must [mʌst] ◇ *aux vb* dovere ◇ *n* (*inf*) it's a must è d'obbligo • I must go devo andare • the room must be vacated by ten la camera deve essere lasciata entro le dieci • you must have seen it devi averlo visto • you must see that film devi vedere quel film • you must be joking! stai scherzando!

mustache ['mʌstæʃ] (*US*) = **moustache**

mustard ['mʌstəd] *n* senape *f*, mostarda *f*

mustn't ['mʌsənt] = must not

mutter ['mʌtər] *vt* borbottare

mutton ['mʌtn] *n* carne *f* di montone

mutual ['mju:tʃʊəl] *adj* **1.** (*feeling*) reciproco(a), mutuo(a) **2.** (*friend, interest*) comune

muzzle ['mʌzl] *n* (*for dog*) museruola *f*

my [maɪ] *adj* il mio (la mia), i miei (le mie) *pl* • my brother mio fratello

myself [maɪ'self] *pron* **1.** (*reflexive*) mi **2.** (*after prep*) me • I did it myself l'ho fatto da solo

mysterious [mɪ'stɪərɪəs] *adj* misterioso(a)

mystery ['mɪstərɪ] *n* mistero *m*

myth [mɪθ] *n* mito *m*

*n*N

N (*abbr of* North) N

nag [næg] *vt* tormentare

nail [neɪl] *n* **1.** (*of finger, toe*) unghia *f*
2. (*metal*) chiodo *m* ◇ *vt* (*fasten*)
inchiodare

nailbrush ['neɪlbrʌʃ] *n* spazzolino *m* da
unghie

nail file *n* limetta *f* per unghie

nail scissors *npl* forbicine *fpl* da
unghie

nail varnish *n* smalto *m* per unghie

nail varnish remover [-rə'muːvəʳ] *n*
acetone *m*, solvente *m* per unghie

naive [naɪ'iːv] *adj* ingenuo(a)

naked ['neɪkɪd] *adj* (*person*) nudo(a)

name [neɪm] ◇ *n* nome *m* ◇ *vt* **1.** (*baby,
animal*) chiamare **2.** (*place*) denominare
3. (*identify*) dire il nome di, nominare **4.**
(*date, price*) fissare ● **first name** nome
di battesimo ● **last name** cognome *m*
● **what's your name?** come si chiama?
● **my name is ...** mi chiamo ...

namely ['neɪmlɪ] *adv* cioè, vale a dire

nan bread [næn-] *n* pane indiano
schiacciato e soffice

nanny ['nænɪ] *n* **1.** (*childminder*) bambinaia *f* **2.** (*inf*) (*grandmother*) nonna *f*

nap [næp] *n* ● **to have a nap** fare un
pisolino

napkin ['næpkɪn] *n* tovagliolo *m*

Naples ['neɪplz] *n* Napoli *f*

nappy ['næpɪ] *n* pannolino *m*

nappy liner *n* pannolino *m*

narcotic [nɑː'kɒtɪk] *n* narcotico *m*

narrow ['nærəʊ] ◇ *adj* (*road, gap*) stret-
to(a) ◇ *vi* (*road, gap*) restringersi

narrow-minded [-'maɪndɪd] *adj* di idee
ristrette

nasty ['nɑːstɪ] *adj* **1.** (*person, comment,
taste*) cattivo(a) **2.** (*accident, moment,
feeling*) brutto(a)

nation ['neɪʃn] *n* nazione *f*

national ['næʃənl] ◇ *adj* nazionale ◇ *n*
cittadino *m*, -a *f*

national anthem *n* inno *m* nazionale

National Health Service *n* (*UK*) ≃
Servizio *m* Sanitario Nazionale

National Health Service (NHS)

Istituito nel 1948 nel Regno Unito
per garantire l'assistenza sanitaria a
tutti i cittadini, è finanziato attraverso il sistema tributario ed è gratuito.
Fanno eccezione i costi per le pre-
scrizioni e le visite dentistiche e
oculistiche. Anziani e bambini sono
esenti da qualsiasi spesa medica.

National Insurance *n* (*UK*) (*contribu-
tions*) ≃ Previdenza *f* Sociale

National Insurance (NI)

Se si percepisce un reddito nel
Regno Unito si ha l'obbligo di
versare i contributi del *National
Insurance* e di possedere un *National
Insurance Number*. Per gli impiegati,
il datore di lavoro versa una parte

dei contributi, mentre i lavoratori autonomi (*self-employed*) pagano leggermente di più.

nationality [ˌnæʃəˈnælətɪ] *n* nazionalità *f inv*

national park *n* parco *m* nazionale

nationwide [ˈneɪʃənwaɪd] *adj* su scala nazionale

native [ˈneɪtɪv] ◇ *adj* **1.** (*customs, population*) indigeno(a) **2.** (*country*) d'origine ◇ *n* nativo *m*, -a *f* ● **a native speaker of English** una persona di madrelingua inglese

Native American ◇ *adj* indiano(a)(d'America) ◇ *n* indiano *m*, -a *f* (d'America)

Native American

Questo è il termine socialmente accettato e politicamente corretto con il quale negli USA si indica il popolo indigeno del Nord America. Per secoli i *Native American* sono stati relegati a piccole riserve ma oggi la maggior parte di essi ha scelto la via dell'integrazione con il resto del popolo.

NATO [ˈneɪtəʊ] *n* (*abbr of* North Atlantic Treaty Organization) NATO *f*

natural [ˈnætʃrəl] *adj* **1.** (*charm*) naturale **2.** (*ability*) innato(a) **3.** (*swimmer, actor*) nato(a)

natural gas *n* metano *m*, gas *m* naturale

naturally [ˈnætʃrəlɪ] *adv* (*of course*) naturalmente

natural yoghurt *n* yogurt *m inv* naturale

nature [ˈneɪtʃəʳ] *n* natura *f*

nature reserve *n* riserva *f* naturale

naughty [ˈnɔːtɪ] *adj* (*child*) birichino(a)

nausea [ˈnɔːzɪə] *n* nausea *f*

navigate [ˈnævɪɡeɪt] *vi* **1.** (*in boat, plane*) calcolare la rotta **2.** (*in car*) fare da navigatore

navy [ˈneɪvɪ] ◇ *n* (*ships*) marina *f* (militare) ◇ *adj* ● **navy (blue)** blu scuro (*inv*)

NB [enˈbiː] (*abbr of* nota bene) N.B.

near [nɪəʳ] ◇ *adv* vicino ◇ *adj* **1.** (*place, object*) vicino(a) **2.** (*relation*) prossimo(a) ◇ *prep* ● **near (to)** (*edge, object, place*) vicino a, presso ● **in the near future** nel prossimo futuro

nearby [nɪəˈbaɪ] ◇ *adv* vicino ◇ *adj* vicino(a)

nearly [ˈnɪəlɪ] *adv* quasi

near side *n* **1.** (*for right-hand drive*) destra *f* **2.** (*for left-hand drive*) sinistra *f*

neat [niːt] *adj* **1.** (*room*) ordinato(a) **2.** (*writing*) chiaro(a) **3.** (*work*) preciso(a) **4.** (*whisky, vodka etc*) liscio(a)

neatly [ˈniːtlɪ] *adv* **1.** (*placed, arranged*) in modo ordinato **2.** (*written*) in modo chiaro

necessarily [ˌnesəˈserɪlɪ (UK), ˈnesəsrəlɪ] *adv* ● **not necessarily** non necessariamente

necessary [ˈnesəsrɪ] *adj* necessario(a) ● **it is necessary to do it** è necessario farlo

necessity [nɪˈsesətɪ] *n* necessità *f inv* ●

necessities *npl* necessità *fpl*

neck [nek] *n* collo *m*

necklace ['neklɪs] *n* collana *f*

nectarine ['nektərɪn] *n* pescanoce *f*

need [niːd] ◇ *n* bisogno *m* ◇ *vt* avere bisogno di ● **to need to do sthg** dover fare qc ● **you don't need to go** non c'è bisogno che tu ci vada

needle ['niːdl] *n* **1.** ago *m* **2.** (for record player) puntina *f*

needlework ['niːdlwɜːk] *n* SCH cucito *m*

needn't ['niːdənt] = need not

needy ['niːdɪ] *adj* bisognoso(a)

negative ['negətɪv] ◇ *adj* negativo(a) ◇ *n* **1.** (in photography) negativo *m* **2.** GRAM negazione *f*

neglect [nɪ'glekt] *vt* trascurare

negligence ['neglɪdʒəns] *n* negligenza *f*

negotiations [nɪˌgəʊʃɪ'eɪʃnz] *npl* negoziati *mpl*, trattative *fpl*

negro ['niːgrəʊ] (*pl* **-es**) *n* negro *m*, -a *f*

neighbour ['neɪbəʳ] *n* vicino *m*, -a *f*

neighbourhood ['neɪbəhʊd] *n* quartiere *m*, vicinato *m*

neighbouring ['neɪbərɪŋ] *adj* vicino(a), confinante

neither ['naɪðəʳ, niːðəʳ] ◇ *adj* ● **neither bag is big enough** nessuna delle due borse è abbastanza grande ◇ *pron* ● **neither of us** nessuno(a) di noi (due) ◇ *conj* ● **neither do I** neanch'io, nemmeno io ● **neither ... nor ...** né ... né ...

neon light ['niːɒn-] *n* luce *f* al neon

nephew ['nefjuː] *n* nipote *m*

nerve [nɜːv] *n* **1.** (in body) nervo *m* **2.** (courage) coraggio *m* ● **what a nerve!** che faccia tosta!

nervous ['nɜːvəs] *adj* nervoso(a)

nervous breakdown *n* esaurimento *m* nervoso•

nest [nest] *n* nido *m*

net [net] ◇ *n* rete *f* ◇ *adj* netto(a)

netball ['netbɔːl] *n* specie di pallacanestro femminile

Netherlands ['neðələndz] *npl* ● **the Netherlands** i Paesi Bassi

nettle ['netl] *n* ortica *f*

network ['netwɜːk] *n* rete *f*

neurotic [ˌnjʊə'rɒtɪk] *adj* nevrotico(a)

neutral ['njuːtrəl] ◇ *adj* **1.** (country, person) neutrale **2.** (in colour) neutro(a) ◇ *n* AUT ● **in neutral** in folle

never ['nevəʳ] *adv* (non ...) mai ● **she's never late** non è mai in ritardo ● **I never knew he was married** non sapevo che fosse sposato ● **never mind!** non preoccuparti!

nevertheless [ˌnevəðə'les] *adv* tuttavia, ciononostante

new [njuː] *adj* nuovo(a)

newly ['njuːlɪ] *adv* di recente

new potatoes *npl* patate *fpl* novelle

news [njuːz] *n* **1.** (information) notizie *fpl* **2.** (on TV) telegiornale *m* **3.** (on radio) giornale *m* radio ● **a piece of news** una notizia

newsagent ['njuːzeɪdʒənt] *n* (shop) giornalaio *m*

newspaper ['njuːzˌpeɪpəʳ] *n* giornale *m*

New Year *n* anno *m* nuovo

New Year's Day *n* Capodanno *m*

New Year's Eve *n* l'ultimo *m* dell'anno, San Silvestro *m*

New Zealand [-'ziːlənd] *n* la Nuova Zelanda

next [nekst] ◇ *adj* **1.** prossimo(a) **2.** (room, house) accanto ◇ *adv* **1.** (afterwards) dopo **2.** (on next occasion) di nuovo ● when does the next bus leave? quando parte il prossimo autobus? ● next to *(by the side of)* accanto a ● the week after next la settimana dopo la prossima

next door *adv* accanto

next of kin [-kɪn] *n* parente *m* prossimo (parente prossima *f*)

NHS [enɛɪtʃ'es] *n* (*abbr of* National Health Service) ≃ S.S.N. *m*

nib [nɪb] *n* pennino *m*

nibble ['nɪbl] *vt* 1. *(eat)* mangiucchiare 2. *(bite)* mordicchiare

nice [naɪs] *adj* 1. *(taste, meal)* buono(a) 2. *(day, clothes, house)* bello(a) 3. *(person, gesture)* simpatico(a), gentile 4. *(feeling, job)* piacevole ● to have a nice time divertirsi ● nice to see you! piacere di rivederti!

nickel ['nɪkl] *n* 1. *(metal)* nichel *m* 2. *(US) (coin)* moneta da cinque centesimi di dollaro

nickname ['nɪkneɪm] *n* soprannome *m*

niece [niːs] *n* nipote *f*

night [naɪt] *n* 1. notte *f* 2. *(evening)* sera *f* ● at night *(not in daytime)* di notte; *(in evening)* di sera ● by night di notte ● last night *(yesterday evening)* ieri sera; *(very late)* ieri notte

nightclub ['naɪtklʌb] *n* locale *m* notturno

nightdress ['naɪtdres] *n* camicia *f* da notte

nightie ['naɪtɪ] *n* (*inf*) camicia *f* da notte

nightlife ['naɪtlaɪf] *n* vita *f* notturna

nightly ['naɪtlɪ] *adv* 1. ogni notte 2. *(every evening)* ogni sera

nightmare ['naɪtmeə] *n* incubo *m*

night safe *n* cassa *f* continua

night school *n* scuola *f* serale

nightshift ['naɪtʃɪft] *n* turno *m* di notte

nil [nɪl] *n* SPORT zero *m*

Nile [naɪl] *n* ● the Nile il Nilo

nine [naɪn] *num* nove ➢ six

nineteen [,naɪn'tiːn] *num* diciannove ➢ six

nineteenth [,naɪn'tiːnθ] *num* diciannovesimo(a) ➢ sixth

ninetieth ['naɪntɪəθ] *num* novantesimo(a) ➢ sixth

ninety ['naɪntɪ] *num* novanta ➢ six

ninth [naɪnθ] *num* nono(a) ➢ sixth

nipple ['nɪpl] *n* 1. *(of breast)* capezzolo *m* 2. *(of bottle)* tettarella *f*

nitrogen ['naɪtrədʒən] *n* azoto *m*

no [nəʊ] ◇ *adv* no ◇ *adj* nessuno(a) ◇ *n* no *m inv* ● I've got no time non ho tempo ● I've got no money left non ho più soldi

noble ['nəʊbl] *adj* nobile

nobody ['nəʊbədɪ] *pron* nessuno

nod [nɒd] *vi* (*in agreement*) annuire

noise [nɔɪz] *n* rumore *m*

noisy ['nɔɪzɪ] *adj* rumoroso(a)

nominate ['nɒmɪneɪt] *vt* 1. *(choose)* nominare 2. *(suggest)* proporre come candidato

non-alcoholic *adj* analcolico(a)

none [nʌn] *pron* nessuno *m*, -a *f* ● there's none left non ce n'è più

nonetheless [,nʌnðə'les] *adv* tuttavia, nondimeno

non-fiction *n* opere *fpl* non narrative (*saggistica, ecc.*)

non-iron *adj* ● **non-iron** lava e indossa, non stiro

nonsense ['nɒnsəns] *n* sciocchezze *fpl*, fesserie *fpl*

non-smoker *n* non fumatore *m*, -trice *f*

non-stick *adj* antiaderente

non-stop ◇ *adj* **1.** *(flight)* diretto(a) **2.** *(talking, arguing)* continuo(a) ◇ *adv* **1.** *(fly)* senza scalo **2.** *(run, rain)* ininterrottamente, senza sosta

noodles ['nu:dlz] *npl* taglierini *mpl*

noon [nu:n] *n* mezzogiorno *m*

no-one ● nobody

nor [nɔ:'] *conj* neanche, nemmeno ● **nor do I** neanch'io, nemmeno io

normal ['nɔ:ml] *adj* normale

normally ['nɔ:məli] *adv* normalmente

north [nɔ:θ] ◇ *n* nord *m*, settentrione *m* ◇ *adj* del nord ◇ *adv* **1.** *(fly, walk)* verso nord **2.** *(be situated)* a nord ● **in the north of England** nel nord dell'Inghilterra

North America *n* l'America *f* del Nord

northbound ['nɔ:θbaʊnd] *adj* diretto(a) a nord

northeast [ˌnɔ:θ'i:st] *n* nord-est *m*

northern ['nɔ:ðən] *adj* settentrionale, del nord

Northern Ireland *n* l'Irlanda *f* del Nord

North Pole *n* Polo *m* Nord

North Sea *n* Mare *m* del Nord

northwards ['nɔ:θwədz] *adv* verso nord

northwest [ˌnɔ:θ'west] *n* nord-ovest *m*

Norway ['nɔ:wei] *n* la Norvegia

Norwegian [nɔ:'wi:dʒən] ◇ *adj* norvegese ◇ *n* **1.** *(person)* norvegese *mf* **2.** *(language)* norvegese *m*

nose [nəʊz] *n* **1.** *(of person)* naso *m* **2.** *(of animal, plane)* muso *m* **3.** *(of rocket)* punta *f*

nosebleed ['nəʊzbli:d] *n* emorragia *f* nasale

no-smoking area *n* zona *f* non fumatori

nostril ['nɒstrəl] *n* narice *f*

nosy ['nəʊzi] *adj* curioso(a)

not [nɒt] *adv* non ● **she's not there** non c'è ● **not yet** non ancora ● **not at all** *(pleased, interested)* per niente; *(in reply to thanks)* di niente, prego

notably ['nəʊtəbli] *adv* *(in particular)* in particolare

note [nəʊt] ◇ *n* **1.** nota *f* **2.** *(message, bank note)* biglietto *m* ◇ *vt* **1.** *(notice)* notare **2.** *(write down)* annotare ● **to take notes** prendere appunti

notebook ['nəʊtbʊk] *n* taccuino *m*

noted ['nəʊtid] *adj* celebre

notepaper ['nəʊtpeipə'] *n* carta *f* da lettere

nothing ['nʌθiŋ] *pron* niente, nulla ● **he did nothing** non ha fatto niente ● **nothing new/interesting** niente di nuovo/interessante ● **for nothing** per niente

notice ['nəʊtis] ◇ *vt* notare, accorgersi di ◇ *n* **1.** *(written announcement)* avviso *m* **2.** *(warning)* preavviso *m* ● **to take notice of** fare caso a ● **to hand in one's notice** dare il preavviso, licenziarsi

noticeable ['nəʊtisəbl] *adj* evidente

notice board *n* tabellone *m* per avvisi

notion ['nəʊʃn] *n* idea *f*

notorious [nəʊ'tɔ:riəs] *adj* famigerato(a)

nougat ['nu:gɑ:] *n* torrone *m*

nought [nɔ:t] *n* zero *m*

noun [naʊn] *n* nome, sostantivo *m*

nourishment ['nʌrɪʃmənt] *n* nutrimento *m*

Nov. (*abbr of* November) nov

novel ['nɒvl] ◇ *n* romanzo *m* ◇ *adj* nuovo(a)

novelist ['nɒvəlɪst] *n* romanziere *m*, -a *f*

November [nə'vembə²] *n* novembre *m*
➤ September

now [naʊ] ◇ *adv* ora, adesso ◇ *conj* ● **now (that)** adesso che, ora che ● **just now** proprio ora ● **right now** (*at the moment*) in questo momento; (*immediately*) subito ● **by now** ormai ● **from now on** d'ora in poi

nowadays ['naʊədeɪz] *adv* oggigiorno

nowhere ['nəʊweə²] *adv* da nessuna parte, in nessun posto

nozzle ['nɒzl] *n* boccaglio *m*

nuclear ['nju:klɪə²] *adj* nucleare

nude [nju:d] *adj* nudo(a)

nudge [nʌdʒ] *vt* dare un colpetto di gomito a

nuisance ['nju:sns] *n* ● **it's a real nuisance!** è una vera seccatura! ● **he's such a nuisance!** è un tale scocciatore!

numb [nʌm] *adj* intorpidito(a)

number ['nʌmbə²] ◇ *n* numero *m* ◇ *vt* (*give number to*) numerare

numberplate ['nʌmbəpleɪt] *n* targa *f*

numeral ['nju:mərəl] *n* numero *m*, cifra *f*

numerous ['nju:mərəs] *adj* numeroso(a)

nun [nʌn] *n* suora *f*

nurse [nɜ:s] ◇ *n* infermiera *f* ◇ *vt* (*look after*) avere cura di, curare ● **male nurse** infermiere *m*

nursery ['nɜ:sərɪ] *n* **1.** (*in house*) stanza *f* dei bambini **2.** (*for plants*) vivaio *m*

nursery (school) *n* scuola *f* materna

nursery slope *n* pista *f* per sciatori principianti

nursing ['nɜ:sɪŋ] *n* (*profession*) professione *f* d'infermiera

nut [nʌt] *n* **1.** (*to eat*) frutta *f* secca (*noci, nocciole, ecc.*) **2.** (*of metal*) dado *m*

nutcrackers ['nʌt,krækəz] *npl* schiaccianoci *m inv*

nutmeg ['nʌtmeg] *n* noce *f* moscata

nylon ['naɪlɒn] ◇ *n* nailon *m* ◇ *adj* di nailon

O o

O *n* (*zero*) zero *m*

oak [əʊk] ◇ *n* quercia *f* ◇ *adj* di quercia

OAP *abbr* = **old age pensioner**

oar [ɔ:²] *n* remo *m*

oatcake ['əʊtkeɪk] *n* biscotto *m* di farina d'avena

oath [əʊθ] *n* (*promise*) giuramento *m*

oatmeal ['əʊtmi:l] *n* farina *f* d'avena

oats [əʊts] *npl* avena *f*

obedient [ə'bi:djənt] *adj* ubbidiente

obey [ə'beɪ] *vt* **1.** (*person, command*) ubbidire a **2.** (*regulations*) osservare

object ◇ *n* ['ɒbdʒɪkt] **1.** (*thing*) oggetto *m* **2.** (*purpose*) scopo *m* **3.** GRAM complemento *m* oggetto ◇ *vi* [əb'dʒekt]

● **to object (to)** *(disapprove of)* disapprovare; *(oppose)* opporsi (a), protestare (contro)

objection [əb'dʒekʃn] *n* obiezione *f*

objective [əb'dʒektɪv] *n* obiettivo *m*

obligation [ˌɒblɪ'ɡeɪʃn] *n* obbligo *m*, dovere *m*

obligatory [ə'blɪɡətrɪ] *adj* obbligatorio(a)

oblige [ə'blaɪdʒ] *vt* ● **to oblige sb to do sthg** obbligare qn a fare qc

oblique [ə'bliːk] *adj* obliquo(a)

oblong ['ɒblɒŋ] ◇ *adj* oblungo(a), rettangolare ◇ *n* rettangolo *m*

obnoxious [əb'nɒkʃəs] *adj* odioso(a)

oboe ['əʊbəʊ] *n* oboe *m*

obscene [əb'siːn] *adj* osceno(a)

obscure [əb'skjʊəʳ] *adj* oscuro(a)

observant [əb'zɜːvnt] *adj* dotato(a) di spirito d'osservazione

observation [ˌɒbzə'veɪʃn] *n* osservazione *f*

observatory [əb'zɜːvətrɪ] *n* osservatorio *m*

observe [əb'zɜːv] *vt* *(watch, see)* osservare

obsessed [əb'sest] *adj* ossessionato(a)

obsession [əb'seʃn] *n* ossessione *f*

obsolete ['ɒbsəliːt] *adj* obsoleto(a)

obstacle ['ɒbstəkl] *n* ostacolo *m*

obstinate ['ɒbstənət] *adj* ostinato(a)

obstruct [əb'strʌkt] *vt* *(road, path)* ostruire

obstruction [əb'strʌkʃn] *n* *(in road, path)* ostruzione *f*

obtain [əb'teɪn] *vt* ottenere

obtainable [əb'teɪnəbl] *adj* ottenibile

obvious ['ɒbvɪəs] *adj* ovvio(a), evidente

obviously ['ɒbvɪəslɪ] *adv* ovviamente

occasion [ə'keɪʒn] *n* 1. occasione *f* 2. *(important event)* avvenimento *m*

occasional [ə'keɪʒənl] *adj* saltuario(a), occasionale

occasionally [ə'keɪʒnəlɪ] *adv* saltuariamente, di tanto in tanto

occupant ['ɒkjʊpənt] *n* occupante *mf*

occupation [ˌɒkjʊ'peɪʃn] *n* 1. lavoro *m* 2. *(on form)* occupazione *f*

occupied ['ɒkjʊpaɪd] *adj* *(toilet)* occupato(a)

occupy ['ɒkjʊpaɪ] *vt* occupare

occur [ə'kɜːʳ] *vi* 1. *(happen)* accadere, avvenire 2. *(exist)* trovarsi, essere presente

occurrence [ə'kʌrəns] *n* *(event)* evento *m*, caso *m*

ocean ['əʊʃn] *n* oceano *m* ● **the ocean** *(US)* *(sea)* il mare

o'clock [ə'klɒk] *adv* ● **it's one o'clock** è l'una ● **it's seven o'clock** sono le sette ● **at one o'clock** all'una ● **at seven o'clock** alle sette

Oct. *(abbr of October)* ott.

October [ɒk'təʊbəʳ] *n* ottobre *m* > September

octopus ['ɒktəpəs] *n* polpo *m*, piovra *f*

odd [ɒd] *adj* 1. *(strange)* strano(a) 2. *(number)* dispari *(inv)* 3. *(not matching)* spaiato(a) 4. *(occasional)* saltuario(a), occasionale ● **60 odd miles** una sessantina di miglia ● **some odd bits of paper** pezzetti di carta vari ● **odd jobs** lavori *mpl* occasionali

odds [ɒdz] *npl* 1. *(in betting)* quota *f* 2. *(chances)* probabilità *fpl* ● **odds and ends** un po' di tutto

odor ['əʊdər] (*US*) = **odour**

odour ['əʊdər] *n* (*UK*) odore *m*

of [ɒv] *prep* **1.** (*gen*) di ● **the handle of the door** la maniglia della porta ● **a group of schoolchildren** un gruppo di scolari ● **a great love of art** un grande amore per l'arte **2.** (*expressing amount*) di ● **a piece of cake** una fetta di torta ● **a fall of 20%** un ribasso del 20% ● **a town of 50,000 people** una città di 50 000 abitanti **3.** (*made from*) di, in ● **a house of stone** una casa di pietra ● **it's made of wood** è di OR in legno **4.** (*referring to time*) di ● **the summer of 1969** l'estate del 1969 ● **the 26th of August** il 26 agosto **5.** (*indicating cause*) di ● **he died of cancer** è morto di cancro **6.** (*on the part of*) da parte di ● **that was very kind of you** è stato molto gentile da parte tua **7.** (*US*) (*in telling the time*) ● **it's ten of four** sono le quattro meno dieci

off [ɒf]

◇ *adv* **1.** (*away*) ● **to drive off** partire ● **to get off** (*from bus, train, plane, boat*) scendere ● **we're off to Austria next week** partiamo per l'Austria la settimana prossima **2.** (*expressing removal*) ● **to cut sthg off** tagliare qc ● **to take sthg off** togliere qc **3.** (*so as to stop working*) ● **to turn sthg off** (*TV, radio, engine*) spegnere qc; (*tap*) chiudere qc **4.** (*expressing distance or time away*) ● **it's 10 miles off** è a 10 miglia (da qui) ● **it's two months off** mancano due mesi ● **it's a long way off** è lontano **5.** (*not at work*) ● **I'm off next Tuesday** martedì prossimo non lavoro ● **I'm taking a week off** prendo una settimana di ferie

◇ *prep* **1.** (*away from*) da ● **to get off sthg** scendere da qc ● **off the coast at largo della costa** ● **just off the main road** poco lontano dalla strada principale **2.** (*indicating removal*) da ● **take the lid off the jar** togli il tappo dal barattolo ● **they've taken £20 off the price** mi hanno fatto uno sconto di 20 sterline **3.** (*absent from*) ● **to be off work** essere assente dal lavoro **4.** (*inf*) (*from*) da ● **I bought it off her** l'ho comprato da lei **5.** (*inf*) (*no longer liking*) ● **I'm off my food** non ho appetito, non mi va di mangiare

◇ *adj* **1.** (*food*) andato(a) a male **2.** (*TV, radio, engine*) spento(a); (*tap*) chiuso(a) **3.** (*cancelled*) annullato(a) **4.** (*not available*) esaurito(a)

offence [ə'fens] *n* **1.** (*UK*) (*minor crime*) infrazione *f* **2.** (*serious crime*) reato *m* ● **to take offence (at)** offendersi (per)

offend [ə'fend] *vt* (*upset*) offendere

offender [ə'fendər] *n* (*criminal*) delinquente *mf*

offense [ə'fens] (*US*) = **offence**

offensive [ə'fensɪv] *adj* (*insulting*) offensivo(a)

offer ['ɒfər] ◇ *n* offerta *f* ◇ *vt* offrire ● **on offer** (*at reduced price*) in offerta ● **to offer to do sthg** offrirsi di fare qc ● **to offer sb sthg** offrire qc a qn

office ['ɒfɪs] *n* (*room*) ufficio *m*

office block *n* palazzo *m* di uffici

officer ['ɒfɪsər] *n* **1.** (*MIL*) ufficiale *m* **2.** (*policeman*) agente *m* di polizia

official [ə'fɪʃl] ◇ *adj* ufficiale ◇ *n* funzionario *m*, -a *f*

officially [ə'fɪʃəlɪ] *adv* ufficialmente

off-licence *n* (UK) negozio *m* di bevande alcoliche

off-peak *adj* **1.** (*train*) delle ore non di punta **2.** (*ticket*) a tariffa ridotta

off sales *npl* (UK) vendita *f* di bevande alcoliche da asporto

off-season *n* bassa stagione *f*

offshore ['ɒfʃɔː'] *adj* (*breeze*) di terra

off side *n* **1.** (*for right-hand drive*) lato *m* destro **2.** (*for left-hand drive*) lato sinistro

off-the-peg *adj* confezionato(a)

often ['ɒfn, 'ɒftn] *adv* spesso ● how often do the buses run? ogni quanto passano gli autobus? ● every so often ogni tanto

oh [əʊ] *excl* oh!

oil [ɔɪl] *n* **1.** olio *m* **2.** (*fuel*) petrolio *m*

oilcan ['ɔɪlkæn] *n* oliatore *m*

oil filter *n* filtro *m* dell'olio

oil rig *n* piattaforma *f* petrolifera

oily ['ɔɪlɪ] *adj* unto(a)

ointment ['ɔɪntmənt] *n* unguento *m*, pomata *f*

OK [,əʊ'keɪ] ◇ *adv* **1.** (*inf*) (*expressing agreement*) va bene, d'accordo **2.** (*satisfactorily, well*) bene ◇ *adj* (*of average quality*) non male ● is that OK? va bene? ● are you OK? tutto bene?

okay [,əʊ'keɪ] = **OK**

old [əʊld] *adj* **1.** vecchio(a) **2.** (*person*) vecchio, anziano(a) ● how old are you? quanti anni hai? ● I'm 36 years old ho 36 anni ● to get old invecchiare

old age *n* vecchiaia *f*

old age pensioner *n* pensionato *m*, -a *f*

olive ['ɒlɪv] *n* oliva *f*

olive oil *n* olio *m* d'oliva

Olympic Games [ə'lɪmpɪk-] *npl* giochi *mpl* olimpici, Olimpiadi *fpl*

omelette ['ɒmlɪt] *n* frittata *f*, omelette *f inv* ● mushroom omelette frittata ai funghi

ominous ['ɒmɪnəs] *adj* sinistro(a)

omit [ə'mɪt] *vt* omettere

on [ɒn] ◇ *prep* **1.** (*expressing position, location*) su ● it's on the table è sul tavolo ● a picture on the wall un quadro alla parete ● the exhaust on the car il tubo di scappamento dell'automobile ● on my right alla mia destra ● on the right a OR sulla destra ● we stayed on a farm ci siamo fermati in una fattoria ● a hotel on George Street un albergo in George Street **2.** (*with forms of transport*) ● on the train/plane in treno/aereo ● to get on a bus salire su un autobus **3.** (*expressing means, method*) ● on foot a piedi ● on the radio alla radio ● on TV in TV, alla televisione ● on the piano al piano **4.** (*using*) ● it runs on unleaded petrol va a benzina verde ● to be on medication prendere medicine **5.** (*about*) su ● a book on Germany un libro sulla Germania **6.** (*expressing time*) ● on arrival all'arrivo ● on Tuesday martedì ● on 25th August il 25 agosto **7.** (*with regard to*) su ● a tax on imports una tassa sulle importazioni ● the effect on Britain l'effetto sulla Gran Bretagna **8.** (*describing activity, state*) in ● on holiday in vacanza ● on offer in offerta ● on sale in vendita

9. *(in phrases)* ● do you have any money on you? *(inf)* hai un po' di soldi con te? ● the drinks are on me offro io da bere
◇ *adv* **1.** *(in place, covering)* ● to have sthg on *(clothes)* indossare qc ● to put the lid on mettici il coperchio ● to put one's clothes on vestirsi **2.** *(film, play, programme)* ● the news is on c'è il telegiornale ● what's on at the cinema? cosa danno al cinema? **3.** *(with transport)* ● to get on salire **4.** *(functioning)* ● to turn sthg on *(TV, radio, engine)* accendere qc; *(tap)* aprire qc **5.** *(taking place)* ● how long is the festival on? quanto *(tempo)* dura il festival? **6.** *(further forward)* ● to drive on continuare a guidare **7.** *(in phrases)* ● do you have anything on tonight? fai qualcosa stasera?
◇ *adj (TV, engine, light)* acceso(a); *(tap)* aperto(a).

once [wʌns] ◇ *adv* una volta ◇ *conj* una volta che, non appena ● at once *(immediately)* subito; *(at the same time)* insieme, contemporaneamente ● for once per una volta ● once more ancora una volta

oncoming ['ɒn,kʌmɪŋ] *adj (traffic)* che procede in senso opposto

one [wʌn] ◇ *num* uno(a) ◇ *adj (only)* unico(a) ◇ *pron* uno m, -a f ● thirty-one trentuno ● one fifth un quinto ● that one quello m, -a f ● which one? quale? ● this one questo m, -a f ● I want one ne voglio uno ● the one I told you about quello di cui ti ho detto ● one of my friends uno dei miei

amici ● one day un giorno

one-piece (swimsuit) *n* costume *m* intero

oneself [wʌn'self] *pron* **1.** *(reflexive)* si **2.** *(after prep)* sé, se stesso *m*, -a *f*

one-way *adj* **1.** *(street)* a senso unico **2.** *(ticket)* di sola andata

onion ['ʌnjən] *n* cipolla *f*

onion rings *npl* rondelle *fpl* di cipolle fritte

online ['ɒn'laɪn] *adj* COMPUT online

online banking *n* COMPUT online banking *m*

online shopping *n* COMPUT acquisti *mpl* online

only ['əʊnlɪ] ◇ *adj* solo(a), unico(a) ◇ *adv* solo, soltanto ● he's an only child è figlio unico ● I only want one ne voglio solo uno ● we've only just arrived siamo appena arrivati ● there's only just enough ce n'è appena a sufficienza ● not only ... but also ... non solo ... ▼ members only riservato ai soci

onto ['ɒntu] *prep (with verbs of movement)* su ● to get onto sb *(telephone)* chiamare qn

onward ['ɒnwəd] ◇ *adv* = onwards ◇ *adj* ● the onward journey il proseguimento

onwards ['ɒnwədz] *adv (forwards)* in avanti ● from now onwards da ora in poi ● from October onwards da ottobre in poi

opal ['əʊpl] *n* opale *m* o *f*

opaque [əʊ'peɪk] *adj (not transparent)* opaco(a)

open ['əʊpn] ◇ *adj* aperto(a) ◇ *vt* aprire ◇ *vi* **1.** *(door, lock, meeting)* aprirsi **2.**

(shop, office, bank) aprire **3.** *(play, film)* cominciare ● **are you open at the weekend?** siete aperti il fine settimana? ● **wide open** spalancato(a) ● **in the open (air)** all'aperto ◆ **open onto** *vt insep* dare su ● **open up** *vi* aprire

open-air *adj* all'aperto

opening ['əʊpnɪŋ] *n* **1.** apertura *f* **2.** *(opportunity)* opportunità *f inv*

opening hours *npl* orario *m* di apertura

open-minded [-'maɪndɪd] *adj* aperto(a)

open-plan *adj* senza pareti divisorie

open sandwich *n* tartina *f*

opera ['ɒpərə] *n* opera *f*

opera house *n* teatro *m* dell'opera

operate ['ɒpəreɪt] ◇ *vt (machine)* azionare, far funzionare ◇ *vi (work)* funzionare, agire ● **to operate on sb** operare qn

operating room ['ɒpəreɪtɪŋ-] *n (US)* = **operating theatre**

operating theatre ['ɒpəreɪtɪŋ-] *n (UK)* sala *f* operatoria

operation [,ɒpə'reɪʃn] *n* operazione *f* ● **to be in operation** *(law, system)* essere in vigore ● **to have an operation** operarsi

operator ['ɒpəreɪtə'] *n (on phone)* centralinista *mf*

opinion [ə'pɪnjən] *n* opinione *f*, parere *m* ● **in my opinion** a mio parere, secondo me

opponent [ə'pəʊnənt] *n* avversario *m*, -a *f*

opportunity [,ɒpə'tjuːnətɪ] *n* opportunità *f inv*, occasione *f*

oppose [ə'pəʊz] *vt* opporsi a

opposed [ə'pəʊzd] *adj* ● **to be opposed to** essere contrario(a) a

opposite ['ɒpəzɪt] ◇ *adj* **1.** *(facing)* di fronte **2.** *(totally different)* opposto(a), contrario(a) ◇ *prep* di fronte a ◇ *n* ● **the opposite (of)** il contrario (di)

opposition [,ɒpə'zɪʃn] *n* **1.** opposizione *f* **2.** SPORT avversari *mpl*

opt [ɒpt] *vt* ● **to opt to do sthg** scegliere di fare qc

optician's [ɒp'tɪʃns] *n (shop)* ottico *m*

optimist ['ɒptɪmɪst] *n* ottimista *mf*

optimistic [,ɒptɪ'mɪstɪk] *adj* ottimistico(a)

option ['ɒpʃn] *n* **1.** *(alternative)* scelta *f*, alternativa *f* **2.** *(optional extra)* optional *m inv*

optional ['ɒpʃənl] *adj* facoltativo(a)

or [ɔː'] *conj* **1.** o, oppure **2.** *(otherwise)* se no, altrimenti **3.** *(after negative)* ● **I can't read or write** non so (né) leggere né scrivere

oral ['ɔːrəl] ◇ *adj* orale ◇ *n* orale *m*

orange ['ɒrɪndʒ] ◇ *adj* arancione ◇ *n* **1.** *(fruit)* arancia *f* **2.** *(colour)* arancione *m*

orange juice *n* succo *m* d'arancia

orange squash *n (UK)* aranciata *f* non gassata

orbit ['ɔːbɪt] *n* orbita *f*

orbital (motorway) ['ɔːbɪtl-] *n (UK)* raccordo *m* anulare

orchard ['ɔːtʃəd] *n* frutteto *m*

orchestra ['ɔːkɪstrə] *n* orchestra *f*

ordeal [ɔː'diːl] *n* (durissima) esperienza *f*, travaglio *m*

order ['ɔːdə'] ◇ *n* **1.** ordine *m* **2.** *(in restaurant, for goods)* ordinazione *f* ◇ *vt* & *vi* ordinare ● **in order to** allo scopo di, per ● **out of order** *(not working)* guasto

● **in working order** funzionante ● **to order sb to do sthg** ordinare a qn di fare qc
order form *n* modulo *m* d'ordinazione
ordinary ['ɔ:dənrɪ] *adj* ordinario(a), comune
ore [ɔ:ʳ] *n* minerale *m* (grezzo)
oregano [ˌɒrɪ'gɑ:nəʊ] *n* origano *m*
organ ['ɔ:gən] *n* organo *m*
organic [ɔ:'gænɪk] *adj (food)* biologico(a)
organization [ˌɔ:gənaɪ'zeɪʃn] *n* organizzazione *f*
organize ['ɔ:gənaɪz] *vt* organizzare
organizer ['ɔ:gənaɪzəʳ] *n* **1.** *(person)* organizzatore *m*, -trice *f* **2.** *(diary)* agenda *f*
oriental [ˌɔ:rɪ'entl] *adj* orientale
orientate ['ɔ:rɪentet] *vt* ● **to orientate o.s.** orientarsi
origin ['ɒrɪdʒɪn] *n* origine *f*
original [ə'rɪdʒənl] *adj* **1.** *(first)* originario(a) **2.** *(novel)* originale
originally [ə'rɪdʒənəlɪ] *adv (formerly)* originariamente
originate [ə'rɪdʒəneɪt] *vi* ● **to originate (from)** avere origine (da)
ornament ['ɔ:nəmənt] *n (object)* soprammobile *m*
ornamental [ˌɔ:nə'mentl] *adj* ornamentale
ornate [ɔ:'neɪt] *adj* molto ornato(a)
orphan ['ɔ:fn] *n* orfano *m*, -a *f*
orthodox ['ɔ:θədɒks] *adj* ortodosso(a)
ostentatious [ˌɒstən'teɪʃəs] *adj* **1.** pretenzioso(a) **2.** *(action, behaviour)* ostentato(a)

ostrich ['ɒstrɪtʃ] *n* struzzo *m*
other ['ʌðəʳ] ◇ *adj* altro(a) ◇ *pron* altro(a) ◇ *adv* ● **other than** a parte ● **the other (one)** l'altro ● **the other day** l'altro giorno ● **one after the other** uno dopo l'altro
otherwise ['ʌðəwaɪz] *adv* altrimenti
otter ['ɒtəʳ] *n* lontra *f*
ought [ɔ:t] *aux vb* dovere ● **you ought to have gone** avresti dovuto andarci ● **you ought to see a doctor** dovresti andare dal dottore ● **the car ought to be ready by Friday** la macchina dovrebbe essere pronta per venerdì
ounce [aʊns] *n (unit of measurement)* = 28,35 g, oncia *f*
our ['aʊəʳ] *adj* il nostro (la nostra), i nostri (le nostre) ● **our mother** nostra madre
ours ['aʊəz] *pron* il nostro (la nostra), i nostri (le nostre) ● **a friend of ours** un nostro amico
ourselves [aʊə'selvz] *pron* **1.** *(reflexive)* ci **2.** *(after prep)* noi, noi stessi *mpl*, -e *fpl* ● **we did it ourselves** l'abbiamo fatto da soli
out [aʊt]
◇ *adj* **1.** *(light, cigarette)* spento(a) **2.** *(wrong)* inesatto(a) ● **the bill's £10 out** c'è un errore di 10 sterline nel conto
◇ *adv* **1.** *(outside)* fuori ● **to get out (of)** *(car)* scendere (da) ● **to go out (of)** uscire (da) ● **it's cold out** fa freddo fuori **2.** *(not at home, work)* fuori ● **to go out** uscire, andare fuori **3.** *(so as to be extinguished)* ● **to turn sthg out** spegnere qc ● **put your cigarette out** spegni la sigaretta **4.** *(expressing removal)*

● to pour sthg out versare qc ● to take sthg out (of) tirar fuori qc (da); *(from bank)* ritirare qc (da) 5. *(outwards)* ● to stick out sporgere 6. *(expressing distribution)* ● to hand sthg out distribuire qc 7. *(in phrases)* ● to stay out of the sun evitare il sole ● made out of wood in OR di legno ● five out of ten women cinque donne su dieci ● I'm out of cigarettes ho finito le sigarette

outback ['aʊtbæk] *n* ● **the outback** l'outback *m*, l'entroterra australiano *m*

outboard (motor) ['aʊtbɔːd-] *n* motore *m* fuoribordo

outbreak ['aʊtbreɪk] *n* **1.** *(of fighting)* scoppio *m* **2.** *(of disease)* epidemia *f*

outburst ['aʊtbɜːst] *n* scoppio *m*

outcome ['aʊtkʌm] *n* esito *m*, risultato *m*

outcrop ['aʊtkrɒp] *n* affioramento *m*

outdated [,aʊt'deɪtɪd] *adj* antiquato(a)

outdo [,aʊt'duː] *(pt* -**did**, *pp* -**done**) *vt* fare meglio di, superare

outdoor ['aʊtdɔːʳ] *adj* all'aperto

outdoors [aʊt'dɔːz] *adv* all'aperto, fuori

outer ['aʊtəʳ] *adj* esterno(a)

outer space *n* spazio *m* cosmico

outfit ['aʊtfɪt] *n (clothes)* completo *m*

outing ['aʊtɪŋ] *n* gita *f*

outlet ['aʊtlet] *n (pipe)* scarico *m*, sbocco *m* ▼ **no outlet** *(US)* strada senza uscita

outline ['aʊtlaɪn] *n* profilo *m*

outlook ['aʊtlʊk] *n* **1.** *(for future)* prospettiva *f* **2.** *(of weather)* previsioni *fpl* **3.** *(attitude)* modo *m* di vedere

out-of-date *adj* **1.** *(old-fashioned)* superato(a) **2.** *(passport, licence)* scaduto(a)

outpatients' (department) ['aʊt,peɪʃnts-] *n* reparto *m* pazienti esterni

output ['aʊtpʊt] *n* **1.** *(of factory)* produzione *f* **2.** COMPUT *(printout)* output *m inv*, tabulato *m*

outrage ['aʊtreɪdʒ] *n (cruel act)* atrocità *f inv*

outrageous [aʊt'reɪdʒəs] *adj (shocking)* scandaloso(a)

outright [,aʊt'raɪt] *adv* **1.** *(tell, deny)* apertamente **2.** *(own)* completamente

outside *◇ adv* [,aʊt'saɪd] fuori, all'esterno *◇ prep* [aʊt'saɪd] fuori di *◇ adj* [aʊt'saɪd] esterno(a) *◇ n* ['aʊtsaɪd] ● **the outside** *(of building, car, container)* l'esterno *m*; AUT *(in UK)* la destra; AUT *(in Europe, US)* la sinistra ● **an outside line** una linea esterna ● **outside of** *(US) (on the outside of)* fuori di; *(apart from)* all'infuori di

outside lane *n* corsia *f* di sorpasso

outsize ['aʊtsaɪz] *adj (clothes)* di taglia forte

outskirts ['aʊtskɜːts] *npl* periferia *f*

outsource ['aʊtsɔːs] *vt* procurarsi beni, servizi, ecc. da fonti esterne allorganizzazione

outsourcing ['aʊtsɔːsɪŋ] *n* outsourcing *m*

outstanding [,aʊt'stændɪŋ] *adj* **1.** *(remarkable)* eccellente **2.** *(problem)* rilevante **3.** *(debt)* da pagare, in sospeso

outward ['aʊtwəd] *adj* **1.** *(journey)* di andata **2.** *(external)* esteriore

outwards ['aʊtwədz] *adv* verso l'esterno, in fuori

oval ['əʊvl] *adj* ovale

ovation [əʊ'veɪʃn] *n* ovazione *f*

oven ['ʌvn] *n* forno *m*

oven glove *n* guanto *m* da forno

ovenproof ['ʌvnpru:f] *adj* da forno

oven-ready *adj* pronto(a) da mettere in forno

over ['əʊvə']

◇ *prep* **1.** *(above)* sopra, su ● a bridge over the river un ponte sul fiume **2.** *(across)* oltre, al di là di ● with a view over the park con vista sul parco ● to walk over sthg attraversare qc a piedi ● it's just over the road è proprio qui di fronte **3.** *(covering)* ● put a plaster over the wound mettere un cerotto sulla ferita **4.** *(more than)* più di ● it cost over £1,000 è costato più di 1 000 sterline **5.** *(during)* durante ● over the past two years negli ultimi due anni **6.** *(with regard to)* su ● an argument over the price una discussione sul prezzo **7.** *(in phrases)* ● all over the world/country in tutto il mondo/paese

◇ *adv* **1.** *(downwards)* ● to fall over cadere ● to bend over piegarsi (in avanti) **2.** *(referring to position, movement)* ● to fly over to Canada andare in Canada in aereo ● over here qui ● over there là **3.** *(round to other side)* ● to turn sthg over rigirare qc **4.** *(more)* ● children aged 12 and over ragazzi dai 12 anni in su **5.** *(remaining)* ● to be (left) over restare **6.** *(to one's house)* ● to invite sb over for dinner invitare qn a cena ● we have some friends coming over verranno da noi OR a trovarci degli amici

◇ *adj* *(finished)* ● to be over essere finito(a)

overall ◇ *adv* [əʊvə'rɔːl] *(in general)* complessivamente, nell'insieme ◇ *n* ['əʊvərɔːl] **1.** *(UK)* *(coat)* grembiule *m* **2.** *(US)* *(boiler suit)* tuta *f* (da lavoro) ● how much does it cost overall? quanto costa in tutto? ● **overalls** *npl* **1.** *(UK)* *(boiler suit)* tuta *f* (da lavoro) **2.** *(US)* *(dungarees)* salopette *f inv*

overboard ['əʊvəbɔːd] *adv* *(from ship)* in mare

overbooked [,əʊvə'bʊkt] *adj* ● to be overbooked avere più prenotazioni dei posti disponibili

overcame [,əʊvə'keɪm] *pt* > overcome

overcast [,əʊvə'kɑːst] *adj* coperto(a)

overcharge [,əʊvə'tʃɑːdʒ] *vt* far pagare un prezzo eccessivo(a)

overcoat ['əʊvəkəʊt] *n* cappotto *m*

overcome [,əʊvə'kʌm] *(pt* **-came**, *pp* **-come***)* *vt* **1.** *(defeat)* sopraffare **2.** *(problem)* superare

overcooked [,əʊvə'kʊkt] *adj* troppo cotto(a)

overcrowded [,əʊvə'kraʊdɪd] *adj* sovraffollato(a)

overdo [,əʊvə'duː] *(pt* **-did**, *pp* **-done***)* *vt* *(exaggerate)* esagerare con ● to overdo it esagerare

overdone [,əʊvə'dʌn] ◇ *pp* > overdo ◇ *adj* *(food)* troppo cotto(a)

overdose ['əʊvədəʊs] *n* overdose *f inv*

overdraft ['əʊvədrɑːft] *n* scoperto *m* (di conto)

overdue [,əʊvə'djuː] *adj* **1.** *(bus, flight)* in ritardo **2.** *(rent, payment)* in arretrato

over easy *adj* *(US)* *(egg)* ● eggs over easy uova al tegamino fritte da entrambe le parti

overexposed [,əʊvərɪk'spəʊzd] *adj* *(pho-*

tograph) sovraesposto(a)

overflow ◇ *vi* [,əʊvə'fləʊ] **1.** (container, bath) traboccare **2.** (river) straripare ◇ *n* ['əʊvəfləʊ] (pipe) troppopieno *m*

overgrown [,əʊvə'grəʊn] *adj* (garden, path) ricoperto(a) di erbacce

overhaul [,əʊvə'hɔ:l] *n* (of machine, car) revisione *f*

overhead ◇ *adj* ['əʊvəhed] aereo(a) ◇ *adv* [,əʊvə'hed] in alto, al di sopra

overhead locker *n* (on plane) scomparto *m* in alto

overhear [,əʊvə'hɪə*] (*pt & pp* -heard) *vt* sentire (per caso)

overheat [,əʊvə'hi:t] *vi* surriscaldarsi

overland ['əʊvəlænd] *adv* via terra

overlap [,əʊvə'læp] *vi* sovrapporsi

overleaf [,əʊvə'li:f] *adv* a tergo

overload [,əʊvə'ləʊd] *vt* sovraccaricare

overlook *vt* [,əʊvə'lʊk] **1.** (subj: building, room) dare su **2.** (miss) lasciarsi sfuggire, trascurare ◇ *n* ['əʊvəlʊk] **(scenic) overlook** (US) punto *m* panoramico

overnight [adv ,əʊvə'naɪt adj 'əʊvənaɪt] ◇ *adv* **1.** (during the night) durante la notte **2.** (until next day) per la notte ◇ *adj* (train, journey) di notte

overnight bag *n* piccola borsa *f* da viaggio

overpass ['əʊvəpɑːs] *n* cavalcavia *m inv*

overpowering [,əʊvə'paʊərɪŋ] *adj* (heat, smell) opprimente, soffocante

oversaw [,əʊvə'sɔː] *pt* ➤ oversee

overseas ◇ *adv* [,əʊvə'siːz] all'estero (oltremare) ◇ *adj* [,əʊvə'siːz] **1.** straniero(a) **2.** (trade) estero(a)

oversee [,əʊvə'siː] (*pt* -saw, *pp* -seen) *vt* sovrintendere a

overshoot [,əʊvə'ʃuːt] (*pt & pp* -shot) *vt* (turning, motorway exit) oltrepassare

oversight ['əʊvəsaɪt] *n* svista *f*

oversleep [,əʊvə'sliːp] (*pt & pp* -slept) *vi* non svegliarsi (all'ora prevista)

overtake [,əʊvə'teɪk] (*pt* -took, *pp* -taken) *vt* & *vi* sorpassare ▼ no overtaking divieto di sorpasso

overtime ['əʊvətaɪm] *n* straordinario *m*

overtook [,əʊvə'tʊk] *pt* ➤ overtake

overture ['əʊvə,tjʊə*] *n* MUS ouverture *f inv*

overturn [,əʊvə'tɜːn] *vi* rovesciarsi

overweight [,əʊvə'weɪt] *adj* sovrappeso (inv)

overwhelm [,əʊvə'welm] *vt* sopraffare

owe [əʊ] *vt* dovere ● to owe sb sthg dovere qc a qn ● owing to a causa di

owl [aʊl] *n* gufo *m*

own [əʊn] ◇ *adj* proprio(a) ◇ *vt* possedere ◇ *pron* ● my own il mio (la mia), i miei (le mie) ● a room of my own una stanza (solo) per me ● on my own da solo ● to get one's own back prendersi la rivincita ● own up *vi* ● to own up to sthg ammettere qc

owner ['əʊnə*] *n* proprietario *m*, -a *f*

ownership ['əʊnəʃɪp] *n* proprietà *f*, possesso *m*

ox [ɒks] (*pl* oxen) *n* bue *m*

Oxbridge ['ɒksbrɪdʒ] *n* le Università di Oxford e Cambridge

Oxbridge

Il termine nasce dall'unione tra Oxford e Cambridge, le due università più antiche e prestigiose d'Inghilterra (XIII secolo), entrambe altamente selettive. Gli studenti sono divisi in *college* nei quali risiedono e dove si svolgono anche parte delle lezioni. I più antichi sono aperti al pubblico nei periodi di vacanza.

oxtail soup [ˈɒksteɪl-] *n* minestra *f* di coda di bue

oxygen [ˈɒksɪdʒən] *n* ossigeno *m*

oyster [ˈɔɪstəʳ] *n* ostrica *f*

oz *abbr* = **ounce**

ozone-friendly [ˈəʊzəʊn-] *adj* che non danneggia l'ozono

pP

p ◇ *abbr* (*abbr of* **page**) p., pag. ◇ *abbr* = **penny, pence**

pace [peɪs] *n* passo *m*

pacemaker [ˈpeɪsˌmeɪkəʳ] *n* (*for heart*) pacemaker *m inv*

Pacific [pəˈsɪfɪk] *n* ● **the Pacific (Ocean)** il Pacifico, l'Oceano *m* Pacifico

pacifier [ˈpæsɪfaɪəʳ] *n* (*US*) (*for baby*) succhiotto *m*

pacifist [ˈpæsɪfɪst] *n* pacifista *mf*

pack [pæk] ◇ *n* 1. (*of washing powder*) pacco *m* 2. (*of cigarettes, crisps*) pacchetto *m* 3. (*UK*) (*of cards*) mazzo *m* 4. (*rucksack*) zaino *m* ◇ *vt* 1. (*suitcase, bag*) preparare, fare 2. (*clothes, camera etc*) mettere in valigia 3. (*to package*)

impacchettare, imballare ◇ *vi* (*for journey*) fare i bagagli OR le valigie ● **a pack of lies** un mucchio di bugie ● **to pack sthg into sthg** stipare qc in qc ● **to pack one's bags** fare i bagagli OR le valigie ◆ **pack up** *vi* 1. (*pack suitcase*) fare la valigia 2. (*tidy up*) riordinare 3. (*UK*) (*inf*) (*machine, car*) guastarsi

package [ˈpækɪdʒ] ◇ *n* pacchetto *m* ◇ *vt* imballare

package holiday *n* vacanza *f* organizzata

package tour *n* viaggio *m* organizzato

packaging [ˈpækɪdʒɪŋ] *n* (*material*) imballaggio *m*, confezione *f*

packed [pækt] *adj* (*crowded*) stipato(a)

packed lunch *n* pranzo *m* al sacco

packet [ˈpækɪt] *n* pacchetto *m* ● **it cost a packet** (*UK*) (*inf*) è costato un mucchio di soldi

packing [ˈpækɪŋ] *n* (*material*) imballaggio *m* ● **to do one's packing** fare i bagagli OR le valigie

pad [pæd] *n* 1. (*of paper*) blocco *m* 2. (*of cloth, cotton wool*) tampone *m* 3. (*for protection*) imbottitura *f*

padded [ˈpædɪd] *adj* (*jacket, seat*) imbottito(a)

padded envelope *n* busta *f* imbottita

paddle [ˈpædl] ◇ *n* (*pole*) pagaia *f* ◇ *vi* 1. (*wade*) sguazzare 2. (*in canoe*) remare (*con la pagaia*)

paddling pool [ˈpædlɪŋ-] *n* piscina *f* per bambini

paddock [ˈpædək] *n* (*at racecourse*) paddock *m inv*

padlock [ˈpædlɒk] *n* lucchetto *m*

page [peɪdʒ] ◇ *n* (*of book, newspaper*)

pagina f ◇ vt chiamare

paid [peɪd] ◇ pt & pp ➤ pay ◇ adj (holiday, work) pagato(a)

pain [peɪn] n dolore m ● to be in pain avere dolore, soffrire ● he's such a pain! (inf) è un tale rompiscatole! ◆ **pains** npl (trouble) disturbo m

painful ['peɪnfʊl] adj doloroso(a)

painkiller ['peɪn,kɪlə'] n analgesico m, antidolorifico m

paint [peɪnt] ◇ n vernice f, colore m ◇ vt & vi dipingere ● to paint one's nails dipingersi le unghie ◆ **paints** npl (tubes, pots etc) colori mpl

paintbrush ['peɪntbrʌʃ] n pennello m

painter ['peɪntə'] n 1. (artist) pittore m, -trice f 2. (decorator) imbianchino m

painting ['peɪntɪŋ] n 1. (picture) dipinto m, quadro m 2. (artistic activity) pittura f 3. (by decorator) tinteggiatura f

pair [peə'] n (of two things) paio m ● in pairs a coppie, a due a due ● a pair of pliers un paio di pinze ● a pair of scissors un paio di forbici ● a pair of shorts un paio di calzoncini ● a pair of tights un paio di collant ● a pair of trousers un paio di pantaloni

pajamas [pə'dʒɑːməz] (US) = pyjamas

Pakistan [(UK) ,pɑːkɪ'stɑːn, (US) ,pækɪ'stæn] n il Pakistan

Pakistani [(UK) ,pɑːkɪ'stɑːnɪ, (US) ,pækɪ'stænɪ] ◇ adj pakistano(a) ◇ n pakistano m, -a f

pakora [pə'kɔːrə] npl frittelle piccanti a base di verdura e spezie varie servite come antipasto nella cucina indiana

pal [pæl] n (inf) amico m, -a f

palace ['pælɪs] n palazzo m

palatable ['pælətəbl] adj (food, drink) gustoso(a)

palate ['pælət] n palato m

pale [peɪl] adj pallido(a)

pale ale n birra f chiara

palm [pɑːm] n 1. (of hand) palmo m ● **palm (tree)** palma f

palpitations [,pælpɪ'teɪʃnz] npl palpitazioni fpl

pamphlet ['pæmflɪt] n opuscolo m

pan [pæn] n 1. (saucepan) pentola f 2. (frying pan) padella f

pancake ['pænkeɪk] n crêpe f inv

pancake roll n involtino m primavera

panda ['pændə] n panda m inv

panda car n (UK) auto f inv della polizia

pane [peɪn] n vetro m

panel ['pænl] n 1. (of wood) pannello m 2. (group of experts) gruppo m di esperti 3. (on TV, radio) giuria f

paneling ['pænəlɪŋ] (US) = panelling

panelling ['pænəlɪŋ] n (UK) rivestimento m a pannelli

panic ['pænɪk] (pt & pp **-ked**, cont **-king**) ◇ n panico m ◇ vi farsi prendere dal panico

panniers ['pænɪəz] npl (for bicycle) borse fpl da bicicletta

panoramic [,pænə'ræmɪk] adj panoramico(a)

pant [pænt] vi ansare

panties ['pæntɪz] npl (inf) mutandine fpl

pantomime ['pæntəmaɪm] n (UK) spettacolo natalizio per bambini

pantry ['pæntrɪ] n dispensa f

pants [pænts] npl 1. (UK) (underwear)

mutande *fpl* **2.** *(US)* *(trousers)* pantaloni *mpl*

panty hose ['pæntɪ-] *npl* *(US)* collant *m inv*

papadum ['pæpədəm] *n* = poppadom

paper ['peɪpə'] ◇ *n* **1.** *(material)* carta *f* **2.** *(newspaper)* giornale *m* **3.** *(exam)* esame *m* (scritto) ◇ *adj* di carta ◇ *vt* tappezzare (con carta da parati) ◆ **a piece of paper** un pezzo di carta ◆ **papers** *npl* *(documents)* documenti *mpl*

paperback ['peɪpəbæk] *n* libro *m* in brossura

paper bag *n* sacchetto *m* di carta

paperboy ['peɪpəbɔɪ] *n* *(UK)* ragazzo che recapita i giornali a domicilio

paper clip *n* graffetta *f*

papergirl ['peɪpəgɜːl] *n* *(UK)* ragazza che recapita i giornali a domicilio

paper handkerchief *n* fazzoletto *m* di carta

paper shop *n* giornalaio *m*

paperweight ['peɪpəweɪt] *n* fermacarte *m inv*

paprika ['pæprɪkə] *n* paprica *f*

par [pɑː'] *n* *(in golf)* norma *f*

paracetamol [,pærə'siːtəmɒl] *n* paracetamolo *m*

parachute ['pærəʃuːt] *n* paracadute *m inv*

parade [pə'reɪd] *n* **1.** *(procession)* parata *f* **2.** *(of shops)* fila *f* di negozi

paradise ['pærədaɪs] *n* paradiso *m*

paraffin ['pærəfɪn] *n* cherosene *m*

paragraph ['pærəɡrɑːf] *n* paragrafo *m*

parallel ['pærəlel] *adj* ◆ **parallel (to)** parallelo(a)(a)

paralysed ['pærəlaɪzd] *adj* *(UK)* paralizzato(a)

paralyzed ['pærəlaɪzd] *(US)* = paralysed

paramedic [,pærə'medɪk] *n* paramedico *m*

paranoid ['pærənɔɪd] *adj* paranoico(a)

parasite ['pærəsaɪt] *n* parassita *m*

parasol ['pærəsɒl] *n* parasole *m inv*

parcel ['pɑːsl] *n* pacco *m*, pacchetto *m*

parcel post *n* servizio *m* pacchi postali

pardon ['pɑːdn] *excl* ◆ **pardon?** prego! ◆ **pardon (me)!** mi scusi! ◆ **I beg your pardon!** *(apologizing)* scusi! ◆ **I beg your pardon?** *(asking for repetition)* prego?

parent ['peərənt] *n* genitore *m*

parish ['pærɪʃ] *n* **1.** *(of church)* parrocchia *f* **2.** *(village area)* ≃ comune *m*

park [pɑːk] ◇ *n* parco *m* ◇ *vt* & *vi* parcheggiare

park and ride *n* parcheggio decentrato presso una stazione di mezzi pubblici locali

parking ['pɑːkɪŋ] *n* parcheggio *m* ▼ **no parking** sosta vietata

parking brake *n* *(US)* freno *m* a mano

parking lot *n* *(US)* parcheggio *m*, posteggio *m*

parking meter *n* parchimetro *m*

parking space *n* posto *m* per parcheggiare

parking ticket *n* multa *f* per sosta vietata

parkway ['pɑːkweɪ] *n* *(US)* viale con alberi OR piante nella banchina spartitraffico

parliament ['pɑːləmənt] *n* parlamento *m*

Parmesan (cheese) [pɑːmɪ'zæn-] *n* parmigiano *m*, grana *m*

parrot ['pærət] *n* pappagallo *m*

parsley ['pɑːslɪ] *n* prezzemolo *m*

parsnip ['pɑːsnɪp] *n* pastinaca *f*

parson ['pɑːsn] *n* curato *m*, parroco *m*

part [pɑːt] ◇ *n* 1. parte *f* 2. *(of machine, car)* pezzo *m* 3. *(of serial)* puntata *f* 4. *(US)* (in hair) scriminatura *f* ◇ *adv* in parte ◇ *vi (couple)* separarsi ● **in this part of Italy** in questa zona dell'Italia ● **to form part of** costituire parte di ● **to play a part in** avere un ruolo in ● **to take part in** prendere parte a ● **for my part** da parte mia ● **for the most part** per lo più, in generale ● **in these parts** da queste parti

partial ['pɑːʃl] *adj (not whole)* parziale ● **to be partial to sthg** avere un debole per qc

participant [pɑːˈtɪsɪpənt] *n* partecipante *mf*

participate [pɑːˈtɪsɪpeɪt] *vi* ● **to participate (in)** partecipare (a)

particular [pəˈtɪkjʊləʳ] *adj* 1. particolare 2. *(fussy)* esigente ● **in particular** in particolare, specialmente ● **nothing in particular** niente di particolare ● **particulars** *npl (details)* particolari *mpl*

particularly [pəˈtɪkjʊləlɪ] *adv* particolarmente, soprattutto

parting ['pɑːtɪŋ] *n (UK) (in hair)* scriminatura *f*

partition [pɑːˈtɪʃn] *n (in wall)* tramezzo *m*

partly ['pɑːtlɪ] *adv* parzialmente, in parte

partner ['pɑːtnəʳ] *n* 1. *(husband)* marito *m* 2. *(wife)* moglie *f* 3. *(lover, in game, dance)* compagno *m*, -a *f* 4. COMM socio *m*, -a *f*

partnership ['pɑːtnəʃɪp] *n* 1. associazione *f* 2. COMM società *f inv*

partridge ['pɑːtrɪdʒ] *n* pernice *f*

part-time *adj & adv* part time

party ['pɑːtɪ] *n* 1. *(for fun)* festa *f* 2. POL partito *m* 3. *(group of people)* gruppo *m* ● **to have a party** fare una festa

pass [pɑːs] ◇ *vt* 1. passare 2. *(move past)* oltrepassare, passare davanti a 3. *(test, exam)* passare, superare 4. *(overtake)* sorpassare 5. *(law)* approvare ◇ *vi* passare ◇ *n* 1. *(document)* lasciapassare *m inv*, permesso *m* 2. *(in mountain)* passo *m* 3. *(in exam)* sufficienza *f* 4. SPORT passaggio *m* ● **to pass sb sthg** passare qc a qn ● **pass by** vt sep *(building, window etc)* passare davanti a ◇ *vi* passare ● **pass on** vt sep *(message)* passare ● **pass out** vi *(faint)* svenire ● **pass up** vt sep *(opportunity)* lasciarsi sfuggire

passable ['pɑːsəbl] *adj* 1. *(road)* transitabile 2. *(satisfactory)* passabile

passage ['pæsɪdʒ] *n* 1. *(corridor)* passaggio *m*, corridoio *m* 2. *(in book)* brano *m*, passo *m* 3. *(sea journey)* traversata *f*

passageway ['pæsɪdʒweɪ] *n* corridoio *m*

passenger ['pæsɪndʒəʳ] *n* passeggero *m*, -a *f*

passerby [ˌpɑːsəˈbaɪ] *n* passante *mf*

passing place ['pɑːsɪŋ-] *n (for cars)* piazzola *f*

passion ['pæʃn] *n* passione *f*

passionate ['pæʃənət] *adj* 1. *(showing strong feeling)* appassionato(a) 2. *(sexually)* passionale

passive ['pæsɪv] *n* passivo *m*

passport ['pɑːspɔːt] *n* passaporto *m*

passport control *n* controllo *m* passaporti

passport photo *n* fototessera *f*

password ['pɑːswɜːd] *n* (for computer) password *f inv*, parola *f* d'accesso

past [pɑːst] ◇ *adj* **1.** passato(a) **2.** (last) ultimo(a) **3.** (former) ex (inv) ◇ *prep* **1.** (in times) dopo **2.** (further than) oltre, al di là di **3.** (in front of) davanti a ◇ *adv* oltre ◇ *n* (former time) passato *m* ● **past (tense)** GRAM passato *m* ● **the past month** il mese scorso ● **twenty past four** le quattro e venti ● **to run past** passare di corsa ● **in the past** in passato

pasta ['pæstə] *n* pasta *f*

paste [peist] *n* **1.** (spread) pasta *f*, crema *f* (da spalmare) **2.** (glue) colla *f*

pastel ['pæstl] *n* **1.** (for drawing) pastello *m* **2.** (colour) colore *m* pastello

pasteurized ['pɑːstʃəraizd] *adj* pastorizzato(a)

pastille ['pæstɪl] *n* pastiglia *f*

pastime ['pɑːstaim] *n* passatempo *m*

pastry ['peistri] *n* pasta *f*

pasture ['pɑːstʃəᵉ] *n* pascolo *m*

pasty ['pæsti] *n* (UK) pasticcio *m*

pat [pæt] *vt* dare un colpetto (affettuoso) a

patch [pætʃ] *n* **1.** (for clothes) toppa *f* **2.** (of colour, cloud, damp) macchia *f* **3.** (for skin) cerotto *m* **4.** (for eye) benda *f* ● **a bad patch** (fig) un brutto periodo

pâté ['pætei] *n* pâté *m inv*

patent [(UK) 'peitənt, (US) 'pætənt] *n* brevetto *m*

path [pɑːθ] *n* **1.** (in park, country) sentiero *m*, viottolo *m* **2.** (in garden) vialetto *m*

pathetic [pə'θetik] *adj* (pej) (useless) penoso(a)

patience ['peiʃns] *n* **1.** (quality) pazienza *f* **2.** (UK) (card game) solitario *m*

patient ['peiʃnt] ◇ *adj* paziente ◇ *n* paziente *mf*, malato *m*, -a *f*

patio ['pætiəʊ] *n* terrazza *f*

patriotic [(UK) ˌpætri'ɒtik, (US) ˌpeitri'ɒtik] *adj* patriottico(a)

patrol [pə'trəʊl] ◇ *vt* pattugliare ◇ *n* (group) pattuglia *f*

patrol car *n* auto *f inv* di pattuglia

patron ['peitrən] *n* (fml) (customer) cliente *mf* ● **patrons only** riservato ai clienti

patronizing ['pætrənaizɪŋ] *adj* (person) che tratta con aria di superiorità

pattern ['pætn] *n* **1.** (of shapes, colours) disegno *m*, motivo *m* **2.** (for sewing) modello *m*

patterned ['pætənd] *adj* fantasia (inv)

pause [pɔːz] ◇ *n* pausa *f* ◇ *vi* fare una pausa, soffermarsi

pavement ['peivmənt] *n* **1.** (UK) (beside road) marciapiede *m* **2.** (US) (roadway) pavimentazione *f*

pavilion [pə'viljən] *n* edificio annesso a campo sportivo, adibito a spogliatoio

paving stone ['peivɪŋ-] *n* lastra *f* di pietra

pavlova *n* dolce composto da due strati di meringa farciti di panna montata e frutta

paw [pɔː] *n* zampa *f*

pawn [pɔːn] ◇ *vt* impegnare, dare in pegno ◇ *n* (in chess) pedone *m*

pay [pei] (pt & pp **paid**) ◇ *vt* pagare ◇ *vi* **1.** (give money) pagare **2.** (be profitable) rendere ◇ n paga f, stipendio m ● **to pay sb for sthg** pagare qn per qc ● **to pay money into an account** versare dei soldi su un conto ● **to pay attention (to)** fare attenzione (a) ● **to pay sb a visit** fare visita a qn ● **to pay by credit card** pagare con la carta di credito ◆ **pay back** vt sep 1. (money) restituire 2. (person) rimborsare ◆ **pay for** vt insep (purchase) pagare ◆ **pay in** vt sep (cheque, money) versare ◆ **pay out** vt sep (money) sborsare ◆ **pay up** vi saldare il debito

payable ['peɪəbl] adj (bill) pagabile ● **payable to** (cheque) pagabile a, intestato(a) a

payment ['peɪmənt] n 1. (of money, bill) pagamento m 2. (amount) pagamento, versamento m

payphone ['peɪfəʊn] n telefono m pubblico

PC [piː'siː] ◇ n (abbr of personal computer) PC m inv ◆ abbr (UK) = **police constable**

PDF [piːdiː'ef] n (abbr of portable document format) PDF m inv

PE abbr = **physical education**

pea [piː] n pisello m

peace [piːs] n pace f ● **to leave sb in peace** lasciare qn in pace ● **peace and quiet** pace e tranquillità

peaceful ['piːsfʊl] adj 1. (place, day, feeling) tranquillo(a), calmo(a) 2. (demonstration) pacifico(a)

peach [piːtʃ] n pesca f

peacock ['piːkɒk] n pavone m

peak [piːk] n 1. (of mountain) cima f, vetta f 2. (of hat) visiera f 3. (fig) (highest point) apice m, culmine m

peak hours npl ore fpl di punta

peak rate n tariffa f ore di punta

peanut ['piːnʌt] n arachide f, nocciolina f americana

peanut butter n burro m di arachidi

pear [peə'] n pera f

pearl [pɜːl] n perla f

peasant ['peznt] n contadino m, -a f

pebble ['pebl] n ciottolo m

pecan pie ['piːkæn-] n torta f di noci pecan

peck [pek] vi (bird) beccare

peculiar [pɪ'kjuːljə'] adj (strange) strano(a), singolare ● **to be peculiar to** (exclusive) essere peculiare di

peculiarity [pɪ,kjuːlɪ'ærətɪ] n (special feature) particolarità f inv

pedal ['pedl] ◇ n pedale m ◇ vi pedalare

pedal bin n pattumiera f a pedale

pedalo ['pedələʊ] (pl -s) n moscone m a pedali, pedalò ® m inv

pedestrian [pɪ'destrɪən] n pedone m, -a f

pedestrian crossing n passaggio m pedonale

pedestrianized [pɪ'destrɪənaɪzd] adj riservato(a) ai pedoni

pedestrian precinct n (UK) zona f pedonale

pedestrian zone (US) = **pedestrian precinct**

pee [piː] ◇ vi (inf) fare la pipì ◇ n ● **to have a pee** (inf) fare la pipì

peel [piːl] ◇ n 1. buccia f 2. (of orange, lemon) scorza f ◇ vt (fruit, vegetables) sbucciare ◇ vi 1. (paint) staccarsi 2. (skin) spellarsi

peep [piːp] n ● **to have a peep** dare una sbirciatina

peer [pɪə^r] *vi* ● **to peer at** fissare, scrutare

peg [peg] *n* **1.** *(for tent)* picchetto *m* **2.** *(hook)* attaccapanni *m inv* **3.** *(for washing)* molletta *f*

pelican crossing [ˈpelɪkən-] *n* (UK) passaggio pedonale con semaforo a comando manuale

pelvis [ˈpelvɪs] *n* bacino *m*

pen [pen] *n* **1.** *(for writing)* penna *f* **2.** *(for animals)* recinto *m*

penalty [ˈpenltɪ] *n* **1.** *(fine)* multa *f*, sanzione *f* **2.** *(in football)* rigore *m*

pence [pens] *npl* penny *m inv* ● **it costs 20 pence** costa 20 penny

pencil [ˈpensl] *n* matita *f*

pencil case *n* portamatite *m inv*

pencil sharpener *n* temperamatite *m inv*

pendant [ˈpendənt] *n* pendente *m*, ciondolo *m*

pending [ˈpendɪŋ] *prep* (fml) in attesa di

penetrate [ˈpenɪtreɪt] *vt* penetrare

penfriend [ˈpenfrend] *n* amico *m*, -a *f* per corrispondenza

penguin [ˈpeŋgwɪn] *n* pinguino *m*

penicillin [ˌpenɪˈsɪlɪn] *n* penicillina *f*

peninsula [pəˈnɪnsjʊlə] *n* penisola *f*

penis [ˈpiːnɪs] *n* pene *m*

penknife [ˈpennaɪf] *(pl* -knives*)* *n* temperino *m*

penny [ˈpenɪ] *(pl* pennies*)* *n* **1.** *(in UK)* penny *m inv* **2.** *(in US)* centesimo *m*

pension [ˈpenʃn] *n* pensione *f*

pensioner [ˈpenʃənə^r] *n* pensionato *m*, -a *f*

penthouse [ˈpenthaʊs] *n* superattico *m*

penultimate [peˈnʌltɪmət] *adj* penultimo(a)

people [ˈpiːpl] ◇ *npl* **1.** *(persons)* persone *fpl* **2.** *(in general)* gente *f* ◇ *n (nation)* popolo *m* ● **the people** *(citizens)* il popolo

pepper [ˈpepə^r] *n* **1.** *(spice)* pepe *m* **2.** *(vegetable)* peperone *m*

peppercorn [ˈpepəkɔːn] *n* grano *m* di pepe

peppermint [ˈpepəmɪnt] ◇ *adj* alla menta (piperita) ◇ *n (sweet)* caramella *f* di menta

pepper pot *n* pepiera *f*

pepper steak *n* bistecca *f* al pepe

per [pɜː^r] *prep* per, a ● **per person** a persona ● **per week** alla settimana ● **£20 per night** 20 sterline a notte

perceive [pəˈsiːv] *vt* percepire

per cent *adv* per cento

percentage [pəˈsentɪdʒ] *n* percentuale *f*

perch [pɜːtʃ] *n (for bird)* posatoio *m*, asticella *f*

percolator [ˈpɜːkəleɪtə^r] *n* caffettiera *f* a filtro

perfect ◇ *adj* [ˈpɜːfɪkt] perfetto(a) ◇ *vt* [pəˈfekt] perfezionare ◇ *n* [ˈpɜːfɪkt] ● **the perfect (tense)** il passato prossimo

perfection [pəˈfekʃn] *n* ● **to do sthg to perfection** fare qc alla perfezione

perfectly [ˈpɜːfɪktlɪ] *adv (very well)* perfettamente, alla perfezione

perform [pəˈfɔːm] ◇ *vt* **1.** *(task, operation)* eseguire, fare **2.** *(play)* rappresentare **3.** *(concert)* eseguire ◇ *vi* **1.** *(actor)* recitare **2.** *(singer)* cantare

performance [pəˈfɔːməns] *n* **1.** *(of play, concert, film)* spettacolo *m* **2.** *(by actor)*

interpretazione *f* **3.** *(musician)* esecuzione *f* **4.** *(of car)* prestazioni *fpl*
performer [pəˈfɔːməʳ] *n* artista *mf*
perfume [ˈpɜːfjuːm] *n* profumo *m*
perhaps [pəˈhæps] *adv* forse
perimeter [pəˈrɪmɪtəʳ] *n* perimetro *m*
period [ˈpɪərɪəd] ◇ *n* **1.** periodo *m* **2.** *SCH* lezione *f* **3.** *(menstruation)* mestruazioni *fpl* **4.** *(US) (full stop)* punto *m* ◇ *adj (costume, furniture)* d'epoca
periodic [ˌpɪərɪˈɒdɪk] *adj* periodico(a)
period pains *npl* dolori *mpl* mestruali
periphery [pəˈrɪfərɪ] *n* periferia *f*
perishable [ˈperɪʃəbl] *adj* deperibile
perk [pɜːk] *n* vantaggio *m*
perm [pɜːm] ◇ *n* permanente *f* ◇ *vt* • **to have one's hair permed** farsi la permanente
permanent [ˈpɜːmənənt] *adj* permanente
permanent address *n* residenza *f*
permanently [ˈpɜːmənəntlɪ] *adv* permanentemente
permissible [pəˈmɪsəbl] *adj (fml)* permissibile, ammissibile
permission [pəˈmɪʃn] *n* permesso *m*
permit ◇ *vt* [pəˈmɪt] permettere ◇ *n* [ˈpɜːmɪt] permesso *m* • **to permit sb to do sthg** permettere a qn di fare qc ▼ **permit holders only** solo autorizzati
perpendicular [ˌpɜːpənˈdɪkjʊləʳ] *adj* perpendicolare
persevere [ˌpɜːsɪˈvɪəʳ] *vi* perseverare
persist [pəˈsɪst] *vi* persistere • **to persist in doing sthg** ostinarsi a fare qc
persistent [pəˈsɪstənt] *adj* **1.** persistente **2.** *(person)* ostinato(a)
person [ˈpɜːsn] *(pl* **people***)* *n* persona *f* • **in person** di persona
personal [ˈpɜːsənl] *adj* personale
personal assistant *n* segretario *m*, -a *f* personale
personal belongings *npl* effetti *mpl* personali
personal computer *n* personal computer *m inv*
personality [ˌpɜːsəˈnælətɪ] *n* personalità *f inv*
personally [ˈpɜːsnəlɪ] *adv* personalmente
personal property *n* beni *mpl* mobili
personal stereo *n* walkman® *m inv*
personnel [ˌpɜːsəˈnel] *npl* personale *m*
perspective [pəˈspektɪv] *n* prospettiva *f*
Perspex® [ˈpɜːspeks] *n (UK)* ≃ plexiglas® *m*
perspiration [ˌpɜːspəˈreɪʃn] *n* traspirazione *f*, sudore *m*
persuade [pəˈsweɪd] *vt* • **to persuade sb (to do sthg)** persuadere qn (a fare qc) • **to persuade sb that ...** persuadere qn che ...
persuasive [pəˈsweɪsɪv] *adj* persuasivo(a), convincente
pervert [ˈpɜːvɜːt] *n* pervertito *m*, -a *f*
pessimist [ˈpesɪmɪst] *n* pessimista *mf*
pessimistic [ˌpesɪˈmɪstɪk] *adj* pessimistico(a)
pest [pest] *n* **1.** *(insect)* insetto *m* nocivo **2.** *(animal)* animale *m* nocivo **3.** *(inf) (person)* peste *f*
pester [ˈpestəʳ] *vt* tormentare
pesticide [ˈpestɪsaɪd] *n* pesticida *m*
pet [pet] *n* animale *m* domestico • **the teacher's pet** il favorito(la favorita) dell'insegnante

petal ['petl] *n* petalo *m*

pet food *n* cibo *m* per animali (domestici)

petition [pɪ'tɪʃn] *n (letter)* petizione *f*

petits pois *npl* pisellini *mpl*

petrified ['petrɪfaɪd] *adj (frightened)* impietrito(a) (dalla paura)

petrol ['petrəl] *n (UK)* benzina *f*

petrol can *n (UK)* tanica *f* per la benzina

petrol cap *n (UK)* tappo *m* del serbatoio

petrol gauge *n (UK)* indicatore *m* di livello della benzina

petrol pump *n (UK)* pompa *f* di benzina

petrol station *n (UK)* distributore *m* di benzina

petrol tank *n (UK)* serbatoio *m* della benzina

pet shop *n* negozio *m* di animali

petticoat ['petɪkəʊt] *n* sottoveste *f*

petty ['petɪ] *adj (pej) (person, rule)* meschino(a)

petty cash *n* piccola cassa *f*

pew [pju:] *n* panca *f* (di chiesa)

pewter ['pju:tə'] *adj* di peltro

PG [pi:'dʒi:] *(abbr of parental guidance)* sigla che contraddistingue i film non vietati ai minori, per i quali è però consigliato l'accompagnamento dei genitori

pharmacist ['fɑ:məsɪst] *n* farmacista *mf*

pharmacy ['fɑ:məsɪ] *n (shop)* farmacia *f*

phase [feɪz] *n* fase *f*

PhD *n (degree)* ≃ dottorato *m* di ricerca

pheasant ['feznt] *n* fagiano *m*

phenomena [fɪ'nɒmɪnə] *pl* ➤ phenomenon

phenomenal [fɪ'nɒmɪnl] *adj* fenomenale

phenomenon [fɪ'nɒmɪnən] *(pl* -**mena***)* *n* fenomeno *m*

Philippines ['fɪlɪpi:nz] *npl* ● the Philippines le Filippine

philosophy [fɪ'lɒsəfɪ] *n* filosofia *f*

phlegm [flem] *n (in throat)* catarro *m*

phone [fəʊn] ◇ *n* telefono *m* ◇ *vt (UK)* telefonare a ◇ *vi (UK)* telefonare ● to be on the phone *(talking)* essere al telefono; *(connected)* avere il telefono ● phone up ◇ *vt sep* telefonare a, chiamare ◇ *vi* telefonare

phone book *n* elenco *m* telefonico

phone booth *n* cabina *f* telefonica

phone box *n (UK)* cabina *f* telefonica

phone call *n* telefonata *f*

phonecard ['fəʊnkɑ:d] *n* scheda *f* telefonica

phone number *n* numero *m* di telefono

photo ['fəʊtəʊ] *(pl* -**s***)* *n* foto *f inv* ● to take a photo of fare una foto a

photo album *n* album *m inv* portafotografie

photocopier [,fəʊtəʊ'kɒpɪə'] *n* fotocopiatrice *f*

photocopy ['fəʊtəʊ,kɒpɪ] ◇ *n* fotocopia *f* ◇ *vt* fotocopiare

photograph ['fəʊtəgrɑ:f] ◇ *n* fotografia *f* ◇ *vt* fotografare

photographer [fə'tɒgrəfə'] *n* fotografo *m*, -a *f*

photography [fə'tɒgrəfɪ] *n* fotografia *f*

phrase [freɪz] *n* espressione *f*

phrasebook ['freizbuk] n vocabolarietto m con frasi tipiche

physical ['fizikl] ◇ adj fisico(a) ◇ n visita f medica

physical education n educazione f fisica

physically handicapped ['fizikli-] adj handicappato fisico(handicappata fisica)

physics ['fiziks] n fisica f

physiotherapy [,fiziəʊ'θerəpi] n fisioterapia f

pianist ['piənist] n pianista mf

piano [pi'ænəʊ] (pl -s) n pianoforte m

pick [pik] ◇ vt 1. (select) scegliere 2. (fruit, flowers) cogliere ◇ n (pickaxe) piccone m ● to pick a fight attaccar briga ● to pick one's nose mettersi le dita nel naso ● to take one's pick scegliere ● **pick on** vt insep prendersela con, prendere di mira ♦ **pick out** vt sep 1. (select) scegliere 2. (see) individuare, riconoscere ♦ **pick up** ◇ vt sep 1. (lift up) raccogliere 2. (collect) passare a prendere 3. (learn) imparare 4. (habit) prendere 5. (bargain) trovare 6. (hitchhiker) far salire 7. (inf) (woman, man) rimorchiare ◇ vi (improve) riprendersi ● to pick up the phone (answer) rispondere al telefono

pickaxe ['pikæks] n piccone m

pickle ['pikl] n 1. (UK) (food) sottaceti mpl 2. (US) (pickled cucumber) cetriolo m sottaceto

pickled onion ['pikld-] n cipollina f sottaceto

pickpocket ['pik,pɒkit] n borsaiolo m

pick-up (truck) n camioncino m

picnic ['piknik] n picnic m inv

picnic area n area per picnic

picture ['piktʃə'] n 1. (painting) quadro m 2. (drawing) disegno m 3. (photograph) fotografia f 4. (on TV) immagine f 5. (film) film m inv ● **pictures** npl ● the pictures (UK) il cinema

picture frame n cornice f

picturesque [,piktʃə'resk] adj pittoresco(a)

pie [pai] n 1. (savoury) pasticcio m 2. (sweet) torta f

piece [pi:s] n pezzo m ● a 20p piece un pezzo da 20 penny ● a piece of advice un consiglio ● a piece of clothing un capo di vestiario ● a piece of furniture un mobile ● to fall to pieces andare in pezzi ● in one piece tutto intero

pier [piə'] n molo m

pierce [piəs] vt forare, perforare ● to have one's ears pierced farsi i buchi alle orecchie

pig [pig] n maiale m, porco m

pigeon ['pidʒin] n piccione m

pigeonhole ['pidʒinhəʊl] n casella f

pigskin ['pigskin] adj di cinghiale

pigtails ['pigteilz] npl trecce fpl

pike [paik] n (fish) luccio m

pilau rice ['pilaʊ-] n riso m pilaf

pilchard ['piltʃəd] n sardina f

pile [pail] ◇ n 1. (heap) mucchio m 2. (neat stack) pila f ◇ vt ammucchiare ● **piles of** (inf) (a lot) mucchi di ● **pile up** ◇ vt sep ammucchiare ◇ vi (accumulate) ammucchiarsi

piles [pailz] npl emorroidi fpl

pileup ['pailʌp] n tamponamento m a catena

pill [pɪl] *n* pillola *f*

pillar ['pɪlə'] *n* colonna *f*

pillar box *n* (UK) cassetta *f* delle lettere

pillion ['pɪljən] *n* ● **to ride pillion** viaggiare sul sellino posteriore

pillow ['pɪləʊ] *n* cuscino *m*

pillowcase ['pɪləʊkeɪs] *n* federa *f*

pilot ['paɪlət] *n* pilota *mf*

pilot light *n* fiamma *f* pilota

pimple ['pɪmpl] *n* foruncolo *m*

pin [pɪn] ◊ *n* **1.** (for sewing, safety pin) spillo *m* **2.** (drawing pin) puntina *f* **3.** (US) (brooch, badge) spilla *f* ◊ *vt* (fasten) attaccare con uno spillo ● **a two-pin plug** una spina bipolare ● **pins and needles** formicolio *m*

pinafore ['pɪnəfɔːr] *n* **1.** (apron) grembiule *m* **2.** (UK) (dress) scamiciato *m*

pinball ['pɪnbɔːl] *n* flipper *m inv*

pincers ['pɪnsəz] *npl* (tool) tenaglie *fpl*

pinch [pɪntʃ] ◊ *vt* **1.** (squeeze) pizzicare, dare un pizzicotto a **2.** (UK) (inf) (steal) fregare ◊ *n* (of salt) pizzico *m*

pine [paɪn] ◊ *n* pino *m* ◊ *adj* di pino

pineapple ['paɪnæpl] *n* ananas *m inv*

pink [pɪŋk] ◊ *adj* rosa *inv* ◊ *n* (colour) rosa *m inv*

pinkie ['pɪŋkɪ] *n* (US) mignolo *m*

PIN (number) *n* numero *m* di codice segreto

pint [paɪnt] *n* **1.** (in UK) = 0,568 l, pinta *f* **2.** (in US) = 0,473 l, pinta ● **a pint (of beer)** (UK) ≃ una birra grande

pip [pɪp] *n* (of fruit) seme *m*

pipe [paɪp] *n* **1.** (for smoking) pipa *f* **2.** (for gas, water) tubo *m*

pipe cleaner *n* scovolino *m*

pipeline ['paɪplaɪn] *n* **1.** conduttura *f* **2.** (for oil) oleodotto *m*

pipe tobacco *n* tabacco *m* da pipa

pirate ['paɪrət] *n* pirata *m*

Pisces ['paɪsiːz] *n* Pesci *mpl*

piss [pɪs] ◊ *vi* (vulg) pisciare ◊ *n* ● **to have a piss** (vulg) pisciare ● **it's pissing down** (vulg) piove a dirotto

pissed [pɪst] *adj* **1.** (UK) (vulg) (drunk) sbronzo(a) **2.** (US) (vulg) (angry) incazzato(a)

pissed off *adj* (vulg) incazzato(a)

pistachio [pɪ'stɑːʃɪəʊ] (pl -s) ◊ *n* pistacchio *m* ◊ *adj* al pistacchio

pistol ['pɪstl] *n* pistola *f*

piston ['pɪstən] *n* pistone *m*

pit [pɪt] *n* **1.** (hole) buca *f*, fossa *f* **2.** (coalmine) miniera *f* (di carbone) **3.** (for orchestra) fossa dell'orchestra **4.** (US) (in fruit) nocciolo *m*

pitch [pɪtʃ] ◊ *n* (UK) SPORT campo *m* ◊ *vt* (throw) lanciare ● **to pitch a tent** piantare una tenda

pitcher ['pɪtʃə'] *n* brocca *f*

pitfall ['pɪtfɔːl] *n* insidia *f*, pericolo *m*

pith [pɪθ] *n* (of orange) parte *f* interna della scorza

pitta (bread) ['pɪtə-] *n* tipo di schiacciatina di origine mediorientale

pitted ['pɪtɪd] *adj* (olives) snocciolato(a)

pity ['pɪtɪ] *n* (compassion) pietà *f* ● **to have pity on sb** avere pietà di qn ● **it's a pity that ...** è un peccato che ... ● **what a pity!** che peccato!

pivot ['pɪvət] *n* perno *m*

pizza ['piːtsə] *n* pizza *f*

pizzeria [ˌpiːtsə'riːə] *n* pizzeria *f*

Pl. (abbr of Place) abbreviazione di

strada in alcuni indirizzi

placard ['plækɑːd] *n* cartello *m*

place [pleɪs] ◇ *n* **1.** *(location)* posto *m*, luogo *m* **2.** *(house, flat)* casa *f* **3.** *(seat, proper position, in race, list)* posto ◇ *vt* **1.** *(put)* collocare, mettere **2.** *(an order, bet)* fare ● **in the first place** *(firstly)* in primo luogo ● **to take place** avere luogo, avvenire ● **to take sb's place** *(replace)* prendere il posto di qn ● **all over the place** dappertutto ● **in place of** al posto di

place mat *n* **1.** *(heat-resistant)* sottopiatto *m* **2.** *(linen)* tovaglietta *f*

placement ['pleɪsmənt] *n (work experience)* stage *m inv*

place of birth *n* luogo *m* di nascita

plague [pleɪg] *n* peste *f*

plaice [pleɪs] *(pl inv)* *n* platessa *f*

plain [pleɪn] ◇ *adj* **1.** *(simple)* semplice **2.** *(in one colour)* in tinta unita **3.** *(clear)* chiaro(a) **4.** *(paper)* non rigato(a) **5.** *(pej)* *(not attractive)* scialbo(a) ◇ *n* pianura *f*

plain chocolate *n* cioccolato *m* fondente

plainly ['pleɪnlɪ] *adv* chiaramente

plait [plæt] ◇ *n* treccia *f* ◇ *vt* intrecciare

plan [plæn] ◇ *n* **1.** *(scheme, project)* piano *m*, progetto *m* **2.** *(drawing)* pianta *f* ◇ *vt* *(organize)* programmare, progettare ● **have you any plans for tonight?** hai qualche programma per stasera? ● **according to plan** secondo i piani ● **to plan to do sthg, to plan on doing sthg** progettare di fare qc

plane [pleɪn] *n* **1.** *(aeroplane)* aereo *m* **2.** *(tool)* pialla *f*

planet ['plænɪt] *n* pianeta *m*

plank [plæŋk] *n* asse *f*, tavola *f*

plant [plɑːnt] ◇ *n* **1.** pianta *f* **2.** *(factory)* stabilimento *m*, fabbrica *f* ◇ *vt* piantare ▼ **heavy plant crossing** uscita mezzi pesanti

plantation [plæn'teɪʃn] *n* piantagione *f*

plaque [plɑːk] *n* placca *f*

plaster ['plɑːstə²] *n* **1.** *(UK)* *(for cut)* cerotto *m* **2.** *(for walls)* intonaco *m* ● **in plaster** *(arm, leg)* ingessato

plaster cast *n* *(for broken bones)* ingessatura *f*

plastic ['plæstɪk] ◇ *n* plastica *f* ◇ *adj* di plastica

plastic bag *n* sacchetto *m* di plastica

Plasticine ® ['plæstɪsiːn] *n (UK)* plastilina ® *f*

plate [pleɪt] *n* **1.** *(for food)* piatto *m* **2.** *(of metal, glass)* piastra *f*

plateau ['plætəʊ] *n* altopiano *m*

plate-glass *adj* di vetro piano

platform ['plætfɔːm] *n* **1.** *(at railway station)* marciapiede *m* (di binario) **2.** *(raised structure)* piattaforma *f* **3.** *(stage)* palco *m* ● **platform 12** binario 12

platinum ['plætɪnəm] *n* platino *m*

platter ['plætə²] *n* CULIN piatto *(di affettati, frutti di mare assortiti)*

play [pleɪ] ◇ *vt* **1.** *(sport, game)* giocare a **2.** *(musical instrument, music)* suonare **3.** *(opponent)* giocare contro **4.** *(CD, record)* mettere (su) **5.** *(role, character)* interpretare ◇ *vi* **1.** giocare **2.** *(musician)* suonare ● **in** *(in theatre, on TV)* dramma *m*, commedia *f* **2.** *(button on CD)* play *m inv* ◆ **play back** *vt sep* **1.** *(tape)* riascoltare **2.** *(video)* rivedere ◆

play up *vi (machine, car)* fare i capricci

player ['pleɪər] *n* **1.** *(of sport, game)* giocatore *m*, -trice *f* **2.** *(of musical instrument)* suonatore *m*, -trice *f*

playful ['pleɪfʊl] *adj* scherzoso(a), giocoso(a)

playground ['pleɪɡraʊnd] *n* **1.** *(in school)* cortile *m* per la ricreazione **2.** *(in park etc)* parco *m* giochi

playgroup ['pleɪɡruːp] *n* asilo *m* infantile

playing card ['pleɪɪŋ-] *n* carta *f* da gioco

playing field ['pleɪɪŋ-] *n* campo *m* sportivo

playroom ['pleɪrʊm] *n* stanza *f* dei giochi

playschool ['pleɪskuːl] = **playgroup**

playtime ['pleɪtaɪm] *n* ricreazione *f*

playwright ['pleɪraɪt] *n* drammaturgo *m*, -a *f*

plc [piːel'siː] *(UK) (abbr of public limited company)* ≃ S.r.l. *(quotata in borsa)*

pleasant ['pleznt] *adj* **1.** piacevole, gradevole **2.** *(person)* simpatico(a)

please [pliːz] ◇ *adv* per favore, per piacere ◇ *vt* far piacere a ● **please take a seat** prego, si sieda ● **yes please!** sì, grazie! ● **whatever you please** quello che ti pare

pleased [pliːzd] *adj* contento(a) ● **to be pleased with** essere contento di ● **pleased to meet you!** piacere!

pleasure ['pleʒər] *n* piacere *m* ● **with pleasure** con piacere ● **it's a pleasure!** non c'è di che!, prego!

pleat [pliːt] *n* piega *f*

pleated ['pliːtɪd] *adj* pieghettato(a)

plentiful ['plentɪfʊl] *adj* abbondante

plenty ['plentɪ] *pron* ● **there's plenty** ce n'è in abbondanza ● **plenty of** un sacco di

pliers ['plaɪəz] *npl* pinze *fpl*

plimsoll ['plɪmsəl] *n (UK)* scarpa *f* da tennis

plonk [plɒŋk] *n (UK) (inf) (wine)* vino *m* da poco

plot [plɒt] *n* **1.** *(scheme)* complotto *m* **2.** *(of story, film, play)* trama *f* **3.** *(of land)* appezzamento *m*

plough [plaʊ] ◇ *n (UK)* aratro *m* ◇ *vt (UK)* arare

ploughman's (lunch) ['plaʊmənz-] *n (UK)* piatto a base di formaggi, sottaceti e pane, spesso servito nei pub

plow [plaʊ] *(US)* = **plough**

ploy [plɔɪ] *n* tattica *f*

pluck [plʌk] *vt* **1.** *(eyebrows)* depilare **2.** *(chicken)* spennare

plug [plʌɡ] *n* **1.** *(electrical)* spina *f* **2.** *(for bath, sink)* tappo *m* ● **plug in** *vt sep* attaccare (a una presa)

plughole ['plʌɡhəʊl] *n* buco *m (della vasca, ecc.)*

plum [plʌm] *n* susina *f*, prugna *f*

plumber ['plʌmər] *n* idraulico *m*

plumbing ['plʌmɪŋ] *n (pipes)* tubature *fpl*

plump [plʌmp] *adj* grassoccio(a)

plunge [plʌndʒ] *vi* **1.** *(fall)* precipitare, cadere **2.** *(dive)* tuffarsi **3.** *(decrease)* precipitare

plunge pool *n* piscina *f* piccola

plunger ['plʌndʒər] *n (for unblocking pipe)* sturalavandini *m inv*

pluperfect (tense) [ˌpluːˈpɜːfɪkt-] *n* ● **the pluperfect tense** il piuccheperfetto

plural ['plʊərəl] *n* plurale *m* ● **in the plural** al plurale

plus [plʌs] ◇ *prep* più ◇ *adj* ● **30 plus** più di 30

plush [plʌʃ] *adj* lussuoso(a)

plywood ['plaɪwʊd] *n* compensato *m*

p.m. [,pi:'em] (*abbr of* post meridiem) ● **at 3 p.m.** alle 3 del pomeriggio ● **at 10 p.m.** alle 10 di sera

PMT [,pi:em'ti:] *n* (*abbr of* premenstrual tension) sindrome *f* premestruale

pneumatic drill [nju:'mætɪk-] *n* martello *m* pneumatico

pneumonia [nju:'məʊnjə] *n* polmonite *f*

poached egg [pəʊtʃt-] *n* uovo *m* in camicia

poached salmon [pəʊtʃt-] *n* salmone *m* bollito

poacher ['pəʊtʃə] *n* bracconiere *m*

PO Box [,pi:'əʊ-] *n* (*abbr of* Post Office Box) C.P.

pocket ['pɒkɪt] ◇ *n* tasca *f* ◇ *adj* tascabile

pocketbook ['pɒkɪtbʊk] *n* **1.** (*notebook*) taccuino *m* **2.** (*US*) (*handbag*) borsetta *f*

pocket money *n* (*UK*) paghetta *f*, settimana *f*

podiatrist [pə'daɪətrɪst] *n* pedicure *mf*, callista *m*

poem ['pəʊɪm] *n* poesia *f*

poet ['pəʊɪt] *n* poeta *m*, -essa *f*

poetry ['pəʊɪtrɪ] *n* poesia *f*

point [pɔɪnt] ◇ *n* **1.** punto *m* **2.** (*tip*) punta *f* **3.** (*UK*) (*electric socket*) presa *f* ◇ *vi* ● **to point to** indicare ● **five point seven** cinque virgola sette ● **what's the point?** a che serve? ● **there's no point** è inutile ● **to be on the point of**

doing sthg essere sul punto di fare qc ● **points** *npl* (*UK*) (*on railway*) scambio *m* ●

point out *vt sep* **1.** (*object, person*) indicare **2.** (*fact, mistake*) far notare

pointed ['pɔɪntɪd] *adj* (*in shape*) appuntito(a)

pointless ['pɔɪntlɪs] *adj* inutile

point of view *n* punto *m* di vista

poison ['pɔɪzn] ◇ *n* veleno *m* ◇ *vt* avvelenare

poisoning ['pɔɪznɪŋ] *n* avvelenamento *m*, intossicazione *f*

poisonous ['pɔɪznəs] *adj* velenoso(a)

poke [pəʊk] *vt* (*with finger, stick, elbow*) dare un colpetto a

poker ['pəʊkə] *n* (*card game*) poker *m*

Poland ['pəʊlənd] *n* la Polonia

polar bear ['pəʊlə-] *n* orso *m* bianco

Polaroid® ['pəʊlərɔɪd] *n* **1.** (*photograph*) foto *f inv* polaroid® **2.** (*camera*) polaroid® *f inv*

pole [pəʊl] *n* (*of wood*) palo *m*

Pole [pəʊl] *n* (*person*) polacco *m*, -a *f*

police [pə'li:s] *npl* ● **the police** la polizia

police car *n* auto *f inv* della polizia

police force *n* forze *fpl* di polizia OR dell'ordine

policeman [pə'li:smən] (*pl* **-men**) *n* poliziotto *m*

police officer *n* agente *m* di polizia

police station *n* posto *m* di polizia

policewoman [pə'li:s,wʊmən] (*pl* **-women**) *n* donna *f* poliziotto

policy ['pɒləsɪ] *n* **1.** (*approach, attitude*) politica *f* **2.** (*for insurance*) polizza *f*

policy-holder *n* assicurato *m*, -a *f*

polio ['pəʊlɪəʊ] *n* polio *f*

polish ['polɪʃ] ◇ n (for cleaning) lucido m, cera f ◇ vt lucidare

Polish ['pəʊlɪʃ] ◇ adj polacco(a) ◇ n (language) polacco m ◇ npl ● the Polish i polacchi

polite [pə'laɪt] adj cortese, gentile

political [pə'lɪtɪkl] adj politico(a)

politician [,pɒlɪ'tɪʃn] n politico m

politics ['pɒlətɪks] n politica f

poll [pəʊl] n (survey) sondaggio m (d'opinioni) ● the polls (election) le elezioni

pollen ['pɒlən] n polline m

pollute [pə'luːt] vt inquinare

pollution [pə'luːʃn] n inquinamento m

polo neck ['pəʊləʊ-] n (UK) (jumper) maglione m a collo alto

polyester [,pɒlɪ'estər] n poliestere m

polystyrene [,pɒlɪ'staɪriːn] n polistirolo m

polytechnic [,pɒlɪ'teknɪk] n ≃ politecnico m

polythene bag ['pɒlɪθiːn-] n sacchetto m di plastica

pomegranate ['pɒmɪ,grænɪt] n melagrana f

pompous ['pɒmpəs] adj pomposo(a)

pond [pɒnd] n stagno m

pontoon [pɒn'tuːn] n (UK) (card game) ventuno m

pony ['pəʊnɪ] n pony m inv

ponytail ['pəʊnɪteɪl] n coda f di cavallo

pony-trekking [-,trekɪŋ] n (UK) escursione f a dorso di pony

poodle ['puːdl] n barboncino m

pool [puːl] n 1. pozza f 2. (for swimming) piscina f 3. (game) biliardo m a buca ◆ **pools** npl (UK) ● the pools ≃ il totocalcio

poor [pɔːʳ] ◇ adj 1. povero(a) 2. (bad) mediocre, scadente ◇ npl ● the poor i poveri

poorly ['pɔːlɪ] ◇ adv malamente, male ◇ adj (UK) (ill) ● to be poorly stare poco bene

pop [pɒp] ◇ n (music) musica f pop ◇ vt (inf) (put) mettere ◇ vi (balloon) scoppiare ● my ears popped mi si sono stappate le orecchie ◆ **pop in** vi (UK) (visit) fare un salto

popcorn ['pɒpkɔːn] n popcorn m

Pope [pəʊp] n ● the Pope il papa

pop group n gruppo m pop

poplar (tree) ['pɒpləʳ-] n pioppo m

pop music n musica f pop

poppadom ['pɒpədəm] n pane indiano molto sottile e croccante

popper ['pɒpəʳ] n (UK) bottone m a pressione

poppy ['pɒpɪ] n papavero m

Popsicle ® ['pɒpsɪkl] n (US) ghiacciolo m

pop socks npl gambaletti mpl

pop star n pop star f inv

popular ['pɒpjʊləʳ] adj 1. popolare 2. (fashionable) in voga

popularity [,pɒpjʊ'lærətɪ] n popolarità f

populated ['pɒpjʊleɪtɪd] adj popolato(a)

population [,pɒpjʊ'leɪʃn] n popolazione f

porcelain ['pɔːsəlɪn] n porcellana f

porch [pɔːtʃ] n 1. (entrance) portico m 2. (US) (outside house) veranda f

pork [pɔːk] n carne f di maiale

pork chop n braciola f di maiale, costoletta f di maiale

pork pie *n* pasticcio *m* di maiale

pornographic [ˌpɔːnəˈgræfɪk] *adj* pornografico(a)

porridge [ˈpɒrɪdʒ] *n* porridge *m*, farinata *f* d'avena

port [pɔːt] *n* porto *m*

portable [ˈpɔːtəbl] *adj* portatile

porter [ˈpɔːtə] *n* **1.** *(at hotel, museum)* portiere *m* **2.** *(at station, airport)* facchino *m*

porthole [ˈpɔːthəʊl] *n* oblò *m inv*

portion [ˈpɔːʃn] *n* porzione *f*

portrait [ˈpɔːtreɪt] *n* ritratto *m*

Portugal [ˈpɔːtʃʊgl] *n* il Portogallo

Portuguese [ˌpɔːtʃʊˈgiːz] ◇ *adj* portoghese ◇ *n (language)* portoghese *m* ◇ *npl* ● **the Portuguese** i portoghesi

pose [pəʊz] ◇ *vt (problem, threat)* porre ◇ *vi (for photo)* posare

posh [pɒʃ] *adj* **1.** *(inf) (person, accent)* snob *inv*, raffinato(a) **2.** *(hotel, restaurant)* elegante, di lusso

position [pəˈzɪʃn] *n* **1.** posizione *f* **2.** *(fml) (job)* posto *m* ▼ **position closed** *(in bank, post office etc)* sportello *m* chiuso

positive [ˈpɒzətɪv] *adj* **1.** positivo(a) **2.** *(certain, sure)* sicuro(a), certo(a)

possess [pəˈzes] *vt* possedere

possession [pəˈzeʃn] *n (thing owned)* bene *m*

possessive [pəˈzesɪv] *adj* possessivo(a)

possibility [ˌpɒsəˈbɪlətɪ] *n* possibilità *f inv*

possible [ˈpɒsəbl] *adj* possibile ● **it's possible that we may be late** può darsi che facciamo tardi ● **would it be possible ...?** sarebbe possibile ...? ● **as much as possible** il più possibile ● **if possible** se possibile

possibly [ˈpɒsəblɪ] *adv (perhaps)* forse

post [pəʊst] ◇ *n* **1.** *(system, letters, delivery)* posta *f* **2.** *(pole)* palo *m* **3.** *(fml) (job)* posto *m* ◇ *vt (letter, parcel)* spedire (per posta) ● **by post** per posta

postage [ˈpəʊstɪdʒ] *n* affrancatura *f*, spese *fpl* postali ● **postage and packing** spese di spedizione *(postale)* ● **postage paid** franco di porto, affrancatura pagata

postage stamp *n (fml)* francobollo *m*

postal order [ˈpəʊstl-] *n* vaglia *m inv* postale

postbox [ˈpəʊstbɒks] *n (UK)* cassetta *f* delle lettere

postcard [ˈpəʊstkɑːd] *n* cartolina *f*

postcode [ˈpəʊstkəʊd] *n (UK)* codice *m* *(di avviamento)* postale

poster [ˈpəʊstə] *n* manifesto *m*, poster *m inv*

poste restante [ˌpəʊstresˈtɑːnt] *n (UK)* fermo posta *m*

post-free *adv* in franchigia postale, con affrancatura pagata

postgraduate [ˌpəʊstˈgrædʒʊət] *n* laureato(a) che frequenta un corso di specializzazione

postman [ˈpəʊstmən] *(pl* **-men***)* *n* postino *m*

postmark [ˈpəʊstmɑːk] *n* timbro *m* postale

postmen *pl* > **postman**

post office *n (building)* ufficio *m* postale ● **the Post Office** ≃ le Poste e Telecomunicazioni

postpone [ˌpəʊstˈpəʊn] *vt* rinviare, rimandare

posture ['postʃə'] *n* postura *f*
postwoman ['pəʊst,wʊmən] (*pl* -**women**) *n* postina *f*
pot [pɒt] *n* **1.** *(for cooking)* pentola *f* **2.** *(for jam, paint)* vasetto *m*, barattolo *m* **3.** *(for coffee)* caffettiera *f* **4.** *(for tea)* teiera *f* **5.** *(inf)* *(cannabis)* erba *f* ● **a pot of tea** un tè *(servito in una teiera)*
potato [pə'teɪtəʊ] (*pl* -**es**) *n* patata *f*
potato salad *n* patate *fpl* in insalata
potential [pə'tenʃl] ◇ *adj* potenziale ◇ *n* potenziale *m*
pothole ['pɒthəʊl] *n* *(in road)* buca *f*
pot plant *n* pianta *f* da vaso
pot scrubber [-'skrʌbə'] *n* paglietta *f*
potted ['pɒtɪd] *adj* **1.** *(meat, fish)* in vasetto, in scatola **2.** *(plant)* in vaso
pottery ['pɒtərɪ] *n* **1.** *(clay objects)* ceramiche *fpl* **2.** *(craft)* ceramica *f*
potty ['pɒtɪ] *n* *(inf)* vasino *m*
pouch [paʊtʃ] *n* *(for money, tobacco)* borsellino *f*
poultry ['pəʊltrɪ] *n* & *npl* pollame *m*
pound [paʊnd] ◇ *n* **1.** *(unit of money)* sterlina *f* **2.** *(unit of weight)* = 453,6 g, libbra *f* ◇ *vi* **1.** *(heart)* battere forte **2.** *(head)* martellare
pour [pɔː'] ◇ *vt* versare ◇ *vi* *(flow)* riversarsi ● **it's pouring (with rain)** sta piovendo a dirotto ● **pour out** *vt sep* *(drink)* versare
poverty ['pɒvətɪ] *n* povertà *f*, miseria *f*
powder ['paʊdə'] *n* **1.** polvere *f* **2.** *(cosmetic)* cipria *f*
power ['paʊə'] ◇ *n* **1.** *(control, authority)* potere *m* **2.** *(ability)* capacità *f inv* **3.** *(strength, force)* potenza *f* **4.** *(energy)* energia *f* **5.** *(electricity)* corrente *f* ◇ *vt*

azionare ● **to be in power** essere al potere
power cut *n* interruzione *f* di corrente
power failure *n* interruzione *f* di corrente
powerful ['paʊəfʊl] *adj* potente
power point *n* *(UK)* presa *f* di corrente
power station *n* centrale *f* elettrica
power steering *n* servosterzo *m*
practical ['præktɪkl] *adj* pratico(a)
practically ['præktɪklɪ] *adv* *(almost)* praticamente
practice ['præktɪs] ◇ *n* **1.** *(training)* pratica *f* **2.** *(training session)* allenamento *m*, esercizio *m* **3.** *(of doctor, lawyer)* studio *m* **4.** *(regular activity, custom)* consuetudine *f* ◇ *vt* *(US)* = **practise** ● **out of practice** fuori allenamento
practise ['præktɪs] ◇ *vt* *(sport, music, technique)* allenarsi a, esercitarsi a OR in ◇ *vi* **1.** *(train)* allenarsi, esercitarsi **2.** *(doctor, lawyer)* esercitare ◇ *n* *(US)* = **practice**
praise [preɪz] ◇ *n* elogio *m*, lode *f* ◇ *vt* elogiare, lodare
pram [præm] *n* *(UK)* carrozzina *f*
prank [præŋk] *n* burla *f*
prawn [prɔːn] *n* gamberetto *m*
pray [preɪ] *vi* pregare ● **to pray for sthg** *(fig)* pregare per qc, invocare qc
prayer [preə'] *n* preghiera *f*
precarious [prɪ'keərɪəs] *adj* precario(a)
precaution [prɪ'kɔːʃn] *n* precauzione *f*
precede [prɪ'siːd] *vt* *(fml)* precedere
preceding [prɪ'siːdɪŋ] *adj* precedente
precinct ['priːsɪŋkt] *n* **1.** *(UK)* *(for shopping)* centro *m* commerciale *(chiuso al*

traffico) **2.** (US) (area of town) circoscrizione f

precious ['prɛʃəs] adj prezioso(a)

precious stone n pietra f preziosa

precipice ['presɪpɪs] n precipizio m

precise [prɪ'saɪs] adj preciso(a)

precisely [prɪ'saɪslɪ] adv precisamente

predecessor ['pri:dɪsesə^r] n predecessore m

predicament [prɪ'dɪkəmənt] n situazione f difficile

predict [prɪ'dɪkt] vt predire

predictable [prɪ'dɪktəbl] adj prevedibile

prediction [prɪ'dɪkʃn] n predizione f

preface ['prefɪs] n prefazione f

prefect ['pri:fekt] n (in UK) (at school) studente m, -essa f con funzioni disciplinari

prefer [prɪ'fɜ:^r] vt ◆ to prefer sthg (to) preferire qc (a) ● to prefer to do sthg preferire fare qc

preferable ['prefrəbl] adj preferibile

preferably ['prefrəblɪ] adv preferibilmente

preference ['prefərəns] n preferenza f

prefix ['pri:fɪks] n prefisso m

pregnancy ['pregnənsɪ] n gravidanza f

pregnant ['pregnənt] adj incinta

prejudice ['predʒʊdɪs] n pregiudizio m

prejudiced ['predʒʊdɪst] adj ● prejudiced (against) prevenuto(a)(contro) ● prejudiced (in favour of) bendisposto(a)(verso)

preliminary [prɪ'lɪmɪnərɪ] adj preliminare

premature ['premə,tjʊə^r] adj prematuro(a)

premier ['premjə^r] ◇ adj primo(a) ◇ n primo ministro m

premiere ['premɪeə^r] n prima f

premises ['premɪsɪz] npl locali mpl ● on the premises sul posto

premium ['pri:mjəm] n (for insurance) premio m

premium-quality adj (meat) di prima qualità

preoccupied [pri:'ɒkjʊpaɪd] adj preoccupato(a)

prepacked [,pri:'pækt] adj preconfezionato(a)

prepaid ['pri:peɪd] adj (envelope) con affrancatura pagata

preparation [,prepə'reɪʃn] n preparazione f ● preparations npl (arrangements) preparativi mpl

preparatory school [prɪ'pærətrɪ-] n **1.** (in UK) scuola f elementare privata **2.** (in US) scuola f secondaria privata (che prepara agli studi universitari)

prepare [prɪ'peə^r] ◇ vt preparare ◇ vi prepararsi

prepared [prɪ'peəd] adj (ready) preparato(a), pronto(a) ● to be prepared to do sthg essere disposto(a) a fare qc

preposition [,prepə'zɪʃn] n preposizione f

prep school [prep-] = preparatory school

prescribe [prɪ'skraɪb] vt prescrivere

prescription [prɪ'skrɪpʃn] n **1.** (paper) ricetta f **2.** (medicine) medicine fpl

presence ['prezns] n presenza f ● in sb's presence in presenza di qn

present ◇ adj ['preznt] **1.** (in attendance) presente **2.** (current) attuale ◇ n ['preznt] *(gift)* regalo *m* ◇ *vt* [prɪˈzent] **1.** presentare **2.** *(offer)* offrire ● **the present (tense)** il (tempo) presente ● **at present** al momento, attualmente ● **the present** il presente ● **to present sb to sb** presentare qn a qn

presentable [prɪˈzentəbl] *adj* presentabile

presentation [ˌprezn'teɪʃn] *n* **1.** *(way of presenting)* presentazione *f* **2.** *(ceremony)* consegna *f* (ufficiale)

presenter [prɪˈzentəʳ] *n* *(of TV, radio programme)* presentatore *m*, -trice *f*

presently [ˈprezntlɪ] *adv* **1.** *(soon)* fra poco, a momenti **2.** *(now)* attualmente

preservation [ˌprezəˈveɪʃn] *n* tutela *f*, protezione *f*

preservative [prɪˈzɜːvətɪv] *n* conservante *m*

preserve [prɪˈzɜːv] ◇ *n* *(jam)* marmellata *f* ◇ *vt* **1.** *(conserve)* mantenere **2.** *(keep)* preservare, proteggere **3.** *(food)* conservare

president [ˈprezɪdənt] *n* presidente *mf*

press [pres] ◇ *vt* **1.** *(push)* premere, pigiare **2.** *(iron)* stirare ◇ *n* ● **the press** la stampa ● **to press sb to do sthg** insistere perché qn faccia qc

press conference *n* conferenza *f* stampa

press-stud *n* bottone *m* a pressione, automatico *m*

press-ups *npl* flessioni *fpl* sulle braccia

pressure [ˈpreʃəʳ] *n* pressione *f*

pressure cooker *n* pentola *f* a pressione

prestigious [preˈstɪdʒəs] *adj* prestigioso(a)

presumably [prɪˈzjuːməblɪ] *adv* presumibilmente

presume [prɪˈzjuːm] *vt* *(assume)* presumere, supporre

pretend [prɪˈtend] *vt* ● **to pretend to do sthg** far finta di fare qc

pretentious [prɪˈtenʃəs] *adj* pretenzioso(a)

pretty [ˈprɪtɪ] ◇ *adj* grazioso(a), carino(a) ◇ *adv* **1.** *(inf)* piuttosto, abbastanza **2.** *(very)* assai

prevent [prɪˈvent] *vt* evitare ● **to prevent sb/sthg from doing sthg** impedire a qn/qc di fare qc

prevention [prɪˈvenʃn] *n* prevenzione *f*

preview [ˈpriːvjuː] *n* anteprima *f*

previous [ˈpriːvjəs] *adj* precedente

previously [ˈpriːvjəslɪ] *adv* **1.** *(formerly)* precedentemente, in precedenza **2.** *(earlier, before)* prima

price [praɪs] ◇ *n* prezzo *m* ◇ *vt* fissare il prezzo di

priceless [ˈpraɪslɪs] *adj* inestimabile, senza prezzo

price list *n* listino *m* prezzi

pricey [ˈpraɪsɪ] *adj* *(inf)* costoso(a)

prick [prɪk] *vt* pungere

prickly [ˈprɪklɪ] *adj* *(plant, bush)* spinoso(a)

prickly heat *n* sudamina *f*

pride [praɪd] ◇ *n* **1.** *(satisfaction, self-respect)* orgoglio *m* **2.** *(arrogance)* superbia *f* ◇ *vt* ● **to pride o.s. on sthg** vantarsi di qc

priest [priːst] *n* prete *m*, sacerdote *m*

primarily [ˈpraɪmərɪlɪ] *adv* principalmente

primary school ['praɪmərɪ-] *n* scuola *f* elementare

prime [praɪm] *adj* **1.** (*chief*) fondamentale **2.** (*beef, cut*) di prima qualità

prime minister *n* primo ministro *m*

primitive ['prɪmɪtɪv] *adj* primitivo(a)

primrose ['prɪmrəʊz] *n* primula *f*

prince [prɪns] *n* principe *m*

Prince of Wales *n* Principe *m* di Galles

princess [prɪn'ses] *n* principessa *f*

principal ['prɪnsəpl] ◇ *adj* principale ◇ *n* **1.** (*of school*) direttore *m*, -trice *f* **2.** (*of university*) rettore *m*, -trice *f*

principle ['prɪnsəpl] *n* principio *m* ● **in principle** in linea di principio

print [prɪnt] ◇ *n* **1.** (*words*) caratteri *mpl* **2.** (*photo, of painting*) stampa *f* **3.** (*mark*) impronta *f* ◇ *vt* **1.** (*book, newspaper, photo*) stampare **2.** (*publish*) pubblicare **3.** (*write*) scrivere a stampatello ● **out of print** esaurito ● **print out** *vt sep* stampare

printed matter ['prɪntɪd-] *n* stampe *fpl*

printer ['prɪntə'] *n* **1.** (*machine*) stampante *f* **2.** (*person*) tipografo *m*, -a *f*

printout ['prɪntaʊt] *n* stampato *m*

prior ['praɪə'] *adj* (*previous*) precedente ● **prior to** (*fml*) precedente

priority [praɪ'ɒrɪtɪ] *n* (*important thing*) elemento *m* prioritario ● **to have priority over** avere la priorità rispetto a

prison ['prɪzn] *n* prigione *f*

prisoner ['prɪznə'] *n* prigioniero *m*, -a *f*

prisoner of war *n* prigioniero *m*, -a *f* di guerra

prison officer *n* guardia *f* carceraria

privacy ['prɪvəsɪ] *n* privacy *f*

private ['praɪvɪt] ◇ *adj* **1.** privato(a) **2.** (*confidential*) confidenziale **3.** (*place*) appartato(a) **4.** (*bathroom*) in camera ◇ *n* MIL soldato *m* semplice ● **in private** in privato

private education

Le scuole private britanniche, chiamate *public schools*, non ricevono fondi dal governo e offrono una costosa alternativa all'istruzione pubblica. Alcune di queste sono antiche istituzioni nazionali che godono di un eccellente reputazione e molte sono ancora *boarding schools* nelle quali gli studenti risiedono durante l'anno scolastico.

private health care *n* assistenza *f* medica privata

private property *n* proprietà *f* privata

private school *n* scuola *f* privata

privilege ['prɪvɪlɪdʒ] *n* privilegio *m* ● **it's a privilege!** è un onore!

prize [praɪz] *n* premio *m*

prize-giving [-,gɪvɪŋ] *n* premiazione *f*

pro [prəʊ] (*pl* -**s**) *n* (*inf*) (*professional*) professionista *mf* ● **pros** *npl* ● **the pros and cons** i pro e i contro

probability [,prɒbə'bɪlɪtɪ] *n* probabilità *f*

probable ['prɒbəbl] *adj* probabile

probably ['prɒbəblɪ] *adv* probabilmente

probation officer [prə'beɪʃn-] *n* persona incaricata di seguire i criminali in libertà vigilata

problem ['prɒbləm] *n* problema *m* ●

no problem! (*inf*) non c'è problema!

procedure [prə'si:dʒə'] *n* procedura *f*

proceed [prə'si:d] *vi* (*fml*) procedere ▼ **proceed with caution** procedere con cautela

proceeds ['prəʊsi:dz] *npl* ricavato *m*

process ['prəʊses] *n* processo *m* ⬤ **to be in the process of doing sthg** star facendo qc

processed cheese ['prəʊsest-] *n* formaggio *m* fuso

procession [prə'seʃn] *n* processione *f*

prod [prɒd] *vt* (*poke*) pungolare

produce ◇ *vt* [prə'dju:s] 1. produrre 2. (*cause*) creare ◇ *n* ['prɒdju:s] prodotti *mpl* agricoli

producer [prə'dju:sə'] *n* produttore *m*, -trice *f*

product ['prɒdʌkt] *n* prodotto *m*

production [prə'dʌkʃn] *n* produzione *f*

productivity [,prɒdʌk'tɪvətɪ] *n* produttività *f*

profession [prə'feʃn] *n* professione *f*

professional [prə'feʃənl] ◇ *adj* 1. (*relating to work*) professionale 2. (*not amateur*) professionistico ◇ *n* professionista *mf*

professor [prə'fesə'] *n* professore *m*, -essa *f*

profile ['prəʊfaɪl] *n* profilo *m*

profit ['prɒfɪt] ◇ *n* profitto *m* ◇ *vi* ⬤ **to profit (from)** trarre profitto (da)

profitable ['prɒfɪtəbl] *adj* 1. (*financially*) rimunerativo(a) 2. (*useful*) vantaggioso(a)

profiteroles [prə'fɪtərəʊlz] *npl* profiterole *m inv*

profound [prə'faʊnd] *adj* profondo(a)

program ['prəʊgræm] ◇ *n* 1. COMPUT programma *m* 2. (*US*) = **programme** ◇ *vt* COMPUT programmare

programme ['prəʊgræm] *n* (*UK*) programma *m*

progress ◇ *n* ['prəʊgres] 1. (*improvement*) progresso *m* 2. (*forward movement*) moto *m* ◇ *vi* [prə'gres] 1. (*work, talks, student*) progredire 2. (*day, meeting*) andare avanti ⬤ **to make progress** (*improve*) fare progressi; (*in journey*) avanzare ⬤ **in progress** in corso

progressive [prə'gresɪv] *adj* (*forward-looking*) progressista

prohibit [prə'hɪbɪt] *vt* proibire ▼ **smoking strictly prohibited** è severamente vietato fumare

project ['prɒdʒekt] *n* 1. progetto *m* 2. (*at school*) ricerca *f*

projector [prə'dʒektə'] *n* proiettore *m*

prolong [prə'lɒŋ] *vt* prolungare

prom [prɒm] *n* (*US*) (*dance*) ballo *m* (*per studenti*)

promenade [,prɒmə'nɑ:d] *n* (*UK*) (*by the sea*) lungomare *m inv*

prominent ['prɒmɪnənt] *adj* 1. (*person*) importante 2. (*noticeable*) evidente

promise ['prɒmɪs] ◇ *n* promessa *f* ◇ *vt* & *vi* promettere ⬤ **to show promise** promettere (bene) ⬤ **I promise!** te lo prometto ⬤ **I promise (that) I'll come** prometto che verrò ⬤ **to promise sb sthg** promettere qc a qn ⬤ **to promise to do sthg** promettere di fare qc

promising ['prɒmɪsɪŋ] *adj* promettente

promote [prə'məʊt] *vt* (*in job*) promuovere

promotion [prə'məʊʃn] *n* promozione *f*

prompt [prompt] ◇ *adj (quick)* pronto(a) ◇ *adv* ● **at six o'clock prompt** alle sei in punto

prone [prəʊn] *adj* ● **to be prone to sthg** essere incline a qc ● **to be prone to do sthg** essere incline a fare qc

prong [prɒŋ] *n (of fork)* dente *m*

pronoun ['prəʊnaʊn] *n* pronome *m*

pronounce [prə'naʊns] *vt (word)* pronunciare

pronunciation [prə,nʌnsɪ'eɪʃn] *n* pronuncia *f*

proof [pruːf] *n (evidence)* prova *f* ● **to be 12% proof** *(alcohol)* avere 12 gradi

prop [prɒp] ● **prop up** *vt sep (support)* sostenere

propeller [prə'pelə'] *n* elica *f*

proper ['prɒpə'] *adj* 1. *(suitable)* adatto(a) 2. *(correct)* giusto(a) 3. *(socially acceptable)* decoroso(a)

properly ['prɒpəlɪ] *adv* 1. *(suitably)* adeguatamente 2. *(correctly)* correttamente

property ['prɒpətɪ] *n* proprietà *f inv*

proportion [prə'pɔːʃn] *n* 1. proporzione *f* 2. *(in art)* proporzioni *fpl*

proposal [prə'pəʊzl] *n (suggestion)* proposta *f*

propose [prə'pəʊz] ◇ *vt (suggest)* proporre ◇ *vi* ● **to propose (to sb)** fare una proposta di matrimonio (a qn)

proposition [,prɒpə'zɪʃn] *n (offer)* proposta *f*

proprietor [prə'praɪətə'] *n (fml)* proprietario *m*, -a *f*

prose [prəʊz] *n* 1. *(not poetry)* prosa *f* 2. *SCH* traduzione *f (dalla madrelingua)*

prosecution [,prɒsɪ'kjuːʃn] *n LAW (char-*

ge) azione *f* giudiziaria

prospect ['prɒspekt] *n (possibility)* prospettiva *f* ● **I don't relish the prospect** non mi attira la prospettiva ◆ **prospects** *npl (for the future)* prospettive *fpl*

prospectus [prə'spektəs] *(pl* **-es***) n* prospetto *m*

prosperous ['prɒspərəs] *adj* prospero(a)

prostitute ['prɒstɪtjuːt] *n* prostituta *f*

protect [prə'tekt] *vt* proteggere ● **to protect sb/sthg from** proteggere qn/qc da ● **to protect sb/sthg against** proteggere qn/qc da

protection [prə'tekʃn] *n* protezione *f*

protection factor *n* fattore *m* di protezione

protective [prə'tektɪv] *adj* 1. *(person)* protettivo(a) 2. *(clothes)* di protezione

protein ['prəʊtiːn] *n* proteina *f*

protest *n* ['prəʊtest] protesta *f* ◇ *vt* [prə'test] *(US) (protest against)* protestare contro ◇ *vi* [prə'test] ● **to protest (against)** protestare (contro)

Protestant ['prɒtɪstənt] *n* protestante *mf*

protester [prə'testə'] *n* dimostrante *mf*

protractor [prə'træktə'] *n* goniometro *m*

protrude [prə'truːd] *vi* sporgere

proud [praʊd] *adj* 1. *(pleased)* orgoglioso(a) 2. *(pej) (arrogant)* superbo(a) ● **to be proud of** essere orgoglioso di

prove [pruːv] *(pp* **-d** OR **proven***) vt* 1. *(show to be true)* dimostrare 2. *(turn out to be)* dimostrarsi

proverb ['prɒvɜːb] *n* proverbio *m*

provide [prə'vaɪd] *vt* fornire ● to provide sb with sthg fornire qc a qn ◆ **provide for** *vt insep* (person) provvedere a

provided (that) [prə'vaɪdɪd-] *conj* purché

providing (that) [prə'vaɪdɪŋ-] = provided (that)

province ['prɒvɪns] *n* regione *f*

provisional [prə'vɪʒənl] *adj* provvisorio(a)

provisions [prə'vɪʒnz] *npl* provviste *fpl*

provocative [prə'vɒkətɪv] *adj* provocatorio(a)

provoke [prə'vəʊk] *vt* provocare

prowl [praʊl] *vi* muoversi furtivamente

prune [pruːn] ◇ *n* prugna *f* secca ◇ *vt* (tree, bush) potare

PS [piː'es] (*abbr of* postscript) P.S.

psychiatrist [saɪ'kaɪətrɪst] *n* psichiatra *mf*

psychic ['saɪkɪk] *adj* dotato(a) di poteri paranormali

psychological [,saɪkə'lɒdʒɪkl] *adj* psicologico(a)

psychologist [saɪ'kɒlədʒɪst] *n* psicologo *m*, -a *f*

psychology [saɪ'kɒlədʒɪ] *n* psicologia *f*

psychotherapist [,saɪkəʊ'θerəpɪst] *n* psicoterapeuta *mf*

pt (*abbr of* pint) pt

PTO [piːtiː'əʊ] (*abbr of* please turn over) v.r.

pub [pʌb] *n* pub *m inv*

puberty ['pjuːbətɪ] *n* pubertà *f*

public ['pʌblɪk] ◇ *adj* pubblico(a) ◇ *n* ● the public il pubblico ● in public in pubblico

publican ['pʌblɪkən] *n* (*UK*) gestore *m*, -trice *f* di un pub

publication [,pʌblɪ'keɪʃn] *n* pubblicazione *f*

public convenience *n* (*UK*) gabinetti *mpl* pubblici

public footpath *n* (*UK*) sentiero *m* pubblico

public holiday *n* giorno *m* festivo

public house *n* (*UK*) (*fml*) pub *m inv*

publicity [pʌb'lɪsɪtɪ] *n* pubblicità *f*

public school *n* **1.** (*in UK*) scuola *f* privata **2.** (*in US*) scuola statale

public telephone *n* telefono *m* pubblico

public transport *n* trasporti *mpl* pubblici

publish ['pʌblɪʃ] *vt* pubblicare

publisher ['pʌblɪʃə'] *n* **1.** (*person*) editore *m*, -trice *f* **2.** (*company*) casa *f* editrice

publishing ['pʌblɪʃɪŋ] *n* (*industry*) editoria *f*

pub lunch *n* pranzo semplice e a basso

costo servito in un pub
pudding ['pudɪŋ] n **1.** (sweet dish) budino m **2.** (UK) (course) dessert m inv
puddle ['pʌdl] n pozzanghera f
puff [pʌf] ◇ vi (breathe heavily) ansare ◇ n (of air, smoke) sbuffo m ● to puff at tirare una boccata di
puff pastry n pasta f sfoglia
pull [pul] ◇ vt **1.** tirare **2.** (trigger) premere ◇ vi tirare ◇ n ● to give sthg a pull dare una tirata a qc ● to pull a face fare una smorfia ● to pull a muscle farsi uno strappo muscolare ▼ **pull** (on door) tirare ◆ **pull apart** vt sep (machine, book) fare a pezzi ◆ **pull down** vt sep **1.** (lower) abbassare **2.** (demolish) demolire ◆ **pull in** vi **1.** (train) arrivare **2.** (car) accostare ◆ **pull out** ◇ vt sep (tooth, cork, plug) estrarre ◇ vi **1.** (train) partire **2.** (car) entrare in corsia ◆ **3.** (withdraw) ritirarsi ◆ **pull over** vi (car) accostare ◆ **pull up** ◇ vt sep (socks, trousers, sleeve) tirare su ◇ vi (stop) fermarsi
pulley ['pulɪ] (pl **pulleys**) n carrucola f
pull-out n (US) (beside road) piazzola f (di sosta)
pullover ['pul,əuvə'] n pullover m inv
pulpit ['pulpɪt] n pulpito m
pulse [pʌls] n polso m
pump [pʌmp] n pompa f ◆ **pumps** npl (sports shoes) scarpe fpl da ginnastica ◆ **pump up** vt sep gonfiare
pumpkin ['pʌmpkɪn] n zucca f
pun [pʌn] n gioco m di parole
punch [pʌntʃ] ◇ n **1.** (blow) pugno m **2.** (drink) punch m inv ◇ vt **1.** (hit) sferrare un pugno a **2.** (ticket) forare

punctual ['pʌŋktʃʊəl] adj puntuale
punctuation [,pʌŋktʃʊ'eɪʃn] n punteggiatura f
puncture ['pʌŋktʃə'] ◇ vt forare ◇ n ● to get a puncture forare (una gomma)
punish ['pʌnɪʃ] vt ● to punish sb (for sthg) punire qn (per qc)
punishment ['pʌnɪʃmənt] n punizione f
punk [pʌŋk] n **1.** (person) punk mf inv **2.** (music) musica f punk
punnet ['pʌnɪt] n (UK) cestino m
pupil ['pju:pl] n **1.** (student) alunno m, -a f **2.** (of eye) pupilla f
puppet ['pʌpɪt] n burattino m
puppy ['pʌpɪ] n cucciolo m
purchase ['pɜ:tʃəs] ◇ vt (fml) acquistare ◇ n (fml) acquisto m
pure [pjʊə'] adj puro(a)
puree ['pjʊəreɪ] n purè m inv
purely ['pjʊəlɪ] adv (only) soltanto
purity ['pjʊərətɪ] n purezza f
purple ['pɜ:pl] adj viola (inv)
purpose ['pɜ:pəs] n scopo m ● on purpose apposta
purr [pɜ:'] vi (cat) fare le fusa
purse [pɜ:s] n **1.** (UK) (for money) portamonete m inv **2.** (US) (handbag) borsa f
pursue [pə'sju:] vt **1.** (follow) inseguire **2.** (study) continuare **3.** (matter, inquiry) approfondire
pus [pʌs] n pus m
push [puʃ] ◇ vt **1.** spingere **2.** (button, doorbell) premere **3.** (product) pubblicizzare ◇ vi spingere ◇ n ● to give sb/sthg a push dare una spinta a qn/qc ● to push sb into doing sthg spingere qn a fare qc ▼ **push** (on door) spingere ◆

push in *vi (in queue)* passare avanti ♦
push off *vi (inf) (go away)* andarsene
push-button telephone *n* telefono *m*
a tastiera
pushchair ['poʃtʃeəᵣ] *n (UK)* passeggino *m*
pushed [poʃt] *adj (inf)* ♦ **to be pushed
(for time)** essere a corto di tempo
push-ups *npl* flessioni *fpl* (sulle braccia)
put [pot] *(pt & pp inv)* *vt* **1.** mettere **2.**
(responsibility) dare **3.** *(pressure)* esercitare **4.** *(express)* esprimere **5.** *(a question)*
porre **6.** *(estimate)* stimare ♦ **to put a
child to bed** mettere a letto un
bambino ● **to put money into sthg**
investire soldi in qc ♦ **put aside** *vt sep
(money)* mettere da parte ♦ **put away** *vt
sep (tidy up)* mettere via ♦ **put back** *vt
sep* **1.** *(replace)* mettere a posto **2.**
(postpone) posporre **3.** *(clock, watch)*
mettere indietro ♦ **put down** *vt sep* **1.**
(on floor, table) posare **2.** *(passenger)* far
scendere **3.** *(UK) (animal)* abbattere **4.**
(deposit) dare in acconto ♦ **put forward**
vt sep **1.** *(clock, watch)* mettere avanti **2.**
(suggest) suggerire ♦ **put in** *vt sep* **1.**
(insert) inserire **2.** *(install)* installare ♦
put off *vt sep* **1.** *(postpone)* rimandare
2. *(distract)* distrarre **3.** *(repel)* disgustare
4. *(passenger)* far scendere ♦ **put on** *vt
sep* **1.** *(clothes, glasses, make-up)* mettersi
2. *(weight)* mettere su **3.** *(television, light,
radio)* accendere **4.** *(CD)* mettere **5.**
(play, show) mettere in scena ♦ **put
out** *vt sep* **1.** *(cigarette, fire, light)* spegnere **2.** *(publish)* pubblicare **3.** *(hand, arm,
leg)* stendere **4.** *(inconvenience)* disturbare ● **to put one's back out** farsi male

alla schiena ♦ **put together** *vt sep* **1.**
(assemble) montare **2.** *(combine)* mettere
insieme ♦ **put up** ◇ *vt sep* **1.** *(tent, statue,
building)* erigere **2.** *(umbrella)* aprire **3.** *(a
notice, sign)* mettere **4.** *(price, rate)*
aumentare **5.** *(provide with accommodation)* ospitare ◇ *vi (UK) (in hotel)*
alloggiare ♦ **put up with** *vt insep*
sopportare
putter ['pʌtəᵣ] *n (club)* putter *m inv*
putting green ['pʌtɪŋ-] *n* campo *m* da
minigolf
putty ['pʌtɪ] *n* stucco *m*
puzzle ['pʌzl] ◇ *n* **1.** *(game)* rompicapo
m **2.** *(jigsaw)* puzzle *m inv* **3.** *(mystery)*
enigma *m* ◇ *vt* confondere
puzzling ['pʌzlɪŋ] *adj* sconcertante
pyjamas [pə'dʒɑːməz] *npl (UK)* pigiama
m
pylon ['paɪlən] *n* traliccio *m*
pyramid ['pɪrəmɪd] *n* piramide *f*
Pyrenees [,pɪrə'niːz] *npl* ● **the Pyrenees**
i Pirenei
Pyrex® ['paɪreks] *n* pyrex ® *m*

q Q

quail [kweɪl] *n* quaglia *f*
quail's eggs *npl* uova *fpl* di quaglia
quaint [kweɪnt] *adj* pittoresco(a)
qualification [,kwɒlɪfɪ'keɪʃn] *n* **1.** *(diploma)* qualifica *f* **2.** *(ability)* qualità *f inv*
qualified ['kwɒlɪfaɪd] *adj (having qualifications)* qualificato(a)

qualify ['kwɒlɪfaɪ] *vi* **1.** *(for competition)* qualificarsi **2.** *(pass exam)* abilitarsi

quality ['kwɒlɪtɪ] ◇ *n* qualità *f inv* ◇ *adj* di qualità

quarantine ['kwɒrəntiːn] *n* quarantena *f*

quarrel ['kwɒrəl] ◇ *n* lite *f* ◇ *vi* litigare

quarry ['kwɒrɪ] *n* *(for stone, sand)* cava *f*

quart [kwɔːt] *n* **1.** *(in UK)* = 1,136 l, ≃ litro *m* **2.** *(in US)* = 0,946 l, ≃ litro

quarter ['kwɔːtə'] *n* **1.** *(fraction)* quarto *m* **2.** *(US) (coin)* quarto di dollaro **3.** *(4 ounces)* quarto di libbra **4.** *(three months)* trimestre *m* **5.** *(part of town)* quartiere *m* ● **(a) quarter to five** *(UK)* le cinque meno un quarto ● **(a) quarter of five** *(US)* le cinque meno un quarto ● **(a) quarter past five** *(UK)* le cinque e un quarto ● **(a) quarter after five** *(US)* le cinque e un quarto ● **(a) quarter of an hour** un quarto d'ora

quarterpounder [,kwɔːtə'paʊndə'] *n* grosso hamburger *m inv*

quartet [kwɔː'tet] *n* quartetto *m*

quartz [kwɔːts] *adj* *(watch)* al quarzo

quay [kiː] *n* banchina *f*

queasy ['kwiːzɪ] *adj* *(inf)* ● **to feel queasy** avere la nausea

queen [kwiːn] *n* regina *f*

queer [kwɪə'] *adj* **1.** *(strange)* strano(a) **2.** *(inf) (homosexual)* omosessuale ● **to feel queer** *(ill)* sentirsi male

quench [kwentʃ] *vt* ● **to quench one's thirst** dissetarsi

query ['kwɪərɪ] *n* quesito *m*

question ['kwestʃn] ◇ *n* **1.** *(query, in exam, on questionnaire)* domanda *f* **2.** *(issue)* questione *f* ◇ *vt* *(person)* interrogare ●

it's out of the question è fuori discussione

question mark *n* punto *m* interrogativo

questionnaire [,kwestʃə'neə'] *n* questionario *m*

queue [kjuː] ◇ *n* *(UK)* coda *f* ◇ *vi* *(UK)* fare la coda ● **queue up** *vi* *(UK)* fare la coda

quiche [kiːʃ] *n* torta *f* salata

quick [kwɪk] ◇ *adj* rapido(a) ◇ *adv* rapidamente

quickly ['kwɪklɪ] *adv* rapidamente

quid [kwɪd] *(pl inv)* *n* *(UK)* *(inf)* sterlina *f*

quiet ['kwaɪət] ◇ *adj* **1.** silenzioso(a) **2.** *(calm, peaceful)* tranquillo(a) ◇ *n* quiete *f* ● **in a quiet voice** a bassa voce ● **keep quiet!** silenzio! ● **to keep quiet** *(not say anything)* tacere ● **to keep quiet about sthg** tenere segreto qc

quieten ['kwaɪətn] ● **quieten down** *vi* calmarsi

quietly ['kwaɪətlɪ] *adv* **1.** silenziosamente **2.** *(calmly)* tranquillamente

quilt [kwɪlt] *n* **1.** *(duvet)* piumino *m* **2.** *(eiderdown)* trapunta *f*

quince [kwɪns] *n* mela *f* cotogna

quirk [kwɜːk] *n* stranezza *f*

quit [kwɪt] *(pt & pp inv)* ◇ *vi* **1.** *(resign)* dimettersi **2.** *(give up)* smettere ◇ *vt* *(US) (school, job)* lasciare ● **to quit doing sthg** smettere di fare qc

quite [kwaɪt] *adv* **1.** *(fairly)* abbastanza **2.** *(completely)* proprio ● **not quite** non proprio ● **quite a lot (of)** un bel po' (di)

quiz [kwɪz] *(pl -zes)* *n* quiz *m inv*

quota ['kwəʊtə] n quota f

quotation [kwəʊ'teɪʃn] n 1. (phrase) citazione f 2. (estimate) preventivo m

quotation marks npl virgolette fpl

quote [kwəʊt] ◇ vt (phrase, writer) citare ◇ n 1. (phrase) citazione f 2. (estimate) preventivo m ● he quoted me a price of £50 mi ha dato un prezzo indicativo di 50 sterline

rR

rabbit ['ræbɪt] n coniglio m

rabies ['reɪbiːz] n rabbia f

RAC [ɑːreɪ'siː] n (abbr of Royal Automobile Club) ≃ ACI m

race [reɪs] ◇ n 1. (competition) gara f 2. (ethnic group) razza f ◇ vi 1. (compete) gareggiare 2. (go fast) correre 3. (engine) imballarsi ◇ vt (compete against) gareggiare con

racecourse ['reɪskɔːs] n ippodromo m

racehorse ['reɪshɔːs] n cavallo m da corsa

racetrack ['reɪstræk] n (for horses) ippodromo m

racial ['reɪʃl] adj razziale

racing ['reɪsɪŋ] n ● (horse) racing corse fpl (di cavalli)

racing car n automobile f da corsa

racism ['reɪsɪzm] n razzismo m

racist ['reɪsɪst] n razzista mf

rack [ræk] n 1. (for coats) attaccapanni m inv 2. (for plates) scolapiatti m inv 3. (for

bottles) portabottiglie m inv ● (luggage) rack portabagagli m inv ● rack of lamb carré m inv di agnello

racket ['rækɪt] n 1. (for tennis, badminton, squash) racchetta f 2. (noise) baccano m

racquet ['rækɪt] n racchetta f

radar ['reɪdɑːʳ] n radar m inv

radiation [,reɪdɪ'eɪʃn] n (nuclear) radiazione f

radiator ['reɪdɪeɪtəʳ] n radiatore m

radical ['rædɪkl] adj radicale

radii ['reɪdɪaɪ] pl ➤ radius

radio ['reɪdɪəʊ] (pl -s) ◇ n radio f inv ◇ vt (person) chiamare via radio ● on the radio alla radio

radioactive [,reɪdɪəʊ'æktɪv] adj radioattivo(a)

radio alarm n radiosveglia f

radish ['rædɪʃ] n ravanello m

radius ['reɪdɪəs] (pl **radii**) n raggio m

raffle ['ræfl] n lotteria f

raft [rɑːft] n 1. (of wood) zattera f 2. (inflatable) materasso m (gonfiabile)

rafter ['rɑːftəʳ] n travicello m

rag [ræg] n (old cloth) straccio m

rage [reɪdʒ] n rabbia f

raid [reɪd] ◇ n 1. raid m inv 2. (robbery) scorreria f ◇ vt 1. (subj: police) fare irruzione in 2. (subj: thieves) fare razzia in

rail [reɪl] ◇ n 1. (bar) sbarra f 2. (for curtain) asta f 3. (on stairs) corrimano m inv 4. (for train, tram) rotaia f ◇ adj ferroviario(a) ● by rail in treno

railcard ['reɪlkɑːd] n 1. (UK) (for young people) tessera f per riduzione ferroviaria f 2. (for pensioners) ≃ carta d'argento

railings ['reɪlɪŋz] *npl* ringhiera *f*

railroad ['reɪlrəud] *(US)* = **railway**

railway ['reɪlweɪ] *n* ferrovia *f*

railway line *n* **1.** *(route)* linea *f* ferroviaria **2.** *(track)* binario *m*

railway station *n* stazione *f* ferroviaria

rain [reɪn] ◇ *n* pioggia *f* ◇ *impers vb* piovere ◆ **it's raining** sta piovendo

rainbow ['reɪnbəu] *n* arcobaleno *m*

raincoat ['reɪnkəut] *n* impermeabile *m*

raindrop ['reɪndrop] *n* goccia *f* di pioggia

rainfall ['reɪnfɔ:l] *n* precipitazione *f*

rainy ['reɪnɪ] *adj* piovoso(a)

raise [reɪz] ◇ *vt* **1.** *(lift)* sollevare **2.** *(increase)* aumentare **3.** *(money)* raccogliere **4.** *(child, animals)* allevare ◇ *n (US) (pay increase)* aumento *m*

raisin ['reɪzn] *n* uva *f* passa

rake [reɪk] *n (gardening tool)* rastrello *m*

rally ['rælɪ] *n* **1.** *(public meeting)* comizio *m* **2.** *(motor race)* rally *m inv* **3.** *(in tennis, badminton, squash)* serie di scambi della palla

ram [ræm] ◇ *n* montone *m* ◇ *vt (bang into)* speronare

Ramadan [ˌræməˈdæn] *n* Ramadan *m inv*

ramble ['ræmbl] *n* camminata *f*

ramp [ræmp] *n* **1.** *(slope)* rampa *f* **2.** *(in roadworks)* dislivello *m* **3.** *(US) (to freeway)* rampa *f* d'accesso ▼ **ramp** *(UK) (bump)* fondo dissestato

ramparts ['ræmpɑ:ts] *npl* bastioni *mpl*

ran [ræn] *pt* ➢ **run**

ranch [rɑ:ntʃ] *n* ranch *m inv*

rancid ['rænsɪd] *adj* rancido(a)

random ['rændəm] ◇ *adj* a caso ◇ *n* ● **at random** a caso

rang [ræŋ] *pt* ➢ **ring**

range [reɪndʒ] ◇ *n* **1.** *(of radio, telescope)* portata *f* **2.** *(of aircraft)* raggio *m* **3.** *(for shooting)* campo *m* di tiro **4.** *(of prices, temperatures, goods)* gamma *f* **5.** *(of hills, mountains)* catena *f* **6.** *(cooker)* cucina *f* economica ◇ *vi (vary)* variare

ranger ['reɪndʒəʳ] *n (of park, forest)* guardia *f* forestale

rank [ræŋk] ◇ *n (in armed forces, police)* rango *m* ◇ *adj (smell, taste)* rancido(a)

ransom ['rænsəm] *n* riscatto *m*

rap [ræp] *n (music)* rap *m inv*

rape [reɪp] ◇ *n* stupro *m* ◇ *vt* stuprare

rapid ['ræpɪd] *adj* rapido(a) ◆ **rapids** *npl* rapide *fpl*

rapidly ['ræpɪdlɪ] *adv* rapidamente

rapist ['reɪpɪst] *n* stupratore *m*

rare [reəʳ] *adj* **1.** *(not common)* raro(a) **2.** *(meat)* al sangue

rarely ['reəlɪ] *adv* raramente

rash [ræʃ] ◇ *n* eruzione *f* cutanea ◇ *adj* impulsivo(a)

rasher ['ræʃəʳ] *n* fettina *f* di pancetta

raspberry ['rɑ:zbərɪ] *n* lampone *m*

rat [ræt] *n* ratto *m*

ratatouille [ˌrætəˈtu:ɪ] *n* ratatouille *f inv*

rate [reɪt] ◇ *n* **1.** *(level)* tasso *m* **2.** *(charge)* tariffa *f* **3.** *(speed)* ritmo *m* ◇ *vt* **1.** *(consider)* reputare **2.** *(deserve)* meritare ● **rate of exchange** tasso di cambio ● **at any rate** in ogni caso ● **at this rate** di questo passo

rather ['rɑ:ðəʳ] *adv (quite)* piuttosto ● **I'd rather not** preferirei di no ● **would you rather ...?** preferisci ...? ● **rather**

than piuttosto che ● rather a lot molto

ratio ['reɪʃɪəʊ] (pl **-s**) n rapporto m

ration ['ræʃn] n (share) razione f ● **rations** npl (food) razioni fpl

rational ['ræʃnl] adj razionale

rattle ['rætl] ◇ n (of baby) sonaglio m ◇ vi sbatacchiare

rave [reɪv] n (party) rave m inv

raven ['reɪvn] n corvo m

ravioli [,rævɪ'əʊlɪ] n ravioli mpl

raw [rɔː] adj **1.** (uncooked) crudo(a) **2.** (unprocessed) grezzo(a)

raw material n materia f prima

ray [reɪ] n raggio m

razor ['reɪzə'] n rasoio m

razor blade n lametta f (da barba)

Rd abbr = **Road**

re [riː] prep in merito a

RE [ɑː'riː] n (abbr of religious education) religione f (materia)

reach [riːtʃ] ◇ vt raggiungere ◇ n ● **out of reach** lontano ● **within reach of** the beach a poca distanza dalla spiaggia ● **reach out** vi ● **to reach out (for)** allungarsi (per raggiungere)

react [rɪ'ækt] vi reagire

reaction [rɪ'ækʃn] n reazione f

read [riːd] (pt & pp inv) ◇ vt **1.** leggere **2.** (subj: sign, note) dire **3.** (subj: meter, gauge) segnare ◇ vi leggere ● **to read about** sthg leggere di qc ● **read out** vt sep leggere ad alta voce

reader ['riːdə'] n (of newspaper, book) lettore m, -trice f

readily ['redɪlɪ] adv **1.** (willingly) prontamente **2.** (easily) facilmente

reading ['riːdɪŋ] n **1.** (of books, papers) lettura f **2.** (of meter, gauge) valore m indicato

reading matter n qualcosa da leggere

ready ['redɪ] adj pronto(a) ● **to be ready for** sthg (prepared) essere preparato(a) per qc ● **to be ready to do** sthg (willing) essere pronto a fare qc ● (likely) essere sul punto di fare qc ● **to get ready** prepararsi ● **to get sthg ready** preparare qc

ready cash n contante m

ready-cooked [-kʊkt] adj precotto(a)

ready-to-wear adj confezionato(a)

real ['rɪəl] ◇ adj **1.** vero(a) **2.** (world) reale ◇ adv (US) davvero

real ale n (UK) birra rossa prodotta secondo metodi tradizionali

real estate n proprietà fpl immobiliari

realistic [,rɪə'lɪstɪk] adj realistico(a)

reality [rɪ'ælətɪ] n realtà f inv ● **in reality** in realtà

reality TV n reality TV f

realize ['rɪəlaɪz] vt **1.** rendersi conto di **2.** (ambition, goal) realizzare ● **to realize (that)** ... rendersi conto che OR di ...

really ['rɪəlɪ] adv **1.** veramente **2.** (in reality) realmente ● **do you like it?** - no, not really ti piace? - veramente no ● **really?** (expressing surprise) davvero?

realtor ['rɪəltər] n (US) agente mf immobiliare

rear [rɪə'] ◇ adj posteriore ◇ n (back) retro m inv

rearrange [,riːə'reɪndʒ] vt spostare

rearview mirror ['rɪəvju:-] n specchietto m retrovisore

rear-wheel drive n trazione f posteriore

reason ['ri:zn] *n* motivo *m* • **for some reason** per qualche motivo

reasonable ['ri:znəbl] *adj* **1.** ragionevole **2.** *(quite big)* buono(a)

reasonably ['ri:znəblɪ] *adv (quite)* piuttosto

reasoning ['ri:znɪŋ] *n* ragionamento *m*

reassure [ˌri:ə'ʃɔ:ʳ] *vt* rassicurare

reassuring [ˌri:ə'ʃɔ:rɪŋ] *adj* rassicurante

rebate ['ri:beɪt] *n* rimborso *m*

rebel ◇ *n* ['rebl] ribelle *mf* ◇ *vi* [rɪ'bel] ribellarsi

rebound [rɪ'baʊnd] *vi (ball)* rimbalzare

rebuild [ˌri:'bɪld] *(pt & pp* **rebuilt)** *vt* ricostruire

rebuke [rɪ'bju:k] *vt* rimproverare

recall [rɪ'kɔ:l] *vt (remember)* ricordare

receipt [rɪ'si:t] *n (for goods, money)* ricevuta *f* • **on receipt of** al ricevimento di

receive [rɪ'si:v] *vt* ricevere

receiver [rɪ'si:vəʳ] *n (of phone)* ricevitore *m*

recent ['ri:snt] *adj* recente

recently ['ri:sntlɪ] *adv* recentemente

receptacle [rɪ'septəkl] *n (fml)* ricettacolo *m*

reception [rɪ'sepʃn] *n* **1.** *(in hotel)* reception *f inv* **2.** *(at hospital)* accettazione *f* **3.** *(party)* ricevimento *m* **4.** *(welcome)* accoglienza *f* **5.** *(of TV, radio)* ricezione *f*

reception desk *n* banco *m* della reception

receptionist [rɪ'sepʃənɪst] *n* receptionist *mf inv*

recess ['ri:ses] *n* **1.** *(in wall)* nicchia *f* **2.** *(US) SCH* intervallo *m*

recession [rɪ'seʃn] *n* recessione *f*

recipe ['resɪpɪ] *n* ricetta *f*

recite [rɪ'saɪt] *vt* **1.** *(poem)* recitare **2.** *(list)* elencare

reckless ['reklɪs] *adj* avventato(a)

reckon ['rekn] *vt (inf) (think)* pensare • **reckon on** *vt insep* aspettarsi • **reckon with** *vt insep (expect)* aspettarsi

reclaim [rɪ'kleɪm] *vt (baggage)* ritirare

reclining seat [rɪ'klaɪnɪŋ-] *n* sedile *m* reclinabile

recognition [ˌrekəg'nɪʃn] *n* riconoscimento *m*

recognize ['rekəgnaɪz] *vt* riconoscere

recollect [ˌrekə'lekt] *vt* ricordare

recommend [ˌrekə'mend] *vt* raccomandare • **to recommend sb to do sthg** consigliare a qn di fare qc

recommendation [ˌrekəmen'deɪʃn] *n (suggestion)* indicazione *f*

reconsider [ˌri:kən'sɪdəʳ] *vt* riconsiderare

reconstruct [ˌri:kən'strʌkt] *vt* ricostruire

record ◇ *n* ['rekɔ:d] **1.** *MUS* disco *m* **2.** *(best performance, highest level)* record *m inv* **3.** *(account)* nota *f* ◇ *vt* [rɪ'kɔ:d] **1.** *(keep account of)* annotare **2.** *(on tape)* registrare

recorded delivery [rɪ'kɔ:dɪd-] *n (UK)* ≃ raccomandata *f*

recorder [rɪ'kɔ:dəʳ] *n* **1.** *(tape recorder)* registratore *m* **2.** *(instrument)* flauto *m* diritto

recording [rɪ'kɔ:dɪŋ] *n* registrazione *f*

record player *n* giradischi *m inv*

record shop *n* negozio *m* di dischi

recover [rɪ'kʌvəʳ] ◇ *vt (stolen goods, lost*

property) recuperare ◇ *vi* riprendersi

recovery [rɪ'kʌvərɪ] *n* (*from illness*) guarigione *f*

recovery vehicle *n* (*UK*) carro *m* attrezzi

recreation [ˌrekrɪ'eɪʃn] *n* divertimento *m*

recreation ground *n* parco *m* (giochi)

recruit [rɪ'kru:t] ◇ *n* recluta *mf* ◇ *vt* (*staff*) assumere

rectangle ['rek,tæŋgl] *n* rettangolo *m*

rectangular [rek'tæŋgjʊləʳ] *adj* rettangolare

recycle [ˌri:'saɪkl] *vt* riciclare

recycle bin *n* COMPUT cestino *m*

red [red] ◇ *adj* rosso(a) ◇ *n* (*colour*) rosso *m* ● **in the red** in rosso

red cabbage *n* cavolo *m* rosso

Red Cross *n* Croce *f* Rossa

redcurrant ['redkʌrənt] *n* ribes *m inv*

redecorate [ˌri:'dekəreɪt] *vt* rimbiancare

redhead ['redhed] *n* rosso *m*, -a *f*

red-hot *adj* (*metal*) rovente

redial [ri:'daɪəl] *vi* rifare il numero

redirect [ˌri:dɪ'rekt] *vt* **1.** (*letter*) spedire a un nuovo indirizzo **2.** (*traffic, plane*) dirottare

red pepper *n* peperone *m* rosso

reduce [rɪ'dju:s] ◇ *vt* ridurre ◇ *vi* (*US*) (*slim*) dimagrire

reduced price [rɪ'dju:st-] *n* prezzo *m* ridotto

reduction [rɪ'dʌkʃn] *n* riduzione *f*

redundancy [rɪ'dʌndənsɪ] *n* (*UK*) licenziamento *m* (*per esubero*)

redundant [rɪ'dʌndənt] *adj* (*UK*) ● **to be made redundant** essere licenziato(a)

red wine *n* vino *m* rosso

reed [ri:d] *n* canna *f*

reef [ri:f] *n* scogliera *f*

reek [ri:k] *vi* puzzare

reel [ri:l] *n* **1.** (*of thread*) rocchetto *m* **2.** (*on fishing rod*) mulinello *m*

refectory [rɪ'fektərɪ] *n* refettorio *m*

refer [rɪ'fɜ:ʳ] ● **refer to** *vt insep* (*speak about*) fare riferimento a; (*relate to*) riferirsi a; (*consult*) consultare

referee [ˌrefə'ri:] *n* SPORT arbitro *m*, -a *f*

reference ['refrəns] ◇ *n* **1.** (*mention*) riferimento *m* **2.** (*letter for job*) lettera *f* di referenze ◇ *adj* (*book, library*) di consultazione ● **with reference to** con riferimento a

referendum [ˌrefə'rendəm] *n* referendum *m inv*

refill ◇ *n* ['ri:fɪl] **1.** (*for pen*) ricambio *m* **2.** (*inf*) (*drink*) rifornimento *m* ◇ *vt* [ˌri:'fɪl] riempire

refinery [rɪ'faɪnərɪ] *n* raffineria *f*

reflect [rɪ'flekt] *vt & vi* riflettere

reflection [rɪ'flekʃn] *n* (*image*) riflesso *m*

reflector [rɪ'flektəʳ] *n* catarifrangente *m*

reflex ['ri:fleks] *n* riflesso *m*

reflexive [rɪ'fleksɪv] *adj* riflessivo(a)

reform [rɪ'fɔ:m] ◇ *n* riforma *f* ◇ *vt* riformare

refresh [rɪ'freʃ] *vt* rinfrescare

refreshing [rɪ'freʃɪŋ] *adj* **1.** (*drink, breeze, sleep*) rinfrescante **2.** (*change*) piacevole

refreshments [rɪ'freʃmənts] *npl* rinfreschi *mpl*

refrigerator [rɪ'frɪdʒəreɪtəʳ] *n* frigorifero *m*

refugee [ˌrefjʊ'dʒi:] *n* rifugiato *m*, -a *f*

refund ◇ *n* ['ri:fʌnd] rimborso *m* ◇ *vt* [rɪ'fʌnd] rimborsare

refundable [rɪ'fʌndəbl] *adj* rimborsabile

refusal [rɪ'fju:zl] *n* rifiuto *m*

refuse¹ [rɪ'fju:z] ◇ *vt* **1.** *(not accept)* rifiutare **2.** *(not allow)* negare ◇ *vi* rifiutare ● **to refuse to do sthg** rifiutare di fare qc

refuse² ['refju:s] *n* (*fml*) rifiuti *mpl*

refuse collection ['refju:s-] *n* (*fml*) raccolta *f* dei rifiuti

regard [rɪ'gɑ:d] ◇ *vt* (*consider*) considerare ◇ *n* ● **with regard to** riguardo a ● **as regards** per quanto riguarda ●

regards *npl* (*in greetings*) saluti *mpl* ● **give them my regards** li saluti da parte mia

regarding [rɪ'gɑ:dɪŋ] *prep* riguardo a

regardless [rɪ'gɑ:dlɪs] *adv* lo stesso ● **regardless of** senza tener conto di

reggae ['regeɪ] *n* reggae *m inv*

regiment ['redʒɪmənt] *n* reggimento *m*

region ['ri:dʒən] *n* regione *f* ● **in the region of** circa

regional ['ri:dʒənl] *adj* regionale

register ['redʒɪstəʳ] ◇ *n* registro *m* ◇ *vt* **1.** registrare **2.** (*subj: machine, gauge*) segnare ◇ *vi* **1.** (*put one's name down*) iscriversi **2.** (*at hotel*) firmare il registro

registered ['redʒɪstəd] *adj* (*letter, parcel*) assicurato(a)

registration [,redʒɪ'streɪʃn] *n* (*for course, at conference*) iscrizione *f*

registration (number) *n* (*of car*) numero *m* di targa

registry office ['redʒɪstrɪ-] *n* anagrafe *f*

regret [rɪ'gret] ◇ *n* (*thing regretted*) rimpianto *m* ◇ *vt* rimpiangere ● **I regret telling her** mi dispiace (di) averglielo detto ● **we regret any inconvenience caused** ci scusiamo per il disagio causato

regrettable [rɪ'gretəbl] *adj* spiacevole

regular ['regjuləʳ] ◇ *adj* **1.** regolare **2.** (*normal, in size*) normale **3.** (*customer, reader*) abituale ◇ *n* (*customer*) cliente *mf* abituale

regularly ['regjuləlɪ] *adv* regolarmente

regulate ['regjuleɪt] *vt* regolare

regulation [,regju'leɪʃn] *n* (*rule*) norma *f*

rehearsal [rɪ'hɜ:sl] *n* prova *f*

rehearse [rɪ'hɜ:s] *vt* provare

reign [reɪn] ◇ *n* regno *m* ◇ *vi* regnare

reimburse [,ri:ɪm'bɜ:s] *vt* (*fml*) rimborsare

reindeer ['reɪn,dɪəʳ] (*pl inv*) *n* renna *f*

reinforce [,ri:ɪn'fɔ:s] *vt* **1.** (*wall, handle*) rinforzare **2.** (*argument, opinion*) rafforzare

reinforcements [,ri:ɪn'fɔ:smənts] *npl* rinforzi *mpl*

reins [reɪnz] *npl* briglie *fpl*

reject [rɪ'dʒekt] *vt* **1.** (*proposal, request, coin*) respingere **2.** (*applicant, plan*) scartare

rejection [rɪ'dʒekʃn] *n* rifiuto *m*

rejoin [,ri:'dʒɔɪn] *vt* (*motorway*) riprendere

relapse [rɪ'læps] *n* ricaduta *f*

relate [rɪ'leɪt] ◇ *vt* (*connect*) collegare ◇ *vi* ● **to relate to** (*be connected with*) essere collegato a; (*concern*) riguardare

related [rɪ'leɪtɪd] *adj* **1.** (*of same family*) imparentato(a) **2.** (*connected*) collegato(a)

relation [rɪ'leɪʃn] n 1. (member of family) parente mf 2. (connection) rapporto m ◆ in relation to in rapporto a ◆ **relations** npl parenti mpl

relationship [rɪ'leɪʃnʃɪp] n rapporto m, relazione f

relative ['relətɪv] ◇ adj relativo(a) ◇ n parente mf

relatively ['relətɪvlɪ] adv relativamente

relax [rɪ'læks] vi (person) rilassarsi

relaxation [ˌriːlæk'seɪʃn] n (rest) relax m

relaxed [rɪ'lækst] adj rilassato(a)

relaxing [rɪ'læksɪŋ] adj rilassante

relay ['riːleɪ] n (race) staffetta f

release [rɪ'liːs] ◇ vt 1. (set free) liberare 2. (let go of) mollare 3. (record, film) far uscire 4. (handbrake, catch) togliere ◇ n (record, film) uscita f

relegate ['relɪgeɪt] vt ● to be relegated SPORT essere retrocesso

relevant ['reləvənt] adj 1. (connected) pertinente 2. (important) importante 3. (appropriate) appropriato(a)

reliable [rɪ'laɪəbl] adj (person, machine) affidabile

relic ['relɪk] n (object) reperto m (archeologico)

relief [rɪ'liːf] n 1. (gladness) sollievo m 2. (aid) aiuto m

relief road n strada f di smaltimento

relieve [rɪ'liːv] vt (pain, headache) alleviare

relieved [rɪ'liːvd] adj sollevato(a)

religion [rɪ'lɪdʒn] n religione f

religious [rɪ'lɪdʒəs] adj religioso(a)

relish ['relɪʃ] n (sauce) salsa f

reluctant [rɪ'lʌktənt] adj riluttante

rely [rɪ'laɪ] ● **rely on** vt insep (trust) contare su; (depend on) dipendere da

remain [rɪ'meɪn] vi rimanere ◆ **remains** npl resti mpl

remainder [rɪ'meɪndə'] n resto m

remaining [rɪ'meɪnɪŋ] adj restante

remark [rɪ'mɑːk] ◇ n commento m ◇ vt commentare

remarkable [rɪ'mɑːkəbl] adj notevole

remedy ['remədɪ] n rimedio m

remember [rɪ'membə'] ◇ vt 1. (recall) ricordare 2. (not forget) ricordarsi (di) ◇ vi (recall) ricordarsi ● to remember doing sthg ricordarsi di aver fatto qc ● to remember to do sthg ricordarsi (di) fare qc

remind [rɪ'maɪnd] vt ● to remind sb of sthg ricordare qc a qn ● to remind sb to do sthg ricordare a qn di fare qc

reminder [rɪ'maɪndə'] n (for bill, library book) sollecito m

remittance [rɪ'mɪtns] n rimessa f

remnant ['remnənt] n resto m

remote [rɪ'məʊt] adj remoto(a)

remote control n telecomando m

removal [rɪ'muːvl] n (taking away) rimozione f

removal van n camion m inv dei traslochi

remove [rɪ'muːv] vt 1. togliere 2. (clothes) togliersi

renew [rɪ'njuː] vt rinnovare

renovate ['renəveɪt] vt rinnovare

renowned [rɪ'naʊnd] adj rinomato(a)

rent [rent] ◇ n affitto m ◇ vt 1. (flat) affittare 2. (car, TV) noleggiare

rental ['rentl] n (fee) affitto m

repaid [riː'peɪd] pt & pp → repay

repair [rɪˈpeəʳ] ◇ *vt* riparare ◇ *n* • **in good repair** in buone condizioni • **repairs** *npl* riparazioni *fpl*

repair kit *n (for bicycle)* borsetta *f* degli attrezzi

repay [ri:ˈpeɪ] *(pt & pp* **repaid)** *vt* restituire

repayment [ri:ˈpeɪmənt] *n (of loan)* rimborso *m*

repeat [rɪˈpi:t] ◇ *vt* **1.** ripetere **2.** *(gossip, news)* riferire ◇ *n (on TV, radio)* replica *f*

repetition [ˌrepɪˈtɪʃn] *n* ripetizione *f*

repetitive [rɪˈpetɪtɪv] *adj* ripetitivo(a)

replace [rɪˈpleɪs] *vt* **1.** rimpiazzare **2.** *(put back)* mettere a posto

replacement [rɪˈpleɪsmənt] *n (substitute)* sostituto *m*, -a *f*

replay [ˈri:pleɪ] *n* **1.** *(rematch)* partita *f* ripetuta **2.** *(on TV)* replay *m inv*

reply [rɪˈplaɪ] ◇ *n* risposta *f* ◇ *vt & vi* rispondere

report [rɪˈpɔ:t] ◇ *n* **1.** *(account)* relazione *f* **2.** *(in newspaper, on TV, radio)* servizio *m* **3.** *(UK) SCH* ≃ scheda *f* ◇ *vt* **1.** *(announce)* riportare **2.** *(theft, disappearance, person)* denunciare ◇ *vi* **1.** *(give account)* riferire **2.** *(for newspaper, TV, radio)* fare un servizio • **to report to sb** *(go to)* presentarsi a qn

report card *n* ≃ scheda *f (scolastica)*

reporter [rɪˈpɔ:təʳ] *n* reporter *mf inv*

represent [ˌreprɪˈzent] *vt* rappresentare

representative [ˌreprɪˈzentətɪv] *n* rappresentante *mf*

repress [rɪˈpres] *vt* **1.** *(feelings)* reprimere **2.** *(people)* opprimere

reprieve [rɪˈpri:v] *n (delay)* sospensione *f*

reprimand [ˈreprɪmɑ:nd] *vt* rimproverare

reproach [rɪˈprəʊtʃ] *vt* rimproverare

reproduction [ˌri:prəˈdʌkʃn] *n* riproduzione *f*

reptile [ˈreptaɪl] *n* rettile *m*

republic [rɪˈpʌblɪk] *n* repubblica *f*

Republican [rɪˈpʌblɪkən] ◇ *n* repubblicano *m*, -a *f* ◇ *adj* repubblicano(a)

repulsive [rɪˈpʌlsɪv] *adj* repellente

reputable [ˈrepjʊtəbl] *adj* di buona reputazione

reputation [ˌrepjʊˈteɪʃn] *n* reputazione *f*

reputedly [rɪˈpju:tɪdlɪ] *adv* per quanto si dice

request [rɪˈkwest] ◇ *n* richiesta *f* ◇ *vt* chiedere • **to request sb to do sthg** chiedere a qn di fare qc • **available on request** *(disponibile)* su richiesta

request stop *n (UK)* fermata *f* a richiesta

require [rɪˈkwaɪəʳ] *vt* **1.** *(subj: person)* avere bisogno di **2.** *(subj: situation)* richiedere • **passengers are required to show their tickets** i passeggeri sono pregati di presentare i biglietti

requirement [rɪˈkwaɪəmənt] *n* **1.** *(condition)* requisito *m* **2.** *(need)* esigenza *f*

resat [ˌri:ˈsæt] *pt & pp* → **resit**

rescue [ˈreskju:] *vt* salvare

research [rɪˈsɜ:tʃ] *n* ricerca *f*

resemblance [rɪˈzembləns] *n* somiglianza *f*

resemble [rɪˈzembl] *vt* somigliare a

resent [rɪˈzent] *vt* risentirsi per

reservation [ˌrezəˈveɪʃn] *n* **1.** *(booking)* prenotazione *f* **2.** *(doubt)* riserva *f* • **to**

make a reservation fare una prenotazione

reserve [rɪˈzɜːv] ◇ *n* riserva *f* ◇ *vt* **1.** *(book)* prenotare **2.** *(save)* riservare

reserved [rɪˈzɜːvd] *adj* riservato(a)

reservoir [ˈrezəvwɑː'] *n* bacino *m* (idrico)

reset [ˌriːˈset] *(pt & pp inv)* *vt* **1.** *(watch, device)* rimettere **2.** *(meter)* azzerare

reside [rɪˈzaɪd] *vi (fml)* risiedere

residence [ˈrezɪdəns] *n (fml)* residenza *f* ● place of residence *(fml)* luogo *m* di residenza

residence permit *n* permesso *m* di soggiorno

resident [ˈrezɪdənt] *n* **1.** *(of country)* residente *mf* **2.** *(of hotel)* cliente *mf* **3.** *(of area, house)* abitante *mf* ▼ residents only *(for parking)* parcheggio riservato ai residenti

residential [ˌrezɪˈdenʃl] *adj (area)* residenziale

residue [ˈrezɪdjuː] *n* residuo *m*

resign [rɪˈzaɪn] ◇ *vi* dare le dimissioni ◇ *vt* ● to resign o.s. to sthg rassegnarsi a qc

resignation [ˌrezɪgˈneɪʃn] *n (from job)* dimissioni *fpl*

resilient [rɪˈzɪliənt] *adj (person)* che ha buone capacità di ripresa

resist [rɪˈzɪst] *vt* **1.** *(fight against)* opporre resistenza a **2.** *(temptation)* resistere a ● I can't resist chocolate non so resistere al cioccolato ● to resist doing sthg trattenersi dal fare qc

resistance [rɪˈzɪstəns] *n* **1.** *(refusal to accept)* opposizione *f* **2.** *(fighting)* resistenza *f*

resit [ˌriːˈsɪt] *(pt & pp* **resat**) *vt* ridare

resolution [ˌrezəˈluːʃn] *n (promise)* proposito *m*

resolve [rɪˈzɒlv] *vt (solve)* risolvere

resort [rɪˈzɔːt] *n (for holidays)* luogo *m* di villeggiatura ● as a last resort come ultima risorsa ● resort to *vt insep* ricorrere a ● to resort to doing sthg ricorrere a fare qc

resource [rɪˈzɔːs] *n* risorsa *f*

resourceful [rɪˈsɔːsful] *adj* pieno(a) di risorse

respect [rɪˈspekt] ◇ *n* rispetto *m* ◇ *vt* rispettare ● in some respects sotto certi aspetti ● with respect to per quanto riguarda

respectable [rɪˈspektəbl] *adj* **1.** *(person, job etc)* rispettabile **2.** *(acceptable)* decente

respective [rɪˈspektɪv] *adj* rispettivo(a)

respond [rɪˈspɒnd] *vi* rispondere

response [rɪˈspɒns] *n* risposta *f*

responsibility [rɪˌspɒnsəˈbɪlɪti] *n* responsabilità *f inv*

responsible [rɪˈspɒnsəbl] *adj* responsabile ● to be responsible (for) *(accountable)* essere responsabile (di)

rest [rest] ◇ *n* **1.** *(relaxation)* riposo *m* **2.** *(support)* sostegno *m* ◇ *vi (relax)* riposarsi ● the rest *(remainder)* il resto ● to have a rest riposarsi ● to rest against appoggiarsi contro

restaurant [ˈrestərɒnt] *n* ristorante *m*

restaurant car *n (UK)* carrozza *f* ristorante

restful [ˈrestful] *adj* riposante

restless [ˈrestlɪs] *adj* **1.** *(bored, impatient)* insofferente **2.** *(fidgety)* agitato(a)

restore [rɪ'stɔː^r] vt **1.** (building, painting) restaurare **2.** (order) ripristinare

restrain [rɪ'streɪn] vt controllare

restrict [rɪ'strɪkt] vt limitare

restricted [rɪ'strɪktɪd] adj limitato(a)

restriction [rɪ'strɪkʃn] n restrizione f

rest room n (US) toilette f inv

result [rɪ'zʌlt] ◇ n risultato m ◇ vi • **to result in** avere come conseguenza • **as a result of** in seguito a

resume [rɪ'zjuːm] vi riprendere

résumé ['rezjuːmeɪ] n **1.** (summary) riassunto m **2.** (US) (curriculum vitae) curriculum vitae m inv

retail ['riːteɪl] ◇ n vendita f al dettaglio ◇ vt (sell) vendere al dettaglio ◇ vi • **to retail at** essere venduto a

retailer ['riːteɪlə^r] n dettagliante mf

retail price n prezzo m al dettaglio

retain [rɪ'teɪn] vt (fml) conservare

retaliate [rɪ'tælɪeɪt] vi fare rappresaglie

retire [rɪ'taɪə^r] vi (stop working) andare in pensione

retired [rɪ'taɪəd] adj in pensione

retirement [rɪ'taɪəmənt] n **1.** (leaving job) pensionamento m **2.** (period after retiring) periodo m dopo il pensionamento

retreat [rɪ'triːt] ◇ vi (move away) indietreggiare ◇ n (place) rifugio m

retrieve [rɪ'triːv] vt (get back) recuperare

return [rɪ'tɜːn] ◇ n **1.** ritorno m **2.** (UK) (ticket) biglietto m (di) andata e ritorno ◇ vt **1.** (put back) rimettere **2.** (give back) restituire **3.** (ball, serve) rimandare ◇ vi **1.** ritornare **2.** (happen again) ricomparire ◇ adj (journey) di ritorno • **to**

return sthg (to sb) (give back) restituire qc a qn • **by return of post** (UK) a giro di posta • **many happy returns!** cento di questi giorni! • **in return (for)** in cambio (di)

return flight n (journey back) volo m di ritorno

return ticket n (UK) biglietto m (di) andata e ritorno

reunite [ˌriːjuː'naɪt] vt riunire

reveal [rɪ'viːl] vt rivelare

revelation [ˌrevə'leɪʃn] n rivelazione f

revenge [rɪ'vendʒ] n vendetta f

reverse [rɪ'vɜːs] ◇ adj inverso(a) ◇ n **1.** AUT retromarcia f **2.** (of coin) rovescio m **3.** (of document) retro m ◇ vt (decision) ribaltare ◇ vi (car, driver) fare marcia indietro • **in reverse order** in ordine inverso • **the reverse** (opposite) l'inverso • **to reverse the car** fare marcia indietro • **to reverse the charges** (UK) fare una telefonata a carico del destinatario

reverse-charge call n (UK) telefonata f a carico del destinatario

review [rɪ'vjuː] ◇ n **1.** (of book, record, film) recensione f **2.** (examination) esame m ◇ vt (US) (for exam) ripassare

revise [rɪ'vaɪz] ◇ vt rivedere ◇ vi (UK) (for exam) ripassare

revision [rɪ'vɪʒn] n (UK) (for exam) ripasso m

revive [rɪ'vaɪv] vt **1.** (person) rianimare **2.** (economy) far riprendere **3.** (custom) riportare in uso

revolt [rɪ'vəʊlt] n rivolta f

revolting [rɪ'vəʊltɪŋ] adj disgustoso(a)

revolution [ˌrevə'luːʃn] n rivoluzione f

revolutionary [revəˈluːʃnərɪ] adj rivoluzionario(a)

revolver [rɪˈvɒlvəʳ] n revolver m inv

revolving door [rɪˈvɒlvɪŋ-] n porta f girevole

revue [rɪˈvjuː] n rivista f (spettacolo)

reward [rɪˈwɔːd] ◇ n ricompensa f ◇ vt ricompensare

rewind [ˌriːˈwaɪnd] (pt & pp rewound) vt riavvolgere

rheumatism [ˈruːmətɪzm] n reumatismo m

rhinoceros [raɪˈnɒsərəs] (pl inv OR -es) n rinoceronte m

rhubarb [ˈruːbɑːb] n rabarbaro m

rhyme [raɪm] ◇ n (poem) rima f ◇ vi rimare

rhythm [ˈrɪðm] n ritmo m

rib [rɪb] n (of body) costola f

ribbon [ˈrɪbən] n nastro m

rice [raɪs] n riso m

rice pudding n budino m di riso (dolce)

rich [rɪtʃ] ◇ adj ricco(a) ◇ npl • the rich i ricchi • to be rich in sthg essere ricco di qc

ricotta cheese [rɪˈkɒtə-] n ricotta f

rid [rɪd] vt • to get rid of sbarazzarsi di

ridden [ˈrɪdn] pp ➤ ride

riddle [ˈrɪdl] n indovinello m

ride [raɪd] (pt rode, pp ridden) ◇ n 1. (on horse) cavalcata f 2. (in vehicle, on bike) giro m ◇ vi 1. (on horse) andare a cavallo 2. (on bike) andare in bicicletta 3. (in vehicle) viaggiare ◇ vt • to ride a horse andare a cavallo • to go for a ride (in car) andare a fare un giro

rider [ˈraɪdəʳ] n 1. (on horse) persona f a cavallo 2. (on bike) ciclista mf

ridge [rɪdʒ] n 1. (of mountain) cresta f 2. (raised surface) increspatura f

ridiculous [rɪˈdɪkjʊləs] adj ridicolo(a)

riding [ˈraɪdɪŋ] n equitazione f

riding school n scuola f d'equitazione

rifle [ˈraɪfl] n fucile m

rig [rɪg] ◇ n 1. (oilrig at sea) piattaforma f 2. (on land) pozzo m petrolifero ◇ vt (fix) manipolare

right [raɪt]
◇ adj 1. (correct) giusto(a), corretto(a) • to be right (person) avere ragione • to be right to do sthg fare la cosa giusta • have you got the right time? ha l'ora esatta? • that's right! esatto! • is this the right way? è la strada giusta? 2. (fair) giusto(a) • that's not right! non è giusto! 3. (on the right) destro(a) • the right side of the road il lato destro della strada
◇ n 1. (side) • the right la destra 2. (entitlement) diritto m • to have the right to do sthg avere il diritto di fare qc
◇ adv 1. (towards the right) a destra • turn right at the post office all'ufficio postale giri a destra 2. (correctly) bene, correttamente • am I pronouncing it right? lo pronuncio bene? 3. (for emphasis) proprio • right here proprio qui • I'll be right back torno subito • right away subito

right angle n angolo m retto

right-hand adj di destra

right-hand drive n guida f a destra

right-handed [-ˈhændɪd] adj 1. (person) destrimano(a) 2. (implement) per destrimani

rightly ['raɪtlɪ] *adv* 1. *(correctly)* correttamente 2. *(justly)* giustamente

right of way *n* 1. AUT diritto *m* di precedenza 2. *(path)* sentiero *m*

right-wing *adj* di destra

rigid ['rɪdʒɪd] *adj* rigido(a)

rim [rɪm] *n* 1. *(of cup)* bordo *m* 2. *(of glasses)* montatura *f* 3. *(of wheel)* cerchione *m*

rind [raɪnd] *n* 1. *(of fruit)* buccia *f* 2. *(of bacon)* cotenna *f* 3. *(of cheese)* crosta *f*

ring [rɪŋ] *(pt* rang, *pp* rung) ◇ *n* 1. *(of glasses)* anello *m* 2. *(of people)* cerchio *m* 3. *(sound)* trillo *m* 4. *(on cooker)* fornello *m* 5. *(for boxing)* ring *m inv* 6. *(in circus)* pista *f* ◇ *vt* 1. *(UK) (on phone)* telefonare a 2. *(bell)* suonare ◇ *vi* 1. *(bell, telephone)* suonare 2. *(UK) (make phone call)* telefonare ◆ **to give sb a ring** fare una telefonata a qn ◆ **to ring the bell** suonare il campanello ◆ **ring back** ◇ *vt sep (UK)* ritelefonare a ◇ *vi (UK)* ritelefonare ◆ **ring off** *vi (UK)* mettere giù (il telefono) ◆ **ring up** ◇ *vt sep (UK)* telefonare a ◇ *vi (UK)* telefonare

ringing tone ['rɪŋɪŋ-] *n* segnale *m* di libero

ring road *n* circonvallazione *f*

ring tone *n (on mobile phone)* melodía *f*

rink [rɪŋk] *n* pista *f* di pattinaggio

rinse [rɪns] *vt* sciacquare ◆ **rinse out** *vt sep* sciacquare

riot ['raɪət] *n* sommossa *f*

rip [rɪp] ◇ *n* strappo *m* ◇ *vt* strappare ◇ *vi* strapparsi ◆ **rip up** *vt sep* strappare

ripe [raɪp] *adj* 1. *(fruit, vegetable)* maturo(a) 2. *(cheese)* stagionato(a)

ripen ['raɪpn] *vi* maturare

rip-off *n (inf)* fregatura *f*

rise [raɪz] *(pt* rose, *pp* risen) ◇ *vi* 1. *(sun, moon)* sorgere 2. *(increase)* aumentare ◇ *n* 1. aumento *m* 2. *(slope)* salita *f*

risk [rɪsk] ◇ *n* rischio *m* ◇ *vt* rischiare ◆ **to take a risk** correre un rischio ◆ **at your own risk** a suo rischio (e pericolo) ◆ **to risk doing sthg** rischiare di fare qc ◆ **to risk it** arrischiarsi

risky ['rɪskɪ] *adj* rischioso(a)

risotto [rɪ'zɒtəʊ] *(pl* **-s**) *n* risotto *m*

ritual ['rɪtʃʊəl] *n* rituale *m*

rival ['raɪvl] ◇ *adj* rivale ◇ *n* rivale *mf*

river ['rɪvə'] *n* fiume *m*

river bank *n* sponda *f* del fiume

riverside ['rɪvəsaɪd] *n* riva *f* del fiume

Riviera [,rɪvɪ'eərə] *n* ◆ **the (Italian) Riviera** la riviera (ligure)

roach [rəʊtʃ] *n (US) (cockroach)* scarafaggio *m*

road [rəʊd] *n* strada *f* ◆ **by road** in macchina

road book *n* atlante *m* stradale

road map *n* carta *f* stradale

road safety *n* sicurezza *f* sulle strade

roadside ['rəʊdsaɪd] *n* ◆ **the roadside** il bordo della strada

road sign *n* segnale *m* stradale

road tax *n* tassa *f* di circolazione

roadway ['rəʊdweɪ] *n* carreggiata *f*

road works *npl* lavori *mpl* stradali

roam [rəʊm] *vi* vagabondare

roar [rɔː'] ◇ *n* 1. *(of crowd)* strepito *m* 2. *(of plane)* rombo *m* ◇ *vi* 1. *(lion)* ruggire 2. *(crowd)* strepitare 3. *(traffic)* rombare

roast [rəʊst] ◇ *n* arrosto *m* ◇ *vt* arrostire ◇ *adj* arrosto *(inv)* ◆ **roast beef** roast beef *m* ● **roast chicken** pollo *m* arrosto ● **roast lamb** arrosto di agnello ● **roast pork** arrosto di maiale ● **roast potatoes** patate *fpl* arrosto

rob [rɒb] *vt* **1.** *(house, bank)* svaligiare **2.** *(person)* derubare ● **to rob sb of sthg** derubare qn di qc

robber ['rɒbə^r] *n* rapinatore *m*, -trice *f*

robbery ['rɒbərɪ] *n* rapina *f*

robe [rəʊb] *n* (US) *(bathrobe)* accappatoio *m*

robin ['rɒbɪn] *n* pettirosso *m*

robot ['rəʊbɒt] *n* robot *m inv*

rock [rɒk] ◇ *n* **1.** roccia *f* **2.** *(US) (stone)* pietra *f* **3.** *(music)* rock *m* **4.** *(UK) (sweet)* bastoncini *mpl* di zucchero ◇ *vt* **1.** *(baby)* cullare **2.** *(boat)* far rollare ● **on the rocks** *(drink)* con ghiaccio

rock climbing *n* roccia *f (sport)* ● **to go rock climbing** fare scalate

rocket ['rɒkɪt] *n* **1.** *(missile)* missile *m* **2.** *(space rocket, firework)* razzo *m*

rocking chair ['rɒkɪŋ-] *n* sedia *f* a dondolo

rock 'n' roll [,rɒkən'rəʊl] *n* rock and roll *m*

rocky ['rɒkɪ] *adj* roccioso(a)

rod [rɒd] *n* **1.** *(pole)* asta *f* **2.** *(for fishing)* canna *f* (da pesca)

rode [rəʊd] *pt* ➤ **ride**

roe [rəʊ] *n* uova *fpl* di pesce

role [rəʊl] *n* ruolo *m*

roll [rəʊl] ◇ *n* **1.** *(of bread)* panino *m* **2.** *(of film)* rullino *m* **3.** *(of paper)* rotolo *m* ◇ *vi* **1.** *(ball, rock)* rotolare **2.** *(ship)* rollare ◇ *vt* **1.** *(ball, rock)* far rotolare **2.** *(cigarette)* arrotolare **3.** *(dice)* tirare ● **roll over** *vi* **1.** *(person, animal)* rivoltarsi

2. *(car)* ribaltarsi ● **roll up** *vt sep* arrotolare

roller coaster ['rəʊlə,kəʊstə^r] *n* otto *m* volante

roller skate ['rəʊlə-] *n* pattino *m* a rotelle

roller-skating ['rəʊlə-] *n* pattinaggio *m* a rotelle

rolling pin ['rəʊlɪŋ-] *n* matterello *m*

Roman ['rəʊmən] ◇ *adj* romano(a) ◇ *n* romano *m*, -a *f*

Roman Catholic *n* cattolico *m* romano, cattolica romana *f*

romance [rəʊ'mæns] *n* **1.** *(love)* amore *m* **2.** *(love affair)* avventura *f* **3.** *(novel)* romanzo *m* sentimentale

Romania [ruː'meɪnjə] *n* la Romania *f*

romantic [rəʊ'mæntɪk] *adj* romantico(a)

Rome [rəʊm] *n* Roma *f*

romper suit ['rɒmpə-] *n* pagliaccetto *m*

roof [ruːf] *n* **1.** tetto *m* **2.** *(of cave)* volta *f*

roof rack *n* portapacchi *m inv*

room [ruːm] *n* **1.** stanza *f*, camera *f* **2.** *(space)* spazio *m*

room number *n* numero *m* di stanza

room service *n* servizio *m* in camera

room temperature *n* temperatura *f* ambiente

roomy ['ruːmɪ] *adj* spazioso(a)

root [ruːt] *n* radice *f*

rope [rəʊp] ◇ *n* corda *f* ◇ *vt* legare

rose [rəʊz] ◇ *pt* ➤ **rise** ◇ *n* *(flower)* rosa *f*

rosé ['rəʊzeɪ] *n* vino *m* rosé

rosemary ['rəʊzmərɪ] *n* rosmarino *m*

rot [rɒt] *vi* marcire

rota ['rəʊtə] *n* turni *mpl*

rotate [rəʊ'teɪt] *vi* ruotare

rotten ['rɒtn] *adj* **1.** *(food, wood)* marcio(a) **2.** *(inf) (not good)* schifoso(a) ● I feel rotten *(ill)* mi sento uno schifo

rouge [ruːʒ] *n* fard *m inv*

rough [rʌf] ⋄ *adj* **1.** *(surface, skin, cloth)* ruvido(a) **2.** *(sea)* burrascoso(a) **3.** *(person)* rude **4.** *(approximate)* approssimativo(a) **5.** *(conditions)* disagiato(a) **6.** *(area, town)* brutto(a) **7.** *(wine)* scadente ⋄ *n (on golf course)* rough *m* ● to have a rough time passarsela male

roughly ['rʌflɪ] *adv* **1.** *(approximately)* approssimativamente **2.** *(push, handle)* sgarbatamente

roulade [ruːˈlɑːd] *n* rotolo *m*

roulette [ruːˈlet] *n* roulette *f*

round [raʊnd]
⋄ *adj* rotondo(a); *(cheeks)* paffuto(a)
⋄ *n* **1.** *(of drinks)* giro *m* ● it's my round tocca a me offrire (questo giro) **2.** *(of sandwiches)* tramezzini *mpl* **3.** *(of toast)* fetta *f* **4.** *(of competition)* turno *m* **5.** *(in golf)* partita *f*; *(in boxing)* round *m inv*, ripresa *f* **6.** *(of policeman, postman, milkman)* giro *m*
⋄ *adv* **1.** *(in a circle)* ● to go round girare ● to spin round ruotare **2.** *(surrounding)* ● all (the way) round tutt'intorno **3.** *(near)* ● round about nei dintorni **4.** *(to one's house)* ● to ask some friends round invitare (a casa propria) degli amici ● we went round to her place siamo andati da lei OR a casa sua **5.** *(continuously)* ● all year round tutto l'anno
⋄ *prep* **1.** *(surrounding, circling)* intorno a ● to go round the corner girare l'angolo ● we walked round the lake abbiamo fatto il giro del lago a piedi **2.** *(visiting)* ● to go round a museum visitare un museo ● to show sb round sthg far fare il giro di qc a qn **3.** *(approximately)* circa, pressappoco ● round (about) 100 circa 100 ● round ten o'clock verso le dieci **4.** *(near)* ● round here da queste parti **5.** *(in phrases)* ● it's just round the corner *(nearby)* è qui vicino ● round the clock 24 ore su 24

◆ **round off** *vt sep (meal, day)* terminare

roundabout ['raʊndəbaʊt] *n* **1.** *(UK) (in road)* isola *f* rotazionale **2.** *(in playground, at fairground)* giostra *f*

rounders ['raʊndəz] *n (UK)* gioco a squadre simile al baseball

round trip *n* viaggio *m* di andata e ritorno

route [ruːt] ⋄ *n* **1.** *(way)* strada *f* **2.** *(of bus, train)* percorso *m* **3.** *(of plane)* rotta *f* ⋄ *vt (change course of)* dirottare

routine [ruːˈtiːn] ⋄ *n* routine *f inv* ⋄ *adj* di routine

row¹ [raʊ] ⋄ *n (line)* fila *f* ⋄ *vt & vi* remare ● in a row *(in succession)* di fila

row² [raʊ] *n* **1.** *(argument)* lite *f* **2.** *(inf) (noise)* baccano *m* ● to have a row litigare

rowboat ['raʊbəʊt] *(US)* = **rowing boat**

rowdy ['raʊdɪ] *adj* turbolento(a)

rowing ['raʊɪŋ] *n* canottaggio *m*

rowing boat *n (UK)* barca *f* a remi

royal ['rɔɪəl] *adj* reale

royal family *n* famiglia *f* reale

royalty ['rɔɪəltɪ] *n (royal family)* reali *mpl*

RRP [aːraːˈpiː] *(abbr of* recommended

retail price) prezzo *m* consigliato

rub [rʌb] *vt* & *vi* strofinare ◆ **to rub sb's back** massaggiare la schiena a qn ◆ **my shoes are rubbing** mi fanno male le scarpe ◆ **rub in** *vt sep* (lotion, oil) far penetrare sfregando ◆ **rub out** *vt sep* cancellare

rubber ['rʌbə'] ◇ *adj* di gomma ◇ *n* 1. gomma *f* 2. (US) (inf) (condom) preservativo *m*

rubber band *n* elastico *m*

rubber gloves *npl* guanti *mpl* di gomma

rubber ring *n* ciambella *f*

rubbish ['rʌbɪʃ] *n* 1. spazzatura *f* 2. (inf) (nonsense) cretinate *fpl*

rubbish bin *n* (UK) pattumiera *f*

rubbish dump *n* (UK) discarica *f*

rubble ['rʌbl] *n* macerie *fpl*

ruby ['ru:bɪ] *n* rubino *m*

rucksack ['rʌksæk] *n* zaino *m*

rudder ['rʌdə'] *n* timone *m*

rude [ru:d] *adj* 1. (person) sgarbato(a) 2. (behaviour, joke, picture) volgare

rug [rʌg] *n* 1. (for floor) tappeto *m* 2. (UK) (blanket) coperta *f*

rugby ['rʌgbɪ] *n* rugby *m*

ruin ['ru:ɪn] *vt* rovinare ◆ **ruins** *npl* rovine *fpl*

ruined ['ru:ɪnd] *adj* 1. (building) in rovina 2. (clothes, meal, holiday) rovinato(a)

rule [ru:l] ◇ *n* (law) regola *f* ◇ *vt* (country) governare ◆ **to be the rule** (normal) essere la regola ◆ **against the rules** contro le regole ◆ **as a rule** di regola ◆ **rule out** *vt sep* escludere

ruler ['ru:lə'] *n* 1. (of country) capo *m* di Stato 2. (for measuring) righello *m*

rum [rʌm] *n* rum *m inv*

rumor ['ru:mər] (US) = **rumour**

rumour ['ru:mə'] *n* (UK) voce *f*

rump steak [ˌrʌmp-] *n* bistecca *f* di girello

run [rʌn] (pt **ran**, pp **run**)

◇ *vi* 1. (on foot) correre ◆ **we had to run for the bus** abbiamo dovuto fare una corsa per prendere l'autobus 2. (train, bus) fare servizio ◆ **the bus runs every hour** c'è un autobus ogni ora ◆ **the train is running an hour late** il treno ha un'ora di ritardo 3. (operate) funzionare ◆ **to run on sthg** andare a qc 4. (tears, liquid, river) scorrere ◆ **to run through** (river, road) passare per ◆ **the path runs along the coast** il sentiero corre lungo la costa ◆ **she left the tap running** ha lasciato il rubinetto aperto 5. (play, event) durare ▼ **now running at the Palladium** in cartellone al Palladium 6. (nose) gocciolare, colare; (eyes) lacrimare 7. (colour, dye, clothes) stingere

◇ *vt* 1. (on foot) correre 2. (compete in) ◆ **to run a race** partecipare a una corsa 3. (business, hotel) dirigere 4. (bus, train) ◆ **we're running a special bus to the airport** mettiamo a disposizione una navetta per andare all'aeroporto 5. (take in car) dare un passaggio ◆ **I'll run you home** ti do un passaggio (fino) a casa 6. (water) far correre

◇ *n* 1. (on foot) corsa *f* ◆ **to go for a run** andare a fare una corsa 2. (in car) giro *m* ◆ **to go for a run** andare a fare un giro (in macchina) 3. (for skiing) pista *f* 4. (US) (in tights) smagliatura *f* 5. (in

phrases) • in the long run alla lunga
♦ **run away** *vi* scappare
♦ **run down** ◇ *vt sep* (*run over*) investire; (*criticize*) criticare
◇ *vi* (*battery*) scaricarsi
♦ **run into** *vt insep* (*meet*) incontrare per caso; (*hit*) sbattere contro; (*problem, difficulty*) incontrare
♦ **run out** *vi* (*be used up*) esaurirsi
♦ **run out of** *vt insep* finire, esaurire
♦ **run over** *vt sep* (*hit*) investire
runaway ['rʌnəweɪ] *n* fuggiasco *m*, -a *f*
rung [rʌŋ] ◇ *pp* → **ring** ◇ *n* (*of ladder*) piolo *m*
runner ['rʌnə'] *n* **1.** (*person*) corridore *m* **2.** (*for door, drawer*) guida *f* **3.** (*for sledge*) pattino *m*
runner bean *n* fagiolo *m* rampicante
runner-up (*pl* **runners-up**) *n* secondo *m* classificato, seconda classificata *f*
running ['rʌnɪŋ] ◇ *n* **1.** SPORT corsa *f* **2.** (*management*) amministrazione *f* ◇ *adj*
• **three days running** tre giorni di fila
• **to go running** andare a correre
running water *n* acqua *f* corrente
runny ['rʌnɪ] *adj* **1.** (*sauce, egg, omelette*) troppo liquido(a) **2.** (*nose*) che cola **3.** (*eye*) che lacrima
runway ['rʌnweɪ] *n* pista *f* (di volo)
rural ['rʊərəl] *adj* rurale
rush [rʌʃ] ◇ *n* **1.** (*hurry*) fretta *f* **2.** (*of crowd*) grosso afflusso *m* ◇ *vi* **1.** (*move quickly*) precipitarsi **2.** (*hurry*) affrettarsi ◇ *vt* **1.** (*work*) fare in fretta **2.** (*food*) mangiare in fretta **3.** (*transport quickly*) portare d'urgenza • **to be in a rush** avere fretta • **there's no rush!** non c'è

fretta! • **don't rush me!** non mettermi fretta!
rush hour *n* ora *f* di punta
Russia ['rʌʃə] *n* la Russia
Russian ['rʌʃn] ◇ *adj* russo(a) ◇ *n* **1.** (*person*) russo *m*, -a *f* **2.** (*language*) russo *m*
rust [rʌst] ◇ *n* ruggine *f* ◇ *vi* arrugginirsi
rustic ['rʌstɪk] *adj* rustico(a)
rustle ['rʌsl] *vi* frusciare
rustproof ['rʌstpruːf] *adj* inossidabile
rusty ['rʌstɪ] *adj* arrugginito(a)
RV [ɑːˈviː] *n* (*US*) (*abbr of recreational vehicle*) camper *m inv*
rye [raɪ] *n* segale *f*
rye bread *n* pane *m* di segale

S s

S (*abbr of south, small*) S
saccharin ['sækərɪn] *n* saccarina *f*
sachet ['sæʃeɪ] *n* bustina *f*
sack [sæk] ◇ *n* (*bag*) sacco *m* ◇ *vt* licenziare • **to get the sack** essere licenziato
sacrifice ['sækrɪfaɪs] *n* (*fig*) sacrificio *m*
sad [sæd] *adj* triste
saddle ['sædl] *n* sella *f*
saddlebag ['sædlbæg] *n* bisaccia *f*
sadly ['sædlɪ] *adv* **1.** (*unfortunately*) sfortunatamente **2.** (*unhappily*) tristemente
sadness ['sædnɪs] *n* tristezza *f*
s.a.e. [eseɪˈiː] *n* (*UK*) (*abbr of stamped*

addressed envelope) busta affrancata e completa d'indirizzo

safari park [sə'fɑːrɪ-] n zoosafari m inv

safe [seɪf] ◇ adj **1.** sicuro(a) **2.** (out of harm) salvo(a) **3.** (valuables) al sicuro ◇ n cassaforte f ● **a safe place** un posto sicuro ● **(have a) safe journey!** buon viaggio! ● **safe and sound** sano e salvo

safe-deposit box n cassetta f di sicurezza

safely ['seɪflɪ] adv **1.** (not dangerously) senza pericolo **2.** (arrive) senza problemi **3.** (out of harm) al sicuro

safety ['seɪftɪ] n sicurezza f

safety belt n cintura f di sicurezza

safety pin n spilla f da balia

sag [sæg] vi avvallarsi

sage [seɪdʒ] n (herb) salvia f

Sagittarius [ˌsædʒɪ'teərɪəs] n Sagittario m

said [sed] pt & pp ➢ **say**

sail [seɪl] ◇ n vela f ◇ vi **1.** (boat, ship) navigare **2.** (person) andare in barca **3.** (depart) salpare ◇ vt ● **to sail a boat** condurre una barca ● **to set sail** salpare

sailboat ['seɪlbəʊt] (US) = **sailing boat**

sailing ['seɪlɪŋ] n **1.** (activity) vela f **2.** (departure) partenza f ● **to go sailing** fare della vela

sailing boat n barca f a vela

sailor ['seɪlər] n marinaio m

saint [seɪnt] n santo m, -a f

sake [seɪk] n ● **for my/their sake** per il mio/il loro bene ● **for God's sake!** per l'amor di Dio!

salad ['sæləd] n insalata f

salad bar n **1.** (UK) (area in restaurant)

tavolo m delle insalate **2.** (restaurant) locale specializzato in insalate

salad bowl n insalatiera f

salad cream n (UK) salsa per l'insalata, simile alla maionese

salad dressing n condimento m per l'insalata

salami [sə'lɑːmɪ] n salame m

salary ['sælərɪ] n stipendio m

sale [seɪl] n **1.** (selling) vendita f **2.** (at reduced prices) svendita f ● **on sale** in vendita ▼ **for sale** vendesi ◆ **sales** npl COMM vendite fpl ● **the sales** (at reduced prices) i saldi

sales assistant ['seɪlz-] n commesso m, -a f

salesclerk ['seɪlzklɜːrk] (US) = **sales assistant**

salesman ['seɪlzmən] (pl -men) n **1.** (in shop) commesso m **2.** (rep) rappresentante m

sales rep(resentative) n rappresentante mf

saleswoman ['seɪlzˌwʊmən] (pl -women) n (in shop) commessa f

saliva [sə'laɪvə] n saliva f

salmon ['sæmən] (pl inv) n salmone m

salon ['sælɒn] n (hairdresser's) salone m

saloon [sə'luːn] n **1.** (UK) (car) berlina f **2.** (US) (bar) saloon m inv ● **saloon (bar)** (UK) sala f interna

salopettes [ˌsælə'pets] npl salopette f inv

salt [sɔːlt, sɒlt] n sale m

saltcellar ['sɔːltˌselər] n (UK) saliera f

salted peanuts ['sɔːltɪd-] npl noccioline fpl salate

salt shaker [-ˌʃeɪkər] (US) = **saltcellar**

salty ['sɔːltɪ] *adj* salato(a)

salute [sə'luːt] ◇ *n* saluto *m* ◇ *vi* fare il saluto

same [seɪm] ◇ *adj* stesso(a) ◇ *pron* the same lo stesso ● they look the same sembrano uguali ● I'll have the same as her prendo lo stesso che ha preso lei ● you've got the same book as me hai lo stesso libro che ho io ● it's all the same to me per me è tutto uguale

samosa [sə'məusə] *n* fagottino fritto triangolare, ripieno di carne o verdure, tipico della cucina indiana

sample ['sɑːmpl] ◇ *n* campione *m* ◇ *vt* assaggiare

sanctions ['sæŋkʃnz] *npl* sanzioni *fpl*

sanctuary ['sæŋktʃuərɪ] *n* (for birds, animals) riserva *f*

sand [sænd] ◇ *n* sabbia *f* ◇ *vt* (wood) smerigliare ◆ **sands** *npl* spiaggia *f*

sandal ['sændl] *n* sandalo *m*

sandcastle ['sænd,kɑːsl] *n* castello *m* di sabbia

sandpaper ['sænd,peɪpəʳ] *n* carta *f* vetrata

sandwich ['sænwɪdʒ] *n* tramezzino *m*

sandwich bar *n* paninoteca *f*

sandy ['sændɪ] *adj* **1.** (beach) sabbioso(a) **2.** (hair) color sabbia (inv)

sang [sæŋ] *pt* ➤ sing

sanitary ['sænɪtrɪ] *adj* **1.** (conditions, measures) sanitario(a) **2.** (hygienic) igienico(a)

sanitary napkin (US) = **sanitary towel**

sanitary towel *n* (UK) assorbente *m* igienico

sank [sæŋk] *pt* ➤ sink

sapphire ['sæfaɪəʳ] *n* zaffiro *m*

sarcastic [sɑː'kæstɪk] *adj* sarcastico(a)

sardine [sɑː'diːn] *n* sardina *f*

Sardinia [sɑː'dɪnɪə] *n* la Sardegna

SASE [eseɪes'iː] *n* (US) (abbr of self-addressed stamped envelope) busta affrancata e completa del proprio indirizzo

sat [sæt] *pt & pp* ➤ sit

Sat. (abbr of Saturday) sab.

satchel ['sætʃəl] *n* cartella *f*

satellite ['sætəlaɪt] *n* **1.** (in space) satellite *m* **2.** (at airport) zona *f* satellite

satellite dish *n* antenna *f* parabolica

satellite TV *n* televisione *f* via satellite

satin ['sætɪn] *n* raso *m*

satisfaction [,sætɪs'fækʃn] *n* soddisfazione *f*

satisfactory [,sætɪs'fæktərɪ] *adj* soddisfacente

satisfied ['sætɪsfaɪd] *adj* soddisfatto(a)

satisfy ['sætɪsfaɪ] *vt* soddisfare

satsuma [,sæt'suːmə] *n* (UK) mandarino *m*

saturate ['sætʃəreɪt] *vt* (with liquid) impregnare

Saturday ['sætədɪ] *n* sabato *m* ● it's Saturday è sabato ● Saturday morning sabato mattina ● on Saturday sabato ● on Saturdays il *OR* di sabato ● last Saturday sabato scorso ● this Saturday questo sabato ● next Saturday sabato prossimo ● Saturday week, a week on Saturday sabato a otto

sauce [sɔːs] *n* salsa *f*

saucepan ['sɔːspən] *n* casseruola *f*

saucer ['sɔːsə'] n piattino m

Saudi Arabia [ˌsaʊdɪə'reɪbjə] n l'Arabia f Saudita

sauna ['sɔːnə] n sauna f

sausage ['sɒsɪdʒ] n salsiccia f

sausage roll n rustico m con salsiccia

sauté [(UK) 'səʊteɪ, (US) səʊ'teɪ] adj saltato(a)

savage ['sævɪdʒ] adj selvaggio(a)

save [seɪv] ◇ vt **1.** (rescue, COMPUT) salvare **2.** (money, time) risparmiare **3.** (reserve) tenere **4.** SPORT parare ◇ n parata f ● **save up** vi risparmiare ● **to save up (for sthg)** mettere da parte i soldi (per qc)

saver ['seɪvə'] n (UK) (ticket) biglietto m ridotto

savings ['seɪvɪŋz] npl risparmi mpl

savings and loan association n (US) ≃ istituto m di credito fondiario

savings bank n cassa f di risparmio

savory ['seɪvərɪ] (US) = savoury

savoury ['seɪvərɪ] adj (UK) (not sweet) salato(a)

saw [sɔː] ((UK) pt **-ed**, pp **sawn**, (US) pt & pp **-ed**) ◇ pt ➤ **see** ◇ n (tool) sega f ◇ vt segare

sawdust ['sɔːdʌst] n segatura f

sawn [sɔːn] pp ➤ **saw**

saxophone ['sæksəfəʊn] n sassofono m

say [seɪ] (pt & pp **said**) ◇ vt **1.** dire **2.** (subj: clock, meter) segnare ◇ n ● **to have a say in sthg** avere voce in capitolo riguardo a qc ● **could you say that again?** può ripetere, per favore? ● **say we met at nine?** diciamo che ci vediamo alle nove? ● **what did you say?** che cosa hai detto?

saying ['seɪɪŋ] n detto m

scab [skæb] n (on skin) crosta f

scaffolding ['skæfəldɪŋ] n impalcatura f

scald [skɔːld] vt scottare

scale [skeɪl] n **1.** scala f **2.** (of fish, snake) squama f **3.** (in kettle) incrostazione f ◆ **scales** npl (for weighing) bilancia f

scallion ['skæljən] n (US) cipollina f

scallop ['skɒləp] n pettine m (mollusco)

scalp [skælp] n cuoio m capelluto

scampi ['skæmpɪ] n gamberoni mpl impanati e fritti

scan [skæn] ◇ vt (consult quickly) scorrere ◇ n esame m eseguito con scanner

scandal ['skændl] n scandalo m

Scandinavia [ˌskændɪ'neɪvjə] n la Scandinavia

scar [skɑː'] n cicatrice f

scarce ['skeəs] adj scarso(a)

scarcely ['skeəslɪ] adv (hardly) a malapena

scare [skeə'] vt spaventare

scarecrow ['skeəkrəʊ] n spaventapasseri m inv

scared ['skeəd] adj spaventato(a)

scarf ['skɑːf] (pl **scarves**) n **1.** (woollen) sciarpa f **2.** (for women) foulard m inv

scarlet ['skɑːlət] adj scarlatto(a)

scarves [skɑːvz] pl ➤ **scarf**

scary ['skeərɪ] adj (inf) terrificante

scatter ['skætə'] ◇ vt spargere ◇ vi sparpagliarsi

scene [siːn] n **1.** scena f **2.** (view) vista f ● **the music scene** il mondo della musica ● **to make a scene** fare una scenata

scenery ['siːnərɪ] n **1.** (countryside) paesaggio m **2.** (in theatre) scenario m

scenic ['si:nɪk] *adj* pittoresco(a)

scent [sent] *n* **1.** odore *m* **2.** *(perfume)* profumo *m*

sceptical ['skeptɪkl] *adj* *(UK)* scettico(a)

schedule [*(UK)* 'ʃedjuːl, *(US)* 'skedʒʊl] ◇ *n* **1.** *(of work, things to do)* tabella *f* di marcia **2.** *(timetable)* orario *m* **3.** *(list)* tabella ◇ *vt* programmare ● **according to schedule** secondo la tabella di marcia ● **behind schedule** in ritardo sulla tabella di marcia ● **on schedule** puntualmente

scheduled flight [*(UK)* 'ʃedjuːld-, *(US)* 'skedʒʊld-] *n* volo *m* di linea

scheme [ski:m] *n* **1.** *(plan)* piano *m* **2.** *(pej)* *(dishonest plan)* intrigo *m*

scholarship ['skɒləʃɪp] *n* *(award)* borsa *f* di studio

school [sku:l] ◇ *n* **1.** scuola *f* **2.** *(university department)* facoltà *f inv* **3.** *(US)* *(university)* università *f inv* ◇ *adj* scolastico(a) ● **at school** a scuola

school year

Nel Regno Unito l'anno accademico scolastico è diviso in tre *term* e gli studenti hanno 5/6 settimane di vacanze divise tra estate, Natale e Pasqua. Negli USA esistono due *term* divisi in due periodi ciascuno e le vacanze sono distribuite tra il periodo di Natale, aprile e i mesi estivi.

schoolbag ['sku:lbæg] *n* cartella *f*

schoolbook ['sku:lbʊk] *n* libro *m* di testo

schoolboy ['sku:lbɔɪ] *n* scolaro *m*

school bus *n* scuolabus *m inv*

schoolchild ['sku:ltʃaɪld] *(pl* **-children**) *n* scolaro *m*, -a *f*

schoolgirl ['sku:lgɜ:l] *n* scolara *f*

schoolmaster ['sku:l,mɑ:stə'] *n* *(UK)* maestro *m*

schoolmistress ['sku:l,mɪstrɪs] *n* *(UK)* maestra *f*

schoolteacher ['sku:l,ti:tʃə'] *n* insegnante *mf*

school uniform *n* divisa *f*

science ['saɪəns] *n* **1.** scienza *f* **2.** *SCH* scienze *fpl*

science fiction *n* fantascienza *f*

scientific [,saɪən'tɪfɪk] *adj* scientifico(a)

scientist ['saɪəntɪst] *n* scienziato *m*, -a *f*

scissors ['sɪzəz] *npl* ● **(a pair of) scissors** (un paio di) forbici *fpl*

scold [skəʊld] *vt* sgridare

scone [skɒn] *n* pasta rotonda con uvette che si mangia con burro e marmellata durante il tè

scoop [sku:p] *n* **1.** *(for ice cream, flour)* paletta *f* **2.** *(of ice cream)* pallina *f* **3.** *(in media)* scoop *m inv*

scooter ['sku:tə'] *n* *(motor vehicle)* scooter *m inv*

scope [skəʊp] *n* **1.** *(possibility)* opportunità *fpl* **2.** *(range)* portata *f*

scorch [skɔ:tʃ] *vt* bruciare

score [skɔ:'] ◇ *n* **1.** *(total, final result)* punteggio *m* **2.** *(current position)* situazione *f* ◇ *vt* **1.** *SPORT* segnare **2.** *(in test)* totalizzare ◇ *vi SPORT* segnare

scorn [skɔ:n] *n* disprezzo *m*

Scorpio ['skɔ:pɪəʊ] *n* Scorpione *m*

scorpion ['skɔ:pjən] *n* scorpione *m*

Scot [skɒt] *n* scozzese *mf*

scotch [skɒtʃ] *n* scotch *m inv* (whisky)

Scotch tape ® *n* (US) scotch ® *m*

Scotland ['skɒtlənd] *n* la Scozia

Scotsman ['skɒtsmən] (*pl* **-men**) *n* scozzese *m*

Scotswoman ['skɒtswʊmən] (*pl* **-women**) *n* scozzese *f*

Scottish ['skɒtɪʃ] *adj* scozzese

Scottish Parliament

Stabilisce leggi che in Scozia regolano, tra gli altri, l'istruzione, la salute e la gestione delle carceri e non sono soggetti alla ratifica del parlamento di Westminster. Istituito in seguito allo *Scotland Act* del 1998, ha pieni poteri ed è formato da 129 rappresentanti eletti dal popolo (*MSPs*).

scout [skaʊt] *n* (child) scout *mf inv*

scowl [skaʊl] *vi* aggrottare le ciglia

scrambled eggs [ˌskræmbld-] *npl* uova *fpl* strapazzate

scrap [skræp] *n* **1.** (of paper, cloth) pezzo *m* **2.** (old metal) rottami *mpl* (di metallo)

scrapbook ['skræpbʊk] *n* album *m inv*

scrape [skreɪp] *vt* **1.** (rub) raschiare **2.** (scratch) graffiare

scrap paper *n* (UK) carta *f* da brutta copia

scratch [skrætʃ] ◇ *n* graffio ◇ *vt* **1.** (cut, mark) graffiare **2.** (rub) grattare ● to be up to scratch essere all'altezza della situazione ● to start from scratch

cominciare da zero

scratch paper (US) = scrap paper

scream [skriːm] ◇ *n* strillo *m* ◇ *vi* strillare

screen [skriːn] ◇ *n* **1.** schermo *m* **2.** (hall in cinema) sala *f* **3.** (panel) paravento *m* ◇ *vt* **1.** (film) proiettare **2.** (TV programme) trasmettere

screening ['skriːnɪŋ] *n* (of film) proiezione *f*

screen wash *n* detergente *m* per il parabrezza

screw [skruː] ◇ *n* vite *f* ◇ *vt* **1.** (fasten) avvitare **2.** (twist) torcere

screwdriver ['skruːˌdraɪvəʳ] *n* cacciavite *m inv*

scribble ['skrɪbl] *vi* scarabocchiare

script [skrɪpt] *n* (of play, film) copione *m*

scrub [skrʌb] *vt* strofinare

scruffy ['skrʌfɪ] *adj* trasandato(a)

scrumpy ['skrʌmpɪ] *n* sidro ad alta gradazione alcolica tipico del sudovest dell'Inghilterra

scuba diving ['skuːbə-] *n* immersioni *fpl* (con autorespiratore)

sculptor ['skʌlptəʳ] *n* scultore *m*

sculpture ['skʌlptʃəʳ] *n* scultura *f*

sea [siː] *n* mare *m* ● by sea via mare ● by the sea sul mare

seafood ['siːfuːd] *n* frutti *mpl* di mare

seafront ['siːfrʌnt] *n* lungomare *m*

seagull ['siːgʌl] *n* gabbiano *m*

seal [siːl] ◇ *n* **1.** (animal) foca *f* **2.** (on bottle, container, official mark) sigillo *m* ◇ *vt* (envelope, container) sigillare

seam [siːm] *n* (in clothes) cucitura *f*

search [sɜːtʃ] ◇ *n* ricerca *f* ◇ *vt* perquisire ◇ *vi* ● to search for cercare

seashell ['si:ʃel] *n* conchiglia *f*

seashore ['si:ʃɔːʳ] *n* riva *f* del mare

seasick ['si:sɪk] *adj* • **to be seasick** avere il mal di mare

seaside ['si:saɪd] *n* • **the seaside** il mare

seaside resort *n* località *f inv* balneare

season ['si:zn] ◇ *n* stagione *f* ◇ *vt* condire • **in season** (*fruit, vegetables*) di stagione; (*holiday*) in alta stagione • **out of season** (*fruit, vegetables*) fuori stagione; (*holiday*) in bassa stagione

seasoning ['si:znɪŋ] *n* condimento *m*

season ticket *n* abbonamento *m*

seat [si:t] ◇ *n* **1.** (*place, chair*) posto *m* **2.** (*in parliament*) seggio *m* ◇ *vt* • **the minibus seats 12** il minibus ha 12 posti a sedere ▼ **please wait to be seated** cartello che avvisa i clienti di un ristorante di attendere il cameriere per essere condotti al tavolo

seat belt *n* cintura *f* di sicurezza

seaweed ['si:wi:d] *n* alghe *fpl*

secluded [sɪ'klu:dɪd] *adj* appartato(a)

second ['sekənd] ◇ *n* secondo *m* ◇ *num* secondo(a) • **second gear** seconda *f* ➤ **sixth** • **seconds** *npl* **1.** (*goods*) merce *f* di seconda scelta **2.** (*inf*) (*of food*) bis *m inv*

secondary school ['sekəndrɪ-] *n* ≃ scuola *f* media inferiore e superiore

second-class *adj* **1.** (*ticket*) di seconda classe **2.** (*stamp*) per posta ordinaria sul territorio nazionale **3.** (*inferior*) di seconda categoria

second-hand *adj* di seconda mano

Second World War *n* • **the Second World War** la seconda guerra mondiale

secret ['si:krɪt] ◇ *adj* segreto(a) ◇ *n* segreto *m*

secretary [(*UK*) 'sekrətrɪ, (*US*) 'sekrə,terɪ] *n* segretario *m*, -a *f*

Secretary of State *n* **1.** (*US*) (*foreign minister*) segretario *m* di Stato, ≃ ministro *m* degli Esteri **2.** (*UK*) (*government minister*) ministro *m*

section ['sekʃn] *n* sezione *f*

sector ['sektəʳ] *n* settore *m*

secure [sɪ'kjʊəʳ] ◇ *adj* **1.** (*safe, protected*) sicuro(a) **2.** (*firmly fixed*) saldamente assicurato(a) **3.** (*free from worry*) tranquillo(a) ◇ *vt* **1.** (*fix*) assicurare **2.** (*fml*) (*obtain*) assicurarsi

security [sɪ'kjʊərətɪ] *n* **1.** (*protection*) sicurezza *f* **2.** (*freedom from worry*) tranquillità *f*

security guard *n* guardia *f* giurata

sedative ['sedətɪv] *n* sedativo *m*

seduce [sɪ'dju:s] *vt* sedurre

see [si:] (*pt* **saw**, *pp* **seen**) ◇ *vt* **1.** vedere **2.** (*accompany*) accompagnare ◇ *vi* vedere • **I see** (*understand*) capisco • **to see if one can do sthg** vedere se si può fare qc • **to see to sthg** (*deal with*) occuparsi di qc; (*repair*) riparare qc • **see you!** arrivederci! • **see you later!** a più tardi! • **see you soon!** a presto! • **see p 14** vedi pag. 14 • **see off** *vt sep* (*say goodbye to*) (andare a) salutare

seed [si:d] *n* seme *m*

seedy ['si:dɪ] *adj* squallido(a)

seeing (as) ['si:ɪŋ-] *conj* visto che

seek [si:k] (*pt & pp* **sought**) *vt* **1.** (*fml*) (*look for*) cercare **2.** (*request*) chiedere

seem [si:m] ◇ *vi* sembrare ◇ *impers vb* • **it seems (that) ...** sembra (che) ...

seen [si:n] *pp* ➢ see

seesaw ['si:sɔ:] *n* altalena *f*

segment ['segmənt] *n (of fruit)* spicchio *m*

seize [si:z] *vt* **1.** *(grab)* afferrare **2.** *(drugs, arms)* sequestrare ◆ **seize up** *vi* bloccarsi

seldom ['seldəm] *adv* raramente

select [sɪ'lekt] ◇ *vt* scegliere ◇ *adj* selezionato(a)

selection [sɪ'lekʃn] *n* selezione *f*

self-assured [ˌself ə'ʃʊəd] *adj* sicuro(a) di sé

self-catering [ˌself'keɪtərɪŋ] *adj (flat)* con uso di cucina

self-confident [ˌself-] *adj* sicuro(a) di sé

self-conscious [ˌself-] *adj* timido(a)

self-contained [ˌselfkən'temd] *adj (flat)* autosufficiente

self-defence [ˌself-] *n* autodifesa *f*

self-employed [ˌself-] *adj* che lavora in proprio

selfish ['selfɪʃ] *adj* egoista

self-raising flour [ˌself'reɪzɪŋ-] *n (UK)* farina *f* con lievito

self-rising flour [ˌself'raɪzɪŋ-] *(US)* = **self-raising flour**

self-service [ˌself-] *adj* self-service *(inv)*

sell [sel] *(pt & pp* **sold)** *vt & vi* vendere ◆ **to sell for** essere venduto per ◆ **to sell sb sthg** vendere qc a qn

sell-by date *n* data *f* di scadenza

seller ['selə'] *n (person)* venditore *m*, -trice *f*

Sellotape ® ['seləteɪp] *n (UK)* nastro *m* adesivo

semester [sɪ'mestə'] *n* semestre *m*

semicircle [ˈsemɪˌsɜ:kl] *n* semicerchio *m*

semicolon [ˌsemɪ'kəʊlən] *n* punto *m* e virgola

semidetached [ˌsemɪdɪ'tætʃt] *adj* bifamiliare

semifinal [ˌsemɪ'faɪnl] *n* semifinale *f*

seminar ['semɪnɑ:'] *n* seminario *m*

semolina [ˌsemə'li:nə] *n* semolino *m*

send [send] *(pt & pp* **sent)** *vt* **1.** *(letter, parcel, goods)* spedire, mandare **2.** *(person)* mandare **3.** *(TV or radio signal)* trasmettere ◆ **to send sthg to sb** mandare qc a qn ◆ **send back** *vt sep (faulty goods)* rimandare ◆ **send off** ◇ *vt sep* **1.** *(letter, parcel)* spedire **2.** SPORT espellere ◇ *vi* ◆ **to send off (for sthg)** ordinare (qc) per corrispondenza

sender ['sendə'] *n* mittente *mf*

senile ['si:naɪl] *adj* senile

senior ['si:njə'] ◇ *adj* di grado superiore ◇ *n* **1.** *(UK)* SCH studente *m* più grande **2.** *(US)* SCH studente dell'ultimo anno di scuola superiore o università

senior citizen *n* anziano *m*, -a *f*

sensation [sen'seɪʃn] *n* sensazione *f* ◆ **to cause a sensation** fare colpo

sensational [sen'seɪʃənl] *adj (very good)* fantastico(a)

sense [sens] ◇ *n* **1.** senso *m* **2.** *(common sense)* buonsenso *m* **3.** *(of word, expression)* senso, significato *m* ◇ *vt* sentire, percepire ◆ **to make sense** avere senso ◆ **sense of direction** senso dell'orientamento ◆ **sense of humour** senso dell'umorismo

sensible ['sensəbl] *adj* **1.** *(person)* ragionevole, assennato(a) **2.** *(clothes, shoes)* pratico(a)

sensitive ['sensitiv] *adj* **1.** sensibile **2.** *(subject, issue)* delicato(a)

sent [sent] *pt & pp* → **send**

sentence ['sentəns] ⬦ *n* **1.** *GRAM* proposizione *f* **2.** *(for crime)* sentenza *f*, condanna ⬦ *vt* condannare

sentimental [,senti'mentl] *adj (pej)* sentimentale

Sept. *(abbr of September)* set.

separate ⬦ *adj* ['seprət] **1.** separato(a) **2.** *(different)* diverso(a) ⬦ *vt* ['sepəreit] separare ⬦ *vi* separarsi ● **separates** *npl (UK)* coordinati *mpl*

separately ['seprətli] *adv* separatamente

separation [,sepə'reiʃn] *n* separazione *f*

September [sep'tembə'] *n* settembre *m* ● **at the beginning of September** all'inizio di settembre ● **at the end of September** alla fine di settembre ● **during September** durante il mese di settembre ● **every September** ogni anno a settembre ● **in September** a settembre ● **last September** lo scorso settembre ● **next September** il prossimo settembre ● **this September** a settembre (di quest'anno) ● **2 September 2006** *(in letters etc)* 2 settembre 2006

septic ['septik] *adj* infetto(a)

septic tank *n* fossa *f* settica

sequel ['si:kwəl] *n (to book, film)* seguito *m*

sequence ['si:kwəns] *n* **1.** *(series)* serie *f inv* **2.** *(order)* ordine *m*

sequin ['si:kwin] *n* lustrino *m*, paillette *f inv*

sergeant ['sɑ:dʒənt] *n* **1.** *(in police force)* ≃ brigadiere *m* **2.** *(in army)* sergente *m*

serial ['siəriəl] *n* **1.** *(on TV, radio)* sceneggiato *m*, serial *m inv* **2.** *(in magazine)* romanzo *m* a puntate

series ['siəri:z] *(pl inv) n* serie *f inv*

serious ['siəriəs] *adj* **1.** serio **2.** *(illness, problem)* grave, serio ● **are you serious?** dici sul serio?

seriously ['siəriəsli] *adv* **1.** *(really)* seriamente **2.** *(badly)* gravemente

sermon ['sɜ:mən] *n* sermone *m*

servant ['sɜ:vənt] *n* domestico *m*, -a *f*

serve [sɜ:v] ⬦ *vt* ⬦ *vi* **1.** *SPORT* servire **2.** *(work)* prestare servizio ⬦ *n* *SPORT* servizio *m* ● **to serve as** *(be used for)* servire da ● **the town is served by two airports** la città è servita da due aeroporti ● **it serves you right!** ben ti sta! ● **serves two** *(on packaging, menu)* per due persone

service ['sɜ:vis] ⬦ *n* **1.** servizio *m* **2.** *(at church)* rito *m* **3.** *(of car)* revisione *f* ⬦ *vt (car)* revisionare ● **to be of service to sb** *(fml)* essere d'aiuto a qn ▼ **out of service** fuori servizio ▼ **service included** servizio incluso ▼ **service not included** servizio escluso ◆ **services** *npl* **1.** *(on motorway)* stazione *f* di servizio **2.** *(of person)* servigi *mpl*

service area *n* area *f* di servizio

service charge *n* servizio *m*

service department *n* servizio *m* clienti

service provider *n* *COMPUT* service provider *m inv*

service station *n* stazione *f* di servizio

serviette [ˌsɜ:vɪ'et] *n* tovagliolo *m*

serving ['sɜ:vɪŋ] *n* (*helping*) porzione *f*

serving spoon *n* cucchiaio *m* da portata

sesame seeds['sesəmɪ-] *npl* semi *mpl* di sesamo

session ['seʃn] *n* seduta *f* • **a drinking session** una bevuta

set [set] (*pt & pp inv*)
◇ *adj* 1. (*price, time*) fisso(a) • **a set lunch** un menu fisso 2. (*text, book*) assegnato(a) 3. (*situated*) situato(a)
◇ *n* 1. (*of tools etc*) serie *f inv*; (*of cutlery, dishes*) servizio *m* • **chess set** gioco *m* degli scacchi 2. (*TV*) • **a (TV) set** un apparecchio televisivo, un televisore 3. (*in tennis*) set *m inv* 4. (*of play*) scenario *m*
◇ *vt* 1. (*put*) mettere, posare • **to set the table** apparecchiare 2. (*cause to be*) • **to set a machine going** avviare una macchina • **to set fire to sthg** dar fuoco a qc 3. (*clock, alarm, controls*) regolare • **set the alarm for 7 a.m.** metti la sveglia alle 7 4. (*price, time*) fissare 5. (*a record*) stabilire 6. (*homework, essay*) dare 7. (*play, film, story*) • **to be set** essere ambientato(a)
◇ *vi* 1. (*sun*) tramontare 2. (*glue*) fare presa; (*jelly*) rapprendersi

◆ **set down** *vt sep* (*UK*) (*passengers*) far scendere

◆ **set off**
◇ *vt sep* (*alarm*) far scattare
◇ *vi* (*on journey*) mettersi in viaggio

◆ **set out**
◇ *vt sep* (*arrange*) disporre

◇ *vi* (*on journey*) mettersi in viaggio

◆ **set up** *vt sep* (*barrier*) erigere; (*equipment*) installare

set meal *n* menu *m inv* fisso

set menu *n* menu *m inv* fisso

settee [se'ti:] *n* divano *m*

setting ['setɪŋ] *n* 1. (*on machine*) posizione *f* 2. (*physical surroundings*) scenario *m* 3. (*atmosphere*) ambiente *m*

settle ['setl] ◇ *vt* 1. (*argument*) sistemare, appianare 2. (*bill*) saldare, regolare 3. (*stomach, nerves*) calmare 4. (*arrange, decide on*) stabilire, decidere ◇ *vi* 1. (*start to live*) stabilirsi 2. (*come to rest*) posarsi 3. (*sediment, dust*) depositarsi ◆ **settle down** *vi* 1. (*calm down*) calmarsi 2. (*sit comfortably*) accomodarsi ◆ **settle up** *vi* (*pay bill*) saldare il conto

settlement ['setlmənt] *n* 1. (*agreement*) accordo *m* 2. (*place*) insediamento *m*

seven ['sevn] *num* sette ➤ **six**

seventeen [ˌsevn'ti:n] *num* diciassette ➤ **six**

seventeenth [ˌsevn'ti:nθ] *num* diciassettesimo(a) ➤ **sixth**

seventh ['sevnθ] *num* settimo(a) ➤ **sixth**

seventieth ['sevntjəθ] *num* settantesimo(a) ➤ **sixth**

seventy ['sevntɪ] *num* settanta ➤ **six**

several ['sevrəl] *adj & pron* parecchi (chie), diversi(e)

severe [sɪ'vɪə'] *adj* 1. (*conditions, damage, illness*) grave 2. (*criticism, person, punishment*) severo(a) 3. (*pain*) violento(a), forte

sew [səʊ] (*pp* **sewn**) *vt & vi* cucire

sewage ['su:ɪdʒ] *n* acque *fpl* di scarico

sewing ['səʊɪŋ] n 1. (activity) cucito m 2. (things sewn) lavoro m

sewing machine n macchina f da cucire

sewn [səʊn] pp ➤ sew

sex [seks] n 1. (gender) sesso m 2. (sexual intercourse) rapporto m sessuale • **to have sex (with)** avere rapporti sessuali (con)

sexist ['seksɪst] n sessista mf

sexual ['sekʃʊəl] adj sessuale

sexy ['seksɪ] adj sexy (inv)

shabby ['ʃæbɪ] adj trasandato(a)

shade [ʃeɪd] ◇ n 1. (shadow) ombra f 2. (lampshade) paralume m 3. (of colour) sfumatura f, tonalità f inv ◇ vt (protect) fare ombra a • **shades** npl (inf) (sunglasses) occhiali mpl da sole

shadow ['ʃædəʊ] n ombra f

shady ['ʃeɪdɪ] adj 1. (place) ombroso(a) 2. (inf) (person, deal) losco(a)

shaft [ʃɑːft] n 1. (of machine) albero m 2. (of lift) pozzo m

shake [ʃeɪk] (pt **shook**, pp **shaken**) ◇ vt 1. (tree, rug, person) scuotere 2. (bottle, dice) agitare 3. (shock) scuotere, turbare ◇ vi tremare • **to shake hands (with sb)** dare OR stringere la mano (a qn) • **to shake one's head** (saying no) scuotere la testa

shall (weak form [ʃəl], strong form [ʃæl]) aux vb 1. (expressing future) • **I shall be ready soon** sarò pronto tra poco 2. (in questions) • **shall I buy some wine?** devo comprare del vino? • **shall we listen to the radio?** vogliamo ascoltare la radio? • **where shall we go?** dove andiamo?, dove vogliamo andare? 3. (fml) (expressing order) •

payment shall be made within a week il pagamento dovrà essere effettuato entro una settimana

shallot [ʃə'lɒt] n scalogno m

shallow ['ʃæləʊ] adj poco profondo(a)

shallow end n (of swimming pool) lato m meno profondo

shambles ['ʃæmblz] n macello m, casino m

shame [ʃeɪm] n vergogna f • **it's a shame** è un peccato • **what a shame!** che peccato!

shampoo [ʃæm'puː] (pl -s) n shampoo m inv

shandy ['ʃændɪ] n bevanda a base di birra e limonata

shape [ʃeɪp] n forma f • **to be in good/ bad shape** essere in/fuori forma

share [ʃeəʳ] ◇ n 1. (part) parte f 2. (in company) azione f ◇ vt dividere • **share out** vt sep dividere

shark [ʃɑːk] n squalo m, pescecane m

sharp [ʃɑːp] ◇ adj 1. (knife, razor) affilato(a) 2. (pin, nails) appuntito(a) 3. (teeth) aguzzo(a) 4. (clear) nitido(a) 5. (quick, intelligent) acuto(a), scaltro m, -a f 6. (rise, change, bend) brusco(a) 7. (painful) acuto, lancinante 8. (food, taste) aspro(a) ◇ adv (exactly) in punto

sharpen ['ʃɑːpn] vt 1. (pencil) temperare 2. (knife) affilare

shatter ['ʃætəʳ] ◇ vt (break) frantumare ◇ vi frantumarsi

shattered ['ʃætəd] adj (UK) (inf) (tired) distrutto(a)

shave [ʃeɪv] ◇ vt radere, rasare ◇ vi radersi, rasarsi ◇ n • **to have a shave** farsi la barba

shaver [ˈʃeɪvəʳ] n rasoio m elettrico

shaver point n presa f per rasoio elettrico

shaving brush [ˈʃeɪvɪŋ-] n pennello m da barba

shaving cream [ˈʃeɪvɪŋ-] n crema f da barba

shaving foam [ˈʃeɪvɪŋ-] n schiuma f da barba

shawl [ʃɔːl] n scialle m

she [ʃiː] pron lei ● she's tall è alta

sheaf [ʃiːf] (pl **sheaves**) n (of paper, notes) fascio m

shears [ʃɪəz] npl cesoie fpl

sheaves [ʃiːvz] pl ➤ sheaf

shed [ʃed] (pt & pp inv) ◇ n capanno m ◇ vt (tears, blood) versare

she'd (weak form [ʃɪd], strong form [ʃiːd]) = she had, she would

sheep [ʃiːp] (pl inv) n pecora f

sheepdog [ˈʃiːpdɒg] n cane m pastore

sheepskin [ˈʃiːpskɪn] adj di pelle di pecora

sheer [ʃɪəʳ] adj 1. (pure, utter) puro(a) 2. (cliff) a picco, a strapiombo 3. (stockings) velato(a)

sheet [ʃiːt] n 1. (for bed) lenzuolo m 2. (of paper) foglio m 3. (of glass, metal) lastra f 4. (of wood) pannello m

shelf [ʃelf] (pl **shelves**) n scaffale m

shell [ʃel] n 1. (of egg, nut, animal) guscio m 2. (on beach) conchiglia f 3. (bomb) granata f

she'll [ʃiːl] = she will, she shall

shellfish [ˈʃelfɪʃ] n (food) frutti mpl di mare

shell suit n (UK) tuta f in acetato

shelter [ˈʃeltəʳ] ◇ n 1. riparo m, rifugio m 2. (at bus stop) pensilina f ◇ vt (protect) proteggere, riparare ◇ vi proteggersi, ripararsi ● to take shelter mettersi al riparo

sheltered [ˈʃeltəd] adj (place) riparato(a)

shelves [ʃelvz] pl ➤ shelf

shepherd [ˈʃepəd] n pastore m

sheriff [ˈʃerɪf] n (in US) sceriffo m

sherry [ˈʃerɪ] n sherry m inv

she's [ʃiːz] = she is, she has

shield [ʃiːld] ◇ n scudo m ◇ vt proteggere

shift [ʃɪft] ◇ n 1. (change) cambiamento m 2. (period of work) turno m ◇ vt spostare ◇ vi 1. (move) spostarsi 2. (change) mutare, cambiare

shin [ʃɪn] n stinco m

shine [ʃaɪn] (pt & pp **shone**) ◇ vi brillare, splendere ◇ vt 1. (shoes) lucidare, lustrare 2. (torch) puntare

shiny [ˈʃaɪnɪ] adj scintillante, lucido(a)

ship [ʃɪp] n nave f ● by ship (travel) con la nave; (send, transport) via mare

shipwreck [ˈʃɪprek] n 1. (accident) naufragio m 2. (wrecked ship) relitto m

shirt [ʃɜːt] n camicia f

shit [ʃɪt] ◇ n (vulg) merda f ◇ excl (vulg) merda!

shiver [ˈʃɪvəʳ] vi rabbrividire

shock [ʃɒk] ◇ n 1. (surprise) shock m inv 2. (force) urto m, scossa f ◇ vt 1. (surprise) colpire, scioccare 2. (horrify) scioccare ● to be in shock essere sotto shock

shock absorber [-əbˌzɔːbəʳ] n ammortizzatore m

shocking [ˈʃɒkɪŋ] adj (very bad) terribile

shoe [ʃuː] n scarpa f

shoelace ['ʃuːleɪs] n stringa f

shoe polish n lucido m scarpe

shoe repairer's [-rɪˌpeərəʳ] n calzolaio m

shoe shop n negozio m di calzature

shone [ʃɒn] pt & pp ➤ shine

shook [ʃʊk] pt ➤ shake

shoot [ʃuːt] (pt & pp **shot**) ◇ vt 1. (kill, injure) sparare a 2. (gun) sparare 3. (arrow) tirare, scoccare 4. (film) girare ◇ vi 1. (with gun) sparare 2. (move quickly) sfrecciare 3. SPORT tirare ◇ n (of plant) germoglio m

shop [ʃɒp] ◇ n negozio m ◇ vi fare acquisti

shop assistant n (UK) commesso m, -a f

shop floor n (place) area di una fabbrica dove lavorano gli operai

shopkeeper ['ʃɒpˌkiːpəʳ] n negoziante mf

shoplifter ['ʃɒpˌlɪftəʳ] n taccheggiatore m, -trice f

shopper ['ʃɒpəʳ] n cliente mf, acquirente mf

shopping ['ʃɒpɪŋ] n spesa f • to do the shopping fare la spesa • to go shopping andare a fare spese

shopping bag n borsa f per la spesa

shopping basket n sporta f per la spesa

shopping centre n centro m commerciale

shopping list n lista f della spesa

shopping mall n centro m commerciale

shop steward n rappresentante mf sindacale

shop window n vetrina f

shore [ʃɔːʳ] n riva f • on shore a terra

short [ʃɔːt] ◇ adj 1. (not tall) basso(a) 2. (letter, speech) corto(a), breve 3. (hair, skirt) corto 4. (in time, distance) corto ◇ adv (cut hair) corti ◇ n 1. (UK) (drink) bicchierino m 2. (film) cortometraggio m • to be short of sthg (time, money) essere a corto di qc • to be short for sthg (be abbreviation of) essere l'abbreviazione di qc • to be short of breath essere senza fiato • in short in breve ◆ **shorts** npl 1. (short trousers) calzoncini mpl, pantaloncini mpl 2. (US) (underpants) boxer mpl

shortage ['ʃɔːtɪdʒ] n carenza f

shortbread ['ʃɔːtbred] n biscotto m di pasta frolla

short-circuit vi fare cortocircuito

shortcrust pastry ['ʃɔːtkrʌst-] n pasta f frolla

short cut n scorciatoia f

shorten ['ʃɔːtn] vt accorciare

shorthand ['ʃɔːthænd] n stenografia f

shortly ['ʃɔːtlɪ] adv (soon) presto, fra poco • shortly before poco prima di

shortsighted [ˌʃɔːt'saɪtɪd] adj miope

short-sleeved [-ˌsliːvd] adj a maniche corte

short-stay car park n parcheggio m a tempo limitato

short story n racconto m, novella f

short wave n onde fpl corte

shot [ʃɒt] ◇ pt & pp ➤ **shoot** ◇ n 1. (of gun) sparo m 2. (in football, tennis, golf etc) tiro m 3. (photo) foto f inv 4. (in film) ripresa f 5. (inf) (attempt) prova f, tentativo *m* 6. (drink) bicchierino *m*

shotgun ['ʃɒtɡʌn] *n* fucile *m* da caccia

should [ʃʊd] *aux vb* 1. (expressing desirability) ● we should leave now ora dovremmo OR sarebbe meglio andare 2. (asking for advice) ● should I go too? devo andarci anch'io? 3. (expressing probability) ● she should be home soon dovrebbe arrivare a momenti 4. (ought to) ● they should have won the match avrebbero dovuto vincere la partita 5. (fml) (in conditionals) ● should you need anything, call reception se dovesse aver bisogno di qualcosa, chiami la reception 6. (fml) (expressing wish) ● I should like to come with you mi piacerebbe venire con voi

shoulder ['ʃəʊldə'] *n* 1. spalla *f* 2. (US) (of road) corsia *f* d'emergenza

shoulder pad *n* spallina *f*

shouldn't ['ʃʊdnt] = should not

should've ['ʃʊdəv] = should have

shout [ʃaʊt] ◇ *n* grido *m*, urlo *m* ◇ *vt & vi* gridare, urlare ◆ **shout out** *vt sep* gridare

shove [ʃʌv] *vt* 1. (push) spingere 2. (put carelessly) ficcare, cacciare

shovel ['ʃʌvl] *n* pala *f*

show [ʃəʊ] (*pp* **-ed** OR **shown**) ◇ *n* 1. (at theatre, on TV) spettacolo *m* 2. (on radio) programma *m* 3. (exhibition) mostra *f* ◇ *vt* 1. mostrare 2. (represent, depict) raffigurare 3. (accompany) accompagnare 4. (film, TV programme) dare ◇ *vi* 1. (be visible) vedersi, essere visibile 2. (film) essere in programmazione ● to show sthg to sb mostrare qc a qn ● to show sb how to do sthg mostrare a

qn come fare qc ◆ **show off** *vi* mettersi in mostra ◆ **show up** *vi* 1. (come along) farsi vivo, arrivare 2. (be visible) risaltare

shower ['ʃaʊə'] ◇ *n* 1. (for washing) doccia *f* 2. (of rain) acquazzone *m* ◇ *vi* fare la doccia ● to have a shower fare la doccia

shower gel *n* gel *m inv* per la doccia

shower unit *n* blocco *m* doccia

showing ['ʃəʊɪŋ] *n* (of film) proiezione *f*

shown [ʃəʊn] *pp* ➤ show

showroom ['ʃəʊrʊm] *n* salone *m* d'esposizione

shrank [ʃræŋk] *pt* ➤ shrink

shrimp [ʃrɪmp] *n* gamberetto *m*

shrine [ʃraɪn] *n* santuario *m*

shrink [ʃrɪŋk] (*pt* **shrank**, *pp* **shrunk**) ◇ *n* (inf) (psychoanalyst) strizzacervelli *mf inv* ◇ *vi* 1. (clothes) restringersi 2. (number, amount) ridursi, diminuire

shrub [ʃrʌb] *n* arbusto *m*

shrug [ʃrʌɡ] ◇ *n* scrollata *f* di spalle ◇ *vi* scrollare le spalle

shrunk [ʃrʌŋk] *pp* ➤ shrink

shuffle ['ʃʌfl] ◇ *vt* (cards) mischiare ◇ *vi* (walk) camminare strascicando i piedi

shut [ʃʌt] (*pt & pp inv*) ◇ *adj* chiuso(a) ◇ *vt* chiudere ◇ *vi* 1. (door, mouth, eyes) chiudersi 2. (shop, restaurant) chiudere ◆ **shut down** *vt sep* chiudere i battenti ◆ **shut up** *vi* (inf) (stop talking) tacere, stare zitto ● **shut up!** chiudi il becco!

shutter ['ʃʌtə'] *n* 1. (on window) imposta *f* 2. (on camera) otturatore *m*

shuttle ['ʃʌtl] *n* (plane, bus etc) navetta *f*

shuttlecock ['ʃʌtlkɒk] *n* volano *m*

shy [ʃaɪ] *adj* timido(a)

Sicily ['sɪsɪlɪ] *n* la Sicilia

sick [sɪk] *adj* (*ill*) malato(a) ● to be sick (*vomit*) vomitare ● to feel sick (*nauseous*) avere la nausea ● to be sick of (*fed up with*) essere stufo(a) di

sick bag *n sacchetto di emergenza per viaggiatori che soffrono di nausea e vomito*

sickness ['sɪknɪs] *n* (*illness*) malattia *f*

sick pay *n* indennità *f* per malattia

side [saɪd] ◇ *n* **1.** lato *m* **2.** (*of road, pitch*) margine *m* **3.** (*of river*) sponda *f* **4.** (*team*) squadra *f* **5.** (*in argument*) parte *f* **6.** (*UK*) (*TV channel*) canale *m* ◇ *adj* (*door, pocket*) laterale ● at the side of *o* fianco di; (*road*) al margine di; (*river*) sulla riva di ● on the other side dall'altra parte ● on this side da questo lato ● side by side fianco a fianco

sideboard ['saɪdbɔːd] *n* credenza *f*

sidecar ['saɪdkɑːʳ] *n* sidecar *m inv*

side dish *n* contorno *m*

side effect *n* effetto *m* collaterale

sidelight ['saɪdlaɪt] *n* (*UK*) (*of car*) luce *f* di posizione

side order *n* contorno *m*

side salad *n* insalata *f* di contorno

side street *n* traversa *f*

sidewalk ['saɪdwɔːk] *n* (*US*) marciapiede *m*

sideways ['saɪdweɪz] *adv* **1.** (*move*) di lato, di fianco **2.** (*look*) di traverso

sieve [sɪv] *n* setaccio *m*

sigh [saɪ] ◇ *n* sospiro *m* ◇ *vi* sospirare

sight [saɪt] *n* **1.** (*eyesight*) vista *f* **2.** (*thing seen*) spettacolo *m* ● at first sight a prima vista ● to catch sight of

intravedere ● in sight in vista ● to lose sight of perdere di vista ● to be out of sight non essere visibile ● sights *npl* (*of city, country*) luoghi *mpl* di maggiore interesse

sightseeing ['saɪt,siːɪŋ] *n* ● to go sightseeing fare un giro turistico

sign [saɪn] ◇ *n* **1.** (*in shop, station*) insegna *f* **2.** (*next to road*) segnale *m*, cartello *m* **3.** (*symbol, indication*) segno *m* **4.** (*signal*) segnale *m* ◇ *vt & vi* firmare ● there's no sign of her non c'è traccia di lei ● sign in *vi* (*at hotel, club*) firmare il registro (all'arrivo)

signal ['sɪgnl] ◇ *n* **1.** segnale *m* **2.** (*US*) (*traffic lights*) semaforo *m* ◇ *vi* (*in car, on bike*) segnalare

signature ['sɪgnətʃəʳ] *n* firma *f*

significant [sɪg'nɪfɪkənt] *adj* **1.** (*large*) considerevole **2.** (*important*) importante

signpost ['saɪnpəʊst] *n* cartello *m* stradale

sikh [siːk] *n* Sikh *mf inv*

silence ['saɪləns] *n* silenzio *m*

silencer ['saɪlənsəʳ] *n* (*UK*) AUT marmitta *f*

silent ['saɪlənt] *adj* silenzioso(a)

silk [sɪlk] *n* seta *f*

sill [sɪl] *n* davanzale *m*

silly ['sɪlɪ] *adj* sciocco(a), stupido(a)

silver ['sɪlvəʳ] ◇ *n* **1.** (*substance*) argento *m* **2.** (*coins*) monete *fpl* d'argento ◇ *adj* d'argento

silver foil *n* stagnola *f*, carta *f* argentata

silver-plated [-'pleɪtɪd] *adj* placcato(a) d'argento

similar ['sɪmɪləʳ] *adj* simile ● to be

similar to essere simile a

similarity [ˌsɪmɪˈlærətɪ] *n* **1.** *(resemblance)* somiglianza *f* **2.** *(similar point)* affinità *f inv*

simmer ['sɪmə'] *vi* cuocere a fuoco lento

simple ['sɪmpl] *adj* semplice

simplify ['sɪmplɪfaɪ] *vt* semplificare

simply ['sɪmplɪ] *adv* semplicemente

simulate ['sɪmjʊleɪt] *vt* simulare

simultaneous [(UK) ˌsɪməl'teɪnjəs, (US) ˌsaɪm'teɪnjəs] *adj* simultaneo(a)

simultaneously [(UK) ˌsɪməl'teɪnjəslɪ, (US) ˌsaɪmˈteɪnjəslɪ] *adv* simultaneamente

sin [sɪn] ◇ *n* peccato *m* ◇ *vi* peccare

since [sɪns] ◇ *adv* da allora ◇ *prep* da ◇ *conj* **1.** *(in time)* da quando, da che **2.** *(as)* dato che, poiché ● **ever since** fin da, da che, fin da quando

sincere [sɪn'sɪə'] *adj* sincero(a)

sincerely [sɪn'sɪəlɪ] *adv* sinceramente ● **Yours sincerely** Distinti saluti

sing [sɪŋ] *(pt* **sang**, *pp* **sung**) *vt & vi* cantare

singer ['sɪŋə'] *n* cantante *mf*

single ['sɪŋgl] ◇ *adj* **1.** solo(a) **2.** *(man)* celibe **3.** *(woman)* nubile ◇ *n* **1.** *(UK) (ticket)* biglietto *m* di sola andata **2.** *(record)* 45 giri *m inv* ● **every single** ogni ◆ **singles** ◇ *n SPORT* singolo *m* ◇ *adj (bar, club)* per single

single bed *n* letto *m* a una piazza

single cream *n (UK)* panna *f* liquida

single parent *n* genitore *m* single

single room *n* camera *f* singola

single track road *n* strada *f* a una carreggiata

singular ['sɪŋgjʊlə'] *n* singolare *m* ● **in the singular** al singolare

sinister ['sɪnɪstə'] *adj* sinistro(a)

sink [sɪŋk] *(pt* **sank**, *pp* **sunk**) ◇ *n* lavandino *m* ◇ *vi* **1.** *(in water, mud)* affondare **2.** *(decrease)* calare, diminuire

sink unit *n* blocco *m* lavello

sinuses ['saɪnəsɪz] *npl* seni *mpl* paranasali

sip [sɪp] ◇ *n* sorso *m* ◇ *vt* sorseggiare

siphon ['saɪfn] ◇ *n* sifone *m* ◇ *vt* travasare

sir [sɜː'] *n* signore *m* ● **Dear Sir** Egregio Signore ● **Sir Richard Blair** Sir Richard Blair

siren ['saɪərən] *n* sirena *f*

sirloin steak [ˌsɜːˈlɔɪn-] *n* bistecca *f* di lombo

sister ['sɪstə'] *n* **1.** sorella *f* **2.** *(UK) (nurse)* caposala *f*

sister-in-law *n* cognata *f*

sit [sɪt] *(pt & pp* **sat**) ◇ *vi* **1.** sedere **2.** *(be situated)* trovarsi ◇ *vt* **1.** *(to place)* far sedere **2.** *(UK) (exam)* sostenere, dare ● **to be sitting** essere seduto ◆ **sit down** *vi* sedersi ● **to be sitting down** essere seduto ◆ **sit up** *vi* **1.** *(after lying down)* tirarsi su a sedere **2.** *(stay up late)* stare in piedi fino a tardi

site [saɪt] *n* **1.** luogo *m* **2.** *(building site)* cantiere *m*

sitting room ['sɪtɪŋ-] *n* salotto *m*

situated ['sɪtjʊeɪtɪd] *adj* ● **to be situated** essere situato(a)

situation [ˌsɪtjʊ'eɪʃn] *n* **1.** *(state of affairs)* situazione *f* **2.** *(fml) (location)* ubicazione *f* ▼ **situations vacant** offerte di lavoro

six [sıks] *num adj & n* sei ● **to be six (years old)** avere sei anni ● **it's six (o'clock)** sono le sei ● **a hundred and six** centosei ● **six Hill Street** Hill Street (numero) sei ● **it's minus six (degrees)** è meno sei

sixteen [sıks'ti:n] *num* sedici ➤ **six**

sixteenth [sıks'ti:nθ] *num* sedicesimo(a) ➤ **sixth**

sixth [sıksθ] ◇ *num adj, adv & pron* sesto(a) ◇ *num n* sesto *m* ● **the sixth (of September)** il sei (di settembre)

sixth form *n (UK)* ultimi due anni facoltativi della scuola superiore

sixth-form college *n (UK)* istituto che prepara agli esami dell'ultimo anno di scuola superiore

sixtieth ['sıkstıəθ] *num* sessantesimo(a) ➤ **six**

sixty ['sıkstı] *num* sessanta ➤ **six**

size [saız] *n* **1.** dimensioni *fpl* **2.** *(of clothes, hats)* taglia *f*, misura *f* **3.** *(of shoes)* numero *m* ● **what size do you take?** che taglia porta? ● **what size is this?** che taglia è?

sizeable ['saızəbl] *adj* notevole

skate [skeıt] ◇ *n* **1.** *(ice skate, roller skate)* pattino *m* **2.** *(fish: pl inv)* razza *f* ◇ *vi* pattinare

skateboard ['skeıtbɔ:d] *n* skateboard *m inv*

skater ['skeıtə'] *n* pattinatore *m*, -trice *f*

skating ['skeıtıŋ] *n* ● **to go skating** andare a pattinare

skeleton ['skelıtn] *n* scheletro *m*

skeptical ['skeptıkl] *(US)* = **sceptical**

sketch [sketʃ] ◇ *n* **1.** *(drawing)* schizzo *m*

2. *(humorous)* sketch *m inv*, scenetta *f* ◇ *vt* schizzare

skewer ['skjʊə'] *n* spiedo *m*

ski [ski:] *(pt & pp* **skied**, *cont* **skiing**) ◇ *n* sci *m inv* ◇ *vi* sciare

ski boots *npl* scarponi *mpl* da sci

skid [skıd] ◇ *n* slittamento *m*, sbandamento *m* ◇ *vi* slittare, sbandare

skier ['ski:ə'] *n* sciatore *m*, -trice *f*

skiing ['ski:ıŋ] *n* sci *m* ● **to go skiing** andare a sciare ● **a skiing holiday** una vacanza sulla neve

skilful ['skılfʊl] *adj (UK)* abile

ski lift *n* sciovia *f*

skill [skıl] *n* **1.** *(ability)* abilità *f inv* **2.** *(technique)* tecnica *f*

skilled [skıld] *adj* **1.** *(worker, job)* qualificato(a) **2.** *(driver, chef)* provetto(a)

skillful ['skılfʊl] *(US)* = **skilful**

skimmed milk ['skımd-] *n* latte *m* scremato

skin [skın] *n* **1.** pelle *f* **2.** *(on fruit, vegetable)* buccia *f* **3.** *(on milk)* pellicola *f*

skin freshener [-, freʃnə'] *n* tonico *m*

skinny ['skını] *adj* magrissimo(a)

skip [skıp] ◇ *vi* **1.** *(with rope)* saltare la corda **2.** *(jump)* saltellare ◇ *vt (omit)* saltare ◇ *n (container)* cassonetto *m*

ski pants *npl* pantaloni *mpl* da sci

ski pass *n* ski-pass *m inv*

ski pole *n* racchetta *f* da sci

skipping rope ['skıpıŋ-] *n* corda *f* per saltare

skirt [skɜ:t] *n* gonna *f*

ski slope *n* pista *f* da sci

ski tow *n* ski-lift *m inv*

skittles ['skıtlz] *n* birilli *mpl*

skull [skʌl] *n* cranio *m*

sky [skaɪ] *n* cielo *m*

skylight ['skaɪlaɪt] *n* lucernario *m*

skyscraper ['skaɪˌskreɪpəʳ] *n* grattacielo *m*

slab [slæb] *n* (*of stone, concrete*) lastra *f*

slack [slæk] *adj* **1.** (*rope*) non tirato(a) **2.** (*careless*) negligente **3.** (*not busy*) calmo(a) **4.** (*period*) morto(a)

slacks [slæks] *npl* pantaloni *mpl*

slam [slæm] *vt & vi* sbattere

slander ['slɑːndəʳ] *n* **1.** calunnia *f* **2.** (*in law*) diffamazione *f*

slang [slæŋ] *n* slang *m*, gergo *m*

slant [slɑːnt] ◇ *n* (*slope*) pendenza *f* ◇ *vi* pendere

slap [slæp] ◇ *n* (*smack*) schiaffo *m* ◇ *vt* schiaffeggiare

slash [slæʃ] ◇ *vt* **1.** (*cut*) tagliare **2.** (*face*) sfregiare **3.** (*fig*) (*prices*) ridurre ◇ *n* (*written symbol*) barra *f*

slate [sleɪt] *n* **1.** (*rock*) ardesia *f* **2.** (*on roof*) tegola *f* di ardesia

slaughter ['slɔːtəʳ] *vt* **1.** (*people, team*) massacrare **2.** (*animal*) macellare

slave [sleɪv] *n* schiavo *m*, -a *f*

sled [sled] = **sledge**

sledge [sledʒ] *n* slitta *f*

sleep [sliːp] (*pt & pp* **slept**) ◇ *n* sonno *m* ◇ *vi* dormire ● **the house sleeps six** la casa ha sei posti letto ● **did you sleep well?** hai dormito bene? ● **I couldn't get to sleep** non riuscivo a prender sonno ● **to go to sleep** addormentarsi ● **to sleep with sb** andare a letto con qn

sleeper ['sliːpəʳ] *n* **1.** (*train*) treno *m* con vagoni letto **2.** (*sleeping car*) vagone *m* letto **3.** (*UK*) (*on railway track*) traversina

sleeping bag ['sliːpɪŋ-] *n* sacco *m* a pelo

sleeping car ['sliːpɪŋ-] *n* vagone *m* letto

sleeping pill ['sliːpɪŋ-] *n* sonnifero *m*

sleeping policeman ['sliːpɪŋ-] *n* (*UK*) piccolo dosso stradale che ha la funzione di rallentare il traffico

sleepy ['sliːpɪ] *adj* insonnolito(a) ● **I'm sleepy** ho sonno

sleet [sliːt] ◇ *n* nevischio *m* ◇ *impers vb* ● **it's sleeting** sta nevischiando

sleeve [sliːv] *n* **1.** (*of garment*) manica *f* **2.** (*of record*) copertina *f*

sleeveless ['sliːvlɪs] *adj* senza maniche

slept [slept] *pt & pp* > **sleep**

S level *n* (*UK*) (*abbr of Special level*) esame scolastico finale supplementare

slice [slaɪs] ◇ *n* fetta *f* ◇ *vt* affettare, tagliare a fette

sliced bread [ˌslaɪst-] *n* pane *m* a cassetta

slide [slaɪd] (*pt & pp* **slid**) ◇ *n* **1.** (*in playground*) scivolo *m* **2.** (*of photograph*) diapositiva *f* **3.** (*UK*) (*hair slide*) fermacapelli *m inv* ◇ *vi* (*slip*) scivolare

sliding door [ˌslaɪdɪŋ-] *n* porta *f* scorrevole

slight [slaɪt] *adj* (*minor*) lieve ● **the slightest** il minimo(la minima) ● **not in the slightest** affatto

slightly ['slaɪtlɪ] *adv* (*a bit*) leggermente ● **I know him slightly** lo conosco appena

slim [slɪm] ◇ *adj* (*person, waist*) snello(a) ◇ *vi* dimagrire

slimming ['slɪmɪŋ] *n* dimagrimento *m*

sling [slɪŋ] (*pt & pp* **slung**) ◇ *vt* (*inf*)

(throw) buttare ◇ *n* • **to have one's arm in a sling** portare il braccio al collo

slip [slɪp] ◇ *vi* scivolare ◇ *n* **1.** *(mistake)* errore *m* **2.** *(of paper)* foglietto *m* **3.** *(petticoat)* sottoveste *f* ♦ **slip up** *vi (make a mistake)* fare un errore

slipper ['slɪpə'] *n* pantofola *f*

slippery ['slɪpərɪ] *adj* scivoloso(a)

slip road *n (UK)* raccordo *m* autostradale

slit [slɪt] *n* fessura *f*

slob [slɒb] *n (inf)* sciattone *m*, -a *f*

slogan ['sləʊgən] *n* slogan *m inv*

slope [sləʊp] ◇ *n* **1.** *(incline)* pendio *m* **2.** *(hill)* fianco *m* **3.** *(for skiing)* pista *f* da sci ◇ *vi* **1.** *(hill, path)* scendere **2.** *(floor, roof, shelf)* essere inclinato

sloping ['sləʊpɪŋ] *adj* **1.** *(floor, roof, shelf)* inclinato(a) **2.** *(hill)* degradante

slot [slɒt] *n* **1.** *(for coin)* fessura *f* **2.** *(groove)* scanalatura *f*

slot machine *n* **1.** *(vending machine)* distributore *m* automatico **2.** *(for gambling)* slot-machine *f inv*

Slovakia [slə'vækɪə] *n* la Slovacchia

slow [sləʊ] ◇ *adj* **1.** lento(a) **2.** *(business)* fiacco(a) ◇ *adv* lentamente • **a slow train** un accelerato • **to be slow** *(clock)* essere indietro ▼ **slow** *(sign on road)* rallentare ♦ **slow down** *vt sep* & *vi* rallentare

slowly ['sləʊlɪ] *adv* lentamente

slug [slʌg] *n (animal)* lumaca *f*

slum [slʌm] *n (building)* baracca *f* ♦ **slums** *npl (district)* bassifondi *mpl*

slung [slʌŋ] *pt* & *pp* ➤ **sling**

slush [slʌʃ] *n* neve *f* in parte sciolta

sly [slaɪ] *adj* **1.** *(cunning)* astuto(a) **2.**

(deceitful) scaltro(a)

smack [smæk] ◇ *n (slap)* schiaffo *m* ◇ *vt* schiaffeggiare

small [smɔːl] *adj* **1.** piccolo(a) **2.** *(in height)* basso(a)

small change *n* spiccioli *mpl*

smallpox ['smɔːlpɒks] *n* vaiolo *m*

smart [smɑːt] *adj* **1.** *(elegant, posh)* elegante **2.** *(clever)* intelligente

smart card *n* carta *f* intelligente

smash [smæʃ] ◇ *n* **1.** *SPORT* smash *m inv*, schiacciata *f* **2.** *(inf) (car crash)* scontro *m* ◇ *vt* **1.** *(plate, window)* frantumare ◇ *vi (plate, vase etc)* frantumarsi

smashing ['smæʃɪŋ] *adj (UK) (inf)* fantastico(a)

smear test ['smɪə-] *n* striscio *m*, paptest *m inv*

smell [smel] *(pt* & *pp* **-ed** OR **smelt)** ◇ *n* **1.** odore *m* **2.** *(bad odour)* puzza *f* ◇ *vt* **1.** *(sniff at)* annusare **2.** *(detect)* sentire odore di ◇ *vi* **1.** avere un odore **2.** *(have bad odour)* puzzare • **to smell of sthg** *(pleasant)* profumare di qc; *(unpleasant)* puzzare di qc

smelly ['smelɪ] *adj* puzzolente

smelt [smelt] *pt* & *pp* ➤ **smell**

smile [smaɪl] ◇ *n* sorriso *m* ◇ *vi* sorridere

smoke [sməʊk] ◇ *n* fumo *m* ◇ *vt* & *vi* fumare • **to have a smoke** fumare una sigaretta

smoked [sməʊkt] *adj* affumicato(a)

smoker ['sməʊkə'] *n (person)* fumatore *m*, -trice *f*

smoking ['sməʊkɪŋ] *n* fumo *m* ▼ **no smoking** vietato fumare

smoking area *n* area *f* per fumatori

smoking compartment n scompartimento m per fumatori

smoky ['sməʊkı] adj (room) fumoso(a)

smooth [smu:ð] adj 1. (surface, skin, road) liscio(a) 2. (takeoff, landing) dolce, morbido(a) 3. (flight, journey, life) tranquillo(a) 4. (mixture, liquid) vellutato(a), omogeneo(a) 5. (wine, beer) amabile 6. (pej) (suave) mellifluo(a) ◆ **smooth down** vt sep lisciare

smother ['smʌðə'] vt (cover) coprire

SMS [,esem'es] n (abbr of short message system) SMS m inv

smudge [smʌdʒ] n sbavatura f

smuggle ['smʌgl] vt contrabbandare

snack [snæk] n spuntino m, snack m inv

snack bar n snack-bar m inv, tavola f calda

snail [sneɪl] n chiocciola f

snake [sneɪk] n (animal) serpente m

snap [snæp] ◇ vt (break) spezzare ◇ vi (break) spezzarsi ◇ n 1. (inf) (photo) foto f inv 2. (UK) (card game) rubamazzo m

snare [sneə'] n (trap) trappola f

snatch [snætʃ] vt strappare

sneakers ['sni:kəz] npl (US) scarpe fpl da ginnastica

sneeze [sni:z] ◇ n starnuto m ◇ vi starnutire

sniff [snɪf] ◇ vi tirar su col naso ◇ vt (smell) annusare

snip [snɪp] vt tagliare

snob [snɒb] n snob mf inv

snog [snɒg] vi (UK) (inf) pomiciare

snooker ['snu:kə'] n snooker m (specie di biliardo giocato con 22 palle)

snooze [snu:z] n pisolino m

snore [snɔ:'] vi russare

snorkel ['snɔ:kl] n respiratore m (subacqueo)

snout [snaʊt] n muso m, grugno m

snow [snəʊ] ◇ n neve f ◇ impers vb • it's snowing sta nevicando

snowball ['snəʊbɔ:l] n palla f di neve

snowdrift ['snəʊdrıft] n cumulo m di neve

snowflake ['snəʊfleık] n fiocco m di neve

snowman ['snəʊmæn] (pl -men) n pupazzo m di neve

snowplough ['snəʊplaʊ] n spazzaneve m inv

snowstorm ['snəʊstɔ:m] n bufera f di neve

snug [snʌg] adj 1. (person) comodo(a) 2. (place) accogliente

so [səʊ]

◇ adv 1. (emphasizing degree) così, talmente • it's so difficult (that ...) è così difficile (che ...) 2. (referring back) • I don't think so credo di no • I'm afraid so temo proprio di sì • if so se è così, in tal caso 3. (also) • so do I anch'io 4. (in this way) così, in questo modo 5. (expressing agreement) • so there is proprio così, già 6. (in phrases) • or so all'incirca • so as per, così da • so that affinché, perché

◇ conj 1. (therefore) quindi, perciò • nobody answered so we went away non rispondeva nessuno perciò ce ne siamo andati 2. (summarizing) allora • so what have you been up to? allora come vanno le cose? 3. (in phrases) • so what? (inf) e allora? • so there! (inf) ecco!

soak [səʊk] ◇ *vt* **1.** *(leave in water)* mettere a bagno OR a mollo **2.** *(make very wet)* impregnare, infradiciare ◇ *vi*
● **to soak through** sthg infiltrarsi in qc ◆ **soak up** *vt sep* assorbire

soaked [səʊkt] *adj* fradicio(a)

soaking ['səʊkɪŋ] *adj* fradicio(a)

soap [səʊp] *n* sapone *m*

soap opera *n* soap opera *f inv*, telenovela *f*

soap powder *n* detersivo *m* in polvere

sob [sɒb] ◇ *n* singhiozzo *m* ◇ *vi* singhiozzare

sober ['səʊbə'] *adj (not drunk)* sobrio(a)

soccer ['sɒkə'] *n* calcio *m*

sociable ['səʊʃəbl] *adj* socievole

social ['səʊʃl] *adj (problem, conditions, class)* sociale

social club *n* circolo *m* sociale

socialist ['səʊʃəlɪst] ◇ *adj* socialista ◇ *n* socialista *mf*

social life *n* vita *f* sociale

social security *n* previdenza *f* sociale

social worker *n* assistente *mf* sociale

society [sə'saɪətɪ] *n* **1.** società *f inv* **2.** *(organization, club)* associazione *f*, società *f*

sociology [,səʊsɪ'ɒlədʒɪ] *n* sociologia *f*

sock [sɒk] *n* calzino *m*

socket ['sɒkɪt] *n* **1.** *(for plug)* presa *f* **2.** *(for light bulb)* portalampada *m inv*

sod [sɒd] *n (UK) (vulg) (nasty person)* stronzo *m*, -a *f*

soda ['səʊdə] *n* **1.** *(soda water)* seltz *m inv* **2.** *(fizzy drink)* spuma *f*

soda water *n* acqua *f* di seltz

sofa ['səʊfə] *n* divano *m*, sofà *m inv*

sofa bed *n* divano *m* letto

soft [sɒft] *adj* **1.** *(bed, ground, skin)* soffice, morbido(a) **2.** *(breeze, tap, sound)* leggero(a)

soft cheese *n* formaggio *m* molle

soft drink *n* analcolico *m*

software ['sɒftweə'] *n* software *m inv*

soil [sɔɪl] *n (earth)* suolo *m*

solarium [sə'leərɪəm] *n* solarium *m inv*

solar panel ['səʊlə-] *n* pannello *m* solare

sold [səʊld] *pt & pp* ➢ **sell**

soldier ['səʊldʒə'] *n* soldato *m*, militare *m*

sold out *adj* esaurito(a)

sole [səʊl] ◇ *adj* **1.** *(only)* solo(a), unico(a) **2.** *(exclusive)* esclusivo(a) ◇ *n* **1.** *(of shoe)* suola *f* **2.** *(of foot)* pianta *f* **3.** *(fish: pl inv)* sogliola *f*

solemn ['sɒləm] *adj* **1.** *(person)* serio(a) **2.** *(occasion)* solenne

solicitor [sə'lɪsɪtə'] *n (UK)* ≃ notaio *m*

solid ['sɒlɪd] *adj* **1.** solido(a) **2.** *(not hollow)* pieno(a) **3.** *(gold, silver, oak)* massiccio(a) **4.** *(uninterrupted)* ininterrotto(a) ● **three hours solid** tre ore intere

solo ['səʊləʊ] *(pl -s)* *n* assolo *m* ▼ **solo m/cs** *(traffic sign)* riservato ai motocicli

soluble ['sɒljʊbl] *adj* solubile

solution [sə'luːʃn] *n* soluzione *f*

solve [sɒlv] *vt* risolvere

some [sʌm] ◇ *adj* **1.** *(certain amount of)* ● **some meat** della carne ● **some money** del denaro ● **I had some difficulty getting here** ho avuto qualche difficoltà ad arrivare qui **2.** *(certain number of)* ● **some sweets** delle caramelle ● **some boys** dei ragazzi ● **some people** della gente ● I've known him for **some** years lo conosco da anni **3.** (not all) certi(e) **4.** (in imprecise statements) ● she married **some** writer (or other) ha sposato un certo scrittore ● they're staying in **some** posh hotel stanno in un albergo di lusso

◇ _pron_ **1.** (certain amount) un po' **2.** (certain number) alcuni(e), certi(e) ◇ _adv_ (approximately) circa ● **some** jobs are better paid than others certi lavori sono pagati meglio di altri ● **can I have some?** me ne dai un po'? ● **some of the money** una parte dei soldi ● can I have some? me ne dai qualcuno? ● **some** (of them) left early alcuni (di loro) sono andati via presto ● **there** were 7,000 people there c'erano circa 7 000 persone

somebody ['sʌmbədɪ] = **someone**

somehow ['sʌmhaʊ] _adv_ **1.** (some way or other) in qualche modo, in un modo o nell'altro **2.** (for some reason) per qualche motivo

someone ['sʌmwʌn] _pron_ qualcuno

someplace ['sʌmpleɪs] (US) = **somewhere**

somersault ['sʌməsɔːlt] _n_ capriola _f_, salto _m_ mortale

something ['sʌmθɪŋ] _pron_ qualcosa ● it's really **something** è veramente eccezionale ● **or something** (inf) o qualcosa del genere ● **something like** all'incirca, pressappoco

sometime ['sʌmtaɪm] _adv_ ● **sometime in May** in maggio

sometimes ['sʌmtaɪmz] _adv_ a volte

somewhere ['sʌmweə'] _adv_ **1.** (in or to unspecified place) da qualche parte, in qualche posto **2.** (approximately) all'incirca

son [sʌn] _n_ figlio _m_

song [sɒŋ] _n_ canzone _f_

son-in-law _n_ genero _m_

soon [suːn] _adv_ presto ● **how soon can you do it?** fra quanto può farlo? ● **as soon as** (non) appena ● **as soon as possible** al più presto possibile ● **soon after** poco dopo ● **sooner or later** prima o poi

soot [sʊt] _n_ fuliggine _f_

soothe [suːð] _vt_ **1.** calmare **2.** (pain) alleviare

sophisticated [sə'fɪstɪkeɪtɪd] _adj_ **1.** (refined, chic) sofisticato(a), raffinato(a) **2.** (complex) sofisticato, complesso(a)

sorbet ['sɔːbeɪ] _n_ sorbetto _m_

sore [sɔː'] ◇ _adj_ **1.** (painful) dolorante **2.** (US) (inf) (angry) incavolato(a) ◇ _n_ piaga _f_ ● **to have a sore throat** avere mal di gola

sorry ['sɒrɪ] _adj_ ● **I'm sorry!** scusa! ● **I'm sorry I'm late** scusa il ritardo ● **sorry?** (asking for repetition) scusa? ● **to feel sorry for sb** dispiacersi per qn ● I'm sorry you can't come mi dispiace che tu non venga ● **I'm sorry about the mess** scusa il disordine

sort [sɔːt] ◇ _n_ tipo _m_ ◇ _vt_ ordinare ● **sort of** (more or less) più o meno ● **it's sort of difficult** è piuttosto difficile ◆ **sort out** _vt sep_ **1.** (classify) ordinare **2.** (resolve) chiarire

so-so _adj_ & _adv_ (inf) così così

soufflé ['suːfleɪ] _n_ soufflé _m inv_

sought [sɔːt] *pt* & *pp* ➤ **seek**

soul [səʊl] *n* **1.** *(spirit)* anima *f* **2.** *(soul music)* musica *f* soul

sound [saʊnd] ◇ *n* **1.** suono *m* **2.** *(noise)* rumore *m* **3.** *(volume)* volume *m* ◇ *vt (horn, bell)* suonare ◇ *vi* **1.** *(alarm, bell, voice)* suonare **2.** *(seem to be)* sembrare ◇ *adj* **1.** *(building, structure)* solido(a) **2.** *(heart)* sano(a) **3.** *(advice, idea)* valido(a) ● **to sound like** sembrare; *(seem to be)* sembrare, avere l'aria di

soundproof ['saʊndpruːf] *adj* insonorizzato(a)

soup [suːp] *n* zuppa *f*, minestra *f*

soup spoon *n* cucchiaio *m* da minestra

sour ['saʊə'] *adj* **1.** *(taste)* aspro(a) **2.** *(milk)* acido(a) ● **to go sour** inacidire

source [sɔːs] *n* **1.** *(supply, origin)* fonte *f* **2.** *(cause)* causa *f* **3.** *(of river)* sorgente *f*

sour cream *n* panna *f* acida

south [saʊθ] ◇ *n* sud *m*, meridione *m* ◇ *adj* del sud ◇ *adv* **1.** *(fly, walk)* verso sud **2.** *(be situated)* a sud ● **in the south of England** a sud dell'Inghilterra

South Africa *n* il Sudafrica

South America *n* l'America *f* del sud, il Sudamerica

southbound ['saʊθbaʊnd] *adj* diretto(a) a sud

southeast [,saʊθ'iːst] *n* sud-est *m*

southern ['sʌðən] *adj* meridionale, del sud

South Pole *n* Polo *m* Sud

southwards ['saʊθwədz] *adv* verso sud

southwest [,saʊθ'west] *n* sud-ovest *m*

souvenir [,suːvə'nɪə'] *n* souvenir *m inv*, ricordo *m*

Soviet Union [,səʊvɪət-] *n* ● **the Soviet Union** l'Unione *f* Sovietica

sow¹ [səʊ] *(pp* **sown)** *vt (seeds)* seminare

sow² [saʊ] *n (pig)* scrofa *f*

soya ['sɔɪə] *n* soia *f*

soya bean *n* seme *m* di soia

soy sauce [,sɔɪ-] *n* salsa *f* di soia

spa [spɑː] *n* terme *fpl*

space [speɪs] ◇ *n* **1.** spazio *m* **2.** *(empty place)* posto *m* **3.** *(room)* spazio, posto **4.** *(period)* periodo *m* ◇ *vt* distanziare

spaceship ['speɪsʃɪp] *n* astronave *f*

space shuttle *n* shuttle *m inv*

spacious ['speɪʃəs] *adj* spazioso(a)

spade [speɪd] *n (tool)* vanga *f*, badile *m* ● **spades** *npl (in cards)* picche *fpl*

spaghetti [spə'getɪ] *n* spaghetti *mpl*

Spain [speɪn] *n* la Spagna

spam [spæm] *n* COMPUT spam *m*

span [spæn] ◇ *pt* ➤ **spin** ◇ *n (of time)* periodo *m*, arco *m* di tempo

Spaniard ['spænjəd] *n* spagnolo *m*, -a *f*

spaniel ['spænjəl] *n* spaniel *m inv*

Spanish ['spænɪʃ] ◇ *adj* spagnolo ◇ *n (language)* spagnolo *m*

spank [spæŋk] *vt* sculacciare

spanner ['spænə'] *n* chiave *f (arnese)*

spare [speə'] ◇ *adj* **1.** *(kept in reserve)* di riserva **2.** *(not in use)* in più ◇ *n* **1.** *(spare part)* ricambio *m* **2.** *(spare wheel)* ruota *f* di scorta ◇ *vt* ● **to spare sb sthg** *(money)* dare qc a qn ● **can you spare me ten minutes?** hai dieci minuti? ● **with ten minutes to spare** con dieci minuti di anticipo

spare part *n* pezzo *m* di ricambio

spare ribs *npl* costine *fpl* di maiale

spare room *n* camera *f* degli ospiti

spare time *n* tempo *m* libero

spare wheel *n* ruota *f* di scorta

spark [spɑːk] *n* scintilla *f*

sparkling ['spɑːklɪŋ-] *adj* (mineral water, soft drink) frizzante

sparkling wine *n* vino *m* frizzante

spark plug *n* candela *f*

sparrow ['spærəʊ] *n* passero *m*

spat [spæt] *pt & pp* ➤ **spit**

speak [spiːk] (*pt* **spoke**, *pp* **spoken**) ◇ *vt* **1.** (language) parlare **2.** (say) dire ◇ *vi* parlare • **who's speaking?** (on phone) chi parla? • **can I speak to Sarah? - speaking!** (on phone) posso parlare con Sarah? - sono io! • **to speak to sb about sthg** parlare a qn di qc • **speak up** *vi* (more loudly) parlare più forte

speaker ['spiːkə'] *n* **1.** (at conference) oratore *m*, -trice *f* **2.** (loudspeaker, of stereo) altoparlante *m* • **an English speaker** una persona che parla inglese

spear [spɪə'] *n* lancia *f*

special ['speʃl] ◇ *adj* speciale ◇ *n* • **today's special** piatto del giorno

special delivery *n* (UK) ≃ espresso *m*

special effects *npl* effetti *mpl* speciali

specialist ['speʃəlɪst] *n* (doctor) specialista *mf*

speciality [,speʃɪ'ælətɪ] *n* specialità *f inv*

specialize ['speʃəlaɪz] *vi* • **to specialize (in)** specializzarsi (in)

specially ['speʃəlɪ] *adv* **1.** (specifically) specialmente **2.** (on purpose) appositamente **3.** (particularly) particolarmente

special offer *n* offerta *f* speciale

special school *n* (UK) ≃ scuola *f* speciale

specialty ['speʃltɪ] (US) = **speciality**

species ['spiːʃiːz] *n* specie *f inv*

specific [spə'sɪfɪk] *adj* (particular) specifico(a)

specification [,spesɪfɪ'keɪʃn] *n* (of machine, car) caratteristiche *fpl* tecniche

specimen ['spesɪmən] *n* **1.** campione *m* **2.** (example) esemplare *m*

specs [speks] *npl* (inf) occhiali *mpl*

spectacle ['spektəkl] *n* (sight) scena *f*

spectacles ['spektəklz] *npl* occhiali *mpl*

spectacular [spek'tækjʊlə'] *adj* spettacolare

spectator [spek'teɪtə'] *n* spettatore *m*, -trice *f*

sped [sped] *pt & pp* ➤ **speed**

speech [spiːtʃ] *n* **1.** (ability to speak) parola *f* **2.** (manner of speaking) modo *m* di parlare **3.** (talk) discorso *m*

speech impediment [-ɪm,pedɪmənt] *n* difetto *m* di pronuncia

speed [spiːd] (*pt & pp* **-ed** OR **sped**) ◇ *n* **1.** velocità *f inv* **2.** (fast rate) alta velocità **3.** (of film) sensibilità *f inv* **4.** (bicycle gear) marcia *f* ◇ *vi* **1.** (move quickly) andare velocemente **2.** (drive too fast) andare a velocità eccessiva • **reduce speed now** rallentare • **speed up** *vi* accelerare

speedboat ['spiːdbəʊt] *n* fuoribordo *m inv*

speed dating *n* speed dating *m*

speeding ['spiːdɪŋ] *n* eccesso *m* di velocità

speed limit *n* limite *m* di velocità

speedometer [spɪ'dɒmɪtə'] *n* tachimetro *m*

spell [spel] ((UK) *pt & pp* **-ed** OR **spelt**,

(US) **-ed** ◇ vt **1.** (word, name) scrivere **2.** (subj: letters) formare la parola ◇ n **1.** (period) periodo m **2.** (magic) incantesimo m

spelling ['spelɪŋ] n (correct order) ortografia f

spelt [spelt] pt & pp (UK) ➤ **spell**

spend [spend] (pt & pp spent) vt **1.** (money) spendere **2.** (time) passare

sphere [sfɪə'] n sfera f

spice [spaɪs] ◇ n spezia f ◇ vt condire con delle spezie

spicy ['spaɪsɪ] adj piccante

spider ['spaɪdə'] n ragno m

spider's web n ragnatela f

spike [spaɪk] n (metal) punta f

spill [spɪl] ((UK) pt & pp **-ed**, OR spilt (US) **-ed**) ◇ vt versare ◇ vi versarsi

spin [spɪn] (pt span OR spun, pp spun) ◇ vt **1.** (wheel) far girare **2.** (washing) centrifugare ◇ n (on ball) effetto m ● **to go for a spin** (inf) andare a fare un giro in macchina

spinach ['spɪnɪdʒ] n spinaci mpl

spine [spaɪn] n **1.** spina f dorsale **2.** (of book) costa f

spinster ['spɪnstə'] n zitella f

spiral ['spaɪərəl] n spirale f

spiral staircase n scala f a chiocciola

spire [spaɪə'] n guglia f

spirit ['spɪrɪt] n **1.** spirito m **2.** (mood) umore m ● **spirits** npl (UK) (alcohol) superalcolici mpl

spit [spɪt] ((UK) pt & pp spat, (US) inv) ◇ vi **1.** (person) sputare **2.** (fire, food) scoppiettare ◇ n **1.** (saliva) saliva f **2.** (for cooking) spiedo m ◇ impers vb ● **it's spitting** pioviggina

spite [spaɪt] ● **in spite of** prep nonostante

spiteful ['spaɪtfʊl] adj malevolo(a)

splash [splæʃ] ◇ n (sound) tonfo m ◇ vt schizzare

splendid ['splendɪd] adj splendido(a)

splint [splɪnt] n stecca f

splinter ['splɪntə'] n scheggia f

split [splɪt] (pt & pp inv) ◇ n **1.** (tear) strappo m **2.** (crack, in skirt) spacco m ◇ vt **1.** (wood, stone) spaccare **2.** (tear) strappare **3.** (bill, cost, profits, work) dividere ◇ vi **1.** (wood, stone) spaccarsi **2.** (tear) strapparsi ● **split up** vi **1.** (couple) lasciarsi **2.** (group) dividersi

spoil [spɔɪl] (pt & pp **-ed** OR spoilt) vt **1.** (ruin) rovinare **2.** (child) viziare

spoke [spəʊk] ◇ pt ➤ **speak** ◇ n raggio m

spoken ['spəʊkn] pp ➤ **speak**

spokesman ['spəʊksmən] (pl **-men**) n portavoce m inv

spokeswoman ['spəʊks,wʊmən] (pl **-women**) n portavoce f inv

sponge [spʌndʒ] n (for cleaning, washing) spugna f

sponge bag n (UK) nécessaire m inv (da viaggio)

sponge cake n pan m di Spagna

sponsor ['spɒnsə'] n (of event, TV programme) sponsor m inv

sponsored walk [,spɒnsəd-] n marcia f di beneficenza

spontaneous [spɒn'teɪnjəs] adj spontaneo(a)

spoon [spuːn] n cucchiaio m

spoonful ['spuːnfʊl] n cucchiaiata f

sport [spɔːt] n sport m inv

sports car [spɔ:ts-] *n* automobile *f* sportiva

sports centre [spɔ:ts-] *n* centro *m* sportivo

sports jacket [spɔ:ts-] *n* giacca *f* sportiva

sportsman ['spɔ:tsmən] (*pl* **-men**) *n* sportivo *m*

sports shop [spɔ:ts-] *n* negozio *m* di articoli sportivi

sportswoman ['spɔ:ts,wʊmən] (*pl* **-women**) *n* sportiva *f*

spot [spɒt] ◇ *n* **1.** (*of paint, rain*) goccia *f* **2.** (*on clothes*) macchia *f* **3.** (*on skin*) brufolo *m* **4.** (*place*) posto *m* ◇ *vt* notare ● **on the spot** (*at once*) immediatamente; (*at the scene*) sul posto

spotless ['spɒtlɪs] *adj* pulitissimo(a)

spotlight ['spɒtlaɪt] *n* riflettore *m*

spotty ['spɒtɪ] *adj* brufoloso(a)

spouse [spaʊs] *n* (*fml*) coniuge *mf*

spout [spaʊt] *n* beccuccio *m*

sprain [spreɪn] *vt* (*ankle, wrist*) slogarsi

sprang [spræŋ] *pt* > **spring**

spray [spreɪ] ◇ *n* **1.** (*aerosol*) spray *m inv* **2.** (*for perfume*) vaporizzatore *m* **3.** (*droplets*) spruzzi *mpl* ◇ *vt* spruzzare

spread [spred] (*pt & pp inv*) ◇ *vt* **1.** (*butter, jam, glue*) spalmare **2.** (*map, tablecloth, blanket*) stendere **3.** (*legs, fingers, arms*) distendere **4.** (*disease, news, rumour*) diffondere ◇ *vi* diffondersi ◇ *n* (*food*) crema *f* da spalmare ● **spread out** *vi* (*disperse*) disperdersi

spring [sprɪŋ] (*pt* **sprang**, *pp* **sprung**) ◇ *n* **1.** (*season*) primavera *f* **2.** (*coil*) molla *f* **3.** (*in ground*) sorgente *f* ◇ *vi* (*leap*) balzare ● **in (the) spring** in primavera

springboard ['sprɪŋbɔ:d] *n* trampolino *m*

spring-cleaning [-'kli:nɪŋ] *n* pulizie *fpl* di Pasqua

spring onion *n* cipollina *f*

spring roll *n* involtino *m* primavera

sprinkle ['sprɪŋkl] *vt* ● **to sprinkle sthg with sugar** spolverizzare qc di zucchero ● **to sprinkle sthg with water** spruzzare dell'acqua su qc

sprinkler ['sprɪŋklə'] *n* **1.** (*for fire*) sprinkler *m inv* **2.** (*for grass*) irrigatore *m*

sprint [sprɪnt] ◇ *vi* (*run fast*) scattare ◇ *n* (*race*) ● **the 100-metres sprint** i 100 metri piani

sprout [spraʊt] *n* (*vegetable*) cavoletto *m* di Bruxelles

spruce [spru:s] *n* abete *m*

sprung [sprʌŋ] ◇ *pp* > **spring** ◇ *adj* (*mattress*) a molle

spud [spʌd] *n* (*inf*) patata *f*

spun [spʌn] *pt & pp* > **spin**

spur [spɜ:'] *n* (*for horse rider*) sperone *m* ● **on the spur of the moment** d'impulso

spurt [spɜ:t] *vi* sprizzare

spy [spaɪ] *n* spia *f*

squall [skwɔ:l] *n* burrasca *f*

squalor ['skwɒlə'] *n* squallore *m*

square [skweə'] ◇ *adj* (*in shape*) quadrato(a) ◇ *n* **1.** (*shape*) quadrato *m* **2.** (*in town*) piazza *f* **3.** (*on chessboard*) scacco *m* ● **2 square metres** 2 metri quadrati ● **it's 2 metres square** misura 2 metri per 2 ● **we're (all) square now** (*not owing money*) adesso siamo pari

squash [skwɒʃ] *n* **1.** (*game*) squash *m* **2.** (*US*) (*vegetable*) zucca *f* **3.** (*UK*) (*drink*) ●

orange/lemon squash sciroppo *m* di arancia/limone, schiacciare

squat [skwɒt] ◇ *adj* tozzo(a) ◇ *vi* (*crouch*) accovacciarsi

squeak [skwi:k] *vi* **1.** (*door, wheel*) cigolare **2.** (*mouse*) squittire

squeeze [skwi:z] ◇ *vt* **1.** (*tube, orange*) spremere **2.** (*hand*) stringere ◇ *vi* ● **to squeeze in** infilarsi

squid [skwɪd] *n* calamaro *m*

squint [skwɪnt] ◇ *n* strabismo *m* ◇ *vi* ● **to squint at** guardare con gli occhi socchiusi

squirrel [(UK) 'skwɪrəl, (US) 'skwɜːrəl] *n* scoiattolo *m*

squirt [skwɜːt] *vi* schizzare

St (*abbr of* Street) V.; (*abbr of* Saint) S.

St Patrick's Day

In Irlanda e in tutte le comunità irlandesi il 17 Marzo si celebra il giorno del patrono San Patrizio. Il simbolo della festa e del paese è lo *shamrock*, il trifoglio che venne usato dal santo per illustrare il concetto della Trinità.

---

stab [stæb] *vt* (*with knife*) pugnalare

stable ['steɪbl] ◇ *adj* stabile ◇ *n* stalla *f*

stack [stæk] *n* (*pile*) pila *f* ● **stacks of** (*inf*) (*lots*) un mucchio di

stadium ['steɪdjəm] *n* stadio *m*

staff [stɑːf] *n* (*workers*) personale *m*

stage [steɪdʒ] *n* **1.** (*phase*) stadio *m* **2.** (*in theatre*) palcoscenico *m*

stagger ['stægə] ◇ *vt* (*arrange in stages*) scaglionare ◇ *vi* barcollare

stagnant ['stægnənt] *adj* stagnante

stain [steɪn] ◇ *n* macchia *f* ◇ *vt* macchiare

stained glass [ˌsteɪnd-] *n* vetro *m* colorato

stainless steel ['steɪnlɪs-] *n* acciaio *m* inossidabile

staircase ['steəkeɪs] *n* scala *f*

stairs [steəz] *npl* scale *fpl*

stairwell ['steəwel] *n* tromba *f* delle scale

stake [steɪk] *n* **1.** (*share*) quota *f* **2.** (*in gambling*) posta *f* **3.** (*post*) palo *m* ● **at stake** in gioco

stale [steɪl] *adj* (*food*) stantio(a)

stalk [stɔːk] *n* gambo *m*

stall [stɔːl] ◇ *n* (*in market, at exhibition*) banco *m* ◇ *vi* (*car, engine*) spegnersi ● **stalls** *npl* (UK) (*in theatre*) platea *f*

stamina ['stæmɪnə] *n* resistenza *f*

stammer ['stæmə] *vi* balbettare

stamp [stæmp] ◇ *n* **1.** (*for letter*) francobollo *m* **2.** (*in passport, on document*) timbro *m* ◇ *vt* (*passport, document*) timbrare ◇ *vi* ● **to stamp on sthg** pestare qc

stamp-collecting [-kəˌlektɪŋ] *n* filatelia *f*

stamp machine *n* distributore *m* di francobolli

stand [stænd] (*pt & pp* **stood**) ◇ *vi* **1.** (*be on feet*) stare in piedi **2.** (*be situated*) trovarsi **3.** (*get to one's feet*) alzarsi ◇ *vt* **1.** (*place*) mettere **2.** (*bear*) sopportare **3.** (*withstand*) tollerare ◇ *n* **1.** (*stall*) banco *m* **2.** (*for umbrellas*) portaombrelli *m inv* **3.** (*for coats*) attaccapanni *m inv* **4.** (*on bike, motorbike*) cavalletto *m* **5.** (*at sports* *stadium*) tribuna f ● **newspaper stand** edicola f ● **to be standing** stare in piedi ● **to stand sb a drink** offrire da bere a qn ● **no standing** (US) AUT divieto di sosta ◆**stand back** vi tirarsi indietro ◆ **stand for** vt insep **1.** (mean) stare per **2.** (tolerate) tollerare ◆ **stand in** vi ● **to stand in for sb** sostituire qn ◆**stand out** vi spiccare ◆ **stand up** ◇ vi **1.** (be on feet) stare in piedi **2.** (get to one's feet) alzarsi ◇ vt sep (inf) (boyfriend, girlfriend etc) tirare un bidone a ● **stand up for** vt insep difendere

standard ['stændəd] ◇ adj (normal) standard (inv) ◇ n **1.** (level) livello m **2.** (norm) standard m inv ● **up to standard** (di livello) soddisfacente ◆ **standards** npl (principles) principi mpl

standard-class adj (UK) (on train) di seconda classe

standby ['stændbaɪ] adj (ticket) stand-by (inv)

stank [stæŋk] pt ➤ **stink**

staple ['steɪpl] n (for paper) punto m metallico

stapler ['steɪplər] n cucitrice f

star [stɑːr] ◇ n stella f ◇ vt (subj: film, play etc) avere come protagonista ◆ **stars** npl (horoscope) oroscopo m

starboard ['stɑːbəd] adj di tribordo

starch [stɑːtʃ] n amido m

stare [steər] vi ● **to stare at** fissare

starfish ['stɑːfɪʃ] (pl inv) n stella f marina

starling ['stɑːlɪŋ] n storno m

Stars and Stripes n ● **the Stars and Stripes** la bandiera a stelle e strisce

Stars and Stripes

Questo è il nome della bandiera degli USA. Il riquadro a sfondo blu in alto a sinistra racchiude 50 stelle, una per ogni stato, mentre il resto è decorato a strisce rosse e bianche. È simbolo di onore e orgoglio nazionale e viene esposta in occasione delle feste nazionali.

start [stɑːt] ◇ n **1.** (beginning) inizio m **2.** (starting place) partenza f ◇ vt **1.** cominciare, iniziare **2.** (car, engine) mettere in moto **3.** (company, club) fondare ◇ vi **1.** cominciare **2.** (car, engine, on journey) partire ● **prices start at** OR **from £5** i prezzi partono da 5 sterline ● **to start doing sthg** OR **to do sthg** cominciare a fare qc ● **to start with ...** per cominciare ... ◆ **start out** vi **1.** (on journey) partire **2.** (be originally) cominciare ◆ **start up** vt sep **1.** (car, engine) mettere in moto **2.** (business) intraprendere **3.** (shop) aprire

starter ['stɑːtər] n **1.** (UK) (of meal) antipasto m **2.** (of car) starter m inv ● **for starters** (in meal) per antipasto

starter motor n motorino m di avviamento

starting point ['stɑːtɪŋ-] n punto m di partenza

startle ['stɑːtl] vt far trasalire

starvation [stɑːˈveɪʃn] n fame f

starve [stɑːv] vi (have no food) morire di fame ● **I'm starving!** muoio di fame!

state [steɪt] ◇ n stato m ◇ vt **1.** (declare) dichiarare **2.** (specify) specificare ● **the**

State lo Stato • **the States** gli Stati Uniti

state-funded education

Nel Regno Unito l'istruzione pubblica finanziata dallo stato varia a seconda delle zone. Scozia e Galles operano scelte individuali ma nel paese la maggior parte degli studenti comincia con la *Primary School* (5–11 anni). Esistono anche le *Comprehensive School* (9–13 anni), alcune delle quali sono *Grammar School* frequentate dal 5% degli studenti.

statement ['steɪtmənt] *n* **1.** *(declaration)* dichiarazione *f* **2.** *(from bank)* estratto *m* conto

state school *n* scuola *f* statale

statesman ['steɪtsmən] *(pl* **-men)** *n* statista *m*

static ['stætɪk] *n* *(on radio, TV)* scarica *f* (elettrostatica)

station ['steɪʃn] *n* stazione *f*

stationary ['steɪʃnərɪ] *adj* stazionario(a)

stationer's ['steɪʃnəz] *n* *(shop)* cartoleria *f*

stationery ['steɪʃnərɪ] *n* cancelleria *f*

station wagon *n* *(US)* station wagon *f inv*

statistics [stə'tɪstɪks] *npl* *(facts)* statistiche *fpl*

statue ['stætʃuː] *n* statua *f*

Statue of Liberty *n* • **the Statue of Liberty** la Statua della Libertà

La Statua della Libertà si trova all'ingresso del porto di New York. Donata dal governo francese nel 1886 come simbolo dell'alleanza tra Francia e USA nella Guerra d'Indipendenza, rappresenta da sempre il sogno americano e ricorda al mondo che gli USA sono una terra di immigrati.

status ['steɪtəs] *n* **1.** *(legal position)* stato *m* **2.** *(social position)* condizione *f* sociale **3.** *(prestige)* prestigio *m*

stay [steɪ] ◇ *n* *(time spent)* soggiorno *m* ◇ *vi* **1.** *(remain)* rimanere **2.** *(as guest)* alloggiare • **to stay the night** passare la notte ◆ **stay away** *vi* • **to stay away (from)** *(not attend)* non andare (a); *(not go near)* stare lontano (da) ◆ **stay in** *vi* rimanere a casa ◆ **stay out** *vi* *(from home)* rimanere fuori ◆ **stay up** *vi* rimanere alzato

STD code [estiː'diːkəʊd] *n* *(abbr of subscriber trunk dialling)* prefisso *m*

steady ['stedɪ] ◇ *adj* **1.** *(not shaking, firm)* stabile **2.** *(gradual, stable)* costante **3.** *(job)* fisso ◇ *vt* *(stop from shaking)* tenere fermo

steak [steɪk] *n* **1.** *(type of meat)* carne *f* di manzo **2.** *(piece of meat)* bistecca *f* **3.** *(piece of fish)* trancia *f*

steakhouse ['steɪkhaʊs] *(pl* **[-haʊzɪz])** *n* ristorante *m* specializzato in bistecche

steal [stiːl] *(pt* **stole**, *pp* **stolen)** *vt* rubare • **to steal sthg from sb** rubare qc a qn

steam [stiːm] ◇ n vapore m ◇ vt (food) cuocere a vapore

steamboat ['stiːmbəut] n battello m a vapore

steam engine n locomotiva f a vapore

steam iron n ferro m a vapore

steel [stiːl] ◇ n acciaio m ◇ adj di acciaio

steep [stiːp] adj **1.** (hill, path) ripido(a) **2.** (increase, drop) notevole

steeple ['stiːpl] n campanile m

steer ['stɪə'] vt (car, boat, plane) condurre

steering ['stɪərɪŋ] n sterzo m

steering wheel n volante m

stem [stem] n stelo m

step [step] ◇ n **1.** (stair) gradino m **2.** (rung) piolo m **3.** (pace) passo m **4.** (measure) misura f **5.** (stage) mossa f ◇ vi ● to step on sthg calpestare qc ● mind the step attenti al gradino ◆ **steps** npl (stairs) scala f ◆ **step aside** vi (move aside) farsi da parte ◆ **step back** vi (move back) tirarsi indietro

step aerobics n step m

stepbrother ['step,brʌðə'] n fratellastro m

stepdaughter ['step,dɔːtə'] n figliastra f

stepfather ['step,fɑːðə'] n patrigno m

stepladder ['step,lædə'] n scala f (a pioli)

stepmother ['step,mʌðə'] n matrigna f

stepsister ['step,sɪstə'] n sorellastra f

stepson ['stepsʌn] n figliastro m

stereo ['steriəu] (pl -s) ◇ adj stereofonico(a) ◇ n **1.** (hi-fi) stereo m inv **2.** (stereo sound) stereofonia f

sterile ['sterail] adj sterile

sterilize ['sterilaiz] vt sterilizzare

sterling ['stɜːlɪŋ] ◇ adj (pound) sterlina ◇ n sterlina f

sterling silver n argento m di buona lega

stern [stɜːn] ◇ adj severo(a) ◇ n poppa f

stew [stjuː] n stufato m

steward ['stjuəd] n **1.** (on plane, ship) steward m inv **2.** (at public event) membro m del servizio d'ordine

stewardess ['stjuədɪs] n hostess f inv

stewed [stjuːd] adj (fruit) cotto(a)

stick [stik] (pt & pp **stuck**) ◇ n **1.** (of wood) bastone m **2.** (of chalk) pezzetto m **3.** (of celery) bastoncino m ◇ vt **1.** (glue) attaccare **2.** (push, insert) ficcare **3.** (inf) (put) ficcare ◇ vi **1.** (become attached) attaccarsi **2.** (jam) incastrarsi ◆ **stick out** vi **1.** (protrude) sporgere **2.** (be noticeable) saltare agli occhi ◆ **stick to** vt insep **1.** (decision, promise) mantenere **2.** (principles) tener fede a ◆ **stick up** ◇ vt sep (poster, notice) attaccare ◇ vi sporgere ◆ **stick up for** vt insep difendere

sticker ['stikə'] n adesivo m

sticking plaster ['stikɪŋ-] n cerotto m

stick shift n (US) (car) auto f con cambio manuale

sticky ['stiki] adj **1.** (substance, hands, weather) appiccicoso(a) **2.** (label, tape) adesivo(a)

stiff [stif] ◇ adj **1.** duro(a) **2.** (back, neck, person) rigido(a) ◇ adv ● to be bored stiff (inf) essere annoiato a morte

stile [stail] n gradini per scavalcare un recinto

stiletto heels [sti'letəu-] npl tacchi mpl a spillo

still [stɪl] ◇ *adv* **1.** ancora **2.** *(despite that)* comunque ◇ *adj* **1.** *(motionless)* immobile **2.** *(quiet, calm)* calmo(a) **3.** *(not fizzy)* non gassato(a) • we've still got ten minutes abbiamo ancora dieci minuti • still more ancora di più • to stand still stare fermo

Stilton ['stɪltn] *n* stilton *m (formaggio simile al gorgonzola)*

stimulate ['stɪmjʊleɪt] *vt (encourage)* stimolare

sting [stɪŋ] *(pt & pp* **stung)** ◇ *vt* pungere ◇ *vi (skin, eyes)* pizzicare

stingy ['stɪndʒɪ] *adj (inf)* tirchio(a)

stink [stɪŋk] *(pt* **stank** OR **stunk,** *pp* **stunk)** *vi (smell bad)* puzzare

stipulate ['stɪpjʊleɪt] *vt* stipulare

stir [stɜː*] *vt* mescolare

stir-fry ◇ *n* piatto *m* saltato ◇ *vt* saltare *(in padella)*

stirrup ['stɪrəp] *n* staffa *f*

stitch [stɪtʃ] *n (in sewing, knitting)* punto *m* • to have a stitch *(stomach pain)* avere una fitta ◆ **stitches** *npl (for wound)* punti *mpl*

stock [stɒk] ◇ *n* **1.** *(of shop, business)* stock *m inv* **2.** *(supply)* scorta *f* **3.** FIN azioni *fpl* **4.** *(in cooking)* brodo *m* ◇ *vt (have in stock)* avere in magazzino • **in stock** in magazzino • **out of stock** esaurito

stock cube *n* dado *m* (per il brodo)

Stock Exchange *n* Borsa *f* valori

stocking ['stɒkɪŋ] *n* calza *f*

stock market *n* borsa *f* valori

stodgy ['stɒdʒɪ] *adj (food)* pesante

stole [stəʊl] *pt* ➤ **steal**

stolen ['stəʊln] *pp* ➤ **steal**

stomach ['stʌmək] *n* **1.** *(organ)* stomaco *m* **2.** *(belly)* pancia *f*

stomachache ['stʌməkeɪk] *n* mal *m* di stomaco

stomach upset [-'ʌpset] *n* disturbo *m* di stomaco

stone [stəʊn] ◇ *n* **1.** *(substance)* pietra *f* **2.** *(in fruit)* nocciolo *m* **3.** *(measurement: pl inv)* = 6,35 kg **4.** *(gem)* pietra preziosa ◇ *adj* di pietra

stonewashed ['stəʊnwɒʃt] *adj* délavé *(inv)*

stood [stʊd] *pt & pp* ➤ **stand**

stool [stuːl] *n (for sitting on)* sgabello *m*

stop [stɒp] ◇ *n* **1.** *(for bus, train)* fermata *f* **2.** *(in journey)* tappa *f* ◇ *vt* **1.** *(cause to cease)* porre fine a **2.** *(car, machine)* fermare **3.** *(prevent)* impedire ◇ *vi* fermarsi • **to stop sb/sthg from doing sthg** impedire a qn/qc di fare qc • **to stop doing sthg** smettere di fare qc • **to put a stop to sthg** porre fine a qc • **Stop** *(road sign)* stop • **stopping at ...** *(train, bus)* ferma a ... • **stop off** *vi* fare una sosta

stopover ['stɒp,əʊvə] *n* sosta *f*

stopper ['stɒpə] *n* tappo *m*

stopwatch ['stɒpwɒtʃ] *n* cronografo *m*

storage ['stɔːrɪdʒ] *n* immagazzinaggio *m*

store [stɔː*] ◇ *n* **1.** *(shop)* negozio *m* **2.** *(supply)* scorta *f* ◇ *vt* immagazzinare

storehouse [stɔːhaʊs] *n* magazzino *m*

storeroom ['stɔːrʊm] *n* stanzino *m*

storey ['stɔːrɪ] *(pl* **-s)** *n (UK)* piano *m*

stork [stɔːk] *n* cicogna *f*

storm [stɔːm] *n* tempesta *f*

stormy ['stɔːmɪ] *adj (weather)* burrascoso(a)

story ['stɔːrɪ] *n* **1.** *(account, tale)* storia *f* **2.** *(news item)* notizia *f* **3.** *(US)* = **storey**

stout [staut] ◇ *adj* (*fat*) corpulento(a) ◇ *n* (*drink*) birra *f* scura

stove [stəʊv] *n* **1.** (*for cooking*) cucina *f* **2.** (*for heating*) stufa *f*

straight [streɪt] ◇ *adj* **1.** (*not curved*) diritto(a) **2.** (*hair, drink*) liscio(a) **3.** (*consecutive*) di seguito ◇ *adv* **1.** (*in a straight line*) dritto **2.** (*upright*) in posizione eretta **3.** (*directly, without delay*) direttamente ● **straight ahead** sempre diritto ● **straight away** subito

straightforward [,streɪt'fɔːwəd] *adj* (*easy*) semplice

strain [streɪn] ◇ *n* **1.** (*force*) sforzo *m* **2.** (*tension, nervous stress*) tensione *f* **3.** (*injury*) distorsione *f* ◇ *vt* **1.** (*muscle, eyes*) sforzare **2.** (*food*) scolare **3.** (*tea*) filtrare

strainer ['streɪnə^r] *n* colino *m*

strait [streɪt] *n* stretto *m*

strange [streɪndʒ] *adj* **1.** (*unusual*) strano(a) **2.** (*unfamiliar*) sconosciuto(a)

stranger ['streɪndʒə^r] *n* **1.** (*unfamiliar person*) sconosciuto *m*, -a *f* **2.** (*person from different place*) forestiero *m*, -a *f*

strangle ['stræŋgl] *vt* strangolare

strap [stræp] *n* **1.** (*of bag, camera*) tracolla *f* **2.** (*of watch, shoe*) cinturino *m* **3.** (*of dress*) bretella *f*

strapless ['stræplɪs] *adj* senza spalline

strategy ['strætɪdʒɪ] *n* (*plan*) strategia *f*

straw [strɔː] *n* **1.** paglia *f* **2.** (*for drinking*) cannuccia *f*

strawberry ['strɔːbərɪ] *n* fragola *f*

stray [streɪ] ◇ *adj* (*animal*) randagio(a) ◇ *vi* vagare

streak [striːk] *n* **1.** (*stripe, mark*) striscia *f* **2.** (*period*) periodo *m*

stream [striːm] *n* **1.** (*river*) ruscello *m* **2.** (*of traffic, people, blood*) flusso *m*

street [striːt] *n* via *f*, strada *f*

streetcar ['striːtkɑː^r] *n* (*US*) tram *m inv*

street light *n* lampione *m*

street plan *n* piantina *f*

strength [streŋθ] *n* **1.** (*of person*) forza *f* **2.** (*of structure*) robustezza *f* **3.** (*influence*) potere *m* **4.** (*strong point*) punto *m* di forza **5.** (*of feeling, smell*) intensità *f* **6.** (*of drink*) gradazione *f* alcolica

strengthen ['streŋθn] *vt* (*structure*) rafforzare

stress [stres] ◇ *n* **1.** (*tension*) stress *m inv* **2.** (*on word, syllable*) accento *m* ◇ *vt* **1.** (*emphasize*) sottolineare **2.** (*word, syllable*) accentare

stretch [stretʃ] ◇ *n* **1.** (*of land, water*) distesa *f* **2.** (*of time*) periodo *m* ◇ *vt* **1.** tendere **2.** (*body*) stirare ◇ *vi* **1.** (*land, sea*) estendersi **2.** (*person, animal*) stirarsi ● **to stretch one's legs** (*fig*) sgranchirsi le gambe ● **stretch out** ◇ *vt sep* (*hand*) tendere ◇ *vi* (*lie down*) distendersi

stretcher ['stretʃə^r] *n* barella *f*

strict [strɪkt] *adj* **1.** (*person*) severo(a) **2.** (*rule, instructions*) rigido(a) **3.** (*exact*) stretto(a)

strictly ['strɪktlɪ] *adv* strettamente ● **strictly speaking** per essere precisi

stride [straɪd] *n* falcata *f*

strike [straɪk] (*pt & pp* struck) ◇ *n* (*of employees*) sciopero *m* ◇ *vt* **1.** (*fml*) (*hit*) colpire **2.** (*fml*) (*collide with*) urtare **3.** (*a match*) accendere ◇ *vi* **1.** (*refuse to work*) scioperare **2.** (*happen suddenly*) colpire

● **the clock struck eight** l'orologio ha battuto le otto

striking ['straɪkɪŋ] *adj* **1.** *(noticeable)* impressionante **2.** *(attractive)* appariscente

string [strɪŋ] *n* **1.** spago *m* **2.** *(of pearls, beads)* filo *m* **3.** *(of musical instrument, tennis racket)* corda *f* **4.** *(series)* serie *f inv*

● **a piece of string** un pezzo di spago

strip [strɪp] ◇ *n* striscia *f* ◇ *vt* *(paint, wallpaper)* togliere ◇ *vi* *(undress)* spogliarsi

stripe [straɪp] *n* striscia *f*

striped [straɪpt] *adj* a strisce

strip-search *vt* perquisire *(facendo spogliare)*

strip show *n* spogliarello *m*

stroke [strəʊk] ◇ *n* **1.** colpo *m* **2.** *(in tennis)* battuta *f* **3.** *(in golf)* tiro *m* **4.** *(swimming style)* stile *m* ◇ *vt* accarezzare

● **a stroke of luck** un colpo di fortuna

stroll [strəʊl] *n* passeggiata *f*

stroller ['strəʊlər] *n* (US) *(pushchair)* passeggino *m*

strong [strɒŋ] *adj* **1.** forte **2.** *(structure, bridge, chair)* robusto(a) **3.** *(feeling, smell)* intenso(a)

struck [strʌk] *pt & pp* ➤ **strike**

structure ['strʌktʃər] *n* struttura *f*

struggle ['strʌgl] ◇ *n* *(great effort)* sforzo *m* ◇ *vi* **1.** *(fight)* lottare **2.** *(in order to get free)* divincolarsi ● **to struggle to do sthg** sforzarsi di fare qc

stub [stʌb] *n* **1.** *(of cigarette)* mozzicone *m* **2.** *(of cheque, ticket)* matrice *f*

stubble ['stʌbl] *n* *(on face)* barba *f* ispida

stubborn ['stʌbən] *adj* *(person)* ostinato(a)

stuck [stʌk] ◇ *pt & pp* ➤ **stick** ◇ *adj* **1.** *(jammed)* incastrato(a) **2.** *(unable to continue, stranded)* bloccato(a)

stud [stʌd] *n* **1.** *(on boots)* borchia *f* **2.** *(fastener)* bottone *m* automatico **3.** *(earring)* miniorecchino *m*

student ['stju:dnt] *n* studente *m*, -essa *f*

student card *n* carta *f* dello studente

students' union [ˌstju:dnts-] *n* *(place)* circolo *m* studentesco

studio ['stju:dɪəʊ] *(pl* **-s)** *n* studio *m*

studio apartment (US) = **studio flat**

studio flat *n* (UK) miniappartamento *m*

study ['stʌdɪ] ◇ *n* *(learning)* studio *m* ◇ *vt & vi* studiare

stuff [stʌf] ◇ *n* *(inf)* roba *f* ◇ *vt* **1.** *(put roughly)* ficcare **2.** *(fill)* riempire

stuffed [stʌft] *adj* **1.** *(food)* ripieno(a) **2.** *(inf)* *(full up)* pieno(a) **3.** *(dead animal)* imbalsamato(a)

stuffing ['stʌfɪŋ] *n* **1.** *(food)* ripieno *m* **2.** *(of pillow, cushion)* imbottitura *f*

stuffy ['stʌfɪ] *adj* *(room, atmosphere)* che sa di chiuso

stumble ['stʌmbl] *vi* *(when walking)* inciampare

stump [stʌmp] *n* *(of tree)* ceppo *m*

stun [stʌn] *vt* *(shock)* sbalordire

stung [stʌŋ] *pt & pp* ➤ **sting**

stunk [stʌŋk] *pt & pp* ➤ **stink**

stunning ['stʌnɪŋ] *adj* **1.** *(very beautiful)* favoloso(a) **2.** *(very surprising)* sbalorditivo(a)

stupid ['stju:pɪd] *adj* stupido(a)

sturdy ['stɜ:dɪ] *adj* robusto(a)

stutter ['stʌtər] *vi* balbettare

sty [staɪ] *n* **1.** *(pigsty)* porcile *m* **2.** *(on eye)* orzaiolo *m*

style [stail] ◇ n stile m ◇ vt (hair) acconciare

stylish [ˈstailiʃ] adj elegante

stylist [ˈstailist] n (hairdresser) acconciatore m, -trice f

sub [sʌb] n 1. (inf) (substitute) riserva f 2. (UK) (subscription) quota f (d'iscrizione)

subdued [səbˈdjuːd] adj 1. (person) abbacchiato(a) 2. (lighting, colour) smorzato(a)

subject ◇ n [ˈsʌbdʒekt] 1. (topic) argomento m 2. (at school, university) materia f 3. GRAM soggetto m 4. (fml) (of country) cittadino m, -a f ◇ vt [səbˈdʒekt] ● **to subject sb to sthg** sottoporre qn a qc ▼ **subject to availability** fino ad esaurimento ▼ **they are subject to an additional charge** sono suscettibili di sopprapprezzo

subjunctive [səbˈdʒʌŋktɪv] n congiuntivo m

submarine [ˌsʌbməˈriːn] n sottomarino m

submit [səbˈmɪt] ◇ vt presentare ◇ vi sottomettersi

subordinate [səˈbɔːdɪnət] adj subordinato(a)

subscribe [səbˈskraɪb] vi (to magazine, newspaper) abbonarsi

subscription [səbˈskrɪpʃn] n abbonamento m

subsequent [ˈsʌbsɪkwənt] adj successivo(a)

subside [səbˈsaɪd] vi 1. (ground) cedere 2. (noise, feeling) smorzarsi

substance [ˈsʌbstəns] n sostanza f

substantial [səbˈstænʃl] adj (large) sostanziale

substitute [ˈsʌbstɪtjuːt] n 1. (person) sostituto m, -a f 2. (thing) surrogato m 3. SPORT riserva f

subtitles [ˈsʌbˌtaɪtlz] npl sottotitoli mpl

subtle [ˈsʌtl] adj 1. (difference, change) sottile 2. (person, plan) astuto(a)

subtract [səbˈtrækt] vt sottrarre

subtraction [səbˈtrækʃn] n sottrazione f

suburb [ˈsʌbɜːb] n sobborgo m ● **the suburbs** la periferia

subway [ˈsʌbweɪ] n 1. (UK) (for pedestrians) sottopassaggio m 2. (US) (underground railway) metropolitana f

succeed [səkˈsiːd] ◇ vi (be successful) avere successo ◇ vt (fml) (follow) succedere a ● **to succeed in doing sthg** riuscire a fare qc

success [səkˈses] n successo m

successful [səkˈsesfʊl] adj 1. (plan, attempt) riuscito(a) 2. (film, book, politician) di successo ● **to be successful** (person) riuscire

succulent [ˈsʌkjʊlənt] adj succulento(a)

such [sʌtʃ] ◇ adj tale ◇ adv ● **such a lot** così tanto ● **it's such a lovely day** è una giornata così bella ● **such good luck** una tale fortuna ● **such a thing should never have happened** una cosa simile non sarebbe mai dovuta accadere ● **such as** come

suck [sʌk] vt succhiare

sudden [ˈsʌdn] adj improvviso(a) ● **all of a sudden** all'improvviso

suddenly [ˈsʌdnlɪ] adv improvvisamente

sue [suː] vt citare (in giudizio)

suede [sweɪd] n pelle f scamosciata

suffer ['sʌfəʳ] ◇ *vt* (defeat, injury) subire ◇ *vi* soffrire ● **to suffer from** (illness) soffrire di

suffering ['sʌfrɪŋ] *n* sofferenza *f*

sufficient [sə'fɪʃnt] *adj* (fml) sufficiente

sufficiently [sə'fɪʃntlɪ] *adv* (fml) sufficientemente

suffix ['sʌfɪks] *n* suffisso *m*

suffocate ['sʌfəkeɪt] *vi* soffocare

sugar ['ʃʊgəʳ] *n* zucchero *m*

suggest [sə'dʒest] *vt* suggerire ● **to suggest doing sthg** suggerire di fare qc

suggestion [sə'dʒestʃn] *n* 1. (proposal) suggerimento *m* 2. (hint) accenno *m*

suicide ['sʊɪsaɪd] *n* suicidio *m* ● **to commit suicide** suicidarsi

suit [suːt] ◇ *n* 1. (clothes) completo *m* 2. (in cards) seme *m* 3. LAW causa *f* ◇ *vt* 1. (subj: clothes, colour, shoes) star bene a 2. (be favourable to) andare bene a 3. (be appropriate for) addirsi a ● **to be suited to** essere adatto a

suitable ['suːtəbl] *adj* adatto(a) ● **to be suitable for** essere adatto a

suitcase ['suːtkeɪs] *n* valigia *f*

suite [swiːt] *n* 1. (set of rooms) suite *f inv* 2. (furniture) ● **a three-piece suite** un divano e due poltrone (coordinati)

sulk [sʌlk] *vi* mettere il broncio

sultana [səl'tɑːnə] *n* (UK) uva *f* sultanina

sultry ['sʌltrɪ] *adj* (weather, climate) caldo-umido(a)

sum [sʌm] *n* somma *f* ◆ **sum up** *vt sep* riassumere

summarize ['sʌməraɪz] *vt* riassumere

summary ['sʌmərɪ] *n* riassunto *m*

summer ['sʌməʳ] *n* estate *f* ● **in (the)**
summer d'estate ● **summer holidays** vacanze *fpl* estive

summertime ['sʌmətaɪm] *n* estate *f*

summit ['sʌmɪt] *n* 1. (of mountain) cima *f* 2. (meeting) summit *m inv*

summon ['sʌmən] *vt* 1. (send for) convocare 2. LAW citare

sumptuous ['sʌmptʃʊəs] *adj* sontuoso(a)

sun [sʌn] ◇ *n* sole *m* ◇ *vt* ● **to sun o.s.** prendere il sole ● **to catch the sun** prendere il sole ● **in the sun** al sole ● **out of the sun** al riparo dal sole

Sun. (abbr of Sunday) dom.

sunbathe ['sʌnbeɪð] *vi* prendere il sole

sunbed ['sʌnbed] *n* lettino *m*

sun block *n* crema *f* solare a protezione totale

sunburn ['sʌnbɜːn] *n* scottatura *f*

sunburnt ['sʌnbɜːnt] *adj* scottato(a)

sundae ['sʌndeɪ] *n* gelato guarnito con frutta o cioccolato, nocciole e panna montata

Sunday ['sʌndɪ] *n* domenica *f* ➣ **Saturday**

Sunday school *n* ≃ scuola *f* di catechismo

sundress ['sʌndres] *n* prendisole *m inv*

sundries ['sʌndrɪz] *npl* (on bill) varie *fpl*

sunflower ['sʌn,flaʊəʳ] *n* girasole *m*

sunflower oil *n* olio *m* di semi di girasole

sung [sʌŋ] *pt* ➣ **sing**

sunglasses ['sʌn,glɑːsɪz] *npl* occhiali *mpl* da sole

sunhat ['sʌnhæt] *n* cappello *m* (per il sole)

sunk [sʌŋk] *pp* ➣ **sink**

sunlight ['sʌnlaɪt] n luce f del sole

sun lounger [-ˌlaʊndʒəʳ] n (chair) lettino m

sunny ['sʌnɪ] adj 1. (day) di sole 2. (weather) bello(a) 3. (room, place) soleggiato(a) • it's sunny c'è il sole

sunrise ['sʌnraɪz] n alba f

sunroof ['sʌnruːf] n tettuccio m apribile

sunset ['sʌnset] n tramonto m

sunshine ['sʌnʃaɪn] n luce f del sole • in the sunshine al sole

sunstroke ['sʌnstrəʊk] n insolazione f

suntan ['sʌntæn] n abbronzatura f

suntan cream n crema f abbronzante

suntan lotion n lozione f abbronzante

super ['suːpəʳ] ◇ adj fantastico(a) ◇ n (petrol) super f inv

superb [suː'pɜːb] adj splendido(a)

Super Bowl n (US) • the Super Bowl il Super Bowl

Super Bowl

Per l'ultimo incontro del campionato di football americano a febbraio si sfidano i campioni del *National Football Conference* e del *American Football Conference*. Il *Super Bowl* è un evento di grande richiamo, non solo per la partita ma anche per le diverse attrazioni che intrattengono il pubblico negli intervalli.

superficial [ˌsuːpəˈfɪʃl] adj superficiale

superfluous [suːˈpɜːfluəs] adj superfluo(a)

superior [suːˈpɪərɪəʳ] ◇ adj superiore ◇ n superiore mf

supermarket ['suːpəˌmaːkɪt] n supermercato m

supernatural [ˌsuːpəˈnætʃrəl] adj soprannaturale

superstitious [ˌsuːpəˈstɪʃəs] adj superstizioso(a)

superstore ['suːpəstɔː'] n grande supermercato m

supervise ['suːpəvaɪz] vt sorvegliare

supervisor ['suːpəvaɪzəʳ] n (of workers) sovrintendente mf

supper ['sʌpəʳ] n 1. (evening meal) cena f 2. (before bed) spuntino m

supple ['sʌpl] adj agile

supplement ◇ n ['sʌplɪmənt] 1. supplemento m 2. (of diet) integratore m alimentare ◇ vt ['sʌplɪment] integrare

supplementary [ˌsʌplɪˈmentərɪ] adj supplementare

supply [səˈplaɪ] ◇ n 1. (store) scorta f 2. (providing) approvvigionamento m 3. (of electricity, gas etc) erogazione f ◇ vt fornire • to supply sb with sthg fornire qc a qn ◆ supplies npl scorte fpl

support [səˈpɔːt] ◇ n 1. (for cause, candidate) appoggio m 2. (object, encouragement) sostegno m ◇ vt 1. (cause, campaign, person) appoggiare 2. SPORT tifare per 3. (hold up) sostenere 4. (financially) mantenere

supporter [səˈpɔːtəʳ] n 1. SPORT tifoso m, -a f 2. (of cause, political party) sostenitore m, -trice f

suppose [səˈpəʊz] ◇ vt 1. (assume) immaginare 2. (think) credere ◇ conj = supposing • I suppose so penso di sì • **you were supposed to be home at six o'clock** dovevate essere a casa alle sei • **it's supposed to be the best** è ritenuto il migliore

supposing [sə'pəʊzɪŋ] *conj* supponendo che

supreme [sʊ'priːm] *adj* eccezionale

surcharge ['sɜːtʃɑːdʒ] *n* sovrapprezzo *m*

sure [ʃʊə'] ◇ *adj* sicuro(a) ◇ *adv* **1.** (*inf*) (*yes*) certo! **2.** (*US*) (*inf*) (*certainly*) certamente • **to be sure of o.s.** essere sicuro di sé • **to make sure that ...** assicurarsi che • **for sure** di sicuro

surely ['ʃʊəlɪ] *adv* sicuramente

surf [sɜːf] ◇ *n* (*foam*) spuma *f* ◇ *vi* fare surf

surface ['sɜːfɪs] *n* superficie *f*

surface area *n* superficie *f* (esterna)

surface mail *n* posta *f* ordinaria

surfboard ['sɜːfbɔːd] *n* tavola *f* da surf

surfing ['sɜːfɪŋ] *n* surf *m* • **to go surfing** andare a fare surf

surgeon ['sɜːdʒən] *n* chirurgo *m*

surgery ['sɜːdʒərɪ] *n* **1.** (*treatment*) chirurgia *f* **2.** (*UK*) (*building*) ambulatorio *m* **3.** (*UK*) (*period*) orario *m* d'ambulatorio

surname ['sɜːneɪm] *n* cognome *m*

surplus ['sɜːpləs] *n* eccedenza *f*

surprise [sə'praɪz] ◇ *n* sorpresa *f* ◇ *vt* sorprendere

surprised [sə'praɪzd] *adj* sorpreso(a)

surprising [sə'praɪzɪŋ] *adj* sorprendente

surrender [sə'rendə'] ◇ *vi* arrendersi ◇ *vt* (*fml*) (*hand over*) consegnare

surround [sə'raʊnd] *vt* circondare

surrounding [sə'raʊndɪŋ] *adj* circostante • **surroundings** *npl* dintorni *mpl*

survey ['sɜːveɪ] *n* **1.** (*investigation*) studio *m* **2.** (*poll*) sondaggio *m* **3.** (*of land*) rilevamento *m* (topografico) **4.** (*UK*) (*of house*) sopralluogo *m*

surveyor [sə'veɪə'] *n* **1.** (*UK*) (*of houses*) perito *m* **2.** (*of land*) agrimensore *m*

survival [sə'vaɪvl] *n* sopravvivenza *f*

survive [sə'vaɪv] ◇ *vi* sopravvivere ◇ *vt* sopravvivere a

survivor [sə'vaɪvə'] *n* sopravvissuto *m*, -a *f*

suspect ◇ *vt* [sə'spekt] sospettare ◇ *n* ['sʌspekt] sospetto *m* ◇ *adj* ['sʌspekt] sospetto(a) • **to suspect sb of sthg** sospettare qn di qc

suspend [sə'spend] *vt* sospendere

suspender belt [sə'spendə-] *n* reggicalze *m inv*

suspenders [sə'spendəz] *npl* **1.** (*UK*) (*for stockings*) giarrettiere *fpl* **2.** (*US*) (*for trousers*) bretelle *fpl*

suspense [sə'spens] *n* suspense *f*

suspension [sə'spenʃn] *n* sospensione *f*

suspicion [sə'spɪʃn] *n* **1.** (*mistrust, idea*) sospetto *m* **2.** (*trace*) accenno *m*

suspicious [sə'spɪʃəs] *adj* (*behaviour, situation*) sospetto(a) • **to be suspicious of** (*distrustful*) sospettare (di)

swallow ['swɒləʊ] ◇ *n* (*bird*) rondine *f* ◇ *vt & vi* ingoiare

swam [swæm] *pt* ➤ swim

swamp [swɒmp] *n* palude *f*

swan [swɒn] *n* cigno *m*

swap [swɒp] *vt* **1.** (*possessions, places*) scambiare **2.** (*ideas, stories*) scambiarsi • **to swap sthg for sthg** scambiare qc con qc

swarm [swɔːm] *n* (*of bees*) sciame *m*

swear [sweə^r] (pt **swore**, pp **sworn**) ◇ vi **1.** (use rude language) imprecare **2.** (promise) giurare ◇ vt ● **to swear to do sthg** promettere di fare qc

swearword ['sweəwɜ:d] n parolaccia f

sweat [swet] ◇ n sudore m ◇ vi sudare

sweater ['swetə^r] n maglione m

sweatshirt ['swetʃɜ:t] n felpa f

swede [swi:d] n (UK) rapa f svedese

Swede [swi:d] n svedese mf

Sweden ['swi:dn] n la Svezia

Swedish ['swi:dɪʃ] ◇ adj svedese ◇ n (language) svedese m ◇ npl ● **the Swedish** gli svedesi

sweep [swi:p] (pt & pp **swept**) vt (with brush, broom) scopare

sweet [swi:t] ◇ adj **1.** dolce **2.** (kind) gentile, carino/a ◇ n **1.** (UK) (candy) caramella f **2.** (dessert) dolce m

sweet-and-sour adj **1.** (pork) in agrodolce **2.** (sauce) agrodolce

sweet corn n granturco m dolce

sweetener ['swi:tnə^r] n (for drink) dolcificante m

sweet potato n patata f americana

sweet shop n (UK) negozio m di dolciumi

swell [swel] (pp **swollen**) vi (ankle, arm etc) gonfiarsi

swelling ['swelɪŋ] n gonfiore m

swept [swept] pt & pp > **sweep**

swerve [swɜ:v] vi (vehicle) sterzare

swig [swɪg] n (inf) sorsata f

swim [swɪm] (pt **swam**, pp **swum**) ◇ n nuotata f, bagno m ◇ vi (in water) nuotare ● **to go for a swim** andare a fare il bagno

swimmer ['swɪmə^r] n nuotatore m, -trice f

swimming ['swɪmɪŋ] n nuoto m ● **to go swimming** andare in piscina

swimming baths npl (UK) piscina f coperta

swimming cap n cuffia f

swimming costume n (UK) costume m da bagno

swimming pool n piscina f

swimming trunks npl costume m da bagno (da uomo)

swimsuit ['swɪmsu:t] n costume m da bagno

swindle ['swɪndl] n truffa f

swing [swɪŋ] (pt & pp **swung**) ◇ n (for children) altalena f ◇ vt & vi (from side to side) dondolare

swipe [swaɪp] vt (credit card etc) far passare nel lettore magnetico

Swiss [swɪs] ◇ adj svizzero(a) ◇ n (person) svizzero m, -a f ◇ npl ● **the Swiss** gli svizzeri

Swiss cheese n formaggio m svizzero

swiss roll n rotolo di pan di Spagna farcito di marmellata

switch [swɪtʃ] ◇ n (for light, power, television set) interruttore m ◇ vt **1.** (change) cambiare **2.** (exchange) scambiare ◇ vi cambiare ◆ **switch off** vt sep spegnere ◆ **switch on** vt sep accendere

switchboard ['swɪtʃbɔ:d] n centralino m

Switzerland ['swɪtsələnd] n la Svizzera

swivel ['swɪvl] vi girarsi

swollen ['swəʊln] ◇ pp > **swell** ◇ adj (ankle, arm etc) gonfio(a)

swop [swɒp] = **swap**

sword [sɔ:d] n spada f

swordfish ['sɔ:dfɪʃ] (*pl inv*) *n* pesce *m* spada

swore [swɔ:] *pt* ➤ **swear**

sworn [swɔ:n] *pp* ➤ **swear**

swum [swʌm] *pp* ➤ **swim**

swung [swʌŋ] *pt & pp* ➤ **swing**

syllable ['sɪləbl] *n* sillaba *f*

syllabus ['sɪləbəs] *n* programma *m*

symbol ['sɪmbl] *n* simbolo *m*

sympathetic [,sɪmpə'θetɪk] *adj* (*understanding*) comprensivo(a)

sympathize ['sɪmpəθaɪz] *vi* ● **to sympathize (with)** (*feel sorry*) provare compassione (per); (*understand*) capire

sympathy ['sɪmpəθɪ] *n* (*understanding*) comprensione *f*

symphony ['sɪmfənɪ] *n* sinfonia *f*

symptom ['sɪmptəm] *n* sintomo *m*

synagogue ['sɪnəgɒg] *n* sinagoga *f*

synthesizer ['sɪnθəsaɪzə'] *n* sintetizzatore *m*

synthetic [sɪn'θetɪk] *adj* sintetico(a)

syringe [sɪ'rɪndʒ] *n* siringa *f*

syrup ['sɪrəp] *n* (*for fruit etc*) sciroppo *m*

system ['sɪstəm] *n* 1. sistema *m* 2. (*hi-fi, computer, for heating etc*) impianto *m*

*t***T**

ta [tɑ:] *excl* (*UK*) (*inf*) grazie!

tab [tæb] *n* 1. (*of cloth, paper etc*) etichetta *f* 2. (*bill*) conto *m* ● **put it on my tab** lo metta sul mio conto

table ['teɪbl] *n* 1. (*piece of furniture*) tavolo *m* 2. (*of figures etc*) tavola *f*

tablecloth ['teɪblklɒθ] *n* tovaglia *f*

tablemat ['teɪblmæt] *n* sottopiatto *m*

tablespoon ['teɪblspu:n] *n* cucchiaio *m* da tavola

tablet ['tæblɪt] *n* 1. (*pill*) compressa *f* 2. (*of chocolate*) tavoletta *f* ● **tablet of soap** saponetta *f*

table tennis *n* ping-pong ® *m*

tabloid ['tæblɔɪd] *n* tabloid *m inv*

tabloid

Nel Regno Unito il *tabloid* indica un quotidiano dal formato più piccolo e di tipo scandalistico, a differenza dei *broadsheet*, due volte più grandi e di qualità superiore. Il termine *tabloid press* viene spesso usato per descrivere un tipo di giornalismo concentrato maggiormente sullo scandalo.

tack [tæk] *n* (*nail*) puntina *f*

tackle ['tækl] ◇ *n* 1. (*in football*) tackle *m* 2. (*in rugby*) placcaggio *m* 3. (*for fishing*) attrezzatura *f* ◇ *vt* 1. (*in football*) contrastare 2. (*in rugby*) placcare 3. (*deal with*) affrontare

tacky ['tækɪ] *adj* (*inf*) (*jewellery, design etc*) pacchiano(a)

taco ['tækəʊ] (*pl* -**s**) *n* taco *m* (*schiacciatina a base di farina di granturco farcita di carne o fagioli, tipica della cucina messicana*)

tact [tækt] *n* tatto *m*

tactful ['tæktfʊl] *adj* discreto(a)

tactics ['tæktɪks] *npl* tattica *f*

tag [tæg] *n* (label) etichetta *f*

tagliatelle [ˌtæglja'tɛli] *n* tagliatelle *fpl*

tail [teɪl] *n* coda *f* ♦ **tails** ◇ *n* (of coin) croce *f* ◇ *npl* (formal dress) frac *m inv*

tailgate ['teɪlgeɪt] *n* (of car) portellone *m*

tailor ['teɪlə'] *n* sarto *m*

Taiwan [ˌtaɪ'wɑːn] *n* Taiwan *f*

take [teɪk] (*pt* **took**, *pp* **taken**) *vt* 1. (*gen*) prendere 2. (*carry, drive*) portare 3. (*do, make*) fare ● **to take a bath/shower** fare un bagno/una doccia ● **to take an exam** fare OR dare un esame ● **to take a decision** prendere una decisione 4. (*time, effort*) volerci, richiedere ● **how long will it take?** quanto ci vorrà? ● **it won't take long** non ci vorrà molto tempo 5. (*size in clothes, shoes*) portare, avere ● **what size do you take?** (*clothes*) che taglia porta?; (*shoes*) che misura porta? 6. (*subtract*) sottrarre, togliere 7. (*accept*) accettare ● **do you take traveller's cheques?** accettate traveller's cheques? ● **to take sb's advice** seguire il consiglio di qn 8. (*contain*) contenere 9. (*control, power*) assumere ● **to take charge of** assumere la direzione di 10. (*tolerate*) sopportare 11. (*assume*) ● **I take it that ...** suppongo che ... 12. (*rent*) prendere in affitto

◆ **take apart** *vt sep* (*dismantle*) smontare

◆ **take away** *vt sep* (*remove*) portare via; (*subtract*) togliere

◆ **take back** *vt sep* (*return*) riportare; (*statement*) ritrattare

◆ **take down** *vt sep* (*picture, decorations*) togliere

◆ **take in** *vt sep* (*include*) includere; (*understand*) capire; (*deceive*) abbindolare; (*clothes*) restringere

◆ **take off** ◇ *vi* (*plane*) decollare ◇ *vt sep* (*remove*) togliere; (*as holiday*) ● **to take a week off** prendere una settimana di ferie

◆ **take out** *vt sep* (*from container, pocket*) tirare fuori; (*loan, insurance policy*) ottenere; (*go out with*) portare fuori

◆ **take over** *vi* assumere il comando ● **to take over from sb** prendere le consegne da qn

◆ **take up** *vt sep* (*begin*) dedicarsi a; (*use up*) prendere; (*trousers, dress*) accorciare

takeaway ['teɪkəˌweɪ] *n* 1. (*UK*) (*shop*) locale *che prepara piatti pronti da asporto* 2. (*food*) cibo *m* da asporto

taken ['teɪkn] *pp* > **take**

takeoff ['teɪkɒf] *n* (of plane) decollo *m*

takeout ['teɪkaʊt] = **takeaway**

takings ['teɪkɪnz] *npl* incasso *m*

talcum powder ['tælkəm-] *n* borotalco ® *m*

tale [teɪl] *n* 1. (*story*) storia *f* 2. (*account*) racconto *m*

talent ['tælənt] *n* talento *m*

talk [tɔːk] ◇ *n* 1. (*conversation*) conversazione *f* 2. (*speech*) discorso *m* ◇ *vi* parlare ● **to talk to sb** (*about sthg*) parlare con qn (di qc) ● **to talk with sb** parlare con qn ● **talks** *npl* negoziati *mpl*

talkative ['tɔːkətɪv] *adj* loquace

tall [tɔːl] *adj* alto(a) ● **how tall are you?** quanto sei alto? ● **I'm five and a half feet tall** sono alto un metro e 65

tame [teɪm] *adj (animal)* addomesticato(a)

tampon ['tæmpon] *n* tampone *m*

tan [tæn] ◇ *n (suntan)* abbronzatura *f* ◇ *vi* abbronzarsi ◇ *adj (colour)* marrone chiaro *(inv)*

tangerine [ˌtændʒəˈriːn] *n (fruit)* mandarino *m*

tank [tæŋk] *n* 1. *(container)* serbatoio *m* 2. *(vehicle)* carro *m* armato

tanker ['tæŋkəʳ] *n (truck)* autocisterna *f*

tanned [tænd] *adj (suntanned)* abbronzato(a)

tap [tæp] ◇ *n (for water)* rubinetto *m* ◇ *vt (hit)* dare un colpetto a

tape [teɪp] ◇ *n* 1. *(cassette, video)* cassetta *f* 2. *(in cassette)* nastro *m* 3. *(adhesive material)* nastro *m* adesivo 4. *(strip of material)* fettuccia *f* ◇ *vt* 1. *(record)* registrare 2. *(stick)* attaccare con nastro adesivo

tape measure *n* metro *m*

tape recorder *n* registratore *m*

tapestry ['tæpɪstrɪ] *n* arazzo *m*

tap water *n* acqua *f* di rubinetto

tar [taːʳ] *n* 1. *(for roads)* catrame *m* 2. *(in cigarettes)* condensato *m*

target ['taːgɪt] *n* bersaglio *m*

tariff ['tærɪf] *n* 1. *(price list)* tariffario *m* 2. *(UK) (menu)* listino *m* prezzi 3. *(at customs)* tariffa *f* doganale

tarmac ['taːmæk] *n (at airport)* pista *f* ◆ **Tarmac** ® *n (on road)* asfalto *m*

tarpaulin [taːˈpɔːlɪn] *n* telone *m*

tart [taːt] *n (sweet)* crostata *f*

tartan ['taːtn] *n* 1. *(design)* scozzese *m* 2. *(cloth)* tartan *m*

tartare sauce [ˌtaːtə-] *n* salsa *f* tartara

task [taːsk] *n* compito *m*

taste [teɪst] ◇ *n* 1. gusto *m*. 2. *(flavour)* gusto, sapore *m* ◇ *vt* 1. *(sample)* assaggiare 2. *(detect)* sentire il gusto di ◇ *vi* ● to taste of sthg sapere di qc ● it tastes bad ha un cattivo sapore ● it tastes good ha un buon sapore ● to have a taste of sthg *(food, drink)* assaggiare qc; *(fig) (experience)* provare qc ● bad taste cattivo gusto ● good taste buon gusto

tasteful ['teɪstfʊl] *adj* di buon gusto

tasteless ['teɪstlɪs] *adj* 1. *(food)* insipido(a) 2. *(comment, decoration)* di cattivo gusto

tasty ['teɪstɪ] *adj* gustoso(a)

tattoo [təˈtuː] *(pl* **-s)** *n* 1. *(on skin)* tatuaggio *m* 2. *(military display)* parata *f*

taught [tɔːt] *pt & pp* ➢ **teach**

Taurus ['tɔːrəs] *n* Toro *m*

taut [tɔːt] *adj* teso(a)

tax [tæks] ◇ *n* 1. *(on income)* imposta *f*, tasse *fpl* 2. *(on import, goods)* tassa *f* ◇ *vt (goods, person)* tassare

tax disc *n (UK)* ≃ bollo *m*

tax-free *adj* esentasse *(inv)*

taxi ['tæksɪ] ◇ *n* taxi *m inv* ◇ *vi (plane)* rullare

taxi driver *n* tassista *mf*

taxi rank *n (UK)* posteggio *m* dei taxi

taxi stand *(US)* = **taxi rank**

tea [tiː] *n* 1. tè *m inv* 2. *(evening meal)* cena *f*

tea bag *n* bustina *f* di tè

teacake ['tiːkeɪk] *n* panino *dolce all'uvetta*

teach [tiːtʃ] *(pt & pp* **taught)** ◇ *vt* 1. *(subject)* insegnare 2. *(person)* insegnare a ◇ *vi* insegnare ● to teach sb sthg, to teach sthg to sb insegnare qc a qn ● to teach sb (how) to do sthg insegnare a qn a fare qc

teacher ['ti:tʃə'] *n* **1.** insegnante *mf* **2.** (in primary school) maestro *m*, -a *f* **3.** (in secondary school) professore *m*, -essa *f*

teaching ['ti:tʃɪŋ] *n* insegnamento *m*

tea cloth = tea towel

teacup ['ti:kʌp] *n* tazza *f* da tè

team [ti:m] *n* squadra *f*

teapot ['ti:pɒt] *n* teiera *f*

tear[1] [teə'] (pt **tore**, pp **torn**) ◇ *vt* (rip) strappare ◇ *vi* **1.** (rip) strapparsi **2.** (move quickly) precipitarsi ◇ *n* (rip) strappo *m* ●

tear up *vt sep* strappare

tear[2] [tɪə'] *n* lacrima *f*

tearoom ['ti:rom] *n* sala *f* da tè

tease [ti:z] *vt* prendere in giro

tea set *n* servizio *m* da tè

teaspoon ['ti:spu:n] *n* cucchiaino *m*

teaspoonful ['ti:spu:nˌfol] *n* cucchiaino *m*

teat [ti:t] *n* **1.** (of animal) capezzolo *m* **2.** (UK) (of bottle) tettarella *f*

teatime ['ti:taɪm] *n* ora *f* del tè

tea towel *n* strofinaccio *m*

technical ['teknɪkl] *adj* tecnico(a)

technical drawing *n* disegno *m* tecnico

technicality [ˌteknɪ'kælətɪ] *n* (detail) dettaglio *m* tecnico

technician [tek'nɪʃn] *n* tecnico *m*, -a *f*

technique [tek'ni:k] *n* tecnica *f*

technological [ˌteknə'lɒdʒɪkl] *adj* tecnologico(a)

technology [tek'nɒlədʒɪ] *n* tecnologia *f*

teddy (bear) ['tedɪ-] *n* orsacchiotto *m*

tedious ['ti:djəs] *adj* noioso(a)

tee [ti:] *n* tee *m inv*

teenager ['ti:nˌeɪdʒə'] *n* adolescente *mf*

teeth [ti:θ] *pl* ➤ **tooth**

teethe [ti:ð] *vi* ● to be teething mettere i denti

teetotal [ti:'təʊtl] *adj* astemio(a)

tel. (abbr of telephone) tel.

telegram ['telɪgræm] *n* telegramma *m*

telegraph ['telɪgrɑ:f] ◇ *n* telegrafo *m* ◇ *vt* telegrafare

telegraph pole *n* palo *m* del telegrafo

telephone ['telɪfəʊn] ◇ *n* telefono *m* ◇ *vt* (person) telefonare a ◇ *vi* telefonare ● to be on the telephone (talking) essere al telefono; (connected) avere il telefono

on the telephone

When someone answers the telephone, they say: *Pronto!* (Hello!) The person calling then says something like: *Salve, sono Lucia, vorrei parlare con Stefano.* (Hello, its Lucia. I'd like to speak to Stefano.) If it's Stefano who's answered he'll say: *Ciao Lucia, sono io.* (Hello, Lucia. It's me.) If it's not him, they'll say: *Te lo passo subito.* (I'll get him for you.) or *Mi dispiace, ma Stefano non è in casa/in ufficio.* (Sorry, but Stefano isn't here/in the office.) You can leave a message by saying: *Puoi dirgli che ho chiamato, per favore?* (Can you tell him I called, please?) When you get a wrong number, you can apologize by saying: *Mi scusi, ho sbagliato numero.* (Sorry, I must have dialled the wrong number.) If you answer a call from someone who has dialled the wrong number, you can say: *Mi dispiace, credo abbia sbagliato numero.* (I'm sorry, I think you've got the wrong number.)

telephone booth *n* cabina *f* telefonica

telephone box *n* cabina *f* telefonica

telephone call *n* telefonata *f*

telephone directory *n* elenco *m* telefonico

telephone number *n* numero *m* di telefono

telephonist [tɪˈlefənɪst] *n (UK)* centralinista *mf*

telephoto lens [ˌtelɪˈfəʊtəʊ-] *n* teleobiettivo *m*

telescope [ˈtelɪskəʊp] *n* telescopio *m*

television [ˈtelɪˌvɪʒn] *n* **1.** televisione *f* **2.** *(set)* televisore *m* ● **on (the) television** *(broadcast)* alla televisione

telex [ˈteleks] *n* telex *m inv*

tell [tel] *(pt & pp* **told)** ◇ *vt* **1.** dire **2.** *(story, joke)* raccontare **3.** *(distinguish)* distinguere ◇ *vi* ● **I can tell** si vede ● **can you tell me the time?** sa dirmi l'ora? ● **to tell sb sthg** dire qc a qn ● **to tell sb about sthg** raccontare qc a qn ● **to tell sb how to do sthg** dire a qn come fare qc ● **to tell sb to do sthg** dire a qn di fare qc ● **tell off** *vt sep* rimproverare

teller [ˈteləʳ] *n (in bank)* cassiere *m*, -a *f*

telly [ˈtelɪ] *n (UK) (inf)* tele *f*

temp [temp] ◇ *n* impiegato *m* straordinario, (impiegata *f* straordinaria) ◇ *vi*

avere un impiego temporaneo

temper [ˈtempəʳ] *n (character)* carattere *m* ● **to be in a temper** essere in collera ● **to lose one's temper** andare in collera

temperature [ˈtemprətʃəʳ] *n* temperatura *f* ● **to have a temperature** avere la febbre

temple [ˈtempl] *n* **1.** *(building)* tempio *m* **2.** *(of forehead)* tempia *f*

temporary [ˈtempərərɪ] *adj* temporaneo(a)

tempt [tempt] *vt* tentare ● **to be tempted to do sthg** essere tentato di fare qc

temptation [tempˈteɪʃn] *n* tentazione *f*

tempting [ˈtemptɪŋ] *adj* allettante

ten [ten] *num* dieci ➣ **six**

tenant [ˈtenənt] *n* inquilino *m*, -a *f*

tend [tend] *vi* ● **to tend to do sthg** tendere a fare qc

tendency [ˈtendənsɪ] *n* tendenza *f*

tender [ˈtendəʳ] ◇ *adj* **1.** tenero(a) **2.** *(sore)* dolorante ◇ *vt (fml) (pay)* presentare

tendon [ˈtendən] *n* tendine *m*

tenement [ˈtenəmənt] *n* caseggiato *m*

tennis [ˈtenɪs] *n* tennis *m*

tennis ball *n* palla *f* da tennis

tennis court *n* campo *m* da tennis

tennis racket *n* racchetta *f* da tennis

tenpin bowling [ˈtenpɪn-] *n (UK)* bowling *m*

tenpins [ˈtenpɪnz] *(US)* = **tenpin bowling**

tense [tens] ◇ *adj* teso(a) ◇ *n* GRAM tempo *m*

tension [ˈtenʃn] *n* tensione *f*

tent [tent] *n* tenda *f*

tenth [tenθ] *num* decimo(a) ➤ **sixth**

tent peg *n* picchetto *m* da tenda

tepid ['tepɪd] *adj* (water) tiepido(a)

tequila [tɪ'kiːlə] *n* tequila *f*

term [tɜːm] *n* 1. (word, expression) termine *m* 2. (at school, university) trimestre *m* • **in the long term** a lungo andare • **in the short term** a breve scadenza • **in terms of** per quanto riguarda • **in business terms** dal punto di vista commerciale ◆ **terms** *npl* (price, of contract) condizioni *fpl*

terminal ['tɜːmɪnl] ◇ *adj* (illness) terminale ◇ *n* 1. (for buses) capolinea *m* 2. (at airport) terminal *m inv* 3. COMPUT terminale *m*

terminate ['tɜːmɪneɪt] *vi* (train, bus) fare capolinea

terminus ['tɜːmɪnəs] *n* 1. (of buses) capolinea *m* 2. (of trains) stazione *f* terminale

terrace ['terəs] *n* (patio) terrazza *f* • **the terraces** (at football ground) le gradinate

terraced house ['terəst-] *n* (UK) casa *f* a schiera

terrible ['terəbl] *adj* 1. terribile 2. (very ill) • **to feel terrible** stare malissimo

terribly ['terəblɪ] *adv* 1. (extremely) terribilmente 2. (very badly) malissimo

terrier ['terɪəʳ] *n* terrier *m inv*

terrific [tə'rɪfɪk] *adj* 1. (inf) (very good) fantastico(a) 2. (very great) grande

terrified ['terɪfaɪd] *adj* terrorizzato(a)

territory ['terətrɪ] *n* 1. (political area) territorio *m* 2. (terrain) terreno *m*

terror ['terəʳ] *n* terrore *m*

terrorism ['terərɪzm] *n* terrorismo *m*

terrorist ['terərɪst] *n* terrorista *mf*

terrorize ['terəraɪz] *vt* terrorizzare

test [test] ◇ *n* 1. (at school) prova *f* 2. (check) controllo *m* 3. esame *m* ◇ *vt* 1. (check) controllare 2. (give exam to) esaminare 3. (try) provare • **driving test** esame di guida

testicles ['testɪklz] *npl* testicoli *mpl*

tetanus ['tetənəs] *n* tetano *m*

text [tekst] *n* testo *m*

textbook ['tekstbʊk] *n* libro *m* di testo

textile ['tekstaɪl] *n* tessuto *m*

texting ['tekstɪŋ] *n* invio *m* di messaggi

text message *n* messaggio *m*

texture ['tekstʃəʳ] *n* 1. consistenza *f* 2. (of fabric) trama *f*

Thai [taɪ] *adj* tailandese

Thailand ['taɪlænd] *n* la Tailandia

Thames [temz] *n* • **the Thames** il Tamigi

than (weak form [ðən], strong form [ðæn]) ◇ *prep* di ◇ *conj* che • **you're better than me** sei più bravo di me • **I'd rather stay in than go out** preferisco restare a casa piuttosto che uscire • **more than six** più di sei

thank [θæŋk] *vt* • **to thank sb (for sthg)** ringraziare qn (per qc) ◆ **thanks** ◇ *npl* ringraziamenti *mpl* ◇ *excl* grazie! • **many thanks** grazie infinite

saying thank you

To thank someone for a present, you can say: *Grazie, che pensiero carino! Ma non dovevi disturbarti!*

(Thank you, what a lovely present! But you really shouldn't have!) You can thank someone for helping you by saying: *Grazie, è davvero gentile da parte sua!* (Thank you, that was really very kind of you!), *Grazie di cuore, mi sei stato di grande aiuto!* (Thank you very much, you've been a great help!) Often, a simple *Ti ringrazio* (Thank you) or *Grazie mille* (Thank you very much) is enough.

Thanksgiving [ˈθæŋks,gɪvɪŋ] *n* festa *f* del Ringraziamento *(festa nazionale americana)*

Thanksgiving

Il quarto giovedì di novembre si celebra una delle feste più importanti degli USA. Le famiglie si riuniscono per una cena a base di tacchino ripieno, patate dolci, salsa di mirtilli e torta di zucca per ricordare i prodotti che i Padri Pellegrini ricevettero in dono dagli indiani nel 1621.

thank you *excl* grazie • **thank you very much!** tante OR mille grazie! • **no thank you!** no, grazie!

that [ðæt] *(pl* **those)**

◇ *adj* **1.** *(referring to thing, person mentioned)* quel/quello (quella/quell'), quegli/quei (quelle) • **that book** quel libro • **who's that man?** chi è quell'uomo? • **those chocolates are delicious** quei cioccolatini sono buo-

nissimi **2.** *(referring to thing, person further away)* quello(a) là • **I prefer that book** preferisco quel libro • **I'll have that one** prendo quello là

◇ *pron* **1.** *(referring to thing mentioned)* ciò • **what's that?** che cos'è (quello)? • **I can't do that** non posso farlo • **who's that?** chi è quello? • **is that Lucy?** è Lucy? **2.** *(referring to thing, person further away)* quello(a), quell(e) **3.** *(introducing relative clause)* che • **a shop that sells antiques** un negozio che vende oggetti d'antiquariato • **the film that I saw** il film che ho visto **4.** *(introducing relative clause: after prep)* cui • **the person that I was telling you about** la persona di cui ti stavo parlando • **the place that I'm looking for** il posto che sto cercando

◇ *adv* tanto, così • **it wasn't that bad/good** non era così cattivo/buono

◇ *conj* che • **tell him that I'm going to be late** digli che farò tardi

thatched [θætʃt] *adj (roof)* di paglia

that's [ðæts] = **that is**

thaw [θɔː] ◇ *vi (snow, ice)* sciogliersi ◇ *vt (frozen food)* scongelare

the *(weak form* [ðə], *before vowel* [ðɪ], *strong form* [ðiː]) *art* **1.** *(gen)* il/lo (la), i/gli (le) • **the book** il libro • **the man** l'uomo • **the mirror** lo specchio • **the woman** la donna • **the island** l'isola • **the men** gli uomini • **the girls** le ragazze • **the Wilsons** i Wilsons **2.** *(with an adjective to form a noun)* • **the British** i britannici • **the young** i giovani **3.** *(in dates)* • **Friday the nineteenth of May** venerdì diciannove maggio • **the twelfth** il dodici •

the forties gli anni quaranta **4.** *(in titles)* ● **Elizabeth the Second** Elisabetta Seconda

theater ['θɪətə'] *n (US)* **1.** *(for plays, drama)* = **theatre 2.** *(for films)* cinema *m inv*

theatre ['θɪətə'] *n (UK) (for plays)* teatro *m*

theft [θeft] *n* furto *m*

their [ðeə'] *adj* il loro (la loro), i loro (le loro)

theirs [ðeəz] *pron* il loro (la loro), i loro (le loro) ● **a friend of theirs** un loro amico

them *(weak form* [ðəm], *strong form* [ðem]) *pron* **1.** *(direct)* li (le) **2.** *(indirect)* gli **3.** *(after prep with people)* loro **4.** *(after prep with things)* essi(e) ● **I know them li conosco** ● **it's them** sono loro ● **send it to them** mandaglielo ● **tell them** diglielo ● **he's worse than them** è peggio di loro

theme [θi:m] *n* tema *m*

theme park *n* parco *m* di divertimenti

theme park

Molti parchi dei divertimenti si sviluppano intorno ad un tema, come *Disneyland* o gli *Universal Studios*. Tra giostre, montagne russe, simulatori e attrazioni di ogni tipo, adulti e bambini trascorrono intere giornate (e anche di più) nei parchi completi di bar, ristoranti e alberghi.

themselves [ðəm'selvz] *pron* **1.** *(reflexive)* si **2.** *(after prep)* se stessi, (se stesse),

sé ● **they did it themselves** l'hanno fatto da soli

then [ðen] *adv* **1.** allora **2.** *(next, afterwards)* dopo, poi ● **from then on** da allora in poi ● **until then** fino ad allora

theory ['θɪərɪ] *n* teoria *f* ● **in theory** in teoria

therapist ['θerəpɪst] *n* terapeuta *mf*

therapy ['θerəpɪ] *n* terapia *f*

there [ðeə'] ◇ *adv (at, in, to that place)* lì, là ◇ *pron* ● **there is** c'è ● **there are** ci sono ● **is anyone there?** c'è nessuno? ● **is Bob there, please?** *(on phone)* c'è Bob, per cortesia? ● **we're going there tomorrow** ci andiamo domani ● **over there** laggiù ● **there you are** *(when giving)* ecco a lei

thereabouts [,ðeərə'baʊts] *adv* ● **or thereabouts** su o giù di lì

therefore ['ðeəfɔ:'] *adv* perciò

there's [ðeəz] = **there is**

thermal underwear [,θɜ:ml-] *n* biancheria *f* termica

thermometer [θə'mɒmɪtə'] *n* termometro *m*

Thermos (flask) ® ['θɜ:məs-] *n* thermos ® *m inv*

thermostat ['θɜ:məstæt] *n* termostato *m*

these [ði:z] *pl* > **this**

they [ðeɪ] *pron* **1.** essi (esse) **2.** *(referring to people)* loro ● **they're tall** sono alti

thick [θɪk] *adj* **1.** *(in size)* spesso(a) **2.** *(hair)* folto(a) **3.** *(sauce, smoke)* denso(a) **4.** *(fog)* fitto(a) **5.** *(inf) (stupid)* tonto(a) ● **it's one metre thick** ha uno spessore di un metro

thicken ['θɪkn] ◇ *vt (sauce, soup)* rendere

più denso ◇ *vi (mist, fog)* infittirsi

thickness ['θɪknɪs] *n* spessore *m*

thief [θiːf] *(pl* **thieves***) n* ladro *m*, -a *f*

thigh [θaɪ] *n* coscia *f*

thimble ['θɪmbl] *n* ditale *m*

thin [θɪn] *adj* **1.** sottile **2.** *(person, animal)* magro(a) **3.** *(soup, sauce)* liquido(a)

thing [θɪŋ] *n* cosa *f* ● **the thing** is il fatto è ● **things** *npl (clothes, possessions)* cose *fpl* ● **how are things?** *(inf)* come vanno le cose

thingummyjig ['θɪŋəmɪdʒɪg] *n (inf)* coso *m*, -a *f*

think [θɪŋk] *(pt & pp* **thought***) ◇ vt* pensare ◇ *vi* pensare ● **to think that** pensare che ● **to think about** pensare a ● **to think of** pensare a ● **to think of doing sthg** pensare di fare qc ● **I think so** penso di sì ● **I don't think so** penso di no ● **do you think you could ....?** potrebbe ....? ● **I'll think about it** ci penserò ● **I can't think of his address** non mi viene in mente il suo indirizzo ● **to think highly of sb** avere una buona opinione di qn ● **think over** *vt sep* riflettere su ● **think up** *vt sep* escogitare

third [θɜːd] *num* terzo(a) ➢ **sixth**

third party insurance *n* assicurazione *f* contro terzi

Third World *n* ● **the Third World** il Terzo Mondo

thirst [θɜːst] *n* sete *f*

thirsty ['θɜːstɪ] *adj* ● **to be thirsty** avere sete

thirteen [ˌθɜːˈtiːn] *num* tredici ➢ **six**

thirteenth [ˌθɜːˈtiːnθ] *num* tredicesimo(a) ➢ **sixth**

thirtieth ['θɜːtɪəθ] *num* trentesimo(a) ➢ **sixth**

thirty ['θɜːtɪ] *num* trenta ➢ **six**

this [ðɪs] *(pl* **these***)*
◇ *adj* **1.** *(referring to thing, person mentioned)* questo(a) ● **these chocolates are delicious** questi cioccolatini sono buonissimi ● **this morning** stamattina ● **this week** questa settimana **2.** *(referring to thing, person nearer)* questo(a) ● **I prefer this book** preferisco questo libro ● **I'll have this one** prendo questo **3.** *(inf) (when telling a story)* ● **there was this man ...** c'era un tizio ...
◇ *pron* **1.** *(referring to thing, person mentioned)* questo(a) ● **this is for you** questo è per te ● **what are these?** che cosa sono questi? ● **this is David Gregory** *(introducing someone)* questo è David Gregory; *(on telephone)* sono David Gregory **2.** *(referring to thing, person nearer)* questo(a)
◇ *adv* ● **it was this big** era grande così

thistle ['θɪsl] *n* cardo *m*

thorn [θɔːn] *n* spina *f*

thorough ['θʌrə] *adj* **1.** *(check, search)* accurato(a) **2.** *(person)* preciso(a)

thoroughly ['θʌrəlɪ] *adv (completely)* a fondo

those [ðəʊz] *pl* ➢ **that**

though [ðəʊ] ◇ *conj* benché, sebbene ◇ *adv* tuttavia ● **even though** anche se

thought [θɔːt] ◇ *pt & pp* ➢ **think** ◇ *n* **1.** pensiero *m* **2.** *(idea)* idea *f*

thoughtful ['θɔːtful] *adj* **1.** *(quiet and serious)* pensieroso(a) **2.** *(considerate)* premuroso(a)

thoughtless ['θɔːtlɪs] *adj* sconsiderato(a)

thousand ['θaʊznd] *num* mille ● **a** OR **one thousand** mille ● **thousands of** migliaia di, six

thrash [θræʃ] *vt* (*inf*) (*defeat heavily*) battere

thread [θred] ◇ *n* (*of cotton etc*) filo *m* ◇ *vt* (*needle*) infilare

threadbare ['θredbeə^r] *adj* logoro(a)

threat [θret] *n* minaccia *f*

threaten ['θretn] *vt* minacciare ● **to threaten to do sthg** minacciare di fare qc

threatening ['θretnɪŋ] *adj* minaccioso(a)

three [θriː] *num* tre ➤ **six**

three-D *n* ● **in three-D** tridimensionale

three-piece suite *n* divano *m* e due poltrone coordinati

three-quarters ['-kwɔːtəz] *n* tre quarti *mpl* ● **three-quarters of an hour** tre quarti d'ora

threshold ['θreʃhəʊld] *n* (*fml*) soglia *f*

threw [θruː] *pt* ➤ **throw**

thrifty ['θrɪftɪ] *adj* parsimonioso(a)

thrilled [θrɪld] *adj* contentissimo(a)

thriller ['θrɪlə^r] *n* thriller *m inv*

thrive [θraɪv] *vi* 1. (*plant, animal, person*) crescere bene 2. (*business, tourism, place*) prosperare

throat [θrəʊt] *n* gola *f*

throb [θrɒb] *vi* (*noise, engine*) vibrare ● **my head is throbbing** ho un mal di testa lancinante

throne [θrəʊn] *n* trono *m*

throttle ['θrɒtl] *n* (*of motorbike*) valvola *f* a farfalla

through [θruː] ◇ *prep* 1. attraverso 2. (*because of*) grazie a 3. (*from beginning to end of*) per tutta la durata di 4. (*across all of*) per tutto 5. (*US*) (*to other side*) attraverso 2. (*from beginning to end*) dall'inizio alla fine ◇ *adj* ● **to be through** (*with sthg*) (*finished*) avere finito (con qc) ● **you're through** (*on phone*) è in linea ● **Monday through Thursday** (*US*) dal lunedì al giovedì ● **to go through** (*to somewhere else*) passare ● **to let sb through** far passare qn ● **I slept through the entire film** ho dormito per tutto il film ● **through traffic** traffico *m* di attraversamento ● **a through train** un treno diretto ● **no through road** (*UK*) strada senza uscita

throughout [θruː'aʊt] ◇ *prep* 1. (*day, morning, year*) per tutto(a) 2. (*place, country, building*) in tutto(a) ◇ *adv* 1. (*all the time*) per tutto il tempo 2. (*everywhere*) dappertutto

throw [θrəʊ] (*pt* **threw**, *pp* **thrown**) *vt* 1. gettare 2. (*ball, javelin*) lanciare 3. (*dice*) tirare ● **to throw sthg in the bin** gettare qc nel cestino ◆ **throw away** *vt sep* (*get rid of*) buttare OR gettare via ◆ **throw out** *vt sep* 1. (*get rid of*) buttare OR gettare via 2. (*person*) buttare fuori ◆ **throw up** *vi* (*inf*) (*vomit*) rimettere

thru [θruː] (*US*) = **through**

thrush [θrʌʃ] *n* (*bird*) tordo *m*

thud [θʌd] *n* tonfo *m*

thug [θʌg] *n* delinquente *mf*

thumb [θʌm] ◇ *n* pollice *m* ◇ *vt* ● **to thumb a lift** fare l'autostop

thumbtack ['θʌmtæk] *n* (*US*) puntina *f* da disegno

thump [θʌmp] ◇ *n* 1. (*punch*) pugno *m* 2.

(sound) tonfo m ◇ vt picchiare

thunder ['θʌndəʳ] n tuono m

thunderstorm ['θʌndəstɔːm] n temporale m

Thurs. (abbr of Thursday) gio.

Thursday ['θɜːzdɪ] n giovedì m inv ➢ **Saturday**

thyme [taɪm] n timo m

Tiber ['taɪbəʳ] ◇ n ● **the Tiber** il Tevere

tick [tɪk] ◇ n 1. (written mark) segno m 2. (insect) zecca f ◇ vt spuntare ◇ vi (clock, watch) fare tic tac ◆ **tick off** vt sep (mark off) spuntare

ticket ['tɪkɪt] n 1. (for travel, cinema, theatre, match) biglietto m 2. (label) etichetta f 3. (speeding ticket, parking ticket) multa f

ticket collector n controllore m

ticket inspector n controllore m

ticket machine n distributore m automatico di biglietti

ticket office n biglietteria f

tickle ['tɪkl] vt fare il solletico a

ticklish ['tɪklɪʃ] adj ● **to be ticklish** soffrire il solletico

tick-tack-toe n (US) tris m (gioco)

tide [taɪd] n (of sea) marea f

tidy ['taɪdɪ] adj 1. (room, desk, person) ordinato(a) 2. (hair, clothes) in ordine ◆ **tidy up** vt sep riordinare, mettere in ordine

tie [taɪ] (pt & pp tied, cont tying) ◇ n 1. (around neck) cravatta f 2. (draw) pareggio m 3. (US) (on railway track) traversa f ◇ vt 1. (fasten) legare 2. (laces) allacciare 3. (knot) fare ◇ vi (draw) pareggiare ◆ **tie up** vt sep 1. (fasten) legare 2. (laces) annodare

tied up ['taɪd-] adj occupato(a)

tiepin ['taɪpɪn] n fermacravatta m inv

tier [tɪəʳ] n (of seats) fila f

tiger ['taɪgəʳ] n tigre f

tight [taɪt] ◇ adj 1. stretto(a) 2. (rope) teso(a) 3. (chest) chiuso(a) 4. (inf) (drunk) sbronzo(a) ◇ adv (hold) stretto(a)

tighten ['taɪtn] vt stringere

tightrope ['taɪtrəʊp] n corda f (sulla quale si esibiscono i funamboli)

tights [taɪts] npl collant m inv ● **a pair of tights** un paio di collant

tile ['taɪl] n 1. (for roof) tegola f 2. (for floor, wall) mattonella f, piastrella f

till [tɪl] ◇ n (for money) cassa f ◇ prep fino a ◇ conj finché non

tiller ['tɪləʳ] n barra f del timone

tilt [tɪlt] ◇ vt inclinare ◇ vi inclinarsi

timber ['tɪmbəʳ] n 1. (wood) legname m 2. (of roof) trave f

time [taɪm] ◇ n 1. tempo m 2. (measured by clock) ora f 3. (of train, flight, bus) orario m 4. (moment) momento m 5. (occasion) volta f ◇ vt 1. (measure) cronometrare 2. (arrange) programmare ● **to time sthg well** fare qc al momento giusto ● **I haven't got the time** non ho tempo ● **it's time to go** è ora di andare ● **what's the time?** che ore sono? ● **two times two** due per due ● **two at a time** due per volta ● **five times as much** cinque volte tanto ● **in a month's time** fra un mese ● **to have a good time** divertirsi ● **all the time** sempre ● **every time** ogni volta ● **from time to time** di tanto in tanto ●

for the time being per il momento ● **in time** *(arrive)* in tempo ● **in good time** per tempo ● **last time** l'ultima volta ● **most of the time** la maggior parte del tempo ● **on time** puntuale ● **some of the time** parte del tempo ● **this time** questa volta

time difference *n* differenza *f* di fuso orario

time limit *n* termine *m* massimo

timer ['taɪmə^r] *n* timer *m inv*

time share *n* multiproprietà *f inv*

timetable ['taɪm,teɪbl] *n* **1.** orario *m* **2.** *(of events)* calendario *m*

time zone *n* fuso *m* orario

timid ['tɪmɪd] *adj* **1.** *(shy)* timido(a) **2.** *(easily frightened)* pauroso(a)

tin [tɪn] *♢ n* **1.** *(metal)* stagno *m* **2.** *(container)* scatola *f ♢ adj* di latta

tinfoil ['tɪnfɔɪl] *n* stagnola *f*

tinned food [tɪnd-] *n (UK)* cibo *m* in scatola

tin opener [-,əʊpnə^r] *n (UK)* apriscatole *m inv*

tinsel ['tɪnsl] *n* fili *mpl* argentati *(per decorare l'albero di Natale)*

tint [tɪnt] *n* tinta *f*

tinted glass [,tɪntɪd-] *n* vetro *m* colorato

tiny ['taɪnɪ] *adj* molto piccolo(a)

tip [tɪp] *♢ n* **1.** *(point, end)* punta *f* **2.** *(to waiter, taxi driver etc)* mancia *f* **3.** *(piece of advice)* suggerimento *m* **4.** *(rubbish dump)* discarica *f ♢ vt* **1.** *(waiter, taxi driver etc)* dare la mancia a **2.** *(tilt)* inclinare **3.** *(pour)* versare ♦ **tip over** *♢ vt sep* rovesciare *♢ vi* rovesciarsi

tire ['taɪə^r] *♢ vi* stancarsi *♢ n (US)* = **tyre**

tired ['taɪəd] *adj* stanco(a) ● **to be tired of** *(fed up with)* essere stanco di

tired out *adj* esausto(a)

tiring ['taɪərɪŋ] *adj* faticoso(a)

tissue ['tɪʃuː] *n (handkerchief)* fazzoletti-no *m* di carta

tissue paper *n* carta *f* velina

tit [tɪt] *n (vulg) (breast)* tetta *f*

title ['taɪtl] *n* titolo *m*

T-junction *n* incrocio *m* a T

to *(unstressed before consonant* [tə]*, unstressed before vowel* [tu]*, stressed* [tuː]*)* *♢ prep* **1.** *(indicating direction)* a ● **to go to Milan** andare a Milano ● **to go to France** andare in Francia ● **to go to school** andare a scuola ● **to go to the office** andare in ufficio **2.** *(indicating position)* a ● **to the left/right** a sinistra/destra **3.** *(expressing indirect object)* a ● **to give sthg to sb** dare qc a qn ● **to listen to the radio** ascoltare la radio **4.** *(indicating reaction, effect)* a ● **to be favourable to sthg** essere favorevole a qc ● **to my surprise** con mia grande sorpresa **5.** *(until)* fino a ● **to count to ten** contare fino a dieci ● **we work from nine to five** lavoriamo dalle nove alle cinque **6.** *(indicating change of state)* ● **to turn to sthg** trasformarsi in qc ● **it could lead to trouble** potrebbe causare problemi **7.** *(UK) (in expressions of time)* ● **it's ten to three** sono le tre meno dieci ● **at quarter to seven** alle sette meno un quarto **8.** *(in ratios, rates)* ● **40 miles to the gallon** ≃ 100 chilometri con 7 litri ● **there are sixteen ounces to the pound** sedici once fanno una libbra **9.** *(of, for)* ● **the keys to the car** le chiavi dell'automobile ● **a letter to my daughter** una lettera a mia figlia **10.** *(indicating attitude)* con, verso ● **to be rude to sb** essere scortese con qn ◇ *with inf* **1.** *(forming simple infinitive)* ● **to walk** camminare ● **to laugh** ridere **2.** *(following another verb)* ● **to begin to do sthg** cominciare a fare qc ● **to try to do sthg** cercare di fare qc **3.** *(following an adjective)* ● **difficult to do** difficile da fare ● **ready to go** pronto a partire **4.** *(indicating purpose)* per ● **we came here to look at the castle** siamo venuti qui per visitare il castello

toad [təʊd] *n* rospo *m*

toadstool ['təʊdstu:l] *n* fungo *m* velenoso

toast [təʊst] ◇ *n* **1.** *(bread)* pane *m* tostato **2.** *(when drinking)* brindisi *m inv* ◇ *vt* *(bread)* tostare ● **a piece** OR **slice of toast** una fetta di pane tostato

toasted sandwich ['təʊstɪd-] *n* toast *m inv*

toaster ['təʊstə^r] *n* tostapane *m inv*

tobacco [tə'bækəʊ] *n* tabacco *m*

tobacconist's [tə'bækənɪsts] *n* *(shop)* tabaccaio *m*

toboggan [tə'bɒgən] *n* toboga *m inv*

today [tə'deɪ] ◇ *n* oggi *m* ◇ *adv* oggi

toddler ['tɒdlə^r] *n* bambino *m*, -a *f (che muove i primi passi)*

toe [təʊ] *n (of person)* dito *m* del piede

toe clip *n* puntapiedi *m inv*

toenail ['təʊneɪl] *n* unghia *f* del piede

toffee ['tɒfɪ] *n (sweet)* caramella *f* mou *(inv)*

together [tə'geðə^r] *adv* insieme ● **together with** insieme a

toilet ['tɔɪlɪt] *n* **1.** *(room)* gabinetto *m* **2.** *(bowl)* water *m (inv)* ● **to go to the toilet** andare al gabinetto ● **where's the toilet?** dov'è il gabinetto?

toilet bag *n* nécessaire *m inv* da toilette

toilet paper *n* carta *f* igienica

toiletries ['tɔɪltrɪz] *npl* prodotti *mpl* cosmetici

toilet roll *n* rotolo *m* di carta igienica

toilet water *n* acqua *f* di colonia

token ['təʊkn] *n (metal disc)* gettone *m*

told [təʊld] *pt & pp →* **tell**

tolerable ['tɒlərəbl] *adj* **1.** *(fairly good)* passabile **2.** *(bearable)* sopportabile

tolerant ['tɒlərənt] *adj* tollerante

tolerate ['tɒləreɪt] *vt* tollerare

toll [təʊl] *n (for road, bridge)* pedaggio *m*

tollbooth ['təʊlbu:θ] *n* casello *m*

toll-free *adj (US)* ● **toll-free number** ≃ numero *m* verde

tomato [*(UK)* tə'mɑ:təʊ, *(US)* tə'meɪtəʊ] *(pl* **-es***) n* pomodoro *m*

tomato juice n succo m di pomodoro

tomato ketchup n ketchup m

tomato puree n conserva f di pomodoro

tomato sauce n sugo m di pomodoro

tomb [tuːm] n tomba f

tomorrow [tə'mɒrəʊ] ◇ n domani m ◇ adv domani ● **the day after tomorrow** dopodomani ● **tomorrow afternoon** domani pomeriggio ● **tomorrow morning** domani mattina ● **tomorrow night** domani sera

ton [tʌn] n **1.** (in Britain) = 1016 kg **2.** (in U.S.) = 907 kg **3.** (metric tonne) tonnellata f ● **tons of** (inf) un sacco di

tone [təʊn] n **1.** (of voice) tono m **2.** (on phone) segnale m **3.** (of colour) tonalità f inv

tongs [tɒŋz] npl **1.** (for hair) arricciacapelli m inv **2.** (for sugar) mollette fpl

tongue [tʌŋ] n lingua f

tonic ['tɒnɪk] n **1.** (tonic water) acqua f tonica **2.** (medicine) ricostituente m

tonic water n acqua f tonica

tonight [tə'naɪt] ◇ n **1.** (night) questa notte f **2.** (evening) questa sera f ◇ adv **1.** (night) stanotte, questa notte **2.** (evening) stasera, questa sera

tonne [tʌn] n tonnellata f

tonsillitis [,tɒnsɪ'laɪtɪs] n tonsillite f

too [tuː] adv **1.** (excessively) troppo **2.** (also) anche ● **it's too late to go out** è troppo tardi per uscire ● **too many** troppi(e) ● **too much** troppo(a)

took [tʊk] pt → **take**

tool [tuːl] n attrezzo m

tool kit n attrezzi mpl

tooth [tuːθ] n (pl **teeth**) n dente m

toothache ['tuːθeɪk] n mal m di denti

toothbrush ['tuːθbrʌʃ] n spazzolino m da denti

toothpaste ['tuːθpeɪst] n dentifricio m

toothpick ['tuːθpɪk] n stuzzicadenti m

top [tɒp] ◇ adj **1.** (highest) più alto(a) **2.** (step, stair) ultimo(a) **3.** (best) migliore **4.** (most important) più importante ◇ n **1.** (of stairs, hill, page) cima f **2.** (of table) piano m **3.** (of class, league) primo m, -a f **4.** (for bottle, tube, pen) tappo m **5.** (for jar, box) coperchio m **6.** (of pyjamas, bikini) sopra m inv **7.** (blouse) camicetta f **8.** (T-shirt) maglietta f ● **at the top (of)** (stairs, list, mountain) in cima (a) ● **on top of** (table etc) sopra, su; (in addition to) oltre a ● **at top speed** a tutta velocità ● **top gear** ≃ quinta f ● **top up** ◇ vt sep (glass, drink) riempire ◇ vi (with petrol) fare il pieno

top floor n ultimo piano m

topic ['tɒpɪk] n argomento m

topical ['tɒpɪkl] adj d'attualità

topless ['tɒplɪs] adj ● **to go topless** mettersi in topless

topped [tɒpt] adj ● **topped with** (cream etc) ricoperto di

topping ['tɒpɪŋ] n guarnizione f (su pizza ecc.)

torch [tɔːtʃ] n (UK) (electric light) torcia f elettrica

tore [tɔː] pt → **tear¹**

torment [tɔː'ment] vt (annoy) tormentare

torn [tɔːn] ◇ pp → **tear¹** ◇ adj (ripped) strappato(a)

tornado [tɔː'neɪdəʊ] (pl **-es** OR **-s**) n tornado m

torrential rain [təˌrenʃl-] *n* pioggia *f* torrenziale

tortoise ['tɔːtəs] *n* tartaruga *f*

tortoiseshell ['tɔːtəʃel] *n* tartaruga *f*

torture ['tɔːtʃəʳ] ◇ *n* tortura *f* ◇ *vt* torturare

Tory ['tɔːrɪ] *n* membro del partito conservatore britannico

toss [tɒs] *vt* **1.** (throw) lanciare **2.** (salad, vegetables) mescolare ● to toss a coin fare testa o croce

total ['təʊtl] ◇ *adj* totale ◇ *n* totale *m* ● in total in totale

touch [tʌtʃ] ◇ *n* **1.** (sense) tatto *m* **2.** (small amount) tantino *m* **3.** (detail) tocco *m* ◇ *vt* toccare ◇ *vi* toccarsi ● to get in touch (with sb) mettersi in contatto (con qn) ● to keep in touch (with sb) tenersi in contatto (con qn) ● touch down *vi* (plane) atterrare

touching ['tʌtʃɪŋ] *adj* toccante

tough [tʌf] *adj* **1.** duro(a) **2.** (resilient) tenace **3.** (hard, strong) resistente

tour [tʊəʳ] ◇ *n* **1.** (journey) viaggio *m* **2.** (of city, castle etc) visita *f* **3.** (of pop group, theatre company) tournée *f inv* ◇ *vt* visitare ● on tour in tournée

tourism ['tʊərɪzm] *n* turismo *m*

tourist ['tʊərɪst] *n* turista *mf*

tourist class *n* classe *f* turistica

tourist information office *n* ufficio *m* d'informazione turistica

tournament ['tɔːnəmənt] *n* torneo *m*

tour operator *n* operatore *m* turistico, (operatrice turistica *f*)

tout [taʊt] *n* bagarino *m*

tow [təʊ] *vt* rimorchiare

toward [təˈwɔːd] (US) = towards

towards [təˈwɔːdz] *prep* (UK) **1.** verso **2.** (with regard to) nei confronti di **3.** (to help pay for) per

towaway zone ['təʊəweɪ-] *n* (US) zona *f* rimozione forzata

towel ['taʊəl] *n* asciugamano *m*

toweling ['taʊəlɪŋ] (US) = towelling

towelling ['taʊəlɪŋ] *n* (UK) spugna *f*

towel rail *n* portasciugamano *m*

tower ['taʊəʳ] *n* torre *f*

tower block *n* (UK) grattacielo *m*

Tower Bridge *n* Tower Bridge (famoso ponte levatoio di Londra)

Tower Bridge/ Tower of London

La Torre di Londra (XII secolo), situata nella parte orientale di Londra, ai bordi del Tamigi, è stata reggia, fortezza, prigione e luogo di esecuzioni pubbliche. Oggi conserva ancora i gioielli della regina. Il vicino *Tower Bridge*, terminato nel 1894, offre splendide viste sulla città ed è un ponte mobile.

Tower of London *n* ● the Tower of London la Torre di Londra

town [taʊn] *n* **1.** città *f* **2.** (town centre) centro *m* (città)

town centre *n* centro *m* (città)

town hall *n* comune *m*

towpath ['taʊpɑːθ] *n* alzaia *f*

towrope ['taʊrəʊp] *n* cavo *m* di rimorchio

tow truck *n* (US) carro *m* attrezzi

toxic ['tɒksɪk] *adj* tossico(a)

toy [tɔɪ] *n* giocattolo *m*

toy shop n negozio m di giocattoli

trace [treɪs] ◇ n traccia f ◇ vt (find) rintracciare

tracing paper ['treɪsɪŋ-] n carta f da ricalco

track [træk] n **1.** (path) sentiero m **2.** (of railway) binario m, rotaie fpl **3.** SPORT pista f **4.** (song) pezzo m ◆ **track down** vt sep trovare

tracksuit ['træksuːt] n tuta f da ginnastica

tractor ['træktə'] n trattore m

trade [treɪd] ◇ n **1.** COMM commercio m **2.** (job) mestiere m ◇ vt scambiare ◇ vi commerciare

trade-in n permuta f

trademark ['treɪdmɑːk] n marchio m di fabbrica

trader ['treɪdə'] n commerciante mf

tradesman ['treɪdzmən] (pl **-men**) n **1.** (deliveryman) addetto m alle consegne **2.** (shopkeeper) commerciante mf

trade union n sindacato m

tradition [trə'dɪʃn] n tradizione f

traditional [trə'dɪʃənl] adj tradizionale

traffic ['træfɪk] (pt & pp **-ked**) ◇ n (cars etc) traffico m ◇ vi ● **to traffic in** trafficare in

traffic circle n (US) rotatoria f

traffic island n salvagente m

traffic jam n ingorgo m

traffic lights npl semaforo m

traffic warden n (UK) ≃ vigile m urbano (addetto al controllo dei divieti e limiti di sosta)

tragedy ['trædʒədi] n tragedia f

tragic ['trædʒɪk] adj tragico(a)

trail [treɪl] ◇ n **1.** (path) sentiero m **2.** (marks) tracce fpl ◇ vi (be losing) essere in svantaggio

trailer ['treɪlə'] n **1.** (for boat, luggage) rimorchio m **2.** (US) (caravan) roulotte f inv **3.** (for film, programme) trailer m inv

train [treɪn] ◇ n (on railway) treno m ◇ vt **1.** (teach) formare **2.** (animal) addestrare ◇ vi SPORT allenarsi ● **by train** in treno

train driver n macchinista m

trainee [treɪ'niː] n **1.** (for profession) tirocinante mf **2.** (for trade) apprendista mf

trainer ['treɪnə'] n (of athlete etc) allenatore m, -trice f ◆ **trainers** npl (UK) (shoes) scarpe fpl da ginnastica

training ['treɪnɪŋ] n **1.** (instruction) formazione f, addestramento m **2.** (exercises) allenamento m

training shoes npl (UK) scarpe fpl da ginnastica

tram [træm] n (UK) tram m inv

tramp [træmp] n vagabondo m, -a f

trampoline ['træmpəliːn] n trampolino m

trance [trɑːns] n trance f

tranquilizer ['træŋkwɪlaɪzər] (US) = **tranquillizer**

tranquillizer ['træŋkwɪlaɪzə'] n (UK) tranquillante m

transaction [træn'zækʃn] n transazione f

transatlantic [ˌtrænzət'læntɪk] adj transatlantico(a)

transfer ◇ n ['trænsfɜː'] **1.** trasferimento m **2.** (of power, property) passaggio m **3.** (picture) decalcomania f **4.** (US) (ticket) biglietto che dà la possibilità di cambiare autobus, treno ecc. senza *pagare alcun supplemento* ◇ vt [træns'dfa:'] trasferire ◇ vi *(change bus, plane etc)* cambiare ▼ **transfers** *(in airport)* transiti

transfer desk n banco m transiti

transform [træns'fɔ:m] vt trasformare

transfusion [træns'fju:ʒn] n trasfusione f

transistor radio [træn'zɪstə'-] n transistor m inv

transit ['trænzɪt] ◆ **in transit** adv in transito

transitive ['trænzɪtɪv] adj transitivo(a)

transit lounge n sala f transiti

translate [træns'leɪt] vt tradurre

translation [træns'leɪʃn] n traduzione f

translator [træns'leɪtə'] n traduttore m, -trice f

transmission [trænz'mɪʃn] n trasmissione f

transmit [trænz'mɪt] vt trasmettere

transparent [træns'pærənt] adj trasparente

transplant ['trænsplɑ:nt] n trapianto m

transport n [n'trænspɔ:t] **1.** *(cars, trains, planes etc)* trasporti mpl **2.** *(moving)* trasporto m ◇ vt [træn'spɔ:t] trasportare

transportation [,trænspɔ:'teɪʃn] n *(US)* **1.** *(cars, trains, planes etc)* trasporti mpl **2.** *(moving)* trasporto m

trap [træp] ◇ n trappola f ◇ vt ● **to be trapped** *(stuck)* essere intrappolato

trapdoor [,træp'dɔ:'] n botola f

trash [træʃ] n *(US)* *(waste material)* spazzatura f

trashcan ['træʃkæn] n *(US)* pattumiera f

trauma ['trɔ:mə] n *(bad experience)* trauma m

traumatic [trɔ:'mætɪk] adj traumatico(a)

travel ['trævl] ◇ n viaggi mpl ◇ vt *(distance)* percorrere ◇ vi viaggiare

travel agency n agenzia f di viaggi

travel agent n agente mf di viaggi ●

travel agent's *(shop)* agenzia f di viaggi

travelcard ['trævlkɑ:d] *(UK)* *(daily)* biglietto m giornaliero; *(monthly)* abbonamento m mensile

travel centre n *(in railway, bus station)* ufficio informazioni e biglietteria

traveler ['trævlə'] *(US)* = **traveller**

travel insurance n assicurazione f viaggio

traveller ['trævlə'] n *(UK)* viaggiatore m, -trice f

traveller's cheque n traveller's cheque m inv

travelsick ['trævəlsɪk] adj ● **to be travelsick** *(in car)* soffrire il mal d'auto; *(on boat)* soffrire il mal di mare; *(on plane)* soffrire il mal d'aria

trawler ['trɔ:lə'] n peschereccio m

tray [treɪ] n vassoio m

treacherous ['tretʃərəs] adj **1.** *(person)* infido(a) **2.** *(roads, conditions)* insidioso(a)

treacle ['tri:kl] n *(UK)* melassa f

tread [tred] *(pt* **trod***, pp* **trodden***)* ◇ n *(of tyre)* battistrada m inv ◇ vi ● **to tread on sthg** calpestare qc

treasure ['treʒə'] n tesoro m

treat [tri:t] ◇ vt **1.** trattare **2.** *(patient, illness)* curare ◇ n regalo m ● **to treat sb to sthg** offrire qc a qn

treatment ['tri:tmənt] n **1.** cure fpl **2.** *(of person)* trattamento m **3.** *(of subject)* trattazione f

treble ['trebl] *adj* triplo(a)

tree [tri:] *n* albero *m*

trek [trek] *n* escursione *f*

tremble ['trembl] *vi* tremare

tremendous [trɪ'mendəs] *adj* **1.** *(very large)* enorme **2.** *(inf) (very good)* formidabile

trench [trentʃ] *n* fosso *m*

trend [trend] *n* **1.** *(tendency)* tendenza *f* **2.** *(fashion)* moda *f*

trendy ['trendɪ] *adj (inf)* alla moda

trespasser ['trespəsə] *n* ▼ trespassers will be prosecuted vietato l'accesso. I trasgressori saranno puniti ai termini di legge

trial ['traɪəl] *n* **1.** LAW processo *m* **2.** *(test)* prova *f* ● a trial period un periodo di prova

triangle ['traɪæŋgl] *n* triangolo *m*

triangular [traɪ'æŋgjʊlə] *adj* triangolare

tribe [traɪb] *n* tribù *f inv*

tributary ['trɪbjʊtrɪ] *n* tributario *m*, affluente *m*

trick [trɪk] ◇ *n* **1.** trucco *m* **2.** *(conjuring trick)* gioco *m* di prestigio ◇ *vt* imbrogliare, ingannare ● to play a trick on sb giocare un brutto tiro a qn

trickle ['trɪkl] *vi (liquid)* gocciolare, colare

tricky ['trɪkɪ] *adj* difficile

tricycle ['traɪsɪkl] *n* triciclo *m*

trifle ['traɪfl] *n (dessert)* zuppa *f* inglese

trigger ['trɪgə] *n* grilletto *m*

trim [trɪm] ◇ *n (haircut)* spuntata *f* ◇ *vt* **1.** *(hair, beard)* spuntare **2.** *(hedge)* regolare

trinket ['trɪŋkɪt] *n* ciondolo *m*, gingillo *m*

trio ['tri:əʊ] *(pl* -s*)* *n* trio *m*

trip [trɪp] ◇ *n* **1.** *(journey)* viaggio *m* **2.** *(short)* gita *f*, escursione *f* ◇ *vi* inciampare ◆ trip up *vi* inciampare

triple ['trɪpl] *adj* triplo(a)

tripod ['traɪpɒd] *n* treppiedi *m inv*

triumph ['traɪəmf] *n* trionfo *m*

trivial ['trɪvɪəl] *adj (pej)* insignificante, banale

trod [trɒd] *pt* ➤ tread

trodden ['trɒdn] *pp* ➤ tread

trolley ['trɒlɪ] *(pl* -s*)* *n* **1.** *(UK) (in supermarket, at airport, for food)* carrello *m* **2.** *(US) (tram)* tram *m inv*

trombone [trɒm'bəʊn] *n* trombone *m*

troops [tru:ps] *npl* truppe *fpl*

trophy ['trəʊfɪ] *n* trofeo *m*

tropical ['trɒpɪkl] *adj* tropicale

trot [trɒt] ◇ *vi (horse)* trottare ◇ *n* ● on the trot *(inf)* di fila

trouble ['trʌbl] ◇ *n* problemi *mpl* ◇ *vt* **1.** *(worry)* preoccupare **2.** *(bother)* disturbare ● to be in trouble essere nei guai ● to get into trouble mettersi nei guai ● to take the trouble to do sthg darsi la pena di fare qc ● it's no trouble non si preoccupi; *(in reply to thanks)* di niente

trough [trɒf] *n (for drinking)* abbeveratoio *m*

trouser press ['traʊzə-] *n* stiracalzoni *m inv*

trousers ['traʊzəz] *npl* pantaloni *mpl* ● a pair of trousers un paio di pantaloni

trout [traʊt] *(pl inv)* *n* trota *f*

trowel ['traʊəl] *n (for gardening)* paletta *f*

truant ['tru:ənt] *n* ● to play truant marinare la scuola

truce [truːs] *n* tregua *f*

truck [trʌk] *n* (lorry) camion *m inv*, autocarro *m*

true [truː] *adj* vero(a)

truly ['truːlɪ] *adv* ● Yours truly Distinti saluti

trumpet ['trʌmpɪt] *n* tromba *f*

trumps [trʌmps] *npl* atout *m inv*

truncheon ['trʌntʃən] *n* sfollagente *m inv*

trunk [trʌŋk] *n* 1. (of tree) tronco *m* 2. (US) (of car) bagagliaio *m* 3. (case, box) baule *m* 4. (of elephant) proboscide *f*

trunk call *n* (UK) interurbana *f*

trunk road *n* (UK) strada *f* statale

trunks [trʌŋks] *npl* costume *m* da bagno da uomo

trust [trʌst] ◇ *n* (confidence) fiducia *f* ◇ *vt* 1. (believe, have confidence in) fidarsi di, aver fiducia in 2. (fml) (hope) sperare

trustworthy ['trʌst,wɜːðɪ] *adj* degno di fiducia

truth [truːθ] *n* 1. (true facts) verità *f* 2. (quality of being true) veridicità *f*

truthful ['truːθfʊl] *adj* 1. (statement, account) veritiero(a) 2. (person) sincero(a)

try [traɪ] ◇ *n* (attempt) tentativo *m*, prova *f* ◇ *vt* 1. provare 2. LAW giudicare ◇ *vi* provare ● to try to do sthg provare a fare qc ◆ **try on** *vt sep* (clothes) provare, provarsi ◆ **try out** *vt sep* provare

T-shirt *n* maglietta *f*

tub [tʌb] *n* 1. (of margarine etc) vaschetta *f* 2. (inf) (bath) vasca *f* (da bagno)

tube [tjuːb] *n* 1. (container) tubetto *m* 2. (UK) (inf) (underground) metropolitana *f*

3. (pipe) tubo *m* ● by tube in metropolitana

tube station *n* (UK) (inf) stazione *f* della metropolitana

tuck [tʌk] ◆ **tuck in** ◇ *vt sep* (shirt) mettersi dentro; (child, person) rimboccare le coperte a ◇ *vi* (inf) mangiare di buon appetito

tuck shop *n* (UK) piccolo negozio di merendine, caramelle ecc., presso una scuola

Tudor ['tjuːdə'] *adj* Tudor *inv* (sedicesimo secolo)

Tues. (abbr of **Tuesday**) mar

Tuesday ['tjuːzdɪ] *n* martedì *m inv* ➤ **Saturday**

tuft [tʌft] *n* ciuffo *m*

tug [tʌg] ◇ *vt* tirare ◇ *n* (boat) rimorchiatore *m*

tuition [tjuː'ɪʃn] *n* lezioni *fpl*

tulip ['tjuːlɪp] *n* tulipano *m*

tumble-dryer ['tʌmbldraɪə'] *n* asciugabiancheria *m inv*

tumbler ['tʌmblə'] *n* (glass) bicchiere *m* (senza stelo)

tummy ['tʌmɪ] *n* (inf) pancia *f*

tummy upset *n* (inf) disturbi *mpl* di pancia

tumor ['tuːmər] (US) = **tumour**

tumour ['tjuːmə'] *n* (UK) tumore *m*

tuna (fish) [(UK) 'tjuːnə-, (US) 'tuːnə-] *n* (food) tonno *m*

tuna melt *n* crostino di tonno e formaggio fuso

tune [tjuːn] ◇ *n* (melody) melodia *f* ◇ *vt* 1. (radio, TV) sintonizzare 2. (engine) mettere a punto 3. (instrument) accordare ● **in tune** (person) intonato;

tunic ['tju:nɪk] *n* tunica *f*

Tunisia [tju:'nɪzɪə] *n* la Tunisia

tunnel ['tʌnl] *n* tunnel *m inv*, galleria *f*

turban ['tɜ:bən] *n* turbante *m*

turbo ['tɜ:bəʊ] (*pl* **-s**) *n* (car) turbo *m inv*

turbulence ['tɜ:bjʊləns] *n* (when flying) turbolenza *f*

turf [tɜ:f] *n* (grass) tappeto *m* erboso

Turin [tjʊ'rɪn] *n* Torino *f*

Turk [tɜ:k] *n* turco *m*, -a *f*

turkey ['tɜ:kɪ] (*pl* **-s**) *n* tacchino *m*

Turkey ['tɜ:kɪ] *n* la Turchia

Turkish ['tɜ:kɪʃ] ◇ *adj* turco(a) ◇ *n* (language) turco *m* ◇ *npl* ● **the Turkish** i turchi

turn [tɜ:n] ◇ *n* **1.** (in road) curva *f* **2.** (of knob, key, switch) giro *m* **3.** (go, chance) turno *m* ◇ *vt* **1.** girare *2.* (a bend) prendere **3.** (become) diventare **4.** (cause to become) far diventare ◇ *vi* **1.** girare *2.* (person) girarsi **3.** (milk) andare a male ● **to turn into sthg** (become) diventare qc ◆ **to turn sthg into sthg** trasformare qc in qc ◆ **to turn left/right** girare a sinistra/a destra ● **it's your turn** tocca a te ● **at the turn of the century** all'inizio del secolo ● **to take it in turns to do sthg** fare qc a turno ● **to turn sthg inside out** rigirare qc ◆ **turn back** ◇ *vt sep* (person, car) mandare indietro ◇ *vi* tornare indietro ◆ **turn down** ◇ *vt sep* **1.** (radio, volume, heating) abbassare **2.** (offer, request) rifiutare ◆ **turn off** ◇ *vt sep* **1.** (light, TV, engine) spegnere **2.** (water, gas, tap)

chiudere ◇ *vi* (leave road) girare, svoltare ◆ **turn on** *vt sep* **1.** (light, TV, engine) accendere **2.** (water, gas, tap) aprire ◆ **turn out** ◇ *vt sep* (light, fire) spegnere ◇ *vi* (come, attend) affluire ● **to turn out to be sthg** risultare essere qc ◆ **turn over** ◇ *vi* **1.** (in bed) girarsi, rigirarsi **2.** (UK) (change channels) cambiare canale ◇ *vt sep* girare ◆ **turn round** ◇ *vt sep* (car, table etc) girare ◇ *vi* (person) girarsi, voltarsi ◆ **turn up** ◇ *vt sep* (radio, volume, heating) alzare ◇ *vi* (come) venire

turning ['tɜ:nɪŋ] *n* (off road) svolta *f*

turnip ['tɜ:nɪp] *n* rapa *f*

turn-up *n* (UK) (on trousers) risvolto *m*

turps [tɜ:ps] *n* (UK) (inf) trementina *f*

turquoise ['tɜ:kwɔɪz] *adj* turchese

turtle ['tɜ:tl] *n* tartaruga *f* (acquatica)

turtleneck ['tɜ:tlnek] *n* maglione *m* a collo alto

Tuscany ['tʌskənɪ] *n* la Toscana

tutor ['tju:tə(r)] *n* (private teacher) insegnante *m* privato, insegnante privata *f*

tuxedo [tʌk'si:dəʊ] (*pl* **-s**) *n* (US) smoking *m inv*

TV [ti:'vi:] *n* (abbr of **television**) tivù *f inv*, TV *f inv* ● **on TV** alla tivù

tweed [twi:d] *n* tweed *m*

tweezers ['twi:zəz] *npl* pinzette *fpl*

twelfth [twelfθ] *num* dodicesimo(a) ➤ sixth

twelve [twelv] *num* dodici ➤ six

twentieth ['twentɪəθ] *num* ventesimo(a) ● **the twentieth century** il ventesimo secolo, sixth

twenty ['twentɪ] *num* venti ➤ six

twice [twaɪs] *adv* due volte ● **it's twice**

as good è due volte meglio ● **twice as much** il doppio

twig [twig] *n* ramoscello *m*

twilight ['twaɪlaɪt] *n* crepuscolo *m*

twin [twɪn] *n* gemello *m*, -a *f*

twin beds *npl* letti *mpl* gemelli

twine [twaɪn] *n* spago *m*

twin room *n* stanza *f* a due letti

twist [twɪst] *vt* **1.** *(wire)* torcere, piegare **2.** *(rope, hair)* attorcigliare **3.** *(bottle top, lid, knob)* girare ● **to twist one's ankle** slogarsi la caviglia

twisting ['twɪstɪŋ] *adj (road, river)* tortuoso *m*, -a *f*

two [tuː] *num* due ➢ **six**

two-piece *adj (swimsuit, suit)* a due pezzi *(inv)*

type [taɪp] ◇ *n (kind)* tipo *m* ◇ *vt* battere a macchina ◇ *vi* battere a macchina

typewriter ['taɪp,raɪtə'] *n* macchina *f* da scrivere

typhoid ['taɪfɔɪd] *n* tifoidea *f*

typical ['tɪpɪkl] *adj* tipico(a)

typist ['taɪpɪst] *n* dattilografo *m*, -a *f*

tyre ['taɪə'] *n (UK)* gomma *f*, pneumatico *m*

U

UFO [juːef'əʊ] *n (abbr of unidentified flying object)* UFO *m inv*

ugly ['ʌglɪ] *adj* brutto(a)

UHT [juːeɪtʃ'tiː] *adj (abbr of ultra heat treated)* UHT

UK [juː'keɪ] *n (abbr of United Kingdom)* ● **the UK** il Regno Unito

ulcer ['ʌlsə'] *n* ulcera *f*

Ulster ['ʌlstə'] *n* l'Ulster *m*

ultimate ['ʌltɪmət] *adj* **1.** *(final)* finale **2.** *(best, greatest)* ideale

ultraviolet [,ʌltrə'vaɪələt] *adj* ultravioletto(a)

umbrella [ʌm'brelə] *n* ombrello *m*

umpire ['ʌmpaɪə'] *n* arbitro *m*

UN [juː'en] *n (abbr of United Nations)* ● **the UN** l'ONU *f*

unable [ʌn'eɪbl] *adj* ● **to be unable to do sthg** non poter fare qc

unacceptable [,ʌnək'septəbl] *adj* inaccettabile

unaccustomed [,ʌnə'kʌstəmd] *adj* ● **to be unaccustomed to sthg** non essere abituato(a) a qc

unanimous [juː'nænɪməs] *adj* unanime

unattended [,ʌnə'tendɪd] *adj (baggage)* incustodito(a)

unattractive [,ʌnə'træktɪv] *adj* **1.** *(person, idea)* poco attraente **2.** *(place)* privo(a) di attrattiva

unauthorized [,ʌn'ɔːθəraɪzd] *adj* non autorizzato(a)

unavailable [,ʌnə'veɪləbl] *adj* non disponibile

unavoidable [,ʌnə'vɔɪdəbl] *adj* inevitabile

unaware [,ʌnə'weə'] *adj* ● **to be unaware of sthg/that** ignorare qc/che

unbearable [ʌn'beərəbl] *adj* insopportabile

unbelievable [,ʌnbɪ'liːvəbl] *adj* incredibile

unbutton [,ʌn'bʌtn] *vt* sbottonare

uncertain [ʌnˈsɜːtn] *adj* incerto(a)

uncertainty [ʌnˈsɜːtntɪ] *n* incertezza *f*

uncle [ˈʌŋkl] *n* zio *m*

unclean [ʌnˈkliːn] *adj* sporco(a)

unclear [ʌnˈklɪəʳ] *adj* non chiaro(a)

uncomfortable [ʌnˈkʌmftəbl] *adj* **1.** (person, chair) scomodo(a) **2.** (fig) (awkward) a disagio

uncommon [ʌnˈkɒmən] *adj* (rare) raro(a)

unconscious [ʌnˈkɒnʃəs] *adj* **1.** (after accident) privo(a) di sensi **2.** (unaware) inconsapevole

unconvincing [ʌnkənˈvɪnsɪŋ] *adj* poco convincente

uncooperative [ʌnkəʊˈɒpərətɪv] *adj* poco disposto(a) a collaborare

uncork [ʌnˈkɔːk] *vt* stappare

uncouth [ʌnˈkuːθ] *adj* villano(a), grossolano(a)

uncover [ʌnˈkʌvəʳ] *vt* scoprire

under [ˈʌndəʳ] *prep* **1.** sotto **2.** (less than) meno di, al di sotto di **3.** (according to) secondo ● children under ten bambini sotto i dieci anni ● under the circumstances date le circostanze ● to be under pressure essere sotto pressione

underage [ʌndərˈeɪdʒ] *adj* minorenne

undercarriage [ˈʌndəˌkærɪdʒ] *n* carrello *m*

underdone [ʌndəˈdʌn] *adj* poco cotto(a)

underestimate [ʌndərˈestɪmeɪt] *vt* sottovalutare

underexposed [ʌndərɪkˈspəʊzd] *adj* (photograph) sottoesposto(a)

undergo [ʌndəˈɡəʊ] (*pt* -**went**, *pp* -**gone**) *vt* subire

undergraduate [ʌndəˈɡrædjʊət] *n* studente *m* universitario, studentessa *f* universitaria

underground [ˈʌndəɡraʊnd] ◇ *adj* **1.** (below earth's surface) sotterraneo(a) **2.** (secret) clandestino(a) ◇ *n* (UK) (railway) metropolitana *f*

underground

La metropolitana londinese, nota come *Tube*, è la rete di trasporti sotterranea più antica del mondo. Consta di 12 linee estese su un'area divisa in 6 zone tariffarie concentriche. Le corse iniziano alle 5 di mattina e terminano intorno alle 24. Si possono acquistare *travelcard* giornaliere, settimanali, mensili o annuali.

undergrowth [ˈʌndəɡrəʊθ] *n* sottobosco *m*

underline [ʌndəˈlaɪn] *vt* sottolineare

underneath [ʌndəˈniːθ] ◇ *prep* & *adv* sotto ◇ *n* sotto *m*

underpants [ˈʌndəpænts] *npl* mutande *fpl*, slip *m inv*

underpass [ˈʌndəpɑːs] *n* sottopassaggio *m*

undershirt [ˈʌndəʃɜːt] *n* (US) maglietta *f*

underskirt [ˈʌndəskɜːt] *n* sottoveste *f*

understand [ʌndəˈstænd] (*pt* & *pp* -**stood**) ◇ *vt* **1.** capire **2.** (believe) credere ◇ *vi* capire ● I don't understand non capisco ● to make o.s. understood farsi capire

understanding [ˌʌndəˈstændɪŋ] ◇ *adj* comprensivo(a) ◇ *n* **1.** *(agreement)* accordo *m* **2.** *(knowledge)* conoscenza *f* **3.** *(interpretation)* interpretazione *f* **4.** *(sympathy)* comprensione *f*

understatement [ˌʌndəˈsteɪtmənt] *n* ● that's an understatement ! a dir poco!

understood [ˌʌndəˈstʊd] *pt & pp* ➢ understand

undertake [ˌʌndəˈteɪk] *(pt* -**took***, pp* -**taken***) vt* intraprendere ● to undertake to do sthg impegnarsi a fare qc

undertaker [ˈʌndəˌteɪkəʳ] *n* impresario di pompe funebri

undertaking [ˌʌndəˈteɪkɪŋ] *n* **1.** *(promise)* promessa *f* **2.** *(task)* impresa *f*

undertook [ˌʌndəˈtʊk] *pt* ➢ undertake

underwater [ˌʌndəˈwɔːtəʳ] ◇ *adj* subacqueo(a) ◇ *adv* sott'acqua

underwear [ˈʌndəweəʳ] *n* biancheria *f* intima

underwent [ˌʌndəˈwent] *pt* ➢ undergo

undesirable [ˌʌndɪˈzaɪərəbl] *adj* indesiderato(a)

undo [ˌʌnˈduː] *(pt* -**did***, pp* -**done***) vt* **1.** *(coat, shirt)* sbottonare **2.** *(shoelaces)* slacciare **3.** *(tie)* sciogliere il nodo di **4.** *(parcel)* sfare

undone [ˌʌnˈdʌn] *adj* **1.** *(coat, shirt)* sbottonato(a) **2.** *(shoelaces)* slacciato(a)

undress [ˌʌnˈdres] ◇ *vi* spogliarsi ◇ *vt* spogliare

undressed [ˌʌnˈdrest] *adj* spogliato(a) ● to get undressed spogliarsi

uneasy [ʌnˈiːzɪ] *adj* a disagio

uneducated [ʌnˈedjʊkeɪtɪd] *adj* non istruito(a)

unemployed [ˌʌnɪmˈplɔɪd] ◇ *adj* disoc-

cupato(a) ◇ *npl* ● the unemployed i disoccupati

unemployment [ˌʌnɪmˈplɔɪmənt] *n* disoccupazione *f*

unemployment benefit *n* sussidio *m* di disoccupazione

unequal [ʌnˈiːkwəl] *adj* **1.** *(not the same)* disuguale **2.** *(not fair)* iniquo(a)

uneven [ʌnˈiːvn] *adj* **1.** *(surface, speed, beat)* irregolare **2.** *(share, distribution)* ineguale

uneventful [ˌʌnɪˈventfʊl] *adj* tranquillo(a)

unexpected [ˌʌnɪkˈspektɪd] *adj* inaspettato(a)

unexpectedly [ˌʌnɪkˈspektɪdlɪ] *adv* inaspettatamente

unfair [ˌʌnˈfeəʳ] *adj* ingiusto(a)

unfairly [ˌʌnˈfeəlɪ] *adv* ingiustamente

unfaithful [ˌʌnˈfeɪθfʊl] *adj* infedele

unfamiliar [ˌʌnfəˈmɪljəʳ] *adj* sconosciuto(a) ● to be unfamiliar with non conoscere bene

unfashionable [ˌʌnˈfæʃnəbl] *adj* fuori moda

unfasten [ˌʌnˈfɑːsn] *vt* **1.** *(seatbelt, belt, laces)* slacciare **2.** *(knot)* sfare, sciogliere

unfavourable [ˌʌnˈfeɪvrəbl] *adj* sfavorevole

unfinished [ˌʌnˈfɪnɪʃt] *adj* incompiuto(a)

unfit [ˌʌnˈfɪt] *adj* *(not healthy)* non in forma ● to be unfit for sthg *(not suitable)* essere inadatto(a) a qc

unfold [ˌʌnˈfəʊld] *vt* **1.** spiegare **2.** *(tovaglia)* cartina

unforgettable [ˌʌnfəˈgetəbl] *adj* indimenticabile

unforgivable [ˌʌnfəˈgɪvəbl] *adj* imperdonabile

unfortunate [ʌnˈfɔːtʃnət] *adj* **1.** *(unlucky)* sfortunato(a) **2.** *(regrettable)* infelice ● **it is unfortunate that** è un peccato che

unfortunately [ʌnˈfɔːtʃnətlɪ] *adv* sfortunatamente

unfriendly [ˌʌnˈfrendlɪ] *adj* poco amichevole

unfurnished [ˌʌnˈfɜːnɪʃt] *adj* non ammobiliato(a)

ungrateful [ʌnˈgreɪtful] *adj* ingrato(a)

unhappy [ʌnˈhæpɪ] *adj* **1.** *(sad)* infelice **2.** *(not pleased)* insoddisfatto(a) ● **to be unhappy about sthg** essere insoddisfatto di qc

unharmed [ˌʌnˈhɑːmd] *adj* indenne

unhealthy [ʌnˈhelθɪ] *adj* **1.** *(person)* malaticcio(a) **2.** *(food, smoking)* dannoso(a) per la salute **3.** *(place)* malsano(a)

unhelpful [ˌʌnˈhelpful] *adj* **1.** *(person)* poco disponibile **2.** *(advice, instructions)* inutile

unhurt [ˌʌnˈhɜːt] *adj* indenne

unhygienic [ˌʌnhaɪˈdʒiːnɪk] *adj* non igienico(a)

unification [ˌjuːnɪfɪˈkeɪʃn] *n* unificazione *f*

uniform [ˈjuːnɪfɔːm] *n* uniforme *f*

unimportant [ˌʌnɪmˈpɔːtənt] *adj* senza importanza

unintelligent [ˌʌnɪnˈtelɪdʒənt] *adj* poco intelligente

unintentional [ˌʌnɪnˈtenʃənl] *adj* involontario(a)

uninterested [ˌʌnˈɪntrəstɪd] *adj* indifferente

uninteresting [ˌʌnˈɪntrɪstɪŋ] *adj* poco interessante, noioso(a)

union [ˈjuːnjən] *n (of workers)* sindacato *m*

Union Jack *n* ● **the Union Jack** la bandiera nazionale del Regno Unito

Union Jack

Questo è il nome della bandiera del Regno Unito di Gran Bretagna e dell'Irlanda del Nord. Nata nel 1801, è formata dalla sovrapposizione delle croci di San Giorgio (Inghilterra), Sant'Andrea (Scozia) e San Patrizio (Irlanda). Il termine *Jack* viene dal nome delle piccole bandiere di bompresso delle navi.

unique [juːˈniːk] *adj* unico(a) ● **to be unique to** essere proprio(a) di

unisex [ˈjuːnɪseks] *adj* unisex *(inv)*

unit [ˈjuːnɪt] *n* **1.** unità *f inv* **2.** *(department, building)* reparto *m* **3.** *(piece of furniture)* elemento *m* **4.** *(machine)* apparecchio *m*

unite [juːˈnaɪt] ◇ *vt* unire ◇ *vi* unirsi

United Kingdom [juːˈnaɪtɪd-] *n* ● **the United Kingdom** il Regno Unito

United Nations [juːˈnaɪtɪd-] *npl* ● **the United Nations** le Nazioni Unite

United States (of America) [juːˈnaɪtɪd-] *npl* ● **the United States** of America gli Stati Uniti (d'America)

unity [ˈjuːnətɪ] *n* unità *f*

universal [ˌjuːnɪˈvɜːsl] *adj* universale

universe [ˈjuːnɪvɜːs] *n* universo *m*

university [ˌjuːnɪˈvɜːsətɪ] *n* università *f inv*

unjust [ʌn'dʒʌst] *adj* ingiusto(a)

unkind [ʌn'kaɪnd] *adj* scortese

unknown [ʌn'nəʊn] *adj* sconosciuto(a)

unleaded (petrol) [ʌn'ledɪd-] *n* benzina *f* senza piombo

unless [ən'les] *conj* a meno che non ●
unless it rains a meno che non piova

unlike [ʌn'laɪk] *prep* a differenza di ●
that's unlike her non è da lei

unlikely [ʌn'laɪklɪ] *adj* improbabile ●
he is unlikely to arrive before six è
improbabile che arrivi prima delle sei

unlimited [ʌn'lɪmɪtɪd] *adj* illimitato(a)
● unlimited mileage ≈ chilometraggio illimitato

unlisted [ʌn'lɪstɪd] *adj* (US) (phone number) ● to be unlisted non essere sull'elenco telefonico

unload [ʌn'ləʊd] *vt* scaricare

unlock [ʌn'lɒk] *vt* aprire

unlucky [ʌn'lʌkɪ] *adj* 1. (unfortunate)
sfortunato(a) 2. (bringing bad luck) che
porta sfortuna

unmarried [ʌn'mærɪd] *adj* non sposato(a)

unnatural [ʌn'nætʃrəl] *adj* 1. (unusual)
inconsueto(a) 2. (behaviour, person) poco naturale

unnecessary [ʌn'nesəsərɪ] *adj* inutile

unobtainable [ˌʌnəb'teɪnəbl] *adj* 1. (product) non disponibile 2. (phone number)
non ottenibile

unoccupied [ʌn'ɒkjʊpaɪd] *adj* (place,
seat) libero(a)

unofficial [ˌʌnə'fɪʃl] *adj* 1. non ufficiale
2. (strike) non autorizzato *m*

unpack [ˌʌn'pæk] ◇ *vt* (bags, suitcase)
disfare ◇ *vi* disfare le valigie

unpleasant [ʌn'plɛznt] *adj* 1. (smell,
weather, etc) sgradevole 2. (person)
spiacevole, antipatico(a)

unplug [ʌn'plʌg] *vt* staccare

unpopular [ʌn'pɒpjʊlər] *adj* impopolare

unpredictable [ˌʌnprɪ'dɪktəbl] *adj* imprevedibile

unprepared [ˌʌnprɪ'pɛəd] *adj* impreparato(a)

unprotected [ˌʌnprə'tɛktɪd] *adj* senza
protezione

unqualified [ʌn'kwɒlɪfaɪd] *adj* (person)
non qualificato(a)

unreal [ʌn'rɪəl] *adj* irreale

unreasonable [ʌn'riːznəbl] *adj* irragionevole

unrecognizable [ˌʌnrekəg'naɪzəbl] *adj*
irriconoscibile

unreliable [ˌʌnrɪ'laɪəbl] *adj* inaffidabile

unrest [ʌn'rest] *n* agitazione *f*

unroll [ˌʌn'rəʊl] *vt* srotolare

unsafe [ʌn'seɪf] *adj* 1. (dangerous) pericoloso(a) 2. (in danger) in pericolo

unsatisfactory [ˌʌnsætɪs'fæktərɪ] *adj* insoddisfacente

unscrew [ˌʌn'skruː] *vt* (lid, top) svitare

unsightly [ʌn'saɪtlɪ] *adj* brutto(a)

unskilled [ˌʌn'skɪld] *adj* (worker) non
qualificato(a)

unsociable [ʌn'səʊʃəbl] *adj* poco socievole

unsound [ʌn'saʊnd] *adj* 1. (building,
structure) poco saldo(a) 2. (argument)
che non regge

unspoiled [ʌn'spɔɪlt] *adj* (place, beach)
incontaminato(a)

unsteady [ˌʌn'stedɪ] *adj* 1. instabile 2.

(hand) malfermo(a)

unstuck [ˌʌnˈstʌk] *adj* ● **to come unstuck** *(label, poster etc)* staccarsi

unsuccessful [ˌʌnsəkˈsesfʊl] *adj* che non ha successo

unsuitable [ˌʌnˈsuːtəbl] *adj* **1.** inadatto(a), inadeguato(a) **2.** *(moment)* inopportuno(a)

unsure [ˌʌnˈʃɔːʳ] *adj* ● **to be unsure (about)** non essere sicuro(a)(di)

unsweetened [ˌʌnˈswiːtnd] *adj* senza zucchero

untidy [ʌnˈtaɪdɪ] *adj* **1.** *(person)* disordinato(a) **2.** *(room, desk)* in disordine

untie [ˌʌnˈtaɪ] *(cont* **untying)** *vt* **1.** *(person)* slegare **2.** *(knot)* sciogliere, sfare

until [ənˈtɪl] ◇ *prep* fina a ◇ *conj* **1.** finché **2.** *(after negative, in past)* prima che, prima di ● **it won't be ready until Thursday** non sarà pronto prima di giovedì

untrue [ʌnˈtruː] *adj* falso(a)

untrustworthy [ʌnˈtrʌstˌwɜːðɪ] *adj* che non è degno(a) di fiducia

untying [ʌnˈtaɪɪŋ] *cont* ▸ **untie**

unusual [ʌnˈjuːʒl] *adj* insolito(a)

unusually [ʌnˈjuːʒəlɪ] *adv (more than usual)* insolitamente

unwell [ʌnˈwel] *adj* indisposto(a) ● **to feel unwell** non sentirsi bene

unwilling [ʌnˈwɪlɪŋ] *adj* ● **to be unwilling to do sthg** non voler fare qc

unwind [ʌnˈwaɪnd] *(pt & pp* **unwound)** ◇ *vt* svolgere ◇ *vi (relax)* rilassarsi, distendersi

unwrap [ʌnˈræp] *vt* aprire

unzip [ʌnˈzɪp] *vt* aprire (la cerniera di)

up [ʌp]

◇ *adv* **1.** *(towards higher position)* su, in alto ● **to go up** salire ● **we walked up to the top** siamo saliti fino in cima ● **to pick sthg up** raccogliere qc **2.** *(in higher position)* su, in alto ● **she's up in her bedroom** è su nella sua stanza ● **up there** lassù **3.** *(into upright position)* ● **to stand up** alzarsi ● **to sit up** *(from lying position)* tirarsi su a sedere; *(sit straight)* stare seduto diritto **4.** *(to increased level)* ● **prices are going up** i prezzi stanno salendo **5.** *(northwards)* ● **up in Scotland** in Scozia **6.** *(in phrases)* ● **to walk up and down** andare su e giù ● **up to ten people** fino a dieci persone ● **are you up to travelling?** te la senti di viaggiare? ● **what are you up to?** cosa stai combinando? ● **it's up to you** sta a te decidere ● **up until ten o'clock** fino alle dieci

◇ *prep* **1.** *(towards higher position)* ● **to walk up a hill** salire su per una collina ● **I went up the stairs** sono salito per le scale **2.** *(in higher position)* in cima a ● **up a hill** in cima ad una collina ● **up a ladder** in cima ad una scala **3.** *(at end of)* ● **they live up the road from us** abitano un po' più su di noi

◇ *adj* **1.** *(out of bed)* alzato(a) ● **I was up at six today** mi sono alzato alle sei oggi **2.** *(at an end)* ● **time's up** tempo scaduto **3.** *(rising)* ● **the up escalator** la scala mobile per salire

◇ *n* ● **ups and downs** alti e bassi *mpl*

update [ˌʌpˈdeɪt] *vt* aggiornare

uphill [ˌʌpˈhɪl] *adv* in salita

upholstery [ʌpˈhəʊlstərɪ] *n* tappezzeria *f*

upkeep ['ʌpki:p] *n* manutenzione *f*

up-market *adj* rivolto(a) alla fascia alta del mercato

upon [ə'pɒn] *prep* (*fml*) (*on*) su ● **upon hearing the news** ... dopo aver appreso la notizia ...

upper ['ʌpə'] ◇ *adj* superiore ◇ *n* (*of shoe*) tomaia *f*

upper class *n* ● **the upper class** i ceti alti

uppermost ['ʌpəməʊst] *adj* (*highest*) il più alto(la più alta)

upper sixth *n* (*UK*) SCH secondo anno del corso biennale che prepara agli "A levels"

upright ['ʌpraɪt] ◇ *adj* **1.** (*person*) diritto(a) **2.** (*object*) verticale ◇ *adv* diritto

upset [ʌp'set] (*pt & pp inv*) ◇ *adj* (*distressed*) addolorato(a) ◇ *vt* **1.** (*distress*) addolorare, sconvolgere **2.** (*cause to go wrong*) scombussolare **3.** (*knock over*) rovesciare ● **to have an upset stomach** avere disturbi intestinali

upside down [,ʌpsaɪd-] ◇ *adj* **1.** capovolto(a) **2.** (*person*) a testa in giù ◇ *adv* sottosopra

upstairs [,ʌp'steəz] ◇ *adj* di sopra ◇ *adv* (*on a higher floor*) di sopra, al piano superiore ● **to go upstairs** andare di sopra

up-to-date *adj* **1.** (*modern*) moderno(a) **2.** (*well-informed*) aggiornato(a)

upwards ['ʌpwədz] *adv* **1.** (*to a higher place*) verso l'alto, in su **2.** (*to a higher level*) verso l'alto ● **upwards of 100 people** più di 100 persone

urban ['ɜ:bən] *adj* urbano(a)

urban clearway [-'klɪəweɪ] *n* (*UK*)

strada con divieto di sosta *f*

Urdu ['ʊədu:] *n* urdu *m*

urge [ɜ:dʒ] *vt* ● **to urge sb to do sthg** esortare qn a fare qc

urgent ['ɜ:dʒənt] *adj* urgente

urgently ['ɜ:dʒəntlɪ] *adv* (*immediately*) d'urgenza, urgentemente

urinal [,jʊə'raɪnl] *n* **1.** (*fml*) (*bowl*) orinale *m* **2.** (*place*) vespasiano *m*

urinate ['jʊərɪneɪt] *vi* (*fml*) urinare

urine ['jʊərɪn] *n* urina *f*

URL [ju:a:'rel] *n* COMPUT (*abbr of uniform resource locator*) URL *f inv*

us [ʌs] *pron* **1.** ci **2.** (*after prep*) noi ● **they know us** ci conoscono ● **it's us** siamo noi ● **send it to us** mandacelo ● **tell us** dicci ● **they're worse than us** sono peggio di noi

US [ju:'es] *n* (*abbr of United States*) ● **the US** gli USA

US education

Negli USA i cicli scolastici di istruzione (dai 5 ai 18 anni circa) sono divisi in *Elementary School* (grade 1–6), *Junior High* (grade 7 e 8) e *High School* (grade 9–12). Al termine di quest'ultima si celebra il grande evento della graduation ceremony con la consegna dei diplomi.

US Open

Esistono due tornei *US Open*: uno per il tennis e uno per il golf. L'evento tennistico è il più atteso del mondo e si svolge a Flushing

Meadows, nella zona di Queens, a New York. Aperto a dilettanti e professionisti si ripete ogni anno tra agosto e settembre. Il torneo di golf è uno dei più importanti d'America insieme ai Masters; si svolge in un campo diverso ogni anno.

USA [juːesˈeɪ] *n* (*abbr of* United States of America) ● **the USA** gli USA

usable [ˈjuːzəbl] *adj* utilizzabile

use ◇ *n* [juːs] ◇ *vt* [juːz] **1.** usare **2.** (*run on*) andare a ● **to be of use** essere utile, servire ● **to have the use of sthg** avere accesso a qc ● **to make use of sthg** sfruttare qc ● **to be in use** essere in uso ● **it's no use** non serve a niente ● **what's the use?** a che scopo? ● **to use sthg as sthg** usare qc come qc ▾ **out of use** guasto ▾ **use before ...** (*food, drink*) da consumarsi preferibilmente entro ... ● **use up** *vt sep* consumare

used ◇ *adj* [juːzd] **1.** (*towel, glass etc*) sporco(a) **2.** (*car*) usato(a) ◇ *aux vb* [juːst] ● **I used to live near here** una volta abitavo qui vicino ● **I used to go there every day** una volta ci andavo tutti i giorni ● **to be used to sthg** essere abituato(a) a qc ● **to get used to sthg** abituarsi a qc

useful [ˈjuːsfʊl] *adj* utile

useless [ˈjuːslɪs] *adj* **1.** inutile **2.** (*inf*) (*very bad*) ● **he's useless** non è buono a nulla

user [ˈjuːzəˈ] *n* utente *mf*

usher [ˈʌʃəˈ] *n* (*at cinema, theatre*) maschera *f*

usherette [ˌʌʃəˈret] *n* maschera *f*

usual [ˈjuːʒəl] *adj* solito(a) ● **as usual** (*in the normal way*) come al solito

usually [ˈjuːʒəlɪ] *adv* di solito

utensil [juːˈtensl] *n* utensile *m*

utilize [ˈjuːtəlaɪz] *vt* (*fml*) utilizzare

utmost [ˈʌtməʊst] ◇ *adj* estremo(a) ◇ *n* ● **to do one's utmost** fare tutto il possibile

utter [ˈʌtəˈ] ◇ *adj* totale ◇ *vt* **1.** (*word*) proferire, pronunciare **2.** (*cry*) emettere

utterly [ˈʌtəlɪ] *adv* completamente, del tutto

U-turn *n* (*in vehicle*) inversione *f* a U

UV [juːˈviː] *adj* (*abbr of* ultra-violet) UV

VV

vacancy [ˈveɪkənsɪ] *n* (*job*) posto *m* vacante ▾ **vacancies** si affittano camere ▾ **no vacancies** completo

vacant [ˈveɪkənt] *adj* libero(a)

vacate [vəˈkeɪt] *vt* (*fml*) (*room, house*) lasciare libero

vacation [vəˈkeɪʃn] ◇ *n* **1.** (*US*) (*period of time*) vacanze *fpl* **2.** (*time off work*) ferie *fpl* ◇ *vi* (*US*) passare le vacanze ● **to go on vacation** andare in vacanza

vacationer [vəˈkeɪʃənər] *n* (*US*) villeggiante *mf*

vaccination [ˌvæksɪˈneɪʃn] *n* vaccinazione *f*

vaccine [(*UK*) ˈvæksiːn, (*US*) vækˈsiːn] *n* vaccino *m*

vacuum ['vækjʊəm] *vt* pulire con l'aspirapolvere

vacuum cleaner *n* aspirapolvere *m inv*

vague [veɪg] *adj* **1.** vago(a) **2.** *(shape, outline)* indistinto(a)

vain [veɪn] *adj (pej) (conceited)* vanitoso(a) ● **in vain** invano

Valentine's Day ['væləntaɪnz-] *n* San Valentino

valet ['væleɪ, 'vælɪt] *n (in hotel)* chi si occupa del servizio lavanderia e stiratura

valet service *n* **1.** *(in hotel)* servizio *m* di lavanderia **2.** *(for car)* servizio di lavaggio

valid ['vælɪd] *adj (ticket, passport)* valido(a)

validate ['vælɪdeɪt] *vt (ticket)* convalidare

Valium ® ['vælɪəm] *n* valium ® *m*

valley ['vælɪ] *n* valle *f*

valuable ['væljʊəbl] *adj* **1.** *(jewellery, object)* di valore **2.** *(advice, help)* prezioso(a) ◆ **valuables** *npl* oggetti *mpl* di valore

value ['vælju:] *n* **1.** *(financial)* valore *m* **2.** *(usefulness)* utilità *f* ● **a value pack** una confezione ● **to be good value (for money)** essere conveniente ◆ **values** *npl (principles)* valori *mpl*

valve [vælv] *n* valvola *f*

van [væn] *n* furgone *m*

vandal ['vændl] *n* vandalo *m*, -a *f*

vandalize ['vændəlaɪz] *vt* vandalizzare

vanilla [və'nɪlə] *n* vaniglia *f*

vanish ['vænɪʃ] *vi* svanire, scomparire

vapor ['veɪpər] *(US)* = **vapour**

vapour ['veɪpə] *n (UK)* vapore *m*

variable ['veərɪəbl] *adj* variabile

varicose veins ['værɪkəʊs-] *npl* vene *fpl* varicose

varied ['veərɪd] *adj* vario(a)

variety [və'raɪətɪ] *n* varietà *f inv*

various ['veərɪəs] *adj* vari(e)

varnish ['vɑ:nɪʃ] ◇ *n* vernice *f* ◇ *vt* verniciare

vary ['veərɪ] *vi* & *vt* variare

vase [vɑ:z, veɪz] *n* vaso *m*

Vaseline ® ['væsəli:n] *n* vaselina *f*

vast [vɑ:st] *adj* vasto(a)

vat [væt] *n* tino *m*

VAT [væt, vi:eɪ'ti:] *n (abbr of value added tax)* IVA *f*

vault [vɔ:lt] *n* **1.** *(in bank)* camera *f* blindata **2.** *(in church)* cripta *f*

VCR [vi:si:'ɑ:r] *n (abbr of video cassette recorder)* videoregistratore *m*

VDU [vi:di:'ju:] *n (abbr of visual display unit)* monitor *m inv*

veal [vi:l] *n* vitello *m*

veg [vedʒ] *abbr* = **vegetable**

vegan ['vi:gən] ◇ *adj* vegetaliano(a) ◇ *n* vegetaliano *m*, -a *f*

vegetable ['vedʒtəbl] *n* verdura *f*

vegetable oil *n* olio *m* vegetale

vegetarian [,vedʒɪ'teərɪən] ◇ *adj* vegetariano(a) ◇ *n* vegetariano *m*, -a *f*

vegetation [,vedʒɪ'teɪʃn] *n* vegetazione *f*

vehicle ['vi:əkl] *n* veicolo *m*

veil [veɪl] *n* velo *m*

vein [veɪn] *n* vena *f*

Velcro ® ['velkrəʊ] *n* velcro ® *m*

velvet ['velvɪt] *n* velluto *m*

vending machine ['vendɪŋ-] *n* distributore *m* automatico

venetian blind [vɪˌniːʃn-] n veneziana f cui avevo bisogno

Venice ['venɪs] n Venezia f

venison ['venɪzn] n carne m di cervo

vent [vent] n (for air, smoke etc) presa f d'aria

ventilation [ˌventɪ'leɪʃn] n ventilazione f

ventilator ['ventɪleɪtə'] n ventilatore m

venture ['ventʃə'] ◇ n impresa f ◇ vi (go) avventurarsi

venue ['venjuː] n luogo m (di partita, concerto ecc.)

veranda [və'rændə] n veranda f

verb [vɜːb] n verbo m

verdict ['vɜːdɪkt] n verdetto m

verge [vɜːdʒ] n (of road, lawn, path) bordo m ▼ **soft verges** banchina non transitabile f

verify ['verɪfaɪ] vt verificare

vermin ['vɜːmɪn] n roditori che portano malattie e distruggono raccolti

vermouth ['vɜːməθ] n vermut m inv

versa ➤ **vice versa**

versatile ['vɜːsətaɪl] adj versatile

verse [vɜːs] n 1. (of song, poem) strofa f 2. (poetry) versi m pl

version ['vɜːʃn] n versione f

versus ['vɜːsəs] prep contro

vertical ['vɜːtɪkl] adj verticale

vertigo ['vɜːtɪgəʊ] n ▼ **to suffer from vertigo** soffrire di vertigini

very ['verɪ] ◇ adv molto ◇ adj ● **at the very bottom** proprio in fondo ● **very much** molto ● **not very big** non molto grande ● **my very own room** una stanza tutta per me ● **very rich** ricchissimo, molto ricco ● **it's the very thing I need** è proprio quello di

vessel ['vesl] n (fml) (ship) vascello m

vest [vest] n 1. (UK) (underwear) maglietta f 2. (sleeveless) canottiera f 3. (US) (waistcoat) gilè m inv

Vesuvius [vɪ'suːvjəs] n Vesuvio m

vet [vet] n (UK) veterinario m, -a f

veteran ['vetrən] n (of war) vecchio combattente m

veterinarian [ˌvetərɪ'neərɪən] (US) = **vet**

veterinary surgeon ['vetərɪnrɪ-] (UK) = **vet**

VHS [ˌviːeɪtʃ'es] n (abbr of video home system) VHS m

via [vaɪə] prep 1. (place) via f 2. (by means of) tramite

viaduct ['vaɪədʌkt] n viadotto m

vibrate [vaɪ'breɪt] vi vibrare

vibration [vaɪ'breɪʃn] n vibrazione f

vicar ['vɪkə'] n pastore m

vicarage ['vɪkərɪdʒ] n presbiterio m

vice [vaɪs] n 1. (moral fault) vizio m 2. (crime) crimine m 3. (UK) (tool) morsa f

vice-president n vice-presidente mf

vice versa [ˌvaɪsɪ'vɜːsə] adv viceversa

vicinity [vɪ'sɪnɪtɪ] n ● **in the vicinity** nelle vicinanze

vicious ['vɪʃəs] adj 1. (attack) violento(a) 2. (animal) feroce 3. (comment) cattivo(a), maligno(a)

victim ['vɪktɪm] n vittima f

Victorian [vɪk'tɔːrɪən] adj vittoriano(a)

victory ['vɪktərɪ] n vittoria f

video ['vɪdɪəʊ] (pl -s) ◇ n 1. (video recording) video m inv 2. (videotape) videocassetta f 3. (video recorder) videoregistratore m ◇ vt 1. (using video recorder) videoregistrare 2. *(using camera)* filmare ● **on video** su videocassetta

video camera *n* videocamera *f*

video game *n* videogioco *m*

video recorder *n* videoregistratore *m*

video shop *n* videoteca *f*

videotape ['vɪdɪəʊteɪp] *n* videocassetta *f*

Vietnam [ˌvjet'næm] *n* il Vietnam

view [vjuː] ◇ *n* **1.** vista *f* **2.** *(opinion)* opinione *f* ◇ *vt* **1.** *(house)* vedere **2.** *(situation)* considerare ● **in my view** secondo me ● **in view of** *(considering)* considerato ● **to come into view** apparire

viewer ['vjuːə'] *n (of TV)* telespettatore *m*, -trice *f*

viewfinder ['vjuːˌfaɪndə'] *n* mirino *m*

viewpoint ['vjuːpɔɪnt] *n* **1.** *(opinion)* punto *m* di vista **2.** *(place)* punto d'osservazione

vigilant ['vɪdʒɪlənt] *adj (fml)* vigile

villa ['vɪlə] *n* villa *f*

village ['vɪlɪdʒ] *n* paese *m*

villager ['vɪlɪdʒə'] *n* abitante *mf* di paese

villain ['vɪlən] *n* **1.** *(of book, film)* cattivo *m* **2.** *(criminal)* malvivente *mf*

vinaigrette [ˌvɪnɪ'gret] *n* condimento per insalata a base di olio, aceto, sale, pepe ed erbe aromatiche

vine [vaɪn] *n* **1.** *(grapevine)* vite *f* **2.** *(climbing plant)* rampicante *m*

vinegar ['vɪnɪgə'] *n* aceto *m*

vineyard ['vɪnjəd] *n* vigna *f*

vintage ['vɪntɪdʒ] ◇ *adj (wine)* d'annata ◇ *n (year)* annata *f*

vinyl ['vaɪnɪl] *n* vinile *m*

viola [vɪ'əʊlə] *n* viola *f*

violence ['vaɪələns] *n* violenza *f*

violent ['vaɪələnt] *adj* violento(a)

violet ['vaɪələt] ◇ *adj* viola *(inv)* ◇ *n (flower)* viola *f*

violin [ˌvaɪə'lɪn] *n* violino *m*

VIP [ˌviːaɪ'piː] *n (abbr of* very important person) vip *mf inv*

virgin ['vɜːdʒɪn] *n* vergine *f*

Virgo ['vɜːgəʊ] *(pl* **-s)** *n* Vergine *f*

virtually ['vɜːtʃʊəlɪ] *adv* praticamente

virtual reality ['vɜːtʃʊəl-] *n* realtà *f* virtuale

virus ['vaɪrəs] *n* virus *m inv*

visa ['viːzə] *n* visto *m*

viscose ['vɪskəʊs] *n* viscosa *f*

visibility [ˌvɪzɪ'bɪlətɪ] *n* visibilità *f*

visible ['vɪzəbl] *adj* visibile

visit ['vɪzɪt] ◇ *vt* **1.** *(person)* andare a trovare **2.** *(place)* visitare ◇ *n* visita *f*

visiting hours ['vɪzɪtɪŋ-] *npl* orario *m* delle visite

visitor ['vɪzɪtə'] *n* **1.** *(to person)* visita *f* **2.** *(to place)* visitatore *m*, -trice *f*

visitor centre *n (at tourist attraction)* punto accoglienza per i visitatori di musei ecc.

visitors' book *n* registro *m* dei visitatori

visitor's passport *n (UK)* passaporto *m* provvisorio

visor ['vaɪzə'] *n* visiera *f*

vital ['vaɪtl] *adj* vitale

vitamin [(UK) 'vɪtəmɪn, (US) 'vaɪtəmɪn] *n* vitamina *f*

vivid ['vɪvɪd] *adj* vivido(a)

V-neck *n (design)* scollo *m* a V

vocabulary [vəˈkæbjʊlərɪ] n vocabolario m

vodka [ˈvɒdkə] n vodka f

voice [vɔɪs] n voce f

volcano [vɒlˈkeɪnəʊ] (pl -es OR -s) n vulcano m

volleyball [ˈvɒlɪbɔːl] n pallavolo f

volt [vəʊlt] n volt m inv

voltage [ˈvəʊltɪdʒ] n voltaggio m

volume [ˈvɒljuːm] n volume m

voluntary [ˈvɒləntrɪ] adj volontario(a)

volunteer [ˌvɒlənˈtɪər] ◇ n volontario m, -a f ◇ vt ● **to volunteer to do sthg** offrirsi di fare qc

vomit [ˈvɒmɪt] ◇ n vomito m ◇ vi vomitare

vote [vəʊt] ◇ n 1. voto m 2. (number of votes) voti mpl ◇ vi ● **to vote (for)** votare (per)

voter [ˈvəʊtər] n elettore(trice)

voucher [ˈvaʊtʃər] n buono m

vowel [ˈvaʊəl] n vocale f

voyage [ˈvɔɪdʒ] n viaggio m (per mare)

vulgar [ˈvʌlgər] adj volgare

vulture [ˈvʌltʃər] n avvoltoio m

WW

W (abbr of west) O

wad [wɒd] n 1. (of paper, banknotes) fascio m 2. (of cotton) batuffolo m

waddle [ˈwɒdl] vi camminare come una papera

wade [weɪd] vi camminare (a fatica)

wading pool [ˈweɪdɪŋ-] n (US) piscina f per bambini

wafer [ˈweɪfər] n (biscuit) cialda f

waffle [ˈwɒfl] ◇ n (pancake) cialda dalla caratteristica superficie a quadretti che si mangia con sciroppo d'acero, panna o frutta ◇ vi (inf) parlare molto e dire poco

wag [wæg] vt agitare

wage [weɪdʒ] n salario m ◆ **wages** npl salario m

wagon [ˈwægən] n 1. (vehicle) carro m 2. (UK) (of train) vagone m

waist [weɪst] n vita f

waistcoat [ˈweɪskəʊt] n gilè m inv

wait [weɪt] ◇ n attesa f ◇ vi aspettare ● **to wait for sb to do sthg** aspettare che qn faccia qc ● **I can't wait!** non vedo l'ora! ◆ **wait for** vt insep aspettare

waiter [ˈweɪtər] n cameriere m

waiting room [ˈweɪtɪŋ-] n sala f d'attesa OR d'aspetto

waitress [ˈweɪtrɪs] n cameriera f

wake [weɪk] (pt woke, pp woken) ◇ vt svegliare ◇ vi svegliarsi ◆ **wake up** ◇ vt sep svegliare ◇ vi svegliarsi

Wales [weɪlz] n il Galles

walk [wɔːk] ◇ n (journey, path) passeggiata f ◇ vi camminare ◇ vt 1. (distance) percorrere a piedi 2. (dog) portare a spasso ● **to go for a walk** andare a fare una passeggiata ● **it's a short walk** a piedi è vicino ● **to take the dog for a walk** portare a spasso il cane ▼ **walk** (US) avanti ▼ **don't walk** (US) alt ◆ **walk away** vi andarsene ◆ **walk in** vi entrare ◆ **walk out** vi (leave angrily) andarsene

walker ['wɔːkə'] *n* camminatore *m*, -trice *f*

walking boots ['wɔːkɪŋ-] *npl* scarponcini *mpl*

walking stick ['wɔːkɪŋ-] *n* bastone *m*

wall [wɔːl] *n* **1.** muro *m* **2.** (*internal*) parete *f*, muro

wallet ['wɒlɪt] *n* (*for money*) portafoglio *m*

wallpaper ['wɔːl,peɪpə'] *n* carta *f* da parati

Wall Street *n* Wall Street

Wall Street

Sede dei maggiori istituti finanziari e della *New York Stock Exchange*, il nome di questa strada nella zona meridionale di Manhattan viene usato come sinonimo della Borsa di New York. Il famoso *Wall Street Crash* nell'ottobre 1929 fu uno dei fattori determinanti della Depressione degli anni '30.

walnut ['wɔːlnʌt] *n* (*nut*) noce *f*

waltz [wɔːls] *n* valzer *m inv*

wander ['wɒndə'] *vi* vagare

want [wɒnt] *vt* **1.** volere **2.** (*need*) aver bisogno di ● to want to do sthg voler fare qc ● to want sb to do sthg volere che qn faccia qc

WAP [wæp] *n* (*abbr of wireless application protocol*) WAP *m*

war [wɔː'] *n* guerra *f*

ward [wɔːd] *n* (*in hospital*) reparto *m*

warden ['wɔːdn] *n* **1.** (*of park*) guardiano *m* **2.** (*of youth hostel*) custode *mf*

wardrobe ['wɔːdrəʊb] *n* **1.** (*cupboard*) armadio *m* **2.** (*clothes*) guardaroba *m inv*

warehouse ['weəhaʊs] *n* magazzino *m*

warm [wɔːm] ◇ *adj* **1.** caldo(a) **2.** (*person, smile*) cordiale **3.** (*welcome*) caloroso(a) ◇ *vt* scaldare, riscaldare ● to be warm (*person*) avere caldo ● it's warm (*weather*) fa caldo ◆ **warm up** ◇ *vt sep* scaldare, riscaldare ◇ *vi* **1.** (*get warmer*) scaldarsi, riscaldarsi **2.** (*do exercises*) riscaldarsi **3.** (*machine, engine*) scaldare

war memorial *n* monumento *m* ai caduti

warmth [wɔːmθ] *n* calore *m*

warn [wɔːn] *vt* avvertire, avvisare ● to warn sb about sthg avvisare qn di qc ● to warn sb not to do sthg avvertire qn di non fare qc

warning ['wɔːnɪŋ] *n* **1.** (*of danger*) avvertimento *m* **2.** (*advance notice*) preavviso *m*

warranty ['wɒrəntɪ] *n* (*fml*) garanzia *f*

warship ['wɔːʃɪp] *n* nave *f* da guerra

wart [wɔːt] *n* verruca *f*

was [wɒz] *pt* → be

wash [wɒʃ] ◇ *vt* lavare ◇ *vi* lavarsi ◇ *n* ● to give sthg a wash dare una lavata a qc ● to have a wash lavarsi ● to wash one's hands/face lavarsi le mani/il viso ◆ **wash up** ◇ *vi* **1.** (*UK*) (*do washing-up*) lavare i piatti **2.** (*US*) (*clean o.s.*) lavarsi

washable ['wɒʃəbl] *adj* lavabile

washbasin ['wɒʃ,beɪsn] *n* lavabo *m*

washbowl ['wɒʃbəʊl] *n* (*US*) lavabo *m*

washer ['wɒʃə'] *n* (*ring*) rondella *f*

washing ['wɒʃɪŋ] *n* bucato *m*

washing line n corda f del bucato

washing machine n lavatrice f

washing powder n detersivo m (in polvere)

washing-up n (UK) ● **to do the washing-up** fare i piatti

washing-up bowl n (UK) bacinella f

washing-up liquid n (UK) detersivo m liquido per piatti

washroom ['wɒʃrʊm] n (US) gabinetto m, bagno m

wasn't [wɒznt] = was not

wasp [wɒsp] n vespa f

waste [weɪst] ◇ n (rubbish) rifiuti mpl ◇ vt sprecare ● **a waste of money** uno spreco di denaro ● **a waste of time** una perdita di tempo

wastebin ['weɪstbɪn] n cestino m (dei rifiuti)

waste ground n terreno m abbandonato

wastepaper basket [ˌweɪst'peɪpə-] n cestino m (per la carta straccia)

watch [wɒtʃ] ◇ n (wristwatch) orologio m ◇ vt **1.** (observe) guardare **2.** (spy on) sorvegliare **3.** (be careful with) fare attenzione a ● **watch out** vi (be careful) stare attento, fare attenzione ● **to watch out for** (look for) cercare

watchstrap ['wɒtʃstræp] n cinturino m dell'orologio

water ['wɔːtə'] ◇ n acqua f ◇ vt (plants, garden) annaffiare ◇ vi (eyes) lacrimare ● **it makes my mouth water** mi fa venire l'acquolina in bocca

water bottle n borraccia f

watercolour ['wɔːtəˌkʌlə'] n acquerello m

watercress ['wɔːtəkres] n crescione m

waterfall ['wɔːtəfɔːl] n cascata f

watering can ['wɔːtərɪŋ-] n annaffiatoio m

watermelon ['wɔːtəˌmelən] n cocomero m, anguria f

waterproof ['wɔːtəpruːf] adj impermeabile

water skiing n sci m nautico

watersports ['wɔːtəspɔːts] npl sport mpl acquatici

water tank n cisterna f

watertight ['wɔːtətaɪt] adj stagno(a)

watt [wɒt] n watt m inv ● **a 60-watt bulb** una lampadina da 60 watt

wave [weɪv] ◇ n **1.** onda f **2.** (of crime, violence) ondata f ◇ vt **1.** (hand) agitare **2.** (flag) sventolare ◇ vi **1.** (to attract attention) fare un cenno (con la mano) **2.** (when greeting, saying goodbye) salutare con la mano

wavelength ['weɪvleŋθ] n lunghezza f d'onda

wavy ['weɪvɪ] adj (hair) ondulato(a)

wax [wæks] n **1.** (for candles) cera f **2.** (in ears) cerume m

way [weɪ] n **1.** (manner, means) modo m **2.** (route) strada f **3.** (direction) parte f, direzione f **4.** (distance travelled) tragitto m ● **which way is the station?** da che parte è la stazione? ● **the town is out of our way** la città non è sulla nostra strada ● **to be in the way** essere d'intralcio ● **to be on the way** (person) stare arrivando; (meal) essere in arrivo ● **to get out of sb's way** lasciar passare qn ● **to get under way** cominciare ● **a long way away** lontano ● **to lose**

one's way smarrirsi • on the way back al ritorno • on the way there all'andata • that way (like that) in quel modo; (in that direction) da quella parte • this way (like this) in questo modo; (in this direction) da questa parte • no way! (inf) neanche per sogno! ▼ give way dare la precedenza ▼ way in entrata ▼ way out uscita

WC [dʌblju:'si:] n (abbr of water closet) W.C. m inv

we [wi:] pron noi • we're fine stiamo bene

weak [wi:k] adj 1. debole 2. (drink) leggero(a) 3. (soup) liquido(a)

weaken ['wi:kn] vt indebolire

weakness ['wi:knɪs] n debolezza f

wealth [welθ] n ricchezza f

wealthy ['welθɪ] adj ricco(a)

weapon ['wepən] n arma f

weapons of mass destruction n armi fpl di distruzione di massa

wear [weəʳ] (pt wore, pp worn) ◇ vt portare, indossare ◇ n (clothes) abbigliamento m • wear and tear usura f • **wear off** vi passare • **wear out** vi consumarsi

weary ['wɪərɪ] adj stanco(a)

weasel ['wi:zl] n donnola f

weather ['weðəʳ] n tempo m • what's the weather like? che tempo fa? • to be under the weather (inf) sentirsi poco bene

weather forecast n previsioni fpl del tempo

weather forecaster [-fɔ:kɑ:stəʳ] n meteorologo m, -a f

weather report n bollettino m meteorologico

weather vane [-veɪn] n banderuola f

weave [wi:v] (pt wove, pp woven) vt tessere

web [web] n (of spider) ragnatela f • **Web** n COMPUT • the Web la Rete, il Web

webcam ['webkæm] n webcam f inv

Wed. (abbr of Wednesday) mer

wedding ['wedɪŋ] n matrimonio m

wedding anniversary n anniversario m di matrimonio

wedding dress n abito m da sposa

wedding ring n fede f

wedge [wedʒ] n 1. (of cake) fetta f 2. (of wood etc) cuneo m

Wednesday ['wenzdɪ] n mercoledì m inv ➢ **Saturday**

wee [wi:] n (inf) pipì f

weed [wi:d] n erbaccia f

week [wi:k] n settimana f • a week today oggi a otto • in a week's time fra una settimana

weekday ['wi:kdeɪ] n giorno m feriale

weekend [,wi:k'end] n fine settimana m inv

weekly ['wi:klɪ] ◇ adj settimanale ◇ adv ogni settimana ◇ n settimanale m

weep [wi:p] (pt & pp wept) vi piangere

weigh [weɪ] vt pesare • how much does it weigh? quanto pesa?

weight [weɪt] n peso m • to lose weight dimagrire • to put on weight ingrassare • **weights** npl (for weight training) pesi mpl

weightlifting ['weɪt,lɪftɪŋ] n sollevamento m pesi

weight training *n* allenamento *m* ai pesi

weir [wɪə'] *n* chiusa *f*

weird [wɪəd] *adj* strano(a)

welcome ['welkəm] ◇ *adj* **1.** (*guest*) benvenuto(a)! **2.** (*appreciated*) gradito(a) ◇ *n* accoglienza *f* ◇ *vt* **1.** (*greet*) dare il benvenuto a **2.** (*be grateful for*) gradire ◇ *excl* benvenuto(a)! ● **you're welcome to help yourself** si serva pure ● **to make sb feel welcome** far sentire qn benaccetto ● **you're welcome!** prego!

weld [weld] *vt* saldare

welfare ['welfeə'] *n* **1.** (*happiness, comfort*) benessere *m* **2.** (*US*) (*money*) sussidio *m*

well [wel] (*compar* **better**, *superl* **best**) ◇ *adj* bene ◇ *adv* **1.** bene **2.** (*a lot*) molto ◇ *n* pozzo *m* ● **to get well** guarire ● **to go well** andar bene ● **well done!** bravo! ● **it may well happen** è assai probabile che accada ● **it's well worth it** ne vale ben la pena ● **as well** (*in addition*) anche ● **as well as** (*in addition to*) oltre a

we'll [wi:l] = **we shall, we will**

well-behaved [-bɪ'heɪvd] *adj* educato(a)

well-built *adj* aitante

well-done *adj* (*meat*) ben cotto(a)

well-dressed [-'drest] *adj* vestito(a) bene

wellington (boot) ['welɪŋtən-] *n* stivale *m* di gomma

well-known *adj* noto(a)

well-off *adj* (*inf*) ricco(a)

well-paid *adj* ben pagato(a)

welly ['welɪ] *n* (*UK*) (*inf*) stivale *m* di gomma

Welsh [welʃ] ◇ *adj* gallese ◇ *n* (*language*) gallese *m* ◇ *npl* ● **the Welsh** i gallesi

Welsh National Assembly

Istituita nel 1998 con il *Government of Wales Act*, garantisce una certa autonomia per la gestione di questioni prettamente gallesi, come agricoltura, istruzione, salute e turismo. Si riunisce a Cardiff, capitale del Galles, e gode di notevoli poteri.

Welshman ['welʃmən] (*pl* **-men**) *n* gallese *m*

Welsh rarebit [-'reəbɪt] *n* crostino di formaggio fuso

Welshwoman ['welʃ,wʊmən] (*pl* **-women**) *n* gallese *f*

went [went] *pt* ➤ **go**

wept [wept] *pt* & *pp* ➤ **weep**

were [wɜː'] *pt* ➤ **be**

we're [wɪə'] = **we are**

weren't [wɜːnt] = **were not**

west [west] ◇ *n* ovest *m*, occidente *m* ◇ *adj* dell'ovest ◇ *adv* **1.** (*fly, walk*) verso ovest **2.** (*be situated*) a ovest ● **in the west of England** nell'Inghilterra occidentale

westbound ['westbaʊnd] *adj* diretto(a) a ovest

West End *n* ● **the West End** (*of London*) zona occidentale del centro di Londra, celebre per i suoi negozi, cinema e teatri

western ['westən] ◇ *adj* occidentale ◇ *n* (*film*) western *m inv*

West Indies [-'ɪndi:z] *npl* le Indie Occidentali

Westminster ['westmɪnstə'] *n quartiere nel centro di Londra*

Westminster/ Westminster Abbey

(City of) Westminster è un *borough* di Londra. Il parlamento ha sede nel *Palace of Westminster* e molti uffici governativi sono nella stessa zona. La *Westminster Abbey*, costruita tra il XII e il XVI secolo, si trova nel cuore di *Westminster* è ospita la cerimonia di incoronazioni dei monarchi del Regno Unito.

Westminster Abbey *n* l'abbazia *f* di Westminster

westwards ['westwədz] *adv* verso ovest

wet [wet] (*pt & pp inv* OR **-ted**) ◇ *adj* **1.** (*soaked, damp*) bagnato(a) **2.** (*rainy*) piovoso(a) ◇ *vt* bagnare ● **to get wet** bagnarsi ▼ **wet paint** vernice fresca

wet suit *n* muta *f*

we've [wi:v] = **we have**

whale [weɪl] *n* balena *f*

wharf [wɔ:f] (*pl* **-s** OR **wharves**) *n* banchina *f*

what [wɒt]

◇ *adj* **1.** (*in questions*) che, quale ● **what colour is it?** di che colore è? ● **he asked me what colour it was** mi ha chiesto di che colore era **2.** (*in exclamations*) ● **what a surprise!** che sorpresa! ● **what a beautiful day!** che bella giornata!

◇ *pron* **1.** (*in direct questions*) (che) cosa ●

what is going on? (che) cosa succede? ● **what are they doing?** (che) cosa fanno? ● **what is that?** (che) cos'è? ● **what is it called?** come si chiama? ● **what are they talking about?** di (che) cosa parlano? ● **what is it for?** (che) cosa serve? **2.** (*in indirect questions, relative clauses*) cosa ● **she asked me what had happened** m'ha chiesto cos'era successo ● **she asked me what I had seen** mi ha chiesto cosa avevo visto ● **she asked me what I was thinking about** m'ha chiesto a cosa pensavo ● **what worries me is ...** ciò che OR quello che mi preoccupa ... ● **I didn't see what happened** non ho visto cos'è successo ● **you can't have what you want** non puoi avere quello che vuoi **3.** (*in phrases*) ● **what for?** a che scopo?, perché? ● **what about going out for a meal?** cosa ne diresti di mangiare fuori?

◇ *excl* come?

whatever [wɒt'evə'] *pron* ● **take whatever you want** prendi quello che vuoi ● **whatever I do, I'll lose** qualsiasi cosa faccia, perderò ● **whatever that may be** quale che sia

wheat [wi:t] *n* grano *m*, frumento *m*

wheel [wi:l] *n* **1.** ruota *f* **2.** (*steering wheel*) volante *m*

wheelbarrow ['wi:l,bærəu] *n* carriola *f*

wheelchair ['wi:l,tʃeə'] *n* sedia *f* a rotelle

wheelclamp [,wi:l'klæmp] *n* bloccaruota *m inv*

wheezy ['wi:zɪ] *adj* ansante

when [wen] ◇ *adv* quando ◇ *conj* **1.**

quando **2.** (although, seeing as) sebbene, mentre ● **when it's ready** quando è pronto ● **when I've finished** quando avrò finito

whenever [wen'evə^r] conj ogni volta che ● **whenever you like** quando vuoi

where [weə^r] adv & conj dove ● **this is where you'll be sleeping** è qui che dormirà

whereabouts ['weərəbauts] ◇ adv dove ◇ npl ● **his whereabouts are unknown** nessuno sa dove si trovi

whereas [weər'æz] conj mentre

wherever [weər'evə^r] conj dovunque ● **wherever you like** dove vuoi ● **wherever may be** dove che sia

whether ['weðə^r] conj se ● **whether you like it or not** ti piaccia o no

which [wɪtʃ]
◇ adj (in questions) quale ● **which room do you want?** quale stanza vuole? ● **which one?** quale? ● **she asked me which room I wanted** mi ha chiesto quale stanza volevo?
◇ pron **1.** (in questions) quale ● **which is the cheapest?** qual è il più economico? ● **which do you prefer?** quale preferisci? ● **he asked me which was the best** mi ha chiesto quale era il migliore ● **he asked me which I preferred** mi ha chiesto quale preferivo **2.** (introducing relative clause) che ● **the house which is on the corner** la casa che è all'angolo ● **the television which I bought** il televisore che ho comprato **3.** (introducing relative clause: after prep) il quale(la quale) che ● **the sofa on which I'm sitting** il divano su cui siedo ● **the**

book about which we were talking il libro di cui stavamo parlando **4.** (referring back) il che, cosa che ● **he's late, which annoys me** è in ritardo, il che mi secca molto

whichever [wɪtʃ'evə^r] ◇ pron quello, quelli, -e f pl, che ◇ adj ● **take whichever chocolate you like best** prendi il cioccolatino che preferisci ● **whichever chocolate you take** qualsiasi cioccolatino tu prenda

while [waɪl] ◇ conj **1.** mentre **2.** (although) sebbene ◇ n ● **a while** un po' (di tempo) ● **for a while** per un po' ● **in a while** fra un po'

whim [wɪm] n capriccio m

whine [waɪn] vi **1.** gemere **2.** (complain) frignare

whip [wɪp] ◇ n frusta f ◇ vt (with whip) frustare

whipped cream [wɪpt-] n panna f montata

whirlpool ['wɜ:lpu:l] n (Jacuzzi) vasca f per idromassaggi

whisk [wɪsk] ◇ n (utensil) frusta f, frullino m ◇ vt (eggs, cream) sbattere

whiskers ['wɪskəz] npl **1.** (of person) favoriti m **2.** (of animal) baffi m

whiskey ['wɪskɪ] (pl -s) n whisky m inv (irlandese o americano)

whisky ['wɪskɪ] n whisky m inv (scozzese)

whisper ['wɪspə^r] vt & vi sussurrare

whistle ['wɪsl] ◇ n **1.** (instrument) fischietto m **2.** (sound) fischio m ◇ vi fischiare

white [waɪt] ◇ adj **1.** bianco(a) **2.** (tea) con latte ◇ n **1.** bianco m **2.** (person) bianco *m*, -a *f* ● **white coffee** caffè *m* inv con latte

white bread *n* pane *m* bianco

White House *n* ● the White House la Casa Bianca

White House

Dal 1800 viene utilizzata come residenza ufficiale del Presidente degli USA a Washington DC. Il nome viene usato spesso come sinonimo di Presidente o governo degli USA. È l'unica residenza privata di un capo di stato aperta al pubblico. La famosa Sala Ovale è diventata il simbolo della presidenza.

white sauce *n* besciamella *f*

white spirit *n* acquaragia *f*

whitewash ['waɪtwɒʃ] *vt* imbiancare

white wine *n* vino *m* bianco

whiting ['waɪtɪŋ] (*pl inv*) *n* merlango *m*

Whitsun ['wɪtsn] *n* Pentecoste *f*

who [hu:] *pron* **1.** (*in questions*) chi **2.** (*in relative clauses*) che

whoever [hu:'evə'] *pron* chiunque ● whoever it is chiunque sia

whole [həʊl] ◇ *adj* intero(a) ◇ *n* ● the whole of the journey tutto il viaggio ● on the whole nel complesso ● the whole time tutto il tempo

wholefoods ['həʊlfu:dz] *npl* prodotti *mpl* integrali

wholemeal bread ['həʊlmi:l-] *n* (*UK*) pane *m* integrale

wholesale ['həʊlseɪl] *adv* (*COMM*) all'ingrosso

wholewheat bread ['həʊl,wi:t-] *n* (*US*) = wholemeal bread

whom [hu:m] *pron* **1.** (*fml*) (*in questions*) chi **2.** (*in relative clauses*) che ● to whom? a chi? ● the person to whom I wrote la persona alla quale ho scritto

whooping cough ['hu:pɪŋ-] *n* pertosse *f*

whose [hu:z] *adj* & *pron* ● whose jumper is this? di chi è questo maglione? ● she asked whose jumper it was ha chiesto di chi era il maglione ● this is the woman whose son is a priest questa è la donna il cui figlio è un prete ● whose is this? di chi è questo?

why [waɪ] *adv* & *conj* perché ● why not? perché no? ● why not do it tomorrow? perché non farlo domani?

wick [wɪk] *n* (*of candle, lighter*) stoppino *m*

wicked ['wɪkɪd] *adj* **1.** (*evil*) malvagio(a) **2.** (*mischievous*) malizioso(a)

wicker ['wɪkə'] *adj* di vimini

wide [waɪd] ◇ *adj* **1.** largo(a) **2.** (*opening*) ampio(a) **3.** (*range, variety*) vasto(a) **4.** (*difference, gap*) grande ◇ *adv* ● to open sth wide spalancare qc ● how wide is the road? quanto è larga la strada? ● it's 12 metres wide è largo 12 metri ● wide open spalancato

widely ['waɪdlɪ] *adv* **1.** (*known*) generalmente **2.** (*travel*) molto

widen ['waɪdn] ◇ *vt* (*make broader*) allargare ◇ *vi* (*gap, difference*) aumentare

widescreen TV ['waɪdskri:n-] *n* televisore *m* a schermo panoramico

widespread ['waɪdspred] *adj* molto diffuso(a)

widow ['wɪdəʊ] *n* vedova *f*

widower ['wɪdəʊə'] *n* vedovo *m*

width [wɪdθ] *n* larghezza *f*

wife [waɪf] (*pl* **wives**) *n* moglie *f*

wig [wɪg] *n* parrucca *f*

wild [waɪld] *adj* **1.** *(animal, plant)* selvatico(a) **2.** *(land, area)* selvaggio(a) **3.** *(uncontrolled)* sfrenato(a) **4.** *(crazy)* folle ● **to be wild about** *(inf)* andare pazzo(a) per

wild flower *n* fiore *m* di campo

wildlife ['waɪldlaɪf] *n* flora e fauna *f*

will¹ [wɪl] *aux vb* **1.** *(expressing future tense)* ● I will see you next week ci vediamo la settimana prossima ● will you be here next Friday? sarai qui venerdì prossimo? ● yes I will sì ● no I won't no **2.** *(expressing willingness)* I won't do it mi rifiuto di farlo **3.** *(expressing polite question)* ● will you have some more tea? vuole ancora un po' di tè? **4.** *(in commands, requests)* ● will you please be quiet! volete tacere! ● close that window, will you? chiudi la finestra, per favore

will² [wɪl] *n (document)* testamento *m* ● against one's will contro la propria volontà

willing ['wɪlɪŋ] *adj* ● to be willing to do sthg essere disposto(a) a fare qc

willingly ['wɪlɪŋlɪ] *adv* volentieri

willow ['wɪləʊ] *n* salice *m*

Wimbledon [wɪmbl'dən] *n torneo di tennis*

win [wɪn] (*pt & pp* **won**) ◇ *n* vittoria *f* ◇ *vt* **1.** vincere **2.** *(support, approval, friends)* guadagnarsi ◇ *vi* vincere

wind¹ [wɪnd] *n* **1.** vento *m* **2.** *(in stomach)* aria *f*

wind² [waɪnd] (*pt & pp* **wound**) ◇ *vi (road, river)* snodarsi ◇ *vt* ● to wind sthg round sthg avvolgere qc intorno a qc

wind up *vt sep* **1.** *(UK)* *(inf)* *(annoy)* dare sui nervi a **2.** *(car window)* tirare su, chiudere **3.** *(clock, watch)* caricare

windbreak ['wɪndbreɪk] *n* frangivento *m*

windmill ['wɪndmɪl] *n* mulino *m* a vento

window ['wɪndəʊ] *n* **1.** *(of house)* finestra *f* **2.** *(of shop)* vetrina *f* **3.** *(of car)* finestrino *m*

window box *n* cassetta *f* per fiori

window cleaner *n* lavavetri *mf*

windowpane ['wɪndəʊˌpeɪn] *n* vetro *m*

window seat *n (on plane)* posto *m* finestrino

window-shopping *n* ● to go window-shopping andare a guardare le vetrine

windowsill ['wɪndəʊsɪl] *n* davanzale *m*

windscreen ['wɪndskriːn] *n (UK)* para-

brezza m inv

windscreen wipers npl (UK) tergicristalli mpl

windshield ['wɪndʃiːld] n (US) parabrezza m inv

Windsor Castle ['wɪnzə-] n il castello di Windsor

windsurfing ['wɪndˌsɜːfɪŋ] n windsurf m ● **to go windsurfing** fare del windsurf

windy ['wɪndɪ] adj ventoso(a) ● **it's windy** c'è vento

wine [waɪn] n vino m

wine bar n (UK) ≃ enoteca f

wineglass ['waɪnglɑːs] n bicchiere m da vino

wine list n lista f dei vini

wine tasting [-'teɪstɪŋ] n degustazione f dei vini

wine waiter n sommelier mf inv

wing [wɪŋ] n 1. ala f 2. (UK) (of car) fiancata f ● **wings** npl ● **the wings** (in theatre) le quinte

wink [wɪŋk] vi strizzare l'occhio

winner ['wɪnə'] n vincitore m, -trice f

winning ['wɪnɪŋ] adj vincente

winter ['wɪntə'] n inverno ● **in (the) winter** d'inverno

wintertime ['wɪntətaɪm] n inverno m

wipe [waɪp] vt pulire ● **to wipe one's hands/feet** pulirsi le mani/le scarpe ◆ **wipe up** ◇ vt sep 1. (liquid) asciugare 2. (dirt) pulire ◇ vi (dry the dishes) asciugare i piatti

wiper ['waɪpə'] n (windscreen wiper) tergicristallo m

wire ['waɪə'] ◇ n 1. filo m di ferro 2. (electrical) filo (elettrico) ◇ vt (plug) collegare

wireless ['waɪəlɪs] n radio f inv

wiring ['waɪərɪŋ] n impianto m elettrico

wisdom tooth ['wɪzdəm-] n dente m del giudizio

wise [waɪz] adj saggio(a)

wish [wɪʃ] ◇ n (desire) desiderio m ◇ vt (desire) desiderare ● **best wishes** (for birthday, recovery) auguri; (at end of letter) cordiali saluti ● **I wish you'd told me earlier!** perché non me l'hai detto prima? ● **I wish I was younger** vorrei tanto essere più giovane ● **to wish for sthg** desiderare qc ● **to wish to do sthg** (fml) desiderare fare qc ● **to wish sb luck/happy birthday** augurare buona fortuna/buon compleanno a qn ● **if you wish** (fml) se vuole

witch [wɪtʃ] n strega f

with [wɪð] prep 1. (gen) con ● **come with me** vieni con me ● **a man with a beard** un uomo con la barba ● **a room with a bathroom** una camera con bagno 2. (at house of) da, a casa di ● **we stayed with friends** siamo stati da amici 3. (indicating emotion) di, per ● **to tremble with fear** tremare di paura 4. (indicating opposition) ● **to argue with sb** litigare con qn ● **to fight with sb** combattere contro qn 5. (indicating covering, contents) di ● **to fill sthg with sthg** riempire qc di qc ● **topped with cream** ricoperto di panna

withdraw [wɪð'drɔː] (pt **-drew**, pp **-drawn**) ◇ vt 1. (take out) ritirare 2. (money) prelevare ◇ vi (from race, contest) ritirarsi

withdrawal [wɪð'drɔːəl] n (from bank account) prelievo m

withdrawn [wɪð'drɔːn] *pp* ➤ withdraw

withdrew [wɪð'druː] *pt* ➤ withdraw

wither ['wɪðəʳ] *vi* appassire

within [wɪ'ðɪn] ◇ *prep* **1.** *(inside)* all'interno di **2.** *(not exceeding)* entro ◇ *adv* all'interno, dentro ● **within walking distance** raggiungibile a piedi ● **within 10 miles of ...** a non più di 10 miglia da ... ● **it arrived within a week** è arrivato nel giro di una settimana ● **within the next week** entro la prossima settimana

without [wɪð'aʊt] *prep* senza ● **without doing sthg** senza fare qc

withstand [wɪð'stænd] *(pt & pp* **-stood)** *vt* resistere a

witness ['wɪtnɪs] ◇ *n* testimone *mf* ◇ *vt (see)* assistere a

witty ['wɪtɪ] *adj* arguto(a)

wives [waɪvz] *pl* ➤ wife

WMD [dʌblju:em'di:] *n (abbr of weapons of mass destruction)* ADM *fpl (armi di distruzione di massa)*

wobbly ['wɒblɪ] *adj (table, chair)* traballante

wok [wɒk] *n* padella larga e profonda usata nella cucina cinese

woke [wəʊk] *pt* ➤ wake

woken ['wəʊkn] *pp* ➤ wake

wolf [wʊlf] *(pl* **wolves)** *n* lupo *m*

woman ['wʊmən] *(pl* **women)** *n* donna *f*

womb [wuːm] *n* utero *m*

women ['wɪmɪn] *pl* ➤ woman

won [wʌn] *pt & pp* ➤ win

wonder ['wʌndəʳ] ◇ *vi (ask o.s.)* chiedersi, domandarsi ◇ *n (amazement)* meraviglia *f* ● **to wonder if** domandarsi se ● **I wonder if I could ask you a favour?** potrei chiederle un favore?

wonderful ['wʌndəfʊl] *adj* meraviglioso(a)

won't [wəʊnt] = will not

wood [wʊd] *n* **1.** *(substance)* legno *m* **2.** *(small forest)* bosco *m* **3.** *(golf club)* mazza *f* di legno

wooden ['wʊdn] *adj* di legno

woodland ['wʊdlənd] *n* terreno *m* boschivo

woodpecker ['wʊdˌpekəʳ] *n* picchio *m*

woodwork ['wʊdwɜːk] *n* SCH falegnameria *f*

wool [wʊl] *n* lana *f*

woolen ['wʊlən] *(US)* = woollen

woollen ['wʊlən] *adj (UK)* di lana

woolly ['wʊlɪ] *adj* di lana

wooly ['wʊlɪ] *(US)* = woolly

word [wɜːd] *n* parola *f* ● **in other words** in altre parole ● **to have a word with sb** parlare con qn

wording ['wɜːdɪŋ] *n* formulazione *f*

word processing [-'prəʊsesɪŋ] *n* videoscrittura *f*

word processor [-'prəʊsesəʳ] *n* sistema *m* di videoscrittura

wore [wɔːʳ] *pt* ➤ wear

work [wɜːk] ◇ *n* **1.** lavoro *m* **2.** *(painting, novel etc)* opera *f* ◇ *vi* **1.** lavorare **2.** *(operate, have desired effect)* funzionare **3.** *(take effect)* fare effetto ◇ *vt (machine, controls)* far funzionare ● **out of work** senza lavoro ● **to be at work** *(at workplace)* essere al lavoro; *(working)* lavorare ● **to be off work** *(on holiday)* essere in ferie; *(ill)* essere in malattia ● **the works** *(inf) (everything)* tutto quanto ● **how does it work?** come funziona?

● **it's not working** non funziona ◆
work out ◇ *vt sep* **1.** *(price, total)*
calcolare **2.** *(understand)* capire **3.** *(solution)* trovare **4.** *(method, plan)* mettere a
punto ◇ *vi* **1.** *(result, be successful)*
funzionare **2.** *(do exercise)* fare ginnastica ● **it works out at £20 each** *(bill, total)* fa 20 sterline a testa

worker ['wɜːkəʳ] *n* lavoratore *m*, -trice *f*

working class ['wɜːkɪŋ-] *n* ● **the working class** la classe operaia

working hours ['wɜːkɪŋ-] *npl* orario *m* di lavoro

working hours

Nel Regno Unito la settimana lavorativa va da 35 a 40 ore, gli orari di lavoro sono normalmente dalle 9 alle 5 e le ferie sono di 4/5 settimane. Negli USA si lavora per 40/45 ore settimanali, dalle 8 alle 5, e le ferie retribuite non superano le due settimane.

workman ['wɜːkmən] (*pl* **-men**) *n* operaio *m*

work of art *n* opera *f* d'arte

workout ['wɜːkaʊt] *n* allenamento *m*

work permit *n* permesso *m* di lavoro

workplace ['wɜːkpleɪs] *n* posto *m* di lavoro

workshop ['wɜːkʃɒp] *n* (*for repairs*) officina *f*

work surface *n* piano *m* di lavoro

world [wɜːld] ◇ *n* mondo *m* ◇ *adj* mondiale ● **the best in the world** il migliore del mondo

worldwide [ˌwɜːld'waɪd] *adv* in tutto il mondo

worm [wɜːm] *n* verme *m*

worn [wɔːn] ◇ *pp* ➢ **wear** ◇ *adj* (*clothes, carpet*) consumato(a)

worn-out *adj* **1.** (*clothes, shoes etc*) consumato(a) **2.** (*tired*) esausto(a)

worried ['wʌrɪd] *adj* preoccupato(a)

worry ['wʌrɪ] ◇ *n* preoccupazione *f* ◇ *vt* preoccupare ◇ *vi* ● **to worry (about)** preoccuparsi (per)

worrying ['wʌrɪɪŋ] *adj* preoccupante

worse [wɜːs] ◇ *adj* peggiore ◇ *adv* peggio
● **to get worse** peggiorare ● **worse off** (*in worse position*) in una situazione peggiore; (*poorer*) più povero

worsen ['wɜːsn] *vi* peggiorare

worship ['wɜːʃɪp] ◇ *n* culto *m* ◇ *vt* adorare

worst [wɜːst] ◇ *adj* peggiore ◇ *adv* peggio ◇ *n* ● **the worst** il peggiore (la peggiore)

worth [wɜːθ] *prep* ● **how much is it worth?** quanto vale? ● **it's worth £50** vale 50 sterline ● **it's worth seeing** vale la pena vederlo ● **it's not worth it** non ne vale la pena ● **£50 worth of traveller's cheques** traveller's cheques per un valore di 50 sterline

worthless ['wɜːθlɪs] *adj* di nessun valore

worthwhile [ˌwɜːθ'waɪl] *adj* ● **to be worthwhile** valere la pena

worthy ['wɜːðɪ] *adj* (*winner, cause*) degno(a) ● **to be worthy of sthg** essere degno di qc

would [wʊd] *aux vb* **1.** (*in reported speech*) ● **she said she would come** ha detto che sarebbe venuta **2.** *(indicating condition)* ● what would you do? tu cosa faresti? ● what would you have done? tu cosa avresti fatto? ● I would be most grateful le sarei molto grato **3.** *(indicating willingness)* ● she wouldn't go non ci è voluta andare ● he would do anything for her farebbe qualsiasi cosa per lei **4.** *(in polite questions)* ● would you like a drink? vuole qualcosa da bere? ● would you mind closing the window? le spiacerebbe chiudere la finestra? **5.** *(indicating inevitability)* ● he would say that era ovvio che dicesse così **6.** *(giving advice)* ● I would report it if I were you se fossi in voi lo riferirei **7.** *(expressing opinions)* ● I would prefer ... preferirei ... ● I would have thought (that) ... avrei pensato che ...

wound[1] [wuːnd] ◇ *n* ferita *f* ◇ *vt* ferire

wound[2] [waʊnd] *pt & pp* ➤ **wind**[2]

wove [wəʊv] *pt* ➤ **weave**

woven ['wəʊvn] *pp* ➤ **weave**

wrap [ræp] *vt* (package) incartare ● to wrap sthg round sthg avvolgere qc intorno a qc ◆ **wrap up** *vt sep* (package) incartare ◇ *vi* (dress warmly) coprirsi bene

wrapper ['ræpə[r]] *n* (for sweets) carta *f*

wrapping ['ræpɪŋ] *n* involucro *m*

wrapping paper *n* **1.** (for present) carta *f* da regalo **2.** (for parcel) carta da pacchi

wreath [riːθ] *n* corona *f*

wreck [rek] ◇ *n* **1.** (of plane, car) rottame *m* **2.** (of ship) relitto *m* ◇ *vt* **1.** (destroy) distruggere **2.** (spoil) rovinare ● to be wrecked (ship) fare naufragio

wreckage ['rekɪdʒ] *n* **1.** (of plane, car)

rottami *mpl* **2.** (of building) macerie *fpl*

wrench [rentʃ] *n* **1.** (UK) (monkey wrench) chiave *f* inglese **2.** (US) (spanner) chiave

wrestler ['reslə[r]] *n* lottatore *m*, -trice *f*

wrestling ['reslɪŋ] *n* lotta *f* libera

wretched ['retʃɪd] *adj* **1.** (miserable) infelice **2.** (very bad) orribile

wring [rɪŋ] (*pt & pp* **wrung**) *vt* (clothes, cloth) strizzare

wrinkle ['rɪŋkl] *n* ruga *f*

wrist [rɪst] *n* polso *m*

wristwatch ['rɪstwɒtʃ] *n* orologio *m* da polso

write [raɪt] (*pt* **wrote**, *pp* **written**) ◇ *vt* **1.** scrivere **2.** (cheque, prescription) fare **3.** (US) (send letter to) scrivere a ◇ *vi* scrivere ● to write to sb (UK) scrivere a qn ◆ **write back** *vi* rispondere ◆ **write down** *vt sep* scrivere ◆ **write off** ◇ *vt sep* (UK) (inf) (car) distruggere ◇ *vi* ● to write off for sthg richiedere qc per posta ◆ **write out** *vt sep* **1.** (list, essay) scrivere **2.** (cheque, receipt) fare

write-off *n* (vehicle) rottame *m*

writer ['raɪtə[r]] *n* (author) scrittore *m*, -trice *f*

writing ['raɪtɪŋ] *n* **1.** (handwriting) scrittura *f* **2.** (written words) scritto *m* **3.** (activity) scrivere *m*

writing desk *n* scrivania *f*

writing pad *n* blocchetto *m* per appunti

writing paper *n* carta *f* da lettere

written ['rɪtn] ◇ *pp* ➤ **write** ◇ *adj* (exam, notice, confirmation) scritto(a)

wrong [rɒŋ] ◇ *adv* male ◇ *adj* **1.** (incorrect, unsuitable) sbagliato(a) **2.** (bad, immoral) ● it's wrong to steal non si

deve rubare ● what's wrong? cosa c'è
che non va? ● what's wrong with her?
cos'ha? ● something's wrong with the
car la macchina ha qualcosa che non
va ● to be wrong *(person)* sbagliarsi ●
to be in the wrong essere in torto ● to
get sth wrong sbagliare qc ● to go
wrong *(machine)* non funzionare più ▼
wrong way *(US)* cartello che segnala agli
automobilisti il senso vietato

wrongly ['rɒŋlɪ] *adv* **1.** *(accused)* ingiustamente **2.** *(informed)* male

wrong number *n* ● to get the wrong
number sbagliare numero

wrote [rəʊt] *pt* ➤ write

wrought iron [rɔːt-] *n* ferro in battuto

wrung [rʌŋ] *pt & pp* ➤ wring

WWW [dʌbljuːdʌbljuːˈdʌbljuː] *n* COMPUT
(abbr of World Wide Web) WWW *m*

yacht [jɒt] *n* yacht *m inv*

Yankee ['jæŋkɪ] *n* *(US)* *(citizen)* Yankee
mf

Yankee

Originariamente il termine *Yankee*
veniva usato per indicare gli immi-
granti olandesi che si erano stabiliti
nel nord-est degli Stati Uniti. In
seguito, venne ad indicare un qualsiasi abitante del nord-est, cosicché
durante la Guerra di Secessione
Yankee divenne il soprannome dato
dai Sudisti ai Nordisti. Ancora oggi
c'è chi negli stati del sud usa il
termine in tono dispregiativo per
riferirsi agli abitanti del nord.

XX

XL [eks'el] *(abbr of extra-large)* XL

Xmas ['eksməs] *n (inf)* Natale *m*

X-ray ◇ *n (picture)* radiografia *f* ◇ *vt*
fare una radiografia ● to have an X-
ray farsi una radiografia

yard [jɑːd] *n* **1.** *(unit of measurement)* =
91,44 cm, iarda *f* **2.** *(enclosed area)*
cortile *m* **3.** *(US)* *(behind house)* giardino
m

yard sale *n (US)* vendita di oggetti di
seconda mano organizzata da un privato
nel giardino di casa

yarn [jɑːn] *n (thread)* filato *m*

yawn [jɔːn] *vi (person)* sbadigliare

yd *abbr* = yard

yeah [jeə] *adv (inf)* sì

year [jɪəʳ] *n* anno *m* ● next year l'anno
prossimo ● this year quest'anno ●
I'm 15 years old ho 15 anni ● I haven't

seen her for years (*inf*) sono anni che non la vedo

yearly ['jɪəlɪ] *adj* annuale, annuo(a)

yeast [ji:st] *n* lievito *m*

yell [jel] *vi* urlare

yellow ['jeləʊ] ◇ *adj* giallo(a) ◇ *n* giallo *m*

yellow lines *npl* strisce *fpl* gialle (*che regolano la sosta dei veicoli*)

yes [jes] *adv* sì ● **to say yes** dire di sì

yesterday ['jestədɪ] ◇ *n* ieri *m* ◇ *adv* ieri ● **the day before yesterday** l'altro ieri ● **yesterday afternoon** ieri pomeriggio ● **yesterday morning** ieri mattina

yet [jet] ◇ *adv* ancora ◇ *conj* ma ● **have they arrived?** sono già arrivati? ● **the best one yet** il migliore fino a questo momento ● **not yet** non ancora ● **I've yet to do it** devo ancora farlo ● **yet again** ancora una volta ● **yet another delay** ancora un altro ritardo

yew [ju:] *n* tasso *m* pianta

yield [ji:ld] ◇ *vt* dare, rendere ◇ *vi* (*break, give way*) cedere ▼ **yield** (*US*) *AUT* dare la precedenza

YMCA [waɪemsi:'eɪ] *n* (*abbr of* Young Men's Christian Association) associazione cristiana dei giovani che offre alloggi a buon prezzo

yob [jɒb] *n* (*UK*) (*inf*) teppista *mf*

yoga ['jəʊgə] *n* yoga *m*

yoghurt ['jɒgət] *n* yogurt *m inv*

yolk [jəʊk] *n* tuorlo *m*, rosso *m* d'uovo

you [ju:] *pron* **1.** (*subject: singular*) tu; (*subject: polite form*) lei; (*subject: plural*) voi ● **you Italians** voi italiani **2.** (*direct object: singular*) ti; (*direct object: polite*

form) la; (*direct object: plural*) vi ● **I called you, not him** ho chiamato te, non lui **3.** (*indirect object: singular*) ti; (*indirect object: polite form*) le; (*indirect object: plural*) vi **4.** (*after prep: singular*) te; (*after prep: polite form*) lei; (*after prep: plural*) voi ● **I'm shorter than you** sono più basso di te/lei/voi **5.** (*indefinite use*) si ● **you never know** non si sa mai ● **swimming is good for you** nuotare fa bene

young [jʌŋ] ◇ *adj* giovane ◇ *npl* ● **the young** i giovani

younger ['jʌŋgə'] *adj* (*brother, sister*) minore, più giovane

youngest ['jʌŋgəst] *adj* (*brother, sister*) minore, più giovane

youngster ['jʌŋstə'] *n* giovane *mf*

your [jɔ:'] *adj* **1.** (*singular subject*) il tuo (la tua), i tuoi (le tue); (*singular subject: polite form*) il suo (la sua), i suoi (le sue); (*plural subject*) il vostro(la vostra), i vostri (le vostre) ● **your dog** il tuo/suo/vostro cane ● **your house** la tua/sua/vostra casa ● **your children** i tuoi/suoi/vostri bambini ● **your mother** tua/sua/vostra madre **2.** (*indefinite subject*) ● **it's good for your health** fa bene alla salute

yours [jɔ:z] *pron* **1.** (*referring to singular subject*) il tuo (la tua), i tuoi (le tue) **2.** (*polite form*) il suo (la sua), i suoi (le sue) **3.** (*referring to plural subject*) il vostro (la vostra), i vostri (le vostre) ● **a friend of yours** un tuo/suo/vostro amico ● **are these shoes yours?** queste scarpe sono tue/sue/vostre?

yourself [jɔ:'self] (*pl* **-selves**) *pron* **1.**

(reflexive: singular) ti; *(reflexive: polite form)* si; *(reflexive: plural)* vi **2.** *(after prep: singular)* te; *(after prep: polite form)* sé; *(after prep: plural)* voi **3.** *(emphatic use: singular)* tu stesso(a); *(emphatic use: polite form)* lei stesso(a); *(emphatic use: plural)* voi stessi(e) ● **did you do it yourself?** *(singular)* l'hai fatto da solo?

youth [ju:θ] *n* **1.** *(period of life)* gioventù *f* **2.** *(quality)* giovinezza *f* **3.** *(young man)* giovane *m*

youth club *n* circolo *m* giovanile

youth hostel *n* ostello *m* della gioventù

Yugoslavia [ju:gə'slɑ:vɪə] *n* la Jugoslavia

yuppie ['jʌpɪ] *n* yuppie *mf inv*

YWCA [waɪdʌblju:si:'eɪ] *n* *(abbr of Young Women's Christian Association)* associazione cristiana delle giovani che offre alloggi a buon prezzo

Zz

zebra [*(UK)* 'zebrə, *(US)* 'zi:brə] *n* zebra *f*

zebra crossing *n* *(UK)* strisce *fpl* pedonali

zero ['zɪərəʊ] *(pl* **-es***)* *n* zero *m* ● **five degrees below zero** cinque gradi sotto zero

zest [zest] *n* *(of lemon, orange)* scorza *f*

zigzag ['zɪgzæg] *vi* procedere a zigzag

zinc [zɪŋk] *n* zinco *m*

zip [zɪp] ◇ *n* *(UK)* cerniera *f* OR chiusura *f* lampo *(inv)* ◇ *vt* chiudere la cerniera di ● **zip up** *vt sep* chiudere la cerniera di

zip code *n* *(US)* codice *m* di avviamento postale

zipper ['zɪpə'] *n* *(US)* cerniera *f* OR chiusura lampo *(inv)*

zit [zɪt] *n* *(inf)* brufolo *m*

zodiac ['zəʊdɪæk] *n* zodiaco *m*

zone [zəʊn] *n* zona *f*

zoo [zu:] *(pl* **-s***)* *n* zoo *m inv*

zoom (lens) [zu:m-] *n* zoom *m inv*

zucchini [zu:'ki:nɪ] *(pl inv)* *n* *(US)* zucchine *fpl*

GUIDA
ALLA
CONVERSAZIONE

Guida pratica

CONVERSATION
GUIDE

Numbers, weights and measures, currency, time

Indice

Contents

saluti	*greeting someone*
Buongiorno.	Good morning.
Buon pomeriggio.	Good afternoon.
Buonasera.	Good evening.
Ciao!	Hello!
Come stai? Come sta? [polite form]	How are you?
Benissimo, grazie.	Very well, thank you.
Bene, grazie.	Fine, thank you.
E tu? E lei? [polite form]	And you?

presentarsi	*introducing yourself*
Mi chiamo Paolo.	My name is Paolo.
Sono italiano(a).	I am Italian.
Sono di Roma.	I come from Rome.
Ciao, sono Marco.	Hello, I'm Marco
Mi presento, mi chiamo Anna.	Allow me to introduce myself, I'm Anna.
Non credo che ci conosciamo.	I don't think we've met.

fare le presentazioni	*making introductions*
Questo è il signor Rossi.	This is Mr. Rossi.
Le presento il signor Rossi. [polite form]	I'd like to introduce Mr. Rossi.
Piacere.	Pleased to meet you.
Come sta? [polite form]	How are you?
Spero che abbia fatto buon viaggio.	I hope you had a good trip.
Benvenuto(a).	Welcome.
Faccio le presentazioni?	Shall I do the introductions?

dire arrivederci	*saying goodbye*
Arrivederci.	Bye.
Ci vediamo.	See you OR so long.
A presto.	See you soon.
A dopo.	See you later.
Buonanotte.	Good night.
Buon viaggio.	Enjoy your trip./ Have a good trip.
Piacere di averla conosciuta. [polite form]	It was nice to meet you.

Mi dispiace, ma devo lasciarvi.	I'm afraid I have to go now.
Arrivederci a tutti.	Bye everybody.
Porta i miei saluti a...	Give my best regards to...
Tante buone cose.	All the best.

ringraziare	*saying thank you*
Grazie (mille).	Thank you (very much).
Grazie. Altrettanto.	Thank you. The same to you.
Grazie dell'aiuto.	Thank you for your help.
Grazie mille per tutto.	Thanks a lot for everything.
Non so come ringraziarti.	I can't thank you enough.
Le sono molto riconoscente per...	I'm very grateful for...

risposte ai ringraziamenti	*replying to thanks*
Non c'è di che.	Don't mention it.
Di niente.	Not at all.
Prego.	You're welcome.
È stato un piacere.	My pleasure.
Di niente.	It was nothing.
È il minimo che possa fare.	It's the least I can do.

scuse	*apologizing*
Scusi.	Excuse me.
Scusa. [to a friend] Scusi. [polite form]	I'm sorry.
Sono desolato(a).	I'm very sorry.
Scusa il ritardo/se ti disturbo. [to a friend] Scusi il ritardo/se la disturbo. [polite form]	I'm sorry I'm late/to bother you.
Purtroppo sono costretto ad annullare l'appuntamento.	I'm afraid I have to cancel our appointment.
Le porgo le mie scuse. [polite form]	I apologize.

accettare le scuse	*accepting an apology*
Non importa.	It doesn't matter./ That's all right
Non fa niente.	It's OR that's ok.
Figurati.	Forget it OR don't worry about it.
Non ne parliamo più.	Let's say no more about it.
Non c'è bisogno di scusarsi.	There's no need to apologize.

auguri e saluti	*wishes and greetings*
Buona fortuna!	Good luck!
Divertiti! [to a friend] Si diverta! [polite form]	Have fun!/Enjoy yourself!
Buon appetito!	Enjoy your meal!
Buon compleanno!	Happy Birthday!
Buona Pasqua!	Happy Easter!
Buon Natale!	Merry Christmas!
Buon anno!	Happy New Year!
Buon fine settimana!	Have a good weekend!
Buone vacanze!	Enjoy your holiday! (UK) Enjoy your vacation! (US)
Tanti auguri!	Best wishes!
Buona giornata!	Have a nice day!
Salute!	Cheers!
Alla vostra salute!	To your health!
Tante buone cose!	All the best!
Congratulazioni!	Congratulations!

che tempo fa?	*what's the weather like?*
È una bella giornata.	It's a beautiful day.
Fa bello.	It's nice.
C'è il sole.	It's sunny.
Piove.	It's raining.
È nuvoloso.	It's cloudy.
Che brutto tempo!	What horrible weather!
Fa (molto) caldo/freddo.	It's (very) hot/cold.
Com'è il tempo?	What's the weather like?
È umido.	It's humid.

gusti	*expressing likes and dislikes*
Mi piace.	I like it.
Non mi piace.	I don't like it.
Vuoi qualcosa da bere/mangiare? [to a friend] Vuole qualcosa da bere/mangiare? [polite form]	Would you like something to drink/eat?
Sì, grazie.	Yes, please.
No, grazie.	No, thanks.

Vuoi venire al parco con noi? [to a friend] Vuole venire al parco con noi? [polite form]	Would you like to come to the park with us?
Sì, volentieri.	Yes, I'd love to.
Non sono affatto d'accordo.	I don't agree.
Sono totalmente d'accordo.	I totally agree with you.
Sono molto tentato.	That sounds very tempting.
Preferirei qualcos'altro.	I'd prefer something else.
Ho una passione per la vela.	I have a passion for sailing.
Per quanto mi riguarda,...	As far as I'm concerned...

al telefono	*on the phone*
Pronto?	Hello.
Sono Anna Baldini.	Anna Baldini speaking.
Vorrei parlare con il signor Giardino.	I'd like to speak to Mr Giardino.
Chiamo da parte della signora Smith.	I'm calling on behalf of Mrs Smith.
Richiamo tra dieci minuti.	I'll call back in ten minutes.
Preferisco attendere in linea.	I'd rather hold the line.
Posso lasciare un messaggio?	Can I leave a message for him?

Scusi, ho sbagliato numero.	Sorry, I must have dialled the wrong number. (UK) Sorry, I must have dialed the wrong number. (US)
Chi parla?	Who's calling?
Attenda in linea, gliela passo.	Hold the line, I'll put you through.
Potrebbe richiamare tra un'ora?	Could you call back in an hour?
È uscita/non tornerà prima di domani.	She's out/won't be back until tomorrow.
Deve aver sbagliato numero.	I think you've got the wrong number.

in macchina	*in the car*
Come si arriva in centro/all'autostrada?	How do we get to the city centre/motorway? (UK) How do we get to downtown/the highway? (US)
C'è un parcheggio qui vicino?	Is there a car park nearby? (UK) Is there a parking lot nearby? (US)
Posso parcheggiare qui?	Can I park here?

11

Sto cercando un distributore.	I'm looking for a petrol station. (UK) I'm looking for a gas station. (US)
È questa la strada per la stazione?	Is this the way to the train station?
È molto lontano in macchina?	Is it very far by car?
noleggiare una macchina	*hiring a car (UK)* *renting a car (US)*
Vorrei noleggiare una macchina con l'aria condizionata.	I'd like to hire a car with air-conditioning. (UK) I'd like to rent a car with air-conditioning. (US)
Quanto costa per un giorno?	What's the cost for one day?
Il chilometraggio è illimitato?	Is the mileage unlimited?
Quanto costa la polizza casco?	How much does it cost for comprehensive insurance?
Posso lasciare la macchina all'aeroporto?	Can I leave the car at the airport?
Questa è la mia patente.	Here's my driving license. (UK) Here's my driver's license. (US)

al distributore	at the petrol station (UK) at the gas station (US)
Ho finito la benzina.	I've run out of petrol. (UK) I've run out of gas. (US)
Il pieno, per favore.	Fill it up, please.
Pompa numero tre.	Pump number three.
Vorrei controllare la pressione delle gomme	I'd like to check the tyre pressure. (UK) I'd like to check the tire pressure. (US)

dal meccanico	at the garage
Mi si è fermata la macchina.	I've broken down.
Si è staccato il tubo di scappamento.	The exhaust pipe has fallen off.
La macchina perde olio.	My car has an oil leak.
Il motore surriscalda.	The engine is overheating.
Il motore fa degli strani rumori.	The engine is making strange noises.
Potrebbe controllare i freni?	Could you check the brakes?
Può controllare il livello dell'acqua?	Could you check the water level?
La batteria è scarica.	The battery is flat.

L'aria condizionata non funziona.	The air-conditioning doesn't work.
Quanto costano le riparazioni?	How much will the repairs cost?
prendere un taxi	*taking a taxi (UK)* *taking a cab*
Potrebbe chiamarmi un taxi?	Could you call me a taxi? (UK) Could you call me a cab?
Vorrei prenotare un taxi per le 8.	I'd like to book a cab for 8 a.m.
Quanto costa una corsa in taxi fino al centro?	How much does a cab to the city centre cost? (UK) How much does a cab downtown cost? (US)
Quanto tempo ci vuole per l'aeroporto?	How long does it take to get to the airport?
Posso sedermi davanti?	Can I ride up front? (US) Can I travel in the front seat?
Alla stazione degli autobus/alla stazione ferroviaria/all'aeroporto, per favore.	To the bus station/train station/airport, please.

Si fermi qui/al semaforo/all'angolo, per favore.	Stop here/at the lights/at the corner, please.
Può aspettarmi?	Can you wait for me?
Quant'è?	How much is it?
Mi può fare una ricevuta, per favore?	Can I have a receipt, please?
Tenga il resto.	Keep the change.

prendere l'autobus	*taking the bus*
A che ora è il prossimo autobus per Bologna?	What time is the next bus to Bologna?
Da che marciapiede parte l'autobus?	Which platform does the bus go from?
Quanto tempo impiega l'autobus per arrivare a Brighton?	How long does the coach take to get to Brighton? (UK) How long does the bus take to get to Brighton? (US)
Avete delle tariffe ridotte?	Do you have any reduced fares? (UK) Do you have any discounts? (US)

Quanto costa un biglietto di andata e ritorno per Firenze?	How much is a return ticket to Florence? (UK) How much is a round-trip ticket to Florence? (US)
Ci sono i servizi sull'autobus?	Is there a toilet on the coach? (UK) Is there a bathroom on the bus? (US)
L'autobus è climatizzato?	Is the coach air-conditioned? (UK) Is the bus air-conditioned? (US)
Scusi, è occupato questo posto?	Excuse me, is this seat taken?
Le dispiace se abbasso la tenda?	Would it bother you if I lowered the blind? (UK) Would it bother you if I lowered the shade? (US)

prendere il treno	*taking the train*
Dov'è la biglietteria?	Where is the ticket office?
Quando parte il prossimo treno per Parigi?	When does the next train for Paris leave?
Da che binario parte?	Which platform does it leave from?

Quanto costa un'andata e ritorno per Pisa?	How much is a return ticket to Pisa? (UK) How much is a round-trip ticket to Pisa? (US)
C'è un deposito bagagli?	Is there a left-luggage office? (UK) Is there a baggage room? (US)
Un posto accanto al finestrino in una carrozza non fumatori, per favore.	A window seat in a non-smoking coach please.
Vorrei riservare una cuccetta sul treno delle 21:00 per Parigi.	I'd like to reserve a sleeper on the 9 p.m. train to Paris.
Dove si convalida il biglietto?	Where do I validate my ticket?
Scusi, è libero questo posto?	Excuse me, is this seat free ?
Dov'è il vagone ristorante?	Where is the dining car?
all'aeroporto	*at the airport*
Dov'è il terminal 1/l'uscita numero 2?	Where is terminal 1/gate number 2?
Dov'è il check-in?	Where is the check-in desk?
Vorrei un posto accanto al corridoio/finestrino.	I'd like an aisle/window seat.

A che ora è l'imbarco?	What time is boarding?
Ho perso la carta d'imbarco.	I've lost my boarding card.
Dov'è il ritiro bagagli?	Where is the baggage reclaim? (UK) Where is the baggage claim? (US)
Ho perso la coincidenza. Quando parte il prossimo volo per Seattle?	I've missed my connection. When's the next flight to Seattle?
Dov'è la navetta per il centro-città?	Where's the shuttle bus to the city centre? (UK) Where's the shuttle bus downtown? (US)

chiedere la strada	*asking the way*
Mi può indicare dove siamo sulla cartina?	Could you show me where we are on the map?
Dov'è la stazione degli autobus/l'ufficio postale?	Where is the bus station/post office?
Scusi, come si arriva a Corso Vittorio Emanuele?	Excuse me, how do I get to Corso Vittorio Emanuele?
Per andare al museo di arte moderna devo proseguire diritto?	To get to the museum of modern art, should I continue straight ahead?

È lontano?	Is it far?
Ci posso arrivare a piedi?	Is it within walking distance?
Devo/Dobbiamo prendere l'autobus/la metro?	Will I/we have to take the bus/underground? (UK) Will I/we have to take the bus/subway? (US)
Mi potrebbe aiutare, per favore? Credo di essermi perso.	Can you please help me? I think I'm lost.

in giro per la città	*getting around town*
Qual è l'autobus per l'aeroporto?	Which bus goes to the airport?
Dove prendo l'autobus per la stazione?	Where do I catch the bus for the station?
Mi avverte quando ci arriviamo, per favore.	Could you tell me when we get there?
Fermata d'autobus.	Bus Stop.
Questo autobus va alla stazione?	Does this bus go to the train station?
A che ora parte l'ultimo autobus/tram?	What time is the last bus/tram?

sport	*sports*
Vorremmo vedere una partita di calcio? Ce n'è una stasera?	We'd like to see a football match. Is there one on tonight? (UK) We'd like to see a soccer game. Is there one on tonight? (US)
Dov'è lo stadio?	Where's the stadium?
Dove si possono affittare delle biciclette?	Where can we hire bicycles? (UK) Where can we rent bicycles? (US)
Vorrei riservare un campo da tennis per le 7:00 di sera.	I'd like to book a tennis court for 7 p.m.
Quanto costa un'ora di lezione?	How much does a one-hour lesson cost?
La piscina è aperta ogni giorno?	Is the pool open every day?
C'è una località sciistica vicino?	Is there a ski resort nearby?
Possiamo affittare l'attrezzatura?	Can we hire equipment? (UK) Can we rent equipment? (US)
Avete barche a noleggio?	Do you hire out boats? (UK) Do you rent out boats? (US)

Dove si trovano piste da bowling qui vicino?	Where can we go bowling around here?
Vorrei fare un giro in bicicletta.	I'd like to go on a bike ride.

in albergo	*at the hotel*
Vorremmo una camera doppia/due camere singole.	We'd like a double room/two single rooms.
Vorrei una camera per due notti, per favore.	I'd like a room for two nights, please.
Ho una prenotazione a nome Jones.	I have a reservation in the name of Jones.
Ho prenotato una camera con doccia/bagno.	I reserved a room with a shower/bathroom.
Posso avere la chiave della camera 121, per favore?	Could I have the key for room 121, please?
Potrei avere un altro cuscino/un'altra coperta, per favore?	Could I have an extra pillow/blanket, please?
Ci sono messaggi per me?	Are there any messages for me?
A che ora servite la colazione?	What time is breakfast served?

Vorrei la colazione in camera.	I'd like breakfast in my room.
Vorrei la sveglia alle 7 di mattina, per favore.	I'd like a wake-up call at 7 a.m., please.
C'è un parcheggio per i clienti dell'albergo?	Is there a car park for hotel guests? (UK) Is there a parking garage for hotel guests? (US)
Vorrei saldare il conto adesso.	I'd like to check out now.

per negozi	*at the shops*
Quanto costa questo?	How much is this?
Vorrei degli occhiali da sole/un costume.	I'd like to buy sunglasses/a swimsuit. (UK) I'd like to buy sunglasses/a bathing suit. (US)
Porto la taglia 42	I'm a size 10.
Porto il 40.	I take a size 7 shoe.
Posso provarlo?	Can I try this on?
Me lo cambia?	Can I exchange it?
Dove sono i camerini?	Where are the fitting rooms?
C'è nella taglia più grande/più piccola?	Do you have this in a bigger/smaller size?

C'è in blu?	Do you have this in blue?
Avete delle buste/cartine stradali?	Do you sell envelopes/street maps?
Vorrei un rullino fotografico, per favore.	I'd like to buy a film for my camera, please.
A che ora chiudete?	What time do you close?

in città	out and about
A che ora chiude il museo?	What time does the museum close?
Dov'è la piscina pubblica più vicina?	Where is the nearest public swimming pool?
Mi sa dire dov'è la chiesa (cattolica/battista) più vicina?	Could you tell me where the nearest (Catholic/Baptist) church is?
Mi sa dire a che ora è la prossima messa/funzione?	Do you know what time mass/the next service is?
C'è un cinema qui vicino?	Is there a cinema nearby? (UK) Is there a movie theater (US) nearby?
Quanto dista la spiaggia?	How far is it to the beach?

23

Mi potrebbe indicare un albergo vicino al centro?	Could you recommend a hotel near the centre? (UK) Could you recommend a hotel near downtown? (US)

al bar	*at the café*
È libero questo tavolo?/ È libera questa sedia?	Is this table/seat free?
Scusi!	Excuse me!
Potrebbe portarci il menu?	Could you please bring us the drinks list?
Due caffè/caffè macchiati, per favore.	Two cups of black coffee/white coffee, please. (UK) Two cups of black coffee/coffee with cream, please. (US)
Vorrei un caffè macchiato.	I'd like a white coffee. (UK) I'd like a coffee with cream/milk. (US)
Un tè/al limone/con latte.	A tea/lemon tea/tea with milk.
Potrebbe portarmi del ghiaccio?	Could I have some ice?
Un succo d'arancia/un'acqua minerale.	An orange juice/a mineral water.

Un'altra birra, per favore.	Can I have another beer, please?
Dovè la toilette?	Where is the toilet? (UK) Where is the restroom? (US)
C'è una sala per fumatori?	Is there a smoking section?
al ristorante	*at the restaurant*
Vorrei prenotare un tavolo per le 8.	I'd like to reserve a table for 8 p.m.
Un tavolo per due, grazie.	A table for two, please.
C'è un tavolo nella zona non-fumatori?	Can we have a table in the non-smoking section?
Possiamo vedere il menu/la carta dei vini?	Can we see the menu/wine list?
Avete un menu per bambini/vegetariano?	Do you have a children's/vegetarian menu?
Una bottiglia di vino rosso/bianco della casa, per favore.	A bottle of house white/red, please.
Vorremmo un aperitivo.	We'd like an aperitif.
Qual è la specialità della casa?	What is the house speciality?
Al sangue/giusto/ben cotto.	Rare/medium/well-done.

Cosa avete come dolce?	What desserts do you have?
Il conto, per favore.	Can I have the bill, please? (UK)
	Can I have the check, please? (US)

in banca	*at the bank*
Vorrei cambiare 100 sterline in euro, per favore.	I'd like to change £100 into euros, please.
In banconote di piccolo taglio, per favore.	In small denominations, please.
Quant'è il cambio del dollaro?	What is the exchange rate for dollars?
Di quanto è la commissione?	How much is the commission?
Quant'è in euro?	How much is that in euros?
Vorrei cambiare dei traveller's cheque.	I'd like to cash some traveller's cheques. (UK)
	I'd like to cash some traveler's checks. (US)
Vorrei trasferire del denaro.	I'd like to transfer some money.
Dov'è il Bancomat®?	Where is the cash dispenser? (UK)
	Where is the ATM? (US)

all'ufficio postale	*at the post office*
Quant'è il francobollo per una lettera/cartolina per Londra?	How much is it to send a letter/postcard to London?
Vorrei dieci francobolli per la Francia.	I'd like ten stamps for France.
Vorrei spedire questo pacco per assicurata.	I'd like to send this parcel by registered post. (UK) I'd like to send this package by registered mail. (US)
Quanto impiega ad arrivare?	How long will it take to get there?
Vorrei una scheda telefonica da 50 unità.	I'd like a 50-unit phone card.
Posso inviare un fax?	Can I send a fax?
Vorrei mandare un'email. Mi sa dire dov'è un Internet café?	I'd like to send an e-mail. Can you tell me where I can find an Internet cafe?

lavoro	*business*
Buongiorno. Sono della Biotech.	Hello. I'm from Biotech Ltd.
Ho un appuntamento con il signor Pellegrini alle 2.30.	I have an appointment with Mr Pellegrini at 2.30 p.m.
Questo è il mio biglietto da visita.	Here's my business card.
Vorrei vedere il direttore.	I'd like to see the managing director.
Il mio indirizzo email è paul@easyconnect.com	My e-mail address is paul@easyconnect.com
Potrebbe faxarmi alcune informazioni/le cifre delle vendite, per favore?	Could you fax me some information/the sales figures, please?

dal medico	*at the doctor's*
Ho vomitato e ho la diarrea.	I've been vomiting and I have diarrhoea. (UK) I've been vomiting and I have diarrhea. (US)
Mi fa male qui/là.	It hurts here/there.
Ho mal di testa.	I have a headache.
Ho mal di gola.	I have a sore throat.

Mi fa male la pancia.	My stomach hurts.
Mio figlio ha la tosse e la febbre.	My son has a cough and a fever.
Sono allergico/allergica alla penicillina.	I'm allergic to penicillin.
Non tollero bene gli antibiotici.	Antibiotics don't agree with me.
Credo di avere un'otite.	I think I have an ear infection.
Ho la pressione alta.	I've got high blood pressure.
Ho il diabete.	I'm diabetic.
Credo di essermi rotto il polso.	I think I may have broken my wrist.
Per quanto devo seguire la cura?	How long should I follow the treatment for?

dal dentista	*at the dentist's*
Ho mal di denti.	I have toothache.
Mi fa male un molare.	One of my molars hurts.
Mi è andata via un'otturazione.	I've lost a filling.
Si è spezzato un incisivo.	I've broken an incisor.
Mi danno fastidio i denti del giudizio.	My wisdom teeth are really bothering me.

Ho bisogno di un ponte.	I need a bridge.
Può farmi l'anestesia locale?	Could you give me a local anaesthetic? (UK)
	Could you give me a local anesthetic? (US)
in farmacia	*at the chemist's (UK)*
	at the drugstore (US)
Vorrei qualcosa per il mal di testa/il mal di gola/la diarrea.	Can you give me something for a headache/a sore throat/diarrhoea? (UK)
	Can you give me something for a headache/a sore throat/diarrhea? (US)
Vorrei delle aspirine/dei cerotti.	Can I have some aspirin/Band-Aids ®, please?
Vorrei della lozione solare con fattore di protezione alto.	I need some high protection suntan lotion.
Ha un insettifugo?	Do you have any insect repellent?
Ho una prescrizione del mio medico in Italia.	I have a prescription from my doctor in Italy.

Vendete questa medicina senza prescrizione?	Do you sell this medicine without a prescription?
Mi sa indicare un buon medico?	Could you recommend a doctor?

emergenze	emergencies
Chiamate un medico/i vigili del fuoco/la polizia!	Call a doctor/the fire brigade/the police! (UK) Call a doctor/the fire service/the police! (US)
Chiamate un'ambulanza!	Call an ambulance!
Ci porti al pronto soccorso, per favore?	Can you please take us to the casualty department? (UK) Can you please take us to the Emergency Room? (US)
Dov'è l'ospedale più vicino?	Where's the nearest hospital?
Il gruppo sanguigno di mio figlio è O positivo.	My son's blood group is O positive.
Mi hanno derubato/aggredito.	I've been robbed/attacked.
C'è stato un incidente.	There's been an accident.
Mi hanno rubato la macchina.	My car's been stolen.

Sommario	Contents	

Numeri cardinali/Cardinal numbers

zero	0	zero
uno	1	one
due	2	two
tre	3	three
quattro	4	four
cinque	5	five
sei	6	six
sette	7	seven
otto	8	eight
nove	9	nine
dieci	10	ten
undici	11	eleven
dodici	12	twelve
tredici	13	thirteen
quattordici	14	fourteen
quindici	15	fifteen
sedici	16	sixteen
diciassette	17	seventeen
diciotto	18	eighteen
diciannove	19	nineteen
venti	20	twenty
ventuno	21	twenty-one
ventidue	22	twenty-two
ventitré	23	twenty-three
ventiquattro	24	twenty-four
venticinque	25	twenty-five
ventisei	26	twenty-six
ventisette	27	twenty-seven
ventotto	28	twenty-eight
ventinove	29	twenty-nine

trenta	30	thirty
quaranta	40	forty
cinquanta	50	fifty
sessanta	60	sixty
settanta	70	seventy
ottanta	80	eighty
novanta	90	ninety
cento	100	one hundred
mille	1000	one thousand
duemila	2000	two thousand

Numeri ordinali/Ordinal numbers

primo	1°/1st	first
secondo	2°/2nd	second
terzo	3°/3rd	third
quarto	4°/4th	fourth
quinto	5°/5th	fifth
sesto	6°/6th	sixth
settimo	7°/7th	seventh
ottavo	8°/8th	eighth
nono	9°/9th	ninth
decimo	10°/10th	tenth
undicesimo	11°/11th	eleventh
dodicesimo	12°/12th	twelfth
tredicesimo	13°/13th	thirteenth
quattordicesimo	14°/14th	fourteenth
quindicesimo	15°/15th	fifteenth
sedicesimo	16°/16th	sixteenth
diciassettesimo	17°/17th	seventeenth
diciottesimo	18°/18th	eighteenth

dicianovvesimo	19°/19th	nineteenth
ventesimo	20°/20th	twentieth
ventunesimo	21°/21st	twenty-first
trentesimo	30°/30th	thirtieth
centesimo	100°/100th	one hundredth
millesimo	1000°/1000th	one thousandth

Operazioni matematiche/Mathematical operations

otto più due fa dieci	8+2=10	eight plus two equals five
nove meno tre fa sei	9-3=6	nine minus three equals six
sette per tre fa ventuno	7x3=21	seven times three equals twenty-one/ seven multiplied by three equals twenty-one
venti diviso quattro fa cinque	20:4=5	twenty divided by four equals five
la radice quadrata di nove è tre	$\sqrt{9}=3$	the square root of nine is three
cinque al quadrato/ alla seconda fa venticinque	$5^2=25$	five squared equals twenty-five

La valuta britannica/British currency

un penny	1p	a penny
due penny/pence	2p	two pence
cinque penny/pence	5p	five pence
dieci penny/pence	10p	ten pence
venti penny/pence	20p	twenty pence
cinquanta penny/pence	50p	fifty pence
una sterlina	£1	a pound
due sterline	£2	two pounds

cinque sterline	£5	five pounds
dieci sterline	£10	ten pounds
venti sterline	£20	twenty pounds
cinquanta sterline	£50	fifty pounds

La valuta statunitense/American currency

un centesimo	1¢	one cent/a penny
cinque centesimi	5¢	five cents/a nickel
dieci centesimi	10¢	ten cents/a dime
venticinque centesimi	25¢	twenty-five cents/a quarter
cinquanta centesimi	50¢	fifty cents/a half dollar
un dollaro	$1	one dollar
cinque dollari	$5	five dollars
dieci dollari	$10	ten dollars
venti dollari	$20	twenty dollars
cinquanta dollari	$50	fifty dollars
cento dollari	$100	a hundred dollars

La moneta europea/European currency

un centesimo	0,01 €	a cent
due centesimi	0,02 €	two cents
cinque centesimi	0,05 €	five cents
dieci centesimi	0,10 €	ten cents
venti centesimi	0,20 €	twenty cents
cinquanta centesimi	0,50 €	fifty cents
un euro	1 €	one euro
due euro	2 €	two euros
cinque euro	5 €	five euros
dieci euro	10 €	ten euros
venti euro	20 €	twenty euros
cinquanta euro	50 €	fifty euros

cento euro	100 €	a hundred euros
duecento euro	200 €	two hundred euros
cinquecento euro	500 €	five hundred euros

Lunghezza/Length

millimetro	mm	millimetre*
centimetro	cm	centimetre*
metro	m	metre*
chilometro	km	kilometre*
(* US millimeter, centimeter, meter, kilometer)		
pollice	in	inch
piede	ft	foot
iarda	yd	yard
miglio	mi	mile

Superficie/Area

centimetro quadrato	cm²	square centimetre*
metro quadrato	m²	square metre*
chilometro quadrato	km²	square kilometre*
ettaro (=10.000m²)	ha	hectare
acro	ac	acre
(* US square centimeter, square meter, square kilometer)		
pollice quadrato	in²	square inch
piede quadrato	ft²	square foot
iarda quadrata	yd²	square yard
miglio quadrato	mi²	square mile

Capacità/Capacity

decilitro	dl	decilitre*
litro	l	litre*
(*US deciliter, liter)		
oncia	oz	ounce
pinta	pt	pint
gallone	gal	gallon

Volume/Volume

centimetro cubo	cm³	cubic centimetre*
metro cubo	m³	cubic metre*
(* US cubic centimeter, cubic meter)		
iarda cubica	yd³	cubic yard
piede cubico	ft³	cubic feet

Peso/Weight

milligrammo	mg	milligram
grammo	g	gram
etto/ettogrammo	hg	hectogram
chilo/chilogrammo	kg	kilogram/kilo
tonnellata	t	(metric) ton
oncia	oz	ounce
libra	lb	pound

L'ora/The time

le cinque (di mattina)		five o'clock
le sette e cinque		five past seven UK/ five after seven US
le otto e dieci		ten past eight UK/ ten after eight US
le nove e un quarto/ e quindici		a quarter past nine UK/ a quarter after nine US
le dieci e venti		twenty past ten UK/ twenty after ten UK
le undici e mezza/e trenta		half past eleven
le dodici/mezzogiorno		noon/twelve a.m./midday
le dodici e mezza		half past twelve/twelve thirty
l'una (di pomeriggio)		one p.m.
le due (di pomeriggio)		two o'clock
le quattro meno un quarto/ le tre e tre quarti/ le quindici e quarantacinque		a quarter to four UK/ a quarter of four US/ fifteen forty-five
le diciassette e ventitré		five twenty-three
le otto e trentacinque		eight thirty-five
mezzanotte/ le ventiquattro		twelve p.m./midnight
l'una (di notte)		one a.m.

40